DOCUMENTS
DIPLOMATIQUES FRANÇAIS

1950

(1ᵉʳ JANVIER – 31 DÉCEMBRE)

MINISTÈRE DES AFFAIRES ÉTRANGÈRES
ET DU DÉVELOPPEMENT INTERNATIONAL

COMMISSION
DES
ARCHIVES DIPLOMATIQUES

DOCUMENTS DIPLOMATIQUES FRANÇAIS

1950

(1er JANVIER – 31 DÉCEMBRE)

P.I.E. Peter Lang

Bruxelles · Bern · Berlin · Frankfurt am Main · New York · Oxford · Wien

2015

© Ministère des Affaires étrangères et du Développement international. Paris, 2015

Éditeur : P.I.E. Peter Lang S.A.
Éditions scientifiques internationales
Bruxelles, 2015
1 avenue Maurice, B-1050 Bruxelles, Belgique
info@peterlang.com ; www.peterlang.com

ISSN 1377-8773
ISBN 978-2-87574-315-2
D/2015/5678/66

Ont collaboré à la préparation de ce volume
établi sous la direction de
M. Georges-Henri Soutou, membre de l'Institut :

M. Étienne Santiard, professeur certifié, docteur en histoire.

M. Sylvain Wagnon-Charpy, maître de conférences, docteur en histoire.

AVERTISSEMENT

Avec l'année 1950, la série 1944-1954 des *Documents diplomatiques français* passe au rythme d'un volume de documents pour une année, au lieu de deux auparavant. Nécessité par des raisons d'économie, ce changement se justifie cependant par la profonde réorganisation du Ministère mise en place l'année précédente, ainsi que par le passage à un système de chiffrage des télégrammes beaucoup plus rapide et performant. Le processus de décision, du coup, se retrouve plus concentré à Paris, et il est plus que jamais pris en main par les grandes directions, appuyées sur la correspondance des grandes ambassades et les échanges constants, à tous les niveaux, avec les alliés atlantiques. À la vision d'une diplomatie encore largement bilatérale, vision traditionnelle mais qui avait encore cours les années précédentes, succèdent une vision et une pratique multilatérales. L'aggravation de la Guerre froide et le rôle toujours accru des alliances et organismes internationaux, ainsi que les débuts de la construction européenne, expliquent largement cette évolution. Mais cette concentration conduit à la réduction du nombre de documents vraiment indispensables.

Or la lecture de cette documentation, et c'est la première constatation, amène à conclure que le principal sujet de l'année, pour la diplomatie française, c'est la guerre de Corée. Cela pourra au premier abord surprendre, mais le danger d'une extension du conflit est pris tout de suite très au sérieux. Lorsque la Corée du Nord attaque la Corée du Sud, le 25 juin, la France est sans gouvernement. Mais Paris choisit cependant la fermeté. C'est d'abord une question de principe, liée au rôle de l'ONU comme garante de la paix, rôle que l'on souhaite promouvoir (note de la Direction générale des Affaires politiques du 29 juin), même si des questions sur l'inévitable prépondérance des Américains dans le cadre onusien pour la gestion de la crise sont tout de suite posées.

Mais la fermeté n'empêche pas la prudence. On souhaite tout d'abord localiser le conflit, et éviter en particulier que la Chine nationaliste, à Formose, ne s'y engage. Robert Schuman écrit à Henri Bonnet à Washington, le 13 juillet, qu'il faut garder un contact étroit avec les autorités américaines, pour éviter toute décision grave. En particulier il ne faut pas compromettre la possibilité d'une négociation avec Moscou. Et on s'entend avec Londres dans ce sens. Le 2 décembre, Pleven et Schuman rencontrent à Londres leurs homologues, Attlee et Bevin. Ils se mettent d'accord : Attlee ira à Washington exposer le point de vue commun des deux gouvernements, mais il ira seul, ce que regrette Jean Chauvel, représentant permanent à l'ONU (télégramme du 2 décembre).

On ne trouve pas d'explication à cette absence de Schuman dans les dossiers. Est-elle due à la crainte que la question du réarmement allemand ne soit reprise par les Américains à cette occasion ? L'entretien du 2 décembre à Londres pourrait donner à le penser.

Le 3 décembre Schuman télégraphie à Bonnet, Chauvel et René Massigli, à Londres, qu'il souhaite la mise sur pied d'une instance de consultation des représentants des trois pays à l'ONU, qui devrait obligatoirement être consultée avant toute décision. En effet l'entrée en lice des Chinois inquiète beaucoup Paris. Schuman télégraphie à Chauvel le 31 décembre à nouveau des consignes de prudence : en particulier il faut garder l'option d'un retour des forces des deux camps sur le 38ᵉ parallèle, c'est-à-dire le rétablissement du *statu quo ante*.

L'affaire coréenne a deux grandes répercussions pour la France. En effet le problème du réarmement allemand est posé tout de suite de façon urgente. Dès le mois de juillet (télégramme de Bérard, à Bonn, du 28 juillet) on connaît les réflexions allemandes en vue de constituer une nouvelle armée. Les Américains envisagent (Bérard le 1ᵉʳ août) 10 divisions allemandes, sur un total de 35 divisions occidentales en Europe. On s'inquiète de la possibilité de voir l'Allemagne de l'Est reproduire contre la RFA le schéma de la Corée du Nord contre celle du Sud, avec l'appui plus ou moins camouflé des Soviétiques.

Paris préférerait que, face à la *Volkspolizei* est-allemande, on renforce la police des différents *Länder* ouest-allemands et que l'on ne crée pas une police fédérale, comme le souhaiterait Adenauer (cf. François-Poncet le 18 août ; et des notes de la direction d'Europe des 29 août et 4 septembre). Mais en fait on comprend dès le 5 septembre (note de la direction d'Europe) qu'en outre les États-Unis et Adenauer veulent reconstituer une véritable armée allemande, même si cela doit être éventuellement dans le cadre d'une armée européenne.

On constate à Paris une vive inquiétude devant l'entente manifeste de Washington, Berlin et Londres à ce sujet. Commençons par renforcer les armées existantes, conseille la diplomatie française (note du 10 septembre). Le 16 septembre, les principaux ministres télégraphient à Schuman, alors à New York, de ne pas accepter le projet Acheson de reconstitution d'une armée allemande sous commandement atlantique. Mais le même jour Jean Monnet adresse à Schuman son fameux mémorandum : il suggère «un Plan Schuman élargi» reprenant l'esprit de la proposition de Communauté charbon-acier présentée le 9 mai précédent, mais déclinée pour encadrer le réarmement allemand dans un ensemble européen.

Cependant le Quai n'apprécie guère la proposition de Jean Monnet et freine des quatre fers : le 20 septembre, les services préconisent de constituer des «formations supplétives encadrées dans les régiments des forces d'occupation». De même le service des Pactes le 5 octobre.

On est en effet fort mécontent de ce qui est considéré comme un chantage de la part d'Acheson, faisant dépendre le renforcement de la présence militaire américaine en Europe du réarmement allemand.

Le premier diplomate important qui reprend l'idée de Monnet et propose de sortir de l'impasse en créant une armée européenne est Henri Bonnet le 5 octobre : «C'est comme protagoniste de l'unité européenne que la France doit prendre position… [il faut faire] franchir une nouvelle étape à l'idée fédérale».

Le 17 octobre, au cours d'une conversation avec Armand Bérard, un conseiller du chancelier Adenauer, Herbert Blankenhorn, indique que la RFA accepterait la formule d'une armée européenne sous commandement allié. Mais la direction d'Europe reste très réticente : le 18 octobre, constatant la montée des ambitions allemandes en matière de réarmement (avec une aviation, et l'«égalité des droits»), elle préconise le maintien du statut d'occupation et de l'«Autorité suprême» des Alliés. Les forces allemandes ne devraient pas dépasser le niveau du régiment, et être intégrées sous le commandement de l'état-major unifié européen de façon à ce qu'il n'y ait pas d'état-major national allemand.

La même direction souligne le 16 décembre que l'abandon de l'autorité suprême serait une rupture avec l'URSS et un obstacle à la politique d'intégration de l'Allemagne en Europe. Tous les éléments de la future «querelle de la C.E.D.» étaient déjà en place.

En ce qui concerne le «Plan Schuman» du 9 mai, le Quai ne s'en occupe vraiment, en dehors de l'information recueillie sur l'écho à l'étranger, que sur deux points : la participation britannique (Massigli estime qu'on ne fait rien pour lui faciliter les choses, 27 mai et 9 juin), et le problème de l'autorité de contrôle de la future Communauté charbon-acier : si on reste dans le cadre du Plan, on risque d'être en minorité face à l'Allemagne ; le mieux serait de soumettre la Communauté à l'autorité du Conseil de l'Europe (notes de la direction d'Europe des 12 juin et 15 novembre). On remarque que tout de suite la méthode inter-étatique s'oppose à celle de l'intégration : cela annonce bien des débats ultérieurs.

La guerre de Corée a de considérables répercussions sur le problème indochinois, en particulier à cause de la menace chinoise croissante et de l'évolution de l'attitude américaine par rapport à ce conflit. Sur le plan local, on est satisfait : la remise de l'administration publique au gouvernement vietnamien se passe correctement (note du 30 août). Certes, la reconnaissance internationale des accords de 1949 n'est pas facile, mais la guerre de Corée apporte un élément positif : Washington commence à s'intéresser à la défense de l'Indochine (note de la direction d'Asie du 29 août). Le 25 septembre, Paris peut annoncer à Saïgon que les États-Unis vont fournir du matériel de guerre en quantité accrue ; et on leur demande une aide financière (note du 4 octobre).

Bien sûr, bien d'autres domaines sont concernés, y compris la déclaration tripartite américano-anglo-française du 22 mai 1950 sur les exportations d'armes vers le Moyen-Orient, destinée à éviter une course aux armements dans la région. Mais on retiendra surtout les progrès et la sophistication accrue de la perception du problème du communisme soviétique : on note de nombreux rapports de Moscou sur des questions de doctrine, ou de la sous-direction d'Europe orientale sur les campagnes pour la paix, la coexistence pacifique, ou les fondements doctrinaux des décisions soviétiques touchant la paix et la guerre (3 juillet). Et Jean Laloy, à Paris, rédige le 28 décembre un texte passionnant : « Qu'est-ce qu'un compromis avec l'URSS ? ».

On trouve des analyses tout aussi fouillées pour les démocraties populaires. Le facteur idéologique dans le conflit Est-Ouest est désormais pleinement pris en compte : la France est vraiment entrée en Guerre froide.

Georges-Henri SOUTOU

Membre de l'Institut

TABLE MÉTHODIQUE

———

NOTE.- Le principe adopté pour l'établissement de cette liste est le suivant[1] :
- les documents concernant des affaires dont l'importance dépasse un cadre géographique spécifique sont classés sous les rubriques générales ;
- les autres documents sont classés sous de grandes rubriques géographiques.

———

I. - GÉNÉRALITÉS

Date	Provenance et Destination	Objet	Nature du document	Numéro du document

A.- ÉNERGIE ATOMIQUE

Date	Provenance et Destination	Objet	Nature du document	Numéro du document
1950				
24 juillet	Washington à Paris	Rapport sur la bombe à hydrogène et le contrôle international de l'énergie atomique.	D.	226

B.- LES CONFÉRENCES OCCIDENTALES

Date	Provenance et Destination	Objet	Nature du document	Numéro du document
1950				
7 mars	Londres	Compte rendu des conversations entre Schuman et Bevin à Londres.	C.R.	46
18	Paris à Bonn, Washington et Londres	Prévisions sur l'ordre du jour et le calendrier des futures rencontres tri-partites.	T.	59
20	Washington à Paris	Vues américaines sur les futures ren-contres tripartites.	T.	60
21	Paris à Londres et Washington	Réponse de Schuman à Acheson sur la date et l'ordre du jour de la pro-chaine rencontre tripartite.	T.	62
5 avril	Paris	Note de Roland de Margerie pour Schuman au sujet des forces améri-caines stationnées en Allemagne.	N.	74

———

[1] Les lettres A., ARR., C.R., D., I., L., MÉMO., N., P.V., R., T. désignent respectivement un accord, un arrangement, un compte-rendu, une dépêche, des instructions, une lettre, un mémorandum, une note, un procès-verbal, un rapport, un télégramme.

Date	Provenance et Destination	Objet	Nature du document	Numéro du document
7	*Idem*	Note de la direction d'Europe au sujet de l'intégration de l'Allemagne dans l'Europe occidentale.	N.	75
13	Washington à Paris	Nature de la politique générale américaine dessinée lors de la préparation des conversations tripartites.	T.	82
14	Paris	Note de la direction d'Europe au sujet de l'Allemagne à la conférence des Trois.	N.	83
20	*Idem*	Note du Département au sujet des prochaines rencontres internationales.	N.	90
21	*Idem*	Note de Laloy au sujet de la position de la France dans la guerre froide.	N.	92
22	*Idem*	Note de la direction d'Asie-Océanie au sujet d'un entretien avec Bohlen.	N.	97
26	Paris à Londres et Washington	Précisions apportées aux instructions envoyées aux ambassadeurs pour préparer les conversations tripartites.	T.	101
26	Paris	Note de la direction d'Europe, envoyée à titre d'instructions à Massigli, sur l'examen du dossier concernant l'Allemagne.	N.	102
26	*Idem*	Note de la direction d'Asie-Océanie au sujet de l'aide militaire à l'Indochine.	N.	103
27	*Idem*	Note de la direction d'Europe au sujet de l'Allemagne et de la Communauté atlantique.	N.	106
6 mai	*Idem*	Note du Secrétariat général au sujet du réarmement du point de vue français.	N.	116
7	Londres à Paris	Tendances manifestées chez les Anglais et les Américains lors des conversations tripartites.	T.	119
[8]	Paris	Note du Département pour préparer la conversation avec Acheson.	N.	121
12 septembre	New York	Compte rendu sommaire de la première réunion tripartite du 12 septembre 1950 à 15 h. 00.	C.R.	289
13	*Idem*	Compte rendu sommaire de la deuxième réunion tripartite du 13 septembre 1950 à 10 h. 30.	C.R.	293
13	*Idem*	Compte rendu sommaire de la troisième réunion tripartite du 13 septembre 1950 à 15 h. 00.	C.R.	294
14	*Idem*	Compte rendu sommaire de la quatrième réunion tripartite du 14 septembre 1950 à 15 h. 00.	C.R.	296

Date	Provenance et Destination	Objet	Nature du document	Numéro du document
27	*Idem*	Lettre du général Cherrière à Parodi sur l'état d'avancement des travaux menés dans le cadre du Pacte de Bruxelles et du Pacte atlantique.	L.	68
7 avril	*Idem*	Compte rendu de la réunion examinant le rapport de la Commission permanente du Conseil consultatif au sujet des dépenses d'armement.	C.R.	76
8	*Idem*	Note d'Alphand portant des remarques sur le projet d'instructions à la délégation française au Conseil consultatif du Pacte de Bruxelles.	N.	77
10	*Idem*	Note de Roland de Margerie pour Schuman au sujet de l'organisation du Pacte de l'Atlantique.	N.	78
11	*Idem*	Note d'Alphand sur les difficultés économiques impliquées par les charges militaires.	N.	81
22	*Idem*	Note de Laloy au sujet de l'organisation atlantique et du problème allemand.	N.	96
8 mai	*Idem*	Compte rendu de la première réunion des conversations franco-américaines du 8 mai.	C.R.	122
8	*Idem*	Compte rendu de la seconde réunion des conversations franco-américaines du 8 mai.	C.R.	123
29 juin	*Idem*	Note de la direction des Affaires politiques pour Schuman au sujet de l'évolution des conceptions à Washington sur le mécanisme du Pacte.	N.	172
23 juillet	*Idem*	Instructions générales pour le suppléant français au Conseil de l'Atlantique.	I.	223
24	*Idem*	Note de Roland de Margerie pour Schuman.	N.	225
27	Londres à Paris	Compte rendu de la conversation Alphand-Spofford.	C.R.	230
5 août	Paris à Washington	Memorandum du gouvernement français au gouvernement des États-Unis au sujet de l'organisation du Pacte de l'Atlantique.	MÉMO	250
11	*Idem*	Nécessité de bien expliquer la position française suite au memorandum du 5 août.	T.	256
17	*Idem*	Nouveau memorandum français.	T.	261 + ANNEXE
19	Washington à Paris	Conversations Bonnet-Harriman.	T.	264

Date	Provenance et Destination	Objet	Nature du document	Numéro du document
24	Paris	Note du Département au sujet des conversations franco-britanniques relatives aux problèmes militaires et financiers du Pacte atlantique.	N.	268
7 septembre	Idem	Note du Département au sujet des demandes actuelles du gouvernement français.	N.	283
8	Idem	Note d'Alphand pour Schuman au sujet des questions relatives à l'organisation militaire du Pacte atlantique.	N.	284
3 octobre	Idem	Note du Département au sujet de la réunion d'experts français et américains sur le programme de défense français de 1951.	N.	318

D.- GUERRE DE CORÉE

1.- L'ONU ET LES NÉGOCIATIONS

Date	Provenance et Destination	Objet	Nature du document	Numéro du document
1950				
26 juin	New York à Paris	La séance du Conseil de sécurité du 25 juin et la condamnation de l'agression nord-coréenne.	T.	158
26	Idem	Entretien de Chauvel avec Austin sur la préparation des prochaines séances du Conseil de sécurité.	T.	159
27	Paris à New York	Paris opte pour la plus grande fermeté dans l'affaire coréenne.	T.	162
27	Londres à Paris	Londres est prêt à voter la résolution américaine mais insiste pour qu'elle se limite aux événements de Corée.	T.	165
28	New York à Paris	Chauvel est frappé et inquiet du développement pris par l'affaire de Corée, qu'il estime devenir une croisade, sous l'effet de l'internationalisation au niveau des Nations unies.	T.	167
29	Paris à tous les postes	Circulaire au sujet des événements de Corée et de la résolution adoptée par le Conseil de sécurité.	T.	169
29	Paris	Note de la Direction générale des Affaires politiques sur la position française au Conseil de sécurité dans l'affaire de Corée.	N.	174
30	Paris à Washington et New York	Vues de Paris sur certains aspects juridiques du problème posé par l'intervention des États-Unis en Corée.	T.	177

Date	Provenance et Destination	Objet	Nature du document	Numéro du document
1er juillet	New York à Paris	La question des problèmes juridiques posées par l'intervention des Nations unies en Corée.	T.	180
2	Idem	Observations d'ensemble de Chauvel, une semaine après le déclenchement de la guerre de Corée.	T.	182
5	Paris à Washington	L'intervention des Nations unies en Corée a pour objectif de rétablir le statu quo ante.	T.	190
8	Londres à Paris	Soutien du secrétaire général Parodi à l'idée britannique de ne pas manquer l'ouverture soviétique.	T.	193
8	Paris	Note de Laloy réfléchissant sur la ligne à suivre lors d'éventuelles négociations.	N.	196
12	Idem	Note du Secrétariat des Conférences pour le Ministre au sujet des événements de Corée depuis le 25 juin et les Nations unies.	N.	207
13	Moscou à Paris	Entretien Kelly-Gromyko : les Soviets ne ferment pas complètement la porte à la négociation.	T.	208
13	Paris à Washington	Nécessité de maintenir un contact étroit avec Washington pour éviter toute décision grave.	T.	209
13	New York à Paris	L'affaire de Corée et le Conseil de sécurité vus par Jean Chauvel.	D.	211
20	Idem	L'affaire de Corée vue des Nations unies.	D.	221
28	Washington à Paris	Surprise de Washington devant le retour de l'URSS à l'ONU.	T.	232
1er août	New York à Paris	Le retour de Malik, délégué soviétique, au Conseil de sécurité.	T.	234
1er	Paris	Note du Secrétariat des Conférences pour le Ministre au sujet de la rentrée de l'URSS au Conseil de sécurité.	N.	237
2	Tokyo à Paris	Bilan des mesures prises par les États-Unis et les Nations unies dans l'affaire de Corée.	D.	239
3	New York à Paris	Suite du débat au Conseil de sécurité.	T.	240
3	Idem	Malik, président du Conseil de sécurité.	D.	243
8	Paris	Note du Secrétariat des Conférences au sujet des possibilités d'un règlement de la question de Corée.	N.	251

Date	Provenance et Destination	Objet	Nature du document	Numéro du document
10	Paris à New York	Paris est d'accord avec Londres pour ne pas soutenir les États-Unis dans leurs initiatives en vue de contrecarrer les manœuvres d'obstructions soviétiques au Conseil de sécurité.	T.	252
10	Paris	Paris souhaite que Pékin puisse être représenté au Conseil de sécurité.	MÉMO	254
18	New York à Paris	Le règlement pacifique de l'affaire coréenne.	D.	263
6 novembre	*Idem*	Projet de résolution américaine pour condamner l'intervention chinoise.	T.	346
21	Washington à Paris	Entretien avec Acheson au sujet de la réponse à faire à la note soviétique du 3 novembre et à la proposition de zone internationale en Corée.	T.	365
2 décembre	New York à Paris	Chauvel est favorable à une suspension d'armes plutôt qu'à la zone neutre.	T.	383
15	*Idem*	Il faut garder la ligne de la solidarité occidentale face au bloc communiste.	T.	407
31	Paris à New York	Position française sur la recherche d'une solution au conflit coréen.	T.	422

2.- LES OPÉRATIONS MILITAIRES

Date	Provenance et Destination	Objet	Nature du document	Numéro du document
1950 26 juin	Tokyo à Paris	L'attaque nord-coréenne a surpris SCAP et le gouvernement japonais.	T.	157
29	*Idem*	Les débuts de l'intervention militaire américaine en Corée.	T.	170
30	*Idem*	Dejean recommande une participation au moins symbolique de la France en Corée.	T.	176
2 juillet	*Idem*	La situation militaire en Corée ne peut que s'aggraver.	T.	181
4	*Idem*	La situation militaire en Corée se développe inévitablement comme il était prévu.	T.	188
7	Paris à New York	Paris attend d'avoir un gouvernement pour se prononcer sur l'envoi de forces armées en Corée.	T.	191
7	Saïgon à Paris	Difficulté pour la France à participer à un corps expéditionnaire en Corée du fait de son combat en Indochine.	T.	192

Date	Provenance et Destination	Objet	Nature du document	Numéro du document
16	Tokyo à Paris	La situation militaire reste très sérieuse et l'épreuve est rude pour l'amour-propre américain.	T.	213
19	Washington à Paris	La guerre de Corée et l'emploi de la bombe atomique.	D.	217
27	Tokyo à Paris	La situation militaire en Corée et l'espoir d'un revirement complet.	T.	228
1ᵉʳ août	Washington à Paris	Difficulté d'envoyer une participation terrestre française en Corée à cause de l'Indochine.	T.	235
5	Idem	Un périmètre de défense dans le Sud-Est coréen a été établi de justesse.	T.	247
5	Paris à New York	Les Américains ne prendront position sur un règlement du conflit que quand le 38ᵉ parallèle sera atteint.	T.	248
20	Washington à Paris	Difficultés de réunir des effectifs suffisants en Corée et lien avec la question de la défense de l'Europe.	T.	266
25	Tokyo à Paris	La situation militaire s'est subitement redressée.	T.	269
5 septembre	Washington à Paris	Optimisme américain concernant la poursuite des opérations en Corée.	T.	277
9	Tokyo à Paris	La question des conditions d'un règlement coréen.	T.	285
18	Washington à Paris	Le débarquement réussi d'Inchon relance la question du franchissement du 38ᵉ parallèle.	T.	299
22	Tokyo à Paris	Les forces des Nations unies doivent-elles franchir le 38ᵉ parallèle ? Le point de vue du commandement américain en Corée.	T.	307
26	Washington à Paris	La position américaine sur la question du franchissement du 38ᵉ parallèle.	T.	312
29	New York à Paris	La position offficielle américaine sur le 38ᵉ parallèle a très rapidement changé.	T.	315
3 octobre	Washington à Paris	Chou En Lai a déclaré que les forces chinoises interviendraient si le 38ᵉ parallèle était franchi.	T.	317
4	Tokyo à Paris	Résolution de MacArthur à franchir le 38ᵉ parallèle.	T.	321
28	Washington à Paris	Intervention chinoise en Corée du Nord.	T.	339
31	Tokyo à Paris	La question de l'administration de la Corée.	T.	340

Date	Provenance et Destination	Objet	Nature du document	Numéro du document
6 décembre	*Idem*	Impressions sur la première entrevue entre Truman et Attlee.	T.	399
7	*Idem*	Effets en Europe des revers américains en Corée.	D.	401
8	*Idem*	Commentaire du communiqué final des entretiens Truman-Attlee.	T.	403

d.- Grande-Bretagne

1950				
3 décembre	New York à Paris	Chauvel est favorable à la venue de Pleven et/ou Schuman à Washington pour participer aux entretiens anglo-américains.	T.	388
4	Paris à New York	Schuman estime ne pas avoir à accompagner Attlee à Washington.	T.	391
29	Londres à Paris	Position anglaise à l'égard de la situation en Extrême-Orient.	T.	420

e.- URSS

1950				
26 juin	Moscou à Paris	La position soviétique à l'égard du déclenchement du conflit coréen.	T.	160
27	*Idem*	Moscou pense jouer gagnant dans l'affaire coréenne tout en restant prudent.	T.	164
29	*Idem*	La stratégie et les réactions soviétiques au début de la guerre de Corée vues de Moscou.	T.	171
30	*Idem*	Moscou et Pékin ont désormais pris leur parti.	T.	178
30	*Idem*	La position soviétique à l'égard du conflit coréen est maintenant éclaircie : Moscou a pris le parti de Pyongyang.	T.	179
3 juillet	*Idem*	Après une semaine de conflit, les desseins du Kremlin restent obscurs.	T.	183
4	*Idem*	Moscou accuse les États-Unis de mener une politique d'agression en Corée.	T.	186
8	Washington à Paris	Vues d'ensemble de la politique soviétique depuis le début de la guerre de Corée par l'ambassade à Washington.	T.	194
8	Paris	Note de Laloy faisant le point des déclarations soviétiques sur la Corée et Formose.	N.	195
10	*Idem*	Note du Secrétariat général sur les intentions soviétiques à l'égard de la Corée.	N.	200

Date	Provenance et Destination	Objet	Nature du document	Numéro du document
11	Moscou à Paris	La position de l'URSS à l'égard des États-Unis.	T.	203
13	Paris	Note de Laloy au sujet de l'URSS et de la Corée.	N.	210
18	Washington à Paris	Le point sur la situation internationale à la suite de l'affaire de Corée.	T.	215
2 août	Paris	Note du Secrétariat général au sujet de la position soviétique au 1er août 1950.	N.	238
25	Tokyo à Paris	Comment va réagir l'URSS face au recul nord-coréen ?	T.	270
12 septembre	Moscou à Paris	Réactions de l'URSS face aux derniers développements de la situation coréenne.	T.	287
29	Idem	Surprise à Moscou devant la rapidité du succès des Nations unies.	T.	314
21 novembre	Idem	La stratégie du Kremlin suite à l'intervention chinoise en Corée.	T.	364
4 décembre	Idem	Volonté de Moscou de profiter du retournement de situation en Corée.	T.	390

II. - EUROPE

Date	Provenance et Destination	Objet	Nature du document	Numéro du document

A.- EUROPE : GÉNÉRALITÉS

Plan Schuman

Date	Provenance et Destination	Objet	Nature du document	Numéro du document
1950				
10 mai	Paris	Note de la direction des Affaires économiques et financières au sujet de la proposition de Schuman sur le charbon et l'acier.	N.	126
11	Bonn à Paris	Impressions favorables en RFA devant la proposition de Schuman.	T.	128
20	Paris	Note de la direction des Affaires économiques et financières précisant certains points de la proposition Schuman et leurs conséquences.	N.	131
24	Paris à Londres	Memorandum du 24 mai sur le Plan Schuman.	T.	133
25	Londres à Paris	Londres juge plus importants les aspects politiques que les aspects techniques du Plan Schuman.	T.	134
26	*Idem*	Les Britanniques ont bien l'intention de participer activement à la conférence sur le Plan Schuman.	T.	136
27	*Idem*	Massigli avertit Paris que l'on ne peut pas demander à Londres des engagements tant qu'il n'y a pas eu de discussion.	T.	137
29	Washington à Paris	Les inquiétudes américaines vis-à-vis du Plan Schuman.	T.	138
30	Paris	Note de la direction d'Europe au sujet du Plan Schuman et le Conseil de l'Europe.	N.	139
2 juin	Luxembourg à Paris	Lettres de Saffroy à Margerie au sujet des avantages du Plan Schuman pour le Luxembourg.	L.	142
4	Bonn à Paris	Le Plan Schuman est vu comme l'initiative la plus importante depuis la fin de la guerre.	T.	143
9	Londres à Paris	Massigli souhaite que l'on ne laisse pas passer l'occasion d'associer le Royaume-Uni au Plan Schuman.	T.	146
12	Paris	Note de la direction d'Europe au sujet de l'Autorité supranationale et le Conseil de l'Europe (deuxième note).	N.	147

Date	Provenance et Destination	Objet	Nature du document	Numéro du document
27 novembre	Idem	L'avenir du «bevinisme».	D.	371
27	Idem	«L'affaire» Bevan.	D.	372
22 décembre	Idem	La situation internationale vue de Londres.	D.	417

C.- EUROPE CENTRALE

1.- Statut de l'Allemagne occidentale

Date	Provenance et Destination	Objet	Nature du document	Numéro du document
1950				
[1er] avril	Paris	Note concernant le statut de l'Allemagne occidentale.	N.	73
4 mai	Londres à Paris	Compte rendu de la réunion privée sur l'Allemagne tenue dans le bureau de Sir Ivone Kirkpatrick le 4 mai à 10 h. 30.	C.R.	114
16	Paris	Note de la direction d'Europe au sujet de l'Allemagne à la conférence des Trois.	N.	130
1er septembre	Idem	Note de la direction d'Europe au sujet du memorandum allemand sur le statut d'occupation et le groupe de travail de Londres.	N.	275
17 novembre	Bonn à Paris	Entretien entre Adenauer et les hauts-commissaires alliés : les revendications du chancelier Adenauer.	T.	357
24	Paris	Étude des différentes propositions faites en vue de permettre une participation allemande à la défense occidentale par rapport aux buts de la politique française à l'égard de l'Allemagne.	N.	368
4 décembre	Idem	Note de la direction d'Europe au sujet des revendications allemandes récentes concernant la modification du statut d'occupation.	N.	392
5	Idem	Note de la direction d'Europe au sujet des revendications allemandes (suite de la note du 4 décembre).	N.	397
9	Idem	Note de la sous-direction d'Europe centrale au sujet de l'accord de sécurité.	N.	404
16	Idem	Note de la direction d'Europe au sujet de la propagande soviétique et la réunion des Trois à Bruxelles.	N.	409
18	Bruxelles à Paris	Note du directeur d'Europe au sujet de la position du problème allemand.	N.	411

Date	Provenance et Destination	Objet	Nature du document	Numéro du document

2.- Proposition soviétique de conférence à Quatre sur l'Allemagne

Date	Provenance et Destination	Objet	Nature du document	Numéro du document
1950				
2 mars	Paris à Washington	Note du président Auriol à Bonnet à propos d'une éventuelle conférence à Quatre.	L.	43 + ANNEXE
20 novembre	Paris	Note de Jean Laloy au sujet du projet de conférence à Quatre.	N.	361
22	*Idem*	Note de Roland de Margerie au sujet des questions intempestives à se poser en cas de conférence à Quatre sur l'Allemagne.	N.	367
23 décembre	*Idem*	Note de Roland de Margerie pour Schuman demandant de préparer d'éventuelles négociations à Quatre sur l'Allemagne.	N.	415

3.- Réarmement allemand

Date	Provenance et Destination	Objet	Nature du document	Numéro du document
1950				
28 juillet	Bonn à Paris	Bérard signale deux notes allemandes laissant présager un embryon d'armée allemande.	T.	233
1er août	*Idem*	Les projets américains de réarmement allemand commencent à se préciser, en lien avec la guerre de Corée.	T.	236
5	*Idem*	Les Américains souhaitent mettre sur pied des unités comparables à la *Volkpolizei* est-allemande.	T.	246
15	*Idem*	La situation de l Allemagne face à la menace de l'Est.	T.	258
16	Paris	Note de la Direction générale des Affaires politiques sur la situation de l'Allemagne.	N.	259
18	Bonn à Paris	Commentaires de François-Poncet sur l'entretien d'Adenauer avec les hauts-commissaires occidentaux.	T.	262
29	Paris	Note de la direction d'Europe au sujet du memorandum d'Adenauer sur la police et la sécurité.	N.	271
4 septembre	*Idem*	Note de la direction d'Europe au sujet de la police et du réarmement de l'Allemagne.	N.	276

Date	Provenance et Destination	Objet	Nature du document	Numéro du document
5	*Idem*	Note de la direction d'Europe au sujet du memorandum américain sur l'armée européenne.	N.	278
6	*Idem*	Note de la Direction générale des Affaires politiques au sujet du réarmement de l'Allemagne.	N.	281
10	*Idem*	Note du Département au sujet du réarmement allemand souhaité par les Américains.	N.	286
16	Paris à New York	Paris s'oppose à la déclaration d'Acheson sur le réarmement allemand.	T.	297
16	Paris	Lettre de Jean Monnet à Schuman à propos du choix fondamental à faire pour l'avenir des relations avec l'Allemagne.	L.	298 + ANNEXE
19	New York à Paris	Fin de la réunion de New York entre les trois ministres des Affaires étrangères : il reste des divergences sur la question de la sécurité de l'Allemagne.	T.	301
19	Paris	Note du Département pour Schuman au sujet de la nécessité d'avoir une conversation très franche avec Acheson.	N.	302
20	Londres à Paris	Massigli donne son avis sur la question du réarmement allemand telle qu'elle est envisagée à New York.	T.	303
20	Paris	Note de la Direction générale des Affaires politiques relative au réarmement allemand.	N.	305
28	*Idem*	Note de Roland de Margerie pour Schuman au sujet des résultats de la conférence atlantique à New York.	N.	313
3 octobre	*Idem*	Note de la direction d'Europe faisant le point sur les dernières évolutions de la question du réarmement allemand.	N.	319
3	*Idem*	Note du Secrétariat général revenant sur le memorandum américain concernant les mesures à prendre immédiatement en Allemagne en vue de sa participation à la défense de l'Europe.	N.	320
5	*Idem*	Note du Service des Pactes au sujet de la position française à prendre sur le réarmement allemand.	N.	324
5	Washington à Paris	Note de Bonnet au sujet du problème du réarmement allemand.	N.	325

Date	Provenance et Destination	Objet	Nature du document	Numéro du document
17	Bonn à Paris	Entretien de Bérard avec Blankenhorn : l'Allemagne se rallierait à une armée européenne sous commandement allié.	T.	328
17	*Idem*	Impressions de Bérard sur la position allemande et appui à l'hypothèse d'une armée européenne intégrée.	T.	329
18	Paris	Note de la direction d'Europe faisant le point de la position française par rapport aux projets américains de réarmement allemand.	N.	331
22	Berne à Paris	Les autorités suisses ne sont pas favorables à un réarmement allemand.	T.	333
25	Paris	Note de Roland de Margerie pour Schuman au sujet des premières réactions au Plan Pleven.	N.	335
26	Bonn à Paris	L'accueil réservé au Plan Pleven en Allemagne occidentale n'est pas favorable dans un premier temps.	T.	337
1er novembre	Washington à Paris	Note du Département analysant les critiques faites au Plan Pleven.	N.	342
7	Bonn à Paris	Entretien Adenauer/ François-Poncet au sujet de la politique allemande et la construction européenne.	T.	348
9	Paris	Note de Roland de Margerie pour Parodi résumant les points du litige franco-américain au sujet de la participation allemande à la défense européenne.	N.	352
26	Londres à Paris	Le point sur les négociations de Londres au sujet de la participation allemande à la défense européenne.	T.	369
12 décembre	Paris	Note de la direction d'Europe au sujet de l'égalité des droits pour la RFA et le problème de la défense.	N.	405
16	*Idem*	Note de la direction d'Europe au sujet du memorandum américain et des entretiens de Bruxelles.	N.	410

4.- SARRE

Date	Provenance et Destination	Objet	Nature du document	Numéro du document
1950 6 janvier	Paris à divers postes	Mise au point sur la question des mines sarroises.	T.	6

Date	Provenance et Destination	Objet	Nature du document	Numéro du document
10	Paris	Note de la sous-direction de la Sarre pour Schuman pour préparer l'entretien avec le chancelier Adenauer.	N.	8
21	Idem	Note de la sous-direction de la Sarre au sujet des éclaircissements demandés par les Américains concernant les conventions franco-sarroises.	N.	14
22	Paris à Londres	Précisions à apporter aux Anglais au sujet de la question des mines sarroises.	T.	16
4 février	Idem	Réponse aux observations britanniques faites sur les projets de conventions franco-sarroises.	T.	24
9	Paris à Londres, Bonn et Washington	Réactions à l'aide-mémoire américain relatif aux négociations franco-sarroises.	T.	26
6 mars	Paris	Note de la sous-direction de la Sarre pour Schuman en vue de sa conférence de presse.	N.	45
20	Idem	Note de la sous-direction de la Sarre au sujet de l'admission de la Sarre au Conseil de l'Europe.	N.	61
8 mai	Idem	Note de la sous-direction de la Sarre pour le Secrétaire général au sujet de la possibilité de porter l'affaire sarroise devant le Conseil de l'Europe.	N.	120

D.- EUROPE MÉRIDIONALE

1.- ESPAGNE

Date	Provenance et Destination	Objet	Nature du document	Numéro du document
1950				
3 janvier	Madrid à Paris	Au sujet du message du général Franco pour la nouvelle année.	D.	3
16	Idem	La situation internationale et l'Espagne.	D.	12
8 juillet	Saint-Sébastien à Paris	La situation économique et politique espagnole.	D.	197

2.- ITALIE

Date	Provenance et Destination	Objet	Nature du document	Numéro du document
1950				
24 octobre	Milan à Rome	Attitudes italiennes face à l'aide américaine à la France.	D.	334

Date	Provenance et Destination	Objet	Nature du document	Numéro du document
3 décembre	Paris	Les relations franco-italiennes.	N.	389

3.- SAINT-SIÈGE

Date	Provenance et Destination	Objet	Nature du document	Numéro du document
1950 22 juin	Rome à Paris	Appel de Stockholm et déclaration du clergé catholique français.	D.	154

E.- EUROPE ORIENTALE

1.- GÉNÉRALITÉS

Date	Provenance et Destination	Objet	Nature du document	Numéro du document
1950 6 mai	Athènes à Paris	Aspects militaires de la situation balkanique.	D.	118
26 juin	Paris	Note de la sous-direction d'Europe orientale au sujet du rapprochement de la RDA avec les autres satellites.	N.	161
29	Idem	Note de la sous-direction d'Europe orientale au sujet de la situation de l'Église dans l'Est européen.	N.	173
10 juillet	Idem	Espoir de guerre libératrice en Europe orientale à la suite du déclenchement de la guerre de Corée.	N.	199
14 août	Prague à Paris	L'Europe face au stalinisme.	D.	257
1er décembre	Paris	Note de la sous-direction d'Europe orientale au sujet du réarmement de la Bulgarie, de la Hongrie et de la Roumanie.	N.	379
5	Paris à tous les postes	Note du Département au sujet de la politique communiste «de paix».	N.	396

2.- BULGARIE

Date	Provenance et Destination	Objet	Nature du document	Numéro du document
1950 20 novembre	Sofia à Paris	La Bulgarie, protectorat soviétique.	D.	363

Date	Provenance et Destination	Objet	Nature du document	Numéro du document

3.- GRÈCE

Date	Provenance et Destination	Objet	Nature du document	Numéro du document
1950				
22 mars	Athènes à Paris	La Grèce sous protectorat américain.	D.	64
16 octobre	Paris	Note de la sous-direction d'Europe méridionale sur la question de Chypre.	N.	327
1er décembre	Athènes à Paris	Le rapprochement gréco-yougoslave.	D.	382

4.- POLOGNE

Date	Provenance et Destination	Objet	Nature du document	Numéro du document
1950				
11 mars	Paris	Note de la direction des Affaires économiques et financières au sujet des relations économiques et financières franco-polonaises.	N.	53
11 avril	Varsovie à Paris	La difficulté des diplomates à travailler et à accomplir leur mission à Varsovie.	T.	79
17	Idem	L'accord entre le gouvernement et l'épiscopat polonais.	T.	84
1er juin	Paris à Varsovie	L'état des relations franco-polonaises.	T.	140
12 décembre	Varsovie à Paris	La Pologne et la politique allemande de l'URSS.	D.	406

5.- TCHÉCOSLOVAQUIE

Date	Provenance et Destination	Objet	Nature du document	Numéro du document
1950				
15 novembre	Prague à Paris	Quelques aspects de la russification de la Tchécoslovaquie.	D.	35
21 décembre	Idem	L'évolution de la situation religieuse en 1950.	D.	413

Date	Provenance et Destination	Objet	Nature du document	Numéro du document
		6.- TURQUIE		
1950 4 mai	Paris	Note de la sous-direction du Levant pour Roland de Margerie au sujet du refus d'appuyer la demande turque d'extension du Pacte atlantique à la Méditerranée orientale.	N.	113
		7.- URSS		
1950 21 janvier	Moscou à Paris	Communisme et religion.	D.	15
1er février	Idem	Les avantages pour Moscou de la reconnaissance d'Hô Chi Minh.	T.	23
4 mars	Idem	La théorie communiste des contradictions du capitalisme.	D.	44
15	Paris	Note du Département au sujet de la campagne pour la paix en URSS.	N.	56
31	Moscou à Paris	La crainte de l'encerclement vue de Moscou.	T.	71
17 avril	Idem	Les relations franco-soviétiques de juin 1948 à avril 1950.	D.	87
3 mai	Paris	Note de la sous-direction d'Europe orientale au sujet de l'état actuel des rapports franco-soviétiques.	N.	111
8	Moscou à Paris	L'exportation de la Révolution et la coexistence paisible des deux systèmes.	D.	124
3 juillet	Idem	Le caractère de la campagne du manifeste de Stockholm.	D.	184
3	Idem	Les fondements doctrinaux des décisions soviétiques touchant la paix et la guerre.	D.	185
10	Idem	Les forces militaires comparées des États-Unis et de l'URSS.	D.	202
21	Londres à Paris	La politique soviétique et le danger de guerre vus de Londres.	D.	222 + ANNEXE
5 septembre	Varsovie à Paris	Conversation entre Rollet et l'ambassadeur soviétique à Varsovie.	D.	280 + ANNEXE

Date	Provenance et Destination	Objet	Nature du document	Numéro du document
12	Berne à Paris	Conversation de R. Gary avec le chargé d'affaires soviétique à Berne.	D.	290
28 novembre	Paris	Note de la section URSS au sujet de l'évolution intérieure de l'URSS au cours de l'année 1950.	N.	373
30	Moscou à Paris	La pression soviétique sur la France.	D.	377
1ᵉʳ décembre	Paris	Note du Département sur l'Union soviétique et la neutralité.	N.	380
28	Idem	Note de Laloy : qu'est-ce qu'un compromis avec l'URSS ?	N.	418

8.- YOUGOSLAVIE

Date	Provenance et Destination	Objet	Nature du document	Numéro du document
1950				
23 février	Paris à Washington	Réponse à l'aide-mémoire américain sur l'aide à apporter à la Yougoslavie.	MEMO	38
6 septembre	Paris	Note de la sous-direction d'Europe orientale au sujet de l'aide occidentale à la Yougoslavie.	N.	282
28 octobre	Belgrade à Paris	Premier entretien en tête-à-tête entre Tito et Baudet.	T.	338
1ᵉʳ novembre	Idem	Commentaire de Baudet sur son premier entretien avec Tito.	T.	341
1ᵉʳ	Idem	Lettre de Baudet à Seydoux au sujet de son arrivée en poste à Belgrade.	L.	343
10	Paris à Belgrade	Approbation de Paris à la politique de présence initiée par Baudet.	T.	353
20	Paris	Note de la direction d'Europe au sujet de l'évolution de la Yougoslavie vers les puissances occidentales.	N.	362
28 décembre	Idem	Note de la sous-direction d'Europe orientale au sujet de l'aide militaire à la Yougoslavie.	N.	419

III.- ASIE-OCÉANIE

Date	Provenance et Destination	Objet	Nature du document	Numéro du document

A.- ASIE : GÉNÉRALITÉS

Date	Provenance et Destination	Objet	Nature du document	Numéro du document
1950				
4 janvier	New York à Paris	Note de Chauvel sur les États-Unis et l'Extrême-Orient.	N.	5
25	Moscou à Paris	La politique soviétique en Asie orientale.	T.	19
28 février	Paris	Note de la direction d'Asie-Océanie au sujet de la position de la France en Extrême-Orient.	N.	41
11 avril	Moscou à Paris	L'évolution de la politique soviétique dans l'Asie du Sud-Est.	T.	80
21	Singapour à Paris	Réflexions du consul général de France à Singapour sur la situation du Sud-Est asiatique.	L.	95
6 mai	Tokyo à Paris	Les vues de Dejean sur la situation internationale en Asie.	T.	115
9	Moscou à Paris	La stratégie américaine et la propagande soviétique en Extrême-Orient.	D.	125
11 juillet	Washington à Paris	La déclaration Truman du 27 juin 1950 et la politique américaine en Extrême-Orient.	D.	205
15	Idem	L'Extrême-Orient et la conjoncture mondiale.	D.	212
3 août	Paris	Compte rendu de la première séance des conversations tripartites de Paris sur la situation générale à la suite de l'agression de la Corée du Nord.	C.R.	242
4	Idem	Compte rendu de la deuxième séance des conversations tripartites sur la situation internationale.	C.R.	245
30	Idem	Note de la direction d'Asie-Océanie pour le Ministre au sujet des mesures à prendre pour faire face à la menace communiste en Asie du Sud-Est et notamment en Indochine.	N.	273
12 septembre	Idem	Note du Département au sujet de la stratégie et de la tactique soviétiques en Extrême-Orient.	N.	288
30	Saïgon à Paris	Les entretiens militaires franco-britanniques à Singapour.	T.	316

Date	Provenance et Destination	Objet	Nature du document	Numéro du document
4 décembre	Paris	Note de la direction d'Asie-Océanie au sujet de l'état des pourparlers franco-anglo-américains pour une action commune en Indochine et dans l'Asie du Sud-Est.	N.	393

B.- CHINE

Date	Provenance et Destination	Objet	Nature du document	Numéro du document
1950 3 janvier	Paris	Note de la direction d'Asie-Océanie au sujet des avantages et des inconvénients de la reconnaissance par la France du gouvernement de la République populaire de Chine.	N.	2
4	Moscou à Paris	Le but du voyage de Mao à Moscou est bien de régler les relations sino-soviétiques.	T.	4
20	Idem	Pourquoi Moscou a-t-elle retiré son représentant au Conseil de sécurité ?	T.	13
27	Nankin à Paris	La politique étrangère communiste chinoise vue par l'attaché militaire français.	T.	21
16 février	Moscou à Paris	Satisfaction soviétique devant l'accord conclu avec Pékin.	T.	29
16	Paris	Note de la direction d'Asie-Océanie faisant une comparaison entre le traité sino-soviétique du 14 février 1950 et celui du 14 août 1945.	N.	30
17	Shanghaï à Paris	Le traité sino-soviétique vu depuis la Chine.	T.	31
25	Moscou à Paris	Le traité sino-soviétique et l'extension du bloc soviétique vers le Sud.	T.	39
9 mars	Paris	Note du Département au sujet du voyage en Chine du directeur de la Banque d'Indochine.	N.	49
10	Idem	Note de la sous-direction d'Europe orientale au sujet des accords sino-soviétiques du 14 février 1950.	N.	51
15	Idem	Note de la direction d'Asie-Océanie pour la direction d'Europe au sujet de la présence en Chine de techniciens et d'aviateurs soviétiques.	N.	55
30	Paris à Londres, Washington et New York	Attitude de Paris sur la question de la reconnaissance de Pékin expliquée à Londres, à Washington et l'ONU.	T.	70
22 avril	Paris	Note de la direction d'Asie-Océanie pour le Secrétaire général au sujet de la situation en Chine communiste.	N.	98

Date	Provenance et Destination	Objet	Nature du document	Numéro du document
22	*Idem*	Note de la directon d'Asie-Océanie faisant le point sur la question de la reconnaissance du gouvernement communiste chinois.	N.	99
10 mai	*Idem*	Note de la direction d'Asie-Océanie au sujet de l'importance de Formose.	N.	127
19 juin	*Idem*	Note du Secrétariat des Conférences pour le Ministre au sujet de l'attitude britannique sur la question Chine et Nations unies.	N.	150
10 août	Washington à Paris	La politique américaine à l'égard de Formose.	D.	255
19	Paris à Washington	Lettre de Parodi à Bonnet.	L.	265
18 septembre	Shanghaï à Paris	La situation générale en Chine à la mi-septembre 1950.	T.	300
17 novembre	Hong-Kong à Paris	L'intervention chinoise en Corée vue depuis Hong-Kong.	D.	358
30 décembre	Shanghaï à Paris	Les dernières évolutions de la situation chinoise.	T.	421

C.- INDE

Date	Provenance et Destination	Objet	Nature du document	Numéro du document
1950				
21 mars	New Delhi à Paris	La politique étrangère indienne selon Nehru.	D.	65
17 avril	Paris	Note de la direction d'Asie-Océanie au sujet des relations franco-indiennes.	N.	85

D.- INDE FRANÇAISE

Date	Provenance et Destination	Objet	Nature du document	Numéro du document
1950				
2 janvier	Paris	L'avenir des établissements français en Indochine.	P.V.	1
9	*Idem*	Entretien de Daniel Lévi avec le Sardar Malik sur l'Inde française.	C.R.	7
10	*Idem*	Note de Daniel Lévi sur les questions de l'avenir de l'Inde française.	N.	9
10	*Idem*	Réunion sur le futur référent des établissements français de l'Inde.	P.V.	11
24	Paris	Projet de notes destinées à l'ambassade de l'Inde à Paris.	D.	18
22 février	New Delhi à Paris	La question des établissements et la position de l'Inde à l'égard de l'Indochine.	D.	36

Date	Provenance et Destination	Objet	Nature du document	Numéro du document
2 mai	Idem	Dépêche concernant la note confidentielle française relative à l'avenir des établissements français en Inde.	D.	110

E.- INDOCHINE

Date	Provenance et Destination	Objet	Nature du document	Numéro du document
1950				
23 janvier	Paris	La politique américaine en Asie du Sud-Est.	N.	17
8 février	Paris à divers postes	La reconnaissance des États associés d'Indochine.	T.	25
15	Paris à Washington	Question de la reconnaissance de Hô Chi Minh par Moscou.	T.	28
22	Paris	L'élargissement de la partie diplomatique des accords franco-vietnamiens.	N.	35
25	Idem	Les problèmes concernant les États associés d'Indochine.	N.	40
28	Idem	Réunion au ministère des Affaires étrangères sur l'Indochine.	P.V.	42
24 mars	Idem	Conférence «inter-États» sur l'Indochine.	N.	66
25	Idem	La remise à l'administratioin vietamienne des compétences détenues par les autorités françaises.	N.	67
29	Paris à Karachi	Les thèmes de la propagande française dans l'Asie du Sud-Est.	C.	69
[31]	Paris	Note sur les conséquences de la ratification des accords du 8 mars sur le plan économique.	N.	72
17 avril	Bangkok à Paris	Le problème indochinois : France, Viêtnam et États-Unis.	N.	86
21	Paris	L'aide chinoise au Viet-Minh.	N.	93
22	Idem	La convention militaire franco-vietamienne.	N.	100
26	Idem	Note pour le Ministre sur l'aide militaire américaine à l'Indochine.	N.	104
26	Paris	Suggestions américaines au sujet de l'Indochine.	N.	105
28	Idem	Les perspectives après les accords sur l'Indochine du 8 mars.	N.	107
3 mai	Idem	Note du Département au sujet du problème de l'Indochine et la conférence de Londres.	N.	112
6	Idem	Note du Département sur la question indochinoise.	N.	117

Date	Provenance et Destination	Objet	Nature du document	Numéro du document
29 août	Idem	Note de la direction d'Asie-Océanie sur les menaces nouvelles pour l'Indochine.	N.	272
30	Idem	Note de la direction d'Asie-Océanie sur le renforcement de la situation intérieure et diplomatique de l'Indochine.	N.	274
20 septembre	Saïgon à Paris	Note sur l'aide économique américaine aux États associés.	N.	306
25	Paris à Saïgon	L'aide américaine à l'Indochine.	T.	309
4 octobre	Paris	Note pour le secrétaire général du ministère des Affaires étrangères sur l'aide financière américaine pour l'Indochine.	N.	323
2 novembre	New York (ONU) à Paris	La question indochinoise aux Nations unies.	D.	344
7	Paris	Note de la direction d'Asie-Océanie pour le Ministre sur la situation diplomatique en Indochine.	N.	351
1er décembre	Idem	Note de la direction d'Asie-Océanie sur l'indépendance du Viêtnam et la Constitution française.	N.	381
5	Idem	Note pour le Ministre sur la question d'une intervention chinoise en Indochine et la possible saisie de cette question par l'ONU.	N.	398

F.- JAPON

Date	Provenance et Destination	Objet	Nature du document	Numéro du document
1950				
19 avril	Paris	Note de la direction d'Asie-Océanie au sujet de la France et la question du traité de paix japonais.	N.	88
2 mai	Tokyo à Paris	Préoccupation de MacArthur face à la situation générale en Asie.	T.	109
5 juin	Idem	Entretien de Dejean avec MacArthur au sujet du traité de paix avec le Japon.	T.	144
14	Moscou à Paris	L'offensive contre le Japon et la situation en Extrême-Orient.	D.	149
20 septembre	Tokyo à Paris	Le projet de règlement japonais et la politique américaine en Extrême-Orient.	T.	304
17 novembre	Washington à Paris	La question du réarmement du Japon.	D.	359
26 décembre	Paris	Note de la direction d'Asie-Océanie au sujet du traité de paix avec le Japon.	N.	416

IV.- AFRIQUE

Date	Provenance et Destination	Objet	Nature du document	Numéro du document

A.- AFRIQUE : GÉNÉRALITÉS

Date	Provenance et Destination	Objet	Nature du document	Numéro du document
1950				
8 mars	Guerre à Paris	Conversations coloniales avec les États-Unis.	D.	48
21 avril	Paris	Conversations à trois sur le développement colonial en Afrique.	N.	94
12 mai	Idem	Note du Département sur les conversations sur l'Afrique.	N.	129
19 juillet	Washington à Paris	L'attitude américaine vis-à-vis des problèmes coloniaux africains.	D.	218
25 septembre	Paris	Compte rendu des entretiens franco-américains au sujet de l'Afrique.	C.R.	310

B.- MAROC

Date	Provenance et Destination	Objet	Nature du document	Numéro du document
1950				
1er mai	Rabat à Paris	La situation politique au Maroc.	D.	108

C.- TUNISIE

Date	Provenance et Destination	Objet	Nature du document	Numéro du document
1950				
10 janvier	Paris	Position française à l'égard de l'avenir de la Tunisie.	N.	10
11 juillet	Tunis à Paris	Discussions sur les réformes institutionnelles en Tunisie.	D.	206
25	Idem	La question des réformes futures en Tunisie.	D.	227
10 août	Paris	Situation politique en Tunisie.	N.	253
12 septembre	Tunis à Paris	Les différentes positions politiques tunisiennes et «l'état d'esprit nouveau».	D.	292
17 octobre	Idem	Négociations pour la conclusion des conventions entre la France et la Tunisie.	D.	330
25	Idem	La question des relations futures entre la France et la Tunisie.	D.	336

V.- LEVANT ET PAYS ARABES

Date	Provenance et Destination	Objet	Nature du document	Numéro du document
		A.- MOYEN-ORIENT : GÉNÉRALITÉS		
1950				
22 mai	Paris au Caire	Conséquence de la conférence de Londres pour le Levant : la déclaration tripartite sur les armements.	T.	132
4 octobre	Paris	Entretien avec MacGhee sur l'Afrique et le Levant.	N.	322
		B.- ÉGYPTE		
1950				
5 septembre	Paris	Les relations franco-égyptiennes.	N.	279
		C.- ISRAËL		
1950				
30 janvier	Tel Aviv à Paris	Israël, l'Amérique et les Juifs américains.	D.	22
2 juin	Paris à tous les postes	Circulaire au sujet du statut de Jérusalem et de la protection des Lieux Saints de Palestine.	T.	141
25 septembre	Tel Aviv à Paris	La politique de Ben Gourion.	D.	311

VI.- AMÉRIQUE

Date	Provenance et Destination	Objet	Nature du document	Numéro du document
		A.- AMÉRIQUE LATINE		
1950				
10 juillet	Paris à divers postes	Note n° III au sujet de la politique française en Amérique latine.	N.	201
		B.- ÉTATS-UNIS		
1950				
26 janvier	Washington à Paris	Perplexité américaine au sujet de la politique soviétique.	D.	20
9 février	*Idem*	Les relations russo-américaines.	D.	27
15 mars	Londres à Paris	Frictions dans les relations anglo-américaines.	T.	54
19 avril	Washington à Paris	La stratégie de la guerre froide au Département d'État.	D.	89
20	*Idem*	Les rapports américano-soviétiques.	D.	91
25 mai	*Idem*	Les États-Unis et la situation dans le Proche-Orient.	D.	135
11 juillet	*Idem*	La Corée et l'Indochine : évolution de la politique américaine.	D.	204
12 septembre	*Idem*	Le développement du Point IV du président Truman.	D.	291
14 novembre	Paris	Note de la direction d'Amérique pour le Ministre au sujet de la crise des relations franco-américaines.	N.	354
15 décembre	*Idem*	Fermeté et mobilisation des États-Unis contre la menace soviétique.	T.	408
20	*Idem*	Entretiens Dulles-Malik à New York sur les relations Est-Ouest.	T.	412

DOCUMENTS DIPLOMATIQUES FRANÇAIS
1950

(1ᵉʳ JANVIER – 31 DÉCEMBRE)

1

PROCÈS-VERBAL DE LA RÉUNION TENUE LE 2 JANVIER 1950
AU MINISTÈRE DES AFFAIRES ÉTRANGÈRES SOUS LA PRÉSIDENCE
DE M. ROBERT SCHUMAN

Établissements français en Inde

P.V.   *Paris, 2 janvier 1950.*

Assistaient à la réunion :

Pour le Ministère des Affaires étrangères :

M. Parodi, Ambassadeur de France, Secrétaire général,

M. Daniel Lévi, Ambassadeur de France à New-Delhi,

M. Couve de Murville, Ambassadeur de France, Directeur général des Affaires politiques,

M. Baeyens, Conseiller d'Ambassade, Directeur d'Asie-Océanie,

M. de Bourbon-Busset, Conseiller d'Ambassade, Directeur-adjoint au Cabinet du Ministre,

M. Olivier, Attaché d'Ambassade.

Pour le Ministère de la France d'outre-mer :

M. Letourneau, Ministre de la France d'outre-mer,

M. Delavignette, Gouverneur général des Colonies, Directeur du Cabinet du Ministre,

M. Chambon, Gouverneur des Colonies, Commissaire de la République à Pondichéry,

M. Bruniquel, Directeur-Adjoint p.i. des Affaires politiques,

M. Escargueil, Administrateur civil de 2ᵉ classe.

Les principales questions examinées au cours de la réunion ont été les suivantes :

I/ Renonciation éventuelle au référendum et ouverture de négociations avec l'Inde au sujet du statut des Établissements.

M. Letourneau indique que tout un secteur de l'opinion française serait favorable à une renonciation au référendum et à l'ouverture de négociations avec l'Inde au sujet du statut des Établissements en contrepartie de la reconnaissance par New-Delhi du gouvernement de S.M. Bao Daï.

M. R. Schuman confirme cette indication, mais ajoute qu'il est de toute manière impossible de céder les Établissements sans la sanction du Parlement. Il indique à ce propos que M. Saravane-Lambert, député de l'Inde française, a récemment fait part à M. Bonnefous, président de la Commission des Affaires étrangères de l'Assemblée nationale, de son intention de ne plus s'occuper du problème des Établissements.

M. Letourneau précise que, selon les renseignements qui lui ont été donnés par M. Morisset, dont la mère joue un rôle extrêmement important auprès de Sri Aurobindo Ghose, au sein de la communauté de l'Ashram à Pondichéry, l'Inde serait tout à fait disposée à renoncer au référendum.

M. R. Schuman demande à M. Daniel Lévi s'il estime que le gouvernement de New-Delhi aurait assez d'autorité pour modifier aussi radicalement sa politique à l'égard des Établissements. M. Daniel Lévi répond affirmativement.

M. R. Schuman demande alors à notre ambassadeur aux Indes si le gouvernement du Pandit Nehru serait éventuellement prêt à accepter un régime mixte pour les quatre comptoirs. M. Daniel Lévi ne le pense pas : l'Inde veut avant tout acquérir la souveraineté sur les Établissements.

M. R. Schuman indique alors qu'il ne voit pas sur quoi pourrait porter une éventuelle négociation avec nos interlocuteurs étant donné :

1) Que ceux-ci sont opposés pareillement et à un régime de souveraineté et au maintien de la souveraineté française avec octroi aux Établissements d'un régime permettant une large collaboration entre les quatre villes et l'Inde.

2) Que le gouvernement français ne peut envisager un abandon pur et simple des comptoirs.

Le gouverneur Chambon fait part des suggestions que M. Ali Baig, jusqu'à ces derniers temps Consul général de l'Inde à Pondichéry, lui avait adressées sur ce point : New-Delhi recevrait la souveraineté sur les Établissements, mais les optants pour la nationalité française conserveraient le droit de se faire représenter au sein des diverses Assemblées françaises.

M. R. Shuman estime qu'une telle solution est peu praticable et qu'elle suppose d'ailleurs en tout état de cause la renonciation de la France à sa souveraineté.

M. Delavignette suggère alors que l'indépendance complète pourrait être accordée aux quatre villes sans souveraineté ni de la France ni de l'Inde.

M. R. Schuman estime que le Parlement ne pourrait considérer cette dernière solution que comme un abandon. M. Letourneau ajoute que cet abandon se ferait en faveur des populations locales, mais sans aucun bénéfice ni pour la France ni pour l'Inde. M. Daniel Lévi est d'avis qu'une telle mesure ne pourrait en tout état de cause être prise qu'après le référendum.

Le gouverneur Chambon déclare alors qu'il n'y aura pas de toute manière de référendum, du moins au sens où on peut l'entendre à Paris. Selon lui, ou bien le contrôle des observateurs neutres sera efficace et les électeurs ne voteront pas, ou ce contrôle sera très lâche et les irrégularités coutumières aux Établissements en matière de vote se reproduiront.

M. R. Schuman souligne à nouveau que la question fondamentale à trancher est la suivante : y a-t-il un fait nouveau qui doive inciter le gouvernement français à renoncer au référendum ? La France ne peut de ce point de vue se mettre dans la position de déclarer son intention de renoncer à la consultation populaire et de se voir répondre que New-Delhi tient au contraire à ce que celle-ci ait lieu conformément à l'échange de lettres du 29 juin 1948[1].

***

M. R. Schuman donne alors lecture du procès-verbal de la séance du Conseil de gouvernement des 4 Établissements du Sud en date du 15 décembre 1949. Il ressort, à son avis, de ce document que les leaders politiques locaux ne demandent nullement à la France de négocier avec l'Inde sans référendum, mais l'invitent à obtenir de New-Delhi certaines garanties pour la période qui suivra le référendum.

M. Letourneau rappelle que les récentes démarches du gouvernement indien permettent de penser que celui-ci cherche à « causer » avec nous au sujet du référendum et n'a pas l'intention d'y renoncer.

M. R. Schuman estime donc qu'il est très difficile de négocier en vue d'éviter le référendum, mais qu'il faut négocier pour essayer d'obtenir les garanties que souhaitent nos ressortissants en ce qui concerne les conséquences du référendum.

Le gouverneur Chambon précise alors que les leaders politiques locaux sont fermement d'avis qu'aucune négociation n'aura à être entreprise avec l'Inde dans l'éventualité d'un référendum favorable à la France. Ils se doutent précisément que la France ne soit tentée, une

---

[1] Voir *DDF*, 1948-II, n°6.

fois le succès obtenu, de la monnayer contre un appui de l'Inde, par exemple dans la question du Viêtnam.

M. R. Schuman déclare qu'il comprend parfaitement ce point de vue, qu'il n'y aura lieu en aucun cas d'envisager une telle négociation et qu'il conviendra, pour rassurer pleinement nos ressortissants, d'indiquer clairement que le statut d'autonomie qui sera accordé aux comptoirs après le référendum ne pourra être modifié sans le consentement exprès des populations.

Dans une déclaration solennelle qui serait lue au Parlement au cours du prochain débat sur le projet de loi autorisant le référendum, le gouvernement pourrait par ailleurs confirmer son intention de défendre, comme la Constitution lui en fait d'ailleurs une obligation, le statut des quatre Établissements au sein de l'Union française.

M. Letourneau se déclare pleinement d'accord avec la suggestion faite par M. R. Schuman.

***

M. R. Schuman revient alors sur la question de savoir s'il est possible d'espérer obtenir des apaisements sur l'attitude du gouvernement de New-Delhi à l'égard des résultats du référendum.

M. Daniel Lévi estime que possible de lier une telle démarche à la remise qui a été faite officiellement, il y a plusieurs mois, à notre Ambassade aux Indes, par Sir Girja Bajpaï, du texte des déclarations du Pandit Nehru en date du 3 février 1949 au sujet des Établissements[1].

Il donne lecture d'un projet de note qui pourrait être adressé à ce sujet au gouvernement de l'Inde et dont le texte figure en annexe au présent procès-verbal.

M. R. Schuman et M. Letourneau donnent leur accord aux termes de ce document.

***

Au cours de sa séance du 15 décembre, le Conseil de gouvernement des Établissements a également souligné que le droit d'opter pour la citoyenneté française ou indienne devrait être assuré à l'avance aux ressortissants des comptoirs.

M. R. Schuman demande s'il n'y aurait pas intérêt à aborder également cette question dans le projet de note dont M. Daniel Lévi vient de donner lecture.

M. Parodi estime qu'il n'y a pas lieu de poser la question dès maintenant à nos interlocuteurs.

---

[1] Voir *DDF*, 1949-I, n°100.

Le gouverneur Chambon exprime un avis opposé. En effet, indique-t-il, le secret du vote est dans les Établissements une pure fiction et les électeurs qui nous sont favorables veulent être sûrs d'avoir la possibilité de conserver la nationalité française et d'être par là même protégés dans leurs personnes et dans leurs biens.

M. Couve de Murville fait observer que nos ressortissants entendent donc pouvoir, en toute hypothèse, continuer à résider dans les Établissements. Il souligne qu'une telle disposition est exorbitante du droit commun en matière d'option. Il n'est nullement certain que l'Inde accepte.

M. R. Schuman estime que le gouvernement français pourrait dans la déclaration solennelle dont il a été question plus haut, indiquer qu'il est fermement décidé à respecter le droit d'option des habitants des Établissements. M. Letourneau partage ce point de vue.

M. Parodi souligne ce qu'une telle déclaration pourrait avoir de dangereux pour nous. Elle risquerait fort en effet d'inciter les électeurs à voter en faveur de l'Inde puisqu'ils seraient assurés à l'avance de pouvoir conserver la nationalité française.

M. Baeyens rappelle que le traité de cession de Chandernagor constituera à cet égard un précédent. Il est à prévoir que New-Delhi soulèvera des objections contre le principe même du droit d'option. Il y aurait donc intérêt en tout état de cause à attendre la réponse de nos interlocuteurs sur ce point, avant d'entreprendre auprès d'eux une nouvelle démarche.

Sur question de M. R. Schuman, M. Daniel Lévi précise que le Sardar Malik sera de retour à Paris vraisemblablement le 7 janvier et qu'il sera chargé de remettre au gouvernement français les observations de l'Union indienne sur le projet de traité de cession de Chandernagor (cf. télégramme de New-Delhi n° 959 du 27 décembre).

M. R. Schuman indique qu'il est dans ces conditions préférable d'attendre de connaître la réponse de nos interlocuteurs avant d'aborder avec eux la question du droit d'option pour les habitants des Établissements du Sud. Si New-Delhi accepte de reconnaître ce droit aux Chandernagoriens, la question pourra alors leur être posée pour nos ressortissants de Pondichéry, Yanaon, Karikal et Mahé.

***

En conclusion de ces échanges de vues, M. R. Schuman revient sur la nécessité pour le gouvernement français d'affirmer, dans une déclaration solennelle devant le Parlement, qu'il entend en tout état de cause :

1) assurer le maintien des Établissements au sein de l'Union française, dans l'éventualité d'un vote qui nous serait favorable ;

2) garantir l'entière sécurité de tous les électeurs quels que soient les résultats de la consultation ;

3) maintenir le statut qui sera accordé aux Établissements à l'issue du référendum, statut qui ne pourra être modifié sans le consentement exprès de la population.

II/ Modalités du référendum.

1) *Question à poser au corps électoral.*

Le projet de décret fixant les modalités du référendum des Établissements du Sud prévoit qu'une seule question sera posée aux électeurs : « *Approuvez-vous le maintien de votre Établissement au sein de l'Union française, selon l'un des statuts prévus à l'article 60 de la Constitution ?* »

M. Letourneau et M. Parodi font observer que cette question n'est pas formulée de manière aussi simple et qu'elle comporte une bonne part d'incertitude. Il devrait être suffisant de demander à nos ressortissants s'ils approuvent le maintien de leur Établissement « *au sein de l'Union française* ».

Le gouverneur Chambon estime pour sa part que la manière dont sera posée la question n'a pas grande importance. Ce qui compte avant tout c'est que les leaders politiques des comptoirs soient saisis officiellement et avant le référendum, de notre offre de statut d'autonomie. Il serait donc extrêmement souhaitable que la procédure d'octroi de ce statut fut mise en route le plus tôt possible.

M. R. Schuman est d'avis qu'il convient dans ces conditions de demander au Parlement de se prononcer à la fois sur le référendum et sur le statut.

M. Escargueil fait observer qu'il est peu probable que la procédure assez lente d'octroi du statut d'autonomie puisse être menée à son terme avant que le Parlement examine le projet de loi sur le référendum.

M. Daniel Lévi souligne qu'il y a de fortes chances pour que New-Delhi demande que les électeurs soient appelés à se prononcer nommément entre la France et l'Inde.

M. Letourneau déclare qu'il serait impossible de formuler la question posée, de cette manière. Le gouvernement français ne peut donner à des ressortissants de l'Union française que le choix entre demeurer au sein de cette Union ou en sortir. Il ne peut désigner lui-même l'État étranger auquel ces ressortissants pourraient éventuellement s'intégrer.

Le gouverneur Chambon partage ce point de vue d'autant plus, ajoute-t-il, qu'il n'est pas impossible que si une majorité pro-indienne s'affirme par exemple à Karikal, les Musulmans de cet Établissement ne demandent à être rattachés au Pakistan.

M. R. Schuman estime qu'en l'absence de toute disposition interprétative précise, un vote négatif à la question qu'il est envisagé de poser pourra signifier la volonté des électeurs :

a) soit de voir proclamer l'indépendance des quatre villes ;

b) soit de se rattacher à l'Inde.

Si la seconde interprétation (rattachement à l'Inde) peut seule être retenue, il convient de le préciser à l'avance, soit dans le texte du décret d'organisation, soit dans la déclaration solennelle qui sera faite devant le Parlement.

Sur question de M. R. Schuman, M. Escargueil indique que c'est sur la demande du Conseil d'administration de Chandernagor qu'avait été insérée dans le texte du décret d'organisation du référendum de la ville libre, la clause selon laquelle une réponse négative à la question posée signifierait la volonté de l'électeur de voir l'Établissement intégré à l'Inde. Le congrès des municipalités des Établissements du Sud n'a rien demandé dans ce sens et c'est pourquoi aucune disposition n'a été prévue jusqu'ici.

2) *Quorum.*

M. R. Schuman déclare tout d'abord qu'un quorum est indispensable. Sur question de M. Daniel Lévi, il précise qu'au cas où le quorum ne serait pas atteint, le statu quo serait maintenu.

M. Daniel Lévi fait observer que le maintien du *statu quo* signifierait que nous compterions toutes les voix des abstentionnistes comme favorables à la France. L'Inde s'opposera très vivement à une telle interprétation.

M. Parodi demande si dans ces conditions il ne serait pas plus opportun de supprimer purement et simplement le quorum.

M. Letourneau s'y déclare opposé mais estime qu'il y aurait peut-être intérêt à accepter le chiffre de 40 % proposé en dernier lieu par l'Union indienne. Si les deux gouvernements étaient d'accord à l'avance sur ce chiffre, il deviendrait très difficile à New-Delhi de s'opposer au maintien du statu quo au cas où le quorum ne serait pas atteint. Il ne faut pas toutefois se dissimuler combien il peut paraître illogique de fixer un quorum à 40 %.

Le Ministre de la France d'outre-mer se propose pour « engager » nettement nos interlocuteurs sur ce point, d'indiquer dans sa déclaration au Parlement :

1) que la France ne reconnaîtra les résultats du référendum que si 40 % des électeurs inscrits ont pris part au scrutin ;

2) que ce chiffre a été proposé par le gouvernement de l'Inde et accepté par le gouvernement français dans un esprit de conciliation.

M. R. Schuman donne son accord à cette suggestion.

M. Daniel Lévi déclare qu'il y a toutefois peu de chances pour que même ce quorum réduit soit atteint.

Le gouverneur Chambon exprime un avis opposé. Les risques d'abstentions massives disparaîtront si satisfaction est donnée aux demandes de garanties formulées par le Conseil de gouvernement, dont il a été question plus haut.

3) Amnistie.

Sur question de M. R. Schuman, le gouverneur Chambon précise que les individus qui pourraient éventuellement être admis au bénéfice de l'amnistie sont au nombre d'environ 120. Il s'agit essentiellement des émeutiers de Mahé, qui ont cherché refuge en territoire indien. Les autorités indiennes ayant opposé un refus aux demandes d'extradition qui leur avaient été adressées, les individus en question seront jugés par contumace. Leur procès ne pourra d'ailleurs pas, en tout état de cause, avoir lieu avant la deuxième quinzaine du mois de mars 1950.

M. Couve de Murville demande s'il ne serait pas possible éventuellement de faire suspendre les poursuites engagées contre eux par le Ministère public. On éviterait ainsi d'avoir à les amnistier, ce qui nécessite une loi.

Le gouverneur Chambon précise que l'instruction du procès est close. M. R. Schuman pense qu'il est donc juridiquement impossible de suspendre les poursuites engagées. Il demande toutefois à M. Letourneau, qui accepte, de bien vouloir faire vérifier ce point auprès des services compétents du Ministère de la Justice.

Le gouverneur Chambon indique que le retour des individus éventuellement amnistiés à Mahé, à la veille du référendum risque de provoquer des incidents sérieux.

M. R. Schuman estime qu'en conséquence la loi d'amnistie ne devra être promulguée que quelques jours au plus avant la date fixée pour les opérations de vote.

4) Situation dans les enclaves de Pondichéry.

M. R. Schuman demande si l'on peut espérer que New-Delhi accepterait de donner certaines garanties sur le transit entre les enclaves et le centre de Pondichéry et sur les rapports économiques entre les Établissements de Pondichéry et de Karikal et l'Inde.

M. Daniel Lévi estime que nous nous heurterions sûrement à un refus, le maintien des mesures actuelles étant le seul moyen de pression efficace dont disposent nos interlocuteurs.

Le gouverneur Chambon souligne la gravité du problème des enclaves dont les habitants voteront certainement contre nous si une solution satisfaisante ne lui est pas apportée d'ici le référendum. Il demande qu'une démarche soit faite auprès du gouvernement indien pour obtenir de lui :

1) soit le retour au régime d'avant 1941 (report du cordon douanier à la périphérie des comptoirs) ;

2) soit l'application des dispositions de la convention internationale de Barcelone de 1921 sur la liberté du transit, dont l'Inde est signataire.

M. Daniel Lévi fait observer que les démarches suggérées par le gouverneur Chambon ont déjà été accomplies sans aucun résultat. Seule la présence d'observateurs neutres pourra, à ses yeux, amener une détente.

M. Letourneau partage ce dernier point de vue, mais estime qu'un résultat pourrait néanmoins être recherché, en faisant de la « libération » des enclaves une condition de notre acceptation éventuelle de l'amnistie et de la fixation du quorum à 40 %.

Il pourrait même, en dernier ressort, être indiqué au gouvernement indien que le référendum n'aura lieu que quand le problème des enclaves aura été réglé de manière satisfaisante.

Cette question sera examinée à nouveau au cours d'une prochaine réunion.

5) *Observateurs neutres.*

Sur question de M. R. Schuman, M. Baeyens précise que dix observateurs sur douze sont d'ores et déjà désignés. L'un d'eux M. Chang Ching Tseng n'a toutefois donné qu'une acceptation conditionnelle.

M. R. Schuman signale que le gouvernement indien vient justement (cf. télégramme de New-Delhi n°s 963-64 du 30 décembre) de demander que le nom de M. Chang Ching-Tseng soit rayé de la liste des observateurs.

M. Baeyens fait observer que c'est le gouvernement indien lui-même qui a présenté la candidature de cette personnalité. Il paraît donc très difficile, si elle accepte finalement cette mission, de la récuser pour de simples motifs d'opportunité mis en avant, au dernier moment, par nos interlocuteurs. Les observateurs n'ont d'ailleurs pas été choisis en fonction de leurs gouvernements, mais de leurs compétences et de leur impartialité.

M. R. Schuman déclare se ranger à ce point de vue.

M. Baeyens précise par ailleurs que le gouvernement indien vient de recevoir communication de la liste supplémentaire, établie par nous, de 6 observateurs asiatiques sur lesquels 2 seront désignés par M. Guerrero, au vu des observations présentées par nos interlocuteurs.

6) *Révision des listes électorales.*

M. R. Schuman indique que le gouvernement de New-Delhi vient de rappeler une fois de plus au gouvernement français que la révision des listes électorales des Établissements ne devrait pas s'ouvrir avant l'arrivée sur place des observateurs (cf. télégramme de New-Delhi nᵒˢ 963-64 du 30 décembre).

Le gouverneur Chambon fait observer à ce sujet que seul a commencé l'établissement des tableaux rectificatifs d'addition ou de retranchement (qui est une opération purement matérielle ne nécessitant aucunement la présence des observateurs).

La date d'ouverture des opérations ultérieures (notamment période des réclamations) ne sera fixée qu'en fonction de l'arrivée des personnalités neutres dans les Établissements.

(Direction d'Asie-Océanie, Inde française, volume 12)

ANNEXE

PROJET DE NOTE ÉTABLIE PAR M. LÉVI, AMBASSADEUR DE FRANCE
À NEW-DELHI

N.

Le Premier ministre et Ministre des Affaires étrangères du gouvernement indien a, selon les propos qui lui ont été prêtés par la presse, déclaré à plusieurs reprises, et notamment le 5 août 1949, qu'en tout état de cause et quels que puissent être les résultats du prochain référendum, les Établissements français de l'Inde devraient être annexés à l'Union indienne.

Il va de soi qu'au cas où de telles déclarations auraient été effectivement faites et correspondraient aux vues du Premier ministre et du gouvernement de New-Delhi, la décision du gouvernement français tendant à précéder dans les Établissements du Sud à une consultation populaire, l'initiative officiellement approuvée par le gouvernement indien par l'échange de lettres en date du 29 juin 1948, cesserait de répondre au but même qu'elle se proposait : laisser aux populations en cause la faculté de décider elles-mêmes de leur sort.

Ainsi que le sait le gouvernement indien, le gouvernement français a tenu à prendre toutes les dispositions nécessaires pour que cette consultation ait lieu en pleine loyauté ; il a, en particulier tenu à faire appel à ces fins, au contrôle d'observateurs neutres, désignés par le Vice-Président de la Cour internationale de Justice, après agrément préalable des deux gouvernements. Il a accepté d'augmenter le nombre de ces observateurs et de procéder, sous leur contrôle, à une révision des listes électorales, mesures qui ont eu pour effet de retarder quelque peu la date primitivement fixée par les Assemblées compétentes pour la consultation.

Il n'a pas hésité à retenir d'autres suggestions faites par le gouvernement indien, à l'effet d'assurer à ce référendum, dont les résultats ne vaudront que si le corps des observateurs neutres en décide ainsi, toutes les garanties d'équité nécessaires.

Il va de soi cependant, que cette consultation populaire n'aurait plus aucune signi-fication et perdrait même sa raison d'être, si le gouvernement indien estimait à l'avance n'en pouvoir admettre les résultats que s'ils lui étaient favorables.

Il y a là une équivoque qu'il paraît nécessaire de dissiper, au moment où le gouver-nement français se dispose à mettre en œuvre les dispositions dernières requises pour qu'ait lieu dans le plus bref délai cette consultation. Au moment notamment où le corps des observateurs neutres va être appelé à se réunir pour l'accomplissement de la tâche importante qui doit lui revenir.

Aussi le gouvernement français estimerait-il opportun et nécessaire qu'ainsi qu'il est lui-même bien entendu disposé à le faire, l'un et l'autre gouvernements prissent l'en-gagement de reconnaître les résultats du référendum, quels qu'ils puissent être, après que le corps des observateurs neutres aurait conclu à leur validité.

1) Cet engagement ressort évidemment déjà de l'échange de lettres du 29 juin 1948. Il ne s'agirait donc en somme que de le renouveler aujourd'hui, afin d'éviter tout malentendu.

2) Par ailleurs, afin de permettre aux populations en cause de prendre part sans entraves d'aucune sorte à la consultation en ses diverses phases, depuis la révision des listes électorales jusqu'à la proclamation des résultats, le gouvernement français esti-merait nécessaire que les deux gouvernements s'engagent l'un vis-à-vis de l'autre, à laisser jouir tous les électeurs inscrits de toute la liberté de circulation compatible avec le maintien et l'ordre public, notamment à l'entrée comme à la sortie des enclaves respectives.

3) Une telle déclaration, faite par l'un et l'autre gouvernements pourrait en outre porter de leur part l'engagement de ne procéder antérieurement et postérieurement à la consultation, à aucune sanctions ni représailles contre les personnes ou les biens de leurs partisans réciproques, à moins bien entendu d'atteinte flagrante de leur part à l'ordre public, ni d'une manière générale contre les populations de nos établisse-ments, et leurs légitimes intérêts.

Le gouvernement français, soucieux d'assurer à cette consultation un caractère pleinement conforme aux principes mêmes de la démocratie, est prêt, pour sa part, à souscrire à un tel engagement, si le gouvernement de l'Inde s'y déclare lui-même disposé.

Le gouvernement français, étant, comme semble l'être aussi le gouvernement indien, désireux de voir procéder dans les plus courts délais à la consultation populaire, serait heureux de recevoir le plus tôt possible la réponse du gouvernement indien.

(Direction d'Asie-Océanie, Inde française, volume 12)

2

Note de la Direction d'Asie-Océanie

pour M. Schuman, Ministre des Affaires étrangères

*Le pour et le contre de la reconnaissance par la France
du gouvernement de la République populaire chinoise*

N.   *Paris, 3 janvier 1950.*

Jusqu'ici le gouvernement français a conduit sa politique chinoise en ce qui concerne la question de la reconnaissance du gouvernement de Pékin en fonction des intérêts français en jeu en Indochine.

Sous cet angle, le pour et le contre de la reconnaissance peut s'analyser ainsi :

Aspect favorable :

L'établissement des relations avec le gouvernement de Mao Tsé Toung implique de sa part la reconnaissance de la France et de la structure juridique française.

En effet, la reconnaissance d'État implique de la part d'un autre État l'acceptation de la situation de fait existant quant à la structure du pays avec lequel des relations sont établies. Cette considération devrait, dans une certaine mesure empêcher le gouvernement populaire chinois de reconnaitre Hô Chi Minh comme le chef de l'État viêtnamien.

L'établissement de liens avec le gouvernement de Mao Tsé Toung impliquerait également la possibilité de régler les incidents de frontières éventuels du fait qu'il sera possible de converser avec des autorités responsables.

Enfin cette reconnaissance permettrait de maintenir et peut-être de développer les liaisons et les courants commerciaux existants actuellement entre l'Indochine et la Chine.

Aspect défavorable :

Par contre, de nombreuses conséquences défavorables peuvent résulter de la reconnaissance du gouvernement de la République populaire chinoise.

Les partisans de Hô Chi Minh et les partis communistes d'Indochine, indochinois et chinois, tireraient de cette reconnaissance un prestige accru et une aide matérielle certaine ; un tel geste, d'autre part, risquerait de décourager les anti-communistes chinois d'Indochine et notamment le gouvernement de S.M. Bao Daï ; selon M. Pignon, le moral des troupes françaises en seraient sérieusement affectés.

Le principal inconvénient reste cependant le fait que le gouvernement de Mao Tsé Toung se trouverait hériter des droits exorbitants que la France a dû reconnaitre aux Chinois en Indochine par le traité de

Tchungking du 28 février 1946[1] : droits concernant la circulation sur le territoire d'Indochine, régime des impôts, acquisition et possession de biens immobiliers ruraux et urbains, tenue des écritures commerciales, création d'écoles primaires et secondaires, droits de navigation et de pêche, privilèges juridictionnels assimilant les Chinois aux Français, création d'une zone franche dans le port de Haiphong. Malgré tous ces inconvénients, il semble impossible pour la France de dénoncer actuellement le traité de Tchungking. Cet acte en effet constitue une reconnaissance formelle de notre présence en Indochine par les Chinois, toujours disposés à en contester le fondement juridique.

La dénonciation de ce traité pourrait cependant être envisagée au cas où le gouvernement de Mao Tsé Toung contesterait la validité de certains des accords franco-chinois.

Quoi qu'il en soit dans l'avenir le gouvernement viêtnamien qui a repris l'exercice des droits dont il avait concédé la représentation à la France, pourra à son initiative engager auprès du gouvernement chinois une procédure de dénonciation de ce traité.

En ce qui concerne l'existence en Indochine de postes consulaires chinois, cette question paraît relever du seul gouvernement viêtnamien. En effet, les doctrines établies par le gouvernent français et dont il était fait état dans une récente note à l'Ambassade d'Angleterre, précisent que les consuls étrangers, pour exercer au Viêtnam, auront besoin du seul *exequatur* viêtnamien.

Dans ces conditions, le gouvernement français, lorsqu'il établira des rapports avec la Chine communiste, peut très bien soutenir que l'échange des consuls existe de plein droit entre la Chine et la France mais qu'en ce qui concerne les États associés d'Indochine, il appartient au gouvernement chinois d'entrer en contact à cet effet avec les gouvernements des États associés. À titre indicatif, il existe actuellement en Indochine 4 consulats chinois, ceux de Hanoï, Haiphong, Saigon et Phnom Penh. Un accord de principe a, dans le passé, été donné au gouvernement chinois pour l'ouverture d'un poste à Hué.

Aspect international du problème de la reconnaissance.

Tous les États du bloc oriental et la Yougoslavie ont reconnu le gouvernement de Pékin.

Parmi les autres États seules la Birmanie et l'Inde ont également accordé leur reconnaissance *de jure*.

Politique anglaise.

La Grande-Bretagne est en faveur de la reconnaissance immédiate. Sa décision parait irrévocable et sans doute aurait-elle déjà été rendue publique si le gouvernement américain et le gouvernement français n'avaient pas fait de pressentes démarches pour la retarder et si les nouveaux gouvernements au pouvoir en Nouvelle-Zélande et en Aus-

[1] Voir *DDF*, 1946-I, n°s 80, 122, 126 et 223.

tralie, de même que le Canada, n'avaient pas demandé un sursis pour leur permettre d'étudier l'affaire.

Politique des États-Unis.

Le gouvernement américain est contre la reconnaissance tout en se montrant incapable de présenter à ses partenaires en Occident une solution au problème.

Le *Times* du 2 janvier prête au président Truman lui-même l'intention soudaine de soutenir militairement le gouvernement central nationaliste à Formose ce qui exclurait toute relation officielle ou officieuse entre Washington et Pékin. L'opinion et le gouvernement anglais se montrent très inquiets d'une telle éventualité. Notre ambassadeur à Washington ne parait pas attacher autant de crédit à ces informations. Il estime que le Président et M. Acheson ont définitivement abandonné toute idée d'ingérence dans les affaires chinoises et ne feraient actuellement que donner de la corde aux partisans de l'aide à la Chine nationaliste et aux milieux militaires dont le général MacArthur est le chef de file, qui englobent Formose dans l'air de sécurité américaine. Cette vue des choses parait exacte à condition toutefois que ne surgisse pas de développement spectaculaire dans le sens d'une union plus étroite entre la Chine et l'URSS. Or depuis 3 semaines le chef du nouvel État chinois, Mao Tsé Toung, est à Moscou. Il compte y rester quelques semaines encore. L'annonce d'un traité d'alliance entre la Chine et l'URSS à l'issue de son long séjour ou tout autre développement de cette nature pourrait fort bien faire perdre pied au chef du Département d'État.

L'ONU et le problème de la reconnaissance.

Les divergences de vue anglo-américaines signalées ci-dessus se trouvent mettre en cause l'avenir de l'ONU. On peut redouter en effet qu'après la reconnaissance anglaise et celle d'autres puissances du Commonwealth ou du Pacte de l'Atlantique ne surgissent au sein des Nations unies une grave crise. Le Conseil de sécurité et l'Assemblée sont en effet maître l'un et l'autre de leur composition. Il serait à craindre que le Conseil et l'Assemblée ne désirent pour siéger dans leur sein, en divisant les voix occidentales, l'un le représentant communiste, l'autre celui de la Chine nationaliste.

Conclusion.

L'effort diplomatique de la France doit tendre à rapprocher les points de vue anglais et américain. Dans la conjoncture actuelle cette tâche parait extrêmement difficile.

En l'absence d'un tel accord, la réserve dont le gouvernement français à jusqu'ici fait montre sur la question de la reconnaissance du gouvernement de Pékin lui a permis d'exercer une double pression à Londres et à Washington pour obtenir que la reconnaissante du Viêtnam précède, ou coïncide à défaut, celle de la Chine communiste. Les États-Unis ont soutenu à Londres cette manière de voir.

Cette politique a porté ses fruits. Le gouvernement américain et le gouvernement anglais sont sortis de leur réserve à l'égard du gouvernement de Bao Daï et n'attendent plus que la ratification des accords du 8 mars pour accomplir un geste spectaculaire.

Jusqu'à ce que ce résultat soit effectivement acquis, sans doute le gouvernement français pourra avec avantage maintenir sa position actuelle vis-à-vis de la Chine communiste.

Par la suite, le gouvernement aura à considérer si l'existence d'une vaste frontière désormais commune entre l'Indochine et la Chine communiste, ne réclame pas dans l'intérêt même des États associés comme dans celui de la France culturel et économique en Chine, l'établissement de relations officielles entre la nouvelle Chine et Paris.

(Direction d'Asie-Océanie, Chine, volume 212)

3

M. Hardion, Ministre chargé de la Délégation du Gouvernement de la République française en Espagne, à M. Schuman, Ministre des Affaires étrangères[1].

D. n°14.   *Madrid, 3 janvier 1950.*

Une fois de plus, le général Franco a tenu, à la veille du Nouvel An, à s'adresser par la radio à ses concitoyens. L'allocution du Caudillo, empreinte d'un optimisme de commande, représente en fait un panégyrique de l'œuvre accomplie par le régime au cours de l'année 1949 comme des prétendus succès qu'il aurait remportés pendant cette période. Aussi bien, cette sèche homélie qui n'a rien d'original ne mériterait-elle sans doute pas d'être relevée si elle ne témoignait, par le fait que la question monarchique y est passée sous silence et que le régime y est présenté comme stabilisé, de la détermination du chef de l'État espagnol de maintenir, sans y apporter désormais aucune modification, les institutions politiques et économiques issues de la révolution de 1936.

Avant de passer en revue les événements de l'année écoulée, le Généralissime a tenu à rappeler à ses compatriotes que l'Espagne actuelle « se trouve sur le chemin de la vérité historique, en union avec notre Sainte Mère l'Église et munie de la bénédiction divine ». Cette affirmation de principe une fois formulée, le général Franco a averti ses adversaires de l'inutilité des efforts qu'ils déploieraient pour renverser son gouvernement. « Ils se trompent » a, en effet, déclaré le Caudillo,

[1] Dépêche adressée à la sous-direction d'Europe méridionale et communiquée au Secrétariat des Conférences et au service d'Information et de Presse.

« ceux qui en s'efforçant de retarder la reconstruction et le développement de l'Espagne ont cru obtenir autre chose que de durcir davantage notre détermination ».

Aussi bien, le Généralissime ayant ainsi admonesté les démocraties n'hésite-t-il pas à encourager son peuple en ces termes : « Seules les premières étapes de la reconstruction sont pénibles à parcourir, et, actuellement, nous les avons presque dépassées... Voilà pourquoi, l'Espagne se sent, en cette fin d'année, sûre d'elle-même, tranquille devant l'avenir et assurée de l'appui de son peuple, uni dans la détermination inébranlable de créer des conditions de vie meilleures pour tous les Espagnols ».

Sur le plan de la politique extérieure, le général Franco a, comme il fallait s'y attendre, affirmé que l'année 1949 avait été marquée par des événements « d'une importance indiscutable pour le prestige de l'Espagne, la Péninsule ibérique constituant qu'on le veuille ou non, par la nature des choses, la clé de voûte de l'Occident ». Rappelant alors « l'inoubliable voyage au Portugal », et « les sentiments fraternels unissant les deux peuples péninsulaires », le Caudillo a souligné « l'allégresse » que le passage du roi Abdallah de Transjordanie avait suscitée en Espagne, de même que « la croissante communauté d'affection et de liens historiques qui lie la Péninsule aux peuples arabes » comme aux nations hispano-américaines.

Le chef de l'État espagnol abordant alors quelques aspects de la politique intérieure espagnole a formulé l'éloge des organismes officiels issus de « la volonté créatrice » du régime et, en particulier, de l'Institut national de l'Industrie (INI), dont le programme s'opposerait aussi bien au système marxiste qu'aux excès de l'initiative privée. De même, a poursuivi le Caudillo, peut-on citer à cet égard : « La mise en service de nouvelles centrales thermiques en Galice, dans la province de Léon et dans les Asturies... La reconstruction des édifices du culte et des villes de Cadix et de Tarancon... L'aménagement d'installations portuaires et de nouveaux sanatoriums anti-tuberculeux... L'asséchement des marécages et l'irrigation des campagnes ».

Bien plus, a rappelé le général Franco : « La récente et large amnistie, symbole de l'esprit de conciliation du régime, décrétée en faveur des détenus a eu pour résultat de ramener le total de la population pénale en Espagne à un chiffre inférieur à celui des années précédant la Révolution nationale, bien que le nombre des habitants de notre patrie ait augmenté entre-temps de quatre millions ».

Le Généralissime après avoir placé 1950 sous le signe de l'Année Sainte et de « la bénédiction du Très Haut », a conclu en affirmant sa volonté de poursuivre l'œuvre qu'il a entreprise et de maintenir, sans modifications, la politique de son gouvernement. « Ce régime », a-t-il dit, « n'est pas transitoire et modifiable au gré de la conjoncture internationale. Il ne doit pas être considéré comme une étape éphémère.

Au contraire, notre œuvre qui a un caractère permanent s'inscrira parmi les faits durables de l'histoire..., et elle appartient déjà grâce à la vertu créatrice du sang répandu, aux grands cycles historiques de la Patrie ».

Foi aveugle dans le bien-fondé de son système. Affirmation des progrès enregistrés dans le domaine de la reconstruction. Rappel satisfait du prétendu développement pris par l'industrie et l'agriculture dans la Péninsule. Déclaration optimiste sur l'unité du peuple espagnol rassemblé autour de son gouvernement pour la réalisation du programme que ce dernier s'est assigné. Tels sont donc les thèmes principaux qui, cette année encore, ont fourni au général Franco la matière principale de ses développements oratoires.

Sans doute, ne pouvait-on pas attendre du Caudillo un exposé sincère des difficultés croissantes qu'il continue de rencontrer dans les domaines politique aussi bien qu'économique, et, à cet égard, le message de fin d'année du chef de l'État espagnol n'a, de toute évidence, apporté aucun élément nouveau au débat.

Le discours du général Franco ne manque pas, en revanche, d'un certain intérêt à un double point de vue. D'une part, en effet, le Généralissime a délibérément choisi de passer sous silence le problème du rétablissement éventuel de la Monarchie, d'autre part, il a énergiquement souligné, à l'adresse de l'étranger, sa détermination de se maintenir à la barre du vaisseau de l'État espagnol. Aussi bien, l'éloge prononcé par le Caudillo des grands organismes économiques du régime exprime-t-il, sans aucun doute, sa décision de ne procéder à aucune des réformes de structure susceptibles de lui valoir le soutien financier des États-Unis.

Ce dernier aspect du discours du général Franco méritait, semble-t-il, d'être souligné à l'attention du Département.

(Direction d'Europe, Espagne, volume 147)

4

M. CHATAIGNEAU, AMBASSADEUR DE FRANCE À MOSCOU,
À M. SCHUMAN, MINISTRE DES AFFAIRES ÉTRANGÈRES[1].

T. n⁰ˢ 16-20.   *Moscou, 4 janvier 1950, 8 h. 15.*

Urgent.   (*Reçu : le 4, 13 h.*)

L'interview donnée hier par le président Mao Tsé Toung au correspondant de l'agence Tass fait connaître les buts du voyage à Moscou de l'homme d'État chinois qui ne pouvait s'être déplacé seulement pour offrir ses vœux du généralissime Staline ; il s'agit en fait de régler les relations entre la Chine et l'URSS.

Ce texte dont tous les termes ont été sans doute soigneusement pesés comme le sont ceux de tous les documents publiés à Moscou mérite un examen attentif :

1) Il est à noter que répondant à la question : « Comment vont les affaires en Chine », Mao Tsé Toung a répondu : « Les affaires militaires vont bien ». Il a ainsi laissé entendre dans d'autres domaines l'existence de difficultés liées probablement à la deuxième phrase de sa réponse et relative à l'édification par le parti communiste et le gouvernement central de la République populaire d'une économie de paix.

2) Il est surprenant que dans un moment aussi difficile que celui que traverse la Chine, le chef de l'État chinois dont le rôle personnel est primordial puisse rester longtemps éloigné de son pays. Il convient de voir là, me semble-t-il, à la fois l'existence de graves difficultés et le fait que c'est déjà à Moscou que se traitent les affaires les plus importantes de la nouvelle République populaire.

3) Dans sa troisième phrase, Mao Tsé Toung a évoqué « les questions relatives au présent accord d'amitié et d'union entre la Chine et l'URSS », la traduction littérale du mot russe *Souchtchestvouiouchtchi* rendue dans cette phrase par « présent » serait même « subsistant ». Puisqu'il n'existe pas encore à ma connaissance de traité entre la République populaire de Chine et l'Union soviétique, « l'accord subsistant entre les deux pays » serait celui d'août 1945 dont on étudierait donc la révision (mon télégramme n° 2631)[2].

4) En ce qui concerne les relations financières et commerciales nous apprenons tout d'abord que l'Union soviétique va accorder un crédit à la Chine. C'est donc avant tout autre vers l'URSS que ce pays se tourne dorénavant pour soutenir financièrement sa reconstruction et sa production.

---

[1] Note manuscrite : « *Intéressant* ».
[2] Voir *DDF*, 1949-II, n°229.

Il est normal enfin que cette politique d'emprunts soit assortie d'un accord commercial entre les deux pays dans lequel sera sans doute fondu l'accord soviéto-mandchou du mois de juin.

5) En homme d'État réaliste, le président Mao Tsé Toung va consacrer une partie de son séjour à visiter quelques régions et villes de l'Union soviétique « pour faire plus ample connaissance avec la structure économique et culturelle de l'État soviétique ». Il semblerait que le chef de la Chine nouvelle soit désireux avant de lier définitivement les destinées de son pays à celles de l'Union, de constater par lui-même les ressources de cette dernière.

On peut compter sur l'esprit de finesse de ce Chinois pour ne pas se laisser abuser par la propagande.

Je remarque enfin que bien que ce séjour extraordinaire fasse ressortir toute l'importance pour la Chine de ses relations avec l'URSS, le ton général de l'interview du président Mao Tsé Toung reste dans sa simplicité et dans sa netteté celui du chef d'un grand État souverain qui n'est point venu ici ni en tributaire ni en quémandeur.

(Direction d'Asie-Océanie, Chine, volume 238)

5

NOTE DE M. CHAUVEL, REPRÉSENTANT PERMANENT DE LA FRANCE AUPRÈS DU CONSEIL DE SÉCURITÉ DES NATIONS UNIES[1]

USA et Extrême-Orient

N.   *New York, 4 janvier 1950.*

La presse de New York se fait actuellement l'écho d'une controverse vive au sujet de la politique à suivre par les États-Unis en Extrême-Orient. Elle évoque les difficultés que la différence d'orientations peut faire naître entre Londres, qui se prépare à reconnaître le gouvernement communiste chinois dans un avenir quasi immédiat, et Washington, qui se pose encore le problème et qui, à propos de Formose, peut être amené à prendre des mesures difficilement compatibles avec des relations normales entre l'administration américaine et Mao Tsé Toung.

L'essentiel de la controverse est toutefois d'ordre intérieur américain et a pour objet la position à prendre concernant Formose même.

Sur le plan stratégique, la question est de savoir si l'occupation de Formose par le gouvernement communiste chinois est ou non de nature à compromettre le contrôle par les États-Unis et le Japon d'Okinawa et des Philippines. C'est l'opinion du général MacArthur et aussi,

---

[1] Note manuscrite : « *Couve de Murville* ».

semble-t-il, celle de Mr. Johnson et des chefs d'état-major américains. Sur ce même terrain proprement militaire, une autre école fait observer que la défense de Formose comporterait en elle-même d'abord, et dans ses conséquences politiques et militaires ensuite, un appareil militaire très différent de celui dont disposent les États-Unis, lesquels n'ont pas actuellement de forces terrestres qui puissent servir de soutien à de vastes opérations. Les tenants de cette école ajoutent que les risques d'ordre militaire d'une occupation de Formose seraient plus graves que ceux d'y voir des forces communistes.

Projetée sur le plan de la politique intérieure, l'affaire se complique du fait que Mr. Johnson, les chefs d'état-major et le général MacArthur ne sont pas les seuls tenants de l'intervention. Mr. Hoover et quelques sénateurs républicains, qui ont apparemment décidé d'utiliser à plein contre l'administration Truman toutes les critiques qui peuvent être faites de la politique extrême-orientale de cette administration, reprennent à leur compte la thèse du Département de la Défense. Aussi bien les Républicains, isolationnistes en ce qui concerne l'Europe, ont toujours été interventionnistes quand il s'agit du Pacifique.

Pour ces raisons diverses, on voit réapparaître le grand dilemme qui a pesé si souvent sur la politique de guerre des États-Unis, qui est le choix à faire entre l'Atlantique et le Pacifique en tant que théâtre principal d'opérations.

Enfin, sur le plan idéologique, deux notions que l'administration s'est efforcée d'associer, à savoir l'anti-communisme et le soutien du nationalisme asiatique, apparaissent en conflit. D'aucuns soutiennent en effet que l'occupation de Formose, si elle était réalisée, apparaîtrait aux yeux des Asiatiques comme une opération d'impérialisme américain et les détournerait de croire à la sincérité de l'appui que Washington donnerait par ailleurs aux nationalismes d'Asie.

Cette controverse risque de se développer. Elle peut accroître les difficultés que rencontre actuellement le sénateur Vandenberg dans son effort pour maintenir le principe d'une politique bi-partisane. Enfin et surtout, elle peut retarder les décisions gouvernementales ou les rendre moins nettes, cependant que les événements suivent leur cours. Assez symbolique de ce dernier risque est le fait que le Dr. Jessup, principal conseiller du Département d'État pour les affaires asiatiques, parti pour un voyage d'information qui doit le conduire à Tokyo, en Corée, à Hongkong et en Indochine, pour aboutir à Bangkok où il assistera à une réunion des représentants américains en Extrême-Orient, est parti en bateau et non en avion et ne doit être de retour aux États-Unis qu'en mars. D'ici mars, beaucoup de choses se seront produites, telles sans doute que la reconnaissance du gouvernement de Mao Tsé Toung par l'Angleterre et les dominions britanniques du Pacifique, avec les conséquences que cette reconnaissance est susceptible d'entraîner, notamment dans le cadre des Nations unies et des organismes de Lake Success.

Jusqu'à présent, le Département d'État paraît fidèle à la doctrine désabusée qui avait été celle du général Marshall, et considérer que l'affaire chinoise, – Formose comprise –, doit être passée aux profits et pertes, l'objet des méditations du Dr. Jessup étant la constitution d'un front destiné à arrêter la poussée vers le sud du communisme soviétique et chinois tout ensemble. Il semble aussi que le Département d'État ait réussi à convaincre le président Truman de la justesse de ses conclusions. Mais une certaine agitation apparaît dans les cercles gouvernementaux à la suite des discussions ci-dessus. La principale difficulté de l'administration peut être le fait qu'elle ne semble pas avoir une idée précise sur l'orientation constructive à donner à la politique américaine en Extrême-Orient. Un seul point en effet est acquis, qui est le propos de s'appuyer sur les nationalismes autochtones pour combattre le communisme. Ce propos a été constamment tenu. Il a conduit le gouvernement américain à soutenir Tchang Kaï-chek jusqu'au moment où, la vanité de cet effort ayant été attentivement appréciée, ce soutien a été retiré. Il a inspiré la politique américaine à l'égard des Philippines comme dans l'affaire d'Indonésie et l'a conduit à appuyer au Siam Luang Pibul. Il trouve son expression enfin dans les rapports entre les États-Unis et l'Inde. À cet égard, la position prise par le Pandit Nehru en janvier dernier lors de la conférence de New Delhi et grâce à laquelle a été écartée, comme de nature à relâcher les liens de collaborations avec l'Occident, la proposition birmane de constitution d'une sorte d'entente régionale purement asiatique, doit être considérée comme un succès pour la politique américaine.

Mais il ne suffit pas de dire que l'on veut fonder sur les nationalismes asiatiques un front de résistance au communisme. Il faut encore savoir où le faire, dans quelles limites, par quels moyens et dans quel objet précis. Questions sur lesquelles, si l'on en juge par les remarques des experts américains, la plus grande incertitude règne encore.

Or, comme l'indiquait récemment Mr. Walter Lippman dans un de ses articles, il resterait à démontrer qu'il y a antinomie entre le communisme et le nationalisme asiatique, ou plus précisément, que les masses asiatiques, dont les conditions économiques et sociales sont traditionnellement misérables et qui, de ce fait, peuvent être intéressées par l'appel communiste, qui, par contre, n'ont aucune pratique de la liberté et ne peuvent se faire qu'une idée imprécise des bienfaits de la démocratie, réagiront contre cet appel au nom du nationalisme et à la voix de l'Amérique. Ce dernier point mérite une mention spéciale. Car enfin, c'est en territoire des États-Unis surtout que les États-Unis apparaissent comme anti-impérialistes. Dans divers pays d'outre-mer, cette qualité est assez fréquemment contestée. L'association entre divers gouvernements nationalistes d'Asie et l'administration américaine n'est donc point nécessairement productive de ces idées-forces qui galvanisent le monde.

Est-il une autre idée que l'on puisse proposer ?

Si l'on se reporte aux dernières années, il semble que la chose qui a le plus laissé de trace dans les esprits extrême-orientaux est l'idée japonaise de la « zone de co-prospérité asiatique ». Or, dans l'idée d'une zone de co-prospérité, il y avait l'idée d'un affranchissement des pays d'Asie par rapport à toute domination occidentale. Il y avait aussi l'idée du développement économique. On peut se demander si le moment ne serait pas venu de faire ré-apparaître d'une manière un peu spectaculaire la notion d'une zone de prospérité asiatique soutenue techniquement et appuyée financièrement par les puissances occidentales et s'il ne serait pas possible que les gouvernements occidentaux portant intérêt à l'Extrême-Orient adressent, conjointement avec les gouvernements asiatiques qui craignent le débordement du communisme sur leur pays, un appel commun aux peuples d'Asie. À cette fin, une conférence pourrait être convoquée en quelque centre asiatique, en vue de définir un programme de coopération dont l'objet apparaîtrait beaucoup moins militaire que politique et économique. Et il conviendrait alors que le programme d'une telle conférence ne prit pas la forme d'un programme défensif, mais bien d'une construction positive et orientée vers l'avenir.

Si les cautions asiatiques d'un tel programme étaient suffisamment valables aux yeux des populations intéressées, les perspectives d'amélioration de leur sort, qui ne résultent pas nécessairement, en Chine même, de l'installation du régime communiste, paraîtraient de nature à retenir leur attention et à polariser leurs aspirations.

Quant aux gouvernements actuels, nombre d'entre eux, en Indonésie, au Siam, voire en Indochine, ont été associés aux entreprises japonaises. L'idée d'une autre association non plus avec un seul État puissant, mais avec plusieurs États dont les intérêts ne sont pas nécessairement identiques en tous points, ne les surprendrait donc pas quant au principe et pourrait leur sembler, quant aux conséquences, présenter moins de risques d'assujettissement que n'en comportait la tutelle japonaise.

(Direction d'Asie-Océanie, Dossiers généraux, volume 37)

6

M. Schuman, Ministre des Affaires Étrangères,
à MM. Grandval, Haut-Commissaire de la République
Française à Sarrebrück, Massigli, Ambassadeur de France
à Londres, Bonnet, Ambassadeur de France à Washington,
M. d'Ormesson, Ambassadeur près le Saint-Siège,
et Fouques-Duparc, Ambassadeur de France à Rome.

T. n°s 1-5 ; 97-101 ; 102-106 ; 5-9 ; 43-47. *Paris, 6 janvier 1950, 17 h. 30.*

Le chancelier Adenauer a fait part à M. François-Poncet des préoc-cupations que lui inspire le projet de convention franco-sarroise relative à la propriété et à l'exploitation des mines de la Sarre. Il déplore que cette question qui devrait, selon lui, être réservée jusqu'à la conclusion d'un traité de paix, fasse l'objet d'un règlement anticipé. Il redoute que le parti socialiste allemand n'en tire prétexte pour dénoncer la politique française en Sarre et que la normalisation des rapports franco-alle-mands ne s'en trouve compromise. D'après des indications recueillies auprès de l'Ambassade des États-Unis à Paris, M. Adenauer ou ses collaborateurs auraient tenu des propos semblables à M. MacCloy et au général Robertson.

Je vous rappelle à ce sujet que la politique suivie en Sarre par le gouvernement français est conforme aux principes exposés par la délé-gation française à la conférence de Moscou le 10 avril 1947. Elle a reçu, dès l'origine, l'approbation formelle des gouvernements américain et britannique. Il ne peut être question de la remettre en cause. La meil-leure manière d'éviter qu'elle n'affecte fâcheusement dans le présent les rapports entre Paris et Bonn serait de faire le silence à son sujet et de la soustraire si possible au contentieux franco-allemand jusqu'à la signa-ture du traité de paix.

En ce qui concerne la convention relative aux mines, elle a pour objet de donner une base contractuelle à une situation qui ne repose jusqu'à présent que sur des décisions unilatérales du gouvernement français. Celui-ci reconnaîtrait par anticipation le droit de propriété de l'État sarrois sur le gisement, droit qui, selon lui, devrait être reconnu par le traité de paix. De ce fait, il renoncerait à revendiquer pour lui-même la propriété du Bassin. En échange, il assumerait pour une longue période la responsabilité de l'exploitation à charge pour lui de rému-nérer l'État sarrois propriétaire au moyen d'une redevance annuelle calculée d'après le prix de vente du charbon extrait.

Ce règlement dont les termes seront librement débattus avec le gou-vernement sarrois va au-devant de désirs constamment exprimés en Sarre depuis deux ans. Il entre dans le cadre des arrangements que le gouvernement se propose de négocier dans le courant du mois en cours et qui auront pour conséquence d'affranchir les pouvoirs publics sarrois de toute autorité extérieure arbitraire et de fonder notre influence en Sarre sur la volonté librement exprimée des Sarrois (ma dépêche n° du 4 janvier)[1]. La convention sur les mines procédera donc d'un esprit libéral. Il serait évidemment inadmissible de l'ajourner, contre le gré des Sarrois, et de laisser subsister indéfiniment la situation de fait actuelle sous prétexte que le règlement définitif du statut des mines doit être fixé par le traité de paix avec l'Allemagne. Le préambule du projet stipule d'ailleurs expressément que l'attribution définitive de la pro-priété des mines devra être décidée par le traité de paix.

(Direction d'Europe, Sarre, volume 208)

7

NOTE DE M. LÉVI, AMBASSADEUR DE FRANCE À NEW-DELHI

*Entretien entre M. Daniel Lévi et le Sdardar Malik,
ambassadeur des Indes à Paris*

N[2]. *Paris, 9 janvier 1950.*

Au cours d'une conversation d'ordre strictement personnel avec le Sardar Malik, ambassadeur des Indes à Paris, les questions suivantes ont été abordées :

1) *Traité de cession de Chandernagor.*

Le Sardar Malik n'a pas apporté avec lui de Delhi les contre-propo-sitions indiennes comme il était entendu qu'il le ferait. Le projet français donnerait lieu, sur un nombre considérable de points, à de sérieuses réflexions du côté indien, un certain nombre de ces clauses paraîtrait à Delhi comme « sans précédent ». Le contre-projet indien devrait encore faire l'objet de plusieurs examens de la part du Conseil des ministres indien. Le Sardar Malik m'a toutefois affirmé que son gou-vernement était comme nous l'étions nous-mêmes, désireux de régler cette question dans les plus courts délais possibles.

2) *Blocus des enclaves.*

J'avais dit à Delhi, au Sardar Malik, après un examen objectif de cette affaire, qu'il me paraissait hors de doute que l'administration des douanes locale avait adopté à l'égard des enclaves des mesures de blocus qui ne pouvaient s'expliquer que comme une tentative de pres-

---

[1] Document non reproduit.
[2] Note manuscrite : « *Copie remise à MM. Parodi, de Bourbon-Busset. Prière de communiquer à F[rance d']O[utre-] M[er], f[ai]t le 9.1.50* ».

sion économique à l'égard des populations. Le Sardar Malik m'a dit avoir fait part de ces vues au Pandit Nehru. Le Premier ministre indien lui aurait assuré que si toutes les dispositions prises en vue d'empêcher une contrebande devaient être maintenues, ce qui pouvait apparaître comme une tentative de pression ou comme de nature à « harasser » les populations devrait être exclu. J'ai l'impression qu'avant l'arrivée des observateurs neutres le gouvernement indien se prépare à apporter de notables adoucissements au régime actuel.

3) *Déclarations faites à diverses reprises par le Pandit Nehru selon lesquelles les établissements devraient, quel que soit le résultat du référendum, revenir à l'Inde.*

J'ai indiqué au Sardar Malik, en insistant sur le caractère tout à fait personnel et confidentiel de l'indication, l'émotion qu'avait soulevée dans les milieux parlementaires les propos prêtés au Pandit Nehru par la presse indienne, émotion qui risquait de rendre délicat le vote nécessaire pour qu'ait lieu le référendum. Le Sardar Malik m'a confirmé que, dans l'idée du Pandit Nehru, ces territoires devraient quelque jour revenir à l'Union indienne. Je lui ai indiqué que dans ces conditions on ne voyait pas très bien à quoi répondait un référendum dont l'idée avait été cependant mise en avant par le Pandit Nehru lui-même il y a deux ans. J'ai rappelé la position française : ces populations ont joui de la pleine citoyenneté française depuis plus d'un siècle, il ne pouvait pas plus s'agir aujourd'hui qu'avant la guerre, pour la France, de « *bargain them off* ». Le Sardar Malik a dit très bien comprendre la position française et m'a assuré que l'essentiel était pour le moment de préparer le référendum de manière que la consultation puisse avoir lieu dans les meilleures conditions d'équité possibles. Telle est également, lui ai-je marqué, la position du gouvernement français. Mon interlocuteur a volontiers admis que, du côté français, on avait, dans une large mesure, donné satisfaction aux desiderata indiens à cet égard et m'a annoncé de nouvelles demandes sur ce même plan dont il se proposait d'entretenir les services du Département. Il s'agirait d'étendre quelque peu la période prévue pour les réclamations au cours de la révision des listes électorales.

4) *Convocation des observateurs à Paris.*

J'ai dit au Sardar Malik que les observateurs neutres désignés jusqu'à présent allaient pouvoir se réunir à bref délai à Paris, et que, d'autre part, du côté français, on n'avait pas d'objection à ce que ces observateurs, s'ils y sont disposés, s'arrêtent à New Delhi, lors de leur voyage à Pondichéry.

Il ne s'agit là, encore une fois, que de propos tenus sur le plan personnel de part et d'autre et le Sardar Malik m'a dit son intention de demander très prochainement une audience au Secrétaire général du Département.

(Direction d'Asie-Océanie, Inde française, volume 12)

8

NOTE DE LA DIRECTION D'EUROPE
(Sous-direction de la Sarre)

*Entretien entre le Ministre et le chancelier Adenauer
au sujet de la Sarre*

N.   *Paris, 10 janvier 1950.*

M. François-Poncet a fait savoir au Département que l'affaire sarroise figure au premier rang des questions dont le chancelier Adenauer se propose d'entretenir le Ministre.

M. Adenauer, ajoute notre Haut-Commissaire, attache moins d'importance au fond de ce problème qu'aux réactions qu'il provoque dans les milieux politiques allemands. Il souhaite, dans l'intérêt du rapprochement entre la France et l'Allemagne, que M. Schuman le mette en mesure de donner des apaisements à son opinion publique.

L'état d'esprit du Chancelier laisse facilement prévoir l'usage qu'il entend faire des propos que le Ministre lui tiendra. Ces propos sont destinés à être rendus publics. Leur objet est de répondre aux critiques des adversaires de M. Adenauer et de dissiper les appréhensions de ses partisans. Au besoin leur esprit sera déformé à cette fin.

Il est clair que l'opinion sarroise est aussi attentive que l'opinion allemande aux résultats des entretiens de Bonn. La presse allemande a placé la question sarroise en tête du programme des conversations. Le compte rendu de ces conversations sera analysé par des gens qui – les propos d'Erwin Müller récemment rapportés au Ministre par la sous-direction de la Sarre en témoignent – redoutent que la Sarre ne fasse les frais du rapprochement franco-allemand.

Dans ces conditions, il est nécessaire de prévenir toute déformation des propos du Ministre. Ceux-ci ne devraient en aucun cas, prêter aux interprétations suivantes :

1) L'affaire sarroise peut être résolue à la satisfaction mutuelle de la France et de l'Allemagne sur la base d'un règlement fondé sur la reconnaissance de la souveraineté allemande et sur la consécration des intérêts économiques français.

Cette théorie qui est impraticable puisque le fonctionnement de l'union économique franco-sarroise exige absolument le désaisissement du pouvoir central allemand vis-à-vis de la Sarre est dangereuse car elle a les apparences de la modération. Elle serait assurée d'un bon accueil auprès de larges milieux politiques français et notamment auprès du parti socialiste. Elle a été préconisée par Radio-Stuttgart dans une série d'émissions et par le « bureau de la paix » dont les dirigeants ont de l'influence auprès de M. Blankenhorn, chef de cabinet du chancelier.

2) L'affaire sarroise ne peut recevoir de solution que dans le cadre du traité de paix. Ce qui est fait entre temps a un caractère provisoire et ne préjuge pas le règlement final.

Des déclarations antérieures du Ministre ont déjà reçu dans la presse allemande cette interprétation tendancieuse. Une telle position frappe de précarité notre établissement actuel en Sarre. Elle décourage les Sarrois qui seraient tentés de nous apporter leur adhésion et elle incite à la réserve les administrations françaises et les milieux économiques dont le concours est indispensable au succès de notre politique. Elle fait bon marché des engagements pris vis-à-vis de nous par nos Alliés. Elle jette le doute enfin sur l'authenticité de l'approbation donnée par les Sarrois au statut du Territoire et sur la légitimité de leurs institutions actuelles.

3) C'est aux Sarrois eux-mêmes qu'il appartient de déterminer par voie de plébiscite le régime sous lequel ils entendent vivre.

C'est la thèse que défend présentement M. Kaiser. Elle recueillera, à coup sûr, l'assentiment de beaucoup de bien-pensants. Elle est dangereuse car nul ne peut prévoir l'issue d'une consultation populaire sur une alternative dont les termes seraient sans doute mal posés et qui mettrait les Sarrois en demeure d'opter entre la satisfaction de leurs intérêts matériels et la fidélité à leur tradition nationale. Elle est perfide car le choix ouvert aux Sarrois ne devrait pas être formulé de cette manière. Elle est surtout mal fondée car le gouvernement en demandant et en obtenant l'accord de ses alliés occidentaux sur l'union économique de la Sarre à la France et sur le détachement politique de ce territoire de l'Allemagne n'a jamais prétendu instaurer un régime correspondant idéalement aux vœux des populations mais seulement assurer les intérêts français sans faire violence aux sentiments des habitants. Les consultations populaires d'octobre 1947 et de mars 1949, même si on leur refuse la valeur d'un plébiscite en faveur du statut de la Sarre, démontrent clairement que la population du territoire prend aisément son parti de la situation actuelle ; ni les Allemands ni nos Alliés n'ont le droit d'exiger davantage.

L'on peut être tenté de penser que si les trois thèmes qui précèdent doivent être bannis de conversations franco-allemandes sur la Sarre, ces conversations sont sans objet et ne sont pas sans danger car elles ne peuvent aboutir qu'à la constatation du différend et à l'alourdissement du contentieux franco-allemand. Tel est, en effet, le point de vue que la Direction d'Europe a défendu jusqu'à présent. Elle persiste à penser que la question sarroise ne peut être réglée entre Français et Allemands que dans le cadre du traité de paix ou de tout règlement qui en tiendrait lieu ou qui le préfigurerait. En attendant, le mieux serait de passer l'affaire sarroise sous silence. Si le Chancelier, cependant, presse le Ministre d'en parler et si le sujet ne peut être éludé, il conviendrait d'éviter toute déclaration susceptible de donner prise aux interprétations exposées ci-dessus. L'on pourrait, en revanche, souligner, sans inconvénient que – les récents développements de notre politique sarroise en font foi – la France n'a pas l'intention d'annexer le territoire ou de dégermaniser ses habitants sinon de lui reconnaître un statut de souveraineté compatible avec le fonctionnement d'un régime d'union économique qui répond à la fois à nos besoins de sécurité et à l'intérêt bien compris des populations locales. Il est intéressant d'observer que notre politique sarroise, exposée sous ce jour, a déjà fait l'objet de commentaires favorables de la part de plusieurs journaux allemands.

(Direction d'Europe, Sarre, volume 208)

9

NOTE DE M. LÉVI, AMBASSADEUR DE FRANCE À NEW-DELHI

N.   *Paris, 10 janvier 1950.*

1) *Blocus des aldées. Y a-t-il lieu de faire de la levée de ce pseudo-blocus une condition préalable du référendum ?*

Une nouvelle démarche de notre part contre ces mesures de blocus nous vaudrait à nouveau la constante réponse qui a été faite à nos nombreuses interventions antérieures : qu'il n'y a pas blocus mais seulement l'application de strictes dispositions à l'effet d'éviter la contrebande ; qu'au surplus il s'agit pour l'Inde d'une affaire de souveraineté. Si nous voulions exiger la levée de ce blocus comme condition *sine qua non* de la consultation, il est vraisemblable que Delhi en profiterait pour nous accuser d'avoir violé l'accord résultant de l'échange de lettres du 29 juin 1948 qu'elle dénoncerait dès lors en nous en imputant la responsabilité. Or on sait que l'Union indienne regrette aujourd'hui la conclusion de cet accord et qu'en lui fournissant l'occasion de le dénoncer, nous ferions en réalité son jeu.

Il y a lieu de penser que l'arrivée d'un premier échelon d'observateurs neutres aura, comme au printemps dernier, l'effet immédiat d'assouplir le régime existant quand bien même Delhi conteste à ces observateurs le droit de s'immiscer en ces questions.

En tout état de cause, il y aurait intérêt à mon sens, avant toute nouvelle intervention de notre part auprès de Delhi à ce sujet, d'attendre l'arrivée sur place de ce premier échelon d'observateurs. Au cas où leur présence ne suffirait pas à assurer une liberté suffisante du transit (Delhi a certainement préparé à leur usage un rapport sur la contrebande notamment en matière d'alcool – il y a prohibition complète en la province de Madras –) ne pourrions-nous demander aux observateurs de dire si les entraves douanières constituent ou non à leurs yeux une pression économique au sens de l'échange de lettres de juin 48. S'ils en décidaient ainsi, nous nous tournerions vers Delhi et pourrions exiger dès lors l'assouplissement de ce régime.

2) *Déclaration du Pandit Nehru du 3 août 1949.*

Y a-t-il lieu d'exiger, du fait de ces déclarations comme condition préalable du référendum, un engagement de la part de l'Inde (et que nous devrions donner également) de reconnaître les résultats de la consultation, dans tous leurs effets, à la seule condition que les observateurs neutres aient conclu à la validité de celle-ci ?

Une telle démarche qui serait à maints égards justifiée présenterait cependant de sérieux inconvénients : si l'Inde nous faisait une réponse évasive ou dilatoire, et si nous en tirions prétexte pour différer *sine die* le référendum, nous risquerions de nous voir accuser de violer l'accord intervenu qu'on dénoncerait sans doute dès lors en nous en imputant la responsabilité. En outre, et au cas où Delhi accepterait de prendre avec nous un tel engagement ; nous serions de ce fait entraînés sur la pente d'un référendum « contractuel », ce que nous entendons éviter.

Il y aurait lieu peut-être d'examiner à cet égard, en consultation officieuse avec certains observateurs, si nous ne pourrions obtenir de leur part, l'initiative apparente d'une démarche auprès des deux gouvernements qui s'engageraient à reconnaître les résultats de la consultation.

Remarquons cependant que le texte indien de l'échange de lettres de juin 1948 contient davantage qu'un engagement implicite de la part de Delhi de reconnaître les résultats du référendum.

3) *Quorum.*

Delhi, après avoir proposé un quorum de 25 %, est maintenant prête à admettre le chiffre de 40 %.

Je persiste à penser que nous avons avantage à accepter ce chiffre de 40 %. Ce serait autrement faire le jeu des nombreux éléments qui, à Pondichéry, vont tenter de toutes leurs forces de rendre le référendum inopérant faute de quorum.

À cet égard, il y a lieu de noter que ce chiffre de 40 % est déjà fort élevé, du fait que les femmes sans doute ne voteront guère et que, selon les usages locaux, l'électeur est, nous dit-on, peu porté dans nos établissements à apporter lui-même son bulletin aux urnes. Nous risquons donc fort, même avec un quorum de 40 %, que ce chiffre ne soit pas atteint.

Cette hypothèse d'une non-atteinte du quorum est trop plausible pour qu'il ne convienne pas de la retenir et d'examiner quelle serait dans ce cas la position.

Nous pourrions évidemment faire valoir dès lors que la population s'étant, par l'abstention, refusé au choix auquel elle était invitée, le *statu quo* devrait être maintenu, de nouvelles conversations pouvant avoir lieu entre les deux gouvernements à l'effet de rechercher une autre solution du problème.

Il est vraisemblable que l'Union indienne, invoquant l'accord de juin 1948, demandera qu'une autre consultation ait lieu à bref délai avec un quorum inférieur. Mais, au cas même où le Pandit Nehru accepterait d'ouvrir de nouvelles négociations celles-ci risqueraient d'impliquer que l'accord de 48, désormais dépassé ne serait plus valable. En outre, l'Union indienne serait prête sans doute, relativement à ces territoires, à quelque arrangement mais à une condition, fondamentale de son point de vue, que la souveraineté lui en soit transférée. Il s'agit en effet pour elle d'une question à la fois de principe et de prestige : elle est « anti-colonialiste » et il s'agit là à ses yeux de colonies dans la chair même des Indes.

Du fait que c'est précisément sur cette même notion de souveraineté que nous insistons nous-mêmes, on voit mal que de nouvelles négociations puissent aboutir, à moins que l'on accepte de part et d'autre une formule selon laquelle ces territoires pourraient passer sous la souveraineté indienne tout en demeurant dans l'Union française, ce qui paraît pour nous impossible, sur le plan constitutionnel en particulier.

Au cas probable d'échec de telles conversations, il faudrait donc procéder à un nouveau référendum à quorum restreint, si Delhi admettait encore la validité de l'accord de juin 48. Il faudrait recommencer toute la procédure, avec tous les inconvénients qu'elle comporte et sans doute devant des exigences indiennes accrues.

N'y aurait-il pas avantage, dans ces conditions, à décider dès maintenant qu'au cas où le quorum (qui pourrait dans ce cas être maintenu à 51 %) ne serait pas atteint, une nouvelle consultation aurait lieu, en présence des mêmes observateurs, une ou deux semaines plus tard, à quorum restreint, 25 ou 30 % par exemple ?

De la sorte, la campagne qui autrement risque d'être faite par le parti Goubert, en faveur d'une abstention massive, pour que le quorum ne soit pas atteint, perdrait sa raison d'être.

Au cas où M. Goubert et quelque autre membre de son groupe serait maintenant invité à Paris, cette question, peut être de toutes la plus importante, pourrait être examinée avec lui.

(Direction d'Asie-Océanie, Inde française, volume 12)

10

NOTE DE LA DIRECTION D'AFRIQUE-LEVANT
(Sous-direction des Protectorats)

Note sur la Tunisie

N.   *Paris, 10 janvier 1950.*

Compte tenu des échanges de vues auxquels a donné lieu, en décembre 1949, le séjour à Paris du Résident général à Tunis, l'éventualité d'une évolution des institutions de la Tunisie incite à formuler une triple constatation :

1) Il n'apparaît pas souhaitable de mettre en cause actuellement les fondements mêmes du régime de protectorat en préparant le remplacement par de nouveaux actes des traités des 12 mai 1881 et 8 juin 1883.

2) Il est cependant désirable de promouvoir en Tunisie des réformes politiques, afin de répondre aux vœux exprimés par le Bey et une partie essentielle de l'opinion tunisienne et pour tenir compte des contingences internationales, en particulier des tendances prévalant actuellement à l'ONU.

3) Ces réformes ne devront pas avoir pour seul but de donner satisfaction, dans une mesure plus ou moins large, aux aspirations tunisiennes, mais elles devront aussi préserver les intérêts permanents de la France et respecter les préoccupations légitimes de la colonie française.

En pratique, en contrepartie de toute mesure tendant à accroître les pouvoirs de Tunisiens, il sera donc nécessaire de prévoir une amélioration effective de la situation des Français ou l'octroi à ceux-ci de garanties suffisantes.

***

Sur les bases ainsi définies, on peut tenter d'esquisser les lignes principales d'une évolution des institutions tunisiennes et, sans se prononcer de prime abord sur les méthodes à adopter, ni sur le délai qui pourra être jugé nécessaire pour accomplir cette évolution, de rechercher le but à atteindre.

Le respect des principes suivants doit être considéré comme essentiel :

1) La personnalité propre de la Régence de Tunis n'a jamais été contestée. Les réformes des dernières années l'ont renforcée et celles de l'avenir, nécessairement, l'accentueront encore. La Tunisie doit évoluer vers une autonomie de plus en plus large.

2) Toutefois, pour tenir compte de l'importance et du rôle essentiel de la colonie française dans la Régence ainsi que pour sauvegarder ses intérêts moraux et matériels, il est indispensable que les Français aient accès, dans les mêmes conditions que les Tunisiens, aux fonctions publiques et à toutes les charges de l'État qui n'ont pas un caractère religieux. La Tunisie autonome doit conserver une administration franco-tunisienne.

3) Enfin, le gouvernement français tient des traités certains pouvoirs réservés qui échappent à la compétence du gouvernement tunisien (Affaires étrangères, Défense) et son représentant dans la Régence dispose d'un droit propre d'initiative et de contrôle.

***

Compte tenu de ces trois principes qui paraissent essentiels dès lors que le Protectorat n'est pas mis en cause, les institutions de la Tunisie pourraient être transformées dans le sens indiqué ci-dessous, les changements nécessaires étant éventuellement répartis sur une période de plusieurs années :

1) L'État tunisien conserve une forme monarchique avec un Bey ou Roi dont les prérogatives se modifieront dans la mesure dans laquelle s'accomplira la séparation des pouvoirs et en fonction de l'évolution démocratique du pays, mais dont le maintien est indispensable dès lors que les traités de 1881-83 subsistent.

2) Le gouvernement tunisien est présidé effectivement par le Premier ministre. La distinction actuelle entre le Conseil des ministres et le Conseil de cabinet disparaît. Tous les membres du gouvernement prennent le titre de Ministres et de Sous-secrétaires d'État et sont nommés par décret, dans les mêmes formes, qu'il s'agisse de Français et de Tunisiens. Les conseillers auprès des ministres sont supprimés.

Le Secrétaire général et le Secrétaire général adjoint ne siègent plus ensemble au sein du gouvernement. Le Secrétaire général adjoint doit, par contre, remplacer le Secrétaire général en cas d'absence, aucune délibération gouvernementale ne pouvant être valable hors de la présence de l'un de ces deux fonctionnaires.

Initialement, la parité entre Français et Tunisiens pourrait être maintenue avec un gouvernement ayant la composition suivante :

Premier ministre
Secrétaire général (ou Secrétaire général adjoint)
Ministre de la Justice tunisienne
Ministre de l'Agriculture ⎤
Ministre du Travail ⎥ Tunisiens
Ministre de la Santé publique ⎥
Ministre du Commerce et de l'Artisanat ⎦
Ministre des Finances
Ministre des Travaux Publics ⎤
Ministre de l'Instruction publique ⎥ Français
Sous-secrétaire d'État aux PTT ⎥
Sous-secrétaire d'État à la Reconstruction ⎦

Il y aurait sans doute intérêt à ne pas fixer, dans un texte la composition formelle du gouvernement afin de pouvoir la modifier en fonction des besoins. C'est ainsi que le Sous-secrétaire d'État à la
Reconstruction sera appelé à disparaître. Dans le cas où un ministre
tunisien se révélerait incapable, un sous-secrétaire d'État français pourrait lui être adjoint. Des sous-secrétaires d'État pourraient être nommés
aux Finances et à l'Instruction publique, ces services ayant actuellement
des sous-directeurs adjoints aux directeurs. D'autre part, il pourrait
apparaître opportun de faire siège au gouvernement des ministres sans
portefeuille ou de confier à un ministre de l'Intérieur, les attributions
actuellement dévolues au Premier ministre.

Le décret beylical qui portera réorganisation du gouvernement tunisien devra cependant déterminer la compétence propre du Premier
ministre et celle du Secrétaire général.

Bien que la qualité de fonctionnaire tunisien du Secrétaire général
ne puisse être mise en doute, il est indispensable que celui-ci soit, aussi
longtemps que possible, un Français ayant la compétence et l'autorité
nécessaire pour rester le véritable animateur des délibérations gouvernementales et le conseiller écouté du Premier ministre. Son rôle
prendra d'ailleurs une importance croissante au fur et à mesure qu'il
apparaîtra opportun de confier à des Tunisiens les fonctions ministérielles remplies actuellement par des Français. Toutefois, le Secrétaire
général pourrait abandonner le visa obligatoire des arrêtés ministériels
sous réserve que certains textes soient soumis à son contreseing (ce
devrait être le cas, tout au moins, pendant une première période pour
les questions en rapport avec la fonction publique).

3) La réforme des assemblées élues devra être la contrepartie indispensable de l'accroissement des pouvoirs du gouvernement tunisien.
Ces assemblées seront d'abord une garantie contre la mainmise d'un
seul parti politique sur l'État. Appelant un nombre élevé de Tunisiens
à s'occuper des affaires publiques, générales ou locales, elles donneront

aux diverses tendances l'occasion de s'affirmer, aux élites rurales le moyen de s'opposer à l'agitation des milieux intellectuels des villes. Enfin, par leur multiplicité, elles empêcheront l'Assemblée centrale de s'arroger le monopole de la représentation de l'opinion publique, monopole dont les délibérations du Grand Conseil ont montré depuis quatre ans les graves inconvénients.

Les textes en vigueur ou les projets élaborés au cours de ces dernières années prévoient d'ailleurs de nombreuses assemblées auxquelles il suffirait de donner un rôle et des attributions qui leur font trop souvent défaut : si le programme élaboré en 1945 avait été accompli, la Tunisie aurait d'ores et déjà, outre le Grand Conseil et les huit chambres économiques, six conseils de région, trente-huit conseils de caïdat, une soixantaine de conseils municipaux et plus de six cents conseils de cheikhats.

Il importe d'abord de donner ou de rendre vie à ces conseils. Ensuite, il sera nécessaire d'en modifier progressivement le caractère : en étendant les conditions requises pour être électeur jusqu'au suffrage universel pour certains d'entre eux, en précisant leurs attributions, en réglant les conditions de représentation des Français. Sur ce dernier point, il y aura lieu de faire choix entre divers systèmes : soit celui de sièges réservés, spécialement dans les conseils municipaux et les conseils de caïdats, soit celui du double collège, soit encore une représentation sur la base des intérêts économiques qui s'imposerait en particulier pour les conseils de région.

En ce qui concerne le Grand Conseil, il est peu probable, quelles que soient les attributions qui lui seront dévolues dans l'avenir qu'il puisse, en étant élu sur une base démographique, conserver deux sections française et tunisienne d'égale importance. Il deviendra donc nécessaire, soit de modifier les bases de son recrutement, ce qui serait sans doute la meilleure solution, mais aurait l'inconvénient de paraître « anti-démocratique », soit de le doubler par une seconde chambre qui pourrait comprendre des représentants des conseils de région, des membres de droit choisis parmi les autorités religieuses et les représentants des professions libérales, des personnalités nommées par le Bey etc..

4) L'administration tunisienne ainsi qu'il a été signalé plus haut, doit être composée de Français et de Tunisiens. Il est essentiel que cette nécessité ne soit pas mise en doute quel que soit le degré d'autonomie intérieure ou d'indépendance auquel la Régence est appelée à accéder. Elle a un fondement juridique valable dans le droit reconnu aux Tunisiens d'accéder à la fonction publique en France. Elle répond en outre à l'importance de la colonie française de la Régence qui doit bénéficier sans réserve du traitement accordé aux nationaux. D'ailleurs, les textes récents créant les corps d'administrateurs et de secrétaires d'administration du gouvernement tunisien et l'École tunisienne d'Administration

prévoient dans ce domaine une égalité complète de droits entre Français et Tunisiens.

En fait, cependant, il importe que les fonctionnaires de nationalité française diminuent en nombre et s'améliorent en qualité. Les entraves administratives qui s'opposaient au recrutement de Tunisiens et aboutissaient en fait à réserver certains postes à des Français doivent disparaître. La connaissance de la langue arabe peut être exigée, dans l'avenir, des Français comme des Tunisiens. L'argument selon lequel la sécurité des colons français n'est pas assurée si l'agent chargé du central téléphonique, le facteur, le chef de gare les plus proches sont Tunisiens ne saurait être déterminant. La force française doit, en cas de besoin, se manifester auprès du Souverain et de son gouvernement. Elle repose aussi sur la présence de troupes d'occupation suffisamment nombreuses et mobiles. Elle ne peut plus s'identifier à une intervention constante dans tous les domaines.

L'amélioration de la qualité des fonctionnaires de nationalité française du gouvernement tunisien s'obtiendra par le détachement dans la Régence d'agents spécialement choisis pour leur compétence technique, leur faculté d'adaptation et leur indépendance à l'égard des contingences locales. Pour trouver ces fonctionnaires de qualité appelés à devenir Secrétaire général, Ministres, sous-secrétaires d'État, directeurs et chefs de service, il sera évidemment nécessaire de leur assurer des situations matérielles suffisantes. Comme ils devront être rétribués sur le budget tunisien, dans les mêmes conditions que leurs collègues de cadre local, il pourra leur être alloué sur le budget français des indemnités spéciales qui s'ajouteraient à leurs rémunérations tunisiennes.

5) À côté du gouvernement tunisien, de l'administration qu'il dirige, des corps élus qui le contrôlent ou qu'il consulte, doit subsister tant que dure le Protectorat, l'appareil de <u>contrôle français</u> et certains services dépendant directement du représentant de la France.

Toutefois, le Résident général et le Commandant supérieur des troupes devront cesser de faire partie du gouvernement tunisien en qualité de ministres des Affaires étrangères et de la Défense. Leurs attributions à ce titre, correspondent d'ailleurs aux pouvoirs réservés à la France et sont hors de la compétence du pouvoir local. Les questions relevant des Affaires étrangères et de la Défense seront désormais réglées directement avec le souverain.

Le Résident général devra conserver le pouvoir réglementaire pour toutes les matières ressortissant à la souveraineté française (Contrôle civil, sécurité, justice française, recrutement, etc.). Seul intermédiaire entre son gouvernement et le gouvernement tunisien, gardant la prérogative de promulguer les décrets beylicaux, il exercera le droit d'initiative qu'il tient de l'article 1 de la convention de la Marsa, soit auprès du Souverain, soit en saisissant le gouvernement tunisien par l'intermédiaire du Secrétaire général. Mais il cessera d'être le chef véritable de l'administration locale qu'il est actuellement en fait sinon en droit.

En cessant de siéger au Conseil des ministres, le Commandant supérieur des troupes devra abandonner le pouvoir réglementaire. Il renoncera aussi à toute autorité organique sur l'armée tunisienne qu'il s'agisse de la garde beylicale actuelle ou des unités nouvelles qu'il apparaîtrait opportun de créer dans l'avenir.

Le Résident général continuant à exercer le contrôle français auprès du Bey et de son gouvernement, les contrôleurs civils devront subsister comme ses représentants auprès des caïds. Sans doute, leur rôle se fera-t-il de plus en plus discret sur le plan de l'administration proprement dite tandis qu'ils devront conserver intégralement leurs attributions de défenseurs des intérêts proprement français. Leur titre ne correspondant plus à leur nouvelle situation serait alors changé en celui de « résidents » ou « vice-résidents », voire même en celui de « consuls » ou de « vice-consuls » qu'ils ont d'ailleurs l'habitude d'ajouter à leurs dénominations actuelles. Il n'y a aucune raison de prévoir la fermeture de certains contrôles civils. Leur nombre n'est nullement excessif et la suppression de l'un des postes actuellement existants serait interprétée comme un commencement d'abandon. Elle aurait des effets psychologiques graves, surtout dans les campagnes, au moment même où il faudra, au contraire, persuader les Tunisiens qu'en leur confiant des attributions très étendues dans leur pays, la France n'entend renoncer ni à protéger ses nationaux et ses intérêts, ni à exercer les prérogatives qu'elle tient des traités.

Dans leurs attributions nouvelles, les contrôleurs civils auront besoin, pour conserver l'autorité nécessaire à l'exercice de leurs fonctions, de jouir d'un ascendant personnel beaucoup plus grand qu'au temps où ils se substituaient pratiquement aux caïds dans l'exercice de l'administration courante. D'une manière générale, et surtout pour les postes les plus délicats du point de vue politique, il sera donc nécessaire de disposer d'agents d'une valeur personnelle élevée, ayant à la fois assez d'ascendant et de compétence et une connaissance suffisante de la langue arabe et des milieux musulmans pour s'imposer personnellement aux fonctionnaires locaux.

Un tel résultat ne pourra sans doute être atteint que par une modification radicale des conditions de recrutement. La solution qui consisterait à grouper dans un corps unique les contrôleurs civils du Maroc et de Tunisie et à intégrer ce corps dans les cadres du Département, soit sous la forme d'un cadre spécial, soit en le fusionnant avec celui des Secrétaires d'Orient et d'Extrême-Orient pourrait sans doute être retenue.

6) En réalisant une nette séparation entre le gouvernement et l'administration de la Tunisie d'une part, l'appareil du contrôle français d'autre part, il deviendra urgent d'opérer une réforme qu'il aurait été

de bonne politique d'accomplir beaucoup plus tôt : la mise à la charge du budget de l'État français de toutes les dépenses relatives au contrôle et aux services… spécifiquement français.

Il est contraire à toute logique que la France, alors qu'elle est obligée de verser des sommes élevées à la Régence (avances du fonds de modernisation et d'équipement, réparation des dommages de guerre, subventions diverses) ne se soit pas encore résignée à payer les rémunérations du Résident général et de ses collaborateurs directs, ni les frais de fonctionnement de la justice française, des contrôles civils, de la gendarmerie…. Il n'est pas excessif de voir dans la fin de cette situation paradoxale l'une des réformes les plus urgentes à accomplir en Tunisie.

***

Les perspectives d'avenir qui sont esquissées dans la présente note et dont la réalisation serait plus ou moins rapide selon que le gouvernement français souhaiterait transformer à bref délai la structure politique de la Régence ou selon qu'il préférerait, au contraire, avec un programme échelonné dans le temps, conserver pendant plusieurs années, le moyen de donner des satisfactions à l'opinion tunisienne, ne paraissent susceptibles ni de compromettre les intérêts français, ni de décevoir les aspirations raisonnables des Tunisiens.

En ce qui concerne les Français, en effet, le maintien de pouvoirs spéciaux au Résident général et le caractère franco-tunisien que conservera en fait une Tunisie autonome ou « indépendante constitueraient une garantie capitale de sécurité et de paix intérieure. Le maintien de la justice française, du tribunal mixte et du régime foncier, que personne ne met sérieusement en cause, leur assurera, d'autre part, le respect de leurs droits et les recours nécessaires contre les mesures arbitraires dont ils auraient à se plaindre. Sans doute perdront-ils, en fait, une notable partie des emplois administratifs pour lesquels ils témoignent actuellement d'une prédisposition marquée. Mais il s'agit là d'une éventualité inéluctable et que seul un aveuglement systématique leur a permis d'éluder jusqu'à maintenant.

D'importants intérêts nationaux continueront à exister en Tunisie : l'ampleur de nos investissements, la prépondérance du capital français – ou même de l'État français – dans la plupart des sociétés tunisiennes, les concessions de services publics que nous conserverons, la nécessité dans laquelle la Régence se trouvera longtemps de faire appel à l'aide financière de la France, constitueront entre les deux pays des liens infiniment plus solides que les rapports de droit les plus soigneusement établis.

Enfin, il devra subsister en Tunisie un domaine propre de l'État français et le droit d'expropriation et de réquisition devra être fixé de manière à permettre en tout état de cause aux autorités militaires françaises de disposer des moyens nécessaires à l'exécution de leur mission.

Les Tunisiens obtiendront, avec les réformes exposées ci-dessous, l'autonomie intérieure, un gouvernement national qu'il ne dépendra que d'eux de rendre vraiment représentatif et des facilités illimitées pour occuper les différentes charges de l'État. Il sera facile de compléter ces réformes par des mesures propres à leur donner de légitimes satisfactions, d'amour-propre : suppression de l'inscription « protectorat français » à côté des mots « régence de Tunis », disparition du pavillon français des bâtiments administratifs, transformation du corps des douanes en un corps véritablement tunisien, etc...

Il pourrait même leur être fait une concession supplémentaire dont la valeur psychologique serait certainement considérable sans qu'il puisse en résulter une gêne sérieuse pour le gouvernement français. Il s'agirait, en interprétant « stricto sensu » l'article 6 du Traité de Kassar-Saïd, de reconnaître au Bey le droit de légation passif ainsi que le droit de conclure des accords internationaux après s'être entendu avec le gouvernement français et, d'autre part, de proposer l'admission de la Tunisie à l'Organisation des Nations unies.

Tant que le Résident général conservera les attributions qui lui sont reconnues par les traités de 1881-83, il est évident que toute délégation tunisienne aux Nations unies ne pourrait être constituée qu'avec son accord sinon par lui-même. Il n'y aurait donc pas lieu de craindre qu'elle adopte une attitude hostile à la politique française, ni qu'elle fasse bloc systématiquement avec les États arabes. La demande d'admission à l'ONU que nous formulerions en faveur de la Tunisie nous permettrait, par contre, même si un véto soviétique la faisait échouer, de ne plus fournir les renseignements prévus à l'article 73 (e) de la Charte et de soustraire définitivement le Protectorat à tout contrôle institué sur les territoires « non-autonomes ». Sans doute ne manquerait-on pas d'objecter que la Tunisie n'a pas acquis une indépendance complète. Mais cet argument pourrait facilement être combattu : les délégués de l'Inde à San Francisco en juin 1945 et leurs successeurs jusqu'en 1947 représentaient un gouvernement qui ne contrôlait ni l'armée, ni la politique extérieure de leur pays et néanmoins, ils ont signé la Charte et participé à toutes les délibérations des Nations unies.

Sur un autre plan, la faculté donnée aux puissances étrangères de remplacer par des agents politiques leurs consuls à Tunis et d'accréditer ces agents auprès du Bey donnerait une importante satisfaction de prestige aux Tunisiens sans modifier en pratique l'état de choses actuel.

Enfin, le rétablissement partiel de la souveraineté extérieure de la Tunisie pourrait être offert, comme la contrepartie de la désignation d'une délégation au Haut-Conseil de l'Union française. Il serait sans doute nécessaire et il serait possible de ne pas demander au Bey la reconnaissance formelle que son État fait partie de l'Union. Mais sa représentation au Haut-Conseil, outre qu'elle permettrait à celui-ci de se réunir et de fonctionner, ne laisserait plus subsister juridiquement aucun doute sur la qualité d'« État associé » de la Tunisie.

***

Il est évident que chaque transformation des institutions actuelles du protectorat évoquée dans la présente note demandera une étude préalable complète avec le concours du Résident général et de ses collaborateurs.

Il est également évident que le gouvernement peut décider de ne pas s'engager dans une politique de réformes et il y a tout lieu de penser qu'une telle option serait actuellement pour lui la plus facile.

Mais, le moment est venu de choisir. Après deux années et demi de calme politique complet, on constate en Tunisie, depuis quelques semaines, une certaine agitation de surface. Français et Tunisiens commencent à manifester quelque inquiétude ou donnent des preuves de nervosité. Le 5 janvier dernier, pour la première fois depuis août 1947, au cours d'une échauffourée, le sang a coulé.

Si on devait se prononcer contre une politique de réformes, il ne serait pas possible de laisser se poursuivre la contradiction complète qui existe entre les affirmations les plus libérales de notre part, une liberté de critique et d'opposition presque illimitée et l'état de choses actuel. Il faudrait dans ce cas, mettre un terme aux campagnes de propagande destouriennes, intimider le Souverain, les leaders politiques, les élites tunisiennes, réagir contre les suggestions pressantes des États-Unis, et neutraliser les tendances prévalant parmi les Nations unies.

Ce n'est pas seulement une question de force, s'il en était ainsi, le problème serait simple : rien ne s'oppose en Tunisie à la force française. C'est essentiellement une question de cohésion et de continuité gouvernementale, car il serait dangereux de s'engager dans une politique de statu quo pour l'abandonner au moindre incident ou pour la laisser mettre en cause à tout instant sous la pression de personnalités tunisiennes ou de certains partis politiques.

Une politique de réformes qui serait entreprise trop tard, au lendemain de troubles, pour mettre fin à une agitation nationaliste ou seulement pour répondre à des demandes devenues trop pressantes serait en effet une politique de repli, d'abdication qui nous conduirait fatalement à abandonner nos positions essentielles. L'exemple de l'Indochine, à cet égard, ne doit pas être perdu de vue[1].

À l'heure actuelle, des réformes peuvent encore être entreprises sans mettre en cause les positions françaises ni compromettre notre prestige. Au contraire, il n'est pas excessif d'espérer qu'une politique « progressiste » entreprise en Tunisie dans des circonstances favorables, améliorerait notre situation sur le plan international et démontrerait notre

---

[1] Une note de la sous-direction des Protectorats signalait que les Français de Tunisie s'opposaient à l'élaboration de réformes susceptibles de jeter le pays dans des troubles et rapportait leurs objections (note du 18 janvier 1950, non reproduite).

volonté d'appliquer avec souplesse et autrement que sous la pression des événements les principes affirmés dans la Constitution de 1946.

(Direction d'Afrique-Levant, Tunisie, volume 380)

11

PROCÈS-VERBAL DE LA RÉUNION TENUE LE 10 JANVIER 1950
AU MINISTÈRE DES AFFAIRES ÉTRANGÈRES SOUS LA PRÉSIDENCE
DE M. ROBERT SCHUMAN

Référendum des Établissements français en Inde

P.V.   *Paris, 10 janvier 1950.*

Assistaient à la réunion :

Pour le Ministère des Affaires étrangères :

M. Parodi, Ambassadeur de France, Secrétaire général,

M. Daniel Lévi, Ambassadeur de France à New-Delhi,

M. Couve de Murville, Ambassadeur de France, Directeur général des Affaires politiques,

M. Baeyens, Conseiller d'Ambassade, Directeur d'Asie-Océanie,

M. de Bourbon-Busset, Conseiller d'Ambassade, Directeur-adjoint au Cabinet du Ministre,

M. Olivier, Attaché d'Ambassade.

Pour le Ministère de la France d'outre-mer :

M. Letourneau, Ministre de la France d'outre-mer,

M. Delavignette, Gouverneur général des Colonies, Directeur du Cabinet du Ministre,

M. Chambon, Gouverneur des Colonies, Commissaire de la République à Pondichéry,

M. Bruniquel, Directeur-Adjoint p.i. des Affaires politiques,

M. Escargueil, Administrateur civil de 2e classe.

Les principales questions évoquées au cours de la réunion ont été les suivantes :

M. Parodi a tout d'abord indiqué à M. Robert Schuman qu'au cours d'une réunion tenue dans son bureau à la date du 6 janvier dernier les échanges de vues qui avaient eu lieu entre les représentants du Département et de la France d'outre-mer avaient fait apparaître un désaccord sur certains points fondamentaux que seuls le Ministre des Affaires étrangères et le Ministre de la France d'outre-mer étaient en mesure de trancher.

I/ Entretien entre M. Parodi et le Sardar Malik.

M. Parodi rend compte de l'entretien qu'il vient d'avoir au sujet des modalités du référendum avec le Sardar Malik rentré tout récemment de New-Delhi. Un compte-rendu de cet entretien est joint au présent procès-verbal[1].

Des échanges de vues ont lieu au sujet des principaux points évoqués par l'Ambassadeur de l'Inde.

Le gouverneur Chambon indique qu'il n'y a aucun inconvénient à porter de 10 à 20 jours la durée de la période des réclamations. Il ne voit par ailleurs aucune objection à ce que, comme le suggère le gouvernement de l'Inde, il y ait un bulletin de vote unique rouge et blanc.

Le Commissaire de la République souligne, au contraire, qu'il serait dangereux, eu égard au maintien de l'ordre public, de porter de 3 à 4 semaines la durée de la période électorale. Il serait également inadmissible, à ses yeux, que les citoyens indiens puissent participer à la campagne électorale, la propagande devant être réservée aux partis politiques qui exercent leur activité dans les Établissements.

M. Robert Schuman partage cet avis. Aucun propagandiste venant de France ne doit d'ailleurs participer à la campagne électorale et seuls les électeurs des 4 villes ont, d'après les dispositions en vigueur, la faculté d'y prendre part. Un refus très net doit donc être marqué à ce sujet au gouvernement de New-Delhi.

Le gouverneur Chambon suggère qu'il y aurait peut-être intérêt, en vue d'exercer un contrôle efficace, à exiger que les ressortissants de l'Inde, qui jusqu'ici entraient librement et sans aucun papier sur le territoire des Établissements, présentent à l'avenir une carte d'identité soumise à un visa que les intéressés pourraient se procurer soit auprès des autorités douanières de la frontière française, soit auprès du Consul de France à Madras.

M. Letourneau fait observer qu'il y aurait lieu d'éviter que cette mesure puisse sembler être prise uniquement en vue du référendum. Le Ministre de la France d'outre-mer estimerait préférable, en tout état de cause, d'avertir dès maintenant New-Delhi de notre intention d'exiger, pour les ressortissants indiens qui désirent se rendre dans les comptoirs, une carte d'identité.

Il en est ainsi décidé.

Les exigences dont l'Ambassadeur de l'Inde vient de faire part à M. Parodi ne peuvent avoir pour effet que de retarder la date du référendum. Étant donné l'allongement de la période des réclamations et le fait que cette période ne s'ouvrira qu'une fois les observateurs neutres arrivés sur place (ce qui ne pourra avoir lieu, en tout état de cause, que dans la dernière semaine du mois de janvier), la consultation populaire ne pourra être tenue qu'aux environs du 15 avril prochain.

---

[1] Voir document n° 7.

M. Letourneau précise à cet égard qu'il vient de demander l'inscription du projet de loi autorisant le gouvernement à organiser le référendum à l'ordre du jour de l'Assemblée nationale. L'assemblée de l'Union française n'a pas a être consultée à nouveau, puisqu'elle a déjà au mois de mai dernier, donné son avis sur le référendum des cinq Établissements. Le Ministre de la France d'outre-mer estime que l'Assemblée nationale pourra être amenée à se prononcer très rapidement sur le projet de loi relatif au référendum des 4 Établissements du Sud.

II/ Le gouvernement français doit-il subordonner la tenue du référendum à l'octroi par l'Inde de garanties portant sur la reconnaissance des résultats du référendum, la levée du blocus des enclaves et, en cas de succès de New-Delhi, sur l'absence de représailles contre nos partisans ?

1) *Traité de cession de Chandernagor.*

M. Delavignette fait valoir qu'étant donné l'attitude dilatoire observée par le gouvernement indien dans l'affaire du traité de cession de Chandernagor, il y aurait peut-être intérêt à faire également d'une réponse rapide de nos interlocuteurs à propos de Chandernagor une condition supplémentaire à la tenue de la consultation populaire.

Le gouverneur Chambon partage l'opinion de M. Delavignette. Le gouvernement indien cherche indiscutablement à gagner du temps et à retarder l'intégration de Chandernagor à l'Union indienne jusqu'à ce qu'ait eu lieu le référendum de nos quatre Établissements du sud. Le Commissaire de la République souligne les avantages que nous pourrions retirer, du point de vue de l'opinion publique locale, si nous étions en mesure de faire connaître aux leaders politiques des comptoirs les clauses (qui seront sans doute léonines) du traité de cession de Chandernagor. Les exigences que l'Inde soulèvera très probablement à propos de la ville libre donneront à réfléchir à beaucoup d'éléments influents, notamment de Pondichéry, qui hésitent encore actuellement à voter pour la France.

M. Robert Schuman et M. Parodi indiquent que nous devons en effet mettre tout en œuvre pour obtenir du gouvernement indien une réponse rapide.

Avec l'approbation de M. Letourneau, M. Robert Schuman décide qu'une nouvelle démarche sera faite auprès de l'Ambassade de l'Inde à Paris pour souligner :

a) que le gouvernement français ne peut considérer comme satisfaisante la réponse que le Sardar Malik a donnée au sujet de Chandernagor à M. Parodi à la date du 10 janvier ;

b) que le gouvernement français désire obtenir, dans les moindres délais, la réponse du gouvernement de New-Delhi au sujet du traité de cession de Chandernagor. C'est seulement lorsque cette

réponse lui sera parvenue que le gouvernement français possé-
dera tous les éléments qui lui permettront de fixer définitivement
la date du référendum.

2) *Reconnaissance par l'Inde des résultats de la consultation
populaire.*

M. Robert Schuman donne lecture des déclarations prononcées le
5 août dernier par le Pandit Nehru au sujet des Établissements français
de l'Inde. Il ressort à son avis des propos du Premier ministre indien
que, sans envisager de recourir à une solution de force pour régler le
problème des comptoirs, le gouvernement de New-Delhi estime que
les quatre villes sont, de par leur nature, destinées à s'intégrer un jour
ou l'autre au grand État voisin.

M. Robert Schuman estime qu'il serait difficile de demander expressément au Pandit Nehru s'il entend retirer ses déclarations du 5 août
et s'il respectera sa parole. M. Parodi partage cette opinion. À ses yeux,
l'échange de lettres du 29 juin 1948 comporte au moins un engagement
implicite de la part de l'Inde de reconnaître les résultats de la consultation. Le gouvernement français doit éviter de fournir à New-Delhi
un argument pour dénoncer l'accord de juin 1948.

M. Robert Schuman fait observer qu'au cas où de nouvelles déclarations, corroborant celles du 5 août dernier, viendraient à être faites
pendant la période où sera préparé et où se déroulera le référendum,
le gouvernement français serait alors en droit de demander des éclaircissements au gouvernement indien.

M. Daniel Lévi suggère qu'il serait peut-être possible de demander
aux observateurs de s'enquérir auprès de nos interlocuteurs de leurs
intentions quant à la reconnaissance des résultats de la consultation.

M. Robert Schuman est d'avis qu'une telle demande ferait sortir les
observateurs du cadre de la mission qui leur a été confiée. Il n'est pas
certain, d'autre part, que les personnalités neutres accepteraient de
nous servir en quelque sorte d'intermédiaires à cet égard auprès de
l'Union indienne.

Le gouverneur Chambon rappelle les menaces implicites qui sont
contenues dans le procès-verbal de la séance du Conseil de gouvernement des Établissements en date du 15 décembre dernier. Il insiste pour
qu'une satisfaction au moins partielle soit donnée aux leaders politiques
locaux dont il dépend en grande partie que le corps électoral penche
dans un sens ou dans l'autre.

M. Parodi estime qu'étant donné qu'il y a peu de chance d'espérer
que le gouvernement indien accepte de s'engager à donner les garanties
souhaitées par nos ressortissants, le seul moyen de donner satisfaction
à ceux-ci serait d'évoquer cette question au cours de la déclaration que
le gouvernement sera amené à faire devant l'Assemblée nationale. Il
serait rappelé dans cette déclaration que l'échange de lettres du

29 juin 1948 comporte un engagement au moins implicite des deux gouvernements de reconnaître les résultats du référendum et que le gouvernement de New-Delhi, en insistant pour être consulté tant à propos de la désignation des observateurs neutres que des modalités d'organisation de la consultation, a confirmé, sans qu'il y ait aucun doute possible, cet engagement. Au cas toutefois où le gouvernement de New-Delhi, revenant sur son attitude première, manifesterait clairement son intention de ne pas tenir compte de la volonté des populations locales, la question serait évidemment rouverte et le gouvernement français se trouverait délié de toute obligation en ce qui concerne l'avenir des quatre Établissements.

M. Letourneau déclare qu'il est entièrement d'accord pour qu'aucune démarche ne soit faite auprès de nos interlocuteurs et que les garanties souhaitées par les populations locales soient mentionnées dans la déclaration solennelle que le gouvernement français se propose de faire devant l'Assemblée nationale.

3) *Libération des enclaves.*

Après échange de vue, il est décidé qu'une nouvelle démarche sera faite auprès de l'Ambassade de l'Inde à Paris pour demander au gouvernement indien s'il serait disposé à établir les rapports économiques et douaniers entre les Établissements et l'Inde sur les bases suivantes :

– Tous les produits, à l'exception de ceux figurant sur une liste de contingents analogue à celle qui résultait des accords Mondy-Greenfield de 1936 (en y ajoutant les alcools), circuleraient librement entre les aldées avec application du régime du passe-debout.

Le Ministère de la France d'outre-mer fera parvenir, dans les plus brefs délais, au Département une note exposant de manière très précise les modalités du régime dont le gouvernement français a l'intention de proposer l'établissement au gouvernement indien.

4) *Absence de représailles contre nos partisans.*

Un échange de vues a lieu sur le point de savoir s'il devrait être proposé à cet égard au gouvernement indien de publier une déclaration conjointe et si, en cas de refus, le gouvernement français pourrait envisager d'évoquer cette question dans la déclaration qui sera faite à l'Assemblée nationale.

Aucune décision n'est prise à ce sujet.

III/ Quorum.

M. Parodi indique que la fixation du quorum à 40 % doit inciter les électeurs à prendre part au vote.

M. Daniel Lévi estime, pour sa part, que le quorum, même fixé à 40 %, ne sera pas atteint. Il sera donc indispensable de prévoir l'attitude que nous adopterons dans cette hypothèse.

M. Letourneau fait valoir que le chiffre de 40 % présente l'intérêt d'avoir été proposé par le gouvernement indien.

Le gouverneur Chambon déclare qu'au cas où le référendum viendrait à être perdu par la France avec un quorum de 40 %, le gouvernement risquerait d'être exposé à de nombreuses critiques (notamment de la part des milieux parlementaires).

M. Robert Schuman indique qu'il ne saurait être question, en effet, au point de vue de l'opinion parlementaire, de risquer, en fixant le quorum à 40 %, qu'une minorité d'électeurs puisse décider du sort des quatre villes. Le chiffre de 51 % lui paraît donc préférable à tous égards.

M. Letourneau partage ce point de vue. Il est donc décidé que le quorum sera fixé à 51 %.

IV/ Vice-consuls indiens à Yanaon, Karikal et Mahé.

M. Robert Schuman estime qu'il n'y a aucune raison de donner satisfaction à la demande de nos interlocuteurs, étant donné que ceux-ci se sont jusqu'ici refusés à conclure tout accord douanier avec nos Établissements en raison de la proximité du référendum. Le même argument peut être invoqué de notre part pour nous opposer, à quelques mois de la consultation, à ce qu'un changement aussi important soit apporté au statu quo.

Une réponse négative sera donc adressée au gouvernement de l'Inde.

(Direction d'Asie-Océanie, Inde française, volume 12)

12

M. Hardion, Ministre chargé de la Délégation du Gouvernement de la République française en Espagne, à M. Schuman, Ministre des Affaires étrangères[1].

D. n°84.   *Madrid, 16 janvier 1950.*

La presse espagnole n'a pas manqué, à l'aube de l'année nouvelle, de dresser un bilan des événements qui, au cours de 1949, ont marqué l'évolution de la conjoncture internationale. À cet égard, si la question de la reprise des relations diplomatiques normales avec l'Espagne reste, sans aucun doute, au lendemain des déclarations du sénateur Tom

---

[1] Dépêche adressée à la sous-direction d'Europe méridionale et communiquée au Secrétariat des Conférences et au service d'Information et de Presse.

Connally et de M. Kee, la préoccupation essentielle des milieux politiques madrilènes, les éditorialistes s'efforcent néanmoins d'élargir le champ de leurs investigations et de nombreuses chroniques, parfois empreintes d'un optimisme raisonné, sont consacrées tant aux problèmes d'Extrême-Orient qu'à la politique de la France.

La question chinoise a fourni aux journaux espagnols une occasion nouvelle de souligner l'opposition des doctrines soutenues par le Département d'État américain et par les stratèges du Pentagone. Comme il fallait s'y attendre, ces derniers ont continué de recueillir les suffrages empressés des éditorialistes qui, au contraire, ont réservé leurs sarcasmes à la politique préconisée par Monsieur Dean Acheson. C'est ainsi que le porte-parole de l'opinion phalangiste *Arriba* se plaît, le 8 janvier, à décrire « le monde de fictions lamentables dans lequel se meut le secrétaire d'État aux Affaires étrangères ». Aussi bien, la même feuille n'hésite-t-elle pas, à propos de l'affaire chinoise, à souligner ce qu'elle nomme « l'erreur du siècle » de la diplomatie des États-Unis et la versatilité du Département d'État qui aura autorisé « la bolchevisation de la Chine depuis la Mandchourie jusqu'au Tonkin ».

La Grande-Bretagne, à son tour, n'est pas épargnée, et *Arriba* rappelle que « s'il fut un temps où le Cabinet du Saint-James dictait sa politique à l'Inde, cette dernière entraîne actuellement à sa remorque une Angleterre gouvernée par le parti travailliste ».

Certains journaux, au nombre desquels se place *Ya,* se demandent si la décision prise par M. Truman d'abandonner Formose à son destin traduit le désir des États-Unis d'adopter désormais une politique d'apaisement à l'égard de la Russie soviétique. « Cherchera-t-on à réaliser une entente avec Moscou en sacrifiant complètement la Chine comme on a déjà vendu au Kremlin la moitié de l'Europe », s'interroge avec inquiétude l'organe catholique. Et ce dernier de répondre sans tarder : « Il convient de ne pas interpréter de façon négative les affirmations de M. Truman. Si Washington paraît en effet être sur la défensive en Chine, il est difficile de formuler un jugement identique à l'égard de la politique américaine en Asie sud-orientale, au Moyen-Orient et en Europe. Dans ces derniers secteurs, la diplomatie des États-Unis donne l'impression d'être en plein accord avec les états-majors nord-américains ».

De nombreux chroniqueurs se plaisent également, à l'orée de l'année nouvelle, à souligner l'identité de politique des nations anglo-saxonnes et « les hésitations manifestées par l'oncle Sam lorsqu'il s'agit de s'aventurer dans le monde sans donner le bras à John Bull ». Le cas de l'ancien Empire du milieu, prétendent *Informaciones* du 8 janvier, fournit, à cet égard, un exemple convaincant, et l'annonce de la reconnaissance des autorités de Pékin par le gouvernement de Sa Majesté n'aura précédé que de peu la décision de Monsieur Truman de ne fournir aucune aide à la défense de Formose. Toutefois, continuent *Informaciones*, « il est curieux de constater que cette politique réaliste des pays de langue anglaise ne se manifeste que pour favoriser les gouvernements d'extrême-gauche… Et pour reconnaître la nécessité de nouer des relations avec des autorités de fait communistes ». Or, se plaint la feuille : « Il serait tout aussi réaliste d'admettre que certains pays ont, en ce qui les concerne, lutté avant tous les autres, contre le communisme, et qu'il conviendrait, dans ces conditions, de soutenir leurs gouvernements afin de mieux leur permettre d'accomplir leur mission d'avant-garde du monde civilisé ».

Dans un autre domaine, les problèmes français continuent d'être l'objet des préoccupations attentives des milieux politiques madrilènes, et il me paraît dès lors intéressant de souligner l'évolution caractéristique d'une grande partie de l'opinion espagnole à notre égard. De nombreux journaux qui, il y a peu de temps encore, n'hésitaient pas, en effet, à dénoncer la France comme une succursale du Kremlin et comme le cheval de Troie du bolchevisme au sein du monde occidental, consentent aujourd'hui à nous délivrer un certificat de civisme au nerf du camp de la civilisation. C'est ainsi que les récents incidents qui se sont produits entre la France et la Pologne fournissent à l'officieux *Mundo* l'occasion, dans son édition du 8 janvier, de dénoncer l'interventionisme soviétique à Varsovie et de rappeler à ses lecteurs que « l'influence culturelle de la France en Pologne représentait un poste avancé de la culture occidentale à l'Est de l'Europe ».

Aussi bien, d'autres journaux, s'inquiétant d'une mainmise éventuelle des États-Unis sur l'Afrique du Nord, approuvent-ils implicitement, à cette occasion, notre politique dans cette région et, particulièrement, au Maroc. *El Alcazar*, organe phalangiste du soir, écrit à ce sujet : « Le fameux quatrième point de la doctrine Truman tendant à élever le niveau de vie des peuples arriérés afin de mieux les prémunir contre les mirages du communisme ne doit pas faire perdre de vue à la France que certains des secteurs visés par la politique de la Maison-Blanche, ont encore besoin de la tutelle française. Rien ne doit donc empêcher cette dernière de s'exercer librement. L'attitude versatile des Américains en Extrême-Orient et particulièrement en Indochine, n'est pas prête en effet d'être oubliée par les Français ».

Cette attitude compréhensive, à vrai dire assez nouvelle, comporte néanmoins quelques ombres. Celles-ci ne surprendraient pas si elles n'apparaissaient précisément dans l'un des quotidiens du soir le plus soucieux de souligner sa qualité d'organe modéré et indépendant. *Madrid* semble irrité de l'évolution de ses confrères et poursuit, dans ses colonnes, la campagne anti-française dont le Département connaît déjà les premières phases. L'intention prétendue de notre état-major de se retirer en Afrique du Nord en cas d'attaque des armées soviétiques fournit, cette fois, au journal madrilène, l'occasion d'exercer sa verve agressive. Aussi bien, *Madrid* aperçoit-il déjà les cosaques sur les Pyrénées dont l'accès aura été lâchement abandonné aux Russes, puisque les Français s'effondreront « à la première chiquenaude », les Anglais étant prêts pour leur part à réaliser « un second Dunkerque ». Et *Madrid* de condamner, en définitive, la politique nord-américaine qui aura seulement réussi à offrir « sur un plateau » à la Russie des armes primitivement destinées à la France, et qui, en fait, seront utilisées pour une attaque contre la frontière des Pyrénées.

Sans doute, l'hebdomadaire *Mundo*, qui passe d'ailleurs souvent à tort, pour refléter les vues du Palais de Santa Cruz, traduit-il avec un certain bonheur d'expression l'optimisme raisonné de nombreux Espagnols au seuil de l'année nouvelle. Dans un éditorial du 1er janvier consacré au bilan politique de l'an 1949, la revue semi-officieuse n'hésite pas à affirmer, dès l'abord, que ce dernier est favorable aux puissances occidentales et écrit à ce sujet : « Les mois qui viennent de s'écouler ont été à l'avantage de la cause de la paix et ils représentent un jalon important sur la voie de la reconstruction ». Selon *Mundo*, le succès du pont aérien à Berlin, la constitution d'un État allemand occidental, le Pacte atlantique, le recul communiste en France et en Italie, la rupture définitive des partis socialistes avec Moscou et la disparition de l'isolationisme aux États-Unis représentent des motifs largement suffisants pour escompter un avenir meilleur. Sans doute, constate l'hebdomadaire, ces progrès ont-ils eu pour contre-parties les triomphe de Mao Tsé-Toung en Chine et, en Europe, le resserrement de l'emprise soviétique sur les peuples que la Russie a assujettis. Toutefois, poursuit *Mundo*, ce dernier avantage ne serait lui-même que fallacieux, car il a été obtenu par l'usage de la force.

En définitive, affirme *Mundo* : « Si les perspectives internationales interdisent encore de nourrir un optimisme béat... et, si, en 1949, le fossé séparant l'Orient de l'Occident a continué de s'élargir... il n'en reste pas moins que chaque homme peut, avec raison, abord l'année nouvelle avec une confiance et une tranquillité accrues ».

Ce jugement pondéré de la grande revue de politique extérieure contraste sans doute avec l'étroitesse de vues que certains Espagnols continuent de manifester à l'égard des problèmes internationaux et méritait, par là même, d'être signalé à l'attention du Département.

(Direction d'Europe, Espagne, volume 147)

13

M. Chataigneau, Ambassadeur de France à Moscou,
à M. Schuman, Ministre des Affaires étrangères[1].

T. nᵒˢ 162-167.   *Moscou, 20 janvier 1950.*

(*Reçu : le 20, 18 h. 20*)

Le geste accompli par les représentants de l'URSS en quittant les commissions de l'ONU par manière de protestation contre la présence au Conseil de sécurité du représentant de la Chine nationaliste est considéré avec inquiétude par plusieurs missions diplomatiques de ma résidence.

Mes collègues ne manquent pas d'observer que, sans les occupations de locaux consulaires auxquelles les autorités communistes ont procédé il y a quelques jours à Pékin, la crise créée par les Soviétiques au sein de l'ONU à propos de la question chinoise se serait dénouée d'elle-même au bout de quelques semaines lorsque, à la suite de la reconnaissance du gouvernement de Mao Tsé Toung par les États-Unis et par la France, une majorité se serait formée en faveur du remplacement du représentant nationaliste par un représentant du gouvernement de Pékin.

Mais les occupations faites à Pékin du Consulat général des États-Unis et de l'ancienne caserne française en même temps que la reconnaissance de Mao Tsé Toung par Hô Chi Minh et d'Hô Chi Minh par Mao Tsé Toung rendent très difficile celle du gouvernement de Pékin par les États-Unis et par la France et pourraient remettre en question celle qu'a annoncée la Grande-Bretagne.

À l'heure où Mao Tsé Toung se trouve à Moscou, il paraît vraisemblable que les opérations de Pékin aient été concertées entre celui-ci et le gouvernement soviétique. On est dès lors fondé à se demander si l'URSS n'a pas l'intention cette fois de quitter l'ONU.

Il est peu probable qu'une telle intention soit le premier ni même l'un des mobiles qui ont déterminé les récents gestes des gouvernements de Moscou et de Pékin. On ne voit pas en effet quel bénéfice l'URSS pourrait retirer de son absence de l'ONU où elle dispose à la fois d'une excellente tribune pour ses discours de propagande, d'un droit de veto dont elle use et de la possibilité de diviser ses adversaires en opposant, à l'occasion des divers scrutins, États arabes à puissances occidentales, Amérique latine à Amérique du Nord.

Je suis donc amené à penser que le risque qu'encourt volontairement le Kremlin d'une longue absence de ses représentants à l'ONU est

---

[1] Note manuscrite : « *Prière de voir ce jour ce qu'en pense l'A[mbassade] à W[ashington]* ».

justifié de son point de vue par l'avantage à retirer en Asie de mauvaises relations entre la Chine populaire et les puissances occidentales.

Que ces puissances renoncent à reconnaître la République chinoise ou qu'elles la reconnaissent tardivement, d'une part, elles perdent les avantages qu'elles auraient pu retirer d'un geste fait avant l'occupation de Pékin – la France en particulier se trouve placée devant Hô Chi Minh dans une situation délicate –, d'autre part, la Chine populaire y perd les moyens qui lui restaient de mener une politique extérieure d'équilibre entre l'URSS et les puissances occidentales. Or au lendemain de la conférence inter-asiatique[1] qui a confirmé le prestige croissant de Mao Tsé Toung en Asie, cette dernière considération peut être pour les Soviets déterminante.

J'incline même à penser que les Soviets, dont les calculs visent parfois aussi bien un premier objet certain et un second objet aléatoire, espèrent cumuler les avantages régionaux que j'ai évoqués à l'alinéa précédent et ceux qu'ils tirent de leurs possibilité d'action au sein de l'ONU.

Ils semblent en effet se flatter de cette conviction que l'opinion publique aux États-Unis comme en France est à ce point divisée que la reconnaissance de la Chine nouvelle s'imposera à leurs gouvernements malgré la répugnance de ceux-ci à s'y résoudre et quoi que fasse le gouvernement communiste chinois.

Cette conviction a été exprimée, du moins en ce qui concerne les États-Unis par la *Komsomolskia Pravda* du 17 janvier qui écrit « présentement il n'existe pas d'unanimité au sein des milieux dirigeants des États-Unis. Dans la presse américaine des voix se font entendre de plus en plus souvent en faveur de la reconnaissance de la République populaire chinoise. Même un journaliste aussi réactionnaire que M. Walter Lippman écrivait ces jours derniers dans *New York Herald Tribune* : " Plus les États-Unis ajourneront la reconnaissance de cette République, plus ils perdront la face aux yeux du monde entier et aux yeux des peuples de l'Asie " ».

Aux raisons locales qu'ont les Américains et les Français de pressentir le nouveau régime chinois s'ajoutent sans doute aux yeux des dirigeants soviétiques les raisons tirées de la crainte qu'inspire à l'opinion publique en Occident la perspective de voir réduire à l'impuissance par boycottage soviétique l'instrument créé par les Nations unies pour maintenir la paix.

(Direction d'Asie-Océanie, Chine, volume 238)

---

[1] Note manuscrite : « *Celle des syndicats ?* ».

14

NOTE DE LA DIRECTION D'EUROPE
(Sous-direction de la Sarre)

N.   *Paris, 21 janvier 1950.*

M. Koren, fonctionnaire de l'Ambassade des États-Unis, qui est chargé des questions sarroises depuis le départ de M. Morgan, a rendu visite le 20 janvier au sous-directeur de la Sarre. Il désirait obtenir de nouveaux éclaircissements au sujet des conventions que la France se propose de négocier avec la Sarre. Après avoir reçu de la part de M. Burin des Roziers les explications qu'il sollicitait, M. Koren a déclaré qu'il avait tenu à transmettre personnellement au Département le texte authentique des déclarations de M. Acheson, de manière à prévenir les erreurs d'interprétation auxquelles auraient pu donner lieu les comptes-rendus publiés par les agences.

M. Burin des Roziers ayant observé que la position définie par M. Acheson était à présent voisine de celle du gouvernement français, M. Koren en a convenu et a appelé l'attention de son interlocuteur sur le passage de cette déclaration ayant trait à la nécessité de maintenir des relations cordiales entre la France et l'Allemagne. M. Koren se demandait, à cet égard, ce qu'il fallait penser du projet de loi récemment déposé par M. Hoffmann devant le *Landtag* sarrois. Ce projet de loi tend à organiser la protection de l'ordre démocratique en Sarre. M. Burin des Roziers a répondu que la législation envisagée avait été élaborée depuis longtemps et qu'elle avait pour objet de prévenir la renaissance des activités nazies. Le projet de loi en question s'était heurté, jusqu'à présent, à une certaine opposition du parti social-démocrate. M. Hoffmann, qui est l'inspirateur du projet envisagé, avait habilement tiré parti des circonstances pour emporter une adhésion unanime du *Landtag*.

Quant au fond des choses, M. Burin des Roziers a souligné que le rétablissement de bons rapports entre la France et l'Allemagne intéressait au moins autant le gouvernement français que le gouvernement américain, et que les autorités françaises feraient ce qui dépendait d'elles pour apaiser les esprits en Sarre. Dans cet ordre d'idées, notre Haut-Commissaire avait été invité à mettre en garde les autorités sarroises, à l'occasion de la visite des journalistes français, contre des propos de nature à entretenir la polémique avec Bonn.

M. Koren a pris acte de ces déclarations. Comme il revenait sur la nécessité d'éviter que la Sarre ne devienne un sujet de discorde entre la France et l'Allemagne, M. Burin des Roziers lui a répondu que le meilleur moyen d'obtenir ce résultat était de ne laisser aucun doute dans l'esprit des dirigeants allemands sur la solidarité des puissances occidentales au sujet de la question sarroise et sur la ferme intention de ne pas laisser remettre en cause ce qui avait déjà été décidé en ce domaine[1].

(Direction d'Europe, Sarre, volume 208)

15

M. CHATAIGNEAU, AMBASSADEUR DE FRANCE À MOSCOU,
À M. SCHUMAN, MINISTRE DES AFFAIRES ÉTRANGÈRES[2].

D. n°81.   Moscou, 21 janvier 1950.

Par bordereau n° 1167/EU du 18 novembre 1949[3], le Département a bien voulu me transmettre copie d'une intéressante dépêche de notre Ambassadeur près le Saint-Siège, relatant des propos du cardinal Tisserant sur un changement de tactique du communisme envers la Religion.

Les considérations qu'à propos de la situation de l'Église catholique en Roumanie le cardinal Tisserant a développées devant M. d'Ormesson coïncident avec les observations qui ont été faites à Moscou par mes prédécesseurs et par moi-même. Lorsque le Secrétaire de la Congrégation pour l'Église orientale explique les manifestations récentes de la politique des autorités de ma résidence à l'égard de la religion par cette double conviction qu'il leur attribue : que, d'une part, il est actuellement impossible de déraciner de l'âme populaire le sentiment religieux, et que, d'autre part, l'Église, si l'on sait se servir d'elle, peut être un instrument fort utile, dans son étape actuelle, à la révolution communiste, il exprime en termes à peine différents les vues que cette ambassade exprimait elle-même, par exemple, dans sa dépêche n° 1341/EU du 7 octobre. Le premier article de cette conviction est, du reste, fort solidement fondé sur la doctrine de Lénine et a été ouvertement formulé par ses disciples. Quant au second, il a déjà été vérifié par l'expérience des succès soviétiques dans ce domaine, en URSS même au cours de la guerre, et dans les Balkans et au Proche-Orient depuis.

---

[1] Le Haut-Commissaire américain MacCloy avait marqué sa désapprobation de la politique française en Sarre à plusieurs reprises. Il avait été répondu aux Américains que la France s'efforçait d'acheminer la Sarre vers un régime de pleine autonomie législative et administrative limité seulement par les nécessités du rattachement économique, respectant en cela le programme de 1947, approuvé par les Américains (télégramme n°ˢ 249-253 du 11 janvier 1950 de Paris, non reproduit).
[2] Dépêche adressée à la direction d'Europe et communiquée à MM. Les Conseillers pour les Affaires religieuses et à l'ambassade près le Saint-Siège. Note manuscrite : « [Communiquer à] Washington, f[ait] t 8-2-50 ».
[3] Voir DDF, 1949-II, n° 181.

Je me bornerai à nuancer sur deux points la thèse du cardinal Tisserant.

Les ménagements dont l'Église orthodoxe russe, en raison de cette double conviction, bénéficie de la part des autorités de Moscou, ne peuvent être qualifiés de récents que « *sub specie aeternitatis* ». Du rythme dont va l'histoire pour un observateur contemporain, ils sont déjà anciens.

En second lieu, les plans que le parti communiste dresse vis-à-vis des Églises, me paraissent moins naïfs et moins brutaux, plus subtils et plus riches d'efficacité, que le Cardinal ne les a présentés à notre ambassadeur.

***

Les textes qui reconnaissaient la permanence du fait religieux et qui promettaient la tolérance de l'État soviétique à son égard, sont anciens d'un quart de siècle. C'est en effet en 1924, en son XIIIe congrès, que le parti communiste bolchévique décidait d'éviter ce qui pourrait « blesser les sentiments religieux des croyants ». Et c'est en 1936 que la constitution stalinienne affirmait, dans son article 124, la liberté de conscience et promettait la liberté du culte.

Quant aux mesures pratiques par lesquelles s'atténuera la persécution, c'est dès 1934, selon les uns (dépêche n° 51/EU de M. Garreau en date du 4 février 1945), en 1935-1936, selon les autres (interview de Monseigneur Germanos publiée dans *Témoignage Chrétien* du 20 juillet 1945) qu'elles ont été introduites. Le recensement de 1937, en révélant le grand nombre des citoyens soviétiques qui restaient attachés à leurs croyances, semble avoir été la cause d'une nouvelle série de concessions au sentiment religieux. L'approche de la guerre et la guerre même précipitent le mouvement sans altérer les principes qui l'avaient provoqué : en 1941, les derniers musées antireligieux sont fermés ; au début de septembre 1943, Staline consent au rétablissement du Patriarcat ; et en 1947, le métropolite Nicolas est nommé membre de la Commission pour la répression des crimes de guerre commis par les Allemands.

Les avantages que l'Église orthodoxe russe a retirés de cette nouvelle politique du gouvernement soviétique, – avantages en grande partie justifiés, du point de vue de ce dernier, par le précieux appui que lui a apporté l'Église pendant la guerre, – sont substantiels : le clergé orthodoxe russe en URSS compte actuellement au moins 81 évêques et 30.000 prêtres ; dix séminaires ou instituts de théologie étaient ouverts en 1945, ainsi qu'en 1947 quatre-vingt-neuf monastères (contre 1 036 en 1917) et 25.000 églises (contre plus de 46.000 en 1917).

Il n'est pas besoin de supposer, comme le fait le cardinal Tisserant, que les églises réouvertes sont chauffées aux frais de la police. La générosité des fidèles y suffit. C'est ainsi qu'en une année l'archimandrite

Semaha, curé d'une paroisse à Moscou, a pu prélever sur les dons de ses paroissiens la somme de 400.000 roubles (plus de 17 millions de francs au taux de chancellerie) pour la restauration des deux églises dont il a la charge.

Si l'Église orthodoxe prend, pour ces raisons, son parti du régime établi, il serait toutefois inexact de dire que dans l'unanimité ou même dans la simple majorité de ses membres elle « adhère » au communisme, selon l'expression employée par le cardinal Tisserant. Un évêque de Géorgie, interrogé au mois de novembre dernier par M. Pierre Debray, avait le courage de déplorer, par le truchement d'un interprète officiel, que l'Église orthodoxe russe était en URSS privée de tout contact ou presque avec la jeunesse. Encore convient-il de noter, comme l'a fait N.A. Mikhailov, premier secrétaire du Comité central du Komsomol, au XIIᵉ congrès du Komsomol en mars 1949, que « dans un passé récent ont été reprises les activités des clercs dans la vue de développer leur influence sur la jeunesse ».

D'autre part, le patriarche Alexis, en consacrant l'évêque Isidore de Tallin, disait que « comme le Bon Pasteur cherche son troupeau perdu, l'évêque se doit de ramener au portail de l'Église ceux qui ont rompu avec elle ». Il y a donc rivalité, bien que dans des conditions très inégales, entre l'Église et le Parti, qui se disputent les âmes, et premièrement celles des jeunes. Cette rivalité est le signe que l'Église orthodoxe reste chrétienne et n'adhère pas purement et simplement au communisme.

Le clergé orthodoxe n'est du reste pas le seul à employer son zèle pour faire des prosélytes. Selon *Turkmenskaya Iskra* du 28 mai 1948, les chefs religieux locaux s'attachent à maintenir la foi islamique. Dans le *Journal du Patriarcat de Moscou* de septembre 1947, le métropolite Nicolas s'est plaint du prosélytisme des chrétiens baptistes évangéliques qui propagent l'erreur aux dépens de l'orthodoxie. La *Gazette littéraire* du 3 septembre 1949 a décrit l'expansion d'une nouvelle secte dans l'arrondissement de Stavropol, fondée par un certain Belimov, qui se déclare investi par le Saint-Esprit et condamne le travail, le mariage et la procréation, et cela « devant le silence honteux de la section du Parti et de l'administration locales ».

***

Quant à l'Église catholique, les dirigeants communistes n'ont pas, selon moi, la naïveté de croire qu'elle sera aussi aisée à discipliner que l'a été l'Église orthodoxe russe.

La résistance que la première oppose venant principalement des liens très forts qui l'attachent au Saint-Siège, l'effort principal du communisme, comme l'a fort bien vu le cardinal Tisserant, sera précisément dirigé vers le relâchement de ces liens. Mais si l'opération a pu être menée, en ce qui concerne les Uniates d'Ukraine et de Roumanie,

jusqu'à la rupture, c'est que l'Église orthodoxe, alliée dans cette opération au communisme, ne faisait là que reconquérir un terrain abandonné par elle quelques siècles auparavant. Devant les catholiques de
rite latin, le communisme se trouve au contraire en présence de communautés chrétiennes qui depuis le baptême de leurs ancêtres n'ont
jamais perdu le contact avec Rome.

Rien n'indique que les communistes espèrent obtenir dans un avenir
proche une rupture entre des fractions de l'Église catholique et le siège
pontifical. En URSS, aucune pression n'a encore, à ma connaissance,
été faite en ce sens sur le clergé catholique des républiques baltes ou
de la Russie blanche. Je suis mal placé pour me prononcer sur la situation en Pologne et en Tchécoslovaquie. En ce qui concerne ce dernier
pays, je me bornerai à verser au dossier l'opinion non négligeable de
l'abbé Boulier qui, au retour du voyage qu'au mois d'août dernier il a
fait en Tchécoslovaquie, écrivait dans *Europe* (n° 47) : « Personne à
Prague ne songe à faire schisme, ni dans l'Église, ni au gouvernement.
Si on y parle de Rome en termes amers, personne, ni parmi les prêtres,
ni, à plus forte raison, parmi les évêques, ni au gouvernement, n'a eu
même la pensée d'instaurer une Église nationale. Depuis la Libération,
il n'y a pas eu, il n'y a pas, il n'y aura pas de schismatiques, ni chez les
Tchèques, ni chez les Slovaques. Et la raison est très simple. C'est que
le schisme a déjà eu lieu. En 1919, 3 000 prêtres et près de 300 000
fidèles ont quitté l'Église pour fonder une Église catholique nationale.
Je ne pense pas que cette Église, qui décline lentement chaque jour, ait
la moindre force d'attraction à l'heure actuelle. Personne ne m'a semblé
regarder de ce côté ».

À défaut de schisme, que peuvent espérer les communistes des fractions de l'Église catholique qui se trouvent à portée de leur action ?
Que leur affection pour le Souverain pontife, présenté par les soins de
la presse communiste comme l'allié des fauteurs de guerre, se détériore
pour céder la place à cette amertume constatée par l'abbé Boulier. Que
les relations des évêques avec Rome, en second lieu, deviennent à ce
point espacées, par les soins du pouvoir communiste, qu'à la longue ils
reçoivent si irrégulièrement les directives du Saint-Siège qu'ils soient
obligés de se gouverner dans leurs rapports avec l'État en suivant leur
propre inspiration. Les communistes pensent sans doute que, placés
dans une telle situation d'autodétermination, les évêques ne manqueront pas de comprendre l'intérêt qu'eux-mêmes et leurs fidèles ont à
composer avec le pouvoir et à être loyaux au régime.

C'est, semble-t-il, ce qui s'est produit chez Monseigneur Springovics,
le vieil archevêque de Riga. Isolé de Rome depuis 1945 par l'impossibilité où il est d'obtenir un visa de sortie de l'URSS pour la canonique
visite quinquennale *ad limina* ou de remettre sa correspondance à un
diplomate étranger, puisqu'aucun d'entre nous n'a accès aux Pays
baltes, Monseigneur Springovics semble s'être resigné aux conditions
qui lui sont faites. Il se garde, par exemple, de se mettre en rapport

avec le Révérend Père Thomas, administrateur apostolique du diocèse de Moscou, tout qualifié pour servir de trait d'union entre lui et Rome et qui lui a fait par personne interposée des avances.

Une telle situation ne peut manquer de conduire à des anomalies à l'égard du droit canon. C'est ainsi que Monseigneur Springovics a consacré en 1947 ou en 1948 deux nouveaux évêques, sans avoir, semble-t-il, reçu de pouvoirs spéciaux à cet effet. Il serait téméraire de notre part de présumer les intentions intimes de ce prélat. On peut supposer qu'en s'abstenant de prendre contact avec le Révérend Père Thomas, il a été dominé par la crainte d'être accusé un jour de relations avec un homme qu'une publication soviétique a présenté comme un « agent » du Vatican en donnant à ce mot le sens d'espion ; et qu'en prenant sur lui de consacrer deux évêques, il a voulu, sentant sa fin proche, assurer sa succession. On peut imaginer au contraire que, contraint à prendre des initiatives exceptionnelles, il y a à la longue trouvé avantage, se jugeant ainsi à même de conduire son troupeau à travers les écueils avec plus de souplesse et d'à propos qu'il ne le pourrait faire s'il était lié par les instructions reçues régulièrement de Rome.

Mais il n'est pas douteux que l'Église perd ses libertés du côté des Soviets au fur et à mesure qu'elle les gagne du côté de Rome. J'ai sous les yeux l'exemple de l'abbé Boutorovitch, prêtre soviétique installé à Saint-Louis des Français, qui par politique ou par timidité se croit tenu de consulter le représentant local du Comité des Cultes près le gouvernement avant de prendre la moindre décision relative à la gestion intérieure de la paroisse. Un autre prêtre, qui est du diocèse de Stanislavov (Ukraine occidentale), s'est vu « suspendre » par le Comité des Cultes pour avoir dit la messe dans une église d'Ukraine orientale sans s'être fait au préalable enregistrer à la municipalité. Ce dernier fait, soit dit en passant, contrarie évidemment les affirmations de la chancellerie soviétique sur l'impossibilité où elle se trouve de faire réparer le tort causé à un prêtre étranger au détriment du service du culte, du fait du strict régime de séparation des Églises et de l'État établi en URSS.

Dans de telles conditions, une rupture formelle des catholiques soviétiques avec Rome apporterait-elle au gouvernement de Moscou beaucoup d'avantages. Je ne le crois pas.

Si telle est la politique des communistes envers le clergé catholique dans les pays où ils sont au pouvoir, quelle est leur politique à l'égard du clergé et des fidèles dans les pays où ils sont encore dans l'opposition ?

Il me paraît trop simple de prêter aux communistes, comme le fait le cardinal Tisserant, l'intention de persuader les catholiques que « le vrai christianisme, le christianisme authentique, c'est le communisme ». Non seulement, en effet, ils auraient du mal à persuader de cette thèse les catholiques, mais ils s'exposeraient à professer une doctrine de leur point de vue hérétique, puisque, retournée, la proposition précitée deviendrait l'insoutenable affirmation que « le communisme, c'est le christianisme ».

Ce qu'en revanche communistes et orthodoxes russes prêchent les uns et les autres avec persévérance, c'est la thèse que « le christianisme authentique n'est pas celui du Saint-Siège ». La papauté, prétendent-ils, aurait trahi le message du Christ, sinon de longue date, en tout cas lorsqu'elle est passée au camp des impérialistes américains, instigateurs d'une nouvelle guerre. Sous cette forme, leur propagande risque d'être entendue, notamment par ces catholiques aux yeux de qui l'Église romaine fait trop de politique, et de mauvaise politique.

Les chrétiens progressistes français, pour ne pas parler des chrétiens progressistes italiens, dont la doctrine n'est pas moins connue, se défendent de croire que « le christianisme authentique, c'est le communisme ». Ils tâchent même pour faire soigneusement la différence entre dogme chrétien et matérialisme dialectique. Mais ils se prétendent libres de se conduire dans le temporel sans être astreints à recevoir pour cela des instructions précises du Saint-Siège ou de l'Épiscopat. Or, le fait d'être hommes de progrès, partisans d'un progrès social dans le sens de l'histoire, implique à leurs yeux la décision d'être, dans le combat qui partage le monde en deux camps, avec les communistes. C'est ce que veut exprimer la formule de M. André Mandouze : « d'Église, dans le progressisme, avec les communistes ».

Les membres de l'Union des chrétiens progressistes se défendent de croire que communisme et religion sont sur le plan de la doctrine compatibles, mais ils affirment qu'ils peuvent coexister paisiblement. Ils escomptent, en effet, que la dictature du prolétariat se bornera, comme il a été annoncé, à éliminer les « causes sociales » de la religion que constituent les structures capitalistes, et, dans l'optimisme de leur foi, ils ont confiance que la religion chrétienne, qui a précédé le capitalisme, survivra à sa disparition. Ils ne sont sans doute pas loin, en outre, de préjuger des adaptations du régime communiste aux traditions et aux tempéraments des peuples, contrairement à la thèse de M. Baranov rapportée par ma communication du 6 janvier[1].

Ces positions des chrétiens progressistes sont bien connues des communistes. Aussi ces derniers ne les attaquent-ils pas de front. Ils affectent de les respecter. Mais ils ont soin de demeuré vagues sur les conditions de la coexistence paisible, au sein d'un même État, des deux systèmes.

En se référant à la politique suivie à l'égard de la religion par les communistes de l'URSS et des démocraties populaires, on peut définir ainsi les conditions que les communistes entendent mettre à toute collaboration avec une fraction quelconque de l'Église catholique :

1) la religion devra se limiter à l'exercice du culte ; l'école libre, en particulier, devra être abandonnée ;

---

[1] Document non reproduit.

2) l'épiscopat et le clergé devront se résigner au contrôle et à la limitation de leurs relations avec le Saint-Siège, présenté comme un État étranger inféodé au camp des États ennemis de l'URSS et préparant la guerre contre elle.

Sur le premier point, du moins, un prêtre progressiste comme l'abbé Boulier semble tout prêt à accorder les concessions demandées. Bien mieux, il fournit spontanément aux communistes des arguments à l'appui de leur thèse. « En quoi, écrit-il, dans le n° 47 d'*Europe,* une activité qui se déroule en dehors de l'Église est-elle religieuse ? Le journalisme, le syndicalisme, l'assistance publique, l'enseignement des sciences profanes sont des activités que le citoyen catholique peut entreprendre de son initiative privée, en chrétien, sans que l'Église le mandate, en vue d'une action dans le temporel dont elle ne saurait prendre la responsabilité. En relevant l'Église de la plupart des tâches qui lui furent attribuées au cours de son histoire, le marxisme ne la ramène-t-il pas à sa fonction essentielle, qu'elle peut assumer désormais avec une force accrue ? ».

Le Saint-Siège pourrait, tout en rendant hommage à la foi optimiste des chrétiens progressistes, leur remontrer que le communisme installé au pouvoir ne se borne pas à supprimer les « causes sociales » de la religion pour la faire dépérir, selon l'expression de l'abbé Boulier, « comme une plante dans un appartement où l'on installe le chauffage central », mais agit, par la propagande de l'athéisme, sur ces « superstructures idéologiques » survivant à la disparition des « structures », que sont les faits religieux, « résidus du capitalisme dans les consciences des individus » (voir les textes soviétiques récents cités dans la dépêche de cette Ambassade n° 1341/EU du 7 octobre 1949). Il pourrait leur remontrer que le communisme au pouvoir neutralise toute résistance de la religion à cette propagande athéiste en enfermant le prêtre dans son église ou dans son presbytère et en mettant l'école d'État, débarrassée de la rivalité de l'école libre, à la disposition d'instituteurs qui sont tenus d'être des propagateurs actifs de l'athéisme (voir le texte de la *Gazette des Instituteurs* du 26 novembre 1949 cité dans la dépêche de cette ambassade n° 1499/EU du 1er décembre). Il pourrait leur remontrer, enfin, que, non content de contrôler et de limiter les relations entre l'épiscopat et le Saint-Siège, le communisme au pouvoir tend à les supprimer, de manière à enfermer l'Église dans les frontières de l'État.

(Direction d'Europe, URSS, volume 134)

16

M. Schuman, Ministre des Affaires étrangères[1],
à M. Massigli, Ambassadeur de France à Londres[2].

T. n°s491-498.   *Paris, 22 janvier 1950, 2 h. 30.*

Réservé. Priorité.

Je me réfère à votre tg n°s 133/39[3].

Au cours de l'entretien que vous avec eu avec Sir Ivone Kirkpatrick, celui-ci a souligné que le gouvernement britannique a donné son accord au détachement politique de la Sarre de l'Allemagne et à son rattachement économique à la France et qu'il ne remet pas cet accord en cause. Il vous a toutefois demandé d'éclairer le Foreign Office sur deux points :

Comment le gouvernement sarrois peut-il valablement amodier à la France les mines, étant donné que le gisement n'appartient pas à la Sarre d'une manière indiscutable ? Quelles précautions de rédaction envisage-t-on de prendre pour répondre à ceux qui en Allemagne ont intérêt à prétendre que les conventions franco-sarroises auraient pour résultat de placer les futurs négociateurs du traité de paix en présence d'un fait accompli ?

Voici sur ces deux points, la position et les intentions du gouvernement.

1/ La question de la propriété des mines de la Sarre sera définitivement tranchée par le règlement de paix. L'on peut toutefois apprécier dès maintenant avec exactitude la valeur juridique des titres que les candidats éventuels à la propriété du gisement sont en mesure de produire. Il ne peut évidemment s'agir que de l'Allemagne, de la France et de la Sarre.

En ce qui concerne l'Allemagne, si l'on admet par hypothèse que le traité de paix consacrera la sécession politique de la Sarre, il est évident qu'elle ne pourra valablement revendiquer la propriété d'un gisement situé dans le sous-sol d'un territoire extérieur à ses frontières. Pour ce qui est de la France, elle a dès le 12 février 1946 demandé par écrit à ses alliés que la propriété de mines qui lui avait été attribuée par le traité de Versailles lui doit à nouveau reconnue. Cette demande a été renouvelée par M. Bidault lors de la session de Paris du Conseil des ministres des Affaires étrangères. Il n'a jamais été statué à son sujet. Si

---

[1] Télégramme signé par ordre Parodi.

[2] Télégramme communiqué à la Présidence de la République, la Présidence du Conseil, MM. Parodi, Clappier et de Bourbon-Busset, ainsi qu'aux postes du Vatican (n°s 49-56), Bonn (n°s 61-68), Washington (n°s 549-556) et Sarrebrück (n°s 83-90).

[3] Document non reproduit.

la France abandonne à présent cette revendication, il est clair que la Sarre, faute de concurrent, sera au moment de la conclusion du traité de paix en mesure d'obtenir la propriété des mines. Il va de soi, d'ailleurs, que dans le partage de créances et de dettes qui interviendra alors entre l'Allemagne et l'État successeur, c'est-à-dire la Sarre, l'attribution à celle-ci de la propriété des mines devra entrer en ligne de compte.

Tel est le cadre juridique dans lequel se situe la convention franco-sarroise. Aux termes de cette convention, le gouvernement de la Sarre agissant en qualité de propriétaire des mines demande à l'État français, qui accepte, d'assurer en tant qu'amodiataire l'exploitation des mines sarroises. Ce faisant, ni le gouvernement français, ni le gouvernement sarrois n'entendent se substituer aux autorités qui auront qualité pour procéder, dans le cadre du règlement de paix, à l'attribution des mines de la Sarre. Ils se bornent, en se fondant sur les considérations exprimées plus haut, à escompter leur décision. Ceci ressort clairement du préambule de la convention puisque les dispositions de celle-ci procèdent des considérants suivants :

a) La Sarre est en droit de recevoir la propriété des mines situées sur son territoire et elle déclare exercer les droits et assumer les obligations découlant de cette propriété sans préjudice des dispositions relatives à ces droits et à ces obligations qui pourront figurer dans un règlement de paix définitif.

b) La France s'engage à appuyer auprès des puissances alliées et associées les justes revendications de la Sarre sur cette propriété lors d'un règlement de paix définitif.

2/ L'exposé qui précède vaut aussi, dans une certaine mesure pour les chemins de fer dont l'attribution au Territoire influencera la répartition finale entre la Sarre et l'Allemagne de l'actif et du passif de l'ancien Reich. C'est pourquoi la convention franco-sarroise sur les chemins de fer comportera une référence expresse au futur traité de paix. Quant aux autres arrangements que le gouvernement a en vue, c'est-à-dire la convention économique, la convention d'établissement et la convention sur les pouvoirs du Haut-Commissaire, ils n'ont d'autre objet que d'aménager les relations franco-sarroises au sein de l'Union économique. Ces textes n'ont donc de raison d'être que dans la mesure où les principes qui sont à la base du statut de la Sarre ne sont pas remis en cause. C'est dire que leur sort est lié, en définitive, aux décisions qui seront prises dans le cadre du traité avec l'Allemagne. Il est donc superflu d'insérer dans ces conventions une référence expresse au futur règlement de paix. Une telle référence qui ne figure d'ailleurs ni dans la constitution sarroise ni dans les conventions précédemment conclues entre le gouvernement de Paris et de Sarrebrück soulignerait inutilement et fâcheusement le caractère précaire du statut de la Sarre. Elle se comprendrait d'autant moins que les gouvernements américain et britannique confirmant leurs assurances antérieures viennent de donner publiquement à entendre que, dans l'éventualité de négociations de paix avec l'Allemagne, ils soutiendraient pour l'essentiel le point de vue franco-sarrois[1].

(Direction d'Europe, Sarre, volume 208)

17

NOTE DE LA DIRECTION D'ASIE-OCÉANIE[2]

Politique américaine dans l'Asie du Sud-Est

N. *Paris, 23 janvier 1950.*

M. Wallner est venu interroger le Directeur d'Asie au sujet de la conversation que l'Ambassadeur d'Angleterre a eue récemment avec M. Robert Schuman et au cours de laquelle le Ministre des Affaires étrangères aurait indiqué à son interlocuteur que le gouvernement français comptait faire prochainement une déclaration reconnaissant aux accords du 8 mars un caractère « évolutif ». M. Wallner aurait voulu avoir des précisions à ce sujet et a fait savoir au Directeur d'Asie que M. Bruce qui doit voir M. Robert Schuman mercredi lui parlera certainement de cette question.

Le gouvernement américain à la suite de la reconnaissance de Hô Chi Minh par Pékin envisage de brusquer les choses en ce qui concerne notamment la reconnaissance de Bao Daï et d'agir immédiatement après la fin des débats de ratification. Ceci aurait pour but non seulement de nous aider mais de prendre nettement position contre Mao Tsé Toung. M. Wallner reconnaît d'ailleurs que la décision prise par le gouvernement de Pékin afin de forcer les Américains à évacuer la Chine a été fort habile. Il est évident que Pékin ne désirait pas être reconnu par Washington et sentant qu'un jour ou l'autre cette reconnaissance pouvait survenir avait pris les devants.

Le gouvernement américain estime que, pour faciliter la reconnaissance de Bao Daï par d'autres puissances, et en particulier par des États asiatiques, il conviendrait de faire en plus de la déclaration sur le caractère évolutif des accords, une autre déclaration quant au rattachement des États associés d'Indochine à une autre administration quelle qu'elle soit : Affaires étrangères ou nouveau ministère.

---

[1] Les Britanniques étaient gênés par la création d'un gouvernement allemand car ils craignaient que la politique française en Sarre n'entraîne une crise sérieuse en Allemagne et se demandaient s'ils ne seraient pas obligés de freiner les Français (alors qu'ils avaient approuvé le mémorandum de 1947) (lettre du 13 janvier 1950 de Lebel à Burin des Roziers, non reproduite).

[2] Note manuscrite : « *Copie a été remise le 23 janvier à M. Schuman et à M. Parodi* ».

M. Wallner a également fait savoir à M. Baeyens que M. Bevin avait averti M. Schuman qu'il n'avait pu, à Colombo, entraîner de la part des Dominions une reconnaissance *de facto* de Bao Daï avant la ratification parlementaire des accords. En ce qui concerne la question Hô Chi Minh-Mao Tsé Toung, M. Wallner espère que cela ne change en rien la politique de la France envers Bao Daï. M. Baeyens lui donné toutes les assurances à ce sujet. L'Ambassadeur des États-Unis parlera également de cette question mercredi prochain à M. Schuman.

(Direction d'Asie-Océanie, Indochine, volume 104)

18

M. Letourneau, Ministre de la France d'outre-mer[1],
à M. Schuman, Ministre des Affaires étrangères[2].

D. n°88.   *Paris, 24 janvier 1950.*

Par lettre du 21 janvier courant vous avez bien voulu me communiquer le texte de quatre projets de notes[3] que vous vous proposez de faire parvenir à l'Ambassade de l'Inde à Paris au sujet :

1) – de l'établissement d'un régime de réciprocité en ce qui concerne l'accès des ressortissants indiens dans les Établissements français de l'Inde méridionale.

2) – des observateurs et auxiliaires appelés à assister au référendum.

3) – du retour au régime douanier antérieur à l'union douanière de 1941.

4) – de l'installation éventuelle de vice-consulats indiens à Karikal, Mahé et Yanaon.

En ce qui concerne la première note, j'ai l'honneur de rappeler qu'il avait été décidé, lors de la réunion qui avait eu lieu sous votre présidence le 10 janvier courant[4], de répondre par un refus à la demande de l'Ambassadeur de l'Inde à Paris tendant à obtenir une participation de ressortissants de l'Union indienne à la campagne électorale devant précéder le référendum. Pour permettre au Commissaire de la République à Pondichéry de s'opposer à une venue massive sur le Territoire de ressortissants indiens durant la période électorale, il avait été envisagé de subordonner, pour la durée de celle-ci, l'accès de ces Hindous dans nos Établissements à la présentation d'une carte d'identité indivi-

---

[1] Dépêche signée par ordre le directeur-adjoint des Affaires politiques du Ministère de la France d'outre-mer.
[2] Dépêche adressée à la direction d'Asie-Océanie.
[3] Document non reproduit. Voir document n° 9.
[4] Voir document n° 11.

duelle préalablement visée, soit par notre Consul à Madras, soit par des postes de police français de la frontière. Il avait été entendu enfin qu'il y aurait avantage à aviser, dès maintenant, le gouvernement indien de nos intentions à cet égard.

Mais il ne semble pas opportun de présenter la mesure provisoire envisagée comme l'application, à titre permanent, d'un régime de réciprocité comme il est indiqué dans la note dont il s'agit. Nous risquerions ainsi de conduire l'Union indienne à aggraver les conditions de circulation de nos ressortissants en les soumettant aux règles habituelles internationales impliquant la nécessité d'un passeport avec photographie. Une prétention de cet ordre avait déjà été émise en avril dernier par le gouvernement indien. Une telle mesure équivaudrait pratiquement à l'arrêt de la circulation de nos ressortissants entre enclaves.

C'est pourquoi j'estime qu'il conviendrait de retrancher de la note considérée les trois derniers paragraphes et d'aborder la question dans la note relative aux observateurs en ses dispositions ayant trait à la période électorale. À cet effet, le paragraphe ci-dessous devrait être, à mon sens, ajouté au quatrième alinéa du titre VI « Période électorale » :

« En vue du maintien de l'ordre public et, dans le souci de la sécurité des ressortissants indiens qui pourraient pénétrer dans les Établissements durant la période électorale de trois semaines qui précédera le référendum, le gouvernement français envisage, pour la durée de cette période et jusqu'à la proclamation des résultats du référendum, de subordonner l'accès des citoyens de l'Union indienne dans le territoire des Établissements à la présentation, pour chacun d'eux, d'une carte d'identité sur laquelle devra être apposé un visa délivré par les autorités françaises habilitées à cet effet. Les modalités d'application de ce régime provisoire, identique dans son principe à celui auquel sont astreints les ressortissants français des Établissements pour leur accès dans l'Union indienne, seront portées en temps utile à la connaissance des autorités indiennes ».

Sous réserve de cette adjonction, la note qui concerne les observateurs et auxiliaires reçoit mon plein agrément.

Dans la troisième note, relative à la mise en vigueur, pour les enclaves, du régime douanier antérieur à l'union douanière de 1941, il n'est pas indiqué, ainsi que cela avait été décidé lors de la réunion du 10 janvier courant, que dans le cas où il ne serait pas donné satisfaction à la demande du Congrès des conseils municipaux à cet égard, nous ne saurions nous prévaloir de la décision de cette assemblée nous laissant le choix d'une date du référendum, et que la détermination de cette date devrait ainsi normalement revenir au Congrès des municipalités.

Je vous saurais gré de bien vouloir, dans ces conditions, faire ajouter à la note dont il s'agit le paragraphe ci-dessous :

« Faute d'un règlement satisfaisant de la question qui fait l'objet de la présente note, le gouvernement français se verrait contraint de renoncer au choix d'une date de référendum, prérogative dont le Congrès des conseils municipaux s'était dessaisi au cas où sa demande ci-dessus exposée aurait été satisfaite, mais qui doit normalement lui revenir dans le cas contraire ».

Je suggérerai en outre, de compléter, à la deuxième page de la note, la phrase « Le gouvernement français estime, pour sa part, que la première des deux solutions préconisées par le Congrès des conseils municipaux devrait être retenue », par les termes : « Comprenant tout le bien-fondé de cette attitude, le gouvernement français etc... »

Il y aurait enfin intérêt, à la page 3, de la même note de citer le paragraphe *in fine* de l'article 14 de la Convention de Barcelone à laquelle il est fait allusion.

En ce qui concerne la quatrième note, qui répond pour l'instant, par une fin de non-recevoir à la demande de création de vice-consulats indiens à Karikal, Yanaon et Mahé, je n'ai aucune objection à formuler à cet égard.

(Direction d'Asie-Océanie, Inde française, volume 12)

19

M. Chataigneau, Ambassadeur de France à Moscou,
à M. Schuman, Ministre des Affaires étrangères.

T. nᵒˢ216-222.   *Moscou, 25 janvier 1950, 11 h.*

(Reçu : le 25, 14 h. 30)

La conférence de Colombo a fourni aux Soviets l'occasion de découvrir quelques-unes des propositions générales qui serviront de règle dans la conduite de leur politique en Asie orientale[1].

« La tentative faite par la délégation anglaise conduite par M. Bevin afin d'inciter les pays de l'empire britannique à reconnaître unanimement le gouvernement de Bao Daï créé par les impérialistes français en Indochine en pierre de fondation du front anti-communiste en Asie du Sud-Est a échoué, vu que les gouvernements de l'Inde, du Pakistan et de Ceylan ne pouvaient se décider à s'allier ouvertement avec le

---

[1] La conférence de Colombo, réunissant des délégations de tout le Commonwealth, avait terminé ses travaux le samedi 14 janvier en émettant un certain nombre de vœux plutôt que des décisions fermes, chacun des dominions reconnaissant à son heure le régime communiste en Chine ou celui de Bao Daï au Viêtnam (dépêche n° 16 du 17 janvier 1950 de Colombo, non reproduite).

Quisling Bao Daï », a écrit l'auteur de la chronique internationale des *Izvestia* le 22 janvier.

Tout ce qui peut en effet affaiblir l'autorité du gouvernement de Bao Daï ou nuire à sa mission entre dans les vues des plans dont Moscou est conduit à accélérer l'exécution depuis que les succès des armées de Mao Tsé Toung ont dépassé les espérances de l'URSS.

Le gouvernement soviétique entend bien en tirer utilité pour que ses alliés et les partis communistes prennent le plus tôt qu'il leur sera possible leurs avantages dans les péninsules dc l'Asie du Sud-Est de façon à y achever son ouvrage de blocus continental et à priver la stratégie insulaire de ses adversaires, de têtes de pont sur le continent (ma dépêche n° 265 EU du 9 février 1949). Or la Corée du Sud face au Japon et l'Indochine face à l'Indonésie sont justement les deux terrains qu'il est résolu à dégager de toute emprise occidentale.

Même si comme l'estime le haut-commissaire britannique Sir Mac-Donald après un voyage en Indochine, les chances de succès de Bao Daï sont au plus égales aux raisons de son échec, il n'en demeure pas moins qu'elles constituent dans cette partie du continent asiatique la résistance maîtresse de l'Occident dont la chute entraînerait celle du Siam et de la Birmanie assurant ainsi à la Chine communiste des glacis protecteurs jusqu'à la mer.

S'il s'agit dès lors pour les Soviétiques d'assujettir en hâte à leurs desseins les peuples des terres bordées par les mers de Chine, voire même par le golfe du Bengale, ils tâchent en revanche pour combattre toute cohésion des peuples établis à l'Ouest des premiers de façon à s'épargner toute surprise de leur côté.

Non seulement affirment-ils « que la formation de bloc militaire de ces peuples est délicate vu que les pays d'où les armées des puissances coloniales viennent de se retirer ne veulent pas qu'elles y reviennent » mais encore « qu'on a décidé à Colombo de ne pas parler de la corde dans la maison du pendu, c'est-à-dire du problème qui oppose l'Inde au Pakistan ainsi que les contradictions existant entre l'Inde et Ceylan ».

Ils ne manquent aucune occasion d'aiguiser les méfiances entre ces pays. Ainsi après avoir fait toutes sortes d'avances au gouvernement de Karachi pour établir des relations diplomatiques avec lui s'est-il empressé quelques jours après l'(…)[1] à Moscou de l'ambassadeur du Pakistan d'accorder l'audience du Généralissime à celui de l'Inde installé depuis plus de trois mois, tâchant ainsi pour provoquer les compétitions rivales de l'une ou de l'autre en sa faveur.

Il n'en néglige point pour autant la querelle qui agite l'Afghanistan et le Pakistan au sujet des tribus pathanes de la rive droite de l'Indus et il espère bien s'attribuer des avantages dans le premier de ces pays

---

[1] Lacune de déchiffrement.

soit de la vanité d'une entreprise britannique soit du mécontentement qu'elle aura créé.

Sur le point d'accomplir ses desseins dans les péninsules de l'Asie orientale, il entreprend déjà l'exécution des plans qu'il a tracé pour poursuivre à l'ouest de la Malaisie des avantages que la résistance de Tito et la réaction de l'Occident à l'assujettissement sans condition de la Tchécoslovaquie ne lui ont pas permis de pousser en Europe. Il entend mener ses entreprises sans courir de risques et il semble convaincu qu'il ne rencontre pour le moment d'obstacles qu'en Europe.

(Direction d'Asie-Océanie, Dossiers généraux, volume 37)

20

M. Bonnet, Ambassadeur de France à Washington[1], à M. Schuman, Ministre des Affaires Étrangères[2].

D. n°369.   *Washington, 26 janvier 1950.*

Les milieux officiels et les publicistes américains croient noter depuis quelques semaines une sorte de regain de l'activité diplomatique des Soviets. Les perspectives qu'ouvrent la soviétisation de la Chine, le retrait momentané de l'Union soviétique des différents organes de l'ONU, les frictions américano-bulgares, les incidents de Berlin et les pressions exercées par Moscou sur la Finlande constituent les principaux faits qui amènent l'opinion à s'interroger une fois de plus sur les intentions des Soviets. Les observateurs des questions russes non seulement cherchent à déceler pour chacun de ces problèmes quels sont les objectifs des Soviets, jusqu'où ils sont disposés à aller, mais ils sont frappés par la coïncidence des initiatives soviétiques et se demandent dans quelle mesure elles sont l'effet des circonstances ou recouvrent des intentions plus générales dont il conviendrait de pénétrer la signification. C'est donc une double question qu'ils se posent à l'occasion de l'examen de chacun des problèmes particuliers. Ils se demandent, d'une part, quelles sont les intentions soviétiques dans le domaine considéré, ils recherchent, d'autre part, quels indices l'attitude des Soviets dans ce problème particulier peut fournir pour une appréciation de leurs intentions sur le plan plus général.

À la vérité, bien que le problème extrême-oriental reste au premier plan de l'actualité, ce n'est pas dans ce domaine que l'attitude soviétique cause des surprises. Le Département connaît la thèse officielle de l'Ad-

---

[1] Dépêche signée par ordre Juniac.
[2] Dépêche adressée à la direction d'Amérique et communiquée à la direction d'Europe. Note manuscrite : « *Ronéoter. Fait. C[ommuni]quer à S[ecrétariat] G[énéral]* ».

ministration en ce qui concerne l'évolution des rapports sino-soviétiques. M. Acheson et avec lui une grande partie des correspondants de journaux ont insisté sur les difficultés que le règlement des problèmes existant entre la Chine et l'URSS pouvait présenter du fait des différends territoriaux qui risquent de se produire entre les deux pays. On prétend pouvoir miser sur le conflit qui oppose les intérêts de l'empire moscovite au nationalisme chinois. Certains organes de presse vont plus loin et se prennent à espérer que Mao Tsé Toung deviendra un nouveau Tito. Même sous sa forme la plus atténuée qui est celle que formulent les milieux officiels, on peut se demander dans quelle mesure cette manière de présenter la situation contient une part de ce que l'on appelle ici le *wishful thinking* et dans quelle mesure elle n'est pas destinée à masquer le grave échec que les États-Unis ont subi en Extrême-Orient.

Les milieux du Département d'État néanmoins, compte tenu de l'obligation où ils se trouvent d'appuyer ce point de vue officiel, ne semblent pas cependant le considérer comme purement hypothétique. Les arguments que la section russe du Département d'État avance à l'appui de cette thèse sont à la vérité ténus. Le seul élément de fait qui soit invoqué est la lenteur des pourparlers qui ont lieu à Moscou entre le gouvernement Mao Tsé Toung et le Kremlin ; mais on reconnaît que jusqu'ici on ne possède à Washington aucun renseignement précis sur le cours des négociations. Les spécialistes des questions russes font valoir cependant que les sacrifices que la Russie devrait consentir pour donner pleine satisfaction au nationalisme chinois sont importants. Ils estiment en effet que les Russes devraient retirer le dispositif qu'ils ont mis en place au Sinkiang, en Mongolie extérieure et surtout en Mandchourie, que la politique russe répugne en général à abandonner ce qu'elle contrôle directement pour se fier à des bonnes volontés que sa méfiance considère toujours avec scepticisme. Établissant une comparaison entre la constitution du gouvernement communiste chinois et les autres gouvernements satellites, les mêmes personnalités soulignent qu'à la différence des gouvernements bulgare, roumain, hongrois ou polonais, le gouvernement chinois n'est pas composé à peu près exclusivement d'agents de Moscou mais qu'au contraire à la ressemblance du gouvernement Tito, il présente un caractère national beaucoup plus accusé. Elles ajoutent que les moyens de pression dont les Russes peuvent user vis-à-vis de la Chine ne présentent pas la même efficacité que ceux auxquels ils peuvent avoir recours vis-à-vis des autres pays satellites.

L'Administration n'abandonne donc pas tout espoir de voir les relations sino-russes se gâter, tout en reconnaissant qu'aucun indice sérieux ne permet de prévoir une telle éventualité dans un avenir prochain. Quoi qu'il en soit, l'opinion des observateurs est à peu près unanime à estimer que la Troisième Internationale va mettre à profit, sans tarder, les positions essentielles qu'elle vient de conquérir. Certains journalistes imaginent déjà Moscou investissant la Chine nouvelle de la mission de communiser l'Asie. Sans prendre parti sur ces spéculations, les services chargés des affaires russes ne doutent pas que la Chine ne fournisse une base de départ à une prochaine poussée de l'expansion communiste vers l'Asie du Sud-Est, et craignent que la reconnaissance de Hô Chi Minh par Mao ne désigne l'Indochine comme le prochain objectif de ses tentatives de pénétration dans cette zone particulièrement vulnérable. Dans ce secteur, les buts de la Russie des Soviets apparaissent en tout cas avec assez de clarté.

Son action sur d'autres terrains en revanche, bien qu'elle présente à première vue des conséquences de bien moindre ampleur, cause davantage de perplexité.

On se demande tout d'abord si le boycottage des différents organismes de l'ONU par l'URSS s'explique exclusivement par la politique chinoise du gouvernement de Moscou. Du point de vue de ses rapports avec la Chine, le Kremlin a certes avantage, si l'on en croit aussi bien l'opinion de la presse que les milieux officiels américains, à hâter l'entrée du gouvernement de Mao Tsé Toung à Lake Success et à se prévaloir vis-à-vis de lui des services qu'il lui aurait ainsi rendus et dont une action spectaculaire rehausse la valeur. Mais la Division russe du Département d'État se demande si la Russie soviétique n'a pas au surplus choisi cette occasion pour entraver le fonctionnement de l'organisation internationale. Le chef de ce service a indiqué récemment qu'il estimait que la Russie prenait part aux travaux de l'ONU avec les mêmes arrière-pensées, *mutatis mutandis*, que les partis bolchéviks aux travaux des parlements bourgeois. Il rappelait à ce sujet le principe de Lénine selon lequel le parti bolchévik avait intérêt à cette participation afin de se servir du terrain parlementaire comme d'une plate-forme de propagande et d'entraver, suivant les nécessités du parti, certaines décisions ou certaines activités. Pour le fonctionnaire américain, la Russie considère que les effets de propagande qu'elle pouvait tirer de son intervention à l'ONU ont perdu en efficacité. À son avis, elle n'a très vraisemblablement pas l'intention de quitter l'organisation internationale, mais elle n'est pas fâchée des opportunités qui lui sont offertes d'en diminuer le prestige et d'en entraver le fonctionnement.

Ce ne sont là certes que des conjectures, mais, à cet égard, les intentions soviétiques posent un premier point d'interrogation.

Dans le différend américano-bulgare, on ne décerne pas clairement à Washington dans quelle mesure l'action du gouvernement bulgare a été dirigée par Moscou. Dans les milieux du Département d'État, on croyait qu'au moins les membres du gouvernement bulgare qui avaient gardé à côté de leur loyalisme communiste un sentiment national ne souhaitaient pas la rupture. On en voyait la preuve dans le fait que l'Amérique avait reçu certaines satisfactions (publication du démenti Heath) ; l'une des interprétations que l'on donnait au rebondissement de l'affaire qu'avait créée la demande de rappel du Ministre américain à Sofia attribuait cette demande inattendue à une intervention des Soviets désireux de mettre les États-Unis au pied du mur et d'en arriver à la rupture. Aussi a-t-on été fort surpris de constater que le gouvernement bulgare, huit jours après la démarche américaine, n'a pas encore confirmé la requête qu'il avait formulée au sujet de M. Heath. On estime en tout cas, après la mort de Kolarov, que la composition du nouveau gouvernement dénote un resserrement de l'emprise soviétique sur le pays.

En ce qui concerne les incidents de Berlin, le Département d'État reconnaît qu'ils ont eu leur source dans un geste malheureux des autorités américaines et il considère que les réactions russes peuvent partiellement s'expliquer par la psychologie même des Soviets. Que la saisie des bâtiments de la Reichsbahn ait pu être faite sur l'initiative d'une autorité subalterne, que le responsable de cette décision inopportune n'ait pas été l'objet d'une sanction immédiate (bien que, paraît-il, l'officier qui a pris cette mesure soit mort d'une attaque), sont autant d'hypothèses incompréhensibles pour la mentalité soviétique. Les Russes se sont donc cru obligés de réagir parce qu'ils ont dû croire à une intention américaine de provocation. Toutefois, l'opinion du chef de la Division russe du Département d'État à cet égard est que bien évidemment la Russie ne s'est pas résignée à la présence des Alliés à Berlin ; le fonctionnaire américain, sans prétendre que les circonstances actuelles vont fournir à Moscou une nouvelle occasion de soulever la question estime que les Soviets ne perdent pas de vue leur but, qui est d'éliminer les Occidentaux de l'ancienne capitale du Reich.

Sur l'affaire finlandaise, ainsi que je l'ai déjà indiqué, on ne se montre pas particulièrement inquiet au Département d'État. On y estime en effet que si les Russes devaient prendre le risque de recourir sur un théâtre quelconque à une opération agressive, ils auraient avantage à la tenter vis-à-vis de la Yougoslavie, une initiative dans les Balkans présentant de leur point de vue l'avantage de ne pas provoquer la même indignation dans l'opinion internationale et de pouvoir être conduite en quelque sorte par personne interposée.

Bien que les élections finlandaises aient été marquées par un certain changement de la physionomie politique du Parlement d'Helsinki et notamment par une légère avance communiste, le désir de la Russie d'influer sur la politique intérieure finlandaise au moment de l'élection du Président et de la réinvestiture d'un gouvernement qui doit en résulter ne justifie qu'imparfaitement, croit-on ici, les pressions que Moscou a récemment exercées sur son voisin.

En bref, si l'on considère que dans chaque cas particulier l'action soviétique peut s'expliquer partiellement, on a tendance à voir dans la simultanéité de ses initiatives diverses une intention plus générale des Soviets dont le but et la portée échappent encore à l'analyse. On observe avec soin les moindres développements dans l'espoir d'y trouver les indices des véritables intentions du Kremlin. À la Division russe du Département d'État, on émet à cet égard diverses hypothèses.

Certains experts des questions russes observent que la politique soviétique reste dans son principe constamment offensive et que si la prudence naturelle des chefs du Kremlin se manifeste par des périodes de patiente expectative, elle demeure toujours à l'affût des occasions. La différence des attitudes adoptées par l'Angleterre et par l'Amérique sur l'affaire chinoise a-t-elle amené les dirigeants soviétiques à croire à des divergences de vues plus profondes entre Londres et Washington dont ils veulent profiter ? Cette hypothèse, qui reposerait d'ailleurs sur une erreur de jugement de la part du gouvernement de Moscou, n'est pas écartée.

On va même jusqu'à se demander si suivant une méthode qu'ils ont déjà employée les Russes ne cherchent pas à créer une atmosphère de tension artificielle destinée à provoquer des ouvertures de la part des États-Unis. Les hésitations de l'opinion américaine devant la question de la production de la bombe à hydrogène, le courant qui se manifeste dans certains milieux des États-Unis pour qu'une dernière tentative soit faite auprès des Soviets avant de lancer la production de ce nouvel engin, ont-ils paru offrir une opportunité à la Russie qui voit le terrain qu'elle avait regagné dans le domaine des armements atomiques, en danger de se trouver perdu par une nouvelle avance de la technique américaine ? C'est également une conjecture à laquelle on se livre sans trouver pour le moment d'élément de réponse. Le Département d'État continue à affirmer d'ailleurs qu'ainsi que l'ont déclaré formellement M. Acheson et M. Truman, aucune personne responsable aux États-Unis ne songe à entrer dans la voie de négociations bilatérales.

Au total, on se garde pour le moment de conclure sur ces différents points mais on incline à penser que l'on assiste de la part de la Russie à une sorte d'« offensive du printemps » selon l'expression d'un correspondant, et que les quelques mois qui vont suivre risquent d'être marqués par une nouvelle période de tension.

(Direction d'Amérique, États-Unis, volume 205)

21

L̲i̲e̲u̲t̲e̲n̲a̲n̲t̲-̲c̲o̲l̲o̲n̲e̲l̲ G̲u̲i̲l̲l̲e̲r̲m̲a̲z̲,̲ A̲t̲t̲a̲c̲h̲é̲ m̲i̲l̲i̲t̲a̲i̲r̲e̲
à l'A̲m̲b̲a̲s̲s̲a̲d̲e̲ d̲e̲ F̲r̲a̲n̲c̲e̲ à N̲a̲n̲k̲i̲n̲,
à l'É̲t̲a̲t̲-̲m̲a̲j̲o̲r̲ d̲e̲ l̲a̲ D̲é̲f̲e̲n̲s̲e̲ n̲a̲t̲i̲o̲n̲a̲l̲e̲[1].

T. n°26[2].   *Nankin, 27 janvier 1950, 0 h. 10.*

(*Reçu* : le 20, 18 h. 20)

Dans son ensemble la politique étrangère du gouvernement de Pékin n'est jusqu'ici bornée à des déclarations ou manifestations de principe en tout point conforme à la position idéologique du régime.

Il semble qu'elle doive prendre une orientation plus précise en fonction des résultats des entretiens diplomatiques de Moscou.

La position actuelle des deux protagonistes peut se résumer sommairement comme suit :

Les Chinois ont besoin d'un appui diplomatique des Soviets pour leur propagande intérieure et extérieure, des ménagements d'amour-propre dans la définition des positions acquises par les Russes en Mandchourie par le traité du 14 août 1945, d'une aide en finances, outillage, techniciens, d'une aide militaire (marine et aviation). Leur position de demandeur est faible dans la mesure où ils sont déjà engagés idéologiquement. Une rupture avec Moscou compromettrait gravement l'unité du parti et peut-être par là même la nouvelle unité politique chinoise. Elle laisserait sans solution les graves problèmes posés par la pression des intérêts russes en Mandchourie et au Sinkiang. Elle isolerait la Chine entre le camp occidental et le camp soviétique.

De leur côté, les Russes savent que le développement économique total de la Chine représenterait une lourde charge qui ne rapporterait de dividendes sur les plans militaire et commercial que dans 15 ou 20 ans. Ils mesurent que la valeur de la position stratégique de la Chine est faible et ne dépasse pas celle d'un glacis.

Par contre, ils n'ignorent pas non plus que <u>foncièrement</u>, la révolution chinoise est d'essence nationale et sociale, ses leaders ayant trouvé dans le parti une théorie commune et surtout une armature et la discipline nécessaires.

Il est donc utile renforcer leur position en les aidant dans leur tache constructive sous peine de courir les risques de déviation nationaliste

---

[1] Les destinataires étaient l'état-major de la Défense nationale et le Haut-Commissariat à Saigon, avec diffusion de l'EMDN pour le Quai d'Orsay. Note manuscrite : « *Cattand. C[ommuni]quer Moscou, Londres, Washington, New Delhi, Hong Kong, Singapour, f[ai] t le 30/1/50. Démarqué pour les mêmes postes le 11/2/50* ».

[2] Ses numéros de circulation étaient les n°ˢ 5382-5393 et ce télégramme faisait suite à son message n° 23.

voire régionaliste. Surtout les Russes savent que, par sa position géographique, son exemple, ses fortes colonies outre-mer, la Chine est un instrument qui peut provoquer l'effondrement des positions occidentales dans le Sud-Est de l'Asie et peut-être à la longue aider au réel développement d'un mouvement subversif au Japon et aux Indes.

Ce rôle catalyseur d'une révolution asiatique à venir fait la force réelle de la position de la Chine vis-à-vis des Soviets. Dans ces conditions, il semble que l'entente soit relativement facile à réaliser et, dans ce cas, qu'une nouvelle politique étrangère de la Chine doive s'encastrer dans la politique étrangère soviétique en accord avec (…)[1] et le rythme prévu par celle-ci. D'une manière générale il semble qu'on puisse raisonnablement s'attendre :

A) Au point de vue économique, à l'abandon par les Soviets de certains articles du traité du 14 août 1945 qui seront compensés par une intégration de fait de la Mandchourie et du Sinkiang dans l'économie et la stratégie sibérienne ; à des concessions minières et industrielles, à des facilités de transport, à des avantages pour le commerce, à un échange de main-d'œuvre etc… Le tout probablement camouflé en sociétés mixtes, concentrées en Chine, propres à une coopération économique qui paraît devoir être limitée à des entreprises précises et à des prêts de techniciens.

B) Au point de vue militaire, il paraît infiniment probable que les éléments d'une aviation homogène seront fournis, une aide navale devant être plus réduite.

C) Au point de vue politique, en dehors d'une réaffirmation spectaculaire de l'idéologie commune, il paraît logique supposer que les Chinois seront invités à poursuivre leur action révolutionnaire dans le Sud-Est asiatique mais l'ampleur et la cadence de celle-ci relève de trop de facteurs purement soviétiques pour autoriser déjà un programme de temps.

En conclusion, on peut dire que des entretiens de Moscou découleront les conséquences pratiques d'une coopération demeurant jusqu'ici surtout idéologique ; la politique étrangère chinoise à venir est en germe dans leurs résultats que nous ne pouvons encore que supposer.

(Direction d'Asie-Océanie, Chine, volume 238)

[1] Lacune de déchiffrement.

22

M. Guyon, Ministre de France à Tel-Aviv,
à M. Schuman, Ministre des Affaires étrangères[1].

D. n° 173.   *Tel-Aviv, 30 janvier 1950.*

On sait qu'Israël aime affirmer sa neutralité. Alors que, dans les pays arabes, on dit volontiers qu'il est un pion dans la politique américaine, jamais on ne trouverait, ni dans les discours d'un membre du gouvernement, ni dans la presse une déclaration de solidarité avec l'Amérique. Au contraire, le mot de neutralité revient sans cesse au point d'être presque aussi souvent employé qu'en Suisse. Même dans le privé, on ne s'exprime pas autrement et on explique qu'Israël est obligé d'être neutre parce qu'il y a des Juifs dans presque tous les pays du monde, que se solidariser avec le « bloc » de l'Ouest équivaudrait à couper tous liens avec les Juifs de l'autre bloc, à perdre tout espoir de les voir arriver un jour comme immigrants. On ajoute que l'URSS a beaucoup aidé Israël à obtenir son indépendance et on observe enfin que les tendances socialistes sont trop profondes dans ce pays pour lui permettre de prendre parti contre les Soviets dans un conflit idéologique.

Telle est la doctrine. Mais ce qu'un observateur étranger voit d'abord en Israël lui donne l'impression qu'il y a loin de la théorie à la pratique. Il y a dans ce pays une « présence » américaine qui frappe. Le nombre de visiteurs qui viennent d'Amérique est considérable : du simple touriste au juge à la Cour suprême, à l'ancien ministre et au personnage dont on murmure qu'il est l'un des conseillers intimes du président Truman, toutes les variétés de voyageurs, industriels, financiers, journalistes, hommes politiques, se promènent en Israël. L'Ambassade d'Amérique, pourtant fort nombreuse, ploie sous le poids des visiteurs. Le Président de la République, toujours hospitalier aux touristes de marque, voit plus d'Américains s'asseoir à sa table que d'étrangers de toutes les autres nations réunies. S'agit-il des choses et non plus des hommes, la situation reste la même : des automobiles aux films cinématographiques en passant par les appareils de radio, les livres, les journaux et le *Readers' Digest,* on ne voit guère en fait d'importations étrangères que des produits américains. Financièrement, le Département sait la dépendance d'Israël vis-à-vis de l'Amérique : en 1949, Israël a reçu des États-Unis 100 millions de dollars sous forme de prêts et autant sous forme de dons, soit 200 dollars par tête d'habitant. Si l'on songe à ce que le plan Marshall a représenté l'année dernière de dollars par tête de Français – moins de 20 –, on mesure à quel point Israël vit de l'Amérique. Cette subvention, énorme par rapport à la

---

[1] Dépêche adressée à la direction d'Afrique-Levant et communiquée à la direction d'Amérique et au Secrétariat des Conférences.

petitesse du pays, est encore insuffisante. Israël ne peut vivre et se développer que si le capital étranger accepte de s'y investir largement. Une loi destinée à donner de sérieux apaisements aux capitalistes vient d'être adoptée en première lecture par l'Assemblée constituante. Dans l'état actuel du marché des capitaux dans le monde, chacun sait que cette loi, qui déblaie de ses vieux principes socialistes le terrain sur lequel viendront s'édifier les usines indispensables au pays, est destiné uniquement à attirer les capitaux américains, jusqu'ici réticents.

De toutes ces remarques, l'observateur étranger conclut qu'Israël, ce pays neutre, est en fait une sorte de protectorat américain. En quoi il se trompe d'ailleurs, puisque la contradiction apparente entre les discours et les faits tient à ce que ce « protectorat » américain est en réalité le protectorat, non de l'Amérique toute entière et de son gouvernement, mais seulement celui des Juifs américains ; car presque tous ces Américains – y compris l'ancien ministre et le juge à la Cour suprême – qui viennent visiter Israël sont Juifs ; les dons reçus d'Amérique sont des dons juifs ; les capitaux, qu'espère attirer le sourire engageant des dirigeants socialistes d'Israël, sont des capitaux juifs. Et il est permis de penser que l'Import-Export Bank aurait peut-être été moins généreuse si les Juifs américains n'avaient usé de leur influence auprès d'elle.

Pour comprendre ce que sont les vrais rapports d'Israël et de l'Amérique, il faut donc tout d'abord essayer de comprendre les rapports entre protégé et protecteurs : ceux d'Israël et des Juifs américains. Ceux-ci apparaissent, à plus d'un égard, d'une grande complexité.

Ce n'est pas de Tel-Aviv qu'on peut se rendre compte exactement de ce qu'est le mécanisme de l'organisation sioniste aux États-Unis. En revanche, on y perçoit fort bien l'intérêt capital que représente pour Israël la générosité des Juifs d'Amérique et les efforts que l'on fait ici pour que tous les Juifs américains, même non sionistes, participent à l'aide en faveur d'Israël. Car le service essentiel que peuvent rendre les Juifs américains à ceux d'Israël est de les aider à vivre, et le problème pour les dirigeants israéliens consiste à faire appel à leur générosité en nuançant les formes de cet appel d'après ceux auxquels il s'adresse. Un des premiers travaux auxquels vient de se livrer la toute récente réunion plénière de l'Agence juive a été d'arrêter la liste des organisations qui ont le droit de recueillir des souscriptions en Amérique. La liste en a été visiblement dressée avec le double souci de « rationaliser » l'effort, en évitant une trop grande dispersion et une concurrence nuisible, et de garder la diversité voulue pour que tout Juif américain se trouvât en présence de l'institution à qui vont ses sympathies. Ces institutions sont au nombre de dix : Hadassah (les hôpitaux), la Ligue pour la campagne en faveur du Travail (organisation syndicale dépendant de l'Histadruth), le Fonds national juif, l'organisation féminine des pionniers, celle des femmes Mizrahi (tendance religieuse), le Fonds américain pour les institutions d'Israël, le « Magen David Adom », le Comité pour les institutions de Palestine, les « Matériaux » pour Israël et la

Ligue des femmes pour Israël. À côté et au-dessus de ces dix institutions reste la principale, *l'United Jewish Appeal*, lui-même produit de la fusion de deux sociétés, dont l'une – le *Joint Distribution Committee* – était un comité de secours aux Juifs sans aucun caractère sioniste. Le président en est M. Henry Morgenthau, ancien ministre du président Roosevelt, auteur du célèbre plan de démantèlement de l'industrie allemande, et qui n'est pas – ici du moins – classé comme sioniste. Les étiquettes des quêteurs sont, on le voit, fort diverses. Mais, sionistes ou non, les dollars, au terme de leur voyage, se retrouvent tous en Israël.

Pour savoir dans quelle mesure Israël peut compter sur la générosité des Juifs américains, il faudrait surtout savoir ce qu'Israël représente pour eux. Là encore, il y a sans doute des sentiments complexes et variant beaucoup suivant les cas. De ce qu'on peut inférer ici des paroles ou des écrits des Juifs américains dont on a connaissance, il est permis de tenter l'analyse suivante. Chez les Juifs américains non sionistes, il existe cette générosité et ce sentiment de fraternité juive, dont la force frappe celui qui vit au milieu des Juifs. Même peu encline à approuver la création d'un État juif, nul doute qu'ils n'y voient une vaste entreprise de « réhabilitation » du peuple juif – ce qui constitue, en effet, un des aspects essentiels de l'œuvre sioniste : le Juif persécuté trouve en Israël un foyer où il pourra mener une vie « normale » ; celle où tous les métiers lui sont ouverts, et une vie conforme aux principes démocratiques, dans un pays fait pour lui, où il est – sans aucune restriction matérielle ou morale – un citoyen parmi d'autres citoyens libres et égaux en droit.

Pour le sioniste américain, il y a plus. Le soutien à Israël devient un devoir patriotique et, s'il est croyant, un devoir religieux. L'Israélien doit représenter pour lui un peu ce que le « combattant », celui qui est « au front » représente pour ceux de « l'arrière ». Puisqu'il ne combat pas lui-même, il se doit de lui donner au moins les moyens de vaincre. Il tire d'ailleurs de l'existence d'Israël une fierté nouvelle. Citoyen américain, il a maintenant lui aussi une patrie d'origine, comme l'Américain d'origine anglaise, allemande ou italienne. Et si jamais, la persécution le menaçait, il aurait un endroit où aller.

Si la mentalité du vrai sioniste convient parfaitement aux dirigeants d'Israël, il n'en est pas tout-à-fait de même de celle des Juifs non-sionistes. Car ceux-là ont une mentalité de bienfaiteurs. Comme tels, ils trouvent naturel de faire bénéficier les Juifs d'Israël non seulement de leur générosité mais aussi des conseils de leur expérience : là encore, de ce qu'on peut lire et entendre, il apparaît clairement qu'aux yeux de certains d'entre eux du moins et non des moindres Israël a été émancipé bien jeune ; on le trouve courageux, mais on estime que la fougue de la jeunesse lui donne des idées étranges : et d'abord ce mépris de l'argent qu'il professe, car ce n'est pas ainsi qu'on fait les pays forts et les industries florissantes. Quant à sa prétention d'être « neutre », c'est évidemment le résultat de la griserie d'une indépendance un peu vite conquise. Il faut lui faire comprendre que la liberté n'est pas la licence et qu'il doit s'inscrire sans retard dans cette société d'États démocratiques et progressistes dont la présidence est assumée par les États-Unis. Tel est bien le sens des paroles de M. Morgenthau dont j'ai récemment rendu compte au Département.

De ces divers points de vue, seul le pur point de vue sioniste se rencontre avec les idées des Israéliens et de leurs dirigeants. Il semble toutefois que la plupart des vrais sionistes américains appartiennent à la tendance « sioniste générale », c'est-à-dire hostile au socialisme et qu'ils n'approuvent pas la tendance politique qui a été jusqu'ici dominante en Israël. Bien que M. Ben Gourion ait déclaré, non sans courage, à ses compatriotes que le socialisme devait s'incliner devant les nécessités nationales, il tient tête en même temps à ses protecteurs. Récemment encore, à l'occasion de l'anniversaire d'une des fondations qui ont le plus fait pour le Sionisme – le *Keren Hayessod* – il a posé formellement le principe que seuls les citoyens israéliens ont le droit de participer à la vie politique d'Israël. Les Juifs de l'étranger – même sionistes et même généreux – n'ont aucun titre à se mêler des affaires intérieures du pays. Ils ont des devoirs et pas de droits. Pour éviter de laisser les sionistes américains prendre une trop grande influence, il se refuse à donner un statut juridique à l'Agence juive, qui n'en a plus depuis la fin du Mandat, mais qui conserve toutefois son caractère d'organe permanent du sionisme et que le gouvernement a chargé d'organiser l'immigration. M. Ben Gourion cherche également à empêcher que le prochain congrès sioniste mondial soit composé – ce qui serait normal – de délégués régulièrement élus. Il craint, en effet, d'avoir en face de lui un congrès presque exclusivement « sioniste – général » qui marquerait encore davantage le divorce politique entre le sionisme conservateur de l'Amérique et le gouvernement israélien à direction socialiste.

La position d'Israël vis-à-vis des Juifs américains, on le voit, n'est pas simple : il reconnaît qu'il ne peut vivre sans eux ; il leur fait spontanément des concessions ; mais il défend quand même son indépendance. Et les dollars indispensables, tantôt il les sollicite comme pour une œuvre charitable, tantôt il les réclame comme un impôt. Car sa conviction intime est qu'il a des droits sur tous les Juifs. Il n'hésite pas d'ailleurs à intervenir, à l'occasion, dans les affaires intérieures des Juifs américains : à leur reprocher, par exemple, l'argent qu'ils dépensent à construire des synagogues aux États-Unis et à leur dire que leurs enfants devraient venir comme pionniers en Israël.

Jusqu'à présent, Israël a réussi à se défendre contre les tendances paternalistes des Juifs américains tout en vivant d'eux. La grande question qui se pose devant ses dirigeants est de savoir s'il peut compter sur la permanence de cette générosité de la « Juiverie américaine » – comme on dit ici –, où si celle-ci est destinée, plus ou moins vite, à se lasser et s'il devra dans ce cas vivre avec ses seules ressources. C'est bien parce qu'il craint que cette générosité ne se tarisse, que le gouvernement d'Israël voudrait y substituer une association d'intérêts, en attirant des capitaux. Ceux-ci seront-ils rentables ? Peut-on penser que le socialisme effectue en Israël plus qu'une retraite stratégique ? Je ne voudrais pas prêter de noirs desseins à M. Ben Gourion et à ses collègues ; mais je constate que les Juifs – comme les Allemands – distinguent avec la plus grande facilité les questions « actuelles » de celles qui ne le sont pas et évitent de penser à ces dernières. Pour l'instant, il s'agit d'avoir de l'argent. Si, pour une raison ou pour une autre, cet argent est perdu, le sionisme en aura profité et – puisqu'il s'agit d'argent juif – ce sera justice en demeurant, qui connaît l'avenir ? Celui d'Israël est plus imprévisible que tout autre. Arthur Koestler vient d'écrire avec sang-froid dans son dernier livre que, maintenant qu'Israël existe, le devoir de tous les Juifs pratiquants est de s'y rendre (puisqu'il ne dépend plus que d'eux d'être l'an prochain à Jérusalem) ou d'abjurer une religion à laquelle ils ont cessé de croire, puisque s'ils y croyaient vraiment, ils courraient à la Terre Promise. La thèse fait ici quelque peu scandale ; mais je sais que M. Ben Gourion est lui-même convaincu que les Juifs du monde entier sont destinés à plus ou moins longue échéance à se regrouper en Israël. Et il n'est pas seul à penser ainsi. On voit que, même pour des raisons mystiques, la coopération à long terme entre Israël et les Juifs américains est bien incertaine.

Il reste à se demander dans quelle mesure l'aide que les Juifs américains fournissent généreusement à Israël donne au gouvernement des États-Unis des moyens de pression sur lui. Ce que l'on voit ici donne l'impression que ces moyens sont très faibles. Depuis son arrivée à Tel-Aviv, j'ai fréquemment entendu les collaborateurs de M. Sharett mentionner des démarches américaines auprès du gouvernement israélien : les principales tendaient à obtenir le retour des réfugiés arabes, des concessions territoriales, la non-intervention en Syrie, et récemment qu'aucune manifestation injurieuse pour le prestige des Nations unies n'eût lieu après le vote de l'Assemblée concernant Jérusalem. Sauf dans l'affaire syrienne, où Israël n'avait aucune envie d'intervenir, jamais il n'a donné satisfaction au gouvernement américain. De toutes mes conversations, j'ai toujours retiré l'impression que les exhortations américaines ne troublaient guère M. Ben Gourion et ses collaborateurs.

À certains moments, on en vient à se demander si, malgré l'étrangeté de la chose, Israël n'a pas plus d'influence à Washington que le gouvernement des États-Unis n'en a à Tel-Aviv. On songe alors au précédent irlandais, au souci de la Maison Blanche de ménager les électeurs originaires de l'Irlande, tandis que les Irlandais ne se gênaient pas soit pour poursuivre une sorte de guerilla contre l'Angleterre comme dans la première guerre mondiale, soit pour lui refuser tout concours, même passif, comme dans la seconde, alors même que le sort des États-Unis se confondait avec celui de la Grande-Bretagne. Les hommes d'ici

semblent également considérer qu'ils ont droit à une certaine bienveillance de l'Amérique, mais qu'ils peuvent mener leurs affaires sans trop
se soucier de ce qu'on pense d'eux sinon à New-York, du moins à Washington. Je note à ce propos que les membres de l'ambassade des États-
Unis à Tel-Aviv ne cherchent guère à dissimuler l'agacement que leur
cause la désinvolture avec laquelle on traite ici les interventions et les
intérêts de leur pays.

Cette indépendance à l'égard de l'Amérique a certes des limites. Il
serait inconcevable qu'Israël adoptât une attitude qui le menât à un
différend caractérisé avec les États-Unis. Il ne pourrait pas suivre une
politique qui mit les Juifs américains dans une situation embarrassante
vis-à-vis de leur gouvernement et, par exemple, s'il lui en prenait la
fantaisie, se rapprocher du bloc oriental. Il lui faut éviter avec soin de
laisser se poser cette question de la « double allégeance », dont on
préfère ici ne pas parler – et qui est précisément de celles auxquelles
on préfère même ne pas penser. La règle est que rien ne doit empêcher
les Juifs américains d'être à la fois bons Juifs et bons Américains. Cette
réserve faite, la liberté vis-à-vis du gouvernement des États-Unis reste
entière. Telle quelle, elle est encore large et permet précisément – du
moins elle l'a permis jusqu'à présent – cette politique de neutralité à
laquelle Israël ne cesse d'affirmer son attachement.

(Direction d'Amérique, États-Unis, volume 160)

23

M. Chataigneau, Ambassadeur de France à Moscou,
à M. Schuman, Ministre des Affaires Étrangères.

T. nᵒˢ 265-273.   *Moscou, 1ᵉʳ février 1950, 8 h. 15.*

(Reçu : le 1ᵉʳ, 10 h. 40)

Je me réfère à mes télégrammes nᵒˢ 234, 258, 261 et 262[1].

De la reconnaissance du gouvernement d'Hô Chi Minh, celui de
Staline peut, semble-t-il, escompter de substantiels avantages.

1) Donnant la mesure nouvelle, d'une manière inextricable, de la
diplomatie dont il avait déjà usé envers les Pays-Bas au sujet de l'Indonésie, il tâche pour surprendre le Département d'État au lendemain
du refus par le Congrès des crédits demandés en vue de soutenir la
Corée du Sud, et pour mettre M. Acheson dans l'embarras de fonder

---

[1] Documents non reproduits.

des résolutions sur les rapports de M. Jessup et des diplomates américains accrédités dans les États d'Extrême-Orient.

2) Il entend répliquer aussi sur-le-champ à la ratification par le Parlement français des accords du 8 mars, à la fois pour frustrer Sa Majesté Bao Daï de la reconnaissance que celui-ci pouvait se juger dès lors en droit d'espérer de plusieurs puissances, pour hausser en France la désunion des esprits sur le sujet de l'Indochine à une division en partis contraires en donnant un nouvel argument aux « partisans de la paix » qui préconisent la cessation immédiate des hostilités dans ce pays et une entente avec le chef du Viêtminh, pour jeter même dans l'abattement le corps expéditionnaire français.

3) Il est clair, d'autre part, que le risque d'un refroidissement des relations franco-soviétiques ne saurait, aux yeux des dirigeants du Ministère des Affaires étrangères, contrebalancer l'avantage essentiel que constituerait, pour l'expansion du mouvement révolutionnaire dans l'Asie du Sud-Est, la mainmise d'Hô Chi Minh sur l'Indochine du Nord et la création au Tonkin d'une nouvelle République démocratique du Viêtnam avec Hanoï pour capitale.

4) Le geste des Soviétiques participe, comme tous leurs actes, de volonté d'actions composées : il peut être épisode de la guerre des nerfs, enhardissement à Mao Tsé Toung pour que celui-ci intervienne dans les affaires du Viêtnam, encouragement aussi au chef de la République populaire de Chine pour qu'il entreprenne la réalisation de projets conçus pendant son séjour à Moscou sinon à en exécuter s'il était allé jusqu'à en convenir avec le gouvernement soviétique.

On est ainsi amené à se demander si, pour prix de ce nouveau soutien à la politique étrangère de Mao Tsé Toung, Moscou n'escompte pas obtenir (si ce n'est pas déjà fait) de son hôte actuel l'engagement de mettre les forces du nouvel État chinois au service de la cause commune en direction du sud.

S'il est difficile de prévoir aujourd'hui sous quelle forme et dans quelles limites une intervention chinoise pourra s'exercer au Viêtnam, il convient cependant de reconnaître que l'URSS ne court quant à elle que de faibles risques à un moment où la diplomatie américaine reste encore hésitante en Extrême-Orient, alors que Londres est paralysée par la reconnaissance déjà accordée au gouvernement de Pékin et que l'opinion publique française demeure inquiète et divisée.

5) Staline ne pourrait perdre dans cette affaire que la liberté des communistes français. Il n'hésiterait pas à la sacrifier à la satisfaction de voir placer dans une situation difficile l'un des principaux bénéficiaires du plan Marshall adhérant au pacte de l'Atlantique. Non seulement le parti communiste français pourrait à ses yeux sans doute sortir uni et fortifié de l'épreuve de l'illégalité, mais encore il aurait pris la tête du rassemblement des partis contraires à un gouvernement de droite que le Kremlin attend de ses voeux en toute nonchalance, de la

persécution éventuelle des communistes en qui il voit les seuls bénéficiaires de la chute d'un tel gouvernement quelle que soit la durée de
ce dernier.

6) La seule menace d'une intervention chinoise peut, pensent peut-
être les dirigeants soviétiques, provoquer une déroute des Franco-Viêtnamiens.

Si cette menace ne suffit pas, il est sans doute que le Kremlin pous-
sera les Chinois aux actes. S'il reconnaît Hô Chi Minh alors qu'il n'a
pas reconnu Markos, c'est qu'il entend accomplir ses desseins, c'est-à-
dire en fin de compte assurer à Hô Chi Minh l'assistance militaire
chinoise si celui-ci se trouvait en péril.

Seuls, la qualité et l'armement du corps expéditionnaire français,
d'une part, et la résolution ferme et la promesse des trois puissances
occidentales d'entreprendre une politique commune en Extrême-Orient
peuvent peut-être retenir les Soviétiques et leurs alliés sur la voie tentante d'une aventure indochinoise.

Encore convient-il de tenir compte du soin qu'ils ont d'accomplir la
révolution sur toute l'Asie continentale du Sud-Est et des conséquences
de la rencontre des armes sur le territoire de l'Indochine. Une étincelle
peut toujours causer un incendie.

(*Direction d'Amérique, États-Unis, volume 129*

24

M. Parodi, Secrétaire général du Ministère des Affaires
Étrangères,
à M. Massigli, Ambassadeur de France à Londres[1].

T. n°s999-1005.   *Paris, 4 février 1950, 20 h.30.*

Je me réfère à votre télégramme n°s 341-344[2].

1) Les projets de convention étant à présent entre les mains des Sarrois,
il ne peut être question de les modifier avant l'ouverture des négociations.
Je me réserve de tenir compte ultérieurement, s'il y a lieu, des observations
qui vous ont été soumises. Il va de soi néanmoins que les prochains pourparlers concernent exclusivement la France et la Sarre, que les indications

---

[1] Télégramme communiqué à Washington (n°s 982-988), Bonn (n°s 335-344) et Sarrebrück
(n°s 159-165).

[2] Dans ce télégramme, Massigli rapportait les remarques du Foreign Office concernant
les cinq projets d'accord sur la Sarre. Les Britanniques trouvaient qu'ils ne faisaient pas assez
référence aux futurs traités de paix (à l'exception de l'accord sur les mines) et qu'ils
manquaient de précision (télégramme n°s 341-344 du 1er février 1950 de Londres, non
reproduit).

que nous avons données aux gouvernements américain et britannique leur ont été fournies à titre d'information et que cette communication ne doit pas servir de point de départ à une discussion sur le fond.

2) Il est exact que la convention économique, la convention d'établissement et la convention sur les pouvoirs du représentant de la France en Sarre ne comportent pas de référence expresse du traité de paix. Ceci s'explique par le fait que ces arrangements n'ayant d'autre objet que d'aménager les relations franco-sarroises au sein de l'union économique, leur sort est évidemment lié en définitive aux décisions qui seront prises au sujet du statut de la Sarre dans le cadre du règlement final avec l'Allemagne. En ce qui concerne ces trois conventions, une référence au traité de paix serait donc superflue. L'on conçoit mal, par exemple, l'utilité d'une disposition aux termes de laquelle les prérogatives du représentant de la France en Sarre prendraient fin si le traité de paix prononçait le retour du territoire à l'Allemagne. La chose est évidente et l'on ne saurait en faire l'objet d'une réserve sans souligner fâcheusement le caractère précaire du statut actuel de la Sarre.

3) Pour ce qui est de la convention relative à l'exploitation des chemins de fer de la Sarre, le problème est différent. Il présente des analogies avec celui qui se pose à propos de la convention sur les mines. En effet, l'attribution définitive du réseau comme celle du gisement ne peut résulter que du règlement de paix. L'on pourrait observer toutefois que si la reconnaissance du droit de propriété de la Sarre sur les mines ne constitue qu'une présomption, très solidement fondée d'ailleurs, l'on ne saurait mettre en doute les droits de la Sarre sur son réseau. Celui-ci fait partie du <u>domaine public</u> tandis que les mines de la Sarre appartenaient avant la guerre à la Société des Saargrüben et constituaient ainsi un élément du <u>domaine privé</u> du Reich. Or, en cas de succession d'État tandis que le partage du domaine privé peut donner lieu à certaines contestations, le transfert du domaine public intervient de plein droit. C'est pourquoi il est légitime de faire dépendre du traité de paix la reconduction du contrat d'amodiation du gisement alors qu'il n'est peut être pas nécessaire de lier à ce règlement la validité du contrat d'exploitation du réseau.

C'est dans cet esprit qu'avaient été rédigés les textes qui vous ont été communiqués. Je suis disposé néanmoins à tenir compte de vos observations et j'envisage, sous réserve de l'accord de la délégation sarroise, d'apporter à la convention sur les chemins de fer les modifications suivantes qui me paraissent de nature à écarter complètement les objections dont vous vous êtes fait l'interprète :

« Le gouvernement de la République française, d'une part,

Le gouvernement de la Sarre, d'autre part,

Désireux, dans le cadre du rattachement économique de la Sarre à la France, de donner aux chemins de fer de la Sarre un <u>statut durable,</u> <u>sans préjudice des dispositions du traité de paix</u> et sans anticiper sur les conditions d'un règlement de créances et de dettes qui pourra intervenir entre la Sarre et l'Allemagne en application dudit traité ;

Désireux d'assurer l'exploitation du réseau dans les meilleures conditions techniques et d'éviter toute disparité préjudiciable à l'économie de la France et de la Sarre, sont convenus des dispositions suivantes :

L'article 2 serait rédigé comme suit :

Sans préjudice des dispositions du traité de paix, le gouvernement de la Sarre demande au gouvernement de la République française – qui accepte – d'assurer, pour une durée de 50 ans, à compter du..., l'exploitation des chemins de fer de la Sarre. Cette exploitation sera conduite, conformément aux dispositions de la présente convention et à celles du cahier des charges qui y est annexé.

Les deux gouvernements s'engagent, dans le cadre de leurs compétences respectives, à assurer l'application de mesures de coordination entre les chemins de fer de la Sarre et les autres moyens de transport de toute nationalité, arrêtées d'un commun accord ».

Je n'ai pas d'objection à ce que vous informiez, dès maintenant, le Foreign Office de ces intentions[1].

(Direction d'Europe, Sarre, volume 208)

25

M. Schuman, Ministre des Affaires étrangères,
à divers postes diplomatiques[2].

T. circulaire n°10.   *Paris, 8 février 1950.*

Je me réfère à mon télégramme circulaire du 2 février[3].

Je vous signale que la Grande-Bretagne, l'Australie, la Nouvelle-Zélande et la Belgique viennent de reconnaître les États associés d'Indochine. De son côté, le gouvernement de Washington a décidé d'agir de même et des lettres du président Truman aux rois du Cambodge et

---

[1] Depuis Londres, Lebel suggérait de faire diffuser au moment de la publication des cinq accords un communiqué rappelant très exactement dans quel cadre s'inséraient ces cinq documents et il proposait de ne donner le titre de conventions qu'aux deux textes sur les mines et les chemins de fer et d'employer celui d'accord ou de protocole pour les trois autres, moins juridiques (lettre du 9 février 1950 de Lebel à Burin des Roziers, non reproduite).

[2] Télégramme envoyé à Buenos Aires (n°⁸ 84-86), La Paz (n°⁸ 24-26), Rio de Janeiro (n°⁸ 85-87), Santiago du Chili (n°⁸ 42-44), Bogota (n°⁸ 44-46), La Havane (n°⁸ 22-24), Saint-Domingue (n°⁸ 14-16), Quito (n°⁸ 15-17), Port-au-Prince (n°⁸ 42-44), Mexico (n°⁸ 37-39), Lima (n°⁸ 37-39), Panama (n°⁸ 15-17), Montévideo (n°⁸ 29-31), Caracas (n°⁸ 39-41), Guatemala (n°⁸ 18-20), avec prière de retransmettre au Costa-Rica, Honduras, Nicaragua et Salvador (pour Guatemala).

[3] Document non reproduit.

du Laos et à l'empereur Bao Daï seront remises à ces souverains par le Consul général des États-Unis à Saigon les 9 et 10 février.

Je vous serais obligé, en faisant état de ces précédents, d'attirer l'attention du gouvernement du pays de votre résidence sur l'intérêt que nous portons à une prompte reconnaissance des trois États associés.

À cette occasion, vous pourrez faire ressortir à vos interlocuteurs :

1) Que ces États disposent de leur pleine indépendance interne et que tous les services administratifs leur ont été remis à l'exception de ceux qui, à leur propre demande, doivent faire l'objet d'un examen commun pour décider de leur mode de gestion. Cet examen sera soumis à une conférence de la France et des trois États intéressés qui se tiendra au début de mars.

2) Que l'indépendance externe leur est reconnue par les différents accords et la promesse de la France de présenter ces États à l'ONU en offre une preuve évidente.

En cette matière, le seul lien avec la France est constitué par des attaches des trois États associés avec l'Union française.

3) Que le gouvernement Bao Daï dispose de l'assentiment de la majorité du peuple viêtnamien et que seul le régime de terreur que fait régner le Viêtminh empêche la population de se prononcer.

4) Que le Viêtminh est inféodé d'une manière non équivoque à la politique de Moscou. Vous soulignerez à ce sujet qu'Hô Chi Minh a été reconnu d'abord par le gouvernement communiste de Pékin, puis par Moscou, et enfin par les puissances satellites de l'URSS En fait, les États d'Indochine soutenus par la France constituent la seule barrière à l'expansion communiste vers l'Asie du Sud-Est. Cette situation n'a pas échappé aux gouvernements de Washington et de Londres qui considèrent que l'Union française défend, sur les frontières du Tonkin, une cause commune à toutes les puissances du monde occidental.

(Direction d'Asie-Océanie, Indochine, volume 205)

26

M. Schuman, Ministre des Affaires Étrangères[1],
  À MM. Massigli, Ambassadeur de France à Londres, François-
  Poncet, Haut-Commissaire de la République française en
  Allemagne, et Bonnet, Ambassadeur de France à Washing-
  ton.

T. nos 1132-1138 ; 403-409 ; 1070-1076.   *Paris, 9 février 1950, 14 h.*

Priorité.

L'Ambassadeur des États-Unis a remis le 6 février au Secrétaire
général du Département un aide-mémoire relatif aux négociations
franco-sarroises. Je vous adresse par courrier le texte de cet aide-
mémoire ainsi que le texte de la réponse du Département en date du
8 février.

J'attire dès maintenant votre attention sur le premier point de l'aide-
mémoire américain. Ce premier point est énoncé dans les termes suivants :

« Le Département d'État remercie sincèrement M. Schuman de ses
récents efforts pour faciliter une solution du problème de la Sarre. Le
Département d'État considère que ces efforts ont contribué d'une
manière importante à éliminer la menace qui pesait sur les relations
franco-allemandes du fait des difficultés qui ont récemment surgi au
sujet de la Sarre. En adressant à M. Schuman l'expression de sa gratitude, le Département d'État prend la liberté d'ajouter que, de son point
de vue, la situation pourrait être encore améliorée, notamment en ce
qui concerne le débat que le *Bundestag* tiendra sans doute cette
semaine au sujet de la Sarre, si à la veille des négociations avec le gouvernement sarrois, une déclaration pouvait être faite à Paris en vue
d'indiquer que l'admission de la Sarre au Conseil de l'Europe présentera un caractère provisoire dans l'attente d'un règlement de paix final.
Il parait que M. Schuman a donné une assurance de ce genre à M.
Adenauer au cours de la visite qu'il a récemment faite en Allemagne ;
s'il en est ainsi le résultat recherché pourrait être obtenu si M. Adenauer était autorisé à faire état des propos de M. Schuman devant le
Bundestag. Le Département d'État considère qu'il est très important
de créer un climat favorable à l'entrée de l'Allemagne au Conseil de
l'Europe. Il estime qu'une telle déclaration de M. Schuman contribuerait d'une manière importante à détendre la situation politique en Allemagne ».

La réponse du Département au premier point de l'aide-mémoire
américain est ainsi conçue :

---

[1] Télégramme signé par ordre Seydoux.

« Le Ministère des Affaires étrangères considère, comme le Département d'État, qu'il est très important de créer des conditions psychologiques favorables à l'entrée de l'Allemagne au Conseil de l'Europe. Il ne lui a pas paru possible d'envisager de faire une déclaration publique avant l'ouverture des conversations franco-sarroises, ces pourparlers ayant été convenus depuis longtemps pour traiter des questions bien déterminées, et une déclaration inopinée risquant d'être mal comprise et de prêter à des interprétations tendancieuses.

En revanche, le Ministère des Affaires étrangères serait tout à fait d'accord pour que les trois gouvernements autorisent le chancelier Adenauer à faire état devant le *Bundestag* des conditions dans lesquelles les ministres des Affaires étrangères des États-Unis, du Royaume-Uni et de la France ont accepté le principe de l'entrée de la Sarre au Conseil de l'Europe. Ces conditions résultent des termes mêmes de la directive générale qui a été arrêtée à l'intention des Hauts-Commissaires à l'issue de la conférence tenue à Paris les 9 et 10 novembre 1949. Il est précisé au 4e point de cette directive « pour l'information des Hauts-Commissaires », que « Les Ministres ont considéré qu'ils pourraient accepter l'admission du territoire de la Sarre au Conseil de l'Europe à titre de membre associé, étant entendu que le statut définitif de la Sarre ne sera fixé qu'au traité de paix ». Cette directive était destinée, comme le texte lui-même l'indique, à l'information des Hauts-Commissaires ; mais le gouvernement français ne verrait aucun inconvénient à ce que, dans la mesure où elle concerne la Sarre, elle fût portée à la connaissance du Chancelier et à ce que celui-ci fût autorisé à en faire état devant le *Bundestag* ».

L'ambassade des États-Unis a fait savoir au Département, le 9 février au matin, que le Département d'État acceptait la procédure suggérée dans notre note. Il en a d'ores et déjà avisé M. MacCloy qui doit se concerter à ce sujet avec M. François-Poncet et le général Robertson. Le Département d'État a également demandé à l'ambassade des États-Unis à Londres d'informer le Foreign Office de son point de vue et d'insister si nécessaire pour que le gouvernement britannique s'y rallie.

Pour Bonn – Je vous serais reconnaissant de bien vouloir vous mettre d'accord avec vos collègues américain et britannique pour donner à la proposition française qui a été acceptée par le gouvernement américain les suites qu'elle comporte.

(Direction d'Europe, Sarre, volume 208)

27

M. BONNET, AMBASSADEUR DE FRANCE À WASHINGTON,
À M. SCHUMAN, MINISTRE DES AFFAIRES ÉTRANGÈRES[1].

D. n°606.   *Washington, 9 février 1950.*

Ainsi que je l'ai indiqué dans mes communications récentes, la déclaration par laquelle le président Truman a fait connaître qu'il avait donné l'ordre à la Commission de l'énergie atomique de construire la bombe à hydrogène[2] a posé dans toute son acuité le problème des rapports des États-Unis et de l'URSS.

Depuis de longs mois le public, la presse, les milieux officiels dans leur grande majorité étaient accoutumés à penser qu'il n'y avait rien à tenter du côté de Moscou. Pour eux, l'État soviétique était une entreprise d'impérialisme mondial guidée dans son action par la seule considération des rapports des forces, fermée au sentiment d'humanité, insensible à la prospérité des peuples et dédaigneuse des méthodes de sincère coopération internationale. La seule ligne de conduite à tenir en face d'une telle conception de la politique étrangère – qu'on aurait pu définir en retournant la parole de Clausewitz « La continuation de la guerre par d'autres moyens » – consistait à répondre à la manœuvre par la manœuvre dans le cadre d'une hostilité larvée.

Si néanmoins sur les questions atomiques certaines personnalités restaient favorables à l'idée de pourparlers avec la Russie, leur sentiment s'appuyait beaucoup moins sur la confiance qu'elles pouvaient avoir dans le succès de ceux-ci que sur la préoccupation d'ordre moral d'épuiser tous les recours pour éviter une guerre menée par les armes de destruction massive. La décision du président Truman a soudainement, semble-t-il, accru l'importance relative d'une telle disposition d'esprit. Jusque-là, en effet, trois thèses s'affrontaient. La première préconisait des négociations avec la Russie, avant la mise en chantier de la bombe ; la seconde soutenait que la bombe devait être mise en construction sans délai, mais que des pourparlers pouvaient être ensuite tentés avec la Russie ; la troisième considérait que toutes conversations étant inutiles, les États-Unis ne pouvaient adopter d'autre formule que l'armement atomique le plus rapide et le plus complet possible. La solution adoptée par le président Truman a coupé court aux divergences de vues entre les partisans des deux premières opinions. Les tenants de la première théorie se trouvent maintenant rejoindre ceux de la deuxième ; au surplus, les derniers qui insistaient, tant que la décision de construire la bombe n'avait pas été prise, sur la nécessité

---

[1] Dépêche adressée à la direction d'Amérique et communiquée à la direction d'Europe. Note manuscrite : « *Ronéoter. Fait. C[ommuni]quer à S[ecrétariat] G[énéral], C[abinet du] M[inistre], S[ecrétariat des] C[onférences]* ».
[2] Voir aussi le document n° 227.

de ne pas retarder les progrès de l'armement atomique américain, se tournent maintenant – satisfaits qu'ils sont des résultats acquis dans ce domaine – vers le problème des négociations avec la Russie. Enfin, d'une manière plus générale, la mesure prise par le président Truman a en quelque sorte donné au danger un caractère concret qui a suscité dans les esprits le désir angoissé de trouver une solution en dépit des difficultés. En d'autres termes, l'hypothèse d'une prise de contact avec Moscou, écartée il y a quelques semaines encore par l'idée qu'on se faisait de la politique russe, s'impose à l'attention sous la pression de l'inquiétude que cause une course aux armements atomiques. Ainsi s'explique le foisonnement de plans et de suggestions dont Washington a été le théâtre : plan MacMahon, proposition Tydings, suggestions de divers groupes de savants etc., dont j'analyse la teneur dans une autre dépêche par le même courrier[1].

Or, on a eu l'impression à Washington que la Russie tendait la perche. Une dépêche du correspondant à Moscou du *New York Times*, en date du 4 février, indiquait en effet que, selon l'opinion des milieux diplomatiques de la capitale de l'URSS, le gouvernement soviétique serait disposé à mener des conversations à deux avec les États-Unis en vue de tenter de résoudre les problèmes les plus importants qui se posent aux deux pays, y compris la question de la bombe atomique. Le correspondant indiquait d'ailleurs que l'on ne s'attendait pas à ce que des conversations de cette nature puissent amener des résultats rapides. Il rappelait la position adoptée sur la question des armes atomiques par la Russie et par les États-Unis et indiquait que ni l'un ni l'autre des deux protagonistes n'avaient voulu jusqu'ici la modifier. Mais il soulignait l'intérêt que la presse soviétique montrait récemment pour la préservation de la paix et de la sécurité internationales ; il notait le souci qu'elle affichait de la protection des peuples contre les moyens barbares de destruction massive ; il citait d'autre part un éditorial de *Isvestia* rappelant que la politique de Staline était toujours fondée sur la base de la « coexistence inévitable pour une longue période des systèmes socialistes et capitalistes », phrase que les Russes ont souvent reprise dans les moments où ils étaient disposés à négocier. On a considéré ici que l'autorisation donnée par la censure soviétique à un correspondant américain d'envoyer une dépêche de cette nature représentait peut-être l'équivalent d'une invite. On n'a pas manqué de rappeler à ce propos que c'était à travers les termes d'une interview donnée à la presse que, l'an dernier, la diplomatie américaine avait reconnu le désir du Kremlin de procéder à un échange de vues et que tel avait été le point de départ de la négociation Jessup-Malik. L'opinion en est ainsi amenée à se demander : « Faut-il négocier avec les Russes ? Peut-on négocier avec eux sans crainte de faire un marché de dupes ? Sur quelle base négocier ? Négociation à deux ou négociation sur le

---

[1] Document non reproduit.

plan international ? ». Afin de répondre à la première question, il convient de réexaminer à la lumière des évènements récents l'idée qu'on s'était faite ici des buts généraux et particuliers de la politique du Kremlin. Les éléments qu'apportent les faits des dernières semaines sont peu encourageants. On ne doute plus, en effet, à Washington de se trouver devant une offensive générale de la Troisième Internationale. Sur les intentions des Soviets en Extrême-Orient, on ne se pose dans les milieux intéressés que des questions de méthodes mais on est unanime en ce qui concerne les buts : si l'on continue à espérer, conformément à la doctrine de M. Acheson que les visées impérialistes de la Russie vis-à-vis de certaines dépendances chinoises peuvent gâter les rapports entre Moscou et Pékin, si l'on cherche à nourrir cette thèse par des informations sensationnelles telles les allégations du correspondant du *New York Times* à Paris, selon lesquelles la Russie aurait exigé de Mao Tsé Toung le contrôle de sept ports, la mise à la disposition de l'économie soviétique de 500 mille travailleurs chinois, des mesures d'autonomie en faveur des populations musulmanes du Sinkiang etc., on se demande seulement si, ce faisant, le Kremlin trop attentif aux intérêts de l'État russe jouera maladroitement la carte de l'expansion communiste mais, dans un cas comme dans l'autre, on est convaincu que l'on va assister à une très sérieuse poussée soviétique dans toutes les régions de l'Extrême-Orient.

La reconnaissance de Hô Chi Minh par Moscou en fournit une preuve particulièrement frappante. L'opinion que le point d'application de la pression communiste en Asie du Sud-Est serait l'Indochine s'en trouve confirmée. Les commentateurs et les correspondants voient, au surplus, dans le geste de Moscou, un signe d'arrières-pensées plus lointaines. Selon eux, cette décision ne constituerait qu'un élément d'une manœuvre générale dirigée contre la France. Les correspondants et les commentateurs ne relèvent pas sans inquiétude à cet égard la campagne menée par le parti communiste français contre la poursuite de la guerre en Indochine et contre l'aide militaire des Américains à la France, et les résultats que cette agitation a obtenus. Ils estiment que l'un des objectifs actuels de la Russie est d'affaiblir la situation de notre pays, considéré comme la pierre angulaire du système atlantique sur le continent européen.

Dans le cadre de la poussée générale soviétique dans le Sud-Est asiatique et de l'effort de propagande dont celle-ci s'accompagne, on inscrit également la demande de mise en accusation de l'empereur Hirohito. On ne pense pas, en effet, à Washington que les Russes aient jamais cru qu'une telle démarche fût suivie d'effets. Officiellement, le Département d'État l'a expliquée comme une tentative pour détourner l'attention du public japonais des 370 mille prisonniers dont le sort n'a pu être éclairci. Sur le plan plus général de la politique japonaise, on croit que cette prise de position ne peut qu'avoir une répercussion défavorable aux Soviets dans l'opinion non communiste. On l'attribue partiellement au désir du Kremlin de soutenir l'attitude hostile à l'institution impériale des communistes japonais ; mais on ne la croit pas rentable. En revanche, elle apparaît comme un des éléments de la campagne lancée de Moscou pour discréditer les institutions ou les régimes qui, dans ces régions, sont prêts à collaborer avec les puissances occidentales.

Au total, on estime que, suivant l'expression d'un éditorial, les Soviets ont, dans l'Asie du Sud-Est, donné à leurs tentatives d'expansion le « signal du départ » (*green light*).

Les intentions soviétiques dans le problème berlinois sont interprétées dans un sens assez proche. En fait, les sinuosités de la ligne suivie par les autorités soviétiques dans cette affaire ont beaucoup embarrassé les observateurs qui se sont demandé si vraiment il s'agissait d'une nouvelle tentative de la Russie pour soulever à nouveau la question de Berlin. On a été porté à le croire et on a généralement considéré ici que les contre-mesures qui avaient été évoquées par la Haute-Commission occidentale étaient à l'origine du relâchement du blocus larvé de Berlin. Dans ce domaine, tout au moins, l'ensemble de l'opinion en est resté à sa conception des méthodes à pratiquer avec les Soviets et à sa tendance à compter sur la seule fermeté.

Dans les pays satellites, l'on note les progrès de l'emprise moscovite : l'action entreprise par le gouvernement tchécoslovaque contre l'Église, les mesures adoptées par le gouvernement polonais au point de vue de la presse, les procès destinés à compromettre les missions étrangères, notamment la République française, et à rompre tout contact de la population avec l'Occident etc… En Bulgarie, les remaniements apportés dans le politburo du parti bulgare et la composition du nouveau gouvernement sont considérés comme la marque d'un asservissement total à Moscou.

Quant à la Yougoslavie, l'hypothèse a également été émise que, dans le déploiement d'activités soviétiques, il existe une large part destinée à égarer l'adversaire et que, derrière ce rideau de fumée, le Kremlin se prépare à régler son compte au dissident de Belgrade.

L'impression générale que l'on retire de cette revue des événements n'est pas très éloignée de celle que formulent les frères Alsop dans un article récent et selon laquelle l'impérialisme soviétique, fort des succès qu'il a obtenus dans le domaine atomique et des progrès qu'il a accomplis en matière d'aviation et de sous-marins, convaincu que le rapport des forces a évolué en sa faveur, estime le moment opportun pour se lancer, à la manière hitlérienne, dans une série d'agressions plus ou moins déguisées.

Dans ces conditions, rien dans l'attitude de la Russie ne permet de conclure que l'idée qu'on s'était formée à Washington de la politique du Kremlin était inadéquate et que les chances d'une négociation sont meilleures qu'on ne l'avait depuis de nombreux mois supposé.

On conçoit dès lors que les réactions de l'opinion américaine soient embarrassées. Quels arguments avancent en définitive les partisans de la négociation ? Ils font valoir tout d'abord l'obligation morale qu'imposent la gravité de la question et l'immensité de l'enjeu. L'affaire est trop grave, disent-ils en substance, pour qu'on n'use pas de toutes les possibilités, pour qu'on n'aille pas aux limites de la hardiesse et de l'ingéniosité afin de trouver une solution. Sur ce plan, leurs préoccupations rencontrent une approbation certaine dans l'opinion, elles ont été très généralement louées par la presse américaine.

Les protagonistes de la négociation font valoir en second lieu que, bien entendu, il ne s'agit pas de s'engager à la légère et qu'il convient de traiter le problème avec la plus extrême prudence. Qu'il s'agisse de membres du Congrès ou de journalistes, tous les représentants de cette tendance insistent sur la nécessité d'obtenir les plus sérieuses garanties. Certains journaux soulignent même à cet égard la nécessité de ne s'engager que par des accords *self executing*, c'est-à-dire dont le mécanisme même assure en quelque sorte la mise en application, et les adeptes de cette thèse laissent entendre qu'à défaut d'un accord entièrement satisfaisant, l'Amérique aura au moins la conscience claire et saura à quoi s'en tenir. Sur ce point, il semble que, dans sa majorité, la presse américaine soit plus réticente. Elle reste consciente des dangers que comporte la négociation en elle-même et certains organes de presse plutôt enclins à pencher vers l'idée de pourparlers, comme le *New York Herald Tribune*, rappellent que la population américaine préfère la destruction atomique à l'esclavage en Sibérie.

Enfin, les plus optimistes des adeptes de cette manière de voir mettent leur espoir dans ce que la presse a appelé un *fresh approach* ou un *fresh start* (une « manière nouvelle d'aborder le problème », un « départ sur des bases nouvelles »). À cet égard, certains publicistes, et notamment le correspondant du *New York Times* à Moscou et à Lake Success, ont comparé les plans de désarmement atomique russe et américain ; ils ont observé que, si la Russie était hostile à une gestion internationale de l'énergie atomique, elle ne s'était pas montrée opposée à l'idée d'un contrôle. Certains commentateurs comme M. Lippmann estiment que la possibilité qu'ont désormais les Russes de construire des armes atomiques crée une situation nouvelle à laquelle le plan Baruch ne répond plus. En d'autres termes, sur un point, les défenseurs de la doctrine des négociations avec les Russes sont d'accord : il n'y a de chance de succès qu'en abandonnant le plan américain.

Certains d'entre eux, enfin, envisagent encore d'autres concessions : ils estiment – tel le sénateur Tydings, que les États-Unis ne devraient pas craindre de négocier sur un terrain autre que l'ONU, ou même, – tel le publiciste Lawrence – en tête-à-tête avec la Russie.

À ce stade du raisonnement, les réserves s'accentuent et les oppositions se révèlent. Il est à noter tout d'abord qu'aucune des propositions avancées par les membres du Congrès n'a été dans son contenu approuvée par les journaux. Sur l'opportunité d'abandonner la formule du plan Baruch, les opinions sont réservées comme celle du *New York Herald Tribune* ou défavorables comme celle du *New York Times*. De même, l'idée d'une négociation bilatérale que certains journaux, comme le *New York Herald Tribune*, se bornent à évoquer sans prendre parti, est critiquée par des organes de presse, comme le *New York Times*, qui pensent qu'en tout état de cause, la négociation devrait se dérouler en étroit accord entre les puissances occidentales et si possible dans le cadre de l'ONU.

L'Administration n'a rompu son mutisme qu'hier. Dans une déclaration que j'ai déjà commentée par une communication antérieure[1], M. Acheson s'est prononcé aussi nettement que courtoisement contre les suggestions des membres du Congrès. Celles-ci, à son avis, représentent davantage « le but vers lequel on doit tendre que les méthodes par lesquelles ce but peut être atteint ». Ayant rappelé le caractère à la fois idéologique et impérialiste du gouvernement soviétique, il l'a considéré comme incompatible avec l'édification d'un monde basé sur la paix, l'indépendance nationale et la liberté. Il a souligné l'inanité de toute tentative d'accord avec les Soviets basée sur l'idée d'une volonté d'entente de leur part, et qui ne vise pas seulement à obtenir l'enregistrement d'une situation de fait. Mais, après avoir fait ressortir que la politique soviétique sait s'incliner devant les faits, il a indiqué que, conformément à l'expérience déjà acquise, la diplomatie américaine devait s'efforcer de créer des situations que les Soviets soient dans l'obligation de reconnaître. Il a ajouté que le développement des armes atomiques, le caractère particulièrement atroce que les progrès de cette technique donneraient à une guerre éventuelle, ne changeaient rien aux autres faits avec lesquels la politique américaine était obligée de compter. Le gouvernement des États-Unis reste donc décidé à s'en tenir aux méthodes de fermeté qui lui semblent seules répondre aux procédés soviétiques et l'avenir se présente ainsi à ses yeux comme une continuation de la guerre froide, probablement aggravée par le redoublement récent de l'agressivité soviétique et le développement de la course aux armements atomiques.

Bien que la réponse de M. Acheson aux sénateurs soit modérée dans la forme et qu'elle s'élève par le ton au-dessus de toute polémique et de toute préoccupation mesquine, elle constitue, sur le fond, une fin de non recevoir sans ambiguïté et ferme, en quelque sorte, toutes les issues. Elle est en opposition formelle avec l'idéalisme toujours teinté d'optimisme qui continue à être l'un des traits profonds de la mentalité de ce pays. La prise de position du Secrétaire d'État pour définitive qu'elle soit dans son esprit peut donc encore rencontrer des résistances. Il convient d'observer pour apprécier la mesure dans laquelle des

---

[1] Document non reproduit.

influences pourraient l'infléchir, les réactions qu'elle va susciter dans l'opinion américaine, dans l'opinion mondiale et de la part du Kremlin[1].

(Direction d'Amérique, États-Unis, volume 205)

28

M. Schuman, Ministre des Affaires Étrangères[2],
à M. Bonnet, Ambassadeur de France à Washington.

T. n[os]1309-1321.   *Paris, 15 février 1950.*

Réservé. Priorité absolue.

Suite à mon télégramme précédent[3].

La reconnaissance de Hô Chi Minh par Moscou, survenant au moment où le gouvernement français vient de transférer à Bao Daï ses pouvoirs de souveraineté en Indochine, et où le Parlement vient de ratifier les accords de 1949, change la nature ou révèle le véritable caractère de la situation en Indochine[4].

Non seulement cette reconnaissance est un acte d'hostilité délibéré contre la France, mais encore elle fait aux yeux du monde passer le conflit indochinois sur le plan du grand conflit entre le monde communiste et le monde non communiste[5]. Il ne s'agit plus désormais seu-

---

[1] Bonnet restait très attentif à l'évolution du débat sur la recherche d'un règlement du problème de l'énergie atomique par des négociations avec les Soviétiques. Il notait que la critique se faisait plus franche vis-à-vis des positions de l'Administration et qu'elle visait davantage le président Truman. Ceux qui souhaitaient qu'une tentative de négociation soit au moins faite continuaient à se manifester, estimant que l'on n'avait rien à perdre en proposant une telle réunion. Les signaux venant de Moscou étaient cependant encore assez flous. De son côté, Bonnet jugeait que l'Administration restait inébranlable sur ses positions, estimant que le temps de la négociation n'était pas venu, mais restant également ouverte à toute proposition pacifique présentée par la voie diplomatique ou devant l'ONU (dépêche n° 873 du 23 février 1950 de Washington, non reproduite).

[2] Document signé Schneiter.

[3] Document non reproduit.

[4] Le télégramme circulaire n° 29 en date du 2 février 1950 concernant la reconnaissance d'Hô Chi Minh par l'URSS souligne que, dès le 2 février, le Département par la voix de M. Schneiter a protesté solennellement auprès de l'ambassadeur soviétique M. Bogomolov des conséquences très sérieuses que cette initiative soviétique pouvait avoir sur l'avenir des relations franco-soviétiques. Ensuite, le service de presse du Département a précisé que les responsabilités de l'échec des négociations sont dues à la politique menée par Hô Chi Minh, notamment dans ce que le Département appelle l'abandon du bénéfice de sa reconnaissance par le gouvernement français. Le Département estime donc qu'Hô Chi Minh a violé les accords de mars 1946 « *en entrant en lutte ouverte* » contre le gouvernement français et en « *faisant fi du droit international* »

[5] La protestation officielle du gouvernement français contre la reconnaissance d'Hô Chi Minh par l'URSS en date du 31 janvier 1950 (document non reproduit) a été jugé

lement d'une question intérieure à l'Union française. L'intervention de l'URSS, venant après celle de la Chine communiste, fait de la question indochinoise une question internationale, dans des conditions telles que les pays alliés de la France, et en particulier les États-Unis y sont maintenant directement visés[1].

Ce fait nouveau, rapproché des mots d'ordre donnés au parti communiste français, fait apparaître l'Indochine comme un point faible sur lequel peut porter prochainement le principal effort de l'URSS. Par là il risque de changer profondément le caractère des opérations militaires elles-mêmes. Celles-ci étaient déjà d'une ampleur telle que la charge en était difficilement supportable pour l'armée, le budget et l'économie de la France. Il est à craindre que le Viêtminh soit à l'avenir ravitaillé en armes par la Chine ou l'Union soviétique, et de ce fait des efforts supplémentaires devront être consentis par nous. De toutes manières le conflit risque d'être prolongé sans préciser de limite.

La France n'est pas en mesure de poursuivre longtemps la lutte dans ces conditions. Elle doit demander à ses alliés l'appui tant politique que matériel à défaut duquel la poussée du communisme à l'endroit où elle s'exerce avec le plus de force et de péril ne pourrait plus être efficacement contrecarrée, ce qui signifierait la disparition de la seule force

officiellement irrecevable par l'ambassade d'URSS dès le 1er février 1950.

[1] Jean Chauvel dans une lettre datée du 14 février 1950 (document non reproduit) transmet à l'ambassadeur de France à Washington, Henri Bonnet, un projet de note de Parodi sur les enjeux de la reconnaissance d'Hô Chi Minh par l'URSS. Dans ce projet, daté du 10 février 1950, Parodi souligne que cette reconnaissance a « *singulièrement aggravé la situation de la France en Indochine* ». Pour Parodi, cette reconnaissance illustre bien que l'Indochine est devenue un enjeu prioritaire pour la politique soviétique et les partis communistes. Cette internationalisation de la question indochinoise impose à la France un « *soutien collectif étendu* » des alliés occidentaux, mais surtout elle rend, pour Parodi, caduque la recherche d'une situation « *intermédiaire entre celle de nous retirer et celle de rester, en obtenant des États-Unis un très large soutien* ». Pour le Secrétaire général, le retrait unilatéral est inenvisageable car il serait se soumettre à la poussée générale du communiste en Asie du Sud-Est et précise-t-il à cet effet « *notre départ d'Indochine comporterait le risque d'un conflit général* ».

Ensuite, Parodi précise les trois conséquences d'un soutien américain élargi : « *A/ Cette partie n'est jouable qu'en acceptant d'accélérer l'évolution de l'Indochine vers une marge d'indépendance. Il faudra jouer le jeu très complètement : peut-être élargir, et en tout cas appliquer très largement les accords du 8 mars avec les mesures immédiates que cela comporterait : rappeler beaucoup de nos fonctionnaires ; envoyer un personnel d'un esprit nouveau. B/ D'autre part, l'appui américain nous engagera plus à fond dans le mécanisme de l'alliance avec les États-Unis dans l'opposition des deux blocs. C/ Inversement, l'aide américaine nous donne une chance de rétablir suffisamment la situation pour que nous puissions ensuite envisager de nous dégager honorablement* ».

Le contenu de ce soutien élargi est pour Parodi très clair : appui militaire en armements, soutien financier, soutien économique, appui politique total. Ensuite, il propose toute une série de modalités pour obtenir ce soutien élargi : « *faire vite* » ; « *éviter toute demande fragmentaire et formuler nos besoins à l'échelle de la menace* » ; « *ne pas nous présenter en sollicitateurs : quelle que soit l'étendue de l'aide américaine, c'est nous qui rendons service si nous tenons le seul front de guerre chaude de la guerre froide* » ; « *mettre nos conditions concernant le respect de l'Union française* ».

qui s'oppose actuellement à la chute de tout le Sud-Est asiatique. Cet appui, c'est en premier lieu, et essentiellement des États-Unis d'Amérique qu'elle peut l'attendre.

En s'adressant ainsi au gouvernement américain, le gouvernement français a conscience de n'obéir à aucun intérêt égoïste. Sa politique en Indochine est clairement définie. Il a déjà conclu les accords de base qui transfèrent aux trois États associés les éléments essentiels du gouvernement et de la souveraineté dans le cadre général de l'Union française, c'est-à-dire d'une association librement consentie et fondée sur les intérêts réciproques de ses membres. Il poursuivra loyalement dans cette voie, et n'a d'autre but que d'aider à la pacification du Viêtnam et à l'instauration d'un régime fondé sur la liberté et sur des institutions démocratiques. Ce programme ne pourra être réalisé que si les interventions étrangères sont contenues, puis vaincues.

Seule une solidarité effective des pays occidentaux permettra d'arriver à de telles fins, et en même temps de défendre des menaces qui pèsent sur lui les parties encore libre du monde asiatique. Cette solidarité s'est déjà manifestée par la reconnaissance du gouvernement de S.M. Bao Daï par le gouvernement des États-Unis comme par le gouvernement britannique. Il est indispensable de faire suivre ce geste de l'établissement d'une politique et d'un plan d'action communs qui, pour être efficaces, devraient s'étendre à l'ensemble des pays du Sud-Est asiatique.

Une telle politique d'ailleurs ne préjugerait pas à notre avis la position des différents pays intéressés à l'égard de la Chine communiste. Le gouvernement français pense qu'il doit réserver sa liberté d'action en ce qui concerne une reconnaissance de Mao Tsé Toung à plus ou moins bref délai. C'est là pour lui essentiellement une question d'appréciation des faits.

Une assistance américaine, que nous considérons comme une participation à une action menée dans l'intérêt général, action dont la France supporte la charge principale, ne signifie pas non plus que nous soyons disposés à accepter des interventions extérieures dans les relations entre la France et les États associés de l'Indochine. Le conflit militaire est devenu une question internationale, le régime du Viêtnam et des deux autres États reste affaire de l'Union française.

Dans ces conditions, le gouvernement français demande au gouvernement des États-Unis une aide politique, une aide militaire et une aide économique.

a) L'aide politique doit résulter essentiellement d'une affirmation non équivoque de solidarité face à la menace communiste et d'un avertissement contre des interventions éventuelles de la Chine ou de l'Union soviétique. Elle pourrait prendre au départ la forme d'une déclaration publique. Elle devrait pour prendre toute sa signification s'accompagner de la définition d'une politique commune dans le Sud-Est asiatique. Il y aurait donc lieu de faire aussi appel à la Grande-Bretagne, et l'on pourrait envisager la convocation à bref délai d'une conférence tripartite chargée de l'examen du problème sud-est asiatique sur le plan politique.

b) L'aide militaire serait apportée sous forme de livraisons par les États-Unis d'armements, de matériel et d'approvisionnements (y compris les transports) tant à l'armée française qu'à l'armée viêtnamienne.

Des mesures immédiates pourraient être prises en ce sens par utilisation du crédit spécial de 75 millions de dollars dont dispose d'ores et déjà le Président des États-Unis. Des contacts ont déjà été pris à ce sujet, et l'état-major français établit les listes des matériels dont nous avons besoin d'une manière urgente.

Mais ce n'est là que l'aspect immédiat du problème. Le gouvernement français ne cherche pas à dissimuler, il souligne au contraire que l'aide devra être poursuivie d'une manière massive et pour une durée qu'il est impossible de déterminer. C'est à cette condition seulement qu'il sera en mesure de dominer la situation et ensuite de vaincre les éléments communistes.

Le gouvernement français propose que la situation militaire en Indochine et les besoins de l'armée française et des armées du Viêtnam, du Laos et du Cambodge fassent d'urgence l'objet d'un examen en commun par les états-majors français et américain. Un tel examen permettrait d'établir un programme prévis et de faire des propositions concrètes aux deux gouvernements. Les livraisons devraient commencer sur une grande échelle dès l'année en cours.

c) L'aide économique des États-Unis est indispensable aux trois États d'Indochine, d'une part, pour parer aux conséquences économiques désastreuses de la guerre civile, d'autre part (et ceci s'applique surtout au Viêtnam), pour leur permettre de faire face aux charges de plus en plus lourdes qu'ils auront à supporter pour la constitution d'armées nationales. Cette aide, qui serait en dehors du plan d'aide à l'Europe, pourrait être constituée tant par des livraisons de marchandises essentielles que par des crédits en dollars. Elle ferait l'objet d'accords spéciaux à conclure par les États-Unis avec la France et les États intéressés.

(Direction d'Asie-Océanie, Dossiers généraux, volume 179)

29

M. CHATAIGNEAU, AMBASSADEUR DE FRANCE À MOSCOU,
À M. SCHUMAN, MINISTRE DES AFFAIRES ÉTRANGÈRES.

T. n°⁵431-433.   *Moscou, 16 février 1950, 11 h.*

(Reçu : le 16, 16 h. 45)

L'accord sino-soviétique est accueilli en URSS avec une satisfaction pareille à celle qu'avait causée aux Français, en 1891, l'alliance franco-russe.

Il confirme solennellement les déclarations de M. Malenkov du 6 novembre 1949 sur la rupture de l'encerclement de l'URSS dont M. Molotov avait voulu, le 6 novembre 1947, découvrir la pression aux Soviétiques.

Ne replace-t-il pas la Russie dans la situation favorable où elle se trouvait avant sa guerre malheureuse avec le Japon[1], quand elle avait fini d'assujettir l'Asie centrale et d'établir solidement sa domination sur le Pacifique et qu'elle s'apprêtait à protéger la Perse et la Chine et à menacer les Anglais dans l'Inde ?

Par cet instrument, l'URSS a constitué, en outre, l'alliance prévue et recommandée par Lénine préalablement à l'établissement du communisme dans le monde.

Sa renonciation, d'autre part, aux hypothèques qu'elle avait sur Port-Arthur et Dairen ne lui coûte point de désavantage pour la sécurité d'une flotte qu'elle ne peut disperser sans l'affaiblir entre ces ports et ceux de Vladivostock, Sovietski Gavan et Petropavlovsk et qui ne se rassemblerait qu'en empruntant le détroit de Tsou Chi Ma dont les marins russes gardent un souvenir fâcheux depuis 45 ans. Elle marque la résolution de se donner pour base de ses opérations maritimes au Pacifique la mer intérieure d'Okhotsk (ma dépêche n° 227 du 4 février 1949[2]).

(Direction d'Europe, URSS, volume 164)

---

[1] Il fait sans doute allusion à la guerre russo-japonaise de 1904-1905 remportée par le Japon.
[2] Document non reproduit.

30

Note de la Direction d'Asie-Océanie

Comparaison entre le traité sino-soviétique du 14 février 1950 et celui du 14 août 1945

N. *Paris, 16 février 1950.*

Le traité d'alliance et d'assistance mutuelle sino-soviétique du 14 février 1950 comporte deux annexes qui prévoient :

– la première la remise à la Chine de Port-Arthur et du chemin de fer du Tchang-Tchoung et un nouveau statut pour le port libre de Dairen ;

– la deuxième un accord financier pour l'ouverture par l'URSS de crédit à long terme destiné à l'équipement de la Chine.

D'autre part, un échange de lettres entre les ministres des Affaires étrangères de Chine et d'URSS :

1) précise que le traité sino-soviétique du 14 août 1945 doit être considéré comme caduc ;

2) confirme l'indépendance de la Mongolie extérieure ;

3) transfère à la Chine les biens japonais de Mandchourie.

Traité d'amitié et d'assistance mutuelle

En 1945, le traité d'amitié et d'assistance mutuelle comprenait huit articles ; en 1950, il n'en comprend plus que six.

L'URSS et la Chine ne s'en remettent plus, comme en 1945, à l'Organisation des Nations unies pour prévenir une nouvelle agression de la part du Japon et de ses alliés éventuels ; elles agiront de concert pour faire face à une telle menace. Il n'est plus stipulé que les clauses du nouveau traité ne doivent entraver en quoi que ce soit les droits et obligations d'une des parties contractantes en sa qualité de membre des Nations unies.

Par contre, si les obligations internationales ne sont plus mentionnées, les parties contractantes s'engagent dès l'article 2 du nouveau traité « à aboutir dans les délais les plus brefs et conjointement avec les autres alliés de la deuxième guerre mondiale, à la conclusion d'un traité de paix avec le Japon ».

Accord sur le chemin de fer de Mandchourie, Port-Arthur et Dairen

En ce qui concerne ces accords, les avantages marqués par les Chinois sont importants.

L'URSS décide en effet de remettre à la Chine tous ses droits sur la direction du chemin de fer et ses installations après la signature du traité de paix et au plus tard avant la fin de 1952. En 1945, il avait été prévu un condominium sino-soviétique d'une durée de 30 ans pour l'exploitation des chemins de fer.

D'autre part, les troupes soviétiques seront retirées de Port-Arthur dans les mêmes délais, mais en cas d'agression contre la Chine ou l'URSS, l'exécution de l'évacuation est suspendue et les deux pays utiliseront conjointement Port-Arthur comme base navale, ce que le traité de 1945 avait prévu pour une durée de 30 ans.

Quant à Dairen, le problème de la remise des installations soviétiques ne sera traité qu'après le traité de paix avec le Japon, la fin de 1952 ne semblant pas constituer, comme pour Port-Arthur, la date extrême de cette restitution. Le traité de 1945 cédait à l'URSS des installations à Dairen pour 30 ans.

Si le retour de Port-Arthur, de Dairen et du chemin de fer de Mandchourie semble être une réponse à la déclaration d'Acheson, tendant à mettre en lumière l'emprise soviétique sur les provinces de l'Est de la Chine, il n'en est pas moins vrai que contrairement à ce qui s'était passé en 1945, il n'y a pas eu cette fois-ci d'échange de notes entre les deux gouvernements pour reconnaître que la Mandchourie fait partie intégrante de la Chine et que l'URSS n'a pas l'intention de s'immiscer dans les affaires concernant le Sinkiang. Cette mention de l'intégrité du territoire chinois peut être considérée comme sans intérêt par la Chine, après les accords sur le chemin de fer mandchou et Port-Arthur, mais le maintien du *statu quo* au Sinkiang joue certainement en faveur de l'URSS.

Accord financier

Cet accord prévoit l'octroi par l'URSS d'un crédit de 300 millions de dollars, portant intérêt à 1 % et étalé sur 5 ans, destiné au rééquipement de la Chine. Le traité de 1945 ne contenait qu'une phrase vague sur l'aide économique mutuelle.

Échange de lettres sur la Mongolie extérieure

L'accord sur la Mongolie extérieure, objet d'un échange de lettres particulier, comporte réaffirmation par la Chine et l'URSS de l'indépendance de ce pays et prévoit l'établissement de relations diplomatiques entre ce pays et la Chine.

Le traité de 1945 comportait les mêmes dispositions sous réserve d'un plébiscite qui a eu lieu entre temps.

Transfert à la Chine de biens japonais en Mandchourie et des casernes russes de Pékin

Ces transferts auront lieu immédiatement et sans aucune compensation pour l'URSS.

Si la rédaction des accords, probablement dans un but de propagande, ne fait état que des concessions soviétiques à Mao Tsé Toung, il n'en reste pas moins vrai que la Russie recueille également certains fruits non négligeables dans cette longue négociation. Elle lie la Chine plus étroitement qu'elle ne l'avait fait en 1945 à son sort, tant par l'accord d'aide mutuelle que par ses annexes économiques qui favorisent la cohésion du « Comecon » ; elle conserve la Mongolie extérieure et peut-être le Sinkiang dans sa sphère d'influence de même que le port important de Dairen[1].

(Direction d'Asie-Océanie, Chine, volume 239)

31

M. Bouffanais, Consul général de France à Shanghaï,
  à M. Schuman, Ministre des Affaires étrangères[2].

T. n^os240-244.   *Shanghaï, 17 février 1950, 22 h.*

Réservé.   *(Reçu : le 18, 13 h.)*

Je vous transmets ci-après le texte démarqué d'un télégramme de M. Bréal, auquel je vous prie de vouloir bien attribuer le numéro 40 de Pékin en date du 16 février :

La signature du traité d'amitié sino-soviétique que j'avais déjà connue par la radio n'a été annoncée qu'à 18 heures par les journaux de Pékin, dont la parution s'est trouvée retardée de plus d'une demi-journée pour permettre à la fois la publication du texte officiel et l'organisation de manifestations spontanées de joie populaire. L'arrivée de plusieurs gros avions hier et aujourd'hui laisse supposer qu'une partie du moins des négociateurs est de retour de Moscou. La coïncidence de ces événements avec les réjouissances traditionnelles du jour de l'an chinois qui est cette année le 17 février semble correspondre à une précaution politique délibérée pour assurer le succès voulu aux démonstrations d'amitié sino-russe.

Le Chargé d'affaires britannique, avec qui j'ai eu un entretien ce matin, a été reçu hier au Ministère des Affaires étrangères non par le Vice-Ministre, ni par le directeur des Affaires générales, mais simplement par le directeur d'Europe occidentale. M. Hutchinson ne m'a pas caché que l'établissement des relations diplomatiques, que le Foreign Office tient pour un fait acquis, demeure dans l'esprit des Chinois

---

[1] Depuis Moscou, Chataigneau se livrait à sa propre analyse du traité sino-soviétique. Pékin semblait être le principal bénéficiaire de l'accord, qui allégeait l'hypothèque soviétique sur la Chine du Nord-Est et lui assurait un concours économique et financier dont elle avait besoin. Pour Moscou, le traité lui permettait de remporte l'encerclement capitaliste et consacrait l'amitié sino-soviétique de manière officielle (télégramme n°s 445-460 du 17 février 1950 de Moscou, non reproduit).

[2] Télégramme communiqué à la Présidence de la République, la Présidence du Conseil, MM. Parodi, Clappier et de Bourbon-Busset. Note manuscrite : « *Cattand, à démarquer* ».

subordonné à la discussion de certains points non encore précisés. M. Hoang Hsiang a laissé entendre que cette discussion ne pourra être engagée qu'après les fêtes.

Au cours de ces derniers dix jours, la situation des étrangers s'est assombrie de l'incertitude qui persiste sur bon nombre d'entre eux de pouvoir demeurer Pékin (voir mon télégramme n° 39)[1]. Aucune nouvelle n'a pu être obtenue du Père Real, arrêté le 3 février, que l'on croit toujours incarcéré à Pao Ting.

Dans l'ignorance où je suis de la ligne de conduite que la France compte adopter à l'égard du gouvernement de Pékin, je crois devoir signaler l'impression prévalant ici qu'il ne reste plus guère de position intermédiaire entre la reconnaissance britannique et le repli américain.

Malgré les avantages obtenus par la Chine aux termes du texte publié à ce jour, la longueur anormale de l'ensemble des négociations (qui d'ailleurs ne sont pas achevées pour les accords commerciaux) permet de tenir pour vraisemblablement que les leaders chinois n'ont pas toujours été à leur aise à Moscou[2].

Les conclusions de mon télégramme n° 38[3] me paraissent donc toujours valables et, dans l'hypothèse où la France envisagerait de reconnaître le gouvernement de Pékin, je suis porté à croire que le moment actuel est relativement favorable.

Nous devons craindre que les éléments extrémistes ne profitent de tout délai pour témoigner de nouveau d'une hostilité à notre égard qui ne ferait que rendre notre reconnaissance plus difficile encore.

(Direction d'Asie-Océanie, Chine, volume 239)

---

[1] Document non reproduit.

[2] L'attaché militaire en Chine, le lieutenant-colonel Guillermaz, jugeait que le traité sino-soviétique était un échec diplomatique chinois. En effet, les concessions sur Dairen et Port-Arthur n'étaient que de prestige, l'aide économique étant faible pour aider au développement d'un pays ruiné par treize années de guerre. Il supposait la présence d'accords secrets, mais il soulignait que le traité ne répondait pas à la question essentielle de la direction de l'action révolutionnaire en Asie du Sud-Est, menée depuis Moscou ou partagée avec Pékin (télégramme n° 43 du 17 février 1950 de Guillermaz, non reproduit). Bouffanais rapportait à la lecture de la presse chinoise, que le traité sino-soviétique constituait un succès relatif pour Pékin, mais il était d'accord pour penser que, tout compte fait, le voyage à Moscou s'était traduit par un resserrement de l'étreinte soviétique, notamment sur le plan économique. La période 1950-1952 s'annonçait sombre pour les milieux d'affaires de Shanghaï (télégramme n°os 249-259 du 20 février 1950 de Shanghaï, non reproduit).

[3] Document non reproduit.

32

M. Chauvel, Représentant permanent de la France auprès du
Conseil de Sécurité des Nations Unies,
à M. Schuman, Ministre des Affaires Étrangères[1].

D. n°82.   *New York, 17 février 1950.*

Secret.

Ayant pris récemment l'initiative d'une rencontre avec M. Oppenheimer, je me suis entretenu avec lui des divers sujets antérieurement
abordés au cours de conversations entre lui et M. de Rose.

Je lui ai tout d'abord demandé ce qu'il fallait penser de l'article, ci-
joint en traduction, publié par les frères Alsop dans le *New York Herald
Tribune* du 3 de ce mois et, d'une façon générale, de la portée des
récentes décisions du président Truman au sujet de la bombe à hydrogène. Il m'a répondu textuellement : « C'est une question qu'il faudrait
que vous posiez aux frères Alsop. Elle est de celles auxquelles je ne puis
donner de réponse. Mais croyez bien que mon silence peut couvrir
aussi bien la confusion des esprits qu'une volonté de silence ».

Des modalités du contrôle de l'énergie atomique, il ne n'a rien dit de
plus que ce que rapportait mes dépêches n°s 830 et 831 en date du
22 décembre dernier. Il s'est quelque peu étendu, par contre, sur les
conséquences qu'entraîne à ses yeux, en ce qui concerne l'application
du Pacte de l'Atlantique, le fait que les États-Unis n'ont plus le monopole de la bombe.

Ce fait, à son sens, suffit à ébranler les bases sur lesquelles le Pacte
est construit. En effet, la garantie que ce document donnait à ses signataires consistait essentiellement en l'assurance que les États-Unis disposaient seuls d'une arme décisive et en la crainte que cette arme
inspirait à l'adversaire. Cette crainte paraissait en elle-même suffisante
pour tenir cet adversaire en respect.

C'est cet état de chose qui se trouve changé depuis que le gouvernement soviétique dispose de la même arme. L'égalité des moyens étant
en principe rétablie, l'arme atomique ne vaut que si l'on entend s'en
servir. Or cet usage, d'après M. Oppenheimer, n'est guère possible en
raison du risque de représailles. Et mon interlocuteur est si convaincu
de cette impossibilité qu'il a beaucoup insisté sur l'opportunité de prises
de contacts à l'échelon le plus élevé, dont l'objet serait précisément de
la constater et de délier en conséquence les États-Unis de l'obligation
d'user de la bombe en application du Pacte. M. Oppenheimer consi-

---

[1] Dépêche adressée au Secrétariat des Conférences. Note manuscrite : « *M. Baudet. La
conclusion n'est point très nouvelle. Par contre, je ne vois pas très bien ce qu'il veut nous
expliquer* ».

dère que l'Europe occidentale, qui serait plus immédiatement que les États-Unis exposée à la riposte soviétique, a le plus évident intérêt à prendre l'initiative de ces entretiens.

J'ai alors rappelé que, d'après des indications recueillies antérieurement et dont font état mes dépêches précitées, l'URSS était en mesure, à l'aide de la bombe, d'interdire tout débarquement américain en Europe. Compte tenu et de cette confidence ancienne et de celle qu'il venait de me faire, j'ai demandé à mon interlocuteur s'il pensait donc que les comités militaires du Pacte de l'Atlantique préparaient la guerre de 1944. Il m'a répondu : « Oui ».

***

Les propos de M. Oppenheimer me suggèrent le commentaire que voici.

Au moment en effet où le gouvernement américain a pris l'initiative des conférences officieuses qui ont conduit à l'élaboration du Pacte de l'Atlantique, le gouvernement français a marqué très nettement qu'il ne souhaitait point se voir donner une garantie politique, mais s'assurer une assistance concrète et pour l'organisation de ses forces dès le temps de paix et, en cas de guerre ou de menace de guerre, pour sa défense contre un agresseur. Le Pacte de Bruxelles avait eu précisément pour objet, suivant le précédent établi à l'occasion du Plan Marshall, de mettre le gouvernement américain en présence d'un groupe organisé pour recevoir cette assistance en temps de paix comme en temps de guerre.

Le gouvernement américain a accueilli cette initiative avec sympathie et a désigné des observateurs pour suivre les travaux du Comité militaire de Londres. Il a marqué toutefois que toute assistance supposait des crédits et que ces crédits ne seraient votés par le Congrès que si la demande en était faite en fonction, non d'une assistance unilatérale à quelques puissances, mais d'un programme d'assistance mutuelle renforçant effectivement la sécurité des États-Unis et couvrant l'ensemble d'un espace intéressant cette sécurité.

C'est dans ces conditions que les puissances unies par le Pacte de Bruxelles ont accepté d'entrer dans le Pacte de l'Atlantique. Elles l'ont fait non pour obtenir une garantie, mais pour rendre possible une assistance et parce que le risque supplémentaire qu'entraînait, par rapport à la menace soviétique, une association étroite avec les États-Unis d'Amérique était compensé par le monopole de la bombe atomique dont disposait le gouvernement américain. L'impression générale était alors que l'URSS ne disposerait pas de la bombe avant quatre ou cinq ans, qu'elle se garderait donc, pendant ce temps, de s'exposer à un conflit militaire susceptible de l'opposer aux États-Unis et que ce délai permettrait aux puissances de l'Europe occidentale de reconstruire, avec le concours américain, une force consistante sur notre continent.

C'est ce délai que les réalisations scientifiques de l'URSS ont fait disparaître. Au moment où l'existence d'une bombe soviétique a été révélée, les crédits destinés à financer le réarmement de l'Europe occidentale n'étaient pas encore votés. Ils l'ont été depuis, mais les fournitures de matériel sont à peine annoncées.

S'il est en outre exact, comme le dit M. Oppenheimer, que le risque de représailles ne permet plus d'utiliser la bombe atomique et que la possession de la bombe par l'URSS interdit aux forces américaines un débarquement en Europe, il est clair que le Pacte de l'Atlantique n'apporte pas actuellement et n'apportera que graduellement et dans un certain temps l'assistance que ses signataires européens en attendaient. Il ne constitue plus, pour un certain temps, qu'une garantie politique. En ce sens, il est exact que l'existence de la bombe russe affecte profondément les bases sur lesquelles le Pacte a été édifié.

**

Parallèlement à ces développements se poursuivaient, dans le cadre des Nations unies, les discussions relatives au contrôle de l'énergie atomique. J'ai rendu compte à Votre Excellence de ces discussions, des réactions qui s'étaient manifestées au cours de l'Assemblée devant la constatation d'une impasse, dont nous n'avions pu pallier les effets qu'en déplaçant la discussion par l'introduction de la résolution franco-canadienne.

Ce ne sont là que les manifestations extérieures d'une difficulté. Ce qui nous importe est que la difficulté apparaît comme insoluble à moins que les termes du problème ne soient changés.

Le plan de contrôle atomique dit « plan de la majorité », que nous soutenons, prévoit en effet, dès la mine, la dépossession de l'autorité territoriale et la prise en charge de la matière première et de son traitement par l'autorité internationale. On voit mal comment le gouvernement soviétique pourrait, sans renoncer au système même sur lequel il se fonde, accepter et une telle implantation impliquant la présence sur son territoire d'un nombreux personnel international jouissant d'un statut particulier, et une renonciation au contrôle d'une industrie qui est à ses débuts et dont les développements peuvent être considérables et affecter l'ensemble de la vie économique du pays. En outre, le plan de la majorité prévoit une mise en place du contrôle par étapes échelonnée sur une durée qui paraît être de l'ordre de deux ans et précise que l'interdiction de l'arme atomique et la destruction des stocks existants ne pourra intervenir que quand cette mise en place sera effective dans toutes ses parties. C'est dire que le gouvernement de l'URSS est appelé à consentir à une dépossession et à une implantation qui lui répugnent également, étant en outre entendu que l'interdiction ne deviendra effective que deux ans plus tard.

Telles étant les données, il est possible que le plan proposé soit le seul qui offre des garanties réelles. Il paraît certain que, quelles que soient d'ailleurs les pensées secrètes du gouvernement de l'URSS, que ce gouvernement ne peut les accepter. Et il est à craindre que le public, s'il était instruit de ce qui précède, soit tenté de penser, comme le dit M. Vychinski, que Washington, en s'obstinant à exiger une forme de contrôle évidemment inacceptable pour l'URSS, assume en fait la responsabilité d'une impasse que la propagande américaine attribue à Moscou.

***

Ces éléments – bombe à hydrogène, décision présidentielle concernant cette bombe, bombe Beria, Pacte de l'Atlantique, contrôle de l'énergie atomique – sont apparemment divers. Mais il se trouve que l'annonce de la fin du monopole atomique américain a été faite pendant l'Assemblée, qu'elle a tout à coup fait poser sur les délibérations la menace d'une éventuelle course aux armements atomiques, que cette menace a rendu plus sensibles les risques que comporte l'impasse à nouveau constatée dans la recherche d'une entente sur le contrôle de l'énergie atomique, que parallèlement aux travaux de l'ONU se poursuivait à Washington la mise en place du dispositif militaire du Pacte de l'Atlantique et la discussion au Congrès des crédits destinés à fournir aux associés européens du Pacte des armements « de type classique ». Il se trouve enfin que, depuis la clôture des travaux de l'Assemblée, la question d'une révision des positions américaines sur le contrôle atomique a été discutée publiquement comme secrètement et que la possibilité de fabriquer la bombe à hydrogène a donné à ce problème, à la crainte d'une course aux armements atomiques et aux velléités de reprise de contact avec Moscou un caractère d'actualité marqué. Et deux positions viennent d'être prises par le Président sur la fabrication de la bombe à hydrogène, par le Secrétaire d'État sur le principe de négociations avec Moscou, qui sont liées à cet ensemble.

Il s'agit bien, en l'espèce, des aspects différents d'une même affaire. Le Pacte de l'Atlantique, du seul fait qu'il existe, crée une solidarité entre les États signataires, ou plus exactement peut être confirmé, renforcé et donne forme juridique à la solidarité de fait qui existait entre eux. Il rend cette solidarité plus apparente et plus effective aussi dans la mesure où il oblige ces États à s'y tenir. Et en raison de cette solidarité, toute position de politique générale prise par les États-Unis qui affecte soit les conditions techniques de la sécurité, soit les rapports entre les États-Unis et l'URSS intéresse l'ensemble du groupe atlantique et chacun des États signataires du Pacte. Il ne peut être indifférent au gouvernement français que le président Truman ait décidé de fabriquer la bombe à hydrogène en même temps que seraient continuées les fabrications en cours, ou de suspendre ces dernières au bénéfice de la nouvelle, ou simplement de poursuivre les études commencées. Et il est d'une importance extrême, pour la France comme pour toute la communauté occidentale, que M. Acheson déclare vain toute accord avec les Soviets qui n'enregistre ou ne décrive une situation de fait préexistante et en conclue à la nécessité d'établir, avant toute négociation, de telles situations qui soient si fortes qu'elles s'imposent et fournissent la substance des accords à conclure. Ces déclarations paraissent aujourd'hui d'une gravité accrue par l'incertitude évidente de l'administration américaine devant le choix des situations à créer comme des moyens de cette création.

En matières aussi graves, rien n'est plus dangereux que les fausses sécurités et rien n'est plus utile, pour parer à ce danger, que d'avoir des idées claires. Il est donc, en ce sens, très utile de savoir que la décision du président Truman touchant la construction de la bombe à hydrogène n'est peut-être pas complètement prise, que de bons esprits considèrent l'arme atomique comme désormais inutilisable, que l'URSS serait éventuellement en mesure, par l'usage de la bombe, de rendre impossible tout débarquement américain en Europe, que de ce fait le Pacte de l'Atlantique, pour le présent, ne vaut pas assistance mais seulement garantie politique, qu'enfin le plan de contrôle atomique dit « plan de la majorité » est, dans son principe même, inacceptable pour le gouvernement soviétique comme il le serait pour tout gouvernement totalitaire. Cette énumération suffit à faire apparaître le caractère fondamental de la difficulté qui sépare actuellement l'Est et l'Ouest, en même temps que la détérioration de l'équilibre des forces et que l'insuffisance des programmes de coopération destinés à rétablir cet équilibre.

Est-ce à dire que nous devions, comme une certaine presse le suggère en France, en tirer dès à présent des conclusions extrêmes, nous dégager du Pacte de l'Atlantique et nous installer dans la neutralité ? Je ne le pense pas pour ma part. Outre que notre solidarité avec les États-Unis est un fait antérieur au Pacte et qui survivrait à la dénonciation du Pacte, la neutralité ne s'improvise pas. Elle résulte, elle aussi, des faits. En politique aussi la nature a horreur du vide. Dans le champ des forces mondiales, l'Europe occidentale apparaît comme un vide. Si l'appui américain disparaissait, l'emprise russe le remplacerait sans doute. Pour échapper à cette alternative il faut que l'Europe occidentale reconstitue d'abord ses propres forces lesquelles pourront seules, quand elles seront reconstituées, lui rendre la possibilité de prendre des positions autonomes. Cette reconstitution suppose une aide et du temps. Il semble que, dans l'état actuel des choses, les États-Unis seuls puissent fournir l'un et l'autre.

Ce n'est donc pas une répudiation du Pacte de l'Atlantique, mais une adaptation de ce Pacte ou de la pratique du Pacte aux circonstances nouvelles que nous devons nous efforcer de promouvoir.

On ne peut pas de pas être frappé du fait que, si le différend relatif au contrôle de l'énergie atomique est au centre même du grand conflit

présent, si l'arme qui domine ce conflit est la bombe atomique, si l'utilisation de cette bombe est un élément essentiel de toute stratégie atlantique, si la fabrication de la bombe à hydrogène est de nature à rendre,
pour un temps, aux États-Unis l'avance technique perdue, si enfin cette
avance technique donne aux États-Unis une occasion qui peut être la
dernière de tenter d'engager dans des conditions favorables une négociation avec Moscou, aucun de ces sujets ne se trouve inscrit à l'agenda
du Conseil du Pacte. En ce moment même toute la presse américaine
discute de la bombe à hydrogène, du contrôle atomique et de la reprise
de contact avec Moscou comme s'il s'agissait de sujet d'intérêt purement américain et à propos duquel la décision appartienne à Washington seul. Et le président Truman d'une part, M. Acheson d'autre
part, prennent, apparemment sans consultation préalable, des positions
publiques qui affectent tout l'Occident.

C'est cette pratique que nous aurions, me semble-t-il, intérêt à redresser. Il devrait être possible, en tirant argument et du Pacte et des développements intervenus depuis sa signature, d'obtenir que certaines
confidences nous soient faites et que certains avis soient pris. La solidarité ne doit pas jouer en un seul sens. En l'affirmant, nous avons pris
nos risques. Les risques s'avèrent être plus grands que nous ne le pensions, et plus faibles les moyens d'y faire face. Du moins devrons-nous,
pendant la période critique au cours de laquelle nous reconstituerons
nos forces, être en mesure de coopérer à l'élaboration des thèmes généraux dont le développement nous touche et de formuler un sentiment
sur l'opportunité de telle et telle mesure.

(Papiers d'agents-archives privées, Papiers Massigli, volume 95)

33

NOTE DU DÉPARTEMENT

N.   *Paris, 21 février 1950.*

D'après les autorités militaires tant françaises qu'américaines les
mieux informées, le gouvernement soviétique posséderait dans un délai
bref – deux ou trois ans – des moyens techniques tels qu'il pourrait ne
pas redouter le déchaînement d'une guerre. Il serait à même de la
mener avec les plus grandes chances d'une issue victorieuse pour
l'URSS si, dans l'intervalle, les programmes stratégiques et économiques des nations occidentales n'avaient pas été profondément trans-
formés. Cela ne signifie pas d'ailleurs nécessairement, d'après les
mêmes autorités, que les Soviets déclencheraient cette guerre : au cas
où tout en ayant mis au point leurs préparatifs militaires, ils constate-
raient que l'évolution sociale du monde leur permet d'atteindre sans

conflit les buts qu'ils se sont assignés, ils laisseraient s'accomplir d'une façon naturelle la décomposition progressive du régime occidental.

Il est probable, en effet, que s'écartant à cet égard du précédent hitlérien, le gouvernement soviétique ne tenterait pas une aventure. Il n'acceptera la guerre que si les risques encourus par lui sont faibles. D'après ses théories, la guerre peut accélérer le développement d'événements qui en tout état de cause est inéluctable.

Si ces prévisions contrôlées, dit-on, par de multiples recoupements, sont exactes, il n'est pas douteux qu'elles doivent dominer la politique française dans tous les domaines. Devant la menace d'une guerre atomique qui risque d'anéantir notre pays avec notre civilisation, quelle peut être notre attitude ?

Devons-nous pousser à une négociation immédiate avec l'Union soviétique, négociation préconisée par certains hommes d'État en Angleterre et aux États-Unis ? Il est possible que, pour des raisons de tactique générale, la recherche d'une telle conversation ne doive pas être écartée. Mais, d'une part, la France devrait y être associée, d'autre part, nous ne saurions nourrir aucune illusion sur ses chances de succès. Un arrangement avec l'Union soviétique implique un contrôle universel des armes atomiques et classiques qui exige lui-même une modification fondamentale de la structure politique et des conceptions philosophiques de l'Union soviétique. Rien n'indique que, sous son régime actuel, la Russie serait prête à accepter de pareilles transformations. La négociation immédiate serait donc dangereuse si elle faisait croire à une possibilité proche d'entente, retardant ainsi l'action nécessaire et urgente des puissances occidentales.

Dans le même ordre d'idées, certains grands savants angoissés par les perspectives d'un déchaînement des forces atomiques, préconisent la constitution d'un gouvernement mondial. Cette solution est plus irréelle encore que la précédente. Elle n'aurait de valeur que si l'URSS était prête à faire les concessions nécessaires de souveraineté et à ouvrir ses frontières à l'inspection scientifique et militaire internationale. L'heure d'un gouvernement mondial n'a donc pas sonné.

Si, enfin, nous excluons pour la France comme pour l'Europe l'hypothèse souvent avancée au cours des dernières semaines de la « neutralité », il ne reste plus qu'une seule issue pour protéger la paix : accroître et organiser les forces de l'Occident de telle sorte qu'à tout moment elles dominent celles de l'Est et qu'en même temps soit assurée la stabilité économique et sociale de nos pays. Ainsi nous pourrions faire échec à la fois sur le plan stratégique et sur le plan économique aux desseins du gouvernement soviétique, tout en maintenant la porte ouverte à un arrangement ultérieur, le jour sans doute lointain où l'URSS aurait pu constater la vanité de ses entreprises et la nécessité de modifier son système.

Une telle politique n'est pas fondée sur une utopie, car les ressources industrielles, humaines et intellectuelles de l'Occident sont très supérieures à celles qui sont contrôlées par les Soviets. Le fait est cependant que les ressources soviétiques, bien que plus faibles que les nôtres, sont organisées de telle sorte qu'elles contribuent pleinement au renforcement du potentiel de guerre, alors que nos propres richesses servent avant tout à la satisfaction de la consommation pacifique et que nos efforts de guerre demeurent dispersés et incohérents.

Dans le domaine économique, le plan Marshall a certes permis de porter les productions de l'Europe occidentale à des niveaux élevés et d'entraver ainsi l'avance du soviétisme. Mais cette amélioration n'est pas durable. La prospérité de l'Occident n'a pas atteint un degré tel qu'elle puisse servir de support à l'exécution du plan d'armements requis. Si les efforts de chaque pays encouragés par les dollars américains ont produit des résultats, la coopération européenne et d'une façon plus générale occidentale n'a fait que de maigres progrès. La protection douanière américaine demeure prohibitive, le déficit en dollars n'a été qu'insuffisamment réduit, la mise au point d'un plan de convertibilité des monnaies se heurte à des obstacles immenses, le sort de notre économie après 1952, date où cesseront les dons américains, reste incertain.

Sur le plan militaire, le Pacte de Bruxelles et le Pacte de l'Atlantique ne constituent que des amorces pleines de bonnes intentions, mais dont les effets sont minimes si l'on considère l'imminence et la gravité des menaces. Une véritable coordination des forces de défense n'est pas réalisée.

Si, malgré la supériorité de ses ressources, l'Occident n'a pas davantage progressé, c'est qu'il n'obéit pas comme le monde soviétique à une volonté supérieure et qu'en fait il ne peut y avoir de coopération internationale, économique ou stratégique, sans un minimum de direction politique.

Le cadre de cette direction politique doit être l'Union atlantique. Les efforts infructueux du Conseil de l'Europe montrent qu'une association européenne occidentale ne constitue plus une solution à la mesure des vastes problèmes qui se posent. Seule une association à l'échelle atlantique permettrait de les régler.

Elle permettrait tout d'abord de traiter plus aisément le cas britannique. Les hésitations de la Grande-Bretagne, déchirée entre sa qualité d'État européen et de Puissance mondiale, ont paralysé l'action du Conseil de l'Europe et retardé la constitution d'une union de clearing, la convertibilité des monnaies et une « intégration » véritable de l'Occident. Le jour où ces problèmes ne sont plus étudiés dans le cadre étroit de l'OECE[1] mais dans celui plus large de l'Union atlantique, un grand nombre de difficultés disparaissent.

De même, l'opposition historique entre la France et l'Allemagne pourra plus facilement trouver un règlement si elle est fondue dans une organisation aussi vaste que celle qui est proposée. Le spectre du fameux tête-à-tête franco-allemand en Europe serait écarté. Des questions aussi difficiles que celles de l'émigration italienne ou allemande, impossibles à résoudre à l'échelle européenne et qui constituent cependant une des clés de la stabilisation économique occidentale, doivent être posées à toutes les puissances intéressées à leur règlement.

Enfin les États-Unis eux-mêmes doivent comprendre que la défense de leur territoire exige que l'Europe occidentale et le Commonwealth britannique forment avec l'Amérique une union étroite, que la perte totale du continent européen, soit par la guerre, soit par l'ingérence communiste, constituerait pour les États-Unis une menace directe et sans doute fatale.

L'organisation des forces libres dans le cadre atlantique implique que, dans des domaines déterminés et limités, un certain nombre de souverainetés nationales soient abandonnées par les États au bénéfice de l'Union. L'objectif final serait la formation d'une sorte de parlement et d'un gouvernement occidental, accompagné de la création d'une monnaie unique et d'échanges libérés entre les États membres. Cette solution radicale parait très éloignée, mais des pas importants et décisifs pourraient être cependant franchis dans les deux prochaines années dans cette direction.

Il importe de définir sur quels points, tant dans le domaine stratégique que dans le domaine économique, certaines décisions doivent être prises à la majorité et engager cependant tous les gouvernements associés. Il pourrait en être ainsi notamment sur le plan économique en ce qui concerne tout d'abord l'établissement d'un système de convertibilité des monnaies, ultérieurement la coordination des investissements et la suppression progressive des barrières douanières. Cette politique pourrait être appliquée au début dans une OECE qui, outre ses membres actuels, comprendrait les États-Unis et le Canada.

Dans le domaine militaire, la règle de la majorité pourrait être progressivement appliquée à la coordination et à l'organisation des forces armées.

Une telle solution parait au premier abord utopique. Elle doit cependant, semble-t-il, constituer la seule réponse de l'Occident au danger qui le menace.

Si ces idées paraissent susceptibles d'orienter la politique du gouvernement, elles devraient faire l'objet d'une étude immédiate des services

---

[1] OECE : Organisation européenne de coopération économique.

politiques, juridiques et économiques français sur les points précis suivants :

1) Opportunité d'étendre l'aire géographique de l'OECE aux États-Unis et au Canada (voir à cet égard les propositions de même nature faites le 22 août dernier par notre Ambassadeur à Washington) ; étude d'un système occidental des paiements fonctionnant suivant les règles de la majorité.

2) Opportunité de créer à la place du *Standing Group* actuel un *Combined Chief of Staff* occidental, agissant par délégation des gouvernements pour l'exécution de la politique militaire des nations signataires du Pacte atlantique.

3) Opportunité de définir en accord avec les États-Unis et la Grande-Bretagne les autres domaines dans lesquels des règles d'association plus étroites pourraient être proposées aux États signataires du Pacte de l'Atlantique.

Il n'est pas besoin d'insister sur l'effort intense d'informations qu'il sera nécessaire de prévoir pour convaincre l'opinion tant en Europe qu'en Amérique que la solution choisie est la seule qui permette de faire triompher devant l'idéal soviétique un régime de liberté.

Sans doute convient-il aussi d'insister sur le fait qu'il est préférable qu'en cette matière l'initiative vienne de la France et non pas des États-Unis, sous peine de voir les gouvernements de l'Europe de l'Ouest accusés d'obéir docilement à la volonté de Washington. D'après des indications récentes, le Département d'État s'est montré hostile aux propositions d'Union atlantique mises en avant par M. Clayton, non parce qu'il en désapprouve l'esprit, mais parce qu'il souhaite d'abord connaître les réactions européennes. Si donc une proposition concrète pouvait être rapidement élaborée par nous, il conviendrait de décider suivant quelle procédure elle devrait être discutée d'abord avec le gouvernement des États-Unis, puis avec le gouvernement britannique. Il va de soi que cette initiative ne devrait en aucune manière ralentir les efforts déjà entrepris tant sur le plan européen que sur le plan atlantique dans le cadre des accords existants.

(Secrétariat général, Service des Pactes, volume 18)

34

M. CHAUVEL, REPRÉSENTANT PERMANENT DE LA FRANCE AUPRÈS DU
CONSEIL DE SÉCURITÉ DES NATIONS UNIES,
À M. SCHUMAN, MINISTRE DES AFFAIRES ÉTRANGÈRES[1].

D. n°93.   *New York, 21 février 1950.*

Secret.

La délégation française a voté le 12 janvier dernier contre le projet
de résolution soviétique tendant à exclure du Conseil de sécurité un
représentant de la Chine nationaliste.

À l'appui de ce vote, le délégué français n'a formulé aucune appréciation sur l'un ou l'autre des deux gouvernements chinois. Il s'est
borné à indiquer que le gouvernement français n'ayant pas retiré sa
reconnaissance au gouvernement nationaliste, la délégation ne pouvait
contester les pouvoirs du dit gouvernement au Conseil.

Il n'était pas possible de faire état de l'argumentation suggérée dans
le télégramme du Département n° 57 du 9 janvier[2], car dès l'abord la
délégation soviétique avait quitté le Conseil et déclarait qu'elle n'y rentrerait que quand le délégué nationaliste en serait parti. Ainsi donc,
quelle que fut la décision prise, il était certain que l'un des cinq
membres permanents serait absent du Conseil. Et en l'absence de la
majorité de 7 voix nécessaire à l'admission du délégué chinois, il était
certain que l'absent serait le délégué soviétique.

Telle est encore aujourd'hui la situation.

Entre temps, un élément nouveau est intervenu qui est la désignation
par le gouvernement de Pékin d'un représentant dont les pouvoirs ont
été adressés au Secrétaire général des Nations unies. Le Conseil, le jour
où la question sera à nouveau évoquée, se trouvera donc avoir à
prendre deux décisions, l'une portant sur la validité des pouvoirs de la
délégation nationaliste, l'autre sur celle des pouvoirs du délégué de
Pékin.

Le télégramme du Département n° 57 du 9 janvier ne portait que
sur le premier point. S'agissant de la validité des pouvoirs du délégué
de Formose, la délégation française avait la latitude d'affirmer cette
validité ou de s'abstenir. Le télégramme du Département n° 182 du 1er
de ce mois confirme, en son troisième paragraphe, ces instructions[3].

---

[1] Dépêche adressée au Secrétariat des Conférences. Note manuscrite : « *M. Baudet. Me
parler de ceci qui m'inquiète* ».
[2] Document non reproduit.
[3] Document non reproduit.

En son second paragraphe, il prescrit à la délégation, si le Conseil est convié à se prononcer sur la validité des pouvoirs de Pékin, de s'abstenir.

Le télégramme du Département n° 209 du 6 février enfin[1], adressé à M. Boris, l'invite à s'abstenir qu'il s'agisse de la validation des pouvoirs d'une délégation nationaliste ou de celle d'une délégation de Mao Tsé Toung, sans qu'il apparaisse que ces instructions modifient la latitude laissée à la délégation au Conseil de sécurité par le télégramme n° 57 dans le cas où la validité des pouvoirs de Taipeh serait seule en cause.

Quoi qu'il en soit, la vote de M. Boris a fait l'objet à Lake Success de commentaires nombreux et a ému la délégation américaine dans la mesure où le public et cette délégation elle-même y ont vu l'amorce d'une évolution française à l'égard du gouvernement de Formose et du gouvernement de Pékin. Il semble donc qu'en tout état de cause, la délégation française au Conseil de sécurité sera amenée, pour éviter une apparence de flottement ou de contradiction, à s'abstenir quand la question des pouvoirs du délégué de Pékin se trouvera de nouveau évoquée en Conseil de sécurité.

Cette position est moins facile à justifier que le vote du 1er janvier. Le délégué américain n'a pas manqué de me faire observer que le passage du soutien à l'abstention ne s'expliquait guère en l'espèce, à moins que le gouvernement français n'eût décidé de retirer sa reconnaissance au gouvernement de Formose.

Cette observation me ramène aux conclusions que j'ai exposées verbalement à Votre Excellence et aux services du Département. L'attitude que nous sommes amenés à prendre dans les divers conseils de l'ONU serait beaucoup plus claire si les rapports diplomatiques étaient rompus entre Paris et Taipeh. Sur le plan franco-chinois, cette mesure ne peut présenter aucun inconvénient. La France ne dispose, que je sache, d'aucun intérêt à Formose et ceux qu'elle conserve à Haïnan, qui se réduisent probablement à une mission catholique et ne demeureront peut-être pas longtemps sous le contrôle de Formose, ne sont pas d'un poids suffisant pour être mis en balance avec l'avantage que nous pouvons trouver à ne pas faire obstacle au fonctionnement normal des Nations unies. Car vue d'ici, c'est bien ainsi que la question se présente. L'URSS a lié son retour dans les Conseils de l'ONU à l'éviction de la représentation nationaliste chinoise. Nous considérons qu'elle n'avait pas le droit de prendre cette position, mais il ne reste pas moins qu'elle l'a fait. Rien ne nous oblige à suivre son sentiment. Mais en maintenant notre reconnaissance au gouvernement de Formose, nous nous donnons l'apparence de soutenir les prétentions de ce gouvernement et de mettre en balance, d'une part, un soutien hésitant à un fantôme et, d'autre part, le fonctionnement normal de l'ONU. Dans la mesure où la situa-

---

[1] Document non reproduit.

tion actuelle ne peut se prolonger sans que soit implicitement posée la question d'une occasion définitive de l'URSS et de ses satellites, il apparaît que c'est l'universalité même de l'institution qui est en cause. Encore une fois, nous ne sommes nullement tenus de nous incliner devant la position soviétique, mais il est incommode de conserver l'apparence d'exposer délibérément l'organisation à un risque aussi grave au bénéfice d'une cause aussi contestable que celle de Formose.

Je souhaite donc très vivement, pour ma part, que le gouvernement, sans préjuger ni de la position qu'il m'invitera à prendre en Conseil en ce qui concerne les pouvoirs de Mao Tsé Toung, ni à plus forte raison de l'établissement éventuel des relations avec le gouvernement de Pékin, rompe sans plus attendre les liens diplomatiques qu'il entretient encore avec le gouvernement de Formose.

Cette mesure une fois prise, il sera facile aux délégations françaises dans les divers organismes de l'ONU de justifier l'abstention comme une mesure d'attente.

Cependant, comme je l'ai signalé au Département dans diverses communications, l'abstention française ne suffit pas pour régler le problème, notamment en ce qui concerne le Conseil de sécurité. Cinq seulement des pays représentés au Conseil ont actuellement reconnu le gouvernement de Pékin et se prononceraient éventuellement en faveur d'une admission d'une représentation de Mao Tsé Toung. Mon collègue égyptien, qui vient de se rendre au Caire pour assister à une réunion des représentants égyptiens dans les diverses capitales du monde occidental, a reçu avant son départ l'instruction de s'abstenir au sujet des pouvoirs de Pékin comme de ceux de Formose. Rien n'indique que mon collègue équatorien, dont M. Lie n'annonçait qu'il allait consulter son gouvernement, ne verra annoncer un changement d'attitude. Dans ces conditions, nous devons nous attendre de la part du Secrétaire général à une certaine pression pour nous faire un pas de plus dans la voie d'une normalisation. Les arguments de M. Lie et dont Votre Excellence dans son télégramme n° 182 indiquait qu'ils lui paraissaient procéder de conceptions très raisonnables, seront de nouveau mis en avant. Il n'est pas douteux en effet que l'absence prolongée des Soviets peut conduire en elle-même à un retrait définitif et que ce retrait devient très probable si des décisions de fond étaient prises sur des sujets auxquels l'URSS porte quelque intérêt. Or, à moins d'arrêter complètement le fonctionnement de tous les organismes de l'ONU, il est difficilement concevable qu'à la longue les questions de cette nature ne soient pas évoquées. Mes collègues américains et britanniques m'ont dit expressément que leurs gouvernements ne voulaient pas s'interdire la possibilité de le faire, au cas notamment où la sécurité viendrait à être menacée en un point quelconque du monde du fait de l'initiative soviétique. Sans même évoquer cette hypothèse extrême, la question du Cachemire est dès à présent discutée en Conseil. L'intérêt que la

Chine et probablement l'URSS portent au Tibet peut amener Moscou à déclarer que l'affaire du Cachemire ne lui est pas indifférente.

Conformément à la conclusion du télégramme à Washington adressé par le Département, qui n'a été communiqué sous le n° 307[1], je considère que l'admission au Conseil d'un représentant de Mao Tsé Toung peut être distinguée de celle de l'établissement de relations diplomatiques particulières entre Mao Tsé Toung et les différents gouvernements représentés au Conseil. J'ai développé, au cours de la séance du 17 janvier dernier, la théorie d'après laquelle chacun des délégués au Conseil est nanti d'un double mandat, l'un émanant de son propre gouvernement, l'autre des 59 États membres de l'Organisation. En vertu de ce principe, il me serait facile, si le gouvernement français décidait de se prononcer pour la reconnaissance des pouvoirs du délégué de Mao Tsé Toung, de justifier cette position en marquant que mon gouvernement ne conteste pas le fait que le gouvernement de Pékin contrôle effectivement le territoire chinois et lui reconnaît donc qualité pour représenter la Chine au Conseil dans les termes de la Charte, cette reconnaissance ne préjugeant aucunement de l'existence ou de l'absence de relations diplomatiques directes entre Paris et Pékin.

Il est bien évident toutefois que l'opportunité de prendre une semblable décision ne peut s'apprécier en fonction de la seule situation existant à Lake Success. J'imagine qu'un soutien, même ainsi limité et qualifié, donné à Mao Tsé Toung ici serait susceptible d'être exploité en Indochine contre le gouvernement de Bao Daï et pourrait porter atteinte à son autorité. D'autre part, la nervosité manifestée par la délégation américaine à la suite de l'abstention de M. Boris au Conseil économique, marque assez l'attention avec laquelle les évolutions des membres du Conseil sont suivies par Washington. M. Cross est venu le 16 février m'entretenir de la question. Il a insisté sur l'intérêt que son gouvernement attachait, « en cette période d'attente », à ne créer aucun fait nouveau susceptible d'entraîner des conséquences d'une grande ampleur. Je me suis déclaré d'accord, tout en ajoutant que si l'ONU, du fait de l'impasse actuelle, perdait son caractère d'universalité, cela même serait un fait nouveau dont les conséquences seraient d'une grande ampleur. Quoi qu'il en soit, dans la mesure même où nous nous efforçons d'intéresser le gouvernement américain à la défense de l'Indochine et, avec mon concours, d'internationaliser la question indochinoise, il est évident que toute modification importante de notre attitude à Lake Success devrait faire l'objet d'entretiens préalables avec Washington.

À supposer que nous prenions une position favorable à l'admission de la représentation de Pékin au Conseil de sécurité, resterait une troisième étape, qui serait la reconnaissance directe du gouvernement de Pékin et l'établissement de relations entre ce gouvernement et le gou-

---

[1] Document non reproduit.

vernement français. Cette question échappe à mon appréciation et à ma compétence. Je me borne à indiquer qu'au cas où des mesures de cette nature entreraient dans nos prévisions, les contacts qui s'établiraient à Lake Success entre les délégations française et chinoise pourraient être utilisés pour préparer les voies.

Il est un autre point sur lequel j'ai cru devoir attirer l'attention de Votre Excellence et des services du Département. Il s'agit du risque auquel nous serions exposés, dès que l'URSS et la Chine rentreraient dans les organismes de l'ONU avec ou sans notre concours, de voir évoquer au Conseil l'affaire d'Indochine. Le droit de veto ne nous garantit pas contre ce risque, le gouvernement français étant, au titre de l'Union française, partie à ce qui pourrait être représenté comme un différend.

Je ne suis pas certain toutefois que nous devions actuellement reculer devant une discussion de l'affaire d'Indochine en Conseil. Sans doute cette discussion pourrait-elle comporter des moments désagréables, plus particulièrement pour le délégué français. Cependant, dans la mesure même où nous efforçons par ailleurs de donner à cette affaire un caractère international, nous ne pourrions trouver mauvais que ce caractère fût consacré à Lake Success.

Je considère qu'il serait intéressant d'examiner dès maintenant si nous n'aurions pas avantage, le cas échéant, à prendre nous-mêmes l'initiative de signaler au Conseil « une situation », laquelle résulte du fait que deux États, lesquels se trouveraient être les membres permanents du Conseil, ont donné leur pleine reconnaissance à un mouvement qui est en état de rébellion ouverte contre les autorités constituées d'un État doté d'un statut international en même temps que membre de l'Union française.

(Papiers d'agents-archives privées, Papiers Massigli, volume 95)

35

NOTE DE LA DIRECTION D'ASIE-OCÉANIE POUR LE MINISTRE

Élargissement de la partie diplomatique des accords franco-viêtnamiens

N.   *Paris, 22 février 1950.*

Les termes de la lettre explicative du 8 mars 1949[1] adressée par le Président de la République à S.M. Bao Daï limitent à trois États : Siam, Vatican, Inde, le nombre des pays auprès desquels le gouverne-

---

[1] Voir *DDF*, 1949-I, n° 145.

ment viêtnamien peut immédiatement exercer le droit qui lui a été reconnu de légation active.

Le tour pris par les événements a déjà conduit le gouvernement à ajouter la Grande-Bretagne et les États-Unis à cette liste. D'autre part, il serait vain d'espérer qu'un État asiatique tel que l'Indonésie consente à reconnaître l'indépendance des États associés privés de la possibilité d'envoyer à Djakarta un représentant diplomatique.

Enfin, ni le Vatican, ni le Siam, ni l'Inde n'ont encore reconnu les États associés.

De cet état de chose, il résulte que nous avons intérêt à faire disparaître les limitations dont il s'agit.

Le projet de lettre ci-joint[1] a pour but d'arriver à ce résultat. Du fait qu'il modifie une lettre annexe, qui n'a pas été l'objet de la ratification du Parlement français et qui n'a pas comporté de réponse de S.M. Bao Daï, ce projet de lettre ne constitue pas une modification aux accords du 8 mars.

Il ne règle la question que pour le seul Viêtnam. Mais rien n'oblige le gouvernement français a agir simultanément pour les trois États associés. D'autre part, M. Pignon, qui a donné son approbation à ce texte, estime préférable pour le moment de laisser les choses en état en ce qui concerne le Laos et le Cambodge.

(Direction d'Asie-Océanie, Indochine, volume 104)

36

M. Lévi, Ambassadeur de France à New Delhi,
à M. Schuman, Ministre des Affaires Étrangères.

D. n°184.   *New Delhi, 22 février 1950.*

Confidentiel.

À plusieurs reprises dans la presse, et tout récemment encore, à l'occasion de la conférence de Colombo, de hauts fonctionnaires britanniques, en particulier M. Dening, dans les conversations qu'il a eues avec notre ministre à Ceylan (communication du 14 janvier de M. Pinoteau)[2], et M. Malcolm MacDonald au cours de ses entretiens avec notre chargé d'affaires en Indonésie (télégramme du 30 décembre de Jakarta), notre consul général à Singapour (dépêche n° 37/AS du 25 janvier 1950 de M. Guibaut)[3] et le conseiller diplomatique du Haut-

---

[1] Document non reproduit.
[2] Document non reproduit.
[3] Document non reproduit.

Commissaire de la République en Indochine, ont signalé à nos représentants dans le Sud-Est asiatique que les difficultés afférentes aux Établissements français des Indes avaient incité les milieux officiels de Delhi et notamment le Pandit Nehru, à adopter une attitude défavorable à l'égard du gouvernement de S.M. Bao Daï.

Ces indications ont été confirmées dans une certaine mesure par les propos tenus par le Premier ministre à la fin du mois dernier à M. Sylvain Mangeot, correspondant diplomatique de l'agence Reuter, qui se trouvait de passage à Delhi (ma lettre n° 119/AS du 1er février 1950)[1]. Le chef du gouvernement avait en effet déclaré à son interlocuteur que le « problème des Établissements constituait une source d'irritation qui faisait subsister les doutes de l'opinion indienne en ce qui concerne la bonne foi des intentions de la France d'accorder l'indépendance à l'Indochine ».

Bien que, depuis 1947, l'on se soit efforcé, par accord tacite, à Paris, comme à Delhi, de localiser en quelque sorte la question de nos Comptoirs afin qu'elle n'affecte pas le plan général des relations franco-indiennes, il est certain qu'une telle affaire n'a pas été de nature à créer ici, un climat propice à notre endroit et qu'elle continuera sans doute de peser davantage encore, avec le temps, si elle n'est pas résolue, sur nos relations avec l'Inde.

En ce sens, il y a tout lieu de croire que ses récents développements n'ont fait qu'accroître les réticences du Pandit Nehru à faire montre de compréhension et d'objectivité à l'endroit de la politique française en Indochine. Le Premier ministre qui n'avait voulu voir, à l'origine, dans le référendum des populations des Établissements qu'une simple formalité de passation de pouvoirs, se rend probablement compte aujourd'hui de l'incertitude de l'issue d'une consultation, et redoute peut-être même qu'elle ne se traduise par un vote défavorable à l'Union indienne. Or, il est évident qu'un échec de l'Inde à cet égard apporterait un démenti éclatant aux professions de foi anti-colonialistes de son gouvernement ; le Pandit Nehru en ressent sans aucun doute de la mauvaise humeur, et peut-être trouve-t-il opportun aujourd'hui, de marquer, notamment par le canal de la diplomatie britannique, que la réserve de l'Inde à l'égard du Viêtnam s'explique en partie par notre manque de bonne volonté à accéder aux désirs de Delhi en ce qui concerne nos Établissements, comme s'il pouvait espérer que nous nous montrerons disposés, à la lumière de ces indications, à modifier notre position vis-à-vis des comptoirs.

Compte tenu de l'importance que peut revêtir, au stade actuel des choses, sur le plan du Sud-Est asiatique, la portée d'une évolution favorable du gouvernement indien à l'endroit du Viêtnam, de telles indications méritent de retenir l'attention ; la question qui se pose est en fait la suivante : pourrions-nous attendre qu'en contrepartie d'une poli-

---

[1] Document non reproduit.

tique d'abandon de nos Établissements – qu'il s'agisse, par exemple, d'une acceptation de notre part d'éluder le référendum et d'admettre le principe d'un retrait de notre souveraineté, par voie de négociations directes avec Delhi, – l'Inde se montrât disposée à se départir de sa position de neutralité dans l'affaire d'Indochine et à accorder une forme de reconnaissance quelconque au gouvernement Bao Daï ?

La question ne saurait se poser, à mon avis, qu'en ce sens, car, d'une part l'expérience des dernières semaines a clairement prouvé qu'une attitude de conciliation vis-à-vis des difficultés touchant aux modalités de la consultation prévue par l'accord de juin 1948, n'est pas de nature à satisfaire aux exigences indiennes, et ne fait même que les renforcer, et d'autre part, comme je l'ai marqué à maintes reprises, de nouvelles conversations avec le gouvernement indien sur le fond du problème en vue de tenter de le régler à l'amiable, ne sauraient aboutir que moyennant notre départ des Établissements, accompagné peut-être de quelques clauses très vagues sauvegardant d'une manière illusoire sans doute, notre patrimoine culturel à Pondichéry.

En admettant donc que nous nous engagions dans une telle voie, serions-nous fondés à espérer que l'Inde nous sut gré de notre décision et réajustât sa position vis-à-vis du gouvernement viêtnamien ? Je ne le crois pas.

Outre qu'il serait un leurre de croire à un sentiment de gratitude quelconque de la part du gouvernement indien, pour les sacrifices que nous pourrions consentir en ce sens – la manière dont l'Inde avait accueilli notre abandon des loges en 1947 était, à cet égard, significative –, le règlement de la question des Établissements, s'il aurait sans doute pour effet de lever une hypothèque qui peut avoir de fâcheuses incidences sur les relations entre les deux pays, ne ferait pas disparaître pour autant les données profondes qui dictent la conduite de Delhi à l'égard de l'Indochine. Le thème de l'anti-colonialisme, le parti-pris doctrinal contre un État asiatique qui garde des attaches assez solides avec une puissance coloniale, sans parler du cas de Nehru lui-même (mes dépêches nos 26 du 15 février à Saigon et 133/AS du 8 février)[1] qui au fond de lui-même n'a, je le crains, guère de sympathie pour notre pays, sont ici des composantes du problème qui ne sauraient s'éliminer d'emblée et nous ferions preuve de manque de réalisme si nous pensions avoir d'un seul coup, en abandonnant nos droits sur les Établissements, supprimé tous les obstacles à une reconnaissance par l'Inde du gouvernement du Viêtnam.

M. Frank Roberts, haut-commissaire adjoint du Royaume-Uni, qui m'avait abordé à ce sujet il y a quelques jours, au cours d'une conversation privée, et auquel je faisais valoir, en souriant, cet argument, a répondu avec un sourire qu'il n'en contestait pas la validité, et je suis fondé à juger que l'opinion de ce diplomate anglais, qui entretient ici

---

[1] Documents non reproduits.

les contacts les plus étroits avec les dirigeants indiens et dont le Département connaît par ailleurs le jugement avisé et la valeur, n'est pas sans revêtir, à cet égard, un certain poids.

Dans ces conditions, en nous prêtant à la manœuvre que pourrait implicitement appeler les propos tenus récemment à plusieurs de nos représentants dans le Sud-Est asiatique et confirmés dans une certaine mesure par des déclarations du Pandit Nehru, j'incline à penser que nous ne souscririons qu'à un marché qui peut séduire à premier examen, mais dont nous serions vraisemblablement les dupes en définitive.

Ce n'est, à mon avis, que dans la mesure où les dirigeants indiens acculés par la force des choses si la menace communiste se précise et se rapproche des frontières de l'Inde, prendront peur et conviendront de la nécessité de faire front commun contre le péril, qu'ils se départiront progressivement de cette politique d'attente qu'ils pratiquent aujourd'hui à l'égard de l'Indochine.

Dans le cas où le Département partagerait ce point de vue, il y aurait peut-être avantage à ce qu'il pût en tenir informés les chefs de nos missions à Singapour, Batavia et Colombo.

(Direction d'Asie-Océanie, Inde française, volume 12)

37

M. Chauvel, Représentant permanent de la France auprès du Conseil de sécurité des Nations unies,
à M. Massigli, Ambassadeur de France à Londres[1].

L.   *New York, 23 février 1950.*

J'ai regretté de n'avoir pas eu l'occasion de causer avec vous lors de mon dernier voyage. Mais je ne pouvais rester à Paris plus de 8 jours et la brièveté de ce passage excluait un saut à Londres.

J'aurais aimé faire un peu le point avec vous en ce qui concerne les divers aspects de la situation générale.

Vue d'ici, elle est extrêmement préoccupante. Je ne suis pas certain que les aspects qui, à Washington, paraissent essentiels, soient au premier plan de la conscience de nos gens de Paris. En réalité, j'ai rarement constaté un aussi grand décalage entre le point de vue de Paris et le point de vue de Washington.

---

[1] Note manuscrite : « *M. Baudet, me restituer après le diner et m'en parler. Rendre à l'Ambassadeur* ».

J'ai vu Auriol, Bidault, Schuman, Schneiter, Pleven et Letourneau. À chacun j'ai dit certaines choses. Rentré ici, en raison même de l'effet de surprise qu'avaient produites certaines de mes observations, je les ai conciliées par écrit. Je vous communique ci-jointe, pour votre personnelle et très confidentielle information, une lettre officielle que j'ai envoyée directement à Parodi au sujet de l'énergie atomique et du Pacte de l'Atlantique[1], une lettre officielle et adressée aux services du Département sur le problème russo-chinois, tel qu'il se présente à Lake Success[2]. Vous trouverez ci-jointe aussi, une lettre personnelle que j'ai fait tenir avant-hier à Parodi après une visite que j'avais faite à Washington. Si ces divers documents vous suggèrent quelques remarques, je vous serais reconnaissant de m'en faire part.

Je ne saurais trop insister sur le désarroi qui règne actuellement à Washington. L'Administration demeure convaincue qu'il est essentiel d'établir des positions très fortes avant d'aborder les Russes, mais elle a les idées les plus vagues sur les positions à choisir et ne se rend pas encore compte de l'énorme effort que l'établissement et la consolidation de tout système imposeraient aux contribuables américains. Le seul point fixe dans cet ensemble flottant est l'idée de l'intégration européenne. Je crains, malheureusement, que peu de gens chez nous la croient possible. J'ai constaté sur ce sujet une régression assez nette depuis mon départ.

Je n'ai pas besoin de vous dire que l'on constate ici beaucoup d'aigreur sur le sujet des relations anglo-américaines. L'intégration européenne, le refus anglais d'accepter Spaak, la question des pétroles sont autant d'occasions nouvelles de ranimer de vieilles méfiances.

(Papiers d'agents-archives privées, Papiers Massigli, volume 95)

38

M. Schuman, Ministre des Affaires étrangères,
à M. Bruce, Ambassadeur des États-Unis à Paris.

Mémo.   *Paris, 23 février 1950.*

Le Ministère des Affaires étrangères présente ses compliments à l'Ambassade des États-Unis et a l'honneur d'accuser réception de l'aide-mémoire que celle-ci a bien voulu lui remettre le 16 janvier dernier au sujet de l'aide que les puissances occidentales pourraient apporter à la

---

[1] Voir document n° 32.
[2] Voir document n° 34.

Yougoslavie en prévision d'une aggravation éventuelle des relations entre ce pays et l'URSS[1].

Le gouvernement des États-Unis estime qu'il y a lieu d'assister un pays dont l'attitude a créé une faille dans le bloc soviétique, d'empêcher le gouvernement du maréchal Tito de se laisser aller au découragement en lui fournissant la preuve qu'il est soutenu et de le mettre davantage à même de résister à une pression de l'URSS quelle que soit la forme sous laquelle elle s'exercerait. Ces considérations, auxquelles le gouvernement français ne peut que souscrire, amènent le gouvernement des États-Unis à émettre un certain nombre de suggestions tendant à établir une solidarité entre les puissances occidentales et la Yougoslavie.

Le gouvernement de Washington se montre, tout d'abord, favorable non seulement au maintien, mais encore au développement de l'aide économique dont il conviendrait de faire bénéficier la Yougoslavie. Le gouvernement français donne bien volontiers son accord à cette manière de voir, l'importance de l'aide dont il s'agit devant naturellement être déterminée par le comportement du gouvernement yougoslave. La bonne volonté dont le gouvernement français est disposé à témoigner dans ce domaine est, il est vrai, atténuée par le souci qui s'impose à lui d'obtenir au préalable du gouvernement yougoslave un règlement raisonnable des revendications de la France sur le plan financier, qui font, depuis plusieurs mois, l'objet de négociations entre Paris et Belgrade.

D'autre part, l'aide-mémoire du 16 janvier indique quelle serait l'attitude du gouvernement des États-Unis si la Yougoslavie était victime d'une accentuation de la pression soviétique s'accompagnant de guérillas, ou si elle était attaquée directement par l'URSS ou l'un des États satellites. Dans la première hypothèse, les États-Unis accorderaient leur appui à toute initiative de la Yougoslavie ou d'un autre pays tendant à porter le différend devant les Nations unies. Dans la seconde, ils feraient appel eux-mêmes au Conseil de sécurité, en accord avec d'autres États, au cas où la Yougoslavie ou un autre membre du Conseil ne l'aurait pas déjà fait. Indépendamment de toute action du Conseil, le gouvernement des États-Unis recommande une consultation entre les principaux gouvernements intéressés. Dans les deux hypothèses envisagées, le gouvernement français approuve l'attitude envisagée par le gouvernement des États-Unis d'Amérique. En ce qui concerne la consultation à laquelle fait allusion l'aide-mémoire, celle-ci paraît au gouvernement français particulièrement opportune.

---

[1] Document non reproduit. Cet aide-mémoire américain s'inspirait des considérations suivantes : montrer à Tito qu'il est soutenu et qu'il ne doit pas céder au découragement, le mettre à même de résister à la pression soviétique. Pour cela, Washington envisageait un accroissement de l'aide économique, la préparation d'un éventuel recours à l'ONU en cas d'accroissement de la pression soviétique, et surtout la possibilité de lui fournir du matériel militaire (note du 1er février 1950 de Paris, non reproduite).

Mais la partie essentielle du mémorandum porte sur l'opportunité de fournir ou non du matériel militaire à la Yougoslavie. Le gouvernement des États-Unis désirerait à tout le moins donner des assurances à cet égard aux Yougoslaves pour les déterminer à maintenir et même à accentuer leur attitude de résistance. Le gouvernement français est pleinement d'accord avec lui sur ce dernier point. Le problème n'est, du reste, pas tant, à son avis, de se prononcer sur le principe même des fournitures d'armements que sur la quantité et la nature du matériel à livrer, ainsi que sur le moment où il devrait l'être.

Il semble que, si l'on examine la question tant du point de vue politique que du point de vue militaire, il ne serait pas opportun de fournir, dès maintenant, à l'armée yougoslave un matériel lourd. Une attaque directe dans laquelle l'URSS mettrait le poids de ses forces ne pourrait être contenue aux frontières, la seule forme de lutte à laquelle cette armée puisse se préparer étant celle des guérillas menées autour de réduits organisés à l'avance. La livraison par les Alliés de matériel lourd destiné à l'armement d'unités blindées ne permettrait, dans une hypothèse optimiste que de retarder pour un bref délai, le cours inévitable des opérations.

Il résulte de telles constatations que, même si les trois gouvernements intéressés n'avaient aucun doute sur l'attitude future du gouvernement yougoslave, même s'ils pouvaient être assurés que, dans le cas d'un conflit où son pays ne serait pas immédiatement engagé, le maréchal Tito ne chercherait pas à en rester à l'écart pour monnayer son concours ou même sa neutralité, ils ne sauraient sans risques, pour le moment, l'approvisionner en matériel lourd. Il va de soi que, si les événements se déroulaient de manière telle qu'un réduit yougoslave utile à l'Occident puisse se maintenir, le problème devrait être réexaminé.

De l'avis du gouvernement français, seule se pose donc pratiquement, dans les circonstances actuelles la question de la livraison au gouvernement yougoslave de matériel léger. Encore importe-t-il, si cette livraison doit revêtir quelque ampleur, que les gouvernements intéressés obtiennent tout d'abord de lui des assurances permettant de discerner clairement ses intentions et son jeu. Il faut également éviter toute action qui serait de nature à réduire les moyens de défense des pays occidentaux.

Dans ces conditions, et sous ces réserves, le gouvernement français serait prêt à étudier le problème dans son ensemble avec les gouvernements des États-Unis et de la Grande-Bretagne. Une telle étude pourrait être commencée dès que possible, étant entendu que, préalablement à tout début d'exécution, l'état-major yougoslave prendrait avec les états-majors alliés les contacts indispensables.

(Direction d'Europe, Yougoslavie, volume 88)

39

M. Chataigneau, Ambassadeur de France à Moscou,
à M. Schuman, Ministre des Affaires étrangères[1].

T. nᵒˢ505-510.   *Moscou, 25 février 1950, 13 h. 30.*

(*Reçu* : le 25, 16 h. 50)

Le traité sino-soviétique conclu, il est possible que Mao Tsé Toung, assuré de l'appui moral et peut-être militaire de Moscou, s'engage sans tarder dans la voie qui lui est découverte en direction du sud, ne serait-ce que pour ne pas se laisser distancer par son nouvel allié dans la mission de hâter la libération des colonies chinoises et des populations asiatiques encore sous le joug des puissances « impérialistes ».

Je noterai d'autre part que la presse soviétique, si absorbée qu'elle soit ces temps-ci par la campagne électorale et le traité sino-soviétique, n'en poursuit pas moins sa campagne systématique contre le gouvernement de Bao Daï. Aussi bien l'intérêt que l'on porte ici à l'Indochine a cessé d'être un intérêt purement idéologique.

La reconnaissance de Bao Daï par les États-Unis et la Grande-Bretagne, le concours financier et militaire que Washington semble promptement disposé à lui offrir n'amènent-ils pas naturellement l'observateur soviétique extrêmement attentif à voir maintenant dans le maintien de ce « gouvernement fantoche » un « danger pour la paix de l'Extrême-Orient » ? Le Kremlin ne s'attend-il pas à ce que l'Indochine devienne bientôt le premier point d'appui de la stratégie que les États-Unis et les puissances capitalistes sont en train d'élaborer en Extrême-Orient pour arrêter le progrès du communisme dans cette partie du monde ?

Enfin les voyages de M. Jessup à Tokyo, Manille, Saïgon et Bangkok, les contacts que les chefs d'état-major américains viennent de prendre avec le général MacArthur, l'aide financière que le parlement américain a décidé déjà d'accorder à la Corée, à Formose et aux Indes néerlandaises, le ton même des dernières déclarations de M. Acheson pour les premières manifestations du raidissement de l'attitude des démocraties occidentales en Extrême-Orient, ne sont-ils pas à ses yeux les premiers effets de la stratégie actuellement élaborée à Washington pour la défense du Pacifique ?

S'il n'est guère possible de découvrir encore les intentions du Kremlin, on peut, à lire les nombreux commentaires publiés ces jours derniers sur la conférence de Bangkok, soupçonner l'intérêt attentif avec lequel il suit ici l'évolution de l'attitude américaine en Extrême-Orient.

---

[1] Note manuscrite : « *Cattand. Nègre. C[ommuni]quer Pignon et F[rance d'] O[utre-] M[er], f[ai]t 28/2* ».

Quel que soit le rôle éventuel dévolu à l'Indochine dans l'articulation d'un plan de défense de l'Asie du Sud-Est, il serait imprudent d'espérer que le gouvernement soviétique, conscient plus que jamais au lendemain du traité sino-soviétique de s'être libéré de l'encerclement des puissances capitalistes, hésite à ralentir son action vers l'Indochine. Il semble qu'il faille bien plutôt s'attendre à voir Moscou intensifier au lendemain de son accord avec Pékin sa propagande en Asie et donner à Hô Chi Minh sous le couvert de son allié chinois tout l'appui nécessaire pour lui permettre de faire rapidement au Tonkin échec à la stratégie de l'Occident.

Il est aussi sans doute que le Kremlin recherchera tout d'abord la faiblesse de la ligne d'arrêt, sinon de la ligne de résistance qu'il s'attend à voir fixer aux péninsules ou dans les archipels de l'Asie par les alliés de l'Occident, demeurant toujours prêt s'il se heurte à ferme opposition à porter ailleurs un effort qu'il veut toujours sans risque selon la règle que semble s'être tracé Staline.

(Direction d'Asie-Océanie, Chine, volume 239)

40

NOTE DE LA DIRECTION D'ASIE-OCÉANIE POUR LE MINISTRE

Problèmes concernant les États associés d'Indochine

N.   *Paris, 25 février 1950.*

Une réunion s'est tenue le 20 février à la Direction d'Asie-Océanie, dans le but de procéder à un échange de vues sur diverses questions concernant les États associés d'Indochine.

Assistaient à cette réunion :

M. Gorce – chef de Cabinet de M. Pignon.

M. de Vaucelles – représentant du Secrétariat des Conférences.

MM. Nègre et de Lipkowski – représentants de la Direction d'Asie-Océanie.

Les questions examinées ont été les suivantes :

I – Participation des États associés aux conférences internationales

a) *Demandes d'admission des États associés.*

Dans ce domaine, un précédent a été crée à l'occasion de l'admission du Viêtnam à la conférence de l'ECAFE[1]. La demande d'admission de cet État a été transmise par les soins du gouvernement français et accompagnée d'une lettre du Président de l'Union française patronnant cette candidature. Cette procédure pourrait être utilement reprise et généralisée lors de chaque demande d'admission des États associés à une conférence déterminée.

b) *Composition des délégations et nomination des délégués.*

La représentation des États associés au sein des conférences internationales devrait s'effectuer suivant le principe des délégations séparées.

La nomination des délégués sera laissée aux soins des gouvernements des États associés agissant en accord avec le gouvernement français.

Si l'on se fonde sur la procédure adoptée lors de la conférence de l'ECAFE, les décrets nommant les délégations des pays de l'Union indochinoise devraient être en fin de compte signés par le seul Président de l'Union française. Il semble toutefois qu'il y ait lieu de procéder par analogie et d'appliquer en cette matière les dispositions relatives aux questions diplomatiques et contenues dans les accords passés avec les États associés. En conséquence, les décrets portant nomination des délégations indochinoises devraient également être paraphés par les souverains des États associés.

c) *Instructions adressées aux délégations.*

Il semble préférable, en cette matière, de ne pas lier avant chaque conférence les délégations des États associés par un arrangement écrit. Des règles trop précises en matière d'unité d'action risquent en effet d'être contestées dès le principe par nos partenaires et d'être appliquées ensuite de mauvais gré. La légèreté et les lacunes du personnel technique des États associés les conduiront au contraire à recourir au dispositif que nous aurons su mettre en place et dont l'intervention entrera peu à peu dans les habitudes. C'est ainsi qu'on pourrait judicieusement utiliser à cet effet le bureau indochinois des conférences internationales (BICI) qui siège à Saïgon. Ce bureau qui se tient en liaison étroite tant avec le délégué permanent français auprès de la Commission économique pour l'Asie et l'Extrême-Orient (CEAEO) qu'avec les États asso-

---

[1] ECAFE : *UN Economic Commission for Asia and the Far East,* soit la commission économique des Nations unies pour l'Asie et l'Extrême-Orient.

ciés, remplit d'ailleurs actuellement pour le compte de ces derniers la plupart des questionnaires relatifs aux conférences régionales. Cet organisme pourrait donc être institué comme l'auxiliaire et le conseiller des bureaux nationaux lorsque ceux-ci existent. Il sera d'ailleurs loisible au Laos et au Cambodge de maintenir l'utilisation actuelle du BICI comme substitut de ces bureaux.

d) *Correspondance des États associés avec les Nations unies et les institutions spécialisées.*

Il ne paraît pas souhaitable d'imposer pour la transmission de cette correspondance l'intermédiaire du gouvernement français ou des autorités françaises d'Indochine. Cette procédure, qui risquerait de paraître vexatoire, ne trouve aucune base dans les accords intervenus. Il y a lieu de tenter plutôt d'obtenir du Secrétariat général des Nations unies communication de cette correspondance.

e) *Transfert de compétence aux États associés.*

Les États associés ne sauraient participer à une conférence déterminée si le transfert de compétence dans les domaines intéressant la conférence n'a pas été effectué à leur profit. On ne saurait concevoir en effet la participation à une conférence d'un État n'ayant pas une complète responsabilité dans les matières portées à l'ordre du jour de cette conférence. Dans ces conditions, chaque fois que la candidature des États associés sera posée à une conférence, il appartiendra au gouvernement français d'accompagner cette demande d'une notification précisant que le transfert de compétence a bien été effectué. Telle est la procédure qu'il y a lieu d'adopter dans le cas particulier de l'admission du Viêtnam à l'Organisation mondiale de la Santé (OMS).

Par une convention signée le 30 décembre 1949, il est stipulé en effet que « le gouvernement français transfère au gouvernement du Viêtnam les services et compétences qu'il exerce actuellement pour l'application au Viêtnam des diverses conventions internationales en matière sanitaire. Le transfert effectif aura lieu dès que le Viêtnam aura été substitué à la France pour l'application en ce qui concerne des divers conventions et accords internationaux en matière sanitaire et dès que le Viêtnam aura été admis à l'Organisation mondiale de la Santé ».

La notification d'un pareil transfert devra par conséquent être signifiée par le gouvernement français à l'OMS lors de la présentation de la candidature du Viêtnam.

f) *Participation des États associés à la Conférence de l'Union internationale des Télécommunications (UIT).*

Cette conférence doit s'ouvrir le 1ᵉʳ avril prochain à Florence. Jusqu'à présent, la représentation de l'Indochine à l'UIT était englobée dans

celle des « Territoires d'outre-mer de la République française et territoires administrés comme tels ». C'est donc un membre unique qui
assurait la représentation des intérêts indochinois. La question se pose
de savoir si l'on doit s'en tenir à cette formule ou s'il y a lieu de prévoir
une délégation distincte pour chacun des trois États associés.

Ce problème figure au nombre des questions qui relèvent de la compétence de la conférence inter-États qui doit se tenir prochainement à
Saïgon. Au cas où le Viêtnam poserait sa candidature à un siège de
l'UIT, il y a donc lieu de lui répondre qu'il est nécessaire d'attendre
que la conférence inter-États ait fixé sa doctrine sur ce point. Il serait
cependant possible de proposer au gouvernement du Viêtnam qu'un
expert de ce pays fut adjoint aux délégués français lors de la conférence
de Florence.

La même réponse doit être faite au sujet d'une participation éventuelle des États associés à l'Union poste universelle. Les questions pos-
tales font en effet également partie des cinq matières portées à l'ordre
du jour de la conférence inter-États (service des transmissions – contrôle
de l'immigration – commerce extérieur et douanes – Trésor – Plan
d'équipement).

g) *Organisme de liaison entre les États associés et les Nations
unies.*

Il est nécessaire de prévoir la création d'un service de liaison entre la
France et les États associés, d'une part, et les organismes des Nations
unies ayant leur siège en Extrême-Orient, d'autre part.

Ce service pourrait être constitué par le BICI (dont il a été question
ci-dessus) et par un délégué français résident en permanence à Bangkok.
La création de ce poste de délégué permanent paraît indispensable.
Par ses contacts avec la CEAFO et l'OAA, il pourra utilement coordonner les travaux des délégations des États associés et remplir en outre
le rôle de correspondant du BICI.

II – Enregistrement des accords du 8 mars 1949 par le secrétariat
général des Nations unies

Cette question rejoint le problème d'ensemble de l'organisation générale de l'Union française. En tout état de cause, il est nécessaire qu'interviennent au préalable, d'une part, l'accord d'application et, d'autre
part, l'approbation des accords du 8 mars par les « instances viêtnamiennes qualifiées ».

III – Demandes d'assistance présentées par les États associés aux
Nations unies

Des demandes de cette nature doivent obligatoirement être présentées
par les soins du gouvernement français. De toute manière, les États

associés doivent au préalable s'adresser à la France, pour lui demander de satisfaire de pareilles demandes. Les accords passés avec les États associés prévoient en effet expressément que chacun de leur gouvernement « fera appel par priorité aux ressortissants de l'Union française, chaque fois qu'il aura besoin de conseillers, de techniciens ou d'experts dans les services, établissements publics ou dans les entreprises à caractère public intéressant la défense de l'Union française. La priorité accordée aux ressortissants de l'Union française ne cessera de jouer qu'en cas d'impossibilité du gouvernement français de fournir le personnel demandé ».

Il ne saurait y avoir de dérogations à ces principes. Dans cet esprit, on ne peut admettre le renouvellement du précédent créé récemment par le gouvernement du Cambodge qui s'est adressé directement aux Nations unies en vue d'obtenir des bourses d'assistance technique au profit de ceux de ses ressortissants. Les services français ont été avisés de cette demande par les Nations unies, qui par ailleurs ont fait droit à la requête en question. Il y a lieu de souligner l'irrégularité d'une pareille procédure qui ignore délibérément toute requête préalable au gouvernement français. Car bien que les accords franco-cambodgiens n'aient pas expressément mentionné le cas des boursiers, il semble que l'on puisse conclure des stipulations relatives aux demandes d'experts que le gouvernement de Phnom-Penh aurait du nous informer de son intention et nous demander par priorité, d'organiser en France des stages en faveur des intéressés.

Afin d'éviter le renouvellement d'initiatives de cette nature, il est décidé que le Secrétariat des Conférences du Département adressera à notre Haut-Commissaire en Indochine une lettre pour lui demander de rappeler aux gouvernements des trois États associés la procédure régulière en cette matière et prévue expressément dans le texte des accords (M. de Vaucelles se chargera de l'établissement de cette lettre).

(Direction d'Asie Océanie, Indochine, volume 56)

41

NOTE DE LA DIRECTION D'ASIE-OCÉANIE[1]
Position de la France en Extrême-Orient

N.   *Paris, 28 février 1950.*

Confidentiel.

Jusqu'au dernier conflit mondial, la place importante occupée par la France en Extrême-Orient était essentiellement fonction :

1) de la souveraineté française sur l'Indochine ;

2) des privilèges extraterritoriaux français en Chine et notamment à Shanghaï.

De cet état de fait découlait une série de conséquences dans les domaines politique, militaire, économique et culturel qui se manifestaient sur des plans différents suivant qu'il s'agissait de l'Indochine ou de la Chine.

Du premier de ces deux pays, la présence de la France ne se projetait en effet que très peu sur le plan international : administrée de Paris et pour la métropole, la fédération indochinoise constituait politiquement une sorte de prolongement du territoire français sur le continent asiatique. L'économie de l'Indochine s'insérait dans le cadre rigide de l'économie française et il n'est pas exagéré de dire, aussi paradoxal que cela puisse apparaître aujourd'hui, que les événements qui se déroulaient de l'autre côté des frontières de la Fédération, en Chine ou au Siam par exemple, avaient généralement moins de résonance en Indochine que ceux de France.

En Chine, au contraire, même sur nos concessions dont le territoire demeurait chinois, les intérêts français se trouvaient sur un pied d'égalité avec les intérêts étrangers.

On peut donc dire que si le régime de la « porte ouverte » caractérisait le statut international de la Chine, celui du vase clos décrit assez bien la position de l'Indochine en Extrême-Orient jusqu'en 1940.

Cette différence s'exprimait d'ailleurs, sur le plan de l'« allégeance administrative » française, l'Indochine relevant du Ministère des Colonies et nos concessions en Chine du Ministère des Affaires étrangères.

***

---

[1] Note diffusée à la Direction générale des Affaires politiques, aux Directions d'Europe, d'Amérique et d'Afrique-Levant, au Secrétariat des Conférences, aux ambassades de France à Londres, Washington, La Haye, Buenos Aires, New York (ONU), Rome St Siège, Rome, Bruxelles, Le Caire, Berne, Madrid, New Delhi.

L'action du Japon, au cours du dernier conflit mondial, a eu pour effet principal de remettre en question toutes les positions acquises des nations occidentales en Extrême-Orient et notamment de porter les rapports de la France et de l'Indochine sur le plan international.

Bien avant la reddition du Japon, la France, comme les autres bénéficiaires des traités dits « inégaux », s'est vue contrainte à s'engager dans la voie de la rétrocession à la Chine de ses privilèges extraterritoriaux. Quoi qu'ayant été, du fait des circonstances, la dernière puissance européenne à être évincée par les Japonais de ses possessions d'Extrême-Orient, notre pays eut à faire face en Indochine, dès le mois d'août 1945, aux mêmes revendications nationalistes qui assaillaient au même moment, aux Indes, en Birmanie et en Indonésie, la Grande-Bretagne et les Pays-Bas.

Le gouvernement français s'est trouvé à cette époque, en ce qui concerne le problème indochinois, dans une situation très défavorable par rapport à celle du gouvernement de Londres aux Indes et en Birmanie : dans ces deux pays, le premier surtout, la revendication nationaliste mûrissait en quelque sorte depuis près d'un demi-siècle. D'autre part, le gouvernement britannique pouvait revendiquer le mérite d'avoir arrêté la marée japonaise aux portes de l'Inde et de l'avoir refoulée de Birmanie tandis que les nationalistes indochinois avaient beau jeu de nous reprocher la carence de la « protection » française contre les Japonais.

La réoccupation militaire de l'Indochine par les forces britanniques et chinoises porta enfin un coup fatal au prestige que la France avait réussi à maintenir jusqu'en mars 1945 sur le territoire de la Fédération.

***

Si on laisse de côté la Chine, où la France n'a, en somme, fait qu'aligner sa position sur celle des autres puissances étrangères, le problème de l'Indochine consiste pour nous à accorder à un nationalisme impatient, dans un climat international défavorable, et à un moment où notre pays sort de la guerre diminué en prestige et en forces, ce que la Grande-Bretagne avait pu consentir à ses possessions asiatiques en plusieurs décades et d'une telle façon qu'elle réussit à donner l'impression en 1947 d'avoir « quitté » l'Inde plutôt que d'en avoir été chassée.

En outre, la question indochinoise ne se limite plus à un problème d'indépendance. Elle se double d'une revendication économique et sociale et l'abandon de leurs privilèges politiques par les nations autrefois suzeraines en Asie ne les garantit plus contre leur éviction dans les domaines économique et culturel. L'Angleterre, si elle semble faire exception à cette tendance pour l'Inde, en a fait l'expérience en Birmanie.

La situation politique intérieure en France a contribué également, et dans une proportion notable, à rendre encore plus ardu le règlement du problème indochinois.

En effet, ce qu'un gouvernement politiquement homogène, comme celui de Londres, a pu décider rapidement aux Indes et en Birmanie, s'est révélé impossible en France où les partis représentés au gouvernement ne sont pas d'accord quant à la nature et à l'étendue des concessions à faire aux nationalistes indochinois et particulièrement viêtnamiens.

Il en est résulté, de la part du gouvernement de la métropole, des lenteurs, des atermoiements, des décisions de compromis, des concessions trop tardives, ou même tout simplement une impossibilité de se décider. Il ne faut donc guère s'étonner que, dans ces conditions, les revendications des nationalistes indochinois se soient exacerbées et que leurs exigences se soient accrues.

D'autre part et sans parler de l'ONU dont la majorité des membres s'est vite révélée « anticolonialiste », la France n'a pu compter sur l'appui de ses alliés ; les États-Unis accordaient en effet l'indépendance aux Philippines dès 1946 et la Grande-Bretagne agissait de même pour les Indes et la Birmanie en 1947.

Le gouvernement français aurait-il d'ailleurs voulu imiter en Indochine, dès la fin des hostilités, l'action de Washington et de Londres, qu'il en eut été empêché du point de vue constitutionnel : en effet la constitution était elle-même en train de s'élaborer et telle qu'elle existe maintenant, l'on est en droit de se demander si le cadre de l'Union française qu'elle a créé n'est pas trop théorique et s'il pourra résister à la poussée nationaliste de l'après-guerre, car à la différence du « Commonwealth » britannique, création continue et empirique, l'Union française pourrait bien avoir les inconvénients d'une construction « préfabriquée ».

À mesure que le temps passait en Indochine sans amener de solution au problème, un deuxième élément est venu le rendre encore plus difficile : le progrès de l'idéologie communiste en Extrême-Orient, et particulièrement en Chine, où ce progrès s'est matérialisé sur un terrain contigu à nos possessions.

Les dirigeants communistes qui avaient de longue date fomenté le mouvement nationaliste n'ont guère eu de peine, après la guerre, à travailler la pâte qu'avait déjà fait lever le ferment japonais. Cette association des tendances nationalistes et communistes, loin d'être un motif pour retarder l'octroi de l'indépendance aux nationalités asiatiques, est apparu au contraire aux États-Unis et à la Grande-Bretagne (sans parler des nations asiatiques récemment émancipées) comme un argument de plus en faveur d'une émancipation rapide afin de dissocier le nationalisme du communisme et, suivant l'expression souvent employée, afin de se servir du premier « comme d'un rempart » contre le second.

En Indochine, le passage de l'expérience Hô Chi Minh à l'expérience Bao Daï illustre bien cette tendance, car, sur le terrain des revendications nationalistes, l'exempereur n'est pas, et ne peut pas être moins exigeant que le chef du Viêtminh.

***

Ainsi, au début de 1950, alors que l'indépendance de l'Indonésie vient d'être consacrée par la création, sous le patronage de l'ONU et des États-Unis, de l'Union hollando-indonésienne et que toute la Chine continentale est aux mains des communistes, la position de la France en Extrême-Orient, tout entière dominée par le problème du Viêtnam, apparaît aussi exceptionnelle que précaire :

- exceptionnelle parce qu'elle est la dernière des puissances occidentales à accorder l'indépendance à ses possessions d'Asie et qu'en dépit de l'action armée contre les forces du Viêtminh, elle n'a pas dû subir l'intervention de l'Organisation des Nations unies ;
- précaire, puisque la France va abandonner la souveraineté au Viêtnam à un gouvernement indigène qui doit compter sur l'appui français pour établir son autorité ; d'où le reproche d'insincérité qui continue d'être fait à notre politique indochinoise dans les milieux anti-colonialistes.

En outre, de par la faiblesse du gouvernement de Bao Daï, les garanties que peut nous donner ce dernier pour la sauvegarde de nos intérêts économiques et culturels en contrepartie de l'abandon de notre souveraineté en Indochine, sont à l'échelle de l'autorité du gouvernement viêtnamien dont l'adversaire voit la sienne moralement accrue par la victoire de Mao Tsé Toung.

Il ne s'agit donc plus en effet, pour régler nos difficultés, d'un dialogue entre la France et l'Indochine, mais d'une discussion sur un forum où, que nous le voulions ou non, se font entendre les voix des puissances anti-colonialistes et particulièrement des jeunes nations d'Asie émancipées et de la Chine.

Quelle que soit notre appréhension de voir le règlement de la question d'Indochine nous échapper pour être porté sur le plan international, les chances de succès de l'expérience que la France tente au Viêtnam peuvent être, en fin de compte, favorisées par la conjoncture internationale dans l'Asie du Sud-Est.

En effet, si la France doit, comme il a été vu plus haut, se trouver isolée tant qu'elle n'aura pas accordé une véritable indépendance aux nations de la péninsule indochinoise, il semble en revanche qu'elle puisse compter, une fois ce pas franchi, sur l'appui des puissances anti-communistes, aussi bien occidentales qu'asiatiques, pour l'aider à faire vivre et à se développer le Viêtnam de Bao Daï et à le défendre contre Hô Chi Minh.

La vague communiste qui a déferlé sur la Chine bat en effet maintenant les portes de l'Indochine, et la défense de ce pays contre le danger venu du Nord s'identifie avec la protection de l'Asie du Sud-Est.

Rien d'utile ne pourra être achevé cependant si l'on perd de vue que les proclamations d'indépendance et la puissance des armes ne feront que retarder une menace qui tire essentiellement sa force d'une idéologie.

Pour arrêter cette poussée qui serait fatale aussi bien aux intérêts français en Extrême-Orient qu'à ceux des autres pays démocratiques, il faut supprimer dans cette partie du monde les conditions dans lesquelles germe et prospère le virus communiste : à savoir le bas niveau de vie des populations asiatiques.

C'est admettre qu'aucune nation dans l'Asie du Sud-Est ne peut porter remède par elle seule aux problèmes qui l'assaillent, et que, par conséquent, la défense des intérêts de la France en Extrême-Orient, c'est-à-dire principalement ceux qu'elle possède en Indochine, doit s'organiser sur le plan international, et surtout dans le domaine économique.

Le maintien de l'Indochine dans l'Union française est à ce prix, car nous ne pourrons défendre nos intérêts dans la péninsule asiatique que si les populations ont avantage à travailler avec nous.

(Direction d'Asie-Océanie, Dossiers généraux, volume 21)

42

PROCÈS-VERBAL DE LA RÉUNION TENUE AU MINISTÈRE DES AFFAIRES ÉTRANGÈRES
LE 28 FÉVRIER 1950 SOUS LA PRÉSIDENCE DE M. ROBERT SCHUMAN

Viêtnam

P.V[1].   *Paris, 28 février 1950.*

Assistaient à la réunion :

Pour le Ministère des Affaires étrangères :

M. Parodi, Ambassadeur de France, Secrétaire général,

M. Baeyens, Conseiller d'Ambassade, Directeur d'Asie-Océanie,

M. Olivier, Attaché d'Ambassade.

Pour le Ministère de la France d'outre-mer :

M. Letourneau, Ministre de la France d'outre-mer,

---

[1] Note manuscrite : « *Classer ou détruire si c'est en double* ».

M. Delavignette, Gouverneur général des Colonies, Directeur du Cabinet du Ministre.

M. Letourneau indique à M. Robert Schuman qu'il a été le matin même reçu par le Président de la République avec lequel il s'est entretenu des différentes questions relatives au Viêtnam.

M. Vincent Auriol a fait part à son interlocuteur de ses préoccupations relatives notamment :

a) *À la représentation du Viêtnam en Grande-Bretagne et aux États-Unis.*

Le Président de la République a déclaré qu'il n'était pas d'accord sur l'opportunité d'une telle représentation. Dans sa conception, il aurait dû y avoir une représentation diplomatique de l'Union française auprès de certains États, représentation où auraient figuré des diplomates des trois États associés.

M. Letourneau a répondu au Président de la République qu'une telle conception lui paraissait absolument dépassée.

M. Robert Schuman déclare partager entièrement le point de vue de M. Letourneau.

M. Baeyens indique que le Président de la République a déjà donné son accord à la mesure en discussion. Il fait en outre observer qu'aucun des quatre États auprès desquels le droit de légation avait été accordé au Viêtnam n'a jusqu'ici reconnu le nouvel État.

M. Letourneau précise par ailleurs que, d'après les indications que vient de lui donner M. Pignon, la conférence entre les trois associés d'Indochine ne pourra pas s'ouvrir avant la fin du mois de mars.

Le Ministre de la France d'outre-mer a reçu M. Henri Maux qui dirigera la délégation française à cette conférence et auquel il a demandé d'attendre son retour d'Afrique avant de partir pour l'Indochine.

b) *À la création d'un organisme gouvernemental s'occupant des rapports entre les États associés.*

M. Vincent Auriol a insisté sur la nécessité de créer un tel organisme qu'il conçoit pour sa part soit comme un Secrétariat d'État rattaché au Ministère des Affaires étrangères et comprenant dans cette hypothèse, outre les États associés, les protectorats du Maroc et de Tunisie, soit comme un Secrétariat d'État rattaché à la Présidence du Conseil.

M. Parodi souligne que pour des raisons qu'il est aisé de comprendre, il est impossible d'envisager de grouper sous un même organisme les affaires concernant le Maroc et la Tunisie et celles concernant les États associés.

M. Letourneau se déclare en faveur de la création d'un Ministère spécial s'occupant uniquement des États associés. Il s'est entretenu récemment du problème avec le président Bidault et indique que c'est surtout aux yeux du chef du gouvernement un problème d'hommes qui se pose.

c) *À la représentation des États associés à Paris.*

Le président Auriol a indiqué à M. Letourneau qu'il serait très souhaitable de mettre fin à la confusion relative à la représentation à Paris du gouvernement du Viêtnam. Il est indispensable que nous soyons au clair le plus tôt possible sur le point de savoir quelles sont les personnalités qui représentent officiellement le gouvernement de S.M. Bao Daï dans la capitale.

Le Président de la République estime que cette représentation pourrait être la même que celle qu'aura le Viêtnam au sein du Haut-Conseil de l'Union française.

M. Letourneau a fait observer au Président qu'étant donné que les représentants de la France au Haut-Conseil seront des membres du gouvernement, il est indispensable que les représentants des États associés soient des personnalités d'un rang égal, c'est-à-dire des Ministres. Il est donc évident que la même personnalité ne saurait à la fois représenter le Viêtnam au Haut-Conseil et, d'une manière générale, auprès du gouvernement français à Paris.

M. Letourneau précise qu'il sera de toute manière indispensable de demander à S.M. Bao Daï de nous communiquer une liste officielle de ses représentants à Paris.

d) *À l'aide américaine à l'Indochine.*

Le Président de la République a déclaré à M. Letourneau qu'il était tout à fait mécontent de la manière dont les États-Unis entendaient traiter le problème de l'aide à l'Indochine. Il regrette en particulier que le gouvernement américain ne soit pas disposé à traiter d'avantage cette question par l'intermédiaire du gouvernement français.

M. Robert Schuman déclare ne pas comprendre ni partager le sentiment du chef de l'État. Il ressort au contraire des indications en la possession du Département que le gouvernement américain ne cherche nullement à traiter directement cette affaire avec les États associés.

(Direction d'Asie-Océanie, Indochine, volume 56)

43

M. Paul Auriol, Secrétaire général adjoint de la Présidence de la République,

à M. Bonnet, Ambassadeur de France à Washington[1].

L. *Paris, 2 mars 1950.*

Mon Cher Ambassadeur,

Je vous envoie ci-joint la note que le Président m'a chargé de vous transmettre.

Avec mes meilleures amitiés.

(Papiers d'agents-archives privées, papiers Bonnet, volume 1)

Annexe

Note de M. Vincent Auriol, Président de la
République française

N. *Paris, 2 mars 1950.*

Les déclarations de Truman ne sont pas aussi négatives qu'on a voulu le dire. Il a sans doute entendu d'abord marquer sa volonté de ne pas s'en laisser imposer par celui qui se présente comme son adversaire, et affirmer une avance technique et une supériorité défensive susceptible de décourager l'agression, mais il n'a pas fermé la porte à la négociation. S'il n'a pas offert la conversation, c'est, à mon sens, pour ne pas diminuer la portée de sa décision. Cela ne veut point dire qu'il refuse de négocier si quelqu'un d'extérieur le propose. Or, nous venons de voir Churchill prendre cette initiative, et la borner à une conversation à trois, sans doute, outre des motifs électoraux, pour en garder lui-même le privilège et le bénéfice. Nous voyons, d'autre part, des sénateurs américains proposer aussi cette conférence à trois, et je me félicite que M. le Président Bidault ait protesté par avance contre l'exclusion de la France du nombre des éventuels interlocuteurs.

À mon avis, il nous faut réagir.

Le moyen conforme à notre intérêt et à notre tradition serait de prendre, nous, l'initiative de cette conférence internationale, soit que nous proposions un lieu de rencontre, Paris ou Berlin, soit que, sous une forme ou une autre, nous saisissions le Conseil de sécurité de l'urgence de cette question. Bien entendu, nous préviendrions par courtoisie M. Truman et il serait encore plus efficace de faire cette démarche conjointement avec l'Angleterre. Nous pourrions profiter de notre voyage à Londres pour, de là-bas, avec l'accord du nouveau gouvernement britannique, quel qu'il soit, lancer un appel solennel.

Vous connaissez et vous avez vous-même souvent souligné toutes les raisons matérielles et morales, économiques, politiques et humaines qui autorisent plus particuliè-

---

[1] Henri Bonnet était alors en visite en France, et résidait à l'hôtel Bristol.

rement la France à faire entendre sa voix. Si un conflit ou la possibilité d'un conflit entre les deux plus grandes puissances mondiales concerne toutes les nations, nous sommes encore les plus exposés. En Europe avec l'Allemagne, en Extrême-Orient avec l'Indochine, la France est la plus menacée : ici, c'est la route de toutes les invasions, toujours venues de l'Est ; là-bas, c'est nous qui tenons la frontière au-delà de laquelle le communisme chinois poursuivrait la bolchevisation de toute l'Asie, ébranlant toute sécurité mondiale, à commencer par celle des États-Unis.

Devant ce danger redoutable, pressant, il nous appartient, d'une part, de hâter l'organisation de la sécurité collective dans tous les domaines et par tous les moyens, d'autre part, de placer, d'une manière claire, évidente, je dirais même spectaculaire pour l'opinion mondiale, l'agresseur éventuel face à ses responsabilités, autrement dit d'ouvrir des négociations de paix en proclamant ce que nous voulons, en proposant des solutions équitables pour tous et un contrôle international effectif qu'aucune nation ne saurait refuser sans faire la preuve, devant les peuples anxieux, de sa mauvaise foi.

Et si même nous n'aboutissions pas, au moins aurions-nous contribué à éclairer une opinion souvent troublée par une propagande insidieuse. La Paix doit rester l'arme de ceux qui la veulent vraiment. Il est trop absurde et périlleux d'abandonner cette idée-force à ceux qui en travestissent leur entreprise d'hégémonie !

(Papiers d'agents-archives privées, papiers Bonnet, volume 1)

44

M. Chataigneau, Ambassadeur de France à Moscou,
à M. Schuman, Ministre des Affaires étrangères[1].

D. n°224.   *Moscou, 4 mars 1950.*

Plusieurs aspects de la politique extérieure soviétique se comprennent mieux s'ils sont examinés à la lumière des fondements théoriques du communisme. C'est le cas, en particulier, de la politique syndicale et de la politique coloniale de l'URSS qui gagnent en clarté à être comparées à la théorie léninienne des « contradictions du capitalisme ».

Celle-ci a été exposée notamment par Staline dans les conférences qu'il a faites en 1924 à l'université Sverdlov sous le titre général « Des principes du léninisme » et dans son rapport de 1930 devant le XVIe Congrès du Parti, dans lequel il commentait la crise mondiale de 1929.

La première contradiction est celle qui oppose le travail au capital. À l'âge impérialiste (son stade suprême), le capitalisme s'est organisé d'une manière si puissante que les anciennes méthodes de défense de la classe ouvrière ne sont plus suffisantes et qu'elle doit avoir recours à des méthodes révolutionnaires.

---

[1] Dépêche adressée à la direction d'Europe. Note manuscrite : « *[Communiquer à] Washington, Londres, f[ai]t 20-3-50* ».

La deuxième contradiction est celle qui oppose l'une à l'autre les puissances impérialistes. À l'époque contemporaine, les jeunes puissances capitalistes tendent à rattraper le retard qu'elles ont sur les pays capitalistes plus anciennement nantis ; elles veulent augmenter leur part d'un monde déjà partagé par l'acquisition de nouveaux territoires, de sources de matières premières, de débouchés pour leur production et de lieux d'investissement de leurs capitaux. Cette compétition affaiblit les États capitalistes et mène inéluctablement à des conflits militaires.

La troisième contradiction est celle qui oppose au petit groupe qui les exploite les millions d'habitants des territoires coloniaux ou sous tutelle. Dans sa soif de gain, le capitalisme va à de telles extrémités qu'il provoque des mouvements révolutionnaires dans les colonies, qui, de réserves du capitalisme, se transforment ainsi en réserves de la révolution prolétarienne.

Le capitalisme, enseigne-t-on aujourd'hui en URSS, est incapable de surmonter ces contradictions. Le régime de « capitalisme d'État » que les grandes puissances occidentales se sont donné au cours de la deuxième guerre mondiale, non seulement n'a pas pu, – contrairement à ce que Varga avait laissé entendre –, corriger l'anarchie de la production, mais il l'a exagérée. C'est du moins ce qu'affirme M. Léontiev dans un article récent de la revue *Économie planifiée* (n° 6 de 1949).

C'est parce qu'elles ne peuvent échapper par l'économie dirigée à leurs contradictions, que les puissances impérialistes recherchent, affirme-t-on, une issue dans une politique extérieure d'expansion et d'agression : ce terme recouvre, dans le vocabulaire soviétique actuel, à la fois le Plan Marshall, le Pacte atlantique, l'aide militaire à la Grèce et à la Turquie et le quatrième point du programme Truman.

Mais cette politique ne fait qu'inviter les forces pacifistes à se grouper. Une guerre d'agression elle-même, assure-t-on, ne ferait que conduire à de nouveaux succès du mouvement prolétarien.

Une telle vue du capitalisme contemporain, si elle ne détermine pas entièrement les orientations actuelles de la politique extérieure du parti communiste bolchévique, fournit du moins à quelques-unes d'entre elles une justification théorique.

La contradiction entre le travail et le capital est rendue plus vive par les actions « directes », de plus en plus audacieuses, auxquelles les dirigeants communistes poussent les travailleurs et qui obligent l'État à intervenir pour assurer la continuité de la production. Les grèves tendent à prendre d'une façon systématique la forme d'une occupation. Celle-ci appelle une intervention militaire ou policière pour dégager les lieux de travail, qui est chaque fois dénoncée comme une provocation gouvernementale.

La contradiction qui oppose l'un à l'autre groupes financiers ou États du type capitaliste favorise le mouvement prolétarien dans la mesure où celui-ci présente un front uni aux forces mal coordonnées de ses adversaires. D'où l'insistance des appels à l'unité ouvrière, « abstraction faite de la diversité des croyances politiques ou religieuses », et la lutte farouche menée contre ces « diviseurs » que sont les partis socialistes et les syndicats de leur obédience. De là, également, la création de la Fédération syndicale mondiale et celle de ces associations professionnelles internationales qui relient à travers les frontières, sans passer par les centrales syndicales nationales, les syndicats qui s'apparentent par l'activité professionnelle de leurs membres.

La contradiction, enfin, qui oppose colonies aux métropoles et pays formellement indépendants aux grandes puissances qui les maintiennent effectivement sous leur influence, est exploitée par l'encouragement donné aux nationalismes asiatiques, allant jusqu'à la tolérance, en Chine, des capitalistes, pourvu qu'ils s'affirment « nationaux ». Si le nationalisme ainsi encouragé a été particulièrement virulent, ces derniers temps, en Extrême-Orient, il est à prévoir que c'est en Afrique que prochainement il révélera ses ambitions et que le Rassemblement démocratique africain, formé dans les territoires français, sera son premier instrument, cependant qu'au Maghreb il tâchera pour animer les revendications des partis nationalistes où il aura introduit ses agents.

(Direction d'Europe, URSS, volume 138)

45

NOTE DE LA DIRECTION D'EUROPE
(Sous-direction de la Sarre)

Note pour le Président en vue de sa conférence de presse

N.   *Paris, 6 mars 1950.*

Le Président voudra bien trouver ci-joint[1] le texte d'un télégramme adressé aux postes à la suite des déclarations faites par le Chancelier fédéral au sujet de la Sarre, le 16 janvier.

Les nouvelles déclarations de M. Adenauer s'inspirent des thèmes dont il s'était servi au mois de janvier. Les arguments exposés en vue de leur réfutation dans le télégramme ci-joint restent valables.

Les points suivants méritent néanmoins d'être soulignés :

1) Le Chancelier fédéral affecte de penser que les conventions qui viennent d'être conclues entre la France et la Sarre introduisent un élément entièrement nouveau dans le statut du territoire et dans sa situation vis-à-vis de l'Allemagne. Il serait bon de rappeler que la sécession politique de la Sarre est antérieure aux négociations qui viennent

---

[1] Document non reproduit.

de prendre fin. Elle remonte à la promulgation de la constitution sarroise le 15 décembre 1947. L'état de fait créé par cette constitution avait d'ailleurs reçu à l'avance, le 10 avril 1947, l'approbation des trois puissances occidentales. Celles-ci s'étaient, en effet, prononcées à cette date en faveur de la création d'une Sarre politiquement séparée de l'Allemagne, économiquement rattachée à la France et bénéficiant de la plus large autonomie administrative possible. Le Conseil parlementaire de Bonn en adoptant, le 8 mai 1949, la loi fondamentale dont l'article 23 détermine avec précision le ressort territorial de la République fédérale, a lui-même tiré les conséquences de la situation résultant de la constitution sarroise et des accords inter-alliés.

2) Le Chancelier prétend que la France a pris une initiative arbitraire au sujet de laquelle la Grande-Bretagne et les États-Unis n'auraient pas été consultés. En droit strict, la France aurait pu se dispenser de consulter ses alliés puisque les accords franco-sarrois sont à l'égard de ces derniers *res inter alios acta*. Au surplus, ces conventions se situent dans le cadre des principes arrêtés en commun par les trois puissances occidentales le 10 avril 1947. Néanmoins, par courtoisie, la France a communiqué les projets de conventions aux gouvernements de Londres et de Washington avant l'ouverture des pourparlers et a tenu le plus grand compte des observations présentées par ces derniers.

3) Les arguments de M. Adenauer en ce qui concerne la propriété des mines ainsi que l'importance que le charbon sarrois présenterait pour l'économie allemande sont réfutés en détail dans le télégramme ci-joint.

4) Le Chancelier prétend qu'une redevance de 30 francs par tonne de charbon extrait en Sarre constitue pour l'État sarrois un dédommagement dérisoire. Il convient d'observer que la Sarre reçoit en outre l'intégralité de la redevance due au titre de l'amodiation du Warndt, si bien que sur la base des programmes de production en cours la Sarre ne tardera pas à recevoir annuellement de la France une redevance de l'ordre de 7 à 800 millions de francs. C'est une somme qui n'est pas négligeable si l'on songe que, dans le même temps, la France consent pour le développement de la production sarroise un effort financier qui s'est déjà traduit par des investissements de 12 milliards de francs et qui se traduira dans les années prochaines par des investissements supplémentaires de l'ordre de 25 milliards de francs.

5) Le chancelier Adenauer a déclaré que les alliés occidentaux avaient reconnu le droit de la République fédérale allemande à parler au nom de tous les Allemands de l'ancien Reich, y compris ceux de Berlin et de la zone orientale. Il a ajouté que cette position impliquait également le droit pour le gouvernement fédéral de parler au nom des Allemands de la Sarre.

C'est une façon inexacte de présenter les choses. Les gouvernements de Paris, de Londres et de Washington ont simplement admis – la loi fondamentale elle-même en fait foi – que les *Länder* qui ne font pas initialement partie de la République fédérale peuvent y accéder ultérieurement. Or, il se trouve que la Sarre loin de manifester le désir d'entrer dans la République fédérale a pris le parti contraire puisque sa constitution stipule expressément que le territoire fonde son avenir sur sa séparation politique avec l'Allemagne.

6) Le Chancelier prétend que si la République fédérale prend son parti du statut actuel de la Sarre elle se trouvera, de même que les alliés occidentaux, dans l'incapacité de revendiquer les territoires situés à l'est de la ligne Oder-Neisse. Ce point de vue ne résiste pas à un examen sérieux des accords de Potsdam. La Grande-Bretagne et les États-Unis se sont engagés à Potsdam à soutenir au moment du règlement de paix les revendications soviétiques sur la région de Koenigsberg. En revanche, en ce qui concerne les territoires présentement administrés par la Pologne, les gouvernements anglo-saxons se réservent le droit de remettre en cause, le moment venu, leur statut actuel. La situation de la Sarre, du point de vue des Puissances occidentales, est comparable à celle de la région de Koenigsberg en ce sens qu'un règlement définitif ne pourra être prononcé que dans le cadre d'un traité de paix mais que les termes de ce règlement ont d'ores et déjà fait l'objet d'un accord entre Paris, Londres et Washington. (D'après l'interprétation authentique que le Département d'État en a donné au ministère des Affaires étrangères, les déclarations faites à la presse par M. Acheson le 18 janvier « signifient sans équivoque que le gouvernement américain soutient et soutiendra au moment du règlement de paix la thèse selon laquelle la Sarre est et doit être politiquement séparée de l'Allemagne et économiquement intégrée à la France ».)

En prenant position comme ils l'ont fait sur la question sarroise, les alliés occidentaux n'aliènent donc pas leur liberté d'appréciation en ce qui concerne le statut des territoires situés à l'est de la ligne Oder-Neisse.

7) Le chancelier Adenauer a indiqué que l'évolution de l'affaire sarroise rendrait plus difficile l'accession de la République fédérale allemande au Conseil de l'Europe. En ce qui concerne l'entrée de la Sarre au Conseil de l'Europe, la situation est parfaitement claire. La position française à cet égard a été publiquement définie au nom du gouvernement français par M. Schuman lui-même. Dans une interview accordée au journal *Le Monde* le 15 août 1949, M. Schuman a déclaré que la Sarre qui « dispose d'une assemblée délibérante régulièrement élue et d'un gouvernement régulièrement désigné par le *Landtag* est organiquement en avance sur la nouvelle Allemagne et que, en bonne logique, sa participation aux travaux européens devrait précéder et non accompagner ou suivre celle que la position résultant de l'attitude de la nouvelle Allemagne recommandera au Conseil de l'Europe et à l'Assemblée consultative européenne d'adopter ». La position du Conseil de l'Europe lui-même se trouve définie dans la résolution adoptée par le

Comité des ministres à sa dernière session : le Comité des ministres « considérant qu'il est souhaitable, en attendant qu'un traité de paix fixe définitivement le statut de la Sarre que la population de la Sarre soit mise en mesure, conformément aux buts et aux objectifs du statut du Conseil de l'Europe, d'être représentée au sein du Conseil, a décidé de demander l'avis de la Commission permanente sur la question de l'octroi à la Sarre d'une représentation au Conseil conformément à l'article 5 du statut ». La Commission permanente de l'Assemblée consultative, « après avoir soigneusement pesé les termes de la résolution du Comité des ministres et les approuvant, a formulé un avis favorable à l'admission de la Sarre comme membre associé au Conseil de l'Europe ». La position des 3 grandes puissances occidentales a été précisée au cours des conférences de Paris des 9 et 10 novembre. MM. Schuman, Bevin et Acheson ont confirmé leur accord à l'admission de la Sarre au Conseil de l'Europe, en qualité de membre associé, étant entendu que le statut définitif de la Sarre ne sera fixé qu'au traité de paix. Cette décision a été portée à la connaissance de la Haute Commission alliée qui a été autorisée à en informer le Chancelier. Quant au gouvernement de Bonn, il a fait savoir le 7 novembre par l'entremise d'un porte-parole que « la question sarroise n'est pas aux yeux du gouvernement fédéral un obstacle à la participation de la République fédérale allemande au Conseil de l'Europe ».

La situation est donc tout à fait claire. Le Comité des ministres se trouve saisi d'une demande en bonne et due forme du gouvernement de la Sarre. Il aura à statuer sur cette demande compte tenu de la position de principe déjà prise par le Comité des ministres et par la Commission permanente de l'Assemblée consultative.

(Cabinet du Ministre, Schuman, volume 59)

46

COMPTE RENDU DES ENTRETIENS ENTRE M. SCHUMAN, MINISTRE DES AFFAIRES ÉTRANGÈRES, ET M. BEVIN, SECRÉTAIRE D'ÉTAT AUX AFFAIRES ÉTRANGÈRES BRITANNIQUE AU FOREIGN OFFICE À LONDRES LE 7 MARS 1950 DE 17 H.10 À 18 H.25

C.R. *Londres, 7 mars 1950.*

M. Schuman était assisté de M. Baudet et de M. de Bourbon-Busset (qui traduisait).

M. Bevin était assisté par : Sir William Strang, Sir Ivone Kirkpatrick, Sir Oliver Harvey, M. Dening et M. Barclay (qui traduisait).

Plans d'intégration économiques et financiers européens.

M. Bevin rappelle les appréhensions qu'il entretenait lorsqu'il a vu M. Schuman pour la dernière fois, à Paris, à son retour de la conférence de Colombo. Avec les projets Fritalux[1] et Uniscan[2], on pouvait craindre un fractionnement de l'Europe en plusieurs entités, sans qu'il apparaisse nettement quelle serait la place de l'Allemagne. Certaines données du problème se sont clarifiées depuis lors. Le Cabinet britannique a approuvé ce matin un projet de plan de paiement intra-européen qui sera communiqué sous 48 heures à M. Massigli. Sans entrer dans le détail, le Secrétaire d'État indique que son gouvernement tient essentiellement à éviter deux choses, à savoir :

1) que le plan belge soit accepté comme base de discussion,

2) que la question des doubles prix, mise en avant par les Américains, soit discutée. Le nouveau plan anglais traite l'Europe comme un tout et permet l'admission de l'Allemagne à tout moment. Il vise à un compromis entre les trois pôles d'intérêt anglais : défense du Sterling, Commonwealth et Europe. Il sera soumis incessamment à M. Harriman et à M. Stikker. Le gouvernement anglais compte le présenter à la session du 26 mars de l'OECE[3].

M. Schuman indique que le gouvernement français a maintenant acquis la conviction que la France ne peut faire partie d'un système qui comprendrait l'Allemagne sans que la Grande-Bretagne en soit également membre. Il remarque que les récents comportements des Allemands n'ont fait que l'encourager dans cette détermination. Il estime en particulier que les rodomontades allemandes au sujet de la Sarre sont autant de tentatives faites pour diviser les Alliés, et il exprime la conviction que ceux-ci doivent avant tout rester unis.

Admission de l'Allemagne au Conseil de l'Europe.

M. Bevin pose la question de l'admission de l'Allemagne au Conseil de l'Europe. Comment traiter cette affaire ? Il indique qu'il y aura peut-être en Grande-Bretagne un mouvement d'opinion vers l'apaisement, mais il se montre décidé à n'en pas tenir compte. Il remarque, d'autre part, que les États-Unis sont orientés vers la fermeté. Il pense donc que nous ne devons point courir après l'Allemagne et que l'attitude des trois puissances occupantes doit rester calme et unie, de façon à éviter de prêter le flanc à un chantage.

M. Schuman se demande si les Hauts-Commissaires ne devraient pas rappeler au gouvernement de Bonn l'invitation à entrer au Conseil de

---

[1]   Fritalux : projet d'union douanière entre la France, l'Italie et le Benelux, lancé en 1947.

[2]   Uniscan : projet d'union douanière entre le Royaume-Uni et les pays scandinaves, échoué en 1947.

[3]   OECE : Organisation européenne de coopération économique.

l'Europe. Il ne sous-estime pas les difficultés qu'il y aurait à ce que le Parlement de Bonn se prononce immédiatement pour l'affirmative, mais il pense que la situation sera plus calme dans huit ou dix jours.

Sir Ivone Kirkpatrick estime que ce n'est pas avant deux ou trois mois que le calme aura pu revenir au sein du Parlement allemand à propos de cette question.

M. Bevin pose la question de savoir si la réunion du Comité des ministres de Strasbourg doit ou non avoir lieu à la date prévue du 30 mars. Il estime que si nous décidons de différer cette réunion, l'Allemagne aura le sentiment que nous tenons à la ménager, ce qui pourrait, par la suite, l'encourager à nous manœuvrer.

M. Schuman accepte en principe de ne pas reculer la réunion, si les autres gouvernements intéressés en sont d'accord.

Conseil consultatif de Bruxelles.

M. Bevin indique que la prochaine réunion, qui doit avoir lieu avec la participation des ministres des Finances et des ministres de la Défense nationale des cinq pays, aura une importance particulière. Il s'agit de décider de l'orientation financière du réarmement de l'Europe occidentale. Si les cinq pays ne règlent pas les problèmes qui se posent de manière satisfaisante, c'est l'entreprise atlantique tout entière qui en souffrira.

M. Schuman abonde dans le même sens, et souligne la nécessité de préparer très soigneusement cette réunion, qui reste fixée en principe au 3 avril.

Extrême-Orient.

M. Bevin marque sa préoccupation de la paralysie du Conseil de sécurité qui résulte du fait que la situation du délégué chinois est toujours pendante. Il souhaite voir cette situation éclaircie sans trop tarder et exprime l'opinion que la Chine ne peut être encore considérée comme « tout à fait perdue ». Cinq pays ont reconnu à l'heure actuelle le gouvernement de Pékin. Deux voix manquent donc au sein du Conseil de sécurité pour faire une majorité en faveur de l'admission du délégué de ce gouvernement. M. Bevin sait que les États-Unis ne sont pas chauds pour voir se former cette majorité, mais il tient à informer M. Schuman, comme il en informe M. Acheson, de son intention d'essayer d'obtenir les deux voix manquantes.

M. Schuman croit savoir que les États-Unis sont prêts à s'incliner devant une majorité. La France, au début de janvier, était portée à suivre l'exemple anglais de la reconnaissance. La situation a changé depuis la reconnaissance de Hô Chi Minh par Mao Tsé Toung. Toutefois, s'il est possible de se mettre d'accord à trois pour adopter une attitude commune dans les problèmes d'Extrême-Orient, le gouvernement français pourrait de nouveau songer à reconnaître le gouvernement de Pékin, ce qui aurait l'avantage d'éviter aux yeux de la Chine l'impression d'encerclement.

M. Bevin parle de l'Indochine. Il demande si l'indépendance des trois États associés est en voie d'élargissement. Il a le sentiment que la France n'a pas été assez loin et qu'elle devrait garder à l'esprit l'exemple de l'Inde et de l'Indonésie. Un tel élargissement serait de nature à aider le gouvernement anglais.

Certaines mesures nouvelles ne pourraient-elles pas être prises ? (rétrocession du Palais du Gouverneur à Saïgon, transfert de pouvoirs nouveaux à Bao Daï) ; de telles mesures renforceraient beaucoup la position du camp occidental à l'égard des communistes. Ceylan et le Pakistan attendent, pour se prononcer, une évolution dans ce sens. L'Inde même en serait favorablement impressionnée.

M. Schuman remercie M. Bevin de l'aide apportée par le gouvernement britannique dans la question de la reconnaissance des trois États associés. Il indique que le gouvernement français a en effet l'intention d'élargir progressivement les pouvoirs de Bao Daï et que cette évolution a déjà commencé par la décision d'ouvrir des représentations diplomatiques vietnamiennes à Londres et à Washington. On étudie en ce moment la possibilité de faire passer la question de l'Indochine sous l'autorité d'un organe de gouvernement nouveau, analogue à l'*Office of Commonwealth Relations* britannique.

M. Bevin marque la situation délicate dans laquelle serait placé le gouvernement britannique si trop de publicité était donnée à l'idée de l'établissement d'un front uni des trois puissances dans le Sud-Est asiatique. Il craint des rancœurs du côté des dominions asiatiques et de l'Australie. Aussi demande-t-il qu'en cas de conversations à Trois, celles-ci soient conduites de manière confidentielle, de façon à ce que Londres puisse se tenir en consultation avec le Commonwealth. Il précise que le gouvernement britannique verrait un grand avantage à ce que l'Australie pût jouer, dans les affaires du Sud-Est asiatique, un rôle analogue à celui du Canada dans les affaires américaines. C'est l'idée qui a été à la base du plan d'aide collective des dominions de Pacifique et d'Asie contre l'expansion du communisme dans cette région lancé par le représentant australien à la conférence de Colombo. Le Secrétaire d'État laisse entendre que l'Australie pourrait être un canal important de l'aide américaine à l'Asie.

M. Bevin parle des inquiétudes que lui cause la situation en Birmanie. Actuellement, l'aide au gouvernement de Rangoon fait l'objet d'un plan de souscription des nations membres du Commonwealth. Londres s'efforce de provoquer une entente entre Karens et les gouvernementaux. Il considère la situation comme très dangereuse, en raison de la proximité maintenant immédiate des communistes chinois. Il pense que la question pourrait être examinée à trois.

M. Schuman souligne que la France constitue à l'heure actuelle le principal rempart contre le communisme, en Asie du Sud-Est comme en Europe. Mais il souligne qu'il nous est difficile de tenir longtemps en Asie sans aide. D'une part, les ressources matérielles nous font défaut, d'autre part, la surcharge imposée à nos cadres par les hostilités contre le Vietminh est un obstacle à l'organisation de nos forces en Europe. Assistance a été demandée aux États-Unis. Mais c'est une question qui est d'intérêt commun.

M. Bevin demande si la France a bien évité les double emplois dans les listes de matériel qu'elle a demandé aux États-Unis de fournir et dans celles qui ont été remises par l'Ambassade à l'état-major britannique.

M. Schuman ne doute pas que les militaires y aient veillé.

Conversations à trois.

M. Bevin rappelle qu'il a adressé un message à M. Acheson en janvier pour lui proposer des conversations à trois, sur l'Allemagne et l'Extrême-Orient notamment. Il espérait que les vues américaines au sujet du traité de paix avec le Japon se préciseraient avant la conférence de Colombo. Vu qu'il n'en a rien été et que M. Acheson désire clarifier la politique américaine en Extrême-Orient avant d'en parler à trois, le projet anglais n'a pas encore eu de suite. Le Secrétaire d'État estime donc qu'il est trop tôt pour fixer une date à ces conversations et que les grands sujets, tel que l'Allemagne, le Conseil de l'Europe, le plan des paiements intra-européens, devraient faire l'objet d'accords de principe avant qu'on en vienne à matérialiser l'entente entre les États-Unis, la France et l'Angleterre par une nouvelle conférence.

M. Schuman mentionne les déclarations faites la veille par un porte-parole du Département d'État en faveur des conversations à trois et d'une réunion du Conseil de l'Atlantique Nord.

M. Bevin estime qu'une réunion du Conseil atlantique est à éviter en ce moment car elle pourrait être interprétée par l'opinion comme une provocation à l'égard de la Russie.

Déclarations de M. MacCloy au sujet des élections en Allemagne.

M. Schuman demande à M. Bevin ce qu'il pense des récentes déclarations du Haut-Commissaire américain. L'invitation faite à l'Allemagne orientale de participer, au même titre que l'Allemagne occidentale, à des élections lui paraît peu opportune.

M. Bevin, fortement soutenu par Sir Ivone Kirkpatrick, exprime la conviction qu'il ne peut rien résulter de mauvais du discours de M. MacCloy. Sans doute le Haut-Commissaire américain a-t-il entendu poursuivre la ligne tracée par la conférence des Trois de Paris du printemps dernier. De toutes façons, l'Allemagne de l'Est ne donnera pas suite. Sur le plan de la propagande, c'est donc un geste qui laisse M. Bevin sans inquiétude.

(Secrétariat général, Dossiers, volume 23)

47

NOTE DU PROFESSEUR GROS, JURISCONSULTE DU DÉPARTEMENT

POUR M. PARODI, SECRÉTAIRE GÉNÉRAL
DU MINISTÈRE DES AFFAIRES ÉTRANGÈRES

N.   *Paris, 8 mars 1950.*

M. Hervé Alphand a remis au Jurisconsulte du Département une note du 21 février 1950 analysant le livre récent du général Billotte et posant un certain nombre de problèmes politiques, économiques et juridiques en ce qui concerne la formation d'une organisation de caractère fédéral des pays de la zone Atlantique-Nord[1].

Une première étude a été faite des aspects constitutionnels des propositions résumée par M. Alphand ; ces observations font l'objet de la présente note.

***

Depuis plusieurs années, un certain nombre d'hommes politiques, d'écrivains et de journalistes refont, sans le dire et peut-être sans le savoir, de la sociologie positive. Plaidant les uns pour les États-Unis d'Europe, les autres pour la communauté atlantique, ils découvrent que l'évolution des sociétés se fait par la loi de l'entr'aide, l'action des agents sociaux, l'exclusivisme renforcé par la lutte. Il est toujours facile de lire dans l'histoire des sociétés l'annonce des systèmes qu'on préconise. Mais notre problème doit être de rechercher si les faits politiques et économiques internationaux ont créé les conditions d'une construction sociale différente de celle que nous connaissons, c'est-à-dire la division du monde en États.

L'État est la donnée politique primordiale du monde actuel. Les rapports internationaux se font essentiellement entre les États ; c'est l'État qui personnifie la nation, le territoire, la puissance. L'État est une formule politique qui date du XVIe siècle. Le grand maître de la philosophie politique du XVIe siècle, Jean Bodin, l'ignore encore dans les six livres de *La République.* Jusqu'au XVIIIe siècle, on appelle État, sans

---

[1]   Voir document n° 33.

aucune systématisation, les divisions de l'Europe. Il n'y a alors dans chaque État aucune unité, ni de langue ni de race ou de religion, ni même unité de législation. La seule marque de l'État, c'est la puissance du souverain. État égale souveraineté.

L'idée de souveraineté est restée confuse et très souvent les oppositions aux progrès des relations internationales ne sont que le conséquence de cette confusion. Les hommes politiques parlent d'atteinte à la souveraineté, de violation de la souveraineté comme s'il s'agissait de bornes qu'on franchit. La souveraineté, c'est une qualité, un mode d'être supérieur, c'est-à-dire le pouvoir de tout faire sans qu'un pouvoir contraire puisse être opposé.

Il est donc clair que c'est par un abus de langage qu'il est encore possible en 1950 de parler de la souveraineté de l'État. La souveraineté est née d'un incident historique de portée locale, le conflit de la royauté française avec l'Empire et la Papauté. C'est pour annuler la prétention du Saint-Empire romain de tenir tous les rois des États chrétiens comme vassaux que les juristes français inventèrent la souveraineté. C'est l'adage connu : « Le Roi de France est empereur en son Royaume ».

La formule de Loyseau est plus tardive : « La souveraineté consiste en puissance absolue, c'est-à-dire parfaite et entière de tout point ; et par conséquent elle est sans degré de supériorité, car celui qui a un supérieur ne peut être suprême et souverain ». C'est l'époque où la royauté, ferme à l'intérieur, commence sa politique de revendications internationales. Cette conception est encore généralement adoptée aujourd'hui. Elle a quatre cents ans et c'est un âge où l'on peut reviser les conceptions.

***

Les formes de rapprochement international que nous voyons se développer chaque jour montrent bien que la notion de souveraineté, puissance sans degré de supériorité, n'a plus de sens. Pour les problèmes économiques, les formes de rapprochement que constituent l'organisation de coopération économique européenne, les accords internationaux de producteurs, l'organisation internationale des échanges contredisent le concept d'indépendance économique de l'État. Chaque État se trouve désormais lié par ce tissu de règles établies en commun et dépend, dans l'établissement de sa politique économique, d'organismes où sa volonté n'est plus libre.

De même, du point de vue politique, un État peut-il encore se croire souverain ? Sans entrer dans les développements de la géopolitique allemande ou de ses successeurs américains, il est clair que la souveraineté d'un État européen, qu'il ait choisi d'adhérer à la politique soviétique ou à la communauté atlantique n'est plus qu'une compétence de participation à l'élaboration de principes d'action commune.

L'institution de conseils pour la discussion des affaires politiques restreint le pouvoir de décision autonome de chaque État et il existe désormais une puissance supérieure à l'État sous l'aspect des organes de la communauté pacifique des peuples (Conseil de sécurité par exemple), ou des organisations régionales (Conseil de l'Atlantique-Nord). L'État ne peut donc plus tout faire et il est limité par les divers ordres internationaux, c'est-à-dire par les divers cercles de relations, internationales, politiques ou économiques, auxquels il participe comme membre.

La conception de la souveraineté de l'État est ancrée dans la conscience populaire, et sans doute l'État est encore aujourd'hui le cadre habituel du développement des intérêts de chaque citoyen. Ce qui nous lie au monde est fait ou orienté par l'État, et c'est la raison pour laquelle ces liens invisibles, tissés chaque jour entre les individus ressortissant à des États différents, n'ont pas encore pris toute leur importance. Les échanges de biens ou de services sont dirigés, orientés, contrôlés par les États qui gardent ainsi les apparences de la souveraineté ou du pouvoir. Mais leur intervention n'est plus libre ; ils s'inspirent de règles générales prises dans des organismes internationaux qui légifèrent véritablement pour les membres d'une communauté qui n'a pas encore pris conscience de son existence supérieure et différente de celle des États. Aussi, pendant de longues années, l'idée de la souveraineté de l'État persistera.

Les thèses nouvelles d'Europe fédérale ou de Fédération atlantique nous proposent la condamnation brutale de cette souveraineté de l'État et il y a une base de vérité dans les propos des fédéralistes. Mais seule la vie peut transformer peu à peu, par une lente évolution, un état d'esprit populaire. Tout en sachant que l'État n'est plus vraiment souverain, il est peut-être habile de ne pas l'affirmer brutalement et de ne pas demander aux gouvernements de reconnaître la désuétude de leur autorité. Pendant une longue période, l'État s'habituera aux formes de gouvernement international par collaboration jusqu'au jour où les nouveaux organismes de la vie internationale seront suffisamment forts pour diriger directement les hommes sans passer par l'intermédiaire de l'État. Les projets des fédéralistes d'instituer un parlement et un gouvernement européens ou un parlement et un gouvernement atlantiques ne paraissent pas être la meilleure manière de réaliser le groupe international qu'on souhaite créer. Les États ne peuvent pas être supprimés avant le temps. Or, peut-on croire que les institutions mondiales soient prêtes à assumer les responsabilités et les pouvoirs actuels des États ?

**

Il faut souhaiter que la coopération pacifique entre les États se prolonge assez longtemps pour que les liens de plus en plus étroits entre les peuples rendent nécessaire la permanence d'organismes auxquels les États s'habituent à participer et auxquels ils remettent l'exercice de certains de leurs pouvoirs.

Au lieu de vouloir recréer le monde selon les formules du parlementarisme européen du XIXᵉ siècle, il semble que le développement d'institutions internationales nouvelles unissant les États de l'Europe ou les États du groupe atlantique ne devrait pas être préparé par une logique juridique qui se fonde uniquement sur l'exemple des cent dernières années. Si les relations internationales exigent ou justifient en certaines matières la formation d'une institution supra nationale, il faut la créer et laisser fonctionner ces institutions spécialisées sans chercher à systématiser et à les placer, tels des services publics nationaux, sous l'égide d'une seule autorité politique. Si, sur le plan économique, on peut concevoir dès maintenant des organes internationaux permanents, où chaque État n'ait qu'un vote pondéré et subisse la loi de la majorité, sur le plan politique par contre, il paraît inutile et dangereux de faire du parlementarisme international. Les intérêts politiques des peuples devront pendant longtemps encore être traités par la voie diplomatique ou dans des réunions fréquentes, voire permanentes, des gouvernants des États du groupe politique intéressé. Ce n'est pas dans un parlement européen ou atlantique qu'une politique de regroupement et d'assimilation des intérêts nationaux pourra être élaborée. C'est prendre le problème à l'envers. Après avoir constaté l'existence des solidarités internationales, on pourra les mettre en œuvre par les institutions fonctionnelles nécessaires. Le problème constitutionnel ne se posera qu'en dernière analyse.

(Secrétariat général, Service des Pactes, volume 18)

48

M. Garreau, Représentant de la France au Conseil de tutelle des Nations unies,
à M. Schuman, Ministre des Affaires étrangères[1].

D. n°33.   *Genève, 8 mars 1950.*

Le télégramme que Votre Excellence avait bien voulu m'adresser au sujet des conversations que les États-Unis proposaient de tenir sur les questions coloniales indiquait nettement que le Département entendait limiter de tels entretiens à l'étude de la tactique qui devrait être suivie

---

[1] Dépêche adressée à la direction d'Afrique-Levant et communiquée à la direction d'Asie, au Secrétariat des Conférences, à Eirik Labonne, Conseiller diplomatique du gouvernement pour l'Union française.

aux Nations unies lorsque les problèmes d'outre-mer y seraient à nouveau évoqués.

J'ai fort bien saisi votre intention. Il me reste pourtant un doute : l'invitation américaine, telle du moins qu'elle fut adressée à Bruxelles, (la note remise à Paris ne m'ayant pas été communiquée), dépasse largement le cadre de la tactique pour atteindre, comme j'en exprimais la crainte dans ma dépêche n° 11 du 1er février 1950[1], au fond même de la politique coloniale. Il est impossible, en effet, d'interpréter d'une façon purement restrictive les propositions suivantes :

a) « *to explain fully the position of the United States and the reasons behind it and, in turn, to endeavour to obtain a full understanding of the problems faced by the colonial powers,*

b) *to attempt to reach an agreement on the means by which these objectives might be obtained* ».

Ainsi le Département voudrait maintenir l'échange de vues sur le plan de ce qui se dira et se fera à Lake Success tandis que les Américains sont désireux de nous soumettre leur politique et de prendre la mesure de la nôtre, et d'arriver, si possible, à une transaction qui ouvrirait la voie à un *modus vivendi* entre ces trois éléments contraires : puissances coloniale, États-Unis et majorité des Nations unies. Il y a là plus qu'une nuance. D'un côté, l'on parle tactique, de l'autre, stratégie.

Je dois noter en passant que, si notre thèse devait prévaloir et que la conversation dût se borner à prévoir des combinaisons de couloir et de séances, il semblerait nécessaire que je fusse appelé à y prendre part, puisque c'est à moi qu'il reviendrait ensuite, comme représentant de la France au Comité spécial et à la quatrième commission, d'appliquer ce qui aurait été convenu.

Mais il se pose une question plus grave. La tendance américaine étant d'élargir et d'approfondir la discussion, est-il possible, est-il habile de refuser le combat ? Ce serait refuser le combat que de prétendre traiter la mise en scène de Lake Success comme si cette mise en scène ne recouvrait pas des problèmes aigus dont les Américains sont précisément les premiers à éprouver l'acuité, ainsi que leur note, citée plus haut, le laisse clairement entendre.

Ce qui se passe en Asie, et notamment en Indochine, met fort bien en évidence la contradiction à quoi se heurte la politique américaine vis-à-vis des peuples de couleur. Il lui faut barrer la route au communisme, et nous sommes matériellement ses alliés ; il lui faut aussi favoriser l'idée d'indépendance, et nous sommes moralement ses adversaires. L'idéal, pour Washington, consisterait à ériger de nouvelles nationalités, à la fois cohérentes et pleines de gratitude pour leurs anciens maîtres européens et qu'il suffirait ensuite de pourvoir d'armes et de crédits contre le communisme. On est loin de compte. Du moins les États-Unis

---

[1] Document non reproduit.

s'obstineront-ils à provoquer un état de choses qui s'éloigne le moins possible de leur idéal, c'est à dire à obtenir des puissances européennes qu'elles abandonnent sans tout à fait abandonner, qu'elles défendent la cause commune sans se défendre elles-mêmes, qu'elles soient sans merci en première ligne et évangéliques sur leurs arrières. Ainsi la contradiction dont souffre actuellement l'Amérique serait-elle atténuée. Quant à la force de résistance ultérieure des nations nouvellement créées, la question semble moins urgente ; à chaque jour suffit sa peine.

Tout cela est vrai de l'Asie. Ce ne l'est pas moins, sauf quelques nuances, de l'Afrique du Nord ou même de l'Afrique noire. Je n'en veux citer pour exemple que la récente mission de visite au Togo ; la tendance évidente de M. Gerig, membre américain de cette mission, et du Chef du secrétariat, lequel était également américain, consiste à assurer notre position sur la côte du Golfe de Guinée, moyennant quelques concessions politiques jugées indispensables. On nous pousse même à nous désolidariser des Anglais et à reprendre, fût-ce à leurs dépens, l'initiative en matière de progrès politique. Au surplus telle phrase de la note que j'avais jointe à ma dépêche précitée du 1er février m'a été répétée, presque mot pour mot, par M. Gerig quelque quinze jours plus tard. Je crois utile de reproduire cette phrase ici : « On s'attend bien, plus ou moins, que l'Afrique puisse être troublée par les communistes, mais tous autres motifs de désordre, notamment ceux qui auraient pour cause une trop grande lenteur dans l'évolution politique, devraient y être éliminés ».

En un mot, les Américains jugent que dans la lutte qu'il mènent contre le communisme, lutte désormais portée sur le territoire des peuples de couleur et sanctionnée, dans une certaine mesure, par la majorité anticoloniale des Nations unies, seule la « bonne volonté » des puissances coloniales peut les tirer, au moins provisoirement, d'embarras. C'est à cette « bonne volonté » ou, comme l'on dit aussi, à notre « compréhension », qu'il sera fait appel dans les entretiens proposés. Ce serait méconnaître les exigences présentes de la politique américaine que d'imaginer pouvoir arrêter nos interlocuteurs au bord d'une discussion qu'ils estiment urgente et essentielle et dont ils escomptent avec impatience un résultat positif. À supposer même que nous réussissions cette fois-ci notre opération dilatoire, ce ne serait que partie remise. En bloc ou en détail, le débat est désormais inévitable et nous n'aurions gagné, en l'ajournant, qu'à nous maintenir nous-mêmes dans l'équivoque, cette équivoque du « bloc occidental » qui ne nous a valu et ne nous vaudra en cette matière que déception tant que la pleine lumière n'aura pas été faite.

C'est pourquoi j'estime que nous avons intérêt à affronter franchement les conversations envisagées, même si, comme tout me le donne à penser, les Américains entendent ne pas les limiter à de simples arrangements tactiques. L'occasion, au surplus, apparaît, à certains égards favorable. Le Département d'État est encore mal informé sur l'Afrique (c'est surtout de l'Afrique en fait, qu'il sera question) et il y a là un avantage dont il faut tirer parti, tant qu'il dure. Mais nous aurons une autre supériorité, c'est que l'invitation vient des États-Unis. Cela ne signifie pas que nous imposerons aux Américains nos points de vue mais cela signifie qu'ils ont pris notre résistance au sérieux et que nos suggestions seront en conséquence bien accueillies dans la mesure où elles contribueront à aplanir ou écarter leurs difficultés propres, c'est à dire les effets de cette contradiction dont je parlais plus haut.

Mais quelles seraient nos suggestions ? Toute la question est là, car j'entends bien que c'est armés jusqu'aux dents que nous prendrions place à la table de conférence ; il ne s'agit ni plus ni moins, comme je le disais dans ma précédente correspondance, que de la survivance de notre autorité dans l'Union française.

La simple résistance passive ne serait pas de mise. Une telle méthode n'aurait chance de succès que si, notre force allait grandissant, nous étions sûrs et capables de persuader autrui que nous pourrions, par le simple développement de nos institutions et d'une économie classique, reprendre victorieusement l'initiative dans quelques années. Tel n'est pas le cas et nos interlocuteurs américains seraient les derniers à s'y tromper.

Mais il ne conviendrait pas, pour autant, d'aller là où les Américains ne seraient que trop enclins à nous entraîner ; je veux parler des concessions politiques. Il ne s'agit pas, qu'on le comprenne bien, du progrès politique de l'Union française ; plus que jamais il me parait nécessaire de poursuivre les réformes entreprises en 1945, de mettre le statut de tous les États et territoires en concordance avec les termes et avec l'esprit de la Constitution et de donner vie et dignité aux organes centraux de l'Union. Mais les Américains ont des vues plus simples. Pour eux, plus un mouvement nationaliste local est appelé à recevoir satisfaction, mieux le monde (tout au moins le monde occidental) sera garanti contre un supplément d'ennuis. Ils pensent ainsi parer au plus pressé, et l'on doit dire que les Anglais n'ont parfois rien à leur envier sur ce point. C'est contre cette tendance anarchique, imprévoyante, presque puérile qu'il faut que nous nous bandions de toutes nos forces.

Ni résistance passive, ni concessions politiques, que reste-t-il ? Je viens de parler des Anglais. Seraient-ils prêts à apporter quelque élément neuf et utile dans le débat ? Il est malaisé de répondre à cette question mais j'aurais plutôt tendance à croire que les Anglais s'étant laissés porter, sans retour possible, vers une politique nationaliste en Afrique occidentale, ne chercheraient, de leur propre mouvement, qu'à tirer parti de cet avantage moral vis-à-vis des Américains, en vue d'arrangements à court terme. C'est-à-dire que nous ne devrions compter, dans une conversation à quatre que nous n'aurions pas préalablement orientée, ni sur leur coopération ingénieuse et active, ni même peut être sur un vrai esprit de solidarité de leur part. Quant aux Belges, nous aurions d'autant moins à attendre d'eux en pareil cas que le Congo plaît doublement aux Américains, et parce qu'il fait peu parler de lui, et parce qu'il produit beaucoup de matières premières.

Ces hypothèses sur les dispositions d'esprit de nos voisins mériteraient évidemment d'être vérifiées avant toute conférence, quelle qu'elle fût, avec Washington, et le Département s'attachera certainement à ce qu'un entretien franco-anglo-belge ait lieu sans tarder à cet effet. Mais il est prudent de prévoir que, sauf une vigoureuse initiative de notre part, nous nous trouvions, en face des Américains, la plus défavorisée des trois puissances africaines et sensiblement isolés. C'est par nos propres moyens, autrement dit, que nous devons songer à nous armer et nous mettre en état d'aborder l'épreuve puis de la faire tourner à notre avantage. C'est là chose possible.

Au point de vue politique, notre meilleur sauvegarde dérive de la constitution, à condition, bien entendu, d'y donner toute la portée et toute la vitalité nécessaire. À cet égard, je crois avoir tout dit dans la note annexée à ma dépêche du 1er février et je pense inutile d'y revenir. Mais j'ajoutais : « ...... il ne s'agirait pas seulement (de faire état) de réformes politiques ; c'est un ensemble qu'il faudrait produire où le mécanisme politique jouerait un grand dôle mais non sans que les intentions progressistes du gouvernement ne fussent soulignées par plus d'une autre création, économique, culturelle etc..... ». C'est sur ce point essentiel qu'il faut que je m'étende aujourd'hui.

Ce qui stérilise l'effet de nos discours aux Nations unies – et le résultat est le même si nous nous adressons à l'opinion et même aux fonctionnaires américains – c'est que, possesseurs d'un patrimoine colonial, nous n'apportons jamais aucune idée nouvelle qui puisse rajeunir nos titres à une souveraineté déplaisante. Il y a sans doute la conférence de Brazzaville, la Constitution et quelques exemples humains assez bien choisis. Mais cela suffit d'autant moins que nous ressassons les mêmes arguments depuis quatre ans. La corde s'use, et l'on vient à douter d'une Union française dont la croissance est si peu sensible et qui paraît s'être immobilisée dans notre esprit une fois pour toutes. Sans parler des témoignages impatients qui, venant de nos propres territoires, contredisent directement le sens de nos bonnes paroles.

Il conviendra donc d'approcher les Américains, portant en mains non seulement la Constitution et les applications que nous comptons en faire mais aussi et surtout un bagage inédit, moderne, dont la nouveauté les frappe et dont l'intérêt les attache. Ce qui rend les problèmes coloniaux à la fois irritants et insolubles, c'est que personne, sauf l'Union soviétique, ne songe à modifier la perspective dans laquelle ces problèmes se trouvent posés ; les puissances coloniales, recroquevillées sur leurs droits, les Nations unies, emportées par leur sentiment et les États-Unis, ne sachant comment concilier les unes et les autres pour faire pièce au communisme, tout le monde piétine entre les mêmes empêchements, faute d'imagination pour s'en libérer. C'est à nous, Français, que peut et doit revenir l'avantage d'apporter la solution. Elle est déjà suffisamment définie et l'occasion est bonne pour en donner officiellement connaissance aux Américains ; il s'agit du programme d'industrialisation et d'équipement stratégique de l'Union française, dû à la conception de M. Eirik Labonne.

Je n'ai pas l'intention de commenter ici un projet dont Votre Excellence est parfaitement bien informée. Mon dessein sera simplement d'expliquer pourquoi et comment ce projet est de nature à changer la perspective sous laquelle on considère les problèmes coloniaux et, grâce à ce changement de perspective, à offrir aux Américains le moyen de résoudre la contradiction de leurs propres tendances, partant à nous garantir contre le caractère politique de leurs interventions en Afrique.

En deux mots, l'on peut dire que le programme de M. Labonne a pour caractéristiques de donner à la construction industrielle le pas sur l'organisation politique et de justifier cette préférence par la nécessité de mettre d'abord à la disposition de toutes les populations de l'Union française un réservoir d'énergie faute de quoi leur condition économique resterait précaire et leur avenir politique menacé. C'est là que se trouve la nouveauté et il est facile d'en faire la démonstration.

La politique économique des États-Unis vis-à-vis des pays sous-développés et des territoires coloniaux – de l'Afrique notamment – est, de son essence « colonialiste », si l'on ose employer ce terme. Elle est colonialiste en ce qu'elle n'a pour objet que de tirer des matières premières des pays en question auxquels on vendra, ou fera vendre, en échange des marchandises fabriquées. La perspective peut apparaître plus brillante que du temps de notre vieille économie coloniale à cause de l'importance relativement plus grande, du moins de l'importance escomptée, des procédés et crédits appliqués. Néanmoins, le système reste identiquement le même et le progrès que les populations pourront en attendre demeurera lent et surtout limité. Jamais l'économie américaine, telle qu'elle est, ne parviendra à <u>libérer</u> les peuples sous-développés ; jamais, en effet, elle ne suscitera pour eux ni ne leur remettra les moyens de base, c'est à dire avant tout l'énergie, sans lesquels il ne peut être question d'indépendance. L'Union soviétique, au contraire, leur promet des moyens de base et peu importe que ce soit plus ou moins sincèrement, la propagande communiste a l'avantage, sur le plan économique, d'être anticolonialiste d'une façon aussi cohérente que persuasive.

Cela, les Américains, s'ils l'ignorent, nous devons le leur dire, et nous devons leur expliquer aussi que, contre un tel argument, le nationalisme colonial est loin de constituer le sûr antidote qu'ils imaginent. Que dans une mosaïque de républiques en Afrique noire par exemple, il s'en trouve une seule qui tombe politiquement sous l'obédience communiste et tout le système de sécurité américain se trouve compromis ; la vertu du nationalisme n'aura pas joué. Tout au contraire, si nous acceptons le propre défi de l'Union soviétique et si nous faisons de nous-mêmes ce qu'elle proclame qu'elle ferait à notre place – l'industrialisation dans

l'avantage particulier et dans l'avantage commun des populations – l'Occident recouvre l'autorité avec l'initiative et peut se permettre de modérer ou réprimer tout mouvement contraire au nom de
l'intérêt général, au nom de ce qui serait véritablement l'intérêt général.

En d'autres termes, nous sommes en mesure de prouver aux Américains (et certains exemples récents nous faciliteront la tâche) que leur
politique vis-à-vis des peuples de couleur est à la fois beaucoup trop
confiante et beaucoup trop réticente ou intéressée pour ne pas les
conduire à se voir dépassés un peu partout par la propagande soviétique. En échange, nous livrons au débat le programme d'industrialisation et d'équipement stratégique de l'Union française ; les termes du
problème se trouvent renversés.

Plus il m'est donné de considérer le développement de la question
coloniale dans les milieux politiques et d'affaires américains ainsi qu'aux
Nations unies et plus je suis persuadé qu'il est impossible d'y trouver
une issue qui nous soit favorable si nous nous cramponnons aux
données présentes, plus je crois aussi que l'idée d'une « novation économique » constitue pour nous comme pour les autres puissances africaines et pour les États-Unis la seule promesse de salut.

Reste à savoir quel accueil y sera fait. On peut ne pas s'attarder à
rechercher quelle serait la réaction belge, la situation du Congo étant
à bien des points de vue différente de celle de l'Afrique du Nord, de
l'Afrique occidentale et de Madagascar. Le sentiment des Anglais et
des Américains nous importe davantage.

En ce qui concerne les premiers, il ne faut pas s'attendre à trop d'enthousiasme ; l'industrialisation propre de l'Afrique française et de
l'Union française n'entre sans doute pas dans leurs plans. Mais quels
sont leurs plans ? À vrai dire, il n'est pas certain qu'ils en aient et tel
membre assez remarquable de la délégation britannique me faisait
récemment la remarque suivante : « Nous nous battons, mais au nom
de quoi ? Notre politique nationaliste en Afrique occidentale n'est évidemment pas une solution suffisante. En fait l'Afrique, dans les conditions actuelles, est appelée à devenir un champ clos entre les Nations
unies et la Russie soviétique. Aucun d'eux ne gagnera mais nous, à coup
sûr, nous perdrons. On aura institué l'anarchie et c'est tout ». Ces
appréhensions ne sont certainement pas le fait d'une seule personne.
Ne pouvons-nous pas en tirer parti pour faire prévaloir nos vues en
leur donnant le caractère d'un exemple que nos voisins auraient intérêt
à suivre ? Et s'il fallait y ajouter l'idée d'une organisation économique
de l'Afrique occidentale considérée dans son ensemble, n'amorcerions-
nous pas à la fois l'adhésion anglaise et la stabilité d'une zone, dont
l'équilibre est présentement si compromis ?

Quant aux Américains, je crois comprendre que le programme d'industrialisation de l'Union française, loin d'exclure leur coopération,
leur fait, à bien regarder, une part plus belle que la somme des affaires

africaines à quoi il collaborent aujourd'hui ou comptent bientôt collaborer. Mais il y a aussi que ce programme d'industrialisation est également un programme « d'équipement stratégique » ; cet aspect du
projet, dans les circonstances actuelles est bien loin d'être négligeable.
Il y a enfin et surtout l'argument du communisme : aucune zone coloniale, en Afrique ou en Asie, ne sera sûre, si l'on se contente de la
traiter par une combinaison de nationalisme local et d'entreprises commerciales et industrielles, partielles et dispersées ; il nous faut enfoncer
cette évidence dans la tête de nos interlocuteurs (dont certains tel
Walter Lippman, sont déjà convaincus), moyennant quoi nous devrions
l'emporter.

Et si pourtant nous ne l'emportions pas, aurait-il été dangereux de
nous mettre en avant de la sorte ? Certainement non. Dans l'indigence
intellectuelle du monde en général, nous aurions eu le mérite de distinguer et de dire où se trouve la chance de l'Occident. Qui sait si cette
initiative ne tournerait pas, de toutes façons à notre bénéfice ? Et si
l'Occident refusait obstinément sa chance, il n'en serait ni plus ni moins
d'une situation qui ne peut, telle quelle, tourner qu'à sa perte.

**

En résumé, j'estime que nous aurions un intérêt absolu à adopter les
dispositions pratiques suivantes :

1) Accepter l'invitation américaine dans les termes où elle a été faite,
c'est à dire admettre qu'il s'agirait d'une conférence à quatre où les
problèmes coloniaux seraient abordés sans réserve ; le seul point
douteux serait celui du lieu de la conférence ; Washington semblerait
devoir être écarté et si l'on croyait, pour une raison ou pour une autre,
ne pas pouvoir choisir Paris, c'est Bruxelles sans doute qu'il faudrait
retenir ; quant à la date, le mois de mai serait approprié ;

2) Préparer entre les départements ministériels intéressés et avec la
sanction préalable du gouvernement, les instructions de la délégation
française, lesquelles auraient pour base l'idée d'une novation économique coloniale conforme au programme d'industrialisation et d'équipement stratégique de l'Union française ;

3) Provoquer un entretien avec les Belges et les Anglais, entretien à
la suite duquel seraient définitivement arrêtées les instructions de la
délégation française pour la conférence à quatre ; il devrait être entendu
que, selon les dispositions rencontrées chez nos voisins, nous nous réser-
verions, soit de garder l'exclusivité de notre position initiale, soit de
partager avec les uns ou les autres la responsabilité de projets que notre
conception d'une novation économique coloniale aurait permis de susciter ;

4) N'admettre, lors de la conférence à quatre, aucune discussion
d'ordre politique, si nos idées sur l'équipement industriel dûment exposées et clairement comprises, ne sont pas prises en considération.

Telles sont les lignes essentielles qui me paraissent devoir être suivies. Encore une fois, l'occasion est favorable ; il ne faut qu'un peu de courage pour en tirer parti.

***

Pour donner plus de clarté à la présente dépêche, je crois utile d'y joindre la note que j'avais annexée à ma dépêche n° 11 du 1er février 1950[1].

(Direction d'Afrique-Levant, Afrique Généralités, volume 58)

49

Note du Département

N. *Paris, 9 mars 1950.*

M. Laurent, directeur de la Banque d'Indochine, est de retour à Paris après un voyage en Extrême-Orient qui lui a permis de séjourner en Chine communiste à Tientsin et à Pékin pendant environ trois semaines.

Notre compatriote a été frappé du changement de ces villes : propreté, circulation, transports en commun, etc… Les liaisons ferroviaires sont également parfaitement assurées et il est même possible actuellement d'aller par chemin de fer de Pékin à Canton ce qui n'avait pas pu se faire depuis plus de 15 ans.

Les Chinois circulent librement, par contre les étrangers sont soumis à des formalités policières et doivent demander chaque fois l'autorisation spéciale pour se déplacer. Ces autorisations sont d'ailleurs assez facilement accordées sauf pour les représentants consulaires des pays qui n'ont pas reconnu le nouveau régime. C'est ainsi que le Consul de France à Tientsin n'a jamais pu se rendre à Pékin et que son collègue dans la capitale chinoise est également isolé.

À son arrivée, M. Laurent n'a pu prendre aucun contact avec les milieux officiels, il s'est alors décidé à adresser au Ministre compétent du gouvernement communiste une lettre indiquant qu'il était disposé à étudier avec le gouvernement chinois un accord de compensation avec échanges de produits. Il s'est ensuite rendu à Tientsin d'où on l'a immédiatement rappelé à Pékin et à partir de ce moment, il a eu toutes les facilités pour se déplacer et prendre tous les contacts nécessaires.

---

[1] Document non reproduit.

M. Laurent estime que la Chine ne tient nullement à une reconnaissance française, il lui fallait entrer en relation avec une puissance du bloc démocratique occidental, c'est chose faite depuis que l'Angleterre a reconnu le nouveau régime. La reconnaissance anglaise intéressait au plus haut point les Chinois : possibilité d'obtenir des bateaux absolument indispensables à l'économie du pays, remise des avions bloqués à Hongkong, reprise des échanges commerciaux par Hongkong. La Chine n'a plus besoin maintenant ni de la reconnaissance française ni de la reconnaissance américaine. Pour ce dernier pays d'ailleurs, la reprise des relations officielles avec la Suisse permet au gouvernement chinois de transférer ses dollars dans ce dernier pays sans avoir à obtenir l'agrément américain, c'est en somme Berne qui fait le *clearing* pour Pékin.

M. Laurent pense qu'une demande de reconnaissance de la part de la France pourrait aboutir à un camouflet sérieux. Il n'est pas exclu que la Chine exige par exemple un retrait des troupes françaises d'Indochine avant toute entrée en relations officielles avec Paris.

En ce qui concerne les Russes, il y a environ 3.000 techniciens à Pékin et on rencontre de nombreux ingénieurs sur les chemins de fer, cependant les Chinois ne se considèrent nullement comme des satellites de Moscou, bien au contraire. On ne peut d'ailleurs pas dire que les doctrines du marxisme soient strictement appliquées en Chine ou par exemple le commerce est parfaitement libre. Le gouvernement s'est contenté de nationaliser les entreprises qui appartenaient aux 4 grandes familles mais a encouragé les petites entreprises. Si la situation en Chine du Nord est bonne, il n'en est pas de même à Shanghai du fait du blocus nationaliste et des bombardements de l'aviation de Formose et de Canton et du fait également de l'administration militaire. Le gouvernement communiste tend d'ailleurs à diminuer l'importance de Shanghai au profit de Tientsin.

M. Laurent estime que notre seule chance d'avoir des relations avec Pékin est de nous concerter avec d'autres puissances en offrant à la Chine son entrée dans l'ONU. Poussée par les Soviets, la Chine y tient en effet beaucoup. M. Laurent ajoute que si nous ne reconnaissons pas d'ici quelque temps, le gouvernement chinois nous forcera à fermer le Consulat et à rapatrier nos fonctionnaires. Quant à nos compatriotes il n'accordera l'autorisation de demeurer en Chine qu'à ceux qui peuvent être utiles à l'État chinois.

(Direction d'Asie-Océanie, Chine, volume 212)

50

NOTE DE M. ALPHAND, DIRECTEUR DES AFFAIRES
ÉCONOMIQUES ET FINANCIÈRES
POUR M. CLAPPIER, DIRECTEUR DU CABINET
DU MINISTRE DES AFFAIRES ÉTRANGÈRES

N.   *Paris, 10 mars 1950.*

Secret.

Je vous envoie, à titre personnel, pour servir le cas échéant à un entretien avec M. Schuman et M. Parodi, une note que j'ai établie il y a une vingtaine de jours sur certains problèmes de caractère politique, économique et militaire qui se posent actuellement à nous[1]. Depuis lors, j'ai réfléchi de nouveau à ces questions et je voudrais ajouter à la note ci-jointe quelques considérations supplémentaires :

1) Dans certains milieux militaires français, on estime que le délai de deux ou trois ans qui serait nécessaire au gouvernement soviétique pour disposer des moyens techniques tels qu'il pourrait affronter une guerre, paraît court. Le général Blanc aurait, semble-t-il, d'après certaines indications, parlé d'un délai de cinq années. Personne évidemment ne peut avec certitude avancer une date. Au surplus, que le délai soit de 3 ans ou de 5, cela ne modifie pas le raisonnement d'ensemble.

2) Une conversation officieuse que j'ai eue avec M. Bruce, il y a quelques jours, semble prouver que l'avis du Département d'État n'est pas très éloigné des conclusions de la présente note. Cela ressort notamment du discours que vient de prononcer M. Acheson, des conclusions des conversations de M. Stikker, du désir manifesté de donner une substance à l'article 2 du Pacte de l'Atlantique. Mais il semble qu'on attende à Washington une initiative européenne et qu'on hésite à lancer des propositions précises avant de savoir quelle sera notre réaction.

3) On a même songé à une réunion du Conseil du Pacte de l'Atlantique pour étudier ces problèmes et reprendre une idée que M. Schuman avait lui-même lancée à Washington au mois de septembre dernier en ce qui concerne l'application de l'article 2. On a parlé d'une conférence qui se tiendrait en avril à Londres.

J'estime, pour ma part, qu'une telle réunion serait un échec. Elle doit en effet être préparée et la préparation exige un délai beaucoup plus long.

4) La vérité, c'est que l'Europe occidentale, et tout particulièrement la France, ne peut maintenir l'effort militaire actuel sans risquer de graves perturbations économiques prévues et souhaitées par le gouver-

---

[1] Voir document n° 33.

nement soviétique. Nous pouvons éviter ces troubles économiques et sociaux, grâce à une action conjointe tendant à accroître et à coordonner les ressources totales de l'Occident. Je cite un simple exemple : le général Blanc considère que les dépenses militaires du budget français devraient être <u>accrues</u> l'an prochain de 300 milliards de francs. Ce chiffre ne sera évidemment pas accepté par le gouvernement, ni voté par les Chambres. Mais il n'en reste pas moins que les dépenses militaires de 1951 seront supérieures à celles de 1950, alors que la contre-partie en francs des crédits américains diminuera sensiblement et qu'on peut craindre en même temps une aggravation de notre situation économique, donc de nos rentrées fiscales[1]. Un autre problème se trouve posé par la situation de notre balance des paiements après 1952.

5) Nous sommes donc amenés tout naturellement à élargir le cadre des institutions existantes. Peut-on imaginer un *clearing-union* incorporant les États-Unis et le Canada ? Peut-on imaginer la création d'un budget de défense occidentale permettant de faire supporter à certains des pays intéressés les charges qui pèsent trop lourdement sur les autres ? Quelles seraient les conséquences politiques de pareilles solutions ? Les accords et les organismes actuels paraissent démodés lorsque l'on considère l'ampleur de ces problèmes.

6) Il serait assurément très dangereux de lancer des idées générales sans avoir étudié d'une façon précise les propositions concrètes que nous voulons faire. C'est à cet examen que les services français spécialisés devraient se consacrer au cours des prochaines semaines. Ils ont besoin à cet effet d'une directive du gouvernement.

7) Si un programme de cette nature peut être établi, il devrait être négocié d'abord avec les Anglais, et si possible faire l'objet d'un appel commun de l'Angleterre et de la France aux États-Unis. Si, en raison de leur politique intérieure, les Anglais ne peuvent se décider, nous pourrions alors peut-être nous mettre directement en rapport avec les États-Unis.

(Secrétariat général, Dossiers, volume 10)

---

[1] Une note très secrète au sujet des charges financières du réarmement français estimait qu'il fallait d'abord s'entendre sur les chiffres. En effet, le Comité militaire de Londres estimait le déficit à 1822 milliards de francs jusqu'en 1953 alors que l'état-major de la Défense nationale l'estimait à 2 347 milliards de francs, ce qui le rendait plus tragique (note très secrète sans date, non reproduite).

51

NOTE DE LA DIRECTION D'EUROPE[1]
(Sous-direction d'Europe orientale)

Accords sino-soviétiques du 14 février 1950

N.   Paris, 10 mars 1950.

Dans le préambule d'un des accords signés à Moscou le 14 février 1950, les négociateurs soviétiques et chinois ont jugé utile de rappeler que :

« Depuis 1945, des changements radicaux sont survenus dans la situation intérieure de l'Extrême-Orient, à savoir :

– Le Japon impérialiste a subi une défaite,

– Le gouvernement réactionnaire du Kuomintang a été renversé. La Chine s'est transformée en République démocratique populaire ».

Par cette déclaration préliminaire, les parties ont entendu souligner que les accords ne sauraient être séparés des faits intervenus depuis 1945. Il convient donc de ne procéder – sous son angle soviétique – à un examen de leurs dispositions que compte tenu de deux antécédents qui conditionnent dans une très large mesure la position prise par Moscou en cette occasion :

– Les avantages acquis par l'URSS en Chine à la suite de la guerre contre le Japon.

– La part jouée par celle-ci dans la révolution communiste chinoise.

***

I) <u>Avantages acquis par l'URSS en Chine, à la suite de la guerre contre le Japon.</u>

Les droits de l'Union soviétique en Chine, tels qu'ils existaient à la veille des négociations, découlent en tout premier lieu de deux textes : l'accord signé à Yalta le 11 février 1945 entre les États-Unis, la Grande-Bretagne et l'URSS et le Pacte d'amitié et d'alliance sino-soviétique conclu à Moscou le 14 août 1945.

---

[1]   Cette note a été diffusée sous bordereau collectif aux Cabinet du Ministre, Secrétariat général, Secrétariat des Conférences, aux directions d'Afrique-Levant, d'Amérique, d'Asie-Océanie, des Affaires économiques, aux postes de Londres, Washington, Varsovie, Prague, Budapest, Belgrade, Bucarest, Sofia, Rome, Bruxelles, La Haye, Luxembourg, Athènes, Ankara, Le Caire, Madrid, Ottawa.

A – *Accord de Yalta du 11 février 1945.*

Aux termes de cet arrangement, les États-Unis, la Grande-Bretagne et l'Union soviétique sont convenus que l'entrée en guerre de cette dernière puissance contre le Japon s'effectuerait sous réserve des conditions suivantes qui lui accordent pour l'avenir de larges possibilités d'action en Extrême-Orient :

« 1/ Le "statu quo" sera respecté en Mongolie extérieure.

2/ Les droits antérieurs de la Russie, violés par l'attaque perfide du Japon en 1904 seront rétablis, c'est-à-dire :

    a) La partie sud de Sakhaline ainsi que toutes les îles adjacentes feront retour à l'Union soviétique.

    b) Le port commercial de Daïren sera internationalisé ; les intérêts essentiels de l'Union soviétique dans ce port seront sauvegardés et la cession à bail de Port-Arthur à l'URSS comme base navale sera rétablie.

    c) Le chemin de fer de la Chine de l'Est et le chemin de fer de la Mandchourie du Sud, qui assure un débouché à Daïren, seront exploités conjointement par une société mixte sino-soviétique constituée à cet effet, étant entendu que les intérêts essentiels de l'Union soviétique seront sauvegardés et que la Chine conservera une pleine et entière souveraineté en Mandchourie.

3/ Les îles Kouriles seront cédées à l'URSS ».

L'Union soviétique se déclarait en outre disposée à conclure un pacte d'amitié et d'alliance avec le gouvernement national de la Chine qui, principal intéressé, n'avait cependant pas été partie à cet arrangement.

B – *Pacte d'amitié et d'alliance sino-soviétique du 14 août 1945.*

Conformément à l'accord intervenu entre les alliés, le 8 août 1945, l'Union soviétique déclare la guerre au Japon et pénètre en Mandchourie ; sous la pression des évènements, Tchang Kaï-chek est amené à entrer en négociation avec Moscou qui – on ne saurait trop le souligner – a déjà en mains les avantages qui lui ont été antérieurement accordés par les États-Unis et la Grande-Bretagne.

Les accords signés à Moscou le 14 août 1945 – qui régleront les rapports sino-soviétiques, jusqu'aux récents accords du 14 février 1950 – n'ont donc fait que consacrer la position déjà acquise par l'Union soviétique en Chine.

Le gouvernement de Tchang Kaï-chek, pour l'illusoire garantie d'un traité d'alliance dont l'article V affirme « le respect de la souveraineté et de l'intégrité territoriale, et la non intervention dans les affaires intérieures de l'autre partie », devait, en effet, accepter une lourde hypothèque soviétique sur la Mandchourie ; aux termes de l'accord :

1/ Le chemin de fer de la Chine de l'Est et celui de la Mandchourie du Sud, désormais appelés du nom de « Chemin de fer chinois de Tchang-Tchoung », devenaient copropriété de la Chine et de l'Union soviétique, et étaient soumis à une administration mixte.

2/ L'administration de la base navale de Port-Arthur, était également confiée à une commission mixte où prédominerait l'élément soviétique.

3/ L'URSS recevait à bail une partie du port commercial de Daïren, dont la direction serait assurée par un de ses ressortissants.

Par des lettres annexes, l'Union soviétique reconnaissait en outre que « les trois provinces de l'Est faisaient partie intégrante de la Chine et confirmait une fois de plus sa volonté de respecter la souveraineté chinoise sur ces trois provinces dont elle reconnaissait expressément l'intégrité territoriale et administrative «. L'URSS confirmait également, au sujet du Sinkiang, qu'elle n'avait pas l'intention de s'immiscer dans les affaires intérieures de la Chine. Elle obtenait en contrepartie du gouvernement de Tchang Kaï-chek que « compte tenu du désir d'indépendance exprime à plusieurs reprises par le peuple de la Mongolie extérieure, il s'engageat après la défaite du Japon, si un plébiscite du peuple de la Mongolie extérieure confirmait cette volonté d'indépendance, à reconnaître l'indépendance, de la Mongolie extérieure dans ses frontières actuelles ».

II) L'Union soviétique et la mainmise des communistes sur la Chine.

En signant les accords du 14 août 1945, l'Union soviétique avait donc reconnu le « gouvernement national » comme gouvernement central chinois, donné l'assurance de ne pas s'immiscer dans les affaires intérieures du pays et pris notamment l'engagement de respecter la souveraineté de la Chine sur les trois provinces du Nord-Est (Mandchourie).

On sait par quel subterfuge cependant, l'Union soviétique, après en avoir recueilli le profit, tourna ses engagements : à l'occasion du retrait de leurs troupes de Mandchourie en 1946, les autorités soviétiques firent obstacle au rétablissement du pouvoir des nationalistes et passèrent la main aux troupes communistes chinoises. Sans violer apparemment ses engagements, elle constitua ainsi, dans la région industrielle du pays, la base d'opérations d'où, avec son appui, les troupes communistes de Mao Tsé-Toung pûrent réaliser leur expansion à travers toute la Chine.

Aussi, proclamée le 1er octobre 1949, « la République populaire chinoise » était-elle reconnue le 3 du même mois par Moscou et ses satellites.

L'Union soviétique avait en définitive effectué une de ses plus remarquables « agressions intérieures », en faisant éliminer, pour son compte, par les Chinois eux-mêmes le régime nationaliste allié des puissances anglo-saxonnes : « La victoire de la démocratie chinoise ouvre une nouvelle page dans l'histoire », pouvait déclarer Malenkov le 9 novembre 1949. Mais en même temps, pour la première fois au cours de l'expansion de son influence dans le monde, l'Union soviétique avait facilité <u>la mainmise d'un parti communiste sur un pays qui par sa superficie et l'importance de sa population lui était comparable et dont, contrairement à l'avantage de sa position en Europe orientale, elle n'avait pu s'assurer au préalable le contrôle par l'intervention de ses propres forces militaires.</u>

***

Les accords de Moscou du 14 février 1950.

Ainsi donc, lorsque s'ouvrent à Moscou, au milieu de décembre 1949, les négociations avec la nouvelle République populaire chinoise, l'Union soviétique garde toujours les avantages que les traités de 1945 lui ont accordés en Mandchourie ; elle dispose également d'une évidente influence sur le parti communiste chinois et de la présence de ses conseillers et techniciens auprès des nouveaux dirigeants communistes.

Certes un recours à de tels moyens de pression pouvait paraître superflu : de quoi s'agissait-il en apparence pour l'Union soviétique, sinon en effet de réaliser avec un partenaire, soumis à la même discipline idéologique et associé de longue date à son action, la simple mise en forme d'une politique commune ? Dans une telle perspective, l'Union soviétique avait beau jeu, semble-t-il, de montrer à l'opinion chinoise qu'elle s'abstenait de monnayer ses hypothèques sur la Chine, et surtout qu'elle était décidée à faire preuve de générosité en apportant à ses interlocuteurs toutes les concessions de nature à affirmer leur position. Staline n'avait-il pas déclaré dès 1925 que : « La vérité et la justice étaient entièrement du côté de la Révolution chinoise » ?

Or, pour être à même de remplir le rôle qui lui était désormais dévolu au profit de la politique communiste, la nouvelle république populaire devait nécessairement satisfaire au moins les besoins ou les sentiments de la population chinoise sur les points suivants :

– <u>Sur le plan national</u> : obtenir la cession des « avantages inégaux » détenus par l'Union soviétique depuis 1945 et une garantie valable de l'intégrité du territoire chinois.

– <u>Sur le plan économique</u> : recevoir l'aide économique et financière nécessaire à la reconstruction et à l'industrialisation du pays.

– <u>Sur le plan politique</u> : bénéficier d'une assistance apte à maintenir sa sécurité extérieure et intérieure.

De fait, les négociations de Moscou et les accords qui en marquent l'issue montrent que l'Union soviétique s'est très largement efforcée de donner l'impression de sa bonne volonté :

On sait que Mao Tsé-Toung et la délégation chinoise ont reçu de la part des autorités soviétiques l'accueil extérieur le plus flatteur, et que ces dernières ont même affecté à plusieurs reprises de considérer leurs hôtes comme des égaux, animés d'intentions communes.

La même volonté soviétique de satisfaire les sentiments et les besoins du peuple chinois est maintes fois soulignée dans les textes signés le 14 février 1950. Ceux-ci comportent évidemment des <u>concessions</u> soviétiques non négligeables :

1/ L'Union soviétique abandonne tous ses droits sur la direction du <u>chemin de fer de Tchang-Toung</u>, elle annonce le retrait de ses troupes de la base maritime commune de <u>Port-Arthur</u> et la remise à la République populaire chinoise des installations qu'elle y possède.

2/ Sur le plan financier, elle accorde <u>un crédit de 300 millions de dollars U.S.A.</u>, au taux d'intérêt de 1 % livrable en 5 annuités : le prêt dont il s'agit étant expressément destiné à permettre à la Chine d'acheter en URSS l'équipement – notamment industriel, électrique, métallurgique et minier – nécessaire à la « restauration et au développement de son économie nationale ». L'Union soviétique promet en outre de restituer à la Chine les biens qu'elle a saisis en Mandchourie sur les propriétaires japonais.

3/ Dans le domaine politique, la République populaire bénéficie <u>d'un pacte d'assistance mutuelle</u> de type classique qui prévoit notamment :

- (art. 3), une action en faveur de la conclusion d'un traité de paix conjoint concernant le Japon.
- (art. 1), des mesures communes pour empêcher le retour d'une agression de la part du Japon <u>ou de tout État qui s'allierait à lui</u>. En cas d'agression de cette Puissance <u>ou de tout autre État qui s'allierait à lui</u>, une aide militaire « ou tout autre à sa disposition ».
- (art. 4), une consultation mutuelle sur tous les problèmes internationaux importants.
- (art. 5), des mesures propres à assurer le développement des relations économiques et culturelles entre l'Union soviétique et la Chine (« toute l'assistance économique possible » et « la coopération économique indispensable »).

À l'exception des obligations réciproques qui résultent du pacte d'assistance mutuelle, et des conditions mises au remboursement en 10 ans du crédit de 300 millions de dollars, la Chine – si l'on en croit le texte des accords – n'accorde en contrepartie à l'Union soviétique qu'une déclaration confirmant l'indépendance de la Mongolie extérieure proclamée au lendemain du plébiscite de 1945 et déjà reconnue par le gouvernement de Tchang Kaï-chek.

Les accords du 14 février marquent donc bien le souci soviétique d'administrer la preuve de sa bonne volonté à l'égard de la nouvelle

République populaire. Aussi, plus d'une information souligne combien l'opinion chinoise a été sensible aux ménagements dont elle a été l'objet.

Mais une analyse plus poussée des clauses de l'arrangement intervenu, laisse apparaître le souci non moins évident de l'Union soviétique de n'abandonner dans l'immédiat aucun des gages acquis antérieurement, de ne faciliter que de façon strictement mesurée la tâche de Mao Tsé-Toung, de s'abstenir enfin de toute allusion aux questions les plus délicates – comme celle du Sinkiang – sur lesquelles vraisemblablement une entente s'est avérée difficile.

La partie la plus intéressante des récents accords est donc, sans contredit, celle où transparaît précisément la volonté du Kremlin de réserver l'avenir en observant dans le présent une prudente expectative.

Même si l'on tient compte du fait que les pourparlers de Moscou se sont déroulés entre Orientaux, il reste néanmoins difficilement explicable, qu'il ait été nécessaire de poursuivre les négociations pendant deux mois pour aboutir aux textes actuellement publiés, si l'on n'admet pas en même temps que la délégation chinoise s'est efforcée, soit de faire dissiper l'incertitude et l'insuffisance des textes, soit peut-être même de contrecarrer certaines exigences soviétiques consignées depuis dans des clauses secrètes.

Toujours est-il que, considérés plus attentivement, les accords du 14 février apportent, dans le présent, à la Chine communiste des avantages sur plus d'un point illusoires.

A/ *Clauses territoriales.*

– L'abandon par l'Union soviétique de ses droits en Mandchourie, pour essentiel qu'il soit, reste pour le moment une simple éventualité, puisque celui-ci ne doit intervenir « qu'après la signature du traité de paix avec le Japon et au plus tard avant la fin de 1952 ».

L'argument notamment de la signature d'un traité de paix relatif au Japon avant la fin de 1952 apparaît comme particulièrement spécieux. Certes l'art. 2 du « traité d'amitié et d'alliance mutuelle » prévoit que « les deux parties contractantes s'engagent…….. à le faire aboutir dans les plus brefs délais », mais ajoute « conjointement avec les autres alliés de la deuxième guerre mondiale ». Ainsi l'Union soviétique peut se retrancher derrière l'impossibilité – suscitée ou non – de parvenir à un accord avec les autres alliés, pour garder jusqu'au 1er janvier 1953 en Mandchourie tous les avantages qu'elle tient des traités de 1945.

Par ailleurs, même si elle exécute ses engagements en 1953, l'Union soviétique s'est réservé le droit d'« utiliser la base maritime militaire de Port-Arthur……… dans le cas où l'une des parties contractantes serait victime d'une agression de la part du Japon ou de quelqu'autre État allié à ce dernier ».

Le règlement enfin de la question du port de <u>Daïren</u> est différé jusqu'à la conclusion du traité de paix avec le Japon, c'est-à-dire, comme nous l'avons souligné plus haut, jusqu'à une date encore indéterminée.

– En dehors d'une clause générale de non immixtion dans les affaires intérieures de la Chine, les accords publiés ne font pas état – comme ce fut le cas en 1945 – d'un engagement soviétique précis sur le <u>Sinkiang</u>. Ainsi l'Union soviétique garde la position qu'elle s'est antérieurement assurée dans cette région : elle maintient ses multiples consulats, peut continuer à acquérir les terrains nécessaires à l'établissement de l'infrastructure de ses lignes aériennes, effectuer les prospections minières qui l'intéressent...... Mais le silence des textes lui permet vraisemblablement de hâter également l'évolution de ce pays vers une « autonomie », puis une « indépendance » aussi favorable que celles progressivement obtenues par la Mongolie extérieure.

B/ *Aide économique.*

Les avantages accordés dans ce domaine par l'URSS à la Chine communiste apparaissent manifestement insuffisants et équivoques :

Le crédit de 300 millions de dollars est en effet réparti en cinq annuités d'un montant égal, soit une soixantaine de millions de dollars par an. Si l'on considère que le budget annuel de la Chine est de l'ordre de 1 milliard de dollars et que, d'autre part, la reconstruction d'un territoire ruiné par de longues opérations de guerre et l'équipement industriel d'un pays aussi vaste que celui-ci exigent des moyens financiers énormes, la somme allouée annuellement par l'Union soviétique apparaît comme presque dérisoire ; elle ne pourra permettre, semble-t-il, qu'un réaménagement partiel sinon un simple entretien des installations encore existantes.

Par ailleurs – et ceci est plus grave – jusqu'à concurrence du montant total du prêt, l'Union soviétique impose à la Chine d'être tributaire des marchandises et du matériel qu'elle voudra bien lui fournir : l'URSS sera en mesure par ce moyen de maintenir sous sa dépendance presque totale l'économie de la nouvelle république populaire au cas où celle-ci ne pourrait recourir à d'autre sources d'importation ; elle sera à même notamment de fixer dans quel sens doit s'orienter l'économie – principalement l'industrie – chinoise, et de marquer ainsi, le cas échéant, les limites de son développement.

Les stipulations concernant le taux d'intérêt, la date et la durée du remboursement, la fixation du prix du matériel livré par Moscou (base des prix du marché mondial), l'obligation de rembourser une partie du prêt en or et en dollars constituent en fait une excellente opération financière pour l'Union soviétique. Et l'on peut se demander en tout état de cause par quel moyen la Chine, après avoir exporté en URSS les matières premières et le thé destinés au remboursement partiel de l'emprunt, pourra se procurer l'or et les devises américaines qui permettraient de solder la différence.

La rétrocession à la Chine des biens japonais saisis en Mandchourie apparaît enfin assez illusoire : il s'agit là en effet d'un matériel qui, le plus souvent, n'a pas été transféré en Union soviétique parce que périmé…..

C/ *Assistance politique.*

Le pacte d'alliance et d'assistance mutuelle n'est pas également sans présenter un caractère équivoque.

Certes, l'Union soviétique a promis à la Chine une large assistance intérieure et extérieure, mais l'expérience de l'accord sino-soviétique du 14 août 1945 et surtout celle des accords du même type conclus en Europe orientale par l'Union soviétique prouve que sous couvert d'« amitié » le Kremlin cherche en réalité à mener une collaboration à sens unique. Qu'il s'agisse d'échanges économiques ou culturels, de coopération militaire ou bien même de la coordination des moyens politiques, aux yeux de Moscou, l'intérêt soviétique reste le seul facteur déterminant.

Sous le prétexte de prêter aide aux « jeunes démocraties », il est avéré que l'Union soviétique prend chaque jour plus d'influence au sein du régime, pousse ses hommes aux postes clés, paralyse de l'intérieur toutes velleités d'autonomie. Avec le temps, apparaissent les « réprimandes », puis les « épurations », qui n'épargnent même pas, s'il est nécessaire, les plus importants dirigeants communistes. Comme le montre le précédent de la Yougoslavie, une seule alternative subsiste en définitive pour ces derniers : celle de se soumettre ou de rompre.

Les possibilités ainsi ouvertes par les récents accords à l'intervention soviétique dans la politique intérieure chinoise n'ont pu échapper au nouveau conquérant communiste : Mao Tsé-Toung n'a évidemment pas été sans rapprocher les dissensions latentes au sein du parti et le caractère encore incertain du ralliement des masses chinoises, du désir soviétique de ne céder qu'à terme ses gages en Mandchourie, et de n'accorder à la République populaire qu'avec parcimonie l'aide économique et technique indispensable.

Il est vraisemblable que soucieuse d'atténuer le caractère trop évident de ces restrictions, l'Union soviétique aura cherché à démontrer à ses interlocuteurs le parti qu'ils peuvent tirer à l'extérieur de l'alliance proposée : la promesse d'assistance en cas d'agression de la part de son seul concurrent notable en Extrême-Orient : le Japon, <u>ou de tout autre puissance</u> qui s'allierait à lui constitue en effet une large garantie pour la nouvelle république populaire. Il est probable également que Mao Tsé-Toung aura reçu, en compensation du maintien par l'Union soviétique de sa position en Mandchourie et dans le Sinkiang, une ample liberté d'action vers le Sud-Est asiatique (Hong-Kong – Indochine – Siam – Birmanie – Tibet), mais on discerne mal quels avantages autres que de prestige, la Chine même communiste aurait à s'engager pour le moment du moins dans une telle voie. Aux prises avec le difficile problème de réorganiser un immense territoire éprouvé par 13 ans de luttes, pressé de résoudre des difficultés économiques indéniables, désireux peut-être de maintenir le plus possible la relative autonomie que lui confèrent encore ses éclatants succès, Mao Tsé-Toung n'a, semble-t-il, guère d'intérêt, avant d'avoir assuré sa position au centre de la Chine, à mener une telle entreprise pour le profit de l'Union soviétique. Il risquerait en effet de s'opposer irrémédiablement aux « puissances occidentales » et de susciter de vives appréhensions parmi les nouveaux États nationaux du Sud asiatique, alors que, du point de vue économique notamment, il garde intérêt à se ménager encore de larges possibilités de ce côté. Il n'en reste pas moins cependant que Mao Tsé-Toung pourra être amené à se soustraire à la pression exercée par l'Union soviétique en entreprenant des opérations au moins limitées dans le Sud-Est asiatique…

***

Ainsi donc une analyse des accords du 14 février laisse apparaître de la part de l'Union soviétique une double intention :

– D'une part, celle de multiplier les manifestations de son « amitié fraternelle » et de sa générosité à l'égard de l'allié chinois, et en cela l'URSS vise à affermir sa propagande en Chine, en Extrême-Orient et dans le monde, en montrant qu'elle accorde au « communisme chinois » le soutien que celui-ci semblait normalement en droit d'attendre.

– Mais d'autre part, l'Union soviétique multiple tout autant les réserves et les manœuvres dilatoires : clauses suspensives dans le règlement de la question de Mandchourie, limitation stricte des crédits accordés, sans même évoquer la possibilité qu'elle se réserve d'user du « pacte d'amitié et d'alliance » à des fins d'intervention entre les factions chinoises et de diversions vers le Sud-Est asiatique.

Appelée tout naturellement à normaliser ses relations avec la Chine communiste au lendemain de la remarquable conquête réalisée par Mao Tsé-Toung, l'Union soviétique n'a manifestement pas estimé devoir apporter à la nouvelle république populaire un appui sans réserve.

La Révolution communiste chinoise joue cependant un rôle capital dans la politique soviétique : celle-ci réalise la condition de l'alliance prévue et recommandée par Lénine préalablement à l'établissement du communisme dans le monde. Elle soustrait, en effet, un immense empire de plus de dix millions de kilomètres carrés et de plus de 400 millions d'individus à l'influence politique des puissances occidentales. Elle apporte aux frontières orientales de l'Union soviétique, le recul nécessaire à leur sécurité. Évoquant notamment ces conséquences, Malenkov a pu souligner dans son rapport pour le XXXIIᵉᵐᵉ anniversaire de la Révolution d'octobre que non seulement « jamais au cours de son histoire, la Russie n'a eu de frontières aussi bien établies », mais encore que « jamais elle n'a été entourée de pays voisins aussi amis… ».

Les succès de Mao Tsé-Toung ouvrent enfin de très larges perspectives à l'expansion communiste dans le Sud-Est asiatique et par là étend encore le champ possible de son action contre les impérialistes. Moscou apparaît aujourd'hui comme le centre politique d'un système qui, des démocraties populaires d'Europe orientale à la République populaire chinoise, domine l'immense continent eurasiatique.

Et pourtant, quels que soient les importants avantages retirés de la victoire de Mao Tsé-Toung, l'Union soviétique a jugé expédient de ne s'engager qu'avec beaucoup de prudence dans la voie des concessions à son partenaire chinois, et s'est, en tout état de cause, refusée à céder dans l'immédiat, les gages qu'elle possède à son encontre.

Une telle position trahit évidemment une certaine méfiance du Kremlin à l'égard de Mao Tsé-Toung[1] et des communistes chinois. Estimant vraisemblablement que ceux-ci ne sont pas entièrement à l'abri d'une tentation de « nationalisme », l'Union soviétique a préféré garder à sa disposition les moyens qui lui permettraient de se prémunir contre un schisme éventuel de Pékin, ou même contre un certain mauvais vouloir dans l'exécution de ses directives.

Examinés sous cet angle, les accords du 14 février apparaissent comme le cadre dans lequel pourra se réaliser progressivement une plus étroite collaboration entre Moscou et le communisme chinois, mais ne constituent dans l'immédiat qu'un instrument tactique de la politique soviétique, un règlement provisoire des rapports sino-russes, à l'abri duquel le Kremlin compte, en utilisant les divergences locales, affermir son emprise sur la Chine et pousser plus avant son expansion en Extrême-Orient.

Désireuse de ne pas sacrifier à la « Révolution » les intérêts du « seul État révolutionnaire », l'Union soviétique appelle en définitive les « meilleurs » communistes chinois à mériter l'alliance qui est promise à ceux qui se soumettent à ses directives.

(Direction d'Europe, URSS, volume 164)

---

[1] *Note du document :* « Interrogé à Hong-Kong sur le point de savoir si Mao Tsé-Toung était "d'abord chinois ou d'abord communiste", un membre du gouvernement de Pékin n'a-t-il pas récemment décrit le conquérant "communiste" comme un "Chinois cheminant le long de la ligne pacifiste socialiste"… ».

52

M. Parodi, Secrétaire général du Ministère des Affaires
Étrangères,
à M. Massigli, Ambassadeur de France à Londres.

L.   *Paris, 10 mars 1950.*

Je compte que cette lettre vous parviendra quand vous en aurez fini
avec le voyage et les festivités. Je n'ai d'ailleurs qu'un mot très bref à
vous envoyer qui se rapporte à votre télégramme n°s 859-63[1].

J'ai été frappé de la phrase où vous relevez qu'on a toujours quelque
crainte, à Londres, d'une entente directe entre Washington et Moscou.
C'est une constatation que j'ai eu l'occasion de vérifier plusieurs fois
au cours des conversations où j'ai été mêlé au cours des trois dernières
années. Elle donne sans doute le mot de certains changements d'attitude britanniques, à première vue peu compréhensibles. Je considère
que l'intérêt de la France est dans un sens tout opposé. S'il apparaissait
qu'une conversation directe entre Washington et Moscou pût conduire
à quelque chose, ce serait notre intérêt majeur que de faciliter et
appuyer l'idée d'une telle conversation parce que notre intérêt essentiel
est celui du maintien de la paix et parce que nous avons suffisamment
fait l'expérience des conversations à Quatre pour savoir qu'elles ne
donnent guère de résultats.

Je me suis assuré que Bonnet est bien d'accord avec moi sur cette
manière de voir. Je ne doute pas qu'elle soit aussi la vôtre. J'ai tenu à
la préciser pour que nous agissions dans le même sens si jamais l'occasion s'en présentait.

J'attends avec impatience le résultat de vos conversations de ces trois
jours ; j'espère qu'ils ne vous ont pas paru trop fatigants.

(Papiers d'agents-archives privées, papiers Massigli, volume 101)

---

[1]   Document non reproduit.

53

NOTE DE LA DIRECTION DES AFFAIRES
ÉCONOMIQUES ET FINANCIÈRES[1]
POUR LE PRÉSIDENT[2]

Relations économiques et financières franco-polonaises

N. *Paris, 11 mars 1950.*

Le 7 janvier 1950, il était notifié à l'Ambassade de Pologne que « le gouvernement français estimait que les circonstances présentes n'étaient pas favorables à l'ouverture de la négociation » qui, à la même date, devait être engagée en vue du renouvellement de l'accord commercial annuel franco-polonais.

Le lendemain, la Direction des Affaires économiques et financières, commentant verbalement cette communication à la demande du Conseiller commercial près l'Ambassade de Pologne, précisait qu'étaient suspendus les échanges commerciaux rentrant dans le cadre de l'accord commercial annuel, à la seule exception des affaires anciennes ayant préalablement fait l'objet de la conclusion de marchés fermes, et des opérations nouvelles susceptibles d'être traitées suivant l'accord parti-culier entre les deux parties ; – qu'en revanche se poursuivrait l'exécu-tion des accords de troc de juillet 1947 et d'équipement de mars 1948.

Il convient aujourd'hui de dégager les résultats et, pour l'avenir, de mesurer les conséquences découlant de l'interruption, il y a deux mois, des relations commerciales courantes entre la France et la Pologne.

Sans doute la Direction économique n'est elle pas en mesure d'appré-cier la portée, sur le plan politique, de la décision du gouvernement français qui n'en apparaît pas moins, à en juger par les réactions enre-gistrées auprès du Conseiller commercial polonais à Paris et du minis-tère des Affaires étrangères à Varsovie, comme ayant fait vivement impression.

Mais, le gouvernement polonais, plutôt que d'entrer dans la voie de représailles, n'a voulu considérer que l'aspect technique de la situation. Il s'est borné à représenter objectivement que la suspension de l'accord de clearing le privait des ressources nécessaires pour faire face au règle-ment non seulement de commandes passées dans le cadre de cette convention, mais encore des frais accessoires (emballages, transports, assurances, ….) grevant les fournitures inscrites dans l'accord d'équi-

---

[1]   Note signée Alphand.
[2]   Note manuscrite : « *J'ai demandé 1) que la Direction des Mines soit à nouveau interrogée : une réduction des importations de 600.000 tonnes pour 1950 resterait-elle un chiffre valable ? 2) que les points de vue opposés des Mines et des industries exportatrices soient confrontés. Alphand doit s'en occuper. 13-3. A. P[arodi]* ».

pement. La conclusion des derniers marchés prévus par celui-ci allait donc être interrompue et les deux organismes intéressés, – le comité central polonais des ventes de charbon et l'association technique de l'importation charbonnière, – devraient prendre les dispositions nécessaires pour adapter l'accord d'équipement au nouvel état de choses.

S'il n'a pas encore été recouru à cette procédure qui consacrerait l'élimination définitive des commandes polonaises d'environ 21 millions de dollars restant à passer et mettrait en cause la question du crédit de 10 millions de dollars ouvert par la France, elle-même liée au problème de l'indemnisation des biens nationalisés, en revanche, ces opérations particulières qui, à titre transitoire, pouvaient être traitées entre les deux parties, n'ont apporté qu'un modeste appoint d'une vingtaine de millions de francs.

Par ailleurs, des pourparlers entrepris à titre privé par l'A.T.I.C. ont montré que si le comité central polonais est conscient de la nécessité de faire des concessions substantielles sur le prix des charbons, il entend n'aborder ce sujet qu'en même temps que celui des tonnages dans le cadre d'une négociation générale. Le seul compromis envisagé aurait consisté à traiter le solde de 80.000 tonnes du contrat du 29 décembre 1948 aux prix fixés par ce dernier étant entendu que serait remboursée ultérieurement la différence entre ce prix et celui qui serait convenu à l'occasion de la conclusion de l'accord commercial annuel.

Cette proposition, outre qu'elle impliquerait l'octroi par l'A.T.I.C. au comité central polonais d'un crédit supplémentaire correspondant à l'écarts entre prix anciens et nouveaux, priverait la France du seul avantage qu'elle a retiré, sur le plan économique, de l'interruption de ses relations commerciales courantes avec la Pologne, à savoir la suspension de ses importations de charbon au titre de l'accord annuel.

Les résultats acquis dès à présent à cet égard ne sont pas négligeables : il s'agit de la tranche de 80.000 tonnes du contrat de 1949 plus environ 300.000 tonnes pour les mois de janvier, février et mars 1950. Il ne resterait donc à obtenir des Polonais qu'une diminution supplémentaire de 220.000 tonnes sur les importations annuelles de 1950 pour aboutir à la réduction globale de 600.000 tonnes que souhaitait la Direction des Mines.

Mais, en contrepartie, la production industrielle française a déjà subi, dans ses exportations vers la Pologne, des restrictions sensibles. Dans le seul accord annuel, les commandes compromises, sinon perdues, représenteraient 2 milliards de francs pour les industries mécaniques et électriques ; notre absence est exploitée par nos concurrents, l'Allemagne et l'Angleterre en particulier : à titre d'exemple, la Marconi's Wireless Cy, de Londres, vient d'enlever une commande de 300 millions de francs de câbles hertziens à la Compagnie générale de T.S.F. qui était parvenue jusque là à être le fournisseur exclusif du gouvernement polonais. Cette situation s'aggravera encore si les programmes d'achats polonais, qui sont établis au mois d'avril, ne doivent pas tenir compte des possibilités de l'industrie française.

En conclusion, les Polonais ne pouvant, ou par susceptibilité, ne voulant se prêter aux expédients discrets d'un *modus vivendi* provisoire, la prolongation du présent état de faits entraînerait une altération sensible des relations économiques et financières franco-polonaises : la réalisation de la dernière tranche de commandes de 20 millions de dollars et toutes les questions gravitant autour de l'accord d'équipement, – indemnisation des biens nationalisés, remboursement des découverts polonais – pourraient être remises en cause. En même temps, serait différée la solution des problèmes financiers (créances commerciales, du Trésor, et des porteurs français, soit ensemble 25 millions de dollars) que le gouvernement français entendait poser comme la condition préalable de l'ouverture de pourparlers commerciaux. Quel serait, en revanche, le bénéfice pour les intérêts généraux de l'économie française ? Une suspension, limitée d'ailleurs jusqu'au moment où seront inévitablement reprises les relations commerciales entre la France et la Pologne des achats de charbon polonais. Or, une réduction équivalente du tonnage des importations françaises semble pouvoir être obtenue à l'occasion d'une nouvelle négociation.

Tels sont les éléments économiques du problème : il ne s'agit plus que de savoir dans quelle mesure et vers quelle solution le facteur politique doit orienter la décision du gouvernement français[1].

(Direction d'Europe, Pologne, volume 191)

54

M. MASSIGLI, AMBASSADEUR DE FRANCE À LONDRES,
À M. SCHUMAN, MINISTRE DES AFFAIRES ÉTRANGÈRES.

T n°s 941-953.   *Londres, 15 mars 1950, 15 h.*

(Reçu : le 15, 16 h.)

Les rapports anglo-américains dont cette ambassade a eu si souvent l'occasion de souligner l'intimité sont depuis quelques mois marqués par d'évidentes difficultés et sujets à d'indéniables frictions.

---

[1] La reprise des négociations aura lieu en août 1950 avec l'envoi d'une délégation française afin de conclure un nouvel accord commercial en remplacement de celui du 30 décembre 1948 (télégramme circulaire n° 190 IP du 9 août 1950 de Paris, non reproduit. Voir également la note non reproduite du 16 septembre 1950 de la Direction des Affaires économiques et financières qui fait le point sur l'avancement des négociations).

Un premier signé de malaise apparut au printemps dernier à propos de l'accord économique anglo-argentin. À peine atténuée la pénible impression créée ici par la violente réaction de certains intérêts américains survint le profond froissement causé dans les milieux travaillistes par le parti-pris des milieux d'affaires et même de façon à peine déguisée de la Trésorerie des États-Unis en faveur de la dévaluation de la Livre. Depuis lors, la controverse soulevée par la reconnaissance du gouvernement de Pékin, puis le plan britannique de substitution du « Petrole Sterling » au « Petrole Dollar » ranimèrent une irritation latente que les conversations économiques de Washington en septembre dernier, n'avaient que provisoirement apaisée. Tout récemment, les sympathies ouvertement exprimées par une grande partie de la presse américaine pour le parti conservateur à l'occasion de la campagne électorale ont de nouveau indisposé les responsables de la politique britannique tandis que l'affaire Fuchs venait introduire dans l'opinion aux États-Unis un élément très spécial de méfiance.

Ce qui confère à ces heurts successifs peut être occasionnels un caractère particulier, c'est qu'ils se produisent dans la perspective des difficultés en quelque sorte continues auxquelles a donné lieu la mise en œuvre du plan de relèvement européen. Celui-ci, une fois dépassée la période initiale de remise en route individuelle de l'économie des pays bénéficiaires, est entré dans la seconde phase beaucoup plus ardue de l'établissement d'une économie européenne « viable ». Les conceptions de l'ECA[1] sur un « marché unique de deux cent quatre vingt millions d'hommes » sont de nature à apparaître en Grande-Bretagne plus que dans tous les autres pays européens comme tenant insuffisamment compte de la complexité des problèmes à résoudre et la marge excessivement réduite qui est laissée aux dirigeants pour la défense des intérêts du Commonwealth et de la zone sterling les incite à une résistance de plus en plus déterminée, semble-t-il aux idées de multilatéralisation intégrale et immédiate. Les interventions de M. Hoffman et de ses collaborateurs à l'OECE[2] en vue de neutraliser cette action anglaise de retardement plus encore de publicité donnée à ces manifestations, ne heurtent ici, pas seulement les idées personnelles de Sir Stafford Cripps. L'Anglais moyen ne peut s'empêcher de faire un rapprochement entre les conseils assortis parfois de menaces voilées qui lui sont adressées et les conséquences catastrophiques pour l'économie de son pays de la « récession » que n'a pas su éviter l'an dernier son mentor d'outre-Atlantique. Réciproquement toute action de l'Angleterre, principale cliente des États-Unis, pour réduire son déficit dollar, ne peut manquer d'affecter des intérêts privés américains : qu'il s'agisse des fermiers, des producteurs de films ou des compagnies de pétrole, le Congrès et la presse sont prêts à se faire l'écho de leurs griefs et l'administration,

---

[1]　ECA : *European Cooperation Agency.*
[2]　OECE : Organisation européenne de coopération économique.

quelle que soit sa compréhension pour les conséquences logiques que tire le gouvernement britannique de sa pauvreté en dollars, est bien souvent impuissante à apaiser ces vagues de récriminations.

On peut donc considérer que c'est donc principalement dans le domaine économique et à un degré qui peut encore croître que les causes de friction les plus permanentes existent entre les deux pays. Il est d'ailleurs intéressant de relever l'attitude que semble vouloir adopter maintenant la politique britannique à cet égard. Sir William Strang m'exposait récemment qu'en définitive, l'attitude du Congrès en ce qui concerne le vote des crédits Marshall dépendrait beaucoup moins des efforts qu'auraient déployés les pays membres de l'OECE pour répondre aux exhortations de M. Hoffman que de l'état des finances publiques américaines, de l'incidence qu'aurait sur le contribuable américain l'aide demandée pour l'Europe et surtout de l'idée que se ferait le pays de la gravité du péril communiste. Sir Roger Makins a déclaré à un membre de cette ambassade, dans des termes encore plus nets, que les appels de l'administration de l'ECA, si pressants qu'ils soient, ne pourraient, dans ces circonstances, être entendus ici que dans la mesure où ils n'auraient pas pour effet d'écarter le gouvernement de sa ligne de raison.

Le raidissement anglais, comme l'indiquait notre Ambassadeur à Washington dans son télégramme n°s 622/27[1], est donc en matière économique et financière, très net.

Est-ce à dire que le malaise qui en résulte aille jusqu'à porter une ombre sur les relations politiques entre les deux pays ?

Il est certes malencontreux pour la Grande-Bretagne que le résultat indécis des récentes élections tende à alimenter et à prolonger les querelles de caractère largement électoral, qui ont surgi entre les deux pays à propos des méthodes et des conceptions travaillistes. De même l'accident Fuchs arrive à un mauvais moment et peut servir de prétexte aux Américains pour s'enfermer dans l'attitude particulièrement réticente qu'ils ont adopté vis-à-vis d'elle depuis la fin de la guerre dans la question de la « collaboration atomique ».

Mais si l'on fait l'effort de dégager de ces vicissitudes plus ou moins occasionnelles, les relations entre les deux pays, celle-ci vues de Londres apparaissent aussi étroites – sinon plus – qu'elles l'ont jamais été depuis la fin des hostilités.

Depuis que la Grande-Bretagne a, bon gré malgré banni de ses conceptions politiques tout esprit « colonialiste », l'on peut dire qu'il existe entre les deux gouvernements comme entre les deux peuples une identité de vues à peu près complète sur les buts politiques à long terme. Dans cette entente, l'anticommunisme constitue un facteur de solidarité très puissant. À cet égard, la défaite totale des communistes

---

[1]   Document non reproduit.

aux élections britanniques et le rôle joué par le Commonwealth dans la défense de l'Asie du Sud-Est contre l'emprise russe sont pour Londres des atouts majeurs. Mais l'immense expérience diplomatique de la Grande-Bretagne – que la communauté de langue, autre facteur commun de valeur inestimable lui permet de mettre sans effort à la disposition des États-Unis – constitue peut-être son actif le plus puissant. L'exemple du Moyen-Orient où Washington fait une confiance, en quelque sorte aveugle à la politique anglaise, en est un exemple frappant.

En fait, quels que puissent être les heurts causés par des opinions publiques très sensibles ou même par des courants politiques parfois divergents, quelque plaisir que l'Anglais éprouve, lorsqu'il s'adresse à un étranger « tiers », de se moquer de l'Américain – et dans les mêmes conditions, l'Américain trouve à la critique de l'Anglais un plaisir égal, le ton des relations reste à la mesure des rapports entre le Foreign Office et le Département d'État. Or il n'est presque pas de jour où mes collaborateurs et moi-même n'ayons l'occasion de constater l'extraordinaire intimité qui règne dans les services et donc, la conséquence est que toute question de quelque importance fait l'objet d'un examen en commun.

Aussi serait-il imprudent de tirer des conclusions hâtives des fluctuations d'humeur réciproque auxquelles nous assistons depuis près d'un an. Pour ma part, je suis toujours tenté de comparer les difficultés anglo-américaines auxquelles nous assistons à certaines querelles de famille entre parents que leurs intérêts particuliers divisent parfois violemment mais qui se retrouvent instinctivement unis contre tout intrus, ce qui n'empêche pas, d'ailleurs, le plus pauvre des deux de rêver au temps où il pourrait de nouveau s'émanciper.

(Direction d'Amérique, États-Unis, volume 193)

55

NOTE DE LA DIRECTION D'ASIE-OCÉANIE
POUR LA DIRECTION D'EUROPE

Techniciens et aviateurs russes en Chine

N. n°382.   *Paris, 15 mars 1950.*

Différentes communications reçues de nos postes en Chine – notamment de Pékin, Shanghaï, Hankéou et Hong-Kong – signalent l'arrivée dans les centres chinois importants de très nombreux techniciens soviétiques, en particulier d'ingénieurs des ponts et chaussées, d'ingénieurs agronomes, de techniciens des transports ferroviaires, d'experts de l'industrie textile.

La presse de Shanghaï ne fait pas mystère de l'installation de ces « conseillers » russes auprès des usines ou des administrations chinoises.

Par contre, aucune indication n'est donnée par l'agence officielle communiste sur le concours que l'armée rouge prêterait à l'armée de Mao Tsé-Toung. Des rumeurs, difficilement contrôlables, avaient signalé la présence d'instructeurs soviétiques dans les environs de Pékin.

Depuis quelques jours, des nouvelles plus précises sont parvenues au Département à ce sujet : la remise en état de certains aérodromes du Kiangsou et de la frontière sino-indochinoise s'est opérée sous le contrôle d'officiers russes. Enfin, l'aérodrome de Hungjao, à 10 km. à l'ouest de Shanghaï, a été récemment affecté à l'usage secret d'appareils soviétiques de chasse. Les équipages russes de ces avions sont actuellement logés dans les villas que plusieurs étrangers avaient autrefois fait construire en bordure de la route de Hungjao. Ces appareils, dont le nombre n'a pu être découvert, n'ont pas encore été utilisés dans la région shanghaïenne[1].

(Direction d'Europe, URSS, volume 164)

56

Note du Département

Campagne pour la paix en URSS

N.   *Paris, 15 mars 1950.*

Relevant l'insistance mise par les dirigeants russes à parler de la politique soviétique de paix et de la possibilité d'une coexistence pacifique entre communisme et capitalisme, de nombreux journaux ont déclaré que Moscou cherchait à manifester par là son désir d'une reprise de contact avec le monde occidental.

Ces affirmations si elles ne sont pas entièrement inexactes sont en tout cas insuffisamment raisonnées.

Sur quels indices sont-elles en effet fondées ?

---

[1] La pénétration soviétique par l'intermédiaire des conseillers soviétiques se poursuivait dans plusieurs provinces, notamment sous forme d'assistance militaire, ce qui inquiétait beaucoup à Formose (télégramme n° 209 du 5 mai 1950 de Hong-Kong, non reproduit).

1) *Les déclarations des dirigeants soviétiques pendant la campagne électorale.*

Il est de fait que les discours électoraux ont été largement orientés sur l'idée de la défense de la paix. Avec plus ou moins de talent, chacun des orateurs a développé cette idée. La notion de paix ou de campagne pour la paix n'est cependant pas identique à celle de négociations. Il y a différents moyens d'obtenir la paix depuis la capitulation sans conditions jusqu'au compromis loyal, mettant fin à une rivalité épuisante.

À la vérité, c'est plutôt sous le premier aspect que les chefs soviétiques envisagent la paix. M. Molotov a été à ce sujet assez clair :

« Nous sommes entièrement pour les principes léninistes-staliniens de la coexistence pacifique des deux systèmes et pour leur paisible compétition économique, mais nous savons fort bien la vérité. Aussi longtemps que l'impérialisme existe, il existe le danger d'une agression nouvelle ; avec l'impérialisme, les guerres sont inévitables ».

En conséquence, M. Molotov convie les partisans de la paix à tendre toute leur énergie dans « la lutte pour la paix ».

Le rôle des « partisans de la paix » semble en effet primordial. Dans le discours de M. Molotov, ils sont mentionnés en bon rang, immédiatement après les 400 millions de Chinois.

« Dans d'autres pays, des centaines de millions d'hommes sont également en faveur de la cause d'une paix solide contre l'agression impérialiste. En tant qu'hommes qui se trouvent à la pointe du combat pour la défense des intérêts vitaux des peuples, les communistes de France, d'Italie, d'Australie et d'autres pays ont proclamé bien haut que les peuples de ces pays ne feront pas la guerre à l'URSS ! ».

La puissance du bloc russo-chinois et la lutte des partisans de la paix « empêchera une nouvelle agression » et le cas échéant « brisera tout agresseur ».

Paroles altières, qui ne facilitent guère les ouvertures diplomatiques.

M. Malenkov a été légèrement plus affirmatif. À son avis, « le gouvernement soviétique est prêt à participer activement à tous projets loyaux et honnêtes destinés à prévenir une nouvelle guerre », mais un tiers de son discours est consacré à dénoncer les effets horribles du Plan Marshall, entreprise typique du « capitalisme rapace ».

De ce côté non plus, les ouvertures ne sont pas commodes à déceler.

La campagne électorale n'est d'ailleurs pas destinée à l'étranger. Elle s'adresse aux masses soviétiques, elle leur inculque la vision « objective » de « l'étape actuelle » de la révolution. Elle ne fait donc que reprendre les thèmes essentiels. Ceux-ci n'ont varié en rien depuis le

7 novembre dernier, et l'analyse qui en était donnée dans une note précédente semble toujours valable[1].

2) *Les télégrammes de correspondants étrangers à Moscou.*

La presse fait également état de deux télégrammes de presse « que la censure soviétique a laissé passer » et qui signalent que, de l'avis des correspondants anglais et américains en question, « Staline serait prêt à passer outre aux objections de ses médecins pour accomplir son devoir, si il était convié à une rencontre avec M. Truman ».

Ces indices sont faibles. La censure a en effet laissé passer ces télégrammes. Mais elle peut les avoir laissé passer sans pour cela qu'aucune responsabilité n'incombe ni à Staline, ni au gouvernement soviétique, ni à aucun organisme de l'URSS.

Ces télégrammes sont peut-être un indice, mais sur un indice aussi vague, il est bien délicat de s'engager.

3) *Déclarations des membres du gouvernement allemand de l'Est.*

Notre ambassade à Moscou a relevé à plusieurs reprises les discours de personnalités allemandes de zone orientale, discours favorables à l'unification de l'Allemagne et à la conclusion rapide d'un traité de paix avec l'Allemagne.

Ces discours ne sont pas nouveaux, ils n'apportent aucun élément de nature à faciliter une reprise de contacts entre les quatre occupants. Si l'URSS avait en vue une négociation, l'offrirait-elle d'ailleurs par un tel truchement ?

4) *Position soviétique.*

Pour les dirigeants soviétiques la situation semble s'analyser ainsi :

L'URSS se trouve en ce moment en position dominante, elle a acquis au cours de l'année 1949 un atout supplémentaire, celui de la Chine. Elle n'est engagée dans aucune crise difficile, comme c'était le cas en 1949 pour Berlin.

Sur le plan mondial, elle n'a pas besoin de négocier, elle peut attendre. Elle peut laisser se développer une situation qui lui est dans l'ensemble favorable. Sur ce plan, celui de la paix générale, l'intérêt de l'URSS est de proclamer sa volonté de paix sans ouvrir aucunement ses positions. Elle accroît ainsi le désir de paix dans l'opinion, tout en rendant plus ardue la tâche des gouvernements des États occidentaux.

---

[1] La défense de la paix restait un grand thème de la propagande soviétique à l'été 1950. Celle-ci insistait sur l'attachement indéfectible de la population soviétique à la paix et Chataigneau notait que toutes les raisons étaient bonnes pour permettre d'accroître la puissance de l'URSS, « bastion de la paix » et ainsi de demander plus de travail aux ouvriers et aux paysans (télégramme n°s 1590-1591 du 8 juillet 1950 de Moscou, non reproduit).

Sur certains plans particuliers au contraire, l'URSS aurait intérêt à négocier : essentiellement sur l'Allemagne et sur le Japon.

En Allemagne, la politique russe actuelle peut s'analyser comme orientée dans ce sens. La position des alliés de l'Ouest s'est affermie relativement depuis mai dernier ; rien ne les oblige à consentir des concessions à l'URSS. Dès lors celle-ci cherche à les pousser dans une impasse, économique (afflux des réfugiés de l'Ouest – mirage des marchés de l'Est) et politique (marche de la Pentecôte à Berlin) de façon à les placer devant la nécessité de nouveaux pourparlers. L'attitude dilatoire des Russes dans l'affaire autrichienne a sans doute la même origine.

Au Japon, la présence américaine demeure un obstacle majeur à la pénétration soviétique. L'alliance sino-russe permet à l'URSS de placer les États-Unis dans une position beaucoup plus difficile, également sur les deux plans économique et politique.

Dans ces deux domaines limités, l'URSS pourrait peut-être consentir à certaines concessions pour obtenir l'avantage évident d'un recul de l'influence américaine. Comme elle ne se fait pas d'illusions sur les chances de voir les États-Unis s'engager sur une telle voie, elle cherche à les y pousser en se servant avec habileté et puissance des aspirations profondes des masses vers la paix.

En manifestant une volonté générale de paix, elle cherche à obtenir des avantages précis et limités, à franchir une nouvelle « étape ».

Une telle attitude est facilitée par l'affaiblissement général du monde occidental : psychose de la guerre atomique, qui brise les énergies, incapacité de l'Europe à s'unir sur le plan économique, difficultés politiques entre la France et l'Allemagne, manque de coordination en Extrême-Orient, et sur le plan colonial, tous ces phénomènes renforcent sans doute les Russes dans le sentiment que les nations occidentales seront un jour <u>amenées</u> à traiter.

Une conversation pour créer la détente ne peut se concevoir que si la balance actuelle des forces est au moins équilibrée sinon renversée, c'est-à-dire si, sur le plan mondial, les puissances libérales ont retrouvé l'assurance et la stabilité, de nature à rendre confiance aux opinions nationales et à faire réfléchir les dirigeants russes. C'est alors que par des négociations ou des contacts sur des points concrets, un certain nombre de problèmes pourront se régler.

Dans l'état actuel, et tant que l'opinion aux États-Unis comme en Europe, ne se sera pas ressaisie on ne voit pas comment des pourparlers avec l'URSS pourraient amener à un résultat positif.

(Direction d'Europe, URSS, volume 169)

57

Note du Service de Coopération économique

N.   *Paris, 16 mars 1950.*

La présentation par le gouvernement américain au Congrès d'un projet de seconde annuité d'aide militaire aux puissances signataires du Pacte de l'Atlantique offre l'occasion de faire le point des intentions réelles de ces puissances, et de la France en particulier, à l'égard des efforts qu'elles entendent consentir pour reconstituer une force militaire efficace en Europe occidentale, et pour mettre au point des méthodes de travail autres que des règles de procédure.

Quelques mois d'expérience des comités de Londres, du comité économique et financier surtout, font apparaître que la sclérose complète qui atteint les organes du Traité de Bruxelles s'étendre, si l'on n'y prend pas garde, à ceux du Pacte atlantique.

Ce Service a déjà montré qu'en ajournant toute application pratique de l'engagement d'aide mutuelle des Cinq, l'alliance de Bruxelles avait été en quelque sorte paralysée ; l'argument invoqué pour laisser sans règlement le problème de la péréquation des charges militaires était la facilité plus grande de le résoudre dans le cadre du Pacte de l'Atlantique.

Or, l'étude de cette question n'est pas pour l'instant reprise dans les organismes du Pacte atlantique ; et la solution récemment donnée à deux affaires de détail est significative de l'esprit négatif avec lequel les questions d'aide mutuelle sont abordées. La première est le règlement du fret des armes qui nous sont livrées au titre du P.A.M.[1]. Malgré les efforts du Département, les Américains ont été sollicités de transporter pour l'instant la totalité des armes qu'il nous livrent, alors que la loi américaine ne leur fait l'obligation que pour 50 % du tonnage : c'est un usage injustifié d'un crédit en dollars qui aurait normalement dû être affecté à l'achat de matériel de guerre et non au paiement du transport. La seconde est l'échange de matériels entre alliés : la question a été posée par le délégué américain au Comité d'armement de Londres de savoir si les Alliés accepteraient le principe de la gratuité, geste qui aurait frappé le Congrès. La position prise par M. Sergent a été négative, et justifiée par M. Guindey par des motifs de prudence. Il est vrai que la question d'échanges de matériels a, dans le cadre du Traité de Bruxelles, été liée à celle des droits de tirage, en ce que seuls les pays bénéficiaires de droits ont la faculté de recevoir gratuitement du matériel (c'est à ce titre que l'Angleterre nous a donné pour 12 millions de Livres de *Vampires* et de matériel radar).

---

[1] P.A.M. : Programme d'aide militaire américain.

Le Ministère des Finances n'accepte pas au fond que l'Alliance atlantique et la constitution d'une armée française moderne entraînent des sacrifices pécuniaires. Ce Département se fonde sur l'impossibilité pour l'économie française de supporter une nouvelle charge s'ajoutant à la guerre d'Indochine et au maintien des forces existantes (dénuées de toute valeur stratégique). Cette thèse est probablement justifiée. Mais elle devrait être clairement énoncée, discutée par les principaux Départements, envisagée dans ses répercussions internationales et nationales (répartition du revenu français), bref ne pas faire seulement l'objet de conversations épisodiques entre l'état-major et la direction du Budget à l'occasion du vote annuel des crédits militaires. Le gouvernement devrait, une fois au moins, indiquer quel ordre de priorité il donne aux dépenses de Défense nationale.

En fait, notre participation au Pacte atlantique rend plus urgente que jamais la refonte de notre armée et l'élaboration d'une politique militaire bien définie dans ses buts et dans ses moyens.

On doit en effet penser que le risque est sérieux de voir les États-Unis se dégoûter de l'assistance à l'Europe si les gouvernements, par absence de fermeté et de doctrine, paraissent dans les faits implicitement gagnés aux thèses de « neutralité » européenne. Pour la France, cette attitude est spécialement maladroite au moment où nous demandons le concours américain à la guerre d'Indochine en usant de l'argument selon lequel la lutte contre le Viêt Minh est un aspect local et sanglant de la guerre froide mondiale.

L'armement de nos forces dépend à l'heure actuelle entièrement de l'Amérique. Les dépenses de construction de matériels représentent cette année 45 milliards, sur un budget militaire de 440. M. Pleven a estimé à 200 milliards de francs les dépenses que nous aurions dû entreprendre s'il nous avait fallu construire nous-mêmes le matériel que les Américains nous donnent (dans une certaine mesure démodé).

Il paraît ne pas être assez compris qu'une multitude de petites affaires traitées en Europe dans un esprit restrictif par rapport à l'Alliance peuvent amener les Américains à des conceptions stratégiques extrêmement préjudiciables à nos intérêts à terme, et, dans l'immédiat, au moral du pays.

La France a obtenu jusqu'ici deux choses du Pacte atlantique :

a) du matériel de guerre pour une valeur estimée à 200 milliards de francs,

b) de participer à l'élaboration de la stratégie mondiale, puisqu'elle fait partie du groupe militaire permanent de Washington (général Ély) qui a fait disparaître l'ancien C.C.S.[1] anglo-américain qui avait survécu à la guerre jusqu'en 1948-49.

---

[1]   C.C.S. : *Combined Chiefs of Staff*, soit le comité des chefs d'état-major anglo-américains, créé en 1942.

La France ne peut sans doute pas accepter de lourdes charges financières. Mais elle ne peut sans risque chercher dans le système atlantique
à n'être qu'un preneur.

(Secrétariat général, Dossiers, volume 10)

58

M. Massigli, Ambassadeur de France à Londres,
   à M. Parodi, Secrétaire général du Ministère des Affaires
   Étrangères.

L.   *Paris, 16 mars 1950.*

Confidentielle.

Je veux répondre sans tarder à votre lettre du 10 mars[1] au sujet de
l'attitude que nous devrons prendre en présence d'un projet éventuel
de conversation directe entre Washington et Moscou. Il s'agit en effet
de dissiper sans tarder des malentendus.

D'abord – et c'est là un point secondaire – malentendu sur la position
britannique.

Il est certain que l'on est ici attaché à la paix autant que nous le
sommes nous-mêmes, car, dans un conflit, on aurait à peu près autant
à perdre que nous. Si l'on éprouve une réelle appréhension à la pensée
d'une conversation en tête-à-tête entre Moscou et Washington, c'est
que l'on se demande, non sans inquiétude, aux dépens de qui l'entente
pourrait s'établir entre les deux colosses, au cas où nul ne serait présent
pour veiller aux intérêts d'un tiers. Au mieux, on redoute un accord
dans l'équivoque et qui, à l'application, lorsque devraient être pris en
considération les intérêts d'abord négligés des partenaires absents, se
révélerait inopérant. La situation serait alors en effet sensiblement plus
grave que s'il n'y avait eu aucun contact. On garde ici un très vif souvenir de Potsdam, d'où les Britanniques en raison de leur crise politique
étaient pratiquement absents, et de ses lendemain peu heureux.

J'en viens à notre propre position. Je dois vous avouer que celle que
vous définissez dans votre lettre me surprend un peu.

D'abord, parce qu'elle ne correspond pas du tout au langage que
vient de tenir ici le Président de la République dans ses diverses conversations (j'ai assisté à certaines d'entre elles) tant avec des membres du
gouvernement qu'avec des leaders de l'opposition ; il a insisté, en effet,
pour que la France soit associée à toute conversation et il a enregistré

---

[1] Voir document n° 52.

avec satisfaction l'accord de ses interlocuteurs (il s'est cependant ému de propos de Churchill au sujet desquels d'ailleurs, Eden lui a donné ensuite tous apaisements).

D'autre part, j'ai sous les yeux le télégramme du Département n°s 1721-25 du 28 février[1], et donc vieux de juste 15 jours, où est évoqué l'éventuel envoi à Moscou d'un représentant personnel de Truman ; ce télégramme rend un son fort différent : vous dirai-je même qu'à le lire, j'avais eu le sentiment que le Département allait trop loin dans son raidissement. Quoi qu'il en soit, il faut préciser notre doctrine ; étant donné ces précédents et les propos qu'a tenus ici le Président de la République, il est clair que je ne puis m'exprimer dans le sens que vous paraissez maintenant souhaiter sans nouvelles instructions ministérielles.

En vue de l'élaboration de ces instructions, voici quelques remarques que je crois devoir soumettre à vos réflexions.

Je ne suis pas aussi sûr que vous, je vous l'avoue, qu'il soit dans notre intérêt majeur d'appuyer l'idée d'une conversation à deux. J'appréhende les emballements américains en présence de la maîtrise stalinienne ; je redoute le tête-à-tête où s'affronteraient un gouvernement, par excellence soumis à l'action et aux engouements de l'opinion publique, et un autre gouvernement sur lequel l'opinion publique nationale n'a quasi point de prise. Ce n'est pas parce que les conférences étaient des réunions à quatre qu'elles ont jusqu'ici échoué ; c'est parce que, dans ces conférences, Américains et Russes se trouvaient en désaccord fondamental. Si Américains et Russes étaient au contraire disposés à s'entendre, une conférence à quatre aurait autant de chances d'aboutir qu'une conférence à deux et notre présence, ainsi que celle des Britanniques dont les intérêts dans une large mesure coïncident avec les nôtres, nous donnerait du moins la garantie, sinon que satisfaction nous serait donnée sur les points nous tenant à cœur, au moins que nous pourrions en temps utile faire valoir nos préoccupations.

Sinon, qu'arriverait-il : on parlera, entre autres sujets, de l'Asie du Sud-Est et de l'Allemagne. Un accord américano-soviétique concernant l'Asie du Sud-Est est parfaitement réalisable sur la base de la reconnaissance de part et d'autre du principe de l'indépendance des peuples en cause. Les Russes s'y prêteront car ils estimeront que l'indépendance jouerait dans leur sens ; les Américains, point encore revenus de leurs illusions en dépit de l'exemple de la Birmanie (voyez la dernière conversation Acheson – Bonnet[2]) se flatteront de maintenir, hors de l'emprise communiste, par une aide économique, les peuples asiatiques libérés. Sommes-nous prêts à admettre que demain l'on nous notifie un accord sur de telles bases ? À la rigueur les Anglais pourraient n'y point voir d'objection ; après l'émancipation de l'Inde, après celle de la Birmanie,

---

[1]   Document non reproduit.
[2]   Document non reproduit.

il ne serait contraire à aucun principe de leur politique d'envisager dans un délai relativement bref l'indépendance des États malais. Cependant les Anglais se regimberaient si l'on prétendait proclamer – en dehors d'eux – que ces États deviendront indépendants ; ils réclameraient le soin de diriger leur évolution. Est-ce que, par hasard, alors que nos conceptions en cette matière sont beaucoup moins avancées, nous serions prêts à sauter le pas ?

Côté Allemagne : nous avons amplement dénoncé les erreurs de Potsdam qui a été en fait, je l'ai dit plus haut, une conférence bipartite. Êtes-vous sûr qu'un nouveau Potsdam, officiellement bipartite, nous serait favorable ? Pensez-vous que dans un cadre américano-russe la question de la Sarre, pour laquelle nous bataillons, au point de laisser presque échapper nos chances de réconciliation avec l'Allemagne, se résoudrait d'une manière pleinement conforme à la politique à laquelle depuis trois ans nous sommes fermement attachés ? Croyez-vous que, sur le problème « Reich centralisé ou *Länder* fédérés », un accord américano-russe serait impensable, qui ne tiendrait qu'un assez faible compte de nos propres vues ? Je pose ces questions pour évoquer quelques-unes des difficultés devant lesquelles un accord direct américano-russe risquerait de nous placer…

Vous me direz qu'il ne s'agirait que d'un accord de principe et que l'on verrait ensuite. Je n'en suis point tout-à-fait certain. Croyez-vous que, le jour où l'on annoncerait au monde que la paix est consolidée grâce à un accord entre Moscou et Washington dont la mise en vigueur n'attendrait plus que les ratifications française et anglaise, nous pourrions, en ce qui nous concerne, élever sérieusement des objections contre une clause importante de cet accord ? Pour ma part, j'en doute beaucoup. Autant il peut être relativement facile dans la discussion d'attirer l'attention de nos partenaires sur telle ou telle disposition envisagée par eux, autant la négociation une fois conclue, une modification quelconque des clauses convenues deviendrait difficile : un de ces partenaires étant le Russe, pareille modification serait en réalité impossible. Rappelez-vous à quels obstacles nous nous sommes heurtés quand l'un de nous a paru vouloir s'écarter des clauses de Potsdam, telles que les Russes les interprétaient.

Négociation à deux, cela veut dire que nous nous en remettrions aveuglément aux Américains du soin de défendre nos intérêts propres ; c'est une solution commode, puisque c'est une solution d'effacement et de résignation. Peut-être nous sera-t-elle imposée un jour par la lâcheté et l'égoïsme de nos concitoyens ou par nos discordes intérieures ; je n'aimerais pas pour ma part que, comme vous paraissez le donner à entendre, nous la facilitions ou nous la préconisions. En tout cas, soyez sûr que les Anglais, en ce qui les concerne, ne l'admettraient pas, et notre position serait peu glorieuse si, après avoir favorisé l'idée de la conversation à deux, nous regimbions contre l'hypothèse d'une conversation à trois, quels que soient les arguments que nous pourrions alors produire...

Voilà très franchement ma pensée. Je n'ai pas du tout le sentiment d'être pour autant un belliciste et d'écarter une chance de paix.

Je me suis jusqu'ici placé dans l'hypothèse d'un accord entre Moscou et Washington ; il ne faut pourtant pas négliger l'hypothèse inverse, celle de l'échec. Et comme cet échec aurait pour la paix les plus graves conséquences, je n'admets pas davantage que deux géants, quelle que soit leur force, disposent de notre sort hors de notre présence. Car, après tout, c'est le sort de la France et celui de l'Angleterre qui se jouera d'abord.

Êtes-vous sûr que les intransigeances se manifesteront toutes du côté soviétique ? N'avons-nous rien à craindre des sautes d'humeur américaines ? Et ne croyez-vous pas qu'il serait bien utile de pouvoir être associé à la négociation pour être en mesure à un moment donné de faire pression sur nos amis, si nous avions le sentiment qu'ils laissent échapper une chance de paix ? N'est-ce pas ce que nous avons fait à diverses reprises pendant les longs échanges de vue auxquels le blocus de Berlin a donné lieu et ne nous sommes-nous pas trouvés d'accord, Français et Anglais, pour freiner nos amis américains ?

En résumé, j'appréhende la conversation à deux parce qu'elle ne donne pas à la paix une chance meilleure – au contraire – que n'en donnerait une conversation à quatre ; je l'appréhende aussi parce qu'elle implique le risque d'un accord se réalisant et s'imposant à nous, qui ne tiendrait pas compte de nos intérêts propres.

Voilà, très hâtivement rédigées, mes réflexions. Si vous évoquez la question avec le Ministre, j'aimerais que vous lui en fissiez part, sinon elles ne prétendent pas à être autre chose qu'un (...)[1] pour vos propres méditations.

(Papiers d'agents-archives privées, papiers Massigli, volume 101)

---

[1]   Mot manquant.

59

M. Schuman, Ministre des Affaires étrangères[1],
   à MM. François-Poncet, Haut-Commissaire de France
   en RFA, Bonnet, Ambassadeur de France à Washington
   et Massigli, Ambassadeur de France à Londres[2].

T. n⁰ˢ811-818 ; 2230-2237 ; 2313-2320.   *Paris, 18 mars 1950, 23 h. 30.*

Réservé.

M. Bevin m'a fait savoir, par l'Ambassadeur d'Angleterre, que M. Acheson ayant accepté de venir passer huit à dix jours à Londres à partir du 8 mai, il désirait m'informer de ses premières suggestions sur les sujets qui pourraient être abordés lors des conversations envisagées ainsi que sur le « calendrier » des prochaines réunions internationales. Son intention n'était pas d'envoyer une réponse définitive au Secrétaire d'État avant de connaître mes propres vues.

La Conférence des trois ministres sera précédée d'importantes réunions, comme le Comité des ministres du Conseil de l'Europe, les organismes du Pacte de Bruxelles et de la coopération économique européenne, et il y a lieu de souhaiter que, dans tous ces domaines, les gouvernements européens intéressés soient à même d'enregistrer des progrès.

M. Bevin est disposé, d'autre part, à accepter que le Conseil de l'Atlantique se réunisse, étant entendu, toutefois, qu'il faudrait auparavant établir soigneusement et en temps voulu son ordre du jour.

De l'avis du Secrétaire d'État au Foreign Office, il y aurait naturellement lieu, à l'occasion de la visite de M. Acheson, de parler de l'Allemagne, les délibérations à ce sujet faisant suite à celles qui avaient eu lieu à Paris en novembre. Il conviendrait également de procéder à un nouvel examen de la politique des trois gouvernements sur la question indochinoise, et d'une manière générale, dans l'Asie du Sud-Est. M. Bevin précise, à cet égard, que, ainsi qu'il me l'avait dit la semaine dernière, nous aurions à étudier soigneusement la question de savoir comment pourraient être associées à nos délibérations d'autres puissances disposant d'intérêts spéciaux dans cette partie du monde.

M. Bevin a indiqué en même temps qu'un certain nombre de problèmes concernant uniquement la Grande-Bretagne et les États-Unis seront discutés entre Anglais et Américains.

Il a été répondu à l'Ambassadeur d'Angleterre que nous étions d'accord avec le gouvernement britannique sur l'opportunité d'une

---

[1]   Télégramme envoyé par la direction d'Europe et signé par ordre Parodi.
[2]   Télégramme communiqué à la Présidence de la République, la Présidence du Conseil, MM. Parodi, Clappier et de Bourbon-Busset.

conversation à trois, à la date envisagée par M. Acheson. Quant à la réunion du Conseil de l'Atlantique, le fait qu'elle revêt un caractère assez spectaculaire nous amène à penser qu'elle n'offrirait des avantages que si un travail efficace pouvait y être accompli. Or, nous ne voyons pas clairement, aujourd'hui, quelles matières pourraient utilement donner lieu à examen. Si les Américains ou les Britanniques présentaient un ordre du jour suffisant, nous ne maintiendrions pas nos réserves. Il est possible que, dans notre réponse à M. Acheson, nous suggérions de tenir d'abord la conférence à trois et d'y examiner la convocation éventuelle du Conseil de l'Atlantique.

En ce qui concerne la conversation à trois, nous sommes d'accord pour qu'elle porte sur l'Allemagne. Les études demandées aux experts sur le problème de la fin de l'état de guerre pourraient être confrontées. Bien entendu, les échanges de vues ne pourraient conduire à remettre en cause les dispositions statutaires arrêtées en novembre dernier.

Le Secrétaire général du Département a indiqué également que le gouvernement français estime, lui aussi, que la conversation doit porter sur les questions intéressant l'Indochine et l'Asie du Sud-Est. Il a toutefois exprimé des doutes sur l'opportunité d'associer d'autres États aux entretiens. Pourrait-on, en effet, se limiter à l'Australie et à la Nouvelle-Zélande ? Leur participation n'entraînerait-elle pas celle de la Hollande, de l'Inde, voire de l'Indonésie. Il deviendrait difficile de faire un travail efficace ; mieux vaudrait, pour le moment du moins, ne pas sortir du cadre d'une conversation à trois.

Ces indications n'ont été données à l'Ambassadeur qu'à titre tout à fait préliminaire. Elles vous permettent, néanmoins, d'avoir dès maintenant, une idée de la réponse que nous adresserons à M. Acheson.

(Secrétariat général, Dossiers, volume 23)

60

M. Bonnet, Ambassadeur de France à Washington,
à M. Schuman, Ministre des Affaires Étrangères[1].

T. nᵒˢ 1100-1112.   *Washington, 20 mars 1950, 15 h. 47.*

Strictement réservé. Priorité absolue.   (*Reçu* : le 20, 22 h. 30)

Je me réfère à votre tg nº 2230[2].

Je vous remercie des indications que vous me donnez sur les réflexions que vous ont inspirées les premières suggestions de M. Bevin relatives à l'entrevue de mai et sur le sens dans lequel vous songez à répondre au Secrétaire d'État.

En ce qui concerne la réunion du Conseil atlantique, il me paraît que l'administration américaine s'est avant tout préoccupée, en se ralliant à ce projet, de donner satisfaction au désir maintes fois exprimé par divers gouvernements de voir les Ministres eux-mêmes des douze pays participants tenir un Conseil au printemps. Les Belges et les Hollandais ont été particulièrement pressants à cet égard.

Dans nos deux réunions d'ambassadeurs à Washington, au cours des derniers mois, mon collègue de Belgique a demandé avec insistance au nom de M. Van Zeeland, qu'une entrevue soit organisée dès que possible entre les Ministres des A.E. Vous vous rappellerez les susceptibilités pour ne pas dire les mécontentements qui s'exprimèrent lors de la constitution du *Standing Group*. Il me paraît qu'il y a intérêt au moment où, malgré les réticences anglaises du début, ce groupe affirme de plus en plus son autorité, à ménager l'amour-propre de certains de nos partenaires.

Je suis en revanche tout à fait d'accord que l'ordre du jour du Conseil doit être sérieusement étudié avant que sa convocation ne soit décidée. Je me permets d'attirer votre attention sur le projet de création d'un organisme permanent de coordination dont je vous ai informé par télégramme spécial[3]. Je me demande personnellement si un comité nouveau est indispensable.

Il me paraît essentiel, en tout cas, qu'il n'ait pas un caractère militaire et ne risque pas d'affaiblir l'autorité du *Standing Group*. Le Conseil lui-même où les ministres peuvent se faire remplacer pour l'expédition des affaires courantes me paraît jusqu'à nouvel ordre capable de tenir le rôle envisagé.

---

[1]   Télégramme communiqué à la Présidence de la République, la Présidence du Conseil, MM. Parodi, Clappier et de Bourbon-Busset.

[2]   Voir document nº 59.

[3]   Document non reproduit.

Tout au plus la question se poserait-elle de savoir s'il convient de lui adjoindre un secrétariat mais il paraît que le dit secrétariat devrait être effectivement subordonné au Conseil. On peut en effet estimer légitimement qu'il est trop tôt pour donner à une telle organisation, éventuellement placée sous l'autorité d'une haute personnalité, une ampleur et une importance que ne justifierait pas son propre programme de travail. Mais l'idée est dans l'air et il est possible que le Conseil n'échappe pas à un débat sur ce problème.

Ce serait l'occasion de se demander si le plan d'action du Conseil atlantique lui-même ne doit pas être amplifié, avant qu'on ne songe à intégrer de nouveaux rouages à un mécanisme déjà assez complexe. La question d'une coopération économique entre les membres de l'organisation pourrait être, dans une première étape, mise à l'étude.

Indépendamment de ces deux points, l'ordre du jour comporterait évidemment l'examen des décisions prises par les autres comités du Pacte, dont certaines sont d'une haute importance.

En dehors de ces problèmes, déjà graves en eux-mêmes, l'un ou l'autre des participants désirerait susciter un débat de politique générale. C'est une raison de plus pour que les 3 puissances occidentales tiennent à se concerter soigneusement entre elles avant la réunion. Ce résultat peut être obtenu par une discussion diplomatique préalable et en arrangeant des conversations privées entre les trois Ministres à Paris et à Londres. Ou bien on peut estimer que la réunion des trois doit précéder immédiatement celle des douze et, en dehors des questions qui, d'ores et déjà, paraissent devoir figurer à son ordre du jour (Extrême-Orient, Indochine, Allemagne, relations avec l'URSS), examiner aussi celles du fonctionnement de la communauté atlantique. Je ne puis que vous laisser le soin de décider entre ces deux méthodes.

Il ne serait, en tout cas, pas surprenant que, dans les circonstances actuelles le problème du renforcement de la coopération entre les membres du Pacte vint, à bref délai, au premier rang des préoccupations interalliées. Vous savez que la question de la politique à l'égard de l'URSS risque de faire, ici, l'objet de débats assez vifs. La position d'extrême fermeté prise par le Secrétaire d'État appelle, en vue de répondre aux critiques qu'elle peut soulever, la mise sur pied de projets constructifs et il a été déjà indiqué qu'une coopération plus systématique des pays occidentaux, dans tous les domaines, devrait être recherchée. Cela ne veut pas dire qu'une suggestion de cet ordre répondrait à toutes les interrogations que se posent en matière de relations internationales, ceux qui souhaiteraient une modification de la politique américaine, ni qu'elle leur donnerait satisfaction. Elle n'est d'ailleurs pas exclusive des propositions que, dans ce domaine, pourraient apporter des puissances européennes. Mais elle peut être et sera vraisemblablement présentée comme justifiant les conversations collectives de mai.

S'il me semble, en conséquence, peu probable que le soin de convoquer la réunion du Conseil atlantique, en dépit des inconvénients qu'elle présente, dans la période actuelle, en raison de son caractère spectaculaire, puisse être laissé à la conférence des trois, je crois, en revanche, qu'il y aurait les plus graves inconvénients à associer d'autres nations aux conversations sur l'Indochine et l'Asie du Sud-Est. Nous aurons certainement beaucoup de peine à obtenir la définition, d'ici la conférence et peut être même après, d'une politique commune avec l'Amérique. Si une réunion plus large que celle des trois devait un jour être convoquée, il me paraît qu'à moins d'événements imprévus, elle devrait venir beaucoup plus tard et en tout cas, après qu'un accord solide aura, s'il est possible, été conclu entre les trois principaux intéressés.

(Secrétariat général, Dossiers, volume 23)

61

Admission de la Sarre au Conseil de l'Europe

N.   *Paris, 20 mars 1950.*

Les derniers télégrammes reçus de Bonn et de Washington ne laissent guère de doute sur les intentions du gouvernement fédéral et sur celles des gouvernements alliés en ce qui concerne l'admission au Conseil de l'Europe de la Sarre et de l'Allemagne. Le Chancelier n'est pas disposé à faire acte de candidature avant la prochaine session. Les Alliés se refusent à exercer une pression sur lui à cet effet ; et chacun tient pour acquis que, dans ces circonstances, l'examen de la candidature sarroise devra être différé.

Nous sommes donc à la veille de subir un échec diplomatique, d'autant plus grave qu'il est plus inattendu et que l'opinion en France, en Sarre et à l'étranger aura tendance à lui prêter, de ce fait, une signification qu'il n'a pas par lui-même. Nous serons taxés de faiblesse et l'on mettra en doute la fermeté de notre politique sarroise.

Aux yeux du public, en effet, rien ne paraîtra justifier l'ajournement d'une décision sur la candidature sarroise : le Ministre des Affaires étrangères a constamment maintenu qu'en bonne logique l'entrée de la Sarre au Conseil de l'Europe devrait précéder celle de l'Allemagne. Le Comité des ministres et la Commission permanente de l'Assemblée

---

[1]   Note manuscrite : « *Non remise* ».

consultative ont donné un avis favorable à l'admission de l'Allemagne et à celle de la Sarre. Aucun lien formel n'a été établi entre les deux questions. Le Président du gouvernement sarrois a fait acte de candidature et sa requête introduite par le Ministre français des Affaires étrangères est à l'ordre du jour de la prochaine session. Lors des délibérations de la Commission permanente de l'Assemblée consultative, M. Guy Mollet avait fait les plus expresses réserves sur la candidature sarroise. Il n'avait pas été suivi par ses collègues. Il vient de déclarer publiquement que la question ayant été tranchée une fois pour toutes, le prochain Comité des ministres prononcerait l'admission de la Sarre au Conseil de l'Europe, que la République fédérale sollicite elle aussi son admission ou qu'elle s'en abstienne. Dans ces conditions, si l'examen de la candidature sarroise devait être différé, chacun serait obligé de conclure ou bien que le gouvernement français a cédé au chantage allemand ou bien qu'il attache plus d'importance à ménager les susceptibilités allemandes qu'à consolider l'œuvre accomplie en Sarre ou encore que le concours des Alliés risquait de lui faire défaut au moment décisif. Aucune de ces explications n'est de nature à inspirer grande confiance dans l'avenir de notre politique sarroise.

Comment sommes-nous arrivés à cette situation difficile ?

Tout d'abord, l'affaire a été mal engagée. Il est clair qu'en admettant à Londres que, à défaut d'un acte de candidature de la République fédérale, le Comité des ministres ne se prononcerait pas sur la candidature sarroise, le Ministre des Affaires étrangères prenait une position dont la sagesse ultime n'est pas en cause mais qui, sur le plan de la tactique, nous plaçait à la merci de la moindre indiscrétion délibérée ou non des Anglais. Comment imaginer en effet que le gouvernement fédéral hésiterait devant la conduite à tenir s'il devait être instruit des données réelles du problème et s'il devait par conséquent savoir que, en tout état de cause, la Sarre n'entrerait pas avant l'Allemagne au Conseil de l'Europe. En persistant dans l'abstention, M. Adenauer recueille sans risques tous les bénéfices de l'opération puisqu'il fait l'économie d'un débat parlementaire difficile, qu'il réserve ses chances pour l'avenir et qu'il fait échec au moins provisoirement à la candidature sarroise[1].

Mal engagée, l'affaire a été mal conduite. Il eut fallu, aussitôt après les entretiens de Londres, s'assurer à Paris, à Londres et à Bonn que l'on était d'accord sur la conduite à observer et sur le langage à tenir. Il aurait fallu que puisqu'au dernier moment les gouvernements de Paris et de Londres fussent, en apparence, également résolus à traiter la candidature sarroise indépendamment de la candidature allemande. Il n'y eut en fait aucun jeu concerté entre Paris et Londres et il est

---

[1]   C'est effectivement la crainte qui est mise en avant dans une note de la sous-direction de la Sarre pour le Secrétaire général, qui insistait sur la nécessité pour les Britanniques de ne pas alimenter les hésitations allemandes (note du 18 mars 1950 de Paris, non reproduite).

évident à présent que ni les Anglais ni nous-mêmes n'avons sérieusement tenté de tirer un parti tactique de l'éventualité d'une admission prioritaire de la Sarre.

Au point où en sont les choses, que reste-t-il à faire ? Il paraît impossible de prolonger la partie de bluff imaginée à Londres, l'un des partenaires au moins ayant montré son jeu à l'autre camp. Il faut donc jouer à présent cartes sur table et pour connaître nos propres atouts nous informer immédiatement des intentions des gouvernements représentés au Comité des ministres, dans l'hypothèse où la République fédérale n'introduisant pas sa candidature, la Sarre maintiendrait la sienne. Les arguments ne manquent pas pour souligner les inconvénients qu'il y aurait à remettre en question, sous la pression des Allemands, une décision de principe librement prise par le Comité des ministres et approuvée par la Commission permanente de l'Assemblée consultative. Vis-à-vis du gouvernement britannique, notre position est évidemment plus délicate encore que l'échec de la manœuvre qui avait été montée à Londres nous autorise à demander un nouvel examen du problème.

Il devrait être clairement entendu, en tout cas, que si les gouvernements représentés au Comité des ministres sont partisans de surseoir à une décision sur la candidature sarroise, le gouvernement français demandera l'ajournement du Comité, les questions secondaires demeurant à l'ordre du jour ne justifiant pas une réunion. Dans le même temps, il conviendrait de prendre acte publiquement de l'intention des gouvernements membres de procéder simultanément à l'admission de l'Allemagne et de la Sarre. De cette manière, c'est sur le gouvernement de la République fédérale que reposerait dans l'avenir la responsabilité de différer la réunion du Comité et de paralyser ainsi les travaux de l'organisation européenne.

(Direction d'Europe, Sarre, volume 209)

62

M. Schuman, Ministre des Affaires étrangères[1],
   à MM. Massigli, Ambassadeur de France à Londres, et
   Bonnet, Ambassadeur de France à Washington.

T. n^{os}2440 ; 2336[2].   *Paris, 21 mars 1950.*

<u>Pour Londres</u> : Je vous communique ci-après, en me référant à mon télégramme n°s 2313-20[3], le texte de ma réponse à M. Acheson, qui vient d'être remise à l'Ambassade des États-Unis.

<u>Pour Washington</u> : Me référant à votre télégramme n°s 1100-1112, dont je viens de prendre connaissance, je vous communique ci-après le texte de ma réponse à M. Acheson, qui vient d'être remise à l'Ambassade des États-Unis.

Pour les deux.

« Me référant à la lettre de Votre Excellence en date du 10 mars[4], j'ai l'honneur de vous prier de bien vouloir transmettre au Secrétaire d'État la réponse suivante à la communication qu'il m'avait adressée :

« Je vous remercie du message que vous avez bien voulu me faire parvenir. J'accueille bien volontiers la suggestion que vous m'avez faite de même qu'à M. Bevin de nous réunir prochainement en vue de procéder à un nouvel examen des questions qui nous intéressent en commun. Le 8 mai, comme date initiale des pourparlers, me conviendrait. À mon avis, l'objet principal de nos conversations devrait être l'examen de la situation en Indochine et plus généralement dans l'Asie du Sud-Est, en vue de dégager une politique commune dans le cadre de notre politique générale. En ce qui concerne l'Allemagne, nous aurons surtout, je pense, à examiner dans quelles conditions les dispositions que nous avions prises à Paris en novembre dernier ont été mises en application et quels en ont été les résultats. Certains problèmes nouveaux tels que celui que pose la situation économique de l'Allemagne pourraient également être évoqués. Enfin, nous pourrons confronter nos vues sur l'évolution générale de nos rapports avec l'Europe de l'Est.

En ce qui concerne une réunion du Conseil atlantique, je me demande si, dans les circonstances actuelles, elle ne serait pas prématurée.

En effet, l'étude des questions militaires a permis de réaliser certains progrès que constateront, lors de leur prochaine session à La Haye, les

---

[1]   Télégramme envoyé par la direction d'Europe et signé Seydoux.
[2]   Télégramme envoyé par courrier.
[3]   Voir document n° 59.
[4]   Document non reproduit.

ministres de la Défense nationale. Il est peu probable que les ministres des Affaires étrangères puissent faire autre chose qu'approuver les décisions préparées par les techniciens.

Sur le plan politique, je n'aperçois guère, à première vue, les questions qui pourraient être étudiées à la date envisagée. Celles qui causent nos préoccupations du moment (Sud-Est asiatique, Allemagne) ne concernent pas directement la plupart des signataires du Pacte, et doivent normalement faire l'objet de notre conversation tripartite.

Je conçois bien, comme vous, la nécessité de donner plus de vie à l'application du traité et d'associer plus étroitement à nous les petites puissances. Mais je ne vois guère qu'un domaine où nous puissions nous engager utilement : celui des questions économiques, mentionnées à l'article 2 du Pacte. Il me semble cependant que nous ne pouvons entreprendre utilement leur étude qu'après des travaux préalables qui ne sont pas commencés à l'heure actuelle, et qui ne pourraient être menés à bien avant le début de mai, compte tenu du calendrier particulièrement chargé des conférences internationales au cours des semaines prochaines (Conseil de l'Europe, O.E.C.E., réunions diverses des ministres du Pacte de Bruxelles, etc...).

Sans doute la meilleure solution serait-elle qu'à l'occasion de nos entretiens à trois nous examinions les problèmes susceptibles d'être inscrits à l'ordre du jour du Conseil de l'Atlantique afin de nous prononcer sur l'opportunité et éventuellement sur la date de sa convocation ».

(Direction d'Europe, Généralités, volume 133)

63

NOTE DE M. ALPHAND, DIRECTEUR DES AFFAIRES
ÉCONOMIQUES ET FINANCIÈRES
POUR M. SCHUMAN, MINISTRE DES AFFAIRES ÉTRANGÈRES

Aspect financier des problèmes de réarmement

N.   *Paris, 21 mars 1950.*

Secret.

La présente note a pour but d'exposer les problèmes de caractère financier et économique qui se posent aux pays participants du Traité de Bruxelles et du Pacte de l'Atlantique. Ces problèmes sont eux-mêmes étroitement liés aux objectifs de ces deux accords qui consistent à doter l'Europe occidentale d'une force militaire efficace grâce à des efforts nationaux, à l'aide mutuelle et à la mise en commun des ressources.

Un examen d'ensemble de ces questions semble utile à la veille des diverses réunions ministérielles qui sont prévues : Comité économique et financier du Pacte atlantique le 29 mars à Londres ; Comité de Défense du Pacte atlantique le 1er avril à La Haye ; réunion commune des ministres des Affaires étrangères, de la Défense nationale et des Finances du Traité de Bruxelles les 16 et 17 avril à Bruxelles ; éventuellement le Conseil du Pacte de l'Atlantique au début de mai à Londres.

I

Traité de Bruxelles.

1) *Programme de production additionnelle d'armements.*

Un an après la signature du Traité, les cinq alliés sont convenus le 15 mars 1949 à Londres, lors de la cinquième session du Conseil consultatif, d'un programme de production additionnelle d'armements qui devait s'ajouter d'une part aux prévisions existantes des budgets militaires en vigueur à l'époque, et d'autre part aux livraisons éventuelles d'armes américaines au titre du P.A.M.[1]. Ce programme représente un compromis entre les évaluations de ce que les experts militaires estimaient nécessaire pour la sécurité de l'Europe occidentale et les évaluations de dépenses jugées possibles par les experts financiers pour ne pas compromettre la stabilité financière et le redressement économique.

Ce programme couvrant deux années avait été fixé à 600 millions de dollars, monnaie de compte. On espérait à l'époque que l'aide américaine se ferait pour une fraction sous forme de dollars libres, et qu'ainsi la charge budgétaire des Alliés européens serait allégée. La part de la France avait été fixée à 55 millions de dollars pour la première année et 110 pour la seconde[2].

L'exécution du programme de production additionnelle devait être assortie de livraisons d'armes entre alliés, ne donnant pas lieu à payement dans le cas où le pays recevant les armes bénéficiait vis-à-vis du

---

[1]   P.A.M. : Programme d'aide militaire américain.
[2]   *Note du document :* « Il faut remarquer que, parallèlement à l'effort de production additionnelle ainsi convenu, la France a fait connaître son intention (réunion des cinq ministres de la Guerre, 15 juillet 1949, à Luxembourg) de reconstituer pour la fin de 1951 une armée moderne de 20 divisions 1/2 réparties en 16 divisions normales et 4 1/2 divisions blindées. L'application de ces dernières dispositions représenterait une dépense de 2347 milliards de francs ».

pays fournisseur de droits de tirage ouverts par l'accord sur les payements intra-européens d'octobre 1948.

Depuis la réunion du Conseil consultatif du 15 mars 1949, deux faits ont sensiblement modifié l'aspect du programme additionnel :

En premier lieu, les dévaluations monétaires de septembre 1949 ont amené une réduction de l'estimation en dollars du programme additionnel qui descend de 600 à 460 millions de dollars (part de la France 44 millions de dollars, 1ère année ; 85 millions de dollars 2ème année).

En second lieu, la loi américaine sur l'aide militaire à l'Europe (5 octobre 1949) organise une <u>aide en nature</u> et non en argent, ne prévoyant le remboursement en argent que des dépenses réellement effectuées en dollars (10 à 20 % du total), c'est-à-dire les machines-outils, les matières premières et les brevets nécessaires aux programmes nationaux de fabrication d'armements. La charge budgétaire que représente le programme additionnel retombe ainsi tout entière sur les finances européennes.

Il s'en est suivi une certaine désaffection de la France tant vis-à-vis de l'aide américaine que du programme additionnel. À la réunion des ministres des Finances des Cinq le 25 janvier 1950 à Paris, Sir Stafford Cripps a déclaré que l'Angleterre estimait que le chiffre de 460 millions de dollars devait couvrir toutes les dépenses à engager par les Cinq au titre du traité de Bruxelles. La conséquence en est que d'autres dépenses pour la défense occidentale s'étant ajoutées à la production d'armements (par exemple : construction du Quartier général de guerre), devront être imputées sur ce chiffre global de dépenses, en déduction par conséquent de la part de chaque allié qui aurait dû être normalement affectée à la fabrication de matériels. La France, au contraire, a soutenu la thèse selon laquelle les dépenses supplémentaires de l'Union occidentale doivent être couvertes par des crédits à prélever sur les dépenses courantes des budgets nationaux annuels.

Le débat devra être tranché au prochain Conseil consultatif, les ministres de la Guerre étant sur ce point en opposition avec les ministres des Finances.

2) *Conséquences.*

L'exécution du programme additionnel se fait avec lenteur. En 1949, le budget français consacrait une première tranche de fabrications de 8 millions de dollars (au lieu de 12 qui eussent été nécessaires). En 1950, où l'effort aurait dû être plus grand, le budget prévoit une tranche de 30 millions de dollars, au titre du programme additionnel, au lieu de 45. Il n'y a pas de prévision pour 1951.

Au titre des transferts d'armes, la France a reçu d'Angleterre, pour une valeur de 12 millions de livres des avions (*Vampires*) et du matériel radar. Ces livraisons ne donneront pas lieu à payement aussi longtemps que la France bénéficiera de droits de tirage sur la Grande Bretagne.

Le fonctionnement du système des paiements intra-européens a ainsi une incidence directe sur notre Défense nationale.

Cependant l'intégration des forces militaires et des programmes stratégiques des Cinq n'est faite à aucun degré. Les comités de la Commission permanente de Londres égarent leurs travaux dans des questions qui ne sont plus que de pure procédure.

3) *Répartition des dépenses accessoires.*

Les Alliés sont néanmoins tombés d'accord sur un mode forfaitaire de répartition des charges financières afférentes à deux catégories accessoires de dépenses : le coût de fonctionnement des quartiers généraux et les dépenses de responsabilité civile. Les proportions adoptées sont de 50 % pour l'Angleterre, de 25 % pour la France et de 25 % pour le Benelux.

4) *Formule générale de répartition des charges militaires.*

Depuis la signature du traité, les alliés de Bruxelles n'ont cessé d'être préoccupés de la nécessité de trouver le moyen de répartir entre eux les charges relatives à la <u>défense commune</u> de l'Europe occidentale. L'idée est née d'une formule automatique de répartition des dépenses grâce à laquelle serait obtenue une certaine égalité des sacrifices. Le Comité économique et financier y a travaillé plus d'un an. Finalement les études ont été interrompues, aucun accord ne se révélant possible.

En résumé, trois thèses ont été défendues : la belge, selon laquelle le fardeau de la défense commune devait être partagé matériellement et non financièrement, sur la base des besoins locaux d'armements définis par le Comité de défense ; l'anglaise, selon laquelle les charges seraient réparties en fonction du revenu national de chacun ; la française qui envisageait d'abord un système inspiré du prêt-bail et qui s'est rapproché ensuite de la thèse anglaise avec des correctifs.

Il a été généralement estimé que dans le cadre du traité de Bruxelles, une telle étude ne pouvait rien donner, en l'absence du plus riche des Alliés, et que la question devrait être reprise dans le cadre du Pacte atlantique.

II

PACTE ATLANTIQUE.

1) *Résultats acquis.*

Le Pacte atlantique n'apporte encore à la sécurité française que deux éléments :

a) la participation de la France à l'établissement de la stratégie mondiale, puisqu'elle fait partie du groupe militaire permanent de Washington qui a fait disparaître l'ancien *Combined Chief of Staff* anglo-américain qui avait survécu à la guerre ;

b) du matériel de guerre, livré gratuitement selon l'accord d'aide militaire de janvier 1950. La loi d'aide militaire d'octobre 1949 ouvre un crédit de un milliard de dollars. La part de la France est de 450 millions environ.

Le matériel que nous recevrons gratuitement aurait représenté, s'il avait fallu par des commandes passées en 1948 et en 1949 le recevoir moyennant payement en 1950, une dépense de 200 milliards de francs[1]. Sa valeur peut être évaluée, selon les méthodes de comptabilité très complexes qui ont été convenues avec les Américains, à 165 milliards de francs.

L'aide américaine est légèrement amputée de crédits en dollars destinés à payer le transport des armes, les crédits en francs nécessaires pour affréter des vaisseaux français n'ayant pu être dégagés jusqu'ici par les Ministères français.

La première annuité d'un milliard de dollars sera sans doute suivie d'une seconde, dont l'administration américaine prépare la justification.

2) *Projets d'études.*

Aucun travail d'ensemble sur les conséquences financières du réarmement dans le cadre du Pacte atlantique n'a été à cette date entrepris par les organismes de ce traité. Il n'existe qu'une étude embryonnaire entreprise pour les futurs débats au Congrès par le délégué américain au groupe de travail économique et financier de Londres sur la base de réponses à un questionnaire qu'il avait dressé, touchant les problèmes énumérés ci-dessous :

a) Évaluation des ressources budgétaires affectées à la Défense dans chaque pays du Pacte.

b) Détermination des ressources économiques et financières susceptibles d'être affectées dans chaque pays à la production de matériels militaire et à l'aide mutuelle.

---

[1] *Note du document :* « Le budget français de matériel est cette année de 94 milliards de francs ».

c) Dispositions financières applicables au transfert de matériels entre signataires du Pacte.

d) Méthodes et critères d'appréciation des charges de défense de chaque signataire au regard de ses possibilités et de son revenu national.

Des réponses fournies sur ce dernier point il devrait être possible de tirer certaines conclusions en matière de répartition et de péréquation des charges.

Mais il se trouve que, du côté français, toute étude de ce genre est impossible, le ministre de la Guerre n'ayant pas cru pouvoir fournir des prévisions sur les dépenses militaires françaises dans les années à venir.

III

CONCLUSION.

Il résulte de cet exposé que les tentatives faites dans le cadre du traité de Bruxelles, d'une part, pour répartir les dépenses communes de la défense occidentale, d'autre part pour coordonner les armements, n'ont abouti qu'à des résultats insignifiants.

Le Pacte de l'Atlantique nous permet d'espérer une quantité non négligeable de matériel de guerre de type moderne. Toutefois, les efforts conjugués des États-Unis et des États de l'Europe occidentale ne permettent en aucune manière de dire que les programmes militaires soient adaptés aux intérêts stratégiques mondiaux, aussi bien en Allemagne que dans le Sud-Est asiatique.

Dans le cas particulier de la France, aussi modeste soit-il, le programme de 20 divisions 1/2 représente, s'il est exécuté d'ici la fin de 1951 ou même de 1953, une charge de 2.347 milliards de francs que l'économie française, dans sa structure actuelle, est assurément incapable de supporter.

Il apparaît ainsi que, dans les circonstances présentes, notre politique doit être guidée par les préoccupations suivantes :

1) Obtenir dans les plus brefs délais et sur une échelle aussi vaste que possible, l'aide militaire et économique que nous avons souhaitée pour l'Indochine.

2) Préparer et négocier une formule de répartition internationale des charges qui permettrait à la fois de faire usage des ressources militaires de la France en hommes et en possibilités de fabrication, d'alléger le fardeau insupportable qui en résulterait pour notre économie et d'assurer une coordination efficace des ressources stratégiques de l'Occident.

Pour répondre à cette dernière question, il est évidemment indispensable de calculer ce que pourrait être au cours des prochaines années le budget militaire français.

Ces divers problèmes posent non seulement sur le plan financier et économique, mais également sur le plan de la politique générale et de la stratégie, des points d'interrogation auxquels seul le gouvernement peut apporter une réponse.

La doctrine française devrait sans doute être précisée avant les diverses réunions financières ou militaires du traité de Bruxelles et du Pacte de l'Atlantique qui vont se tenir au cours des prochaines semaines.

(Secrétariat général, Dossiers, volume 10)

64

M. de Vaux Saint Cyr, Ambassadeur de France à Athènes,
à M. Schuman, Ministre des Affaires étrangères[1].

D. n°217.   *Athènes, 22 mars 1950.*

À la veille des élections, les Américains ont éloigné des eaux territoriales grecques les navires de guerre américains qui s'y trouvaient et l'Ambassadeur des États-Unis s'est rendu à Genève représenter son pays à la Conférence des tarifs douaniers. Les États-Unis voulaient manifester ainsi qu'ils n'intervenaient en rien dans les élections grecques et que le peuple hellène pouvait en toute liberté choisir ses représentants.

Mais la consultation populaire une fois terminée – et tout le monde s'accorde à dire qu'elle a eu lieu dans les meilleures conditions et sans pression d'aucune part – les choses ont changé. Quelques journaux ont écrit que le nouveau gouvernement ne pouvait être formé sans l'avis de l'ambassadeur des États-Unis et que le Roi devait attendre son retour avant de fixer son choix. Et personne n'a trouvé cette opinion déplacée.

De fait, quelques jours après, l'ambassadeur est revenu de Genève et il a immédiatement écrit une lettre au Président du Conseil, lettre publiée par tous les journaux, dans laquelle il se félicite et il félicite le gouvernement grec de la façon dont se sont déroulées les élections. « À la lumière de toutes les informations qui me sont parvenues, écrit M. Grady, je me suis rendu compte qu'un ordre presque absolu et une grande tranquillité ont régné dans le pays le jour du vote et que, chose plus importante, la liberté de parole et la liberté de mouvement ont été garanties pendant toute la période électorale… Vous partagez, j'en suis certain, mon espoir que le futur gouvernement, quelle que soit sa composition, mérite d'obtenir et obtiendra la coopération du peuple grec. Travaillant à la reconstruction et à la consolidation de l'économie grecque, le nouveau gouvernement, comme ceux qui l'ont précédé,

---

[1]   Dépêche adressée à la direction d'Europe. Note manuscrite : « *Copie à AM[érique]. C[ommuni]querWashington, Londres, f[ai]t 3-4-50* ».

pourra être certain de l'appui complet de tous les services américains en Grèce. Je vous prie de transmettre mes félicitations à tous les ministères qui se sont occupés de la question et au gouvernement dans son ensemble pour la manière dont se sont déroulées les récentes élections ».

Le Président du Conseil a répondu à l'Ambassadeur en l'assurant que sa lettre l'avait « profondément ému ». « Nous ajoutons une grande importance, a ajouté M. Théotokis, à la reconnaissance de ces faits (conditions dans lesquelles se sont déroulées les élections) par vous, M. l'Ambassadeur, en votre double qualité d'ami chaleureux et éprouvé de la Grèce et de représentant de la grande démocratie des États-Unis, protectrice des libertés démocratiques dans le monde ».

Ce satisfecit donné par M. Grady aux Grecs et à leur gouvernement a, malgré tout, chatouillé désagréablement l'amour-propre hellène et quelques journaux ont protesté, très doucement d'ailleurs.

Mais ce n'était pas tout. M. Grady s'est rendu quelques jours plus tard auprès du Roi pour l'engager à constituer un gouvernement aussi rapidement que possible et à ne pas songer à recourir à de nouvelles élections. Le bruit s'était en effet répandu que le Roi, effrayé de la poussée vers la gauche, hésitait à donner le pouvoir aux vainqueurs du 5 mars et voulait procéder à de nouvelles élections avec le système majoritaire cette fois-ci. Le correspondant de l'*Associated Press* à Athènes, en rapportant ces faits, ajoutait que l'Ambassadeur avait fait cette démarche « à la suite d'instructions spéciales du *State Department* ».

La plupart des journaux, y compris l'officieux *Messager d'Athènes* qui vit des subsides du ministère des Affaires étrangères, ont reproduit cette information en ajoutant que l'Ambassadeur avait retardé son retour à Genève pour effectuer cette intervention auprès du Roi. Aucun n'a marqué tout ce que ce geste avait d'humiliant pour l'amour-propre grec.

Il est vrai que le *State Department* a démenti par la suite cette nouvelle. Il a déclaré que l'Ambassadeur s'était bien entretenu avec le Roi, mais que, ce faisant, il n'avait pas agi à la suite d'instructions de Washington.

On ne peut tout de même pas s'empêcher de constater que le protectorat américain s'étend de plus en plus sur la Grèce et si certains Grecs en souffrent, peu protestent et ces voix ne se font guère entendre. Les Grecs ont sans doute moins le sentiment de l'indépendance nationale que d'autres peuples. Leur histoire en est probablement la cause. Après avoir souffert 400 ans sous le joug turc, ils n'ont obtenu leur liberté qu'avec l'appui des « Puissances protectrices ». Pendant longtemps en Grèce, les partis politiques se sont désignés sous le nom de « français », « anglais » ou « russe » et tout le monde savait, il y a cent ans à peine, que le parti français avait Colettis pour chef, le parti anglais

Mavrocordatos et le parti russe Metaxas. C'était la plus grande préoccupation des Ministres étrangers à Athènes d'asseoir leur protégé à la présidence du Conseil.

Quand, après les élections de 1846, les Français eurent amené Colettis au pouvoir, les Anglais mirent tout en œuvre pour le renverser. Les démêlés entre notre ministre, le Baron Piscatory et le ministre anglais Lord Lyons sont restés célèbres et l'on en parle aujourd'hui encore à Athènes. Les Anglais envoyèrent leur flotte de Malte bloquer Le Pirée et le pauvre Colettis mourut à la peine. Puis les Russes intervinrent à leur tour et suscitèrent une révolte dans le Péloponnèse pour empêcher la constitution d'une Église nationale. Pendant la guerre de Crimée, le Pirée fut occupé comme le furent certains points de la Grèce pendant la guerre de 1914.

De nos jours, la constitution des gouvernements donne moins de soucis aux ambassadeurs accrédités à Athènes. Cependant à mon arrivée ici en 1945, à défaut de Chambre, c'était l'Ambassadeur d'Angleterre qui formait et destituait les Cabinets. Et ceux-ci se succédaient avec une grande rapidité, sir Reginald Leeper estimant qu'ils n'étaient jamais orientés assez à gauche. C'était le moment où les travaillistes remportaient en Angleterre des succès retentissants. Quand l'Ambassadeur eut fait nommer M. Sophoulis à la tête du gouvernement qui devait présider aux élections de 1946, tous les populistes s'élevèrent avec énergie contre cette désignation. Les journaux de droite écrivirent même : « Les Anglais nous traitent comme des nègres » et beaucoup de Grecs me prièrent de ne plus les inviter avec des Anglais.

Actuellement, les Anglais ont passé au second rang. L'ambassadeur de Grande-Bretagne, qui fait cependant tous ses efforts pour ne pas se laisser distancer par l'Américain, n'a pas exprimé son opinion sur les élections.

De plus en plus, les Américains sont les protecteurs. La livre ne peut lutter contre le dollar et les Grecs, toujours à la recherche de subsides, habitués de tout temps à subir l'influence étrangère, qui ont vu les « grands alliés » d'aujourd'hui succéder aux « Puissances protectrices » d'autrefois, savent d'où coule le Pactole actuel. Il ne vient plus d'Asie Mineure, mais des bords lointains des Amériques[1].

(Direction d'Europe, Grèce, volume 117)

[1]   La politique américaine en Grèce n'avait que peu évolué à la fin de l'année 1950 car, si l'ambassadeur et une partie de ses conseillers avaient été remplacés et si le nouvel ambassadeur proclamait la volonté américaine de travailler de manière moins interventionniste dans la vie politique grecque, il n'en résultait pas un changement appréciable du contrôle exercé par les Américains sur la Grèce. Comme le soulignait l'ambassadeur à Athènes, l'aide américaine n'était accordée que sous une double condition : le gouvernement grec devait être parlementaire, fort et stable, nettement anticommuniste, avoir une politique économique et sociale nettement progressiste, ce qui permettait de le montrer sous un jour favorable à l'électeur américain. Et il devait accepter le contrôle de sa politique économique et financière par la mission de l'ECA afin de vérifier l'utilisation de l'aide Marshall (dépêche n° 861 du 15 décembre 1950 d'Athènes, non reproduite).

65

M. Lévi, Ambassadeur de France à New Delhi,
    à M. Schuman, Ministre des Affaires étrangères[1].

D. n°246.   *New Delhi, 21 mars 1950.*

À l'occasion du débat qui s'est tenu le 17 mars au Parlement indien
sur le vote du budget afférent au Département des Affaires extérieures
débat qui a d'ailleurs été consacré pour la plus large part aux incidents
du Bengale et aux relations avec le Pakistan (ma dépêche de ce jour)[2],
le Pandit Nehru a tenu à préciser les grands principes qui dictent l'attitude de son gouvernement en matière de politique étrangère.

***

On retrouve dans ces déclarations dont le Département trouvera ci-
joint l'analyse, les thèmes principaux qui sont chers au Premier ministre
et que celui-ci a développé à maintes reprises dans le passé :

– L'Inde entend maintenir actuellement une politique de neutralité
  vis-à-vis des deux blocs en présence dans le monde, car c'est la seule
  politique possible pour une nation qui vient d'accéder à l'indépendance et qui a à faire face à de multiples problèmes d'ordre interne.
  Le chef du gouvernement, pour la première fois, a invoqué à cet
  égard le précédent des États-Unis qui, pendant plus d'un siècle, se
  sont abstenus d'intervenir dans les conflits qui ont bouleversé l'Europe.

– Le fait majeur de l'histoire contemporaine depuis la fin de la
  guerre, est la résurrection de l'Asie comme force politique sur le
  plan international.

– Dans cette Asie nouvelle, l'Inde occupe une place exceptionnelle,
  tant par la position stratégique qu'elle occupe au centre de l'océan
  Indien, que par les liens étroits, présents et passés, qui la rattachent
  au Moyen-Orient, au Sud-Est asiatique, et à l'Extrême-Orient.

Cette transition permettait au Pandit Nehru de passer longuement
en revue dans son exposé, l'état actuel des relations de Delhi avec le
monde asiatique, sans traiter des rapports avec les pays occidentaux,
qui n'ont pas été mentionnés, à l'exception des États-Unis dont le chef
du gouvernement a souligné, à la lumière des observations de son
récent voyage, les sympathies pour l'Inde.

---

[1]   Dépêche adressée à la direction d'Asie-Océanie et communiquée au Haut-
Commissariat en Indochine et à la direction d'Afrique-Levant. Note manuscrite :
« C[ommuniqu]er F[rance] O[utre]-M[er], Londres, fait 31/3. Résumer, f[ai]t 3/4 ».
[2]   Document non reproduit.

Le Sud-Est asiatique a bénéficié naturellement d'une attention plus particulière du Premier ministre : l'Indonésie que le gouvernement indien tire quelque fierté d'avoir aidé dans une certaine mesure à accéder à l'indépendance ; la Birmanie où l'Inde se garde d'intervenir tout en étant disposée à lui prêter assistance sur le plan financier ; Ceylan, avec laquelle l'Inde veut entretenir des relations amicales mais où certains problèmes, tels que le statut des ressortissants indiens, restent encore l'objet de litiges entre les deux gouvernements, ont été tour à tout mentionnés.

Un passage spécial a été consacré à l'Indochine, à l'égard de laquelle le Pandit Nehru a réitéré sa décision de maintenir une attitude de neutralité, et a précisé qu'à son avis, toute politique d'intervention vis-à-vis des peuples qui combattent pour la liberté, ne pourrait avoir que de fâcheuses conséquences : d'une part, elle risquerait selon lui de heurter les sentiments patriotiques de ceux qui luttent pour leur indépendance et, d'autre part, elle pourrait fournir une arme aux éléments qui s'opposent aux nationalistes.

Les raisons qui ont amené Delhi à reconnaître le régime communiste chinois, les rapports avec le Népal, la signature d'un traité d'amitié avec le gouvernement de Kaboul, sur lequel l'Inde se défend d'exercer une influence défavorable au Pakistan, et dans un autre ordre d'idées, l'avenir des peuples noirs d'Afrique, dont le peuple indien souhaite qu'ils puissent se gouverner eux-mêmes, ainsi que les difficultés avec l'Union du Sud Afrique, ont été également évoqués.

***

On notera qu'aucune allusion franchement déplaisante n'a été faite cette fois par le Pandit Nehru, aux puissances dites « colonialistes », et que le ton de ses déclarations est resté, à cet égard, extrêmement modéré ; le débat qui a suivi a revêtu un certain intérêt en ce qui concerne l'Indochine ; un parlementaire, représentant de la minorité anglo-indienne, M. Frank Anthony, a émis des doutes en effet, sur le bien fondé de la politique suivie par l'Inde à l'égard de S.M. Bao Daï, en faisant valoir les dangers d'une progression du communiste dans l'Asie du Sud-Est, et en soulignant qu'il était essentiel que Delhi apportât son concours, même seulement moral, à ceux qui luttent contre le communisme.

Le Dr. Keskar, ministre-adjoint des Affaires extérieures, a répondu le 18 mars, que les événements avaient prouvé depuis deux ans, la sagesse de la politique tendant à ne pas s'aligner sur l'un ou l'autre des deux blocs en présence dans le monde ; il a toutefois ajouté :

« Nous suivons actuellement cette politique dans l'intérêt du pays. Nous ne donnons pas cependant d'assurance que si les circonstances changeaient nous garderions la même position (le compte rendu de la

séance signale à ce moment des applaudissements des parlementaires).
La politique d'un gouvernement n'est ni éternelle, ni permanente ».

(Direction d'Asie-Océanie, Inde, volume 49)

66

NOTE DE LA DIRECTION D'ASIE-OCÉANIE
POUR LE MINISTRE

Conférence « inter-États »

N.   *Paris, 24 mars 1950.*

La conférence qui doit réunir les États associés à la France, Viêt
Nam, Laos, Cambodge et la France a essentiellement pour objet l'établissement d'organismes mixtes destinés à étudier, harmoniser et mettre
en œuvre les intérêts communs aux trois États d'Indochine ou communs
à ceux-ci et à la France.

La tenue de cette conférence est expressément prévue dans les accords
signés par la France avec les États associés d'Indochine au cours de
l'année 1949.

L'échange de lettres du 8 mars s'exprime ainsi[1] : « Une conférence
réunie en Indochine à la diligence du Haut-Commissaire, où seront
représentés à côté du gouvernement de la République française et du
gouvernement de Sa Majesté, les Souverains du Cambodge et du Laos,
déterminera la composition et l'étendue des pouvoirs de ces organismes
mixtes. Il a paru bon de réserver, dans ce but, à la compétence de la
Conférence les points suivants :

1 – Le service des transmissions ;

2 – Le contrôle de l'immigration ;

3 – Le commerce extérieur et les douanes ;

4 – Le Trésor ;

5 – Le plan d'équipement ».

Les traités franco-laotien et franco-cambodgien prévoient cette conférence dans des termes sensiblement analogues.

Indépendamment des difficultés qui devront être aplanies pour
arriver à constituer les différentes commissions ou groupes de travail
destinés à régler les intérêts communs aux États associés et à la France,
des difficultés d'ordre technique sont à prévoir.

---

[1]   Voir *DDF*, 1949-I, n° 145.

C'est ainsi que l'on peut craindre de voir les intérêts français d'Indochine disposés à soutenir le point de vue des États associés, se mettant ainsi en opposition avec les intérêts de la France métropolitaine. La conférence inter-états devant en effet déterminer la politique commerciale commune aux États d'Indochine, les intérêts français de ces pays sont susceptibles d'être orientés dans le même sens que ceux des trois États associés.

Il sera, d'autre part, délicat de déterminer comment cette conférence inter-états prendra ses décisions. Le mode de vote fera certainement l'objet de discussions pour savoir s'il doit avoir lieu par État ou, ce qui serait le plus favorable à la France, par attribution à chacun des divers représentants de chaque pays, d'une voix personnelle.

Enfin, deux problèmes de principe devraient recevoir une solution avant le début de la conférence. Ce sont :

1) Quel sera l'organisme chargé de trancher les différends qui pourraient s'élever entre la France et les États associés au sujet de l'interprétation des accords signés ;

2) La définition et la nature exacte du rôle du Haut-Commissaire de France pour l'Indochine.

Sur ce dernier sujet, le comité juridique du comité d'études des problèmes de l'Union française a émis un avis à la date du 21 mars qui indique les vues de cet organisme consultatif sur cette question.

(Direction d'Asie-Océanie, Indochine, volume 56)

67

NOTE DE LA DIRECTION D'ASIE-OCÉANIE
POUR LE MINISTRE[1]

*Remise à l'administration viêtnamienne des compétences
détenues par les autorités françaises*

N.[2]   *Paris, 25 mars 1950.*

Les conventions d'application des accords franco-viêtnamiens du 8 mars 1949[3] ont été signées à Saïgon le 30 décembre de la même année.

Elles avaient essentiellement pour but de déterminer les modalités pratiques de la remise par les autorités françaises aux autorités viêtna-

---

[1]   Note manuscrite : « *À classer avec les éléments que la F[rance d']O[utre-]M[er] nous enverra en réponse à notre lettre du 25/3* ».

[2]   Note manuscrite : « *Faite d'après l'analyse des accords remis par Bonfils* ».

[3]   Voir *DDF*, 1949-I, n° 145.

miennes des différents services gouvernementaux qui étaient gérés jusqu'alors par les Français.

Antérieurement à la signature de ces conventions et à partir de 1945, une évolution avait déjà permis de remettre aux autorités du Viêtnam une partie des services gérés par les autorités françaises.

C'est ainsi que toutes les attributions exercées avant 1945 par les commissaires de la République avaient été remises à des fonctionnaires viêtnamiens, si bien que toutes les compétences générales d'administration interne, à l'échelon local, étaient détenues par des Viêtnamiens, la France ne se réservant que les questions de finances et de police. En matière de perception d'impôts, les autorités locales viêtnamiennes recouvraient tous ceux-ci.

Les conventions du 30 décembre qui traitent de l'ensemble des compétences détenues par la France au titre de l'État viêtnamien spécifient que les transferts de service seront faits dans chaque cas en bloc, le gouvernement viêtnamien héritant du gouvernement français à la fois des compétences du personnel affecté aux services et des locaux servant à exercer ces compétences.

Les conventions d'application sont au nombre de plusieurs dizaines et traitent de tous les sujets depuis ceux des rapports unissant les armées françaises et viêtnamiennes pour la défense commune de l'Union française jusqu'au transfert de compétences en matière de protection sanitaire en passant par celles de compétence en matière de presse, d'information, d'établissements d'enseignement, de travaux publics, de l'office du tourisme et des expositions, etc...

À l'heure actuelle, la France détient encore la gestion des services antérieurement communs à l'unité économique que constituait l'Indochine, et certains services de sûreté en raison de l'état de trouble du Viêtnam.

Les services communs à l'ancienne Union indochinoise doivent être répartis entre les trois États d'Indochine : Viêtnam, Laos, Cambodge, ou gérés en commun par de nouveaux organismes où seront représentés la France ainsi que ces trois États. Une conférence prévue aux accords doit se tenir prochainement et aura à traiter des cinq questions suivantes : service des transmissions, contrôle de l'immigration, commerce extérieur et douane, trésor et plan d'équipement.

Ce n'est qu'au moment où les États associés à la France auront décidé eux-mêmes du mode de gestion de ces services que la France pourra se décharger de la tâche qu'elle assume encore provisoirement.

La situation troublée qui règne actuellement en Indochine nécessite cependant que la France garde encore certains organismes qui doivent disparaître lors du rétablissement de l'ordre. Le principal de ces services est celui de la Sûreté française.

(Direction d'Asie-Océanie, Indochine, volume 104)

68

Général Cherrière, Chef de l'état-major permanent du
Président du Conseil,
  à M. Parodi, Secrétaire général du Ministère des Affaires
  Étrangères.

L.   *Paris, 27 mars 1950.*

Comme suite à notre entretien du 18 mars, je me permets de vous
adresser la copie d'une note que j'ai remise le 22 mars à Monsieur
Pleven au sujet des résultats obtenus dans le cadre du Pacte de Bruxelles
et du Pacte atlantique, et au sujet des conséquences à en tirer pour
l'avenir, notamment dans le domaine financier.

À mon avis, une impulsion venant d'en haut est indispensable pour
que le Pacte atlantique n'aboutisse pas au même résultat décevant que
le Pacte de Bruxelles.

Après en avoir discuté à plusieurs reprises avec M. Pleven, je suis
convaincu qu'<u>actuellement</u> une solution serait, d'une part, de créer,
auprès du Comité d'armement et du Comité exécutif et financier, des
sortes de *Standing Groups* réduits à deux, trois ou quatre membres
dont la nationalité ne serait pas obligatoirement française, anglaise ou
américaine, et, d'autre part, d'entreprendre de réaliser une entente plus
constante et plus intime entre les politiques de Paris, de Washington et
de Londres.

Un comité restreint de personnalités de qualité serait, sur le plan
technique, beaucoup plus efficace qu'un groupe trop nombreux. On
peut donc espérer que la création de ces comités restreints permettrait
d'obtenir, dans les questions où aucun progrès n'a été constaté jusqu'à
présent, des résultats comparables à ceux que le Groupe permanent
militaire a obtenus sur le plan opérationnel, et notamment dans le
domaine de la conception stratégique.

À eux seuls, ces *Standing Groups* n'atteindraient toutefois pas leur
but si les « trois Grands » de la coalition ne s'astreignaient pas à donner
des instructions précises et concordantes à leurs représentants dans les
comités (armement, économique et financier), après avoir défini une
position commune à l'égard des principaux problèmes à traiter.

C'est pourquoi j'estime ces ententes entre les trois gouvernements
aussi indispensables que la création de comités de travail restreints et
de qualité.

On peut ainsi espérer que, dans un délai de trois à huit mois, chaque
comité aura établi les données particulières et techniques des problèmes
à résoudre. C'est seulement à ce moment que les politiques militaires,
économique et financière de la coalition pourront être coordonnées,

les plans particuliers (fabrications – mises sur pied…) intégrés, et les réalisations entreprises. Ce sera l'ère des décisions.

Alors se posera la question de savoir si le Conseil atlantique aura, sans l'aide d'un groupe de travail, tous les éléments d'information nécessaires pour prendre ses décisions en toute connaissance de cause, c'est-à-dire pour arbitrer les différends éventuels, entre les demandes des défenses nationales et les possibilités, déclarées par les Finances, et surtout pour suivre ensuite l'exécution de ces décisions.

Mais, pour capital qu'il soit, un tel problème n'exige pas une solution immédiate. Ce qui est urgent, c'est que tous les comités fournissent les études de base nécessaires ; c'est à ce souci que répond cette lettre.

Avant de terminer, je précise bien que je ne critique pas tous les organismes créés dans le cadre du Pacte de Bruxelles ; certains d'entre eux ont obtenu des résultats satisfaisants.

(Secrétariat général, Dossiers, volume 10)

ANNEXE

NOTE DU GÉNÉRAL CHERRIÈRE, CHEF DE L'ÉTAT-MAJOR PERMANENT
DU PRÉSIDENT DU CONSEIL
POUR M. PLEVEN, MINISTRE DE LA DÉFENSE NATIONALE

*État d'avancement des travaux menés dans le cadre du Pacte de Bruxelles
et du Pacte atlantique.
Conclusions à en tirer*

N. n°58 DN/SP.   *Paris, 22 mars 1950.*

Très secret.

I/ – <u>État d'avancement des travaux menés dans le cadre des Pactes</u>.

1 – *Le Pacte de Bruxelles.*

Parmi les organismes fonctionnant depuis deux ans dans le cadre du Pacte de Bruxelles,

A/ les <u>Comités militaires</u> ont obtenu des résultats :

– sur le plan technique opérationnel, WUCOS a fait approuver un plan de défense dit d'urgence qui règle l'emploi des moyens existants et affectés par les gouvernements à la défense de l'Europe occidentale,

– il a également évalué le volume et la nature des moyens qui seraient à son avis nécessaires pour assurer efficacement cette défense,

– il a fait approuver définitivement le 15 juillet 1949 par le Comité de défense une répartition, entre les cinq puissances, des charges de mise sur pied des moyens militaires ainsi évalués[1] ; les stades successifs des réalisations à intervenir ont également été approuvés ; on peut, cependant, remarquer que cette répartition constitue une juxtaposition des déclarations d'intentions ou des engagements des divers gouvernements bien plutôt qu'une intégration proportionnelle et équilibrée des possibilités des puissances s'étant alliées contre un danger commun,

– il est efficacement intervenu dans les questions relatives à l'aide militaire américaine.

B/ S'il a participé à la détermination de « l'effort supplémentaire » (Conférence des 15 ministres à Londres les 15 et 16 mars 1949), le Comité d'armement n'a pu aboutir, malgré les efforts du représentant français, à établir un projet de plan coordonné et à longue échéance de fabrication d'armement.

Il n'a d'ailleurs pas pu réaliser la standardisation des matériels (choix de la meilleure arme ou du meilleur matériel dans chaque catégorie). Cette standardisation est pourtant la condition préalable nécessaire, bien que non suffisante, d'un plan de fabrication.

En dehors du manque de réalisme des organismes de travail militaires ou mixtes chargés de promouvoir la standardisation des modèles d'armement, le manque de participation entière des États-Unis aux travaux de Bruxelles, les accords anglo-américano-canadiens sur les armements et matériels, et enfin l'obstination britannique à ne pas mettre en commun les résultats des études et recherches sont les causes essentielles de cet insuccès[2].

En tout cas, un fait est là : dans le cadre du Pacte de Bruxelles, on n'a pas pu fabriquer un seul boulon, faute d'en avoir défini les caractéristiques techniques.

C/ Les résultats obtenus par le Comité économique et financier sont encore plus décevants, car rien d'important ne peut être porté à son actif, en dehors de la répartition des dépenses résultant de l'aménagement du poste de commandement de Soissons[3].

2 – *Le Pacte atlantique.*

Les organismes, créés pour la mise en œuvre du Pacte atlantique, ne fonctionnent que depuis moins de six mois. On peut néanmoins apprécier les résultats déjà acquis et le réalisme de leurs travaux.

A/ – Le Groupe permanent qui, par ses études de l'automne 1949, avait permis de déclencher la première tranche de l'aide militaire américaine, vient d'arrêter un premier projet de plan de défense dont un des buts est de préparer la deuxième tranche du plan d'aide militaire. Il n'en reste pas moins que l'établissement d'un plan de défense reste à faire ; or c'est seulement sur l'insistance du général Ély que le projet présenté constitue en fait une tentative d'intégration des plans régionaux, où des intérêts parallèles voire divergents s'étaient manifestés.

B/ – Les travaux du Groupe d'armement démarrent très lentement.

Jusqu'à présent, son Comité exécutif s'est borné à rassembler une documentation dont l'exploitation et l'utilisation ne sont pas commencées.

Certaines réserves peuvent également être faites, quant au réalisme de ses éléments directeurs (Président et Secrétaire) et à l'efficacité de leur action.

---

[1] *Note du document :* « 1ère tranche jusqu'au début 52 ».

[2] *Note du document :* « Une seule exception – le choix d'un type d'avions d'interception britannique par les cinq pays avec une fourniture britannique initiale à laquelle succède une fabrication sous licence – Exemple sans lendemain ».

[3] *Note du document :* « Et encore l'imputation du total reste en suspens ».

C/ – La vigoureuse intervention de Mr. Harriman à la première réunion du Comité économique et financier avait fait naître de grands espoirs.

Des documents reçus du groupe de travail, il ne ressort pas que ce Comité oriente ses travaux dans un sens pratique.

II/ – Par quelle voie agir pour mieux adapter à l'avenir ces travaux au but poursuivi.

Du Pacte de Bruxelles, conclu en 1948, la France attendait une plus grande sécurité, grâce à la mise en commun, contre le même adversaire, non seulement des moyens mais aussi des possibilités de l'Europe occidentale coalisée.

En effet, le bilan des moyens militaires existants était nettement défavorable. Il fallait donc, après avoir évalué les besoins d'une défense efficace et les possibilités de la coalition établir un plan militaire à longue échéance, avec répartition des charges entre les puissances signataires.

Or, ce plan n'a été établi que partiellement (Luxembourg).

Dans le domaine financier, le Comité économique et financier n'a pu aboutir à un accord sur le mode de répartition de ces charges.

Dans le domaine de l'armement, où pourtant les possibilités techniques de production de l'Europe occidentale sont immenses, aucun programme de fabrication n'a pu être établi ; même si la standardisation des matériels avait été réalisée, aucune fabrication n'aurait été possible, puisqu'il n'y avait pas de plan de financement et puisqu'aucun plan de répartition des commandes n'avait été étudié.

La mise en œuvre du Pacte de Bruxelles a donc montré que, faute d'une coordination entre la politique militaire et la politique économique et financière, la coalition a abouti à une impasse.

Il faut profiter de cette expérience pour assurer au Pacte atlantique toute l'efficacité que nous en attendons.

De fait, la mise en œuvre, bien que récente, du Pacte atlantique montre que les organismes créés dans le cadre de ce Pacte abordent le tournant décisif qui décidera de leur efficacité.

Ou bien les instances supérieures de la coalition auront l'énergie de définir les efforts communs essentiels, d'en vouloir la réalisation et d'en poursuivre l'exécution, ou bien, ne remplissant pas leur rôle de direction et d'impulsion, elles laisseront les organismes du Pacte sombrer à leur tour dans la logomachie, dans l'impuissance des comités irresponsables et dans les solutions de compromis.

Seuls les gouvernements peuvent résoudre un tel problème sur le plan international, comme sur le plan national.

En tout état de cause, l'aspect financier de ce problème est à régler en priorité.

III/ – Proposition d'intervention au cours des prochaines réunions du Pacte atlantique.

La résolution du problème financier conditionne donc l'efficacité de l'effort à entreprendre par la coalition atlantique ; encore est-il indispensable que les autres organismes créés dans le cadre du Pacte fournissent au Comité économique et financier la totalité des renseignements nécessaires : indication des besoins à satisfaire, ordre d'urgence des réalisations et coût.

Dans ce but, il est suggéré au Ministre de profiter des prochaines réunions des divers organismes du Pacte atlantique pour poser le problème dans toute son ampleur et pour proposer, après avoir rappelé l'énormité des chiffres correspondant aux dépenses d'une défense efficace, une méthode générale pour aborder l'ensemble de la question et l'amener à sa solution.

Cette méthode pourrait consister :

1) – À demander au Conseil atlantique d'actionner vigoureusement le Comité économique et financier pour obtenir de lui l'adoption des règles financières nécessaires pour :

A/ – régler la répartition des charges entre les États signataires, après avoir dégagé les ressources indispensables à la réalisation des besoins de la défense commune,

B/ – lancer un plan de fabrication à longue échéance.

2) – À proposer au Comité de Défense :

A/ – D'une part de demander au *Standing Group* :

    a) – de faire le plus rapidement possible le bilan des besoins pour la défense commune,

    b) – de proposer une répartition technique des moyens militaires à mettre sur pied dans chaque pays,

    c) – d'entreprendre immédiatement les études visant à améliorer l'efficacité des forces.

B/ – D'autre part de prescrire au *Standing Group* et au Comité d'armement en liaison avec lui, d'établir, dans un délai aussi court que possible, la liste des matériels standard à adopter par la coalition ; cette liste devrait faire ressortir, parmi les matériels existant actuellement, ceux qui répondent aux conditions de guerre modernes, et dont la fabrication pourrait être entreprise sans délai.

C/ – Ensuite de prescrire au Comité d'armement, ayant pris les liaisons nécessaires avec le *Standing Group*, d'établir très rapidement un programme interallié d'études et de recherches, dont seul serait exclu le domaine atomique.

3) – À faire décider par le Comité de défense que chacun de ses membres devra élaborer pour la prochaine réunion du Comité son échéancier, sur la base des ressources budgétaires dont il peut espérer disposer pour :

– la mise sur pied des moyens nationaux,

– son programme national de fabrications à court terme.

Les études ci-dessus devraient en général être menées parallèlement.

***

Elles paraissent indispensables si l'on veut éviter que le Pacte atlantique ne tombe dans les mêmes ornières que celles où le Pacte de Bruxelles s'est embourbé[1].

Elles paraissent indispensables si l'on veut affirmer la nécessité d'une coordination des politiques militaire, économique et financière.

– sur chaque plan national

– sur le plan interallié.

***

Ces principes étant acquis et les instructions d'ensemble étant données, il conviendra d'attirer l'attention des instances supérieures du Pacte sur la nécessité de ne pas recommencer une expérience de comités de techniciens chargés de préparer des « recommandations ». En effet ces comités et les sous-comités qu'ils créent à leur tour aboutissent trop souvent à des impasses, soit parce que les préoccupations de leur

---

[1] *Note du document :* « Et ce n'est pas seulement parce que, dans leur ensemble, les économies et les finances de l'Europe occidentale étaient ruinées ou en difficultés ».

technique propre leur masquent le but à atteindre, soit plus généralement parce qu'à ces échelons techniques, aucune décision d'importance ou d'ordre général ne peut être prise à l'initiative des représentants nationaux.

C'est pourquoi les instances supérieures du Pacte de Bruxelles n'ont pas pu résoudre les problèmes posés ou, au mieux, ont abouti, soit à des compromis non satisfaisants, soit à des solutions, non pas d'intégration ce qui était le but, mais de juxtaposition de positions particulières.

Le système des comités ainsi conçu a fait perdre du temps ; il a créé une fausse sécurité dans les peuples et un certain découragement dans les armées.

Pour faire à temps l'effort nécessaire[1], il faut donc donner une impulsion vigoureuse à la coalition atlantique et cette impulsion ne peut venir que d'en haut, c'est-à-dire des chefs de gouvernement eux-mêmes, se fixant respectivement leurs buts, leurs responsabilités et les délais de réalisation.

***

La présente note a reçu l'accord du comité des Chefs d'état-major.

Une question subsidiaire se pose, si le Ministre approuve totalement ou partiellement les suggestions ci-dessus.

Le général Lechères doit-il évoquer ces problèmes à la prochaine réunion du Groupe permanent ou du Comité militaire, en demandant qu'ils soient transmis au Comité de défense qui siégera le 1er avril ?

Ou bien le Ministre se réserve-t-il d'évoquer lui-même la question à l'instance politique militaire du Pacte ?

(Secrétariat général, Dossiers, volume 10)

69

M. Schuman, Ministre des Affaires étrangères,
   à divers postes diplomatiques.

T. circulaire[2].   *Paris, 29 mars 1950.*

Le caractère de la lutte que la France soutient en Indochine où elle appuie le gouvernement du Viêtnam contre les tentatives d'instauration d'un régime dictatorial et communiste semble n'avoir pas été suffisamment compris des États voisins.

---

[1]   *Note du document :* « Il n'est que de se rappeler quelles conséquences a entraînées le décalage constaté entre le démarrage du réarmement allemand à partir de 1935 et celui de la France et des autres démocraties. Ce facteur temps est encore plus important dans les conditions de guerre actuelles, car la première bataille risque d'être décisive, tant pour les forces armées que pour le potentiel industriel des démocraties ».
[2]   Télégramme envoyé à Karachi, New Delhi, Colombo, Rangoon, Bangkok, Singapour, Djakarta, Hong-Kong, Manille, Canberra, Wellington, Tokyo, Séoul, Kobé, Bombay, Calcutta, Madras, Yokohama, Sydney, Melbourne.

M. Jessup, lors de son récent passage à Paris, a, sur ce sujet, marqué au Département qu'il lui avait été donné de remarquer lors de son enquête en Extrême-Orient les insuffisances de notre propagande qui ne paraît pas avoir su coordonner ses efforts en vue de mieux faire comprendre le caractère et l'enjeu de la lutte qui se poursuivent sur le sol de l'Indochine.

C'est pourquoi je vous serais obligé d'apporter tous vos soins à faire comprendre à vos interlocuteurs et, par les moyens de diffusion à votre disposition, à l'opinion publique du pays de votre résidence, la politique de la France en Extrême-Orient.

Je demande à notre Haut-Commissaire en Indochine à qui vous pourrez d'ailleurs demander directement les précisions qui vous seraient nécessaires de bien vouloir vous renseigner de manière détaillée sur l'évolution de la situation politique et administrative en Indochine. Mais je pense que, dès maintenant, il vous serait possible d'orienter vos efforts et je vous soumets ci-après quelques-uns des thèmes que vous pourriez développer avec profit.

L'évolution générale du Sud-Est asiatique depuis la guerre tend vers une indépendance de plus en plus grande des États : Inde, Birmanie, Philippine, Indonésie...... Indochine. La France, pour sa part, a décidé de satisfaire au désir des Indochinois et au cours de l'année 1949 a signé avec les trois États d'Indochine des accords leur accordant l'indépendance dans l'Union française.

La remise par la France entre les mains des autorités autochtones des responsabilités du pouvoir doit, pour conserver sa valeur, être conduite de telle manière que les États d'Indochine ne tombent pas dans l'anarchie, car celle-ci permettrait à la dictature de s'instaurer sous sa forme communiste.

C'est essentiellement en fonction de cette nécessité que la France a dû ne donner aux États d'Indochine que progressivement les seules responsabilités que ceux-ci étaient matériellement en mesure d'assumer.

Aujourd'hui le cycle de mise en place des organismes locaux se termine et la France a remis l'essentiel des pouvoirs qu'elle exerçait aux États qu'elle protégeait. L'armée française, en particulier, ne reste plus en Indochine, à la demande des gouvernements qui ont accepté d'assumer le pouvoir, que pour leur donner le temps de se consolider en face d'une menace directe.

Cette menace vient à la fois du communisme international et de la Chine.

Le communisme gouverné et dirigé par Moscou a trouvé en Indochine un allié docile dans le personnel dirigeant Viêt-Minh entièrement communiste et qui souvent a été formé en Russie. La récente reconnaissance de Hô Chi Minh par ses maîtres de Moscou et par leurs satellites vient d'en apporter une preuve certaine.

De son côté, l'impérialisme chinois, sous sa forme communiste, constitue certainement la menace la plus directe pour la récente indépendance des nouveaux États.

Les problèmes posés par les nombreuses colonies chinoises de certains pays asiatiques, Birmanie, Siam, Malaisie, Indonésie, Philippines, vous permettront de faire comprendre à l'opinion du pays où vous résidez le danger que cette masse puissante et organisée peut constituer le jour où le gouvernement de Pékin aura décidé de l'utiliser à l'accomplissement de ses désirs d'expansion.

Vous devez cependant faire ressortir que cette menace est plus grave encore pour l'Indochine qui a une longue frontière commune avec la Chine. Ce pays a du reste eu depuis toujours des visées sur le Tonkin et l'Annam dont il fut longtemps le suzerain et qu'il a encore partiellement occupé en 1945 et 1946 lors du désarmement des troupes japonaises.

Ces menaces n'ont pu jusqu'à maintenant être conjurées que grâce à la présence des troupes de l'Union française. Celles-ci s'opposent à la terreur que le Viêt-Minh veut faire régner sur l'ensemble de l'Indochine et lors du retrait sur le territoire du Tonkin des troupes de l'armée nationaliste chinoise, c'est leur intervention qui a permis de faire respecter les règles du droit international et d'éviter que le conflit chinois ne déborde en territoire viêtnamien.

L'appui donné par la France aux nouveaux États se manifeste également sur le plan international.

C'est à la demande et avec l'assistance de la France que les États d'Indochine ont vu leur personnalité internationale reconnue d'abord par l'admission de ces États en qualité de membres associés à la Commission économique pour l'Asie en Extrême-Orient puis par la reconnaissance de leurs gouvernements par 22 États dont le St-Siège, le Siam, la Grande-Bretagne, les États-Unis.

Je n'ignore pas les difficultés que vous éprouvez en votre qualité d'Européen et de Français, à convaincre vos interlocuteurs de la sincérité des intentions de la France. Il est certain qu'à cet égard, les mêmes thèmes développés à des Asiatiques par d'autres Asiatiques acquéreraient une force bien plus grande. Aussi ai-je l'intention de demander à notre Haut-Commissaire en Indochine de s'efforcer d'obtenir des gouvernements des États associés que ceux-ci désignent des représentants qui pourraient se rendre à l'étranger y exposer la situation véritable de leur pays et le rôle qu'y joue actuellement la France. Cette expérience a du reste été déjà tentée dans l'Inde où M. Do Hung a représenté officieusement le gouvernement du Viêtnam au cours d'une mission qui a pleinement réussi.

(Direction d'Asie-Océanie, Indochine, volume 353)

70

M. Schuman, Ministre des Affaires étrangères[1],
à MM. Massigli, Ambassadeur de France à Londres, Bonnet,
Ambassadeur de France à Washington, et Chauvel, Représentant permanent de la France auprès du Conseil de
sécurité des Nations unies[2].

T. n°s 2670-2673, 2583-2586, 545-548.   *Paris, 30 mars 1950.*

Le Conseiller de l'ambassade d'Angleterre est venu voir le Directeur d'Asie afin de s'informer des vues du Département tant au sujet de la reconnaissance éventuelle de Mao Tsé Toung qu'à celui de l'attitude de la France à l'égard de l'admission au Conseil de sécurité de la Chine communiste.

À cette occasion, M. Hayter a souligné que le Foreign Office estimait possible pour une puissance de voter en faveur de l'admission du gouvernement populaire chinois à l'ONU tout en n'entretenant pas avec lui des relations diplomatiques. Il a signalé que sa démarche ne devait pas être interprétée comme une pression mais qu'elle était due au fait que certains gouvernements membres du Conseil de sécurité, et en particulier ceux du Caire et d'Oslo avaient laissé entendre que leur position dans cette question dépendrait en grande partie de celle adoptée par la France. M. Baeyens a fait savoir à son interlocuteur qu'il était en effet concevable de voter à New York pour la Chine communiste tout en n'ayant pas reconnu le gouvernement populaire. Le Directeur d'Asie a déclaré que le gouvernement français était particulièrement inquiet de voir que, dans une période aussi critique, le Conseil de sécurité se trouvait dans l'incapacité de fonctionner du fait de l'absence soviétique et que ceci n'était pas sans le préoccuper vivement. Cependant, le gouvernement français ne pouvait dès maintenant préciser sa position en ce qui concerne son vote au Conseil de sécurité, ce vote constituant en effet le seul atout dont disposait la France au cas où une négociation de reconnaissance serait entamée avec la Chine communiste. Étant donné la position prise par Pékin de reconnaître Hô Chi Minh, il était à prévoir que le gouvernement français ne pourrait entretenir des relations officielles avec Pékin que si certaines assurances indispensables nous étaient données quant à la politique du gouvernement populaire à l'égard des États associés d'Indochine.

Les indications que M. Baeyens a données au Conseiller britannique ne précisent que le point de vue actuel du Département sur cette question, elles ne doivent pas être interprétées comme marquant une position définitive et le gouvernement français peut être amené, compte

---

[1] Télégramme signé La Tournelle.
[2] Télégramme communiqué au Secrétariat des Conférences.

tenu des circonstances, à modifier éventuellement l'attitude qu'il a cru devoir adopter jusqu'à maintenant vis-à-vis des problèmes concernant la Chine communiste.

(Direction d'Asie-Océanie, Chine, volume 212)

71

M. Chataigneau, Ambassadeur de France à Moscou,
à M. Schuman, Ministre des Affaires Étrangères.

T. nᵒˢ 836-842.   *Moscou, 31 mars 1950, 11 h.*

(Reçu : le 31, 17 h. 10)

L'activité que, depuis la déclaration de M. Acheson, les missions diplomatiques et militaires américaines déploient sur tous les fronts de la guerre froide est suivie par les Soviétiques avec toute la vigilance d'hommes sur leurs gardes et précautionneux.

Les journaux qui, après M. Malenkov, célébraient il y a quelques semaines, avec les candidats aux dernières élections, la fin de l'encerclement dont la Russie soviétique se prétendait menacée, dénoncent aujourd'hui avec insistance les efforts que feraient les États-Unis pour obtenir, notamment en Europe occidentale et méridionale, de nouveaux points d'appui en vue d'une agression contre l'URSS. C'est ainsi qu'avec la complicité du Danemark et de la Hollande. Les alliés du Pacte atlantique menaceraient aujourd'hui la sécurité de la Baltique, de même l'élaboration du pacte méditerranéen, dont le traité italo-turc et l'axe Belgrade-Athènes constituent déjà le corps ne serait pour les Soviétiques qu'un des éléments du puissant dispositif d'agression que les États-Unis sont en train de mettre sur pied en Méditerranée orientale. La Yougoslavie serait, en tête de ce dispositif, solidement appuyée déjà sur les bases aéronautiques de Beyrouth et de Khalde secrètement concédées par le Liban au gouvernement de Washington.

Au surplus, le général Collins, chef d'état-major de l'armée américaine, aurait, au cours de vastes tournées qu'il vient, comme vous le savez, d'effectuer dans les pays du Proche-Orient, réussi à couvrir, par l'Iran, le flanc droit des États-Unis au Moyen-Orient, en s'y assurant les bases aériennes utilisables dès le premier jour d'un conflit.

En Extrême-Orient, enfin, la décision prise par Washington d'accorder un substantiel concours militaire et économique à Bao Daï serait la première initiative prise par les États-Unis pour entraîner les pays du Sud-Est de l'Asie à collaborer à une offensive générale que, sur sa base japonaise, le général MacArthur travaille activement à monter en Extrême-Orient.

Cette nouvelle campagne n'a apparemment pour but que de mieux convaincre les partisans de la paix des desseins agressifs des pays capitalistes, soumis aux ordres de la Maison-Blanche et du Pentagone. Faut-il y voir encore le prélude d'une contre-offensive soviétique dans les Balkans et en Asie ?

À la lumière des informations reçues sur l'évolution récente de la situation militaire en Bulgarie et en Roumanie, certains de mes collègues inclinent eux-mêmes à penser qu'en mettant ainsi l'accent sur le caractère provocateur des activités actuelles des États-Unis, le Kremlin voudrait justifier d'avance aux yeux des partisans de la paix les initiatives qu'il prenait pour mettre bientôt fin à la résistance yougoslave. Sans partager sur le fond ces appréhensions, on peut cependant admettre que le raidissement de l'attitude américaine apportera au Kremlin le prétexte qu'il recherche peut-être pour presser son emprise sur les démocraties populaires et pour y réduire les résistances que la dissidence yougoslave n'a jamais cessé d'encourager dans les Balkans.

Cependant, le Kremlin, qui n'ignore pas le profit qu'il peut tirer du maintien des relations pacifiques avec les puissances capitalistes, continue à se déclarer le défenseur résolu de la paix.

Hier encore la *Pravda* rappelait dans un important article évidemment inspiré que Staline n'avait jamais cessé de préconiser la coexistence pacifique du système capitaliste et du système communiste ; cette coexistence est, dit-il, non seulement possible mais nécessaire ; toutefois pour la maintenir, il faut la vouloir ; or les faits sont là pour prouver que les États-Unis ne veulent pas.

Telle pourrait bien être en définitive la réponse du Kremlin aux 7 points de M. Acheson : si le gouvernement soviétique préconise le maintien de la paix, c'est parce qu'il l'estime nécessaire à la réalisation de ses desseins en Chine et en Asie du Sud-Est.

S'il est résolu d'autre part à ne pas se départir de sa prudence accoutumée, il n'en demeure pas moins prêt à utiliser la moindre faille dans la ligne de résistance de ses adversaires. Il ne saurait cependant accepter de discuter sous la menace un *modus vivendi* qui l'obligerait à renoncer à sa propagande et à ses méthodes d'infiltration.

Enfin, s'il avait la conviction qu'un coup de force contre Belgrade ne devrait pas être considéré aujourd'hui plus qu'hier comme un *casus belli* par les États-Unis, il n'hésiterait pas à vider l'abcès yougoslave dès l'instant où le rapport des forces dans les Balkans lui permettrait de le faire avec le maximum de rapidité et le minimum de risques.

(Direction d'Europe, URSS, volume 146)

72

Conséquences de la ratification des accords du 8 mars sur le plan économique

N.   *Paris, [31]mars 1950.*

I

(RELATIONS AVEC LES ORGANISATIONS INTERNATIONALES)

II

AIDE AMÉRICAINE

L'aide américaine aux États associés d'Indochine doit, sur le plan économique, être absolument distinguée de l'aide militaire. En effet, l'essentiel des forces armées qui, en Indochine, luttent contre la rébellion de Hô Chi Minh est français. Il serait donc normal et ne pouvant prêter à aucune critique de la part des souverains indochinois que le concours éventuel que l'Amérique pourrait prêter à notre action militaire dans le Sud-Est asiatique se place dans le cadre de relations bilatérales franco-américaines. L'équipement des armées de l'empereur Bao Daï et des rois du Laos et du Cambodge avec l'assistance des États-Unis pourra n'être envisagé que dans une étape ultérieure.

En revanche, l'aide économique civile peut, et vraisemblablement doit, être accordée directement à chacun des États associés. Il semble, en tout cas, que ce soit la conception américaine à l'heure actuelle, puisque M. Dean Acheson, à la conférence de presse où il faisait part de la décision des États-Unis de reconnaître les souverains indochinois, répondait à un journaliste qui l'interrogeait sur le sujet que la question de l'assistance économique américaine ne se posait pas encore, les États associés d'Indochine n'ayant encore exprimé aucune demande à cet égard.

1) Rappel de la position antérieure.

L'Indochine, en tant que territoire soumis à l'administration française, figure sur la liste des pays auxquels s'applique l'accord bilatéral franco-américain de coopération économique du 28 juin 1948. Cette disposition est restée sans effet pratique puisque l'ECA[1] n'a jamais voulu

---

[1]   E.C.A. : *European Cooperation Agency.*

délivrer de « *procurement authorizations* » pour l'Indochine, tirant argument des évènements de guerre qui se déroulaient dans le pays.

2) Il se pose donc un problème juridique immédiat : convient-il ou non de rectifier l'accord bilatéral franco-américain ? La reconnaissance par les États-Unis du caractère indépendant des États d'Indochine ne permet plus de dire que cet accord s'applique *ipso facto* au Viêtnam, au Laos et au Cambodge. Cette situation de droit, concrétisée par le présence imminente à Saïgon d'une mission diplomatique américaine, ne permettrait d'ailleurs pas au gouvernement américain de faire usage pour l'Indochine indépendante de crédits votés par le Congrès pour les puissances européennes et leurs colonies *stricto sensu*.

Si, au surplus, une possibilité existait d'utiliser en Indochine aujourd'hui les fonds du Plan Marshall, le gouvernement français irait sans doute au devant de sérieuses difficultés, au sein de l'Union française, avec les États associés eux-mêmes, à l'égard de la propriété des fonds de contrepartie.

3) Il existe d'ailleurs des fonds disponibles aux États-Unis, déjà appropriés par le Congrès, et dont le gouvernement a la disposition immédiate : c'est le reliquat de l'aide civile votée pour la Chine nationaliste et qui n'a pas été épuisée. Il s'agirait de 100 millions de dollars environ (on se souvient que le coût du plan de développement de l'Indochine – approuvé par le décret du 18 septembre 1948 – a été évalué à près de 110 millions de dollars). La question se pose de savoir comment en tirer parti pour l'Indochine. La réponse donnée par le Secrétaire des États-Unis à sa conférence de presse paraît subordonner l'usage de ces fonds d'Indochine à une demande émanant <u>expressément</u> des États associés.

Dans ces conditions deux questions surgissent :

a) *Cadre de l'aide américaine.*

Il semble, à première vue, qu'il y ait tout intérêt pour les États d'Indochine dont l'économie est encore fragile à obtenir l'aide américaine sous forme d'une assistance gratuite, du type Marshall, et non pas sous la forme d'un prêt. Toutefois, si l'option peut se résoudre dans le sens d'une aide gratuite il sera nécessaire de négocier un accord spécial avec les États-Unis, qui sera chargé de la négociation de cet accord ? Les accords du 8 mars[1] avec l'empereur Bao Daï prévoient expressément pour le souverain la faculté d'entretenir une diplomatie indépendante dont l'action sera réglée par les décisions prises en haut-conseil de l'Union française. Ceci paraît impliquer, (parallèlement aux déclarations Acheson) une négociation directe entre les souverains de l'Indochine et le gouvernement américain dont l'aboutissement serait évidemment subordonné à une délibération du haut-conseil de l'Union.

---

[1] Voir *DDF,* 1949-I, n° 145.

On pourrait au surplus envisager la présence d'experts français dans la délégation viêtnamienne à titre de conseillers.

b) *Application de l'aide.*

Comme dans tous les pays bénéficiant du concours économique américain il y aura lieu de s'attendre à la présence d'une mission américaine du type « mission ECA » dans les pays européens. Sur ce point on fait valoir des objections politiques sur les dangers que présente, pour l'action française en Indochine, la présence d'une mission américaine. On peut se demander toutefois si la similitude de la situation présente de l'Indochine avec celle de la Grèce en 1947 n'oblige pas, du point de vue des intérêts généraux de la politique occidentale, à surmonter ces objections strictement françaises.

Il n'y a pas de doute toutefois qu'un problème très délicat naîtra touchant l'organisation des rapports entre une éventuelle mission américaine en Indochine d'une part, et les administrations autonomes des États associés et les services du Haut-Commissariat français d'autre part.

(Direction d'Asie-Océanie, Indochine, volume 262)

73

NOTE DE M. BAEYENS, DIRECTEUR D'ASIE-OCÉANIE

N.   *Paris, [1ᵉʳ] avril 1950.*

Notre politique à l'égard de l'Allemagne doit, semble-t-il, répondre à deux préoccupations essentielles :

1) il s'agit, d'un côté, d'assurer notre sécurité, c'est-à-dire de prévenir la renaissance d'une puissance offensive allemande, appuyée ou non sur la Russie des Soviets ;

2) ce souci de sécurité ne doit pas cependant nous immobiliser dans une attitude négative que l'évolution naturelle des choses risque de rendre de plus en plus anachronique, et par là même de moins en moins défendable.

La conciliation de ces deux exigences ne pourrait-elle être obtenue au sein de la communauté atlantique ? Ce que nous recherchons en effet, dans la pratique, c'est le maintien, entre l'Allemagne d'une part, la France et les autres puissances occidentales d'autre part, (tout au moins celles du Pacte de Bruxelles avec lesquelles nous avons des engagements automatiques), d'une disproportion de forces telle qu'aucun gouvernement allemand ne puisse envisager, un seul instant, l'idée d'une guerre de revanche. L'objectif essentiel de notre politique devrait donc être d'obtenir, sur ce point, les assurances les plus formelles, que l'Allemagne soit admise, ou non, dans le Pacte atlantique. Nous pourrions compter, pour faire prévaloir cette exigence, en tout cas sur l'appui des pays du Pacte de Bruxelles qui ont, comme nous, un intérêt évident à ne pas laisser se reconstituer à leurs portes une puissance militaire allemande capable de les inquiéter.

La garantie que nous pourrions obtenir sur ce point serait d'autant plus solide que la ligne de défense extrême de l'Occident se trouve en territoire allemand et que, à ce titre, le stationnement sur ce territoire de troupes alliées est entièrement justifié. Le régime d'occupation militaire se trouverait ainsi, par ce biais, maintenu, sans qu'il puisse cependant apparaître aux Allemands comme incompatible avec la restauration de leur souveraineté.

Une telle politique, si elle était possible, aurait ainsi le double avantage de nous prémunir contre le danger allemand, tout en permettant à l'Allemagne de se libérer des tutelles politiques ou économiques qui lui sont actuellement imposées et de la faire participer, dans une proportion convenable, à la défense de l'Occident.

Quant au problème du potentiel industriel allemand, notamment dans le domaine des fabrications de guerre, il pourrait être également résolu, dans un sens conforme aux besoins de notre sécurité, par le jeu des accords économiques qui, soit dans le cadre européen, soit dans le cadre de la communauté atlantique, auraient pour objet de coordonner plus étroitement la production des différents pays. En tout état de cause, il ne paraît pas vraisemblable que, étant donné la puissance technique et industrielle des États-Unis, l'Allemagne soit en mesure de fabriquer des armements capables de constituer une menace pour les autres puissances occidentales soutenues par l'Amérique.

En résumé, c'est dans le cadre de l'organisation militaire et industrielle de l'Occident que le problème de notre sécurité en face de l'Allemagne pourrait être réglé. Il s'agit, en somme, d'obtenir des garanties solides et durables en ce sens.

(Direction d'Europe, Allemagne, volume 374)

74

NOTE DE M. ROLAND DE MARGERIE, DIRECTEUR ADJOINT DES
AFFAIRES POLITIQUES
POUR M. SCHUMAN, MINISTRE DES AFFAIRES ÉTRANGÈRES

N.   *Paris, 5 avril 1950.*

Le projet d'ordre du jour des conversations bilatérales franco-américaines soumis par le Département d'État et accepté par nous prévoit l'étude des « relations entre la France et les États-Unis... et du rôle que chacun de ces pays peut jouer avec le plus d'efficacité dans la poursuite d'objectifs communs ». Il doit être procédé à un bref examen « des engagements d'ordre <u>militaire</u>, politique, financier et économique ».

Il est souhaitable qu'au cours de la discussion soit abordée la question des forces américaines stationnées en Allemagne et que soient exposées à M. Acheson les raisons pour lesquelles nous souhaitons voir augmenter l'effectif de ce corps expéditionnaire.

La tendance se manifeste en effet aux États-Unis de considérer le seul fait de la présence outre-Rhin des forces américaines comme une garantie suffisante de sécurité pour l'Allemagne et pour l'Europe occidentale. Les récentes déclarations de M. MacCloy au chancelier Adenauer confirment ces vues. D'après le Haut-Commissaire américain, ce ne serait pas l'importance des forces d'occupation qui entraînerait des garanties de sécurité, mais bien leur présence sur le sol allemand. M. Adenauer a déclaré à la presse à ce propos qu'en poussant cette thèse à sa limite, un seul bataillon américain en Allemagne pourrait suffire à atteindre le but poursuivi.

Il est d'ailleurs exact qu'aux termes de l'article 4 du traité de l'Atlantique, une attaque armée contre les forces alliées en Allemagne suffirait à déclencher le mécanisme du traité et à assurer l'intervention des États-Unis dans le conflit. Si les Soviets se laissaient aller à la tentation d'entreprendre une action en raison de la faible importance du rideau tendu devant eux, ils n'en dresseraient pas moins contre eux la force entière des États-Unis. Ils pourraient sans doute remporter un succès immédiat, mais au risque d'une défaite à plus ou moins longue échéance, et, d'une façon générale, on ne pense pas aux États-Unis que les Soviets soient disposés à affronter ce risque.

Il est bien clair que les conséquences d'une agression soviétique seraient toutes différentes pour les nations occidentales et pour les États-Unis, même si ces derniers se trouvaient immédiatement engagés dans le conflit.

Le représentant de la France au Comité permanent de Washington estime donc que nous ne devons accepter de prendre avec les États-Unis le risque calculé que comportent leur politique et leur stratégie, sans faire effort pour diminuer les dangers qui peuvent en résulter pour nous.

La situation de la France et des pays d'Europe occidentale est entièrement différente de celle des États-Unis, que protège le fossé de l'Atlantique. Le rapport des forces existant actuellement assurerait sans doute un succès initial aux Soviets ; ceux-ci pourraient, s'ils le voulaient, atteindre rapidement le rivage atlantique, ce qui entraînerait l'occupation du territoire des nations occidentales. Il importe donc de mettre sur pied en Allemagne un dispositif qui n'ait pas seulement pour objet d'entraîner les États-Unis dans la guerre, mais qui place l'Europe occidentale à l'abri de l'occupation soviétique, et qui permette aux États-Unis de débarquer sur le sol européen, dès la phase initiale du conflit, les effectifs nécessaires pour empêcher l'invasion. Or, le général Bradley a lui-même reconnu à différentes reprises qu'il serait sans doute impossible de procéder à un débarquement en Europe occidentale si celle-ci était occupée par un adversaire possédant l'arme atomique.

Les forces américaines actuellement stationnées en Allemagne représentent la valeur de deux divisions. Les forces britanniques et françaises, pour leur part, ne sont pas encore en mesure d'apporter l'appoint qui serait indispensable pour assurer de façon efficace la sécurité dans les premières semaines d'un conflit. La France se trouverait évidemment en mesure de fournir un effort beaucoup plus considérable en Europe si elle ne livrait pas en Indochine un combat coûteux qui immobilise dans cette partie du monde 120.000 de ses meilleurs soldats. Bien que débordant le cadre géographique du traité de l'Atlantique nord, le conflit qui oppose nos troupes aux bandes du Viêt-Minh soutenues par l'URSS intéresse de façon vitale la défense de la communauté occidentale. C'est à ce double titre – aussi bien en raison de la lutte qui se déroule actuellement dans le Sud-Est de l'Asie que des effets qu'elle entraîne pour les signataires du Pacte de l'Atlantique non seulement en Extrême-Orient, mais, par voie de conséquence, en Europe occidentale – que le moment paraît venu pour la France de demander aux États-Unis d'accroître ses effectifs en Allemagne.

Il s'agit, en fait, d'obtenir du gouvernement américain qu'il reconnaisse :

1) l'importance des opérations d'Indochine pour la défense commune des États-Unis et du monde occidental ;

2) l'intérêt capital qui s'attache au renforcement du système défensif de l'Europe occidentale, compte tenu du fait que la France a engagé une partie de son effort militaire en Indochine et se trouve, en conséquence, privée des moyens qui lui permettraient de contribuer de façon plus efficace au système défensif de l'Europe par la mise en service sur le Rhin d'unités aujourd'hui retenues dans le Sud-Est asiatique.

Il va de soi qu'en raison de la situation dans laquelle se trouve l'armée américaine (10 divisions environ au total), l'effort supplémentaire à demander aux États-Unis, tout au moins actuellement, ne saurait dépasser la valeur de deux divisions dotées d'aviation tactique.

Sur le plan politique, une contribution accrue des États-Unis à la défense de l'Europe sous forme de l'envoi de troupes présenterait pour nous des avantages évidents. Elle lierait de façon plus étroite les États-Unis au sort de l'Europe, accroîtrait la valeur du Pacte aux yeux de l'opinion publique européenne, et constituerait une réponse valable aux avocats d'une utilisation à brève échéance du potentiel du guerre allemand.

À notre proposition, il est vraisemblable que le gouvernement des États-Unis objectera la faiblesse numérique de son armée, l'hostilité de l'opinion publique américaine à l'envoi de troupes au-delà des mers, la nécessité de maintenir, sinon d'accroître, les crédits budgétaires affectés à la défense du continent américain et aux développements des armes atomiques et de l'aviation stratégique. Il n'en est pas moins indispensable de poser la question en la liant à celle de l'Indochine. De l'avis du général Ély, le moment est venu de placer les Américains en face des responsabilités qui découlent pour eux de l'engagement qu'ils ont pris de contribuer, de façon efficace, à la défense de l'Europe occidentale.

Il est donc proposé à M. le Président Schuman de remettre à M. Acheson une note inspirée des considérations qui précèdent.

(Secrétariat général, Dossiers, volume 21)

75

NOTE DE LA DIRECTION D'EUROPE

L'intégration de l'Allemagne dans l'Europe occidentale

N. *Paris, 7 avril 1950.*

Sur la liste des questions dont le gouvernement des États-Unis a demandé l'inscription à l'ordre du jour pour la conférence tripartite du mois de mai prochain, on trouve les rubriques suivantes : « Intégration politique et économique de l'Europe – L'Allemagne en fonction du problème ci-dessus ». Le problème de l'intégration politique et économique de l'Allemagne dans l'Europe sera donc évoqué. Nous aurons à prendre position à cet égard, c'est-à-dire à indiquer quelles sont nos conceptions en ce qui concerne la place qu'il convient de réserver à l'Allemagne en Europe : il s'agira de définir notre politique allemande, non pas sans doute, d'ailleurs, en prévision de réalisations immédiates, mais pour déterminer, dès maintenant, les bases d'une conférence, cette fois uniquement consacrée à l'Allemagne, qui se tiendrait à la fin de l'année et au cours de laquelle serait étudié le futur régime de l'Allemagne.

Américains et Britanniques estimeront probablement, à cette date, que le moment est venu non pas tant de réviser le statut d'occupation que de sortir du cadre du statut, de conclure avec le gouvernement de l'Allemagne occidentale un règlement de paix séparé, et de renoncer en sa faveur aux privilèges de souveraineté qu'ils détiennent aujourd'hui.

La position que nous adoptons sur le terrain juridique, politique est différente : selon nous, un règlement de paix séparé avec l'Allemagne occidentale est impossible ; son gouvernement ne peut pas être tenu pour un successeur des gouvernements précédents de l'Allemagne : celle-ci n'est pas un État, mais simplement un pays. La cessation de l'état de guerre ne saurait être proclamée, car elle est intervenue lors de la capitulation sans conditions. Autant de considérations pour lesquelles l'Allemagne occidentale doit continuer à évoluer et à se développer dans le cadre du statut que les Alliés lui ont imposé. Sans doute, ce cadre doit-il devenir de plus en plus élastique ; sans doute les contrôles doivent-ils peu à peu disparaître. Il n'en reste pas moins que, d'après nos vues, les changements qui interviendront à la fin de l'année ne devraient pas modifier les principes mêmes du système actuel. Il y aurait changement de degré, non pas de nature. Par dessus tout, il serait nettement établi que les puissances occupantes conservent en Allemagne l'autorité suprême, le gouvernement allemand continuant à demeurer dans une situation juridique imprécise.

On voit les avantages d'une semblable conception qui, entre autres, offre celui d'éviter que, pendant une période encore indéterminée, les ponts ne soient définitivement coupés avec l'URSS, et qui nous permet en même temps de garder en Allemagne des possibilités de contrôle. Envisagée sous cet angle et à l'intérieur de ces limites, la future conférence sur l'Allemagne aurait, d'ailleurs, une tâche importante à accomplir : il n'y aurait pas lieu seulement, pour elle, d'assouplir au maximum le régime auquel l'Allemagne est soumise ; il lui faudrait également apprécier à leur valeur les services que peuvent rendre l'Autorité internationale à la Ruhr et l'Office militaire de sécurité, dont le maintien, pour qu'il se justifie, est étroitement lié à l'efficacité de leur action.

Il y a certainement là un programme considérable ; insuffisant, cependant, pour que nous puissions, semble-t-il, y rallier les Anglo-Saxons, qui voudront se montrer plus audacieux, admettront difficilement que, malgré les dispositions qu'il prévoit, nous nous en tenions encore au statut d'occupation et souligneront la contradiction existant à leurs yeux entre les liens par lesquels nous entendons contenir l'Allemagne et la liberté croissante dont elle dispose sur le plan international, en qualité, par exemple, de membre de l'OECE[1], et, si elle le veut demain, de membre du Conseil de l'Europe. Aussi apparaît-il indis-

[1] O.E.C.E. : Organisation européenne de coopération économique.

pensable que nous jetions quelque lumière sur des horizons plus lointains.

C'est en associant de plus en plus étroitement l'Allemagne occidentale à une Europe pourvue d'une organisation améliorée que nous pouvons, semble-t-il, trouver une solution satisfaisant pour l'Allemagne comme pour la France et montrant en même temps aux Américains et aux Britanniques qu'il n'est pas dans nos intentions de laisser indéfiniment les Allemands dans une situation d'infériorité.

L'Allemagne vient d'être admise au comité exécutif de l'OECE et M. Blücher, le vice-chancelier fédéral, en a exprimé sa satisfaction. Son entrée au Conseil de l'Europe ne dépend plus, d'autre part, que de sa seule volonté et l'on peut penser que le Parlement de Bonn, en dépit de l'attitude catégorique de M. Schumacher, hésitera avant de négliger l'avantage sérieux que lui offrirait la présence à Strasbourg, en août prochain, de trente-six parlementaires allemands.

Ces étapes sont importantes ; elles ne suffisent pourtant déjà plus à M. Adenauer. Celui-ci en est déjà à réclamer cette égalité des droits que les gouvernements allemands avaient revendiquée après le traité de Versailles, moins rapidement d'ailleurs que le chancelier ne le fait aujourd'hui. Donner satisfaction à M. Adenauer dans un délai relativement court, aussi longtemps que le Conseil de l'Europe en est encore à ses débuts, serait évidemment commettre une lourde faute, puisque l'Allemagne occidentale, complètement libre de ses mouvements, pourrait ou se rapprocher de l'URSS ou nous faire craindre, en toutes occasions, qu'elle ne s'en rapproche. Ce sont les Alliés qui, en fait, perdraient leur liberté d'action. De tels inconvénients seraient écartés tout au moins diminués, dans la mesure même où le Conseil de l'Europe, modifiant sa physionomie présente, grouperait des membres ayant renoncé en sa faveur à certains attributs de leur souveraineté et disposerait jusqu'à un certain point d'une autorité supranationale imposant ses décisions aux États de l'Europe occidentale. Une évolution aussi audacieuse exigerait des transformations sensibles dans la composition et le fonctionnement des deux principaux organes du Conseil ; elle apparaîtrait comme un phénomène absolument nouveau dans la vie internationale de notre continent. Mais l'idée elle-même a déjà été lancée et la solution du problème franco-allemand pourrait, grâce à son application, se trouver ainsi simplifiée.

L'Allemagne ne recouvrerait pas sa totale indépendance ; au régime de tutelle qu'elle connaît actuellement succéderait sans transition, un autre régime sous lequel d'autres limitations restreindraient sa liberté. Mais ces limitations, tous les membres du Conseil de l'Europe auraient également à les supporter. Aucune période ne devrait s'écouler, durant laquelle l'Allemagne serait complète maîtresse de sa destinée ; elle ne sortirait du cadre dans lequel elle est enfermée que pour pénétrer dans un autre, celui-ci étant infiniment plus aisé à tolérer, d'abord parce qu'il serait moins rigide, ensuite parce qu'il ne s'arrêterait pas aux frontières allemandes. L'Allemagne jouirait de l'égalité des droits, mais cette égalité ne porterait que sur des droits limités.

Un pareil programme permettrait de gagner du temps, le Conseil de l'Europe ne pouvant se transformer d'un jour à l'autre ; il lierait l'Allemagne ; il correspondrait à la préoccupation des États-Unis de voir l'Europe accentuer « son intégration » ; il faciliterait, semble-t-il, l'étude de la question d'un certain réarmement allemand ; il nous donnerait des possibilités de manœuvre et en même temps renseignerait nos interlocuteurs sur le but qu'avec eux nous nous proposons d'atteindre. Mais surtout nous pourrions en attendre un règlement durable et sur un plan tout à fait nouveau des relations de l'Allemagne avec l'Europe occidentale.

(Direction d'Europe, Généralités, volume 133)

76

COMPTE RENDU DE LA RÉUNION TENUE AU DÉPARTEMENT
SOUS LA PRÉSIDENCE DU SECRÉTAIRE GÉNÉRAL LE VENDREDI
7 AVRIL 1950[1]

Examen du rapport de la Commission permanente
au Conseil consultatif
au sujet des dépenses d'armement

C.R.   *Paris, 7 avril 1950.*

Secret.

Présents :

MM. Alphand, de La Tournelle, de Margerie, Laloy, Wormser, de Bourbon-Busset, de Laboulaye, Wapler, Labouret, général Cherrière, contrôleur général Vallerie, Falaize, Guindey, Goetze, Junque.

Dépenses partagées.

1) M. Guindey rappelle la position prise par le Chancelier de l'Échiquier à la réunion des ministres des Finances tenue le 25 janvier 1950 à Paris sur les dépenses partagées entre les Cinq en vue de la réalisation

---

[1] Cette réunion avait été préparée notamment par une note d'Alphand qui rappelait que son objet principal visait à préparer la position de la délégation française à la Commission permanente du traité de Bruxelles réunie le 16 avril en ce qui concerne le problème du financement des dépenses militaires. Elle envisageait les questions des dépenses d'infrastructures, la mise sur pied des forces nationales et d'autres questions annexes (note du 6 avril 1950, non reproduite).

de projets communs. Sir Stafford Cripps estime que le programme de dépenses de 600 millions de dollars (ramené par les évaluations de septembre 1949 à 460 millions) adopté par le Conseil consultatif le 15 mars 1949 à Londres doit couvrir toutes les catégories de dépenses consenties par les Cinq au titre de la défense commune. Au contraire, les autres puissances estiment que le montant convenu le 15 mars 1949 ne s'applique qu'au seul programme de production additionnelle d'armements. Dans l'esprit du Ministre britannique, les dépenses militaires anglaises autres que la part du Royaume-Uni dans le programme additionnel correspondent à des besoins de sécurité dont l'appréciation souveraine n'appartient qu'à l'Angleterre seule.

Le Conseil consultatif aura donc à trancher la question de savoir si les dépenses de défense commune doivent être imputées sur le montant prévu pour le programme additionnel, ou au contraire s'ajouter à celui-ci et être réglées au moyen de l'ensemble des ressources du budget militaire de chaque allié.

– M. Alphand demande comment s'articulent les trois chefs de dépenses :

– programme additionnel du 15 mars 1949,

– programme d'infrastructure de 79 millions de £,

– programme de mise sur pieds de forces.

– Le contrôleur général Vallerie et le général Cherrière répondent qu'il faut additionner ces trois rubriques pour avoir une approximation de la dépense globale à envisager pour le réarmement au titre du plan à court terme. Certains chevauchements existent néanmoins et le programme d'infrastructure reprend pour 8 à 10 millions de Livres environ de dépenses figurant déjà sur le programme additionnel. Bien entendu, l'importance des chevauchements varie avec chaque allié.

D'autre part, certaines dépenses américaines en France au titre des « facilités » couvre le programme d'infrastructure pour 6 à 8 millions de £ environ. Ces chevauchements expliquent que pour un programme d'infrastructure de 79 millions de £ étendu sur deux ans, la dépense ne sera chaque année que de 35 millions.

Dépenses individuelles.

2) Le contrôleur général Vallerie et le général Cherrière confirment à M. de Margerie que le chiffre de 1.880 millions de £ remplace définitivement celui de 2.347 comme estimation du coût de mise sur pied du programme de Luxembourg (30 1/2 divisions).

Sur le fait que les indications de dépenses dans les différents pays ne sont pas toujours comparables, le général Cherrière indique qu'un travail d'harmonisation de l'organisation des forces armées est actuellement en cours.

Le général précise que l'assistance mutuelle envisagée par le rapport couvre : soit des livraisons de matériels en excédent dans le pays producteur, soit des fournitures de machines-outils et de matières premières. Cette conception retenue par la Commission permanente est au fond un désaveu de la thèse défendue par Sir Stafford Cripps en janvier.

Du point de vue français, il est certain que le poids de la guerre d'Indochine ne nous laisse pas grand chose à offrir à nos alliés en fait de surplus de matériels.

M. Guindey rappelle que la conception que l'on s'était faite à l'origine de l'alliance de Bruxelles était moins d'augmenter le volume des dépenses que, par une judicieuse répartition internationale de leur charge d'assurer une utilisation meilleure des crédits actuellement prévus.

Infrastructure. Étude des décisions à prendre.

Le chiffre de 79 millions de £ est accepté comme représentant les besoins les plus urgents.

Les travaux minimum d'infrastructure doivent être entrepris par priorité, l'exécution du reste étant lié au rythme de mise sur pied des forces en conservant une légère avance à l'infrastructure. Les travaux devront être engagés dès qu'auront été arrêtés les moyens de financement.

Le chiffre de 35 millions de £ de dépenses annuelles paraît acceptable.

Le général Cherrière précise que 65 % des travaux seront exécutés sur le sol français ; d'où l'intérêt pour nous d'une répartition internationale de la charge, d'autant plus que du fait de la présence d'observateurs américains aux comités de Londres, les États-Unis connaissent, et approuvent, ce programme d'infrastructure.

En ce qui concerne le financement, il est admis, pour ménager la possibilité de nouveaux efforts nationaux, que ce financement sera assuré : par imputation sur les budgets nationaux de la défense (qui comprennent la rubrique ci-dessus). Les États-Unis devront participer suivant une formule à établir aux dépenses d'infrastructure.

M. Goetze expose le problème budgétaire français et les conclusions qu'il en tire valent naturellement pour les dépenses de mise sur pied des forces, plus importantes encore que les frais d'infrastructure.

Du fait de la diminution de certaines ressources (150 milliards), du fait de certains engagement (reclassement des fonctionnaires – 72 milliards), du fait d'une dépense de 30 milliards au titre du programme additionnel, les conditions de l'équilibre budgétaire s'écarteront en 1951 de 250 milliards de celles de 1950. Dès à présent, une diminution d'un tiers est prévue pour les crédits d'investissements (135 milliards d'économies sur 400). Dans ces conditions, le développement des dépenses militaires est uniquement un problème de gouvernement. Néanmoins il faut reconnaître que la part des dépenses militaires est moins importante aujourd'hui qu'avant la guerre (par rapport à des éléments comparables), et que des pays, comme la Suisse et la Suède, consentent des sacrifices proportionnellement plus importants.

Le général Cherrière rappelle que les dépenses militaires cette année de 420 milliards comprennent près de 150 milliards consacrés à la guerre d'Indochine. M. Pleven estime que dans ces conditions, des économies massives doivent être recherchées sur ce chapitre pour faire des « ripages » de crédits au bénéfice de la défense en Europe. Une aide massive des États-Unis en Indochine est donc essentielle non seulement en matériel, mais encore en moyens financiers.

MM. Alphand et Guindey estiment, d'accord avec notre Ambassadeur aux États-Unis, qu'il peut être illusoire de compter sur un concours américain sous cette dernière forme.

Mise sur pied des forces.

Le général Cherrière indique qu'il faut distinguer dans le programme de Luxembourg entre le volume des forces et les délais de mise sur pied. M. Pleven critique le programme de Luxembourg et pense que les engagements de nos quatre alliés auraient dû être plus importants et mieux adaptés aux besoins communs. Dans ces conditions, le ministre de la Défense nationale préconise un changement dans la composition du programme et, pour des raisons politiques, le maintien du délai d'exécution prévu (1er janvier 1952).

M. Alphand montre le danger qu'il y aurait à remettre en cause le programme de Luxembourg qui est le seul travail dont nous disposons pour apprécier les besoins minima de la défense de l'Europe occidentale. Ce programme n'est pas intangible et sera sans doute amélioré par une articulation sur le Pacte atlantique. Mais il ne faut pas perdre de temps à discuter des participations en tout état de cause faibles de la Belgique et des Pays-Bas.

Dans ces conditions, il est recommandé d'accepter le programme de Luxembourg comme point de départ, à la condition qu'il soit intégré dans les plans du Pacte atlantique et que son exécution soit faite par tranches, affectées d'ordre de priorité et avec le concours des États-Unis. Une première étape pourrait être la date du 1er janvier 1952 envisagée à Luxembourg.

En ce qui concerne la répartition des charges, nous avons intérêt à une répartition arithmétique. M. Guindey rappelle les tentatives infructueuses d'établissement d'une formule. Il est recommandé que la France propose une base forfaitaire qui pourrait se rapprocher de la formule : 50 % Angleterre, 25 % France, 25 % Benelux, déjà utilisée pour d'autres dépenses.

***

En prévision de la réunion ministérielle du vendredi 14 avril, il est décidé que les services du Département prépareront des notes constituant des projets de réponse aux questions soulevées par le rapport de la Commission permanente, sur la base des conclusions atteintes au cours de la réunion, et que ces notes seront étudiées le mercredi 12 avril, à 15 h. 30 chez M. Parodi.

À l'issue de la réunion, M. Alphand pose la question de savoir si l'étude de la répartition des charges et de la participation américaine ne doit pas être entièrement renvoyée aux organismes du Pacte atlantique ; si ces organismes ne doivent pas être seuls chargés de la recherche du matériel standard ; et enfin s'ils ne doivent pas être chargés de la répartition des fabrications entre les industries nationales.

Il est pris note de ces indications qui seront discutées dans une réunion ultérieure.

(Secrétariat général, Dossiers, volume 10)

77

Note de M. Alphand, Directeur des Affaires
économiques et financières

N.   *Paris, 8 avril 1950.*

Secret.

Le projet d'instructions à la délégation française au Conseil consultatif du Pacte de Bruxelles appelle les commentaires suivants[1] :

1) D'une façon générale, les services intéressés ont considéré que le travail d'évaluation matérielle et financière des programmes d'armement dans le cadre du Pacte de Bruxelles doit être clos le plus rapidement possible et ses résultats transférés aux organismes compétents du Pacte de l'Atlantique en vue de leur révision et de leur intégration dans ce cadre plus large. Il apparaîtrait vain de continuer à discuter entre les Cinq de problèmes tels que celui de l'établissement des besoins financiers, de leur répartition, de priorités, qui, depuis de nombreux mois, n'ont pu recevoir de solution pratique, si les mêmes problèmes doivent être considérés conformément aux résolutions prises par les membres du Pacte atlantique et spécialement avec le concours financier et technique des États-Unis.

---

[1] Voir document n° 76 pour son élaboration par les services.

2) Il en résulte que la délégation française devrait prévoir la mise en sommeil d'un certain nombre des organismes du Traité de Bruxelles et au contraire une activité accrue et un fonctionnement plus efficace des organismes du Pacte de l'Atlantique. Cette position n'aurait nullement pour conséquence de porter une atteinte juridique aux engagements souscrits à Bruxelles. Mais, dans la pratique, des problèmes tels que l'étude de la répartition des charges et de la participation des États-Unis, de la recherche de matériel standard, de la répartition des fabrications entre les différentes industries nationales, de la spécialisation des forces nationales, doivent être désormais principalement du ressort des organisations du Pacte atlantique. C'est sur ce plan plus large que les difficultés financières qui apparaissent aujourd'hui insurmontables, ont une chance d'être résolues en temps opportun. Seuls, en effet, le choix de matériel moderne, une équitable répartition des dépenses et une spécialisation suffisante des forces permettront d'éviter un accroissement des dépenses militaires au-delà du niveau compatible avec le maintien de la stabilité économique.

3) Le Ministre de la Défense nationale a fait une autre proposition : le gouvernement français déclarerait qu'il est prêt à maintenir à son niveau actuel les crédits militaires de son budget, à condition qu'une aide massive des États-Unis en Indochine soit fournie non seulement en matériel, mais également en moyens financiers. Les représentants du ministère des Affaires étrangères et du ministère des Finances se fondant d'ailleurs sur un avis émis précédemment par notre ambassadeur à Washington, ont montré qu'il était sans doute illusoire de compter sur un concours américain pour l'Indochine affectant la forme de crédits en dollars.

4) La position adoptée par la France aurait pour corollaire une proposition précise qui pourrait être étudiée au mois de mai en ce qui concerne l'amélioration du fonctionnement du Pacte de l'Atlantique tant sur le terrain militaire que sur le plan économique.

(Secrétariat général, Dossiers, volume 10)

78

Note de M. Roland de Margerie, Directeur adjoint des
Affaires politiques
pour M. Schuman, Ministre des Affaires étrangères

Organisation du Pacte de l'Atlantique

N.   *Paris, 10 avril 1950.*

Secret.

Dès qu'a été soulevée la question d'une éventuelle réunion du Conseil du Pacte de l'Atlantique, les États-Unis et la Grande-Bretagne ont montré leur intention de soumettre à ses délibérations l'examen des modifications qu'il serait nécessaire d'apporter aux rouages d'application du Pacte afin d'en corriger les imperfections ou d'en combler les lacunes.

En substance, les désirs des Anglo-Saxons paraissent dictés :

1) par le souci que leur cause le manque de coordination entre les différents comités existants ;

2) par le désir d'établir entre les puissances signataires une coopération plus étroite sur les plans politique et diplomatique.

Des rédactions successives des projets d'ordre du jour, soumis tant par les Anglais que par les Américains, et des conversations avec les membres des ambassades de ces deux pays, il résulte que, pour répondre à cette double préoccupation, nos alliés envisagent l'une des solutions suivantes :

I/ Création d'une Commission permanente.

Le dernier en date des projets américains d'ordre du jour comporte, à son point 3, l'étude du « renforcement de l'organisation par la création d'un mécanisme central supplémentaire ». Il s'agit donc, très précisément, de mettre sur pied une Commission permanente du Pacte atlantique, comme il existe une Commission permanente du Traité de Bruxelles.

Cette commission permanente pourrait être composée des ambassadeurs des onze Puissances signataires, dans la capitale de la douzième. Sa compétence s'étendrait à toutes les questions qui relèvent de la compétence du Conseil ; elle pourrait ainsi relever des contradictions qui apparaissent dans les travaux des différents comités, chercher à les aplanir, et, en cas d'échec, soumettre une proposition d'arbitrage au Conseil qui resterait seul détenteur du pouvoir de décision. On voit mal, en effet, le Conseil déléguant à des ambassadeurs le pouvoir de trancher des différends entre les ministres (composant les comités) des gouvernements qu'ils représentent.

La commission pourrait en outre étudier les problèmes de politique générale intéressant les douze Puissances et recommander à cet égard certaines conclusions au Conseil de l'Atlantique.

Critique.

Ne serait-ce qu'en raison de sa composition (douze membres), il est clair qu'un tel organisme serait pesant ; on ne voit pas, notamment, comment il pourrait jouer le rôle animateur du Pacte que paraissent désirer les Américains. La présence de l'Islande, du Luxembourg ou du Danemark alourdirait inutilement les débats : dépourvue d'autre part de tout pouvoir de décision, la Commission risquerait simplement de retarder la discussion par le Conseil des problèmes qui réclameraient l'intervention de celui-ci.

II/ Groupe permanent politique.

Il semble d'ailleurs que les inconvénients d'une commission permanente de douze membres n'aient pas échappé au Département d'État, et c'est ainsi qu'a pris naissance l'idée de constituer un groupe permanent qui, dépendant directement du Conseil, jouerait sur le plan politique un rôle semblable à celui que remplit le groupe permanent militaire auprès du comité de défense.

Ce groupe permanent politique, selon certains renseignements, pourrait, dans l'esprit des Américains, être composé de trois membres (États-Unis, France, Grande-Bretagne). Les personnalités désignées pour y siéger devraient être de premier plan. Il s'agirait en somme de trois administrateurs du Pacte, comme il existe un administrateur du Plan Marshall. Une variante de ce projet pourrait consister à confier le rôle d'administrateur au président du groupe qui serait désigné annuellement par roulement. La compétence du Groupe serait la même que celle qui a été définie au paragraphe précédent pour la Commission permanente, mais son autorité s'exercerait avec plus de vigueur, en raison du nombre restreint de ses membres et de leur personnalité plus forte. Le Conseil pourrait déléguer à ce Groupe son pouvoir d'arbitrage entre les différents comités du Pacte.

Critique.

Le projet qui précède est déjà beaucoup plus réaliste que le premier. Toutefois, si la composition de ce groupe permanent devrait être la même que celle du *standing group* militaire, nous nous heurterions évidemment à l'opposition véhémente des Puissances qui ne se trouveraient représentées ni dans l'un ni dans l'autre. C'est à grand peine que les petits États ont fini par accepter l'existence du groupe militaire permanent, et encore ne se sont-ils inclinés qu'à cause de la constitution du comité militaire où ils siègent tous. La pression exercée sur M. Acheson par M. Stikker, au nom de M. Van Zeeland également, s'inspire essentiellement du désir de valoriser sur le plan politique et économique les puissances secondaires qui ont signé le pacte de l'Atlantique.

D'autre part, on peut se demander si la création d'un tel groupe permanent politique, au cas où il serait composé uniquement de représentants de pays autres que les Trois Grands, ne porterait pas atteinte à l'autorité péniblement acquise du Groupe permanent militaire. Or l'existence de cet état-major suprême représente pour nous l'un des points essentiels du pacte de l'Atlantique et nous devons veiller à ce que rien ne puisse affaiblir son action directrice sur la stratégie mondiale.

III/ <u>Position française</u>.

Le Pacte de l'Atlantique, dans notre esprit, a toujours eu pour but essentiel de permettre l'organisation de la défense commune des puissances qui l'ont signé et dont les efforts individuels ne peuvent suffire à garantir la sécurité.

Que constatons-nous aujourd'hui ? Dans le domaine de la planification stratégique, des résultats considérables sont acquis grâce à l'existence du *standing group*. En matière d'unification et de construction d'armements, au contraire, aucun progrès n'a pu être marqué : ce ne sont certes pas les études qui font défaut, mais aucun groupe d'hommes n'existe qui ait, aux yeux de la communauté atlantique comme dans chacun des pays qui la compose, la compétence, l'autorité, le prestige voulus pour triompher des égoïsmes nationaux et imposer les solutions rationnelles dans le court délai dont nous disposons.

Dans ces conditions, non seulement il n'est pas désirable de donner à nos partenaires l'impression que nous ne désirons ni renforcer la coopération entre les signataires du Pacte ni adapter à cet objectif les organismes du Traité, mais encore il est évident que nous devons, nous-mêmes, souhaiter que soient enfin coordonnés les travaux des organismes existants, harmonisées sans délai les vues des comités financiers et militaires, et réalisées les conceptions du comité d'armement.

Autant nous avons intérêt, sur le plan politique et diplomatique, à conserver le maximum de liberté d'action, et à éviter tout ce qui pourrait apparaître comme une « kominformisation » des puissances de l'Atlantique sous direction américaine ; autant il est essentiel, d'une part, d'engager toujours davantage les États-Unis dans une coopération étroite, sur tous les terrains, avec les puissances occidentales ; et d'autre part, d'accepter librement telles limitations de notre souveraineté qui mettraient mieux en mesure de sauvegarder notre indépendance nationale.

Ceci étant posé, il semble que ce soit beaucoup moins sur le plan politique que sur le plan administratif que s'imposent des décisions urgentes.

Il s'agit, essentiellement, de faire accepter par les signataires du pacte :

— la rationalisation de leurs fabrications d'armements ;

— l'adaptation de leurs dépenses militaires à cette planification.

L'organisme commun nécessaire à cette fin fait actuellement défaut ; c'est cet organisme qu'il importe de créer sans tarder. Il ne devra pas se contenter de « coordonner » les travaux des comités existants : un simple secrétariat y suffirait, et la coordination qui n'est pas suivie de création reste purement verbale. En réalité, il devra remplir beaucoup plus qu'une tâche de simple liaison : son rôle essentiel sera de donner à la lourde machine atlantique l'impulsion centrale qui lui a fait défaut jusqu'ici. Organe moteur autant et plus que coordinateur, il devra disposer aussi d'un certain pouvoir de décision, et exercer, dans des limites fixées d'avance, sous le contrôle final du Conseil de l'Atlantique, une autorité supranationale fondée sur l'intérêt commun.

***

Comment conviendrait-il de qualifier un tel organisme ? Il a été indiqué plus haut que certains songeaient à nommer des « administrateurs » du pacte, comme il y a un administrateur du Plan Marshall. Assurément, la chose importe plus que le mot ; mais quand il s'agit de faire triompher des solutions aussi désagréables aux amours-propres nationaux, il faut prendre garde à employer le terme à la fois le plus acceptable et le plus exact.

L'administrateur du Plan Marshall est ainsi qualifié parce qu'en effet il gère et distribue des fonds fournis à l'Europe par les États-Unis. Dans le cas du Pacte de l'Atlantique, nous espérons sans doute faire assumer par l'Amérique une part croissante des charges à prévoir ; mais la contribution américaine n'atteindra jamais la totalité de l'effort nécessaire. La situation n'est donc pas exactement la même. La nomination de plusieurs administrateurs répondrait-elle plus efficacement à nos besoins ? Il semble au contraire que l'œuvre nécessaire puisse être accomplie bien plus aisément si elle est confiée à un seul homme, dont l'autorité internationale serait incontestée, et qu'assisteraient, bien entendu, des collaborateurs d'une valeur équivalente, sinon d'un rang égal.

On est donc conduit à se demander si la meilleure formule ne serait pas celle qui aboutirait à la désignation d'un commissaire général au Pacte de l'Atlantique, assisté de commissaires adjoints, choisis dans chaque État signataire, et responsables, chacun pour son pays, des rapports entre le commissaire général et les gouvernements respectifs.

L'homme placé à la tête du Commissariat devrait être tel que son autorité s'imposât sans conteste, non seulement aux États-Unis, (il est bien clair que c'est à Washington qu'il devra résider), mais encore, et peut-être surtout, dans les divers États signataires du Pacte. En Europe, on songe inévitablement à M. Jean Monnet. L'on ne voit guère à quelle autre personnalité européenne – sinon peut-être Sir John Anderson, ancien chancelier de l'Échiquier –, une telle mission pourrait être confiée : car l'expérience faite avec M. Stikker à l'OECE[1] n'encourage guère à charger quelqu'un comme M. Spaak d'une tâche analogue.

Reste à savoir s'il n'est pas de notre intérêt de mettre en avant une personnalité américaine, qui bénéficierait outre-Atlantique du maximum de prestige et de popularité. Les noms des généraux Marshall ou Eisenhower se présentent tout naturellement à l'esprit. On connaît leur absence de préjugés, leur dynamisme, leurs aptitudes rares à faire travailler en commun des états-majors, civils ou militaires, de nationalité différente. Mais on peut se demander si le caractère trop exclusivement militaire du Pacte de l'Atlantique, – récemment souligné par M. le président Schuman –, ne se trouverait pas encore accentué par la désignation d'anciens commandants en chef, et si, dans le domaine psychologique, il ne serait pas préférable de voir triompher un candidat européen.

Quant aux commissaires-adjoints, représentant chaque nation, leur qualité et leur compétence paraissent avant tout devoir les désigner ; encore faut-il que leur rang soit suffisant pour qu'ils puissent exercer l'action voulue dans leurs pays respectifs.

***

D'autre part, pour répondre à la préoccupation fréquemment marquée par les petites puissances, et aussi au désir qu'a laissé entrevoir le Département d'État, le Conseil de l'Atlantique pourrait également charger des groupes de travail particuliers de l'étude d'un certain nombre de problèmes politiques qui lui sembleraient présenter une importance particulière. Tel de ces groupes pourrait être permanent, comme celui qui travaille déjà à Washington pour le compte des différentes ambassades ; tel autre pourrait être chargé de soumettre, dans un délai fixé, un rapport sur une question précise. Leur composition serait variable et dépendrait avant tout de la nature du problème à examiner. Il en serait de même de leur siège.

C'est ainsi que pourrait fort bien se concevoir l'établissement, dans une capitale européenne, d'un groupe de travail permanent chargé de suivre l'activité déployée dans les partis communistes dans les différents pays de l'Europe occidentale. Il procéderait à des échanges d'informations et à des notes synthétiques qui seraient soumises au Conseil. Un

---

[1] O.E.C.E. : Organisation européenne de coopération économique.

autre groupe pourrait être spécialisé sur l'étude des problèmes de liaison politique entre les pays du Pacte et les pays du Proche-Orient. Alors que les représentants des douze signataires devraient siéger dans le premier groupe, il ne serait pas indispensable que le second comprît des délégués de la Norvège, de la Hollande, de la Belgique, du Luxembourg ou du Portugal.

***

Les suggestions qui précèdent ne concernent point les problèmes d'ordre plus spécialement économique qui peuvent également prêter à la création, en vertu de l'article 2 du Pacte, d'un organisme nouveau, ou être soumis au Commissariat prévu. Elles devront donc être harmonisées avec les conceptions de la direction générale des Affaires économiques.

Si un programme tel que celui qui vient d'être esquissé rencontrait, après l'approbation du Ministre, celle de la Présidence du Conseil, du Ministère de la Défense nationale et du Ministère des Finances, il pourrait faire l'objet d'une note que M. Schuman remettrait à M. Acheson au cours des conversations qu'il doit avoir avec le Secrétaire d'État américain le 8 mai prochain.

(Secrétariat général, Dossiers, volume 10)

79

M. Baelen, Ambassadeur de France à Varsovie,
    à M. Schuman, Ministre des Affaires étrangères[1].

T. n° 320[2].   *Varsovie, 11 avril 1950.*

Réservé.   (*Reçu* : le 14, 2 h.)

Je réponds à votre télégramme n° 218[3].

L'Ambassade et les Consulats de France en Pologne ne peuvent plus exercer de façon normale leurs attributions :

1) quant à la protection des Français,

2) dans le domaine de l'information générale.

---

[1] Télégramme communiqué à MM. Parodi, Clappier et de Bourbon-Busset. Note manuscrite : « *Monsieur de La Tournelle, M. de Villelume, m'en parler. [Communiquer à] Prague, Budapest, Bucarest, Sofia, par courrier, f[ai]t 15-5-50* ».

[2] Télégramme envoyé en clair et par courrier.

[3] Document non reproduit.

Accessoirement, il faut relever que l'autorité locale élimine avec affectation la représentation officielle française des manifestations dites franco-polonaises.

Depuis deux ans la tendance vers le pire s'est constamment accentuée.

Deux étapes ont été marquantes : fusion des partis ouvriers (décembre 1948) ; nomination d'un maréchal soviétique à la tête de l'armée, (novembre 1949)[1]. La première a inauguré l'ère de l'unanimisme intégral ; la seconde, en portant à l'Oder la frontière de l'URSS, a étendu à la marche polonaise le système de défiance et d'exclusion pratiqué chez eux par les Soviets.

A– *Protection des Français.*

Le « Parti » qui exerce la lieutenance pour Moscou est dominé lui-même par la police politique. Devant cette police, l'étranger n'est pas plus défavorisé que le national puisque l'arbitraire est la règle : les membres de la Diète polonaise sont eux-mêmes arrêtés sans formalités et la levée d'immunité parlementaire n'est généralement sollicitée que plusieurs semaines ou plusieurs mois après leur incarcération.

Nos expériences propres montrent que tout Français peut à n'importe quel moment disparaître dans un guet-apens policier et que la connaissance de cette disparition par l'autorité française ne relève que du hasard. Les affaires Decaux et Robineau sont les plus connues et ont fait l'objet d'analyses détaillées. Je relèverai un cas tout récent : celui de M. Kirme, Roubaisien de 72 ans, expert en laines à Lódź, dont cette Ambassade a appris l'arrestation de façon fortuite. Après neuf semaines de détention dans des conditions odieuses et dangereuses pour sa santé, ce vieillard a été relâché sans inculpation (janvier-mars 1950).

Il est impossible à l'Ambassade d'affirmer que des Français voyageant ou résidant en Pologne (principalement parmi les non-immatriculés) n'ont pas disparu sans laisser de trace.

La thèse polonaise est que la convention consulaire ne porte pas l'obligation pour chaque signataire de prévenir l'autre partie de l'arrestation de ses ressortissants ; ce qui est exact.

Si nous passons de l'arrestation aux conditions de détention, notre dossier montre que le secret prolongé, absolu, sans assistance d'avocat, sans communication avec la représentation officielle française, constitue la norme. L'étudiant Decaux est au cachot depuis un an.

La thèse polonaise est que cette manière de procéder n'est ni illégale, ni nouvelle. Elle résulte d'une législation de la Pologne d'avant 1939. Ce qui est encore exact, sous cette réserve que le nouveau régime

---

[1] Voir *DDF,* 1949-II, n° 168.

applique de la façon la plus générale une méthode primitivement établie, semble-t-il, pour des cas d'exception.

En ce qui concerne l'exercice même de la justice, les volumineux dossiers des procès de Wroclaw et de Szczecin, qui sont en la possession du Département, portant les enseignements suivants :

1) Les « aveux spontanés » qui forment la base de l'accusation sont suspects par leur outrance même et font envisager les pires hypothèses quant aux conditions de l'instruction secrète.

2) Les débats ne sont pas contradictoires. Le ministère public accuse, le Président reprend l'accusation, l'inculpé s'accuse et les avocats abondent dans le même sens avec plus ou moins d'habileté ou de cynisme. La réalité des faits et leur qualification juridique sont tenues pour acquises dans la forme même déterminée par l'acte d'accusation.

3) Absence de témoins à décharge.

Contre ces méthodes, aucun recours pratique. Le gouvernement polonais repousse brutalement la protestation qualifiée d'immixtion dans les affaires intérieures de la Pologne. Cette réponse m'a été opposée à l'occasion des jugements de Wroclaw. Elle a été opposée à notre Consul de Gdansk qui s'enquérait du sort de Français passés en justice dans sa circonscription. Ici, la thèse polonaise est juridiquement plus faible.

L'article 8 de la convention consulaire du 30 décembre 1925 habilite les consuls « à défendre en vertu du droit et des usages internationaux tous droits et intérêts de leurs ressortissants » et leur permet de « s'adresser à toutes les autorités de leur circonscription pour réclamer contre toute infraction aux traités et conventions existant entre les deux pays et contre tout abus dont leurs nationaux pourraient avoir à se plaindre ».

Or, il est patent que les procédés dont certains Français ont été l'objet en Pologne constituent bien une violation du droit et des usages internationaux et représentent bien des abus, notamment au regard des obligations souscrites dans la déclaration internationale des Droits de l'Homme. Mais cette évidence ne sera jamais reconnue par les Polonais. Il suffit, pour s'en convaincre, de relire les déclarations faites à la session d'automne 1948, devant la Commission sociale de l'ONU, par le ministre des Affaires étrangères de Pologne. Le thème de ce discours était que la législation polonaise est bien en avance sur les principes de la Déclaration.

Or, il n'est probablement pas téméraire d'affirmer qu'en ce qui concerne le respect des droits de l'individu, il n'y a pas moins de différence entre la conception démocratique et la conception « démocratique populaire » qu'il n'y en eut, jadis, entre pays de chrétienté et pays hors chrétienté.

Les Capitulations résolvaient l'antinomie en la constatant. Ce règlement avait l'avantage de ne pas perpétuer l'équivoque et accréditer l'imposture.

B – _Travail d'information de l'Ambassade et des Consulats._

C'est un seul et même texte qui place chacun de nous la menace constante d'une arrestation arbitraire et empêche de façon définitive le travail normal d'information de cette Ambassade et de nos Consulats. Ici, nous sommes bien en présence d'une responsabilité assumée par la nouvelle Pologne, puisqu'il s'agit de décret du 26 octobre 1949 « sur la protection des secrets d'État et de service ». Ce texte, adopté pour lutter contre « les menaces du camp de l'impérialisme et de la réaction conduit par l'impérialisme américain » (_Polska Zbrojna,_ organe de l'Armée) institue une sorte d'état de siège permanent et permet d'incriminer le travail de documentation le plus anodin (voir le commentaire placé en tête du dossier de Wroclaw et le texte du décret en annexe)[1].

Il résulte de ce texte et des applications policières ou judiciaires qui en sont faites, que non seulement aucun Polonais n'accepte plus d'avoir une conversation d'ordre politique ou économique avec un Français, mais encore que les simples relations personnelles sont désormais coupées et nous vivons entièrement isolés. Même des médecins ont dû renoncer à venir assister des Français et ceux qui ont eu plus d'audace n'ont pas eu à s'en féliciter.

Les dignitaires de l'Église n'échappent pas à ces appréhensions, bien fondées. Le Primat de Pologne est demeuré invisible pour moi depuis son intronisation et la plus haute autorité morale de ce pays, le Prince Archevêque de Cracovie vient de faire comprendre à notre Consul que des visites, même espacées, n'étaient pas sans inconvénient.

Serviteurs, employés de l'Ambassade, sont en butte aux interrogatoires, aux menaces ou aux offres de la police. L'insolence des pisteurs de la « secrète » avait pris de telles proportions que j'ai du m'en plaindre officiellement, sans que mes remarques fussent même contestées. Il est presque inutile de dire qu'à l'occasion de tout déplacement, fonctionnaires diplomatiques ou consulaires sont étroitement encadrés.

Un exemple montre bien à quel point d'inconscience est parvenue la psychose d'espionnage en ce pays : un journal prétendu humoristique voulant stigmatiser en première page l'Ambassadeur-de-France-Espion a représenté un monsieur en jaquette photographiant par la fente d'une clôture…. un cargo en chargement.

Image frappante de l'aberration qui prévaut. Une question sur la mercuriale du marché peut être considérée comme une violation du secret d'État.

---

[1] Document non reproduit.

C'est pourtant sur le terrain de l'information économique que les autorités polonaises, certainement très désireuses de commercer avec nous, devraient faire montre de quelque largeur de vues. Il n'en est rien et la structure particulière de l'économie polonaise comme les dispositions de ses dirigeants rendent la tâche ingrate à nos services commerciaux. L'État polonais étant seul acheteur et seul vendeur, il ne saurait être question pour nous de prospecter le marché, de chercher à satisfaire les besoins de la clientèle, de s'inspirer des concurrents étrangers, de tenter des transactions mutuellement avantageuses. Les représentants de l'État polonais en France étudient notre marché et décident unilatéralement et souverainement des achats à passer, selon les instructions reçues, dans le cadre des plans et de la politique générale du gouvernement. Notre Conseiller commercial se borne à préparer et à suivre la négociation des accords de principe ; ses interventions sont strictement limitées aux administrations et aux centrales d'État.

En ce qui concerne le travail d'information économique, particulièrement important dans une économie totalement planifiée, le travail est entravé de toutes les manières. Les sources d'information dignes de foi se font de plus en plus rares. Jusqu'en 1948, on publiait sur le commerce extérieur des chiffres très résumés mais qui permettaient des conjectures valables sur le mouvement des échanges. Ces communications ont été graduellement réduites jusqu'à disparaître complètement en juin 1949 ; cette tendance au silence s'étend à tous les autres domaines de l'économie. Les grandes banques ne publient plus de commentaires périodiques sur la conjoncture. On se trouve réduit aux publications de la presse quotidienne et technique qui sont toutes entachées de propagande ; au lieu de chiffres de production, les documents donnent des pourcentages de dépassement de normes inconnues. Pour mettre au point ces informations lacunaires ou tendancieuses, on en est réduit à des rumeurs, des impressions, des raisonnements par analogie. Toute véritable information économique et financière est impossible. Les administrations compétentes consultées sur des points de détail parfois minimes (cours de prix etc.) refusent le plus souvent toute réponse.

Il va de soi que les services de l'attaché militaire ont à faire face à des conditions analogues ou pires. On tolère leur présence ; on ne permettrait pas leur activité.

Il faut bien mentionner enfin, en tous domaines, l'obstination délibérée des Polonais à ne pas exécuter leurs engagements les plus clairs :

— sabotage systématique des recherches entreprises par l'Office des Biens pour les récupérations de matériel et avoirs français ;

— inexécution de l'accord de rapatriement des Sarrois ;

— difficultés faites à la Mission de rapatriement des corps des militaires français décédés et liquidation de cette Mission par expulsion de ses membres ;

– en matière de relations culturelles, la situation n'est pas moins claire.

Les Staliniens de Varsovie n'ont plus que faire d'une culture, patronnée par un gouvernement « impérialiste bourgeois, valet de Wall-Street », et dont les idées ne suscitent que trop bien l'adhésion des fidèles de la pensée libre et libérale. Telle est la vraie cause de la fermeture de notre Institut.

C – *Mise en quarantaine de la représentation officielle de la France.*

Notre exclusion hors du circuit des manifestations franco-polonaises n'est que l'application d'un axiome sans cesse reproduit par la presse et plus discrètement suggéré dans les discours : le gouvernement actuel de la France ne représente pas la France et les véritables relations franco-polonaises doivent se nouer de prolétaires à prolétaires par le truchement des partis communistes.

C'est ainsi que cette Ambassade n'est jamais invitée à participer aux séances des Amitiés franco-polonaises ni plus généralement aux festivités données en l'honneur des Français de marque, hôtes du gouvernement polonais. Je reçois des invitations pour les cérémonies où doit figurer tout le corps diplomatique, mais je crois parfois préférable de m'abstenir comme ce fut le cas pour les fêtes de Mickiewicz, à l'occasion desquelles notre compatriote M. Éluard fut chargé de prononcer un réquisitoire très grossier contre le gouvernement français.

Faut-il mentionner enfin qu'en mainte occasion la distinction nous est nettement et puérilement marquée entre les Purs, représentants des États en odeur de sainteté à Moscou et les Impurs que nous sommes (Pour prendre un seul exemple, notons qu'il faut appartenir à la mission d'un pays satellite pour être admis au principal hôpital de Varsovie).

***

De l'ensemble d'indications qui précède, il ressort que l'activité normale de la représentation diplomatique française en Pologne est non seulement gênée, mais bien près d'être paralysée.

Pourtant, il ne faut pas conclure trop vite à la complète stérilité de ces ingrates missions de derrière le rideau de fer.

Même sans contacts suffisants, même en ne travaillant que sur un matériel d'information banal ou truqué, l'observateur placé dans le milieu garde son avantage sur un observateur éloigné et réduit à conjecturer dans l'abstrait.

D'autre part, le maintien des représentations occidentales continue d'apporter un certain réconfort moral à la masse des Polonais qui n'est pas encore acquise au régime. Réconfort relatif parce qu'on a cessé de croire, ici, que les Occidentaux soient en mesure d'améliorer par des voies pacifiques le sort actuel de la Pologne, mais réconfort néanmoins.

Tout le travail du Kremlin tend à réduire ces pays à l'acceptation par le désespoir, par l'isolement, par la conviction qu'« autre chose » est impossible. La présence de représentants d'un autre monde, d'un monde libre, porte témoignage là-contre et fortifie, dans le sens de sa tradition profonde, la résistance du Polonais. C'est bien ce qui pousse les maîtres actuels de la Pologne à réduire, critiquer et contrecarrer les représentations des démocraties. Ce serait faire leur jeu que de céder sans avoir lutté pied à pied.

Mais dans cette lutte, il n'est pas bien sûr que les Occidentaux aient mis en œuvre tous leurs moyens. Au plus aigu des difficultés éprouvées ici, le gouvernement français a conclu que notre meilleure arme était l'arme économique, ce qui est certain, et des décisions ont été prises en conséquence. Pourtant, l'effet de ces décisions est en voie d'être annulé par l'empressement de nos alliés britanniques à combler les demandes de l'industrie polonaise.

Une politique commune en matière économique à l'égard de l'Est européen est sans doute plus difficile encore à réaliser que les accords d'état-major, mais elle n'est pas moins nécessaire.

Si les alliés occidentaux ne se rendent pas à cette réalité, ils en subiront tous les conséquences : en temps de paix sous forme d'un camping facilité par leurs livraisons d'équipement à des pays où la main d'œuvre n'a pas à avoir d'exigences ; en cas de guerre sous une forme plus brutale.

(Direction d'Europe, Pologne, volume 94)

80

M. Chataigneau, Ambassadeur de France à Moscou,
à M. Schuman, Ministre des Affaires étrangères.

T. *Moscou, 11 avril 1950.*

En faisant intervenir une aviation moderne dans le sud de la Chine, l'URSS indique le soin qu'elle prend à forcer Mao Tsé Toung à occuper l'ensemble du territoire chinois par la force des armes.

Un porte-parole du gouvernement, à l'occasion d'une conférence de politique étrangère, a déclaré, en répondant à diverses questions, qu'après les succès de l'armée chinoise, les États-Unis devraient soit combattre sur deux fronts, soit concentrer leurs moyens en Europe et abandonner la lutte en Asie.

Ne mettant pas en doute que Washington choisisse de combattre sur deux fronts, Moscou sera tenté – comme cela a déjà été fait en Espagne en 1937 – d'essayer ses armes nouvelles par l'entremise de la Chine, sur les champs de bataille de Formose et de Hainan, et, éventuellement au Tonkin et à Hong-Kong.

En ce qui concerne l'Indochine, Moscou peut trouver avantageux de faire durer la situation actuelle pour exciter l'opinion publique française contre la guerre et favoriser la propagande communiste ; Moscou peut aussi bien d'ailleurs, juger opportun, pour jeter cette opinion dans un grand désarroi, de pousser Hô Chi Minh à la conquête quasi-totale de l'Indochine, d'installer le Viêt-Minh dans une capitale fixe et de donner ainsi à son gouvernement, par l'exercice effectif du pouvoir sur un ensemble de territoires ne présentant pas de solution de continuité, les attributs d'une véritable souveraineté. À défaut d'Hanoï, la capitale pourrait être établie à Langson. À ce propos, on se rappelle combien l'évacuation de cette dernière localité, le 27 mars 1885, avait démonté le gouvernement français et déconcerté le Parlement. Cet état de fait deviendrait le symbole de la prédominance évidente des Jaunes sur les Blancs dans toute l'Indochine et serait l'emblème de la revanche de l'armée chinoise sur la France.

Le gouvernement soviétique, bien décidé à ne se hasarder que s'il ne risque point de perdre, est certainement résolu à poursuivre avec ses alliés – et sous leur couvert –, et d'abord avec les Chinois, les succès de sa politique jusqu'à ce qu'il ait atteint le but qu'il s'est fixé.

Moscou, en faisant annoncer par la presse soviétique que Bao Daï et son gouvernement sont sur le point d'abandonner le Viêtnam veut faire croire que déjà la partie communiste est gagnée dans ce pays et que bientôt tomberont comme fruits mûrs la Birmanie et le Siam.

Sa politique à l'égard de l'Indonésie est quelque peu différente, mais elle n'en est pas négligée pour autant. Sur ce terrain, l'URSS n'est pas passé par l'intermédiaire de la Chine. Avant même que Pékin n'y ait procédé, Moscou a reconnu Djakarta. Le but des Soviets est sans doute de rompre l'encerclement dont ils se prétendent menacés par l'installation des États-Unis dans les îles du Pacifique et d'assurer l'autarcie de leur système asiatique auquel manquent le pétrole, l'étain et le caoutchouc pour fonder, avec succès, dans cette partie du monde, la prédominance du rouble.

En tous cas, le gouvernement soviétique, sans engagement direct, sans courir des risques qui le mettraient dans une position difficile, usera d'une propagande hardie et de moyens d'infiltration prudents jusqu'au jour où, convaincu de la supériorité de son armement, il précipitera sans crainte l'ouverture d'un conflit qui viendra, dans son esprit, hâter l'avènement du communisme mondial, but et fin pour lesquels il n'a jamais cessé d'agir.

(Direction d'Asie-Océanie, Dossiers généraux, volume 37)

81

NOTE DE M. ALPHAND, DIRECTEUR DES AFFAIRES ÉCONOMIQUES
ET FINANCIÈRES

N. *Paris, 11 avril 1950.*

1) Les charges militaires françaises, y compris celles de la guerre d'Indochine menacent l'équilibre financier et économique du pays mais n'assurent pas pour autant sa défense à l'Est. L'exécution du programme prévu à Luxembourg est financièrement impossible. Mais même si il était réalisé, il ne semble pas qu'il soit adapté aux exigences de la guerre moderne.

2) Ce programme doit donc être revu, en s'inspirant des idées générales suivantes :

a) Doter les forces occidentales des armes défensives les plus modernes, mais en tenant compte de l'impossibilité d'accroître les charges militaires de certains budgets européens.

b) Assurer la standardisation des armements.

c) Distribuer équitablement les charges financières de la sécurité (y compris les charges afférentes à la guerre dans l'Asie du Sud-Est).

d) Répartir les efforts de production.

e) Spécialiser les forces nationales.

3) Une pareille tâche implique que les programmes soient établis dans le cadre atlantique. Les données initiales établies par les Cinq doivent être transmises à titre d'information aux organes compétents qui siègent à Washington. Les organismes atlantiques doivent être dûment coordonnés et dirigés, par exemple grâce à la création d'un poste d'administrateur.

4) Il ne suffit pas de préparer une défense militaire moderne. Il faut se battre sur un autre front : le front économique et social. Les Soviets espèrent que l'évolution normale du capitalisme aidée par l'action des communismes locaux aboutira à la désintégration économique et sociale. L'Occident sur ce plan doit se défendre :

a) par une coopération économique de plus en plus étroite des États de l'Europe de l'Ouest (y compris l'Allemagne occidentale) et éventuellement la création d'une zone d'échanges préférentiels sur le continent ;

b) par l'association permanente des États-Unis et du Canada aux efforts faits en vue de la stabilité économique de l'Occident.

5) Il en résulte que le gouvernement français doit s'efforcer d'obtenir une réforme des institutions du Pacte atlantique qui permettra l'établissement du programme de défense efficace par le transfert à l'Europe des procédés les plus modernes mis au point spécialement aux États-

Unis. Devant la masse que constituent nos adversaires, notre sécurité militaire ne peut reposer en effet que sur notre supériorité technique, sur notre avance scientifique et la plus haute qualité de nos armes. Une extension de l'OECE[1] qui comprendrait les États-Unis et le Canada permettrait en même temps de résoudre sur un plan occidental élargi les problèmes économiques et sociaux qui se posent.

6) Une action menée sur ces deux plans, militaire et économique, devrait avoir en définitive pour objet de permettre, le jour venu, une négociation entre l'Est et l'Ouest. Le moment ne paraît certes pas proche ; mais aucune opportunité ne devrait être négligée à condition qu'elle ne conduise pas à une sécurité illusoire et à un relâchement des efforts entrepris par l'Occident[2].

(Secrétariat général, Dossiers, volume 10)

82

M. BONNET, AMBASSADEUR DE FRANCE À WASHINGTON,
    À M. SCHUMAN, MINISTRE DES AFFAIRES ÉTRANGÈRES[3].

T.[4]   *Washington, 13 avril 1950.*

Réservé. Très secret.   (*Reçu* : le 18, 16 h. 15)

Les conversations et discussions qu'a entraînées la préparation des conférences de mai révèlent ou confirment la nature de la politique générale que défendront les États-Unis.

1) Les entretiens, tant à Paris qu'à Londres, commenceront par une étude des objectifs communs des puissances occidentales. Le Secrétaire d'État avait tout d'abord songé à un examen de la situation que créé la guerre blanche. Il y a renoncé, en raison notamment des inconvénients que cette rédaction aurait pu présenter, si une indiscrétion avait révélé la teneur de l'ordre du jour. Mais la préoccupation reste la même. Le principal objectif de la politique américaine dans la situation mondiale actuelle est d'arrêter l'expansion soviétique, en attendant qu'elle recule. M. Acheson l'a nettement indiqué à diverses occasions. Il a de même, dans des conférences de presse récentes, exprimé son scepticisme à l'égard d'accords avec la Russie qui ne seraient pas sim-

---

[1] O.E.C.E. : Organisation européenne de coopération économique.

[2] Alphand prolongeait sa réflexion par une autre note sur le problème du financement du réarmement occidental qui mettait au propre les conclusions tirées de la réunion du 7 avril (Voir document n° 76) (Note du 12 avril 1950 d'Alphand, non reproduite).

[3] Télégramme communiqué à la Présidence de la République, la Présidence du Conseil, MM. Parodi, Clappier et de Bourbon-Busset.

[4] Télégramme envoyé en clair et par courrier, sans numéro.

plement la reconnaissance de situations de fait devant lesquelles les Soviets sont obligés de s'incliner et qu'il convient de créer. Les discours qu'il a prononcés sur la côte ouest s'inspiraient de la même idée centrale et demandaient que Moscou fît des concessions majeures dans les principaux différends entre l'Est et l'Ouest. On peut dire que les grands problèmes particuliers qui dominent les relations internationales sont envisagés par Washington en fonction de ce thème central, alors que les partenaires de l'Amérique estiment que certains de ces problèmes méritent d'être traités en eux-mêmes et qu'ils pensent aussi être obligés à plus de circonspection.

2) Cette prise de position américaine, si elle a des inconvénients, n'est pas sans présenter également des avantages. La stratégie de ce qu'il est convenu d'appeler la guerre blanche a été jusqu'à présent conduite avant tout par les États-Unis. Sans doute leur action s'est-elle développée largement dans le cadre d'accords conclus avec leurs alliés pour la reconstruction économique de l'Europe, la défense de la zone atlantique etc... Mais l'impression n'en a pas moins souvent été créée d'un aigre dialogue entre les deux adversaires principaux par dessus la tête des autres intéressés. Cela d'ailleurs, sans qu'il y eût à Washington la moindre intention d'entamer des négociations bilatérales, ni encore moins de préparer des accords de même nature, ni davantage de tenir les Alliés à l'écart. Les entrevues de mai peuvent permettre de faire disparaître l'impression que les États-Unis déterminent et dirigent presque seuls, par leurs actions et leurs déclarations, la politique de l'Ouest vis-à-vis de l'URSS. Si le but de l'administration américaine est de coordonner l'action alliée entre les trois puissances occidentales d'abord, dans l'ensemble de la zone atlantique ensuite, avec l'intention de mener la guerre blanche d'une manière plus systématique et plus vigoureuse, il est évident que les partenaires de l'Amérique auront, de leur côté, l'avantage de pouvoir expliquer leur position, mettre en lumière leurs intérêts propres, les exigences de leur restauration économique et faire reconnaître leur souci de participer régulièrement à la formation et à l'expression d'une politique commune, dont ils peuvent demander qu'elle ne rende pas difficile, sinon impossible dans certains cas, la recherche d'une détente de la situation internationale qui serait propice à la réorganisation du monde occidental lui-même.

3) Une autre conséquence d'avenir des conceptions américaines résulte de ce qu'elles ont conduit le gouvernement des États-Unis à porter au premier plan un programme d'organisation de la zone atlantique et à rechercher en commun avec la France et l'Angleterre, ainsi qu'avec les autres membres du Pacte, la définition d'une politique constructive. Sans doute ces projets constituent-ils, aux yeux de Washington, un moyen en vue d'une fin, qui demeure de dresser une barrière devant l'expansion soviétique sinon de la refouler. Mais le programme même des conversations de mai n'en esquisse pas moins une tâche immense, propre à hâter le relèvement des démocraties occi-

dentales, l'expansion de l'économie européenne, qui ne peut pas être menée à bien sans le concours actif et continu des États-Unis et dont l'accomplissement aurait en outre l'avantage de contribuer efficacement à la prévention de la guerre.

4) De nombreux gages existent de l'évolution, à cet égard, de la pensée américaine. Longtemps dominée par la phobie de toute alliance, d'engagements politiques et militaires, soucieuse avant tout de préserver la liberté complète de détermination du Congrès et du gouvernement, la politique des États-Unis apparaît aujourd'hui déterminée à donner à l'alliance atlantique un caractère plus organisé et plus cohérent. Un des points de l'ordre du jour de la conférence des Trois prévoit des consultations continues entre les intéressés sur la situation politique mondiale. Le perfectionnement du mécanisme de coopération atlantique est envisagé au besoin même, s'il est nécessaire, par la création d'un nouvel organisme central. Le développement à long terme des relations économiques avec les États-Unis doit faire l'objet d'une discussion à deux et à trois. Les prescriptions d'ordre économique de l'article 2 du Pacte atlantique ont été portées au programme des entretiens et l'occasion pourra être fournie de faire mettre sérieusement à l'étude les réalisations à rechercher dans ce domaine. Ce dernier point est particulièrement important, même si on doit se contenter d'amorcer modestement une action future. L'idée que 1952 ne doit pas marquer la fin de l'effort américain, qu'il sera nécessaire de provoquer et d'organiser une association de plus en plus intime des États-Unis avec l'Europe, que la création même d'une union européenne en dépend, a fait des progrès considérables dans ce pays. Il est indispensable, à mon avis, d'encourager et de fortifier ces tendances dont l'affirmation permettra au gouvernement américain de résister aux éléments du Congrès qui voudraient voir les États-Unis réduire leurs engagements.

5) Le souci de renforcer le bloc des Alliés n'est pas étranger à l'inscription à l'ordre du jour de la question de l'avenir de l'Afrique. De plus en plus, les milieux politiques et gouvernementaux de Washington se préoccupent de l'accroissement des ressources naturelles de l'Europe et parlent, à cette fin, d'une meilleure utilisation des possibilités qu'offre le continent noir. Sans doute l'inscription de la question à l'ordre du jour a-t-elle été aussi provoquée par les négociations que nous avons poursuivies avec le gouvernement américain au sujet de la politique coloniale en général et par le désir d'éviter des frictions du genre de celles qui se sont produites à Lake Success à propos des territoires non autonomes. Compte tenu de toutes les difficultés que peut provoquer la discussion de ce problème et d'une politique en ces matières avec les États-Unis, il n'en reste pas moins qu'ils voudraient s'employer à accroître la puissance individuelle et collective de leurs principaux alliés européens.

6) Si, par conséquent, l'évolution dans la politique américaine ouvre à divers égards des perspectives intéressantes, d'autres problèmes, qui

présentent avant tout pour nous un caractère propre, seront aussi traités par les États-Unis en fonction des rapports avec l'URSS et du développement de la guerre blanche. Des malentendus latents se manifesteront probablement. Le plus grave peut se présenter lors de la définition d'une politique commune dans l'Asie du Sud-Est. Le but pour les Américains est d'endiguer la marée bolchevique. Tout, à leur avis, doit être subordonné à sa poursuite. Pour le Secrétaire d'État, la promesse d'une plus grande indépendance aux États associés d'Indochine est un moyen aussi efficace d'obtenir le résultat recherché que la victoire par les armes. Il est certainement convaincu en tout cas que les deux moyens doivent être conjugués. Il a une tendance à oublier les autres préoccupations légitimes que nous avons et qui expliquent les sacrifices consentis par l'armée française. Tous les arguments possibles lui ont été présentés, à de nombreuses reprises, ainsi qu'à ses collaborateurs ; il subsiste néanmoins une différence nette entre son point de vue et celui du gouvernement français. Le problème est d'y substituer une entente fondée sur un accord précis, et qui assure, dans des conditions satisfaisantes, la continuité de l'aide américaine.

En Allemagne, on peut dire que la politique américaine a toujours été dominée par le problème des relations avec les Soviets. D'autres considérations, et notamment celle d'alléger le fardeau du contribuable américain, ont aussi joué, et continuent de jouer, un rôle important. L'aspect de la défense de l'Allemagne contre une avance soviétique tend néanmoins à prendre de plus en plus le dessus. Sans doute certaines des préoccupations françaises sont-elles de mieux en mieux comprises. Nous avons pu constater à Washington un très grand souci de ne pas compromettre, aux yeux des Allemands, la solidarité interalliée. Malgré des réticences, nos thèses dans l'affaire de la Sarre ont finalement prévalu. Mais le souci de fortifier l'Allemagne de l'Ouest, d'accroître l'autorité de son gouvernement, de lui donner des garanties de sécurité et de l'englober dans l'unité occidentale est dominant ; il justifie, aux yeux des Américains, l'octroi d'un certain nombre d'avantages au gouvernement Adenauer. La surpopulation et la présence des réfugiés donnent, en outre, à défaut d'une politique d'émigration, des arguments à tous ceux qui acceptent ou recommandent un nouvel essor de l'industrie allemande.

Il convient de noter que, tout en se déclarant partisan sans réserve de l'unité allemande, le Département d'État ne considère pas qu'il y ait, pour le moment, la moindre chance de la voir se réaliser. Il demeure convaincu qu'il n'y a pas de possibilité d'entente à ce sujet avec l'URSS et que cette dernière, faute de satisfactions qu'elle ne peut pas obtenir dans le reste de l'Allemagne, fera tout pour consolider sa mainmise sur la zone orientale. Indépendamment des questions que posent la situation à Berlin et la création d'une police militaire dans la partie du pays occupée par les Soviets, la position américaine, dans les conversations à venir, paraît devoir être de rechercher une entente avec ses alliés sur les problèmes qui se posent à propos de l'Allemagne occidentale, en songeant avant tout aux menaces diverses qui peuvent venir de l'Est.

7) Quelles que soient les difficultés qui peuvent se présenter au cours des réunions de mai, à propos de divers problèmes importants – difficultés qui ne sont pas ignorées ici – j'ai retiré, de nombreux échanges de vues, l'impression que les délégués américains comptent fermement sur des résultats positifs. Même s'ils doivent faire des concessions à leurs alliés, et s'ils ne réussissent pas à donner à la politique commune une orientation aussi arrêtée et un caractère aussi systématique qu'ils le désireraient, il me semble également qu'ils apprécieraient à leur pleine valeur un affermissement de la solidarité alliée et l'établissement d'un programme, même ambitieux, de coopération suivie tendant à l'organisation du monde occidental, à la mise en valeur et au développement de ses forces et de ses ressources.

(Secrétariat général, Dossiers, volume 21)

83

NOTE DE LA DIRECTION D'EUROPE

L'Allemagne à la conférence des Trois

N.   *Paris, 14 avril 1950.*

Les prochaines conversations entre les trois ministres des Affaires étrangères n'ont pas pour objet d'aboutir à des décisions sur l'Allemagne. Les modifications à apporter à la situation du gouvernement de Bonn doivent, en effet, intervenir seulement lors de la conférence qui se réunira à la fin de cette année ou au début de 1951 et sera consacrée exclusivement au problème allemand, ou plus précisément, si l'on s'en tient au programme prévu, à la « révision » du statut d'occupation.

Il est évident, néanmoins, que les trois ministres lorsqu'ils évoqueront, au cours du mois de mai, le problème allemand, préjugeront, dans une large mesure, par les déclarations qu'ils feront à cette occasion, l'avenir même de l'Allemagne et, en quelque sorte, l'ordre du jour et la portée de la future conférence.

Deux considérations principales méritent, semble-t-il, d'être, dès maintenant, notées.

D'une part, nous avons avantage, tout en sachant parfaitement qu'elles ne peuvent, dans les circonstances actuelles, aboutir à aucun résultat pratique, à nous associer à toutes tentatives qui tendraient à favoriser l'unification de l'Allemagne.

D'autre part, nous devons nous opposer à toute formule qui permettrait au gouvernement fédéral de recouvrer son entière liberté d'action et à l'Allemagne occidentale de constituer un État souverain. Ce serait, en effet, lui laisser la possibilité de se rapprocher à tout moment de l'URSS ou de nous en menacer, ce qui aurait pour résultat de grever notre propre politique extérieure d'une hypothèse redoutable. En même temps, tout espoir de détente avec les Soviétiques serait définitivement compromis.

Dans ces conditions, il ne semble pas qu'il puisse y avoir d'autre solution pour les Alliés, et aussi pour l'Allemagne occidentale, qui n'a pas intérêt à un règlement de paix séparée dont l'URSS se prévaudrait aussitôt pour absorber complètement la zone occidentale, que le maintien du statut d'occupation.

Cela ne signifie pas que le régime de l'Allemagne ne puisse pas, à partir de 1951 être « révisé » d'une manière très sensible et que nous ayons en quelque sorte à nous excuser de ne pas pouvoir faire plus dans le sens de sa « libération ». Tout en sauvegardant le cadre du statut, les puissances occidentales sont à même de modifier profondément les conditions de vie du gouvernement de Bonn. Celui-ci devrait, en fait, acquérir une indépendance quasi complète grâce à la suppression de la plupart des contrôles. En indiquant qu'à moins d'imprévu, telle serait la position de principe que la délégation française adopterait lors de la conférence appelée à « réviser » le statut d'occupation, le Ministre ne se cantonnerait pas dans une attitude que l'on pourrait déclarer négative ; il se montrerait résolu à aller de l'avant, tout en ne s'écartant pas d'une politique qui a déjà permis aux Alliés d'enregistrer des succès appréciables et d'enlever, en Allemagne, l'initiative aux Soviétiques.

(Direction d'Europe, Généralités, volume 133)

84

M. Baelen, Ambassadeur de France à Varsovie,
à M. Schuman, Ministre des Affaires étrangères[1].

T. n°s 328-335.   *Varsovie, 17 avril 1950, 16 h.*

(Reçu : le 18, 0 h. 15)

Je me réfère à mon tg n° 327[2].

Tout indique que le gouvernement polonais a voulu donner un caractère sensationnel à l'accord qu'il vient de passer avec l'Épiscopat : publi-

---

[1] Note manuscrite : « *M. de Villelume, voir p. 3* [soit le dernier paragraphe du document] ».
[2] Document non reproduit.

cation subite du document après un complet silence sur la négociation, placé réservée au texte dans la presse dominicale, émissions radiophoniques, etc… Le gouvernement croit donc tenir un succès et il est probable qu'il ne se trompe pas.

En droit et selon la lettre, l'Église a fait consigner des sauvegardes dans ce pacte avec le diable, mais que pèsent ici le droit et la lettre ? Le défunt Primat cardinal Hlond me disait en 1948 : « On ne compose pas avec Satan ».

Sans doute l'épiscopat polonais ne s'écarte pas de traditions en prescrivant la révérence envers le pouvoir établi, en rappelant les limites de l'autorité pontificale, en recommandant la coopération comme devoir moral, en prêchant la paix ; mais le manque de concordance entre ces déclarations et la réalité polonaise sera vivement ressenti par les fidèles qui verraient dans l'Église leur ultime refuge pour puiser et prier contre le régime.

Sur la simple recommandation des évêques légitimes, ont-ils dans leur cœur un gouvernement qu'ils tiennent pour imposé par l'étranger, un gouvernement résolu et solennellement engagé à faire triompher la doctrine matérialiste ?

Verront-ils subitement dans les kolkhozes une manifestation de fraternité sociale ? Enfin souscriront-ils au vœu d'une paix qui leur apparaît comme la paix des cachots ? C'est bien douteux et le gouvernement aura alors obtenu ce qu'il recherche ; une rupture de l'unité de conscience entre les pasteurs et les ouailles.

Celles-ci en outre ne trouveront-elles pas un peu choquant, de voir figurer, même en annexe, dans un tel accord, des avantages de détail tels que la rentrée en parents pauvres des prêtres dans l'association Caritas réformée, l'espérance assez vague d'émarger au fonds ecclésiastique du gouvernement et l'exemption de service militaire pour les religieux ? Pourtant les motifs qui ont amené la hiérarchie polonaise à une détermination si longtemps en balance ne peuvent être que de très grands poids. On peut les résumer ainsi : de jugement plus froid que la plupart des Polonais, les évêques ne croient pas à une guerre imminente. Ils en concluent qu'il faut s'accommoder durablement et surtout essayer de garder le contrôle des jeunes générations. C'est la lutte pour l'idéal de la jeunesse qui est engagée. C'est pour continuer cette lutte que les évêques ont abandonné leur position d'intransigeance[1].

---

[1] La question des rapports de l'Église et de l'État polonais était suivie avec attention par l'ambassade. Les négociations étaient jugées au point mort en janvier, les deux parties se tenant dans une guerre de position n'excluant pas quelques escarmouches (dépêche n° 23 du 12 janvier 1950 de Varsovie, non reproduite). Puis le conflit était entré dans une phase aiguë à partir de l'affaire Caritas. L'épiscopat dénonçait la « guerre contre Dieu » menée par le gouvernement par une lettre au président Bierut (dépêche n° 186 du 3 mars 1950 de Varsovie, non reproduite). Le gouvernement répliquait notamment par une mesure spectaculaire de confiscation de tous les grands domaines fonciers de l'Église, mesure perçue comme uniquement publicitaire dans la lutte entre Église et État (dépêche n° 270 du

Mais le répit sera-t-il long ? Une âpre concurrence s'institue entre les apôtres du matérialisme dialecticien et ceux du christianisme et il est difficile de penser que le gouvernement polonais se sent tenu à observer pareille compétition en arbitre impartial. Peu de temps se passera avant que les accusations de mauvaise foi soient murmurées par l'une des parties et claironnées par l'autre et peu de temps avant que le gouvernement brandisse son hypocrite décret sur la liberté de conscience.

Plus que jamais à l'occasion de la présente affaire, j'attacherai de l'intérêt aux précieux renseignements que M. d'Ormesson est en mesure de recueillir au Vatican[1]. Il semble impossible que l'épiscopat polonais ait signé sans la permission de Rome (où se trouve actuellement le cardinal Sapieha) et presque impossible que Rome approuve l'accord sans de sérieuses réserves.

(Direction d'Europe, Pologne, volume 133)

85

NOTE DE LA DIRECTION D'ASIE-OCÉANIE
POUR M. VINCENT AURIOL, PRÉSIDENT DE LA RÉPUBLIQUE

Les relations franco-indiennes

N.[2]   *Paris, 17 avril 1950.*

Le 26 janvier 1950 est entrée en vigueur la Constitution qui fait de l'Inde une République souveraine. Tout en demeurant membre du Commonwealth, l'Inde, qui cesse désormais d'être un Dominion, accède à l'indépendance. Le poste du Gouverneur général, représentant

---

29 mars 1950 de Varsovie, non reproduite). Un calme relatif était rétabli en mai, suite à l'accord du 14 avril, malgré la propagande visant à amener tous les catholiques à accepter l'accord et à séparer l'Église du Vatican, en menant une campagne de propagande assez virulente (dépêche n° 381 du 26 mai 1950 de Varsovie, non reproduite).

[1] Wladimir d'Ormesson au Saint-Siège signalait que celui-ci restait très attentif à la persécution religieuse menée en Pologne et rapportait tous les articles portant sur ce thème (dépêches n°ˢ 151 du 9 mars 1950 et 209 du 14 avril 1950 de Rome Saint-Siège, non reproduites). Le Vatican avait été surpris par l'accord du 14 avril entre l'épiscopat et le gouvernement polonais, et on se montrait sceptique et inquiet tout à la fois devant cette entente. On remarquait que le gouvernement polonais avait sans doute profité de l'absence du cardinal Sapieha en visite à Rome pour arracher cet accord (dépêche n° 228 du 19 avril 1950 de Rome Saint-Siège, non reproduite). Il était confirmé que, suite à un entretien avec Mgr. Montini et Tardini, le Vatican avait été pris de court par la nouvelle et qu'il était très décontenancé, mais qu'il pensait que l'épiscopat polonais avait été joué par les autorités (télégramme n° 105 du 21 avril 1950 de Rome Saint-Siège, non reproduit).

[2] Note manuscrite : « *Parti, remise à Lesca SG, le 17.4* ».

S.M. le roi d'Angleterre, a été supprimé et l'Assemblée constituante a procédé à l'élection du premier Président de la République indienne.

Ce changement a entraîné la nécessité pour tous les pays en relations diplomatiques avec l'Inde d'adresser à leurs représentants à New-Delhi de nouvelles lettres de créance les accréditant auprès du Président de la République indienne et non plus du gouverneur général. M. Daniel Lévi a procédé à la remise de ces documents le 6 mars dernier.

Les envoyés diplomatiques de l'Inde dans les différents pays ont de leur côté reçu de nouvelles lettres de créance par lesquelles le Président de la République indienne les accrédite auprès des chefs d'États étrangers. Ce sont ces lettres que S.E. le Sardar Malik remettra le 20 avril prochain à Monsieur le Président de la République.

On rappellera à cet égard que les relations diplomatiques entre l'Inde et la France ont été établies le 17 février 1947 et que la France est représentée à New-Delhi depuis le 10 décembre 1947 par M. Daniel Lévi, en qualité d'Ambassadeur. Le gouvernement français entretient en outre dans l'Inde trois consulats à Calcutta, Bombay et Madras.

Le Sardar Malik est le premier Ambassadeur de l'Inde à Paris, son pays ayant été tout d'abord représenté en France par un Chargé d'affaires, le Dr. P.P. Pillaï.

Les relations franco-indiennes sont dans l'ensemble satisfaisantes. Elles sont toutefois affectées à l'heure actuelle par deux problèmes :

1) La question des Établissements français de l'Inde continue à se poser.

Sur la demande du gouvernement de Delhi, le gouvernement français a accepté le 24 mars dernier l'envoi à Chandernagor d'un administrateur indien, mesure qui entraînera le retrait de la ville libre de l'administration française. La date de ce transfert *de facto* n'a pu toutefois encore être fixée, en raison des hésitations de nos interlocuteurs.

Par ailleurs, les échanges de vues auxquels le gouvernement français a accepté de se prêter avec le gouvernement indien au sujet des modalités d'organisation du référendum des Établissements de Pondichéry, Yanaon, Karikal et Mahé n'ayant pas abouti, la consultation a dû être renvoyée à l'automne.

Le gouvernement français espère que le gouvernement de l'Inde fera preuve dans les mois à venir de dispositions plus conciliantes.

2) Le gouvernement de Delhi ne s'est pas départi jusqu'à présent de sa réserve à l'égard du gouvernement de S.M. Bao Daï, dont il a toutefois accepté qu'un représentant officieux séjourne dans la capitale indienne.

Il n'est pas impossible d'ailleurs que l'attitude de nos interlocuteurs évolue progressivement sur ce point dans un sens plus favorable à nos intérêts.

On notera enfin que les négociations relatives à la conclusion d'un traité de commerce entre la France et l'Inde n'ont pas encore abouti.

(Direction d'Asie-Océanie, Inde, volume 63)

86

NOTE DE M. MARCHAL, AMBASSADEUR DE FRANCE À BANGKOK

Le problème indochinois : France, Viêtnam, États-Unis

N.   *Bangkok, 17 avril 1950.*

Lorsque l'on considère l'ampleur des sacrifices que la France a dû consentir depuis plus de quatre ans pour le rétablissement de l'ordre en Indochine et de ceux qu'elle devra s'imposer encore pendant une période indéfinie pour mener à son terme l'action entreprise, on est conduit à se demander si les intérêts français en cause justifient de notre part un effort qui pèse aussi lourdement sur notre vie nationale dans tous les domaines.

La sauvegarde des positions économiques françaises en Indochine serait à elle seule une justification fort insuffisante. Ou, du moins, elle est devenue telle. Les charges que la campagne d'Indochine fait supporter au budget national – même s'il est malaisé de les supputer exactement – doivent excéder de beaucoup, me semble-t-il, ce qui aurait été nécessaire pour dédommager équitablement les entreprises françaises évincées de notre ancienne colonie. Au surplus, les accords passés avec les États associés ne sauraient, à moins d'optimisme allant jusqu'à la naïveté, être considérés comme garantissant de manière absolue la prospérité future ni même la permanence de nos investissements. Cela n'empêche pas, d'ailleurs, – soit dit en passant – que de nombreuses personnalités américaines, et non des moindres, demeurent convaincues qu'aujourd'hui encore, toute notre politique indochinoise est dominée par le souci de la préservation de nos intérêts économiques.

En réalité, ce que nous défendons en Indochine, c'est en premier lieu, me semble-t-il, l'Union française tout entière. S'il devait être démontré en ce point du monde que des populations qui ont associé leur destin à celui de la France peuvent nous être arrachées de vive force grâce à l'appui prêté à des mouvements nationalistes par le communisme russo-chinois, d'une part, et par l'anticolonialisme américain, d'autre part, il est clair que notre établissement en d'autres parties de l'Union française, notamment dans cette Afrique du Nord que je connais bien, ne tarderait pas à être remis en question et qu'on verrait se renouveler là-bas l'expérience tentée ici.

Ce que nous défendons en Indochine, c'est aussi notre position de grande puissance. C'est par l'Indochine que nous participons aux affaires d'Asie, et c'est principalement par notre participation aux affaires d'Asie que nous avons vocation à nous faire entendre dans les conseils mondiaux. Nos établissements d'Océanie et d'Amérique sont trop faibles et trop dispersés pour nous créer des titres à un rôle qui soit à la dimension du globe. Privée de l'Indochine, la France, malgré l'étendue de son prolongement africain, deviendrait, qu'on le veuille ou non, la puissance à intérêts limités que certains voulaient déjà faire d'elle en 1944-45.

Mais, si nous défendons en Indochine nos propres intérêts, qui sont considérables, nous y défendons aussi d'autres intérêts, qui ne sont pas exclusivement les nôtres et dont l'importance est encore plus grande.

Nous y défendons, d'abord et au premier chef, les intérêts des populations indochinoises elles-mêmes. Après avoir prodigué à ces populations pendant de longues décades les bienfaits matériels et moraux dont la présence française au-delà des mers s'est toujours accompagnée et que peuvent seuls nier les détracteurs aveugles du colonialisme, il eût été indigne de la France de les abandonner à l'heure où elles étaient menacées par le plus grave péril de leur histoire : celui de la domination chinoise, masquée sous la conquête communiste.

Nous y défendons aussi les intérêts vitaux des démocraties, nos alliées, et ceux de la paix mondiale. Si l'Indochine venait à succomber, il n'existerait plus aucune force qui puisse faire barrage à l'expansion communiste et chinoise en Asie du Sud-Est. Le Siam sauterait comme un bouchon de champagne et l'étroit goulot de la Malaisie se viderait instantanément de toute défense jusqu'à Singapour. Dans les colonies chinoises installées partout, en nombre parfois supérieur à celui des autochtones, les armées de Mao Tsé-Toung trouveraient, le jour même de l'invasion, les cadres politiques, administratifs et économiques qui les assureraient d'une mainmise définitive sur ces pays. Quant à la Birmanie, déchirée par ses luttes intérieures, elle s'ouvrirait comme un fruit mûr, et le communisme se trouverait à pied d'œuvre pour entreprendre la conquête de l'Inde, prophétisée par Lénine.

Les puissances occidentales n'auraient plus alors qu'à prendre les armes, ou qu'à capituler, comme à Munich, pour se voir imposer la guerre un peu plus tard, au jour choisi par l'agresseur.

Il est donc vrai de dire qu'entre la paix précaire que nous vivons et le troisième conflit mondial aux conséquences incalculables, il n'y a qu'une frêle barrière : celle de l'armée française qui se bat en Indochine.

***

Cela nous crée des titres incontestables envers les principaux bénéficiaires de nos coûteux et sanglants efforts : Indochinois d'une part, Américains et Britanniques d'autre part.

Or, il est clair que la partie engagée en Indochine ne peut être définitivement gagnée sans le concours des uns et des autres.

L'effort français a été porté à son maximum. Il paraît impossible de faire davantage, de sacrifier plus d'hommes, d'envoyer plus de matériel, de dépenser plus d'argent. Il paraît même douteux qu'on puisse continuer longtemps au même rythme. Et cependant, laissée à nos seuls moyens, tout ce que nous pouvons espérer, malgré de récents et notables succès, c'est de « contenir » le Viêt-Minh, en élargissant peut-être quelques peu les zones pacifiées, mais sans possibilité réelle de contraindre les insurgés à une soumission totale et définitive.

Dans cette lutte dont la liberté des Indochinois est l'enjeu, la participation indochinoise est loin d'être ce qu'elle le devrait.

Dans cette lutte dont la sécurité des puissances occidentales est l'enjeu, la coopération américaine en est encore à ses débuts. Encore joue-t-elle fréquemment à contresens.

Le problème capital paraît donc être d'obtenir des uns et des autres qu'ils se solidarisent plus efficacement avec nous.

Le Viêtnam, comme le Cambodge et le Laos, a désormais un gouvernement national, que nous avons fait reconnaître par la plupart des États non inféodés à Moscou. En attendant que des institutions démocratiques puissent fonctionner, – ce qui suppose la pacification totale du pays, – ce gouvernement pourrait, s'il le voulait, s'appuyer sur un sentiment populaire très fort. Il ne me paraît pas douteux que les Viêtnamiens, dans leur ensemble, en ont assez de la guerre, qu'ils aspirent avant tout à l'ordre et à la sécurité, qu'ils sont prêts à se confier à ceux qu'ils jugeront suffisamment résolus à leur procurer l'un et l'autre. Les embryons de partis politiques qui se démènent à Saigon ou à Hanoï et les feuilles publiques, plus ou moins lues, qui leur servent d'organe ne doivent pas faire illusion, non plus, en un autre sens, que les agitations d'une jeunesse universitaire fanatisée. Ce n'est pas là, à mon avis, que s'exprime la volonté profonde du Viêtnam. Malgré les moyens redoutables d'intimidation et de terrorisme dont dispose le Viêt-Minh, je crois que le gouvernement de S. M. Bao Daï obtiendrait une réponse non équivoque s'il faisait appel au peuple sur un programme franc et courageux de lutte contre les rebelles jusqu'au succès final. C'est alors, en effet, qu'on reconnaîtrait en lui cette volonté de réussir qui, en Asie plus que partout ailleurs, est la condition première de la réussite. C'est alors qu'on verrait se produire les « ralliements » dont on a si souvent parlé : les ralliés ne volent jamais qu'au secours de la victoire, et la victoire elle-même n'appartient jamais qu'à ceux qui la veulent de toutes leurs forces.

Les gouvernants du Viêtnam se sont comportés jusqu'à présent comme si leur tâche primordiale n'était pas de réduire le Viêt-Minh, mais d'obtenir de la France des concessions toujours plus étendues. On prétend nous faire croire que, si nous renoncions aux quelques garanties et aux quelques moyens de contrôle que nous tenons encore des accords du 8 mars 1949[1], à l'égard d'un État et d'un gouvernement qui cesseraient d'exister si l'armée française cessait de les protéger, nous susciterions en faveur de S. M. Bao Daï et de son équipe une vague d'enthousiasme populaire, et nous leur insufflerions du même coup la vigueur et la résolution qui leur ont manqué jusqu'ici. C'est un leurre. L'insuffisance des concessions contenues dans les accords du 8 mars n'est, en vérité, qu'un prétexte commode dont les dirigeants viêtnamiens se servent pour voiler leur inaction. Rien ne serait plus dangereux que de les encourager dans cette voie en leur laissant espérer, comme possible à brève échéance, une révision plus ou moins étendue.

Ce qu'il faudrait, comme s'y emploie notre Haut-Commissaire M. Pignon, avec un courage, une lucidité et une patience qui ont fait mon admiration, ce serait que les élites viêtnamiennes groupées autour de S. M. Bao Daï prissent une conscience plus nette de leurs responsabilités propres. Sans doute, dans le cas présent, le terme d'élites a-t-il un sens très relatif. Mais l'heure est passée où l'on pouvait faire un choix entre les hommes, à supposer même que ces possibilités de choix aient jamais existé. Quels que soient leurs défauts, les personnalités susceptibles de participer au gouvernement du Viêtnam se comparent avantageusement à celles qui exercent le pouvoir dans les divers pays indépendants du Sud-Est asiatique.

S.M. Bao Daï, en particulier, serait pleinement capable de jouer un rôle décisif si elle voulait en prendre la peine. Son prestige, qu'il ne faut pas mesurer à nos standards, demeure considérable, sinon dans ce qui fut la Cochinchine, mais du moins au Tonkin, parmi les populations très denses de ces régions du delta que nos armes ont récemment affranchies de la terreur vietminh. En faisant de Dalat sa résidence habituelle, l'ancien empereur d'Annam s'est en quelque sorte placé volontairement dans la situation où le Dauphin se trouvait à Bourges. Ce n'est pas ainsi qu'on reconquiert un trône ni qu'on refait l'unité d'un royaume, déchiré par la guerre civile, menacé par l'invasion étrangère. La vraie place du Souverain est à Hanoï, dans ce Palais Puginier, d'où le représentant de la France gouvernait autrefois l'Indochine, symbole le plus évident du transfert des pouvoirs.

Quant à la formation du cabinet viêtnamien – en crise apparemment insoluble depuis des semaines –, il faut carrément tourner le dos aux combinaisons de personnes et aux dosages entre prétendus partis politiques, qui ne sont en réalité que des coteries d'intellectuels ou d'affairistes et qui ne correspondent en rien à des tendances profondes de

[1] Voir *DDF*, 1949-I, n° 145.

l'opinion populaire (semblables d'ailleurs en cela à ce que sont les partis politiques dans tout le Sud-Est asiatique). Dans un pays en guerre, une seule formule est efficace, celle du rassemblement de toutes les énergies et de toutes les valeurs nationales pour mener la guerre. Si Bao Daï le voulait vraiment, si tous ceux qui ont influence sur lui le lui conseillaient avec une égale fermeté, il ne me paraît pas douteux qu'il serait possible de rassembler à Saigon une équipe stable et homogène, sinon quant aux étiquettes de ses membres, du moins quant à leur résolution patriotique.

La tâche la plus urgente d'un tel gouvernement serait de constituer une armée nationale viêtnamienne. Les forces que nous avons nous-mêmes mises en ligne et qu'il n'est plus possible d'accroître doivent être complétées par des bataillons levés en Indochine. À défaut de mobilisation (Hô Chi Minh l'a pourtant décrétée), des volontaires ne manqueraient pas, surtout au Tonkin. Je sais bien que l'armement et l'entretien de ces contingents posent un problème financier difficile à résoudre, mais c'est là, me semble-t-il, que l'aide américaine devrait jouer. Je sais bien aussi que l'encadrement de l'armée viêtnamienne ne sera pas chose aisée. Cependant, sur ce point, il faudrait, je crois, faire fléchir quelque peu la rigidité de nos conceptions. Il s'agit moins de former une armée professionnelle que d'opposer aux guérillas du Viêt-Minh des troupes de structure analogue. À ceux qui les conduiront au combat, il ne paraît pas nécessaire de demander ce que l'on exigerait d'un élève de Coëtquidan.

J'en viens au concours américain. La reconnaissance du Viêtnam, du Cambodge et du Laos par les États-Unis, en même temps que par la Grande-Bretagne, a marqué un tournant capital dans l'évolution du problème indochinois. Les promesses d'assistance militaire qui en découlent permettent d'envisager l'avenir avec moins d'appréhension, malgré les renforts en armes, en munitions, voire en hommes que le Viêt-Minh, de son côté, escompte désormais de la Chine communiste. Encore faudrait-il que ces promesses se réalisent sans nouveaux délais et que leur exécution nous dote en suffisance des moyens qui semblent nous faire le plus défaut, notamment en matière d'aviation (interventions rapides) et de marine (surveillance des côtes et des rivières). Le parallélisme que les Américains s'efforcent de maintenir dans leurs rapports avec les divers États du Sud-Est asiatique se justifie fort bien par un dessein de politique générale. Néanmoins, lorsqu'il s'agit d'assistance militaire, il est déconcertant de voir traiter l'armée française d'Indochine à peu près de la même manière que le Siam, qui ne se bat pas et ne se battra jamais.

Quelles que soient sa rapidité et son ampleur, l'aide militaire américaine ne pourra cependant pas masquer le fait qu'il subsiste entre la France et les États-Unis de sérieuses divergences quant à la politique à suivre en Indochine. Le ton de la presse américaine, je le reconnais, s'est nettement amélioré (ou, plus exactement, celui des informations et des commentaires diffusés en Extrême-Orient par les agences de presse américaines). L'attitude des représentants locaux des États-Unis s'est, elle aussi, quelque peu modifiée. Mais les conceptions fondamentales ne se sont pas sensiblement rapprochées pour autant.

Sauf exceptions, les agents américains, de plus en plus nombreux en Indochine et dans les pays du Sud-Est asiatique, demeurent convaincus que les accords du 8 mars ne peuvent être qu'un point de départ, que la France ne s'est pas encore montrée suffisamment généreuse, que l'Union française dissimule une survivance du système colonial et que l'on doit aboutir tôt ou tard à l'indépendance pure et simple du Viêtnam.

Cet état d'esprit est connu de nos partenaires viêtnamiens, qui en tirent argument pour leur propres thèses. L'absence de cohésion, le défaut d'énergie et, pour tout dire, l'attentisme du gouvernement de Saigon s'expliquent très largement par l'espoir que la France finira par céder à des pressions américaines. Et c'est pourquoi toutes les décisions, toutes les initiatives, même les plus urgentes, sont constamment ajournées.

Si l'on en juge par nos expériences antérieures sur d'autres terrains, il sera sans doute difficile d'amener nos alliés à des vues plus réalistes, dans l'intérêt commun, même en combinant l'action diplomatique avec un effort suivi d'information et de propagande. Rien cependant n'a davantage d'importance pour l'heureuse issue de l'affaire d'Indochine.

Il conviendrait, en justifiant notre attitude, de marquer nettement que, – réserve faite de l'assouplissement pratique de tel ou tel point de détail, – la France ne se prêtera à aucune révision des accords du 8 mars (ni des traités correspondants avec le Cambodge et le Laos) jusqu'à la pacification complète de l'Indochine.

En même temps, – et une égale valeur s'y attache à mes yeux, – il devrait être rendu clair pour tout le monde, à commencer par nous-mêmes, que l'Union française ne peut avoir d'autres fondements durables que le consentement mutuel. Il est absurde de supposer qu'une fois l'Indochine pacifiée par nos armes, nous puissions nous y maintenir, à quelque titre que ce soit, contre le gré des populations. Pour établir le statut définitif des rapports franco-indochinois, il est simplement logique et honnête d'attendre le moment où il existera au Viêtnam une Constitution approuvée par le suffrage populaire et un gouvernement formé en vertu de cette Constitution. Toute décision prise avant ce terme engagerait valablement la France, sans engager nos cosignataires. On ne peut raisonnablement nous demander, ni à Washington, ni à Saigon, de nous prêter à ce simulacre d'accord.

***

Au terme de cette note, il me reste à formuler deux observations :

1) Les intérêts de la France en Indochine – qu'il s'agisse de l'action politique ou des forces militaires – sont heureusement confiés aux mains d'hommes capables, résolus et intègres. Le gouvernement qui les a choisis ne peut agir plus sagement qu'en les maintenant à leurs postes.

2) Quoi qu'on fasse, une grave menace pèse sur l'Indochine : celle de l'invasion chinoise. Si j'en ai fait abstraction dans la présente note, c'est parce qu'à mon avis, une telle éventualité, *ipso facto* ou par ces conséquences, entraînerait inévitablement une guerre mondiale.

(Direction d'Asie-Océanie, Indochine, volume 198)

87

M. Chataigneau, Ambassadeur de France à Moscou,
à M. Schuman, Ministre des Affaires étrangères[1].

D. n° 398.   *Moscou, 17 avril 1950.*

Par une communication du 12 février 1948, le général Catroux rendant compte en fin de mission des rapports franco-soviétiques, écrivait « qu'ils étaient gravement détériorés et sans doute pour un long temps »[2]. Je les ai découverts singulièrement altérés en effet dès le premier entretien que j'ai eu avec Monsieur Molotov le 6 juillet pour la remise de la copie figurée de mes lettres de créance[3].

Le Département m'ayant prescrit le 3 juillet d'attirer d'urgence l'attention du Ministre sur l'intérêt que portait le gouvernement français à une reprise aussi prochaine que possible des opérations de rapatriement de nos prisonniers retenus en URSS, j'avais été contraint, avant même que de rendre au Président du bureau du Soviet Suprême l'honneur de la visite que je lui devais, d'entrer d'emblée dans le vif de la contestation élevée entre nos deux pays. Monsieur Molotov ne manqua pas de me répondre que le gouvernement français avait lui-même rompu l'accord du 29 juin 1945[4] par l'intrusion de ses agents dans le camp des rapatriables soviétiques de Beauregard[5] et il me découvrit non pas un ressentiment que les Soviétiques n'ont point accoutumé d'éprouver, mais le mauvais calcul qu'ils avaient fait de leurs espoirs,

---

[1] Dépêche adressée à la direction d'Europe. Note manuscrite : « *M. Laloy et M. de Villelume, prière de m'en parler* ».

[2] Voir *DDF*, 1948-I, n° 107.

[3] Voir *DDF*, 1948-II, n° 42.

[4] Voir DDF, 1945-I, n° 469.

[5] Voir *DDF*, 1947-II, n°s 402, 404 et 439.

ceci étant plus grave que cela parce que signifiant d'une méprise sur les prémisses, d'un mécompte dans la conjecture et d'une erreur dans le raisonnement que la règle du marxisme-léninisme n'autorise point.

Toujours est-il que, nonobstant la civilité de son accueil et la politesse de ses propos, si Monsieur Molotov n'a point découvert le fondement sur lequel s'appuyait le roidissement du Kremlin envers la France, c'est-à-dire l'absence de ministres communistes de notre gouvernement, il m'en a avancé pour prétexte les précautions prises par les autorités françaises contre des citoyens soviétiques.

Le « Qui vivra verra » sur quoi d'un ton sceptique Monsieur Molotov avait mis fin à son dernier entretien avec mon prédécesseur sur le sujet du pacte franco-soviétique éclaircissait sa conviction de la vanité de cet instrument pour tout le temps où l'agitation du parti communiste et des ligues politiques et professionnelles annexées à ce parti n'aurait pas abouti à en replacer les membres aux postes d'observation et d'insinuation qu'ils avaient déjà tenus dans le gouvernement de la France.

De plus, à Londres le 28 août 1947, les trois puissances occidentales avaient conclu entre elles un accord sur le sujet de la Ruhr et du 23 février au 6 mars, leurs ministres des Affaires étrangères avaient discuté des questions allemandes. À Moscou, en août et en septembre 1948, l'ambassadeur des États-Unis, l'envoyé du gouvernement britannique et moi-même avons concerté nos conversations avec le généralissime Staline et Monsieur Molotov, dans l'esprit et selon la lettre de nos instructions communes[1]. Quand, enfin, la France eût adhéré le 4 avril 1949, au Pacte de l'Atlantique, elle se trouva être avant l'Italie, l'un des deux principaux points d'application des efforts entrepris par l'URSS en Europe pour faire obstacle à la politique des États-Unis.

Pour tirer le parti le meilleur possible de la condition ainsi faite à ma mission, j'étais conduit premièrement à ne rien ménager pour éviter une aggravation de rapports mauvais et pour apporter au règlement de toute affaire patience et courtoisie en même temps que fermeté, tout en instruisant le Département incessamment par un tableau fidèle et complet de ce qui pouvait rester à espérer alors que le gouvernement soviétique avait perdu l'espoir de voir la France contrarier les États-Unis et la Grande-Bretagne, à propos de la question qui lui tenait le plus à cœur en Europe, celle de l'Allemagne sur le sujet de laquelle il avait conjecturé des divergences entre notre pays et ses deux alliés et des occasions de nous entraîner dans son obédience.

Je me suis donc attaché depuis deux ans à maintenir la conversation ouverte sur les matières et occasions qui prêtent à discussion entre la France et l'URSS. Encore des moins amples et des plus claires de ces causes les autorités soviétiques ne se montrent-elles résolues à traiter

---

[1] Voir *DDF*, 1948-II, n⁰ˢ 89, 93, 100, 189 et 193.

qu'à la lumière du mécompte qui leur est venu dans l'idée qu'elles avaient conçue de notre politique générale.

C'est selon cette vue que j'ai jugé utile de considérer l'état des relations franco-soviétiques dans l'enchaînement de leurs causes depuis deux ans aussi bien sur le sujet des principales questions politiques pendantes que sur celui des sujets de tous ordres sur lesquels j'ai poursuivi ou élevé discussion : ainsi d'une part, la France et l'URSS s'affrontent en Allemagne, en Autriche, à l'ONU, dans la campagne des partisans de la Paix, en Indochine et dans les territoires français d'outre-mer, et de l'autre, ma mission tâche pour régler le rapatriement de nos prisonniers retenus en URSS, pour écarter les traverses mises à la délivrance de visas de sortie aux membres de la colonie française et tournant souvent aux litiges touchant la nationalité de nos compatriotes, pour fixer le régime des visas diplomatiques et de service et aussi bien la situation de notre immeuble diplomatique, pour reprendre des négociations commerciales et assurer l'approvisionnement de l'Ambassade en roubles, pour rétablir des relations culturelles entre les deux pays et pour maintenir nos droits sur l'église Saint-Louis-des-Français.

a) *Affrontement des politiques de la France et de l'URSS en Allemagne.*

C'est à propos des débats relatifs à la structure de l'Allemagne que le gouvernement soviétique remarquait le mauvais calcul qu'il avait fait d'un espoir en l'amitié d'une France soumise à ses desseins, à la manière d'un protégé à son protecteur. Il visait en effet à établir dans ce pays un gouvernement centralisé, moins pour lui interdire toute tentative de réarmement que pour l'assujettir à son ordre.

Il ne pouvait pas ne pas prévoir que la France accéderait à la Charte du 9 février 1948 souscrite à Francfort en confirmation des décisions prises à New York le 2 novembre 1946 au sujet de la bizone et qu'elle tomberait d'accord avec les États-Unis et la Grande-Bretagne pour la formation d'une trizone de l'Allemagne occidentale. Avant l'union du 18 octobre, le Conseiller politique de l'URSS Semenov, déclarait en février : « La constitution prochaine de la trizone n'est pas en soi un fait préoccupant, mais il signifie, ce qui est plus grave, l'adhésion de la France au bloc anti-communiste... Un jour viendra où les conditions seront telles que Paris et Moscou pourront à nouveau s'entendre ». Deux ans plus tard, au mois de février 1950, Monsieur Jean Cathala, qui passe ici pour être un bon interprète de la pensée du Ministère des Affaires étrangères, déclarait en substance à deux de mes collaborateurs : « N'espérez point aboutir à un accord sur aucune des questions pendantes entre l'URSS et la France aussi longtemps que le gouvernement français n'aura pas fait le geste de revenir à l'esprit et à la lettre du pacte franco-soviétique qui l'oblige à se concerter avec le gouvernement de l'URSS pour déterminer sa politique à l'égard de l'Allemagne ».

Or tout au long de la période qu'embrasse le présent rapport, le gouvernement français contrairement aux vœux du Kremlin, n'a cessé de concerter ses vues avec celles des gouvernements américain et britannique de façon à décider en commun accord avec eux de toutes précautions et mesures à prendre en Allemagne : adoption d'une réforme monétaire commune aux trois zones occidentales d'occupation le 18 juin 1948, établissement à l'issue des conversations tenues à Washington le 8 avril 1949 d'un statut d'occupation, organisation des élections dans les trois zones occidentales le 15 août 1949, formation à Bonn d'un gouvernement de l'Allemagne fédérale le 20 septembre 1949. Les accords franco-sarrois du 3 mars 1950, n'ont pas été conclus sans que les gouvernements de Washington et de Londres en aient été informés.

La France n'a a aucun moment donné les mains aux desseins des Soviétiques de l'entraîner dans une discussion à deux qui l'aurait mise au risque de voir diminuer son crédit et sa position dans les démocraties occidentales et d'être lentement, mais sûrement, conduite à se transformer en « République populaire ».

Ses représentants ont préféré les conversations aux entretiens. Aussi pendant celles qui ont eu lieu à Moscou en août et septembre 1948 me suis-je tenu en liaison étroite avec mes collègues américain et anglais. J'ai suivi en plein accord avec eux les instructions communes initiales élaborées par les trois gouvernements à Londres le 27 juillet. Je me suis gardé d'entendre aux instigations qui butaient à m'engager sur la voie d'un vain balancement entre les plans des démocraties occidentales et ceux des démocraties populaires, entre le général Bedell Smith qui ne me traitait point par prétérition et le généralissime Staline qui, au surplus, m'accordait attention égale à celle qu'il réservait à mes deux collègues américain et britannique. Au reste, le comportement commun aux trois délégués d'Occident n'était-il pas conforme déjà à celui du Ministère des Affaires étrangères de France, des États-Unis et de Grande-Bretagne qui s'entretinrent ensemble de la question allemande avant que d'en discuter à Paris au mois de mai 1949 avec Monsieur Vychinski.

Le gouvernement de l'URSS de son côté, lorsqu'il a traité avec ceux de l'Occident de la question allemande, n'a point réservé à la France un traitement particulier. C'est, par exemple, par une note analogue à celle qu'il envoyait le même jour à mes collègues américain et britannique qu'il a protesté auprès de moi le 1er octobre 1949 contre la formation du gouvernement de Bonn.

S'il ne m'a pas remis, d'autre part, de note touchant les accords franco-sarrois du 3 mars 1950, la presse soviétique a fait sur le sujet objection aussi hardie que subtile qui partait assurément aussi bien du gouvernement de l'Allemagne orientale que de celui de l'URSS.

Et pourtant, même le gouvernement de Monsieur Wilhelm Pieck n'ignore point que dans toute l'Allemagne les gens de moins de trente ans n'attachent pas une importance primordiale à ce problème et demeurent nonchalants de sa solution, que tout au contraire, il existe dans tout le pays une large majorité de compromis sur ce sujet avec les puissances occidentales pour juger que la construction d'une Europe démocratique dans la liberté vaut bien un accommodement sur le statut de la Sarre.

Les Soviétiques entendent bien, d'autre part, que le soin principal de la France en Allemagne est de contrarier tout nouvel effort de prédomination de ce pays en Europe, mais ils savent aussi la responsabilité mutuelle qui oblige chacun des trois grands pays d'Occident pour les autres quand il s'agit d'inclure Berlin dans l'État de Bonn de façon, sinon à maintenir les Allemands dans une Allemagne partagée, du moins à les rallier à l'Allemagne fédérale tournée vers l'Occident. C'est à la fois ce qu'ils ne veulent point et qu'ils nous reprochent d'autant plus rudement qu'ils avaient espéré nous commettre avec eux dans une politique qui nous eût liés en définitive à un bloc continental à la suite de l'Allemagne populaire.

b) *De l'Autriche.*

Tenant dans les relations franco-soviétique une place moins importante que la contestation d'Allemagne, celle de l'Autriche, a sa proportion, a pris tournure et ton comparables à la première.

C'est à la suite d'une initiative prise par le gouvernement autrichien et soutenue par le gouvernement français dans une note remise par moi le 17 décembre 1948 à Monsieur Molotov que les suppléants des ministres des Affaires étrangères ont repris leurs travaux sur le Traité d'État interrompus au mois de mai de la même année en conséquence de l'impossibilité dans laquelle ils étaient de composer leurs différends sur le tracé de la frontière austro-yougoslave de Carinthie.

L'accord réalisé ensuite entre les ministres des Affaires étrangères à Paris en juin 1949 n'ayant pu être maintenu au cours des travaux ultérieurs des suppléants, la France dont les positions coïncidaient sur tous les points en litige avec celles des États-Unis et de la Grande-Bretagne, a deux fois accordé ses démarches à celles de ces puissances dans la vue de lever les obstacles opposés par la délégation soviétique à une préparation rapide du Traité. Ce fut l'objet des deux visites que je fis à Monsieur Gromyko, conjointement avec mes collègues américain et britannique le 18 septembre 1949 et le 18 janvier 1950.

c) *De l'ONU.*

Au cours des travaux de l'organisation des Nations unies, l'énonciation par les délégués de la France des propositions signifiantes de l'orientation politique de notre pays a fait apparaître toute l'étendue et tout le relief du contraste des commencements et de l'antithèse des fins entre les desseins formés par la France et les plans que l'URSS avait calculé de nous faire adopter.

Les délégués de l'Union soviétique et les nôtres ont opiné dans des sens contraires au cours des scrutins les plus importants ouverts à l'Assemblée générale de l'ONU et dans les divers conseils et organes y rattachés, à l'exception de l'OIT, de l'UNESCO, de la Banque internationale de Reconstruction, du Fonds monétaire international, c'est-à-dire des organismes auxquels l'URSS ne collabore point. À la date du 14 novembre, les premiers avaient au Conseil de sécurité exercé quarante-et-une fois le droit de veto revenant à leur pays, chaque fois en manifestation de désaccord avec le nôtre.

Les dispositions des deux délégations française et soviétique étaient différentes dans le train et dans la tournure des affaires, notamment à propos de l'admission à l'ONU de nouveaux membres, de l'ajournement *sine die* des travaux de la Commission de l'énergie atomique en mai 1948, du projet de résolution soviétique touchant un pacte à cinq en septembre, octobre et novembre 1949, de l'élection de la Yougoslavie au Conseil de sécurité en octobre 1949 et de la représentation dans les différents Conseils de l'ONU de la République démocratique chinoise à partir du mois de janvier 1950. Les délibérations conduites sur les colonies italiennes et sur l'Indonésie closes par les votes de l'Assemblée générale en date du 21 novembre et du 24 décembre 1949 regardent deux des rares Conseils où la France qui a, quant aux attributions de l'ONU en matière coloniale des dispositions différentes de celles des États-Unis, ait mêlé son suffrage à ceux du bloc slave.

Aussi bien la presse soviétique désigne-t-elle la France parmi les États où elle veut frapper chaque fois qu'elle fait une de ses fréquentes diatribes contre « la machine à voter anglo-américaine de l'ONU ».

d) *Des Partisans de la Paix.*

Le gouvernement soviétique tâche pour compenser l'espoir qu'il a perdu de faire entendre commune voix du gouvernement français et de la sienne dans les assemblées et dans les décisions des nations, par l'entretien de rapports agissants entre ses services, ses entreprises et nos nationaux dans l'ignorance de la République et de ses représentants. L'effet qu'il attend de ces activités visibles représente sans doute à ses yeux l'essentiel des relations du pouvoir soviétique avec la nation française.

L'intense activité que l'URSS renouvelle incessamment dans le monde entier pour presser et si possible pour conquérir l'opinion se poursuit avec un soin particulier en France et dans l'Union française en raison aussi bien de l'emplacement de l'une et de l'autre dans la ligue de l'Occident que de l'autorité morale qui leur revient. Elle s'applique premièrement à l'installation des « courroies » et « organisations auxiliaires » dans la vue de développer des liaisons et transmissions entre le Parti et les masses. Elle exploite le sens aigu du Français pour l'égalité sinon pour la liberté et les valeurs spirituelles de portée internationale de notre civilisation pour placer nos compatriotes aux postes prééminents des grandes associations internationales d'obédience soviétique : Madame Cotton à la tête de la Fédération mondiale des Femmes, Monsieur Guy de Boysson à la présidence de celle de la Jeunesse, Monsieur Louis Saillant à la direction de la Fédération syndicale mondiale, Monsieur Joliot-Curie, Jean Laffite, Yves Farge au Bureau permanent des Partisans de la Paix avec Messieurs Gabriel d'Arboussier, Abderrahman Bouchaima et Nouri Bondali, représentants de l'Afrique noire et du Ponant arabe.

L'importance que prend aux yeux des Soviétiques l'adhésion de membres de cette sorte à leurs « associations larges » ressortait récemment encore du pressement exercé sur Roger Martin du Gard et sur André Chamson par Ilya Ehrenbourg pour qu'ils souscrivent aux programmes des « Partisans de la Paix ».

L'objet de toutes ces associations est encore représenté pour être d'ordre éducatif à l'intention des masses. Mais depuis l'automne dernier l'accent y est déjà mis sur la valeur des « actions concrètes » par quoi les militants sont invités d'affirmer leur audace et de découvrir la compromission à laquelle ils ne peuvent plus se soustraire dans la ligue où ils sont inscrits.

Les attentats et le terrorisme prématuré restent condamnés, mais les opérations mineures destinées à éclaircir la cohérence des défenses de l'État ne sont point interdites. Il s'agit encore de rassembler les « réserves directes » c'est-à-dire toutes les forces possibles de destruction et d'entretenir les « réserves indirectes » de la Révolution, soit les faiblesses et les divisions de l'État à abattre.

L'action révolutionnaire proprement dite ne serait entamée qu'à la faveur des dépressions que les Soviétiques auraient crû devoir découvrir dans le système politique et dans la structure sociale de la France.

e) *De l'Indochine.*

Le gouvernement de l'URSS tâche assurément pour en créer une en tirant parti de la durée des opérations militaires coûteuses et meurtrières en Indochine.

Jusqu'à la constitution définitive de la République démocratique chinoise en septembre 1948, la presse soviétique n'avait guère rapporté les événements d'Indochine que pour signaler la présence d'anciens nazis dans les rangs de la Légion étrangère. Depuis cet événement, le gouvernement soviétique a trouvé l'occasion de pousser en direction du Sud-Est l'avantage remporté par la Chine de Mao Tsé-Toung sur la politique asiatique des États-Unis.

Tandis qu'il s'abstenait de reconnaître le nouveau statut du Viêtnam et laissait sans réponse la notification que je lui avais faite le 6 septembre 1949 de la constitution du gouvernement de Sa Majesté Bao Daï et à laquelle il ne s'attendait point, la presse s'employait à reproduire des informations tendancieuses sur le développement de la situation militaire au Tonkin. Prenant au surplus ouvertement parti pour le Vietminh, journaux et revues entamaient contre la politique « colonialiste » de la France une campagne qu'ils n'ont cessé d'étendre depuis la reconnaissance du mouvement d'Hô Chi Minh par le gouvernement soviétique[1] qui ne se souciait point au surplus d'assouplir la tension créée par son initiative à en juger par le comportement de son ambassadeur à Paris.

Si, après que Monsieur Bogomolov se fut finalement décidé à répondre à la convocation de Monsieur Schneiter, le geste inamical du gouvernement soviétique n'a pas eu apparemment de répercussion étendue sur l'état des relations franco-soviétiques et cela grâce à la patience, au sang-froid et à l'esprit de mesure du gouvernement français, la presse dirigée par le Kremlin n'en a pas moins continué à accentuer ses attaques contre la politique française en Indochine, à rapporter tous coups de main de partisans d'Hô Chi Minh sur des postes militaires français, et tous assassinats collectifs commis sur des civils, à soutenir enfin la propagande du chef du Vietminh. L'URSS a dressé des artifices différents en Indonésie et en Indochine parce que les manœuvres des communistes dans le premier de ces pays avaient échoué et qu'elles ne pouvaient être reprises par l'appui du gouvernement d'un État contigu, tandis que l'assujettissement de la Chine aux armes de Mao Tsé-Toung comble l'espoir de Hô Chi Minh en un soutien croissant. Elle a échelonné l'exécution de ses plans en Asie pour les accomplir d'abord jusqu'aux péninsules où elle veut opposer le blocus continental à la stratégie insulaire des États-Unis en attendant de la rompre. L'Indochine est la première des péninsules qu'elle entend soumettre au régime communiste : telle est la raison du parti qu'elle y prend contre la France, mais elle ne poursuivra l'exécution de son dessein qu'à la proportion inverse du risque qu'il lui fera courir.

f) *De la France d'outre-mer en général.*

L'Indochine est pierre de touche par quoi l'URSS peut reconnaître la solidité de l'Union française en même temps que la force de la résolution américaine à soutenir la cohérence de cette union. Ce n'est que la première.

---

[1] Voir document n° 23.

Le paragraphe de la note du 2 février 1949 du ministère soviétique des Affaires étrangères relative au Pacte atlantique touchant les puissances coloniales « qui cherchent à profiter du groupement politico-militaire créé par elles pour briser les mouvements nationaux-libérateurs dans leurs colonies » est signifiant d'une étape importante dans la politique du Kremlin. La campagne de presse qui se poursuit depuis le début de l'année 1949 contre l'Union française, et plus particulièrement contre la politique française en Afrique noire, en vaut exemple.

Cette campagne tend notamment à retourner contre la Grande-Bretagne et contre la France le reproche de recourir au travail forcé que ces puissances ont adressé à l'Union soviétique au cours des huitième et neuvième session du Conseil économique et social de l'ONU. Elle loue particulièrement le rassemblement démocratique africain dont le secrétaire général, le député Gabriel d'Arboussier, est venu à Moscou en août 1949 prendre part au congrès soviétique des Partisans de la Paix.

Elle dévoile les engagements pris par le bureau de ce parti de collaborer étroitement avec les cellules communistes appelées à y jouer le rôle dévolu aux minorités dirigeantes. En Afrique du Nord, en revanche, les partis communistes locaux ayant mal calculé leurs espoirs, ont non seulement été impuissants à prendre la tête des mouvements de revendications des autochtones, mais encore ont vu diminuer sensiblement leur influence et leurs effectifs. Ils se contentent d'appuyer les nationalistes dans leurs entreprises contre l'autorité française. Mais constituant les seuls partis organisés et jouissant de la liberté de propagande, ils soutiennent maintenant de leurs minorités agissantes toutes les menées contre la souveraineté française.

Résolue à miner puis à abattre l'Union française dans les territoires de statut divers qui la composent, dans la vue de réduire la France à un rôle secondaire dans le conflit qu'elle juge inévitable entre elle et les États-Unis, l'URSS rapporte depuis cette année les faits de Tunis, d'Algérie et du Maroc susceptibles à ses yeux d'être exploités contre la France.

Le roidissement qu'avait découvert l'Union soviétique à l'encontre de la France dans la conduite de sa politique s'est aussi bien exprimé dans toutes contestations relatives aux questions pendantes entre les deux pays :

g) *Du rapatriement des prisonniers français retenus en URSS.*

J'ai pris soin attentif de la pitoyable aventure des prisonniers français retenus en URSS, premièrement des Alsaciens et des Mosellans dont la présence dans les camps était avérée. J'ai tâché pour obtenir stricte application de l'accord du 29 juin 1945 touchant le rapatriement, encore que de nombreuses traverses y aient été placées depuis la suppression le 9 décembre 1947 de la mission du colonel Marquié.

La méthode qui a été couramment opposée à mes interventions par les autorités soviétiques a procédé essentiellement de la résistance passive. À deux cent cinquante demandes que j'ai présentées depuis le 7 juillet 1948 à propos de cas concrets, le général Goloubiev m'a fait tenir soixante-dix réponses seulement. Encore étaient-elles négatives à l'exception de celles concernant Messieurs Gonthier et Frenoy. Et cependant ces réponses, nonobstant leur caractère négatif, m'autorisent encore à espérer une solution plus décente des problèmes que je posais.

Ne se réfèrent-elles pas le plus souvent au cas de Français disparus au sujet de qui nous ne possédons aucun indice valable. En revanche, le général Goloubiev, à l'exception de quelques « erreurs » commises par ses services, s'est gardé de répondre aux demandes de rapatriement éclairées de précisions telles qu'indicatif de camp ou cartes de correspondances transmises par les soins de la Croix-Rouge soviétique, prouvant la présence de nos compatriotes, objet de mes demandes sur le territoire de l'Union. Son silence peut être interprété dans ces conditions pour l'expression d'un dessein de rapatriement différé.

Il est arrivé du reste qu'en conséquence de mes interventions, les autorités soviétiques aient procédé au rapatriement de prisonniers français, usant au surplus d'une manière qu'ils ont accoutumé de prendre aussi bien avec mes collègues belge, hollandais et italien, elles n'ont pas pris la peine de me prévenir de l'opération qu'elles effectuaient.

Le rapatriement le 20 février dernier de trente Italiens de qui les autorités romaines demeurées sans nouvelles depuis 1945 connaissaient la situation par la correspondance qu'ils entretenaient avec leurs familles, grâce à la Croix-Rouge soviétique, serait de bon augure pour ceux de nos prisonniers qui sont en relations épistolaires avec les leurs. Il n'est malheureusement pas l'expression d'une disposition d'humanité mais la conséquence d'un accord d'échanges de réfugiés et de prisonniers préparé par l'ambassade d'Italie à Moscou et dont j'ai rapporté la mise en vigueur au Département.

Il est sans doute que le gouvernement soviétique n'hésiterait pas à entamer le rapatriement des Alsaciens et des Mosellans encore retenus en URSS si les propositions contenues dans son aide-mémoire du 28 novembre 1949 touchant le rapatriement de Russes déplacés en France et dans les zones d'occupation française en Allemagne et en Autriche étaient retenues. Il n'entend traiter que par voie de compensation, sauf quand il s'agit d'échanges des missions de rapatriement, ce qu'il met d'autant moins d'empressement à admettre qu'il n'entend point laisser circuler de missions étrangères sur son territoire, notamment dans ses camps. Il n'a pas encore fait délivrer sa réponse aux notes que je lui ai remises le 27 février touchant les principes de la politique française et du droit international sur le sujet des personnes déplacées et nos propositions touchant le rétablissement des missions de rapatriement, le 1er mars et le 8 avril par manière de protestation contre le transfert de prisonniers français du camp d'Odessa dans la région de Kiev[1].

Ma correspondance avec le général Goloubiev a révélé, d'autre part, la décision des autorités soviétiques de nier la nationalité française de plusieurs de nos compatriotes réintégrés dans cette nationalité en application du Traité de Versailles ou l'ayant acquise à titre individuel par décret de naturalisation. J'ai dû protester contre la contestation qui était ainsi faite, non seulement d'une qualité de Français acquise de principe, mais encore de la validité de certificats de nationalité délivrés par l'administration française.

J'ai fait aussi plainte contre l'inobservation des clauses du protocole secret visant le rapatriement des Français retenus en URSS « y compris ceux ayant commis des crimes sur le territoire de l'Union ».

En adressant périodiquement aux autorités soviétiques des pièces nouvelles à l'appui de nos demandes de rapatriement, en protestant contre les refus qu'elles nous opposaient à ce sujet, en leur rappelant la correcte interprétation de l'accord franco-soviétique du 29 juin 1945, je n'ai cessé de présenter le problème du rapatriement à l'attention du ministère des Affaires étrangères de l'URSS sous l'aspect d'un dossier qui, pour nous, reste ouvert et que, fait primordial, le gouvernement soviétique, pour sa part, n'a pas cru pouvoir déclarer fermé.

La promesse faite le 28 novembre 1949 par le gouvernement de l'URSS, comme suite à nos interventions et à mes entrevues, de « vouloir continuer à rechercher les isolés », marque sur ce plan des rapports franco-soviétiques une amélioration incontestable depuis l'affaire du camp de Beauregard.

h) *Du rapatriement des membres de la colonie française en URSS : litiges sur les questions de nationalité.*

Non moins pénible est la situation des civils français, moins nombreux, retenus contre leur gré en URSS.

J'ai été saisi depuis le début de 1948 de nombreuses demandes de rapatriement de la part de membres de la colonie française en URSS. Seuls quatre départs ont pu être organisés pendant l'année 1949. Soixante-sept demandes n'ont pu, aujourd'hui encore être satisfaites et j'héberge à l'ambassade depuis six mois deux Françaises « en instance de départ » à qui l'OVIR[2] n'a pas encore délivré d'autorisations de sortie de l'URSS.

Dans une quinzaine de ces cas, le gouvernement soviétique se fonde, pour refuser un visa de sortie à nos compatriotes, sur le fait qu'ils seraient, au regard de la loi soviétique, de nationalité soviétique. En ce qui concerne du moins M. Serge et Melle Olga Batchourine, – dont j'ai

---

[1] Documents non reproduits.
[2] OVIR : Département des visas et de l'enregistrement des étrangers en URSS.

exposé la situation au jurisconsulte du Département –, cette affirmation est contestable et je n'ai pas manqué de la contester.

Dans les autres cas, les autorités soviétiques se bornent à opposer l'inertie aux demandes de visa de sortie déposées par nos compatriotes. Je suis intervenu maintes fois en leur faveur en représentant au gouvernement soviétique que la France, pour sa part, avait facilité le départ en URSS, depuis la guerre, de nombreux émigrés d'origine russe ou arménienne souvent accompagnés de leurs familles.

i) *Du régime des visas diplomatiques et de service ; de l'immeuble diplomatique.*

L'exercice d'une mission diplomatique en URSS pose des problèmes étrangers à la plupart des autres pays. Une grande partie de l'activité de cette ambassade au cours des deux dernières années a été consacrée à négocier avec le ministère des Affaires étrangères des visas pour ses agents et à lutter contre une élévation délibérée des frais d'entretien de la mission.

1) À l'époque où j'ai pris la direction de mon poste, Monsieur Maisonnier attendait depuis neuf mois son visa d'entrée, M. de Lacharrière et M. de Fonscolombe depuis cinq mois et quatre mois leurs visas de retour en URSS. J'ai pu obtenir, le 20 mars 1948, à la suite d'un entretien avec M. Bogomolov, la mise en vigueur d'un arrangement sur le régime des visas diplomatiques et de service entre les deux pays qui avait été élaboré à Moscou, à l'occasion d'un séjour de M. Bidault, le 22 avril 1947.

L'application de cet arrangement n'a pas été sans heurts. C'est ainsi que le 9 décembre 1949, M. Zorine m'a remis un aide-mémoire protestant contre notre refus de délivrer des visas d'entrée à dix-neuf fonctionnaires soviétiques désignés pour exercer des fonctions diverses à Paris. Je lui ai montré qu'il suffirait à son Département, pour obtenir satisfaction, de nous éclaircir la substitution des agents nouveaux aux agents anciens par l'indication simultanée des noms des uns et des autres. Un *modus vivendi* satisfaisant s'est depuis établi sur cette base.

2) Les frais de location de l'immeuble de l'ambassade à Moscou étant considérables, j'ai cherché à les réduire en utilisant le crédit potentiel que représente l'immeuble, aujourd'hui inoccupé, de notre ancienne ambassade à Léningrad. Saisies par moi, les autorités soviétiques ont proposé un arrangement, à mes yeux acceptable, qui demeure soumis à l'examen du Département.

j) *Des négociations commerciales et l'approvisionnement en roubles de l'ambassade.*

a) L'arrangement commercial signé à Moscou le 29 décembre 1945 à la suite et dans le cadre du pacte franco-soviétique du

10 décembre 1944 ne comportait ni programme d'échange de marchandises ni accord de paiement ou de crédit.

L'altération en novembre 1947 des relations établies entre les deux pays empêcha le départ pour Moscou de la délégation que le gouvernement français se disposait à y envoyer pour négocier le programme et l'accord dont il s'agit. Bien que je me sois employé, dès mon arrivée en URSS, à obtenir l'ouverture de nouvelles négociations, ce n'est que le 25 janvier 1949 que Monsieur Mikoian acceptait de soumettre à ses services la liste que je lui remettais des principaux produits sur lesquels pourraient porter les échanges.

Engagées à Moscou le 25 juin, les négociations entre experts français et soviétiques devaient se prolonger jusqu'au 15 septembre sans aboutir à un accord. Les difficultés insurmontables furent, d'une part, le refus soviétique d'envisager des prestations de manganèse et d'amiante de bonne qualité dans l'accord annuel et de s'engager à délivrer ces produits pour l'avenir, et d'autre part, le refus de la délégation française de consentir à livrer les pétroliers demandés par la délégation soviétique. Quelques points, toutefois, ont été acquis :

1) Les autorités soviétiques ont été conduites à accepter que les échanges commerciaux entre les deux pays soient en principe équilibrés.

2) L'inconvertibilité en devises des soldes des comptes des deux parties a été décidée : tout solde serait remboursable exclusivement en marchandises.

3) La garantie d'or réclamée par le gouvernement soviétique pour ses avoirs en francs a été abandonnée.

En l'absence d'un accord, les relations commerciales se sont néanmoins développées. Depuis l'interruption des pourparlers, seuls les échanges compensés ont été autorisés par les services français. Tout en contribuant au relèvement de nos exportations vers l'URSS, ces nouvelles dispositions n'ont pas provoqué jusqu'ici un ralentissement des livraisons soviétiques. Depuis le 1er décembre dernier, des contrats prévoyant des livraisons d'une valeur globale de plus d'un milliard de francs ont été approuvés. Les échanges portent principalement sur les produits suivants :

- À l'exportation vers l'URSS : huiles essentielles, clous de girofle, liège, plomb, chiffons de laine, papier pour condensateur.
- À l'importation en France : brai de houille, amiante, huiles essentielles, étoupe de lin, houblon.

Enfin, des pourparlers ont été engagés avec Sovexportfilm en vue de l'exploitation en URSS de films français. Le représentant à Paris de cette organisation a négocié en janvier 1950 l'achat de *Point du Jour* de Louis Daquin, et les Sociétés cinématographiques françaises envisagent d'envoyer à Moscou un technicien représentant l'ensemble de l'industrie, chargé d'organiser la présentation d'une vingtaine de films aux autorités soviétiques.

b) Au cours de la négociation commerciale et financière de 1949, il n'a pas été possible d'aboutir à un accord sur le taux de change franc-rouble applicable aux transferts non commerciaux et notamment aux transferts à l'approvisionnement de cette ambassade. Aussi cet approvisionnement a-t-il été jusqu'ici assuré par cession de dollars contre roubles.

À la suite de la réforme de notre régime de change en septembre 1949, la notion de cours moyen du dollar ayant été abandonnée, la parité franc-rouble a pu être établie à Paris sur les mêmes bases que celles adoptées par la Banque d'État de l'URSS. Dans ces conditions, notre ministère des Finances a estimé possible d'assurer l'approvisionnement de l'Ambassade par cession de francs contre roubles. Une démarche a été effectuée dans ce sens le 24 octobre 1949 auprès du ministère du Commerce extérieur de l'URSS.

Le 3 janvier 1950, un projet d'échange de lettres établi par le ministère des Finances était soumis à l'examen des autorités soviétiques qui n'ont pas jusqu'ici fait connaître leur position. Un rappel leur a été adressé.

Entre temps, la réévaluation du rouble étant intervenue par décret du 28 février 1950, le ministère des Finances a proposé immédiatement au gouvernement soviétique de modifier le cours du rouble mentionné dans le projet d'échange de lettres. La réponse soviétique ne nous est pas encore parvenue.

k) *Des relations culturelles.*

Depuis qu'en 1946 le parti communiste bolchevique a engagé la lutte contre la tendance à l'admiration et à l'imitation de l'étranger dans les lettres, dans les sciences et dans les arts, les possibilités d'expansion de la culture française en URSS sont limitées. Depuis qu'en 1947 a été allongée la liste des secrets d'État, la collaboration scientifique entre les deux pays est devenue impossible.

Dans le vaste domaine qui échappe à l'action du gouvernement français et de cette ambassade, la très grande activité déployée par « France-URSS » et par le parti communiste français pour faire connaître la culture soviétique en France n'a été compensée que faiblement par l'activité des amis de la culture française en URSS : quelques traductions, dont la plus récente est celle de *Fils du peuple* de Maurice Thorez, la commémoration en 1949 de la naissance de Balzac et celle de la mort d'Anatole France, et l'importation toute récente de *Point du Jour* de Louis Daquin, en ont été, depuis le début de 1948, les seules manifestations.

Dans le domaine plus restreint où peut s'exercer l'action de l'ambassade, les relations culturelles franco-soviétiques se sont pratiquement bornées à des échanges de livres, sans contrepartie, aux établissements universitaires et aux institutions savantes de l'URSS. En outre, les échanges de livres qui avaient été pratiqués de 1945 à 1947 entre la Bibliothèque nationale et la Bibliothèque Lénine ont pu reprendre en 1949, de même que les échanges entre l'Institut d'études slaves de l'Université de Paris et l'Académie des Sciences de l'URSS, l'ambassade servant d'intermédiaire pour les envois aux bibliothèques. J'ai reçu, d'autre part, des assurances concernant la possibilité d'organiser de tels échanges entre l'Institut français de Damas et l'Académie des Sciences de l'URSS. Toutefois, nos bibliothèques n'ont pu encore avoir connaissance de la bibliographie complète des éditions soviétiques, ni l'assurance qu'elles recevraient les livres de leur choix.

1) *De l'église Saint-Louis-des-Français.*

En soutenant la préposition d'un prêtre français à la direction spirituelle de l'église Saint-Louis-des-Français, j'ai donné mes soins à la sauvegarde du dernier des établissements français en URSS. Je n'en avais pas moins senti dès mon arrivée à Moscou les préventions des autorités locales contre le ministère d'un curé français ayant vocation à contact avec la population soviétique et plus encore étant tenu dans la suspicion de se renseigner par le moyen de la confession.

Le 13 mai 1949, le R.P. Thomas, des Augustins de l'Assomption, qui desservait seul, depuis le départ pour les États-Unis de son confrère le R.P. Laberge, la paroisse Saint-Louis-des-Français de Moscou fréquentée par une majorité de citoyens soviétiques et par une minorité de diplomates, a été contraint de remettre les clés de l'église à un conseil de paroissiennes, toutes soviétiques, constitué à son insu et enregistré la veille auprès du comité des Cultes. Mes protestations répétées contre cette modification unilatérale du statut de l'église n'ont pas fléchi la résolution des autorités responsables des Cultes dans le régime de séparation des Églises et de l'État de l'URSS et la réponse que j'ai reçue sur ce point le 13 décembre 1949 ne laisse point d'espoir quant à un retour au régime antérieur de la paroisse.

Entre temps, le 9 juillet 1949, le conseil des paroissiennes avait installé dans l'église un prêtre soviétique du diocèse de Riga, l'abbé Boutorovitch, qui s'efforce, sans grand succès, de détourner les fidèles soviétiques de fréquenter le R.P. Thomas.

Enfin, le 7 mars 1950, soit peu de temps après que soit arrivé à Moscou, le 20 janvier, le R.P. Brassard, successeur du R.P. Laberge, – qui n'a cependant pas encore été autorisé à dire la messe dans l'église St Louis-des-Français, – le ministère des Affaires étrangères me faisait savoir qu'il n'était pas possible de prolonger le visa de séjour, arrivé à expiration, du R.P. Thomas. Ainsi que je l'ai indiqué au Département, mes démarches ont eu pour objet d'empêcher de créer à Saint-

Louis-des Français une vacance française que le gouvernement soviétique souhaite sans doute rendre définitive.

Toutefois, j'ai pu obtenir il y a quelques jours de faire reconnaître par inscription sur le contrat de location d'appartement que j'ai passé à l'intention du R.P. Thomas, la qualité de bénéficiaire du contrat pour l'avantage de ce dernier.

Quand mon prédécesseur réaffirmait, il y a deux ans, à Monsieur Molotov « que la politique du gouvernement français à l'égard de l'URSS ne cessait pas d'être celle du Pacte de 1944 et qu'il en demeurait lui-même l'agent », le Ministre lui répondait qu'il se formait son jugement d'après les faits et non d'après les déclarations de bon vouloir. N'avait-il pas dit aussi un jour à l'ambassadeur William Bullitt qu'il était plus curieux des dispositions des gouvernements que de celles de leurs ambassadeurs.

Dans sa réplique au général Catroux, il entendait assurément fonder les doutes qu'il avait sur les assurances touchant la fidélité à un instrument dont il nous accusait d'avoir causé la rupture. Ni lui, ni M. Vychinski ne m'ont tiré argument de notre conduite sur ce point tant ils jugent l'instrument hors d'usage. Mais s'ils l'avaient fait, je leur aurais répondu que le gouvernement de l'URSS ne l'avait fait servir pour l'avantage de nos thèses sur aucun point. J'aurais pu même ajouter que l'URSS avait au moment où elle tenait encore le pacte pour valable contrarié nos propositions touchant les légères rectifications de nos frontières que nous voulions reculer de quelques kilomètres aux têtes des vallées de la Roya et de la Vésubie et de quelques centaines de mètres au bord nord de la cuvette de Wissembourg, ainsi que celles relatives au statut de la Sarre.

Si les Soviétiques ne se soucient point de dissocier la Ruhr de la Sarre, c'est qu'ils sont moins opposés à la reconstitution de la puissance allemande qu'intéressés à la rétablir à leur profit. C'est là une raison importante des divergences entre la France et l'URSS qui n'en a point de comparable avec l'Italie avec laquelle elle est toujours plus prête à composer qu'avec notre pays.

Impuissante à convaincre la France autrement qu'en la contraignant à obédience par un coup de force communiste, l'URSS pointille sur nos demandes même secondaires, mais maintient avec nous une contestation ouverte. Elle ne la voudrait sincèrement accommoder qu'avec un gouvernement disposé à renouer avec elle l'amitié comme elle la comprend, c'est-à-dire de pleine soumission à son ordre.

(Direction d'Europe, URSS, volume 152)

88

La France et la question du traité de paix japonais

N.   *Paris, 19 avril 1950.*

La note précédente sur la question japonaise a montré comment, dans l'impossibilité d'envisager la signature d'une paix générale concernant le Japon, la politique française devait préparer son dossier, pour le cas très probable où les États-Unis poseraient à brève échéance la question, soit d'une paix séparée, soit d'une modification radicale au régime actuel d'occupation, devenu une tutelle américaine de fait.

De même que la politique chinoise de la France a été jusqu'ici conduite en fonction des affaires d'Indochine, il n'a pu en être autrement pour sa politique japonaise. Cette dernière, qui s'exprime par l'action des représentants français au sein de la Commission d'Extrême-Orient, a donc pris une direction nouvelle lorsqu'il est apparu qu'afin de gagner l'appui des États-Unis à notre action en Indochine, il était opportun de cesser l'opposition de principe maintenue précédemment par le représentant français à la Commission d'Extrême-Orient aux initiatives américaines pour élargir la compétence internationale du Japon tout en maintenant le régime d'occupation.

Il est à prévoir que cette attitude de compréhension adoptée par nous à la Commission d'Extrême-Orient s'imposera également dans le cas où les puissances représentées à cet organisme seraient saisies de propositions américaines pour un règlement de la question japonaise.

Dans cette éventualité, notre influence peut être considérable car, sur un plan tactique, nous nous trouverons dans une position favorable, les États-Unis risquant de se trouver en minorité face au Commonwealth.

Dans les instructions remises à M. Dejean, le Département s'est prononcé pour des consultations entre les États-Unis, la Grande-Bretagne et la France en vue de modifier le régime d'occupation, solution qui a paru meilleure, le traité de paix général étant impossible, que celle d'une paix séparée ou d'un bouleversement radical de l'occupation présentant les mêmes inconvénients que la paix séparée.

C'est en effet, si la question japonaise est à nouveau posée par les États-Unis, le moyen le plus propre à éviter une aggravation brusque de la crise mondiale. D'autre part, serait ainsi épargné l'inconvénient de parler au nom de l'Union française, et donc des États associés d'Indochine, ce qui peut soulever des difficultés au cas de paix séparée.

On peut admettre cependant qu'une solution voisine de la paix séparée, ou celle-là même, aurait pour la France de sérieux avantages. Tout donne à penser en effet que dans ce cas les États-Unis n'abandonneraient pas tout contrôle du Japon et conserveraient des responsabilités quant à la défense du pays.

De ce fait, la position des États-Unis par rapport au Japon présenterait une analogie sensiblement plus marquée qu'actuellement, avec celle que la France estime nécessaire de conserver en Indochine.

D'autre part, la paix séparée, qui serait conduite selon la procédure envisagée par les États-Unis en 1947 à laquelle nous avons donné notre accord, sauf une réserve de pure forme (voir annexe)[1], aurait l'avantage de faire disparaître la position diminuée de la France en Extrême-Orient qui n'a été présente ni à Potsdam ni à Yalta et qui n'a pas reçu à la conférence de Moscou en 1945 la même voix privilégiée que les États-Unis, la Grande-Bretagne, la Chine et l'URSS à la Commission d'Extrême-Orient.

Ce retour de la France à sa position traditionnelle de puissance de premier rang en Extrême-Orient est à l'heure actuelle tout à fait justifié puisqu'elle joue le premier rôle et assume la plus lourde charge dans la lutte contre le communisme, devenue la question majeure dans cette partie du monde.

Mais dans l'éventualité de négociations pour une paix séparée, la France serait paralysée si l'unité de vue n'était pas assurée préalablement avec les États associés d'Indochine. Aussi, au cas où le gouvernement envisagerait de soutenir éventuellement les États-Unis dans la recherche d'une paix séparée, il serait indispensable de consulter dès maintenant le Viêtnam, le Laos et le Cambodge. Le résultat d'une telle consultation pouvant être déterminant quant à la ligne de conduite à adopter[2].

(Direction d'Asie-Océanie, Japon, volume 48)

---

[1] Document non reproduit.

[2] La question du traité de paix avec le Japon était suivie avec attention à Paris. La position de la Chine communiste était ainsi analysée d'après la presse chinoise : Pékin et Moscou devaient élever une protestation commune contre l'abandon unilatéral des réparations japonaises et contre le réarmement du Japon et souhaiter la tenue d'une conférence de la paix, préparée par une conférence préliminaire à trois. Le traité devrait prévoir 50 % des réparations pour la Chine et l'orientation du pays vers sa démocratisation politique et économique (note du 11 janvier 1950 d'Asie-Océanie, non reproduite). Les États-Unis insistaient pour conclure un traité de paix même si l'URSS et la Chine communiste refusaient d'y participer. Ils souhaitaient avoir des échanges de vues avec Londres et Paris sur ce sujet (note du 22 février 1950 d'Asie-Océanie, non reproduite). Cette urgence s'accélérait et les Américains semblaient prêts à accorder la paix *de facto*. Cette prise d'initiative ne semblait pas une bonne idée pour Paris, en tout cas pas suffisante pour rallier les pays asiatiques soumis à la menace communiste (note du 25 mai 1950 d'Asie-Océanie, non reproduite).

89

M. Bonnet, Ambassadeur de France à Washington,
à M. Schuman, Ministre des Affaires étrangères[1].

D. n° 1833.   *Washington, 19 avril 1950.*

La correspondance de cette Ambassade a fréquemment relevé la place dominante qu'occupe la guerre froide dans les préoccupations des dirigeants de la politique extérieure américaine. De cette forme latente du conflit entre les puissances démocratiques et l'URSS, M. Kennan a été, au Département d'État, le grand stratège et il demeure l'un d'entre eux. À l'étranger des hommes comme M. MacCloy en Allemagne et M. Allen à Belgrade, soutiennent à des postes avancés cette même lutte contre l'URSS.

En dépit de ces efforts, l'impression a cependant souvent prévalu que les dirigeants américains s'étaient laissé prendre de court, que la diplomatie des États-Unis réagissait plutôt qu'elle n'agissait, en un mot que, dans la guerre froide, l'initiative appartenait à l'URSS et que les États-Unis ne faisaient que suivre, parant de ci de là et plutôt en désordre les attaques de l'adversaire.

Cette constatation a ainsi fait apparaître la nécessité de renforcer la stratégie des nations démocratiques dans la guerre froide. Il fallait reprendre l'initiative, acquérir la maîtrise du choix des objectifs et de la ligne de conduite à suivre pour les atteindre. Dans cet esprit, on a vu le gouvernement des États-Unis rechercher, depuis quelques semaines, une coordination plus complète de sa politique avec celle de ses alliés. Aux yeux du Département d'État, les prochaines conversations bilatérales de Paris et de Londres, la conférence des trois ministres des Affaires étrangères et la session du Conseil du Traité de l'Atlantique Nord devraient se dérouler sous le signe de la guerre blanche. Même depuis que ces mots ont été rayés du texte des ordres du jour, ils demeurent, dans l'esprit de M. Acheson, à la clef du tour d'horizon par lequel commenceront les discussions, comme des décisions qui seront prises. Aux yeux du Département d'État, c'est non seulement leur défense militaire que doivent coordonner les puissances occidentales mais aussi leur diplomatie et leur propagande de façon à faire du système atlantique un ensemble plus dynamique.

Certes l'on se rend compte au Département d'État que la mise sur pied d'un mécanisme international répondant à ces préoccupations risque de prendre un certain temps et l'on ne manifeste pas d'impa-

---

[1] Dépêche adressée à la direction d'Amérique et communiquée au Secrétariat général, à la direction d'Europe, à la délégation aux Nations unies à New York et au Cabinet du Ministre. Note manuscrite : « *[Communiquer à]* Londres, Moscou, Bonn, Rome, Bruxelles, Berne, f[ai]t le 3-5-50 ».

tience. En revanche, sur le plan strictement américain, cette tendance s'est immédiatement traduite par la création au Département d'État d'un nouvel organisme intitulé « Comité de Stratégie ».

Ce Comité sera présidé par M. Philip Jessup, *Ambassador at Large.* Les autres membres seront M. Paul Nitze, qui a succédé à M. Kennan à la tête du Bureau d'études politiques du Département d'État ; M. Edward Barrett, Secrétaire d'État adjoint à l'Information qui s'occupe de la propagande et de la guerre psychologique ; M. Willard Thorp, Secrétaire d'État adjoint pour les Affaires économiques ; M. Adrian Fischer, principal conseiller juridique du Département d'État qui sera le Secrétaire exécutif du nouveau Comité.

Le Secrétaire d'État lui-même ou, en son absence, le Sous-Secrétaire d'État M. Webb présideront normalement les réunions périodiques du Comité qui travaillera entre les séances de façon continue. Il est probable pour ne pas dire certain que M. John Foster Dulles, le nouveau conseiller du Secrétaire d'État, participera également à ces études. On fait remarquer enfin que le « Comité Jessup » ne supprimera pas l'existence du Bureau d'études dirigé par M. Nitze. Les plans tirés par le Comité stratégique seront en effet plutôt des plans à court terme. Le service de M. Nitze continuera à s'occuper des objectifs lointains.

Quant aux fonctions du nouvel organisme, elles répondent essentiellement aux préoccupations formulées au début de la présente dépêche. Le Comité sera chargé de mettre au point une stratégie qui permettra aux États-Unis, d'agir selon un plan suivi et non plus seulement de réagir aux initiatives de l'Union soviétique. Ainsi les objectifs des États-Unis dans cette lutte seront plus clairement perçus et leur action mieux articulée. La dispersion dont a longtemps souffert la diplomatie américaine sera corrigée. Dans la guerre froide, tous les fronts ont une égale importance. On ne saurait leur assigner de priorité ni conduire sur chacun d'eux des opérations isolées. Tout doit être mené de front. La simultanéité et la coordination sont indispensables. Traduire ces idées sous la forme de plans afin de les faire passer dans la réalité concrète : tel est le rôle essentiel dévolu au nouveau Comité qui vient d'être institué au Département d'État.

La valeur des personnalités qui le composent donne à penser qu'il remplira son office et ne décevra pas les espoirs qui sont mis en lui. S'il est encore trop tôt, néanmoins, pour formuler autre chose qu'un pronostic sur l'œuvre qu'il accomplira, le simple fait de sa constitution est, en revanche, symptômatique de l'état d'esprit des dirigeants américains : manifestement, ceux-ci attachent aujourd'hui plus d'importance que jamais à la guerre froide ; ils reconnaissent que cette forme d'hostilités risque de se prolonger longtemps et ils jugent nécessaire de l'intensifier. Ceci une fois admis, le gouvernement des États-Unis en a immédiatement tiré les conséquences pratiques en instituant sur le plan national un Comité stratégique. Toutes choses égales d'ailleurs, c'est sans doute un mécanisme du même ordre chargé d'élaborer la stratégie des démocraties dans la guerre froide, dont on souhaite ici la mise sur pied dans le cadre du Pacte de l'Atlantique.

(Direction d'Amérique, États-Unis, volume 104)

90

NOTE DU DÉPARTEMENT

Prochaines rencontres internationales

N.[1]   *Paris, 20 avril 1950.*

Les prochaines rencontres internationales seront de courte durée. Leur ordre du jour, en revanche, est des plus étendus. Il importe donc de fixer à l'avance les points essentiels sur lesquels nous avons intérêt à concentrer la discussion et si possible à provoquer des décisions. Ces points paraissent être les suivants :

1) Il est nécessaire d'organiser la défense de l'Europe de l'Ouest tant sur le plan militaire que sur le plan économique contre la menace soviétique.

L'objectif de défense militaire ne peut être atteint que par l'utilisation des armes les plus modernes et les plus nouvelles telles qu'elles résultent des derniers progrès techniques. Jusqu'à ce jour, on a surtout cherché à armer les éventuelles divisions occidentales avec des armes du type 1944. Les États-Unis comprennent-ils que cette conception doit être révisée et sont-ils prêts à en tirer les conséquences, en ce qui concerne en particulier :

a) l'établissement d'un programme de fabrication d'armements standardisés ;

b) la répartition des fabrications en coordonnant et en rationalisant les productions et les commandes ;

c) la répartition équitable des charges financières.

2) Même si l'aide américaine sous cette forme nouvelle était acquise, un certain accroissement des charges des nations européennes sera nécessaire. Il ne faut pas qu'en Europe, il en résulte une situation inflationniste qui, aggravant les inégalités sociales, ferait le jeu du communisme. C'est dire que, sous une forme à déterminer, la coopération économique des États-Unis devra être prolongée. Toutes choses étant égales, nous pensons que l'aide Marshall pourra cesser en 1952, à condition que d'ici là les mesures nécessaires aient été prises, d'une part, pour assurer le développement de la politique d'« intégration »

---

[1] Il est indiqué « Projet n° II »

européenne, d'autre part, pour permettre un accroissement suffisant des exportations européennes vers les États-Unis, notamment grâce à l'abaissement des droits de douane. C'est là un point capital qui nécessite la coopération de l'Europe et des États-Unis. En outre, dans le cas particulier de la France, il conviendra de souligner que nous ne pourrons à la fois mettre sur pied une force armée moderne sur le continent et maintenir notre situation économique si nous n'obtenons pas en Indochine un concours important. La guerre d'Indochine en effet nous prive d'une partie considérable de nos cadres et constitue un fardeau insupportable pour notre budget.

3) Si cette politique militaire et économique est mise en œuvre, elle nécessitera des modifications ayant pour objet, d'une part, de renforcer l'efficacité des organismes du Pacte atlantique sur le plan de la défense, d'autre part, de développer la coopération économique entre toutes les puissances occidentales intéressées. Des propositions précises doivent être examinées en conséquence.

4) Le problème de l'Allemagne ne peut être également traité qu'en tenant compte de cet ensemble de circonstances. Le gouvernement français ne souhaite pas le réarmement allemand et désire le maintien des contrôles existants. Si toutefois l'Europe occidentale doit subir les conséquences économiques et sociales d'une politique de réarmement, alors que l'Allemagne n'en supporte aucunement les charges, celle-ci ne va-t-elle pas bénéficier d'avantages exorbitants sur le plan de la concurrence internationale ? Il sera nécessaire de tenir compte de cette inégalité en étudiant les conditions de l'intégration de l'Allemagne dans l'économie européenne et occidentale.

5) En résumé, les points qu'il conviendrait de préciser apparaissent devoir être les suivants :

a) Affirmation d'une coopération totale entre l'Europe et les États-Unis pour la défense occidentale, tant en ce qui concerne la production et l'utilisation d'armements modernes que le financement du programme de fabrication.

b) Accroissement des exportations européennes vers les États-Unis.

c) Aide des États-Unis en Indochine.

d) Renforcement de l'efficacité du Pacte atlantique par la création d'un organisme exécutif permanent.

e) Élargissement du cadre géographique de l'OECE[1].

f) Conditions de l'intégration de l'Allemagne dans l'économie occidentale et européenne : organisation dans le cadre d'une OECE élargie des débouchés allemands vers l'Ouest, organisation systématique de l'émigration allemande, élimination des pratiques de dumping, péréquation des charges financières du réarmement.

---

[1] O.E.C.E. : Organisation européenne de coopération économique.

6) Il est extrêmement important, enfin, que cet ensemble de mesures soient prises de telle sorte qu'elles n'apparaissent pas comme contribuant à développer la guerre froide. Le but n'est pas tant de préparer la guerre que de créer les conditions propres à une négociation pacifique entre l'Est et l'Ouest. Aucune occasion de parler ne doit être écartée à condition qu'elle ne vienne pas ralentir l'effort entrepris par l'Occident pour sa défense.

(Secrétariat général, Dossiers, volume 21)

91

M. BONNET, AMBASSADEUR DE FRANCE À WASHINGTON,
À M. SCHUMAN, MINISTRE DES AFFAIRES ÉTRANGÈRES[1].

D. n° 1849.   *Washington, 20 avril 1950.*

Au moment où vont s'ouvrir les conversations de Paris et de Londres, il paraît utile de retracer brièvement dans ses grandes lignes la position actuelle de l'Administration américaine vis-à-vis de l'URSS. Une remarque préliminaire s'impose : après les très vives attaques auxquelles elle a été en butte au sujet de sa politique russe, l'Administration a manifestement regagné du terrain. Assaillie d'un côté par un groupe de membres du Congrès ayant à leur tête le sénateur MacCarthy qui soupçonnaient M. Acheson et plus encore le Département d'État d'on ne sait quelle coupable indulgence envers l'URSS, elle a su apporter la preuve du loyalisme de ses agents ou de ses conseillers et confondre dans une large mesure ses adversaires. Exposée sur son autre flan aux critiques de ceux qui reprochaient au Secrétaire d'État une rigidité d'attitude envers la Russie qui équivalait à leurs yeux à une sorte de défaitisme de la paix, elle a mené depuis plusieurs semaines une vigoureuse contre-offensive qui semble avoir été couronnée de succès. La fermeté avec laquelle le président Truman a soutenu M. Acheson en a certainement été l'un des principaux éléments. Les mesures qu'il a prises pour ranimer la politique bipartisane y a également contribué. En outre, l'argumentation que le Département d'État a développée, dans un article très remarqué de M. Kennan, puis plus officiellement encore dans les discours de M. Acheson, paraît avoir rallié bon nombre d'esprits. Son effort a surtout tendu à répondre à deux objections principales. La première qui reprochait à la politique du Département d'État de mener en définitive à la guerre, la seconde, et peut-être la plus généralement formulée, qui lui reprochait d'être négative.

---

[1] Dépêche adressée à la direction d'Amérique et communiquée à la direction d'Europe. Note manuscrite : « *Ronéoter. F[ai]t. C[ommuni]quer à S[ecrétariat] G[énéra]L* ».

Sur le premier point, les porte-paroles officiels ou officieux de l'Administration se sont efforcés à montrer que la création de situation de force dont parlait M. Acheson ne risquait pas de mener à la guerre mais, au contraire, était le meilleur moyen de l'éviter. Ils ont souligné à ce propos que la Russie ne veut pas la guerre, qu'elle la craint, mais qu'elle continuera à pousser ses avantages partout où elle apercevra une fissure dans le système adverse. Selon cette doctrine, la guerre ne peut donc éclater que par suite d'une erreur de calcul du Kremlin ; elle ne peut résulter que d'une initiative prise par celui-ci dans la conviction que l'Amérique ne réagira pas, alors qu'en fait, les États-Unis seraient précisément résolus à s'y opposer par la force. Pour contrecarrer cette politique, il convient donc de cimenter les fissures et d'autre part, afin d'éviter toute méprise de l'adversaire, il convient d'être ferme et de ne pas laisser d'illusion sur les véritables intentions américaines.

La presse a largement appuyé l'argumentation de l'Administration. Alors qu'il y a deux mois, elle fourmillait de suggestions évoquant les possibilités d'accord ou de négociations russo-américaines, elle a soutenu à peu près unanimement les thèses de M. Acheson telles qu'il les a exposées dans ses discours de la côte Pacifique. Dans ses articles sur la Russie, elle insiste sur les faiblesses de ce pays, notamment sur l'infériorité de son potentiel économique comparé à celui des États-Unis, sur l'insécurité de sa position dans les pays satellites, etc... ; elle la fait apparaître comme un adversaire moins dangereux. La nervosité s'est manifestement dissipée pour faire place à plus de sang-froid.

Quant au deuxième reproche, celui d'avoir une politique négative, M. Acheson y a répondu par un slogan : « la diplomatie totale », et par des initiatives plus concrètes. Dans ce domaine et sans qu'il soit possible, pour ne pas sortir du cadre de la présente dépêche, de s'étendre sur ces différents points que j'ai traités dans d'autres communications, l'annonce de la réunion des trois ministres des Affaires étrangères à Londres, de celle du Conseil du Pacte atlantique, les projets dont on fait état en vue d'une collaboration plus étroite des puissances occidentales basée sur une amélioration des organes de coopération, ont donné au public l'impression que la diplomatie américaine ne restait pas inactive.

M. Acheson se présentera donc à la Conférence des trois ministres des Affaires étrangères après que, sur le plan intérieur, le terrain ait été largement déblayé. Il y apportera sa conception des rapports avec la Russie que la période difficile qu'il vient de traverser n'a pas modifiée et dans laquelle même sans doute ses difficultés l'ont ancré – car son nom apparaît lié désormais à cette politique et il paraîtrait invraisemblable qu'un revirement de l'attitude américaine, qui n'est d'ailleurs pas à prévoir pour le moment, n'entraîne un changement de personnes.

On peut en conséquence analyser avec quelque certitude l'état d'esprit dans lequel il abordera le point de l'ordre du jour relatif à des négociations éventuelles avec la Russie.

L'Administration, en premier lieu, reste opposée à une tentative de conversations générales avec Moscou. Il ne faut pas se dissimuler que les spécialistes des Affaires russes du Département d'État qui ont établi en quelque sorte la doctrine de l'Administration à l'égard de la Russie soviétique, considèrent au fond le gouvernement bolchévique comme une entreprise de domination mondiale dont il ne faut attendre aucune bonne volonté réelle, aucune bonne foi, aucune confiance, aucun souci autre que celui de sa propre conservation et de son expansion directe ou indirecte. Le Département d'État considère en conséquence que toute négociation qui viserait essentiellement à détendre l'atmosphère risquerait d'entraîner pour les États-Unis l'obligation de se prêter à des concessions peut-être dangereuses en elles-mêmes et susceptibles par surcroît d'encourager l'audace du Kremlin. Il estime au surplus qu'il se présenterait à de tels entretiens dans de mauvaises conditions, à un moment où la balance des forces a semblé évoluer dans un sens plus favorable pour la Russie du fait des progrès de celle-ci dans le domaine atomique et en raison de ses succès politiques en Extrême-Orient. Il pense enfin que des pourparlers sur les principales questions qui pourraient être l'objet d'une conversation ne mèneraient qu'à une impasse. En ce qui concerne l'énergie atomique, l'Administration répète qu'elle s'en tient toujours au plan Baruch, c'est-à-dire au système de la gestion internationale des sources de l'énergie atomique. Si ses adversaires ont mis leur espoir dans le passage de l'idée de la gestion à celle du contrôle, le Département d'État considère que de telles propositions n'ont pas plus de chances de succès et que la Russie n'acceptera jamais aucun contrôle international sur son territoire. Elle se refuse au surplus sur ce point à négocier ailleurs que dans le cadre de l'organisation des Nations unies, ce qui écarte encore davantage pour le moment toute possibilité de contact.

Le Département d'État a laissé apparaître également qu'il n'était pas disposé à conclure avec les Russes une sorte de partage de zone d'influence. L'inclusion dans les sept points énumérés par M. Acheson dans son discours de Berkeley d'une condition relative à la garantie d'une indépendance véritable des pays satellites en est la preuve. Là encore aucun point de rapprochement ne peut être trouvé.

La conclusion de traités de paix pourrait offrir une opportunité plus favorable. Mais sur ce plan, la diplomatie américaine n'aperçoit aucune chance d'accommodement. Dans le cas du Japon, elle dispose du gage et se soucie fort peu d'abandonner les avantages qu'elle peut tirer de cette situation en contre-partie d'un apaisement qu'elle juge illusoire. Dans le cas de l'Allemagne, le sujet d'une négociation possible constitue désormais l'un des principaux objets de rivalité. Le terrain sur lequel les adversaires auraient pu converser est devenu un des secteurs les plus actifs de la guerre froide. Le Département d'État est convaincu que les Russes n'admettraient un rétablissement de l'unité allemande qu'au profit d'un gouvernement allemand communiste. Il ne peut évidemment admettre que semblable éventualité se réalise. Il ne lui reste plus, dans cette optique, qu'à exécuter des contre-manœuvres. C'est ce qu'il a fait notamment en avançant l'idée d'élections générales sur l'ensemble du territoire allemand. Il considère enfin les positions comme si nettement opposées que, même lorsqu'il fait siennes, les solutions que préconise de son côté le Kremlin, il n'imagine aucunement qu'une entente puisse en résulter. On peut s'interroger au demeurant dans ce domaine sur la véritable nature de ses sentiments, et il paraît prêt, pourvu que les responsabilités soient bien établies, à se ranger à l'idée d'un partage de l'Allemagne assorti de l'intégration de l'Allemagne de l'Ouest à l'Europe. Dans le cadre du problème allemand, les contacts avec la Russie ne peuvent évidemment être complètement évités. Mais toute approche que les circonstances peuvent rendre nécessaire se présenterait, dans cette conception générale, bien plutôt comme une manœuvre que comme la recherche d'un accord, à moins qu'elle n'ait trait à un objet fort limité. On conçoit que M. Perkins ait déclaré dans ces conditions que le paragraphe relatif à des négociations éventuelles avec la Russie qui figurent à l'ordre du jour de la Conférence des Trois n'ait été maintenu par la délégation américaine que pour le cas où l'un des partenaires aurait une *brilliant idea* et que le gouvernement américain pour sa part restait persuadé de l'inanité de toute tentative de cette nature.

Devant cette position négative du gouvernement américain, les problèmes de procédure perdent de leur intérêt. Néanmoins, le Département d'État ayant à plusieurs reprises précisé la forme sous laquelle il entrerait en conversation avec les Russes si cette hypothèse devait se réaliser, il y a lieu de rappeler ces indications. Deux principes ont à ce sujet été constamment affirmés par les milieux officiels américains : 1) que les États-Unis ne conduiraient pas de tractation bilatérale avec les Russes, 2) qu'en ce qui concerne le problème atomique, ils ne négocieraient que sur le terrain de l'ONU. Au cas donc où des pourparlers, contrairement aux prévisions, viendraient à s'ouvrir, l'instance qui semblerait la plus appropriée – étant donné l'attitude américaine relative à la procédure et la nature même des problèmes sur lesquels, dans le cadre même de la guerre froide il pourrait être amené à négocier, c'est-à-dire semble-t-il sur certains problèmes allemands –, serait – je l'indique à titre de pure hypothèse – le Conseil des ministres des Affaires étrangères.

Tel apparaît en ce qui concerne la Russie, l'orientation des milieux responsables de la politique extérieure américaine. Certes, quelque puissant que soit ce courant d'idées, il ne représente pas toute l'opinion et l'évolution de la politique intérieure des États-Unis et de l'esprit public peuvent dans l'avenir l'infléchir. Mais ce sont néanmoins des vues qui détermineront très largement l'attitude des États-Unis dans les décisions qui seront prises à Londres au mois de mai.

(Direction d'Amérique, États-Unis, volume 206)

92

Note du Département[1]

Position de la France dans la guerre froide

N.   *Paris, 21 avril 1950.*

I/ – Le terme de « guerre froide » peut s'analyser ainsi :

   a) Le monde se trouve divisé en deux camps d'importance et de force sensiblement égale, et ne laissant place à aucune force intermédiaire ou neutre.

   b) Entre ceux deux camps, il y a – à vues humaines – peu de chances d'accommodement. L'un d'entre eux, animé par un puissant mouvement totalitaire, tend par son orientation essentielle, à la domination universelle ; l'autre, dont les principes demeurent pluralistes, prend également conscience de sa vocation civilisatrice s'étendant à l'ensemble du monde. Le compromis apparaît difficile. Au mieux, le monde doit demeurer longtemps dans l'instabilité.

   c) Il y a inégalité dans les moyens employés. Le camp totalitaire en effet a supprimé chez lui toutes libertés ; il s'appuie sur des masses rigidement encadrées ; il dispose, de plus, dans les pays libres, de forts contingents qui lui obéissent ouvertement et s'emploient à briser toute résistance aux entreprises de l'Union soviétique.

Le camp occidental ne peut utiliser les mêmes moyens. Son action au premier stade est moins d'exercer une propagande sur les pays soumis à l'URSS que d'assurer par tous les moyens sa stabilité et sa force de résistance.

La guerre froide se mène et se gagne non seulement à l'extérieur mais d'abord à l'intérieur.

II – Position actuelle des deux camps.

Jusqu'à 1949, les forces ont été à peu près équilibrées. La rupture de l'équilibre s'est produite par le passage de la Chine dans le camp totalitaire. Depuis le début de 1950, ce passage est un fait accompli ; l'Union soviétique commence à en tirer les conséquences ; l'opinion américaine commence à saisir la portée – peut-être fatale – du phénomène.

L'Union soviétique constitue maintenant l'élément moteur d'un formidable ensemble de territoires peuplés de près de 800 millions d'habi-

---

[1] Cette note est sans doute de Jean Laloy.

tants. Sans doute, cette situation ne présente pas que des avantages. À la longue, un tel bloc doit laisser apparaître des fissures (elles existent même à l'intérieur de l'URSS). Dans le présent c'est cependant le fait brut avec lequel il faut compter.

L'entrée de la Chine dans le camp russe a pour première conséquence interne de ramener la politique soviétique dans la voie jadis indiquée par Lénine : détacher des nations occidentales les populations coloniales ou semi-autonomes de façon à étouffer le capitalisme privé de sa base essentielle d'exploitation. L'action, asiatique pour l'instant, peut se développer ultérieurement vers l'Afrique.

Dans cette perspective, l'Europe devient une zone de moindre pression qui doit être soumise au martèlement de la propagande et de l'action des partis communistes, mais qui ne constitue pas l'objectif essentiel.

Les thèmes essentiels de la politique de l'URSS sont donc :

– « libération » progressive des territoires encore dépendants ;

– étouffement consécutif de l'Europe occidentale ;

– règlement final de comptes avec les États-Unis isolés.

La position américaine de fond se déduit, point par point, de celle de l'URSS :

– favoriser les nationalismes coloniaux ;

– fortifier l'Europe ;

– assurer par là-même les bases d'une économie d'échanges avec le marché américain.

Le problème pour la France est qu'elle risque d'être écrasée dans ce double mouvement.

III – Position de la France.

Par sa position géographique en Europe, et par la disposition de ses territoires d'outre-mer, la France constitue aujourd'hui l'objectif essentiel de la « guerre froide ». Attaquée directement en Indochine, elle est usée intérieurement par le parti communiste cependant qu'en Afrique des mouvements comme le Rassemblement démocratique africain commencent leur œuvre de désintégration.

L'opinion française – facteur essentiel dans le système actuel – ne réagit pas comme elle l'aurait fait il y a trente ou cinquante ans. Les éléments essentiels de cette opinion sont

a) les milieux parlementaires et la presse ;

b) les milieux industriels et les cadres administratifs ;

c) l'opinion ouvrière et une partie des classes moyennes ;

d) la paysannerie.

Si l'on excepte peut-être les milieux industriels et la haute administration, toutes les autres catégories sont fortement attaquées par la
propagande anti-américaine. Par une sorte de réaction naturelle mal
orientée, une part importante de l'opinion tend vers l'idée de la neutralité dans le conflit actuel ; elle redoute l'influence américaine, et,
dans sa meilleure partie, s'oriente vers l'idée d'une organisation européenne permettant de tenir la balance entre les deux blocs antagonistes.
Cette idée a beau avoir certains caractères de l'illusion, elle répond à
un mouvement profond et on ne peut entièrement l'ignorer.

La sécurité de la France repose en première ligne sur la cohésion et
l'unité de la nation. Rétablir cette unité, c'est la base même de toute
défense nationale totale. Si, sur le plan militaire, un bon matériel donne
souvent à une armée bon moral, il faut, au préalable, que cette armée
soit au service d'une nation non « divisée contre elle-même ».

Sur la base de ces remarques, nécessairement peu nuancées, l'on peut
en reprenant l'ordre du jour des prochaines négociations présenter les
observations suivantes.

1) *Examen des objectifs d'ensemble communs à la lumière de la
situation mondiale.*

La position de la France, en première ligne de la guerre froide, pourrait être fortement soulignée. En même temps, l'on pourrait faire
remarquer tout ce qui a déjà été accompli depuis les années passées
pour maintenir, consolider et renouveler la France et l'Union française.

Ceci permettrait, dans la définition des objectifs communs, de faire
remarquer que la politique commune ne peut être efficace que si une
diversité suffisante de méthodes est maintenue entre les différents pays
en cause, compte tenu de leur situation particulière.

2) *Renforcement de la zone européenne et de la zone atlantique.*

A) *Traité de l'Atlantique Nord*

Ce n'est pas tant par une propagande commune – ni donc par une
coordination politique trop poussée – que par une action concrète sur
le plan de la défense et peut-être sur celui de la coordination économique, que le renforcement de l'organisation doit être recherchée.

Cela permet, en effet,

  a – d'éviter que les Français aient l'impression – vraie ou fausse – de
  devenir des satellites ;

  b – de donner un contenu réel à l'effort entrepris, et donc de renforcer le sentiment de sécurité, partant la cohésion.

B) *Intégration économique et politique de l'Europe.*

Le problème essentiel est celui de l'Allemagne.

L'Allemagne doit participer de plus en plus à la communauté européenne. Si l'Allemagne redevient souveraine, c'est-à-dire si elle peut disposer d'une diplomatie et d'une armée, elle tendra, par nature et par position géographique, à se mettre en balance entre l'Est et l'Ouest. Elle pourra paralyser l'intégration européenne. Pour que l'Allemagne trouve sa place dans le système occidental, il est indispensable que sa souveraineté soit soumise aux limitations indispensables.

Si ce principe de fond est admis, de grandes facilités pourront être données à l'Allemagne, tant en ce qui concerne la suppression des conséquences de l'état de guerre, que pour l'allégement du statut, pour son accession au Conseil de l'Europe, et pour l'établissement de relations avec les États étrangers.

IV – Asie du Sud-Est. Indochine.

Ce qui est nécessaire à la France, c'est un soulagement massif dans l'effort militaire poursuivi dans l'intérêt commun toutes les autres considérations doivent céder devant cette condition première.

Sans une aide militaire vraiment efficace, l'effort français en Indochine ne pourra être poursuivi : il écrase la nation sur le plan financier, il est de plus en plus impopulaire, il offre la meilleure cible à la propagande communiste.

Les problèmes politiques – qui sont très importants – peuvent être examinés qu'après celui de l'aide militaire. Dans le domaine politique, l'ajustement des politiques française et américaine est spécialement difficile ; il faudrait peut-être s'efforcer de mettre au moins au clair les points essentiels méritant une discussion qui se développerait après la réunion des 3 ministres.

V – Questions coloniales.

Les États-Unis devraient favoriser moins les mouvements politiques de nationalisme local que le développement social et économique des régions envisagées, dans un cadre laissant à l'Europe l'initiative qui lui revient naturellement (équipements de base accompagnant le développement politique et social des sociétés indigènes).

VI – Attitude générale envers l'Union soviétique.

À l'égard de l'URSS, la France n'a pas une position de principe différente de celle des États-Unis ; sur le plan pratique, elle est amenée par sa situation géographique à une attitude parfois plus nuancée.

Concrètement les problèmes suivants pourraient être examinés :

a – Attitude à adopter concernant la campagne soviétique pour l'interdiction absolue de la bombe atomique (résolution du Congrès des Partisans de la paix, tenu en mars à Stockholm).

b – Attitude à adopter envers les satellites :

1) statut des missions diplomatiques ;

2) pressions économiques qui pourraient être effectuées, d'où nécessité de coordonner les informations sur les besoins réels du bloc des satellites européens ;

c – Vis-à-vis de l'URSS, il est évident que si celle-ci offre des pourparlers, ceux-ci ne peuvent être refusés. Il faudrait alors coordonner la position des trois puissances.

Il ne semble pas que dans l'état actuel, celle-ci aient intérêt à proposer elles-mêmes des négociations.

***

La Conférence pourrait se terminer sur un communiqué annonçant les principales décisions prises.

Du point de vue français, ce communiqué devrait être conçu de façon :

a) à donner des assurances fermes en ce qui concerne l'aide à l'Indochine ;

b) à ouvrir à l'Allemagne de larges perspectives sans lui promettre la suppression des deux limitations essentielles à sa souveraineté (désarmement et contrôle des accords internationaux) ;

c) à donner au Pacte atlantique un contenu concret sur les plans stratégiques et éventuellement économiques, sans aboutir à créer un système politique trop étroitement groupé autour des États-Unis ;

d) à affirmer une résolution de développement africain par un effort commun de l'Europe, avec l'appui des États-Unis ;

e) à déclarer nettement la volonté de paix des puissances occidentales, leur désir d'aboutir avec l'URSS à un règlement sérieux, et leur conviction que l'effort entrepris par elles ne peut que renforcer la paix.

(Direction d'Europe, URSS, volume 152)

93

Note de la Direction d'Asie-Océanie

L'aide chinoise au Viêtminh

N.   *Paris, 21 avril 1950.*

La frontière nord de l'Indochine n'est actuellement tenue par les troupes françaises qu'à ses deux extrémités. Entre Langson et Laokay sur 300 kms, elle est largement ouverte sur la Chine.

Cette situation a depuis 1945 permis aux Viêtminh de se ravitailler en armes provenant de Chine : d'abord auprès des nationalistes chinois puis des communistes.

L'arrivée des communistes à la frontière, en même temps qu'elle amenait une augmentation sensible du trafic d'armes, permettait à ceux-ci d'appuyer militairement le Viêtminh dans ses attaques contre les postes français.

On peut signaler les faits précis suivants :

17 février – Les communistes chinois menacent d'attaquer un poste tonkinois s'il n'est pas évacué et une affiche apposée à Ma-Pen parle d'attaquer le Tonkin.

Le 26 février – Dans la région de Laokay, à Bao Lao et à Ban Phiet, le Viêtminh est ravitaillé en armes. Tandis que le poste de Ba Xat attaqué par le Viêtminh est mitraillé de Chine où, après échec, se retirent les agresseurs.

Des Viêtminh sont armés à Koa Fan (60 kms N.O. de Laokay).

15 mars – Le Haut-Commissaire signale la réfection du réseau routier de la zone viêtminh du Tonkin.

Actuellement on peut de Chine se rendre par camion à Thai Nguyen et les routes sont balisées pour permettre la circulation nocturne.

4 avril – L'agence de presse viêtminh annonce l'installation à Kouen-Ming d'un organisme de liaison sino-viêtminh.

Cette recrudescence du ravitaillement viêtminh en armes provenant de Chine s'est du reste manifestée par l'emploi de canons et de mortiers par les Viêtminh dans leurs dernières opérations.

La chute du poste de Pho Lu est imputable à l'emploi de ces armes lourdes.

(Direction d'Asie-Océanie, Dossiers généraux, volume 179)

94

Note du Secrétariat des Conférences
pour le Ministre

Conversations à trois du 8 mai -
« Avenir de l'Afrique, développement colonial en Afrique »

N. n° 31 SC.   *Paris, 21 avril 1950.*

Dans l'ordre du jour des prochaines conversations avec les Américains, puis avec ceux-ci et les Anglais figurent, pour les conversations
bipartites, une rubrique intitulée « développement colonial en Afrique »
et, pour les conversations tripartites, une sous-rubrique « avenir de
l'Afrique »[1]. L'aspect économique de la « question coloniale » a fait
l'objet d'une note du service compétent[2]. Le Secrétariat des Conférences, pour compléter la note qu'il a établie d'autre part sur l'aspect
politique de cette question en liaison notamment avec la conduite à
tenir aux Nations unies, croit devoir soumettre au Ministre les idées
que lui suggèrent ces points de l'ordre du jour proposés par les Américains et acceptés par nous.

Les matières que couvrent les différents intitulés de ces points se
chevauchent et se confondent. Ce qui transparaît avec évidence, c'est
que les Américains veulent parler des problèmes coloniaux sous tous
leurs aspects. Les notes précitées établissent dans quel sens et dans
quelle mesure les services du Département estiment que de tels entretiens peuvent être abordés. Il s'agit maintenant de rechercher ici
comment peut se définir une conversation sur l'« avenir de l'Afrique »
et quelle orientation nous devons nous efforcer d'y donner.

---

[1] Une première note du Bureau Afrique relevait qu'au vu de l'imprécision de l'ordre du
jour concernant l'Afrique, les conversations préliminaires devront sans doute se borner à
s'informer des questions que les Américains désireraient évoquer plus particulièrement et du
sens de la politique africaine qu'ils souhaitent élaborer. Cela permettrait de les orienter dans
un sens favorable aux idées françaises (note du 22 avril 1950 d'Afrique-Levant, non
reproduite). Les idées américaines sur la question de l'Afrique paraissaient contradictoires
entre volonté de lutter contre l'extension du communisme et soutien à l'idée d'indépendance.
Il convenait donc d'essayer « *d'apporter aux Américains des idées positives et nouvelles dont
l'application serait propre, sinon à résoudre le problème politique africain, du moins à le
déplacer tout en lui ôtant sa virulence, et dont la réalisation serait de l'intérêt des Américains
eux-mêmes* ». Il fallait donc assurer un développement économique plus efficace par
l'intermédiaire d'un certain nombre de projets déjà présentés aux Américains, mais ceux-ci
doivent être encore précisés. Il fallait déjà réaliser l'infrastructure nécessaire pour permettre
ensuite aux capitaux privés de se diriger vers l'Afrique et faire preuve d'un certain empirisme
en préparant des facilités plutôt que des cadres légaux rigoureux pour accueillir ces capitaux
européens et américains (note sans date de la direction d'Afrique-Levant, non reproduite).

[2] Document non reproduit.

Par les termes mêmes qui sont employés, « avenir », « développement », la formule est vaste et par conséquent ambiguë. Les entretiens préparatoires à la conférence du 8 mai auront donc à la préciser. Il semble aller de soi que l'on ne saurait parler de l'avenir du continent africain dans son entier. Ni économiquement, ni politiquement, l'Afrique ne constitue une entité. Il ne faut point perdre de vue qu'elle comprend déjà quatre États indépendants très divers, Égypte, Éthiopie, Libéria et Union sud-africaine, que les prochaines délibérations n'ont pas à prendre en considération. L'introduction du mot « colonial » dans l'une des rubriques montre d'ailleurs clairement, s'il en était besoin, que ce qui est en vue, c'est l'avenir des territoires qui ne s'administrent pas encore eux-mêmes, y compris par conséquent l'Afrique du Nord française.

Ouvrir des conversations sur l'avenir politique de ces territoires n'est pas une entreprise exempte de dangers, alors que nous mêmes encore sommes devant tant d'éléments d'incertitude dans l'édification de l'Union française. Il importe donc de savoir si nous voulons parler de ces questions ou si au contraire nous entendons cantonner les conversations au domaine économique. Mais il est bien évident que, même dans ce dernier cas, nos interlocuteurs ne laisseront pas de nous interroger sur l'avenir politique. Or, quels que soient les mérites que nous pouvons tirer de notre politique progressiste en Afrique, qui après tout, a au moins eu pour effet de donner aux noirs un droit de vote qu'ils exercent non seulement dans les assemblées représentatives locales, mais encore au Parlement français (et ce fait n'est pas sans impressionner certaines délégations étrangères aux Nations unies), la thèse française n'en est pas moins difficile à soutenir dans un milieu international, parce qu'elle tend à l'assimilation tandis que ce dernier vise surtout l'indépendance. On sait en effet que cette thèse est fondée, comme le sont, dans la pratique, les réformes politiques auxquelles nous avons procédé, non pas sur la notion d'émancipation au nom du droit des peuples sinon à disposer d'eux-mêmes, du moins à se gouverner eux-mêmes, mais sur celle de l'assimilation dans une « union fondée sur l'égalité des droits et devoirs » suivant les termes de la Constitution, mais union dont l'effet est de retenir étroitement dans son sein les éléments qui la composent. Encore cette égalité est-elle fort loin d'être acquise dans tous les plans et paraît-elle difficilement réalisable sur certains d'entre eux, notamment dans le domaine de la représentation parlementaire où l'on s'imagine mal que les représentants de l'Afrique noire puissent être élus à l'Assemblée nationale suivant les mêmes proportions que les députés des départements métropolitains. En outre, la thèse de l'assimilation ne peut prétendre représenter à elle seule nos conceptions sur l'avenir de l'Afrique française, puisqu'elle ne saurait concerner le Maroc et la Tunisie ni même les territoires sous tutelle. Dans la conférence tripartite, nous aurons naturellement contre nous les Anglais qui, à l'inverse de nous-mêmes, favorisent dans leurs pos-

sessions le développement des nationalismes locaux aboutissant à l'établissement d'institutions gouvernementales autonomes puis à
l'indépendance dans le cadre ou hors du cadre du Commonwealth.
Contre nous aussi, la tendance naturelle américaine à favoriser la
liberté et l'indépendance des populations, comme est également contre
nous, d'ailleurs, la tendance internationale qui se prononce toujours
pour l'émancipation et l'indépendance, même lorsqu'il s'agit, comme
en Libye ou en Somalie, de peuples insuffisamment mûrs, que l'indépendance ne peut conduire qu'à une régression et à l'asservissement
économique exclusif à une grande puissance.

Il serait donc extrêmement périlleux de s'engager trop profondément
dans une conversation à trois sur l'avenir de l'Afrique. Celle-ci s'orien-
terait inévitablement vers une comparaison des deux systèmes, alors
que leur mise en harmonie paraît impossible à réaliser et nous ferions
bientôt figure d'accusé.

C'est pourquoi il paraît indispensable, dans ces questions d'avenir et
de développement, de laisser de côté le problème politique, qui ne
présente pas assez de facteurs communs à l'ensemble de l'Afrique non
autonome, et d'aiguiller délibérément la conversation sur les problèmes
économiques, où des expériences poursuivies sur d'autres terrains ont
déjà montré que la coopération internationale portait ses fruits. Aussi
bien, le développement économique qui, dans bien des cas, se trouve
en Afrique en retard sur le progrès politique devrait-il être poussé maintenant de manière à favoriser l'épanouissement de celui-ci. En réalisant
l'élévation générale des niveaux de vie, l'amélioration des conditions
sociales, l'assouplissement des frontières administratives et douanières,
il contribuera à calmer l'ardeur de certaines revendications, à atténuer
l'effet virulent des propagandes étrangères, à constituer une armature
solide pour les futures réformes constitutionnelles. Enfin, il amorcerait
entre les puissances une coopération de nature à permettre ultérieurement, si les résultats s'avèrent fructueux, une collaboration plus étroite
dans le domaine politique.

La France est bien placée pour participer à cette œuvre commune.
Les éloges de la mission de visite des Nations unies dans nos territoires
sous tutelle en sont un témoignage. Mais, si elle veut convaincre les
Américains, et ne point se laisser gagner de vitesse, elle doit, s'inspirant
des enseignements qu'elle peut tirer des réactions américaines lorsqu'il
s'est agi du Viêtnam, apporter réellement quelque chose. De même
que sont aujourd'hui périmés, sur la scène internationale, les effets
oratoires tirés des dispositions généreuses inscrites dans le préambule
de la Constitution de 1946, de même les Américains ne se laisseront
pas convaincre par la production de plans qui n'existent que sur le
papier, de statistiques dont ils connaissent la fausseté, de projets non
suivis de réalisations. C'est notre propre effort qui les gagnera à nous
seconder. Alors que le ministère de la France d'outre-mer prétend
aujourd'hui qu'il n'existe plus, politiquement, de différence entre le

Gabon et le département des Deux-Sèvres, il ne faudrait plus que de vastes étendues comme l'Afrique équatoriale comptent moins d'ingénieurs que le département métropolitain le moins favorisé. Il faut dans nos territoires d'outre-mer un équipement humain, des experts français, si nous voulons éviter qu'à la suite d'experts étrangers, ne s'introduisent marchandises et matériels étrangers et ne se fasse jour une infiltration économique génératrice de la véritable mainmise étrangère.

Si nous ne savons instaurer dans nos territoires une armature technique assez forte pour résister aux pressions et à l'attraction qui résulteront de l'intimité de la collaboration, si l'essor en vue ne repose pas sur un effort français, alors notre domaine extérieur risquerait de nous échapper.

(Direction d'Afrique-Levant, Afrique Généralités, volume 58)

95

M. Guibaut, Consul général de France à Singapour,
à M. Baeyens, Directeur d'Asie-Océanie.

L. n° 143.   *Singapour, 21 avril 1950.*

Mon cher ami,

Voulez-vous me permettre, au moment où les ministres des Affaires étrangères des États-Unis, de Grande-Bretagne et de France, vont se rencontrer à Londres, de vous faire part de mes réflexions personnelles sur la situation qui prévaut actuellement dans le Sud-Est asiatique, telle qu'elle m'apparaît de l'observatoire de Singapour.

La presse ayant annoncé que l'examen de la situation dans le Sud-Est asiatique constituerait l'essentiel des travaux de cette conférence tripartite, son annonce a suscité dans la région un intérêt inaccoutumé. Pourtant telle est l'inquiétude qui s'est développée récemment dans le Sud de l'Asie – inquiétude qui tourne carrément au défaitisme – que si cette réunion concentre l'attention de l'opinion publique, elle n'en a pas pour autant fait naître beaucoup d'espoirs. C'est, à mon avis, un indice grave. Il y a eu depuis un an tellement de conférences diplomatiques ou politiques consacrées à l'étude du problème de l'Asie méridionale et de l'Extrême-Orient (à Singapour, Ceylan, Bangkok), tellement de missions (Jessup, Griffin, London, etc…) et hélas il en est sorti si peu de résultats, que les gens sont de plus en plus portés à penser que les gouvernements occidentaux sont impuissants à résoudre le problème qui les confronte. Aussi permettez-moi de vous dire qu'à mon sentiment, si la conférence des trois ministres n'aboutit pas à quelque décision concrète, précise en même temps qu'un peu spectaculaire, cet échec aura les conséquences les plus profondes, les plus graves, les plus redoutables sur le futur de l'Asie du Sud-Est. Pour parler net en même temps que vulgairement, nous pourrons plier bagages pour être prêts d'ici deux, trois ou quatre semestres, à nous en aller d'Indochine, soit l'épée aux reins. Or c'est une vérité à présent bien reconnue que la perte de l'Indochine signifiera la chute de la Malaisie qui entraînera à son tour la perte du Sud-Est asiatique. L'Inde, qui ne peut se ravitailler en riz sur d'autres marchés, sera bien obligée alors de se soumettre. Je ne vois pas comment à ce moment-là les Philippines et le Japon pourraient rester longtemps dans la sphère d'influence des nations démocratiques.

L'Asie perdue pour ces dernières, la petite péninsule Europe du continent eurasiatique n'en aura pas pour longtemps à passer sous la férule de l'oncle Joseph. C'est en fonction de cette désintégration en chaîne que beaucoup de gens à Singapour estiment que la situation en ce mois d'avril 1950 est plus grave que celle qui prévalait en décembre 1941, de tragique mémoire.

Si pour le moment, les états-majors alliés ne paraissent pas redouter une intervention militaire directe des armées communistes chinoises, il n'en reste pas moins que le gouvernement de Pékin se trouve – et restera probablement longtemps – dans l'impossibilité de démobiliser ses six millions de soldats dont la seule existence pèse lourdement sur le Sud-Est asiatique. D'autre part – c'est là une idée personnelle que je me permets de vous communiquer – j'ai le sentiment que si les Soviets commettent la faute politique, toujours grave en Chine, d'inonder le pays de conseillers et de techniciens russes, c'est qu'ils ont élu comme prochain objectif la subversion totale du Sud-Est asiatique. Ils doivent en effet redouter, autant au moins que nous l'espérons, le développement d'un titisme chinois dont les Occidentaux, soit dit en passant, ont beaucoup trop parlé. Or le meilleur moyen qui leur est offert de s'assurer la fidélité de la Chine serait de supprimer toute possibilité de contact avec l'Occident en éliminant complètement les Blancs du Sud-Est de l'Asie, et en offrant aux Chinois une hégémonie sur les républiques populaires qui ne manqueraient pas d'y naître. Aussi, au risque de se rendre très impopulaires, les Russes n'hésitent-ils pas à envoyer en Chine une foule d'individus qui, en aidant ce pays à se débarrasser le Sud-Est asiatique de l'influence européenne, resserreraient ainsi les liens qui lient la plaine du milieu à la Russie. La lecture quotidienne des bulletins d'écoute de la radio de Pékin ne laisse subsister dans mon esprit aucun doute sur les intentions à cet égard de Mao.

Le danger intérieur est certes beaucoup plus immédiatement redoutable que la menace que font peser sur les frontières de la Birmanie et de l'Indochine les troupes communistes. Les populations chinoises, en dépit de leur passivité apparente, constituent partout la plus formidable 5ème colonne en puissance qu'on ait encore jamais connue. De plus, devant la lenteur et les tergiversations des nations occidentales, les nationalistes locaux ne se sont pas séparés, comme on pouvait légitimement l'espérer, d'un communisme que les nationalistes véritables redoutent mais avec lequel ils préfèrent composer par manque de confiance, non point tellement en nos intentions, que dans notre capacité de résistance.

Pourtant, il y a dans tous les pays du Sud-Est asiatique des dizaines de millions d'individus qui ne souhaitent que de vivre en paix et qui n'ont aucun désir de voir d'établir un régime politique nouveau. Malgré cela, nous pourrons les compter parmi nos adversaires passifs aussi longtemps que nous ne leur démontrerons pas nettement notre intention formelle de ne pas les abandonner et que nous ne leur prouverons pas que nous avons les moyens de les défendre. C'est cette énorme masse de manœuvre qui, malgré son apparence statique, fera pencher la balance d'un côté ou de l'autre. Or, elle est de plus en plus profondément convaincue qu'aucun gouvernement européen ou asiatique pris isolément n'est capable, seul, par ses seuls moyens, de rétablir l'ordre sur son territoire et de le protéger contre la menace extérieure et intérieure. Elle a pour s'enfoncer de plus en plus dans cette certitude des exemples trop flagrants qui ont nom : Birmanie, Indochine, Malaisie, Indonésie (J'ajouterais volontiers à cette liste les Philippines).

Il ne reste donc aux nations occidentales qu'un seul et unique moyen, de rassurer et d'acquérir la neutralité bienveillante de ces masses énormes : s'unir de façon précise, proclamée, spectaculaire, pour entreprendre en commun la tâche qu'individuellement aucune d'entre elles n'a pu mener à bonne fin. Les manifestations sporadiques d'aide (prêts, envois de matériel), les déclarations vagues d'une entente de nation à nation, n'ont pratiquement plus de portée sur l'opinion publique. Il y a eu trop de demi-mesures, trop de conversations, trop d'avis exprimés pour qu'elle s'attache à ce qu'elle considère à présent comme des vétilles. Il lui faut donc un choc psychologique puissant, un geste qu'elle ne puisse pas négliger, quelque chose qui doit vraiment nouveau. À mon avis, il faudrait une déclaration conjointe établissant que les États-Unis, la Grande-Bretagne et la France sont décidés à adopter une politique commune en Asie, à interdire par tous les moyens l'expansion du communisme chinois au-delà de ses frontières actuelles, et à porter aide et assistance à tout pays du Sud-Est asiatique qui s'estimerait menacé de l'extérieur ou de l'intérieur.

En somme, il s'agit de refaire et de cimenter en Asie orientale le bloc occidental dans lequel la reconnaissance du gouvernement communiste chinois par le gouvernement britannique avait introduit une faille et d'en faire un instrument puissant. Si au moment de la publication d'une telle déclaration, la Grande-Bretagne acceptait de rendre public l'échec, ou l'impasse, de ses négociations de Pékin, l'opinion serait à mon avis profondément impressionnée[1].

M. du Gardier vous dira que M. MacDonald est en faveur d'une déclaration conjointe des trois puissances. Si elle doit voir le jour, faites, de grâce, qu'elle ne soit pas à l'eau de rose !! Si elle est assez ferme, assez appuyée, si elle ouvre la porte à la participation d'autres États à cette défense commune (je pense à l'Australie), elle aura aussitôt des répercussions profondes dans la région, même sur les Chinois du Sud-Est asiatique qui commencent à se rendre compte que tout ne va pas pour le mieux en Chine et que le communisme n'est pas une panacée universelle.

Depuis la fin de la guerre, les Anglais ont tellement eu pour souci principal d'éviter de donner l'apparence d'un front uni des nations occidentales en opposition aux nationalismes locaux, qu'ils risquent d'hésiter beaucoup à se déclarer liés justement avec les deux principales nations occidentales, fût-ce contre le communisme. Que risquent-ils pourtant ? D'éveiller les susceptibilités du gouvernement birman ? Au point où il en est ! D'inquiéter Pibul ? Celui-ci sera-t-il jamais d'un autre côté que de celui du plus décidé et du plus fort ? Il reste le Pandit Nehru qui fera encore peut-être à cette occasion une de ces déclarations de fausse sagesse dont il a le secret, au surplus son prestige est en baisse. J'espère en tous cas que nos alliés n'en sont plus à ménager Staline ou Mao. Ce dernier, si la radio de Pékin représente bien son sentiment, ne les ménage guère lui.

Toute politique présente forcément quelques inconvénients au regard des avantages qu'elle offre. Je suis profondément convaincu qu'une politique de fermeté – ce qui ne veut pas dire d'agression ni de réaction – présente mille fois moins d'inconvénients qu'une politique de *wait and see* et d'hésitations qui ne peut être que suicidaire en fin de compte. En période de guerre, l'avantage revient presque toujours à celui qui prend l'initiative. Or nous sommes en guerre dans cet aimable Sud-Est asiatique, non pas en guerre froide, mais bien en guerre réchauffée au bain-marie. Je voudrais connaître un endroit dans la région où l'on ne risque pas de recevoir des coups de fusil servis bien chauds ! Si nous obtenons cette déclaration conjointe, il nous restera à nous défendre contre le zèle intempestif de nos autres alliés. Le bruit a couru récemment que l'attitude pressante des Américains à l'égard d'une évolution des accords du 8 mars leur avait été suggérée par les Anglais. Je fais allusion à une lettre de Paul Dehème que M. du Gardier m'a montrée et que vous connaissez sans doute. Outre qu'il convient de faire quelques réserves sur la personnalité et les tendances du signataire de ce document, je crois pouvoir ajouter que si son renseignement est exact, les Anglais de Singapour ne sont probablement pour rien

---

[1] *Note du document :* « Il est à craindre que dans les quelques jours qui nous séparent encore de la conférence tripartite les Chinois ne se fassent plus conciliants ».

dans cette affaire, car d'une manière très générale, ils se rendent pleinement compte de l'inaptitude de nos partenaires et du chaos qui en résulte en Indochine. Je crois au contraire que, si peu que nous le leur demandions, nous pourrions obtenir leur appui à ce sujet auprès des Américains. Les Anglais ont à subir en Malaisie, non sans humeur, les débordements des services américains divers et en particulier des services d'information. Ils savent ce que c'est et ils n'aiment pas ça.

Par contre, je tiens à vous signaler que, dans leur esprit, les accords du 8 mars[1] ne sont qu'un commencement, ou plus exactement une base sur laquelle on peut construire autre chose. Les présenter comme un « aboutissement » – vous savez à quel discours je fais allusion – me paraît une erreur. Il ne peut y avoir de solution définitive dans un monde aussi mouvant. Les Anglais eux-mêmes sont en train d'étudier la révision de la Constitution de la fédération de Malaisie qui est en service depuis deux ans à peine. Si pour le moral de nos troupes, pour ne pas affoler l'économie déjà très inquiète, nous devons nous abstenir de parler d'une évolution que nous savons inévitable, nous pouvons toutefois rassurer les Anglais par le canal diplomatique sur nos intentions. Mais je crois que le moment est venu de leur parler ferme et de leur faire bien comprendre que nous entendons diriger nous-mêmes cette évolution et en fixer le rythme, comme de leur côté, ils le font en Malaisie. Pas plus qu'ils ne toléreraient une ingérence étrangère dans ce dernier pays, nous ne sommes décidés à accepter de gaieté de cœur une pression venant de nos alliés qui n'aurait d'ailleurs d'autre effet que d'étendre le chaos. Mais ceci concerne l'Indochine et M. Pignon et son conseiller diplomatique vous en parleront mieux que moi.

Je crois encore utile avant de terminer de vous donner la température des milieux officiels de Singapour car il est bon, je crois que vous sachiez, au moment de cette conférence, à quel point ils sont inquiets. Il y a quelques mois je faisais allusion à ce que j'appelais « la grande peur des Anglais ». Elle n'a fait que croître depuis. C'est un facteur qu'il convient d'avoir présent à la mémoire dans nos négociations avec eux, car cette peur tournerait facilement à la panique si l'armée française faisait mine de retirer sa couverture au Sud-Est asiatique. M. du Gardier vous dira la réflexion que nous a faite M. MacDonald au sujet du pourcentage de chances que nous avons de sauver le Sud-Est asiatique.

(Direction d'Asie-Océanie, Dossiers généraux, volume 21)

---

[1] Les accords du 8 mars 1949 ont été signés entre la France et Bao Daï. Voir *DDF*, 1949-I, n° 145.

96

Note de M. Laloy du Secrétariat général

Organisation atlantique et problème allemand

N. *Paris, 22 avril 1950.*

À l'issue de la conversation sur l'Indochine qui s'est tenue dans le bureau de M. Baeyens, j'ai échangé quelques paroles avec M. Bohlen au sujet de l'organisation atlantique et du problème allemand. Le Ministre-Conseiller de l'Ambassade des États-Unis m'a demandé comment nous comprenions la déclaration de M. Bidault relative à un Haut-Conseil de l'Atlantique. Je lui ai indiqué que nous pensions essentiellement à un comité exécutif, dont la mission serait d'activer la préparation stratégique, aussi bien sur le plan militaire que peut-être sur le plan financier.

– « Vous n'avez pas pensé – a repris M. Bohlen – à une organisation s'étendant à d'autres pays que ceux de la zone du traité ? » – « Certainement non – ai-je répondu –, l'idée me paraît d'ailleurs peu heureuse ». Sans relever ce dernier terme, M. Bohlen a immédiatement enchaîné sur l'Allemagne.

« L'Allemagne – a-t-il dit – est au centre du problème qui sera débattu à Londres. Nous devrons chercher la place qui lui revient dans les organisations occidentales ». « Nous estimons – ai-je repris – que l'Allemagne ne peut trouver sa place que dans le cadre européen, celui-ci étant relié au système atlantique, mais n'en faisant pas partie *stricto sensu* ». « Néanmoins – a répondu M. Bohlen – il y a des projets pour nous faire entrer avec le Canada dans le sein de l'OECE[1]. Comment faites-vous concorder cela avec ce que vous avez dit précédemment ? ». J'ai répondu en indiquant brièvement qu'on pouvait différencier les tâches sur les plans économique, politique et stratégique, et que si, dans le domaine économique, certaines choses étaient souhaitables, elles ne l'étaient pas nécessairement dans les autres.

J'ai retiré de ce bref échange de vues l'impression que la délégation américaine avait, en ce qui concerne l'Allemagne et son intégration éventuelle aux organismes actuellement existant, des plans précis et d'une portée assez vaste.

(Secrétariat général, Service des Pactes, volume 18)

---

[1] O.E.C.E. : Organisation européenne de coopération économique.

97

NOTE DE LA DIRECTION D'ASIE-OCÉANIE
POUR M. SCHUMAN, MINISTRE DES AFFAIRES ÉTRANGÈRES

Entretien avec M. Bohlen

N.   *Paris, 22 avril 1950.*

M. Bohlen, accompagné de M. Wallner, a été reçu le 22 avril par M. Baeyens.

M. Bohlen a entretenu le Directeur d'Asie de la rencontre des Ministres des Affaires étrangères. Il a indiqué les questions qu'il lui semblait intéressant d'étudier pour que la position française puisse être appréciée de la manière la plus compréhensive par les Américains.

M. Acheson attache une importance toute particulière à la situation en Indochine. Cependant, les récents échecs de la politique américaine en Extrême-Orient font un devoir au Secrétaire d'État de peser attentivement les conséquences possibles de l'action que l'Amérique pourrait être appelée à entreprendre pour soutenir la France et les États associés dans leur lutte contre l'expansion communiste.

Les mécomptes auxquels a finalement abouti l'attribution de l'aide américaine en Chine poussent en effet les dirigeants de Washington à une certaine circonspection avant de s'engager dans une politique de soutien de la France dans l'affaire indochinoise. Ils considèrent qu'une telle politique est susceptible de comporter des risques si l'aide américaine à l'Indochine n'est pas assortie d'un programme d'ensemble économique et politique permettant de dénouer définitivement la crise.

Il semble, en conséquence, qu'il devient pour nous nécessaire d'exposer aux Américains les buts de la politique française en Indochine, buts qui doivent être obtenus grâce à l'appui matériel américain.

Washington admet en effet aujourd'hui que le problème militaire prime les autres en Indochine. Mais le Département d'État estime qu'une aide ne peut nous être donnée utilement sans que nous ayons fait connaître les buts politiques que nous voulons atteindre et dans quelle mesure l'appui que les États-Unis peuvent nous apporter est susceptible d'amener une évolution favorable de la situation.

Autrement dit, le gouvernement américain voudrait être assuré avant de prendre sa décision finale, que nos demandes de secours se doublent de solutions concrètes permettant effectivement d'amener une évolution favorable de la situation.

(Secrétariat général, Dossiers, volume 21)

98

NOTE DE LA DIRECTION D'ASIE-OCÉANIE
POUR M. PARODI, SECRÉTAIRE GÉNÉRAL DU MINISTÈRE
DES AFFAIRES ÉTRANGÈRES

Situation en Chine communiste

N.   *Paris, 22 avril 1950.*

Malgré les déclarations du gouvernement communiste sur « l'unité » de la Chine, il y a lieu de distinguer quatre régions où l'installation du nouveau régime paraît ne pas avoir les mêmes conséquences :

1) La Chine du Nord-Est (Mandchourie), marquée par une véritable élimination des Chinois au profit des Russes.

2) La Chine du Nord (Pékin-Tientsin), domaine incontesté du gouvernement communiste chinois.

3) La Chine du Centre et du Sud (Nankin, Shanghaï, Canton) où le régime s'installe avec difficulté : famine, blocus de Shanghaï, guérillas.

4) La Chine de l'Ouest (Sinkiang), qui se transforme rapidement en colonie soviétique.

1) <u>La Chine du Nord-Est (Mandchourie)</u> : Cette partie de la Chine a été très rapidement fermée aux étrangers. Notre Consul à Moukden a été privé de ses moyens d'action ; il est actuellement confiné au premier étage de sa résidence. Les renseignements qui sont parvenus au Département indiquent que cette riche province – la seule vraiment industrialisée – est soumise à un contrôle de plus en plus étendu de l'URSS. Le personnel chinois des chemins de fer notamment a été remplacé par des Russes. On signale la présence d'innombrables conseillers, techniciens ou même simples employés et ouvriers soviétiques dans les administrations et les usines. Toutefois aucun rapport n'indique, en Mandchourie, la présence de troupes russes en uniforme[1].

2) <u>La Chine du Nord (Pékin-Tientsin)</u> : La Chine du Nord constitue la région où le gouvernement communiste est le plus effectivement maître du pays. La réforme agraire s'y est faite sans susciter de grandes difficultés. Les chemins de fer ont été remis en état et fonctionnent normalement (Pékin-Hankéou, Pékin-Tientsin-Nankin, Lung-Hai). Les industries se développent dans la région de Tientsin, dont le port, à l'abri des raids et du blocus nationalistes, peut librement commercer avec l'extérieur. Les étrangers ne sont pas soumis à d'inutiles vexations,

---

[1] L'isolement de la Mandchourie et sa soumission aux directives soviétiques avaient été notés dès le début de l'année et posaient la question des relations sino-soviétiques dans leur ensemble. Un certain nombre d'impressions et d'hypothèses était émis mais il fallait attendre le résultat du voyage de Mao à Moscou pour en savoir davantage (télégramme n°s 6-16 du 3 janvier 1950 de Shanghaï, non reproduit).

mais cependant strictement et courtoisement surveillés. Cependant les propriétés étrangères sont menacées et déjà les anciennes casernes de Pékin, américaines, françaises et britanniques ont été occupées. La même menace place sur nos terrains de Tientsin. Les missionnaires catholiques étrangers, dans les grands centres, continuent leur apostolat ; les œuvres religieuses hospitalières sont tolérées à Pékin et à Tientsin. Les œuvres scolaires éprouvent de grandes difficultés ; l'enseignement primaire et secondaire des missions n'existe pratiquement plus. Seules les « universités », en particulier les Hautes Études à Tientsin, ont pu se maintenir en acceptant d'enseigner le marxisme. Les paroisses rurales ont fait l'objet de véritables persécutions et sont actuellement, complètement désorganisées.

On a signalé à Pékin et à Tientsin la présence d'un grand nombre de Russes, conseillers du gouvernement et de la police.

3) La Chine du Centre et du Sud : La vitalité des populations du Yang-Tsé et des provinces du Sud, leur goût marqué pour le libre négoce, leur fait accepter difficilement le joug communiste qui semble peser d'une manière particulièrement lourde sur ces régions. La ruine de Shanghaï, les réquisitions de céréales, la famine, les impôts excessifs, une réforme agraire trop hâtivement appliquée, ont certainement fait naître un mécontentement qui se traduit par des jacqueries dans les campagnes et la création d'une véritable guérilla dans le Kouangtoung et le Kouangsi. Mais les communistes font face avec énergie à cette situation et organisent rapidement leur implantation non seulement dans les grandes villes, mais aussi dans les districts ruraux.

Les voies de communication terrestres fonctionnent et le commerce local marque une certaine reprise. Seule, la ville de Shanghaï est durement atteinte par les bombardements et le blocus nationalistes, ainsi que par la politique communiste de décentralisation : de nombreuses usines, en effet, sont transportées vers le Nord ou vers l'intérieur. Il semble que le gouvernement de Pékin veuille faire de Tientsin le grand centre industriel et commercial, aux dépens de Shanghaï.

Le commerce étranger est inexistant ; les grandes entreprises (Compagnie française des Tramways) condamnées. Les autorités obligent les propriétaires fonciers – même quand il s'agit de gouvernements étrangers – à établir dans des conditions particulièrement sévères la preuve de leurs droits et menacent de confiscation les biens dont les titres ne seront pas conformes aux exigences gouvernementales.

La Banque de l'Indochine s'est vue intimer l'ordre de bloquer dans ses succursales les avoirs nationalistes, ce qui pose pour elle un grave problème pour l'avenir.

Un grand découragement paraît s'être saisi de tous les étrangers, même de ceux qui, comme les Britanniques, avaient la plus véhémentement réclamé la reconnaissance de Pékin, espérant en tirer profit.

Les missions religieuses fonctionnent encore à Shanghaï, mais elles connaissent comme dans le Nord, de grandes difficultés dans les campagnes.

La présence de très nombreux Russes a été signalée à Shanghaï, Nankin et Canton où l'on note l'arrivée d'une aviation soviétique, principalement de chasse. Les environs des aérodromes sont interdits, mais plusieurs observateurs ont remarqué que les terrains sont occupés par des Russes qui les équipent de radars et de batteries anti-aériennes. Des canons et des mitrailleuses, servis par des Russes en civil ont même été installés dans la ville même de Shanghaï.

4) La Chine de l'Ouest (Sinkiang) : Peu de renseignements sont parvenus au Département sur cette région éloignée. Là encore, on signale une forte expansion russe à laquelle les récents accords sino-soviétiques ont donné un caractère officiel.

En conclusion, il y a lieu de retenir :

a) la fermeture totale de la Mandchourie aux Occidentaux et aux Américains ;

b) une implantation russe sans cesse grandissante en Mandchourie et au Sinkiang ;

c) la présence de conseillers russes dans tous les rouages du gouvernement et en particulier dans la police ;

d) la présence d'appareils de chasse, de radars et d'artillerie anti-aérienne soviétiques, pilotés et servis par des Russes, à Shanghaï, Nankin et Canton ;

e) une pression constante exercée sur les étrangers – même sur les Britanniques – pour les éliminer de toutes les affaires, s'emparer de leurs entreprises et de leurs biens ;

f) une tolérance des œuvres missionnaires dans les grandes villes, mais une persécution des œuvres d'apostolat dans les campagnes ;

g) une imposition extrêmement lourde, ainsi que des réquisitions massives de céréales qui sont expédiées en URSS ;

h) une famine grave dans le centre de la Chine ;

i) un mécontentement sourd de la population, en particulier en Mandchourie et dans le Sud, avec tentatives, peu efficaces d'ailleurs, de révoltes et de guérillas ;

j) une efficience certaine de l'administration communiste notamment en matière de transports terrestres ;

k) l'absence – jamais observée jusqu'à ce jour en Chine – de concussion ou d'abus de pouvoir des agents de l'administration.

(Direction d'Asie-Océanie, Chine, volume 122)

99

NOTE DE LA DIRECTION D'ASIE-OCÉANIE
POUR M. PARODI, SECRÉTAIRE GÉNÉRAL DU MINISTÈRE
DES AFFAIRES ÉTRANGÈRES

Reconnaissance du gouvernement communiste chinois de Pékin

N.   *Paris, 22 avril 1950.*

1) Liste des puissances ayant reconnu le gouvernement de Pékin :

1) Afghanistan	(14 janvier 1950)
2) Belgique	(fin janvier 1950)
3) Birmanie	(février 1950)
4) Ceylan	(6 janvier 1950)
5) Danemark	(janvier 1950)
6) Grande-Bretagne	(6 janvier 1950)
7) Inde	(30 décembre 1949)
8) Norvège	(janvier 1950)
9) Pakistan	(4 janvier 1950)
10) Pays-Bas	(27 mars 1950)
11) Suède	(janvier 1950)
12) Suisse	(janvier 1950)
13) URSS	(3 octobre 1949)

Tous les pays satellites de l'URSS.

2) À ce jour, seuls l'URSS et les pays satellites ont échangé avec Pékin des missions diplomatiques. L'Inde a désigné un ambassadeur qui doit rejoindre Pékin très prochainement. Mais toutes les autres puissances en sont encore au stade des « négociations » en vue de l'établissement de relations normales. La Grande-Bretagne, notamment, qui, dès janvier, a envoyé à Pékin, en qualité de Chargé d'affaires, son ancien consul général à Nankin, n'a pas réussi jusqu'à présent à obtenir l'agrément des communistes à un échange d'ambassadeurs.

3) En ce qui concerne la France, M. Meyrier, ambassadeur en Chine nationaliste, estimait que la reconnaissance du gouvernement de Pékin s'imposait rapidement. Ses principaux arguments étaient les suivants :

a) le gouvernement communiste réunit toutes les conditions exigées par la coutume international pour être reconnu par les puissances étrangères : il contrôle la quasi-totalité du territoire chinois ; il l'administre effectivement ; il est accepté par l'ensemble de la population ;

b) il n'y a qu'un moyen d'assurer efficacement la défense des intérêts considérables que nous possédons encore en Chine et de tenter d'obtenir la neutralité chinoise à la frontière du Tonkin, c'est d'être officiellement représentés auprès de Mao Tsé-Toung ;

c) il serait dangereux de laisser le gouvernement de Pékin en tête-à-tête avec les Russes ; la présence de missions diplomatiques occidentales est seule de nature à contrebalancer l'influence de l'URSS ;

d) nos consuls qui se trouvent encore en zone communiste risquent à tout moment d'en être expulsés, si nous maintenons notre attitude négative.

À l'inverse, M. Pignon, haut-commissaire à Saïgon, soutient que, si la reconnaissance est inévitable, elle serait dangereuse actuellement :

a) elle atteindrait durement le moral des troupes françaises et des populations ralliées d'Indochine, qui ne comprendraient plus le motif de la lutte engagée contre le communisme ;

b) elle permettrait l'installation au Viêtnam, au Laos et au Cambodge de missions et de consulats dont l'action et la propagande compromettraient gravement la tranquillité des populations et la sécurité des territoires que nous contrôlons.

4) Ces divergences de vues s'étaient exprimées dans une conférence tenue au Département, sous la présidence de M. Schuman, le 1er novembre 1949[1]. Elles ont été dépassées par un ensemble de faits nouveaux :

a) la Chine communiste s'est délibérément alignée sur la politique du Kremlin et l'influence russe n'a cessé de croître dans la capitale chinoise ;

b) Mao Tsé-Toung a pris position contre le Viêtnam en reconnaissant Hô Chi-Minh et lui fournissant une aide efficace quoiqu'encore discrète ;

c) les Américains ont manifesté un certain désir de voir notre politique s'aligner sur la leur, si nous voulons obtenir leur aide en Indochine ;

d) la reconnaissance par la Grande-Bretagne n'a pas encore apporté des résultats tangibles dans l'amélioration de la position anglaise en Chine. Les pourparlers en vue de l'échange de missions diplomatiques se poursuivent depuis plus de trois mois sans avoir notablement avancé. Les maisons de commerce anglaises connaissent les mêmes difficultés que les nôtres. Les propriétés anglaises sont

---

[1] Voir *DDF*, 1949-II, n° 162.

également menacées : déjà les anciennes casernes de l'ambassade de Grande-Bretagne à Pékin ont été réquisitionnées.

Il conviendra sans doute d'obtenir de Londres de plus amples informations sur l'état actuel des négociations menées par M. Hutchinson, Chargé d'affaires à Pékin ;

e) la politique réaliste des communistes chinois ne paraît pas s'embarrasser du problème de la reconnaissance pour renouer des relations commerciales jugées indispensables : plusieurs maisons de commerce françaises ont été approchées pour des livraisons de métaux spéciaux, de blé et de riz.

5) Si le gouvernement français envisageait de reconnaître le gouvernement de Pékin, il deviendrait nécessaire, au point de vue juridique, de consulter les États associés avant de prendre position.

(Direction d'Asie-Océanie, Chine, volume 212)

100

NOTE DE LA DIRECTION D'ASIE-OCÉANIE

L'armée viêtnamienne

N.   *Paris, 22 avril 1950.*

1) En application des accords du 8 mars 1949[1], une <u>convention militaire franco-viêtnamienne</u> a été signée à Saïgon le 30 décembre 1949.

Cette convention crée l'armée viêtnamienne.

Cette armée dépend du chef de l'État viêtnamien et le budget viêtnamien en assume la charge.

Une mission militaire française est détachée auprès du gouvernement viêtnamien pour l'aider à organiser ses forces militaires.

L'article 5 stipule que les commandes de matériel sont faites par le gouvernement viêtnamien au gouvernement français.

L'article 17 pose le principe de la création d'un comité militaire permanent qui assure la liaison entre l'armée viêtnamienne et celle de l'Union française. Il est chargé de toutes les tâches ayant trait à la défense commune. Il est composé d'officiers d'état-major des deux armées.

2) Les deux gouvernements, considérant que la convention militaire ne pourra recevoir application qu'une fois l'armée viêtnamienne mise sur pied, ont passé à la même date un <u>accord particulier pour servir de convention militaire provisoire</u> qui met en application les clauses de

---

[1] Voir *DDF*, 1949-I, n° 145.

la convention militaire considérées comme immédiatement applicables et notamment la création de l'armée viêtnamienne. Il constitue la mission militaire française qui assure provisoirement la liaison permanente entre les deux armées.

L'accord stipule qu'en attendant que l'armée viêtnamienne soit en mesure d'assumer les tâches prévues par la convention militaire, le haut-commandement français en Indochine dispose, pour emploi, de l'armée viêtnamienne.

L'article 6 de l'accord crée un haut-comité militaire composé du chef de l'État viêtnamien, du haut-commissaire français, du ministre de la Défense viêtnamien et du commandant en chef français.

Ce haut-comité est chargé « de la conduite générale à adopter pour le rétablissement de l'ordre ».

Le haut-comité s'est réuni pour la première fois le 2 janvier. Il a constitué une commission mixte franco-viêtnamienne comprenant les représentants du gouvernement viêtnamien, ceux du haut-commissariat français et le chef de la mission militaire.

La tâche consiste à « valoriser » les forces armées viêtnamiennes.

La commission mixte s'est réunie le 6 avril dernier.

3) Une convention militaire secrète a été, d'autre part, signée le 30 décembre qui règle la question des forces.

4) État des forces militaires viêtnamiennes au I.I.50 :

Pour l'instant, encore privées d'aviation et de marine, les forces viêtnamiennes consistent uniquement en infanterie. 3 catégories de troupes :

a) Troupes régulières : elles comptent 5 bataillons à 828 hommes, en tous points pareils aux unités françaises du même type. 5 de ces bataillons sont entièrement viêtnamiens. Les 3 autres comportent un encadrement français partiel en voie de remplacement

b) Gardes : d'un type très proche des légions de garde républicaine. Leur effectif est de 19.744 hommes. Ces troupes sont employées à la pacification dans les trois « kys » et sont divisées en trois corps correspondant à ces trois tronçons politiques.

Leur encadrement est mixte avec remplacement progressif des éléments de l'armée de l'Union française.

Total des forces régulières : 23.368 hommes.

c) Forces supplétives : total : 23.000 hommes.

Elles sont constituées en compagnie légère et groupements provinciaux en voie d'intégration dans l'armée viêtnamienne à partir des groupements antérieurement connus sous le vocable « Partisans civils ». Les troupes supplétives ne doivent pas être confondues avec les groupes d'autodéfense qui sont paramilitaires.

5) L'effort de valorisation :

1ère tranche (immédiate) réalisée au 1er avril 1950.

3 bataillons nouveaux ont été formés dont un à encadrement exclusivement viêtnamien.

2ème tranche (courant de 1950) :

4 bataillons,

1 compagnie du génie,

1 escadron de reconnaissance,

1 compagnie divisionnaire de réparation,

1 compagnie de triage,

1 compagnie de ramassage,

ce qui portait le total à 65.394 hommes au lieu de 45.257.

L'exécution de cette seconde tranche est en cours de discussion avec les Viêtnamiens qui ont donné leur accord pour les 4 nouveaux bataillons.

L'effectif total d'officiers viêtnamiens était en 1949 de 160. Il sera porté à 300 fin 1950, ce qui est insuffisant. La situation est satisfaisante pour les gradés.

Sous réserve que les moyens financiers prévus au budget militaire viêtnamien pour 1950 seront disponibles, le commandant en chef français se porte garant de l'exécution de ce programme, au besoin par prélèvement des cadres nécessaires et du matériel sur le corps expéditionnaire français. Toutefois, pour l'équipement complet des 12 bataillons d'infanterie, l'aide américaine sera nécessaire.

6) Effort financier de la France en faveur de l'armée viêtnamienne.

a) en 1949.

En faisant abstraction du corps expéditionnaire français, l'effort financier fait par la France en 1949 pour la mise sur pied, l'entretien et la valorisation des forces viêtnamiennes se décompose comme suit :

137.000.000	de piastres	pour le solde et l'entretien des forces régulières
60.000.000	"	pour le solde et entretien des forces supplétives
74.000.000	"	pour l'armement de ces diverses formations
88.000.000	"	pour solde des officiers et sous-officiers français d'encadrement
15.000.000	"	fourniture de munitions
380.000.000	de piastres	Total

Il convient d'y ajouter la valeur du matériel de guerre « prêté » aux forces viêtnamiennes.

À ajouter encore les subventions accordées par le Trésor pour combler le déficit des budgets locaux créé par la nécessité d'entretenir les groupes d'autodéfense, purement viêtnamiens, mais qui ne font pas partis des forces armées viêtnamiennes. Ce poste est le plus important, le Trésor ayant dû avancer de ce fait à fonds perdus en 194.000 millions de piastres.

En définitive, le concours financier de la France pour l'entretien de l'armée viêtnamienne, d'une part, et la constitution des groupes d'auto-défense, d'autre part, a été en 1949 de l'ordre d'un milliard de piastres (soit 17 milliards de francs).

b) en 1950.

Compte tenu de l'effort de valorisation entrepris, les prévisions de dépenses pour l'armée viêtnamienne proprement dite (groupes d'auto-défense non compris) sont de l'ordre de 800 millions de piastres en augmentation de 400.000 millions environ.

Il est impossible de prévoir dans quelle mesure le jeune État viêtnamien pourra s'acquitter de cette charge. Le Trésor français doit donc être prêt à intervenir. Il aura également à le faire pour assurer le renflouement du déficit des collectivités locales dont les finances seront obérées par la charge du maintien des groupes d'autodéfense.

(Direction d'Asie-Océanie, Dossiers généraux, volume 179)

101

M. Schuman, Ministre des Affaires étrangères,
    à MM. Massigli, Ambassadeur de France à Londres, et
    Bonnet, Ambassadeur de France à Washington[1].

T. n°s 3477-3488 et 3357-3366.   *Paris, 26 avril 1950, 21 h.*

Réservé.

Je réponds à votre télégramme n°s 1318/22[2].

Les précisions que je peux actuellement ajouter aux instructions qui vous ont été données oralement sont les suivantes :

---

[1] Télégramme communiqué à la Présidence de la République, la Présidence du Conseil, MM. Parodi, Clappier et de Bourbon-Busset.

[2] Document non reproduit.

1) En ce qui concerne le point 1 de l'ordre du jour, la note que vous auront communiquée M. de La Tournelle et M. Alphand peut être utilisée par vous[1].

2) En ce qui concerne le point 2 et les développements que peut comporter le discours que le Président du Conseil a prononcé le 16 avril dernier, vous pourrez faire valoir d'abord qu'il n'est pas dans nos intentions de diminuer de quelque manière que ce soit l'importance ou les attributions des organismes européens. Il ne s'agit pas non plus nécessairement de créer des organes nouveaux mais d'établir une meilleure coordination entre ceux qui existent dès maintenant.

L'intention du gouvernement français, soulignée par les termes dont a usé le Président du Conseil, est de mettre l'accent sur les possibilités d'application pacifique du Pacte de l'Atlantique en partant des dispositions de l'article 2. Une telle action pourrait d'ailleurs déborder le champ du Pacte de l'Atlantique proprement dit et s'étendre plus largement à l'ensemble des pays attachés à la civilisation occidentale.

Nous avons également le souci de rendre le Pacte plus efficace par un meilleur agencement de ses rouages, et par l'établissement d'un organisme permanent qui correspondrait, sur le plan de la rationalisation, de la fabrication et du financement des armements, à ce qu'est le *Standing Group* sur le plan stratégique. À cet égard, des formules différentes ont été mises en avant entre lesquelles il est trop tôt pour prendre parti, mais qui pourraient donner lieu à un échange de vues (secrétariat, organisme spécial et réduit en nombre de hautes personnalités autres que les ministres, administrateur assisté d'adjoints sur le modèle du Plan Marshall).

C'est de cette préoccupation que s'inspire le mémorandum préparé le 5 avril dernier pour le ministre par la Direction des Affaires politiques, mémorandum qui souligne, en matière de défense, la nécessité de créer un organe d'impulsion, de décision et d'exécution capable d'assurer l'application, dans chaque pays intéressé, des plans conçus par le *Standing Group* et par les comités d'armement[2].

Il serait intéressant de connaître, sur ces divers points, les remarques, les objections ou les suggestions de vos interlocuteurs qui, de leur côté, ont réfléchi au problème ces temps derniers.

Le besoin de donner plus de consistance à l'action commune des puissances signataires du Pacte de l'Atlantique est ressenti par tous, mais aucun système précis n'a été présenté jusqu'ici, ni par les grandes puissances soucieuses d'imprimer leur direction à la communauté atlantique, ni par les petits États, avant tout préoccupés de n'être pas tenus à l'écart des décisions prises sans consultation avec eux par les Grands. Je vous signale, à ce propos, que le gouvernement italien a marqué le

---

[1] Document non reproduit.
[2] Document non reproduit. Voir documents n°s 77, 78 et 81.

désir d'être tenu au courant des échanges de vues qui pourraient se dérouler sur les problèmes atlantiques, et d'être consulté sur les projets envisagés à cette occasion. Il est probable, en tout état de cause, qu'une certaine satisfaction devra être donnée, au moins dans la forme, au besoin de prestige des petites puissances.

D'autre part, vous connaissez notre souci d'étudier les conditions dans lesquelles pourrait être créé, à l'expiration de l'ECA[1], un organisme de coopération permanente entre l'économie américaine et l'économie européenne, la question se pose alors des liens à établir entre un tel organisme et ceux du Pacte atlantique. Il ne saurait y avoir identification entre lui et l'OECE[2], par exemple, sous peine de perdre la collaboration d'États comme la Suisse ou la Suède, et de voir surgir la question d'une participation de l'Allemagne.

Vous savez que le Département demeure résolument hostile à cette dernière éventualité. L'entrée de l'Allemagne dans la communauté atlantique aurait pour conséquence inéluctable son réarmement, et celui-ci ne peut être envisagé :

1) parce que l'on ne saurait douter qu'un tel réarmement constituerait aux yeux de l'URSS une provocation caractérisée ;

2) parce que l'opinion française, comme celle de tous les pays continentaux envahis entre 1940 et 1945, s'insurgerait contre cette possibilité, rendant par là même impossible la poursuite de cette politique d'émancipation graduelle de l'Allemagne qui a été amorcée depuis dix-huit mois, et sa rentrée progressive dans le concert européen ;

3) parce que les marchandages du Dr. Adenauer suffisent à montrer combien nous risquerions de voir une Allemagne réarmée pratiquer, vis-à-vis de l'Ouest, aussi bien que de l'Est, un chantage alternatif ;

4) parce qu'il serait risible de vouloir armer l'Allemagne au moment où les puissances occidentales ne peuvent même entrevoir, fût-ce avec l'appui américain, le jour où elles disposeront du minimum indispensable à leur propre réarmement.

Il n'est d'ailleurs pas certain que la question du réarmement de l'Allemagne ou de son entrée dans le Pacte de l'Atlantique soit posée par vos interlocuteurs. Si devait l'être celle de la prolongation ou de l'élargissement, sous une forme ou une autre, de l'OECE, nous aurions à nous en tenir au principe du maintien de la séparation des organisations européennes (OECE, Conseil de l'Europe), de caractère exclusivement politique et économique, et des institutions nées du Pacte de l'Atlantique dont l'organisation de la sécurité militaire reste nécessairement la tâche primordiale.

Cette distinction n'exclut cependant pas la recherche d'une formule de coordination.

[1] E.C.A. : *European Cooperation Agency.*
[2] O.E.C.E. : Organisation européenne de coopération économique.

Pour ce qui est des problèmes allemands, le Département vous adresse par la valise de ce soir une note d'ensemble qui vous tiendra lieu d'instructions[1].

En ce qui concerne, enfin, l'Indochine, et bien que les entretiens décisifs sur ce point doivent se dérouler entre les ministres des Affaires étrangères, il serait utile de procéder dès maintenant à un échange de vues préliminaire sur l'évolution des événements dans l'Asie du Sud-Est et de comparer les informations que nous possédons de part et d'autre sur la situation militaire, ainsi que sur les moyens dont nous disposons pour y faire face. J'attacherais aussi du prix à recevoir les indications que vous pourriez obtenir de M. Jessup sur le résultat des consultations qu'a provoquées à Washington notre demande d'aide militaire.

(Secrétariat général, Dossiers, volume 21)

102

Note de la Direction d'Europe
(envoyée à titre d'instructions à M. Massigli)

*Examen du dossier préparé par le Direction d'Europe
sur l'Allemagne*

(Réunion tenue chez le Président Schuman le 22 avril)

N.   *Paris, 26 avril 1950.*

Les dernières manifestations de M. Adenauer devraient normalement amener les trois ministres des Affaires étrangères à saisir l'occasion de leur prochaine réunion à Londres pour donner au gouvernement allemand un avertissement qui, selon la correspondance de notre Haut-Commissaire à Bonn, serait parfaitement compris d'une partie tout au moins de l'opinion allemande. Si l'accord se faisait à cet égard, il est évident qu'un avertissement de ce genre serait difficilement compatible avec toute déclaration ou toute formule qui laisserait espérer au gouvernement allemand un « allègement » à une échéance plus ou moins rapprochée des contrôles auxquels il est actuellement soumis. Il suffirait de rappeler éventuellement dans le communiqué final que les trois puissances occidentales procéderaient à la fin de l'année à un nouvel examen du statut d'occupation.

Quelle que puisse être la décision qui interviendra à ce sujet, il apparaît de toutes façons désirable, compte tenu d'ailleurs, de l'ordre du jour, que les trois Ministres étudient, au cours de leurs entretiens, quelle

---

[1] Voir document n° 102.

devrait être l'évolution de la politique alliée à l'égard de l'Allemagne durant les prochaines années : le ministre français des Affaires étrangères, en particulier, ferait part à ses collègues de ses conceptions sur la base de l'examen qui avait lieu sous sa présidence le 22 avril[1].

Il a été reconnu nécessaire de maintenir le statut d'occupation et de ne pas s'engager dans la voie d'un règlement de paix séparée avec l'Allemagne. À l'intérieur du cadre actuel, nous pouvons, d'ailleurs, envisager la restitution progressive de larges pouvoirs au gouvernement de Bonn qui se trouverait finalement après une série d'étapes dont le rythme dépendrait de l'attitude des Allemands, bénéficier d'une quasi souveraineté, l'autorité suprême continuant à demeurer entre les mains des puissances occupantes.

Il a été entendu également que la politique ainsi définie, qui est du reste dans la ligne de celle que les accords de Londres ont inaugurée, n'aboutirait pas à de nouvelles décisions dès la prochaine réunion des trois Ministres. Ceux-ci enregistreraient sur la base d'un document élaboré par les experts, les progrès considérables déjà accomplis depuis 1948, ce qui ne manquerait pas de frapper l'opinion. Le ministre français des Affaires étrangères n'en prendrait pas moins, en outre, l'initiative d'esquisser un plan d'action à long terme dont la réalisation serait subordonnée au maintien du statut, initiative qui aurait incidemment pour avantage de couper court à toutes manœuvres présentes ou futures, de nature à mettre en cause le régime actuel.

Il a été souligné à cet égard, que les aménagements à apporter progressivement au statut feraient l'objet de décisions unilatérales de la part des Alliés, « le contrat devant demeurer exclu, comme mode d'élargissement des pouvoirs du gouvernement de Bonn ». C'est précisément en fonction du maintien de l'autorité suprême que les puissances occidentales pourront éventuellement octroyer à l'Allemagne des concessions, sans que celles-ci constituent cependant, autant de droits définitivement acquis.

En revanche, il reste possible, conformément au précédent créé par les accords de Petersberg, de conclure avec le gouvernement de Bonn,

---

[1] Cette note est accompagnée d'un dossier de plusieurs notes concernant l'Allemagne, dossier préparé par la direction d'Europe. Une première note détaillait l'attitude d'ensemble qui pourrait être prise par la délégation française aux conversations tripartites de début mai 1950. Une seconde avait pour objet la réfutation des thèses présentant un règlement séparé entre la RFA et les puissances occidentales tandis qu'une troisième s'intéressait à une esquisse de programme positif avec l'intégration de l'Allemagne dans l'Europe, permettant le renforcement des pouvoirs et du prestige du gouvernement allemand. Une quatrième note présentait l'examen, à titre indicatif, d'une suppression échelonnée des contrôles pesant sur la RFA alors qu'une cinquième note réfléchissait à l'intégration de l'Allemagne dans l'Europe occidentale, et qu'une sixième rappelait les positions françaises à l'égard de l'unité allemande. Les deux dernières notes portaient sur la question de la sécurité de la RFA et de la contribution allemande éventuelle à la défense occidentale et sur un projet de mémorandum sur la cessation de l'état de guerre avec l'Allemagne (toutes ces notes non reproduites se trouvent dans le volume 21 des Dossiers du Secrétariat général).

des arrangements d'ordre pratique sur des points précis, ces arrangements ne pouvant, bien entendu, comporter qu'un caractère partiel et provisoire et ne pouvant prétendre régler complètement et définitivement les questions dont la solution relève du Traité de Paix. Il a été en même temps admis que l'éventualité de préliminaires de paix avec l'Allemagne occidentale se trouvait, par là même, écartée.

En ce qui concerne certains aspects du problème allemand les remarques suivantes ont été faites :

– Le mémorandum sur la cessation de l'état de guerre a été approuvé dans des grandes lignes. Les mesures qu'il prévoit sur le plan interne, ne devraient pas, en tout cas, être prises par les États alliés avant que l'Allemagne ait accepté l'invitation du Conseil de l'Europe.

– On a estimé que la question de l'admission d'un observateur allemand au Comité des ministres du Conseil, si elle n'était pas à écarter complètement, ne pourrait faire l'objet d'aucune décision et que l'on devrait tout au plus, en raison des sérieuses difficultés qu'elle soulève, se borner à en examiner les différents aspects ; d'ailleurs sa solution ne dépendait pas uniquement des trois puissances occidentales.

– Il a été convenu que la délégation française soulignerait l'intérêt qu'il y a à ne pas laisser aux Soviétiques le monopole de la propagande ayant pour objet le rétablissement de l'unité de l'Allemagne et s'associerait, en conséquence, aux propositions qui seraient faites dans ce sens. En ce qui concerne le gouvernement de Bonn, nous avons toujours affirmé son caractère provisoire et ne saurions le considérer comme le successeur du Reich. Toutefois, nous pouvons affirmer que le système politique dont il est actuellement l'expression, a, en quelque sorte, une « vocation », particulière au rétablissement de l'unité allemande.

– L'idée de l'élaboration d'une procédure d'information et éventuellement de consultation de nature à permettre au Chancelier d'avoir une appréciation plus exacte des tendances générales de la politique extérieure concernant l'Allemagne a été retenue comme digne d'examen.

– Il a été reconnu que la première étape dans l'allégement des contrôles, qui interviendrait éventuellement à la fin de l'année pourrait consister dans la suppression du contrôle à l'échelon du *Land* – contrôle que nous avons avantage à dévaloriser étant donné notamment l'évolution du problème de l'État du Sud-Ouest.

– L'importance du problème de l'émigration a été rappelée. La délégation française, reprenant les idées déjà formulées à Moscou en 1947, proposera la réunion d'une conférence chargée d'étudier des solutions concrètes, aussi bien, d'ailleurs, pour l'émigration italienne que pour l'émigration allemande. L'idée a en même temps été émise qu'en vue de résorber le chômage, il conviendrait d'examiner la réduction à 42 ou 43 heures de la semaine de travail en Allemagne.

– Dans le domaine économique, il a été principalement indiqué que nous lèverions notre opposition au préambule de la loi 75 si nos alliés nous donnaient leur accord de principe au renforcement de l'autorité internationale de la Ruhr, conformément aux dispositions des articles 18 et 19 du statut.

– Dans le domaine économique également, il a été reconnu qu'il serait difficile pour l'Allemagne de résoudre le problème de ses débouchés si elle devait être coupée de tous contacts avec l'Europe orientale ; de tels contacts ne sont nullement incompatibles d'ailleurs, avec notre volonté d'intégrer économiquement l'Allemagne dans l'Europe occidentale, notre intention n'étant pas de constituer une entité autarcique.

D'une manière générale, il a été reconnu que la politique à long terme des Alliés devait tendre à l'extension des pouvoirs du gouvernement de Bonn dans le cadre du statut et à l'intégration politique et économique de l'Allemagne occidentale dans une Europe dont l'organisation serait progressivement renforcée. Mais l'Allemagne resterait en dehors des organismes atlantiques qui se caractérisent par leur aspect militaire. C'est par l'intermédiaire de « l'Europe » qu'elle apporterait, le cas échéant, et seulement en matière économique, sa contribution à l'effort commun.

(Direction d'Europe, Généralités, volume 133)

103

NOTE DE LA DIRECTION D'ASIE-OCÉANIE
POUR M. SCHUMAN, MINISTRE DES AFFAIRES ÉTRANGÈRES

Aide militaire américaine à l'Indochine

N.   *Paris, 26 avril 1950.*

La reconnaissance d'Hô Chi Minh par les communistes chinois et la Russie soviétique, au début de l'année, a profondément transformé la nature du conflit existant en Indochine[1].

Tandis que jusqu'alors, ce problème semblait ressortir d'un domaine purement intérieur à l'Union française, l'intervention de l'URSS suc-

---

[1] Voir document n° 23.

cédant à celle de la Chine communiste a porté le débat sur le plan international.

L'Indochine apparaît en effet désormais comme une position clef, amenée à subir prochainement le principal effort de la poussée communiste en Extrême-Orient. Car si l'Europe connaît les péripéties d'une guerre froide entre les puissances occidentales et les tenants du marxisme, en Indochine l'antagonisme qui divise le monde a pris l'allure d'hostilités ouvertes. La péninsule indochinoise est de ce fait devenue le bastion avancé du front anticommuniste en Extrême-Orient. Le danger qui plane sur l'Indochine menace en même temps tout le Sud-Est asiatique et par là même intéresse directement toutes les puissances en lutte contre le communisme.

Dans ces conditions, les opérations militaires en Indochine risquent de prendre une ampleur telle que la charge en serait impossible à supporter pour la France. Telles sont les considérations qui ont amené le gouvernement français à s'adresser aux États-Unis en vue d'obtenir l'appui tant moral que matériel à défaut duquel le danger communiste ne saurait être efficacement combattu.

De son côté, le gouvernement américain saisissant toute la gravité de la situation nouvelle créée en Indochine laissait entendre qu'il se montrait en principe favorable à nos démarches pour obtenir une aide politique, militaire et économique générale en faveur de notre action en Indochine.

Le Département d'État nous signalait en particulier la possibilité d'obtenir pour l'Indochine une part de la tranche des 75.000.000 de dollars du programme d'aide militaire dont dispose le président Truman pour la « région d'ensemble de la Chine ». Nos interlocuteurs américains nous suggéraient de soumettre des propositions à cet effet.

Dans cet esprit, l'état-major français dressait la liste de nos demandes en matériel destiné aux forces armées de l'Union française en Indochine et aux forces nationales des États associés. Ces listes représentant nos besoins minimum pour les années 1950 et 1951 ont été établies en trois tranches :

1) Une aide immédiate correspondant essentiellement à un matériel de remplacement ou d'entretien et dont la livraison immédiate est considérée comme indispensable.

2) Une liste de première urgence qui correspond au reliquat de ce qui nous est nécessaire pour 1950.

3) Une liste de deuxième urgence correspondant à nos besoins pour l'année 1951.

La première de ces listes (aide immédiate) était transmise à l'Ambassade des États-Unis à Paris le 22 février, les deux autres (1re et seconde urgence) étaient remises au Département d'État par M. Bonnet le 31 mars.

Sur le plan pratique, l'examen de ce programme d'ensemble appelle les observations suivantes :

1) Estimation approximative de la valeur de l'aide demandée.

La valeur d'ensemble de l'aide sollicitée dans le cadre de ce programme doit représenter les montants suivants :

a) aide immédiate :   21 milliards 8 (francs français)

b) aide de 1re et 2e urgence :   57,3 à 59,6 milliards

Total[1] :   79,1 milliards à 81,4 milliards soit en dollars américains plus de trois fois le montant des 75 millions de dollars.

Les prix qui ont servi de base à ces calculs sont ceux en vigueur en France en février et mars 1950. D'une façon plus générale, on peut considérer qu'ils sont sensiblement les mêmes que ceux qui ont été retenus pour calculer la valeur du matériel livré à la métropole au titre du P.A.M.[2]. Ces derniers prix correspondant aux taux qui étaient en vigueur en France en juin-juillet 1949, il ne saurait y avoir de différence sensible entre les taux appliqués dans les deux cas.

Il y a lieu de noter toutefois que les disponibilités américaines s'étant appauvries, le matériel sera sans doute facturé plus cher en raison notamment de la nécessité pour le gouvernement américain de racheter certaines pièces de rechange au prix marchand.

2) Répercussion de l'aide américaine sur le plan moral et matériel.

La portée véritable de l'aide ainsi sollicitée peut être déterminée en examinant ses répercussions tant sur le plan moral que dans le domaine matériel.

À l'égard du corps expéditionnaire, il va sans dire que l'arrivée du matériel américain apporterait un précieux encouragement à des troupes qui se battent dans des conditions souvent fort précaires.

Mais surtout un débarquement spectaculaire de ce matériel ne manquerait pas d'exercer une influence directe sur une large fraction de la population viêtnamienne. Nombre de Viêtnamiens sont en effet surtout mus par la peur et doutant de nos possibilités d'assurer leur protection, se cantonnent dans une attitude d'attentisme prudent. L'apparition tangible d'un secours américain serait susceptible de les rallier à notre cause et de décourager en même temps certains des partisans d'Hô Chi Minh.

---

[1] *Note du document :* « Non compris les deux divisions de rénovation (ou le matériel de maintenance correspondant) ».

[2] P.A.M. : Programme d'aide militaire américain.

Sur le plan matériel, il n'est pas douteux que dans le cas où toutes nos demandes seraient satisfaites, le potentiel offensif du corps expéditionnaire subirait un accroissement sensible.

Mais, surtout l'aide américaine préviendrait une chute de ce potentiel qui eut été inévitable à partir de la fin de 1950. En effet, une grande partie du matériel du corps expéditionnaire a fait les campagnes d'Italie, de France et d'Allemagne, et parvient à bout de souffle. L'aide américaine permettra son entretien dans de bonnes conditions et son renouvellement partiel, ce qui n'eût pas été possible avec les seules finances françaises.

Les comparaisons de chiffres ci-après soulignent l'intérêt et l'importance de l'aide escomptée :

TERRE –	a) crédits budgétaires demandés au Parlement pour 1950 pour les matériels	48 milliards
	crédits budgétaires accordés par le Parlement pour 1950 pour les matériels	26 milliards
	b) aide U.S.A. immédiate	17 milliards
	aide U.S.A. 1re et 2e urgence	24 milliards
AIR –	a) dépenses de matériels en 1949 de l'ordre de	3 milliards
	aide U.S.A. immédiate	4 milliards 2
	aide U.S.A. 1re et 2e urgence	26 milliards
MARINE –	Pour être moins importante, l'aide U.S.A. contribuera à relever le potentiel des forces maritimes d'Extrême-Orient :	
	aide immédiate	0,6
	aide 1re et 2e urgence	7 milliards 3 à 9,6

3) Répercussion de l'aide américaine sur le budget français.

Il n'est pas sans intérêt d'examiner la mesure dans laquelle l'aide demandée est susceptible de constituer un allègement pour le budget français.

S'il est vrai que l'aide américaine est de nature à améliorer la valeur militaire du corps expéditionnaire, elle ne saurait toutefois nous permettre de réaliser des économies budgétaires sensibles au cours de l'année 1950. L'allègement de la charge financière supportée par la France n'interviendra sans doute pas avant 1951.

Il convient, ici, de noter que les dépenses militaires en Indochine se répartissent en trois postes : soldes du personnel, entretien de la troupe et dépenses de matériel. Or, les plus grosses dépenses du corps expéditionnaire se rapportent aux soldes et à l'entretien du personnel (90 milliards sur 120 pour les forces terrestres en 1950).

Les listes soumises au gouvernement américain portant essentiellement sur des demandes de matériel, on peut estimer, très approximativement et sous toutes réserves, que l'allègement budgétaire pour 1951 ne pourra être au maximum que de l'ordre de 20 milliards de francs.

À la lumière de ces considérations, M. le ministre de la Défense nationale a été amené à estimer qu'il était nécessaire d'obtenir de la part du gouvernement américain un concours en argent qui servirait à la fois à l'amélioration de la balance des comptes par un apport de devises et à la réduction de nos charges budgétaires. M. Pleven estime en effet qu'il est indispensable que les Américains nous accordent en plus du matériel délivré gratuitement dans les ports indochinois, un crédit en dollars, pour couvrir les dépenses en 1950 et 1951, de la mise sur pied des forces nationales des États associés (solde et entretien du personnel) ainsi que celles résultant de la fourniture par la France de l'encadrement nécessaire à ces forces. Ce crédit s'élèverait au total à 70 millions de dollars.

D'une façon générale en effet, le Viêtnam a bénéficié au cours de 1949, tant pour la mise sur pied, l'équipement et l'entretien de son armée, que pour la constitution de groupements d'auto-défense, d'un concours financier de la France s'élevant environ à 1 milliard de piastres. Tout laisse à supposer qu'en 1950 comme en 1949, le Viêtnam sera dans l'impossibilité de faire face par ses propres ressources aux dépenses de son armée et que la France devra continuer à lui apporter un appui financier substantiel. Tels sont les éléments qui permettraient de justifier l'octroi d'un crédit américain.

Le Département n'a pas toutefois jugé opportun de soumettre, dans l'état actuel des négociations, la suggestion de M. Pleven à l'attention du gouvernement américain. Le problème soulevé par le ministre de la Défense nationale est en effet trop ample pour être évoqué avec les Américains à l'occasion d'une question particulière comme la guerre d'Indochine.

Ce problème ressort plutôt d'une discussion générale dans le cadre du Pacte atlantique pour une meilleure répartition des charges afférentes à la défense commune.

Sur le plan des principes, la position du gouvernement français au regard des modalités d'octroi de l'aide américaine se fixait de la façon suivante :

1) Dès l'ouverture de la négociation, le gouvernement français insistait sur l'importance des conditions dans lesquelles l'aide américaine à l'Indochine serait gérée. Dans cet esprit, notre Ambassade à Washing-

ton précisait au Département d'État qu'il était indispensable que la répartition du matériel entre les forces françaises et celles des États associés soit effectuée par l'intermédiaire de la France.

La comparaison entre les effectifs des armées des États associés et ceux du corps expéditionnaire français prouve en effet que ce dernier supporte la charge principale de l'effort de guerre. La mise sur pied d'importantes forces nationales des États associés étant loin d'être réalisée, les troupes françaises constituent dans ces conditions la seule force militaire organisée capable d'assurer la défense du territoire indochinois.

Au surplus, les opérations de réception et de distribution de matériel important posent des problèmes techniques complexes que seuls les services militaires français peuvent jusqu'à nouvel ordre résoudre. Les services des armées des États associés sont encore pratiquement inexistants et ne sauraient par conséquent être en mesure d'assumer une tâche aussi lourde.

C'est donc le général commandant en chef, responsable de la conduite des opérations, qui apparaît comme la seule autorité qualifiée pour diriger la répartition du matériel dans le cadre des programmes arrêtés, d'autant plus qu'en vertu des accords du 8 mars, c'est lui qui remplit le rôle de chef d'état-major de la Défense nationale en Indochine.

Cette thèse basée sur des arguments d'une valeur incontestable s'est cependant heurtée à certaines objections de la part du gouvernement américain. Celui-ci, sans méconnaître le bien-fondé de notre position, a très fermement insisté pour que nous trouvions une formule qui permette de mettre en évidence la participation des États associés dans les charges de l'établissement des programmes et de la réception du matériel. Le désir exprimé par nos interlocuteurs américains n'a pas rencontré d'opposition de notre part.

Le gouvernement français s'est montré en effet disposé à donner satisfaction à la demande de Washington tout en conservant au général commandant en chef toutes ses prérogatives pour la conduite des opérations et la répartition des armes et de l'équipement. Dans cet esprit, le Département a demandé à notre Haut-Commissaire en Indochine de lui faire tenir des propositions concernant les modalités de cette participation des États associés. Celui-ci, en plein accord avec le général commandant en chef s'est arrêté sur la formule suivante : établissement des programmes par le Haut-Comité militaire au Viêtnam, par les organismes correspondants au Cambodge et au Laos et réception du matériel par des commissions mixtes comprenant des officiers des États associés. Cette proposition a été accueillie avec satisfaction par le Département d'État.

2) Le 22 février, le Département spécifiait dans la note de transmission de notre première demande que le matériel devait être livré direc-

tement dans les ports d'Indochine par les soins du gouvernement américain. Cette exigence se fonde sur le fait que la France ne dispose pas de marine marchande dans le Pacifique et qu'une partie du matériel sera probablement transporté des dépôts américains des Philippines ou du Japon.

Le gouvernement américain n'a jusqu'à ce jour pas fait connaître sa position à l'égard de cette demande.

<u>État actuel des négociations.</u>

Au stade actuel des négociations, il ressort que le gouvernement américain se montre favorable au principe de l'octroi d'une aide militaire.

Toutefois, aucune décision définitive n'a encore été prise. Il paraît cependant probable que le Président a l'intention de répartir prochainement entre l'Indochine, la Thaïlande et l'Indonésie, la moitié environ des 75 millions dont il dispose pour la région d'ensemble de la Chine.

La Thaïlande s'est déjà vu octroyer pour sa part une aide d'une valeur de 10 millions de dollars ; selon de récentes informations, une somme de 15 millions serait affectée dans l'immédiat à l'Indochine.

En outre, le Pentagone procède actuellement à une étude de la situation stratégique en Indochine au terme de laquelle le gouvernement américain déciderait de l'octroi d'une deuxième tranche d'aide. Si celle-ci était peu importante, elle pourrait être prélevée sur le reste des 75 millions, si au contraire, elle était substantielle, un crédit spécial serait demandé au Congrès dans le cadre de la loi d'aide militaire pour l'exercice prochain.

En résumé, bien que le gouvernement américain se soit montré désireux d'appuyer notre effort en Indochine, il n'a pas encore arrêté sa position définitive à l'égard d'un programme d'aide militaire à long terme.

***

En conclusion, il convient de souligner que la solution du problème indochinois relève avant tout du domaine militaire.

Une amélioration de la situation militaire est en effet de nature à modifier largement l'attitude du gouvernement du Viêtnam et d'une large fraction de la population qui doutant de notre force craint actuellement de se compromettre et se cantonne dans une prudente expectative.

D'autre part, la nécessité de l'aide américaine devient d'autant plus impérieuse que la situation militaire risque chaque jour de s'aggraver, notamment à la frontière du Tonkin en raison du soutien apporté par les communistes chinois aux troupes du Viêt-Minh. Des indices de plus en plus nombreux prouvent en effet que les partisans d'Hô Chi Minh trouvent non seulement un précieux refuge en territoire chinois, mais en reçoivent également un important ravitaillement en matériel. En particulier, les armes lourdes (canons de 75 et mortiers de 120) utilisées par les rebelles au cours des derniers engagements, sont une des manifestations les plus inquiétantes de cette collusion sino-vietminh.

Dans ces conditions, la défense de l'Indochine ne peut être assurée que si une aide militaire massive et immédiate nous est apportée par les États-Unis.

Les listes déjà remises aux autorités américaines constituent une évaluation minima de nos besoins pour les années 1950 et 1951. Ces listes devraient être complétées notamment dans le domaine des fournitures d'intendance et des équipements à caractères stratégique.

D'ores et déjà cependant, ce programme minimum dépasse largement le cadre des 75 millions de dollars dont dispose dans l'immédiat le président Truman.

Il serait par conséquent indispensable que le gouvernement américain puisse obtenir du Congrès dans les meilleurs délais le crédit spécial nécessaire pour donner satisfaction à nos demandes.

Il convient enfin de rappeler à nouveau que si l'aide que nous sollicitons est de nature à améliorer le rendement de notre corps expéditionnaire, elle ne constituera cependant pas un allègement sensible pour le budget de notre pays. En tout état de cause, le fardeau principal des dépenses de guerre en Indochine continuera à être supporté par les finances françaises[1].

(Secrétariat général, Dossiers, volume 20)

104

N.   *Paris, 26 avril 1950.*

Le Département d'État nous ayant signalé au début de l'année la possibilité d'obtenir pour l'Indochine une part de la tranche des 75 millions de dollars du programme d'aide militaire dont dispose le président Truman pour la « région d'ensemble de la Chine », l'état-major français a dressé les listes de nos demandes en matériel destinées aux forces armées de l'Union française en Indochine et aux forces nationales des États associés.

---

[1] Une autre note rappelait les suggestions américaines sur ce que devrait faire la France en Indochine : voir document n° 105.

Ces listes représentant nos besoins minima pour les années 1950 et 1951 ont été établies en trois tranches :

1) <u>Une aide immédiate</u> correspondant essentiellement à un matériel de remplacement ou d'entretien et dont la livraison immédiate est considérée comme indispensable.

2) <u>Une liste de première urgence</u> qui correspond au reliquat de ce qui nous est nécessaire pour 1950.

3) <u>Une liste de deuxième urgence</u> correspondant à nos besoins pour l'année 1951.

La première de ces listes (aide immédiate) était transmise à l'Ambassade des États-Unis à Paris le 22 février, les deux autres (1ère et seconde urgence) étaient remises au Département d'État par M. Bonnet le 31 mars.

La valeur d'ensemble de l'aide sollicitée dans le cadre de ce programme représente approximativement 80 milliards de francs, soit en devises américaines <u>plus de trois fois le montant des 75 millions de dollars</u>.

Au regard du potentiel offensif du corps expéditionnaire français, l'aide américaine aurait surtout pour effet de prévenir une chute de ce potentiel qui eut été inévitable à partir de la fin de 1950.

Toutefois, cette aide ne saurait nous permettre de réaliser des économies budgétaires sensibles au cours de l'année 1950. L'allègement de la charge financière supportée par la France n'interviendra sans doute pas avant 1951.

États actuel des négociations.

La position du gouvernement français au regard des modalités d'octroi de l'aide américaine s'est fixée de la façon suivante :

1) Dès l'ouverture de la négociation, le gouvernement français a précisé au Département d'État qu'il était indispensable que la répartition du matériel entre les forces françaises et celles des États associés soit effectuée <u>par l'intermédiaire de la France</u>. Le général commandant en chef, responsable de la conduite des opérations, apparaît en effet comme la seule autorité qualifiée pour diriger cette répartition.

Sans méconnaître la valeur de cette thèse, le gouvernement américain a cependant insisté pour que nous trouvions une formule qui permette de mettre en évidence la participation des États associés dans les charges de l'établissement du programme et de la réception du matériel. Dans cet esprit, notre Haut-Commissaire en Indochine en plein accord avec le général commandant en chef a proposé l'adoption de la formule suivante établissement des programmes par le Haut-Comité militaire au Viêtnam, par les organismes correspondants au Cambodge et au Laos et réception du matériel par des commissions mixtes comprenant des officiers des États associés.

2) Le gouvernement français a spécifié que le matériel devait être livré directement dans les ports d'Indochine par les soins du gouvernement américain.

***

Dans l'état actuel des choses, bien que le gouvernement américain se soit montré favorable au principe de l'octroi d'une aide militaire, aucune décision définitive n'a encore été prise.

Il paraît probable cependant qu'une somme de 15 millions de dollars serait affectée dans l'immédiat à l'Indochine.

(Direction d'Asie-Océanie, Dossiers généraux, volume 179)

105

NOTE DE LA DIRECTION D'ASIE-OCÉANIE

Suggestions américaines au sujet de l'Indochine

N.　　　　　　　　　　　　　　　　　*Paris, 26 avril 1950.*

Au cours des entretiens des représentants du Département tant à Paris qu'à Washington, les agents américains ont formulé une série de suggestions sur ce que devrait faire le gouvernement français en ce qui concerne sa politique en Indochine.

Les Américains étant susceptibles de revenir sur ces demandes au cours des entretiens du mois de mai, il paraît opportun de rappeler les suggestions américaines :

1) Le gouvernement américain suggère que la politique française en Indochine soit plus nettement définie et en particulier que les services traitant des affaires d'Indochine soient centralisés si possible au Ministère des Affaires étrangères (Bonbright, 20 mars 1950).

2) Il estime que la solution des affaires d'Indochine est avant tout politique et qu'aucune solution militaire ne peut régler le problème.

Dans cet ordre d'idée, il est indiqué au gouvernement français qu'il convient avant tout de séparer les nationalistes véritables des communistes indochinois. Ceux-ci, réduits à leurs seules forces, ne devront plus constituer un réel danger (tél. de Washington du 31 mars 1950)[1].

3) La propagande française est insuffisamment développée si bien que l'effort réellement libéral fait par la France est ignoré spécialement des pays voisins de l'Asie du Sud-Est (Déclaration de M. Jessup et postérieurement de M. Bonbright du 20 mars 1950).

---

[1] Document non reproduit.

Cependant, on peut indiquer que, dans la mesure où notre propagande aura fait connaître la manière dont la France a appliqué les accords, les États-Unis ne demanderont pas que le gouvernement français fasse une déclaration sur la « libéralisation des accords ». (Tel. de Washington du 31 mars 1950)[1].

4) Enfin, pour une question de face à donner au Viêt-Minh, il est recommandé à la France de remettre à S.M. Bao Daï le palais du Gouverneur à Saïgon (M. Jessup et à nouveau M. Bonbright, 30 mars 1950).

Toutefois, M. Bohlen, au cours d'une visite à M. Baeyens le 22 avril[2], a laissé entendre que les milieux américains, surtout intéressés par la recherche d'une solution politique, comprenaient maintenant que celle-ci dépendait avant tout de l'évolution de la situation militaire.

(Direction d'Asie-Océanie, Dossiers généraux, volume 179)

106

NOTE DE LA DIRECTION D'EUROPE

Allemagne et communauté atlantique

N.   *Paris, 27 avril 1950.*

On a parfois tendance, dans les milieux anglo-saxons, à interpréter le discours de M. Bidault, de même que nos projets éventuels relatifs à la mise en application de l'article 2 du Pacte de l'Atlantique, comme étant de nature à faciliter l'entrée de l'Allemagne dans le Pacte de l'Atlantique, celui-ci ne revêtant plus désormais un caractère exclusivement stratégique.

Il est bien évident que l'on cherche ainsi, en quelque sorte, à nous forcer la main et à nous prêter des intentions qui ne sauraient être les nôtres. Il semble, en effet, qu'il soit non seulement dans notre intérêt mais dans l'intérêt de la paix d'éviter tout ce qui pourrait correspondre à un « glissement » de l'Allemagne vers l'organisation atlantique, mouvement qui serait difficile à combattre dans le cas où s'établirait une certaine interpénétration entre les organismes du Pacte de l'Atlantique et les groupements européens.

Le problème ne se poserait pas, pour nous, d'une manière particulièrement délicate, d'une part, si nous ne considérions pas qu'il y aurait avantage, pour des raisons de politique générale, à étendre le champ d'action du Pacte de l'Atlantique, d'autre part, à associer plus ou moins

---

[1] Document non reproduit.
[2] Voir document n° 97.

à l'organisme qui serait appelé à se substituer à l'OECE[1] des pays comme les États-Unis et le Canada.

Compte tenu de ces données fondamentales, nous devrions, semble-t-il, dans l'éventualité où apparaîtrait effectivement l'opportunité, sur le plan économique, de faire participer les deux principaux États de l'Amérique du Nord à une association jusque-là exclusivement européenne, ne rien négliger pour que cette association reste complètement en dehors du cadre de l'Atlantique. Même la formule qui consisterait à la subdiviser en plusieurs comités, dont l'un serait uniquement européen, et dont l'autre, comprenant celui-là les États-Unis et le Canada, serait rattaché d'une manière ou d'une autre, au Pacte de l'Atlantique, ne devrait pas être retenue. Ce serait aller également trop loin que de faire du futur OECE, remanié et, en conséquence, débaptisé, l'organisme économique du système atlantique dans des conditions qui correspondraient à celles dans lesquelles il collabore maintenant aux côtés du Conseil de l'Europe. La cloison serait loin d'être suffisamment étanche.

En d'autres termes, pour que nous obtenions la garantie que l'Allemagne n'appartienne en aucune façon à une organisation qui risquerait alors de devenir provocante vis-à-vis de l'URSS, il importerait qu'entre les organismes européens et le Pacte de l'Atlantique, la séparation fût aussi complète que le permettrait la participation au futur OECE des États-Unis et du Canada. À cet effet, il conviendrait vraisemblablement que l'organe d'exécution du Pacte atlantique, dont la création a été préconisée, fût lui-même, grâce, éventuellement, à la présence à ses côtés de quelques techniciens, compétent pour les questions économiques dont on souhaiterait confier l'étude au système atlantique. Une liaison serait naturellement assurée entre lui et le futur OECE. Ainsi les précautions seraient prises pour éviter le danger que nous redoutons.

(Secrétariat général, Dossiers, volume 21)

107

NOTE DE LA DIRECTION D'ASIE-OCÉANIE

Possibilités ouvertes par les accords du 8 mars

N. *Paris, 28 avril 1950.*

La politique du gouvernement français à l'égard de l'Indochine, qui a été approuvée par le Parlement, n'a pas reçu hors de France l'accueil que l'on pouvait espérer.

---

[1] O.E.C.E. : Organisation européenne de coopération économique.

À l'étranger, l'accent a été mis sur les compétences que la France avait retenues et aussi sur celles que la France, par suite de la carence des autorités locales, se devait de continuer à exercer.

En Indochine même, les différents milieux ont cherché à masquer leur hésitation à prendre les compétences remises par la France par des considérations tirées de l'insuffisance des concessions françaises.

Cependant, examinées objectivement, les dispositions de ces accords et plus encore la manière dont la France les a interprétés devraient donner toute satisfaction au nationalisme des jeunes États.

Pour faciliter l'exposé des possibilités ouvertes par ces accords, il sera seulement dans cette note étudié l'accord du 8 mars 1949 signé avec S.M. Bao Daï qui est le premier en date et dont les principales dispositions ont été reprises dans les traités signés avec le Laos et le Cambodge[1].

Cet accord prévoyait que des conventions d'application seraient négociées pour permettre de traduire dans la pratique les principes posés et assurer la remise effective des services aux autorités viêtnamiennes. Ces conventions ont été signées à Saïgon le 30 décembre 1949. La France a ainsi pour sa part tout mis en œuvre pour que le Viêtnam puisse jouir le plus rapidement possible des prérogatives nécessaires à la vie normale d'un État indépendant.

***

La souveraineté interne du Viêtnam y est reconnue entière et sur ce plan, aucune restriction n'est prévue.

Les conventions d'application ont matérialisé ce principe et, au moment de leur signature, les services essentiels ont été remis solennellement aux autorités viêtnamiennes notamment ceux de la justice, de la police et de la sûreté.

Une mention spéciale doit être faite au sujet de l'armée nationale viêtnamienne dont la constitution relève entièrement du gouvernement de cet État.

Les dispositions de l'accord prévoient les liens qui l'uniront en cas de besoin avec l'armée française. Mais ceux-ci sont analogues à ceux que l'on peut rencontrer dans une alliance militaire où aucun des États intéressés n'abandonne cependant sa souveraineté[2].

***

La souveraineté externe du Viêtnam a été consacrée par l'accord du 8 mars. Il permet à l'État viêtnamien d'accréditer à l'étranger et de

---

[1] Voir *DDF,* 1949-I, n° 145.
[2] Voir document n° 100.

recevoir des missions diplomatiques étrangères. Il l'habilite également à négocier et à signer des accords concernant ses intérêts particuliers.

Les clauses de la partie diplomatique des accords ont été parfois critiquées à l'étranger. On a mis l'accent sur la nécessité pour le Viêtnam d'harmoniser sa politique avec celle de l'Union française et sur les restrictions que paraissent contenir les accords en ce qui concerne l'envoi de diplomates viêtnamiens à l'extérieur.

En fait la nécessité pour le Viêtnam d'avoir l'agrément du gouvernement français avant d'envoyer des diplomates à l'étranger n'a jamais gêné le Viêtnam. Dès que la nécessité d'envoyer des missions dans des pays autres que ceux prévus au moment de la conclusion de l'accord s'est fait sentir, le gouvernement français a donné son agrément immédiat. Notamment pour l'ouverture de légations viêtnamiennes à Londres et à Washington.

De même l'obligation pour le Viêtnam de concerter sa politique avec celle de la France ne doit pas être comprise comme restreignant la liberté d'action du Viêtnam. La politique de l'Union française est élaborée par le Haut-Conseil de l'Union où le Viêtnam est représenté et où il est à même de soutenir ses points de vue. La force qu'il retire des liens qui l'unissent à la France justifierait du reste largement l'intérêt que le Viêtnam retire de son appartenance à l'Union française et lui donne dans le monde un crédit que ses seules ressources ne lui permettraient jamais d'obtenir.

La France a, d'autre part, soutenu les candidatures que le Viêtnam en accord avec elle a présenté pour être admis dans les institutions spécialisées où il peut désormais exprimer lui-même ses besoins.

L'engagement qu'a pris la France de « présenter et de soutenir la candidature du Viêtnam » à l'ONU implique du reste que la France est décidée à donner à cet État une pleine souveraineté puisque, à défaut de celle-ci, il ne pourrait utilement poser de candidature.

Cette politique a été comprise par un grand nombre d'États qui ont tenu à reconnaître le Viêtnam marquant ainsi qu'ils le tenaient pour un État indépendant avec lequel ils pouvaient entretenir des relations diplomatiques normales.

Une annexe à cette note donne la liste des pays qui ont reconnu le Viêtnam, le Laos et le Cambodge.

***

Actuellement, la France ne gère plus au Viêtnam que les services dits d'intérêts communs : transmissions, immigrations, commerce extérieur, douanes, Trésor.

Le mode de gestion futur de ces services doit être décidé au cours d'une conférence réunissant le Viêtnam, le Laos, le Cambodge et la France et il n'a donc pu être procédé à la remise immédiate au Viêtnam de ces services dont le sort n'est pas encore déterminé, dont l'existence dans le passé avait assuré le prospérité de l'Indochine et que ces États ont reconnu comme devant continuer à fonctionner sous une forme à déterminer.

La compétence actuelle de la France en ce qui concerne la direction des services communs se justifie du reste par le soutien effectif qu'elle accorde à l'ensemble économique que constituent les trois États. C'est elle en particulier qui dans la période actuelle alimente le commerce extérieur de ces États en devises fortes qu'ils ne pourraient se procurer et soutien le cours de la piastre.

**

L'action de la France depuis la signature des accords franco-viêtna-miens, laotiens et cambodgiens en 1949 a donc consisté essentiellement à remettre à ces États associés les compétences les plus étendues dans tous les domaines.

Cependant, elle a dû malgré elle conserver la direction de certains services en raison de la fragilité des gouvernements locaux que menace la révolte communiste appuyée de l'extérieur.

Son rôle directeur ira en s'amenuisant dans la mesure où les trois États auront constitué leur armée nationale et affermi l'autorité de leur gouvernement.

La dernière étape de cette évolution est formellement inscrite dans les accords et sera réalisée le jour où ils auront été admis à l'Organisation des Nations unies.

Puissances ayant reconnu les gouvernements des États associés d'Indochine.

États-Unis le	4 février
Grande-Bretagne le	8 février
Belgique le	8 février
Luxembourg le	8 février
Australie le	9 février
Nouvelle-Zélande le	10 février
Grèce le	11 février
Bolivie le	14 février
Italie le	18 février
Jordanie le	20 février
Costa-Rica le	22 février
Brésil le	23 février

Honduras le	27 février
Espagne le	27 février
Thaïlande le	1ᵉʳ mars
Afrique du Sud le	3 mars
Saint-Siège le	6 mars
Équateur le	10 mars
Pérou le	10 mars
Venezuela le	13 mars
Cuba le	16 mars
Paraguay le	6 avril
Pays-Bas le	12 avril
Colombie le	28 avril
Argentine le	3 mai

(Direction d'Asie-Océanie, Indochine, volume 56)

108

GÉNÉRAL JUIN, COMMISSAIRE RÉSIDENT GÉNÉRAL DE LA RÉPUBLIQUE FRANÇAISE AU MAROC,
À M. SCHUMAN, MINISTRE DES AFFAIRES ÉTRANGÈRES[1].

D. n° 36.   *Rabat, 1ᵉʳ mai 1950.*

Réservé.

Avertis des projets élaborés pour doter la Tripolitaine d'un statut d'État libre, des rumeurs relatives à de nouvelles réformes de structure en Tunisie, du regain d'activité que l'Égypte, sous l'impulsion du Wafd, manifeste en faveur de « l'indépendance de l'Afrique du Nord », les partis nationalistes du Maroc multiplient leurs démarches pour susciter à l'extérieur une conjuration mondiale capable de nous contraindre à dénoncer le traité de Fès.

Cependant, devant l'indifférence que la population marocaine réserve aux pamphlets qui la convient à traduire en gestes symboliques ou actifs sa volonté de mettre fin à « la domination de la puissance occupante », c'est vers l'extérieur que nos opposants orientent leurs efforts. Ceux-ci se sont particulièrement manifestés le 30 mars dernier, à l'occasion de

---

[1] Dépêche adressée à la direction d'Afrique-Levant.

l'anniversaire du traité de Fès. Mais si j'ignore la nature et l'importance des mémoires qui ont été, ce jour-là, grossir les dossiers des chancelleries étrangères, j'ai reçu par contre la lettre ci-jointe du « Parti démocratique et de l'indépendance » où Mohamed El Ouazzani, son président, exprime, avec l'emphase propre à sa race, son opinion sur l'évolution du Maroc. Mon intention n'est pas de réfuter, ici, ce document dont une simple lecture suffit à révéler l'insigne mauvaise foi. Je signale simplement que son auteur, comme les autres membres de l'Istiqlal, n'a jamais été du nombre des Marocains qui « ont pendant un quart de siècle lutté vaillamment par les armes contre le régime colonialiste ». Ceux-ci, ex-dissidents, marqués par des siècles de résistance à tout pouvoir sultanien, constituent aujourd'hui la grande majorité du peuple qui tourne avec confiance ses regards vers la France et qui ne s'est ralliée au Maghzen que par la volonté de la nation protectrice.

Mohamed El Ouazzani, enfin, répudie dans son mémoire toute idée de compromis basée sur une amélioration du régime actuel. Il préconise, comme l'Istiqlal, l'abolition du traité de Fès et la reconnaissance de la souveraineté marocaine, cependant qu'un *modus vivendi* permettrait la mise en place d'organismes gouvernementaux habilités à rechercher avec la France et dans le cadre d'une monarchie constitutionnelle les bases d'un nouvel accord. Cette profession de foi, rejoignant en partie celle que Habib Bourguiba vient de faire en France, il m'est apparu nécessaire, étant donné notamment les répercussions qu'une refonte du statut de la Tunisie ne manquerait pas d'avoir dans l'empire chérifien, de faire connaître au Département mon opinion sur l'évolution que suggèrent deux des principaux leaders du nationalisme maghrébin.

Il est bien évident que le Protectorat apparaît de plus en plus comme une formule anachronique, incompatible avec le principe du « droit des peuples à disposer d'eux-mêmes ». Cette certitude ne peut pourtant suffire à provoquer, dès maintenant, des réformes profondes de structure de nature à compromettre gravement la mission de modernisation et de maintien de l'ordre qui demeure le fondement même de notre présence au Maroc.

Il faut bien considérer en effet que le Protectorat, compte tenu du stade d'évolution auquel se trouve encore le peuple marocain, est la seule forme d'association qui permette de concilier l'obligation qui nous incombe, vis-à-vis de l'extérieur, de conduite l'empire chérifien à sa majorité et d'empêcher qu'il ne sombre dans une anarchie propice au développement de doctrines révolutionnaires.

L'État protecteur n'est plus ici seulement le défenseur égoïste d'intérêts nationaux. Comme en Indochine, comme il aurait pu le demeurer en Syrie où l'anarchie qui a suivi son départ n'est pas sans donner à réfléchir sur les risques d'une émancipation prématurée, il est le gardien d'un bastion stratégique indispensable à la sécurité du monde occidental. La sympathie et la confiance que lui témoigne la grande majorité du peuple marocain, notamment dans les campagnes, lui donnent l'assurance de pouvoir apporter, en cas de conflit, dans le camp des Alliés, des ressources militaires non négligeables. Dans la période critique actuelle, on ne saurait, semble-t-il, renoncer à cet actif pour obéir à des considérations purement sentimentales.

Or que proposent Habib Bourguiba et Mohamed El Ouazzani ? La création d'États libres laissant à des Chambres le soin de définir leurs rapports avec la France.

Nous ne pouvons être dupes des risques que comporte une reconnaissance aussi inconditionnelle de la souveraineté des territoires mis en cause. En présence des deux Unions qui leur seraient offertes, Union française et Ligue des États arabes, c'est évidemment vers cette dernière qu'iraient tous les suffrages, c'est-à-dire vers l'adhésion à une politique étrangère qui fait obligation aux pays membres de l'association du Caire, de s'affranchir de toute emprise occidentale.

Depuis 1920, grâce à des idéologies nouvelles, cette aspiration qui traduit le vœu intime de tous les Musulmans, a trouvé un aboutissement dans la création d'États unitaires dont les derniers en date voisinent déjà avec nos frontières. Elle n'aura de cesse, pour être pleinement satisfaite, qu'elle n'ait recréé la « Nation arabe » dont le Maghreb est partie intégrante, fût-ce au prix de l'insécurité de l'Afrique à laquelle ont déjà préludé les révoltes de Syrie, les assassinats du Caire et du Yémen.

Dans la conjoncture présente, il n'est vraiment pas possible de courir un tel risque. De toute manière, donc, une monarchie constitutionnelle ne pourrait être considérée que comme une forme d'évolution interne ne touchant en rien les traités qui lient la Tunisie et le Maroc à la France.

Et encore conviendrait-il avant de la mettre à l'étude, ainsi que je l'ai indiqué au Département, de déterminer, avec nos protégés, le statut de la minorité française dans un Maroc et une Tunisie libres de définir leur mode de gouvernement. Régime capitulaire ou traité d'établissement viennent tout naturellement à l'esprit, bien que ces formules ne puissent se concevoir que si la France s'avérait incapable d'intégrer dans une nouvelle entité gouvernementale les territoires préparés à son mode de vie. C'est sans doute parce qu'il s'est refusé à écarter cette dernière possibilité que le législateur a conçu l'Union française, rejetée à la fois par le Palais et par les partis nationalistes.

Les circonstances et la volonté même des leaders de la « cause marocaine » nous contraignent donc pour l'instant à n'envisager qu'un processus d'évolution interne.

Au demeurant, quel est actuellement l'état de la conscience politique au Maroc ?

Des principaux partis nationalistes, « l'Istiqlal » et le « Gaoumi Chaouri », seul le second semble envisager avec conviction la nécessité de recourir à de nouvelles formules de gouvernement, analogues à celles qui se sont instaurées dans certains États arabes du Proche-Orient.

Pour le premier, son ambition est d'obtenir l'éviction de la France afin de restaurer sur le territoire un régime totalitaire conforme à celui que prescrit le Coran et où seule « la race arabe, race du Seigneur », a le droit de régner et d'imposer sa volonté. Il s'est d'ailleurs rallié, à cette fin, au réformisme, forme puritaine d'orthodoxie religieuse et gouvernementale, qui a permis à Ibn Séoud de soustraire son territoire à l'emprise des civilisations d'Occident. Fidèle à la doctrine, le Sultan s'applique à rénover l'enseignement de l'arabe pour faire échec à la culture française, cependant qu'il refuse, ou laisse à l'Istiqlal le soin de refuser, toute association en matière sportive, syndicale, commerciale ou industrielle, pour éviter qu'elle ne préjuge d'une adhésion à une formule d'association plus élevée.

Cette attitude répond à une intention politique, mais aussi, dans une certaine mesure, à une obligation religieuse.

Le Souverain du Maroc est fondé, de par ses origines, à réclamer, si les circonstances lui en fournissent l'occasion, le titre de « Commandeur des croyants » dont il auréole sa couronne et qu'il fait acclamer sur son passage. Il est soumis de ce fait à la stricte observance de codes irrévocables issus du Coran, aux termes desquels l'activité sociale et politique est entièrement subordonnée au respect préalable de la croyance. Chef suprême religieux, il se doit d'empêcher, dès lors qu'il n'y est plus contraint, des associations où le « dhimmi »[1] serait un guide ou ordonnerait des lois dans une société où il ne peut être, selon le Livre Saint, qu'un sujet admis à vivre au sein de la communauté musulmane à condition qu'il acquitte l'impôt du mécréant. Ceci explique qu'en matière syndicale ou de municipalité, par exemple, il refuse toute union franco-marocaine ou toute représentation française ayant le pouvoir de délibérer sur les affaires intérieures de l'État.

Pour qu'il puisse, s'il en a un jour le désir, se départir de cette attitude, il faudrait qu'à l'image de certains États du Proche-Orient il renonce à la confusion des pouvoirs. Alors seulement, dégagé de prérogatives religieuses, il pourrait s'engager dans une nouvelle forme de collaboration avec la France. L'échec, en 1948, du traité anglo-irakien de Portshmouth, provoqué par les « Fatwa »[2] d'« El Azhar » et la réaction populaire qu'elles ont entraînée, provient essentiellement du mépris de Londres à l'égard de cette considération.

Inquiet cependant de la propension au communisme, si proche dans ses principes de l'islamisme, de certains éléments déracinés des cam-

[1] *Note du document :* « Mécréant ».
[2] *Note du document :* « Consultations juridiques ».

pagnes, le Sultan s'applique à rallier avec l'aide de l'Istiqlal, les ouvriers des cités à un syndicalisme racial et confessionnel pour les détourner du syndicalisme stalinien, facteur de ralliement au communisme. Ses discours récents sont imprégnés, à cette fin, de formules démocratiques de circonstance. On ne peut en conclure, pour autant, qu'il aspire à la création d'une monarchie constitutionnelle. Il sait que celle-ci entraînerait sa perte et en ferait un monarque purement nominal.

En marge de ces éléments qui constituent dans l'ensemble une élite sans liens profonds avec la masse, une partie importante de la population, politiquement amorphe, dont les cadres nous restent fidèles, assiste sans réaction à l'évolution qui se fait jour et dont elle n'entrevoit ni le sens, ni le terme. Elle est encore trop ignorante des bénéfices de l'instruction pour essayer, à l'exemple de ses opposants traditionnels des cités, de former des cadres de remplacement.

Sur le plan religieux, d'autre part, il n'est pas douteux que l'esprit nouveau contribuera à amenuiser sensiblement l'influence des confréries au profit du réformisme dont les tenants tirent, auprès de leurs coreligionnaires, le plus grand profit de leurs diplômes et de leur savants dialectique. Le temps n'est plus aux amulettes et aux pouvoirs miraculeux, mais il ne semble pas que les marabouts l'aient suffisamment compris. Comme les écoles coraniques, ils négligent la poussée de modernisme qui dirige de plus en plus les jeunes vers les sciences profanes. La grève récente des étudiants de la Zeïtouna de Tunis est sur ce point significative. Le réformisme, lui-même, d'ailleurs, n'a pu survivre dans le reste du monde musulman méditerranéen, à cet engouement pour l'étude, et seul le mouvement xénophobe et terroriste « Frères Musulmans » du cheikh Hassan el Banna a pu encore émouvoir le peuple par ses formules intransigeantes et révolutionnaires.

Déjà aussi les chefs traditionnels, caïds et pachas, s'inquiètent de la place que les nationalistes prennent dans la vie politique, grâce aux lettres patentes que ces derniers acquièrent dans les universités du Caire ou de Paris. Eux aussi, pour ne pas s'être rendu compte assez tôt que leur mission ne consistait plus seulement à faire révérer le glaive, connaîtront le jour où seuls l'instruction ou un tremplin électoral leur permettront d'affirmer leur qualité de chef.

Dès lors, quelle doit être notre mission ?

Ainsi que je l'ai indiqué au début de cette dépêche, la menace qui pèse sur l'Afrique du Nord est essentiellement d'ordre externe. Elle est le fruit d'une action conjuguée des leaders du Maghreb qui, profitant de l'ignorance de l'étranger à l'égard du problème politique et social de nos possessions d'outre-mer s'appliquent à dresser l'opinion mondiale contre le « colonialisme français ».

La première mission qui nous incombe consiste donc, semble-t-il, à rappeler aux puissances occidentales l'origine et la nature exacte de l'empire chérifien.

D'un État sans cesse divisé par la dissidence, et qui n'a jamais été, à la vérité, qu'une expression géographique sans unité nationale, la nation protectrice a forgé et placé sous l'obédience de la couronne un État chérifien unifié, disposant de rouages administratifs propres, le plus souvent, certes, dirigés par des Français – uniquement faute de pouvoir recruter actuellement des techniciens et administrateurs marocains confirmés – mais agissant tous pour le compte du Maghzen.

Bien plus, dans cette union de la France et du Maroc, tout a été mis au nom d'un seul conjoint : l'État chérifien.

Le Maroc, équipé sur le type des États modernes, grâce aux apports financiers et aux techniciens de la métropole, a, aujourd'hui, presqu'entièrement amorti sa dette. Il a, de ce fait, la pleine jouissance des édifices, routes, chemins de fer, ports, barrages, exploitations minières, réalisés par la France. Cette absence totale d'hypothèques constitue le gage le plus tangible de la bonne foi qui a guidé ici notre action.

Enfin, le législatif appartenant en toute exclusivité au Sultan, c'est bien à ce dernier, en définitive, que revient la direction des affaires de l'État. Il ne se fait pas faute, d'ailleurs, de rejeter tout dahir qui ne répond pas à ses propres conceptions en matière gouvernementale. Ses vizirs et leurs délégués auprès des Directions françaises pénètrent de plus en plus les arcanes de l'administration, cependant qu'au conseil du gouvernement, les délégués marocains sont particulièrement attentifs à la satisfaction de leurs vœux et participent ainsi directement à la gestion du territoire.

En dépit des apparences, l'État chérifien a donc déjà une physionomie qui lui est propre, en même temps qu'il jouit d'une certaine autonomie. L'opposition spectaculaire récente du Sultan à l'entrée d'un navire israélien dans un port de l'empire en est un irréfutable témoignage.

Sur le plan intérieur, persuadés qu'une dénonciation du traité de Fès entraînerait dans l'empire chérifien un chaos préjudiciable tant à la stabilité du trône qu'à l'équilibre des forces dans le bassin méditerranéen, notre mission se trouve de ce fait limitée au respect du *statu quo* et à la conduite de l'État protégé vers la capacité de s'administrer lui-même.

Deux éléments essentiels peuvent inspirer notre action : le Palais et l'intérieur.

Le premier semble décidé à poursuivre une politique d'indépendance dans le cadre même du traité. Mais l'ingratitude qu'il manifestait à l'égard de la nation protectrice peut être aujourd'hui tempérée par la crainte que lui inspire une tendance à la lutte des classes manifestés par certains de ses sujets. Comme l'aristocratie arabe du Proche-Orient, et faute de pouvoir, à son exemple, trouver un soutien à l'intérieur, il est probable qu'il va essayer de sauvegarder son trône en cherchant à s'appuyer sur les puissances occidentales hostiles au communisme. Il sait qu'en raison de la prépondérance des cités en matière politique, son territoire risque d'être entraîné par les groupements révolutionnaires des villes dans un vaste mouvement anti-sultanien répondant aux tendances ataviquement anarchiques d'une grande partie de son peuple. Ceci doit l'inciter, ainsi que je l'indiquais plus haut, à se rapprocher de l'extérieur et, vraisemblablement, de l'Amérique ou de la France. Il nous appartient de faire admettre pour voie diplomatique que nous sommes mieux placés que quiconque pour maintenir l'empire chérifien hors de l'emprise soviétique.

Si le Sultan ne pouvait parvenir à cette conclusion, que je m'efforce de lui faire admettre, il deviendrait nécessaire, en dépit des risques que cette initiative pourrait comporter, de préparer l'intérieur à une participation plus active et plus grande à la vie politique du pays. Ce serait le seul moyen peut-être d'apporter au sein des assemblées, des conseils et à l'extérieur, un contrepoids efficace à l'action du Palais et des nationalistes.

Là aussi, d'ailleurs, il convient de rappeler que la population marocaine dans son immense majorité ne s'est pas soumise au Sultan. C'est à la France seule qu'elle a confié le soin de conduire ses destinées et rien n'indique qu'elle accepterait demain de s'inféoder à une minorité orientale dont elle a toujours refusé l'autorité. Elle a trop présent à l'esprit le souvenir des exactions d'un Palais dont elle peut encore aujourd'hui, en bien des occasions, mesurer l'avidité pour penser qu'elle envisagerait sans rébellion une éventualité de ce genre. Il ne nous appartient pas, certes, de libérer ces forces de résistance – politiquement centrifuges – pour faire échec aux prétentions démesurées des nationalistes et de leurs supports étrangers. C'est précisément pour éviter le renouveau de luttes intestines inéluctables qu'il convient de différer le recours à une monarchie constitutionnelle.

Association plus grande des Marocains à la gestion de leur pays, remplacement progressif des fonctionnaires français par des fonctionnaires marocains ayant acquis le degré de formation nécessaire – et il est bien évident que c'est par le bas que s'opèrera d'abord cette substitution –, élargissement des collèges électoraux, des assemblées et conseils marocains en vue d'y faire entrer des éléments qui nous soient favorables, mais en gardant à ces conseils un caractère consultatif pour éviter la suppression de toute représentation française, tel doit être en résumé le but de notre action présente. Il m'est apparu indispensable de l'indiquer au Département comme élément d'une discussion que le Sultan ne manquera pas d'engager lors de son prochain voyage en France sur l'avenir du Protectorat et pour mettre en garde contre des mesures trop hâtivement prises que j'estime, pour ma part, aussi bien en Tunisie qu'au Maroc, inopportunes et contraires à l'intérêt national.

(Direction Afrique-Levant, Maroc, volume 76)

109

M. Dejean, Ambassadeur de France, Chef de la mission française
à Tokyo,
à M. Schuman, Ministre des Affaires étrangères[1].

T. n°ˢ 386-391.   *Tokyo, 2 mai 1950, 1 h.*

Réservé. Secret.   (*Reçu* : le 2, 0 h. 50)

1) J'ai eu aujourd'hui, 1ᵉʳ mai, un long entretien avec le général
MacArthur, qui n'avait invité à déjeuner en tête à tête.

2) Le commandant en chef des forces alliées est très préoccupé de la
situation générale en Asie, de la menace croissante du communisme,
de la pauvreté des forces qui peuvent lui être opposées sur place, de la
faiblesse des gouvernements créés depuis la guerre aux Indes, en Indonésie, Bornéo, Corée, Malaisie et aux Philippines, de la fragilité des
spéculations fondées sur la capacité de résistance de ces *nouveaux* États
aux mirages, infiltrations et aux poussées communistes. Selon lui, deux
fautes capitales ont été commises.

La première incombe au gouvernement américain qui n'a pas fourni
l'aide nécessaire à la Chine nationaliste. Ce serait l'erreur la plus grave
commise par les États-Unis en un siècle. Il faudrait peut-être (…)[2] effort
pour réparer si toutefois cela était possible.

La seconde a consisté à revendiquer dès le lendemain de la guerre
l'indépendance complète pour des peuples qui n'avaient pas atteint un
degré suffisant de maturité. Les régimes coloniaux avaient leurs avantages et leurs inconvénients. Mais ils assuraient l'ordre et la loi. Leur
suppression brutale a engendré le chaos politique et économique qui
est venu s'ajouter à l'appauvrissement général né de la guerre. Des
millions d'hommes sont hantés par la faim. Il est facile aux communistes de présenter les Blancs comme responsables de tous les maux.
Pour tous ces cas désespérés le drapeau rouge devient un signe de
ralliement. Ces conséquences auraient pu être évitées si l'accès des
peuples à l'indépendance avait été réglé suivant une progression raisonnable. À trop précipiter les choses, on a (…)[3] le vide et Moscou en
profite. Pratiquement, en face de l'URSS et de ses auxiliaires chinois,
il n'y a plus rien de solide en Asie, hormis le Japon.

Il est grand temps que la situation soit examinée dans toute sa gravité
par les puissances résolues à préserver le monde du communisme. À
la longue, il serait vain, en effet, d'espérer faire front en Europe si, dans

---

[1] Télégramme communiqué à la Présidence de la République, la Présidence du Conseil,
MM. Parodi, Clappier et de Bourbon-Busset.
[2] Lacune de déchiffrement.
[3] Lacune de déchiffrement.

le Pacifique, on assiste à l'effondrement de toutes les positions occidentales.

Dans un tel état d'esprit, le général MacArthur était tout disposé à reconnaître l'importance de la partie qui se joue en Indochine. Il a rendu hommage à la valeur de nos troupes et de leurs chefs, à l'effort fourni par la France, ainsi qu'à l'œuvre accomplie par notre Haut-Commissaire et par le général Carpentier. Mais il n'est pas étonné que jusqu'ici nous n'ayons reçu pratiquement des États-Unis aucune aide militaire. Vous avez contre vous, n'a-t-il dit, l'opinion d'hommes très honnêtes et sincères, mais ignorants des choses d'Extrême-Orient. Ces milieux estiment que les indigènes vous sont hostiles et que vous feriez mieux de les laisser se gouverner eux-mêmes. Ils refusent de voir que votre départ signifierait, non pas l'ordre, la liberté et l'indépendance, mais la guerre civile, la tyrannique domination étrangère. L'administration est obligée de tenir un certain compte de l'opinion de tels éléments, elle ne peut négliger non plus ceux qui évoquent les sommes dépensées en Chine sans résultat positif.

Le général MacArthur ne m'a pas caché que nous nous heurterions à bien d'autres difficultés. Il m'a assuré que, dans la mesure où il le pourrait, il serait toujours disposé à nous aider[1].

(Direction d'Asie-Océanie, Japon, volume 74)

110

M. Lévi, Ambassadeur de France à New Delhi,
à M. Schuman, Ministre des Affaires étrangères[2].

D. n° 372.   *New Delhi, 2 mai 1950.*

Cette ambassade ayant été saisie à plusieurs reprises au cours des semaines passées par diverses missions étrangères accréditées aux Indes de demandes de renseignements en ce qui concerne l'affaire de nos Établissements, j'ai cru devoir communiquer à certains de mes collègues étrangers la note ci-joint en annexe[3] qui se borne à rétablir la véracité des faits considérablement déformés par la presse locale.

---

[1] Dejean avait également eu un entretien avec Yoshida, le Premier ministre japonais. Celui-ci était inquiet des progrès des communistes en Asie et du désarroi dans lequel se tenaient les Occidentaux. Cela contrastait avec ses propos publics, où il se montrait beaucoup plus circonspect sur la question communiste (télégramme n°s 459-462 du 15 mai 1950 de Tokyo, non reproduit).

[2] Dépêche adressée à la direction d'Asie-Océanie. Note manuscrite : « *M. Olivier. M'en parler. C[ommuni]quer F[rance d']O[utre-] M[er], Def[ense] Nat[ionale], 6ème Bureau* ».

[3] Document non reproduit.

Certains journaux indiens tendant à présenter l'ajournement du référendum dans les Établissements du Sud comme le résultat de manœuvres dilatoires du gouvernement français, et nous imputant par ailleurs, à la suite de récentes déclarations des dirigeants indiens, en particulier le Dr. Keskar, la responsabilité du retard apporté à la conclusion du traité de cession de Chandernagor, j'ai jugé opportun de faire une mise au point sur ces questions.

Les organes locaux ayant au cours des derniers mois donné avec beaucoup de détails une version tendancieuse de tous les problèmes relatifs aux modalités de la consultation populaire qui ont fait l'objet d'échanges de vues entre les deux gouvernements, la révision des listes électorales, la proclamation d'une amnistie, la question du quorum, notamment, il m'a paru nécessaire d'aborder l'examen de ces divers points afin de prouver explicitement la bonne foi et l'esprit de conciliation dont le gouvernement français n'a cessé de faire preuve depuis la conclusion de l'accord de juin 1948.

Afin d'éviter d'engager avec Delhi une polémique dont les conséquences ne pourraient être que préjudiciables, j'ai bien entendu demandé aux représentations diplomatiques auxquelles j'ai transmis ce document de lui conserver un caractère confidentiel.

(Direction d'Asie-Océanie, Inde française, volume 12)

111

NOTE DE LA DIRECTION D'EUROPE
(Sous-direction d'Europe orientale)

État actuel des rapports franco-soviétiques

N. n° 395.   *Paris, 3 mai 1950.*

Les rapports franco-soviétiques sont soumis depuis de nombreuses années à une sorte de loi d'alternance : à des périodes de rapprochement et d'entente succèdent des phases de refroidissement sinon d'hostilité marquée. Au pacte franco-soviétique de 1935 fait suite le pacte germano-soviétique de 1939, après le traité d'amitié et d'assistance de 1944 on assiste en 1950 à la reconnaissance d'Hô Chi Minh.

I – Données générales.

À l'heure actuelle, les rapports franco-soviétiques se trouvent dans une phase particulièrement négative.

En Europe, les deux points de friction essentiels sont le Plan Marshall et la question allemande.

Hostile à toute forme de groupement occidental qu'elle considère inévitablement comme une menace, l'URSS a refusé en juillet 1947 de s'associer à l'œuvre de reconstruction européenne préconisée par M. Marshall[1]. Depuis cette date, elle-même, par tous les moyens, la lutte contre la coopération des nations occidentales, où elle prétend voir une coalition dirigée contre elle. Rien n'indique que la position soviétique en ce domaine doive se modifier prochainement.

À l'égard de l'Allemagne, et bien que la France ait longtemps essayé d'éviter la cristallisation des alliés de la guerre en 2 blocs hostiles, la politique soviétique n'a tenu pratiquement aucun compte des engagements du pacte de 1944. Ayant annexé directement ou indirectement des provinces essentielles de l'Allemagne, l'URSS s'est toujours refusé à appuyer le principe d'une autonomie de la Sarre ; elle n'a défendu en 1947 celui de l'internationalisation de la Ruhr, que pour étendre, par le jeu du veto, son influence jusqu'au cœur de la puissance industrielle allemande ; de même ses demandes en matière de réparations (créance de 10 milliards de $ sur la production courante) visaient à lui donner pendant 20 ans une hypothèque sur toute l'économie allemande. L'URSS cherche à contrôler l'Allemagne pour, par ce biais, dominer l'Europe occidentale. Ici également, les chances de rapprochement apparaissent minimes.

En Asie et en Afrique, la politique russe heurte de front les positions françaises. La conquête de la Chine par Mao Tsé-Toung ouvre à l'URSS des perspectives nouvelles.

Son action pour la « libération des peuples opprimés » se développe désormais sur le plan concret de l'appui en armes et en bonnes et non plus seulement sur celui de la propagande. Répondent à une demande d'Hô Chi Minh, le gouvernement soviétique a reconnu le gouvernement de la république du Viêtnam. La note de protestation du gouvernement français contre cet acte d'hostilité à l'égard de l'Union française a été renvoyée par l'ambassade de l'URSS pour bien montrer qu'aux yeux du gouvernement de Moscou, la France ne représente plus rien au Viêtnam.

Depuis cette date, on assiste à un renforcement des unités du Viêt-Minh, Hô-Chi-Minh annonçant « l'offensive générale » par l'année 1950 et la manifestation officielles d'amitié entre l'URSS et le Viêt-Minh sont nombreuses : en dernier lieu, une délégation de la « république du Viêtnam » a défilé à Moscou dans le cortège du 1er mai.

En Afrique, l'action soviétique ne poursuit surtout par l'intermédiaire de groupements para-communistes comme le Rassemblement démocratique africain, cependant que le parti communiste français se prononce pour la suppression de toute présence française notamment en Afrique du Nord.

---

[1] Voir les nombreux documents dans le *DDF*, 1947-II.

Sur le plan mondial, l'URSS et la France se trouvent encore opposées en ce qui concerne le traité de l'Atlantique-Nord. La conclusion de cet accord défensif le 4 avril 1949 a été considéré par Moscou comme une menace d'agression et a servi de prétexte pour déclencher à l'intérieur des pays participants par le moyen des partis communistes une campagne de dénigrement et de sabotage sous le vocable de la « défense de la paix ».

« Dans chaque nation, il y a deux nations » disait Lénine qui, comme Maurras, distinguait le « pays légal » du « pays réel ». L'URSS professe pour le peuple français, le « peuple de Maurice Thorez », une amitié agissante ; elle manifeste une vive répulsion pour le gouvernement et les institutions actuelles de la France. Une détente franco-soviétique ne pourrait intervenir que dans le cadre d'une détente générale. C'est pourquoi la politique française, tant en 1949 dans l'affaire de Berlin, qu'actuellement à l'égard des projets de réarmement allemand, prend soin d'éviter tout ce qui peut accroître une tension dont elle ne paraît pas responsable.

II – Questions particulières.

a) *Rapatriement des prisonniers.*

Depuis la dissolution de la mission Marquié le 9 décembre 1947, les autorités soviétiques ont opposé aux interventions de l'ambassade une attitude de résistance passive. Sur 950 demandes présentées par M. Chataigneau, 70 seulement ont obtenu des réponses[1]. Sur ces 70 réponses, 68 étaient négatives. L'attitude du gouvernement soviétique s'explique en partie par le fait que de nombreux citoyens soviétiques résidant en France ou en zone française d'occupation n'ont pu être rapatriés en URSS étant donné à leur refus formel de bénéficier de ce droit. L'ambassade continue à intervenir activement dans tous les cas qui lui sont signalés.

b) *Négociations commerciales.*

Les négociations commerciales engagées à Moscou le 25 juin 1949, entre experts français et soviétiques, se sont prolongées jusqu'au 25 septembre sans aboutir à un accord. Les difficultés furent, d'une part, le refus soviétique d'envisager des livraisons de manganèse et d'amiante, d'autre part, le refus de la délégation française de consentir à la vente de pétroliers demandés par l'URSS. En l'absence d'un accord, les relations commerciales se développent sur la base de la compensation. Depuis le 1er décembre dernier, des contrats d'une valeur globale d'un milliard de francs environ ont été approuvés.

---

[1] Voir document n° 87.

c) *Église Saint-Louis des Français.*

L'église Saint-Louis des Français, l'unique paroisse catholique de Moscou, est desservie normalement par un prêtre français. Le titulaire actuel, le R.P. Thomas, se trouve menacé d'être expulsé de l'église. Son permis de séjour n'a pas été renouvelé le 7 mars dernier et un prêtre soviétique, d'origine mal définie et de renommée étrange encore, L'abbé Boutorovitch, semble bien décidé à déloger le P. Thomas. L'éviction du prêtre français serait d'autant plus choquante qu'un certain nombre de prêtres orthodoxes titulaires du passeport soviétique exercent librement en France.

III – Événements notables en URSS.

Le 12 mars dernier ont eu lieu en URSS les élections du Conseil suprême et du Conseil des Nationalités. Ces deux assemblées constituent le Parlement soviétique.

Le Conseil suprême est composé de représentants de la population, le Conseil des Nationalités de représentants des différentes Républiques fédérales. Ils sont tous élus au suffrage universel et leur nombre total s'élève à 1315. Les premières élections avaient eu lieu en 1937 sur la base de la constitution adoptée en novembre 1936, les deuxièmes retardées par la guerre, ont eu lieu en février 1946. Le Parlement soviétique comprend essentiellement les catégories de personnes suivantes : 1) les principaux membres du Bureau politique ; 2) un très grand nombre de dirigeants communistes régionaux ou locaux y compris 14 ministres de la Sécurité d'État de presque toutes les Républiques fédérées ; 3) quelques intellectuels un nombre d'ailleurs décroissant par rapport aux élections précédentes ; 4) des députés, ouvriers et paysans, les premiers étant normalement des stakharovistes, les accords des chefs de kolkhozes. À l'exception du maréchal Staline, Président du Conseil des ministres, des 14 Vice-Présidents du Conseil et du maréchal Vassilievski, ministre des Forces armées, aucun des nombreux ministres constituent le gouvernement de l'URSS, notamment M. Vychinski, ne sont membres du Parlement soviétique.

(Direction d'Europe, URSS, volume 152)

112

Note du Département

Le problème d'Indochine et la conférence de Londres

N.   *Paris, 3 mai 1950.*

La conférence qui s'ouvre le 11 mai à Londres porte sur des sujets dont l'actualité n'échappe à personne. Tous ont leur importance, aucun peut-être ne revêt dans l'immédiat une gravité plus grande, et n'appelle de solution plus pressante que le problème d'Indochine. Aussi bien, le fait que l'ordre du jour de cette conférence, concerne en particulier « l'Indochine dans le cadre du problème général de l'Asie du Sud-Est » permet d'espérer que là est l'occasion de faire enfin franchir à la crise indochinoise une étape décisive.

Or, l'initiative d'une discussion sur un pareil sujet appartient à la France. Parvenus au seuil de ce débat que nous avons suscité, il importe maintenant de se demander si nous sommes en mesure de lui imprimer l'impulsion nouvelle qui permettra de dégager des solutions véritablement constructives. Car de la façon dont nous aurons su jouer ce rôle de promoteur, va dépendre l'échec ou le succès de ces conversations.

En d'autres termes, nos chances de succès seront liées à la façon dont nous aurons conçu et présenté nos thèses. Si celles-ci expriment un programme d'ensemble vivant, cohérent, novateur, dégageant le problème indochinois de son aspect étroitement français, pour venir l'insérer dans le cadre d'une action commune des Alliés en Asie du Sud-Est, nous aurons alors répondu à l'attente de nos partenaires anglais et américains. Ceux-ci se montreront donc d'autant plus disposés à considérer l'Indochine comme l'un des bastions les plus importants du front anticommuniste en Extrême-Orient que nous aurons nous-mêmes su, en élevant le débat, les intéresser réellement à l'action que nous poursuivons dans cette partie du monde.

***

Est-ce à dire que jusqu'à ce jour les dirigeants de Londres et de Washington n'aient pas saisi le sens et la portée du drame qui se joue actuellement dans la péninsule indochinoise ? Sont-ils demeurés indifférents à nos efforts pour endiguer la marée communiste qui menace de submerger cette région de l'Asie ? Certes non.

Ce combat, ils en mesurent toute la profonde gravité, ils en suivent les phases avec une anxiété croissante.

Et cependant, alors que le temps presse et que les charges qui pèsent sur nous deviennent chaque jour plus difficiles à supporter pour notre pays, nos demandes concernant une aide politique, économique et militaire n'ont encore fait l'objet d'aucune décision définitive de la part de nos alliés américains. Saisi de l'appel lancé par le gouvernement français, Washington fait preuve d'hésitation sinon de réticence.

En présence d'une telle attitude, il est temps de se demander si les arguments jusqu'ici développés à nos interlocuteurs d'outre-Atlantique sont bien les plus propres à entraîner l'appui massif et déterminé que nous sollicitons. Ces arguments, quels sont-ils ? Dès l'ouverture de la négociation concernant l'aide à l'Indochine, la position française se fixait d'une façon fort rigide.

Nous avons, dès l'abord, séparé deux problèmes : d'une part, l'aide que nous sollicitons, et d'autre part, notre politique à l'égard des États associés. Autrement dit nous avons au départ marqué d'une façon fort nette notre volonté de ne pas voir l'octroi de l'aide américaine réagir sur la doctrine politique sur laquelle est basée notre action en Indochine. Les accords passés en 1949 avec les États associés constituent les fondements de cette doctrine. Ces textes, qui à notre sens ont consacré l'indépendance des États associés dans le cadre de l'Union française, ont à nos yeux réglé l'aspect politique de la crise indochinoise. Dans cet esprit, nous ne nous sommes pas fait faute de répéter à nos partenaires américains que remettre en question les accords passés serait créer un état de confusion tel que l'avenir du système si laborieusement édifié en Indochine s'en verrait dangereusement compromis. Nous avons en outre souligné à chaque occasion que, juges particulièrement qualifiés des problèmes indochinois, nous n'entendions pas nous laisser influencer dans ces domaines par une quelconque pression étrangère, fut-ce celle d'une puissance amie. Au surplus, ajoutaient nos négociateurs, le sang français qui chaque jour coule pour la défense du territoire indochinois, est un titre suffisant pour justifier la présence et le développement de l'action française en Indochine, en pleine indépendance de cause. Dans ces conditions, tandis que nous sollicitions du gouvernement américain une aide massive et immédiate sur le plan matériel, nous marquions cependant que l'aspect doctrinal des affaires d'Indochine relevait de notre seule compétence et que nous préférions abandonner la partie plutôt que d'accepter que l'octroi de cette aide fut lié à une éventuelle révision de notre position politique. Au gouvernement américain de saisir l'intérêt commun qui s'attache à la défense de l'Indochine, et surtout à lui de croire en la réalité et l'avenir du statut des États associés ; partant, à lui d'estimer comme nous que le problème indochinois est avant tout militaire et non pas politique.

Or, si depuis bientôt trois mois les dirigeants de Washington font preuve de tant d'embarras et de perplexité avant de s'engager à fond à nos côtés, n'est-ce pas précisément parce qu'ils ne sont pas absolument convaincus de la valeur et de l'avenir du système mis en œuvre par les accords passés avec les États associés ? Partagés, d'une part, entre leur traditionnel et instinctif sentiment anticolonial, et d'autre part, leur désir de dresser un barrage contre le communisme, ils sont disposés à participer activement à la construction d'un tel barrage, pourvu toutefois qu'ils soient assurés que sous le couvert de l'anticommunisme ne se dissimule pas une entreprise tendant à faire litière des nationalismes asiatiques et à ne leur accorder qu'une indépendance de façade. Or, consciemment ou obscurément, c'est bien ce qu'ils pressentent en Indochine. Le statut des États associés tel qu'il est défini par les accords récents est loin de satisfaire pleinement tant les gouvernants américains que leur opinion publique.

L'échec retentissant de la politique américaine en Chine est encore trop récent, l'amertume et la désillusion qu'en a ressenti l'ensemble de la nation américaine sont encore trop cuisantes pour que gouvernants et gouvernés ne soient pas tentés d'établir un fâcheux parallèle entre l'aide que sollicitait Tchang Kaï-chek et nos propres demandes de secours. À tort ou à raison, l'indépendance concédée aux trois nouveaux États leur rappelle par trop les réformes démocratiques sans cesse promises par le dictateur nationaliste tandis que beaucoup inclinent à croire que Hô Chi-Minh représente les aspirations nationales de la plus large fraction de la population. En d'autres termes, si l'aspect militaire du problème n'échappe pas aux Américains, ils ne peuvent se résoudre à se désintéresser des solutions politiques qui, à notre sens, ont tranché le débat. Ces solutions n'ont pas toute leur confiance ; ils croient y déceler trop d'arrière-pensées de notre part, trop de réticences inavouées, trop de colonialisme caché, pour soutenir franchement un système qui, basé sur des conceptions à leur sens périmées, risque un jour ou l'autre d'être emporté dans les violents remous qui agitent en ce siècle les peuples de l'Asie. Ouvertement ou secrètement, ils déplorent la sensibilité extrême dont nous faisons preuve chaque fois qu'ils semblent mettre en doute la réalité et la solidité de la construction issue des récents accords et chaque fois que nous croyons sentir une pression de leur part pour que soit modifiée telle ou telle partie de cet édifice. Ils regrettent aussi que, non contents de considérer l'évolution intérieure du problème indochinois comme la « chasse gardée » du gouvernement français, nous ayons une fois pour toutes figé et bloqué le débat par notre volonté maintes fois manifestée de tenir les accords récemment ratifiés comme l'aboutissement final, la halte définitive de l'évolution du statut des États associés.

Ainsi les États-Unis, portés de par leurs traditions et leur instinct à s'ériger en protecteur des peuples en marche vers leur indépendance, se voient demander un appui spectaculaire en faveur d'un système auquel ils ne croient pas, tant il leur paraît n'être qu'une version quelque peu élargie des vétustes formules des traités coloniaux. Qui plus est ce système leur est présenté avec une rigidité et une intransigeance telles qu'elles ferment à nos interlocuteurs tout espoir d'une évolution ultérieure vers des concepts plus souples. La lutte contre le communisme, tel est le seul argument positif qui soit avancé par nous et qui nous paraît justifier pleinement une action commune. Le reste, c'est-à-dire l'avenir politique des États associés, est une affaire qui ne concerne que la France et dans laquelle nous ne saurions admettre ni suggestions, ni ingérences étrangères.

Sont-ce là les conceptions originales, rénovées, vivantes que nos amis américains étaient en droit d'attendre de notre génie créateur ? Est-ce là la meilleure façon de présenter une thèse qui, au lieu de faire preuve de la souplesse qu'impose la marche rapide des événements, apparaît plutôt comme une construction de juristes enfermés dans un formalisme étroit. Et surtout espère-t-on véritablement que le gouvernement des États-Unis doutant lui-même de l'avenir de nos solutions politiques de la crise, puisse réussir à convaincre le Congrès de nous accorder le soutien tant politique que matériel qui engagera l'Amérique sans rémission à nos côtés ? Car, en définitive, et c'est là un aspect essentiel de la question, c'est au Congrès qu'il appartient de voter les crédits nécessaires pour le financement d'une aide économique et politique à long terme. Or ce serait mal connaître la psychologie de nos amis d'outre-Atlantique que de s'imaginer qu'un gouvernement dont l'opinion publique ressent encore profondément l'amertume de l'échec subi en Chine, prendra le risque d'engager son pays à jouer sur ce qu'il pressent être à nouveau un mauvais cheval. Ou bien, et pour apaiser sa conscience, se bornera-t-il à nous accorder une aide limitée d'une dizaine de millions de dollars, ce qui comparé aux 225 millions de dollars que représentent nos besoins minima, n'apportera qu'un soutien symbolique à notre corps expéditionnaire et sans que nous en ayons retiré de profit nous placera moralement dans une position de débiteur, ou bien demeurera-t-il tout simplement dans l'expectative et en cas de désastre aura beau jeu exciper de l'optimisme que nous affichons sur le plan militaire pour nous accuser d'avoir failli à notre tâche et d'avoir fait preuve d'incapacité dans l'accomplissement de notre mission ?

Ainsi, il serait vain de nous le dissimuler, l'aide américaine, telle que nous la sollicitons, a dans la conjoncture présente, peu sinon aucune chance de nous être accordée.

Dans ces conditions, le problème est de savoir l'importance exacte que nous attachons à l'attribution de cette aide. Autrement dit, l'alternative est la suivante : l'aide américaine est-elle oui ou non indispensable pour nous permettre de poursuivre avec des chances de succès l'effort que nous soutenons en Indochine ?

Dans la première hypothèse, le débat ne pose aucun problème ; si nous estimons que sur le plan militaire nous sommes en mesure d'assumer par nos propres forces les charges qu'impose la conduite de la guerre et de poursuivre victorieusement notre action jusqu'à la pacification, nous pouvons dans ce cas considérer d'un cœur léger la tournure actuelle des négociations. Peu soucieux de leur issue parce que confiants en nos possibilités, nous sommes fondés à maintenir la question indochinoise dans les limites d'un problème purement intérieur à l'Union française et à mener notre action sans tenir compte des réactions étrangères.

Mais si tel n'est pas le cas, et s'il est vrai au contraire que la France n'est plus en mesure de faire face plus longtemps aux sacrifices qu'elle consent depuis plus de quatre ans pour la guerre d'Indochine, la question de l'aide américaine revêt alors un tout autre aspect. Or, disons-le tout de suite, le tableau de la situation sur le plan militaire est loin d'être réconfortant. Deux éléments en effet devraient nous inspirer les plus vives inquiétudes : de notre côté, l'amenuisement à brève échéance du potentiel de guerre de notre corps expéditionnaire ; dans le camp de l'ennemi, l'augmentation probable de ce même potentiel en raison de l'aide fournie par les communistes chinois. L'importance décisive de chacun de ces facteurs mérite qu'on s'y arrête un instant.

Le matériel dont est doté le corps expéditionnaire français est parvenu à l'extrême limite de ses possibilités d'utilisation. Si l'on considère que ce matériel qui depuis plus de quatre ans est utilisé au maximum sur un terrain particulièrement difficile a en outre auparavant subi l'épreuve des campagnes d'Allemagne et d'Italie, on comprend aisément qu'il arrive aujourd'hui à bout de souffle. Nos soldats ont, par leurs remarquables qualités, su tirer le meilleur profit d'un armement vétuste. Leur ingéniosité toutefois ne saurait accomplir l'impossible.

La situation est telle aujourd'hui que, si une aide américaine massive n'intervient pas dans le délai le plus rapide, le potentiel de guerre du corps expéditionnaire subira un effondrement complet à la fin de cette année ou au début de 1951. L'évacuation de l'Indochine sera alors la seule possibilité qui nous restera ouverte.

Le besoin de rénovation de notre matériel est illustré d'une manière frappante lorsque l'on considère que même si les demandes soumises par nous au gouvernement américain et dont la valeur totale s'élève à plus de 225 millions de dollars, étaient satisfaites, le rendement de nos unités ne subirait pas un accroissement sensible.

Au demeurant, l'aide américaine telle qu'elle est sollicitée actuellement aura pour effet non pas d'augmenter les moyens dont disposent nos troupes, mais de prévenir une chute de ces moyens.

Tandis qu'un tel affaiblissement menace de paralyser dans un avenir prochain notre action militaire, la situation nouvelle créée à la frontière sino-indochinoise par l'arrivée des communistes chinois risque d'altérer davantage encore et à notre détriment le rapport des forces. Des indices de plus en plus nombreux prouvent en effet que la collusion sino-viêt-minh se développe activement. Le territoire chinois est devenu pour les rebelles un précieux refuge ; libres de s'y regrouper et de s'y réorganiser, ils en reçoivent en outre un important soutien en matériel. Les armes lourdes (canons de 75 et mortiers de 120) dont les unités viêt minh ont fait usage au cours des derniers engagements sont en particulier l'une des manifestations les plus inquiétantes de cette collusion.

Dans l'état actuel des choses, l'aide chinoise aux partisans d'Hô Chi Minh n'a, il est vrai, pas encore revêtu une ampleur susceptible de menacer gravement notre dispositif de défense au Tonkin. Les quelques 44 bataillons français qui tiennent cette région conservent encore l'initiative des opérations. Mais il serait vain de se leurrer. Le calme relatif qui règne dans ces confins ne saurait constituer la preuve de l'impuissance de nos ennemis. La haute région tonkinoise constitue pour ceux-ci un enjeu d'une importance trop capitale pour qu'ils puissent admettre d'en perdre le contrôle. Contrôler le Tonkin, c'est pour le Viêt-Minh non seulement maintenir ses communications ouvertes avec la Chine communiste, mais c'est aussi résoudre le grave problème de son ravitaillement en riz. Or, la libération du delta tonkinois par les troupes françaises a précisément privé les hommes d'Hô Chi-Minh de ce ravitaillement.

La situation alimentaire est de ce fait devenue critique dans les zones rebelles. Tout porte à croire, dans ces conditions, que les dirigeants du Viêt-Minh ne se résigneront pas à laisser la famine menacer leur armée et les populations sous leur contrôle sans réagir vigoureusement. Cette contre-offensive, le Viêt-Minh peut la déclencher avec des chances indéniables de succès, pour peu que l'aide fournie par les communistes chinois prenne une ampleur suffisante. Or, il n'y a aucune raison de penser que les gouvernants de Pékin refuseront d'accorder à leurs frères en lutte contre « l'impérialisme étranger » le soutien nécessaire au triomphe de la cause commune, soutien non seulement en matériel mais aussi en cadres et en hommes. Car ceux qui considèrent pour justifier leur optimisme que la Chine ne saurait prendre le risque de déclencher un troisième conflit mondial en intervenant d'une façon spectaculaire aux côtés d'Hô Chi Minh, se font à notre sens de dangereuses illusions. Dans cette région de marches que constituent les confins sino-indochinois, rien n'est plus malaisé que de distinguer entre eux les nombreux groupements ethniques qui chevauchent de part et d'autre du tracé de la frontière. Qui pourra, dans ces conditions, distinguer un Chinois du Kouangsi d'un Tho de la haute région quand tous deux se mêleront dans un même combat. Et comment pourra-t-on jamais prouver que le ravitaillement en armes qui filtre par la frontière de Chine constitue autre chose que la continuation de ces activités de contrebande frontalière, aussi anciennes que l'histoire même de ces régions. Il n'est que de considérer l'intense trafic d'armes qui s'effectue par la frontière thaïlandaise pour concevoir que, à l'exemple de Bangkok, Pékin aura beau jeu à repousser les accusations d'intervention en arguant de l'impossibilité de faire exécuter ses ordres dans ces provinces reculées.

Ainsi tout porte à croire que le jour ne saurait tarder où le Viêt-Minh puissamment renforcé par l'aide reçue de ses alliés chinois tentera dans un violent effort de nous arracher le contrôle du Tonkin. Déjà se manifestent les signes avant-coureurs de cette prochaine offensive. La recrudescence des activités terroristes en Cochinchine au cours de ces dernières semaines n'est rien d'autre en effet qu'une manœuvre de l'ennemi pour créer dans le sud un abcès de fixation qui, en immobilisant nos réserves, nous empêche de renforcer notre dispositif de défense à la frontière Nord. D'ores et déjà le résultat de ces opérations cependant limitées est tel que <u>nous avons perdu en Cochinchine l'initiative des opérations et que les efforts de deux ans de pacification dans cette région se trouvent compromis.</u>

Rien, dans ces conditions, ne nous autorise à l'optimisme officiel que nous affichons vis-à-vis de nos interlocuteurs américains. Bien au contraire car si l'orage qui s'amoncelle dans le ciel d'Indochine ne s'est pas encore déchaîné, chaque jour qui passe nous rapproche de l'heure où s'engagera la partie décisive du drame. Cette partie met en jeu non seulement le sort de l'Indochine, mais celui du Sud-Est asiatique tout entier et par là même décidera de la paix ou de la guerre dans le monde. Car le jour où les défenses françaises s'écrouleront au Tonkin, le dernier rempart contre la marée communiste en Extrême-Orient se sera alors abattu. Il sera trop tard pour songer à en bâtir un autre. Sur ce terrain fluide et mouvant qu'est l'Asie, la désagrégation d'un système une fois commencée se propage de proche en proche avec une rapidité extrême. Ainsi la vague communiste rompant la frêle barrière des poitrines françaises risque de déferler à travers la Birmanie, la Malaisie, le Thaïlande et les Indes pour venir s'abattre aux portes de l'Islam. Ce jour là, la troisième guerre mondiale aura commencé.

Est-il besoin d'ajouter qu'en présence d'une telle menace l'octroi d'une puissante aide américaine revêt une importance décisive. Elle seule peut nous permettre d'endiguer la poussée communiste. Si elle nous était refusée nous n'aurions plus qu'à procéder au rapatriement de notre corps expéditionnaire, exposé sans appel à un désastre militaire total.

Il n'est que temps dans ces conditions de mettre tout en œuvre pour enlever dans les plus brefs délais une décision américaine nous octroyant l'appui militaire, économique et politique sans réserve qu'impose la gravité de la situation. Cette décision, nous devons l'obtenir à l'occasion de la conférence de Londres. Promoteur du débat, il nous appartient désormais de lui donner une impulsion nouvelle en y apportant les solutions originales et constructives qui rallieront à nos côtés nos alliés anglo-saxons. Le moment est venu de repenser le problème dans son ensemble et partant de réviser nos positions initiales.

Les négociations qui vont s'ouvrir doivent donc être engagées de notre côté sur des bases nouvelles. Ces bases quelles sont-elles ?

En premier lieu, il convient de distinguer nettement dans notre esprit, d'une part, les thèses développées par nous aux Américains et, d'autre part, l'application de notre doctrine politique à l'égard des États associés. Les unes ne doivent pas obligatoirement réagir sur l'autre. Jusqu'à ce jour nous avons considéré que ces deux questions étaient liées et que les positions prises par nous dans nos négociations avec Washington devaient nécessairement nous engager à l'égard des États associés et par conséquent influer sur la doctrine politique qui préside à notre action en Indochine. D'où notre circonspection et notre intransigeance dès que nos interlocuteurs faisaient mine de nous amener à modifier nos points de vue sur le plan doctrinal. Or, sans vouloir faire preuve de machiavélisme, il n'est pas contradictoire de présenter nos thèses suivant un jour différent selon que nous nous adressons aux Américains ou que nous nous trouvons en face des États associés. Autrement dit, ce que nous pouvons laisser entendre à Washington peut être passé sous silence à Saigon.

Car les mêmes arguments ne sauraient convenir aux psychologies si différentes des peuples américain et indochinois.

S'il convient donc de développer certains thèmes au gouvernement américain, il importe tout d'abord d'en abandonner d'autres aussi inefficaces que dangereux. En particulier, déclarer à nos alliés que, si une aide américaine substantielle et immédiate ne nous est pas accordée, les autorités françaises cessent de poursuivre la lutte faute de moyens suffisants, constitue un argument qu'il nous faut délibérément écarter. Le peu d'écho qu'il a rencontré chez nos interlocuteurs chaque fois que nous avons cru devoir l'utiliser devrait suffire à nous éclairer sur sa portée réelle. Outre qu'il risque d'apparaître comme une manœuvre de chantage, ce point de vue ne saurait être pris en sérieuse considération par les dirigeants d'outre-Atlantique. Ceux-ci ne manqueront pas de nous rétorquer, à juste titre d'ailleurs, qu'aucun gouvernement français, à moins qu'il ne soit communiste, n'osera prendre la responsabilité de décréter l'évacuation de l'Indochine s'il n'y est pas contraint par un désastre militaire retentissant. Les auteurs d'une telle décision en seraient comptables non seulement devant la nation tout entière, mais aussi devant l'Histoire.

En second lieu répéter, comme nous ne cessons de le faire, que s'aventurer trop avant dans la voie des concessions politiques aux États associés risque d'affecter gravement le moral de nos soldats qui auraient alors l'impression de se battre pour une cause qui leur est étrangère, ne peut que nous desservir auprès des dirigeants et de la masse du peuple américain. Car, dans leur esprit, cela revient à dire que la guerre que nous poursuivons constitue bien une entreprise colonialiste puisque nos troupes n'acceptent de combattre que dans la mesure où elles sont assurées de préserver un patrimoine et des intérêts essentiellement français. Or il nous faut précisément éviter toute attitude empreinte de ce colonialisme si suspect aux Américains.

Enfin, il ne sert à rien de présenter nos demandes d'assistance en les accompagnant de commentaires optimistes sur l'efficacité de notre action militaire. Réclamant d'une part une aide immédiate et massive, nous affirmons de l'autre qu'en dépit de l'urgence de nos besoins la situation demeure sous notre parfait contrôle. Il y a là un paradoxe qui rappelle étrangement Tchang Kaï-chek couvrant ses appels au secours de la clameur de ses communiqués sans cesse victorieux. Nos alliés seront d'autant plus portés à nous venir rapidement en aide si nous leur dépeignons franchement une situation qui, sans être désespérée, n'en est pas moins fort alarmante.

Le tableau qu'il nous appartient de brosser ne doit paraître ni rose, ni noir, mais plutôt gris foncé.

Si tels sont les arguments qu'il convient d'éliminer, il importe cependant de donner à nos thèses un aspect positif. Nous n'y parviendrons qu'en abordant le problème dans un esprit nouveau.

Tout d'abord il nous faut nous rendre à Londres décidés à avoir avec nos alliés une explication franche et loyale sur le fond du problème indochinois et non pas seulement sur l'aspect purement militaire de la question. Car, quelle que soit notre insistance, nous ne parviendrons jamais à obtenir que nos partenaires nous fournissent un appui matériel efficace en se désintéressant des solutions politiques apportées par nous à la crise indochinoise.

En proposant à nos amis le tour d'horizon sincère qu'ils souhaitent effectuer de concert avec nous, en évoquant franchement avec eux tous les aspects du problème, nous aurons dissipé le malaise et l'équivoque qui paralysent depuis plusieurs mois les négociations engagées.

C'est donc un climat nouveau et détendu qu'il importe avant tout de créer.

Ce climat de confiance, nous pouvons le susciter dès l'abord en prenant certaines initiatives spectaculaires qui apparaîtront comme les gages d'une politique novatrice. Pour donner à ces initiatives toute la portée morale nécessaire, il importe de les réunir dans le cadre d'une déclaration d'intention, formule la plus apte à frapper les esprits.

La France doit en premier lieu affirmer sa volonté solennelle d'acheminer les nouveaux États associés vers la plus large indépendance. Elle doit prouver que l'application des récents accords constitue une première mais nécessaire étape dans la voie qui mène à cette indépendance. Comme preuve, le gouvernement français n'en veut que l'interprétation libérale qu'il est décidé à donner à ces textes. En conséquence, il annonce sa décision de prendre dans l'immédiat les mesures suivantes :

1) Suppression des clauses qui, sur le plan extérieur, paraissent constituer des restrictions à la souveraineté des États associés. Dans cet esprit, les dispositions des traités limitant le droit de légation active de ces États sont abrogées. Les trois souverains intéressés pourront donc accréditer des représentants officiels auprès de tout gouvernement étranger.

2) Les affaires d'Indochine sont soustraites à la compétence du ministère de la France d'outre-mer et rattachées désormais soit au ministère des Affaires étrangères, soit à un ministère spécial créé à cet effet.

3) Les souverains des États associés enverront sans tarder des représentants officiels à Paris qui, ayant prérogatives de plénipotentiaires, auront compétence pour traiter avec le gouvernement français les questions d'intérêt commun, en attendant que le Haut-Conseil de l'Union française ait été mis en place.

4) Le gouvernement français prend sans délai toutes les mesures nécessaires pour la mise en place à brève échéance du Haut-Conseil de l'Union française où les représentants des États associés siégeront sur un pied d'égalité avec le gouvernement français.

Enfin, le gouvernement français annonce qu'une fois la pacification intervenue et la structure tant politique qu'économique et militaire des États associés suffisamment étayée, _les troupes françaises cesseront d'occuper le territoire indochinois et se retireront sur les bases que leur concèdent les accords_.

Ces positions de principe étant clairement définies, il importe de souligner à nos interlocuteurs que si nous estimons inutile de procéder à une déclaration sur le caractère évolutif des accords, c'est précisément parce que ces accords portent en eux les germes d'une telle évolution. Autrement dit, s'il ne saurait être question de remettre en cause les traités passés avec les États associés, c'est non pas parce qu'ils constituent les fondements intangibles de la présence française en Indochine mais bien parce qu'ils sont par eux-mêmes un point de départ vers des échappées nouvelles ouvertes aux trois nouveaux États.

En un mot, il s'agit de démontrer que les accords ne fixent pas notre position d'une manière définitive, mais que nous avons au contraire l'intention de les adapter avec souplesse dans l'application et l'interprétation à la marche rapide des événements.

Exposant les résultats déjà obtenus dans les domaines intérieur (transferts de compétence, mise sur pied des armées nationales, etc…) et internationaux (reconnaissance des États associés par de nombreuses puissances, participation de ces États aux conférences internationales, etc…) il nous faut affirmer notre volonté d'aller toujours plus loin dans le sens du renforcement de l'autorité intérieure et extérieure de ces États. Mais en même temps nous devons persuader nos interlocuteurs que si notre bonne volonté et notre sincérité ne sauraient être mises en doute pour l'avenir, dans l'immédiat le combat que nous soutenons n'a pas tant pour objet d'assumer la défense d'intérêts strictement français que d'opposer une barrière à la marée communiste qui menace de déferler non seulement sur l'Asie mais aussi sur le monde occidental. Telle est la justification de notre présence en Indochine, telle est l'entreprise à laquelle nous demandons à nos alliés de s'associer.

Si donc notre système leur paraît non seulement défendre la cause des peuples de l'Indochine mais aussi celle des nations libres de l'Occident, qu'ils viennent se ranger à nos côtés, car nous sommes prêts à faire de l'ensemble du problème indochinois non pas seulement une

affaire intérieure à l'Union française mais aussi une question internationale.

Mais disposés à élever le débat, nous ne serons en mesure de le faire
que si nos partenaires anglo-saxons nous suivent résolument sur ce
terrain. Ils doivent de leur côté proclamer hautement et leurs intentions
et leur entière adhésion à nos vues. Ce sera donc à notre tour de leur
demander une déclaration d'intention en réponse à la nôtre. Une telle
déclaration devra affirmer l'intérêt primordial qu'ils attachent à la
défense de l'Indochine, considérée comme partie intégrante du front
anticommuniste que les démocraties occidentales sont résolues à dresser
en Extrême-Orient. En conséquence, nos alliés se déclarent décidés à
nous fournir pendant une période indéterminée tout l'appui en matériel
et au besoin en hommes, qui nous sera nécessaire pour poursuivre la
lutte. Mais en même temps ils souscrivent sans réserve aux buts politiques définis par le gouvernement français et affirment qu'ils font
pleine confiance à la France pour mener à bien l'action ainsi entreprise.

Tant qu'une pareille prise de position n'aura pas été adoptée officiellement par nos Alliés, il est inutile d'espérer mettre efficacement en
œuvre sur le plan matériel un programme d'assistance commune. Il
est absolument oiseux en effet de se perdre en discussions pour savoir
si la gestion de l'aide doit être unilatérale, bipartite, ou quadripartite,
si cette aide sera consistante ou limitée, si elle sera ou ne sera pas, tant
que les États associés n'auront pas été solennellement avertis que les
alliés considèrent que la France a une mission à remplir et un rôle à
jouer en Indochine, et qu'ils lui font pleine confiance pour l'accomplissement de ces tâches.

Sinon, la subtilité et l'intrigue asiatiques auront vite fait de trouver le
joint, permettant de dissocier la France de ses partenaires. L'équivoque
et le malaise qui planent sur l'imbroglio indochinois s'en trouveraient
accrus et toute action positive paralysée.

(Direction d'Asie-Océanie, Dossiers généraux, volume 175)

113

NOTE DE LA DIRECTION D'AFRIQUE-LEVANT
POUR M. ROLAND DE MARGERIE, DIRECTEUR ADJOINT
DES AFFAIRES POLITIQUES

N.   *Paris, 4 mai 1950.*

L'Ambassadeur de Turquie est récemment intervenu pour demander
qu'au cours des réunions de Londres, la France appuie auprès de ses
partenaires anglo-saxons, la demande turque d'une extension à la

Méditerranée orientale du Pacte atlantique ou, à défaut, l'organisation dans cette région du monde d'un système de sécurité relié au Pacte atlantique.

Il semble que, sous réserve de considérations stratégiques, qui dépassent la connaissance des services chargés des affaires du Levant, un tel appui ne soit justifié sur le plan politique ni par l'attitude de la Turquie à notre égard, ni par le souci des intérêts directs de la France dans le Proche-Orient.

***

Depuis la fin de la guerre de 1914-1918, la Turquie, en proie à une poussée de nationalisme, a voulu éliminer toute emprise étrangère, mais force est de reconnaître que, dans cette action, les intérêts français ont été plus particulièrement visés. Non seulement la plupart des œuvres culturelles françaises et des sociétés concessionnaires françaises ont été très évincées, mais après cette liquidation quasi totale, une mauvaise volonté de l'administration turque à l'égard de nos intérêts continue à se manifester d'une manière presque systématique ; c'est ainsi que les décisions des tribunaux arbitraux franco-turcs qui ont accordé de 1924 à 1934 des indemnités pour l'expropriation de ressortissants français, n'ont pas encore été exécutées, alors que des jugements analogues rendus au bénéfice de ressortissants britanniques ou italiens, le sont depuis longtemps ; que le gouvernement français reste incapable de faire valoir ses droits dans la Société des chemins de fer du Bagdad parce que, depuis 30 ans, les autorités turques se refusent à laisser se réunir une assemblée générale qui, statutairement, doit se tenir en territoire turc ; que l'administration turque s'efforce de décourager les derniers Français qui exercent une influence dans le pays et cherche à s'opposer au remplacement de ceux qui partent, par d'autres de nos compatriotes. Des pressions sont faites notamment pour substituer des Turcs au dernier médecin français qui subsiste à Istanbul, en qualité de directeur de l'hôpital français, ainsi qu'au directeur des études du lycée de Galata-Serail, alors que dans le même temps les autorités locales ne se cachent pas de faire appel à des savants et à des techniciens allemands ; enfin sur le plan commercial, nous devons considérer la Turquie comme un territoire sur lequel il nous est pratiquement impossible d'écouler nos productions. En effet, en dépit des arrangements généraux qui existent, les autorités turques bloquent fréquemment et sans explications les demandes d'importation des produits français. Chaque fois, notre Conseiller commercial est obligé d'intervenir et pas toujours avec succès. Enfin la presse turque, dont la docilité aux directives gouvernementales est bien connue, prend constamment des positions hostiles à notre politique, notamment dans l'affaire de la Sarre et pour les questions d'Indochine. D'ailleurs, le gouvernement d'Ankara, en dépit de sa position antisoviétique, n'a toujours pas reconnu les nouveaux États du Viêtnam, du Laos et du Cambodge. Il n'éprouve cependant pas les mêmes difficultés que les pays arabes voisins, dont l'opinion publique est effectivement mal préparée à un tel geste.

En contrepartie, rien, si ce n'est l'extrême courtoisie de M. Menemencioglu, ne paraît compenser cette politique peu amicale.

***

En ce qui concerne les intérêts français dans le Proche-Orient, force est de constater que l'organisation d'un système de défense commune des pays compris entre le Caucase et la mer Rouge, ne peut que leur être préjudiciable. Un tel système impliquerait, en effet, à plus ou moins longue échéance, une unification du commandement de l'instruction de l'armement des armées locales sous une direction anglo-saxonne ; cet état de choses ne pourrait que nous priver, sur les armées syriennes et libanaises, d'une emprise qui reste un élément important de notre influence au Levant. Si la sécurité de ces régions était en cause, nos préférences devraient sans doute s'effacer, dans l'intérêt supérieur de la défense occidentale, mais tel ne semble pas être le cas. En effet, l'application à l'Orient d'organisations quelles qu'elles soient, ne renforcerait pas sensiblement les possibilités de résistance d'armées dont la valeur militaire, à l'exception de l'armée turque, restera à peu près nulle en raison de la déplorable qualité technique et morale du personnel. D'ailleurs, les dirigeants des pays arabes ne songent pas sérieusement à prendre parti dans la guerre froide et encore moins dans une guerre chaude éventuelle si par malheur il s'en produisait. Les déclarations qui sont faites à ce sujet par des hommes d'état arabes n'ont pour objet que d'influer par la promesse ou la menace sur la politique américaine à l'égard du conflit de Palestine. Et les Turcs qui seuls sont capables de se battre ne le feront que s'ils sont directement attaqués. Comme, d'autre part, les Américains paraissent très réservés sur les projets d'engagements contractuels de sécurité dans le Proche-Orient, et qu'à Washington la demande turque a été accueillie assez froidement, il semble que nous n'ayons aucun scrupule à essayer d'en retarder le plus possible la réalisation.

***

Au cours des années précédentes, nous sommes déjà intervenus pour faire entrer la Turquie au Conseil de l'Europe, ce que ne justifiaient en réalité ni sa position géographique, ni son régime politique aussi peu démocratique, en dépit des apparences que celui de l'Espagne franquiste. Bien qu'à la suite de l'évacuation de la Syrie et du Liban, la base même du traité de 1939 eût été ébranlée, nous en avons réaffirmé la validité afin d'enlever au gouvernement d'Ankara le sentiment d'isolement qui le pousse à réclamer l'organisation de nouveaux systèmes de sécurité en Méditerranée orientale. Mais, quels qu'aient pu être nos mobiles, il semble bien que nous ayons déjà donné ces temps derniers aux Turcs beaucoup de gages d'une amitié traditionnelle qu'ils ne paraissent plus faire de grands efforts pour mériter.

(Direction d'Europe, Turquie, volume 10)

114

COMPTE RENDU DE LA RÉUNION PRIVÉE SUR L'ALLEMAGNE
TENUE DANS LE BUREAU DE SIR IVONE KIRKPATRICK LE 4 MAI 1950
À 10 H. 30

C. R.

Étaient présents :

Pour la Grande-Bretagne : Sir Ivone Kirkpatrick, M. Steel ;

Pour les États-Unis : M. Jessup, M. Byroade ;

Pour la France : M. Massigli, M. Bérard, M. Sauvagnargues.

Sir Ivone Kirkpatrick propose à ses collègues un tour d'horizon sur l'ensemble des questions allemandes. Les trois puissances sont d'accord sur le principe général de l'association de l'Allemagne au système occidental. Bientôt l'Allemagne aura à se prononcer sur l'invitation qui lui a été adressée d'accéder au Conseil de l'Europe. Les Alliés doivent examiner quelle doit être leur politique en fonction de la réponse allemande. Il s'agit en somme d'établir un plan d'action.

M. Byroade indique que la délégation américaine, contrairement à ce que certaines informations de presse ont indiqué, n'arrive nullement à la conférence avec un plan bouleversant complètement les données actuelles de la politique alliée vis-à-vis de l'Allemagne. La position des États-Unis, en ce qui concerne notamment le réarmement de l'Allemagne, n'a pas varié. La délégation américaine a cependant l'impression que la politique allemande des Alliés ne réalise pas de progrès suffisamment rapides. Elle n'entend pas pour autant suggérer un relâchement des contrôles sans aucune contrepartie. Elle estime bien au contraire qu'à chaque concession alliée doit correspondre une concession allemande.

Sir Ivone Kirkpatrick souligne que le processus d'incorporation de l'Allemagne au système occidental doit se poursuivre progressivement. Tout arrêt dans l'évolution équivaudrait à un échec de notre politique. Ce processus implique une bonne volonté réciproque. Actuellement, c'est aux Allemands de faire le prochain pas. Ceux-ci n'ont en effet pas exécuté la partie des accords de Petersberg concernant l'entrée de l'Allemagne au Conseil de l'Europe. Les Alliés ne doivent donc prendre aucune initiative avant que les Allemands n'aient accepté l'invitation. En revanche, une fois cette invitation acceptée, ce sera à notre tour de faire un pas en avant.

M. Massigli se déclare d'accord sur la nécessité de ne prendre aucune initiative avant que l'Allemagne ne soit entrée au Conseil. Ceci interviendra au mois de juin ou de juillet prochain. D'autre part, la révision du statut n'est prévue qu'entre septembre et février de l'année prochaine. La délégation britannique envisage-t-elle de prendre une nouvelle initiative sans attendre la révision du statut ?

Sir Ivone Kirkpatrick indique que l'essentiel est à son avis de supprimer les obstacles moraux qui s'opposent à l'association plus étroite de l'Allemagne à l'Occident. Ces obstacles sont actuellement de deux sortes. Tout d'abord, les restrictions de sécurité. D'autre part, le statut de la République fédérale qui empêche celle-ci de participer en tant que membre de plein exercice au Conseil de l'Europe et aux organisations internationales.

M. Massigli désirerait savoir si cela signifie qu'il faut doter l'Allemagne d'un nouveau statut international. Pouvons-nous maintenir l'Allemagne sous tutelle et en même temps l'admettre à participer au Comité des ministres du Conseil de l'Europe ?

Sir Ivone Kirkpatrick estime la chose possible. Nous pouvons donner à l'Allemagne le droit de parler directement aux autres puissances européennes sans qu'il soit nécessaire pour cela de modifier la structure de la Haute-Commission.

M. Byroade observe que le problème de l'allégement des contrôles est lié à tout un ensemble de questions qui relèvent normalement du règlement de paix. Certaines de ces questions, comme la cessation de l'état de guerre, la question des créances envers l'Allemagne et la question de la validité des traités internationaux auxquels l'Allemagne était partie avant 1939 devraient faire l'objet d'arrangements contractuels avec le gouvernement allemand. Celui-ci serait invité à prendre certains engagements en échange du relâchement des contrôles.

Le délégué américain envisage la création d'un groupe de travail pour étudier cet ensemble de questions extrêmement complexes qui, d'ailleurs, n'intéresse pas uniquement les puissances occupantes.

M. Massigli souligne la nécessité pour les Alliés de fixer une politique à long terme comportant des objectifs précis et de mettre sur pied un plan dont les étapes seraient nettement définies et dont l'exécution ne serait pas modifiée en fonction des réactions allemandes. Bien au contraire, il serait nécessaire d'avertir les Allemands que toute tentative de leur part en vue d'accélérer le mouvement aurait pour conséquence de le ralentir.

M. Byroade insiste à nouveau sur la nécessité d'agir vite, les progrès réalisés ne sont pas suffisamment rapides ; il y a plusieurs raisons à cela et notamment l'attitude allemande. Il importe en tout cas que les puissances occidentales s'attaquent aux problèmes essentiels et notamment à ceux du chômage et des débouchés.

M. Massigli observe qu'à cet égard il importe d'étudier la question des relations Est-Ouest, ainsi que celle de la réduction de la durée du travail en Allemagne occidentale.

M. Massigli indique d'autre part qu'il y a intérêt à dresser la liste des concessions qui ont déjà été faites aux Allemands. Cette liste pourrait être reprise dans une déclaration des trois Ministres. Cette déclaration indiquerait d'autre part que nous nous proposons de continuer dans la voie dans laquelle nous nous sommes engagés. Afin de ne pas donner l'impression que les protestations de M. Adenauer lui ont permis d'enregistrer un succès, il conviendrait d'étudier le moment le plus propice à une pareille déclaration. Celle-ci pourrait se placer au moment même de l'entrée de l'Allemagne au Conseil de l'Europe.

Sir Ivone Kirkpatrick observe qu'il y a en effet intérêt à ne pas donner l'impression de courir après les Allemands. Ceux-ci doivent se prononcer en toute liberté sur l'invitation qui leur a été adressée.

Sir Ivone Kirkpatrick indique qu'il conviendrait également que les trois Ministres précisent les points suivants : pouvoirs du gouvernement fédéral en matière extérieure – restrictions sur l'industrie allemande – interprétation du statut d'occupation. En ce qui concerne ce dernier point, la délégation britannique estime que la Haute-Commission a eu trop souvent tendance à interpréter le statut dans un sens restrictif.

M. Byroade se demande si l'association complète de l'Allemagne occidentale sera possible sans que celle-ci devienne une partenaire égale en droit.

M. Massigli demande à Sir Ivone Kirkpatrick de préciser sa pensée en ce qui concerne les restrictions à l'industrie allemande.

Sir Ivone Kirkpatrick déclare qu'il songe à réviser les limitations portant sur la construction de bateaux pour l'exportation. Il envisage également une modification possible de la position alliée en ce qui concerne l'acier, l'essence synthétique et les tubes électroniques.

Si notre politique allemande réussit, c'est-à-dire si nous parvenons à faire de l'Allemagne une partenaire sincère de la communauté européenne, les restrictions imposées à l'industrie allemande pour des considérations de sécurité perdent leur sens. La question de la sécurité elle-même disparaît. Or l'existence de ces restrictions de sécurité constitue un obstacle psychologique à l'intégration de l'Allemagne à l'Europe.

M. Byroade estime que nous devons considérer le problème allemand sous deux aspects essentiels : apporter à l'Occident la contribution de la force allemande, établir le type d'Allemagne que nous désirons.

En ce qui concerne le premier point, il ne faut pas oublier que les troupes d'occupation n'ont plus simplement en Allemagne une mission d'occupation, mais qu'elles prennent de plus en plus le caractère de forces du Traité de l'Atlantique Nord. L'Allemagne contribue à l'entretien de ces forces dans la proportion de 22 % de son budget. La délégation américaine estime qu'il n'est pas question de changer le fondement juridique de l'occupation. Il est cependant nécessaire de faire entrer en ligne de compte la capacité productive allemande dans l'effort actuellement tenté par l'Occident en vue de renforcer son potentiel militaire.

Il convient certainement d'étudier dans quelle mesure l'Allemagne peut contribuer à ce renforcement dans les domaines économique et financier. Il y aura donc lieu à cet effet de reconsidérer d'un point de vue réaliste les accords de sécurité existant en vue de faciliter la contribution allemande.

Sir Ivone Kirkpatrick souligne que l'existence de limitations à l'industrie allemande pour des raisons de sécurité constitue un des obstacles psychologiques à l'association de l'Allemagne à l'Occident.

M. Massigli insiste sur les difficultés d'une telle position du problème posé. Le jour où nous déciderons que l'Allemagne doit contribuer à la force militaire de l'Ouest, nous rendrons sans doute plus difficile l'allégement du contrôle, car nous éveillerons les inquiétudes des voisins de l'Allemagne. Si l'idée de l'association de l'Allemagne à l'Europe a pu réaliser dans l'opinion française des progrès, c'est sur la base du maintien d'une Allemagne désarmée.

M. Byroade désire éviter tout malentendu. Il ne s'agit nullement, dans son esprit, de demander à l'Allemagne de produire de l'équipement militaire, mais seulement de fournir des matières premières de base et certains matériels non spécifiquement militaires, comme les camions, par exemple.

Sir Ivone Kirkpatrick désirerait savoir si la délégation française a une opposition de principe à l'idée d'une révision de l'accord sur les industries limitées. Il ne s'agit évidemment pas de toucher aux industries interdites.

M. Jessup souligne que notre politique à l'égard de l'Allemagne peut être envisagée de deux façons différentes : nous pouvons faire une politique négative qui consiste à maintenir les restrictions imposées à l'Allemagne pour des raisons de sécurité. Nous pouvons également faire une politique positive qui consiste à attirer l'Allemagne de notre côté. Si une telle politique réussit, nous avons intérêt à ce que l'Allemagne soit la plus forte possible.

M. Massigli rappelle que M. Schuman s'est déclaré en faveur de l'association de l'Allemagne à l'Europe et souligne la nécessité de ne pas créer d'obstacle psychologique à cet effort dans l'opinion française. Il ne faut jamais oublier que nous n'avons pas seulement affaire à l'opinion allemande, mais aussi à l'opinion des voisins de l'Allemagne.

M. Byroade se déclare d'accord avec M. Jessup sur la nécessité d'aborder le problème allemand d'une manière positive. Le statut d'occupation, à son avis, est une approche négative. La délégation américaine ne pense pas qu'à la longue celle-ci ne permette de gagner. Il est nécessaire qu'il y ait en Allemagne un gouvernement qui soit un véritable gouvernement aux yeux du peuple allemand. Les Alliés n'ont pas suffisamment accepté la règle de la majorité au sein de la Haute-Commission. Nous avons trop tardé en ce qui concerne de nombreux problèmes. Il est nécessaire d'aller vite pour toutes les décisions vitales qui restent à prendre.

Sir Ivone Kirkpatrick estime que ce dernier point est très important. Les trois Puissances occidentales, au cours de la réunion du Palais Rose, se sont efforcées de faire comprendre à M. Vychinski les avantages de la règle de la majorité. En fait, l'opinion des pays alliés, et selon Sir Ivone Kirkpatrick, le Cabinet britannique et le Parlement eux-mêmes, ne peuvent comprendre que, sur certaines décisions importantes à prendre en Allemagne, la règle de la majorité doit s'appliquer.

M. Byroade remarque qu'il est très important de prendre position sur la question de l'unité allemande. Il est indispensable de ne pas laisser les Soviétiques s'en faire les champions exclusifs. La délégation américaine estime que l'initiative récente de M. MacCloy, reprise par le chancelier Adenauer, a déjà permis d'enregistrer un assez considérable succès. Les États-Unis estiment qu'il y a avantage à continuer dans la même voie et à renouveler les offres qui ont été faites. Ceci comporte un certain risque, mais ce risque doit être accepté.

Sir Ivone Kirkpatrick se déclare d'accord en principe, sous réserve des détails de procédure qui devront être fixés au cours des entretiens.

M. Bérard indique que la question de l'unité soulève le problème des frontières orientales de l'Allemagne. Quelle est la position des autres délégations à ce sujet ?

Sir Ivone Kirkpatrick estime qu'il est nécessaire de ne pas perdre de vue les répercussions que pourra avoir une prise de position de notre part à ce sujet sur l'opinion tchèque et polonaise. Il est sans doute préférable de nous taire sur ce point. Nous ne devons pas abandonner l'espoir de ramener à nous ces nations. Il y a donc avantage à ne pas prendre position de peur de nous aliéner les pays slaves.

M. Jessup indique, qu'à son avis, il ne serait pas impossible que les Soviets acceptent de rendre les territoires orientaux s'ils pouvaient espérer gagner l'Allemagne à ce prix.

Sir Ivone Kirkpatrick résume de la façon suivante les points sur lesquels les trois délégations semblent d'ores et déjà être d'accord :

Nous maintenons notre politique actuelle qui consiste en une évolution progressive.

Le premier pas doit maintenant être fait par les Allemands. Quand ce pas, à savoir l'acceptation par l'Allemagne de l'invitation qui lui a été adressée par le Conseil de l'Europe, sera franchi, ce sera au tour des Alliés de prendre l'initiative. Il y a avantage à ce que nous précisions dès maintenant nos idées sur ce qu'il conviendra alors de faire.

La délégation britannique estime que les deux principaux obstacles qui restent à franchir sont la question des Affaires étrangères et celle des restrictions de sécurité, notamment en matière de construction navale.

Il faudra, d'autre part, examiner la mise en application du statut d'occupation dans un esprit libéral et d'autre part, le fonctionnement de la Haute-Commission de manière à accélérer les décisions.

M. Massigli indique qu'il faudra également examiner la question de la cessation de l'état de guerre.

M. Bérard observe que ce problème vient d'être examiné par des juristes allemands. Ceux-ci ne désirent pas changer la base juridique de l'occupation. Tout changement à cet égard aurait en effet pour conséquence d'amener le gouvernement fédéral à signer un traité avec les Alliés, par lequel l'Allemagne accepterait l'occupation alliée sous une base contractuelle. Une telle éventualité est écartée du côté allemand.

M. Byroade se demande s'il est de l'intérêt allié de repousser indéfiniment l'étude de certaines questions dont la solution relève du traité de paix. Il estime que ces questions seront réglées plus facilement maintenant que dans une dizaine d'années, il serait donc préférable de les aborder dès maintenant. Il considère notamment qu'il serait utile d'avoir l'accord des Allemands sur des questions comme celle des créances.

M. Bérard demande si la délégation américaine envisage la possibilité d'un règlement de paix séparé avec l'Allemagne.

M. Byroade répond de façon assez évasive. Il souligne que l'évolution actuelle nous prive progressivement de nos armes de négociations. À son avis, toutes les concessions que nous faisons aux Allemands doivent comporter des contreparties. Les Allemands doivent assumer à notre égard certaines obligations.

Sir Ivone Kirkpatrick souligne la nécessité de conclure des arrangements contractuels avec les Allemands sur certaines questions comme, par exemple, le statut d'occupation. M. Bevin a toujours été extrêmement catégorique sur le maintien de l'occupation en Allemagne. Il n'a cependant jamais exclu la possibilité d'un changement dans le régime actuel de cette occupation.

M. Massigli fait observer qu'une telle position risque de remettre en cause l'autorité suprême des Alliés en Allemagne. Est-il dans l'intention de la délégation américaine et de la délégation britannique d'abandonner celle-ci ?

Sir Ivone Kirkpatrick répond négativement.

M. Byroade estime qu'il faudra laisser une clause générale à cet effet. L'autorité suprême est une des dernières choses que les Alliés puissent abandonner. La délégation américaine ne propose d'ailleurs pas de le faire.

M. Steel souligne qu'il serait très difficile au gouvernement allemand d'accepter sur une base contractuelle un statut qui contiendrait une clause de ce genre.

Sir Ivone Kirkpatrick indique qu'à son avis les Alliés et les Allemands doivent s'avancer de concert vers le but commun en prenant chacun de leur côté des mesures positives. À chaque pas allié doit correspondre un pas fait par l'Allemagne.

M. Byroade demande ce que devront faire les Alliés si l'Allemagne n'accepte pas l'invitation d'entrer au Conseil de l'Europe ?

M. Bérard répond qu'une telle éventualité paraît extrêmement peu probable à la Haute-Commission.

M. Steel est du même avis. Il serait cependant important d'éviter que le communiqué final de la conférence contienne des remarques désagréables à l'égard du gouvernement allemand.

(Cabinet du Ministre, Schuman, volume 7)

115

M. Dejean, Ambassadeur de France, Chef de la mission française à Tokyo,
à M. Schuman, Ministre des Affaires étrangères[1].

T. n° 413[2].   *Tokyo, 6 mai 1950.*

Réservé.   *(Reçu : le 19)*

1) À la veille des entretiens de Londres, la situation en Asie, telle que j'en puis juger d'ici, quelques jours après mon arrivée, apparaît sous un jour franchement mauvais.

2) En Europe, les puissances occidentales ont ébauché une politique commune ; elles ont donné l'impression d'avoir arrêté entre elles une certaine ligne de défense ; en plusieurs points (Berlin, la Grèce), elles ont affirmé et fait prévaloir leur volonté. Les forces qui, au lendemain du coup d'État communiste de Prague, paraissaient tendre à la domination du continent ont subi un temps d'arrêt. Un répit a été assuré,

---

[1] Télégramme communiqué à la Présidence de la République, la Présidence du Conseil, MM. Parodi, Clappier et de Bourbon-Busset.
[2] Télégramme envoyé en clair et par courrier.

grâce auquel peuvent être poursuivis les efforts concertés d'organisation et de consolidation.

3) En Asie, rien de semblable. Les forces groupées sous l'égide de Moscou y sont en pleine progression. Maîtresses de la Chine continentale, elles viennent de s'emparer de Haïnan ; elles s'apprêtent à saisir les îles Chusan et préparent l'invasion de Formose. Le gouvernement philippin s'inquiète de leur approche. Des journaux japonais dénoncent les progrès de l'« encerclement rouge ».

Les succès communistes sont un puissant encouragement pour les éléments subversifs qui menacent les États hâtivement créés depuis 1945 et dans lesquels des troubles graves ou même la guerre civile sévissent à l'état endémique. La Corée du Sud est à la merci d'un coup de main. Aux Philippines, les rebelles tiennent une grande partie du pays. Ils effectuent des raids à 25 km de Manille. En Birmanie, l'insurrection des tribus Karen et des communistes se poursuit avec des fluctuations diverses et n'a pu être maîtrisée. En Malaisie, les guérillas font régner la terreur jusqu'au cœur même de Singapour et la Grande-Bretagne est constamment obligée d'envoyer des renforts. Après un enfantement tumultueux, la Fédération indonésienne est déchirée par des mouvements séparatistes.

Aucun des États de l'Asie du Sud-Est n'est capable de se maintenir par lui-même. Ce n'est que grâce à une aide extérieure qu'ils peuvent mener une existence précaire, guettés par le communisme.

4) À la base des perturbations dont l'Asie est le théâtre, qu'il s'agisse de banditisme, de rébellion ou d'agitation politique, on retrouve un facteur commun : la haine des Blancs, quels qu'ils soient. Il serait vain pour une puissance occidentale de penser qu'elle puisse faire exception. Cette aversion générale est férocement attisée et exploitée par le communisme qui, en Asie, se présente, dans le stade actuel, sous des dehors nationalistes. Agglomérat des peuples les plus divers, l'Union soviétique dispose, à cet égard, d'un avantage considérable. Des confins de son immense empire, elle est en mesure d'envoyer dans les pays les plus variés des agents au type physique et à la mentalité appropriés, qui, sans aucune gêne, peuvent reprendre à leur profit le slogan des impérialistes nippons « l'Asie aux Asiatiques ».

5) Au milieu de ce déchaînement de forces conjuguées, l'Indochine est le principal foyer de résistance active. Si ce bastion tombait, la situation, critique en Birmanie et en Malaisie, y deviendrait intenable. Toute l'Asie du Sud-Est serait rapidement emportée. L'Inde, encore mal assurée, ne tarderait pas à suivre. L'Australie serait découverte comme après la chute de Singapour. Le communisme serait à ses portes comme jadis les armées japonaises. Si j'en crois son représentant à Tokyo, le gouvernement de Canberra est d'ailleurs parfaitement conscient du danger.

6) Face à un tel péril, les puissances occidentales se présentent encore en Asie en ordre dispersé, et la politique de l'Amérique, principale intéressée, y paraît assez incohérente. Soupçonneux à l'égard des « colonialistes », soucieux de ménager les jeunes nationalismes asiatiques et de les détourner du communisme, les États-Unis d'Amérique, qui ont exercé naguère de fortes pressions sur la Hollande, hésitent, aujourd'hui, à aider la France contre le Viêt-Minh, tout en apercevant les conséquences désastreuses qu'entraînerait la perte de l'Indochine au profit d'éléments d'obédience soviétique. Ils inclinent à abandonner les nationalistes chinois à leur sort, mais ils font grief à la Grande-Bretagne d'avoir reconnu Mao Tsé-Toung. Ils constatent qu'en face de l'URSS et de la Chine communiste, le Japon est, dans le Pacifique, le seul pays solide. Mais ils ne savent encore s'ils en feront un rempart ou un pays neutre. SCAP[1] a lancé le slogan du « Japon, Suisse de l'Asie » ; en même temps, il a reconstruit en territoire nippon de puissantes bases navales et aériennes.

En fait, déconcertés par la défaite subie en Chine, les Américains s'interrogent encore sur la voie à suivre et donnent l'impression de l'irrésolution et du désarroi. La situation est exploitée à fond par les dirigeants soviétiques et leurs lieutenants. Si aucun redressement n'est opéré, les puissances occidentales risquent fort de perdre la partie et de voir le continent asiatique ainsi que les riches archipels du Sud-Est glisser entièrement dans l'orbite de Moscou.

7) Les dirigeants nippons prennent conscience, de plus en plus nettement, de cette situation. Ils savent que, pour le présent, les troupes américaines tiennent solidement le pays et ils connaissent la puissance et les ressources de leurs vainqueurs. Ils n'écartent cependant pas l'éventualité où, en Asie, la partie tournerait à l'avantage des Soviets. Ils tiennent à demeurer entre les deux camps. D'où leur souci, toujours plus marqué, de ménager le parti communiste japonais, et même de rendre hommage au « nationalisme » et au « patriotisme » de ses membres. En même temps, ils gardent les yeux fixés sur la Chine, supputant, sans doute, les chances qu'aurait encore le Japon de jouer un rôle directeur dans une Asie entièrement gagnée au communisme. D'un autre côté, ils conservent le sentiment de la force latente que représente leur pays, avec sa position stratégique, son équipement industriel, sa masse compacte et docile de 32 millions d'habitants, et ils se rendent compte que, si les puissances occidentales décidaient de faire front, elles pourraient être amenées à rechercher le concours japonais. Ils songent déjà aux possibilités de marchandage.

8) Dans ces conditions, il est grand temps que les gouvernements occidentaux se décident à pratiquer, en Asie, comme en Europe, une politique concertée qui devrait, semble-t-il, comporter essentiellement :

[1] SCAP : *Supreme Commander for the Allied Powers*, soit le Commandant suprême allié au Japon.

– la fixation d'une ligne de défense au maintien de laquelle chaque puissance intéressée contribuerait selon ses moyens. Il appartient aux États-Unis de dire si cette ligne doit inclure Formose et la Corée du Sud. Sous peine d'être condamnée d'avance à une rupture inévitable, elle devrait comprendre l'Indochine. Indépendamment de l'intérêt stratégique, le redressement de la situation militaire au Viêtnam et la fin de la rébellion auraient, pour toute l'Asie, les plus grandes répercussions psychologiques ;

– l'harmonisation des politiques à l'égard de la Chine communiste, sinon par l'adoption d'attitudes semblables, du moins par une certaine répartition des rôles ;

– l'élaboration d'un programme d'assistance aux jeunes États non communistes, programme dont l'exécution serait entourée d'un minimum de garanties ;

– la définition du rôle – actif ou passif – à assigner au Japon dans le cadre de la politique de défense qui pourrait être décidée et la détermination, en fonction de ce rôle, des clauses essentielles d'un futur règlement japonais. Il est douteux, en effet, que les développements de la situation générale au cours de ces dernières années permettent de maintenir les dispositions préfigurées dans la déclaration du Caire, les accords de Yalta et la proclamation de Potsdam.

9) Le sort de tout le Sud-Est asiatique dépendent dans une large mesure de décisions que les gouvernements occidentaux vont être appelés à prendre à bref délai, il conviendrait sans doute d'envisager, dès maintenant, les répercussions que pourraient avoir dans le Proche-Orient et même en Europe occidentale l'extension éventuelle des succès communistes en Asie et l'accroissement de prestige qui, le cas échéant, en résulterait pour le Kominform et l'URSS[1].

(Direction d'Asie-Océanie, Dossiers généraux, volume 37)

116

NOTE DU SECRÉTARIAT GÉNÉRAL

Réarmement

N.   *Paris, 6 mai 1950.*

La question du réarmement peut être traitée sous bien des aspects. La présente note se bornera à l'examiner de 2 points de vue :

---

[1] Dejean précisait que ses vues pouvaient apparaître bien sombres, mais qu'elles étaient partagées par le général MacArthur et ses adjoints (télégramme n° 414 du 6 mai 1950 de Tokyo, non reproduit).

1) du point de vue de la France isolément,

2) du point de vue des répercussions d'une politique de réarmement sur la politique poursuivie dans le cadre de l'OECE[1].

I/ À l'heure présente, les dépenses militaires de la France (y compris les dépenses de la guerre d'Indochine) peuvent être chiffrées aux environs de 450 milliards. Les recettes fiscales normales françaises s'élèvent environ à 1.500 milliards, sur un budget total d'environ 2.300 milliards. La guerre d'Indochine représente un effort d'environ 180 milliards.

Ces chiffres montrent que la France consacre un peu plus de 1/5 de ses dépenses budgétaires totales à l'effort militaire et, si l'on ne considère que les recettes courantes, un peu moins de 1/3 sont absorbés par la défense nationale.

Pour apprécier complètement la situation, il faut ajouter que le système fiscal français s'appuie bien davantage sur des recettes produites par l'impôt indirect que sur des recettes dérivées de l'imposition directe.

Pour le budget en cours, les recettes directes représentent environ 495 milliards et les recettes courantes totales, comme il est dit plus haut, 1 500 milliards. C'est dire que les 2/3 des recettes courantes de l'État sont acquises grâce à la fiscalité indirecte.

II/ En second lieu, l'équilibre économique qui paraît être atteint en France depuis près d'une année, est un équilibre très instable. Il repose au premier chef sur l'apport que représente l'aide Marshall à l'économie française.

a) Si la France devait aujourd'hui couvrir par des exportations un montant égal d'importations, un grand nombre de marchandises devraient être expédiées à l'étranger et non pas consacrées à la satisfaction des besoins du marché intérieur, ce qui revient à dire que, au fur et à mesure que l'aide Marshall diminuera et qu'il faudra équilibrer les importations par des exportations, risque de se développer une pression inflationniste en France puisque la masse des biens consommables sera réduite, et en même temps apparaîtront des difficultés de financement au fur et à mesure que l'aide extérieure et sa contre-valeur tendront à s'amenuiser.

b) Il est incontestable que les détenteurs de revenus fixes, d'une part, et les salariés de l'autre, ne bénéficient pas encore d'une situation matérielle suffisamment satisfaisante pour que des revendications doivent cesser de se produire ou pour que ces revendications puissent être écartées comme illégitimes.

On dit fréquemment que la part des salariés dans le revenu national est égale à celle de 1938, compte tenu des versements de la Sécurité sociale. Cette observation n'est sans doute pas injustifiée, mais les statistiques cachent de profondes inégalités selon qu'il s'agit de salariés des

---

[1] O.E.C.E. : Organisation européenne de coopération économique.

villes ou des campagnes, de salariés mariés ou célibataires, de salariés qui ont conservé un logement et des installations d'avant-guerre ou de ceux qui, au contraire, doivent trouver une habitation et s'installer sur des bases nouvelles.

En outre, et surtout, l'observation n'est pas pertinente si l'on tient compte de la remarque faite ci-dessus concernant la proportion des impôts directs et des impôts indirects. L'impôt indirect est un impôt aveugle et qui est payé proportionnellement par chaque contribuable.

c) Dans ces conditions, la thèse soutenue par la Direction du Budget, selon laquelle il est impossible d'augmenter en valeur absolue les dépenses de caractère militaire et selon laquelle il faudra envisager pour l'année prochaine des économies puisque les recettes seront en baisse d'environ 150 milliards et les dépenses en hausse d'environ 100 milliards, n'est pas en elle-même inexacte. S'il est possible d'obtenir un meilleur rendement avec les crédits actuellement affectés à la défense nationale (réorganisation des services, conditions plus modernes de la défense, diminution progressive des dépenses indochinoises), il n'en reste pas moins qu'une diminution des crédits affectés aux investissements et à la reconstruction pour laisser intacte la masse des crédits militaires, aurait de graves conséquences.

I) Les crédits d'investissements ont avant tout pour objet de doter le pays d'un appareil industriel qui lui permettra à la longue :

1) de vivre sans aide extérieure,

2) d'élever son niveau de vie,

3) d'équiper ses armées.

Toucher à ces crédits d'investissements serait probablement une faute puisque cela priverait la France de possibilités accrues :

1) de fabriquer des armes,

2) de retrouver son indépendance économique,

3) d'élever son niveau de vie, c'est-à-dire de produire une masse supplémentaire de biens de consommation qui est nécessaire comme on l'a montré plus haut, pour que le paiement de nos importations par nos exportations à la fin de l'aide Marshall ne se traduise pas par une situation inflationniste engendrant une hausse des prix et conduisant à une altération de la répartition du revenu national au détriment des classes laborieuses.

II) Les mêmes remarques peuvent être faites pour les crédits de la reconstruction. Sans doute, notre loi sur les dommages de guerre est-elle mauvaise puisqu'elle vise la reconstitution des patrimoines privés tels qu'ils existaient avant 1938 et qu'elle reconnaît des droits exorbitants aux propriétaires d'immeubles ou d'usines détruits. L'âge moyen des immeubles en France est d'environ 75 ans. Or, en matière de dommages de guerre, un Français a droit à la reconstitution de ce qu'il possédait au prix de remplacement actuel, déduction faite seulement d'un abattement de 20 % pour amortissement.

Aussi n'y a-t-il pas lieu de s'étonner que la reconstruction aille très lentement.

Mais réduire les crédits de la reconstruction signifie ralentir le rythme d'édification des logements. Si l'on pense que la crise du logement est une des causes fondamentales du mécontentement populaire et du succès des partis extrémistes, une politique qui consisterait à sacrifier la reconstruction pour des armements serait dangereuse, car il y aurait bien aux frontières quelques divisions de plus, mais le moral du pays continuerait d'être attaqué et, comme la crise du logement frappe davantage les jeunes générations que d'autres, on entrerait rapidement dans un cercle vicieux.

III/ Si toutefois le gouvernement est appelé à décidé que la sécurité de la France dépend d'une augmentation de ses armements, il paraît évident que l'aspect financier des choses devra être subordonné aux nécessités militaires. Dans cette hypothèse, il convient de rappeler ce que signifie, du point de vue économique, un effort d'armement.

Il s'agit essentiellement de dépenser de l'argent et de consommer du ciment, de l'acier, du charbon etc…., d'utiliser une partie de la capacité industrielle du pays et une partie de sa main d'œuvre à fabriquer des objets qui ne sont pas consommables et qui, à la différence d'un investissement économique, n'aboutissent pas ultérieurement à permettre la fabrication, dans des conditions plus économiques, de biens de consommation. En d'autres termes, si un pays consacre un pourcentage donné de son revenu national à des armements, il jette dans la circulation des revenus (dividendes, salaires etc…) auxquels ne correspond aucun bien consommable.

Tous ces salaires se portent sur une masse de biens de consommation qui reste par définition fixe. Aussi, faire un effort d'armement, c'est créer de toutes pièces une situation inflationniste.

Il va sans dire que ce raisonnement n'est parfaitement valable que dans l'hypothèse où toutes les ressources du pays sont déjà entièrement employées. Si toute la main d'œuvre est employée, si toutes les usines tournent à pleine capacité et qu'un gouvernement décide de passer des commandes d'armement importantes, dans ce cas, l'effet inflationniste est automatique, mais il n'est automatique que dans cette seule hypothèse.

Si, au point de départ, une partie de la main d'œuvre n'est pas entièrement employée, s'il existe une certaine capacité de production dans les usines qui n'est pas utilisée, l'effort d'armement peut se surajouter à l'activité économique existante et créer un état de prospérité assez factice, mais malgré tout de prospérité.

Étant donné que l'indice de l'activité économique générale de la France est à l'heure actuelle aux environs de 125 (1938 = 100), on peut très bien concevoir qu'un effort d'armement supplémentaire ne produise pas immédiatement un effet inflationniste caractérisé. Mais la marge est étroite et, dès que l'indice atteindra 135 ou 145, la situation décrite ci-dessus sera réalisée. Deux éventualités peuvent alors se produire : ou bien on parviendra, par une campagne psychologique d'épargne, à « éponger » ces revenus supplémentaires jetés dans le pays et, par un acte volontaire de chaque citoyen, à limiter la consommation civile de biens de consommation disponibles, ou bien on n'y parviendra pas. Dans cette dernière hypothèse, cette masse de revenus pourra se diriger soit sur les biens de consommation existants, et provoquera la hausse des prix et remettra l'inflation en route, soit, s'il n'existe pas de contrôle des changes ni de contingents à l'importation, sur les marchés étrangers.

Pour être complet, il faut ajouter qu'un effort d'armement intensif suppose des priorités. Il est inconcevable en effet, qu'une fois reconnu que la situation exige la fabrication d'armement, ces armes doivent prendre place dans les carnets de commandes des industries à la suite de commandes civiles. Un ordre de priorité paraîtra nécessaire. Cet ordre de priorité conduira nécessairement à certains contrôles. Certaines industries d'exportation (par exemple acier, automobiles) en souffriront immédiatement et les recettes d'exportation baisseront.

En d'autres termes, il paraît peu probable qu'un effort d'armement intensif puisse se développer dans un cadre de laisser-faire économique.

Sans doute fera-t-on observer deux choses :

1) qu'il est possible que, dans un climat de confiance, l'État puisse se procurer des recettes en faisant appel au marché des capitaux,

2) que les Américains financeront une très grande partie, sinon la totalité, du réarmement.

Ces deux considérations ne sont pas, à mon sens très pertinentes. D'abord, il est douteux que, dans une atmosphère de pré-guerre, le marché des capitaux réponde avec enthousiasme aux appels de l'État. D'autre part, un financement par les États-Unis peut servir à combler une part considérable des dépenses, mais il ne paraît pas vraisemblable que les États-Unis puissent payer toutes les dépenses. En effet, la politique américaine paraît être d'exiger un effort national de chaque bénéficiaire du Plan d'aide militaire et les dons de matériel militaire que nous font les Américains entraînent de fortes dépenses en francs.

Plus les moyens militaires qui nous sont accordés sont modernes et plus leur entretien est coûteux.

Théoriquement, la seule solution qui nous mettrait à l'abri des conséquences économiques d'un réarmement serait de recevoir tout le matériel, plus un don en dollars suffisamment important pour que les dépenses que nous faisons pour l'entretien de ce matériel etc... nous permettent d'importer des marchandises ou des matières premières qui viendraient sur le marché national, compenser le déficit de notre production en biens de consommation.

Mais il semble que les Américains soient encore très loin d'admettre des dons qui, au surplus, seraient néfastes pour le maintien de la souveraineté française.

La solution vers laquelle on sera fatalement entraîné sera certainement de reconnaître, peut-être tardivement, qu'une économie de préguerre ne peut être une économie libérale. Pour éviter des injustices sociales, des contrôles devront être établis sur la consommation, de façon à éviter que le plus riche achète la part du moins riche, de façon à contrôler le niveau des prix, de façon aussi à éviter que la répartition très inégale du revenu national en France ait pour effet de permettre que des revenus laissés disponibles pour la consommation civile, soient utilisés à des dépenses somptuaires des classes les plus favorisées, par le réarmement par exemple, construction de villas, de cinémas alors que l'on manque d'habitations.

Ces considérations doivent être complétées par une dernière observation, qui est la suivante. Un effort de réarmement se heurtera, en tout état de cause, en France à des difficultés de Trésorerie du fait de l'imperfection de notre système fiscal.

Il est certain qu'il est impossible de financer, dans une économie libérale, des dépenses de défense nationale accrues autrement que par l'impression de billets, si l'on n'obtient pas du système fiscal des ressources plus considérables. Cette remarque pourrait être longuement développée. Elle tend simplement à montrer que le financement d'un effort important de réarmement a sans doute pour condition une législation destinée à mettre un terme à l'immense fraude fiscale qui sévit en France.

IV/ Toutes ces considérations sont valables pour l'ensemble des pays membres de l'OECE. Mais il ne faut pas se dissimuler qu'il y a plusieurs cas spéciaux. Il y a le cas allemand, il y a le cas italien, dont le traité de paix limite les armements. Il y a enfin le cas suisse et le cas du Bénélux.

Si ces pays, pour des raisons légales ou politiques, ne réarment pas au même rythme que la France, leurs producteurs se trouveront placés dans une situation particulièrement favorisée, n'ayant pas à supporter un énorme fardeau fiscal, ne souffrant pas de cette inflation que l'armement produit, ils seront les fournisseurs prédestinés d'une France qui consacrerait une grande part de ses ressources à la défense nationale. Leurs produits manufacturés envahiront le marché français s'il n'y a pas de contingents et de contrôles des changes et battront la production française sur les marchés extérieurs.

C'est dire que la poursuite de la politique de libération des échanges et des paiements au sein de l'OECE est incompatible avec un réarmement qui serait poursuivi à un rythme différent par un certain nombre des partenaires de la France au sein de l'OECE.

On pourrait concevoir divers systèmes qui permettraient de rendre plus équitables les conditions de concurrence entre pays qui réarment avec les pays qui ne réarment pas ou réarment moins intensivement.

Par exemple, on pourrait imaginer que les pays qui ne réarment pas s'engagent à livrer aux pays qui réarment une certaine quantité de biens de consommation courante.

On pourrait imaginer que les pays qui ne réarment pas pour leur propre compte fabriquent et livrent gratuitement aux pays qui réarment certains éléments qui entrent dans la fabrication des armements.

On pourrait concevoir aussi que les pays qui ne réarment pas s'engagent à faire des dons en monnaies aux pays qui réarment.

Mais ces solutions ne paraissent pas à première vue d'une application facile.

(Secrétariat général, Dossiers, volume 21)

117

Note du Département

Indochine

N.   *Paris, 6 mai 1950.*

1) La France a, en ce qui la concerne, de par sa présence en Indochine, une responsabilité particulière dans la sauvegarde de la sécurité générale en Asie du Sud-Est. Elle estime néanmoins que cette sauvegarde, du fait de l'insuffisance des moyens et de la volonté de résistance des différents États indépendants, incombe aux trois puissances et ne peut être efficacement assurée que par une politique et des dispositions militaires communes.

2) Quels que soient les efforts faits et les résultats obtenus par les troupes françaises en Indochine, il est à craindre que, d'ici quelques mois, les moyens dont elles disposeront en matériel et en personnel soient insuffisants, non seulement pour leur permettre de continuer leur action de pacification, mais même pour se maintenir sur leurs positions actuelles.

3) Le problème est actuellement en Indochine plus militaire que politique. Il est en effet certain que si une nouvelle évolution politique y était maintenant amorcée, elle ne pourrait donner dans l'immédiat aucun résultat utile :

a – parce que le gouvernement viêtnamien se montre encore trop faible pour assumer complètement les responsabilités qui lui sont dévolues aux termes des accords du 8 mars[1],

b – parce que le ralliement escompté des nationalistes viêtminhiens au régime Bao Daï ne pourra se produire tant que les populations viêtnamiennes n'auront pas acquis la certitude, qui leur manque actuellement, du succès de l'action de pacification actuellement entreprises par nos forces,

c – parce qu'il est indispensable de ne pas affaiblir le moral des troupes françaises au moment où elles vont aborder une phase capitale des opérations militaires qui exigeront d'elles un effort accru.

4) Le gouvernement français estime que la première urgence appartient à la mise à exécution de l'aide militaire, dont le principe a été admis par le gouvernement américain. Cette aide ne peut être efficace que si elle est massive, car seuls les résultats qui en découleront permettront l'installation effective en territoire viêtnamien d'un gouvernement nationaliste capable, dans le cadre de l'Union française, d'assumer les responsabilités et d'exercer les pouvoirs d'un État indépendant.

5) Soucieux néanmoins de faire apparaître clairement ses intentions aux yeux de l'opinion internationale et de renforcer, dans toute la mesure du possible, le prestige du gouvernement viêtnamien, le gouvernement français envisage de :

a – confier les affaires indochinoises à un département ministériel comparable au *Commonwealth Relation Office* de Londres,

b – étendre largement les clauses diplomatiques des accords du 8 mars,

c – réunir, dès le mois de juin, la conférence inter-États, en acceptant les conséquences qui en découleront pour la remise des services[2],

d – exécuter, dans l'esprit le plus libéral, les conventions d'application du 30 décembre 1949,

e – réunir dès que possible le Haut-Conseil de l'Union française.

6) Étant donné par ailleurs les résultats que l'ensemble des pays du Sud-Est asiatique paraissent attendre de la conférence de Londres, il serait indispensable :

a – d'une part, pour ne pas décevoir les États indépendants, qui s'attendent à être fortifiés dans leur volonté de résistance,

b – d'autre part, pour ne pas donner au Viêt Minh et aux éléments communistes de Malaisie l'impression que les entretiens de Londres n'auront abouti à aucun résultat positif, qu'une décla-

---

[1] Voir *DDF*, 1949-I, n° 145.
[2] Voir document n° 66.

ration commune sur l'Asie du Sud-Est sera faite par les trois puissances.

(Direction d'Asie-Océanie, Dossiers généraux, volume 179)

118

M. Vaux Saint Cyr, Ambassadeur de France à Athènes,
à M. Schuman, Ministre des Affaires étrangères[1].

D. n° 331.   *Athènes, 6 mai 1950.*

J'ai l'honneur de faire tenir ci-joint au Département, pour son information, la copie d'une note établie par l'attaché militaire de cette ambassade sur les hypothèses qui se présentent à l'esprit, compte tenu des travaux d'intérêt militaire et des mouvements de troupes que l'on peut actuellement déceler au-delà du rideau de fer.

Comme l'indique le colonel Dorange, rien dans les renseignements parvenus jusqu'ici à Athènes ne donne à penser qu'une agression soviétique contre la Yougoslavie doive être attendue à brève échéance.

Je m'explique donc mal les raisons qui ont pu conduire l'ambassade de Grèce à Paris à donner au Département les indications alarmistes qu'il a bien voulu me signaler dans sa communication du 14 avril[2].

Quels que soient les desseins à échéance lointaine que puisse nourrir le Kremlin, il est certain en effet que les moyens nécessaires à une agression de l'extérieur contre la Yougoslavie ne sont pas en place et que le souci de Moscou d'écarter tout danger d'extension de l'hérésie titiste suffit à expliquer son activité actuelle dans les pays satellites.

(Direction d'Europe, URSS, volume 106)

---

[1] Dépêche adressée à la direction d'Europe. Note manuscrite : « *Pelletier. Me montrer le télégramme à Athènes du 14 avril et une fiche en rapport* ».

[2] Document non reproduit.

ANNEXE N° 1

LIEUTENANT-COLONEL DORANGE, ATTACHÉ MILITAIRE PRÈS L'AMBASSADE DE FRANCE
À ATHÈNES,
À M. BIDAULT, PRÉSIDENT DU CONSEIL[1].

D. n° 11.   *Athènes, 23 avril 1950.*

Très secret.

J'ai l'honneur de vous adresser, sous ce pli, une note énumérant les diverses hypothèses qui se présentent à l'esprit, à l'approche de l'été, dans les Balkans.

Le problème yougoslave fait, en effet, l'objet d'un grand nombre de rumeurs et de quelques informations précises. Il semble qu'on ait déduit des unes et des autres des conclusions un peu hâtives.

C'est après avoir longuement étudié la situation avec mes collègues anglais et américains et plus longuement encore avec le général Ventiris, ancien chef d'état-major général et aujourd'hui inspecteur général de l'armée, que j'ai cru devoir résumer les possibilités soviétiques par la note jointe à cette lettre.

(Direction d'Europe, URSS, volume 106)

ANNEXE N° 2

NOTE DU LIEUTENANT-COLONEL DORANGE, ATTACHÉ MILITAIRE
PRÈS L'AMBASSADE DE FRANCE À ATHÈNES[2]
L'évolution de la situation balkanique

N. n°11.   *Athènes, 22 avril 1950.*

Très secret.

Si l'on tient compte :

   a) – des constantes géographiques de la Péninsule balkanique,

   b) – des données politiques actuelles.

   c) – des indices techniques qui ont été recueillis en Bulgarie, en Roumanie et en
       Hongrie,

on est amené à conclure que les Soviets y déploient une activité sans cesse grandissante soit pour y consolider les positions acquises, soit pour rétablir celles qui ont été ébranlées, soit même pour s'assurer, le cas échéant, le contrôle de toute la Péninsule.

Quelles sont celles de ces prévisions que semblent justifier les indices en notre possession ? Quels sont les délais dans lesquels elles sont réalisables ? Quelles sont dans l'immédiat les perspectives de l'année 1950 ?

---

[1] Dépêche adressée à la 2ème section de l'état-major permanent du Président du Conseil.
[1] Note communiquée aux attachés militaires à Belgrade, Sofia, Bucarest, Budapest, Ankara et l'attaché adjoint à Athènes.

Jusqu'au 25 juin 1948, on était logiquement amené à penser que l'objectif des Russes était de s'assurer la maîtrise de la totalité de la péninsule en éliminant l'influence occidentale en Grèce et en plaçant à Athènes un gouvernement de leur choix. Mais à partir de cette date, le schisme de Tito, en provoquant un brusque recul de l'influence moscovite, pose un triple problème :

– le prestige de Moscou est atteint,

– la fidélité des satellites balkaniques est compromise par ce dangereux exemple,

– une brèche s'ouvre dans le glacis protecteur par laquelle les forces occidentales vont pouvoir accéder au Danube.

Les efforts auxquels nous assistons depuis bientôt près de deux ans correspondent toujours à l'un ou l'autre de ces aspects de la question. Mais leur interprétation s'est avérée difficile parce que ces efforts ont abouti, dans l'ensemble, à une série d'échecs et que l'Occident, qui vit dans la psychose de la supériorité de puissance des Soviets, s'accoutume mal à l'idée que Moscou puisse connaître des insuccès.

Il faut pourtant bien admettre que le gouvernement soviétique en a connu quelques uns dont la rébellion yougoslave est probablement le plus grand.

C'est donc à la lumière de ce phénomène inattendu qu'il convient d'étudier les mesures prises à Sofia, à Bucarest et à Budapest et d'en tirer les quelques hypothèses que suggère l'évolution de la situation.

Ces hypothèses se présentent schématiquement de la façon suivante :

H a : Resserrement du contrôle soviétique sur les satellites.

Placés devant la sécession de Tito et devant l'éventualité de rébellions chez les satellites danubiens, les Soviets intensifient les mesures de contrôle et d'épuration à Sofia, Bucarest et Budapest pour s'assurer la maîtrise complète des trois pays.

H b : Aveuglement de la brèche yougoslave en prévision d'un conflit.

Placé en présence de la menace d'un conflit général, le haut-commandement russe se préoccupe d'aveugler la brèche ouverte dans le glacis soviétique par la sécession yougoslave.

L'ensemble des mesures prises peut correspondre :

H b 1 : À l'idée de maîtriser sans délai les passages du Danube dès l'imminence du conflit.

H b 2 : À l'idée de pousser immédiatement vers la côte adriatique, avec l'aide des armées satellites, sans se préoccuper des noyaux de résistance que l'armée yougoslave pourra constituer sur les régions montagneuses.

H c : Préparatifs d'attaque contre la Yougoslavie.

Le gouvernement de Moscou est décidé à entamer au cours de l'été, des opérations contre la Yougoslavie. La nature et l'ampleur de ces opérations varieront cependant avec le but qu'il se propose d'atteindre.

H c 1 : Décidés à en finir avec Tito et à rétablir leur prestige, les Soviets envisagent de liquider le gouvernement de Belgrade au cours de l'été.

Mais une action de cet ordre risque de provoquer une réaction américaine. L'opération doit donc être menée dans des délais très courts et nécessite un nombre important de divisions soviétiques capables de submerger l'ensemble du territoire et de réduire immédiatement toute résistance.

La réaction américaine devient alors sans objet, la question yougoslave étant réglée.

H c 2 : Mais la réaction américaine est-elle à craindre ? Il est possible qu'une large partie du Kremlin soit convaincue du contraire et que, dans ce cas, les Soviets envisagent de renverser le gouvernement yougoslave à l'aide de guérillas que viendraient appuyer en temps opportun, les forces militaires des pays du Kominform sans tenir compte des délais nécessaires.

H c 3 : Il se peut, enfin, que malgré les apparences les Soviets considèrent la question Tito comme négligeable au regard des intérêts considérables que présentent pour eux, les divers problèmes extrême-orientaux.

Mais dans ce cas l'activité des guérillas, en se déclenchant sur les frontières, se proposerait avant tout de détourner l'attention de l'Occident.

Les grandes unités soviétiques, évoluant au voisinage des frontières yougoslaves, joueraient alors le rôle d'épouvantail en créant une menace permanente d'intervention armée.

Que valent ces hypothèses ? Et dans quelle mesure les indices que nous possédons les justifient-elles ? Quel est l'ordre de préférence, à défaut d'un choix définitif, qu'il convient de leur attribuer ?

H a : *Hypothèse d'un resserrement du contrôle soviétique destiné à assurer la maîtrise totale des pays satellites et à éliminer les possibilités d'un mouvement titiste.*

C'est à cette hypothèse que l'on est tenté de se rallier devant les renseignements de tout ordre qui parviennent de Bulgarie.

En signalant au mois de mai 1948 (mon télégramme n° 127 du 12 mai et ma lettre n° 27/TS du 3 juin) les indices d'une manœuvre anglo-saxonne qui par Sofia et Belgrade tentait de reprendre pied dans la péninsule et de refouler progressivement les Soviets au delà du Danube, j'avais souligné que les chances de succès semblaient alors meilleures en Bulgarie qu'en Yougoslavie. Depuis cette date, la situation bulgare a évolué dans des conditions qui confirment aussi bien l'existence d'une réaction profonde d'une large partie de la population contre l'emprise de Moscou que l'impossibilité pour cette réaction de se manifester devant l'ampleur et la rapidité des mesures prises par les Soviets.

Le resserrement de ces mesures, depuis le début de 1950, témoigne de l'existence d'un malaise qui s'est sans doute avéré plus grave encore que les Soviets ne l'avaient pensé.

Si, en Roumanie, il n'est pas fait mention de dispositions du même ordre, c'est qu'elles sont prises depuis longtemps. Au surplus, la capacité de résistance du peuple roumain s'est avérée dès le début moins considérable et, d'autre part, le contrôle soviétique est pratiquement absolu depuis la libération.

Quant à la Hongrie, le procès Rajk a lui aussi révélé à l'Occident l'existence d'une révolte des esprits prêts à prendre corps dès que les circonstances s'avéreraient favorables.

Il n'est pas tout à fait certain que les divisions soviétiques, hâtivement poussées sur la frontière yougoslave à travers le territoire hongrois, en 1949, n'aient pas été destinées, avant tout, à impressionner la population locale et à la maintenir dans l'ordre, plutôt qu'à menacer spectaculairement le gouvernement de Belgrade.

L'hypothèse d'une série de mesures destinées à ramener les satellites dans l'obéissance et à rétablir une autorité un moment ébranlée ne saurait donc être exclue. Une telle opération n'est pas d'ailleurs une fin en soi : elle peut n'être que le premier temps d'une manœuvre qui permettrait, dans l'avenir, de régler le problème yougoslave puis, ultérieurement, le problème balkanique tout entier.

Mais la question qui se pose aujourd'hui est de savoir si en 1950 les Soviets se limiteront à l'exécution de cette première phase ou s'ils entameront la suivante au cours de l'été.

H b : Hypothèse d'une série de mesures militaires visant au renforcement du glacis protecteur et à l'aveuglement de la brèche yougoslave en prévision d'un conflit.

Aux nombreux renseignements qui soulignent les efforts de consolidation de son autorité en Bulgarie, en Roumanie et en Hongrie, viennent s'ajouter ici les indices techniques qui mettent en évidence le souci de l'état-major soviétique d'organiser ces pays en vue d'un conflit éventuel.

La question qui se pose est de savoir si ces mesures correspondent à des intentions politiques nettement offensives du gouvernement de Moscou ou si elles ne sont, au contraire, que des mesures préparatoires prises par l'état-major du bloc soviétique en vue d'assurer la sécurité du territoire russe.

Là aussi le complexe d'infériorité occidentale nous interdit trop souvent de penser que les Soviets puissent avoir peur. Qui nous dit cependant que le schisme yougoslave qui a ouvert une brèche politique dans le système, n'a pas aussi ouvert une brèche stratégique que le commandement russe se préoccupe avec anxiété de fermer ?

Qui nous dit que les mesures hâtives de réorganisation de l'armée bulgare, l'apparition de terrains d'aviation de part et d'autre du Danube, l'aménagement des voies de communications de toute espèce à travers la Roumanie et la Hongrie, les modifications apportées au matériel ferroviaire, les aménagements des points de transbordement de la voie ferrée russe à la voie ferrée européenne, la poussée des grandes unités russes au voisinage du Danube, l'existence d'un groupement de 10 à 11 divisions blindées et mécanisées dans la région de Kiev sur les courants de transport susceptibles de l'amener au Banat, ne sont pas en fait des dispositions prévues pour permettre au commandement russe de maîtriser immédiatement les rives nord de la mer Égée et le cours du moyen Danube si la guerre venait à éclater ?

Qui dit même que le conflit déclenché, les Soviets ne s'efforceraient pas de gagner au plus vite les rives de l'Adriatique, se souciant peu dès cet instant des possibilités de résistance intérieure que pourraient offrir les restes de l'armée yougoslave dans les montagnes de Bosnie et d'Herzégovine ?

Si cette deuxième hypothèse, qui n'est d'ailleurs qu'un complément de la première, était valable l'ensemble des mesures militaires prises par le commandement soviétique seraient parfaitement justifiées : le petit nombre de divisions russes actuellement stationnées sur le Danube, incapable de s'emparer de la totalité du territoire yougoslave serait cependant largement suffisant pour régler, en quelques heures, la question de Belgrade et de la Yougoslavie du Nord-Est.

Il n'en reste pas moins qu'il s'agirait alors de mesures préparatoires en prévision d'un conflit dans lesquelles on ne peut voir à priori la volonté du gouvernement de Moscou d'attaquer la Yougoslavie par les armes à bref délai.

H c : Préparatifs d'attaque contre la Yougoslavie.

Un certain nombre d'indices techniques sont venus donner corps à ce qu'on appelle couramment la crise balkanique du printemps. On peut – *grosso modo* – les grouper en deux catégories.

La première est faite ces informations relatives aux 30.000 à 40.000 guérilleros qui s'échelonnent le long des frontières yougoslaves. Les mesures de mise sur pied, d'armement, d'équipement doivent être, dit-on, terminées pour le 15 mai. C'est aussi la première quinzaine de mai qui aurait été fixée comme date limite de livraison d'armes et de munitions légères en Albanie.

La seconde concerne les mesures militaires de tout ordre prises en Bulgarie, Roumanie et Hongrie, soit au profit du réarmement des armées satellites, soit à celui du transport et de la mise en place de grandes unités soviétiques. Là aussi intervient la date fatidique du 15 mai dont la répétition incessante devient un leitmotiv.

Encore faut-il examiner si des opérations doivent être entamées, le but qu'elles se proposent d'atteindre et les moyens qu'elles mettront en œuvre.

On envisage fréquemment l'éventualité d'une invasion-éclair qui soumettrait la Yougoslavie en quelques jours et réglerait définitivement le problème avant qu'une intervention occidentale ait pu se produire.

Cette hypothèse repose sur deux postulats bien connus.

– Le premier est que les Soviets ne peuvent plus tolérer l'existence de Tito qui, mettant en jeu leur prestige, risque de provoquer à la longue la désagrégation du bloc communiste.

– Le second est que la politique de Moscou veut avant tout éviter un conflit général dans lequel le bloc communiste risquerait en définitive et à la longue d'avoir le dessous.

Si l'on admet (ce qui est déjà en soi discutable) la réalité de ces deux postulats, on peut parfaitement concevoir le déclenchement d'une attaque mettant en jeu 20 à 25 divisions soviétiques secondées par les armées satellites, les guérillas et les foyers communistes moscoutaires installés à l'intérieur de la Yougoslavie. On peut admettre la possibilité d'une submersion totale et immédiate de toutes les résistances yougoslaves.

Un tel résultat que l'on ne manquerait pas d'attribuer aux idéaux démocratiques de la totalité du peuple yougoslave, ôterait toute raison d'être à une riposte américaine qui ne pourrait être, d'ailleurs, qu'à base de bombe atomique.

Mais l'opération considérée exigerait la mise en place d'un nombre de divisions soviétiques relativement considérable (25 pour l'opération elle-même et 10 pour la surveillance et le contrôle des pays satellites). Un tel déploiement de forces sur les routes et les chemins de fer ne saurait échapper aux observateurs occidentaux. Les délais nécessaires risquent de provoquer cette mise en garde américaine que les Soviets passent pour redouter.

Mais la question se pose ici de savoir s'ils la redoutent effectivement ? La riposte occidentale se limite, en effet, à l'utilisation d'un bombardement dont le déclenchement est gros de conséquences. Il est fort probable qu'au Kremlin une large part des dirigeants sont convaincus que Washington ne prendra pas ce risque actuellement pour les seuls intérêts yougoslaves.

Le bluff a si bien réussi en Rhénanie, en Autriche et en Tchécoslovaquie au temps où il y avait encore des armées européennes que l'on est en droit de se demander si les Soviets ne rééditeront pas une opération de ce genre dans laquelle les divisions russes se contenteraient de mettre la main sur les points importants du territoire, laissant à la révolte intérieure le soin de faire le reste.

Le nombre de grandes unités soviétiques immédiatement disponibles est alors suffisant pour régler la question.

Mais même en admettant qu'aucune réaction immédiate ne se produise, il est certain que l'opinion publique des deux côtés de l'Atlantique ouvrira brusquement les yeux devant le danger et que le réarmement occidental s'accélérera aussitôt, le conflit général apparaissant désormais inévitable.

On conçoit mal que les Soviets puissent prendre un risque de ce genre au moment où ils déploient des efforts désespérés dans tous les pays européens pour lutter contre le Plan Marshall et contre les débarquements de matériel.

Comme l'hypothèse précédente, l'éventualité d'une action de force à base de troupes russes, apparaît donc discutable quels que soient les motifs invoqués.

Il reste alors la possibilité d'une opération ne mettant en jeu que des guérillas et des foyers de révolte intérieure.

On ne saurait évidemment négliger les moyens existants : les guérillas groupent environ 30.000 à 40.000 hommes, les foyers de rébellion intérieure s'appuieraient, dit-on, sur une large fraction du Parti communiste (30 à 40 % des membres) enfin les uns et les autres trouveraient, soit auprès des gouvernements satellites et de leurs services, soit auprès des missions militaires soviétiques le support nécessaire.

Mais comment admettre que des efforts de ce genre qui n'ont cessé de se produire depuis le 25 juin 1948 et qui ont constamment échoué alors que Tito était aux prises avec de multiples difficultés intérieures puissent réussir aujourd'hui que le dictateur yougoslave est sûr de sa police et de son armée et où il dispose de l'appui moral, et dans une certaine mesure, matériel des États-Unis ?

Le projet paraît difficilement réalisable – à moins de circonstances imprévues comme par exemple le « suicide » du Maréchal.

Mais il reprend un aspect logique s'il s'agit seulement, dans l'esprit des Soviets, de rallumer un incendie balkanique qui, attirant les regards de l'Occident, les détournerait de zones d'intérêt soviétique autrement importantes et où Moscou aimerait pouvoir développer tranquillement ses efforts : Asie de l'Est et du Sud-Est, Indes néerlandaises etc...

Si l'on admet cette éventualité, l'objectif des guérillas anti-titistes et des maquis intérieurs se limiterait à l'organisation de troubles balkaniques tandis que les divisions russes rassemblées au voisinage du Danube, joueraient le rôle d'un épouvantail destiné à tenir la Yougoslavie et l'Occident sous la menace d'une possibilité d'intervention permanente.

Alors, et dans ce cas, la date du 15 mai reprend sa valeur et nous devons prévoir la reprise de l'agitation pour le mois de juin.

Il nous faut maintenant établir entre toutes ces hypothèses sinon un choix, du moins un ordre de préférence.

Nous devons admettre, tout d'abord, que le resserrement du contrôle soviétique sur les pays satellites a cessé d'être une hypothèse pour devenir une réalité. Ce n'est pas l'existence de ce contrôle mais son subit accroissement qui doit retenir notre attention.

Nous devons logiquement reconnaître, d'autre part, que l'ensemble des mesures militaires prises par les Soviets de part et d'autre du Danube correspondent aux préoccupations qui sont normalement celles du bloc communiste. Les efforts déployés dans l'aménagement des voies de communication Est-Ouest et qui ont fait l'objet des intéressantes études de notre attaché militaire à Bucarest, sont vraisemblablement le reflet des préoccupations du Fontainebleau oriental.

S'agit-il seulement des dispositions prises en vue d'un conflit éventuel ou s'agit-il au contraire du déclenchement d'une attaque à une date dès à présent fixée ? Ce sont évidemment là deux éventualités qui ne s'excluent pas nécessairement puisque les mesures prises sont utilisables dans l'un et l'autre cas.

Mais pour ma part, je persiste à considérer que les risques que représentent soit une opération-éclair contre la Yougoslavie, soit une opération de plus modeste envergure mettant en jeu – l'une et l'autre – de grandes unités soviétiques, sont trop grands pour que Moscou les envisage avec sérénité.

Je suis convaincu, par contre, que les Balkans constituant un abcès de fixation trop aisément utilisable pour que les Soviets renoncent à l'exploiter. Il y a donc de fortes chances pour que nous assistions au cours de l'été, à une reprise de guerre « tiède » sur les confins yougoslaves. Il est même tout à fait possible que les informations ; aussi nombreuses qu'imprécises que nous recueillons, dans ce domaine, fassent partie d'une campagne d'intoxication savamment menée par le Kominform.

(Direction d'Europe, URSS, volume 106)

119

M. Massigli, Ambassadeur de France à Londres,
    à M. Schuman, Ministre des Affaires étrangères[1].

T. nᵒˢ 1607-1616.   *Londres, 7 mai 1950, 10 h. 30.*

Réservé. Très urgent.   *(Reçu : le 7, 11 h.)*

M. Alphand et M. de La Tournelle rendront compte au Département du détail des conversations qui viennent de se terminer. Je crois devoir néanmoins attirer dès maintenant votre attention sur certaines tendances qui se sont manifestées chez nos partenaires.

Du côté britannique, il y a peu à dire : toujours la même prudence, les mêmes hésitations devant tout ce qui présente un caractère neuf. Le désir du coopérer étroitement avec les Américains se complète par une évidente préoccupation de ne pas se laisser trop dominer par eux. C'est ainsi que, en face des problèmes de Sud-Est asiatique où, malgré la gravité de la situation dans la Péninsule malaise, Londres ne cherche pas l'appui américain ; de la même manière, la Trésorerie a longtemps hésité à demander le concours de Washington pour la solution du problème des balances sterling.

C'est dans les entreprises collectives que l'on envisage le plus favorablement le soutien des États-Unis – ce qui n'interdit pas, d'ailleurs, une extrême prudence lorsque ces entreprises sont susceptibles de comporter de grandes nouveautés ; – par exemple en face des possibilités de développement du Pacte de l'Atlantique.

Cet état d'esprit a l'inconvénient de conduire à chercher à donner des satisfactions aux thèses de Washington dans les questions où l'intérêt britannique est moins immédiatement engagé. À l'égard des problèmes allemands, en face desquels la position anglaise est en général, très proche de la nôtre, nous trouvons ainsi le Foreign Office beaucoup plus prêt à céder aux instances américaines que nous ne le souhaiterons souvent. C'est un point qu'il ne faudra pas perdre de vue le jour où

---

[1] Télégramme communiqué à la Présidence de la République, la Présidence du Conseil, MM. Parodi, Clappier et de Bourbon-Busset.

nous aurons, de ce côté, à redouter de la part des États-Unis des initiatives de quelque ampleur.

Or, il y a lieu d'en appréhender – sinon pour aujourd'hui – du moins pour demain. Je ne sais s'il faut donner un sens trop précis aux réserves très appuyées que le délégué américain a énoncées à l'égard de la note générale relative aux Affaires allemandes : j'hésite à le faire après une conversation confidentielle que j'ai eue dans la soirée d'hier avec M. Douglas. Il n'en a pas moins été évident au cours de nos entretiens que, dans le désir d'intégrer l'Allemagne à l'Europe, on est, à Washington, tout prêt à brûler les étapes et que nous pourrions nous trouver placés à bref délai devant des problèmes fort embarrassants. Je note incidemment que la question de savoir ce qu'il faut entendre par cette formule de l'intégration de l'Allemagne à l'Europe, question qui devait être étudiée, l'a été à peine, du fait de la tournure prise par les débats en sous-comité. C'est un point, cependant, qui vaudrait d'être débattu sérieusement, et sur lequel il me semble qu'il nous appartient, à nous Français, de conserver l'initiative.

Ce qui, je l'avoue, me frappe – et me préoccupe le plus – dans l'attitude américaine, ce sont les manifestations parallèles de deux politiques différentes mais non contradictoires : d'une part, le souci, très nettement perceptible, d'éviter d'engager trop directement la responsabilité des États-Unis dans certaines affaires dangereuses hors d'Europe (Sud-Est asiatique) – ce qui n'interdit pas, d'ailleurs, de nous donner des conseils pressants, et parfois indiscrets, sur la manière de les traiter ; d'autre part, le très ferme dessein d'engager de plus en plus les partenaires européens dans la « guerre froide ».

Je n'ai pas seulement dû prendre position contre des formules excessives. J'ai dû faire écarter un amendement américain qui tendait à organiser dans le cadre du Pacte atlantique l'élaboration à trois d'une politique commune à l'égard – et contre – les satellites de l'Union soviétique. La proposition nous a même été faite d'organiser en commun l'utilisation des services des émigrés des pays de l'Europe orientale. Enfin, le désir de mettre l'accent sur l'opposition entre l'Est et l'Ouest s'est parfois manifesté plus que de raison.

Ces tendances – auxquelles il faut prêter attention – seraient inquiétantes si, d'autre part, les propositions qui vont être soumises aux ministres ne contenaient en même temps un chapitre, à mon sens plein d'intérêt, sur l'amélioration du mécanisme de consultation entre les trois gouvernements. Si ces propositions sont retenues, nous serions, semble-t-il, désormais mieux placés pour faire entendre notre voix avant que des plans à l'élaboration desquels nous n'aurions pas été associés, n'aient produit des conséquences dont les développements nous toucheraient directement... Il y a là, à mon avis, un des résultats les plus positifs des entretiens qui viennent de se terminer.

(Secrétariat général, Dossiers, volume 21)

120

NOTE DE LA DIRECTION D'EUROPE
POUR M. PARODI, SECRÉTAIRE GÉNÉRAL DU MINISTÈRE DES AFFAIRES
ÉTRANGÈRES

N.   *Paris, 8 mai 1950.*

L'idée se répand que l'affaire sarroise devrait être portée devant l'Assemblée consultative du Conseil de l'Europe. Le bureau exécutif de l'Union européenne des fédéralistes s'est prononcée dans ce sens. *Le Monde*, dans un éditorial récent, a souligné les mérites de cette procédure. Tous ceux qu'inquiète l'inertie du Conseil, à commercer par les membres de l'Assemblée consultative, saisiraient volontiers l'occasion de faire la preuve de l'efficacité pratique de l'organisation européenne. Le gouvernement de Bonn peut être tenté de mettre à profit cette tendance. En tous cas, dans la note qu'il a adressée le 5 mai au président de la Haute-Commission, le Chancelier fédéral a déclaré que son gouvernement est disposé à participer à la recherche d'une solution « européenne » de la question sarroise.

Aux termes du statut du Conseil de l'Europe, l'Assemblée consultative peut, à la demande de 10 de ses membres, ajouter une question à son ordre du jour, même en cours de session. Sans doute, l'accord du Comité des ministres doit-il être obtenu ; mais celui-ci doit se prononcer dans des délais très courts et il n'est pas sûr qu'il opposerait son veto à un vœu qui lui serait présenté par une large fraction des membres de l'Assemblée. Le gouvernement français, pour sa part, ne pourrait s'opposer publiquement à l'initiative de l'Assemblée sans risquer d'indisposer cette dernière et sans paraître douter du bien-fondé de sa propre cause.

Avant de rechercher les moyens de couper court à une intervention éventuelle du Conseil de l'Europe dans la question sarroise, il convient d'ailleurs de mesurer attentivement les avantages et les risques de cette intervention, et de prévoir, par conséquent, les formes qu'elle est susceptible de revêtir.

Il se peut que l'Assemblée, après avoir pris connaissance des thèses en présence, recommande de consulter les habitants du territoire au moyen d'un plébiscite qui lieu à l'initiative et sous le contrôle du Conseil de l'Europe. Si le Département a écarté jusqu'à présent l'idée d'un plébiscite immédiat, c'est parce que les résultats d'une consultation populaire provoquée inopinément par le gouvernement français ou par le gouvernement sarrois ne manqueraient pas d'être contestés par nos adversaires et ne mettraient pas le statut de la Sarre à l'abri des aléas d'un nouveau plébiscite au moment du traité de paix. Un tel argument ne saurait être retenu contre un plébiscite qui serait organisé à l'instigation du Conseil de l'Europe, et peut être à la demande de la délégation allemande elle-même. L'issue immédiate de l'opération demeurerait bien entendu hasardeuse. Si elle devait être favorable, le succès de notre politique sarroise s'en trouverait consolidé d'une manière peut être définitive.

L'entreprise ne doit pas être écartée à la légère. L'état des esprits en Sarre nous permet à présent d'affronter les risques d'un plébiscite avec des chances raisonnables de succès. Il est à craindre que cette situation n'évolue à notre détriment en raison de la détérioration des conditions économiques et de l'action hostile de l'épiscopat allemand. Ce dernier point a une importance particulière. Des gens informés en France et en Sarre estiment que si notre diplomatie ne parvient pas très prochainement à soustraire le clergé sarrois à l'autorité de l'évêque de Trèves et si l'on tient pour inévitable le recours éventuel à un plébiscite, mieux vaut précipiter celui-ci que de laisser le temps travailler contre notre influence[1].

Les considérations qui précèdent ne valent évidemment qu'au cas où l'Assemblée consultative se prononcerait pour l'organisation prochaine d'un plébiscite en Sarre. D'autres hypothèses peuvent être envisagées. La plus fâcheuse est celle dans laquelle l'Assemblée, se reconnaissant incompétente pour régler par anticipation un problème dont la solution dépend normalement du traité de paix, se bornerait à constater le caractère provisoire du statut actuel de la Sarre et à émettre le vœu que le sort final du territoire soit conforme aux aspirations librement exprimées de ses habitants. Une résolution de ce genre produirait en Sarre une impression déplorable.

Ceci dit, compte tenu de la tendance actuelle de l'Assemblée à justifier sa propre existence en se chargeant de responsabilités, nous aurions sans doute beau jeu pour faire prévaloir, si nous le souhaitons, la solution d'un plébiscite immédiat sous le contrôle du Conseil de l'Europe. C'est donc sur les mérites intrinsèques de cette procédure que le Département devrait se faire une opinion.

(Direction d'Europe, Sarre, volume 209)

---

[1] C'est notamment ce que rapportait le sénateur de la Seine, Léo Hamon, président du groupe d'amitié franco-sarroise lors d'un entretien avec Burin des Roziers (note du 5 mai 1950 de Paris, non reproduite).

121

Note du Département

Note pour la conversation avec M. Acheson

N. *Paris, [8] mai 1950.*

1) Sous un accord de forme, les entretiens préliminaires de Londres sur l'Allemagne ont révélé des divergences de fond assez sérieuses.

Les Américains sont désireux d'utiliser le plus rapidement et le plus largement possible dans la lutte contre les Soviets toute la contribution que l'Allemagne peut y apporter du point de vue économique (y compris le matériel pour le réarmement européen) et politique. Pour cette raison, ils sont tentés de faire le plus tôt possible de l'Allemagne un membre égal en droit de la communauté des nations démocratiques.

Le Foreign Office (car M. Bevin semble être d'un point de vue un peu différent) est partisan lui aussi de rendre à l'Allemagne sur le terrain international sa pleine autonomie. Il est soucieux, en effet, de décharger la trésorerie britannique des charges qu'implique le contrôle de l'Allemagne ; il est désireux, d'autre part, de combattre le sentiment anti-anglais qui règne dans une grande partie de la population allemande depuis l'affaire des démontages.

Aussi la délégation britannique n'a-t-elle pas hésité à indiquer, contrairement à ce qui avait été entendu, à la dernière ligne de la page 1 du projet de directives sur la politique alliée à l'égard de l'Allemagne, que les Alliés étaient d'accord pour faciliter une participation complète, et non comme nous l'avions dit plus complète, de l'Allemagne au Conseil de l'Europe.

On peut difficilement concevoir que l'Allemagne, si elle devient un membre régulier du Conseil de l'Europe, puisse être encore soumise à quelque limitation de sa souveraineté en matière internationale. Au cas où elle serait libérée dans ce domaine de toute tutelle des puissances occupantes, l'autorité suprême des Alliés ne pourrait pas subsister et le fondement même du statut actuel de l'Allemagne, tel qu'il a été défini par les accords de Washington, disparaîtrait. Il paraît donc difficilement concevable d'admettre la participation de l'Allemagne au Conseil de l'Europe avec une pleine égalité des droits et mieux vaudrait, semble-t-il donner seulement, à l'automne prochain, satisfaction à la demande du gouvernement fédéral d'avoir un observateur au Comité des ministres.

Il semble que nous puissions convaincre en cette matière les Américains, car leurs experts reconnaissent que le maintien de la souveraineté alliée en Allemagne leur est juridiquement indispensable pour justifier auprès de leur Parlement la poursuite de l'occupation militaire.

2) Après les manifestations auxquelles s'est livré récemment M. Adenauer, il ne convient pas que la révision du statut d'occupation intervienne avant la date prévue. Il paraît donc souhaitable que le groupe de travail envisagé ne commence pas sa tâche à une date trop proche.

Le point délicat de son agenda touche le statut juridique de l'Allemagne. Les négociations, dans ce domaine, devront être conduites avec beaucoup de précautions et il paraîtrait préférable d'éviter quelles ne se déroulent à Londres comme le demandent les Anglais.

3) Des divergences profondes sont apparues en ce qui concerne l'Autorité de la Ruhr. Il est manifeste que les Américains ne sont pas désireux de voir celle-ci assumer rapidement de larges pouvoirs. Ils se montrent, d'autre part, préoccupés de limiter l'action de l'Office militaire de sécurité, dont il semble qu'ils souhaitent la disparition assez rapide. Il conviendrait peut-être de rappeler à M. Acheson que la création de ces deux institutions a été la condition à laquelle nous avons subordonné notre assentiment aux accords de Washington. Si l'autorité internationale de la Ruhr et l'Office militaire de sécurité étaient sensiblement affaiblis, en même temps que serait mis en question le principe de l'autorité suprême des Alliés en Allemagne, c'est l'ensemble même des accords de Washington qui viendrait à disparaître.

4) Il semble que la demande de M. Adenauer de disposer pour le *Bund* d'une police de 25.000 hommes lui ait été au moins partiellement suggérée par les Britanniques. Ceux-ci, à la suite des récents incidents de Salzgitter, ne veulent plus avoir à assumer eux-mêmes la répression de troubles en Allemagne. Au cours des conversations préliminaires de Londres, les Américains ont une fois de plus affirmé qu'ils restaient fidèles au principe de la démilitarisation de l'Allemagne. Nous pourrions nous appuyer sur ces assurances pour faire ressortir qu'en dotant l'Allemagne de 25.000 hommes de police militarisés et encasernés, nous jetterions les bases pour la recréation d'une force militaire allemande. Il convient de maintenir le principe d'après lequel il ne doit pas exister de police fédérale, mais seulement une police de *Länder*. Nous pouvons accepter la création dans l'enclave d'une faible garde destinée à protéger le gouvernement fédéral, mais pour la répression des troubles, nous ne pouvons envisager qu'un renforcement de la police des *Länder*.

5) Il serait enfin souhaitable que les conversations avec M. Acheson fussent utilisées pour attirer l'attention de ce dernier sur l'importance que présente pour nous la question de l'État du Sud-Est, la difficulté qu'il y aurait pour l'opinion française d'accepter que soit créé sur notre frontière un État allemand dont le contrôle serait américain et nous échapperait totalement. Il conviendrait que l'attitude de l'état-major américain de Heidelberg, ne s'oppose pas à une redistribution des contrôles qui permette la restauration de l'État du Bade.

(Secrétariat général, Dossiers, volume 21)

122

COMPTE RENDU DE LA PREMIÈRE RÉUNION DES CONVERSATIONS
FRANCO-AMÉRICAINES DU 8 MAI 1950 À 10 HEURES

C.R.   *Paris, 8 mai 1950.*

Très secret.

États-Unis : MM. Acheson, Jessup, Bruce, Perkins et Bohlen.

France : MM. Schuman, Parodi, Alphand, de La Tournelle, de Margerie, Seydoux et Baeyens.

1) *Objectifs communs dans la perspective mondiale actuelle.*

M. Acheson estime que le document préparé à Londres par les experts résume bien le problème. Il désire mettre en relief certains points qui paraissent essentiels.

On admet à Washington que les trois ou quatre prochaines années constitueront les années critiques. L'URSS a développé à un tel degré ses préparatifs militaires que la marge qui la sépare des puissances occidentales se trouve extrêmement accrue. Non seulement les Russes consacrent aux armements une portion considérable de leur budget mais dans certains domaines, ils ont sur l'Occident une avance très forte, en chiffres non seulement relatifs mais absolus. Ceci est d'autant plus important que la convergence en 1953 ou 1954 des problèmes qui nous occupent pourrait conduire l'URSS soit à des démarches militaires, soit à des menaces qui, en raison de la supériorité soviétique en armement, pourraient faire hésiter les plus braves.

De cette observation fondamentale se dégage l'idée que les puissances occidentales conservent cependant devant elles de larges possibilités d'action positive. Les Russes ont poussé leurs préparatifs militaires à un point très voisin du maximum. Les puissances démocratiques au contraire sont encore très loin de ce maximum ; la marge pour l'Ouest est donc très large, il faut savoir l'exploiter.

Quelles sont les tâches qui s'imposent ?

Tout d'abord, les Ministres auront bientôt devant eux le rapport des ministres de la Défense réunis récemment à La Haye. Ce rapport, qui porte sur la défense de l'Occident, sera certainement sujet à révision. M. Acheson n'est pas un expert des choses militaires, mais il pense que la révision devra se faire, de façon constante, dans le sens d'une modernisation des moyens de défense et de l'usage de toutes les ressources scientifiques qui permettent d'accroître le potentiel d'armement. Ce qui est sûr, c'est que l'effort à entreprendre est considérable et qu'il doit commencer sans délai.

À cette fin, il est évident que la base économique des puissances occidentales doit être fortement élargie ; il faudra accroître la production, accroître la productivité, développer les zones où le commerce peut s'étendre, l'Afrique, le Proche-Orient, l'Extrême-Orient, il faudra prévoir des investissements : tout cela fait partie du renforcement de l'Occident.

Deux domaines s'ouvrent ainsi à l'activité des Alliés :

1) Lancer dès que possible un programme militaire ;

2) Agir fortement pour élargir la substructure économique.

Il n'est pas nécessaire d'aller très loin dans cet ordre de réflexion pour rencontrer le problème de l'Allemagne. Le potentiel allemand est essentiel pour l'Occident. Si ce potentiel passait au service de l'adversaire, il ferait pencher la balance de l'autre côté, et tout l'effort dont il a été question plus haut deviendrait impossible. Les puissances démocratiques ont trois ou quatre années pour attacher fermement l'Allemagne à l'œuvre de renforcement occidental.

Si l'on va un peu plus loin, on tombe sur une autre question, celle de l'Asie du Sud-Est. Dans cette région également, les Alliés sont l'objet d'une épreuve de force essentielle pour leur avenir. Si les succès communistes en Chine sont contenus dans leurs limites actuelles, la Chine, au lieu d'un actif, peut devenir un passif pour le camp soviétique. Si, au contraire, les communistes débordent sur l'Asie du Sud-Est, ce serait un coup extrêmement sérieux pour les États-Unis et leurs alliés. La relation entre l'Asie du Sud et du Sud-Est et le renforcement de l'Ouest n'a pas à être soulignée.

Ces observations ne prétendent pas épuiser le sujet, elles aident à préciser la perspective fondamentale.

M. Acheson souhaiterait encore mentionner deux points particuliers.

En ce qui concerne la propagande, des efforts devraient être accomplis pour mettre en harmonie les différentes activités des puissances occidentales. Il ne s'agit pas tant d'une déclaration commune des trois Ministres que d'un effort persévérant pour faire connaître les buts communs des nations démocratiques. La propagande soviétique, il faut le reconnaître, a remporté ces temps-ci de nombreux succès ; pour lui tenir tête, une coordination est indispensable. Il est évident, précise M. Acheson, que les Alliés de l'Ouest devront démontrer que leur objectif est le renforcement de l'Occident en vue de la paix.

En ce qui concerne les problèmes d'organisation, le Secrétaire d'État estime que celle-ci n'a de sens qu'en vue de l'action ; l'organisation pour l'organisation ne l'intéresse pas. Des modifications aux organismes existants interviendront s'il y a quelque chose de concret à réaliser ; dans le cas contraire, ce n'est pas la peine. L'organisation doit être l'auxiliaire de l'action, et non un prétexte pour ne pas agir.

Si les critères généraux sont admis, la tâche qui attend les Ministres sera plus facile. Tous les problèmes concrets devront être traités en référence à cette question essentielle : savoir si telle ou telle mesure permet d'accroître la cohésion de l'Occident pour les trois ou quatre années à venir.

M. Schuman se déclare en plein accord avec M. Acheson en insistant cependant sur une nuance : en raison de sa position géographique, la France a une perspective légèrement différente, certains dangers apparaissent plus proches, d'autres risques plus éloignés, mais l'accord sur l'ensemble est certain.

L'accalmie actuelle n'est évidemment qu'apparente ; elle ne prélude à aucune détente. La Russie se replie parce qu'elle a d'importants problèmes à résoudre, problème intérieur, problème des satellites, et problème chinois. Ce repli n'est pas de caractère pacifique, c'est une pause en vue de nouveaux assauts. Les efforts doivent donc être accrus pour augmenter la puissance commune et pour améliorer la coordination de ces efforts.

Du point de vue français, comme du point de vue européen, M. Schuman désire souligner un autre aspect de la question. Le Secrétaire d'État des États-Unis a parlé avec beaucoup de pertinence du problème de la propagande. C'est un fait que les puissances occidentales sont en retard en ce domaine. Elles n'éclairent pas suffisamment leurs opinions publiques, elles ne mènent pas assez vigoureusement une campagne auprès des satellites de l'URSS. M. Schuman est donc entièrement favorable à l'idée de renforcer la propagande dans le cadre atlantique. Il faut de plus prévoir une action non seulement auprès des participants au Pacte atlantique, mais aussi auprès d'autres nations.

Il est important de voir clairement le caractère que doit prendre cette activité de propagande. Sans doute importe-t-il de souligner les défauts et les dangers du régime totalitaire ainsi que les avantages du régime démocratique ; mais, surtout, il faut faire front contre la campagne de paix lancée par l'URSS avec l'appui des partis communistes. Cette campagne exerce certains ravages dans les milieux non communistes. Il faut faire connaître que nous ne préparons pas la guerre pour faire la guerre, mais pour renforcer notre défense parce que nous voulons la paix. Il ne faut pas trop parler de guerre froide : se placer sur ce terrain serait presque une concession que nous ferions aux Russes en reconnaissant que nous menons avec eux une guerre froide. Notre objectif, c'est la paix, nous ne cherchons pas à déjouer nos adversaires, mais à donner à nos peuples la sécurité par une défense sans fissures.

Cette conception s'applique également à une question que M. Schuman ne veut qu'effleurer, celle de l'énergie atomique. Il y a un grave danger à laisser croître la hantise du danger atomique. La solidarité des puissances de l'Ouest doit leur donner l'assurance suffisante pour qu'elles n'aient pas besoin d'agiter la menace atomique. Celle-ci, en effet, inquiète plus l'Europe qu'elle ne la rassure.

Il est clair également que les moyens de propagande ne peuvent être les mêmes pour tous les pays. Ce qui importe c'est d'être constructifs et de faire preuve en particulier, dans les communiqués qui feront suite aux entretiens actuels, de sérénité et de fermeté. Nous n'avons pas intérêt à prendre, à l'égard de ceux qui pourtant le mériteraient bien, des positions abruptes ou agressives. Nous devons faire preuve d'assurance et de fermeté d'âme, comme le justifient d'ailleurs les perspectives de succès de l'effort à entreprendre.

Les autres questions évoquées par M. Acheson, notamment l'Allemagne, seront examinées plus en détail par la suite. M. Schuman ne dira qu'un mot à ce sujet : certes l'Allemagne doit trouver sa place, mais il faut qu'elle se soumette à la discipline commune aux organisations européennes dans lesquelles elle peut être appelée à siéger.

En ce qui concerne l'organisation, M. Schuman estime également qu'il faut éviter les excès. Beaucoup d'organismes existent déjà, il faut éviter de leur en juxtaposer de nouveaux qui ne répondent pas à un besoin réel. Néanmoins le travail préparé par les experts de Londres semble avoir évité les erreurs en ce domaine.

M. Acheson manifeste son accord avec M. Schuman. Dans le domaine de la propagande, il est certain que l'accent doit être mis sur la paix. Il ne faut cependant pas arriver au ridicule d'une surenchère à la paix des Occidentaux et des Soviétiques. Ce qui compte c'est que l'Europe reprenne conscience du fait qu'elle a devant elle un immense avenir, que ses énergies en soient stimulées et que pour ce grand but l'ensemble des puissances de l'Ouest acceptent de prendre les risques inévitables.

M. Acheson signale un autre problème urgent. Celui du commerce entre l'Est et l'Ouest. Des décisions rapides doivent être prises en ce domaine. Au cours d'une séance récente du Conseil national du Conseil de sécurité des États-Unis, plusieurs membres ont demandé qu'on aboutisse à des décisions.

M. Schuman comprend que des négociations ont lieu actuellement à ce sujet entre experts. Sur le plan des principes, le Ministre pense qu'il faut renoncer à toutes livraisons de nature à favoriser l'URSS sur le plan stratégique. Le reste est à débattre entre experts.

M. Acheson approuve ce principe. Il note que le problème est moins grave pour la France que pour la Belgique ou pour la Grande-Bretagne.

Et surtout pour l'Allemagne, reprend M. Schuman. L'Allemagne est non seulement coupée de ses marchés traditionnels des Balkans, mais aussi de l'Allemagne de l'Est. Ce problème est donc pour elle de première importance. Il faut éviter les restrictions inefficaces. Pour prendre un exemple théorique, faut-il refuser la livraison de camions ? Si l'on étendait trop loin les interdictions, on aboutirait à l'arrêt de tout commerce. La question des limites à imposer à ces restrictions devra donc être discutée avec soin.

2) *Examen général des relations franco-américaines.*

M. Schuman fait une remarque préalable : en son nom personnel en même temps qu'au nom du gouvernement, il se félicite des excellents rapports qui existent actuellement entre la France et les États-Unis. Quoi qu'en dise la propagande faite à cet égard dans différents pays, le Plan Marshall a été un fait capital qui a sauvé l'économie française et européenne. Le Ministre constate qu'aujourd'hui la France a surmonté la plupart des graves difficultés auxquelles elle se heurtait au moment de la Libération. Elle n'aurait pu le faire dans le même délai sans l'aide massive et rapide des États-Unis. Les Français sont parfaitement conscients de ce fait.

L'aide militaire pour laquelle la France a déjà exprimé sa gratitude, a pu être fournie et distribuée sans incidents graves, malgré la violence de la propagande communiste.

M. Schuman répète ce qu'il a déjà dit à M. Acheson : le fait même que le parti communiste ait dû recourir à la violence, prouve qu'il sent son influence diminuer et cherche à compenser ses pertes de prestige en recourant à d'autres moyens qui, finalement se retourneront contre lui.

Naturellement, il y a parfois des divergences de vues entre la France et les États-Unis. Le contraire serait étonnant. De telles divergences existent au sein même des gouvernements.

Récemment une telle divergence semble avoir surgi sur la question des territoires non autonomes, et l'attitude adoptée à cet égard devant les Nations unies. M. Schuman évoque cette question puisque le but de cet entretien est précisément de faire en toute franchise et amitié le bilan des difficultés communes aux deux pays. Cet exemple ne constitue en aucune façon un sujet d'irritation, car il ressort des textes établis à Londres que rien ne subsiste de la divergence de vue initiale.

Le point de vue français est le suivant : la France a sincèrement et définitivement abandonné depuis la dernière guerre ce qu'on appelle la politique « colonialiste » suivant laquelle la métropole use des territoires d'outre-mer comme de sa propriété et d'un débouché pour ses exportations. La France a inscrit cette résolution dans la Constitution de 1946 et elle s'attache à traduire dans les faits la réalité politique de l'Union française.

Le statut de l'Union française n'est évidemment pas celui du Commonwealth. Le Commonwealth est déjà par lui même le point d'aboutissement d'une évolution beaucoup plus longue. La France a acquis la plupart de ses territoires d'outre-mer aux environs de 1880, la Grande-Bretagne ceux du Commonwealth il y a parfois plusieurs siècles de cela. Nous sommes donc au début d'une évolution. Nous atteignons la seconde étape.

D'autre part, il faut tenir compte du retard des territoires de la France d'outre-mer par rapport à ceux du Commonwealth. Il s'agit de pays qui n'ont pas encore fait l'apprentissage de l'indépendance et, dans certains cas, de peuplades qui n'ont aucune notion de l'organisation étatique.

La France a la volonté de les acheminer vers l'indépendance, mais cela ne peut se faire que progressivement. C'est ainsi que peut se définir la politique française.

M. Schuman exprime alors son inquiétude des décisions prises aux Nations unies au sujet de la Libye : la France a la responsabilité du Fezzan qui compte 60.000 habitants, dont 40.000 nomades. Or une assemblée constituante doit s'y réunir : de telles dispositions préjugent largement les possibilités qui peuvent s'ouvrir dans l'avenir lointain et ne peuvent donner de résultats heureux dans l'immédiat.

La bonne méthode est celle qui prévoit des étapes, et qui permet d'observer un certain parallélisme entre l'évolution politique et l'évolution économique. L'émancipation politique à elle seule ne résout pas tous les problèmes ; octroyée subitement à une population non préparée, elle risque d'aboutir à l'anarchie qui serait un terrain fertile pour la propagande communiste ou toute autre action subversive.

C'est parce qu'elle a conscience de ses responsabilités que la France doit prendre des dispositions qui peuvent en certain cas apparaître au dehors comme dictées par un sentiment égoïste. Si l'on y regarde de plus près, c'est dans l'intérêt même des populations des territoires non autonomes que la France doit freiner le mouvement généreux qui inspire les décisions prises aux Nations unies.

Au demeurant, la situation des territoires est variable, aussi M. Schuman approuve-t-il la proposition des experts en vue de multiplier les consultations, non seulement entre la France et les États-Unis mais encore entre la France, les États-Unis et la Grande-Bretagne.

Plus nombreux seront les contacts, soit directement entre les Ministres, soit par l'intermédiaire des Ambassadeurs, soit dans le cadre des organisations internationales, plus grande sera la compréhension entre les deux pays, et plus forte la communauté de vues politique et idéologique qui les unit au plein sens du terme.

M. Acheson apprécie hautement l'exposé de M. Schuman.

Les États-Unis éprouvent à l'égard de la France, des sentiments analogues. M. Acheson souligne en particulier l'excellente impression faite par le relèvement économique français et le règlement des difficultés surgies depuis la Libération. L'effort français est compris et apprécié aux États-Unis.

Le gouvernement américain est également frappé de l'énergie manifestée par le gouvernement français dans l'affaire des livraisons au titre de l'aide militaire, ainsi que du manque de sympathie de la population française à l'égard des manifestations communistes. Les relations entre les deux pays sont donc très bonnes, et les difficultés ne surgissent généralement que lorsque des tiers sont en jeu.

M. Acheson évoque deux questions : le problème africain et le traité d'établissement franco-américain.

En ce qui concerne l'Afrique, de grands progrès ont été réalisés, et l'on peut espérer aboutir à une communauté d'attitudes avant la réunion de l'Assemblée générale des Nations unies. Les États-Unis apprécient dans ce domaine les résultats obtenus par la France.

En ce qui concerne le traité d'établissement qui a été évoqué au cours des conversations de septembre 1949, M. Acheson souhaite que des progrès puissent être accomplis. Plus l'on se rapproche du terme de l'aide Marshall en 1952, et plus les investissements privés lui semblent devoir prendre de l'importance. D'où l'urgence du traité d'établissement.

M. Schuman répond que la France désire la reprise de négociations sur ce sujet. Elle l'a déclaré à Londres. Si des difficultés surgissent, elles seront soumises aux ministres des Affaires étrangères. Il fera, quant à lui, tout ce qu'il pourra pour aboutir au succès, car le traité lui paraît être en effet la condition préalable à une coopération dont la France a besoin, notamment pour ses territoires d'outre-mer. Il espère qu'une solution pourra être trouvée dans un délai très court. M. Acheson en prend acte.

3) *Indochine.*

M. Schuman aborde un problème qui pèse sur la France plus qu'aucun autre, celui de la guerre d'Indochine, dans laquelle elle est engagée depuis quatre ans, et qui lui impose une charge matérielle croissante, et risque de compromettre l'effort auquel elle s'est engagée pour la défense de l'Europe. La France a actuellement sous les armes en Indochine une force de 150.000 hommes auxquels viennent s'ajouter 100.000 Viêtnamiens, également à sa charge ; elle entretient en outre dans les camps d'internement 30.000 nationalistes chinois. C'est l'aspect matériel du problème, qui est déjà grave en soi, mais il y a plus grave : la guerre d'Indochine rend impossible la réorganisation de l'armée métropolitaine française qui doit contribuer à la défense occidentale. Le gouvernement français en a délibéré, et est arrivé à la conclusion que la France ne pourrait à la longue mener de front ce double effort : d'une part, en Indochine, de l'autre en Europe occidentale, dans le cadre d'un effort d'ensemble des puissances occidentales, mais dans une mesure qui absorbe déjà les ressources françaises disponibles. Sur un budget militaire de 500 milliards, la guerre d'Indochine représente 200 milliards, sans compter l'usure du matériel et les pertes en hommes et en cadres. C'est ainsi que la perte annuelle en officiers représente à peu près l'effectif d'une promotion de St-Cyr.

La France ne pense donc pas seulement à ses seuls intérêts, mais aussi à ceux de la défense européenne en général.

M. Schuman donne un démenti formel à l'information suivant laquelle la France aurait l'intention d'abandonner l'Indochine, mais au nom de son gouvernement, il déclare nettement que la France ne peut pas continuer à mener de front ce double effort sans être contrainte de réviser sa politique militaire en Europe. Il y a donc là une éventualité très grave.

C'est une première constatation. M. Schuman en fait une seconde : dès l'accord de 1946 avec Hô Chi Minh, violé par celui-ci dans les conditions que l'on sait, la France avait conscience de défendre non seulement une position française, mais encore une position commune des puissances occidentales contre les infiltrations communistes. En effet, avant même l'effondrement de la Chine, elle connaissait les attaches d'Hô Chi Minh avec Moscou. La France a tenu jusqu'à maintenant : elle est reconnaissante au gouvernement américain d'avoir partagé sa conviction et de lui avoir fait entrevoir une aide qui constitue le complément de l'effort qu'elle entend continuer de faire par elle-même. Comme M. Acheson l'a dit à propos d'une autre question, il ne s'agit pas pour les États-Unis de se substituer à la responsabilité de la France en Indochine.

En conclusion, M. Schuman attire l'attention de M. Acheson sur l'urgence d'une aide américaine en armements, sur les points précisés dans les listes fournies le 22 février. Certains types d'avions et de bateaux sont particulièrement nécessaires. En effet, la prise d'Haïnan, la présence d'avions et la construction d'aérodromes en Chine, constituent autant d'indices inquiétants.

En dehors de l'aide militaire, un appui moral est également nécessaire. M. Schuman remercie le gouvernement américain de la reconnaissance de Bao Daï, qui constitue un fait très important, non seulement pour le gouvernement viêtnamien, mais encore à l'égard des rebelles viêtminhiens, et l'opinion publique des pays voisins. Il faut continuer d'appuyer Bao Daï, car son autorité et son prestige laissent encore à désirer. Il y est pour quelque chose ; l'ancien gouvernement viêtnamien aussi ; il faudra juger à l'œuvre le nouveau gouvernement dont la France s'efforcera d'accroître l'autorité par tous les moyens. M. Schuman donne des précisions sur les intentions françaises à cet égard :

– D'une part, il faut rester dans le cadre des accords du 8 mars[1]. Tout ce qui ferait miroiter aux yeux de Bao Daï et de la population viêtnamienne des possibilités excessives d'extension de ces accords, risque de les encourager à rester sur l'expectative, dans l'espoir d'avoir davantage. Il faut donc d'abord appliquer les accords du

1 Voir DDF, 1949-I, n°145.

8 mars, dans l'esprit le plus libéral possible. À cet égard, le gouvernement français a décidé la création d'un ministère des relations avec les États associés, dont le titulaire n'est pas encore désigné et dont le personnel devra témoigner d'un esprit nouveau, respectueux de l'indépendance des jeunes États.

– D'autre part, dans le cadre des accords du 8 mars, la France est disposée à supprimer toute limitation de la représentation diplomatique des États associés. Les accords prévoyaient trois postes de représentation seulement, qui n'ont pas encore été pourvus, faute d'hommes, mais un intérêt majeur s'attache à l'établissement de relations diplomatiques entre les États d'Indochine et tous les pays intéressés ; d'abord les États-Unis et la Grande-Bretagne. Il reste encore à négocier, dans le cadre des accords du 8 mars, le règlement des questions communes aux trois États, notamment en matière monétaire et douanière. La France agira à cet égard dans l'esprit le plus libéral et ne cherchera pas à monter un mécanisme lourd, mais il faut laisser aux jeunes États le temps de faire leur apprentissage. Des experts français seront mis à leur disposition pour faire fonctionner les institutions communes, domaine complexe où la France ne peut abandonner toute initiative.

Au cours des jours prochains, tout le monde pourra constater, et les intéressés en premier lieu, que l'indépendance du Viêtnam, dans le cadre de l'Union française, est une réalité, mais il faudra que les gouvernements des États associés assument pleinement leurs responsabilités, sans quoi l'expérience tentée aboutirait à un échec catastrophique.

M. Schuman peut donner l'assurance qu'en ce qui concerne l'indépendance des États associés, la France ne s'en tiendra pas à la lettre des accords, mais ira de l'avant, lorsque la situation intérieure des États se sera améliorée et offrira de nouvelles possibilités. Les accords du 8 mars constituent donc une position dans laquelle la France n'a pas l'intention de s'enfermer, mais qui doit rester pour l'instant la base de notre politique.

M. Schuman espère que cette politique, qui est la seule possible, réussira et permettra le règlement d'un conflit qui impose à la France des pertes sévères en hommes et en argent. Il annonce en outre la création prochaine d'une armée nationale viêtnamienne, qui permettrait de relever l'armée française et de la replier sur certaines bases prévues dans les accords du 8 mars et où elle resterait à la disposition des États associés pour le maintien de la sécurité générale des territoires et de leur population. Si les États-Unis donnent à la France leur appui sur le plan militaire et lui font confiance pour le développement ultérieur de sa politique, une heureuse conclusion sera atteinte.

M. Acheson se déclare très satisfait de l'exposé que M. Schuman vient de faire d'une politique qui lui paraît à la fois sage et positive. Il rappelle que, d'un point de vue stratégique, l'importance qu'il convient de donner à l'Indochine est considérable. Sur ce point, la France et les États-Unis sont d'accord. Ils le sont également pour reconnaître que la responsabilité première en Indochine revient à la France et que les États-Unis doivent apporter leur contribution à l'effort français, le compléter, mais non se substituer à la France. Il tient à souligner que ce n'est que dans la mesure où le Viêtnam réussira à assumer ses propres responsabilités que l'intervention des puissances occidentales pourra s'atténuer. Ce point est essentiel. D'après les renseignements parvenus à Washington, après une période de progrès constants, le prestige et l'autorité de Bao Daï sont maintenant étales, ils ne progressent plus, et il se pourrait que prochainement ils s'effritent peu à peu si nous n'y prenons garde. Il y a en Indochine, beaucoup d'hésitants qui observent en évitant de se prononcer. Ils se rallieront à Bao Daï si celui-ci assoit fermement son autorité. Il faut agir rapidement en ce sens. C'est une question de semaines et non de mois.

En ce qui concerne l'aide militaire demandée aux États-Unis, M. Acheson pense que les États-Unis pourront faire le nécessaire. Il précise toutefois que le gouvernement doit se servir de ce que la loi met à sa disposition jusqu'au 30 juin. Si, par la suite et comme il l'espère, d'autres sommes sont votées par le Congrès, il faudra reprendre l'ensemble du programme d'armement de manière à la réaliser. Il faut comprendre, en ce qui concerne cette aide militaire américaine, que le gouvernement des États-Unis a beaucoup de responsabilités dans le monde et particulièrement en Orient, aux Philippines, en Corée, au Japon etc… D'après une dépêche du *New York Herald Tribune,* l'un des ministres de Bao Daï a récemment réclamé une aide américaine immédiate, au moins égale à celle qui est accordée à la Corée. Ces méthodes comparatives sont déplorables. L'Iran aussi compare ce qu'il reçoit à ce que reçoivent la Grèce et la Turquie et s'en plaint. Là n'est pas le problème. Il s'agit de faire en chaque endroit ce qu'il est possible de faire compte tenu de la situation locale. Pour l'Indochine, nous devons faire quelque chose qui s'adapte à la situation militaire comme nous devons faire quelque chose sur le plan économique. Ce problème économique ne doit pas être abordé en prenant pour point de départ la balance des paiements ; il faut établir des plans de développement et prévoir, sur cette base les sommes nécessaires. C'est ce que l'on s'efforce de faire à Washington.

M. Acheson demande à M. Bohlen d'exposer où en sont les négociations sur le plan de l'aide militaire.

Le Ministre-conseiller américain indique que les conversations se poursuivent entre le général Cherrière et le général Richards. Les résultats sont les suivants : aucun avion du type qui a été demandé n'est malheureusement disponible avant plusieurs mois. L'état-major américain en a donc proposé d'autres qui pourraient être livrés immédiatement. Le général Carpentier ne considère pas que ces avions puissent être utilisés dans les conditions spéciales de la guerre en Extrême-

Orient ; à l'heure actuelle on recherche aux États-Unis si l'on pourrait trouver des chasseurs d'un type correspondant aux demandes françaises. En ce qui concerne les munitions de 37 mm, les quantités demandées sont disponibles mais il manque les bandes indispensables pour utiliser ces munitions. Les contacts les plus étroits sont maintenus avec l'état-major de la Présidence du Conseil pour trouver des solutions à ces problèmes.

M. Schuman exprime ses remerciements pour ce qui a déjà été accompli. Les questions mentionnées par M. Bohlen concernent surtout les experts. Les Ministres ont, eux, à établir le cadre dans lequel les techniciens doivent travailler.

M. Acheson indique que jusqu'au 30 juin, fin de l'année fiscale aux États-Unis, on peut prévoir des livraisons pour un montant de 20 millions de dollars, somme qui dépasse ce qui pourra être expédiée en pratique dans ce délai. À partir du 1er juillet, de nouveaux crédits devront être consentis par le Congrès, il est donc indispensable de donner maintenant un chiffre à ce sujet.

Le Secrétaire d'État désire poser encore une question. À Londres, on a examiné l'éventualité d'un communiqué commun tripartite sur l'Asie du Sud-Est. Les Anglais semblent opposés au principe de ce communiqué. M. Acheson se demande dans ces conditions si M. Schuman et lui même ne devraient pas dans la soirée, faire les déclarations personnelles sur ce problème. À tout hasard, la délégation des États-Unis a préparé un projet.

M. Schuman examinera ce texte et donnera son avis dans l'après-midi. Le Ministre indique ensuite qu'il est très reconnaissant à M. Jessup de l'effort objectif qu'il a fait au cours de sa mission en Asie du Sud-Est et de l'aide qu'il a ainsi apportée à la cause commune. Les diverses missions américaines en Indochine se sont également acquittées de leur tâche avec beaucoup de soin. Il serait utile de donner à ces missions des instructions leur précisant les lignes générales de la politique commune qui viennent d'être dégagées. Il est important notamment que l'attention des représentants américains soit attirée sur la nécessité de maintenir dans leurs rapports avec les Viêtnamiens une grande réserve : chaque mot peut servir à ceux-ci de prétexte pour retomber dans l'attitude de passivité et d'« attentisme » que M. Acheson et M. Schuman sont d'accord pour déplorer. Les Orientaux sont très portés par nature à se dérober à leurs responsabilités. Il faut donc qu'on leur dise qu'ils doivent tout d'abord se conformer au cadre prévu et que, seule, l'expérience faite sur ces bases permettra d'amener des progrès.

M. Acheson souscrit entièrement à la déclaration de M. Schuman.

La séance est levée à 13 h 15.

(Cabinet du Ministre, Schuman, volume 7)

123

COMPTE RENDU DE LA DEUXIÈME RÉUNION DES CONVERSATIONS
FRANCO-AMÉRICAINES DU 8 MAI 1950 À 15 HEURES

C.R.   *Paris, 8 mai 1950.*

Très secret.

États-Unis : MM. Acheson, Jessup, Bruce, Perkins, Bohlen, Mor-
chant, Cooper, Harriman, MacCloy, Byroade et Wallner.

France : MM. Schuman, Parodi, Alphand, de La Tournelle, de Margerie, Seydoux, Bérard et Baeyens.

4) *Renforcement de l'organisation des zones atlantique et européenne.*

a) *Traité de l'Atlantique Nord.*

M. Schuman demande à M. Acheson d'exposer les vues du gouvernement américain sur le point 4 de l'ordre du jour, et particulièrement
sur la réorganisation des différents rouages du Pacte atlantique.

M. Acheson désire faire une remarque préliminaire relative à l'aide
militaire américaine à l'Indochine. Il demande que les chiffres cités par
lui, en fin de matinée, ne soient pas publiés et qu'ils soient considérés
comme réservés à l'usage du gouvernement français.

À l'égard de l'organisation du Pacte de l'Atlantique, M. Acheson a
compris que les réunions préliminaires de Londres avaient abouti à un
accord assez général, seuls quelques points de détail restent encore en
discussion. Les trois délégations ont notamment reconnu qu'il était
nécessaire de mettre à la disposition du Conseil un organisme quasi-
permanent. Les réunions du Conseil sont, en effet, trop rares et les
programmes mis au point par les différents comités ne sont pas coordonnés. Il est nécessaire d'établir un organisme chargé de l'arbitrage
entre les différents comités. Il lui semble que la proposition tendant à
la création d'un Conseil de suppléants est très proche de celle qui
prévoit une Commission permanente. D'autre part, il est nécessaire de
prévoir l'existence d'un agent permanent qui pourrait être soit un Vice-
Président exécutif, soit un Secrétaire général.

M. Schuman est d'accord sur la nécessité de mettre sur pied un
Conseil permanent formé de suppléants, représentant les différents
gouvernements. Il lui semble qu'une certaine divergence de vues subsiste entre le gouvernement britannique d'une part, et les gouvernements américain et français d'autre part, sur l'organe exécutif dont nous
prévoyons l'existence en dehors de celle d'un Secrétaire général. Il
existe également quelques nuances entre les États-Unis et la France sur

ce point. M. Acheson vient de parler d'un homme qui serait chargé de l'exécution des décisions prises alors que nous avions pensé à un groupe de plusieurs experts. Dans l'OECE[1], on a cherché un homme et on croit l'avoir trouvé en la personne de M. Stikker. Si, pour le Pacte de l'Atlantique, la résolution du Conseil emploie l'expression « organe exécutif », nous pourrons, par la suite, soit instituer un comité, soit désigner un homme selon que l'une ou l'autre méthode nous paraître plus efficace. Nos préférences iraient à un comité exécutif de trois personnes choisies d'après leur valeur individuelle plutôt que d'après leur nationalité.

M. Acheson ne voit pas clairement le problème. Il a compris que les représentants britanniques étaient surtout soucieux de ne pas confier à un homme un pouvoir d'action et de décision. Telle n'est pas l'intention du gouvernement des États-Unis. L'action et la décision relèvent naturellement des gouvernements par l'intermédiaire du Conseil. La tâche que nous voudrions confier à un homme est celle de résoudre des difficultés comme celles qui se produisent dans les rapports du Comité de défense et du Comité d'armements. Le Comité de défense a transmis un plan de défense à moyen terme au Comité d'armements et lui a demandé d'établir un programme de production des matériels et équipements nécessaires. Le Comité d'armements a renvoyé la balle au Comité de défense en indiquant qu'il ne pouvait répondre à la question posée avant de connaître les matériels dont disposeraient à l'heure actuelle les différents pays. Il a demandé au Comité de défense de le renseigner sur ce point. C'est l'impasse. Dans ces conditions, il paraît nécessaire d'une part de créer un groupe de représentants des différentes nations du Pacte de l'Atlantique chargé d'étudier les difficultés du genre de celles qui viennent d'être évoquées et de recommander des solutions aux gouvernements ; d'autre part, de charger une personnalité assistée du personnel d'experts nécessaires de déceler ces difficultés, de définir les problèmes et de les soumettre aux représentants des gouvernements. Cette personnalité serait le Vice-Président exécutif ou le Secrétaire général évoqué tout à l'heure. M. Acheson ne voit pas bien où viendrait s'insérer le Comité des Trois dont a parlé M. Schuman.

M. Schuman indique que l'organisation du Pacte de l'Atlantique devrait avoir la structure suivante : tout à fait en haut le Conseil, prévu par le statut du Pacte et composé des ministres des Affaires étrangères, se réunirait une fois ou deux par an ;

sous l'autorité du Conseil, se tiendrait le Conseil des suppléants, composé lui aussi de 12 représentants des pays signataires et qui se réuniront plus souvent, chaque mois par exemple si besoin était ;

au sein de ce Conseil, serait créé un Comité exécutif, composé de trois délégués du Conseil des suppléants et qui aurait la charge d'exécuter les décisions prises par le Conseil. Ces trois délégués pourraient

---

[1] O.E.C.E. : Organisation européenne de coopération économique.

être choisis parmi les douze suppléants et devraient disposer du personnel administratif nécessaire. Autrement dit, le Comité exécutif serait l'intermédiaire entre les suppléants et le Secrétaire général. Il ne faut pas oublier que, dans le Pacte atlantique, se trouvent douze nations dont certaines, particulièrement les petites puissances, ont une susceptibilité très vive. Il y aurait à craindre une résistance de quelques uns de ces pays si tous n'avaient pas le sentiment d'être représentés dans l'organe exécutif. M. Schuman voit bien les avantages qui découleraient de la désignation d'un seul homme, mais il craint qu'une telle proposition ne provoque des difficultés encore plus considérables que celles qui se sont produites lorsqu'il s'est agi de mettre sur pied le groupe permanent chargé des affaires stratégiques. Toutefois, ce n'est pas là un point sur lequel il demeurera rigidement attaché aux conceptions qu'il vient d'exposer. Si un homme de grande valeur était trouvé, s'il était accepté par les autres signataires du Pacte, la France l'accepterait aussi. Le gouvernement français attache son principal intérêt à la création d'un organe exécutif actif et efficace, chargé de coordonner les activités diverses au sein du Pacte de l'Atlantique.

M. Acheson n'a pas non plus une doctrine très arrêtée à ce sujet. Il lui semble nécessaire de ne pas compliquer inutilement l'organisation atlantique. Il est indispensable, à ses yeux, qu'un homme, aidé d'experts, suive ce qui se fait dans chaque comité et aussi dans les douze pays signataires, qu'il se rende compte de l'origine des difficultés, qu'il informe les gouvernements sur ce qui ne va pas et qu'il leur fasse des suggestions pour remédier à la situation. Il ne semble pas au Secrétaire d'État américain qu'un Conseil des suppléants ni même un Comité des trois soit bien adapté à une telle tâche.

M. Schuman pense qu'il y aurait sans doute avantage à laisser aux suppléants le soin de désigner l'homme ou le groupe d'hommes chargé d'assumer les fonctions que M. Acheson vient de définir.

Le Ministre évoque ensuite le problème des relations économiques à long terme avec les États-Unis.

b) *Relations économiques à long terme entre la France et les États-Unis.*

M. Schuman se préoccupe surtout de la situation telle qu'elle se présentera en 1952 lorsque l'aide Marshall aura pris fin. Sans doute l'Europe aura-t-elle déjà dans une très large mesure acquis son indépendance économique mais en tout état de cause, elle demeurera solidaire des États-Unis sur le plan économique. Il s'agit de savoir quels aménagements doivent être prévus pour que ces rapports économiques se développent d'une façon organique. Le gouvernement français estimait que ce développement ne devait pas se situer dans le cadre du Pacte atlantique. Il y a sans doute l'article 2 du Pacte auquel M. Schuman a toujours attaché une grande importance. Mais le fait est que sur douze pays membres de l'OECE, dix seulement participent au Pacte, beaucoup d'autres en sont exclus, notamment l'Allemagne, la Suisse, la Suède, l'Irlande, la Turquie, la Grèce et l'Autriche. M. Schuman ne croit pas que la Suisse et la Suède par exemple consentent à s'engager dans un organisme de caractère atlantique. Ainsi plusieurs pays dont la participation serait souhaitée demeureraient à l'écart. Telle est la difficulté à laquelle on se heurte et sans laquelle M. Schuman serait tout à fait d'accord pour qu'une organisation économique soit mise sur pied sur le plan du Pacte atlantique. Il est d'accord avec M. Georges Bidault et son projet de Haut-Conseil atlantique pour la paix, qui correspond d'ailleurs à ses propres idées. Mais l'on se trouve devant un obstacle. C'est pourquoi M. Schuman suggère d'utiliser un organisme déjà existant : l'OECE et de prévoir un lien entre cet organisme d'une part, les États-Unis et le Canada d'autre part. Il souhaiterait connaître l'opinion de M. Acheson à ce sujet. Cette suggestion n'a pas été acceptée par le représentant britannique à Londres mais la question ne semble pas avoir été longuement débattue. L'idéal serait de rallier tous les pays occidentaux autour du Pacte atlantique, conformément aux vues de M. Schuman mais il est à craindre qu'une coupure ne subsiste entre certains de ces pays et ceux du Pacte atlantique.

La question n'ayant pas un caractère d'urgence puisque l'aide Marshall n'arrivera à son terme qu'en 1952, M. Schuman propose de la renvoyer à un groupe de travail.

M. Acheson désire néanmoins revenir sur ce problème. Il a été évoqué à Londres ; la Grande-Bretagne n'a pas donné son accord à la suggestion française que les États-Unis ont accueillie avec intérêt. Ils attachent en effet une grande importance à cette question. Comme on le sait, le président Truman a chargé M. Gordon Gray d'une mission d'études des perspectives qu'on peut envisager à cet égard après 1952. M. Gray sera sans doute en mesure de soumettre vers le milieu de l'été un rapport au Président. Il pourrait être suggéré de réunir une commission groupant des représentants des milieux financiers et industriels qui proposerait un plan d'action auprès de l'opinion publique américaine et du Congrès pour le début de l'année suivante. La question est plus urgente qu'il ne le paraît car la mise en œuvre de telles mesures prend du temps et 1952 est une échéance relativement proche.

Le point de vue du Département d'État sur cette question est le suivant : les relations des États-Unis avec l'Europe se poursuivront au delà de 1952 et l'intérêt que les États-Unis portent à ces relations se manifestera également au delà de cette date. L'aide apportée pendant la période 1948-1952 n'est que l'une des expressions de cet intérêt. Mais il faut que l'opinion américaine prenne un nouveau départ, on est amené en effet à envisager de nouveaux problèmes : tarifs douaniers, importations et exportations européennes, investissements, privés ou publics. M. Acheson estime que tout cela est lié à ce que l'Europe fait elle même et à ce que l'on fait sur le plan de la défense occidentale ; il se réfère à cet égard au rapport des Ministres de la Défense et répète qu'il faut s'efforcer de donner une base économique plus large à l'organisation de la défense occidentale. Il lui semble que fonder le développement de ces relations économiques sur l'idée de la défense serait une bonne préparation de l'opinion américaine. Si l'on se place au seul point de vue économique et que l'on revient aux discussions sur la même base qu'en 1930-32, on n'aboutira à rien, au contraire si l'on envisage cette question sur un plan nouveau : celui de l'effort de l'Europe elle-même et de la défense de cette Europe, on peut réussir.

La suggestion de M. Schuman en ce qui concerne l'OECE intéresse M. Acheson ; cette question pourra être reprise aux cours des conversations tripartites de Londres.

M. Schuman passe alors à l'examen d'un document établi par les Suppléants à Londres (projet de résolution sur les méthodes de défense). Ce document se rapporte plutôt à la réorganisation du système atlantique : il s'agit de directives aux Suppléants pour leur action permanente. L'ensemble de ce texte a été accepté, certains passages restent en discussion.

M. Acheson déclare que la délégation américaine étudie ce document à la lumière du rapport du Ministre des Finances. Il est convenu de réserver ce point pour les prochaines conversations de Londres.

c) *Allemagne.*

M. Acheson estime qu'au stade actuel il vaut mieux poser les problèmes, et procéder à ce sujet à des échanges de vues, que de prévoir une action immédiate ; la seule action concrète qu'il envisage est dans le domaine de la propagande pour l'unité de l'Allemagne et des élections générales, afin de conserver l'avantage moral qu'ont su prendre en ce domaine sur l'URSS les puissances occidentales.

Les problèmes allemands sont plus aisés à poser qu'à résoudre, néanmoins, on peut les classer en deux catégories principales :

– Il est certain que l'occupation est un actif qui tend à se déprécier ; le Secrétaire d'État ne sait pas combien de temps le prestige des Alliés pourra se maintenir en Allemagne ; les uns pensent que cette période peut être longue ; d'autres l'évaluent à moins de deux ans. De toute façon, il s'agit d'un nombre limité d'années.

– Il n'y a pas de doute, d'autre part, que si l'on ne parvenait pas à faire entrer l'Allemagne dans le système occidental, les problèmes qui se posent aux Alliés de l'Ouest deviendraient très graves.

Si l'on est d'accord sur ces prémisses, les considérations suivantes en découlent :

a) il est difficile à long terme de ne pas envisager une solution pour la sécurité de l'Allemagne ;

b) les Allemands n'auront d'intérêt à s'associer aux puissances de l'Ouest que s'ils y voient un profit, notamment une possibilité d'élever leur niveau de vie. En ce dernier domaine, peu de progrès peuvent être enregistrés jusqu'ici. L'Allemagne continue à être débitrice de tous les pays européens. Ce fait est d'autant plus fâcheux qu'au même moment les Russes s'efforcent de présenter aux Allemands le mirage des marchés de l'Est.

M. Acheson revient sur ce qu'il a dit plus haut au sujet de l'occupation, pour corriger un malentendu possible : lorsqu'il a parlé d'un actif en voie de dépréciation, il n'a pas voulu dire que qui que ce soit envisageait de retirer à un moment donné ses troupes d'Allemagne ; ces paroles signifiaient que l'occupation ne donne de possibilités d'influence que pendant un temps limité et que les Hauts-Commissaires ne pourront exercer indéfiniment leurs pouvoirs dans le cadre actuel.

Reprenant son exposé, le Secrétaire d'État indique qu'à défaut de mesures concrètes, on peut envisager un certain nombre d'attitudes :

Une première attitude, qui serait mauvaise, consisterait à jeter le manche après la cognée, et à rendre aux Allemands toute liberté. Les Hauts-Commissaires exercent une influence essentielle ; ils doivent conserver les moyens nécessaires à cet effet.

Une autre attitude, non moins critiquable, serait de se laisser arracher des concessions par les Allemands. Il importe de savoir agir à temps, et de conserver l'initiative.

Il y a une troisième manière d'agir : en ce qui concerne la sécurité de l'Allemagne, le mieux qu'on puisse faire, c'est de mettre à exécution les mesures déjà recommandées dans le cadre du Traité de l'Atlantique Nord, pour assurer le renforcement de l'Occident.

M. Acheson ne pense pas que le moment soit venu de discuter le réarmement de l'Allemagne. Il y a donc lieu de renforcer la puissance des Alliés, et les Allemands qui, par nature, éprouvent un vif respect pour la puissance, comprendront qu'ils sont défendus. Dans le même ordre d'idées, dans la mesure où les forces de l'Ouest se développeront sur le plan économique et militaire, dans la mesure aussi où l'Allemagne s'intégrera au système occidental, on pourra s'efforcer de modifier les objectifs des forces d'occupation alliées en Allemagne ; il faudra faire en sorte que celles-ci apparaissent moins comme des éléments de police et de coercition que comme les avant-postes de la défense de l'Europe. Dans la même mesure, on pourra présenter les frais d'occupation non plus comme le tribut du vaincu au vainqueur, mais comme la contribution de l'Allemagne à la défense de l'Occident, et ceci aussi bien dans la forme que dans le fond.

Sur le plan économique, il est indispensable que les Allemands aient une perspective concrète de développement dans le cadre de l'Europe occidentale. Si un programme de développement économique et d'investissements est établi pour l'Afrique et pour l'Orient, Proche et

Extrême, il serait bon que les Allemands puissent avoir leur part de ce programme, puissent fabriquer et exporter des marchandises, et qu'ils reçoivent la faculté de se déplacer aussi librement que possible dans ces régions. Il faut enlever aux Allemands la claustrophobie dont ils sont malheureusement affligés, et leur ouvrir portes et fenêtres.

Si les événements pouvaient se développer selon ces lignes générales, l'on aurait à présenter aux Allemands un certain nombre d'exigences raisonnables : les Allemands devraient entrer sans réticence dans l'ensemble occidental ; ils ne devraient pas conclure avec l'URSS ou ses satellites d'accords, notamment d'accords commerciaux contraires à la politique générale des puissances occidentales ; ils devraient cesser de faire des difficultés pour accéder au Conseil de l'Europe et se montrer à l'OECE animés d'un véritable désir de coopération ; d'une façon générale, il faudrait qu'ils renoncent à l'idée d'exercer un chantage alternatif sur l'Est et sur l'Ouest.

Certains points peuvent être examinés sur un plan plus concret :

Le principe d'une ferme unité au sein de la Haute-Commission est d'une importance cardinale. Il y a eu récemment quelques cas de divergence ; si ces cas se reproduisaient, il faudrait les régler en toute franchise, pour maintenir dans tous les cas l'unité nécessaire. Il y a lieu, d'autre part, d'évaluer avec soin la période pendant laquelle la Haute-Commission pourra continuer à agir avec fruit ; il faut prévoir les mesures à prendre pour éviter que les Allemands ne nous arrachent des concessions, et donc établir une sorte de calendrier des mesures qu'il faut prévoir et du moment auquel il sera opportun de les prendre. M. Acheson s'élève en conclusion contre la vague de pessimisme qui s'est fait jour au sujet de l'intégration européenne. Il estime que ce pessimisme est déplacé ; des mesures peuvent être prises pour amener l'Allemagne à sa place dans la communauté des nations libres ; l'idéal européen est vivant en Allemagne, ce n'est pas à nous de le décourager.

M. Schuman note que les paroles de M. Acheson correspondent dans l'ensemble, et même dans le détail, à l'esprit de la politique française. La France est favorable à une évolution progressive de l'Allemagne vers un régime plus souple ; elle admet volontiers l'idée que des pouvoirs plus grands soient rendus par étapes à l'Allemagne, étant clairement entendu que les Ministres auront encore à se rencontrer souvent avant qu'un changement intervienne. Les Alliés conservent l'autorité suprême en Allemagne.

L'objectif commun est de remettre à l'Allemagne des pouvoirs plus étendus, dans la mesure où son comportement encourage les Alliés à persévérer dans cette voie. Il y aura lieu de dire aux Allemands que le rythme de leur émancipation dépend essentiellement d'eux-mêmes.

En ce qui concerne l'occupation, M. Schuman est heureux d'enregistrer la déclaration de M. Acheson selon laquelle le principe de l'occupation n'est pas en discussion. M. Schuman est également d'accord

sur la nécessité de garder l'initiative des mesures à prendre pour assouplir le régime d'occupation. Dans cet ordre d'idées, la modification du
Statut doit être envisagée dans les délais qui ont été fixés à Washington
l'année dernière. L'étude qui doit être entreprise bientôt permettra de
fixer un calendrier raisonnable en ce domaine. M. Schuman tient à
remarquer qu'il serait éminemment dangereux de communiquer aux
dirigeants allemands tout calendrier de ce genre. Les Allemands ne
manqueraient pas, en effet, de nous pousser à brûler les étapes, comme
ils ont déjà tenté de le faire en ce qui concerne l'assouplissement du
statut d'occupation.

M. Acheson donne son approbation entière à cette remarque.

M. Schuman fait allusion aux difficultés qu'a mentionnées M.
Acheson dans le fonctionnement de la Haute-Commission. Si les
Hauts-Commissaires n'ont pas toujours été d'accord, ce n'est pas leur
faute, ni même celle de leurs gouvernements ; pour certaines questions,
le gouvernement français est tenu par les décisions du Parlement ; il
l'a fait savoir à ses alliés en temps utile ; de toutes façons, il faut espérer
que des difficultés de ce genre demeureront exceptionnelles ; l'exemple
du passé montre que, dans de nombreux cas, l'effort commun a permis
de les éviter. M. Schuman tient d'ailleurs à souligner qu'il est dans
l'ensemble très satisfait du fonctionnement de la Haute-Commission.
Il serait sans doute utile de dire publiquement que les gouvernements
sont solidaires de leurs Hauts-Commissaires, car on a eu l'impression
que le gouvernement de Bonn essayait trop souvent de les opposer à
leurs gouvernements.

Dans l'ensemble, on peut constater que, sur un problème aussi difficile et aussi mouvant que celui de l'Allemagne, les trois Alliés ont pu
conserver un front uni qui a impressionné l'opinion allemande. M.
Schuman se refuse à être pessimiste en ce domaine. Il pense que, grâce
à l'unité de vues des Alliés, l'Allemagne pourra être amenée à cette
coopération européenne qui reste l'objectif fondamental. C'est ainsi que
le problème allemand sera résolu. Il y aura bien des déboires sur cette
route, M. Schuman a des raisons personnelles de le croire, mais il n'y
a pas lieu de se décourager. En effet, cette politique européenne est
approuvée par l'opinion, aussi bien aux États-Unis qu'en France. Ce
fait est essentiel, car les positions respectives des États-Unis et de la
France sont différentes. La France, voisine de l'Allemagne, et qui a subi
trois invasions dans les conditions que l'on sait, est animée des mêmes
dispositions et du même courage que les États-Unis pour cette politique
de réconciliation avec l'Allemagne. C'est le phénomène le plus impressionnant, le plus caractéristique de la situation actuelle. C'est la meilleure justification de la politique des Alliés en Europe.

M. Acheson indique que lorsqu'il a parlé de désaccord au sein de la
Haute-Commission, il n'a nullement pensé au Haut-Commissaire français ; il ne critiquera jamais un Haut-Commissaire qui exécute les instructions de son gouvernement. Il goûte peu, par contre, l'attitude du

Haut-Commissaire qui donne à entendre à la presse qu'il se désolidarise de ses deux collègues.

M. Schuman indique que deux questions seront peut-être à discuter entre Français et Américains. L'une est celle de l'État du Sud-Ouest, et de la nature du contrôle qui devrait y être établi, si cet État était formé, à cheval sur les deux zones ; l'autre est celle de la police fédérale, mais elle entre normalement dans l'ordre du jour des entretiens tripartites de Londres.

M. Acheson indique de son côté qu'il insistera à Londres sur la nécessité pour les trois puissances de maintenir fermement leur position à Berlin, notamment au moment des manifestations communistes de la Pentecôte.

M. Schuman rappelle que les effectifs des gendarmes français à Berlin ont été considérablement renforcés.

3) *Indochine*[1].

M. Schuman revenant à la question d'Indochine donne l'accord du gouvernement français au principe de la déclaration que lui a soumise M. Acheson. Il demande quelques petites modifications de rédaction. C'est ainsi qu'au lieu des mots « nous avons convenu » en tête de la deuxième page, il lui paraîtrait préférable d'inscrire les mots « nous avons constaté ». Dans la phrase suivante, qui a trait au développement d'un nationalisme sincère, il serait plus conforme à la réalité d'indiquer que la solution du problème indochinois dépend non seulement du développement d'un nationalisme sincère, mais aussi du rétablissement de la sécurité. Il propose la rédaction suivante : « La solution du problème indochinois dépend à la fois du rétablissement de la sécurité et du développement stable d'un nationalisme sincère ».

M. Acheson accepte ces modifications et propose de son côté la suppression du qualificatif « stable » après le mot « développement ».

M. Schuman voudrait que la coopération de la France et des États-Unis à la poursuite de ces deux objectifs soit clairement exprimée.

M. Acheson est d'accord sur cette suggestion. Il demande d'autre part si M. Schuman est bien d'accord pour que cette déclaration soit publiée dès la fin de la séance.

M. Schuman n'y voit pas d'objection. Il pense qu'il ne devrait pas y avoir d'autre communiqué. Il précise, sur une question de M. Acheson, qu'il fera le mardi 9 mai une conférence de presse dont l'objet essentiel sera la conférence de Londres. Il ne dira rien de ce qui s'est passé au cours de la conversation franco-américaine dont le caractère est préparatoire, mais qu'il saluera la déclaration de M. Acheson relative à

---

[1] *Note du document :* « Suite de la discussion de l'ordre du jour de la précédente séance ». Voir document n° 122.

l'Indochine et en remerciera officiellement le gouvernement des États-Unis.

M. Acheson soulève la question de l'aide aux réfugiés de Palestine, sous la rubrique « questions diverses ».

Les États-Unis se sont engagés à verser 27 millions de dollars. La France et la Grande-Bretagne ont-elles l'intention de contribuer à ce fond ?

M. Schuman répond qu'il n'a pas été possible de fournir une contribution jusqu'à présent, en raison du retard avec lequel le budget français a été voté. Le gouvernement français a délibéré de cette question et les crédits pourront être obtenus vers le mois de juin.

La séance est levée à 17 h 30.

(Cabinet du Ministre, Schuman, volume 7)

124

M. Chataigneau, Ambassadeur de France à Moscou,
à M. Schuman, Ministre des Affaires Étrangères[1].

D. n° 491. *Moscou, 8 mai 1950.*

Les textes qu'à l'occasion du 80ème anniversaire de la naissance de Lénine l'organe du Kominform a publiés le 21 avril sur la portée internationale du léninisme énoncent simultanément plusieurs propositions déjà anciennes, mais dont la conciliation est à ce point difficile que leur interprétation donne encore lieu à l'étranger aux opinions les plus contradictoires.

L'éditorial et l'article de M. Mitine attribuent à Lénine le thèse, maintes fois reproduite par Staline, de la possibilité « de la coexistence et de la compétition pacifiques des deux systèmes » socialiste et capitaliste. Mais l'article de M. Mitine, réaffirmant une proposition dont la paternité appartient aussi à Lénine, écrit cette phrase, qui semble démentir la proposition précédente : « L'impérialisme et les guerres injustes de conquête sont inséparables ».

De plus, alors que M. Léontiev rappelait dans la *Pravda* du 28 mars ce propos tenu le 1er mars 1936 par Staline au journaliste américain Roy Howard : « L'exportation de la révolution est une ineptie », M. Mitine cite cet autre texte, apparemment contraire, du même Staline : « Est-ce que les principes de la théorie et de la tactique du léninisme ne valent pas, ne sont pas obligatoires pour les partis prolétariens de tous les pays ? ».

---

[1] Dépêche adressée à la direction d'Europe et communiquée au Cabinet du Ministre.

L'observateur soucieux de clarté ne manquera pas de se poser deux questions :

1) « L'Union soviétique exporte-t-elle la révolution ? ». Cette question revêt une certaine importance du fait qu'aux États-Unis plusieurs personnalités influentes estiment que l'exportation par l'URSS de la révolution au-delà de certaines limites géographiques serait un acte d'agression.

2) « Le monde étant, d'après les dirigeants soviétiques, partagé en deux camps, celui du socialisme et celui du capitalisme, la guerre entre ces deux camps est-elle, dans leur esprit, inévitable ? ». Cette question aussi est importante parce que, selon la réponse qu'on y fera, l'on se formera une opinion, en l'absence de renseignements positifs, sur l'importance relative que revêt en URSS, par rapport aux travaux de la paix, la préparation à la guerre.

***

Lorsque Staline déclare que l'URSS n'exporte pas la révolution, il n'exprime rien de plus que cette constatation que la révolution prolétarienne ne peut se faire dans un autre pays quelconque sans la participation active de la partie la mieux organisée de la classe ouvrière de ce pays. Ce n'est pas à dire que le parti communiste de l'URSS ne jouera pas de rôle dans cette révolution. Son rôle, au contraire, sera décisif, puisque c'est lui qui fournira aux auteurs de la révolution leur théorie et leur tactique. Cette deuxième révolution sera de même nature que la révolution russe puisque sa théorie et sa pratique seront léniniennes et puisque le parti communiste de l'URSS se réserve, en vertu d'une manière de droit d'aînesse, le privilège de l'interprétation du léninisme. Bien plus, les intérêts de la révolution nouvelle seront subordonnés aux intérêts de la première patrie du socialisme, puisque, selon une définition de Staline du 1er août 1927 (*Œuvres*, tome X, p. 51) : « Internationaliste est celui qui sans réserve, sans hésitation, sans condition est prêt à défendre l'URSS, parce que l'URSS est la base du mouvement révolutionnaire mondial et parce que défendre et promouvoir ce mouvement révolutionnaire est impossible sans défendre l'URSS. Car qui pense défendre le mouvement révolutionnaire mondial en dehors de l'URSS est contre elle, celui-là va contre la révolution, celui-là glisse nécessairement au camp des ennemis de la révolution ».

Si donc l'opération par laquelle une révolution communiste triomphera hors de l'URSS ne peut être nommée, à proprement parler, exportation, son résultat du moins sera identique à celui d'une exportation.

La révolution léniniste devant s'étendre à tous les pays et y renverser, partout où elle le rencontrera, l'ordre capitaliste, on conçoit que les partisans du régime capitaliste considèrent l'URSS, qui donne le modèle de cette révolution et la guide au moins par ses directives doctrinales, comme un ennemi mortel de la civilisation à laquelle ils sont attachés, et toute expansion géographique de la révolution comme une agression à laquelle il convient de riposter. Comment, dans ces conditions, Staline peut-il se dire convaincu de la possibilité de la coexistence paisible des deux systèmes ?

Staline ni aucun de ses collaborateurs n'ayant expliqué les fondements de leur affirmation sur ce point, l'observateur en est réduit aux conjectures.

Une première hypothèse est que les dirigeants soviétiques ne croient pas sincèrement à la possibilité d'une coexistence paisible des deux systèmes et qu'ils ne l'affirment que pour priver d'un argument ceux de leurs adversaires qui présentent comme nécessaire la préparation à la guerre contre l'URSS.

Une seconde hypothèse suppose au contraire la sincérité des dirigeants soviétiques dans chacune de leurs affirmations, celles-ci envisageant successivement les aspects partiels d'une réalité complexe et mouvante. En partant de telles prémices et en utilisant les indications éparses que donnent orateurs et journalistes soviétiques, on pourrait reconstituer comme suit, d'une manière purement conjecturale, la pensée des dirigeants de l'URSS.

La théorie, élaborée par Lénine en 1916, selon laquelle l'impérialisme, ce « stade suprême du capitalisme », engendre la guerre par nécessité interne en raison de sa soif insatiable de débouchés, ne cesse sans doute pas d'être vraie, dans l'esprit de notre marxiste contemporain, lorsqu'au lieu de se heurter à la concurrence d'autres capitalismes l'impérialisme se heurte à l'obstacle que constituent des États socialistes ; la combativité de l'impérialisme devrait même s'exaspérer au fur et à mesure que le camp socialiste se fortifie, de même qu'à l'intérieur d'un pays capitaliste donné, la lutte des classes atteint son point culminant lorsque la bourgeoisie sent que le pouvoir est sur le point de lui échapper. Mais l'existence d'un camp puissant des pays socialistes peut contrarier le processus normal de génération des guerres par l'impérialisme, et cela de la manière suivante.

Les hommes, selon le marxisme, ne sont pas sans action sur l'histoire. Staline disait même à Emil Ludwig (entretien cité par *La Nouvelle critique,* décembre 1949), que « ce sont précisément les hommes qui font l'histoire ». C'est ainsi que la tendance naturelle qui pousse l'impérialisme à recourir à la guerre contre le camp du socialisme peut être accélérée ou au contraire contenue par les hommes.

Elle peut être contenue un certain temps et peut-être indéfiniment par la volonté de ceux des hommes d'État des pays impérialistes qui, ayant du bon sens, reconnaissent : 1) que, si la préparation à la guerre rapporte des bénéfices immédiats aux sociétés qui fabriquent des armements, la guerre elle-même, quelle qu'en soit l'issue, apporte aux peuples qu'elle affecte un supplément de misère qui favorise la propagation du communisme ; 2) que, dans une nouvelle guerre, la victoire ne serait pas assurée avec certitude au camp impérialiste dès lors que ses états-majors auraient à combattre sur deux fronts : le front extérieur contre l'URSS et ses alliés, et le front intérieur contre leur propre prolétariat et ses alliés de l'intérieur. C'est dans cette perspective que les dirigeants soviétiques peuvent se représenter comme possible pendant un temps indéfini la compétition des deux systèmes sans qu'intervienne entre les deux camps un conflit armé.

Mais le bon sens des uns, qui pèse en faveur de la paix, est compensé par la folie des autres. Ces fous, ces maniaques qui se précipitent tête baissée dans une guerre dont ils ne connaissent pas l'issue, la presse soviétique les nomme : c'était, par exemple, M. Forrestal ; c'est encore M. Churchill.

On voit, dans ces conditions, ce que la paix a, dans l'esprit des dirigeants de l'URSS, de précaire. Dans l'équilibre instable du monde, la guerre ne peut être évitée que par le sang-froid de l'URSS, qui saura résister aux provocations, par sa haute préparation militaire et par sa fermeté, qui intimideront les audacieux, et par la volonté de paix des peuples des pays capitalistes eux-mêmes, qui sauront empêcher de nuire les fous et les maniaques, instigateurs d'une nouvelle guerre.

Plutôt que de coexistence et de compétition paisible des deux systèmes, il serait donc plus juste, dans la perspective même que j'imagine ici être celle des dirigeants de l'URSS, de parler de guerre froide. À vrai dire, la formule de la coexistence paisible exprime un vœu plutôt qu'elle ne constate une possibilité déjà actuelle. Les dirigeants de l'URSS ne veulent pas, en effet, de guerre avec les États-Unis parce qu'ils n'ont pas achevé à l'intérieur l'édification du socialisme et parce qu'ils pensent que la guerre n'est pas strictement nécessaire à la propagation du socialisme dans le reste du monde. Celui-ci se propage dans la paix, pensent ces dirigeants, plus lentement certes, mais aussi sûrement que par les secousses de la guerre, parce que la supériorité du socialisme sur le capitalisme dans la conduite de la production et de la distribution de richesses se manifeste de plus en plus clairement. Cette voie plus lente est aussi la moins onéreuse pour l'URSS.

Les raisons que le gouvernement soviétique a d'éviter une guerre avec les États-Unis ne valent, soit dit en passant, pour une guerre avec la Yougoslavie ou avec la Finlande, par exemple, que dans la mesure où les dirigeants de l'URSS ont le sentiment qu'un conflit avec l'un de ces derniers pays pourrait provoquer un conflit avec les États-Unis.

***

Quelle que soit celle des deux explications précédentes à laquelle on s'arrête, il convient de faire encore les deux remarques suivantes :

1) Le talent du Politburo est de faire servir la campagne pour la paix, quels que soient les motifs qui l'inspirent, à l'accélération de la propa-

gation du communisme dans le monde. La campagne pour la paix a permis de rassembler autour des partis communistes des hommes qui n'ont pour le régime de l'URSS qu'une admiration mitigée et de les lancer dans des « actions concrètes » qui causent le plus grand dommage à la discipline et à l'économie des États capitalistes ; elle permet d'utiliser aux fins de la politique extérieure de l'URSS les revendications professionnelles des travailleurs.

La campagne pour la paix apparaît même à ce point profitable à l'URSS qu'on en vient à penser que, si le danger de guerre n'avait pas existé, il eût été opportun pour le gouvernement de l'URSS de l'inventer.

2) Qu'une guerre avec les États-Unis soit considérée par le gouvernement de l'URSS comme inévitable (première hypothèse) ou simplement possible (deuxième hypothèse), il ne néglige pas de la préparer. Il n'en fait pas mystère. De ce nouveau conflit armé, soit que vraiment il n'en redoute point l'issue, soit qu'il veuille intimider d'avance l'adversaire et rassurer ses propres troupes, il fait dire volontiers à ses porte-paroles ce que M. Malenkov déclarait dans son discours du 6 novembre 1949 : « Le troisième guerre mondiale sera le tombeau, non seulement de quelques États capitalistes, mais du capitalisme mondial tout entier ».

(Direction d'Europe, URSS, volume 138)

125

M. Chataigneau, Ambassadeur de France à Moscou,
    à M. Schuman, Ministre des Affaires étrangères[1].

D. n° 487.   *Moscou, 9 mai 1950.*

Au moment où l'organisation de la lutte contre le communisme en Asie du Sud-Est va faire à Londres et à Paris l'objet d'une mise au point, les signes déjà manifestes de la résistance américaine en Extrême-Orient retiennent toute l'attention des observateurs soviétiques.

La vivacité avec laquelle la presse a réagi ici à la nouvelle de la prochaine mise hors la loi du parti communiste en Australie, la violence, voire même la rudesse des critiques formulées contre M. Chifley et le gouvernement de M. Menzies soulignent, autant que les attaques incessamment renouvelées contre le réarmement d'un Japon soumis à la

---

[1] Dépêche adressée à la direction d'Asie et communiquée à la direction d'Europe, au Cabinet du Ministre et au Secrétariat des Conférences. Note manuscrite : «C[ommuni]quer [à] Washington, Hau[t-Commi]ssaire [à Saigon], fait 23/5 SC, C[ommuniqu]er à M. de La T[ournelle]. Résumé, f[ai]t ».

dictature de MacArthur, l'intérêt avec lequel on observe de Moscou les progrès de la politique de « containment » et les effets de la diplomatie totale de M. Acheson.

Si le Kremlin ne doute plus guère désormais de la fermeté des intentions américaines, l'ampleur des efforts qu'avec le concours soigneusement orchestré des Partisans de la Paix, il déploie actuellement pour convaincre tant les masses asiatiques que l'opinion australienne des projets agressifs des puissances impérialistes et colonialistes, révèle clairement son dessein de gagner l'Occident de vitesse en soutenant à fond, partout où il le peut en Extrême-Orient, un mouvement de résistance populaire à la mise en état de défense des zones menacées par le flot communiste.

L'importance du rôle que la diplomatie soviétique confère à ces « mouvements de libération nationale » dans le développement de la guerre froide en Extrême-Orient a d'ailleurs été spécialement soulignée au cours d'une conférence faite, il y a quelques semaines, à l'Institut Polytechnique de Moscou sur « La politique impérialiste des puissances occidentales ». Après avoir rappelé que la deuxième guerre mondiale avait favorisé l'éclosion de ces mouvements populaires, le conférencier a montré comment l'occupation japonaise avait permis « la séparation des forces de la démocratie de celles de la réaction ». Ce sont en effet, a-t-il dit, les communistes qui, en Asie du Sud-Est, ont pris l'initiative de la résistance à l'occupant. De même qu'en Birmanie, Aung San devait finir par les soutenir, en Malaisie les Anglais furent, dès la chute de Singapour, forcés de faire sortir de leurs geôles et d'armer les chefs communistes malais. En Indonésie enfin, la résistance organisée par le parti communiste permit à ce dernier d'accroître sensiblement son prestige sans lui donner cependant une autorité effective.

C'est surtout la guerre-éclair que la Russie soviétique mena en 1945 contre le Japon qui permit, selon le conférencier, aux combattants de la liberté de renforcer puissamment leurs positions en Asie. Du fait de la brusque capitulation japonaise, de longs mois devaient en effet s'écouler avant l'arrivée des troupes coloniales que les impérialistes, surpris par la rapidité des événements, ne purent substituer aussi rapidement qu'ils l'avaient prévu aux troupes nippones. Ce retard devait avoir une influence décisive sur l'émancipation des peuples colonisés. Si, aux Philippines, les Américains purent « malheureusement » réinstaller leurs troupes avant l'attaque soviétique contre le Japon et imposer le désarmement des 100.000 hommes qui constituaient l'armée populaire des résistants philippins, le Viêtnam et l'Indonésie purent en revanche proclamer immédiatement leur indépendance. En ce qui concerne plus particulièrement le Viêtnam, l'expérience a prouvé que le mouvement de libération n'avait cessé au cours de ces dernières années de gagner en ampleur et en force les efforts désordonnés des impérialistes français et américains. L'orateur remarque en effet qu'après avoir vainement tenté de gagner du temps en traitant d'abord avec Hô Chi Minh, les Français s'efforcent aussi vainement aujourd'hui de l'abattre. De leur côté, les Américains primitivement disposés à appuyer Hô Chi Minh à condition que le Viêtnam devienne une dépendance économique des États-Unis, ont maintenant changé d'attitude et, depuis que Jessup a été chargé de battre le rappel pour unir les forces réactionnaires en Asie du Sud-Est, de soutenir un gouvernement qui n'a pratiquement d'autorité que sur le dixième du pays.

Si en Indochine le succès final des forces démocratiques lui apparaît aujourd'hui certain, le conférencier convient cependant qu'en Indonésie, la politique « à double face » des Américains a facilité la conclusion, en septembre 1948, de l'« accord des traîtres » de Linggadjati, qui permit au gouvernement Hatta d'arrêter 25.000 révolutionnaires y compris tous les membres du Comité central et du Politbureau du parti communiste indonésien. Depuis lors, force est de reconnaître que les États-Unis ont réussi à conserver, sous le couvert de l'autorité hollandaise, un étroit contrôle sur les ressources du pays.

Quant à la Malaisie, il faut également admettre que les Britanniques y ont partiellement réussi à diviser les forces démocratiques sans parvenir toutefois à vaincre encore la résistance des travailleurs chinois. En Birmanie enfin, le parti communiste s'est, après la guerre, malheureusement divisé. Actuellement cependant, le mouvement de libération nationale ne cesse de se renforcer surtout dans la partie septentrionale du pays, ce qui s'explique, souligne l'orateur, « en raison de la proximité du Viêtnam et de la Chine ».

Tel est l'état des forces sur lesquelles la diplomatie soviétique estime pouvoir aujourd'hui compter pour contrecarrer les décisions des puissances colonialistes en Asie. Si le conférencier ne doute pas du succès final, il le tient pour déjà certain au Viêtnam. Il ne dissimule cependant pas les précautions qu'il convient de prendre pour ne pas heurter les susceptibilités de ces masses asiatiques soumises à l'action intermittente de la propagande des agents communistes et des partisans de la Paix. C'est ainsi que répondant à une question posée par l'un des auditeurs au sujet du Viêtnam, il a déclaré que ce serait une grave erreur que de vouloir procéder dès maintenant à une large réforme agraire dans les régions contrôlées par le Viêt Minh. Il a indiqué à ce sujet qu'en Chine même, le parti communiste avait été récemment contraint de ralentir le rythme d'une réforme agraire pour laquelle le pays « n'était pas encore prêt ».

Cet exposé suffirait à justifier la prudence avec les maîtres de la politique soviétique entendent pousser leurs avantages en Asie. Cette prudence devrait a fortiori les inciter à ne prendre sur le plan militaire, aucune initiative susceptible de déchaîner un conflit international. Pour éprouver la force de résistance des puissances occidentales dans cette partie du monde, le Kremlin dispose d'ailleurs de son allié chinois ; s'il est sans doute prêt à lui donner le support de son matériel et de ses techniciens, rien ne permet encore de croire qu'il soit enclin à coopérer ouvertement à une action militaire, soit à Formose, soit en Indochine.

La brièveté des informations actuellement publiées à Moscou sur l'évolution de la situation générale au Viêtnam donne d'ailleurs à penser qu'en dépit des succès locaux remportés par le Viêt Minh, l'offensive de printemps qui devait procurer à Hô Chi Minh la précieuse maîtrise des fertiles deltas et asseoir peut-être définitivement son autorité sur le haut et le moyen Tonjun, a manqué son but.

Il est sans doute aisé à la presse soviétique d'afficher sa sympathie, d'applaudir à l'inébranlable résistance, du peuple viêtnamien, et de chanter les louanges d'Hô Chi Minh dont l'effigie figurait en bonne place parmi la foule des accessoires de l'interminable cortège qui déferlait lundi dernier sur la Place Rouge. S'il ne coûte guère au gouvernement soviétique de proclamer que la reconnaissance du gouvernement rebelle reste l'un des succès marquants de la diplomatie soviétique au cours des derniers mois, rien n'indique en revanche que le Kremlin soit pour autant disposé à donner directement à Hô Chi Minh d'autre appui que celui de sa propagande. On affecte sans doute ici de considérer le problème du Viêtnam comme virtuellement réglé ; on dit volontiers que « le fruit indochinois est mûr » ; on se garde cependant d'indiquer quand et comment le Kremlin entend le faire tomber.

Au moment où la chute d'Haïnan apporte à point nommé un utile réconfort au gouvernement de Pékin, et donne à la presse soviétique l'occasion de découvrir la menace qui pèse désormais sur Formose et sur les Paracels, il est cependant possible de prévoir le développement d'une manœuvre propre à rompre un à un les maillons de la ligne de défense insulaire que, du Japon à l'Australie, les États-Unis travaillent à renforcer pour assurer la couverture du continent asiatique. Il est clair que, du jour où Formose et les Paracels subiraient le sort de Haïnan, le bastion philippin se trouverait dangereusement isolé. Le comportement qu'adoptera le gouvernement indonésien dans le conflit larvé qui oppose Washington à Moscou sur le front du Pacifique aura sans doute alors une influence déterminante sur le développement de la stratégie insulaire américaine.

Il ne serait pas surprenant que le gouvernement soviétique ait songé à utiliser la mission du Dr. Palar, actuellement venu préparer à Moscou l'établissement de relations diplomatiques entre l'URSS et l'Indonésie pour faire comprendre au gouvernement du Dr. Hatta le rôle essentiel que son pays est encore appelé à jouer dans la lutte pour la « libération des peuples colonisés d'Asie ». Nul n'ignore que le Kremlin ne donne rien pour rien ; s'il sait utiliser les concours, les dévouements et les abandonnements des individus, des troupes, des communautés et des gouvernements, il ne les récompense point. M. Hatta et sans doute Hô Chi Minh auraient peut-être profit à méditer sur la mésaventure du chef du gouvernement de l'État de Mongolie extérieure, le maréchal Tchoui-Balsan, écarté du pouvoir au moment où il s'attendait à recevoir pour son pays, en récompense de sa dévotion à Moscou, soit la Mongolie intérieure, soit le Haïlar mandchourien.

(Direction d'Asie-Océanie, Dossiers généraux, volume 37)

126

NOTE DE LA DIRECTION DES AFFAIRES ÉCONOMIQUES ET FINANCIÈRES

Proposition de M. Schuman sur le charbon et l'acier

N.   *Paris, 10 mai 1950.*

Au cours d'une réunion qui a eu lieu chez M. de Beaumarchais, le 10 mai 1950, ont été examinées les conséquences prévisibles de la mise en application de la proposition de M. Schuman relative à une entente franco-allemande en matière de charbon et d'acier. Ont pris part à cette réunion MM. Desrousseaux et Denis.

M. de Beaumarchais a tout d'abord expliqué, à la demande des assistants, dans quelles conditions était intervenue la proposition faite par le Président. Au cours de la discussion qui a suivi, un certain nombre de conclusions ont pu être dégagées à titre de première réaction des services techniques intéressés du Ministère de la Production industrielle :

1) *Charbon.*

L'application des mesures proposées par M. Schuman entraînera vraisemblablement une diminution de la production charbonnière française jusqu'au point d'équilibre de son prix de revient avec celui de la production allemande et anglaise. M. Desrousseaux estime que ce point sera atteint lorsque la production française aura diminué d'environ 20 à 25 % par la fermeture des mines à prix de revient élevé des régions au Centre et du Midi de la France ainsi que certaines mines de l'Est qui produisent des qualités surabondantes, ainsi que par une diminution de production des charbons à coke et coke du Nord. Dans le cas où interviendrait la seule Allemagne, l'incidence serait de 10 à 15 % vraisemblablement.

Cette réorganisation rationnelle pourrait être effectuée immédiatement si elle n'entraînait pas de graves répercussions sur le marché de la main d'œuvre minière. Dans les conditions actuelles du marché du travail, la direction des mines estime que les possibilités de licenciement mensuel ne doivent pas dépasser un demi à un pour cent (1/2 à 1 %) des effectifs ouvriers suivant conjoncture de l'emploi pour ne pas entraîner de désordres sociaux (cette conjoncture est assez mauvaise actuellement). Cette situation conditionne l'application des mesures de réorganisation de la production charbonnière en imposant l'étalement des licenciements de personnel correspondant à la diminution de la production sur une période de temps suffisante.

Toutefois, ce problème est aggravé par l'orientation actuelle de la politique des charbonnages de France qui tendent à une modernisation de l'équipement en vue d'obtenir un abaissement du prix de revient par la diminution de la main d'œuvre nécessaire. Le programme en cours d'exécution qui suppose une production constante à son niveau actuel, correspond au licenciement de 75.000 ouvriers sur un effectif de 275.000 par simple accroissement des rendements. M. Desrousseaux estime que l'application de ce programme exige un échelonnement sur trois à cinq années suivant que le gouvernement lancera ou non un programme de grands travaux susceptibles de résorber une partie du chômage. Une diminution de la production de l'ordre de 15 à 25 % exigerait le licenciement d'environ 30 à 50.000 ouvriers supplémentaires ce qui porte l'échelonnement des mesures de réorganisation à environ 8 ans.

La période de transition avant la suppression de toute protection de l'industrie charbonnière française devrait donc durer 8 ans et comporter des étapes progressives de diminution de droits.

En tout état de cause, des études sérieuses concernant les éléments du prix de revient du charbon en France et en Allemagne seraient nécessaires afin d'étudier les moyens susceptibles de placer les industries françaises allemandes sur un pied d'égalité.

Enfin, en ce qui concerne la Sarre, une entente franco-allemande allégerait les difficultés que rencontre le placement de sa production dans les conditions actuelles.

2) Sidérurgie.

M. Desrousseaux et Denis estiment que la valeur de l'industrie sidérurgique française est en moyenne comparable à celle de l'industrie allemande. Placées dans des conditions analogues en ce qui concerne le prix du combustible et du minerai de fer qu'elles utilisent, il y a lieu de prévoir une légère supériorité de l'industrie sidérurgique lorraine et sarroise qui devrait exporter en Allemagne du Sud. Par contre, il est certain, que l'Allemagne développerait sa production de coke et ses exportations en France au détriment de la production de coke française et surtout du Nord. La mise en train des fabrications de coke par les nouveaux procédés en Lorraine exigera des mesures de protection provisoires, en attendant que leur rentabilité, hautement probable, soit assurée.

Le programme de la production sidérurgique française en voie d'exécution est de 12,5 millions de tonnes, auxquelles s'ajoute un programme de 4,3 millions de tonnes pour la Sarre. La sidérurgie française pourrait donc envisager une entente avec la sidérurgie allemande sur la base des références actuelles des programmes de production. Mais une entente suppose :

1) Des études sérieuses sur les éléments constitutifs du prix de revient de l'acier dans les deux pays.

2) La détermination des moyens d'égalisation des conditions financières de la production sidérurgique en France et en Allemagne.

3) La conclusion d'accords provisoires concernant la répartition des débouchés. Ces accords devraient être modifiables tous les 6 mois afin de tenir compte de l'évolution des marchés. Ils comporteraient nécessairement la fixation autoritaire des prix de vente, le contrôle de la répartition, etc… et pour cette raison ils ne seront pas acceptés de plein gré par les industries sidérurgiques française et vraisemblablement allemande.

M. Denis rappelle que les sidérurgistes français sont actuellement opposés à une entente qu'ils estiment prématurée étant donné la position de l'exportation française dans certains domaines notamment celui des tôles. D'autre part, il est certain qu'ils cherchent à échapper à toute entreprise gouvernementale.

La direction de la sidérurgie, pour sa part, considère que ces espoirs peuvent être déçus par l'évolution de la conjoncture. Elle estime qu'un accord pourrait être conclu dès maintenant aux conditions suivantes :

– Application de la loi 75, la décartellisation et la réorganisation de l'industrie sidérurgique allemande sous la surveillance du Groupe de contrôle de l'acier étant considérée comme indispensable.

– Le maintien en fonction de l'Autorité internationale de la Ruhr aussi longtemps que la Haute-Autorité franco-allemande prévue ne fonctionnera pas effectivement.

– L'établissement d'intérêts communs aux industries sidérurgiques française et allemande, soit par l'interpénétration des entreprises, soit par tout autre moyen approprié.

– L'adoption d'une politique commune à l'égard des autres sidérurgies européennes, notamment celle de l'Italie.

(Direction des Affaires économiques, DECE, volume 508)

127

NOTE DE LA DIRECTION D'ASIE-OCÉANIE[1]

Formose

N.   *Paris, 10 mai 1950.*

Il conviendrait – puisque la définition d'une politique commune dans l'Asie du Sud-Est doit être étudiée à la conférence de Londres – de ne

---

[1] Note signée La Tournelle.

pas négliger l'importance que Formose représente dans cette partie du monde. Cette importance provient notamment de ce que l'île est :

1) Une position essentielle, au point de vue défensif, dans la zone de contact entre forces communistes et anticommunistes en Asie.

2) Une base de premier ordre pour le blocus, le bombardement et éventuellement l'attaque de la Chine continentale.

Il résulte de cette seconde considération que la liberté d'action des communistes chinois, notamment pour continuer leur poussée, sera considérablement gênée aussi longtemps que les forces de Tchang Kaï-chek se trouveront à Formose.

L'attitude passée des dirigeants nationalistes chinois et l'absence de combativité de leurs troupes ne peuvent sans doute que faire appréhender le pire au cas où les communistes débarqueraient dans l'île.

Un certain raidissement a pourtant été constaté chez eux depuis leur éviction du continent et, à l'abri de la protection que constitue le détroit, ils ont fait quelques efforts réels dans le domaine de la réorganisation militaire.

Il ne serait donc peut-être pas trop tard pour mettre cette disposition à profit et tenter, en les aidant discrètement, de prolonger leur résistance.

Il ne s'agirait pas en l'espèce de prendre parti dans la guerre civile chinoise, ni de tenter de sauver un régime condamné mais d'éviter, au moment où nous voulons, avec le concours de nos alliés, barrer la route au communisme en Indochine, de le laisser s'emparer d'une position aussi essentielle que Formose.

Cette politique n'empêcherait en particulier pas les puissances occidentales d'accueillir, le cas échéant, aux Nations unies, le représentant du gouvernement qui contrôle la totalité de la Chine proprement dite, ni même de reconnaître, le moment venu, ce gouvernement[1].

(Direction d'Asie-Océanie, Formose, volume 3)

---

[1] Dans une note plus tardive, la direction d'Asie-Océanie faisait l'historique de la question de Formose, et remarquait que, pour les experts américains, le statut juridique de l'île n'avait pas été modifié et qu'elle faisait toujours partie « techniquement » du territoire japonais jusqu'à la conclusion du traité de paix avec le Japon. Ce n'était pas l'avis des Chinois ni du *Foreign Office* (note du 30 juin 1950 d'Asie-Océanie, non reproduite). De toute façon, l'administration de l'île avait été remise *de facto* au gouvernement chinois en 1945. Avec la déclaration du président Truman du 27 juin, le statut de Formose devait être à nouveau examiné. Le gouvernement américain l'avait placé dans une position de quasi neutralité, lui demandant de ne pas attaquer la Chine continentale tout en la défendant contre toute attaque communiste, une position que la France avait intérêt à soutenir (note du 7 juillet 1950 d'Asie-Océanie, non reproduite).

128

M. Bérard, Haut-Commissaire adjoint de la République française en Allemagne,
   à M. Schuman, Ministre des Affaires étrangères[1].

T. n°s 2164-2165.   *Bonn, 11 mai 1950.*

Priorité.   (*Reçu* : le 11, 13 h. 35)

L'impression produite par la proposition française demeure ce matin aussi profonde, et aussi favorable l'accueil qu'elle reçoit de toutes parts. Les réactions qui me sont communiquées de nos différents postes d'Allemagne s'accordent à présenter la déclaration de notre Ministre des Affaires étrangères comme l'initiative politique la plus importante qui ait été prise depuis 1945. L'abondance exceptionnelle des commentaires parus dans la presse fait, d'autre part, ressortir la signification attribuée à cet événement ; on félicite la France d'avoir repris l'initiative politique sur le continent et l'on paraît s'en réjouir sincèrement. Les journaux de ce matin ne formulent aucune critique qui mérite d'être relevée et les seules réticences qui se font jour répondent au souci d'être tout d'abord plus amplement informé des modalités d'application et des possibilités de réalisation de notre projet. Non seulement les journaux gouvernementaux comme la *Bonner Rundschau* se prononcent avec enthousiasme en faveur de la nouvelle autorité, mais la *Frankfurter Allgemeine* y consacre, sous la plume d'un économiste connu, M. Baumgarten, des commentaires élogieux, tandis que la socialiste *West Deutsche Allgemeine* et la socialisante *Frankfurter Rundschau* se distancent du point de vue exprimé hier par M. Schumacher et approuvent hautement la proposition française dont elles s'attachent à faire ressortir et l'intérêt européen et la valeur pour l'Allemagne.

Il semble d'ailleurs que, dans la masse des militants socialistes, les déclarations faites par M. Schumacher à sa conférence de presse n'aient trouvé qu'un écho réservé et qu'elles aient même dans une certaine mesure porté atteinte au prestige du chef de la SPD[2].

(Direction d'Europe, Généralités, volume 111)

---

[1] Télégramme retransmis à l'ambassade de France à Londres sous les n°s 3898-3899. Note manuscrite : « *[Communiquer à] W[ashington](fait). Plan S[chuman]* ».

[2] SPD : *Sozialdemokratische Partei Deutschlands,* soit le parti social-démocrate d'Allemagne.

129

NOTE DU DÉPARTEMENT

Conversations sur l'Afrique

N. *Paris, 12 mai 1950.*

La déclaration faite par le président Schuman sur la proposition de placer la production française et allemande de charbon et d'acier sous une autorité commune[1] précise que « l'Europe pourra, avec des moyens accrus, poursuivre la réalisation de l'une de ses tâches essentielles : le développement du continent africain ».

Cette indication aura certainement déjà retenu l'attention des Américains et des Anglais, qui y verront la confirmation des indications générales portées à leur connaissance par la délégation française lors des conversations préliminaires de Londres sur les questions africaines ; le mémorandum français (établi sur les bases de la note du 18 avril approuvée par le Ministre)[2] souligne que la sécurité, la stabilité en Afrique, et le développement normal des institutions politiques existantes ne peuvent être assurées que par un large développement des conditions sociales et économiques dans les territoires. Ce mémorandum indique aux paragraphes 5 et 8 les possibilités de coopération avec les puissances européennes dans ces domaines.

La position française n'a pas, lors des conversations préliminaires, fait l'objet de discussions à proprement parler. Les Britanniques ont exposé leur propre politique coloniale, et leur espoir de voir la coopération déjà existante se développer entre les puissances africaines. Mais ils n'ont apporté aucune idée neuve sur ces questions, et demeurent réservés. Les Américains, de leur côté, n'ont pas commenté la position française, et se sont bornés à exposer les vues de leur gouvernement en ce qui concerne les questions coloniales.

Les divergences entre les vues américaines et les vues françaises résident dans l'accent que mettent les premières sur l'acheminement progressif des peuples africains vers l'autonomie et l'indépendance, alors que les secondes soulignent la nécessité de créer une solide infrastructure sociale et économique pour assurer un progrès politique rationnel.

Un des éléments constructifs que comporte le mémorandum français est l'idée d'associer l'Europe à ce développement social et économique de l'Afrique. En faisant cette proposition à l'égard des territoires français de l'Afrique, le gouvernement français peut naturellement espérer

---

[1] Voir document n° 126.
[2] Document non reproduit. Voir document n° 92.

que les autres pays possessionnés s'y associeront en ce qui les concerne, eux et leurs territoires.

Comme le sait le Ministre, certains plans de « zones industrialisées » sont en cours d'exécution, à l'étude, ou à l'état de projets. C'est à la mise en œuvre de tels plans que l'Europe pourrait être associée, ceux des pays ne possédant pas de territoires en Afrique pouvant y trouver la possibilité de placer des capitaux, publics ou privés, de la main d'œuvre, des techniciens, du matériel d'équipement.

Il est à noter, d'ailleurs, que cette proposition rencontre une opinion déjà émise dans certains milieux américains. M. G. Kennan, directeur du « Bureau d'Études » au Département d'État, disait, il y a un an et demi, à M. Henri Bonnet, que « l'Afrique pourrait devenir une entreprise d'exploitation commune des nations européennes, à laquelle serait associée l'Allemagne, et qui scellerait la collaboration et l'unité qui sont en train de s'établir entre ces nations ».

Le cas échéant, le gouvernement français pourrait ultérieurement étudier les modalités de l'action dont il aurait à prendre l'initiative auprès des autres capitales européennes, soit directement, soit dans le cadre du Conseil de l'Europe s'il le juge opportun.

(Direction d'Afrique-Levant, Afrique Généralités, volume 48)

130

NOTE DE LA DIRECTION D'EUROPE
POUR M. SCHUMAN, MINISTRE DES AFFAIRES ÉTRANGÈRES

L'Allemagne à la conférence des Trois

N.   *Paris, 16 mai 1950.*

La déclaration sur l'Allemagne, qui a été adoptée par les ministres des Affaires étrangères de France, de Grande-Bretagne et des États-Unis lors de la conférence de Londres, définit les principes de la politique des trois Puissances occupantes à l'égard du gouvernement de Bonn.

Ces principes demeurent ceux-là mêmes qui avaient été posés, en avril 1949, par les accords de Washington : les Alliés sont décidés à poursuivre dans la voie où ils s'étaient alors engagés en confiant progressivement au gouvernement fédéral des pouvoirs et des responsabilités accrus et en libérant peu à peu l'Allemagne des contrôles auxquels elle reste soumise. Mais – et c'est là l'essentiel – la réduction des contrôles ne s'effectue qu'à l'intérieur du cadre actuel, c'est-à-dire n'affecte pas le maintien de l'autorité suprême alliée qui constitue la base même sur laquelle repose le régime de l'occupation. C'est sur ces deux points que la délégation française avait reçu pour instruction d'insister à la fois en vue d'ouvrir à l'Allemagne des perspectives d'avenir et de couper court à toutes manœuvres de nature à mettre en cause le régime de l'occupation.

C'est également à la demande de notre délégation que la déclaration des trois Ministres lie le maintien de l'autorité suprême à la situation présente de l'Europe et plus précisément à la division de l'Allemagne. Il a été, en effet reconnu, que, tant que cette situation durerait et tant que l'attitude de l'URSS empêcherait la conclusion d'un traité de paix, il serait impossible de restituer à l'Allemagne sa pleine souveraineté et de conclure avec elle un règlement de paix séparé, une telle éventualité comportant non seulement pour l'Europe, mais encore pour elle, des risques graves.

La délégation américaine, dont il avait été indiqué par une certaine presse qu'elle arriverait à la conférence avec un plan bouleversant les données actuelles, a, conformément d'ailleurs aux prévisions de notre ambassadeur à Washington, accepté sans trop de difficultés d'endosser ce point de vue. Dans l'immédiat, M. Acheson a même été particulièrement net sur la nécessité d'un exercice énergique par la Haute-Commission de ses droits de tutelle afin de renforcer la démocratie en Allemagne. Il s'est montré, en revanche, sensiblement plus réservé pour l'avenir, laissant entendre que le régime actuel ne pourrait se perpétuer indéfiniment. À son avis, la Haute-Commission jouirait encore de toute son autorité pendant une période allant de dix-huit mois à deux ans. Si, à l'expiration de ce délai, sa suppression ne paraît pas envisagée dès maintenant par M. Acheson, les propos que lui-même et M. Byroade ont tenus semblent laisser prévoir que la politique à long terme des États-Unis risquerait alors de sortir du cadre tracé par la récente déclaration.

Bien entendu, l'allégement prévu des contrôles ne s'étend pas au domaine militaire ; il a été réaffirmé que l'Allemagne continuerait à être démilitarisée et désarmée. Répondant à une suggestion américaine, les trois Puissances ont décidé de protester à Moscou contre l'existence en zone soviétique d'une police militarisée. La délégation française a souligné qu'il importait de n'établir aucun lien entre cette formation militaire et la création éventuelle d'une police fédérale, telle qu'elle est demandée par M. Adenauer. Cette proposition, sur laquelle M. Schuman a réservé la décision française, doit être examinée, à notre avis, selon ses mérites propres ; il ne pourrait, en tous cas, y être donné suite que si la constitution de cette police n'apparaissait en aucune mesure comme le prélude à un réarmement de l'Allemagne de l'Ouest.

Une partie de la déclaration est consacrée au problème de l'unité allemande. Les trois délégations ont été, en effet, d'accord pour estimer qu'il convenait de ne pas laisser aux Soviétiques le monopole de la propagande unitaire. Elles ont, en conséquence, renouvelé leurs offres formulées en juin 1949, lors de la dernière réunion du Conseil des ministres des Affaires étrangères ; afin de n'en point diminuer le retentissement sur l'opinion allemande, il a été décidé de ne pas mentionner publiquement les conditions auxquelles nous subordonnons l'organisation d'élections en Allemagne et le rétablissement de l'unité allemande.

Il faut, en outre, souligner que le document allié contient un avertissement au gouvernement de Bonn et un appel à sa sagesse. En même temps, les trois Ministres ont tenu à exprimer leur confiance aux Hauts-Commissaires, marquant ainsi que le Chancelier devrait dorénavant s'abstenir de manifester de l'impatience à l'égard de la Haute-Commission.

La conférence a décidé, d'autre part, de créer un groupe de travail qui sera chargé de préparer la révision du statut d'occupation à la date fixée, c'est-à-dire à partir d'octobre prochain et d'étudier une série de questions politico-juridiques relatives à la cessation de l'état de guerre, au statut de l'Allemagne fédérale, ainsi qu'au problème des créances sur l'Allemagne. Le Comité aura également pour tâche d'examiner une extension éventuelle des pouvoirs de l'Autorité internationale de la Ruhr. Il se réunira, en principe à Londres, dès que possible.

Indépendamment de la déclaration principale, deux communiqués ont été publiés : l'un est relatif au rapatriement des prisonniers de guerre et des déportés civils encore retenus en Russie ; l'autre réaffirme la volonté des Puissances occidentales d'assurer le respect de leurs droits à Berlin. Il a été reconnu, au cours des conversations d'experts, qu'il n'y avait pas lieu de modifier le statut politique des secteurs occidentaux, chacun des Hauts-Commissaires gardant évidemment la faculté de poser à nouveau le problème du 12ème *land*, si les Soviétiques prenaient l'initiative de rattacher officiellement le secteur oriental à la « République démocratique allemande ».

Mais c'est la proposition française de constitution d'une autorité internationale du charbon et de l'acier qui, plus encore du reste dans les couloirs que dans la salle des séances, a capté l'attention. Malgré quelques réserves britanniques exprimées par M. Bevin, qui a paru plus réticent à la Conférence que M. Attlee ne l'avait été la veille à la Chambre des Communes, la valeur constructive du projet a été unanimement reconnue. M. Schuman a précisé que, si notre proposition devait avoir pour résultat de modifier très sensiblement l'atmosphère dans laquelle doivent être désormais réglés les principaux problèmes économiques en suspens, elle n'affectait pas les donnés politiques de l'occupation et singulièrement les pouvoirs de la Haute-Commission.

(Direction d'Europe, Généralités, volume 133)

131

NOTE DE LA DIRECTION DES AFFAIRES ÉCONOMIQUES ET FINANCIÈRES

N.   *Paris, 20 mai 1950.*

Bien que la manière générale dont la proposition française sur le charbon et l'acier a été formulée, ainsi que la complexité des problèmes qu'elle soulève, rendent une analyse difficile, il est possible de faire à son sujet certaines remarques préliminaires :

1) Le projet n'apporte pas de garanties de sécurité au sens propre du terme. Dans l'hypothèse d'un marché unique franco-allemand du charbon et de l'acier, la France devra sacrifier non seulement certaines exploitations houillères de faible rentabilité, mais encore tout ou partie de son programme de développement de la cokéfaction. L'économie française sera donc plus dépendante que par le passé du charbon et du coke allemands. En revanche, l'Allemagne n'utilisera sans doute pas beaucoup plus de minerai français ; en tout état de cause, elle trouverait aisément des approvisionnements de remplacement au cas où les circonstances l'exigeraient. Dans l'éventualité la plus favorable, l'acier brut sarro-lorrain pourra pénétrer en Allemagne du Sud. Mais il est clair que l'industrie mécanique allemande continuera à consommer surtout de l'acier allemand. En fait, cette industrie mécanique, contre laquelle la nôtre n'est pas en mesure de lutter d'une façon générale, demeurera le centre de gravité de l'industrie européenne. On aperçoit mal la manière dont on pourrait pallier cet inconvénient. Enfin, il convient de remarquer que les Allemands ne souscriront au plan qui leur est proposé que si la limite de production d'acier est supprimée, ce qui d'ailleurs est logique.

2) Sur le plan purement économique, outre les considérations précédentes, on observe que les méthodes qui pourraient être employées pour parvenir à une expansion du marché qui seule donnerait un sens à l'effort de productivité et de modernisation envisagé, n'apparaissent clairement.

Pour ce qui est du marché intérieur, cette expansion pose un problème économique et financier difficilement soluble (du moins si on écarte une politique d'armement intensive).

En ce qui concerne le marché extérieur, un abaissement des prix de revient ouvrirait certes de nouvelles perspectives. Encore qu'il ne faille pas s'exagérer les possibilités actuelles des marchés de l'Est, il y aurait sans doute moins de danger à encourager les échanges européens avec ces régions que de développer les seuls échanges allemands. Les perspectives africaines qui, vues d'Allemagne, ont une valeur psychologique, resteront nécessairement lointaines et supposent des dépenses préliminaires d'infrastructure avant qu'on puisse les rendre concrètes.

3) L'application du projet pose en elle-même des questions d'un autre ordre. Elle exige que les gouvernements gardent ou établissent un certain contrôle de l'économie. Elle suppose d'autre part que la politique des investissements soit coordonnée, donc la politique du crédit et la politique financière. De proche en proche, elle implique une intégration très poussée (ce qui est à la fois un inconvénient et un avantage) et une renonciation de souveraineté de la part des pays participants.

Il paraît inévitable de créer dans de nombreux domaines une souveraineté supranationale opposable aux gouvernements et même aux parlements.

4) Le geste unilatéral du gouvernement français comporte des avantages politiques et psychologique d'une haute portée. Mais dans une certaine mesure, il nous place dans une situation où nous nous trouvons, autant et peut être plus que les Allemands, intéressés au succès de notre initiative. Au reste, il est clair que quel que soit son destin, il a renversé l'édifice d'ailleurs ruiné des contrôles établis en Allemagne. À cet égard, on ne reviendra pas en arrière.

Les Allemands vont sans aucun doute aborder la négociation avec la volonté de sauvegarder l'avenir de leur économie. Par exemple, ce n'est pas parce que la France va posséder deux trains à bandes que l'Allemagne consentira à nous céder définitivement la place sur le marché des tôles. Les Allemands, qui considèrent quand faisant notre proposition, nous nous sommes placés volontairement vis-à-vis d'eux sur un pied d'égalité, se montreront réticents à faire unilatéralement les frais de l'opération, soit en acceptant la consolidation d'une situation qui leur est actuellement défavorable, soit à plus forte raison en supportant une partie des sacrifices auxquels l'économie française se trouvera exposée.

5) En ce qui concerne les contrôles existants, il est difficile d'entrevoir le rôle que l'Autorité de la Ruhr pourra jouer si le projet français devient une réalité. Les problèmes d'accès qui ont perdu leur acuité, ne se poseront plus. Le contrôle des investissements ne pourra être institué que sur une base de réciprocité. Quant au maintien de la déconcentration, il ne justifierait pas lui seul l'existence de l'Autorité. D'ailleurs, on ne peut se placer à la fois sur le plan contractuel et sur celui des obligations unilatérales.

6) L'idée que l'on peut se faire de l'incidence du projet sur la politique sarroise est fonction de l'opinion que l'on a de l'avenir de cette politique. Si on estime le régime actuel solide et durable, on doit craindre que notre projet n'enlève tout prétexte valable au maintien d'un régime politique spécial. Au contraire, si l'on a une vue pessimiste de l'avenir du régime sarrois actuel, le projet français apparaît comme un moyen de résoudre une situation instable et nuisible aux rapports franco-allemands.

En somme, le projet français ne doit pas être jugé du point de vue de la sécurité. Il a un caractère moins économique que politique. Son intérêt vient des conditions psychologiques nouvelles qu'il est susceptible de créer, à condition que nous le maintenons sur le plan d'égalité où il nous place vis-à-vis de l'Allemagne. Il implique de profondes modifications de structure ; à ce titre il ne peut constituer une étape et doit s'accompagner de mesures politiques d'intégration. Même si les objections qui viennent d'être faites sont valables, la réussite de cette initiative, maintenant qu'elle a été rendue publique, est absolument indispensable[1].

À la réflexion, si l'on fait retour dans le passé, on aperçoit que c'est l'existence de la guerre froide qui a rendu une telle initiative – qui reprend des idées maintes fois exprimées dans les trente dernières années - possible. D'un certain point de vue, le conflit de 1939 nous apparaît aujourd'hui comme un épiphénomène et comme une erreur de l'histoire.

(Direction des Affaires économiques, DECE, volume 508)

132

M. Schuman, Ministre des Affaires étrangères,
   à MM. Couve de Murville, Ambassadeur de France au Caire,
    Jacques-Émile Paris, Ministre de France à Damas, et Du
    Chayla, Ministre de France à Beyrouth.

T. n°s 723-726 ; 247-250 et 378-381.   *Paris, 22 mai 1950.*

Priorité.

Les gouvernements du Royaume-Uni, de la France et des États-Unis ayant eu l'occasion durant la récente réunion à Londres des Ministres des Affaires étrangères, de passer en revue certaines questions relatives à la paix et à la stabilité des États arabes et d'Israël, et en particulier, celle des envois d'armes et de matériel de guerre à ces États, ont décidé de faire la suivante déclaration :

« 1) Les trois gouvernements reconnaissent que les États arabes et Israël ont tous besoin de maintenir un certain niveau de forces armées dans le dessein d'assurer leur sécurité intérieure, leur légitime défense,

---

[1] Une campagne menée contre le Plan Schuman semblait exister dans la presse américaine et mettait en avant le danger de cartellisation et la menace d'une politique de neutralité. Bonnet ne croyait pas à un renversement de la tendance favorable manifestée dans l'administration américaine : il fallait montrer qu'avec le Plan Schuman l'Europe allait dans le bon sens (télégramme n°s 1918-1924 du 23 mai 1950 de Washington, non reproduit).

et de leur permettre de prendre leur part dans la défense de l'ensemble de la région. Toute expédition d'armes ou de matériel de guerre pour ces contrées sera appréciée à la lumière de ces principes. Aussi les trois gouvernements désirent-ils rappeler et réaffirmer les termes de la déclaration faite par leurs représentants au Conseil de sécurité le 4 août 1949, déclaration dans laquelle ils exprimèrent leur opposition au développement d'une course aux armements entre les États arabes et Israël.

2) Les trois gouvernements déclarent qu'ils ont reçu de tous les États en question pour lesquels ils autorisent des expéditions d'armes de leur contrée, des assurances selon lesquelles l'État acheteur ne veut pas intenter une action quelconque d'agression à l'égard d'un autre État. Des assurances similaires seront demandées à tout autre État de la région, pour lequel ils autoriseraient l'envoi d'armes dans l'avenir.

3) Les trois gouvernements saisissent cette occasion de déclarer leur profond intérêt dans cette question et leur désir de soutenir l'établissement et le maintien de la paix et de la stabilité dans la région considérée ainsi que leur inaltérable opposition à l'usage de la force ou de la menace de force entre des États quelconque de cette région. Les trois gouvernements, s'ils constataient que l'un quelconque de ces États se préparaient à violer les frontières ou les lignes d'armistice, ne manqueraient pas, en liaison avec leurs obligations de membres des Nations unies, d'entreprendre une action immédiate à la fois dans le cadre des Nations unies, et en dehors, afin de prévenir une telle violation ».

(Cabinet du Ministre, Schuman, volume 7)

133

M. Schuman, Ministre des Affaires étrangères,
    à M. Massigli, Ambassadeur de France à Londres[1].

T. n°s 4275-4279.   *Paris, 24 mai 1950.*

Priorité absolue. Réservé.

Vous voudrez bien remettre au gouvernement britannique le mémorandum ci-après qui fait suite aux conversations que j'ai eues récemment à Londres avec M. Bevin.

<u>Mémorandum</u> : « Le 9 mai dernier, le gouvernement français a remis au gouvernement britannique le texte de la déclaration ci-annexée qui a été ensuite rendue publique par le Ministre des Affaires étrangères.

---

[1] Télégramme communiqué à la Présidence de la République, la Présidence du Conseil, MM. Parodi, Clappier et de Bourbon-Busset.

Animé avant tout par le souci d'assurer la paix, la solidarité européenne et le progrès économique et social, le gouvernement français a proposé une action sur un point limité et décisif : cette action consiste à assurer la mise en commun des productions européennes de charbon et d'acier et à instituer une Haute-Autorité nouvelle dont les décisions lieront tous les pays qui y adhéreront.

Le document français précise en outre les bases sur lesquelles le gouvernement français est prêt à ouvrir des négociations en vue d'aboutir à un traité signé par les États et soumis à la ratification des Parlements.

Dès l'origine, le gouvernement français a eu le souci de voir le gouvernement britannique s'associer à son initiative. À cet effet, au cours des conversations qui se sont déroulées à Londres le 15 mai et les jours suivants, le ministre des Affaires étrangères et M. Jean Monnet ont tenu à donner des explications complémentaires à certains membres du gouvernement britannique et à certains hauts fonctionnaires. Ils ont marqué que si l'on voulait aboutir à des résultats concrets il était nécessaire que les gouvernements fussent d'accord dès l'origine sur les principes et les engagements essentiels définis dans le document du gouvernement français, mais que les multiples questions que pose la mise en œuvre du projet exigeaient des discussions et des études qui devraient être poursuivies en commun afin d'aboutir à la signature du traité envisagé.

Depuis lors, le Chancelier fédéral du gouvernement allemand a fait savoir au gouvernement français qu'il était d'accord pour engager des négociations sur les bases prévues et qu'en conséquence il acceptait les termes du communiqué ci-joint. Ce texte a été transmis aujourd'hui aux gouvernements belge, néerlandais, luxembourgeois et italien, avec l'indication que le gouvernement français a l'intention de le publier vers le milieu de la semaine prochaine.

Le gouvernement français exprime l'espoir que le gouvernement britannique pourra de son côté participer dans les mêmes conditions à ces négociations dès leur ouverture. Au cas où une décision ne pourrait intervenir en temps voulu, le gouvernement français tient à marquer de nouveau son vif désir de voir le gouvernement britannique se joindre, dès qu'il l'estimera possible, à l'action commune.

Annexe n° 1 : Vous joindrez à ce mémorandum ma déclaration du 9 mai relative au charbon et à l'acier.

Annexe n° 2 : Projet de communiqué.

Début de citation : « Les gouvernements...... sont décidés à poursuivre une action commune en vue des objectifs de paix, de solidarité européenne et de progrès économique et social par la mise en commun de leurs productions de charbon et d'acier et l'institution d'une Haute-Autorité nouvelle dont les décisions lieront............. et les pays qui y adhéreront.

Les négociations, sur la base des principes et des engagements essentiels figurent dans la proposition française du 9 mai dernier, s'ouvriront à une date qui sera proposée incessamment par le gouvernement français, en vue d'aboutir à l'établissement d'un traité qui sera soumis à la ratification des Parlements ». Fin de citation.

J'ajoute que, comme il en avait été convenu, M. Jean Monnet se mettra demain matin en communication téléphonique avec Sir Edwin Plowden et lui fera parvenir une explication plus détaillée de la déclaration du 9 mai, dont je vous enverrais copie par la valise.

(Direction d'Europe, Généralités, volume 111)

134

M. MASSIGLI, AMBASSADEUR DE FRANCE À LONDRES,
   À M. SCHUMAN, MINISTRE DES AFFAIRES ÉTRANGÈRES[1].

T. n°s 1901-1902.   *Londres, 25 mai 1950, 16 h. 30.*

Priorité. Réservé.   *(Reçu : le 26, 17 h.)*

Je me réfère à votre tg n°s 4275/79[2].

Ne pouvant avoir un rendez-vous aujourd'hui avec M. Bevin, c'est au Ministre d'État que j'ai remis, en fin de matinée, notre mémorandum.

J'avais au préalable apporté à ce document des modifications convenues avec M. Clappier et que précisait un tg séparé.

M. Kenneth Younger m'a dit que notre démarche se croisait avec une instruction envoyée dans la soirée d'hier à Sir Oliver Harvey, qui doit proposer aujourd'hui au Département l'ouverture de conversations tripartites anglo-franco-allemandes. Le Ministre m'a demandé un délai pour me dire si, après avoir pris connaissance de notre mémorandum, le gouvernement britannique croit devoir insister pour l'adoption de la procédure qu'il propose lui-même.

Quoi qu'il en soit, il reste – et je n'en suis pas surpris – que, en dépit des préférences manifestées par certains hauts fonctionnaires, le gouvernement de Londres n'a pas désiré réserver sa position en attendant l'issue d'éventuelles conversations franco-allemandes et qu'il demande au contraire à être associé dès l'origine à la négociation.

---

[1] Télégramme communiqué à la Présidence de la République, la Présidence du Conseil, MM. Parodi, Clappier et de Bourbon-Busset. Note manuscrite : « *M. de La Tournelle* ».
[2] Voir document n° 133.

Ceci me confirme dans le sentiment que les aspects politiques de l'affaire sont jugés ici beaucoup plus importants que ses aspects techniques ; je pense que nous avons tout intérêt à la persistance de cet état d'esprit.

(Direction d'Europe, Généralités, volume 111)

135

M. Bonnet, Ambassadeur de France à Washington,
   à M. Schuman, Ministre des Affaires Étrangères[1].

D. n° 2423.   *Washington, 25 mai 1950.*

Le Département d'État a été vivement intéressé par les considérations exposées dans vos dépêches nos 1681.AL, 1682.AL et 1727.AL[2] ; elles sont, dans leur ensemble, conformes à l'opinion que se font les Américains des problèmes qui se posent actuellement dans le Proche-Orient.

Les pays de cette région, a expliqué à un de mes collaborateurs un fonctionnaire de la division d'Afrique-Levant, se sont trouvés, à la fin de la guerre, confrontés avec le besoin pressant de rétablir les bases de leur économie, profondément bouleversées pendant la période des hostilités. L'inflation avait réduit davantage encore le pouvoir d'achat des masses et accru leur misère chronique. Un prolétariat, créé en quelques années par l'afflux de la population rurale vers les villes, en réponse à la demande temporaire de main-d'œuvre, constituait un terrain favorable pour la propagande communiste ; l'activité industrielle et les entreprises diverses qui s'étaient développées de 1939 à 1945 n'ont pas survécu à la fin des hostilités ; une population flottante, victime du chômage, est venue grossir le nombre des mécontents ; les gouvernements locaux n'ont eu que trop tendance à chercher à détourner le mécontentement populaire en jouant sur la xénophobie et le fanatisme, au lieu de s'attaquer de front aux problèmes essentiels du développement économique et du progrès social. La guerre de Palestine a fourni à cet égard aux dirigeants un prétexte facile aussi bien qu'une excuse pour s'engager davantage encore dans une politique dont les conséquences à long terme apparaissent comme extrêmement dangereuses pour la stabilité des pays orientaux et leur capacité de résistance à l'infiltration communiste, sans parler de leur possibilité de se défendre contre une agression éventuelle des Soviets.

---

[1] Dépêche adressée à la direction d'Afrique-Levant et communiquée à la direction d'Amérique, au Secrétariat des Conférences et à la délégation française aux Nations unies à New-York.

[2] Documents non reproduits.

Le gouvernement des États-Unis, conscient du péril d'une telle situation, avait estimé dès 1945 qu'il était indispensable d'offrir aux pays du Proche-Orient une assistance matérielle qui les mette en mesure d'assainir leur économie, de développer leurs ressources et d'élever le niveau de vie des masses. Cette politique n'a pu jusqu'ici être mise en application en raison notamment du bouleversement profond qui a accompagné le conflit de Palestine. Aussi bien, la politique américaine est-elle, depuis deux ans, guidée par deux principaux mobiles : le rétablissement de la paix et l'octroi, aux pays du Proche-Orient, de l'assistance dont ils ont besoin.

Sur le second point, cette politique a trouvé son expression dans la constitution de la mission Clapp, l'ouverture de crédits pour l'Export-Import Bank à Israël et l'offre des bons offices du Département d'État dans les négociations relatives au prêt de la Banque internationale à l'Irak. Cette dernière affaire serait sur le point d'être conclue. Les États du Proche-Orient seront d'autre part admis, s'ils le désirent, à bénéficier du programme dit du « Point 4 ».

Il faut bien cependant constater que les pays arabes n'ont montré aucun empressement à répondre à ces avances. Leur réserve, voire leur hostilité à l'égard de l'UNWRA[1], a causé à Washington un profond découragement. Tout en affirmant en toute occasion la nécessité du développement économique et du progrès social, les gouvernements arabes refusent de prendre avantage des facilités que l'UNWRA met à leur disposition près de $ 80 millions en 30 mois, soit plus du total des crédits prévus par le « Point 4 » pour le monde entier.

Cette attitude inconsistante ne peut s'expliquer aux yeux du Département d'État que par le sentiment de peur irraisonnée qu'éprouvent les Arabes du fait de la constitution de l'État d'Israël à l'issue d'un conflit qui a exposé au grand jour leurs faiblesses intrinsèques ; sur leurs frontières est apparu subitement un État de mentalité occidentale, peuplé de gens à l'égard desquels les musulmans éprouvent traditionnellement des sentiments de mépris et de haine ; leurs appréhensions sont multipliées par la volonté d'expansion qu'ils prêtent, à tort ou à raison, au peuple d'Israël. Aussi longtemps que ce sentiment de peur existera, il sera impossible de progresser dans la voie d'un règlement pacifique, quels que soient les efforts faits dans ce but par les gouvernements intéressés, l'organisation internationale et la Commission de conciliation.

Du point de vue de leur sécurité, les peuples du Proche-Orient ne sont pas tous dans la même situation. C'est ainsi que l'Irak, la Jordanie, l'Égypte, bénéficient de garanties découlant des traités en vigueur entre ces pays et le Royaume-Uni. Le Liban et la Syrie, du fait des circons-

---

[1] U.N.W.R.A. : *United Nations Relief and Works Agency for Palestine Refugees in the Near East*, soit l'Office de secours et de travaux des Nations unies pour les réfugiés de Palestine dans le Proche-Orient.

tances qui ont accompagné la fin du mandat, n'ont pas pu ou voulu s'assurer des garanties similaires par des traités qui auraient dû normalement être conclus avec la France. Il en résulte un complexe d'insécurité auquel on attribue, pour une grande part, au Département d'État, les difficultés intérieures du régime syrien. Un terrain favorable s'est trouvé créé pour les intrigues hachémites. À cet égard, le danger paraît à Washington avoir diminué, temporairement au moins, du fait de l'influence prise par l'armée à Damas ; mais un retournement de la situation n'est pas une éventualité qu'on puisse entièrement écarter et il est certain que le régime à Damas devient de jour en jour plus déliquescent. Le Département d'État partage d'ailleurs notre point de vue que la réalisation des rêves du « Croissant fertile » ou de la « Grande Syrie » n'apporterait pas une solution constructive aux problèmes qui assaillent l'État syrien. À cet égard, la position du Département d'État, définie à maintes reprises depuis un an, ne s'est pas modifiée.

Les inquiétudes ressenties à Washington devant l'ensemble de cette situation se sont accrues depuis quelques semaines à la suite des manifestations anti-américaines qui ont eu lieu dans diverses capitales et en particulier à Damas, et des déclarations de personnalités responsables donnant à entendre que les pays arabes envisageaient de se tourner vers Moscou pour obtenir un appui qui leur était refusé par les puissances occidentales. La nouvelle que l'Égypte et la Syrie allaient demander au Kremlin de leur fournir des armements semble avoir causé ici une réelle émotion. Ce n'est pas qu'on appréhende véritablement la réalisation d'une alliance impensable entre la Russie communiste et les régimes féodaux du Proche-Orient, mais la fourniture d'armes serait susceptible de créer des relations et de donner naissance à des courants dont les émissaires de Moscou pourraient tirer un grand parti pour les fins de la propagande communiste.

Il semble donc qu'on ait estimé au Département d'État le moment venu d'entreprendre une action énergique pour arrêter une dangereuse évolution de la situation. Ainsi est née l'idée de la déclaration commune[1]. On espère ici que la garantie qu'elle apporte aux États arabes contre une agression, une violation de leurs frontières ou une tentative de modifier par la force le *statu quo* actuel, devrait dissiper, ou tout au moins atténuer fortement le sentiment de peur qui, ainsi qu'il est indiqué ci-dessus est, aux yeux du Département d'État, une des raisons fondamentales des difficultés présentes. Il est à noter que divers pays arabes ont eu l'occasion, au cours des dernières années, de faire des ouvertures plus ou moins précises à Washington dans l'espoir d'obtenir une garantie américaine de leur sécurité. Ces ouvertures n'ont pas eu de suite pour diverses raisons mais on souligne aussi au Département d'État qu'en donnant suite à de telles propositions, le gouvernement américain aurait eu le sentiment de s'engager dans une

---

[1] Voir document n°132.

politique d'influence qu'il estime ne plus correspondre aux données de l'heure. Ce point de vue s'est particulièrement affirmé depuis que M. MacGhee a pris en charge les affaires d'Afrique-Levant. Le nouveau Secrétaire d'État adjoint paraît convaincu que les problèmes du Proche-Orient ne sont qu'un aspect de la conjoncture mondiale dominée par la lutte entre le monde occidental et le monde communiste, et que la solution de ces problèmes doit être recherchée sur le plan d'une coopération confiante entre les États-Unis, la Grande-Bretagne et la France.

Tel est l'exposé qui a été fait à l'un de mes collaborateurs et que j'ai cru devoir vous rapporter, bien que l'essentiel en ait probablement été porté à votre connaissance à l'occasion des entretiens qui ont abouti à la décision de procéder à la déclaration commune.

Celle-ci, toutefois, souligne-t-on au Département d'État, ne produira les effets attendus qu'à condition qu'elle soit interprétée par les pays arabes dans son sens véritable, qui est de leur apporter les garanties qu'ils souhaitent contre une agression venant de l'un quelconque des États du Proche-Orient. On ne doute pas au Département d'État que des gens de mauvaise foi n'essayent de présenter la déclaration comme une nouvelle manœuvre diplomatique des puissances occidentales en faveur d'Israël. Il apparaît certain que la déclaration sera bien accueillie à Tel-Aviv mais ce n'est pas dans cette capitale qu'il faut qu'elle soit entendue mais dans celles des États avoisinants. Les représentants diplomatiques américains dans le Proche-Orient ont d'ailleurs reçu des instructions de faire tout leur possible pour que la déclaration soit interprétée dans le sens voulu.

À supposer que la déclaration commune amène la détente des esprits qu'on en attend ici, on ne se dissimule pas, au Département d'État, que les problèmes demeureront entiers et qu'on aura seulement réussi à préparer un terrain plus favorable pour entreprendre de nouveaux efforts en vue de les résoudre. Le gouvernement américain est convaincu qu'il n'existe qu'une seule voie constructive à cet égard : celle du développement économique et du progrès social, pour la réalisation desquels le gouvernement des États-Unis demeure décidé à offrir toute l'assistance qu'il sera en mesure de donner. C'est une tâche longue et compliquée mais une économie saine, une amélioration du niveau de vie et des conditions sociales, la constitution progressive d'une classe moyenne qui fournisse les bases d'institutions véritablement démocratiques sont considérées ici comme des conditions nécessaires pour que les pays du Proche-Orient puissent se défendre efficacement contre les infiltrations communistes et le danger d'une agression soviétique éventuelle. On sait d'ailleurs que le gouvernement américain souhaite poursuivre cette entreprise en collaboration confiante et active avec la France et le Royaume-Uni.

(Direction d'Amérique, États-Unis, volume 154)

136

M. Massigli, Ambassadeur de France à Londres,
  à M. Schuman, Ministre des Affaires étrangères[1].

T. n°s 1945-1946.   *Londres, 26 mai 1950, 19 h. 15.*

Priorité. Réservé.   (*Reçu* : le 26, 20 h.)

Je me réfère à votre télégramme n°s 4354/57[2].

Le message de M. Bevin, que Sir O. Harvey a remis hier soir à M. Parodi, a été reçu à Paris <u>après</u> l'envoi de l'invitation adressée au gouvernement britannique, mais il a été expédié de Londres <u>avant</u> réception de cette invitation. Il ne doit donc pas être interprété comme une réponse à cette invitation, réponse qui fera l'objet d'un second message que M. Bevin se propose d'adresser dès ce soir à Votre Excellence.

Après les explications que Sir R. Makins a données cet après-midi à M. Le Roy, le sens de la réponse anglaise ne fait pas de doute. Le gouvernement britannique, a dit le Sous-Secrétaire d'État adjoint, souhaite participer à la conférence envisagée, <u>non pas en qualité de « simple observateur »</u>, mais bien en partenaire résolu à adopter, pour prendre l'expression dont Sir Roger Makins s'est servi, une attitude « positive » et « constructive ». Le gouvernement britannique se refuse cependant à souscrire d'avance à des engagements dont il dit n'être pas en mesure d'apprécier la portée ; il ne pourra donc pas contresigner le projet de communiqué que nous lui avons soumis.

C'est donc, a conclu Sir Roger Makins, au gouvernement français, auteur de la proposition, de dire s'il considère l'adhésion au projet de communiqué comme une addition *sine qua non* d'admission à la Conférence envisagée.

(*Direction d'Europe, Généralités, volume 111*)

---

[1] Télégramme communiqué à la Présidence de la République, la Présidence du Conseil, MM. Parodi, Clappier et de Bourbon-Busset. Note manuscrite : « *M. de La Tournelle* ».

[2] Document non reproduit.

137

M. Massigli, Ambassadeur de France à Londres,
　à M. Schuman, Ministre des Affaires étrangères[1].

T. nos 1967-1978.　　　　　　*Londres, 27 mai 1950, 18 h.*

Priorité absolue. Réservé.　　　　(*Reçu* : le 27, 18 h. 40)

Je me réfère à votre télégramme nos 4354/57[2] et à mon télégramme nos 1945/46[3].

La rédaction du communiqué que nous proposons à l'acceptation britannique m'inquiète sérieusement.

Demander dès maintenant des engagements et une adhésion à des principes, alors que les conditions dans lesquelles ces principes seront appliqués n'ont encore fait l'objet d'aucune discussion véritable et qu'on peut avoir – en toute bonne foi – des conceptions fort différentes à cet égard, c'est demander une chose qui, pour un cerveau britannique, n'a pas de sens. Pour un Anglais un principe n'existe pas en soi ; il se définit dans et par ses applications. Réclamer dans de telles conditions des engagements sans réserves pour une entreprise dont dépend tout l'avenir de l'industrie charbonnière, c'est réclamer ce qu'aucun gouvernement et aucun Parlement britannique ne pourrait accorder.

Le charbon et l'acier ne sont pas pour la France ce qu'ils sont pour l'Angleterre ; ils constituent certes un élément très important de notre économie, mais notre pain quotidien n'en dépend pas ; pour l'Angleterre, c'est la vie même du pays qui, directement ou indirectement, dépend du charbon.

Nous demandons au gouvernement britannique d'accepter dans les huit jours que la vie du Royaume-Uni soit désormais commandée par les décisions d'une Autorité dont on ne sait ni comment elle sera constituée, ni comment et dans quelles limites elle exercera des pouvoirs d'ailleurs incomplètement définis, ni comment elle sera contrôlée (et je crains que Sir Edwin Plowden ne trouve pas à cet égard dans la lettre de M. Monnet dont j'ai pris connaissance hier des éclaircissements suffisants).

Aucun gouvernement britannique ne fera cela ; d'ailleurs si d'aventure il le faisait, le Parlement unanime le désavouerait. La substitution de la technocratie à la démocratie ne sera pas admise ici.

---

[1] Télégramme communiqué à la Présidence de la République, la Présidence du Conseil, MM. Parodi, Clappier et de Bourbon-Busset. Note manuscrite : « *MM. les sous-directeurs, prière de faire circuler ce télégramme en observant que le texte est réservé, B[ourbon-]B[usset]* : M. Boegner, M. Burin des Roziers, M. Wapler, M. Sauvagnargues ».

[2] Document non reproduit.

[3] Voir document n° 136.

Nous répondons que les gouvernements ne seront pas liés tant que le traité n'aura pas été conclu et soumis à la ratification des Parlements ; cela serait exact si nous nous bornions à dire que l'on négociera sur la base des principes définis dans notre déclaration du 10 mai. Mais le communiqué ne vise pas seulement les principes ; il mentionne expressément <u>des engagements.</u> C'est dire que les gouvernements qui viendront à la négociation seront déjà engagés. Si telle est la situation, les Communes demanderont à savoir à quoi le gouvernement britannique s'est engagé. Si celui-ci peut répondre qu'il s'est engagé seulement à chercher une solution sur les bases proposées, tout ira bien, mais telle n'est pas la signification de notre texte. Nous ne nous bornons pas à proposer une solution ; nous entendons dès maintenant l'imposer. Peut-être avons-nous raison d'agir ainsi. Mais alors il faut mesurer les risques : ils m'apparaissent grands.

La tactique brusquée que nous avons appliquée le 10 mai et qui a brillamment réussi était valable pour saisir l'opinion, pour empêcher que telle ou telle administration n'étouffât notre projet, pour obliger les gouvernements à s'en saisir et à résoudre le problème posé.

Vouloir pousser notre avantage et forcer la solution – car c'est à cela que paraît tendre en définitive notre projet de communiqué – c'est, me semble-t-il, aller un peu trop loin.

Que l'Allemagne, pays vaincu et en tutelle, accepte cette méthode de négociation, c'est normal puisque, à ce prix, elle acquiert un moyen de se hausser à nouveau aux premiers rangs.

Imposer la même méthode à un pays allié avec lequel nous traitons sur un pied d'égalité et qui devrait mettre en jeu des intérêts plus importants encore que les nôtres, ce n'est pas seulement ignorer les habitudes psychologiques de cette nation ; c'est vouloir trancher un problème dont sa vie dépend, avec toutes les apparences d'un sans-gêne dont nous aurions tort de croire qu'il nous serait aisément pardonné.

Sommes-nous assurés d'ailleurs que nos partenaires de Belgique et de Hollande entreront dans la négociation si l'Angleterre se tient à l'écart ? Et s'ils se dérobent, sera-ce le tête-à-tête franco-allemand ? Le risque est grand.

Je ne dis pas qu'il ne vaille pas la peine de l'assumer ; du moins ne faut-il le faire que s'il n'y a pas d'autres moyens d'obtenir la solution que nous souhaitons. Or, ces moyens existent.

Je répète que l'opinion et une bonne part du Parlement sont favorables à notre plan ; je répète que le gouvernement, même si tel était son secret désir, ne pourrait pas se tenir à l'écart (à condition que nous ne paraissions pas désirer l'écarter). Tous les jours, j'ai des preuves nouvelles de l'intérêt que suscite notre plan ; mais tous ceux qui viennent à nous réclament d'abord des clartés qu'ils ne trouvent pas dans nos textes, même lorsque nous sommes convaincus qu'elles y sont.

Je répète que, malgré les résistances des uns ou des autres, le gouvernement sera entraîné si nous mettons toutes les chances de notre côté.

Or, les Chambres viennent d'entrer en vacances pour quinze jours, le Premier ministre est absent pour une semaine. Vouloir forcer une solution durant cette période, c'est se priver délibérément des appuis que nous possédons au Parlement et compromettre une situation exceptionnellement favorable. Au surplus, si je ne me trompe, si l'on en venait du côté anglais à multiplier objections et difficultés, rien ne nous empêcherait, ayant fait la preuve que les Britanniques ne veulent pas aboutir, d'en revenir à notre projet initial et de conclure avec les pays qui accepteraient de nous suivre.

Tenter d'imposer dans des délais extrêmement courts une décision donnerait à la Grande-Bretagne, à tort ou à raison, le sentiment qu'au fond nous ne souhaitons pas sa collaboration et que, au moment même où aboutit le projet d'une union européenne de paiement pour lequel nous avons peiné, nous prenons de propos délibéré le parti d'en revenir à la formule de l'Europe continentale.

Votre Excellence a fort judicieusement averti les Britanniques de sa volonté de battre le fer pendant qu'il est chaud ; encore faut-il nous assurer que l'enclume est bien en place.

Le temps me manque pour introduire dans ce télégramme les nuances que peut appeler telle ou telle affirmation. Je demande donc à Votre Excellence de ne voir dans ma franchise, qui peut paraître brutale, que l'expression du sentiment que j'ai de la gravité du moment et de la crainte que j'éprouve de voir compromis par une erreur de tactique le succès d'une entreprise qui a été engagée dans de bonnes conditions et qui peut tant contribuer à l'affermissement de la paix et au rétablissement de la France à sa place en Europe.

(Direction d'Europe, Généralités, volume 111)

138

M. Bonnet, Ambassadeur de France à Washington,
   à M. Schuman, Ministre des Affaires étrangères[1].

T. n°s 1982-1988.   *Washington, 29 mai 1950, 19 h. 45.*

Priorité absolue. Réservé.   *(Reçu : le 30, 4 h. 30)*

Les inquiétudes soulevées dans la presse américaine par la rumeur qu'une union industrielle franco-allemande pourrait favoriser une politique de « neutralité » ne se sont pas apaisées.

Les nombreuses conversations que j'ai eues ces jours derniers dans les milieux parlementaires indiquent cependant que, jusqu'à présent, ces craintes n'ont pas ébranlé les espoirs placés dans le projet français. Mais la question est trop souvent reprise dans les journaux et hebdomadaires pour qu'il ne soit pas nécessaire de saisir toute occasion qui se présentera de dissiper la confusion entretenue par des propagandes intéressées entre une politique de consolidation et de renforcement européenne, génératrice de paix et une neutralité qui conduirait la France et ses voisins à se retirer de la communauté atlantique. C'est de cette confusion que se nourrit le malentendu. Certains commentateurs, avant tout préoccupés de l'attitude à observer vis-à-vis des Soviets, expriment la crainte paradoxale qu'un effort européen vers l'unité ne dissimule, sous le prétexte de favoriser la prévention de la guerre, le désir de se détacher des États-Unis dans l'espoir fallacieux de demeurer en dehors du conflit, s'il se produisait. Dans son article de ce matin, M. Walter Lippman, répondant à l'*Economist* de Londres, critique vivement l'insinuation qu'un accord franco-allemand, dans l'intérêt de l'unité européenne, puisse détourner l'Amérique du vieux continent. Rien n'est plus susceptible au contraire, dit-il, de nous assurer la collaboration des États-Unis que la mise en œuvre du projet français et rien ne pourrait plus sûrement écarter les Américains de l'Europe que la conviction de la voir végéter dans une faiblesse incurable et dans la division. L'(...)[2] de M. Schuman, ajoute-t-il, loin de promouvoir les tendances isolationnistes en Amérique, en a été le plus puissant contrepoids.

Toute interprétation que nous pourrons donner à Paris à l'appui de cette manière de voir aiderait efficacement à dissiper les doutes que pourrait susciter la campagne diffuse qui se poursuit dans la presse.

---

[1] Télégramme communiqué à la Présidence de la République, à la Présidence du Conseil, à MM. Parodi, Clappier et de Bourbon-Busset. Note manuscrite : « C[ommuni]quer Londres, Rome, Bruxelles, La Haye (fait) ».

[2] Lacune de déchiffrement.

Il est à remarquer, d'autre part, que l'intérêt considérable que porte l'opinion publique au projet français vient largement de ce qu'elle y voit un pas décisif vers une transformation radicale des rapports économiques inter-européens. Tous les commentateurs ont insisté sur l'importance des pouvoirs qui seraient attribués à la Haute-Autorité. Ils ont souligné que, ratifiées par traité, ces prérogatives entraîneraient un certain abattement des souverainetés nationales. Ces tendances profondes de la pensée américaine vont à cet égard à l'encontre de l'intention que le correspondant du *Christian Science Monitor* prête, à tort ou à raison, dans une dépêche de Londres, aux autorités britanniques. Parlant des échanges de notes entre les gouvernements français et anglais, il déclare que les milieux officiels de Grande-Bretagne, s'ils ne sont pas prêts à déléguer des pouvoirs à une autorité économique supranationale, ne s'opposeraient vraisemblablement pas à l'établissement d'une organisation dont « les décisions seraient envoyées aux gouvernements membres pour approbation finale ».

Nous pouvons être certains que la faveur dont les propositions françaises jouissent dans l'opinion publique américaine s'évanouirait si les négociations devaient aboutir à des formules et à un système que condamnent de nombreuses expériences passées.

(Direction d'Europe, Généralités, volume 111)

139

NOTE DE M. SEYDOUX, DIRECTEUR D'EUROPE[1]

Le « Plan Schuman » et le Conseil de l'Europe

N.   *Paris, 30 mai 1950.*

À peine le « Plan Schuman » a-t-il été lancé que la question s'est posée de savoir s'il ne convenait pas de rattacher l'autorité qu'il prévoit à un organisme international existant ou à créer et, dans l'affirmative, auquel il semble en effet, difficile, pour ne pas dire impossible, de laisser l'autorité dont il s'agit complètement indépendante alors qu'elle est appelée à disposer de pouvoirs exceptionnels dans le domaine de sa compétence.

C'est le Conseil de l'Europe qui paraît être, en la circonstance, l'organisme le plus qualifié. Ce serait, en tous cas, compromettre ses possibilités d'avenir que de faire un autre choix puisque le problème soulevé par les récentes propositions françaises est essentiellement européen. Aussi bien certains aspects de la question ont-ils déjà été évoqués par

---

[1] Note manuscrite : « *Vu par le Président* ».

la Commission économique de l'Assemblée, le jour où elle a envisagé la création de compagnies européennes.

On peut se demander, toutefois, si, logiquement, un lien valable peut être établi entre une autorité dont l'essence même sera d'être supranationale et une organisation dont toutes les décisions restent subordonnées à l'approbation de chacun des gouvernements des États membres. Une pareille différence de nature ne permet pas, semble-t-il, de recourir à une solution qui pourrait paraître séduisante au premier abord et qui consisterait, grâce à une modification des règles de vote, à favoriser la constitution à l'intérieur même du Conseil, tel qu'il est aujourd'hui composé, d'un groupement plus restreint comprenant seulement les États ayant adhéré à l'Autorité. Rattacher celle-ci au Conseil de l'Europe sous sa forme actuelle équivaudrait indirectement à lui retirer son caractère supranational ; le « Plan Schuman » perdrait, de ce fait, la plus grande partie de son originalité, et, aux yeux des Américains, l'attrait que lui confère, tant en ce qui concerne les relations franco-allemandes que du point de vue du droit international, son audacieuse nouveauté[1]. Un télégramme de notre Ambassadeur à Washington nous éclaire déjà à ce sujet[2].

Il serait donc indispensable, si l'on veut tirer du « Plan Schuman » toutes ses conséquences naturelles, de remanier profondément le Conseil pour que, comme l'Autorité elle-même, il soit doté de pouvoirs supranationaux. On conçoit aisément tout ce que cela comporte de bouleversements dans les conceptions actuelles. Sans doute faudrait-il, en particulier, que l'Assemblée de Strasbourg fût complètement transformée, notamment en ce qui touche les conditions de désignation des parlementaires et ses prérogatives.

On se trouve donc en présence de l'alternative suivante : ou bien rattacher l'Autorité du charbon et de l'acier au Conseil actuel, c'est-à-dire aux gouvernements intéressés, ou bien adopter le Conseil à l'Autorité, ce qui est certainement souhaitable, mais ne saurait, semble-t-il, être tenté avant que le plan n'approche de sa forme définitive. Il paraît préférable, en effet, de ne pas aborder de front deux problèmes aussi importants, sans que l'on soit mieux éclairé sur les conditions dans lesquelles s'effectuera la mise en œuvre du plan. Aussi, tout en ne nous dérobant pas complètement aux questions qui pourraient nous être posées sur la façon dont nous concevons les liens unissant la future autorité à un organisme international, devrions-nous, pour éviter de compliquer les négociations en cours, indiquer que nous n'entendons pas évoquer la question de la réforme du Conseil de l'Europe, qui ne se pose pas pour le moment.

(Cabinet du Ministre, Schuman, volume 139)

---

[1] Note manuscrite en marge de ce paragraphe : « *D'accord. H[ervé] A[lphand]* ».
[2] Voir document n° 138.

140

M. SCHUMAN, MINISTRE DES AFFAIRES ÉTRANGÈRES,
 À M. BAELEN, AMBASSADEUR DE FRANCE À VARSOVIE[1].

T. nᵒˢ 278-279.   *Paris, 1ᵉʳ juin 1950.*

Réservé.

Le Secrétaire général a reçu récemment l'Ambassadeur de Pologne qui venait lui faire part des objections que la Pologne prétendait faire valoir à l'encontre du projet français de pool du charbon et de l'acier.

À l'issue de cette première partie de l'entretien, la conversation a porté sur l'état actuel des relations franco-polonaises. M. Putrament ayant laissé entendre que son gouvernement souhaitait une amélioration et une détente, M. Parodi a demandé quels étaient les signes concrets de bonne volonté que la Pologne pouvait présenter.

Rien jusqu'ici n'avait été fait, du côté polonais, et tant que rien ne serait fait, le gouvernement français ne pourrait que demeurer dans l'attitude d'expectative et de patience qu'il a adoptée depuis janvier dernier[2]. Si au contraire certaines de nos demandes, celles en particulier portant sur la libération de l'un de nos compatriotes interné sans jugement depuis plus d'un an, recevaient satisfaction, il serait possible d'envisager une normalisation progressive de nos rapports notamment dans le domaine économique et commercial[3].

M. Putrament s'est borné à réitérer ses avances sans leur donner un caractère plus concret.

(Direction d'Europe, Pologne, volume 155)

---

[1] Télégramme communiqué à la Présidence de la République, la Présidence du Conseil, MM. Parodi, Clappier et de Bourbon-Busset ainsi qu'aux ambassades de France à Londres (nᵒˢ 4542-4543) et à Washington (nᵒˢ 4326-4327).

[2] Les difficultés franco-polonaises avaient augmenté depuis les arrestations de Français en Pologne fin 1949 et avec les dissolutions d'associations polonaises fonctionnant en France et des expulsions de ressortissants polonais (télégramme circulaire nᵒ 19 IP du 23 janvier 1950 de Paris, non reproduit).

[3] La longue liste de griefs polonais envers la France avait été transmise par le Chargé d'affaires à Varsovie et montrait que la Pologne voulait régler certaines questions avant de normaliser les relations (télégramme nᵒˢ 551-559 du 22 juillet 1950 de Varsovie, non reproduit).

141

M. Schuman, Ministre des Affaires étrangères[1],
à tous les Postes diplomatiques.

T. circulaire n° 137 IP.   *Paris, 2 juin 1950.*

Le Conseil de tutelle de l'ONU, réuni à Genève, a adopté, le 4 avril dernier, par 9 voix, dont celle de la France, le statut de Jérusalem qu'il avait élaboré au cours de sa session (ma lettre circulaire n° 63 IP en date du 30 mai 1950)[2]. Aucun pays n'a voté contre, la Grande-Bretagne et les États-Unis se sont abstenus. L'URSS, qui n'était pas représentée, a fait savoir qu'elle était opposée au projet adopté par le Conseil de tutelle.

Avant d'aborder l'examen des motifs qui ont guidé l'attitude de la France dans cette affaire, il est nécessaire de donner un bref aperçu de la vie de Jérusalem à travers les siècles.

I/ Aperçu historique.

Jérusalem fut conquise vers l'an 1 000 avant J. C. par le roi David. La ville resta pendant 1 000 ans la capitale religieuse des Hébreux, après que Salomon, fils de David, eût bâti le Temple, lieu unique de célébration du culte hébraïque.

Au début de notre ère, elle est le théâtre de la crucifixion du Christ, que le peuple juif dans son ensemble ne reconnaît pas comme le Messie annoncé par les Prophètes.

En 70, elle est prise par Titus, qui détruit le Temple. Les Juifs sont expulsés. Après six siècles d'occupation romaine, puis byzantine, qui voient la construction de nombreux monuments chrétiens, elle est mise à sac par les Perses.

Vers 632, le Prophète Mahomet consacre Jérusalem, et plus particulièrement l'emplacement du Temple (Haram El Cherif) comme le troisième sanctuaire de l'Islam.

En 1086, les Turcs seldjoukides s'emparent de la ville et persécutent les Chrétiens. L'Occident s'émeut et le pape français Urbain II lance l'idée de la Croisade. En 1099, Jérusalem est conquise par les Croisés ou « Francs ». Baudouin de Boulogne, premier roi de Jérusalem et son successeur et cousin, Baudouin II du Bourg, fondateur de la dynastie de Jérusalem, sont des nobles français, comme aussi la plupart des chevaliers du « Royaume franc ».

Plusieurs croisades sont dirigées par des rois de France, notamment Louis VII, Philippe Auguste, Saint Louis.

---

[1] Télégramme envoyé par le service d'Information et de Presse et signé par ordre Ordioni.
[2] Document non reproduit.

Jérusalem passe ensuite sous la domination des Mamelouks (Égyptiens), puis, en 1517, sous celle des Turcs Ottomans qui y resteront quatre siècles. La Sublime Porte reconnaît peu à peu à la France, par des « capitulations » successives, le titre et le rôle de Protectrice des Lieux Saints chrétiens, et fixe, en 1757, le *statu quo* des droits et privilèges des églises catholique romaine, grecque orthodoxe, arménienne, syriaque jacobite, copte, et abyssine, à Jérusalem et à Bethléem.

À l'issue de la guerre de Crimée, les privilèges de la France, reconnus par le Saint-Siège, sont confirmés par le Sultan, comme ils devaient l'être par l'Europe dans l'acte final du Congrès de Berlin, en 1878.

À la fin du XIXᵉ et au début du XXᵉ siècle, les œuvres religieuses françaises prennent de plus en plus d'importance à Jérusalem et à Bethléem. Pères Blancs, Dominicains de l'École Biblique, Bénédictins, Frères des Écoles chrétiennes, Carmélites, Sœurs de St. Vincent de Paul, Assomptionnistes ; sous leur influence, une grande partie des Arabes de Jérusalem et la majorité de Bethléem apprennent et parlent notre langue.

Pendant la Première Guerre mondiale, la Grande-Bretagne qui exerce le commandement des forces alliées en Orient, semble souhaiter l'édification d'un grand empire arabe englobant la Syrie, la Mésopotamie et la péninsule arabique, cependant que, par la voix de Balfour, elle s'engage à créer en Palestine un « Foyer national juif » répondant aux aspirations bibliques des Sionistes.

En 1922, au traité de Lausanne, la France consent à l'abandon des anciennes « Capitulations » ottomanes et perd juridiquement son rôle de protectrice des Lieux Saints chrétiens à Jérusalem.

La Grande-Bretagne, puissance mandataire, respecte le *statu quo* dans ses grandes lignes, et Jérusalem bénéficie, entre les deux guerres, d'une prospérité incontestable. Cependant l'afflux d'immigrants juifs dans le reste de la Palestine provoque le mécontentement des Arabes. Après 1945, l'arrivée de milliers d'Israélites qui ont échappé aux persécutions nazies aggrave considérablement la situation. Les autorités anglaises qui tentent de restreindre le nouveau flot d'immigrants s'apprêtent à abandonner leur mandat et le gouvernement britannique saisit les Nations unies de la question palestinienne.

Après l'envoi sur place d'une commission d'enquête, l'Assemblée adopte, par une résolution du 29 novembre 1947, un « Plan de partage de la Palestine », créant un État juif et un État arabe politiquement autonomes, mais économiquement unis, tandis que la région de Jérusalem est constituée en entité internationale distincte sous l'administration du Conseil de tutelle des Nations unies. Ce projet, accepté par les Juifs et repoussé par les Arabes, reçoit l'approbation de la France.

Le 15 mai 1948 cesse le mandat britannique sur la Palestine ; le même jour l'État d'Israël est créé à Tel Aviv. Les forces armées du nouvel État d'Israël et des États arabes s'installent successivement dans tous les postes qu'abandonne l'armée britannique. Mais des chocs armés se produisent entre Arabes et Sionistes, notamment à Jérusalem, où la Légion arabe du roi Abdallah de Transjordanie s'empare du quartier juif de la vieille ville, tandis que les forces israéliennes conquièrent les quartiers arabes de la nouvelle ville. Après de nombreux mois de laborieuses négociations menées sous les auspices des Nations unies, un armistice, encore en vigueur est signé entre l'État d'Israël et le Royaume hachémite de Jordanie (3 mai 1949) ; il sanctionne le partage de Jérusalem entre ces deux pays.

Il était devenu évident vers la fin de 1948 que le projet d'internationalisation complète de Jérusalem élaboré en avril 1948 par le Conseil de tutelle serait difficilement applicable. Aussi, dès le 11 décembre 1948, la majorité de l'Assemblée des Nations unies décide « qu'en raison des liens qu'elle a avec trois religions mondiales, la région de Jérusalem doit jouir d'un traitement particulier et distinct de celui des autres régions de Palestine et devrait être placée sous le contrôle effectif des Nations unies ». D'abord opposés à cette solution, les États arabes s'y rallient en mars 1949, car elle constitue à leurs yeux le meilleur obstacle à la poussée de l'État d'Israël vers l'Orient.

Après étude et discussion du problème au sein de la Commission de conciliation pour la Palestine (États-Unis, France, Turquie), l'Assemblée générale est à nouveau saisie de la question. Le 9 décembre 1949, par 38 voix (dont celle de la France et des États musulmans) contre 14 (dont les États-Unis et la Grande-Bretagne) et 7 abstentions, elle adopte une résolution aux termes de laquelle le Conseil de tutelle est invité à réviser sans délai le plan qu'il avait élaboré en 1948 pour une internationalisation complète de Jérusalem sous son égide et à le mettre en vigueur. Dès qu'elle est connue, la décision des Nations unies est repoussée par l'État d'Israël comme par le roi Abdallah.

Le Conseil de tutelle, sous la présidence de M. Roger Garreau (France) a formellement adopté le 4 avril 1950, l'ensemble du Statut de Jérusalem, dont le texte est reproduit dans la note documentaire n° 1333 (ma lettre circulaire n° 65 IP précitée).

II/ Motifs de l'attitude de la France.

Le problème de Jérusalem se présente sous un double aspect : l'aspect mondial et l'aspect local.

1) L'aspect mondial.

Du point de vue religieux, Jérusalem se trouve dans une situation exceptionnelle. Les trois grandes religions monothéistes ont pour source Jérusalem et chacune d'entre elles y possède son sanctuaire : pour les Juifs, c'est le Mur des Lamentations ; les Chrétiens y ont leurs Lieux Saints, enfin Jérusalem est, avec la Mosquée d'Omar, la troisième ville sainte musulmane.

La France est chrétienne et elle représente en même temps 20 millions de Musulmans. Aussi s'est-elle toujours prononcée pour l'internationalisation de la ville et pour un contrôle sur les Lieux Saints, afin que tous les cultes puissent y être célébrés en toute liberté.

2) *L'aspect local.*

Jérusalem est isolée entre deux déserts et domine la vallée du Jourdain. Son importance stratégique est donc considérable. Aussi le problème dépasse-t-il de loin un simple conflit israélo-jordanien. Du régime de Jérusalem dépendra dans une large mesure la stabilité du Proche-Orient dans son ensemble. Ce régime devrait comporter, en tout état de cause, une présence internationale effective s'il doit constituer pour les États arabes comme pour Israël une garantie contre toute nouvelle expansion ou toute revanche.

L'instauration à Jérusalem de cette présence internationale dans des conditions acceptables par tous a été depuis trois ans l'objectif de la diplomatie française.

(Direction d'Amérique, États-Unis, volume 160)

142

M. SAFFROY, MINISTRE DE FRANCE À LUXEMBOURG,
   À M. DE MARGERIE, DIRECTEUR GÉNÉRAL ADJOINT DES AFFAIRES
   POLITIQUES ET ÉCONOMIQUES.

L. *Luxembourg, 2 juin 1950.*

J'indique aujourd'hui à Paris que l'empressement du gouvernement luxembourgeois à adhérer au Plan Schuman ne s'explique pas seulement par la clairvoyance politique, mais aussi par le sentiment qu'au point de marasme où en est arrivée l'industrie luxembourgeoise, notre proposition constitue une planche de salut inespérée.

C'est dans ce sens que le Président du Conseil s'est exprimé, lorsque M. Bech est parti hier pour Paris en emportant les instructions de son gouvernement.

En effet, pour éviter le chômage, l'industrie luxembourgeoise dont les salaires et les charges sociales excèdent de plus de 20 % le niveau belge et européen, a dû se résigner depuis plusieurs mois à travailler à perte. Sans l'ouverture de l'immense marché européen et africain, il y a peu d'espoir que l'industrie métallurgique sur qui repose la prospérité du pays tout entier retrouve son équilibre et ses marchés.

Le Président du Conseil que j'ai vu ce matin m'a dit que mon collègue britannique m'avait précédé de quelques instants. Il est probable que l'Angleterre s'efforce de modérer le zèle de nos partenaires éventuels, sans aller cependant jusqu'à les arrêter. M. Dupong a convenu avec moi que si les Anglais avaient l'intention de collaborer avec nous autrement que du bout des lèvres, M. Attlee ne se trouverait pas actuellement en congé, Sir Stafford Cripps en villégiature et le Foreign Office ne serait pas actuellement géré par un jeune Sous-Secrétaire d'État, incapable d'engager la politique de son gouvernement. Il est vrai que M. Bevin est malade, mais tout cela paraît surprenant au moment où la politique européenne en arrive à un tournant peut-être aussi décisif que celui qu'avait marqué l'initiative du Plan Marshall. Il semble que les vacances anglaises auraient pu attendre quelques jours.

Il faut bien reconnaître, quand on connaît un peu les Anglais, que l'idée de soumettre leurs principales industries à une autorité qui ne soit pas à 100 % britannique, doit leur paraître aussi blessante qu'irréalisable. Cependant, on estime ici que si nous arrivons rapidement à nous mettre d'accord entre nous, sans nous laisser arrêter par les hésitations et les tergiversations britanniques, la Grande-Bretagne sera bien obligée, en dépit de ses méfiances traditionnelles, de venir se joindre au pool européen. Je crois pour ma part que si nous n'agissons pas ainsi, il ne faudra pas moins de cent ans pour persuader les Anglais.

J'ai parlé hier soir à l'un des directeurs de la puissante Arbed. Il m'a dit à titre personnel que l'écart entre les salaires luxembourgeois et ceux du reste de l'Europe était si considérable qu'aucune mesure prise dans le cadre du Plan Schuman n'arriverait à le combler. Dans ces conditions, la Belgique et le Grand-Duché seraient probablement acculés à la dévaluation du franc belge, faute de pouvoir procéder à une révision brutale des salaires et des charges sociales.

Je vous adresse ci-joint le texte des instructions du Kominform à ses agents camouflés en « personnes déplacées » et chargés de porter la bonne parole à leurs malheureux commensaux. Ce document est parvenu à la connaissance du gouvernement des Pays-Bas et m'a été remis à titre confidentiel par mon collègue néerlandais.

Le général de Lattre est venu passer les fêtes de la Pentecôte à Echternach, profitant de la procession dansante pour se montrer aux foules étonnées. Il a obtenu qu'à son prochain séjour, le Conseil municipal organiserait un banquet en son honneur et une sorte de cérémonie expiatoire pour les aventures qui avaient marqué son précédent séjour à Echternach. Echternach est une petite ville de 4 000 à 5 000 habitants au maximum. Après ce grand succès de prestige, je pense que le Général pourra se consacrer avec une énergie nouvelle à la défense de l'Europe occidentale.

(Direction d'Europe, Généralités, volume 111)

143

M. Bérard, Haut-Commissaire adjoint de la République française en Allemagne,
à M. Schuman, Ministre des Affaires étrangères[1].

T. nᵒˢ 2611-2614.   *Bonn, 4 juin 1950, 12 h. 50.*

Réservé. Urgent.   (*Reçu* : le 4, 13 h.)

Bien qu'en l'absence en cette fin de semaine de presque toutes les personnalités politiques marquantes le communiqué des six puissances n'ait suscité encore que peu de commentaires, l'accueil qui y est fait se révèle dès maintenant extrêmement favorable.

Le Plan Schuman continue d'être salué comme l'initiative la plus importante qui ait été prise depuis la fin de la guerre et comme devant marquer l'ouverture d'une ère nouvelle dans l'histoire des nations européennes. On se réjouit qu'un premier pas vienne d'être effectué dans la voie de sa réalisation. On espère sincèrement que la proposition française va conduire à la création d'une communauté économique qui, en se libérant des entraves nationales et régionales, permettra aux États européens de profiter de leur « dernière chance » d'assurer leur survivance menacée.

Mais la satisfaction manifestée dans les milieux politiques et dans l'opinion résulte tout autant de la constatation que l'Allemagne est associée à cette initiative comme une partenaire égale en droit, que son gouvernement a signé le communiqué d'hier sur le même pied que les autres participants et qu'aucune limitation ne sera apportée à sa liberté de discussion dans les négociations qui vont s'ouvrir. On enregistre là un accroissement décisif de la souveraineté accordée à la République fédérale et l'on escompte fermement que l'égalité qui vient d'être ainsi pour la première fois reconnue à l'Allemagne nouvelle ne sera pas remise en question.

La décision prise par la Grande-Bretagne de se tenir jusqu'à nouvel ordre à l'écart des négociations cause en même temps une vive sensation. Tout en rapportant les commentaires officieux publiés à Paris et exprimant l'espoir que la tension qui s'est manifestée dans les relations entre Paris et Londres s'apaisera dans les jours qui viennent, on relève que le gouvernement britannique a été extrêmement déçu de constater que la France ne s'était pas arrêtée à ses objections. Les divergences de vues entre la Grande-Bretagne et les signataires du communiqué d'hier dépassent, estime-t-on les questions de procédure et seront, pour cette

---

[1] Télégramme communiqué à la Présidence de la République, la Présidence du Conseil, MM. Parodi, Clappier et de Bourbon-Busset. Note manuscrite : « *M. de La Tournelle. M. Sauvagnargnes* ».

raison, difficiles à dissiper. L'Angleterre marque sa tendance à se dispenser des puissances continentales et à se retirer dans son insularité. On souhaite très vivement qu'elle ne persiste pas dans cette habitude et que la réflexion et l'expérience la convainquent qu'il lui est possible de s'associer à l'effort qui va être tenté ; car on redoute que cet effort ne puisse pas aboutir s'il se heurte à l'hostilité britannique.

Il importera de relever avec soin au cours de ces prochains jours les réactions des dirigeants SPD. Il n'est pas exclu en effet que ceux-ci ne cherchent à profiter de la mauvaise humeur britannique pour l'utiliser contre nous à propos de la Sarre dans le débat qui va se dérouler au Bundestag au sujet de l'adhésion de l'Allemagne au Conseil de l'Europe.

(Direction d'Europe, Généralités, volume 111)

144

M. DEJEAN, AMBASSADEUR DE FRANCE, CHEF DE LA MISSION FRANÇAISE À TOKYO,
À M. SCHUMAN, MINISTRE DES AFFAIRES ÉTRANGÈRES[1].

T. n°s 548-552. *Tokyo, 5 juin 1950, 7 h.*

Réservé. Secret. *(Reçu : le 6, 11 h. 20)*

1) Au sujet de la perspective d'un traité de paix avec le Japon, j'ai eu, le deux juin, un entretien avec le général MacArthur.

Mon interlocuteur m'a rappelé qu'il avait, dès le mois de mars 1947, préconisé la conclusion rapide de la paix.

La question, m'a-t-il dit, est de neutraliser le Japon. Nous n'avons pas besoin de ce pays mais nous ne pouvons accepter qu'il devienne un instrument aux mains d'une autre puissance. En outre, il n'est guère permis d'avoir confiance dans les Japonais et de les considérer comme des alliés éventuels. Certains pays alliés, comme l'Australie et les Philippines, ne l'admettraient d'ailleurs pas. En 1947, la neutralisation était possible.

Aujourd'hui, par suite de la détérioration des rapports entre les grandes puissances, le problème est infiniment plus compliqué. Nous avons les plus sérieuses raisons de remarquer que si nous quittons complètement le Japon, l'URSS ne manquera pas de l'attirer dans son orbite. Bien que dans sa grande majorité, le peuple nippon ne soit pas communiste, les Soviets sauraient sans doute trouver dans le pays les

---

[1] Télégramme communiqué à la Présidence de la République, la Présidence du Conseil, MM. Parodi, Clappier et de Bourbon-Busset. Note manuscrite : « *C[ommuni]quer Londres, Washington, Moscou. Cattand, vu* ».

concours indispensables. En revanche, si des forces américaines sont maintenues ici, sous une forme ou sous une autre, l'URSS y verra la preuve d'intentions agressives à son égard et elle sera amenée à prendre des contre-mesures.

D'autre part, il est impossible de négliger les sentiments des Japonais. Ceux-ci ont d'abord accepté assez facilement la présence des troupes étrangères. Mais le maintien indéfini de l'occupation n'accompagnerait de difficultés croissantes. Les communistes en particulier intensifieraient leur campagne pour une paix générale, c'est-à-dire pratiquement contre le maintien de bases américaines au Japon.

Johnson, Bradley et Dulles arrivent peut-être avec d'intéressantes suggestions.

En tout cas, si les problèmes posés par la conclusion d'un traité de paix sont complexes, il est douteux que le temps en rende la solution plus aisée.

2) De cet entretien qui a été assez critique et parfois teinté d'ironie à l'égard des gens de Washington semble se dégager les points suivants :

  a) Le général MacArthur en dépit de toutes les difficultés et malgré les répercussions inévitables sur la situation internationale reste partisan de cette paix prochaine qui ne peut-être qu'une paix séparée[1].

  b) Il persiste à penser que la neutralisation accompagnée d'un désarmement total et permanent du Japon eût été la meilleure solution.

  c) Il semble admettre qu'étant donné la conjoncture mondiale le maintien de bases américaines en territoire nippon est inévitable bien que ce soit la négation même de toute neutralité.

  d) Il a en ce qui le concerne écarté l'idée que le Japon pourrait devenir pour les puissances occidentales, un allié sûr.

  e) Il a paru assez sceptique en ce qui concerne la contribution des personnalités américaines attendues ici à l'éclaircissement des multiples questions d'ordre politique militaire et économique qui implique la conclusion de la paix avec l'empire nippon[2].

(Direction d'Asie-Océanie, Japon, volume 48)

---

[1] Voir document n° 88.

[2] L'administration américaine avait décidé de relancer les études préparatoires de ses divers services concernant le traité de paix avec le Japon. La question du maintien de bases américaines, perçu comme une occupation déguisée, allait évoluer dans l'opinion japonaise, suite au déclenchement du conflit coréen. On estimait à deux mois le temps qu'il faudrait au gouvernement américain pour faire part aux pays « amis » de ses vues concernant la conclusion du traité (dépêche n° 3529 du 20 juillet 1950 de Washington, non reproduite).

145

Le « plan Schuman » et les relations franco-britanniques

N.[1]   *Paris, 5 juin 1950.*

Quelles que soient les précautions qui seront prises pour éviter une certaine tension dans les relations entre la Grande-Bretagne et la France tandis qu'il sera procédé, au cours des prochaines semaines, à l'étude de nos propositions sur le charbon et l'acier, il est évident que l'opinion restera sous l'impression qu'un malentendu franco-britannique existe et menace de se prolonger. Sans doute, les Anglais n'ont-ils pas dit sur la question leur dernier mot, – et les débats de la Chambre des Communes peuvent encore modifier la position du gouvernement travailliste – ; tout porte à croire, cependant, que les jeux sont faits, du moins pour un temps, et que, pour la première fois peut-être depuis le début du siècle, nous allons assister, à Paris, au développement de négociations internationales d'une importance considérable, auxquelles l'Allemagne prendra part aux côtés de la France, sans que l'Angleterre soit elle-même associée aux pourparlers.

Tout mettre en œuvre pour veiller à ce que, durant cette délicate période, l'atmosphère ne s'alourdisse pas entre Londres et Paris ; ne rien négliger non plus pour empêcher que la diplomatie britannique ne cherche à entraver le déroulement du plan français, telles sont, semble-t-il, les deux idées fondamentales que nous devons avoir constamment à l'esprit durant les mois qui viennent.

Un point mérite, tout d'abord, d'être signalé. Pendant ces derniers jours, l'attention s'est portée d'une manière inévitable, mais regrettable, sur les échanges de notes entre le Quai d'Orsay et le Foreign Office, c'est-à-dire sur le différend qui a surgi entre les deux diplomaties. Il importe, maintenant, de l'orienter à nouveau dans la bonne direction, d'insister – comme ce fut le cas au moment où le « Plan Schuman » a été lancé, le 9 mai – sur les idées fondamentales, qui sont à sa base et qui lui ont valu aussitôt dans l'opinion internationale et auprès d'un gouvernement comme celui de Washington un exceptionnel succès. Autrement dit, il faut maintenir l'opinion en haleine, ne cesser de lui rappeler, pour qu'elle comprenne que le gouvernement français a dû se décider à aller de l'avant, en laissant le Cabinet britannique à ses hésitations et à ses scrupules, qu'il ne s'agit pas d'une négociation courante, banale, mais d'une conception audacieuse, à la dimension des problèmes auxquels le continent à faire face. Que la France, l'Allemagne, l'Italie, la Belgique, les Pays-Bas, le Luxembourg se soient,

---

[1] Note manuscrite : « *M. Seydoux. Écrire un mot personnel, en y joignant une copie de cette note à La Haye, Bruxelles le 10.6.1950, c[ommuni]qué F[rançois] S[eydoux]* ».

d'emblée, déclarés prêts à se dessaisir d'une partie de leur souveraineté, c'est la preuve qu'ils en sont, les uns et les autres, parvenus à un stade où la conscience de certains risques qui leur sont communs l'emporte sur d'autres considérations. L'Angleterre, quant à elle, n'a pas osé, ou n'a pas pu témoigner de la même résolution ; pour un temps encore, elle demeure attachée aux formules traditionnelles.

On ne saurait se tromper, cependant, sur l'importance du choc qu'elle vient de subir. Si le plan français se développe normalement, harmonieusement, les liens s'établissant entre les pays qui y auraient adhéré ne seront pas seulement d'ordre économique ; la France – du moins il convient de l'espérer – prendra la direction politique du mouvement, du groupement. Tout porte donc à croire que la diplomatie anglaise, mesurant parfaitement le danger, s'emploiera à ne pas nous faciliter les choses. Nous connaissons les moyens dont elle dispose ; son action s'exercera dans toutes les capitales intéressées, principalement, semble-t-il, à La Haye ; une grande vigilance devra être recommandée à nos représentants à l'étranger[1].

Mais c'est des réactions des États-Unis qu'il faudra essentiellement tenir compte si l'on veut aboutir. Jusqu'à présent, nous ne pouvons nous plaindre de l'accueil que nos propositions ont rencontré à Washington. Il n'en reste pas moins que, déjà, une campagne a été déclenchée par certains milieux de nature à éveiller le sentiment que le « Plan Schuman » favoriserait, sur le continent, les tendances neutralistes et la création d'une « troisième force » capable de maintenir un certain équilibre entre les puissances anglo-saxonnes et l'URSS. Une telle manœuvre, qui doit être soigneusement surveillée, et énergiquement déjouée, paraît d'autant plus préoccupante que le « neutralisme » ferait en Allemagne de sérieux progrès. On sait que M. Schumacher et d'autres hommes politiques allemands ont indiqué à diverses reprises qu'en accédant au Conseil de l'Europe, l'Allemagne risquait de faire un choix entre l'Ouest et l'Est, qui serait contraire à ses intérêts ; tout récemment, une dépêche de notre Haut-Commissaire à Bonn signalait que l'opinion allemande qui, au temps du blocus de Berlin, se manifestait par sa violence contre les Soviétiques, se montrait sensiblement plus modérée à cet égard ; si les propositions françaises avaient été saluées avec enthousiasme, l'un des motifs en était que les Allemands verraient dans notre plan une contribution à la cause du « neutralisme ». Il serait essentiel que, sans trop tarder, nous marquions clairement au gouvernement de Washington que notre position ne s'est en rien modifiée. Non seulement nous devrions procéder rapidement à la désignation de notre suppléant au Conseil de l'Atlantique, mais notre choix devrait, plus clairement que ce n'eût été nécessaire il y a quelques semaines, ne laisser aucun doute sur la fermeté de nos intentions.

---

[1] Note manuscrite : « *Signaler cette nécessité à la Haye et à Bruxelles* » [sans doute de la main de François Seydoux].

S'il importe que nous soyons sur nos gardes, il faut également que nous ménagions les susceptibilités britanniques. Le danger de voir les Allemands occuper la première place dans l'Europe occidentale n'est pas actuel, et il est certainement d'une grande sagesse politique d'essayer de « faire l'Europe » avec eux, alors que nous détenons encore certains contrôles et qu'il y a quelque générosité de notre part à traiter nos voisins d'outre-Rhin sur un pied d'égalité. Mais leur penchant naturel est trop connu pour qu'il soit besoin de le souligner. Autant la participation de l'Angleterre à l'œuvre entreprise en commun par les pays de l'Europe occidentale n'est pas indispensable aujourd'hui, étant donné les forces respectives des partenaires en présence, autant elle pourra le devenir demain. Et nous ne pourrons jamais être sûrs de l'appui de Washington si les Britanniques sont résolus à contrecarrer nos projets.

(Direction d'Europe, Grande-Bretagne, volume 79)

146

M. Massigli, Ambassadeur de France à Londres,
à M. Schuman, Ministre des Affaires Étrangères[1].

T. n°s 2117-2120.   *Londres, 9 juin 1950, 19 h. 50.*

Réservé.   *(Reçu : le 9, 20 h. 05)*

Je me réfère à votre télégramme n°s 4709-14[2].

Dans l'esprit des instructions de Votre Excellence, je ne prendrai aucune initiative et me cantonnerai dans un rôle d'observateur.

Je me permets de penser cependant que dans la mesure où notre réserve s'inspire de l'idée que les Anglais n'accepteront qu'une organisation internationale du genre de l'OECE[3], nous partons de prémisses fausses. Même si tel est l'objectif de certains fonctionnaires, notamment de ceux avec lesquels M. Monnet et ses collaborateurs ont été en contact, les propos que m'a tenus avant-hier le Premier ministre aussi bien que ceux de divers autres membres du gouvernement témoignent d'une orientation sensiblement différente. J'ajoute que les déclarations faites par Votre Excellence à la presse anglo-américaine, notamment vos réponses à des questions qui vous étaient posées, ont retenu ici

---

[1] Télégramme communiqué à la Présidence de la République, la Présidence du Conseil, MM. Parodi, Clappier et de Bourbon-Busset. Note manuscrite : « *M. de La Tournelle* ».

[2] Document non reproduit.

[3] O.E.C.E. : Organisation européenne de coopération économique.

l'attention ; elles font en effet apparaître des possibilités de mesures transitoires et de compromis qui n'avaient pas encore été explorées.

Ce jugement n'est pas seulement le mien. Aujourd'hui même, un de mes collègues de Benelux avec qui je m'entretenais de l'affaire me disait qu'il considérait que l'évolution des esprits s'affirmait dans un sens favorable à nos thèses et que le gouvernement serait entraîné. Pour cette raison même je pense que nous aurions tort de jeter le manche après la cognée, de faire nôtre l'attitude de détachement fataliste que l'on sent derrière une partie des commentaires de notre presse et considérant qu'il n'y a aucune chance sérieuse de rallier les Britanniques à nos vues, d'envisager pour le Royaume-Uni une vague forme d'association : pour certains Anglais, ce pourrait être la tentation du moindre effort et ils n'auraient que trop de tendance à profiter avec empressement de toute ouverture dans ce sens. Pour d'autres qui persistent à croire qu'au fond la participation britannique n'est pas souhaitée à Paris et qui tendent à interpréter dans ce sens tous les incidents de la négociation, ce serait une confirmation de leurs soupçons.

Une formule d'association liant de la même manière tous les États participants vaudrait, je pense, infiniment mieux même au prix de quelques sacrifices de doctrine qu'une formule établissant des degrés dans l'association.

Dans l'immédiat même, je n'oserais envisager avec beaucoup d'optimisme une crise de longue durée ; trop d'éléments entrent en cause en effet pour qu'elle n'entraîne pas de conséquences sérieuses sur la coopération franco-britannique dont Votre Excellence dit si justement qu'elle est plus que jamais nécessaire à la cohésion du monde occidental. Sans rien abandonner de nos principes, je crois que l'intérêt commun serait de ne laisser échapper aucune occasion permettant de mettre fin au désaccord actuel.

(Direction d'Europe, Généralités, volume 111)

147

NOTE DE LA DIRECTION D'EUROPE

L'Autorité supranationale et le Conseil de l'Europe (2ᵉ note)

N.   *Paris, 12 juin 1950.*

Il a été indiqué, dans une note précédente, (ci-jointe en copie)[1], que le Conseil de l'Europe, sous sa forme actuelle, ne paraissait pas qualifié pour être l'organisme international devant lequel la future autorité du

[1] Voir document n°139.

charbon et de l'acier serait responsable. Le Conseil ne représente pas, aujourd'hui, une force assez puissante pour tenir ce rôle ; en particulier, l'Assemblée est seulement consultative.

Il semble très désirable, cependant, que ce soit au Conseil de l'Europe que les gouvernements intéressés confient la mission prévue. S'il ne devait pas en être ainsi, le Conseil perdrait l'occasion qui lui est offerte d'accroître sa position et son prestige ; il lui serait de plus en plus difficile de s'imposer à l'attention de l'opinion, d'autant plus que l'autorité pour le charbon et l'acier, capable, quant à elle, d'obtenir des résultats pratiques de nature à frapper les esprits, le placerait peu à peu dans une situation singulièrement diminuée.

Nous avons donc tout avantage à relier l'Autorité au Conseil, à la rendre responsable devant lui, étant entendu que le Conseil subirait des transformations qui lui permettraient, à lui aussi, de devenir « supranational » pour « coiffer » en quelque sorte une Autorité supranationale. Comme il ne saurait être question, semble-t-il, sans inconvénients graves, de modifier la composition des organismes de Strasbourg, c'est-à-dire de réduire le nombre de leurs membres, la seule formule que l'on puisse imaginer est celle qui consisterait à constituer, à l'intérieur du Conseil, une association plus restreinte correspondant à la composition de l'Autorité.

À ce cercle limité appartiendraient seuls, au début, la France, les États du Benelux, l'Allemagne et l'Italie. Le groupement qu'ils formeraient ne revêtirait son caractère particulier et ne se distinguerait du Conseil de l'Europe tout entier que dans la mesure où il aurait à s'intéresser aux problèmes relevant de la compétence de l'Autorité supranationale. La mission dont il serait ainsi investi l'amènerait inévitablement à se soumettre à un règlement spécial, tenant compte de ses nouvelles fonctions ; il serait probablement nécessaire, par exemple, que les représentants à l'Assemblée de Strasbourg des six membres de l'Autorité soient élus dans leurs pays respectifs au suffrage universel et que le Parlement, issu de leur réunion, au lieu d'être simplement consultatif, soit doté de véritables pouvoirs, pour autant, – il convient de le répéter –, qu'il aurait à traiter du charbon et de l'acier.

Le Conseil de l'Europe actuel ne serait pas atteint dans son organisation ni menacé dans ses attributions ; il continuerait à fonctionner dans les conditions où il fonctionne aujourd'hui, les pays membres de l'Autorité étant toutefois représentés à l'Assemblée consultative et à l'Assemblée restreinte par les mêmes parlementaires.

Un pareil système éviterait la création d'un organisme complètement nouveau. Il permettrait au Conseil de l'Europe de se développer et d'agir. Le reproche ne pourrait plus être intenté au plan français de donner le pas à la technocratie sur la démocratie. Au surplus, grâce à la coexistence au sein d'une même organisation de deux Assemblées unies entre elles par des liens étroits puisqu'elles seraient partiellement formées des mêmes membres, grâce aussi au rôle de liaison que le Comité des ministres pourrait être appelé à jouer en la circonstance, il serait sans doute relativement aisé d'établir entre les pays occidentaux, ayant admis l'Autorité supranationale et les pays occidentaux, notamment l'Angleterre, qui resteraient, pour le moment, à l'écart, la coordination souhaitable.

(Direction d'Europe, Généralités, volume 111)

148

M. Massigli, Ambassadeur de France à Londres,
à M. Schuman, Ministre des Affaires étrangères[1].

T. nᵒˢ 2206-2211.   *Londres, 14 juin 1950, 20 h. 25.*

Réservé. Très secret. Urgent.   *(Reçu : le 14, 20 h. 45)*

Je me réfère à mon télégramme n° 2179[2].

Comme le Premier ministre m'en avait prié hier, je suis allé le voir cet après-midi dans son bureau de la Chambre des Communes.

Entrant tout de suite dans le vif du sujet, M. Attlee m'a déclaré que, sachant que j'allais prochainement à Paris, il avait tenu à me dire lui-même ce qu'il en était de l'exposé de politique étrangère que venait de publier le *Labour Party*.

Cette publication était déplorable. Le Premier ministre savait sans doute qu'un document était en préparation, mais il n'en connaissait pas les détails ; d'autre part, il avait complètement ignoré les dispositions prises pour sa publication, « ce qui prouve à tout le moins, a-t-il ajouté, que les liaisons entre Downing Street et Transport House ne fonctionnent pas très bien ». J'ai jugé inutile d'observer que l'incident prouvait tout autant que l'unité des vues n'était pas complète au sein du gouvernement.

Quant au fond même du document, M. Attlee souhaitait me faire comprendre qu'il y a loin entre un exposé de principes et une politique pratique ; la politique du gouvernement était celle qu'il avait définie ; il tenait à me répéter qu'il n'y en avait pas d'autre.

C'est donc, ai-je dit à mon tour, que, comme vous me l'avez exposé vous-même il y a quelques jours, vous avez le désir de coopérer à l'en-

---

[1] Télégramme communiqué à la Présidence de la République, la Présidence du Conseil, MM. Parodi, Clappier et de Bourbon-Busset. Note manuscrite : « *M. Sauvagnargues* ».
[2] Document non reproduit.

treprise si l'on peut trouver une solution satisfaisante au sujet de l'Autorité.

M. Attlee ayant acquiescé, je lui ai demandé si je pouvais aller un peu plus loin et si j'interprétais correctement le passage de sa déclaration d'hier consacré à la communauté atlantique et à la nécessité pour la construire de consentir à des abandons de souveraineté, en disant qu'il avait ainsi voulu marquer discrètement que, même sur cette question de souveraineté, des compromis étaient possibles. Le Premier ministre s'est déclaré d'accord.

Quant à l'opportunité d'un débat parlementaire à bref délai, M. Attlee m'a expliqué que sa répugnance à accepter une discussion la semaine prochaine s'inspirait du désir de ne pas gêner la négociation qui va s'ouvrir à Paris. Des paroles malencontreuses prononcées aux Communes ne pourraient que nous embarrasser. Il lui semblait que, du côté britannique, une attitude de réserve complète s'imposait dans l'intérêt général. Nous ne pouvons évidemment qu'être sensibles à cette préoccupation, mais comme il peut s'y mêler le souci d'éviter une discussion qui serait très délicate pour le gouvernement britannique lui-même, j'ai demandé à mon interlocuteur de me dire si sa position serait la même au cas où le gouvernement français, avant la conférence ou dès son ouverture, se trouvait amené à préciser publiquement sa position sur les points essentiels. Dans ce cas, m'a dit le Premier ministre, la situation serait toute différente.

Comme je prenais congé en le remerciant du souci qu'il avait eu de s'expliquer si franchement, M. Attlee m'a répété combien il regrettait ce qui s'était passé.

Au début de l'après-midi, j'avais déjà eu l'occasion de causer avec Sir William Strang ; le sous-secrétaire d'État permanent, qui était averti de la visite que je devais faire au Premier ministre, m'avait, de son côté, parlé avec amertume de l'initiative de M. Dalton et m'avait dit : « En ce qui nous concerne, nous considérons que rien n'est cassé entre Paris et Londres ». Je l'avais assuré que nous étions dans les mêmes sentiments.

Plus je réfléchis à la situation, plus je crois que des précisions sur les questions essentielles que posent la constitution et le fonctionnement de l'Autorité, pourraient être de grande importance dans les jours qui viennent.

(Direction d'Europe, Généralités, volume 111)

149

M. Brionval, Chargé d'affaires à l'Ambassade de France
à Moscou,
    à M. Schuman, Ministre des Affaires étrangères[1].

D. n° 642.   *Moscou, 14 juin 1950.*

La campagne que le Kremlin et la presse mènent contre MacArthur
et la politique d'occupation a pris, depuis la conférence de Londres,
une intensité rarement égalée. Sans s'attacher à analyser les thèmes sur
lesquels les journalistes à gages s'appliquent à composer, sans originalité
du reste, d'innombrables variations, il paraît en revanche intéressant
d'analyser les causes de cette remarquable offensive. Il est évident que
celle-ci procède essentiellement du désir qu'a le Kremlin de hâter la
fin du régime d'occupation, désir que l'évolution assez rapide de la
situation en Extrême-Orient rend chaque jour plus pressant. Pour les
Soviétiques, il est clair que, dans l'articulation du système de défense
insulaire que les États-Unis mettent activement sur pied afin d'endiguer
les progrès du mouvement révolutionnaire en Extrême-Orient, le Japon
joue désormais un rôle essentiel. Après en avoir fait un bastion armé,
Washington est maintenant en train d'en rénover l'économie. Moscou
pressent déjà l'attrait que, grâce à un Japon rééquipé de neuf, largement soutenu par les capitaux américains, le bloc des puissances occidentales ne manquera pas d'exercer sur les pays du Sud-Est de l'Asie
alors que la Chine, en plein travail de réorganisation politique et économique, ne sera pas en mesure d'exercer une dangereuse concurrence.

Au surplus, si grand soin qu'ils prennent de souligner les difficultés
que la guérilla donne aux puissances coloniales en Indochine, en Malaisie, en Birmanie ou aux Philippines, les observateurs soviétiques ne
suivent pas sans nervosité les progrès de la résistance américaine en
Extrême-Orient.

Au cours de ces derniers mois, la situation s'est incontestablement
modifiée sur ce front de la guerre froide. Tandis que le gouvernement
de Pékin se doit de consacrer l'essentiel de son effort à la réorganisation
administrative, financière et économique de la Chine, qu'en Indochine,
l'offensive de printemps qui devait donner à Hô Chi Minh le précieux
contrôle des régions du delta tonkinois n'a apparemment pas atteint
son but, le gouvernement de Bao Daï peut aujourd'hui compter sur
l'appui matériel et moral de l'Amérique.

Au Sud, l'Australie est devenue l'un des éléments les plus actifs de la
lutte contre le communisme. Donnant l'exemple au gouvernement de
M. Yoshida, celui de M. Menzies proscrit le parti communiste et, au

---

[1] Dépêche adressée à la direction d'Asie et en copie à la direction d'Europe. Note
manuscrite : « C[ommuni]quer Tokyo, Washington, par fil, f[ai]t 8/7 ».

lendemain de la conférence de Londres, il réunit sur le sol australien des représentants des pays du Sud-Est asiatique pour organiser, sur la base d'une coopération économique soutenue par la Grande-Bretagne, une résistance au mouvement révolutionnaire. Premier jalon d'une solidarité des pays du Pacifique dont aux Philippines, quelques jours plus tard, la conférence convoquée par M. Romulo confirmera la nécessité. L'attention que, malgré le soin qu'ils se donnent pour en minimiser les effets, les Soviétiques ont portée à ces manifestations de Sidney et de Baguio, prouve qu'ils ne se sont pas mépris sur leur portée. Le fait que les délégués convoqués sur un programme économique aient déjà posé le principe d'une coopération purement asiatique jusqu'ici impossible à organiser sur le plan militaire, ne laisse-t-il pas prévoir aux Soviétiques l'appoint décisif que l'assistance financière et économique américaine pourra bientôt apporter à la constitution d'un « Bloc du Pacifique » dirigé contre l'URSS ?

Mais c'est encore du Japon que vient la menace la plus sérieuse. Le gouvernement libéral de M. Yoshida, dont Moscou n'a rien à espérer, vient de voir son autorité consolidée à la suite du renouvellement de la Chambre Haute. En face d'un parti communiste actif mais divisé, il se sent maintenant presque assez sûr de l'opinion japonaise, pour suivre l'exemple du gouvernement de Canberra.

Or, voici qu'une occasion s'offre maintenant à Moscou de faire pression sur cette opinion : le poids de l'occupation commence à se faire sentir au Japon et M. Yoshida lui-même doit en tenir compte ; il se prononce pour la signature d'un traité de paix séparée qui, s'il doit laisser à l'occupant la jouissance permanente de certaines bases, entraînera du moins le retrait d'une présence qui perpétue le souvenir de la défaite. Ainsi, en dénonçant tour à tour les atteintes portées par l'occupant à la liberté et à la dignité du peuple japonais, les dangers auxquels l'expose le réarmement imposé par l'Amérique, la protection que, au mépris des lois humaines et des engagements pris, MacArthur et le gouvernement de Washington donnent aux criminels de guerre et aux chefs de la clique militaire qui portent la responsabilité de la défaite et de la misère du peuple japonais, en soulignant enfin l'asservissement auquel, sous le prétexte d'une assistance immédiate, le gouvernement de Washington et les monopoles américains entendent bien soumettre l'économie japonaise, la propagande soviétique vise moins à impressionner les partisans de la paix qu'à exploiter la fatigue que ressent le peuple japonais de la présence étrangère ; elle voudrait provoquer un mouvement d'opinion assez puissant pour forcer MacArthur et son administration civile et militaire à se retirer. Il importe d'autre part de faire comprendre au gouvernement japonais qu'il faudra tôt ou tard traiter avec Moscou et que l'appui américain ne changera rien au fait que la Russie soviétique est l'éternelle voisine avec laquelle il est nécessaire de s'entendre. Le plus tôt sera le mieux ; les conditions seront moins dures si le peuple japonais sait confier à des dirigeants plus clair-voyants le soin d'orienter sainement sa politique.

Les initiateurs de cette propagande mettent d'ailleurs dans leur ardeur à convaincre une passion qui les aveugle. Pour hâter cette évacuation qui permettra à Moscou d'entretenir un contact direct avec Tokyo et d'agir sans entraves sur la masse japonaise, ils n'hésitent pas aujourd'hui à user d'arguments qui se retournent contre eux : c'est ainsi qu'oubliant l'immense tort qu'a fait à la fin de la guerre au parti communiste japo-nais sa campagne pour la mise en accusation de l'Empereur, ils invoquent aujourd'hui le procès de Khabarovsk pour réclamer à nouveau le jugement d'Hirohito. De même, sans paraître soupçonner la déception qu'il causera au peuple japonais qu'il entend convaincre, le Kremlin n'hésite pas à confirmer que le rapatriement des prisonniers de guerre japonais est définitivement terminé. Et cela à la seule fin de mettre en cause, assez maladroitement d'ailleurs les Américains, sou-cieux de détourner l'attention des Japonais des projets qu'ils poursuivent pour asservir économiquement et militairement le Japon à leur poli-tique d'expansion en Extrême-Orient.

Il y a là un manque de mesure rappelant les méthodes des dictatures défuntes, mais dont les maîtres de la politique soviétique n'avaient pas encore donné l'exemple.

À considérer l'ensemble de ce qui a été publié ici sur la situation en Extrême-Orient au cours des semaines passées, on peut enfin se demander si le Kremlin, lui aussi, ne souhaite pas attirer l'attention sur le Japon pour mieux la détourner des autres théâtres d'opérations de la guerre froide. On notera en effet le mutisme presque total de la presse soviétique sur le développement des opérations militaires en cours ou en voie d'exécution en Chine : la prise d'Haïnan, l'évacuation des Chusan, l'occupation du premier groupe des Paracels, les prépa-ratifs contre Formose ne sont l'objet que de rares et laconiques com-muniqués. Même silence au sujet des affaires d'Indochine qui ne semblent intéresser les observateurs soviétiques que pour l'occasion qu'elles leur offrent de dénoncer les ambitions colonisatrices de Wash-ington et l'asservissement des intérêts français aux « monopolistes » américains. Si la presse signale de temps à autre un succès militaire du Viêt-Minh, elle ne prononce plus depuis plusieurs semaines le nom d'Hô Chi Minh dont le 60ème anniversaire a à peine été signalé ici par la reproduction pure et simple d'un télégramme de presse chinois.

Après les louanges données au chef rebelle, dont, on s'en souvient, l'effigie voisinait lors du défilé du 1er mai avec celle des grands ténors du communisme à l'étranger, l'oubli dont il est apparemment l'objet mérite d'être signalé. Le bruit courait il y a quelque temps qu'Hô Chi Minh était à Pékin ; certains assurent encore qu'il ne serait plus actuel-lement en Indochine, – on prétend au surplus que des changements d'importance seraient sur le point d'être effectués dans l'organisation de son gouvernement et que le Parti communiste viêtnamien que

Moscou avait fait dissoudre en 1945 pour mieux déguiser son action et ne pas éveiller la méfiance des nationalistes que le Viêt-Minh voulait rallier, va bientôt renaître de ses cendres.

Le silence qui se fait autour d'Hô Chi Minh couvre-t-il une disgrâce ou masque-t-il une activité nouvelle du chef rebelle ? Autant de questions auxquelles on ne saurait trouver de réponse dans les feuilles soviétiques.

La seule affaire qui depuis quelques jours les distraie du problème japonais, c'est l'affaire coréenne. Les dernières élections en Corée du Sud offrent en effet à la propagande soviétique une excellente occasion de démontrer que, là aussi, le régime d'occupation commence à devenir pesant. Ne soulignent-elles pas le désir de voir la « clique des Sygman Rhee » remplacée par des hommes dégagés de toute affiliation politique c'est-à-dire, d'après Moscou, de toute compromission avec les occupants ?

En soutenant, à grand renfort de publicité, les propositions que le front démocratique uni des Coréens formule, précisément au lendemain des élections, pour une « fusion pacifique » des deux zones et pour des élections générales, le Kremlin, renouvelant sa manœuvre allemande, cherche aujourd'hui à susciter en Corée un mouvement d'opinion qui hâtera la fin du régime d'occupation. Les précautions qu'il a prises en Allemagne orientale aussi bien qu'en Corée du Nord ne lui permettent-elles pas d'ailleurs d'envisager sans dommage pour son influence, un retrait simultané des troupes soviétiques ?

(Direction d'Asie-Océanie, Japon, volume 43)

150

Note du Secrétariat des Conférences
pour M. Schuman, Ministre des Affaires étrangères[1]

Chine et Nations unies. Attitude de la Grande-Bretagne

N.   *Paris, 19 juin 1950.*

Le Secrétariat des Conférences se permet d'appeler l'attention du Ministre sur l'aide-mémoire ci-joint en copie remis le 17 juin au Département par le premier secrétaire de l'Ambassade de Grande-Bretagne et d'où il ressort que le gouvernement britannique a décidé de modifier

---

[1] Note manuscrite : « *Aide-mémoire britannique du 17 juin 1950. [De la main de Schuman] : M. Parodi, le moment est venu de prendre position. Comment pressentir les États-Unis ? Sch[uman] 20/6* ».

sa position en ce qui concerne la représentation de la Chine aux Nations unies.

Jusqu'à présent, les représentants anglais aux différents organes des Nations unies avaient pour instruction de s'abstenir sauf si, préalablement au vote, ils pouvaient être assurés qu'une majorité – à laquelle alors ils devaient se rallier – se dégagerait en faveur du remplacement de la délégation nationaliste chinoise par la délégation communiste.

À partir de maintenant, la Grande-Bretagne votera en faveur de ce remplacement, quelles que soient les circonstances. Elle appliquera cette nouvelle tactique même dans les organes techniques (par exemple au Fonds international de secours à l'Enfance, qui se réunit le 19 juin) et lors de la prochaine session du Conseil économique et social.

(Direction d'Asie-Océanie, Chine, volume 218)

151

NOTE DE LA DIRECTION D'EUROPE

Réactions suscitées à l'étranger par le Plan Schuman

N.   *Paris, 19 juin 1950.*

La proposition faite le 9 mai par le gouvernement français de « placer l'ensemble de la production franco-allemande de charbon et d'acier sous une Haute-Autorité commune, dans une organisation ouverte à la participation des autres pays d'Europe » a suscité à l'étranger des réactions dont l'ampleur s'explique à la fois par l'effet de surprise qu'a provoqué sa publication à la veille des conférences de Londres et par les conséquences politiques et économiques que sa mise en œuvre est de nature à entraîner, aussi bien sur le plan européen et atlantique, qu'à l'intérieur des principaux États intéressés.

Au moment où vont s'engager officiellement, à l'initiative de la France, des négociations destinées à étudier de façon détaillée les diverses implications du plan français et à jeter les bases de sa réalisation, il n'est pas sans intérêt d'analyser les réactions qu'il a jusqu'à maintenant provoquées en Europe et aux États-Unis, dans la mesure où une telle analyse peut permettre d'apprécier avec plus d'exactitude, non seulement l'accueil réservé à ce plan par l'opinion publique des différents pays intéressés, mais aussi certaines des préoccupations qui orienteront la position des gouvernements au cours de ces négociations.

L'opinion publique à l'étranger s'est montrée dans l'ensemble très favorable au plan français. Les principaux journaux lui ont consacré, au lendemain même de sa publication de longs articles présentés parfois sous des titres sensationnels, insistant sur son caractère à la fois inattendu et constructif. Les milieux responsables ont, eux aussi, manifesté un très vif intérêt à l'égard des propositions françaises mais leurs réactions ont été plus nuancées.

La mise en œuvre du Plan Schuman pose en effet de multiples problèmes économiques, politiques et sociaux sur lesquels les gouvernements, les industriels, les leaders de partis et de syndicats n'ont pu prendre une position de principe qu'après des études plus approfondies : les pays producteurs de charbon et d'acier ne peuvent s'engager, sans de sérieuses réserves, à confier à une Haute-Autorité superétatique la responsabilité de gérer la production et la distribution de ces produits-clés. Les pays importateurs craignent la constitution d'un vaste cartel qui maintiendrait des prix élevés en supprimant la concurrence. Les milieux industriels se montrent en général assez inquiets devant la perspective éventuelle d'une planification autoritaire à l'échelle des gouvernements. Quant aux milieux syndicalistes, ils voudraient obtenir des assurances sur la participation de leurs représentants dans les organismes communs de gestion, qu'ils redoutent de voir dominés exclusivement par les intérêts patronaux.

Sur le plan politique, la mise en œuvre du projet Schuman suppose de la part des États qui en auront accepté les principes fondamentaux, des abandons de souveraineté auxquels la plupart d'entre eux se sont jusqu'à maintenant refusés, tant à l'OECE[1] qu'au Conseil de l'Europe. Comment serait assurée la représentation des intérêts nationaux au sein de la Haute-Autorité commune ? Comment seraient élaborées ses décisions ? De quels recours pourraient disposer les États ? Autant de questions qui préoccupent les milieux politiques responsables. En outre, la portée européenne du Plan Schuman conduit chacun des pays intéressés à prendre position sur la méthode d'intégration qu'il préconise et sur les conséquences qu'il comporte quant au statut de l'Allemagne et à sa situation en Europe. Par ailleurs certains d'entre eux, déjà engagés dans la voie d'unions douanières régionales, s'inquiètent des conséquences éventuelles de son application sur le développement des projets antérieurement mis au point.

Enfin la plupart des pays d'Europe occidentale sont signataires du Pacte atlantique. Le plan français ayant été rendu public en un moment où de divers côtés des voix autorisées se faisaient entendre qui préconisaient le renforcement de la communauté atlantique dans le sens d'une intégration économique et même politique plus accentuée, afin que le monde libre, contraint de s'installer dans la guerre froide, fût en mesure de mieux coordonner ses efforts pour en sortir vainqueur, la question se posait de savoir si le plan français ne va pas à l'encontre d'une telle orientation.

Les conséquences sociales éventuelles du Plan Schuman font également l'objet de préoccupations diverses : l'égalisation prévue des condi-

---

[1] O.E.C.E. : Organisation européenne de coopération économique.

tions de production risque de modifier, dans certains pays, le niveau de vie des ouvriers mineurs et sidérurgistes. Par ailleurs, il est permis de penser que la Haute-Autorité commune sera vraisemblablement amenée à imposer la fermeture de certaines installations industrielles non rentables, ce qui entraînerait des transferts importants de main d'œuvre. Elle pourra aussi pratiquer une politique d'investissements orientée selon des critères de productivité et non de plein emploi, ce que redoutent particulièrement les syndicats ouvriers. On conçoit aisément, dans ces conditions, que les réactions suscitées à l'étranger par le Plan Schuman telles qu'elles apparaissent à travers la presse, les déclarations publiques et les communiqués de conférences, présentent un caractère d'extrême diversité.

Il convient, semble-t-il, de les analyser selon leur origine géographique car les réactions de chacun des pays intéressés ont un caractère très particulier alors même que certaines inquiétudes ou certains espoirs qu'elles expriment sont également partagés par d'autres pays voisins. Si l'on excepte l'URSS et les pays satellites, systématiquement hostiles, c'est en Europe occidentale et aux États-Unis que le projet français a évidemment provoqué le plus vif intérêt[1]. La proposition française a suscité en URSS et dans les pays satellites des réactions d'inquiétude devant la perspective d'un renforcement éventuel du front occidental sur le triple plan politique, économique et stratégique. L'appareil mondial de propagande orchestré par le Kremlin s'en est immédiatement emparé pour dénoncer la transformation de la France en satellite d'une Allemagne occidentale dirigée par les trusts américains et utilisée par eux pour préparer l'agression anti-soviétique, dans le cadre de la « diplomatie totale ». Dès le 11 mai, le correspondant à Paris de la *Pravda* soulignait les contradictions internes qu'une telle proposition faisait apparaître au sein du camp occidental, insistant notamment sur la pointe anti-anglaise qu'il y reconnaissait. Parallèlement, la presse allemande sous licence soviétique en appelait au nationalisme allemand pour s'opposer à l'intégration de la Ruhr dans un *Konzern* géant dominé par l'étranger, avec la complicité du gouvernement de Bonn.

L'étude des réactions suscitées en Europe occidentale pourrait être limitée, semble-t-il, aux trois principaux producteurs de charbon et d'acier, directement intéressés par tous les problèmes que pose le projet français : l'Allemagne, la Grande-Bretagne et les pays du Benelux. Il convient toutefois de ne pas passer sous silence le retentissement considérable du Plan Schuman en Italie :

À la suite du comte Sforza, les cercles gouvernementaux italiens ont tout d'abord accueilli très favorablement le projet français, animé, sou-

---

[1] *Note du document* : « Même le Saint-Siège, d'ordinaire si réservé quand il s'agit d'apprécier les initiatives des gouvernements en matière de politique internationale, a chaleureusement approuvé "le dynamisme du Plan Schuman" dans un article officieux publié sous-titre, le 14 mai dans *L'Osservatore Romano* ».

lignaient-ils, d'un véritable esprit européen et destiné à assurer l'intégration définitive de l'Allemagne dans l'Europe occidentale. L'opinion italienne n'a pas tardé cependant à manifester quelques appréhensions, inspirées notamment par les milieux politiques et industriels de l'Italie du Nord : pendant longtemps, l'Italie avait bénéficié du refus de la France à envisager un tête-à-tête franco-allemand car elle pouvait pratiquer, de la sorte, entre Paris et Bonn un jeu de bascule très profitable à la sauvegarde de ses intérêts. Cette situation semble maintenant dépassée. La France a repris l'initiative en Europe et l'influence italienne au sein des organismes de gestion du pool envisagé sera sans doute à la mesure du faible volume de sa production charbonnière et sidérurgique. Le projet d'union douanière franco-italienne risque d'être relégué désormais au second plan[1]. D'autre part, les industriels italiens, utilisateurs d'aciers étrangers, tout en reconnaissant l'intérêt que présenteraient pour eux un approvisionnement régulier en matières premières et l'élimination des systèmes de doubles prix actuellement pratiqués par les pays producteurs, craignent que le projet Schuman n'aboutisse en fait à la constitution d'un vaste cartel franco-allemand qui imposerait des prix élevés, ce qui entraînerait pour les industries de transformation italiennes un accroissement de leurs prix de revient très préjudiciable à leur expansion commerciale.

C'est en Allemagne que le Plan Schuman a provoqué la sensation la plus vive et suscité les commentaires les plus abondants. Dans une atmosphère saturée de pessimisme et d'irritation à l'égard des Alliés, en particulier de la France, à la suite des récents développements de l'affaire sarroise, la proposition française a soulevé dans l'opinion publique et dans les cercles gouvernementaux de Bonn une vague d'enthousiasme non encore apaisée.

Cependant cet enthousiasme n'est pas tellement démesuré qu'il ne laisse apparaître les réactions « fondamentales » de l'Allemagne d'aujourd'hui :

– Désir d'exploiter sur le plan politique la constatation que c'est tout d'abord à l'Allemagne que s'adresse la France pour lui proposer la fusion des charbonnages et des aciéries des deux pays, en vue de constituer les bases d'une future fédération européenne ;

– Insistance à ne retenir parmi les conditions générales envisagées que la *Gleichberechtigung* interprétée par l'opinion allemande comme signifiant essentiellement la disparition progressive de l'Autorité internationale de la Ruhr et la possibilité pour l'Allemagne de produire de l'acier au-delà de l'actuel plafond de 11 millions de tonnes ;

---

[1] *Note du document :* « Il est vrai qu'on en tire au contraire argument, au Palais Chigi, pour estimer plus souhaitable encore qu'auparavant la constitution rapide, face au potentiel allemand, d'un groupement des intérêts économiques franco-italiens ».

— Tendance à considérer que la question de la Sarre pourrait ainsi perdre de son acuité et recevoir ultérieurement une solution plus conforme au point de vue allemand puisque l'intégration de la production charbonnière et sidérurgique sarroise dans le pool envisagé assurerait à la France des avantages économiques équivalents à ceux dont elle bénéficie actuellement ;

— Vive satisfaction devant les perspectives qu'ouvrent à l'industrie allemande fortement armée contre ses concurrents, la proposition de l'associer à la mise en valeur de l'Afrique.

Telle est la toile de fond sur laquelle se détachent les réactions propres à tel ou tel milieu particulier : les cercles gouvernementaux ont immédiatement utilisé la proposition française à des fins de politique intérieure. Ils y ont vu la justification de la position adoptée par le chancelier Adenauer au cours de ces derniers mois en faveur d'une union franco-allemande. Ils ont immédiatement marqué leur décision de faire de la négociation avec la France une affaire de partis et d'en retirer tout bénéfice au SPD. Le chef du gouvernement de Bonn, impatient de s'affranchir de la tutelle des Hauts-Commissaires, attend de cette négociation l'occasion de traiter enfin directement sur un pied d'égalité avec ses pairs, les chefs d'États voisins, ce qui lui permettrait d'argumenter efficacement contre la surenchère nationaliste du SPD et de légitimer ainsi la décision qu'il a prise de proposer au Bundestag la participation de l'Allemagne au Conseil de l'Europe.

Les milieux industriels se sont montrés beaucoup plus réservés. Leurs préférences vont en effet à un cartel d'intérêts privés analogue à l'ancien cartel de l'acier mis sur pied avant la guerre. Leurs réserves sont d'ailleurs en partie différentes selon qu'il s'agit des fidei-commissaires, gérants provisoires des sociétés issues de la décartellisation, ou des expropriétaires, porte-parole des anciens *Konzerne* rhéno-wesphaliens. Les uns et les autres appréhendent la fusion de leur entreprise qui ont souffert à la fois des démontages et de l'absence d'investissements avec une industrie française reconstruite et modernisée à l'aide de crédits américains. Ils voudraient aussi obtenir l'assurance que la répartition éventuelle des quotas d'acier entre la France et l'Allemagne s'effectuera sur la base des capacités réelles et non du volume respectif de production afin de préserver à long terme l'industrie allemande des conséquences résultant pour elle des limitations qui lui sont maintenant imposées. Les anciens propriétaires qui espéraient qu'une solution du problème de la propriété des mines et des aciéries allait intervenir prochainement, dans un sens favorable à leurs intérêts, redoutent qu'une mise en œuvre prématurée du Plan Schuman ne cristallise la situation actuelle et ne favorise au contraire l'intervention de l'État et des syndicats dans la gestion des entreprises actuellement sous séquestre.

Les réactions du Dr Schumacher et des milieux de l'opposition ont été fort décevantes : le leader du SPD a refusé d'apprécier le plan français selon d'autres critères que son nationalisme exacerbé, son hostilité personnelle vis-à-vis du Dr Adenauer et sa défiance maladive à l'égard d'une prétendue volonté d'hégémonie française en Europe. Sans doute, de nombreux sociaux-démocrates allemands moins intransigeante que leur fougueux leader ont-ils accueilli favorablement le Plan Schuman, mais la plupart d'entre eux craignent que sa mise en œuvre n'aboutisse à la création d'une « société anonyme européenne » et ne constitue un obstacle définitif à la nationalisation des houillères et de la sidérurgie ainsi qu'à la participation ouvrière à la gestion des entreprises[1].

Il convient aussi d'ajouter que les réticences des travaillistes anglais et surtout les manœuvres déployées par le gouvernement de Bonn pour écarter le SPD des entretiens préliminaires n'ont pas contribué à créer au sein de ce parti un climat très favorable au Plan français.

Les réactions de la social-démocratie allemande ont toutefois récemment évolué dans un sens plus constructif. Le Dr Schumacher vient en effet de déclarer au congrès de Hambourg que le SPD acceptait le Plan Schuman en tant que proposition politique destinée à favoriser un véritable accord européen. Il est enfin permis de penser qu'une fois l'entrée de l'Allemagne au Conseil de l'Europe acceptée par le Bundestag, le SPD sera plus libre pour modifier son attitude actuelle vis-à-vis du Plan Schuman et pour en étudier objectivement les modalités de réalisation.

De même qu'en Allemagne, et plus nettement encore, la plupart des réactions suscitées en Grande-Bretagne par le projet Schuman participent des tendances profondes de la nation, en dehors des considérations propres à tel ou tel milieu, à tel ou tel parti.

Les conditions mêmes dans lesquelles le projet français a été rendu public, à la veille des entretiens des trois Ministres des Affaires étrangères, après avoir été élaboré sans consultation préalable avec le Cabinet britannique, ont provoqué à Londres un sentiment de malaise et presque de stupéfaction. Le tempérament britannique a immédiatement réagi dans le sens d'une méfiance instinctive à l'égard d'un nouveau plan conçu par les théoriciens du continent et dont la mise en œuvre impliquerait, de la part de la Grande-Bretagne, des abandons de souveraineté auxquels elle répugne d'autant plus qu'ils s'appliqueraient, en la circonstance, à des activités qui constituent les bases mêmes de sa vie économique. Le malaise britannique provient, non seulement d'une réaction d'amour-propre blessé, mais aussi du fait que la Grande-Bretagne se trouve placée, par l'initiative française, devant un choix qu'elle avait pu jusqu'à maintenant éluder. Entretenant avec l'ensemble du Commonwealth des rapports particuliers, désireuse de jouer au sein de la communauté atlantique un rôle de premier plan

---

[1] *Note du document :* « Les décisions à intervenir sur le régime de propriété et de gestion de ces entreprises dépendent, en effet, du gouvernement fédéral et du Bundestag. Cette question suscite actuellement entre les deux grands partis allemands d'ardentes polémiques dans lesquelles l'aile gauche de la CDU n'est pas très éloignée du SPD ».

immédiatement à la suite des États-Unis, soucieuse néanmoins de participer aux efforts de coordination entrepris en Europe, sans pour autant favoriser leur développement économique et politique par crainte d'avoir à lier son sort à celui du continent, la Grande-Bretagne veut réserver à sa diplomatie un clavier étendu d'intérêts et de possibilités dont elle entend jouer en toute liberté. L'idée d'une fédération européenne était donc jusque-là considérée par les milieux anglais responsables comme un rêve abstrait et dangereux dont ils retenaient seulement l'aspect stratégique. C'est pourquoi le plan français leur apparaît comme une menace directe à l'indépendance de la Grande-Bretagne et à l'autonomie de ses décisions.

À ces réserves d'ordre général viennent s'ajouter, du côté travailliste, des préoccupations d'idéologies et de méthodes. Obstinément fidèle à sa politique du plein emploi, le gouvernement travailliste entend conserver la faculté d'accroître les investissements dans l'industrie sidérurgique si cette mesure s'avère un jour nécessaire pour atténuer le chômage. Il craint aussi que la Haute-Autorité commune ne soit dominée par les intérêts des maîtres de forges français et allemands et que ces méthodes de gestion, inspirées du libéralisme économique, ne fassent éclater les cadres de la planification socialiste, si l'industrie britannique se trouve associée aux industries du continent. Il redoute enfin que l'égalisation prévue des conditions de la production ne s'applique au détriment des avantages sociaux dont bénéficient l'ouvrier anglais.

Il convient de souligner cependant que l'opinion travailliste a évolué dans un sens nettement plus favorable au cours des semaines qui ont suivi la publication du plan français. Certains ont reconnu qu'il constitue une tentative d'intégration « fonctionnelle » capable de prévenir efficacement le développement menaçant d'une concurrence anarchique avec l'industrie allemande renaissante. D'autres inclinent à penser que la Haute-Autorité pourrait fonctionner avec assez de souplesse pour que le contrôle en commun des industries-clés de l'Europe occidentale ne soit pas incompatible avec la coexistence de systèmes économiques différents. D'autres enfin sont séduits par le caractère constructif d'un projet capable de dégager l'Europe des perspectives purement négatives de la guerre froide. Tous, comme l'a déclaré M. Attlee aux Communes, approuvent avec sympathie l'initiative française pour mettre fin à la rivalité traditionnelle entre la France et l'Allemagne.

C'est aussi cet aspect du problème qui est à l'origine de l'approbation de principe accordée au projet français par les Conservateurs[1]. Ils y voient notamment la justification des idées qu'avait exposées M. Churchill dans son fameux discours de Zurich en septembre 1946. Toutefois, ils demeurent très préoccupés par les incidences qu'une accession éventuelle de la Grande-Bretagne au pool envisagé pourrait entraîner sur

---

[1] Note manuscrite : « à l'exception de Lord Beaverbrook ».

la stabilité de la zone sterling et sur les rapports avec le Commonwealth. Il est certain qu'à cet égard leur choix est déjà fait. Comme les travaillistes, ils reconnaissent l'intérêt du plan français, mais aussi la nécessité de ne prendre position à son sujet qu'après un examen minutieux de toutes ses conséquences.

Les réactions des milieux de la sidérurgie ont été nettement plus favorables que celles des milieux politiques. Menacée de nationalisation, l'industrie sidérurgique anglaise pourrait peut-être échapper à ce risque à la faveur de sa fusion éventuelle avec les industries privées du continent. Comme ses prix de revient sont en général inférieurs à ceux des industries européennes concurrentes, elle ne craint pas d'avoir à les comprimer pour se trouver au départ dans une situation comparable. En outre, les industriels britanniques appréhendent la crise de surproduction d'acier qui s'annonce prochaine et ils espèrent que la constitution du pool envisagé aboutirait à une formule de contingentement qui lui serait favorable, compte tenu de sa capacité de production.

Sans doute l'approbation sans réserve des Libéraux ne suffira-t-elle pas à déterminer le gouvernement de Londres à souscrire à des engagements de principe dont il ne peut encore apprécier la portée, mais il est vraisemblable que les réserves actuellement formulées par la Grande-Bretagne n'empêcheront pas sa participation ultérieure à un puissant groupement économique continental qui, fonctionnant en dehors de sa présence, risquerait de menacer ses intérêts.

Le Plan Schuman a reçu dans les pays du Benelux un accueil de principe très favorable mais également nuancé, surtout en Hollande, de très sérieuses réserves. Les milieux politiques belges ont souligné immédiatement la portée européenne du Plan français. Les milieux d'affaires, plus réservés vis-à-vis de ses aspects spectaculaires, se sont montrés avant tout désireux d'évaluer les bénéfices ou les pertes qu'ils peuvent en attendre. En outre, les milieux dirigeants de l'industrie charbonnière, placés devant l'éventualité d'une baisse de leurs prix de revient, redoutent les difficultés économiques et sociales d'une longue période d'adaptation[1]. Ils craignent aussi la concurrence des houillères françaises et allemandes dont l'équipement est plus moderne et les prix de revient plus favorables.

De même, au Luxembourg, on est animé de la volonté de participer pleinement à la réalisation du projet français. Toutefois, les milieux socialistes craignent qu'elle n'entraîne un abaissement du niveau de vie de l'ouvrier luxembourgeois actuellement le mieux payé d'Europe.

À La Haye, où, comme à Londres, le maintien du plein emploi et de la stabilité économique est considéré comme un dogme intangible, on observe avec attention les réactions britanniques. À cet égard, il est certain que la crainte de voir le projet français aboutir à la constitution

---

[1] *Note du document :* « Les bassins du Sud, fort mal équipés ayant des rendements très faibles, devront sans doute être fermés ».

d'un bloc continental dont la Grande-Bretagne ne ferait pas partie retient les milieux responsables hollandais d'exprimer leur pleine satisfaction devant la portée concrète de ce projet, notamment en ce qui concerne la situation de l'Allemagne en Europe.

Le retentissement du Plan Schuman auprès de l'opinion publique américaine a été d'une ampleur considérable. Les grands journaux quotidiens, les cercles gouvernementaux et les principales personnalités politiques, aussi bien démocrates que républicains, ont accueilli très chaleureusement l'initiative de la France. Le président Truman a d'ailleurs exprimé récemment son sentiment au cours d'une conférence de presse, insistant à la fois sur le caractère constructif du projet français et sur son opportunité. Les milieux responsables des États-Unis ont tout d'abord approuvé la portée politique du plan français qui rejoint une des principales préoccupations de la diplomatie américaine : favoriser la constitution en Europe occidentale des groupements de forces capables d'opposer, dans tous les domaines, un front solide à la pression de l'URSS. L'intégration de l'Allemagne dans ce groupement européen n'a cessé d'apparaître à Washington comme une condition du succès. Dans la perspective américaine, la mise en œuvre du plan français permettrait de résoudre un certain nombre de problèmes qui menacent l'unité de l'Europe occidentale et favorisent les manœuvres soviétiques. Désormais, la formule envisagée de coopération franco-allemande peut accélérer l'accession de l'Allemagne à la pleine souveraineté et permettre la conciliation des intérêts opposés qui s'affrontaient jusque-là, à propos de la Sarre en particulier. En outre, l'éventuelle participation de la sidérurgie allemande à l'équipement de l'Afrique ouvrirait à celle-ci des débouchés en rapport avec sa capacité réelle de production et permettrait ainsi d'élever en Allemagne le niveau de l'emploi et donc de contribuer à sa stabilité économique et sociale.

Bien que cet ensemble d'éléments n'ait cessé d'entretenir des commentaires très favorables au projet français, certaines questions ont été formulées dès les premiers jours par les milieux économiques et par les techniciens de l'ECA[1]. Elles ont trait essentiellement à la véritable nature de l'organisation projetée, et en particulier à ses ressemblances éventuelles avec un cartel caractérisé par le contingentement des productions, le maintien artificiel des prix et la répartition des marchés. Ces réserves n'ont pas fait depuis lors de progrès appréciables en raison notamment des apaisements fournis aux autorités américaines par notre ambassadeur à Washington. C'est d'ailleurs, sans aucun doute, pour y répondre que, dans sa conférence de presse du 18 mai, le président Truman a mis l'accent sur la nécessité d'assurer l'égalité d'accès de tous les pays d'Europe occidentale aux produits charbonniers et sidérurgiques et de garantir ultérieurement aux industries intéressées le béné-

---

[1] E.C.A. : *European Cooperation Agency.*

fice complet de la libre concurrence, une fois franchie la période de réadaptation.

Toutefois, ces préoccupations mineures ont rapidement disparu devant des inquiétudes plus graves suscitées aux États-Unis par certaines interprétations des mouvements provoqués par le projet Schuman dans l'opinion européenne et que reflètent, avec insistance, depuis le 23 mai, les commentaires des journaux quotidiens et les hebdomadaires. Ces interprétations, favorisées il est vrai par les déclarations renouvelées du chancelier Adenauer et par certains articles parus dans les journaux français – *Le Monde* notamment – tendent à démontrer à l'opinion américaine que l'un des objectifs fondamentaux du plan français consiste à donner à l'unité européenne une base économique solide afin de rendre à l'Europe occidentale, au sein de la communauté atlantique, une certaine autonomie, prélude à la poursuite ultérieure d'une politique de « troisième force » et même de neutralité. Selon ces commentateurs, alimentés, semble-t-il, en arguments par les milieux anglais de Washington, la réalisation du Plan Schuman aurait, dans l'esprit de ses promoteurs, la priorité sur l'organisation atlantique dont le caractère serait considéré par eux comme purement négatif.

Ces craintes, pour vives qu'elles soient, ne paraissent cependant pas avoir ébranlé les espoirs placés dans le Plan Schuman par les États-Unis. Il en est toutefois résulté une évolution très certaine de l'opinion publique américaine dans un sens plus favorable aux préoccupations britanniques à l'égard du projet français. On serait en effet pleinement rassuré à Washington sur l'orientation atlantique de la fédération européenne envisagée si la Grande-Bretagne acceptait d'y participer. Il appartiendra au Département de définir, en temps utile, la position française sur ce point, auquel les milieux responsables américains, aussi bien que l'opinion publique, attachement un intérêt tout particulier.

***

Ainsi une étude détaillée des réactions suscitées par le Plan Schuman conduit à cette conclusion que l'ampleur de l'intérêt qu'il a provoqué dans l'opinion publique à l'étranger correspond bien à l'étendue des problèmes que posera sa mise en œuvre, tels qu'ils apparaissent dès maintenant à travers les commentaires des milieux responsables.

Un fait, en tout état de cause, est dès maintenant acquis. Le Plan Schuman s'inscrit très largement au crédit du prestige français à l'étranger, où l'on considère que la diplomatie française a ainsi repris l'initiative en Europe. Sans doute les commentateurs ne se font-ils pas faute d'indiquer dans quelle mesure les données de ce projet coïncident avec les intérêts actuels de la France[1], mais ils en retiennent aussi la signifi-

---

[1] *Note du document :* « Les «arrière-pensées» économiques prêtées à la France sont en général les suivantes :

cation politique considérable qu'il comporte pour l'ensemble du monde libre : ils s'accordent en général pour estimer que la réalisation du plan français permettra d'intégrer l'Allemagne de Bonn dans l'Europe occidentale et d'assurer la permanence de cette situation par des moyens plus efficaces, à long terme, que le maintien des contrôles et des troupes d'occupation.

Ils soulignent, par ailleurs, que la création du pool envisagé, constituera la base concrète d'un regroupement des industries-clés européennes. La méthode fonctionnelle et institutionnelle utilisée à cette fin, pour le charbon et l'acier, pourra servir dans d'autres circonstances : l'exemple du Benelux et celui de l'union douanière franco-italienne prouvent en effet à quelles difficultés peuvent se heurter les tentatives d'adapter l'un à l'autre des ensembles économiques différents par une série d'ajustements à intervenir dans le cadre traditionnel des souverainetés étatiques.

C'est en Allemagne que la proposition française a suscité le plus d'espoirs et rencontré l'accueil généralement le plus favorable. C'est en Angleterre qu'elle a provoqué le plus d'inquiétudes et rencontré les plus sérieuses objections. En Belgique et en Italie, les milieux gouvernementaux et la majorité de l'opinion publique lui ont réservé un accueil plus nuancé, mais néanmoins nettement positif. La Hollande observe attentivement les réactions définitives du gouvernement de Londres. Les pays scandinaves demeurent réservés. Quant aux États-Unis, ils semblent disposés à l'appuyer de tout leur poids, pour autant que leurs craintes d'y voir un effort de dissociation du front atlantique auront été apaisées.

Ces réactions, en ce qui concerne l'Europe, ne comportent à vrai dire, aucun élément de surprise. Elles constituent un assez fidèle reflet des contradictions dans lesquelles se débat l'Europe occidentale depuis de nombreuses années : rivalités économiques – oppositions idéologiques – antagonismes d'intérêts nationaux – différences de tempéraments. Ces contradictions ne pourront être résolues sans des efforts exceptionnels d'imagination et sans une longue patience. Le plan français ne suscite tant d'espoirs et de craintes que parce que sa portée

-réaliser partiellement l'un des objectifs du Plan Monnet qui constitue un transfert, au bénéfice de la France, de la capacité sidérurgique excédentaire en Allemagne, cette dernière pouvant trouver sur le marché franco-sarrois le supplément d'acier nécessaire à ses industries de transformation. La suppression envisagée des droits de douane faciliterait les exportations françaises ;

-obtenir le coke de la Ruhr au prix intérieur allemand ; ce qui, compte tenu des perspectives d'égalisation des conditions générales de la production permettra à la sidérurgie française d'affronter éventuellement la concurrence allemande dans des conditions très favorables ;

-parvenir, au stade des demi-produits, à une sorte de division du travail entre les deux pays, la France devait disposer en particulier de laminoirs modernes dont la capacité excédera très largement les besoins du marché français ».

politique et économique est de nature à orienter de façon décisive le destin d'une Europe à la recherche inquiète des bases de son unité.

Quant à la question de savoir si les tendances « neutralistes » que certains croient reconnaître à l'arrière-plan du projet Schuman, légitiment les inquiétudes suscitées aux États-Unis par une telle interprétation, il est prématuré, semble-t-il, d'en juger actuellement. L'intégration plus ou moins complète de l'Europe dans la communauté atlantique dépend en partie de facteurs qui échappent à la prévision. Le déséquilibre permanent de la balance-dollars et l'impérieux besoin de l'aide militaire des États-Unis constituent des réalités européennes, indépendantes de la mise en œuvre du Plan Schuman.

Celles-ci rendra toutefois plus efficace la contribution de l'Europe à la défense et à la prospérité du monde libre. C'est là, semble-t-il, l'argument le plus propre à convaincre les États-Unis que ce plan mérite, à tous les stades de sa réalisation, leur active sympathie.

(Direction des Affaires économiques, DECE, volume 508)

152

COMPTE RENDU DE LA SECONDE SÉANCE DES CONVERSATIONS
SUR LE PLAN SCHUMAN
TENUE LE 21 JUIN 1950 SOUS LA PRÉSIDENCE DE M. MONNET

C.R.

Ouvrant la séance, M. Monnet souhaite, au nom de la délégation française, la bienvenue aux membres des cinq autres délégations.

Les représentants des pays qui ont accepté l'invitation de la France se réunissent pour accomplir une œuvre commune, – non pour négocier des avantages, mais pour rechercher leur avantage dans l'avantage commun.

Au cours de cette séance, M. Monnet se propose d'exposer :
– les raisons qui sont à l'origine de la proposition du gouvernement français tendant à la mise en commun des productions de charbon et d'acier et à la constitution d'une Haute-Autorité ;
– la procédure devant être suivie et l'esprit dans lequel les conversations qui commencent lui semblent devoir être conduites ;
– les objectifs à atteindre.

M. Monnet indique que les présentes conversations doivent se dérouler dans une atmosphère de franchise et de liberté. Aussi bien ne s'agit-il pas de négociations, puisqu'en acceptant la déclaration du 8 mai, les pays qui participent à la conférence se sont reconnus un but, valable pour tous, mais de la recherche en commun des moyens propres à atteindre ce but.

I/ Les raisons de la proposition française :

M. Monnet fait remarquer que l'on a tendance, à l'heure actuelle, en Europe, à s'exprimer de plus en plus dans une langue européenne. Tous les pays sont entretenus dans l'espoir qu'une véritable union européenne sera édifiée. Des réalisations ont été déjà obtenues, notamment le Pacte de Bruxelles et l'OECE.[1] Mais, jusqu'à ce jour, il y a un abîme entre les résultats obtenus et cette volonté manifeste de l'opinion publique. C'est là un grand danger : un espoir, en effet, ne peut longtemps demeurer sans être réalisé.

La situation actuelle, qui ne peut exister que grâce à l'aide des États-Unis, ne peut se prolonger dans sa forme présente. Une aide américaine ne pourra continuer d'être accordée à l'Europe que dans la mesure où les pays européens feront eux-mêmes preuve de volonté et de coopération.

Les problèmes que cette conférence se propose de résoudre ne peuvent être réglés suivant l'esprit qui présidait naguère aux délibérations internationales. Autrefois, en effet, les pays se bornaient à défendre leurs intérêts, non à rechercher des objectifs communs. Nous demeurons enclins à user aujourd'hui de méthodes anciennes, alors que ces méthodes ne sont nullement susceptibles de répondre aux exigences.

Il s'agit donc, avant tout, de créer « une communauté » qui satisfasse l'intérêt commun.

Si nous discutons en tant qu'entités nationales, les rancœurs d'autrefois reparaîtront ; c'est seulement dans la mesure où nous éliminerons de nos discussions des sentiments particularistes qu'une solution pourra être trouvée. Dans la mesure où nous changerons nos méthodes, l'état d'esprit des Européens changera.

Bien des siècles ont prouvé que cette partie du monde a des ressources exceptionnelles. C'est notre devoir de les utiliser pour notre bien, plutôt que les uns contre les autres, de réaliser une communauté en éliminant ce qui nous divise.

Telles sont les raisons qui ont amené M. Robert Schuman et le gouvernement français à proposer l'institution d'une autorité commune supranationale – autorité commune, mais non dictatoriale.

Là réside l'importance que nous attachons à certaines formules. L'autorité supranationale est l'expression concrète de cette communauté que nous nous proposons de créer. Ainsi que l'a déclaré M. Schuman : « L'Europe ne se fera pas d'un coup ni dans une construction d'ensemble : elle se fera par des réalisations concrètes créant d'abord une solidarité de fait. Le rassemblement des nations européennes exige que

[1] O.E.C.E. : Organisation européenne de coopération économique.

l'opposition séculaire de la France et de l'Allemagne soit éliminée. L'action entreprise doit toucher au premier chef la France et l'Allemagne. En fait, le premier stade de notre action vise à placer sous une Haute-Autorité commune l'ensemble de la production franco-allemande de charbon et d'acier, dans une organisation ouverte à la participation des autres pays d'Europe ».

Ces produits, le charbon et l'acier, ont été choisis parce qu'ils constituent la base de la vie économique des peuples. Mais, en outre, pour l'opinion publique, acier et charbon sont liés à l'idée de guerre. Si nous pouvons placer leur production en Europe sous une autorité commune, nous aurons fait un pas essentiel vers l'élimination de la crainte.

M. Monnet indique que nous pouvons, certes, laisser les choses en l'état. Mais, si nous ne faisons rien, le destin se chargera de régler contre nous nos difficultés actuelles. L'initiative française ne crée pas ces difficultés, elle les met en évidence.

M. Monnet souligne l'extraordinaire réaction de l'opinion publique à la proposition présentée par le gouvernement français. M. Monnet explique, en partie, ce mouvement d'opinion par le fait que tous les termes de la proposition Schuman apparaissent évidemment sincères. D'autre part, l'opinion publique est sensible aux changements. Les difficultés intérieures qui ont suivi en Angleterre la publication du manifeste travailliste sont une preuve de l'orientation actuelle de l'opinion de toute l'Europe occidentale dans le sens d'une coopération accrue.

En conséquence, les négociations actuelles ne doivent pas constituer un simple travail de diplomates : il s'agit d'une transformation dans les relations de nos pays respectifs, transformation dans la paix. Nous avons, souligne M. Monnet, une responsabilité vis-à-vis de l'opinion publique universelle, indépendamment de celle que chaque délégation encourt vis-à-vis de son gouvernement.

II/ Procédure devant être suivie :

Les problèmes qui font l'objet de cette conférence ne peuvent être résolus par des négociations dans l'acception ordinaire du mot. Chaque pays, en effet, doit faire face à des difficultés particulières : ces difficultés devront être réglées par la compréhension commune. M. Monnet indique qu'une proposition détaillée a été mise au point par la délégation française. Les problèmes particuliers tels qu'ils seront présentés par chaque délégation pourront être intégrés dans le cadre de la proposition française qui sera remise dans les prochains jours ainsi complétée à tous les membres participant à la conférence. M. Monnet se propose, à partir de demain, de s'entretenir avec les délégations des difficultés particulières et des désirs des pays qu'elles représentent respectivement. Toutes ces difficultés, tous ces désirs, ayant été mis en commun, la proposition d'origine française deviendra en quelque sorte une proposition commune. La délégation française est disposée à modifier elle-même son point de vue en fonction de ceux des autres délégations.

Finalement, les discussions doivent aboutir à un traité instituant une autorité supranationale. Ce traité est l'objet même des présents échanges de vue. Il sera ensuite soumis à l'appréciation des gouvernements et des parlements.

III/ Les grandes lignes de l'organisation envisagée :

1) *La Haute-Autorité.*

L'économie générale de la proposition française a été définie dans la déclaration faite le 9 mai dernier par M. Robert Schuman. Dans les prochains jours, M. Monnet soumettra à ses collègues un document de travail plus développé. Dès maintenant, il désirerait définir les caractères essentiels de la Haute-Autorité qu'il s'agit de construire.

La Haute-Autorité ne sera pas une autorité supranationale irresponsable. Le mécanisme qui sera institué devra être conforme aux principes démocratiques qui sont ceux des pays qui y participeront, et comporter par conséquent une sanction démocratique.

L'organisme exécutif devra coordonner l'action commune. L'existence de cet organisme doit être considérée comme essentielle : il jouera, en quelque sorte, le rôle d'un *trustee* commun en vue d'une tâche précise.

Les membres de ce comité ne seront pas des représentants des gouvernements, le principe de la représentation nationale apparaissant, en l'espèce, comme une source de division. Ils agiront en vertu d'un mandat collectif et assumeront une responsabilité commune.

En nombre limité, 6 à 9 au maximum par exemple, les membres de l'Autorité seront désignés sur une base paritaire par les gouvernements, parmi des personnalités indépendantes. Un président sera choisi d'un commun accord par les gouvernements.

Les membres de l'Autorité seront nommés pour une durée assez longue, six ans, par exemple ; les modalités de leur nomination devront tenir compte du caractère collectif de la responsabilité qu'ils auront à assumer. Les États pourraient les élire en commun, se mettant d'accord sur une liste établie préalablement.

Les décisions seront prises à la majorité sauf dans le cas où le représentant d'un État membre estimerait nécessaire une seconde lecture ; la majorité devrait être alors plus importante, les 2/3 par exemple.

En ce qui concerne certaines questions essentielles touchant, par exemple, les balances commerciales des pays membres, le plein emploi de leurs ressources, une voie de recours devrait être prévue.

2) *Responsabilité de la Haute-Autorité.*

Chaque année, les assemblées parlementaires des différents pays membres pourraient élire, dans leur sein, des députés qui formeraient une assemblée devant laquelle la Haute-Autorité ferait son rapport. Cette assemblée aurait tous pouvoirs pour poser des questions, faire des critiques, approuver ou désapprouver l'action de la Haute-Autorité. À une majorité qualifiée, par exemple celle des 2/3 de ses membres, l'assemblée aurait le pouvoir de voter une motion de censure qui aurait pour effet le départ des membres de la Haute-Autorité et leur remplacement par d'autres personnalités nommées suivant la procédure définie précédemment.

Le budget propre de la Haute-Autorité pourrait être contrôlé par des commissaires aux Comptes désignés par cette assemblée suivant une procédure qui devra être déterminée.

Le mécanisme ainsi défini dans ses grandes lignes maintient ; par conséquent, le principe d'une sanction démocratique : la responsabilité, c'est, en effet, surtout la faculté d'être renvoyé.

Il semble inutile d'insister sur l'importance d'une telle assemblée parlementaire commune et responsable.

3) *Contacts extérieurs de la Haute-Autorité.*

La Haute-Autorité ne devrait pas être conçue comme une « tour d'ivoire ». Elle devra, en effet, nécessairement entretenir des rapports étroits :

– avec les syndicats ;

– avec les associations patronales ;

– avec les consommateurs.

Pour représenter ces intérêts divers, des comités consultatifs pourraient être prévus – consultatifs seulement ; il convient en effet de ne pas mêler des intérêts privés ou syndicaux, nécessairement partiels et nationaux, avec les responsabilités communes de la Haute-Autorité.

Avant d'examiner certains détails d'un caractère plus technique, M. Monnet propose une suspension de séance.

Après la suspension, M. D.P. Spierenburg, président de la délégation des Pays-Bas, remercie vivement M. Monnet des précisions apportées dans la première partie de son exposé dont certains aspects ne sont pas sans présenter un caractère révolutionnaire. En ce qui concerne la procédure proposée par M. Monnet, M. D.P. Spierenburg préférerait que les premiers échanges de vue ne soient pas trop restreints, de manière à permettre à tous les délégués de se pénétrer de l'esprit de la proposition française.

M. Monnet répond que la proposition faite par lui n'a aucunement pour objet d'exclure qui que ce soit. Dans son esprit, ces conversations préliminaires devraient avoir pour objet de faire ressortir les craintes des uns et des autres. Le point de procédure pourra être réglé à la fin de la séance en tenant compte des observations de M. Spierenburg.

IV/ Missions de l'Autorité :

Les missions imparties à la Haute-Autorité commune ont été définies déjà dans la déclaration de M. Schuman : il s'agit pour elle, en résumé, d'assurer :

- la modernisation de la production et l'amélioration de sa qualité ;
- la fourniture, à des conditions identiques, du charbon et de l'acier sur le marché français et sur le marché allemand, ainsi que sur ceux des pays adhérents ;
- le développement de l'exportation commune vers les autres pays ;
- l'égalisation dans le progrès des conditions de vie de la main-d'œuvre des industries contrôlées.

Les États représentés à la Haute-Autorité s'engageront à la réalisation d'un marché unique et à la mise en commun de leur production.

À la demande de la Haute-Autorité, ils devront supprimer les droits de douane affectant les produits sidérurgiques et charbonniers et faire cesser des pratiques restrictives de nature à favoriser l'exploitation de leurs seuls marchés nationaux.

L'augmentation de la productivité, l'amélioration des conditions de vie de la main-d'œuvre des industries du charbon et de l'acier, constituent des objectifs qui semblent justifier cette action de la Haute-Autorité.

Les mauvais producteurs devront être éliminés. Sans l'existence de la Haute-Autorité, une telle élimination serait d'ailleurs également nécessaire, mais s'effectuerait difficilement, dans le désordre.

Une période de transition est indispensable pour éviter les inconvénients d'une réforme trop brutale des anciens errements. Pour une durée indéterminée, qui variera selon les industries en cause, un système de péréquation devra s'appliquer.

L'existence d'un fonds de reconversion sera également nécessaire.

La Haute-Autorité ne doit pas apparaître comme une sorte de despote : son rôle est surtout de coordonner si elle dispose de certains pouvoirs lui permettant d'intervenir le cas échéant.

Il y aurait intérêt à constituer des groupements régionaux de producteurs – et non nationaux. L'expérience montre, en effet, que certaines organisations nationales ne sont pas autre chose que des cartels qui protègent les mauvais producteurs. La Haute-Autorité devra rechercher, au contraire, l'établissement de prix de revient minima et l'amélioration de la productivité. Les « relais » nécessaires à l'exécution des missions qui lui sont imparties devront être constitués par des groupe-

ments régionaux ayant un rôle d'informateurs, d'intermédiaires béné-
voles. Pour la formation de ces groupements, les conditions de la
production devraient surtout être prises pour base. Le Nord de la
France et la Belgique, par exemple, qui ont des conditions de production similaires, pourraient former un de ces groupements, préférables
à des groupements nationaux.

Certains pouvoirs, d'ordre financier, devraient être reconnus à la
Haute-Autorité pour lui permettre d'assurer, dans les meilleures conditions, la rationalisation et la modernisation des industries soumises à
son contrôle en fonction de programmes d'équipement établis avec la
participation des producteurs eux-mêmes.

En particulier, la Haute-Autorité devrait être habilitée :

– à recevoir des fonds ;

– à émettre des emprunts ;

– à effectuer des prélèvements sur le produit de l'ensemble des livraisons de charbon et d'acier.

M. Monnet estime que l'organisme futur, qui doit normalement disposer d'une grande autorité morale et jouir par là d'un crédit considérable, pourra devenir le meilleur emprunteur d'Europe.

Dans l'établissement des programmes d'équipement et de modernisation, une grande souplesse pourra ainsi caractériser l'action de la
Haute-Autorité. Cette action pourrait être analogue à l'influence
actuellement exercée en France par le gouvernement sur les industries :
en l'absence de tout pouvoir officiel, le gouvernement discute avec les
intéressés les investissements qui concernent leurs secteurs respectifs.
Les producteurs qui ont ainsi participé à l'élaboration du plan apportent
librement leur concours. En outre, le gouvernement, sans assurer dans
la plupart des cas le financement complet de ces investissements, est
néanmoins en mesure de les orienter grâce aux moyens financiers dont
il dispose.

Sans difficultés particulières, la contribution des fonds publics, la
présence aux discussions des intéressés, notamment des syndicats, permettent ainsi d'assurer en France, la coordination indispensable à l'exécution du Plan.

Les mêmes moyens financiers aideraient la Haute-Autorité à la réalisation des programmes sur lesquels ses membres se seraient mis d'accord.

En même temps, ces disponibilités pourraient être utilisées à la constitution d'un fonds de reconversion. De même que la future organisation
implique nécessairement l'élimination de certaines productions nationales ou leur transformation. Le fonds de reconversion permettra de
faciliter cette adaptation – et d'en atténuer les conséquences sociales.

Les fonds propres de l'Autorité internationale auraient ainsi un double
emploi :

– favoriser la modernisation ;

– faciliter la reconversion.

Ces fonds pourraient être manipulés soit par la Haute-Autorité elle-même, soit par un organisme subsidiaire.

Il semble qu'un mécanisme de péréquation des prix doive être institué en vue d'assurer une productivité maxima difficilement compatible avec l'actuelle disparité des prix.

Le principe d'une telle péréquation ne saurait se justifier que pendant l'indispensable période de transition. Le mécanisme établi devra donc être régulièrement dégressif durant cette période.

D'une manière générale, l'action sur les prix devra viser deux objectifs essentiels :

– protéger les consommateurs sans discrimination d'aucune sorte ;

– dégager les conditions propres à assurer le niveau optimum de productivité.

La question des salaires est sans doute une des plus difficiles à régler. L'augmentation de la productivité, qui résultera de l'emploi des moyens précédemment exposés, contribuera, sans aucun doute, à l'amélioration des conditions de vie des travailleurs des industries houillères et sidérurgiques. Il s'agit là d'un problème délicat qui n'est pas susceptible de solutions uniformes. Il est probable que dans ce domaine, l'Autorité devra se borner à faire des recommandations.

L'égalisation dans le progrès des conditions de vie de la main d'œuvre de ces industries, doit être poursuivie également par d'autres moyens. Il s'agit, en somme, la concurrence étant écartée, de permettre l'établissement du niveau de vie le plus élevé compatible avec l'équilibre économique des pays intéressés.

Dans le domaine social, toutes informations pourront être recueillies par la Haute-Autorité. Si, dans quelques entreprises ou dans un secteur déterminé, le total des dépenses de main d'œuvre directes (salaires) ou indirectes (sécurité sociale, allocations familiales, etc.) apparaît anormalement faible, la Haute-Autorité adressera aux gouvernements intéressés des recommandations prescrivant les réajustements nécessaires.

***

Terminant son exposé, M. Monnet voudrait donner quelques explications complémentaires sur certains points particuliers du plan français.

C'est ainsi que la présence auprès de la Haute-Autorité d'un représentant de l'Organisation des Nations unies apparaît indispensable : il est essentiel, en effet, d'éliminer tout soupçon, de quel côté qu'il vienne. La Haute-Autorité n'a à cacher aucun secret. Par l'intermédiaire de l'ONU, le monde entier pourra être tenu au courant de ses objectifs et de ses réalisations.

D'autre part, il conviendrait que soient définies, en commun, avec précision, ce qu'il faut entendre par charbon et acier. Des experts devront être chargés d'établir ces définitions. Il est bien entendu que le minerai et la ferraille font partie des ressources qui seront mises en commun.

M. Monnet estime enfin qu'il serait utile que les délégations présentes soient pleinement informées des divergences de vue qui sont apparues entre les points de vue anglais et français.

M. Schuman, et M. Monnet lui-même se sont rendus à Londres aussitôt après la déclaration du 9 mai. Ils ont expliqué au gouvernement anglais et aux milieux intéressés de Grande-Bretagne ce qui a été exposé aujourd'hui, à l'exception toutefois d'un point qui, d'ailleurs, ne s'était pas encore bien dégagé à ce moment : l'existence et le rôle de l'Assemblée commune.

M. Monnet ne pense pas toutefois que cet élément supplémentaire eût modifié le point de vue britannique, dans l'ensemble sympathique au projet français, mais hostile à l'abandon, au bénéfice de la Haute-Autorité, d'une part de la souveraineté nationale.

Pour des raisons évidentes, la délégation française et, à coup sûr, les autres délégations présentes sont extrêmement désireuses de voir l'Angleterre se joindre à l'œuvre entreprise. Les autorités britanniques seront pleinement tenues au courant du déroulement de ces conversations. Mais M. Monnet ne croit pas que les objectifs économiques, politiques et moraux du système envisagé puissent être atteints si l'on transigeait sur le prestige fondamental d'une autorité supranationale. Toutefois, les Britanniques ont une vertu majeure : ils reconnaissent les faits. Agir est le meilleur moyen d'emporter leur adhésion. En l'absence d'une adhésion formelle, M. Monnet ne doute pas que le gouvernement britannique ne s'associe ultérieurement à l'action de la Haute-Autorité, lorsqu'il constatera que celle-ci remplit un rôle utile à l'intérêt commun et ne poursuit aucun objectif de puissance ou de domination.

Enfin, il a été question dans la presse de « neutralité » à propos de la création d'une communauté européenne dans le domaine du charbon et de l'acier. Certes, l'œuvre que nous voulons entreprendre ne comporte aucune arrière-pensée vis-à-vis de quiconque ; mais les caractères de cette communauté des pays ici représentés sont diversité et liberté. Il ne peut être question de neutralité, car parler de neutralité implique que l'on se place dans la perspective d'un conflit. Or la France ne considère nullement un conflit comme inévitable. Il s'agit de rendre l'Europe plus prospère, c'est-à-dire plus forte, d'éliminer la crainte, et de contribuer ainsi à écarter la menace qui pèse sur le monde et à assurer la paix.

Communiqué de la Presse :

Répondant à une question posée par M. Boden, membre de la délégation allemande, M. Monnet estime que la presse doit être tenue au courant, dans leurs grandes lignes, des négociations engagées. L'opinion publique doit être informée ; c'est même une des conditions de la réussite de l'entreprise. Il importe toutefois qu'elle soit informée de la même manière.

La délégation française donnera ce soir à la presse un communiqué très simple. Dans l'avenir, un groupe constitué par les présidents des six délégations pourra recevoir régulièrement les journalistes, par exemple deux fois par semaine, après s'être mis d'accord sur la nature des déclarations devant être faites.

Cette proposition est acceptée.

La séance est levée.

(Cabinet du Ministre, Schuman, volume 139)

153

Compte rendu de la séance restreinte des conversations sur le Plan Schuman tenue le 22 juin 1950 sous la présidence de M. Monnet

C.R.

Confidentiel.

À la suite de l'exposé fait par M. Monnet au cours de la séance précédente[1], les délégations qui participent aux présentes conversations de la France sont invitées à faire connaître les réactions que suscitent de leur part les grandes lignes des propositions françaises.

M. Monnet précise qu'il ne peut s'agir, dans ce premier échange de vues, de prises de position engageant les délégations, mais simplement d'une conversation qui permettra à la délégation française de compléter et d'amender le document de travail dont la remise est envisagée dans le plus court délai possible.

Le délégué italien souligne d'abord qu'il faut prévoir une période d'adaptation nécessairement difficile. Certains pays ont fait des efforts d'équipement qui sont en cours (cas de la sidérurgie italienne). Une transition doit être envisagée, en vue de sauvegarder ces efforts. Il souhaiterait avoir des précisions sur certains points :

---

[1] Voir document n° 152.

— Que sont exactement les « ententes régionales » dont il est fait mention dans l'exposé français ?

— Ne faut-il pas envisager un minimum d'accords portant sur des questions techniques et économiques, préalablement à l'exercice par l'Autorité des pouvoirs qui lui seront reconnus ?

— Quelles seront les fonctions de l'Autorité pour la période de transition ? Quel sera son rôle, en ce qui concerne la production ?

— Comment fonctionnera le mécanisme d'arbitrage ? La délégation italienne est favorable à l'Assemblée parlementaire ; elle souhaite avoir une vue plus claire des rapports de cette Assemblée avec l'Autorité.

M. Suetens, au nom de la Belgique, rappelle l'intérêt qu'a provoqué dans son pays la proposition française. Il ne peut parler qu'en son nom personnel ; comme l'a dit M. Van Zeeland, en une telle matière, le choix des méthodes est aussi important que l'accord sur les principes. Il désire soulever huit points essentiels :

1) La création d'un marché unique implique un accord préférentiel entre ceux qui y participent. Comment peut-on légitimer un accord de cette nature, et qu'adviendrait-il des accords commerciaux existants ? Il est logique de prévoir un tarif unique commun aux pays adhérant au Plan. M. Suetens attire l'attention sur la Charte de la Havane et sur les dérogations que celle-ci prévoit à la clause de la nation la plus favorisée. En vue de réaliser la libre circulation des produits, la libre convertibilité des monnaies est indispensable. D'une façon générale, pour atténuer les déséquilibres de structure, une période de transition est nécessaire dont les étapes devront être fixées par accords gouvernementaux.

2) Le jeu de la libre concurrence risque d'aboutir à ce qu'on appelle parfois la « lutte sauvage ». Il importe de se prémunir contre ce péril. Ici aussi il faut prévoir une transition, et empêcher les écarts de prix trop importants, peut-être en prenant pour base un prix moyen. D'autre part, toute discrimination, soit privée, soit gouvernementale (par le moyen des marchés publics par exemple) doit être éliminée.

3) En vue d'atténuer les différences de niveau dans les conditions de vie de la main d'œuvre et dans sa rémunération, des accords intergouvernementaux devraient être conclus sur la durée de travail et sur la suppression de mesures de subvention ou de blocage. Le représentant belge attire l'attention sur la difficulté de ce problème : les salaires réagissent les uns sur les autres – ne serait-on pas conduit à étendre le champ d'application de tels accords à l'ensemble du marché du travail ?

4) M. Suetens mentionne ensuite la question de l'exportation sur les marchés extérieurs. Il faut envisager des bureaux de vente communs ou régionaux (constitués par les représentants des entreprises). L'activité commerciale doit être contrôlée, mais l'initiative doit demeurer privée.

5) Une coordination des investissements apparaît, à M. Suetens, une tâche essentielle de l'Autorité, et une condition fondamentale du fonctionnement du système.

6) Au sujet du Fonds de péréquation ou de reconversion, le délégué belge croit également des ententes intergouvernementales nécessaires.

7) Évoquant la question des limitations des productions et contingents d'exportation, M. Suetens estime qu'un programme commun doit être établi. Le problème se pose de déterminer qui élaborera ce programme : la Haute-Autorité, les gouvernements ou les organismes privés ?

8) L'établissement de la Haute-Autorité suscite de nombreuses questions qui devront être étudiées et élucidées. La compétence de l'Autorité serait moins étendue si, comme il a été dit antérieurement, des accords intergouvernementaux préalables étaient conclus sur un certain nombre de points, et son travail en serait ainsi facilité. En ce qui concerne l'arbitrage, les délégations du Benelux se réservent de présenter des suggestions.

M. Wehrer, délégué du Luxembourg, évoque l'espoir qu'a fait naître la déclaration du 9 mai. Il est conscient des objectifs politiques visés par celle-ci. Le problème qui est discuté au cours de ces conversations est d'une importance primordiale pour le Luxembourg dont la sidérurgie occupe 80 % de l'activité industrielle totale et conditionne toute la vie économique.

En ce qui concerne la procédure, deux thèses sont en présence :

– ou bien établir la Haute-Autorité avec les pouvoirs lui permettant de résoudre les problèmes de sa compétence ;

– ou bien régler tout d'abord un certain nombre de ces problèmes qui sont d'ordre technique.

En tout état de cause, personne ne voudra s'engager dans la nuit. Il importe d'avoir des précisions quant à la mission et la compétence de la Haute-Autorité. Celle-ci ne peut avoir des pouvoirs illimités, d'où d'ailleurs l'importance des voies de recours.

Parmi les questions liminaires, M. Wehrer veut mentionner les suivantes :

– Nécessité d'une période de transition et d'adaptation ;

– La suppression des déséquilibres qui doit, semble-t-il, précéder l'entrée en fonctions de la Haute-Autorité implique la réalisation de conditions égales d'accès aux matières premières, de travail (durée du travail, charges sociales), la stabilité et la convertibilité des monnaies, une réglementation commune des prix.

Il conviendra aussi de prévoir les conséquences de l'établissement du système sur les marchés extérieurs.

M. Wehrer demande à la délégation française de lui fournir des éclaircissements sur les points suivants :

– Comment sera réglementée l'exportation, et quel sera le sort des accords bilatéraux, tant en ce qui concerne les marchés extérieurs que le marché intérieur de l'Union ?

– Comment seront assurées la stabilité et la convertibilité des monnaies ?

– Y aura-t-il des quotas de production et d'exportation ?

– Un des buts du projet français est le développement de la production. Ne doit-on pas garantir d'abord le maintien de la production actuelle ? Le développement de la production, qui est présenté comme l'un des objets du Plan Schuman, exige des débouchés. Ne doit-on pas craindre qu'une surproduction apparaisse ? La Haute-Autorité aura-t-elle le pouvoir de réglementer la production ?

– Il est question de la suppression au sein de l'Union des tarifs et des entraves à la libre circulation des produits sidérurgiques et charbonniers. Cette suppression sera-t-elle préalable, ou se produira-t-elle sur l'intervention de la Haute-Autorité ?

– En ce qui concerne l'extension territoriale de l'Union, les territoires d'outre-mer des pays participants seront-ils membres de l'Union ?

– Comment sera réalisé l'égalisation dans le progrès des conditions de vie de la main d'œuvre ? Y aura-t-il dans ce domaine des engagements formels et préalables des pays membres ?

– Le recours sera-t-il ouvert aux membres de l'Union dans la généralité des cas, ou au contraire, dans certains cas déterminés ?

Le délégué des Pays-Bas, M. Spierenburg, rend hommage à l'initiative du gouvernement français. Logiquement, cette initiative implique la création d'un marché unique et d'une Haute-Autorité. Il est d'accord sur la nécessité de prévoir une période transitoire. Il estime essentiel que ceux qui sont invités à participer à la Haute-Autorité connaissent très exactement les engagements qu'ils seront amenés à prendre. De même, certains détails techniques devront être éclaircis.

En ce qui concerne la mise en œuvre d'une politique commune d'importation et d'exportation, qui lui paraît d'ailleurs être dans la logique du système, elle semble impliquer l'institution d'un tarif commun. M. Spierenburg aimerait avoir des précisions à cet égard. Dans quelles conditions est-il juridiquement possible d'instaurer un tel régime préférentiel ? Le délégué des Pays-Bas se demande également comment le système sera articulé sur l'OECE[1].

– Le plan français exige l'emploi de méthodes révolutionnaires. Quelle sera la réaction des gouvernements ? Si on veut les convaincre, il est indispensable de leur donner un rôle, et cela même si l'on accepte un certain abandon de souveraineté. Peut-être

---

[1] O.E.C.E. : Organisation européenne de coopération économique.

dans la période transitoire devrait-on reconnaître aux gouvernements des pouvoirs plus étendus.

– Quels seront les rapports de l'Assemblée parlementaire envisagée et de l'Assemblée de Strasbourg ? N'y aura-t-il pas là double emploi ?

Le Dr. Hallstein, au nom de l'Allemagne, exprime l'accord de son gouvernement sur les principes de la proposition française. Le problème est avant tout politique : il s'agit de l'Europe et de la Paix. Mais il y a des difficultés techniques qu'il importe de résoudre rapidement.

En plus des questions posées par les autres délégués, il entend demander des éclaircissements sur trois points :

– Quelle est la nature de la distinction entre le traité et la convention dont la conclusion est envisagée ? La convention sera-t-elle faite par la Haute-Autorité elle-même ?

– Le Dr. Hallstein aimerait voir spécifier les fonctions des « groupes régionaux ». Comment garantira-t-on que ces groupements sont bien régionaux et ne tendent pas à devenir nationaux ? Il semble que des sanctions soient nécessaires.

– En ce qui concerne l'Assemblée commune, le délégué allemand aimerait savoir si celle-ci pourra donner des instructions à la Haute-Autorité ou simplement censurer, dans certaines conditions, l'action de celle-ci.

Au nom de la délégation française, M. Monnet indique qu'il va s'efforcer de répondre, avec ses collaborateurs, aux remarques et aux questions qui ont été faites par les différentes délégations.

Une question nouvelle est apparue dans la discussion : celle du tarif commun. D'autre part, répondant aux préoccupations de M. Spierenburg, M. Monnet reconnaît qu'il ne peut être question que les pays s'engagent d'une manière générale, sans connaître la nature des missions que la Haute-Autorité devra accomplir. Le traité qui sera conclu incorporera précisément certains des accords intergouvernementaux que les orateurs qui ont pris la parole ont estimé nécessaire de réaliser au préalable. Ce traité sera d'ailleurs soumis aux gouvernements et aux parlements, qui auront ainsi l'occasion de prendre leurs responsabilités.

M. Hirsch, répondant aux délégués italien et allemand, précise ce qu'il entend par « groupement régional ». Ces groupements ne doivent pas être des ententes, mais des relais. Ils doivent être formés d'après la similitude des situations géographiques. Leur formation ne serait pas obligatoire : non sur ordre de la Haute-Autorité, mais à son instigation.

À la demande du délégué italien, M. Hirsch indique que les groupements seront des organismes professionnels, qui collaborent à la Haute-Autorité, sans dépendre d'elle. Ils procéderont par consultation des intérêts qui y participent et traiteront de questions de statistiques, de programmes ; ils fourniront à l'Autorité les informations nécessaires.

M. Monnet ajoute, pour sa part, qu'il est important que de tels groupements ne soient pas nationaux, pour ne pas consolider la situation ancienne, c'est-à-dire en fait les cartels. On y retomberait nécessairement si on ne changeait pas les habitudes. Dans les cartels, le pouvoir est donné à certaines personnes, qui bien souvent ne représentent pas l'ensemble des producteurs. C'est là le péril qu'il faut éviter.

En ce qui concerne le rôle de la Haute-Autorité en matière de développement de la production, M. Hirsch souligne l'importance d'un échange d'informations sur les conditions générales. Dans la plupart des cas, les programmes seront établis en collaboration avec les groupements et les entreprises sans qu'il y ait besoin d'imposer une décision. Toutefois, il sera peut-être nécessaire, en cas de surproduction ou de déficit, que la Haute-Autorité prenne une décision. N'est-ce pas en réalité ce qui se passe actuellement, mais d'une façon occulte ? La Haute-Autorité, au contraire, agira en pleine lumière, en tenant compte des intérêts des consommateurs et des travailleurs.

M. Suetens ayant fait remarquer qu'il est difficile de contrôler les productions (exemple de l'échec du premier Cartel de l'Acier), M. Hirsch suggère que le contrôle pourrait porter sur les livraisons.

Abordant les questions qui ont trait aux investissements, M. Hirsch montre l'intérêt de la vue d'ensemble qu'aura la Haute-Autorité et des confrontations qui pourront avoir lieu sous son égide. La Haute-Autorité pourra donner des avis aux entreprises dont les conditions de production ne correspondraient pas aux conditions du marché. Les pays participants devront s'engager à ne pas utiliser de fonds publics pour subventionner les entreprises. Les entreprises pourront courir le risque de ne pas tenir compte de l'avis de la Haute-Autorité, mais elles ne pourront disposer dans ce cas que de leurs propres ressources.

Le délégué de l'Italie, M. Santoro, évoque le cas d'un programme en cours d'application antérieurement à l'accord. M. Hirsch précise qu'il devra être tenu compte de tous les éléments, aussi bien des investissements existants que des investissements projetés, avec le seul souci d'améliorer dans l'ensemble la productivité.

M. Spierenburg comprend en somme que l'Autorité ne décide pas, mais qu'elle est informée et qu'elle exerce d'autre part une pression grâce aux moyens financiers dont elle dispose. Mais qu'arrive-t-il, si des investissements en cours, votés par un Parlement, se trouvent remis en question ?

M. Monnet fait observer que si le Parlement acquiert la conviction que les investissements ne sont pas rentables, il ne fera pas de difficultés, bien au contraire, pour interrompre une subvention coûteuse et inutile.

M. Spierenburg estime indispensable un accord intergouvernemental sur les niveaux de production, la Haute-Autorité intervenant par la suite.

M. Monnet déclare qu'il y a là une divergence très nette. L'expérience prouve que de tels accords ne sont pas possibles ; ils sont contraires à l'esprit de la proposition française. En revanche, il reconnaît l'importance de la période de transition ; le système devra être suffisamment souple pour s'adapter à la diversité des situations.

Venant maintenant à la question des territoires d'outre-mer, M. Hirsch indique que dans l'esprit de la délégation française ceux-ci sont compris dans le marché commun pour ce qui est de la consommation. En revanche, en matière de production, les conditions sont trop inégales pour qu'on puisse pratiquement les inclure.

En matière de salaires, M. Uri précise qu'un mouvement d'égalisation dans la hausse devra être amorcé. Une première étape résultera automatiquement de l'accroissement de la production et de l'abolition de l'inégalité dans les conditions de cette production. Il est bien entendu que l'égalité absolue qui impliquerait l'égalité des prix, n'est pas envisagée. Il conviendra, pendant la période de transition, de sauvegarder certaines situations nationales. Dans certains cas, la Haute-Autorité pourra recommander le relèvement des salaires ; dans d'autres cas, le relèvement de certaines dépenses liées à la main-d'œuvre. L'avis de la Haute-Autorité, dans la mesure où il sera rendu public, constituera déjà une pression. En la matière, l'Autorité indiquera l'objectif à atteindre ; il appartiendra aux gouvernements d'en trouver les moyens.

(Cabinet du Ministre, Schuman, volume 139)

154

M. d'Ormesson, Ambassadeur de France près le Saint-Siège,
à M. Schuman, Ministre des Affaires étrangères.

D. n° 369.   *Rome (Saint-Siège), 22 juin 1950.*

Ici plus que partout ailleurs, la propagande en faveur de l'« appel de Stockholm » qui réprouve l'emploi de l'arme atomique, a été déclenchée par le parti communiste et s'est trouvée entièrement entre ses mains. Ses militants et sa presse l'ont menée avec une remarquable ingéniosité et avec une ténacité qui manifeste le dessein d'obtenir au moins de la lassitude de l'opinion ce que la persuasion et la publicité n'auraient pu procurer.

Aussi cette campagne a-t-elle pris un caractère partisan si accentué qu'aucune confusion n'a pu s'établir à ce sujet. À ma connaissance, aucun catholique, aucun ecclésiastique de marque n'ont en Italie donné leur nom aux listes pour lesquelles des équipes infatigables sollicitaient des signatures, de porte en porte ou de groupe en groupe. Sans doute, les journaux communistes se sont-ils prévalus de l'adhésion des évêques de Grossetto et d'Arrezzo ; mais l'*Osservatore Romano* a promptement répliqué en publiant le texte des déclarations de l'un et de l'autre de ces prélats ; s'ils réprouvent l'usage de la bombe atomique, on ne peut dire qu'ils se soient joints au « Mouvement de Stockholm ».

Le Vatican a été d'autant plus sensible aux dangers de la propagande en faveur de l'appel de Stockholm que les démocraties populaires ont tenté de faire de la signature du manifeste la pierre de touche de la loyauté de l'épiscopat envers l'État. C'est le cas du moins en Pologne et Mgr Montini lui-même a souligné devant moi la ruse du gouvernement de Varsovie qui, en invitant les évêques à souscrire la Déclaration, entendait ou les ranger ostensiblement sous sa bannière s'ils signaient ou, s'ils se dérobaient, les accuser de manquer aux promesses contenues dans l'accord du 14 avril.

L'attitude de la presse catholique a reflété assez naturellement celle du Vatican et a tenu compte du caractère partisan de la propagande pacifiste. Elle a été amenée à insister moins sur l'immoralité intrinsèque des moyens de destruction indiscriminée, que sur la manœuvre des partis marxistes qui utilisent à leur profit l'horreur naturelle du peuple italien pour la guerre, se donnent comme les champions par excellence de la paix et laissent très naturellement entendre que celui qui n'est pas avec eux est un fauteur de guerre.

Très caractéristique de cet état d'esprit de la presse catholique et des milieux vaticans, se trouvait être l'article de l'*Osservatore Romano* dû à la plume de son nouveau co-directeur, M. Alessandrini, et paru sous le titre « Pour la Paix », le 19-20 juin, c'est-à-dire très peu de jours avant que la déclaration des cardinaux et archevêques français ne soit connue à Rome. Cet article est essentiellement destiné à donner la réplique au parti communiste. Dans ce but, il dévoile la tactique de Moscou, il cite les accusations de sa radio contre l'épiscopat italien, coupable d'avoir dénoncé les embûches de ceux qui parlent de paix pour mieux préparer l'avènement de leur tyrannie ; il évoque l'exemple de la Pologne, de la Tchécoslovaquie, de la Hongrie où la réserve des catholiques est attribuée aux instincts bellicistes du haut clergé aux ordres du Vatican ; il rappelle enfin aux communistes qu'en Italie leur presse a approuvé le bombardement atomique de Hiroshima et les accuse de l'avoir laissé se produire alors qu'ils pouvaient l'empêcher. Aux contradictions des communistes, il oppose les constantes adjurations du Pape en faveur de la paix.

Survenant dans cette atmosphère, la déclaration des cardinaux et archevêques français a connu ici un sort assez inattendu. Les journaux communistes ou communisants ont retenu la sévère condamnation des armes ultramodernes et, affectant d'y trouver une approbation de leurs points de vue, ils ont publié *in extenso* une importante partie du message de l'épiscopat français. Au contraire, l'*Osservatore Romano* demandait en hâte à cette Ambassade de lui communiquer un exemplaire du texte intégral de la déclaration. Pensait-il y trouver une phrase qui dénonçât – comme il n'avait cessé de le faire lui-même – l'utilisation partisane de l'idée de paix afin d'opposer immédiatement cette partie du texte à l'argumentation communiste ? La très belle déclaration de l'épiscopat français a été écrite dans une atmosphère assez différente de celle qui règne en Italie, et c'est pourquoi j'ai l'impression que l'*Osservatore Romano* s'est trouvé quelque peu décontenancé par un document qui répondait à d'autres préoccupations de l'opinion. Jusqu'à ce matin, l'organe du Vatican n'avait pas fait mention encore du document français, sauf incidemment, et en termes si concis que le lecteur, s'il n'avait point eu d'autres sources d'information, ne pouvait guère comprendre les allusions du journal vatican. L'édition de ce soir de l'*Osservatore Romano* publie *in extenso* et en bonne place le manifeste de l'épiscopat français, mais ne l'accompagne d'aucun commentaire. Quant aux organes communistes, il est clair qu'ils ne pouvaient utiliser longtemps à leurs fins un document qui contient d'aussi explicites références à l'enseignement de Pie XII. Aussi sont-ils passés maintenant à un autre sujet et tirent-ils plutôt argument de la signature de l'appel de Stockholm par des vedettes du sport ou du cinéma.

Bien que la publication de la déclaration des cardinaux et archevêques dans l'*Osservatore Romano* ait dissipé la légère impression de surprise que l'attitude du journal avait fait naître tout d'abord, je ne manquerai pas de m'assurer des sentiments éprouvés par le Vatican en cette affaire et je me propose d'interroger à ce sujet Mgr Montini à la première occasion favorable.

(Direction d'Europe, Saint-Siège, volume 32)

155

M. François-Poncet, Haut-Commissaire de la République française en Allemagne,
À M. Schuman, Ministre des Affaires étrangères[1].

D. n° 764.   *Bonn, 24 juin 1950.*

Ainsi que je l'ai signalé par une dépêche n° 594 du 16 mai[2], la proposition de Votre Excellence concernant l'organisation, sous une Haute-Autorité internationale, des industries minière et sidérurgique française et allemande, a placé brusquement dans une atmosphère nouvelle l'ensemble des rapports franco-allemands.

---

[1] Dépêche adressée à la direction d'Europe.
[2] Document non reproduit.

L'audace dans la conception, le secret qui a entouré, jusqu'au dernier moment le Plan Schuman, ont largement contribué à cristalliser autour de ce plan toutes les aspirations de bonne foi à un rapprochement franco-allemand et à l'idée européenne.

On avait beaucoup parlé, jusqu'ici, de l'entente franco-allemande. Le Chancelier lui-même en avait fait un des thèmes de sa politique, mais la bonne volonté, pour évidente qu'elle fût, ne savait où s'appliquer.

Assez audacieux pour toucher, en Allemagne, le sentiment, mais assez réaliste pour entraîner l'adhésion des milieux économiques, le Plan Schuman a su réunir sur lui une unanimité de suffrages que d'autres n'avaient su capter.

La façon sensationnelle dont les journaux ont publié les comptes-rendus de leurs correspondants à Paris sur l'ouverture de la Conférence des Six montre d'ailleurs que l'intérêt suscité, en Allemagne, par le Plan Schuman n'est pas éphémère. L'opinion publique a pu être en proie à de grandes émotions, s'inquiéter du sort des prisonniers encore retenus en URSS, redouter la perte définitive des territoires situés au-delà de la ligne de l'Oder-Neisse ou ressentir une grande angoisse devant l'aggravation de la scission de l'Allemagne ; il apparaît aujourd'hui, avec certitude, qu'aucun événement n'est capable d'impressionner les Allemands au point de leur faire oublier les espoirs que la proposition française a fait naître en eux. Nous avons affaire ici, sans nul doute, à une idée-force qui devrait pouvoir renverser les obstacles soulevés par les intérêts particuliers. *Vox populi, vox Dei.*

Cependant, l'enthousiasme des premiers jours a fait place peu à peu à la réflexion et à des jugements qui pour être toujours de bonne foi, n'en sont pas moins nuancés.

Comme l'ensemble de la population, les industriels ont salué avec empressement les propositions françaises. Les motifs de leur adhésion ont été, toutefois, différents de ceux de la masse. Ce qu'ils ont vu aussitôt dans le Plan Schuman, c'est la possibilité de négocier à égalité de droits, sur un terrain économique des plus importants avec leurs vainqueurs. Dans ces milieux, en effet, on tient pour inconcevable que la Haute-Autorité envisagée par le Plan comporte des discriminations parmi ses participants. Ils estiment – et leur opinion rejoint ici celle de l'ensemble de la presse – que la réalisation du Plan suppose l'abrogation des contraintes encore imposées à la production allemande. L'Autorité internationale de la Ruhr devrait se fondre dans la nouvelle Autorité. La production de l'acier ne devrait plus être limitée de façon unilatérale.

Les industriels ont, en outre, été particulièrement intéressés par l'allusion à une éventuelle exploitation en commun de l'Afrique. On sait combien les Allemands restent fascinés par l'exotisme, au moins autant qu'ils le furent par le « *Drang nach Osten* ». L'Afrique avec ses espaces inexploités fait rêver encore l'imagination allemande. Cette possibilité, ont déclaré plusieurs industriels allemands de Düsseldorf, nous autorise à considérer le geste du président Schuman comme un événement qui, en importance, se range immédiatement après l'application du Plan Marshall à l'Allemagne.

Il est à noter, d'autre part, que ces mêmes milieux n'ont douté à aucun moment que le Plan Schuman ne leur ouvrît une porte qui leur permettrait d'échapper à l'actuelle mise sous séquestre de leurs industries. Les partenaires allemands dans les conversations internationales relatives au Plan Schuman, ne sauraient être, disent-ils, les *trustees* auxquels est confiée, pour le moment, la gestion des mines et des entreprises sidérurgiques, mais bien les véritables propriétaires. Eux-seuls, à les en croire, posséderaient une expérience et des connaissances techniques assez complètes pour assumer une tâche aussi grandiose.

Cependant, la presse inspirée directement par ces mêmes milieux (*Handelsblatt* de Düsseldorf) s'applique à rechercher les côtés faibles de la thèse française, notamment en ce qui concerne la sidérurgie. Cette branche de l'économie aurait été, en France, inconsidérément suréquipée au cours de ces dernières années et serait à la recherche de débouchés, situation d'autant plus grave que, selon cette presse, la vente de l'acier est en stagnation et marquerait même une tendance au déclin. Le projet français recèlerait donc des intentions intéressées. Il s'agirait pour les industriels français de sortir d'une impasse. Le fait que la France ait récemment construit deux laminoirs modernes pour tôles dont la production excéderait les besoins intérieurs, a été relevé, à de nombreuses reprises, par les journaux. Dans une Union économique européenne, la sidérurgie allemande pourrait se voir menacée par les industries des autres pays de l'Europe occidentale.

De plus, les journaux économiques allemands ont souligné que l'institution d'une caisse de compensation visant à égaliser les conditions de production d'un pays à l'autre, plaçait l'Allemagne dans une situation défavorable ; ils ont rappelé que l'Allemagne produisait à meilleur marché. En versant à une caisse de compensation une somme correspondant à la différence des prix de revient des industries française et allemande, la République fédérale se verrait frustrée de son meilleur atout dans la concurrence internationale.

D'autre part, objecte-t-on, le Plan Schuman peut influer, de façon fâcheuse pour la République fédérale, sur la situation politique de la Sarre. Contrairement à l'opinion émise par le Chancelier et selon laquelle l'initiative française pouvait apporter une solution naturelle à la question sarroise, certaines feuilles ont supposé que la France, en favorisant la participation du gouvernement de Sarrebrück aux conférences sur le Plan Schuman, viserait essentiellement à faire reconnaître définitivement par les autres nations le statut actuel de la Sarre. Notre pays, poursuivrait la même tactique qu'il aurait, dit-on, employée en faisant inviter ce territoire au Conseil de l'Europe.

Si l'opinion allemande a donné spontanément son adhésion au Plan Schuman, les réticences, puis le refus britannique n'ont pas, cependant, laissé de la troubler. Elle s'est étonnée de voir un gouvernement travailliste revenir à un isolationnisme qu'elle croyait révolu. Néanmoins, elle a fait un effort pour comprendre les objections britanniques et la situation particulière de la Grande-Bretagne.

La presse n'a pas omis de signaler l'argument selon lequel l'Autorité, dont la France demande la création, disposerait de pouvoirs théoriques étendus, mais ne serait pas en mesure de les exercer. L'organisation économique européenne, l'OECE[1], ont écrit les journaux, existe déjà depuis deux ans, et c'est en vain qu'on a cherché à développer les possibilités qu'elle recèle. L'union douanière franco-italienne n'a pas, elle non plus, répondu aux espoirs qu'on y avait mis. Enfin, l'opinion a concédé que le gouvernement britannique ne saurait agréer un plan dont on ignorerait les détails d'application et les conséquences politiques.

Elle a admis volontiers qu'il était plus difficile à la Grande-Bretagne qu'aux autres pays de l'Europe, d'abandonner une partie de sa souveraineté. Puissance mondiale et européenne, elle devait tenir compte du *Commonwealth* et ne pouvait pas prendre des engagements trop fermes sur le continent. Elle ne saurait signer un chèque blanc. De plus, le gouvernement travailliste avait besoin de garder toute la latitude de mouvements nécessaires à la poursuite de la nationalisation des industries. La réussite de cette tâche pouvait être compromise par une alliance avec des pays où règne une économie libérale et un standard de vie ouvrier inférieur.

Pour les journaux, les divergences de vues entre Paris et Londres restaient considérables. Elles ne portaient pas sur des questions de forme, mais de fond. Citant le *Figaro,* la presse allemande a noté que, pour la première fois depuis le début de l'Entente cordiale, la France renonçait délibérément, dans une affaire importante de politique extérieure, à l'appui de son alliée.

Malgré les critiques, la note dominante dans la presse reste l'approbation du gouvernement français et le souhait qu'il réussisse dans ses efforts pour obtenir, finalement, l'adhésion du gouvernement britannique. Le gouvernement français a été aussi loin que possible dans la voie des concessions, c'est-à-dire jusqu'à la limite au-delà de laquelle il se serait vu enlever les moyens de mener à bien son entreprise. La plupart des journaux ont bien fait remarquer, du reste, que « la porte restait ouverte à la Grande-Bretagne ». L'attitude, nuancée et prudente de Paris, garantirait, selon eux, que, du côté continental, on évitera tout ce qui pourrait empêcher définitivement la participation de ce pays au pool européen.

---

[1] O.E.C.E. : Organisation européenne de coopération économique.

Les Allemands, qui étaient restés suspendus dans l'attente de connaître la décision définitive de la Grande-Bretagne, ont appris avec soulagement que la France avait passé outre. Ils se sont félicités de ce que la France ne se soit pas découragée. La défection britannique était une épreuve, mais elle indiquait simplement que les nations continentales devaient tendre leur volonté pour parvenir au but. À aucun moment, l'opinion n'a quitté le parti de la France ; notre pays continue d'apparaître comme le défenseur de l'idéal occidental. À ce titre, ont cru pouvoir affirmer les journaux, il gagne de nouvelles sympathies en Amérique, qui souhaite voir réussir le Plan Schuman. Quant aux Anglais, ils s'attirent de Washington le reproche d'être de « mauvais européens ». Certains journaux en ont conclu que Washington appuyait désormais sa politique sur Paris et non plus sur Londres. D'autres ont écrit que, par son esprit de décision, la France pouvait envisager d'assumer le rôle de nation directrice en Europe. Une feuille a même cité le *Times* selon lequel le « Foreign Office aurait perdu la bataille de propagande avec le Quai d'Orsay ».

Peu à peu, on a vu plusieurs journaux qui se sont demandé si les raisons, avancées par le gouvernement de Sa Majesté afin de justifier son refus, étaient vraiment valables, et si la politique anglaise ne se laissait pas conduire par d'autres motifs, moins avouables, ceux-là.

La *Frankfurter Neue Presse*, par exemple, a souligné le 6 juin, que le refus britannique était d'autant plus surprenant que les premières voix, en faveur de l'unification de l'Europe occidentale, s'étaient élevées en Angleterre. Ce journal n'a pas manqué de rappeler le discours prononcé par M. Churchill, à Zurich en 1946. Il s'est étonné que le gouvernement de Sa Majesté ait pris prétexte du caractère trop théorique du Plan Schuman pour justifier son refus. Ce n'est pas dans le tempérament britannique, écrivait-elle, de prévoir méticuleusement l'application d'un programme. Les Anglais ont plutôt coutume de résoudre les difficultés au fur et à mesure qu'elles se présentent.

La *Frankfurter Neue Presse* du 6 juin s'est même demandé si les épreuves, tant politiques qu'économiques endurées, ces dernières années, par la Grande-Bretagne, ne lui auraient pas fait perdre la confiance en soi qu'on lui connaissait. Ce pays ne serait-il pas devenu timoré ? Son instinct politique ne commencerait-il pas à lui faire défaut ? etc... Ce journal cite la conférence de Sydney, au cours de laquelle, pour la première fois, l'Angleterre n'a pas été regardée comme la tête et le principal soutien du Commonwealth.

Toutefois, quelques feuilles ont fait le raisonnement contraire. La *Kölnische Rundschau* du même jour s'est demandé si la Grande-Bretagne ne redoutait pas des obligations importunes qui ralentiraient son essor économique d'après-guerre. Cette nation se sentirait assez forte pour affronter la concurrence de l'Europe. En même temps, d'autres journaux laissaient entendre que la Grande-Bretagne envisagerait de répondre à la création du pool des nations « continentales » en contractant une alliance économique avec la Suède, pays qui lui est proche par sa politique socialiste et dont le fer viendrait heureusement compléter son industrie charbonnière.

Cependant, on a pu constater que l'attitude négative de la Grande-Bretagne a réveillé, en Allemagne, une certaine anglophobie. Le concept « continental », avec tout son cortège de jugements défavorables aux Anglais, a fait de nouveau son apparition. On reparle de l'égoïsme britannique. « Les Anglais, ont écrit les *Aachener nachrichten* du 6 juin, se sentiront toujours plus proches du Cap, de Singapour, de Melbourne et de Hong-Kong, que de Bonn, La Haye ou même Paris ». La politique de Londres a été jugée pusillanime. En dépit du Pacte de Bruxelles, signé par eux, les Anglais auraient prouvé qu'ils n'avaient conçu la stratégie européenne que pour assurer leur propre sécurité. Comme par le passé, le gouvernement de Sa Majesté continuerait d'appliquer les traditionnels principes : *divide et impera, balance of power.* Ce journal rapporte même que certains journaux suisses auraient prophétisé que l'Angleterre assénerait à l'Europe « un coup de poignard dans le dos ». De son côté, le *Essener tageblatt* n'a pas hésité à écrire : « Ainsi apparaît de nouveau la duplicité qu'on a souvent constatée chez les hommes d'État britanniques. L'époque de l'équilibre européen appartient au passé. La Grande-Bretagne devrait comprendre qu'elle a besoin de l'Europe qui est un glacis militaire en face de l'Est. Les Anglais ont toutes les raisons de souhaiter l'unification du continent. Leur tâche est toute tracée ; ils doivent servir de lien entre l'Europe et le Commonwealth. C'est en jouant ce rôle d'intermédiaire qu'ils pourront aider le plus sûrement l'Europe à devenir dans le monde une « Troisième Force » indépendante. Il faut donc que la confiance règne entre la Grande-Bretagne et les autres pays de l'Europe ».

Ces indices d'une anglophobie renaissante n'ont pas échappé à certains journalistes qui s'en sont alarmés. M. Kurt Neumann, notamment, a cru devoir, dans la *Frankfurter Rundschau* mettre en garde ses lecteurs contre une conception continentale de l'Europe. En Allemagne, comme en France, a-t-il dit, il y a des partisans du Plan Schuman dont l'amour pour l'Europe n'est pas absolument pur.

Quant aux objections formulées par les sociaux-démocrates, elles sont connues. Le Dr. Schumacher les a exposées à de nombreuses reprises dans ses discours. Il a tout d'abord exigé que l'Union européenne ne revêtît pas la forme d'un cartel. Selon la formule qui lui est chère, il a déclaré péremptoirement que la sociale-démocratie allemande voulait l'Europe et non la constitution d'une « société anonyme Europe » qui ne grouperait que les capitalistes des différents pays de l'Europe occidentale. Une semblable conception de l'Europe, qui n'inclurait pas la grande masse des travailleurs sera, dit-il, toujours combattue par son parti. En dépit des assurances données par le ministre français des Affaires étrangères, il doute que le projet français, s'il est exécuté par les seuls capitalistes, ait pour effet d'élever le niveau de vie des travailleurs. Il ne saurait transiger sur le principe du « plein emploi » dont il demande l'application absolue. Le Dr. Schumacher pose également comme condition essentielle, et préalable à la création d'une union économique européenne, la nationalisation des industries allemandes.

De plus, le Dr. Schumacher, qui tient à ne le céder en rien à ses adversaires politiques sur le chapitre du nationalisme, se montre plus chatouilleux encore que le Dr. Adenauer en ce qui concerne la souveraineté allemande. Il exige que l'Autorité internationale de la Ruhr soit supprimée. Le professeur Noelting, l'actuel Ministre social-démocrate de l'Économie en Rhénanie-Westphalie, ne s'est pas fait faute de publier, à ce sujet, des informations tendancieuses pour influencer l'opinion publique dans le sens souhaité par son chef, le Dr. Schumacher.

Cependant, l'égalité des droits, qui a été formellement reconnue à la délégation allemande à la Conférence des Six de Paris, n'a pas permis au leader de la SPD de prendre, à l'égard du Plan Schuman, une attitude aussi négative que sur la question de l'entrée de la République fédérale au Conseil de l'Europe. Il s'est prononcé au moins pour le principe d'une union européenne. Il lui était difficile, sans doute d'aller plus loin dans la voie des refus. L'opinion publique n'avait pas manqué, d'ailleurs, d'être frappée par la contradiction entre l'idéologie prétendue internationale de la sociale-démocratie et son attitude actuelle. Si l'adversion profonde du Dr. Schumacher à l'égard de son adversaire, le Dr. Adenauer dont les succès en matière de politique européenne semblent l'irriter au plus haut point, le pousse à persister dans son opposition sectaire, il ne peut cependant rester insensible à certains indices de désapprobation qui s'élèvent dans les rangs mêmes de ses troupes. Outre les maires des villes hanséatiques de Brême et de Hambourg, MM. Kaisen et Brauer, les sociaux-démocrates de Berlin se sont prononcés en faveur de l'entrée de l'Allemagne au Conseil de l'Europe et pour sa participation au Plan Schuman. L'ex-capitale, que la SPD entoure de ses soins et qu'elle défend, dit-elle, à la fois contre la négligence du gouvernement de Bonn et contre les menaces soviétiques, cette ville qui est considérée, d'ailleurs à juste titre, comme le fief le plus solide de ce parti, n'a pas hésité à témoigner d'un esprit indépendant et presque frondeur, à l'égard du chef de la sociale-démocratie.

La conclusion qui s'impose de ce rapide tour d'horizon est que les critiques et les réticences qui se manifestent, ici et là en Allemagne, à propos de l'union européenne sidérurgique et houillère proposée par la France, sont peu de chose au regard de l'adhésion générale, que le Plan Schuman a rencontré immédiatement auprès de la masse de la population.

On ne saurait du reste s'étonner que les milieux industriels dont les intérêts sont directement en jeu, et les sociaux-démocrates, dont le leader s'est enfermé dans une attitude d'opposition et de négation, aient formulé des réserves.

Le fait dominant reste la volonté du peuple qui appelle de ses vœux la réalisation du Plan Schuman.

(Cabinet du Ministre, Schuman, volume 139)

156

M. Bonnet, Ambassadeur de France à Washington,
À M. Schuman, Ministre des Affaires étrangères[1].

T. n°s 2343-2345.   *Washington, 25 juin 1950, 22 h. 15.*

Urgent.   *(Reçu : le 26, 6 h. 20)*

C'est avec la plus vive émotion qu'a été connue à Washington la nouvelle de l'ouverture des hostilités en Corée.

M. Acheson a conféré aujourd'hui presque sans interruption avec ses principaux chefs de service auxquels s'est joint dans l'après-midi le général Collins, chef d'état-major de l'armée. Le président Truman qui se trouvait dans sa maison du Missouri pour le week-end a écourté son séjour et est rentré dès ce soir dans la capitale.

Le Département d'État estime à la lumière des renseignements qui lui sont parvenus jusqu'ici que l'agression de la Corée du Nord est nettement caractérisée. Les informations qu'il a reçues sur le développement des opérations sont assez fragmentaires : on ignorait encore en fin d'après-midi la profondeur de la pénétration des troupes du gouvernement de Pyong Yang et l'ampleur de la résistance des forces de la Corée du Sud.

Au Pentagone, on signale toutefois à ce propos que celle-ci ne dispose que de chars et que les avions qu'elle possédait auraient été détruits au sol par le premier bombardement de l'aviation ennemie. On évalue à 10 jours les réserves en munitions du gouvernement de Séoul. Le Département d'État m'a confirmé à ce sujet les informations diffusées par certains commentateurs de la radio suivant lesquels des munitions auraient été envoyées d'urgence du Japon aux forces du gouvernement de la Corée du Sud.

Les milieux officiels américains qui n'ont pas manqué de souligner leur souci de se conformer dans cette affaire aux décisions de l'ONU se déclarent naturellement très satisfaits du vote intervenu au Conseil de sécurité.

---

[1] Télégramme communiqué à New York sous le n°s 198-200. Note manuscrite : « *Cattand. C[ommuni]quer Londres. Vu* ».

D'autre part, l'agression perpétrée par le satellite de Moscou a fourni l'occasion aux parlementaires de l'opposition d'attaquer une fois de plus la politique extrême-orientale de l'administration. Cet événement justifie à leurs yeux les mesures qu'ils ont préconisées dans ce domaine : l'exclusive contre la présence du gouvernement de Mao Tsé-Toung à l'ONU et l'appui des États-Unis au gouvernement nationaliste de Formose.

Au surplus, on considère dans l'ensemble à Washington que l'action du gouvernement communiste coréen est de nature à obliger la Grande-Bretagne à réexaminer son attitude à l'égard du gouvernement de Pékin.

Une réunion se tiendra, ce soir, après dîner, à la Maison-Blanche, qui groupera, autour du Président, les Secrétaires d'État et de la Défense et leurs principaux collaborateurs.

(Direction d'Asie-Océanie, Corée, volume 18)

157

M. Dejean, Ambassadeur de France, Chef de la mission française à Tokyo,
À M. Schuman, Ministre des Affaires étrangères[1].

T. nᵒˢ 650-654.   *Tokyo, 26 juin 1950, 7 h. 25.*

Urgent. Priorité.   *(Reçu : le 26, 10 h. 40)*

1) L'attaque générale déclenchée hier 25 juin à 4 heures contre la Corée du Sud et la déclaration de guerre du gouvernement de Pyong-yang a été une surprise pour SCAP[2] pour le gouvernement et le public japonais et, semble-t-il également, pour le gouvernement de Séoul.

À son retour de Corée, M. Dulles n'avait pas donné l'impression que le péril fut imminent. Il avait plutôt rapporté de sa rapide visite un sentiment favorable.

Le chef par intérim de la mission militaire américaine à Séoul se trouvait à Tokyo et a dû regagner son poste en toute hâte.

Le nouveau Ministre de Corée au Japon voyageait dans la région d'Osaka.

---

[1] Télégramme communiqué à Saigon (nᵒˢ 250-251), à Washington et prière de communiquer d'urgence à la Défense nationale. Note manuscrite : « C[ommuni]quer Def[ense] nat[ionale] avec 650-652-654 ».

[2] SCAP : *Supreme Commander for the Allied Powers*, soit le Commandant suprême allié au Japon.

2) D'après les nouvelles d'agence parvenues à Tokyo, l'attaque paraît avoir été déclenchée sur un vaste arc de cercle partant de péninsule Ongjin sur côte occidentale longeant le 38e parallèle et suivant la côte orientale jusqu'aux abords du Fusan. La ligne de démarcation a été attaquée en 11 points et sur la côte Est, on signale 5 centres principaux de débarquement à Kangnung, La, Samchok, Ulchin, Kuryongpori et à un point situé à 30 kms de Fusan à l'extrémité Sud Est de la péninsule.

La voie ferrée qui longe le littoral se trouve ainsi coupée en plusieurs endroits. La péninsule Ongjin a dû être évacuée, Chunchon a été pris. En même temps, les actions des guérillas ont été déclenchées dans toute la région Sud ainsi que dans les massifs montagneux du Centre.

Un groupe important d'insurgés est signalé à 20 miles au Nord d'Andong d'où il menace d'importants nœuds ferroviaires d'Andong et Yonju.

Kumpo, principal aéroport de Séoul, est soumis à des bombardements qui rendent le trafic difficile. Radio Tokyo annonce aujourd'hui à 12 heures que les troupes communistes appuyées par des chars avaient atteint Yui Jong Pu à 20 kms au Nord de capitale sud-coréenne qui n'est, elle même, distante de frontière que de 50 kms.

3) Malgré certaines indications contraires lancées par diverses agences, le général MacArthur n'est pas intervenu jusqu'à présent (26 juin – 12 heures). Il s'est borné à envoyer des avions de transport pour rapatrier la colonie américaine vers le Japon. La ville de Fukuoka a été choisie comme centre de rassemblement des réfugiés. L'état de siège a été déclaré dans le Kiou Siou, la province la plus méridionale et la plus proche de la Corée. Pour le reste, SCAP attend les instructions de Washington.

Les journaux de l'occupation, après avoir avoué la surprise provoquée ici, se sont empressés d'ajouter que la responsabilité du général MacArthur n'était pas engagée, puisque la Corée, depuis le retrait des troupes américaines, n'était plus dans la sphère du commandement.

Ils ont indiqué qu'il en serait autrement si le commandant en chef pour les puissances alliées était chargé de la sécurité pour l'ensemble de l'Extrême-Orient, mission qu'il serait prêt à accepter.

4) Dans les milieux japonais, l'émotion est intense. Les journaux soulignent la gravité de l'affaire. Selon eux, c'est une épreuve décisive pour la politique de l'Amérique en Asie. Si la Corée du Sud ne pouvait repousser les assaillants, les États-Unis perdraient leur dernier point d'appui sur le continent asiatique. La sécurité du Japon lui-même serait gravement menacée.

Les peuples asiatiques non communistes jugeront par la réaction de l'Amérique s'ils peuvent avoir confiance dans les promesses de défense qui viennent de leur être renouvelées par MM. Johnson et Dulles.

Certains éditoriaux expriment l'opinion que l'offensive communiste contre la Corée du Sud marque la fin de la guerre froide et peut-être le début d'une troisième guerre mondiale. Seule une action rapide des États-Unis pourrait stabiliser la situation.

D'autres journaux, faisant peut-être allusion à l'appel du gouvernement américain aux Nations unies, indiquent que l'heure est aux résolutions politiques pratiques mais non aux procédures compliquées fondées sur le droit international.

5) La dépêche de Pyong Yang d'après laquelle les troupes de la Corée du Sud se seraient livrées à de violents tirs d'artillerie, depuis la soirée du 23, n'est reproduite que pour mémoire. Nul ne semble y ajouter le moindre crédit[1].

(Direction d'Asie-Océanie, Corée, volume 18)

158

M. Chauvel, Représentant permanent de la France auprès du Conseil de sécurité des Nations unies, à M. Schuman, Ministre des Affaires étrangères[2].

T. n°s 853-859.   *New York, 26 juin 1950, 16 h. 53.*

(Reçu : le 27, 2 h.)

Convoqué hier après midi à la requête du représentant des États-Unis[3], le Conseil de sécurité à d'abord entendu un bref exposé du Secrétaire général au cours duquel celui-ci a notamment affirmé que les opérations militaires dont la Corée du Nord avait pris l'initiative constituaient une violation des principes de la Charte et menaçaient la paix internationale.

M. Trygve Lie a invité le Conseil à prendre les mesures nécessaires au rétablissement de la paix.

---

[1] La situation avait cependant empiré pendant la journée du 26, car les troupes nord-coréennes n'étaient plus qu'à 14 km de Séoul et l'ambassade américaine brûlait ses archives. Selon SCAP, l'attaque nord-coréenne avait été menée par 70 000 hommes appuyés par 70 tanks et des débarquements sur divers points de la côte Est (télégramme n° 668 du 27 juin 1950 de Tokyo, non reproduit).

[2] Télégramme communiqué à l'ambassade de France à Washington sous les n°s 187-193.

[3] La veille, l'ambassadeur des États-Unis à Paris avait rendu visite au Quai d'Orsay afin de demander que le gouvernement français accepte une réunion urgente du Conseil de sécurité dans l'après-midi du 25 juin. Après consultations, Chauvel reçoit comme instructions d'adopter une attitude ferme si les États-Unis eux-mêmes usaient d'un ton énergique devant cette offensive de grande envergure telle qu'elle est perçue par leur ambassadeur à Séoul (note du 25 juin 1950 du Département, non reproduite).

Après que le représentant de la République de la Corée ait été à la table du Conseil, le délégué des États-Unis a pris la parole pour déclarer que, de l'avis de son gouvernement, l'attaque lancée par les forces de la Corée du Nord constituait une rupture de la paix et un acte d'agression.

Il a rappelé à grands traits les efforts entrepris par l'ONU pour rapprocher la Corée du Nord de celle du Sud et souligné que l'Assemblée avait déclaré que le gouvernement de Séoul était le seul légitime. Il a ensuite donné lecture d'un projet de résolution (S/1497) dont je vous adresse le texte par la poste aérienne.

Ce projet a été successivement appuyé par les délégués chinois, cubain et équatorien.

Le représentant britannique s'y est également rallié tout en faisant observer que l'intérêt du Conseil était d'éviter de prendre des mesures allant au-delà des faits mentionnés dans le compte rendu de la Commission pour la Corée et en proposant, en conséquence, que ladite Commission soit invitée par le Conseil à lui communiquer ses recommandations dans le plus bref délai. Fawzi Bey a, en revanche, demandé que certaines modifications soient apportées au projet américain et a proposé qu'elles soient étudiées au cours d'une suspension de séance. Instruit des réticences de mon collègue égyptien, je m'étais, de mon côté, borné à déclarer que je souscrirais à la résolution américaine sous réserve d'éventuels ajustements rédactionnels.

Discutés au cours d'une réunion privée, ceux-ci se sont traduits :

1) Par la suppression, au troisième paragraphe du projet, du mot « invasion » et à son remplacement par « attaque ».

2) Par une modification du dispositif de la résolution qui n'invite plus la seule Corée du Nord à cesser les hostilités, mais adresse, dans ce sens, un appel aux deux parties, tout en invitant les autorités de la Corée du Nord à retirer leurs forces armées sur le 38e parallèle.

Ainsi amendée, la résolution, dont j'ai adressé au Département la traduction provisoire sous le n° 847[1], a été adoptée par 9 voix. Le délégué yougoslave s'est abstenu après avoir demandé un vote par paragraphe et s'être prononcé en faveur de la seule phrase du dispositif relative à une cessation immédiate des hostilités. Un projet de résolution yougoslave tendant à inviter le gouvernement de la Corée du Nord à présenter son cas au Conseil a, enfin, été écarté par 6 voix contre une et 3 abstentions (Égypte, Inde, Norvège).

Au cours de la séance, le représentant de la Corée avait en peu de mots fait appel au Conseil pour qu'il prenne les mesures propres à faire reculer les envahisseurs de son pays.

Le Conseil se réunira à nouveau demain après-midi.

---

[1] Document non reproduit.

La délégation américaine a donné l'impression de vouloir pousser vivement l'affaire et de tenir à établir dès l'abord les responsabilités de la Corée du Nord au-delà de ce que permettaient les informations, fragmentaires et de seconde main, émanant de la commission.

Le Conseil a pris la position de principe qui s'imposait.

Si l'affaire se développe et que d'autres décisions soient à prendre, la question du bras séculier sera vite évoquée.

M. Gross vient d'être appelé en consultation à Washington.

Je vois cet après-midi M. Austin.

Je compte lui demander de quel bois il se chauffe.

(Direction d'Asie-Océanie, Corée, volume 18)

159

M. Chauvel, Représentant permanent de la France auprès du Conseil de sécurité des Nations unies,
à M. Schuman, Ministre des Affaires étrangères[1].

T. nᵒˢ 866-877.   *New York, 26 juin 1950, 21 h. 21.*

Très urgent.   *(Reçu : le 27, 9 h. 15)*

J'ai vu cet après-midi mon collègue américain.

J'ai attiré son attention sur la nécessité de préparer attentivement les séances du Conseil relatives à l'affaire de Corée. J'ai rappelé ce faisant, qu'hier j'avais eu communication du projet de résolution américain au moment même d'entrer en séance et que la rédaction de ce texte avait soulevé quelques difficultés qu'il eût été facile d'éviter en conférant avant. Il a été convenu que telle serait désormais la pratique, que les Anglais seraient associés à cette préparation et que les délégations échangeraient leurs informations.

Reprenant les messages de la Commission que je transmets par ailleurs à Votre Excellence, nous avons constaté que l'idée d'une médiation était difficile puisque les Nations unies ne reconnaissent pas à l'une des parties en cause, la Corée du Nord, la qualité d'État. Il nous est apparu en outre qu'une délégation ou une mission donnée par le Conseil aurait toute chance d'être, comme la Commission l'est depuis deux ans et demi, ignorée de cette même partie. Nous avons reconnu enfin que des sanctions économiques demeureraient purement théo-

---

[1] Télégramme communiqué à l'ambassade de France à Washington sous les nᵒˢ 194-205.

riques, s'agissant d'un territoire dont toutes les relations sont (…)[1] avec la Mandchourie voisine et son arrière-pays.

Reste l'aspect militaire des choses. Les instructions qui m'ont été données au téléphone hier matin par le directeur général des Affaires politiques me prescrivaient la fermeté dans la mesure où les Américains eux-mêmes s'engageraient[2].

J'ai dit en conséquence à mon interlocuteur que, les positions de principe étant prises et la Corée du Nord ne devant vraisemblablement en tenir aucun compte, le Conseil serait prochainement appelé à délibérer d'autres mesures. Si j'en jugeais par les dernières nouvelles militaires, il aurait peut être peu de temps pour les prendre. Je me préoccupe quant à moi, d'éviter des manifestations verbales qu'aucune action concrète ne viendrait prolonger et soutenir. De telles manifestations, sans utilité pratique pour la République de Corée, risqueraient en outre, si elles étaient démenties par les faits, de nuire à l'autorité des Nations unies et de ses principaux membres. Or, seuls les États-Unis paraissaient physiquement en mesure d'intervenir dans cette affaire. Jusqu'à quel point se proposaient-ils de pousser cette intervention ?

M. Austin m'a répondu, comme il était naturel, qu'il n'était pas actuellement en mesure de me donner des éclaircissements complets.

Il s'est référé au pacte de l'Atlantique et au pacte de Rio lesquels prévoient tous deux qu'une attaque contre l'un des signataires serait considérée comme une attaque contre tous. Il a rappelé que les États-Unis n'avaient pas d'engagement si précis à l'égard de la Corée mais qu'ils étaient prêts à coopérer de tout leur pouvoir à l'application des décisions que prendraient les Nations unies. Ce qui, ces décisions étant fonction des moyens que les États-Unis se proposeraient de mettre en œuvre, nous ramenait à notre point de départ. J'ai dit que nous tournions en rond.

M. Austin a ajouté que les choses seraient beaucoup plus simples si l'intervention russe apparaissait au grand jour. La réplique alors serait immédiate et puissante mais tel n'était pas le cas. Le gouvernement américain avait fait une démarche à Moscou dans la journée d'hier, à ce qu'il m'a semblé, pour demander au gouvernement soviétique si, dans cette affaire, il était « pour la paix » ; la réponse n'était pas encore parvenue à Washington et il n'était pas certain qu'il y en aurait une.

En attendant, la délégation américaine, soucieuse de réaliser dans toute la mesure du possible l'unanimité des 53 membres non communistes des Nations unies procédait à des sondages. Les nouvelles du Caire étaient bonnes, Cuba paraissait bien disposé et l'Équateur était très ferme.

---

[1] Lacune de déchiffrement.
[2] Voir note n° 2 du document n° 158.

J'ai mentionné comme une possibilité qui me venait à l'esprit, l'éventualité d'un appel du Conseil à Moscou requérant la présence du délégué soviétique. Son absence constituait en elle-même une violation de la Charte. Le fait que le Conseil délibérait dans une affaire relevant du chapitre 7 rendait cette violation plus choquante encore. L'appel pouvait mettre l'URSS en situation délicate. Note a été prise de cette suggestion.

Sortant de chez M. Austin, je me suis rendu à l'appel du délégué hindou, président du Conseil. J'ai trouvé Sir Benegal Rau sans illusions sur les possibilités de porter aide à la République de Corée.

Sa préoccupation essentielle, il me l'a dit en propres termes, est d'éviter l'extension du conflit. Il attend de la délégation américaine des suggestions pour la suite des débats. Il songe enfin, « quand l'affaire de Corée sera liquidée », à un appel que le Conseil adresserait en même temps aux gouvernements américain et soviétique en vue d'une rencontre à deux au niveau le plus élevé et d'une réaffirmation commune de leur intention de régler leur différents par des voies pacifiques.

Mon collègue hindou a fait part de son idée à divers membres du Conseil. Il n'a pas encore l'accord de son gouvernement sur un texte. Je lui ai fait observer qu'il serait vain de présenter un tel projet si l'une au moins des parties, en l'espèce les États-Unis, n'était pas d'accord. Il en a convenu mais m'a néanmoins demandé de faire part à Votre Excellence de son intention.

Rencontrant aussitôt après M. Austin, qui se rendait chez Sir Rau, je lui ai dit l'essentiel de l'entretien que je venais d'avoir. Il s'est montré très préoccupé de la tiédeur de notre collègue hindou sur l'affaire de Corée et très opposé à la nouvelle d'un appel tendant à une rencontre américano-soviétique.

J'imagine que l'orientation de la séance de demain dépendra dans une large mesure des instructions que M. Gross rapporterait de Washington.

(Direction d'Asie-Océanie, Corée, volume 71)

160

M. Brionval, Conseiller à l'Ambassade de France à Moscou,
à M. Schuman, Ministre des Affaires étrangères[1].

T. n°s 1444-1451.   *Moscou, 26 juin 1950, 22 h.*

(Reçu : le 27, 7 h. 50)

La *Pravda* d'aujourd'hui publie sans aucun commentaire les télégrammes de presse annonçant les premiers succès des forces coréennes du Nord. Elle se borne à une simple et commune reproduction des informations favorables à la thèse de Pyong Yang en s'abstenant prudemment de lui donner soutien.

Aucune allusion n'est faite notamment à l'initiative prise par le Conseil de sécurité. Les Soviets affectent manifestement d'adopter, maintenant que l'événement préparé de longue main s'est produit, la correcte attitude d'observateur curieux mais objectif et silencieux.

Le coup de force du 25 juin n'en est pas moins l'aboutissement logique d'une manœuvre dont on peut sans peine retracer le développement.

1) En déchaînant contre la « politique agressive des États-Unis au Japon » une campagne dont mes télégrammes de presse ont permis d'apprécier la progression quotidienne, le Kremlin a moins voulu exploiter le malaise créé au Japon par la prolongation de l'occupation et gâter ainsi la libération de l'Archipel, que dénoncer aux partisans de la paix le danger d'un Japon que le général MacArthur transforme « en place d'armes en vue d'une imminente agression contre l'URSS ».

Ainsi se trouvaient du même coup et à l'avance justifiées les mesures de précaution que l'URSS croit nécessaire de prendre pour renforcer sa protection sur le front d'Extrême-Orient.

2) L'initiative que, au lendemain même d'élections défavorables au gouvernement de Séoul, le front démocratique coréen a « spontanément » prise pour réclamer la fusion des deux zones offrait dès lors l'occasion attendue par les Soviets d'étendre automatiquement et sans se découvrir leur influence jusqu'au détroit de Tsou Shi Ma et en transformant le « pays des matins calmes » en un nouvel état satellite, de colmater la brèche encore ouverte entre Port Arthur et Vladivostok dans le dispositif défensif de Moscou.

L'affaire de Corée est également pour le Kremlin l'occasion de mesurer aux moindres risques la volonté de résistance des États-Unis, de la manière dont ceux-ci réagiraient dépendra sans doute le sort prochain de l'Asie du Sud-Est. L'extrême discrétion avec laquelle la

---

[1] Note manuscrite : « *Vu, M. Cattand* ».

presse soviétique fait actuellement allusion aux projets militaires du gouvernement de Pékin, le silence total dont on entoure ici les activités d'Hô Chi Minh (dont le nom depuis deux mois ne figure plus dans les gazettes) mérite plus que jamais l'attention.

Ajoutons que, selon certaines informations d'origine américaine, les représentants du Kremlin à New Delhi et à Bangkok se seraient absentés de leur poste au moment même où le général Derevianko a été rappelé à Moscou. Aucune indication locale ne permet cependant d'affirmer que ces personnages soient actuellement à Moscou où, dit-on d'autre part, se trouverait également le représentant soviétique à Pyong Yang.

Ceci donne à penser que l'affaire coréenne ne pourrait bien être que le prélude d'une action prochaine sino-soviétique sur Formose et sur le Tonkin. Le Kremlin s'attend sans doute à ce que, tout soucieux qu'ils soient foncièrement d'éviter la généralisation du conflit, les États-Unis se compromettront assez pour fournir au gouvernement de Séoul une aide militaire : ce qui permettrait à Moscou et éventuellement à Pékin de fournir, sans sortir de la légalité, le même appui au gouvernement de Pyongyang, l'ONU n'ayant au surplus pour le Kremlin aucune autorité pour imposer à l'URSS, absente de Lake Success, les décisions qui (la presse soviétique vient précisément de le démontrer aux partisans de la Paix) ne sont plus l'expression des volontés des puissances d'agression.

(Direction d'Asie-Océanie, Corée, volume 18)

161

NOTE DE LA DIRECTION D'EUROPE
(Sous-direction d'Europe orientale)

N.   *Paris, 26 juin 1950.*

Le 24 juin ont été signés à Budapest quatre accords culturels et économiques officiellement destinés à resserrer les liens existant entre la Hongrie et l'Allemagne de l'Est.

Il s'agit là, après les négociations germano-polonaises et germano-tchèques, de la troisième négociation menée à bonne fin avec une démocratie populaire depuis le début du mois, par les émissaires de M. Pieck.

Dans le cas des pactes conclus à Varsovie et à Prague, on pouvait considérer que les buts du Kremlin, en incitant ses vassaux à proclamer leur entente, était de démontrer au monde qu'il n'existait plus de problèmes de frontières à l'intérieur du bloc oriental. Les accords avec la Hongrie montrent qu'on veut aller plus loin.

On peut sans doute, dès maintenant, conclure qu'en insérant le gouvernement de Berlin dans le réseau des traités qui unissent à l'URSS et entre eux les gouvernements satellites, on veut souligner davantage encore, que l'Allemagne orientale, pourvue d'une large autonomie et libre de s'engager comme elle l'entend sur le plan international, fait désormais partie intégrante et avec des droits presque égaux de la grande alliance stalienne des démocraties orientales.

Cette série d'accords ne fait donc que confirmer ce qu'indiquait déjà l'octroi au gouvernement Grotewhol du droit de légation actif et passif. Reste à savoir dans quel but la négociation et la conclusion de tels accords sont actuellement à ce point précipitées.

(Direction d'Europe, Hongrie, volume 60)

162

M. Schuman, Ministre des Affaires étrangères[1],
À M. Chauvel, Représentant permanent de la France auprès du Conseil de sécurité des Nations unies[2].

T. n°s 1115-1117.   *Paris, 27 juin 1950.*

Urgent. Réservé.

C'est son caractère brutal et non camouflé qui paraît le caractère le plus frappant de l'attaque déclenchée par la Corée du Nord.

L'agression a été commise de l'extérieur, sans même le prétexte de venir à l'appui d'un soulèvement intérieur, une certaine activité de guérillas n'ayant été mentionnée qu'après coup. L'ampleur de l'attaque terrestre et sa combinaison avec plusieurs entreprises de débarquement rendent la préméditation manifeste. Enfin, les nouvelles reçues à Paris n'ont fait apparaître pendant toute la journée du dimanche aucun effort quelconque de propagande pour déguiser l'opération, et c'est seulement lundi matin qu'ont produit effet les consignes données à la presse communiste.

Si l'affaire devrait se terminer par l'écrasement de la Corée du Sud, on voit mal ce qui pourrait subsister de l'autorité des Nations unies, non plus que du prestige des démocraties occidentales en Asie.

Enfin, c'est la première fois que la politique soviétique prend à son compte, en pleine clarté, les procédés de l'Allemagne hitlérienne. Le

---

[1] Télégramme signé par ordre Parodi.
[2] Télégramme communiqué à MM. Parodi, Clappier, de Bourbon-Busset et Broustra ainsi qu'aux ambassades de France à Washington (n°s 5135-5137) et à Londres (n°s 5406-5408).

succès qu'elle risque de remporter comporterait des suites qui s'inscrivent d'elles-mêmes sur la carte.

Ces considérations ne laissent pas le choix entre deux positions : l'attitude que vous devrez adopter sera dans le sens de la plus grande fermeté, avec la seule limite de la position que prendra la délégation des États-Unis[1].

Il est naturellement nécessaire, aussi bien pour l'opinion française que pour l'opinion internationale, que votre intervention mette en pleine lumière l'ensemble des circonstances qui font apparaître l'entière responsabilité de la Corée du Nord.

(Direction d'Asie-Océanie, Corée, volume 71)

163

M. Schuman, Ministre des Affaires étrangères[2],
à M. François-Poncet, Haut-Commissaire de la République
française en Allemagne[3].

T. n°s 1764-1778.   Paris, 27 juin 1950, 1 h. 30.

Très urgent. Priorité absolue.

Résumé du document de travail présenté par les experts français :

« Avertissement.

Après un premier échange de vues entre les six délégations, les experts français ont pris l'initiative d'établir un document de travail en vue de faciliter l'élaboration en commun du projet de traité pour la mise en œuvre de la proposition française du 9 mai.

La délégation française se propose elle-même, au cours de ces travaux en commun, d'apporter des modifications et des compléments substantiels à ce document de travail.

Ce document, sans chercher à apporter des solutions à tous les problèmes qui se posent, contient des propositions pratiques et des suggestions concrètes sur les points essentiels.

---

[1] Le Secrétariat général précisa le même jour à Chauvel que la proposition américaine au Conseil de sécurité comportera la recommandation de fournir à la République de Corée l'aide nécessaire pour repousser l'attaque armée nord-coréenne et qu'il faudra voter en faveur de cette proposition (télégramme sans n° du 27 juin 1950 de Paris, non reproduit).

[2] Télégramme signé par ordre Alphand.

[3] Télégramme adressé à M. Leroy-Beaulieu.

Les institutions communes.

Le document propose la fusion partielle de souveraineté par l'institution d'une Haute-Autorité commune, qui sera l'organe exécutif et administratif. Cette Haute-Autorité serait responsable devant une assemblée commune élue directement par les parlements des pays adhérents. Des voies de recours seraient instituées devant une instance arbitrale.

Les dispositions relatives à la Haute-Autorité mettent en lumière le caractère supranational. Il est suggéré que la nomination de ses membres, en nombre réduit, soit assurée en commun par les gouvernements, sans qu'aucun membre reçoive son mandat directement d'un gouvernement particulier. De même le Président serait nommé par l'ensemble des gouvernements, tout aussi bien qu'un Commissaire aux Comptes, chargé de faire rapport sur la comptabilité et la gestion financière de la Haute-Autorité.

Pour assurer le contrôle de l'exercice par la Haute-Autorité des pouvoirs qui lui sont confiés en vue d'assurer sa mission, il est proposé de rendre la Haute-Autorité responsable devant l'ensemble des citoyens des pays adhérents par l'institution d'une assemblée commune. Chaque année, les parlements des États participants éliraient dans leur sein des délégués à une assemblée commune, qui, réunie une fois par an, débattait publiquement le rapport présenté par la Haute-Autorité, et pourrait, par une motion de censure votée à une majorité importante, entraîner la démission collective des membres de la Haute-Autorité. Ainsi, pour la première fois, une assemblée internationale serait davantage qu'un organisme consultatif ; les parlements mêmes qui auraient abandonné une fraction de leur souveraineté se retrouveraient confondus pour exercer cette souveraineté en commun.

Il est proposé que la responsabilité générale de l'Autorité soit complétée par l'organisation de recours, ouvert normalement aux États, et éventuellement aux entreprises dans les cas exceptionnels de décisions qui les viseraient individuellement au droit de demander un deuxième examen, s'ajouterait la possibilité d'introduire un appel devant un tribunal arbitral, dont la compétence ne serait pas seulement juridique, mais qui pourrait, au cas où une décision paraîtrait mettre en cause l'expansion économique ou l'équilibre extérieur d'un État, demander à la Haute-Autorité de modifier sa décision.

Les modes d'action.

Dans l'esprit des rédacteurs du document de travail, la Haute-Autorité devrait instituer avec les gouvernements, les entreprises et les organisations intéressées, un système organique d'information mutuelle et de coopération permanente qui lui permettrait d'exécuter sa mission avec un appareil administratif et des interventions limités. De sorte que certains des pouvoirs qu'il est nécessaire de leur conférer ont le caractère d'un sauvegarde à laquelle l'orientation de son action évitera à la

Haute-Autorité de recourir en dehors de circonstances exceptionnelles. Cette action devra s'appuyer sur une information constante et une compréhension générale. Des <u>comités consultatifs</u> sont prévus, qui représentent les employeurs, les ouvriers et les consommateurs. L'Autorité pourra faire appel à des relais constitués par des <u>associations régionales</u> de producteurs, rassemblés, sans tenir compte des frontières, par la similitude des conditions de production dans lesquelles ils se trouvent placés.

Les moyens d'action de l'institution supranationale résulteront d'abord de la vue d'ensemble qu'elle sera en mesure de dégager ; en second lieu des ressources financières indépendantes qui lui permettront de faciliter le financement des entreprises ou leur adaptation au marché unique ; enfin des engagements souscrits par les gouvernements dans le traité lui-même.

Outre le concours que les États apporteraient à l'exécution des missions de la Haute-Autorité, il leur appartiendrait de prendre certaines mesures nécessaires à la réalisation d'un marché unique pour le charbon et l'acier. Il s'agirait notamment de supprimer entre eux les droits de douane et les restrictions quantitatives à la circulation de ces produits, les discriminations dans les tarifs de transport, et les pratiques de cartel.

<u>Missions et pouvoirs de la Haute-Autorité.</u>

L'objectif assigné à la Haute-Autorité serait de contribuer par tous les moyens dont elle disposerait à une politique d'expansion économique, de plein emploi, et de relèvement du niveau de vie des travailleurs. Elle devrait en particulier veiller à ce que la satisfaction des besoins des pays adhérents et le développement de l'exportation vers les autres pays soient assurés sans discrimination dans les conditions économiques les meilleures, par l'établissement d'un vaste marché unique et la modernisation de la production. C'est pour l'accomplissement de ces missions que la Haute-Autorité recevrait certains pouvoirs limités et spécifiques.

Ainsi, en matière de <u>prix</u>, les pouvoirs de la Haute-Autorité seraient axés sur la protection des consommateurs sans discrimination, sur l'élimination des pratiques déloyales, sur l'expansion continue et régulière de la production et des débouchés. Sa fonction serait essentiellement d'énoncer des règles dont le respect par les entreprises permettrait au système des prix de répondre à ces objectifs fondamentaux. Par exemple, l'établissement, par chaque entreprise, de barèmes applicables, quel que soit le consommateur, au départ des lieux de production, ferait jouer la concurrence et écarterait la discrimination. Des *minima* et des *maxima* révisables contribueraient à l'élimination des pratiques déloyales, à la protection des consommateurs, à la stabilité nécessaire au développement des marchés.

À l'exportation, et pour l'avantage commun des pays européens et de leurs clients, les prix devraient être les mêmes qu'à l'intérieur du marché unique. C'est seulement dans les cas où l'exportation se heurterait à un dumping pratiqué par des entreprises étrangères aux États participants que cette règle pourrait être écartée et l'action nécessaire organisée.

En matière de salaire, le rôle de la Haute-Autorité serait d'éviter que la concurrence ou l'adaptation des entreprises s'exercent au détriment des salariés, et d'assurer aux travailleurs des industries du charbon et de l'acier le niveau de vie le plus élevé compatible avec l'équilibre économique des pays intéressés. Par exemple, au cas où la rémunération de la main d'œuvre apparaîtrait anormalement faible dans certaines entreprises, la Haute-Autorité adresserait aux entreprises ou aux gouvernements intéressés les recommandations appropriées. Par là, il faut entendre que ces entreprises ou ces gouvernements seraient tenus à réaliser les objectifs qui leur seraient fixés, tout en gardant le choix des moyens les mieux adaptés à leurs conditions particulières.

Dans l'esprit des rédacteurs du document, les programmes de production et de modernisation que la Haute-Autorité établirait en collaboration avec les entreprises et les associations régionales, seraient destinés à orienter les entreprises dans l'établissement de leurs propres programmes. Les entreprises garderaient la responsabilité de leurs investissements et de leur financement, la Haute-Autorité se réservant d'émettre des avis et de les rendre publics, de définir le cadre dans lequel les gouvernements pourraient participer au financement, et d'apporter par ses ressources propres une aide à la réalisation des opérations qui justifieraient ce concours.

La Haute-Autorité recevrait le pouvoir de faire des prêts aux entreprises pour faciliter leurs investissements ; et même non seulement des prêts, mais des dons, pour aider aux reconversions nécessaires ou pour susciter le développement de nouvelles activités permettant d'assurer à la main d'œuvre un emploi productif. Les ressources nécessaires seraient obtenues, en particulier, par l'émission d'emprunts, dont le service pourrait être garanti grâce à un droit perçu sur les livraisons de charbon et d'acier.

En dehors de ses pouvoirs permanents, et pour assurer dans la période de transition un caractère graduel aux déplacements éventuels de production, la Haute-Autorité devrait instituer un fonds de péréquation permettant d'apporter une aide provisoire, et obligatoirement dégressive, aux entreprises dont l'adaptation au marché unique exigerait un délai.

Par voie de consultation, la Haute-Autorité rechercherait avec les gouvernements les moyens d'éliminer les obstacles que des dispositions législatives ou réglementaires, ou certains éléments de la situation économique opposeraient aux conditions naturelles de la concurrence.

Dispositions générales.

La définition précise du charbon et de l'acier pour l'application du traité aura à être élaborée entre experts. Il est déjà précisé que le minerai de fer, la ferraille et la fonte sont compris dans l'expression « acier ».

L'institution de la Haute-Autorité ne comporterait aucune conséquence sur le régime de propriété des entreprises. Dans son action, elle tiendrait compte des obligations et engagements internationaux des États. Une liaison serait établie avec le Conseil de l'Europe ; et un représentant des États-Unis serait chargé d'établir des rapports semestriels sur le fonctionnement de la Haute-Autorité. Le traité serait conclu pour une durée illimitée, et l'adhésion serait ouverte à tous les États européens, dans des conditions qui devraient être précisées.

Le retrait d'un État ne devrait être possible que moyennant accord de tous les autres sur ce retrait et ses conditions. Cette règle résume à elle seule la transformation fondamentale que la proposition française veut apporter. Par delà le charbon et l'acier, elle fonde les premières assises d'une communauté européenne. Dans une fédération, il n'y a pas de sécession par décision unilatérale. De même, il n'y a de communauté qu'entre des peuples qui s'y engagent sans limite de temps et sans esprit de retour.

(Cabinet du Ministre, Schuman, volume 139)

164

M. Brionval, Conseiller à l'Ambassade de France à Moscou,
    à M. Schuman, Ministre des Affaires étrangères.

T. nᵒˢ 1453-1457.   *Moscou, 27 juin 1950, 17 h.*

(Reçu : le 28, 5 h.)

La lecture de la presse d'aujourd'hui confirme les indications recueillies hier (mon télégramme n° 1444)[1].

1) Même consigne de prudente neutralité que souligne l'absence de tout commentaire et la place relativement peu importante que tiennent à côté du discours de M. Thorez et de nouvelles locales, les informations sur les événements de Corée ; tactique que la *Pravda* accentue encore en consacrant son éditorial à la « volonté de paix unanime du peuple soviétique ».

---

[1] Voir document n° 160.

2) Des six télégrammes agence Tass choisis pour expliquer la situation en Corée, deux méritent l'attention : l'un annonce l'assistance militaire que le général MacArthur aurait décidé d'apporter à la Corée du Sud ; l'autre souligne l'inutilité des délibérations du Conseil de sécurité dont, en l'absence de l'URSS (et de la Chine) les décisions ne sauraient « avoir force de loi » (mon télégramme n° 1452)[1]. L'affaire coréenne semble ainsi avoir été montée pour éprouver la volonté et la capacité de résistance des puissances occidentales. Le Kremlin s'attend sans doute à ce que, pris entre la crainte de voir, s'ils n'agissent pas avec énergie et succès, leur prestige dans le Sud-Est asiatique gravement compromis, et celle de déclencher un troisième conflit mondial, les États-Unis se résolvent à donner à la Corée du Sud une assistance tardive et limitée, assez nette cependant pour permettre au gouvernement de Moscou de justifier aux yeux du peuple soviétique et des partisans de la Paix une intervention sino-soviétique tant en Corée que dans les régions d'Asie qui aspirent « à se libérer du joug capitaliste ».

Ainsi, sans se découvrir, le Kremlin pense-t-il jouer gagnant. En voyant cependant les communistes prendre en Corée une initiative qui contredit formellement la propagande des partisans de la Paix et risque de compromettre son action déjà profonde sur les masses non communistes, on peut, non sans inquiétude, se demander jusqu'à quel point le gouvernement soviétique n'est pas aujourd'hui prêt à envisager ce conflit mondial qu'il a toujours estimé inévitable mais dont il paraissait jusqu'ici avoir intérêt à retarder l'explosion.

Son rôle dans cette affaire ne pouvant en tout cas être mis en doute, on conçoit mal qu'il ait pris la responsabilité de porter un coup mortel à l'ONU et de hâter l'éventualité d'une troisième guerre mondiale, sinon même de la déclencher, dans le seul but d'écarter la menace, à tout le moins problématique, d'une agression américaine venue du Japon. Il est donc à craindre que l'incident coréen ne soit que le début d'une action communiste d'envergure sur le front d'Extrême-Orient.

(Direction d'Asie-Océanie, Corée, volume 18)

---

[1] Document non reproduit.

165

M. Massigli, Ambassadeur de France à Londres,
à M. Schuman, Ministre des Affaires étrangères[1].

T. n° 2332.   Londres, 27 juin 1950, 19 h. 45.

Réservé.   (Reçu : le 27, 20 h.)

Je me réfère à votre télégramme n° 5405[2].

Le Cabinet a donné au délégué britannique à Lake Success instructions de voter pour la résolution américaine ; mais il insiste en même temps pour que le préambule de la résolution se limite strictement aux événements de Corée en évitant une dénonciation de la politique communiste en général.

C'est dans ce même esprit que, dans le projet de déclaration du président Truman qui lui avait été communiqué dans la matinée, le Foreign Office a suggéré – avec succès – la suppression de toute référence aux responsabilités générales de la politique soviétique l'énumération des faits et des régimes menacés étant par elle-même assez éloquente.

On a, en effet, ici le souci de ne pas rendre une reculade russe plus difficile ; on constate que le gouvernement soviétique ne s'est pas encore découvert dans l'affaire et on veut espérer qu'en présence de la fermeté américaine, il évitera de s'engager plus avant.

Le Sous-Secrétaire d'État permanent, à qui je demandais si le gouvernement britannique donnerait éventuellement une suite positive à la recommandation que le Conseil de sécurité adressera aux membres des Nations unies, m'a répondu que la question était encore à l'étude. Étant donné les responsabilités qui incombent déjà à la Grande-Bretagne en Extrême-Orient, un appui ne pourrait être que d'ordre naval ; il n'est pas exclu que, pour des considérations de politique générale, il soit fourni.

(Direction d'Asie-Océanie, Corée, volume 18)

---

[1] Télégramme communiqué à la Présidence de la République, la Présidence du Conseil, MM. Parodi, Clappier et de Bourbon-Busset.
[2] Document non reproduit.

166

M. François-Poncet, Haut-Commissaire de la République
française en Allemagne,
à M. Schuman, Ministre des Affaires étrangères[1].

T. nᵒˢ 3087-3088.   *Bonn, 27 juin 1950, 23 h. 15.*

Réservé.   *(Reçu : le 27, 23 h. 30)*

J'ai vu, ce soir, 27 juin, M. Blankenhorn. Il s'est déclaré très satisfait
de son séjour à Paris, et très reconnaissant de l'accueil qu'il a reçu, lui
et ses collègues.

Le Comité interministériel chargé de s'occuper du Plan Schuman, et
les deux commissions consultatives ont réagi favorablement aux explications et précisions qui leur ont été fournies. Le texte du « document
de travail » français[2] ne leur a été pas remis mais le contenu leur en a
été longuement commenté. Les experts en ont accepté les thèses.

L'attitude du Chancelier et de son gouvernement serait, d'après M.
Blankenhorn, entièrement positive. Peut-être n'aura-t-on pas le
concours des États du Benelux, qui auraient eu le tort de se faire représenter à Paris par des spécialistes des affaires commerciales, plutôt que
par des hommes ouverts aux problèmes politiques. Mais, au besoin, a
ajouté mon interlocuteur, on se passera d'eux. L'Italie et l'Allemagne
sont résolues à appuyer jusqu'au bout les vues de la France. À eux trois,
ces pays suffiraient à donner la vie à une formule qui, même réduite,
n'en aurait pas moins une portée considérable.

M. Blankenhorn s'est exprimé en termes très chaleureux sur le compte
de M. Jean Monnet qui lui est apparu comme un négociateur fort habile.

(Direction d'Europe, Généralités, volume 112)

---

[1] Télégramme communiqué à la Présidence de la République, la Présidence du Conseil,
MM. Parodi, Clappier et de Bourbon-Busset.
[2] Voir document nᵒ 163.

167

M. Chauvel, Représentant permanent de la France auprès du
Conseil de sécurité des Nations unies,
À M. Schuman, Ministre des Affaires étrangères[1].

T. n°s 887-891.   *New York, 28 juin 1950, 18 h. 35.*

Réservé. Très urgent.   (*Reçu* : le 29, 6 h. 50)

En suivant les nouvelles d'agences, je suis vivement frappé du développement que prend l'affaire de Corée.

Hier encore, il ne s'agissait pour les États-Unis que de se constituer en bras séculier des Nations unies pour redresser une situation locale au sujet de laquelle le Conseil de sécurité s'était prononcé.

Grand soin était pris, plus spécialement à l'instigation de l'Angleterre, de ne mettre nommément en cause aucun État tiers.

Si le président Truman, dans sa déclaration, évoquait les mesures prises ou à prendre concernant quatre territoires, la résolution américaine adoptée en fin de journée ne mentionnait que la seule Corée. Le succès de l'opération entreprise eût consisté en le retour des forces de la Corée du Nord sur le 38e parallèle et en la constatation faite à la face du monde de l'efficacité de l'organisation appuyée par le dévouement d'un de ses principaux membres.

Aujourd'hui la participation de forces navales anglaises aux opérations dirigées par le général MacArthur est officiellement proclamée par M. Attlee en même temps qu'il est question d'apports canadiens, australiens et néerlandais. Le général Pénette me téléphone de Washington que ses interlocuteurs américains expriment officieusement l'espoir de voir la France apporter une contribution au moins symbolique à l'œuvre commune.

Cette internationalisation des mesures concrètes d'assistance tend à affecter le caractère d'une croisade.

Il me semble, d'une part, que l'ampleur qu'elle prendrait passerait les proportions d'un incident que l'on souhaiterait localiser, d'autre part, qu'il serait difficile aux puissances sympathiques à la Corée du Nord de ne pas s'en émouvoir.

Cette situation me paraît de nature à retenir la plus sérieuse attention des gouvernements américain, britannique et français. Le temps me paraît venu d'examiner en commun jusqu'où va leur proposition.

---

[1] Télégramme communiqué à MM. Parodi, Clappier ainsi qu'à l'ambassade de France à Washington (n°s 206-210).

Je souhaite ardemment, pour ma part, que la solution de la crise ministérielle en cours nous permette de parler en cette affaire avec une complète autorité[1].

(Direction d'Asie-Océanie, Corée, volume 71)

168

Note du Département

Plan Schuman

N. *Paris, 28 juin 1950.*

Les réactions des différentes délégations à l'offre française et aux explications qui leur ont été fournies au cours des premières séances des conversations[2], ne sont pas différentes de ce que l'on pouvait attendre.

Les délégués étrangers se sont efforcés de comprendre dans quelle mesure l'institution d'une Haute-Autorité serait de nature à changer les habitudes et les méthodes de la vie économique, notamment en matière de commerce extérieur, d'investissements, de prix et de salaires. S'ils ont fait preuve d'un esprit évident de coopération, s'ils ont paru frappés de la précision des réponses que M. Monnet et ses collaborateurs leur ont données, ils n'ont cependant pas donné l'impression de se sentir tenus par l'engagement qu'ils ont pris en adhérant à la Déclaration du 9 mai. La délégation allemande a eu une attitude nettement plus réservée, insistant surtout sur l'aspect politique du problème. Contrairement aux délégués du Benelux, qui paraissent dans l'ensemble extrêmement attachés à la conclusion préalable d'accords intergouvernementaux, le délégué de l'Allemagne occidentale, malgré sa réserve, a paru beaucoup plus enclin à se rallier à la notion de supra-souveraineté, qui est l'essentiel du projet français.

Cette position de l'Allemagne n'est pas surprenante. Un grand nombre des pouvoirs auxquels elle renoncerait, si le traité envisagé était conclu, ne lui appartiennent pas, mais à la Haute-Commission alliée. En revanche, le principe d'égalité, qui est à la base de la proposition française, met définitivement un terme à la période des obligations unilatérales imposées à l'Allemagne.

---

[1] Dans un télégramme suivant, Chauvel rapportait que la réunion du Conseil de sécurité avait été complètement dominée par la prise de position des États-Unis, position qui avait surpris tous les membres du Conseil par sa soudaineté et par sa force. Les positions américaines avaient évolué en 24 heures vers un soutien occidental fort à la Corée du Sud (télégramme nos 893-894 du 28 juin 1950 de New York, non reproduit).

[2] Voir documents nos 152 et 153.

Dans ces circonstances, la tentation sera très forte, si l'on veut faire aboutir la tentative française (et on ne peut de gaîté de cœur envisager son échec), de prendre de vitesse les pays du Benelux, en réalisant un accord franco-allemand – ou franco-italo-allemand – auquel ces pays seraient bon gré mal gré, pour des raisons techniques, contraints de s'associer.

Il importe de voir clairement ce péril.

Il ne faut pas non plus oublier la position britannique. Certes, il est difficile de construire avec les Anglais un système européen qui implique de leur part une renonciation de souveraineté. Mais quelle que soit la raison qui rende inévitable l'abstention britannique, le fait politique de cette abstention demeure.

Ses conséquences sont graves : il risque de conduire à un renversement des alliances, ou du moins d'apparaître comme tel aux yeux des gouvernements et des opinions publiques.

Qu'adviendra-t-il par exemple, si l'opinion française, effrayée, se montre ultérieurement réticente ? Ne se trouverait-on pas alors en présence d'une crise des relations franco-allemandes, et que sera notre politique allemande, si ayant abandonné les contrôles, nous échouons à construire une organisation supranationale ?

Telles sont les interrogations que font naître les premiers contacts établis au cours de ces conversations : il est essentiel que compte en soit tenu, et que les précautions nécessaires soient prises.

(Direction des Affaires économiques, DECE, volume 508)

169

M. Schuman, Ministre des Affaires étrangères[1],
   à tous Postes diplomatiques.

T. circulaire n° 168 IP.   *Paris, 29 juin 1950.*

Une dépêche de l'agence Tass, diffusée le 28 juin et dont l'agence France-Presse s'est fait l'écho, reproduit le texte de la réponse du gouvernement soviétique au message de M. Trygve Lie lui transmettant la résolution américaine, relative aux événements de Corée, adoptée le 27 juin par le Conseil de sécurité des Nations unies (ma circulaire n° 167)[2].

---

[1] Télégramme envoyé par le Service d'Information et de Presse et signé par ordre Beaumont.

[2] Document non reproduit.

Aux termes de cette réponse, la résolution votée par le Conseil de sécurité n'aurait aucune valeur légale, attendu que, d'une part, elle a été adoptée par 7 voix, dont celle du délégué nationaliste chinois qui n'a aucun droit légal de représenter la Chine, et que, d'autre part, le vote n'a pas réuni l'unanimité des cinq membres permanents du Conseil, l'URSS et la Chine étant absents.

Interrogé à ce sujet par un journaliste, le porte-parole du Département a apporté les précisions suivantes :

Sur la question de la représentation chinoise, la thèse de la France n'a pas varié. La Chine, c'est-à-dire l'entité chinoise, doit être représentée ; elle l'est actuellement par un délégué nationaliste. Aucun changement ne peut intervenir dans ce domaine autrement que par une vérification des pouvoirs ; les Nations unies n'ont pas encore été amenées à prendre de décision sur ce point.

Deux questions se posent en ce qui concerne la légalité des votes au sein du Conseil de sécurité :

1) L'abstention est-elle assimilable au veto ?

2) L'absence est-elle assimilable à l'abstention ? Et, dans la négative, quels sont les effets de l'absence ?

I/ L'abstention est-elle assimilable au veto ?

Il faut se référer en ce domaine à la jurisprudence.

Deux périodes sont à distinguer :

1) Avant le 19 décembre 1946, il n'y avait pas de jurisprudence en la matière : on pouvait donc admettre en se basant sur la lettre de l'art. 27 de la Charte, la nécessité du vote unanime des 5 membres permanents du Conseil pour qu'une décision soit valable.

2) Le 19 décembre 1946, lors de la 87ème séance du Conseil de sécurité, une proposition américaine tendant à créer une Commission d'enquête pour la Grèce fut adoptée malgré l'abstention de membres permanents (l'URSS pour le paragraphe 3 de la proposition, le Royaume-Uni pour le paragraphe 5).

On relève ultérieurement 35 cas dans lesquels un membre permanent s'est abstenu. On a même assisté 6 fois à l'abstention de 2 membres permanents :

194ème séance (question indonésienne) : abstention de l'URSS et du Royaume-Uni.

312ème séance (question Indo-Pakistan) : abstention de l'URSS et de la Chine.

396ème séance (question palestinienne) : abstention de l'URSS et des États-Unis.

392ème, 401ème et 421ème séances (question indonésienne) : abstention de l'URSS et de la France.

En aucun cas, l'abstention ne fut assimilée au veto et les propositions de résolution furent adoptées. Cette jurisprudence n'a jamais été dénoncée.

II/ L'absence est-elle assimilable à l'abstention ?

L'absence et l'abstention sont deux notions différentes.

L'abstention est un vote, une prise de position ; l'abstentionniste peut présenter ses observations lors des débats, il manifeste son opinion tout en s'abstenant. L'absent, au contraire, se met dans une situation telle qu'il ne peut rien faire.

Dans ces conditions, quels sont les effets de l'absence sur les votes du Conseil de sécurité ?

Lorsqu'on conteste la décision d'un organisme, on en reconnaît par là même l'existence et la mission. Le gouvernement soviétique, ayant protesté contre la décision du Conseil de sécurité concernant la Corée, admet en conséquence l'existence et la mission de cet organisme.

L'absence de l'URSS au Conseil de sécurité n'entraîne donc pas la mise en sommeil de son fonctionnement. D'ailleurs, cette absence a seulement pour but de paralyser le Conseil de sécurité.

Elle constitue en elle-même un acte d'obstruction contraire à l'esprit de la Charte ; en effet, la notion de veto généralisée n'est pas admissible. Le veto, tous les États membres s'accordent à le reconnaître, doit être l'exception, portant sur un cas d'espèce au cours d'un vote déterminé.

Une nécessité majeure exige que le Conseil ne soit pas mis hors d'état de fonctionner par la seule absence d'un membre quand la paix du monde est menacée.

(Direction d'Asie-Océanie, Corée, volume 18)

170

M. Dejean, Ambassadeur de France, Chef de la mission française
à Tokyo,
    à M. Schuman, Ministre des Affaires étrangères[1].

T. n°s 685-689.   *Tokyo, 29 juin 1950, 9 h.*

Réservé. Très urgent. Secret.   *(Reçu : le 29, 14 h. 15)*

1/ L'intervention personnelle du général MacArthur a eu une
influence déterminante sur la décision prise dans la soirée du 27 par
le président Truman d'intervenir en Corée et d'interposer la flotte américaine entre Formose et la Chine.

C'est d'ailleurs au général MacArthur qu'a été confiée la responsabilité des opérations engagées en Corée et c'est sous le commandement
d'un amiral de son état-major qu'on place la flotte chargée de protéger
Formose.

2/ Pour le moment, l'action américaine en Corée, encore à ses débuts
et limitée aux forces navales et aériennes, n'a pas permis le redressement de la situation. Il apparaît que la défense sud-coréenne a été
disloquée dès le premier choc. Les débarquements sur la côte orientale
et l'action des guérillas ont ajouté à la confusion.

Étant donné les sentiments du général MacArthur à l'égard du communisme et de l'URSS, étant donné le dynamisme et le prestige du
personnage, on peut être assuré qu'il prendra rapidement toutes les
mesures nécessaires pour arrêter l'avance communiste et rétablir l'ordre
dans le pays. Il dispose au Japon de moyens considérables et il obtiendra les renforts dont il pourrait avoir besoin.

3/ Cependant au point où en sont déjà les choses en raison de la
pénétration assez profonde de l'ennemi et du concours fourni par les
guérillas du centre et du sud, il est douteux qu'un tel résultat puisse
être obtenu par le seul engagement des forces navales et aériennes. À
un moment, sans doute assez proche, il deviendra indispensable d'engager des forces terrestres. Ici les chefs militaires s'en rendent compte
parfaitement et je suis sûr qu'ils prennent déjà leurs dispositions afin
de ne pas être surpris par les événements.

Les développements de l'affaire coréenne tels qu'ils sont prévisibles
dès maintenant, peuvent donc comporter de graves complications. À
l'état-major du commandant suprême, on ne croit pas généralement
que l'URSS ait prévu la décision américaine et qu'elle ait pris des

---

[1] Télégramme communiqué à la Présidence de la République, la Présidence du Conseil,
MM. Parodi, Clappier et de Bourbon-Busset, avec prière de communiquer d'urgence à la
Défense nationale. Note manuscrite : « C[ommuni]quer Londres, Washington, Moscou,
Hau[t Commi]ssaire [à Saigon], f[ai]t le 30/6/50 ».

dispositions pour une réplique à une action que la *Pravda* vient de dénoncer comme une agression ouverte contre les Républiques populaires coréenne et chinoise. Toutefois toutes ces possibilités ont été envisagées dès le début et tous ces risques acceptés.

Le sentiment qui domine est qu'en laissant les choses suivre leur cours, on aurait abouti à un conflit général et que l'action entreprise représentait sans doute la seule chance de préserver la paix.

J'en suis moi-même convaincu.

(Direction d'Asie-Océanie, Corée, volume 18)

171

M. Chataigneau, Ambassadeur de France à Moscou,
  à M. Schuman, Ministre des Affaires étrangères[1].

T. n⁰ˢ 1478-1488.   *Moscou, 29 juin 1950, 16 h. 45.*

Réservé.   (*Reçu* : le 29, 19 h. 15)

En autorisant l'invasion de la Corée du Sud par les troupes de la Corée du Nord, le gouvernement soviétique n'a pas manqué de supputer avec soin, d'une part, les services qu'il se propose d'en tirer pour affermir son autorité en Asie orientale, pour s'assurer des garanties nouvelles de lien de la reconnaissance des Coréens et des Chinois communistes, pour rapprocher du Japon ses rampes de lancement de projectiles guidés, pour accomplir son plan de soumission successive des péninsules asiatiques à son système, pour découvrir enfin le tracé de la ligne de résistance américaine en Asie, et de l'autre, l'influence des hasards sinon l'inconvénient des risques qu'il court de se heurter à une opposition des armes américaines et de provoquer la rupture d'une paix dont il se représente dans le monde pour le protecteur le plus résolu, puis le déchaînement d'une troisième guerre mondiale.

Sans doute a-t-il balancé toutes les données de sa supputation, encore reste-t-il à savoir si celles-ci sont certaines et suffisantes, compte tenu des intelligences qu'il s'est constituées par les associations des partisans de la paix et par la propagation des résolutions de Stockholm dans tous les pays.

Toujours est-il qu'après avoir calmé au nord les appréhensions qu'il conçoit régulièrement sur sa frontière finlandaise dans la prévoyance

---

[1] Télégramme communiqué à la Présidence de la République, la Présidence du Conseil, MM. Parodi, de La Tournelle, Clappier et de Bourbon-Busset. Note manuscrite : « *Cattand. C[ommuni]quer Washington, Londres, Tchouan, Tokyo, fait le 30/6* ».

d'un danger de guerre à l'Ouest (mon télégramme n° 205)[1], il semble qu'il n'en prend pas moins garde maintenant à la Suède (mon télégramme n° 894)[2] avant peut-être d'étendre à toute la Scandinavie le champ de ses précautions préalables à un état de tension diplomatique.

Déjà au Sud, suivant les renseignements de source américaine que j'ai recueillis, des Soviets auraient commencé à s'infiltrer en Iran où la confusion dans les affaires de l'État, le manque de concert dans les esprits et le trouble dans le ravitaillement de la population ont préparé un terrain favorable à leurs desseins.

Ainsi semblent bien se confirmer deux dispositions essentielles de la stratégie soviétique, celle de prévoyance pour se précautionner aux ailes des armées européennes de l'Union (mes télégrammes n°s 836 et 874)[3] et celle de contraindre les États-Unis, soit à engager la guerre sur deux fronts et à diviser ainsi leurs forces, soit à abandonner celui de l'Asie pour assurer une défense valable de l'Europe occidentale (mon télégramme n° 892)[4].

Les événements de Corée continuent à être relatés avec prudence par les journaux qui se bornent aujourd'hui encore à reproduire une série de télégrammes Tass sans plus les commenter que la réponse officielle du gouvernement soviétique au Secrétaire général de l'ONU également publiée dans toute la presse. Ils mettent surtout en valeur les nouvelles annonçant la prise de Séoul et les progrès de l'armée du Nord. Je note enfin que tous les journaux, à l'exception cependant des *Izvestia*, organe du gouvernement, reproduisent l'article de la *Pravda* d'hier.

Le calme, je dirai presque la sérénité, avec lequel les Soviets jugent apparemment l'affaire coréenne est certainement remarquable. Faut-il en conclure qu'ils sont convaincus qu'après s'être assez compromis pour faire figure d'agresseurs aux yeux des communistes et des partisans de la paix, les États-Unis ne pourront ou n'oseront pas fournir au gouvernement de Séoul l'aide militaire totale (troupes) qui lui est nécessaire pour éviter un désastre et empêcher l'unification de la Corée sous un régime communiste ? Il est clair qu'un échec des forces sudistes malgré le soutien américain ruinerait le prestige des États-Unis en Extrême-Orient et permettrait à la Russie soviétique, sous prétexte d'aider d'abord son allié chinois, à repousser « l'agression américaine de Formose » d'achever aux moindres risques la conquête du Sud-Est asiatique.

Quelle sera l'attitude soviétique dans l'éventualité d'une défaite communiste en Corée ? On peut, à en juger par la prudence actuelle de la presse et le soin que prend ainsi le Kremlin de souligner sa volonté de ne pas intervenir dans une affaire qu'il considère comme une affaire

---

[1] Document non reproduit.
[2] Document non reproduit.
[3] Voir document n° 71 et document non reproduit.
[4] Voir document n° 80.

intérieure, supposer que Moscou enregistrerait l'échec, quitte à créer une diversion dans un autre secteur de la guerre froide. L'intérêt spécial que la presse locale porte actuellement à l'Iran et aux pays scandinaves doit à cet égard retenir sérieusement l'attention.

Il n'est naturellement pas exclu, surtout si les États-Unis en arrivaient à débarquer des troupes en Corée, que la Chine et par contre coup l'URSS, se décident à intervenir ouvertement en faveur du gouvernement de Pyong Yang.

Il convient en tout état de cause de ne pas oublier que, d'après des informations sûres, les Soviets disposent actuellement avec le groupe d'armées du maréchal Malinovski, de quarante divisions (400.000 hommes environ), dans le secteur Tchita-Vladivostok et que, du détroit de Bering jusqu'à Port-Arthur, l'aviation et la flotte soviétique d'Extrême-Orient disposent de nombreux points d'appui dont la défense a été, au cours des mois passés, fortement poussée, notamment dans le secteur des îles Kouriles, par équipement en radars et rampes de lancement de projectiles guidés.

Un incident analogue à celui qu'a provoqué il y a deux mois la disparition du *Privater* aurait dans cette zone particulièrement sensible des conséquences dont on ne saurait trop mesurer la gravité.

(Direction d'Asie-Océanie, Corée, volume 18)

172

NOTE DE M. ROLAND DE MARGERIE, DIRECTEUR ADJOINT DES
AFFAIRES POLITIQUES
POUR M. SCHUMAN, MINISTRE DES AFFAIRES ÉTRANGÈRES

Évolution des conceptions à Washington sur le mécanisme du Pacte

N.   *Paris, 29 juin 1950.*

Très secret.

La nomination récente par le Président des États-Unis de M. Spofford au poste de Suppléant à Londres n'avait pas été sans surprendre ceux qui, lors du dernier conseil de l'Atlantique, avaient pu constater l'importance que M. Acheson attachait à la création du nouveau rouage du Pacte. À cette époque, le Secrétaire d'État et ses adjoints n'hésitaient pas à présenter le président (américain) du Conseil des Suppléants comme le véritable « pouvoir exécutif » de la coalition, chargé de trancher les différends entre des comités parfois composés de Ministres, ayant accès direct auprès des membres des gouvernements des puissances signataires, et donnant à l'ensemble de l'organisme une impulsion très énergique : ce personnage dirigeant n'avait pas tardé au sein des délégations d'être baptisé du surnom de « *superman* » – le « surhomme », qui traduisait à la fois la description donnée par M. Acheson et la réaction inquiète de certaines puissances.

Si les indications recueillies au sujet de M. Spofford sont extrêmement favorables, et si la valeur de l'homme ne peut être mise en doute, on ne saurait cependant voir en lui le « *superman* » auquel on songeait à Washington il y a un mois. Il serait néanmoins complètement inexact d'en conclure que l'administration américaine, soudain découragée ou hésitante, ait abandonné l'idée de donner au Pacte une vigoureuse impulsion : la nomination de M. Harriman au poste de conseiller du Président pour les affaires extérieures chargé de la coordination des départements ministériels intéressés à la mise en application de l'alliance suffit à démontrer le contraire.

Une preuve supplémentaire peut en être trouvée dans un document très important remis par les représentants américains aux groupes émérites de travail économique et financier d'une part, et d'armement d'autre part. Ce document établi en commun par M. Harriman (économique et financier), M. Howard (armement) et le général Bradley (Groupe permanent), expose les suggestions américaines quant à la méthode à employer pour répondre dans les plus brefs délais à la directive adoptée par le dernier Conseil de l'Atlantique. Cette directive, d'inspiration essentiellement française, définit les tâches essentielles et urgentes de l'organisation du Pacte, en même temps qu'elle leur attribue un ordre de priorité. Ses différents points sont repris dans la proposition américaine, qui propose en même temps, pour chacune des tâches, l'organe responsable au premier chef. Un coup d'œil jeté sur ce document suffit à montrer que Washington assigne au Groupe permanent un rôle de premier plan dans la préparation des travaux du Conseil.

Les conversations récentes qu'a eues M. Sergent avec son collègue américain confirment cette conclusion et donnent à penser que Washington envisage désormais pour les Suppléants un rôle moins exécutif que consultatif.

Qu'au cours du dernier mois, des modifications soient intervenues à cet égard dans la conception américaine, cela paraît hors de doute.

Pour les apprécier, il convient de se rappeler :

1) que la nomination de M. Harriman ramène, quoi que l'on fasse, le centre nerveux du pacte à Washington, ce qui, pour nous, est à la fois logique et souhaitable ;

2) que c'est au sein du Groupe permanent que nous avons jusqu'ici le mieux fait valoir nos conceptions, grâce notamment à l'autorité de notre représentant, le général Ély ;

3) que nous avons toujours été favorables à tout renforcement de ce Groupe permanent, dont nous voulons absolument assurer le maintien à Washington.

Il ne faut pas non plus négliger le fait qu'à Londres même nous ne nous étions ralliés au choix de Londres comme siège du Conseil des suppléants qu'en raison du refus des Américains de l'accueillir à Washington.

Si le gouvernement des États-Unis revient maintenant à une conception plus voisine de celle que nous avions à l'origine, il ne semble pas que nous ayons intérêt à l'en décourager.

Pour ces différentes raisons, nous pourrions nous rallier à la proposition américaine, tout au moins dans son inspiration générale, et sous réserve, bien entendu, des mises au point ou modifications de détail qui apparaîtraient nécessaires après consultation avec les ministres de la Défense nationale et des Finances.

Si telle est aussi la conclusion du Président, il y aurait lieu d'adresser au plus tôt, en accord avec M. Pleven et M. Petsche, des instructions en ce sens aux représentants français dans les différents comités qui sont saisis de la proposition américaine, et qui doivent exprimer leur avis technique avant le 1ᵉʳ juillet.

(Cabinet du Ministre, Schuman, volume 147)

173

NOTE DE LA DIRECTION D'EUROPE
(Sous-direction d'Europe orientale)

Situation de l'Église dans l'Est européen

N.   *Paris, 29 juin 1950.*

Presque simultanément, l'épiscopat hongrois vient de faire connaître son désir de traiter avec le gouvernement, les évêques polonais d'annoncer qu'ils approuvaient les termes de l'appel de Stockholm.

C'est dire que dans les deux démocraties populaires où l'influence catholique est prédominante, la hiérarchie de l'Église ne se sent plus en état de défendre les positions intransigeantes qui étaient jusqu'ici les siennes, qu'elle est contrainte de compromettre.

Pour la Pologne, la première faille dans la ligne rigide de résistance au gouvernement se produisit le 14 avril, lorsqu'après plusieurs mois d'âpres discussions avec les représentants du régime, le primat fut contraint d'accepter l'accord que lui offrait le ministre Wolski.

« *Diktat* » d'ailleurs bien plutôt qu'accord car l'Église se voyait imposer un désaveu presque complet de l'attitude qu'elle avait jusque là adoptée.

On aurait pu penser dès lors, et les milieux ecclésiastiques à Varsovie le proclamaient, que les concessions ainsi faites ne seraient suivies d'aucune autre, que l'épiscopat demeurerait fermement retranché sur la ligne de repli qu'il avait dû adopter.

La démarche que vient de faire Monseigneur Choromanski, Secrétaire de l'épiscopat, prouve qu'une fois lancée dans la voie des compromis, l'Église de Pologne ne peut faire machine arrière et que de bon ou mauvais gré elle devra désormais à chaque occasion céder à la pression gouvernementale. La même règle qui devait fatalement, sous l'occupation hitlérienne, amener les gouvernements asservis à une cascade de capitulations, conduira inévitablement la hiérarchie religieuse à une soumission sans cesse plus marquée aux ordres du régime.

L'arrestation de nombreux prêtres, la mise aux arrêts d'un évêque, la confiscation des biens de mainmorte, les incessantes attaques de la presse et la menace de nouvelles répressions avaient amené l'Église de Pologne à fléchir. Les mesures draconiennes prises à l'encontre des moines et religieux, celles qui frappent les membres du clergé séculier ont de même usé l'esprit de résistance des évêques hongrois et les ont conduit à suivre les traces de l'épiscopat polonais. En renonçant ainsi à leur refus hautain de s'incliner, ils s'engagent à leur tour sur une pente qu'il leur sera pratiquement impossible de remonter.

Après l'ensemble des partis politiques dont le stalinisme n'était pas assuré, la force d'opposition que représentait l'Église est donc en Pologne comme en Hongrie, pratiquement matée. C'est là pour le Kremlin un nouveau et brillant succès et on ne voit guère comment à Prague Monseigneur Beran jusqu'ici inaccessible aux avances comme aux menaces du gouvernement tchécoslovaque pourrait longtemps encore demeurer sur ses positions.

(Direction d'Europe, URSS, volume 134)

174

NOTE DE LA DIRECTION GÉNÉRALE DES AFFAIRES POLITIQUES

N.   *Paris, 29 juin 1950.*

Le gouvernement français, qui a éprouvé une grave inquiétude de l'attaque armée dirigée contre la République de Corée par la Corée du Nord, s'est associé aux deux résolutions adoptées par le Conseil de sécurité des Nations unies, les 25 et 27 juin[1]. Le premier de ces textes demandait la cessation immédiate des hostilités et en appelait notamment aux autorités de la Corée du Nord pour qu'elles retirassent sans délai leurs troupes au 38e parallèle. Cet appel à la restauration de la paix et de la sécurité internationale étant demeuré sans réponse puisque les troupes de la Corée du Nord ont continué l'invasion du territoire du Sud, le Conseil de sécurité le 27 juin a été contraint de recommander aux membres des Nations unies de fournir à la République de Corée l'assistance qui peut être nécessaire pour repousser l'attaque armée et rétablir la paix et la sécurité internationale dans cette région.

Certes la France ne possède aucun intérêt dans cette région du globe, mais la solidarité des Nations unies doit se manifester sans défaillance à l'appui des principes sur lesquels leur association même est fondée. Personne ne peut nier qu'il ne s'est pas agi en Corée d'un événement fortuit puisque la largeur du front d'attaque et l'importance des effectifs engagés établissement de façon irréfutable la préméditation de l'agression, et que l'appel du Conseil de sécurité du 25 juin en vue d'arrêter les hostilités a été complètement ignoré des autorités responsables de l'agression. En outre, le problème particulier de la Corée doit être placé dans le cadre général du Pacifique dont les parties sont liées au point de vue interdépendant.

En conséquence, le gouvernement français qui a participé au vote des résolutions du Conseil de sécurité du 25 et du 27 juin est lié par celles-ci et donnera toute l'assistance possible à leur exécution. Le gouvernement français en effet estime que la Charte des Nations unies, par l'universalité de ses membres et par les fins qu'elle se propose, est l'organisation la plus susceptible de maintenir la paix et la sécurité internationale, de prévenir et d'écarter les menaces contre la paix et de réprimer tout acte d'agression ou de rupture de la paix. Aussi le gouvernement français a-t-il toujours eu soin de confirmer soigneusement sa politique aux principes énoncés par le Charte. Il l'a même fait parfois dans des circonstances remarquables. Qu'il me suffise de rappeler que le 16 février 1946, le Conseil de sécurité avait « exprimé sa conviction que les troupes étrangères qui se trouvaient en Syrie ou au Liban seraient retirées aussitôt que possible et qu'à cette fin des négociations seraient entreprises sans délai par les parties intéressées ». Ce texte, qui avait recueilli 7 voix, avait cependant été rejeté en raison du veto soviétique, le délégué soviétique ne l'estimant pas assez précis. Toutefois le gouvernement français s'est néanmoins considéré lié par ce vote, et en conséquence il a immédiatement engagé les négociations qui ont conduit à une évacuation très rapide des troupes françaises de la Syrie et du Liban.

Cette attitude passée nous donne sans doute le droit d'exiger de tous les membres de la communauté internationale le respect des principes

---

[1] Voir documents nos 158 et 162.

de la Charte, et l'exécution des résolutions du Conseil de sécurité, lorsque des questions aussi essentielles que la paix et la sécurité internationale sont en jeu.

(Direction d'Asie-Océanie, Corée, volume 18)

175

M. Bonnet, Ambassadeur de France à Washington, à M. Schuman, Ministre des Affaires étrangères[1].

D. n° 3081.   *Washington, 29 juin 1950.*

Ma correspondance télégraphique vous a fait connaître les conditions dans lesquelles le président Truman a pris la double décision d'appuyer par la marine et par l'aviation les troupes de la Corée du Sud et de renforcer les positions occidentales en Extrême-Orient, qu'il s'agisse de Formose, des Philippines ou de l'Indochine. La portée de cette décision dépasse très certainement le théâtre extrême-oriental. Ses répercussions sur la position des États-Unis vis-à-vis de la menace soviétique en général et par rapport à l'Europe de l'Ouest doivent également être examinées. Il convient aussi de situer l'initiative du Président dans le cadre de la politique intérieure américaine.

Arrêtée après 40 heures de discussions presque ininterrompues avec les chefs des différentes branches de l'Administration, la décision de M. Truman a naturellement donné lieu, après coup car sur le moment même un silence presque complet a été observé, à des commentaires variés. On a successivement déclaré que c'était le Département d'État qui l'avait emporté sur les militaires et que c'étaient les militaires qui l'avaient emporté sur le Département d'État. En réalité, il semble que des points de vue, assez divergents avant l'agression de dimanche dernier, se soient, sous le coup des circonstances nouvelles, rapidement rapprochés et aient concouru à créer une unanimité sur laquelle s'est fondée la décision du Président.

Il paraît désormais confirmé que, il y a plusieurs semaines déjà, les *Joints Chiefs of Staff* américains, présidés à Washington par le général Bradley, et le général MacArthur à Tokyo avaient formulé l'avis que les échecs de la politique américaine en Extrême-Orient avaient atteint la limite qu'il n'était plus possible de dépasser sans compromettre, d'un point de vue purement stratégique, la sécurité des positions militaires américaines en Extrême-Orient, au Japon et aux Philippines, notam-

---

[1] Dépêche adressée à la direction d'Amérique et communiquée au Secrétariat général, au Cabinet du Ministre, aux directions d'Europe et d'Asie-Océanie et au service d'Information et de Presse.

ment. Quant à la Corée, c'est à contrecœur qu'ils avaient accepté d'en retirer les troupes américaines, bien que leur déplaisir eût été quelque peu atténué à l'idée que cette position continentale, difficile à défendre, était peut-être une charge plutôt qu'un avantage. En revanche, la chute éventuelle de Formose était considérée, au Pentagone et au Quartier général de Tokyo, comme de nature à ébranler gravement la situation militaire américaine dans l'Extrême-Orient tout entier. L'état-major américain en avait tiré la conclusion – exprimée notamment de la manière la plus nette dans un mémorandum du général MacArthur rapporté à Washington par M. Johnson et par le général Bradley quelques heures avant la crise – que les États-Unis devaient désormais déployer une politique active en Extrême-Orient et signifier par des démonstrations de force qu'ils entendaient tirer une ligne que l'expansion russe ne devrait pas franchir dans cette région du monde, comme cela avait été le cas en Europe, grâce au Pacte de l'Atlantique.

Au Département d'État, où l'on se préoccupait davantage de l'aspect politique que de l'aspect militaire de la situation, on reculait encore, semble-t-il, il y a quelques semaines, devant la prise de décisions trop catégorique qui risquaient, pensait-on, non seulement d'accroître la tension avec l'URSS mais aussi d'engager à nouveau les États-Unis dans les complications de la politique chinoise dont l'expérience Tchang Kaï-chek avait consacré l'échec. Pour M. Acheson, la situation était encore trop imprécise pour qu'il soit possible de « tirer la ligne » comme le demandaient le général MacArthur et le général Bradley.

Mais l'invasion de la Corée du Sud fait cesser ces hésitations. Les conditions du problème désormais changées ont, sans grande peine, déterminé une sorte de retournement de la politique américaine. En Extrême-Orient, celle-ci vient de passer d'une attitude prudente et plutôt hésitante à des dispositions résolues. L'intervention en faveur de la Corée du Sud est de nature à satisfaire les militaires américains qui, quelque sceptiques qu'ils puissent être sur la possibilité, en cas de conflit général, de tenir la position coréenne, estiment néanmoins qu'il est préférable d'en écarter les Russes et leurs alliés aussi longtemps que possible. Plus intéressante encore à leur point de vue est, sans doute, la décision qui confie à la 7ème Flotte américaine le soin d'interdire le débarquement à Formose des communistes chinois. Ces deux décisions majeures ont été complétées par l'annonce de l'envoi de renforts aux Philippines et d'un aide matérielle accompagnée d'une mission militaire en Indochine. C'est donc l'ensemble du dispositif militaire en Extrême-Orient qui va être raffermi conformément au désir exprimé par les chefs militaires américains depuis assez longtemps.

Il n'en résulte pas que cette décision doive être interprétés comme un désaveu donné par M. Truman à M. Acheson et au Département d'État. Il est normal, au contraire, que la diplomatie américaine se soit adaptée à une situation brusquement modifiée. Elle n'a d'ailleurs pas pour autant renoncé à certaines idées antérieures. On a remarqué, en effet, comment la décision du président Truman d'interdire l'accès de Formose aux communistes chinois avait été assortie d'une intimation au maréchal Tchang Kaï-chek d'avoir à cesser toute entreprise contre la Chine continentale. Ceci semble prouver – comme d'ailleurs les réserves formulées par le représentant de la Chine nationaliste à l'ONU ainsi que le fait que M. Wellington Koo, ambassadeur de Chine à Washington, continue à être tenu quelque peu à l'écart par le Département d'État – que le gouvernement des États-Unis n'entend pas s'engager dans une politique d'aide au gouvernement de Formose, qu'il désire, au contraire, conserver toute sa liberté de décision vis-à-vis des affaires intérieures de la Chine, encore que la chose soit rendue plus difficile par la présence à l'ONU du représentant de la Chine nationaliste dont le vote, avant hier, a été indispensable pour atteindre le quorum requis de 7 voix.

Mais c'est surtout en se plaçant en quelque sorte à *contrario* que la décision prise par le Président apparaît comme ne constituant nullement une condamnation de la politique du Département d'État. L'alternative qui s'offrait, c'est-à-dire une politique de faiblesse qui aurait refusé à l'ONU l'appui du bras séculier américain, aurait, en effet, été une condamnation totale de la politique de renforcement préconisée par le Département d'État. Celle-ci se serait complètement effondrée. En Extrême-Orient, dans le Proche-Orient et en Europe, le spectacle de la mollesse américaine venant après des mois de déclarations antisoviétiques résolues aurait produit un effet désastreux. La confiance non seulement en la capacité de résistance mais aussi en la sincérité même de la politique américaine aurait été ébranlée. Les idées de neutralité et de troisième force se seraient développées avec rapidité, ouvrant la voie à toutes les compromissions avec les Soviets et ruinant la position morale des États-Unis dans le monde entier. Aux États-Unis mêmes, un démenti éclatant aurait été donné à la politique de fermeté que M. Acheson ne cesse de préconiser dans ses discours. Cette fermeté eût pris figure de rodomontades. L'écroulement de la politique Acheson eût ouvert la voie aux pires excès de l'isolationnisme américain.

Quant à la conclusion qu'en eut tirée Moscou, elle était facile à prévoir. Constatant que M. Acheson préconise l'édification de situations de force, mais qu'à la première riposte soviétique les États-Unis n'avaient pas réagi, l'URSS encouragée par cette expérience l'aurait certainement renouvelée ailleurs. Elle s'en serait prise successivement aux autres points faibles du dispositif, Formose, l'Indochine, l'Iran, la Yougoslavie. Nous aurions assisté, dans les prochains mois à la réédition de l'histoire d'avant-guerre. Cette analogie avec les années 1936-1939 a été soulignée ici. Comme lors de la guerre d'Espagne, la Corée, sous l'apparence d'une guerre civile, est le théâtre d'un conflit entre des idéologies opposées. Elle risque de servir de banc d'essai aux armements des grandes puissances. Les puissances occidentales se trouvent aujourd'hui devant le dilemme même de 1936 et de 1938 : réagir ou laisser faire ? – Mais cette fois-ci les démocraties ont réagi contre la menace totalitaire. À cet égard, l'intervention de troupes américaines en Corée contraste heureusement – souligne-t-on ici – avec la passivité de la France et de l'Angleterre au moment où Hitler réoccupait la rive gauche du Rhin. Quant à la décision du président Truman, par la résolution dont elle témoigne, elle est exactement l'inverse de la capitulation de Munich.

Un fléchissement dans l'affaire de Corée aurait, sans contredit, signifié l'effondrement total de la politique étrangère américaine. Seule l'alternative, c'est-à-dire la fermeté, était possible. Le principe en avait d'ailleurs été tracé à l'avance par M. Acheson. L'agression contre la Corée a seulement été l'occasion de manifester avec éclat dans les faits ce qui avait, jusqu'alors, été surtout énoncé dans les mots. Ainsi disparaissent toutes les équivoques qui pouvaient subsister encore.

Ce n'est pas dire pourtant que le gouvernement des États-Unis ignore les risques d'une telle attitude. Il se rend parfaitement compte que l'aide soviétique à la Corée du Nord pourrait prendre une forme plus caractérisée que celle qui consiste à fournir du matériel et des instructeurs et à préparer les plans de campagne. Il reconnaît que la riposte américaine peut appeler une contre-riposte soviétique. Aussi fait-il tout son possible pour éviter d'envenimer la situation et pour limiter géographiquement l'incident. On a remarqué que, dans leurs déclarations, M. Truman, Acheson et Austin ont soigneusement évité de mettre directement l'URSS en cause et que les attaques verbales contre le communisme ont sensiblement décru. En même temps, on note que la démarche que M. Kirk a été chargé d'effectuer auprès de M. Molotov afin de suggérer à l'URSS d'user de ses bons offices pour amener le gouvernement de la Corée du Nord à la raison est une manifestation de sang-froid de la part des États-Unis et qu'elle pourrait même ouvrir une porte de sortie honorable à l'URSS.

Mais le désir ainsi manifesté par le gouvernement américain de circonscrire le conflit et de le ramener aux proportions d'un incident local n'enlève rien à l'existence d'un risque qu'au contraire l'affaire de Corée ne dégénère plus ou moins rapidement un conflit général. Mais ce risque, ainsi que l'a précisé M. Kennan lors de la réunion d'avant-hier au Département d'État, a été soigneusement posé à Washington. Il s'agit d'un risque calculé et que le gouvernement des États-Unis, en pleine connaissance de cause, a estimé pouvoir affronter parce qu'il n'est pas jugé excessif, sans vouloir le minimiser, et parce que, probablement, l'URSS – pense-t-on ici – reculera devant l'éventualité de déclencher une guerre générale. Si ce calcul se révélait erroné, c'est alors une situation entièrement différente et nouvelle qui se présenterait. Ce dont il s'agit aujourd'hui c'est d'une situation qui est considérée comme locale, tout en comportant un risque d'extension, risque qu'on a pourtant préféré à l'alternative qui aurait consisté à ne rien faire et qui aurait immanquablement impliqué, pour l'avenir, des risques plus grands que celui qui est couru aujourd'hui.

On remarque, d'autre part, que la décision du président Truman comporte tous les avantages d'une reprise en main de l'initiative. Manifestement, par l'agression contre la Corée, l'URSS a voulu éprouver la fermeté de la politique américaine. Celle-ci s'étant effectivement révélée ferme, c'est maintenant au tour des États-Unis d'éprouver la fermeté soviétique. Les États-Unis ne pouvaient évidemment monter de sang froid une pareille expérience et ils ne l'ont pas recherchée. Mais, puisque les circonstances s'y prêtent, la crise actuelle aura au moins l'avantage de fournir des indications sur les intentions soviétiques. On verra, dans quelques jours, jusqu'à quel point l'attitude de Moscou constituait un bluff et dans quelle mesure l'URSS est prête aujourd'hui à risquer la guerre générale. En réalité, comme Monsieur Kennan l'a longuement développé, les rapports des services de renseignements américains ne font apparaître en aucun point d'indices véritablement inquiétants. L'on ne pense pas en conséquence, à Washington, que l'URSS songe sérieusement aujourd'hui à une extension du conflit. On imagine au contraire que, sous une forme ou sous une autre, Moscou sera conduit à relâcher sa pression. Il en résulterait un grand avantage pour l'Occident et la manœuvre de l'URSS se serait finalement retournée contre elle. Ce raisonnement d'ordre politique est évidemment fondé sur l'idée que l'intervention à laquelle les États-Unis procèdent pour le compte de l'ONU sera réussie rapidement et qu'elle conservera le caractère net d'une opération de police. Des délais trop longs, en permettant à l'URSS de renforcer la Corée du Nord, créeraient au contraire une situation larvée analogue à celle de la guerre civile espagnole qui, en immobilisant des forces américaines, serait au bénéfice de Moscou et non de Washington. Mais ce risque aussi a été pris en considération et le gouvernement des États-Unis a estimé pouvoir l'affronter.

Tels sont les différents éléments qui paraissent avoir été posés au cours des longues conférences de dimanche et de lundi et sur lesquels s'est finalement fondée la décision du Président. Proclamée quelques heures avant la deuxième réunion du Conseil de sécurité et après que les ordres nécessaires aient, sans attendre, été adressés au général MacArthur, elle n'en a pas moins été strictement prise dans le cadre de l'ONU et en vertu de la première résolution du Conseil qui faisait appel au concours des États membres. En l'espèce, ce n'est évidemment pas l'ONU qui a joué le rôle dominant mais bien le gouvernement des États-Unis car la première ne pouvait rien faire sans le second. La décision américaine avait donc une valeur déterminante pour le sort de l'institution. Elle pouvait la réduire à l'impuissance ou, au contraire, justifier l'espoir placé, à San Francisco, dans l'existence d'un bras séculier qui serait mis à sa disposition en cas de besoin. La décision américaine a donc renforcé l'ONU. Mais elle a, en même temps, sensiblement modifié le caractère de l'institution, puisque, formellement au moins, la procédure qui exige pour toutes les décisions importantes le vote concurrent des cinq membres permanents du Conseil n'a pas été respectée. Un débat juridique s'est institué à ce sujet entre l'URSS qui défend l'interprétation littérale de la Charte et les États-Unis qui viennent de rappeler qu'en diverses circonstances, à propos de la Palestine notamment, l'absence du vote soviétique n'a pas été considérée comme infirmant les décisions du Conseil. Quoi qu'il en soit, c'est le principe même de l'accord des grandes puissances, retenu à San Francisco, qui vient d'être reconnu inadéquat et condamné. Il devrait en résulter une modification de la procédure de vote, d'ailleurs préconisée par de nombreux observateurs américains comme M. Foster Dulles, qu'il s'agisse d'une révision formelle de la Charte ou de la simple reconnaissance de la jurisprudence qui vient de s'affirmer.

Du point de vue de la politique intérieure américaine, d'autre part, en remarquera que le Président a pris la décision de fournir à la Corée du Sud l'aide de l'aviation et de la Marine américaine sans en référer au Congrès. Ceci surprendra peut-être en Europe où les gouvernements parlementaires sont contrôlés de très près par les assemblées législatives. Aux États-Unis, on ne s'en étonne pas car la Constitution accorde formellement au Président le pouvoir d'engager les forces militaires américaines. De multiples précédents existent d'ailleurs qui remontent aussi loin que la guerre anglo-américaine de 1812 et dont un exemple récent a été la décision du président Roosevelt en 1941 de faire escorter les convois avant que les États-Unis n'entrent dans la guerre. Dans ces conditions, les discussions qui s'étaient engagées l'an passé au moment de la ratification du Pacte de l'Atlantique prennent rétrospectivement un caractère un peu académique. Il apparaît en effet que, dans les circonstances graves, le Président n'a pas de mal à prendre des décisions majeures qui sont généralement approuvées par le Congrès.

Tel a été, incontestablement, le cas cette fois-ci. Sur tous les bancs du Capitole, la décision de M. Truman a été approuvée. Des adversaires du gouvernement comme le sénateur Wherry et le sénateur Knowland ont fait l'éloge de la fermeté et du sang-froid manifestés par le Président. Certes l'opposition ne renoncera pas à la politique étrangère comme thème de campagne électorale et il se trouvera encore des parlementaires pour attaquer sur ce point l'Administration. Mais ils le feront plutôt à titre rétrospectif, critiquant la politique américaine en Extrême-Orient au cours des mois passés et demandant même, comme vient de le faire le sénateur Taft, la démission de M. Acheson accusé d'avoir « fait faillite ». En revanche, ces critiques ne porteront pas sur la décision actuelle de M. Truman dont la fermeté est au contraire approuvée. Dans la présente heure grave, nous venons d'assister à une sorte de regroupement du Congrès derrière l'Administration. Un souffle nouveau et encourageant a clarifié l'atmosphère parlementaire empoisonnée par les basses attaques du sénateur MacCarthy contre le Département d'État et son chef.

Mais l'attitude résolue du Président et l'appui qu'elle vient de trouver au Congrès n'auraient pu se manifester aussi nettement si M. Truman et les parlementaires n'avaient senti que l'opinion publique américaine était favorable à la fermeté. Les indications fournies par la presse et par la radio sur l'état d'esprit de l'homme de la rue, systématiquement interrogé, en des consultations populaires improvisées sur la voie publique, ont montré que, dans son ensemble, le peuple américain éprouvait une vive indignation contre la politique soviétique d'agression déguisée, qu'il jugeait le moment venu de réagir et de montrer aux communistes que l'Amérique ne se laissera pas provoquer indéfiniment. Ce n'est pas seulement M. Truman et le Congrès mais aussi le peuple américain dans son ensemble qui ont estimé que l'heure de la fermeté avait sonné.

Cette attitude résolue, fondée sur un principe moral, l'est sans doute en partie aussi sur l'espoir que l'intervention de l'aviation et de la marine américaine permettra d'arrêter les troupes coréennes du Nord et de les repousser au-delà du 38e parallèle. Dans ce cas, l'affaire serait effectivement circonscrite et les États-Unis en tireraient un bénéfice moral important. Celui-ci serait au contraire très fortement réduit si le succès des armées du Nord s'avérait trop considérable pour qu'une simple intervention de l'aviation et de la marine suffise et s'il fallait que les États-Unis engagent des troupes terrestres dans les conditions défavorables qui résulteraient d'une déroute de l'armée coréenne du Sud. Ce serait là une décision grosse de conséquences et qui incomberait au Président lui-même mais à laquelle les États-Unis, désormais engagés, pourraient difficilement se soustraire. Enfin, un autre risque mentionné plus haut et pesé par les autorités américaines serait celui de la guerre générale. L'avenir immédiat apportera au sujet de ces trois hypothèses des indications sans doute décisives. Les premiers jours suivant la décision historique du Président se révéleront les plus importants. Quelle que soit l'issue de cette première épreuve, elle aura servi, il faut l'espérer, à renforcer chez les Américains la conviction qu'il est indispensable d'accroître rapidement non seulement le potentiel militaire des États-Unis eux-mêmes, mais également celui de leur alliés. À cet égard, l'Administration peut sans doute compter sur une amélioration du climat parlementaire qui facilitera le vote des crédits. Quant à l'exécution pratique du programme d'assistance militaire, le gouvernement des États-Unis s'efforcera certainement d'en accélérer le rythme.

(Direction d'Asie-Océanie, Corée, volume 18)

176

M. Dejean, Ambassadeur de France, Chef de la mission française
à Tokyo,
    à M. Schuman, Ministre des Affaires étrangères[1].

T. n⁰ˢ 703-705.   *Tokyo, 30 juin 1950, 7 h.*

Réservé. Secret. Urgent.   *(Reçu : le 30, 10 h.)*

En ce qui concerne une participation éventuelle de la France à l'action alliée entreprise en Corée sur des bases de la résolution des Nations unies, j'ignore de quels moyens peut disposer le gouvernement étant donné les lourdes obligations qui nous incombent en Indochine.

Aux questions qui m'ont été posées à ce sujet, j'ai répondu que la France coopère très activement depuis 4 ans en Asie à la mise en œuvre de la politique de résistance à l'agression qui vient d'être définie par le président Truman et que de toutes les puissances occidentales, elle était celle qui entretenait en Extrême-Orient l'armée la plus nombreuse et jusqu'ici la plus fortement engagée.

J'estime cependant, dans l'intérêt de notre prestige aux yeux des peuples asiatiques et de notre standing auprès de nos alliés, qu'il serait bon – si cela s'avérait matériellement possible – que la France participât au moins d'une façon symbolique aux opérations navales par l'envoi d'un bâtiment actuellement basé en Indochine, qui pourrait d'ailleurs ne demeurer dans les eaux japonaises qu'un temps limité.

La question pourrait peut-être se poser à propos du *Duguay-Trouin.*

(Direction d'Asie-Océanie, Corée, volume 18)

---

[1] Télégramme communiqué à la Présidence de la République, la Présidence du Conseil, MM. Parodi, Clappier, de La Tournelle et de Bourbon-Busset. Note manuscrite : « *Baeyens, vu, Broustra, vu* ».

177

M. Schuman, Ministre des Affaires étrangères[1],
à MM. Chauvel, Représentant permanent de la France auprès
du Conseil de sécurité des Nations unies, et Bonnet,
Ambassadeur de France à Washington.

T. n°s 1156-1161 et 5264-5269.　　　　　　　*Paris, 30 juin 1950.*

Réservé. Priorité absolue.

Pour Washington : J'adresse à New York le télégramme suivant.

Pour les deux : Je me réfère à votre télégramme n° 899[2].

Comme la délégation américaine, j'estime que le comité d'état-major n'a pas à intervenir dans l'affaire de la Corée. Le comité n'est en effet qu'un élément d'un mécanisme qui, bien que prévu par les articles 43 à 47 de la Charte, n'a pas été établi.

Je vous fais part ci-après, pour votre information personnelle, de mes vues sur certains aspects juridiques du problème posé par l'intervention des États-Unis. Les principes généraux et l'action du Conseil de sécurité en présence d'une agression sont posés par les articles 41 et 42 de la Charte, le premier n'ayant pas à être pris en considération dans le cas particulier. L'article 42 affirme le principe de l'intervention armée au moyen de forces des membres des Nations unies. Pour l'application de ce principe, deux voies sont possibles aux termes du chapitre VII. L'une, définie dans les articles 43 à 47, suppose la conclusion des accords spéciaux prévus à l'article 43, condition préalable d'un mécanisme qui n'est pas en état de fonctionner puisque ces accords ne sont pas intervenus. L'autre voie est celle de la contribution que les membres des Nations unies peuvent être appelés à donner directement au Conseil pour l'exécution de ses décisions, suivant des modalités que définissent dans leurs grandes lignes les articles 48 et 49.

Il ne m'échappe pas que l'on pourrait trouver dans les travaux préparatoires des arguments à l'encontre de cette thèse dont le mérite principal est d'établir avec clarté le lien juridique entre l'action des États-Unis et l'action du Conseil de sécurité, la première trouvant son fondement et par conséquent sa justification dans l'article 42.

On pourrait tirer de la Charte d'autres justifications de l'intervention américaine. La légitimité de la résistance à l'agression ne saurait être infirmée par le fait que l'Organisation n'a pu établir le mécanisme prévu aux articles 43 à 47 et qu'en outre un membre permanent a cessé provisoirement de coopérer à ses travaux. En effet, dans de telles circonstances, l'interprétation de la Charte doit s'inspirer de la hiérarchie

---

[1] Télégramme envoyé par le Secrétariat des Conférences.

[2] Document non reproduit.

des buts des Nations unies, dont le premier, inscrit au paragraphe 1ᵉʳ de l'article 1ᵉʳ, est le maintien de la paix. L'exigence fondamentale formulée dans ce paragraphe impose aux Nations unies le devoir d'interpréter à cette fin toutes les dispositions de leur statut et leur donne le pouvoir de réprimer tout acte de rupture de paix. Elle ne peut permettre qu'une agression puisse se produire sans que le Conseil soit à même de prendre des dispositions pour le rétablissement de la paix. Des déficiences dans le mécanisme prévu pour mettre en jeu les dispositions de la Charte, en particulier celles qui découlent des articles 43 à 47, ne sauraient avoir pour effet d'annuler les principes fondamentaux, tel que le principe d'intervention posé par l'article 42, et empêcher l'action des Nations unies pour le maintien de la paix qui est leur but essentiel.

En outre, la Corée du Sud se trouvait sous le contrôle des Nations unies et celles-ci ont donc une responsabilité spéciale pour le maintien de la paix sur son territoire. Cet état de choses et le fait bien évident que le droit de légitime défense existe même en dehors de la Charte permet de rapprocher la situation de celle que vise l'article 51 qui pose le principe de ce droit pour les États membres. Il y a donc là une justification supplémentaire aux mesures prises par des membres dans l'exercice de ce droit de défense.

Je vous serais obligé de me faire connaître le point de vue du Secrétariat général sur cette question, ainsi que ceux de vos collègues américain et britannique[1].

(Direction d'Asie-Océanie, Corée, volume 71)

---

[1] Une note du même jour faisait l'historique de la question coréenne depuis 1945, entre sa division décidée à Potsdam en août 1945, l'impossibilité d'une entente entre Américains et Soviétiques et le maintien d'une administration en deux zones indépendantes. En novembre 1947, les Nations unies avaient décidé la création d'une commission temporaire pour la Corée, l'organisation d'élections, la réunion d'une assemblée nationale et la constitution d'un gouvernement ainsi que le retrait des forces armées. En 1948, des élections avaient lieu et donnaient naissance à la création d'une République démocratique de Corée au Nord et d'une République de Corée au Sud. La division du pays s'était donc accentuée et la commission des Nations unies était ignorée au Nord et n'avait pas de bons rapports avec le gouvernement du Sud. Puis arrive l'attaque nord-coréenne du 25 juin (note du 30 juin 1950 de la Direction générale des Affaires politiques, non reproduite).

178

M. Chataigneau, Ambassadeur de France à Moscou,
à M. Schuman, Ministre des Affaires étrangères[1].

T. n⁰ˢ 1495-1499.   *Moscou, 30 juin 1950, 17 h.*

Réservé.   *(Reçu : le 1ᵉʳ, 1 h.)*

Je me réfère à mes télégrammes en clair n⁰ˢ 1493 et 1494[2].

Du côté soviétique et chinois les positions sont désormais prises.

1) Par sa réponse à la note américaine du 27 juin, le Kremlin a en effet pris officiellement parti pour la Corée du Nord qu'il déclare victime d'une agression commise avec l'encouragement et le soutien des États-Unis. Il convient toutefois de remarquer que le gouvernement soviétique, qui ne cesse de se poser en champion de la paix, évite soigneusement de répondre à la question qui lui a été posée mais refuse, en fait, d'effectuer auprès du gouvernement de Pyong-Yang une démarche susceptible de provoquer le règlement pacifique d'un incident qui met actuellement la paix du monde en danger. On notera d'autre part que, tout en soulignant qu'il s'est toujours abstenu d'intervenir dans les affaires intérieures d'un État étranger, le Kremlin ne prend nullement l'engagement de maintenir cette ligne de conduite en ce qui concerne la Corée.

Résolu à ne rien faire pour arrêter le développement d'un conflit qu'il espère sans doute voir évoluer à l'avantage de la Corée du Nord, il entend cependant réserver l'avenir en s'abstenant de toute allusion, même indirecte, aux dispositions qu'il pourrait prendre pour matérialiser l'appui de principe qu'il vient de donner au gouvernement de Pyong-Yang.

2) Avec un synchronisme caractéristique, Mao Tsé-Toung et Chou En Lai invoquent, au même moment, ce même principe de non intervention pour retourner contre le président Truman les arguments dont un de ses prédécesseurs s'est, en 1823, servi pour dénier aux gouvernements étrangers toute immixtion dans les affaires intérieures du continent américain. On notera toutefois que si, à l'égal du gouvernement soviétique, le gouvernement chinois dénonce l'agression américaine contre Formose et la Corée, il se découvre davantage en invitant les peuples d'Asie à « se soulever comme un seul homme » pour arrêter l'agression des Américains en Extrême-Orient.

---

[1] Télégramme communiqué à la Présidence de la République, la Présidence du Conseil, MM. Parodi, de La Tournelle, Clappier et de Bourbon-Busset. Note manuscrite : « *M. Baeyens* ».

[2] Documents non reproduits.

On commence ainsi à discerner la tactique de Moscou : se borner pour l'instant à prendre acte de l'agression américaine sans s'engager pour autant ni à modérer ni à encourager le gouvernement de Pyong-Yang.

Ameuter dès à présent, par l'entremise de Pékin, les peuples d'Asie afin d'être en mesure, si les choses tournent mal pour la Corée du Nord, de justifier une intervention ouverte soit chinoise, soit même soviétique, dans un conflit où sont déjà engagés les États-Unis, plus ou moins mandatés par une organisation internationale dont le Kremlin, il l'a encore souligné dans sa note, estime les décisions sans valeur.

(Direction d'Asie-Océanie, Corée, volume 18)

179

M. Chataigneau, Ambassadeur de France à Moscou,
à M. Schuman, Ministre des Affaires étrangères[1].

T. n⁰ˢ 1500-1505.   *Moscou, 30 juin 1950, 18 h.*

(*Reçu* : le 1ᵉʳ, 17 h. 45)

Sans engager formellement son autorité dans le conflit qui oppose la Corée du Nord à celle du Sud et qu'il veut encore représenter pour une opération relevant exclusivement de l'ordre intérieur coréen, le gouvernement soviétique n'en a pas moins aujourd'hui éclairci ses dispositions sur quelques points.

Il ne se soumet pas à une décision prise d'après le Conseil de sécurité dont son absence vaut, pour lui, un veto ; il étend les responsabilités dont il charge les Coréens du Sud à la puissance qui les soutient, il appuie de la complaisance d'une presse unanimement fidèle à sa pensée, la prétention chinoise à rejeter sur les États-Unis l'initiative d'une agression en Extrême-Orient en même temps qu'à convoquer les peuples d'Asie à appliquer la maxime de Mao Tsé-Toung : « l'Asie aux Asiatiques ». Il compte assurément moins sur la rébellion de ces peuples contre les puissances d'Occident que sur leur nonchalance de résister à ses entreprises et sur leur acceptation, dans le soin de moindre effort, de ses propositions. Il est convaincu que l'Asie iranienne, indienne et sino-birmane est tout entière prête à tomber comme un fruit mûr au choc de sa propagande et à la menace de ses armes.

C'est assurément ce qui l'enhardit à la contradiction des belles sentences qu'il prononce et qu'il propose aux nations d'Occident, pour les

[1] Note manuscrite : « C[ommuni]quer par fil Tokyo, Washington, Hau[t Commi]ssaire [à Saïgon]. F[ai]t 4/7 ».

compromettre dans une obstination à préférer la paix à la liberté, et des maximes qu'il suit en Asie orientale où il refuse son concours à l'ONU pour le rétablissement d'une paix qu'il juge pour le désavantage de ses desseins.

Il tâche pour ne pas découvrir ses résolutions avant de mesurer la fermeté des États-Unis à s'opposer à toute expansion des États communistes au-delà des lignes de démarcation qui séparent aujourd'hui, en fait, ces États totalitaires de ceux de régime démocratique.

Il est sans doute qu'il soutiendra de toutes ses forces, par l'entremise de la Chine, bien qu'il proclame sa volonté de ne pas intervenir dans un règlement concernant seulement les Coréens, la résistance de ceux du Nord à la contre-offensive américaine. Il lui importe de savoir si le gouvernement de Washington ira, si cela est nécessaire, jusqu'à engager son infanterie en Corée et à montrer ainsi aux nations qui comptent sur l'appui américain pour la défense de leur territoire et pour le maintien de leur institution qu'elles ont heureusement calculé tous leurs espoirs. Il doute encore d'une résolution américaine à lancer ses divisions dans une guerre lointaine.

Mais s'il en avère la fermeté, il hésitera à courir le risque d'un conflit plus vaste où il ne pourrait plus se présenter en partisan sincère de la paix.

Si, en revanche, il en observait une dépression, il n'hésiterait pas à renouveler en Indochine, en Iran, et à Berlin des menées qui lui auraient réussi en Corée. C'est, si j'en crois l'Ambassadeur des États-Unis, ce que le gouvernement de Washington ne veut point.

(Direction d'Asie-Océanie, Corée, volume 18)

180

M. Chauvel, Représentant permanent de la France auprès du Conseil de sécurité des Nations unies, à M. Schuman, Ministre des Affaires étrangères[1].

T. nᵒˢ 924-931.   *New York, 1ᵉʳ juillet 1950, 17 h. 50.*

Réservé.   *(Reçu : le 2, 3 h. 40)*

Deux problèmes paraissent retenir actuellement d'une manière toute particulière l'attention de la délégation américaine aux Nations unies qui les étudie en liaison étroite avec le Département d'État et le Pen-

---

[1] Télégramme communiqué à la Présidence de la République, la Présidence du Conseil, MM. Parodi, Clappier, de Bourbon-Busset, Baeyens et de La Tournelle, ainsi qu'à l'ambassade de France à Washington (nᵒˢ 232-239).

tagone : celui de la définition des rapports des forces américaines engagées dans l'affaire de Corée avec l'organisation internationale et celui de la coordination des forces de nationalités diverses dont le concours est proposé.

Pour le moment, la délégation des États-Unis considère que le gouvernement américain, en décidant de procéder à une intervention armée en Corée, s'est conformé à la recommandation formulée au paragraphe (3) de la résolution du Conseil de sécurité du 25 juin, recommandation régie par l'article n° 39 de la Charte.

Dans ces conditions, il ne s'agit pas d'une action entreprise par le Conseil et les articles nᵒˢ 42 et 60 de la Charte ne sont pas en cause. Le gouvernement américain est entièrement libre de conduire à sa guise exclusivement l'action dont il a pris l'initiative et il en va de même, en principe, des gouvernements qui offrent une contribution à cet effort militaire.

En pratique, le gouvernement britannique a spontanément mis les éléments de sa flotte stationnée dans les eaux japonaises à la disposition du général MacArthur et, lorsque le délégué des Pays-Bas a demandé hier à la délégation américaine à qui il devait s'adresser pour régler les modalités de la contribution militaire de son pays, qui a offert le concours d'un bâtiment de guerre, il a été invité à faire saisir de la question le commandement américain par l'entremise de l'Attaché naval néerlandais à Washington : c'est donc, pour le moment, par accord direct entre les gouvernements participant à l'action de Corée et le gouvernement américain que ce dernier considère que doit se régler le problème de la coordination ; le caractère international de l'entreprise militaire américaine en Corée se trouve ainsi affirmé par la recommandation du Conseil de sécurité, et l'initiative prise à cet égard par le Président des États-Unis, sans recours préalable au Congrès, se trouve ainsi justifiée du point de vue constitution interne américaine.

En même temps, le commandement américain, auquel, entre autres éléments, la priorité chronologique de la décision du Président des États-Unis et de l'engagement de forces américaines, la proximité géographique des bases d'action dont il dispose, et le potentiel militaire des États-Unis confèrent une autorité particulière, conserve, par rapport à l'organisation internationale, une indépendance sans restriction.

La délégation américaine reconnaît elle-même que si l'affaire actuelle est appelée à prendre, dans le temps et dans l'espace, une extension plus considérable, il n'est pas certain que la formule actuelle puisse être longtemps conservée ; mais elle répugne visiblement à spéculer actuellement sur ce point et s'attache surtout à conserver, pour le moment, un système aussi souple que possible.

En réalité, les conséquences militaires et politiques, à court et à long terme, de la manière dont auront été résolus sur le plan juridique, les problèmes évoqués ci-dessus, peuvent être de grande portée surtout si une évolution, qui peut être rapide, des événements du Pacifique occidental conduit à une généralisation d'action qui a déjà été plus qu'esquissée dans les décisions et les déclarations du président Truman des 26 et 27 juin.

Il y a là une question qui doit dès maintenant retenir tout particulièrement l'attention des gouvernements des principales puissances intéressées[1].

(Direction d'Asie-Océanie, Corée, volume 19)

181

M. Dejean, Ambassadeur de France, Chef de la mission française à Tokyo,
à M. Schuman, Ministre des Affaires étrangères[2].

T. nᵒˢ 721-724. *Tokyo, 2 juillet 1950, 1 h. 20.*

Réservé. Très secret. *(Reçu : le 2, 10 h. 25)*

1) Six jours après le début de l'attaque, l'armée du Sud complètement désorganisée peut être considérée comme sans valeur militaire.

Le général MacArthur a tiré les conséquences qui découlent de cette situation. Son plan est de maintenir une solide tête de pont autour de Fusan, d'où les troupes américaines partiront pour reprendre la Corée du Sud.

---

[1] L'examen des problèmes juridiques posés par l'intervention armée s'était poursuivi avec les délégations américaine et anglaise et plusieurs conclusions en avaient été tirées : d'abord, la nécessité de rétablir la paix comme objectif n° 1 en Corée. Ensuite, l'action américaine s'appuierait dorénavant sur l'article 39 de la Charte et non plus le 42, pour des raisons de politique intérieure. La question du commandement se posait également, et Chauvel préconisait la mise à disposition de quelques forces françaises afin de pouvoir prétendre participer à l'état-major international (télégramme nᵒˢ 935-945 du 1ᵉʳ juillet 1950 de New York, non reproduit). La question de la coordination des forces des Nations unies était aussi posée et faisait l'objet de grands débats à New York (dépêche n° 660 du 6 juillet 1950 de New York, non reproduite). La résolution votée le 7 juillet trancha le débat puisque l'action du Conseil de sécurité se fondait sur l'article 39 de la Charte, que la création d'organismes spéciaux de coordination n'avait pas paru nécessaire et que les États-Unis acceptaient la lourde tâche que leur confiait cette résolution (télégramme n° 1007 du 7 juillet 1950 de New York, non reproduit).

[2] Télégramme communiqué à la Présidence de la République, la Présidence du Conseil, MM. Parodi, Clappier, de La Tournelle, Baeyens et de Bourbon-Busset, avec prière de communiquer d'urgence à la Défense nationale. Note manuscrite : « *(démarquer), Def[ense] nat[ionale], f[ai]t 5/7* ».

Depuis ce matin 1ᵉʳ juillet, la 24ᵉᵐᵉ division d'infanterie, stationnée dans le Kyushu, soit à quelques 200 kilomètres de la Corée, est transportée par échelon à Fusan. Lorsque la tête de pont aura été établie, la première division de cavalerie stationnée dans la région de Tokyo, récemment motorisée et dotée de tous moyens, sera amenée en Corée et, utilisant la tête de pont comme base, reprendra des opérations offensives.

Si, comme il est à craindre, les Coréens du Nord reçoivent un appui des communistes chinois, les deux divisions en question seront insuffisantes et devront être renforcées par de nouvelles unités envoyées des États-Unis ou mises à la disposition du général MacArthur par d'autres pays.

Étant donné le mystère dont sont encore enveloppées les intentions du Kremlin, c'est, pour le moment, l'inconnue chinoise qui pèse le plus lourdement sur la situation.

2) Pour les jours à venir, il faut s'attendre évidemment à une aggravation de la situation militaire en Corée. Les combats qui s'y livreront ne sont en effet, du point de vue américain, que des actions de retardement.

Les premiers éléments de la 24ᵉᵐᵉ division qui ont été débarqués sont envoyés jusqu'à Taejong – nouveau siège du grand quartier général avancé – pour s'efforcer de ralentir sur une position improvisée la progression ennemie. Mais on ne peut espérer qu'ils tiennent plus longtemps qu'il n'est nécessaire à l'établissement de la tête de pont future américaine.

Il est, je pense, inutile de souligner le caractère particulièrement secret de ces informations qui, exceptionnellement, ne sont adressées qu'à Paris.

(Direction d'Asie-Océanie, Corée, volume 19)

182

M. Chauvel, Représentant permanent de la France auprès du
Conseil de Sécurité des Nations Unies,
à M. Schuman, Ministre des Affaires étrangères[1].

T. nᵒˢ 951-959.   *New York, 2 juillet 1950, 13 h. 30.*

Réservé.   (*Reçu : le 2, 21 h. 50*)

Après une semaine écoulée depuis le début de l'incident coréen,
quelques observations d'ensemble peuvent être faites.

Tout d'abord, il apparaît que le caractère proprement militaire de
l'affaire s'est accentué. La Corée du Nord ne s'est inclinée ni devant
les injonctions du Conseil, ni devant la menace d'une intervention
américaine. Elle résiste actuellement à cette intervention même. Cependant les forces de la Corée du Sud paraissent à peu près hors de
combat. Pour ces deux raisons, la position américaine a évolué avec
une rapidité que l'on mesure à la teneur des déclarations présidentielles,
celle du 25 annonçant un appui technique et des livraisons d'armes,
celle du 27 une intervention de la marine et de l'aviation américaines,
celle du 30 l'extension à la Corée du Nord de l'action aérienne américaine et le débarquement de troupes de terre.

Considérant cet ensemble de raisons, les Américains qualifiés ne
parlent plus d'une affaire de quelques jours, mais bien de quelques
semaines ou de quelques mois. Cette extension dans le temps porte en
elle-même un danger de complications et rend plus incertaine la localisation du conflit[2].

J'ai indiqué, dans le même sens, les risques que comporte l'internationalisation de l'action punitive et l'appel que constitue cette internationalisation, sans doute d'ailleurs inévitable, à l'intervention des
puissances favorables à la Corée du Nord.

Dans le même sens, il faut noter l'éventualité, que la situation militaire actuelle ne permet pas d'écarter, où les forces américaines ne

---

[1] Télégramme communiqué à la Présidence de la République, la Présidence du Conseil,
MM. Parodi, Clappier, de Bourbon-Busset, Baeyens et de La Tournelle, ainsi qu'à
l'ambassade de France à Washington (nᵒˢ 257-265).

[2] Dans un télégramme suivant, Chauvel ajouta quelques remarques : la presse américaine
préparait l'opinion à des opérations longues et difficiles, certains parlaient même de
mobilisation partielle. Il pouvait dire qu'une mentalité et une sensibilité de guerre étaient en
voie de formation aux États-Unis. Le gouvernement britannique paraissait attentif à rétablir
une bonne entente et une coopération militaire avec les États-Unis, récemment mises à mal
par le pacte de l'Atlantique et le refus britannique du Plan Schuman. Enfin, il soupçonnait
l'URSS de vouloir mobiliser les Américains dans une affaire asiatique avant que l'aide
militaire à l'Europe ne soit effective (télégramme nᵒˢ 961-962 du 3 juillet 1950 de New York,
non reproduite).

parviendraient pas à s'établir assez vite en Corée pour s'y maintenir. Ce qui est publié d'un rapport du général MacArthur, lequel doit avoir deux jours de date, fait état de l'absence de coopération des troupes coréennes.

Or, les éléments américains situés à proximité du théâtre des opérations, et qui ne sont pas tous disponibles, ne sont pas très nombreux.

Il n'y a au Japon que 4 divisions incomplètes. L'aviation, me dit-on, n'y est pas si forte qu'elle soit assurée de la maîtrise de l'air. Enfin la saison est la moins favorable qui soit aux transports par mer et à l'action aérienne. Par conjugaison de ces divers facteurs, la Corée du Sud pourrait être perdue.

Si tel était le cas, Washington, après avoir provoqué l'intervention de l'ONU, alerté l'opinion publique mondiale et jeté la force américaine dans la balance, pourrait difficilement s'en tenir là. Il est malaisé de prévoir ce que serait alors l'action des États-Unis. Peut-être ne se bornerait-elle pas à la reconquête de la Corée.

Dans l'hypothèse la plus favorable enfin, qui est celle où les forces américaines ramèneraient celles de la Corée du Sud sur le 38e parallèle, les États-Unis se trouveraient avoir réassumé la responsabilité militaire d'un territoire dont les techniciens paraissent unanimes à considérer qu'il serait indéfendable en cas de conflit majeur.

C'est cet ensemble de considérations, moins nettement formulé dans mon esprit, qui m'a conduit à penser que la décision du Président, même si elle a été inspirée par des personnalités militaires, répondait essentiellement à des préoccupations politiques.

Quoi qu'il en soit, je n'ai pas été surpris d'apprendre que les meilleurs experts des affaires russes du Département d'État, parmi lesquels M. Bohlen, ont été appelés à peser les termes de la réponse de Moscou à l'amiral Kirk. D'après mes interlocuteurs américains, la modération de ces termes ne suffit pas à rassurer ces experts. Ils les mettent en regard des déclarations de Chou En Lai et se demandent si derrière la première vague de la Corée du Nord une seconde vague, d'une toute autre puissance n'est pas en train de se former en Chine.

Et l'on peut imaginer l'URSS derrière ce double assaut, maintenant une neutralité attentive, surveillant les courants, choisissant son lieu et son heure.

(Direction d'Asie-Océanie, Corée, volume 19)

183

M. Chataigneau, Ambassadeur de France à Moscou,
à M. Schuman, Ministre des Affaires étrangères[1].

T. n°s 1517-1526.   *Moscou, 3 juillet 1950, 15 h.*

(*Reçu* : le 3, 18 h.)

Au 8e jour de la crise, les desseins du Kremlin demeurent obscurs et l'on ne saurait encore affirmer que la Corée n'est pas destinée à devenir sous peu le théâtre d'une nouvelle guerre de Grèce, voire même le premier front d'une nouvelle guerre mondiale.

Dans quel dessein le Kremlin a-t-il, sinon provoqué, du moins encouragé ou autorisé, l'incident coréen ?

Si c'est à la seule fin de mesurer la volonté et la force de résistance des États-Unis et des puissances occidentales, l'expérience est concluante : l'intervention américaine a été décidée avec une rapidité et une énergie dont les Soviets n'ont sans doute pas été les derniers surpris, surtout l'approbation enthousiaste et unanime que le peuple américain vient de donner à la décision prise par le président Truman d'apporter au gouvernement de Séoul un appui qui inclut même le débarquement des troupes américaines, indique clairement au gouvernement soviétique que la tension créée par ces longs mois de guerre froide a aujourd'hui atteint son point critique.

Est-ce à dire cependant que le Kremlin – qu'il regrette ou non d'avoir provoqué l'incident – soit dès lors résolu à ne rien faire pour empêcher que ce dernier se termine par une déroute rapide des troupes nordistes ? Peut-on déjà prévoir que Moscou enregistrera purement et simplement un échec qui aurait une profonde résonance en Extrême-Orient et qui retarderait sérieusement les progrès de l'avance communiste en direction du Sud ? Déjà les événements n'ont-ils pas décidé le gouvernement américain à prendre la défense de Formose, à régler rapidement la situation aux Philippines et à intensifier son soutien à l'Indochine ? Ne doivent-ils pas, au surplus, l'inciter à prolonger, sans craindre maintenant de heurter une population soucieuse avant tout d'être défendue l'occupation de l'Archipel ?

Enfin et surtout, quel effet aura sur les relations sino-soviétiques cet incident coréen, voulu par Moscou qui vient priver le gouvernement de Pékin de tout espoir de récupérer bientôt Formose et qui aggrave les difficultés d'une diversion chinoise en Indochine ?

Constatons que la tactique à la fois souple et prudente jusqu'ici suivie par le Kremlin lui permet de garder, dans cette grave conjoncture, son

---

[1] Note manuscrite : « *[Communiquer à] Londres, Washington, f[ai]t le 5/7/50* ».

entière liberté de manœuvre. Il se hâte pour l'instant de tirer parti des événements pour démontrer aux partisans de la paix la justesse de ses précisions quand il signalait la menace que faisait peser sur le monde la politique agressive des États-Unis. Il saisit l'occasion que lui offre le président Truman pour dénoncer les ambitions américaines sur Formose, il s'en sert surtout pour élargir le fossé qui sépare la Chine des puissances occidentales et pour resserrer, entre Pékin et Moscou, une solidarité dont l'incident démontrera certainement mieux la nécessité que la solidité.

L'affaire de Formose, qui lui sert à mettre le gouvernement de Pékin en flèche, lui permet surtout de ne pas s'engager tout en laissant ouverte l'éventualité d'une intervention prévue par le traité d'amitié sino-soviétique du 14 février dernier[1].

Ainsi, en se réservant le rôle aussi avantageux que commode, de défenseur attitré et résolu de la paix, le gouvernement soviétique peut, sans se découvrir et sans risque grave pour son prestige, accepter en Corée un échec, qui, s'il ne se décide pas à intervenir, paraît inévitable.

La campagne d'excitation qu'il mène depuis une semaine en Chine, et depuis hier en URSS, pour soulever l'opinion publique contre l'« agresseur américain », peut, dans ce cas, être considérée comme l'épanouissement logique de la propagande qu'il développe depuis des mois contre les États-Unis. Étant donné toutefois l'ampleur de cette campagne et la publicité que ici donne la presse soviétique, on est en droit de se demander si elle n'est pas finalement destinée à fournir au gouvernement soviétique le prétexte qui lui sera nécessaire s'il décide de se départir de sa position de neutralité le jour où les choses tourneront mal pour l'armée de Pyong Yang.

L'intervention ouverte des forces chinoises, puis soviétiques, sur le champ de bataille coréen, serait alors présentée aux partisans de la paix comme imposée par la volonté des peuples chinois et soviétique. La position qu'il a prise en répondant à la note américaine permettrait d'autre part au gouvernement soviétique de justifier cette décision par la nécessité de décourager une agression dont le succès risquerait de déclencher cette 3ème guerre mondiale dont la Russe soviétique continue à se déclarer l'ennemie.

(Direction d'Asie-Océanie, Corée, volume 19)

---

[1] Voir documents nos 29, 30 et 31.

184

M. Chataigneau, Ambassadeur de France à Moscou,
À M. Schuman, Ministre des Affaires étrangères[1].

D. n° 717. *Moscou, 3 juillet 1950.*

Depuis plusieurs mois, l'opinion des pays étrangers était entretenue dans l'idée que la campagne pour la signature de l'appel de Stockholm était déjà entamée en URSS. « Actuellement le gouvernement soviétique encourage sur tout le territoire l'appel de Stockholm » écrivait par exemple *l'Humanité* du 2 juin, et le n° 10 de la revue *Partisans de la Paix* notait dans son édition française (page 80) : « La campagne se poursuit à une échelle gigantesque et avec des moyens énormes »... « Tous les peuples de l'Union soviétique sans exception, ont engagé à fond le collectage massif ».

La situation ainsi décrite ne correspondait pas encore aux faits et dans la traduction en russe de ce dernier périodique, les éditeurs soviétiques avaient jugé préférable de supprimer à la page quatre-vingt la rubrique « URSS » que je viens de citer.

Ces affirmations n'étaient pourtant que des anticipations et la campagne pour recueillir les signatures de la population elle-même, et non plus de quelques dirigeants, vient de s'ouvrir en Union soviétique.

Le Soviet suprême a accompli le premier geste en votant au cours de sa séance du 20 juin, sur la proposition de M. Tikhonov, député et président du Comité soviétique des partisans de la paix, une résolution approuvant à la fois l'appel de Stockholm et une pétition en faveur de la paix et de l'interdiction des armes atomiques que la délégation du Comité permanent mondial de l'organisation était venue porter à Moscou le 8 mars dernier.

C'est après ce vote à l'unanimité, que le Comité soviétique a rendu publique sa décision de convier les masses populaires soviétiques à signer l'appel et de prendre la direction de cette nouvelle campagne, avec le concours de toute l'organisation du parti, précise la *Pravda* du 30 juin (éditorial)

L'opération a commencé, sur le lieu du travail, par l'usine « ZISS » de Moscou dont les ouvriers sont considérés par les schémas marxistes « comme la fraction la plus avancée » du prolétariat soviétique, et la presse a déjà publié des photographies où l'on peut voir dans les ateliers de montage des « ZISS » 110, toujours choisis dans les grandes circonstances, les contremaîtres faisant signer leurs équipes venues poser pour la beauté de la photographie en tenant en main des clés anglaises et autres instruments fort encombrants pour qui veut signer un manifeste.

---

[1] Dépêche adressée à la direction d'Europe et communiquée au Cabinet du Ministre.

***

Cette campagne qui vient de s'ouvrir en URSS se définit comme une opération « d'agitation ». C'est un choc psychologique qui, est administré aux foules en vue de provoquer un réflexe. Pour que ce dernier se produise, certaines conditions sont nécessaires. Diverses sources soviétiques ou apparentées ont indiqué les deux principales ; il n'est pas sans intérêt de les relever, car elles expliquent bien des prises de position publiques de l'URSS et de ses partisans.

La première est la croyance des populations à l'acuité du danger de guerre.

La presse soviétique en donne la preuve, a contrario, en dénonçant avec violence, « une campagne sournoise » dont elle attribue la paternité à la propagande du maréchal Tito, « qui prétend que le capitalisme est entré dans une phase de stabilisation, qu'il a manifesté dans tous les pays de l'Ouest » sa solidarité « et qu'il n'a eu en ce moment aucun besoin d'une guerre ». « Il n'y aura pas de guerre pendant longtemps » a déclaré Kardelj (Cf *Pravda* du 13 mai). « Les fascistes yougoslaves cherchent à endormir la vigilance des combattants de la paix, à démobiliser les peuples en face du danger de guerre et à faciliter aux fauteurs de guerre l'organisation de leurs crimes sanglants »… (Journal *Kominform* du 5 mai) ». La propagande infâme de la clique Tito qui parle de consolidation du capitalisme est également très nuisible pour la cause de la paix (J. *Kominform* du 12 mai).

Contre ces propos titistes, la riposte consiste à affirmer sans cesse que les capitalistes sont aux abois, que la crise devient « de plus en plus aigue », de rappeler à chaque instant le danger de guerre impérialiste et de propager tous les bruits ou nouvelles alarmants. La presse des Soviets n'a pas manqué de s'y employer. Toutes les manifestations verbales de fermeté envers l'URSS venues d'outre-Atlantique ou « de guerre froide » de « diplomatie totale » etc… ont facilité sa tâche. Le lancer de doryphores en Allemagne orientale, les projets d'inonder l'Allemagne de l'Ouest en faisant sauter la Lorelei, ceux de créer « une zone de mort » entre la France et l'Allemagne (*Pravda* du 25 juin) etc… sont autant de « nouvelles » dont « l'arme du parti », c'est-à-dire la presse s'est saisie pour entretenir la vigilance des peuples. Même, les événements de Corée n'ont pas mis un terme à l'affaire des doryphores.

Mais cet état de vive anxiété qu'il importe d'entretenir dans le public doit pourtant être contenu entre certaines limites ; la croyance en la possibilité d'arrêter grâce à une lutte active les entreprises des fauteurs de guerre américaines est la seconde condition du succès de l'agitation parmi les couches sociales peu avancées.

Monsieur Korneitchouk rapporte à ce propos les déclarations incorrectes que lui a faites un partisan de la paix parisien « militant de base » qui lui a dit : « Il faut parler de la paix, mais lutter pour la paix, appeler les peuples à cette lutte, cela n'en vaut pas la peine. De toute façon, la guerre est inévitable » et « pour ne flatter il a ajouté, dans cette guerre l'Union soviétique va vaincre le capitalisme, au moins en Europe, et il s'écroulera. Et plus vite cela arrivera mieux ce sera pour nous et pour vous ».

À cela je répondis que de telles paroles seraient certainement applaudies par les fauteurs de guerre qui paieraient en dollars chacun de ses mots. Mon interlocuteur s'offensa et commença à me persuader qu'il ne faisait que regarder les choses en face. Et c'est seulement après une longue discussion qu'il convint avec moi que c'était là une affirmation bien <u>nocive</u> (je souligne).

« ... une infâme provocation sciemment conçue pour saper notre travail ».

« Nous devons détruire ces théories de la guerre inévitable, de l'impossibilité – pendant de longues années – d'une coopération pacifique entre les pays capitalistes et l'Union soviétique et les démocraties populaires ». (*Revue des Partisans de la paix*, page 7 n° 8 de mars).

À des militants de base conscients, on peut en effet laisser lire sans inconvénient les grands auteurs et Staline lui-même qui prophétisent la victoire fatale du communisme après « tout une époque historique remplie de guerres civiles et de conflits extérieurs » et après une période de dictature du prolétariat définie comme sanglante. Pour un « militant de base », la paix c'est la victoire du communisme dans le monde entier, mais à l'étape que constitue le mouvement des partisans de la paix, chargé de toucher des non-communistes opposés aussi bien aux effusions de sang et aux violences de la guerre étrangère que de la guerre civile, la croyance en la possibilité de voir les choses s'arranger et le conflit entre communisme et non communisme reporté au bout d'une longue période est une nécessité.

En URSS, la guerre civile a déjà eu lieu et la révolution a été faite. La paix des Soviétiques ne peut être troublée que par une invasion du territoire, bien difficile à réaliser, ou une attaque par le moyen d'armes ultra modernes atomiques. La force de l'URSS et l'opposition des peuples étrangers à participer à de telles opérations peuvent sauver la paix du territoire soviétique, même au milieu des convulsions qui marqueront l'instauration du communisme.

***

Crainte de guerre, possibilité de l'éviter sont les conditions préalables nécessaires au succès de la campagne pour la paix dans le monde entier. Mais une « agitation » ne préjuge pas le sens que prendra l'impulsion donnée à la masse. Toutes sortes de forces peuvent jaillir sous le choc qui a été donné, leur résultante, enseigne la science politique stalinienne (voir dépêche n° 1592 du 17 décembre 1945 et n° 292 du

20 mars 1950)[1] dépend du climat psychologique dans lequel l'opération est menée, c'est-à-dire de la « propagande » qui accompagne « l'agitation ».

Les premiers éditoriaux de la *Pravda* et les premiers articles parus au sujet de cette campagne en URSS et dont tous les thèmes seront répétés à l'infini dans tout le pays montrent dans quel climat se déroule la campagne. Ils s'expriment ainsi (je souligne) : « En signant l'appel de Stockholm, le peuple soviétique, manifestera son attachement à la cause de la paix, sa disposition <u>à la défendre dans le monde entier,</u> sa solidarité en un <u>bloc</u> monolithique autour de son propre <u>parti</u> bolchévique, et son dévouement absolu au grand porte étendard de la paix et le conducteur de tous les peuples – Le camarade <u>Staline</u> (résolution du Comité soviétique).

Le peuple soviétique sait que son premier devoir dans la lutte pour la paix consiste dans <u>le continuel renforcement de la puissance de l'État soviétique</u> bastion de la paix dans le monde entier. Plus l'Union soviétique est forte, plus important sera son rôle dans l'arène internationale de la lutte pour la paix dans le monde entier. La campagne qui s'ouvre dans notre pays… favorisera par tous les moyens la mobilisation du peuple laborieux pour l'accomplissement et le dépassement du plan stalinien de cinq ans, des progrès de chacun des travailleurs soviétiques dans tous les secteurs de la construction du communisme » (éditorial de la *Pravda* du 30 juin).

Ces deux citations me paraissent suffisantes pour montrer que, placée sur de telles bases, la campagne qui commence en URSS ne peut que renforcer la puissance de l'État des Soviets et sa force militaire.

Mais qu'en sera-t-il à l'étranger ?

De l'agitation pour la paix, en effet, d'une manière générale peuvent sortir à tout moment des résultats contradictoires, aussi bien un mouvement révolutionnaire contre les gouvernements établis, qu'une manifestation de loyalisme à leur égard, susceptible de renforcer la cohésion de la nation et son attachement à ses institutions. C'est l'enseignement que donne la dialectique. Tout dépend de la nature et de l'efficacité de la propagande qui l'accompagne. Si les Soviets n'arrivent pas à persuader les peuples de l'étranger que leurs institutions et leurs gouvernements légitimes sont incapables de leur assurer la paix, l'agitation qu'ils favorisent ira exactement à l'opposé du but qu'ils visent.

Le risque est donc sérieux. Les Soviétiques l'ont pris pour des raisons <u>pratiques</u>, parce qu'ils pensaient que leurs moyens de propagande étaient suffisants en URSS et dans le monde entier et que les pays capitalistes, où la presse est libre, étaient incapables de conduire un tel retournement psychologique, mais aussi et peut être surtout, pour des raisons qui relèvent de la <u>mystique</u>. Ils <u>croient</u> que l'évolution leur est

---

[1] Document non reproduit.

favorable ; or toute agitation, en réveillant des forces sociales, accélère le processus de l'histoire et ne peut que raccourcir la période d'attente avant l'avènement, à travers des catastrophes qu'un vrai marxiste doit avoir le courage d'envisager froidement, d'une ère communiste de paix et de félicité pour tous les peuples fraternellement soumis à leur aîné le peuple russe.

(Direction d'Europe, URSS, volume 174)

185

M. Chataigneau, Ambassadeur de France à Moscou,
  à M. Schuman, Ministre des Affaires étrangères[1].

D. n° 718.   *Moscou, 3 juillet 1950.*

Au moment où de nombreux observateurs s'interrogent sur les raisons pour lesquelles l'URSS a décidé de pousser le gouvernement de Corée du Nord dans une aventure dont l'issue militaire est incertaine et dont les conséquences politiques sont difficilement limitables, il n'est pas inutile de rappeler quels sont, en règle générale, les divers facteurs dont s'inspirent les dirigeants communistes de l'URSS lorsqu'ils sont à la veille de prendre une décision touchant la paix ou la guerre et quelles sont les diverses forces sur lesquelles ils comptent pour faciliter l'évolution des événements dans le sens qu'ils ont pressenti et désiré.

Cette ambassade s'est essayée à retrouver les principes staliniens de base valables en la matière. Pour plus de brièveté, ce rappel a été rédigé sous forme de simple note sans précaution de style et sans un appareil complet de citation et de référence.

J'ai l'honneur d'adresser au Département pour son information cette note, en rappelant également à son attention la conclusion de ma dépêche n° 1592 du 17 décembre reproduite dans le bulletin de la Direction Europe du 16 au 31 janvier 1950, page 34[2].

(Direction d'Europe, URSS, volume 138)

---

[1] Dépêche adressée à la direction d'Europe.
[2] Document non reproduit.

ANNEXE

NOTE DE M. CHATAIGNEAU, AMBASSADEUR DE FRANCE À MOSCOU

Rappel des principes de base devant servir de fondement
à une décision soviétique « scientifique »
dans la question de la paix et de la guerre

N. *Moscou, 3 juillet 1950.*

1) Le communisme mondial s'instaurera par la violence.

2) Mais on ne « joue » pas avec la violence – donc pas d'action prématurée.

3) Nul ne sait quand l'heure sonnera.

« Le parlementarisme historiquement a fait son temps » : c'est vrai au sens de la propagande, mais chacun sait que de là à sa disparition dans la pratique, il y a encore très loin. « Le capitalisme historiquement a fait son temps » ; l'époque de la dictature du prolétariat a commencé, c'est indéniable, mais à l'échelle de l'histoire universelle, c'est par dizaines d'années que l'on compte…. etc. (Lénine, *Maladie infantile du Communisme*, Ch. 7).

4) Qui tombera le premier ?

Staline répond : la chaîne des pays impérialistes sera brisée en son anneau le plus faible.

5) La « science politique stalinienne » permet seule de faire un exact diagnostic sur la capacité de résistance de chaque pays. Comme il imposera à l'URSS ses décisions, il convient d'essayer de trouver les éléments sur lesquels repose ce diagnostic.

Pour Staline, le pays le plus faible est celui où :

– ceux d'en bas ne veulent plus,

– ceux d'en haut ne peuvent plus vivre à l'ancienne manière. C'est celui dans lequel le « prolétariat », c'est à dire l'avant-garde ou même une cinquième colonne, peut compter sur la collaboration effective ou tacite des « réserves ».

(Le parti bolchévique de l'URSS ne comptait en 1920 que 600 000 membres plus 4 millions de syndiqués).

Il est donc nécessaire de ne pas s'en tenir à des critères géographiques ou purement militaires ; il faut prendre aussi en considération les facteurs sociaux, connaître l'importance relative de la « masse organisée », de la « masse inorganisée » et des forces sociales hostiles aux Soviets. Il faut savoir :

a) Quelles forces sociales s'opposeraient aux entreprises soviétiques,

b) Sur quelles alliances les forces hostiles à l'URSS pourraient compter. (Staline, 18ᵉ Congrès, Ch. 1, p. 2).

6) L'étape actuelle consiste à former l'armée du prolétariat et ses réserves. « L'art de la direction politique a beaucoup de points communs avec l'art du commandement militaire. Ce n'est pas sans raison que Lénine a appelé notre parti un parti combattant et qu'il a comparé son activité révolutionnaire à celle d'un quartier général militaire. Mais une armée politique n'est pas la même chose qu'une armée militaire, ont noté Lénine et Staline. Un commandement militaire part en guerre en ayant à sa disposition une armée déjà prête pour l'essentiel, tandis que le parti doit former lui-même sa propre armée au cours de la lutte même, au cours des heurts entre les classes, tandis que les masses elles-mêmes prennent conscience par leur expérience même de la justesse des mots d'ordre du parti et de sa politique ». (*Étoile rouge* du 9 juin 1950, professeur Arasky).

Le « mouvement pour la paix » a pour but de former l'armée de réserve du prolétariat. Il est éducatif avant tout. Pour l'instant, il n'en est qu'au stade d'« agitation » ; il ne représente pas encore une force sociale très importante. Lorsqu'il arrivera au stade d'« organisation », il y aura un énorme déchet dans ses effectifs, mais ce qui en subsistera représentera néanmoins une force considérable.

7) L'état de maturité des réserves est un des facteurs déterminants d'une décision.

L'opinion que les Soviétiques ont de l'état de maturité des réserves dans chaque pays paraît devoir être d'une importance primordiale dans leurs décisions.

En effet, ils pensent être les seuls à pouvoir apprécier leur état sans erreur, grâce à la technique lénino-stalinienne, et prendre en conséquence des décisions reposant, non sur les hasards de l'inspiration d'un homme, mais sur « un diagnostic scientifique stalinien ». L'expression est du ministre soviétique des Forces armées.

Les stratèges bourgeois, croit-on en URSS, qui par définition ne sont pas « léninistes-marxistes », ne peuvent apprécier exactement les facteurs sociaux politiques dont dépend l'issue des guerres. Et, même s'ils avaient une connaissance intellectuelle de ceux-ci, ils ne possèdent pas comme l'URSS l'instrument nécessaire à la mobilisation psychologique des réserves.

8) Le diagnostic stalinien permet de décider du moment où la violence doit entrer en jeu pour cueillir un fruit mûr avant qu'il ne pourrisse.

Il est à noter que l'opération de Corée a été déclenchée après que le Mouvement pour la Paix s'y soit répandu « comme une traînée de poudre » selon l'expression du périodique *Partisans de la Paix*, n° 10, qui ne croyait peut-être pas si bien dire.

(Direction d'Europe, URSS, volume 138)

186

M. Chataigneau, Ambassadeur de France à Moscou,
à M. Schuman, Ministre des Affaires étrangères.

T. n°s 1534-1541.   *Moscou, 4 juillet 1950, 16 h. 50.*

(Reçu : le 5, 1 h.)

Le sentiment du gouvernement soviétique, exprimé aujourd'hui sur l'affaire de Corée par M. Gromyko et reproduit dans toute la presse, y compris les *Izvestia*, n'est sans doute que la première expression d'une orientation dont les suivantes pourraient être, à la faveur des circonstances et à la proportion et la considération qui leur seront accordées ici, celles des opinions émises sous les signatures de M. Vychinski et de M. Molotov et par des avis avérés par le généralissime Staline.

D'ores et déjà, par cette manifestation, le gouvernement de l'URSS porte la contestation devant l'opinion de son pays et devant celle du monde qu'il appelle également à juger du différend.

La manœuvre soviétique se développe suivant une progression savamment calculée :

Le Kremlin a commencé à dénoncer l'agression sans mettre ouvertement en cause les États-Unis ; il a ensuite suscité en Chine, puis en URSS, des manifestations populaires dont il a d'ailleurs soin de hausser chaque jour sensiblement le diapason (on fait état ce matin non plus seulement des « protestations » mais encore « de la colère du peuple » soviétique).

Or, voici qu'aujourd'hui il accuse formellement par la voix de M. Gromyko (voir mon télégramme en clair n° 1533)[1] et dans une forme qui trahit la main de Staline, les États-Unis de poursuivre en Corée, à Formose, aux Philippines et en Indochine une politique d'agression longuement préméditée non seulement contre la Corée et la Chine, mais aussi contre tous les peuples asiatiques qui aspirent à se dégager du joug colonial et à conquérir leur indépendance.

Ayant pris une position qu'il peut fondamentalement prétendre imposée par la volonté populaire, le Kremlin a soin d'accroître son crédit sur les partisans de la paix en se déclarant, il conclut, obstinément fidèle au principe de non-intervention et en laissant encore à l'ONU, gardienne officielle de la paix, le soin de mettre fin aux hostilités en exigeant sans délai, le retrait immédiat des forces américaines de Corée.

Tactique aussi habile que prudente qui réserve au Kremlin tout le mérite d'une abstention qu'il a sans doute intérêt à prolonger tant que les armées de Pyong Yang ont des chances d'imposer l'unification de la Corée ; tactique qui l'autorise tout aussi bien à apporter à la Corée du Nord un appui légitime dès l'instant où l'ONU aura prouvé son impuissance à arrêter une agression déjà « scandaleusement » entérinée par le Conseil de sécurité.

Au surplus, le long exposé historique que vient de faire le vice-ministre des Affaires étrangères n'a-t-il pas, d'autre part, pour but de montrer que l'affaire coréenne n'est que la première illustration de la politique d'agression élaborée depuis des mois par les États-Unis et leurs alliés d'Occident ?

Ne tendrait-il pas à prouver que les événements d'aujourd'hui portent non seulement atteinte à la liberté des peuples asiatiques mais qu'ils constituent encore une menace directe à la sécurité de la Chine et de l'URSS, menace d'autant plus grave que l'ONU s'avère aujourd'hui le docile instrument de cette politique d'agression et manque à sa mission de défense de la paix ?

Pour rompre l'encerclement dont M. Malenkov avait pourtant affirmé, le 7 novembre, qu'elle s'était dégagée et pour assurer sa propre défense, en même temps que le maintien de la paix, l'URSS ne devra-t-elle pas, elle aussi, prendre avec l'assentiment unanime de ses partisans certaine initiatives ? N'entend-elle pas créer notamment entre les démocraties populaires et tous les États soucieux d'éviter un troisième

---

[1] Document non reproduit.

conflit mondial une nouvelle Ligue des Nations prêtes à apporter au service de la paix l'appui de toutes leurs forces militaires ?

La menace qui se précise aujourd'hui à l'Est n'autorise-t-elle pas l'URSS à prendre à l'Ouest des garanties nouvelles pour prévenir une agression que, des points d'appui qu'ils se sont acquis depuis la Scandinavie, jusqu'à l'Iran, en passant par Trieste, la Turquie et la Méditerranée, les États-Unis et leurs alliés se disposent sans doute à déclencher contre la communauté des démocraties populaires ?

On peut ainsi se demander si l'incident coréen ne donnera pas au Kremlin prétexte soit à opérer une diversion sur l'Iran ou la Yougoslavie, soit à exercer une pression nouvelle sur tous les pays qui, hors de la Finlande et les pays scandinaves, entretiennent, sous le couvert d'une « impossible » neutralité, des sympathies plus ou moins actives pour les puissances d'agression[1].

(Direction d'Asie-Océanie, Corée, volume 19)

187

M. Bonnet, Ambassadeur de France à Washington,
à M. Schuman, Ministre des Affaires Étrangères[2].

T. nos 2499-2513.　　　　　*Washington, 4 juillet 1950, 18 h. 10.*

Réservé.　　　　　　　　　*(Reçu : le 5, 11 h. 15)*

J'ai eu ce matin au Département d'État une conversation avec M. Dean Rusk sur la situation en Extrême-Orient. M. Bohlen a pris part à la dernière partie de l'entretien :

1) Situation en Corée.

Les premiers contacts entre les troupes américaines et les troupes nordistes ne tarderont pas à se produire au Sud de Suwon. Les Coréens

---

[1] Le ton de la propagande soviétique contre les puissances occidentales s'était élevé et avait atteint un nouveau degré de violence avec l'apparition du doryphore en Allemagne de l'Est et le procès de Khabarovsk intenté aux prisonniers de guerre japonais accusés d'avoir préparé la guerre bactériologique. Avec la guerre de Corée, les caricaturistes soviétiques s'en prenaient directement au président Truman et présentaient les dirigeants américains comme des fauteurs de guerre. Ainsi, le double jeu se poursuivait, jugeait Chataigneau, entre l'exaltation de la volonté de paix soviétique et rétention de l'information concernant les démarches de paix tentées par les Occidentaux, permettant ainsi à Moscou de garder son entière liberté d'action (télégramme nos 1571-1581 du 7 juillet 1950 de Moscou, non reproduit).

[2] Télégramme communiqué à la Présidence de la République, la Présidence du Conseil, MM. Parodi, de La Tournelle, Clappier, de Bourbon-Busset et à la délégation française à New York (nos 62-76).

paraissent avoir quelque peu ralenti leur mouvement. Ils ont subi de lourds bombardements d'aviation. 11 sur 12 des bateaux à moteur dont ils disposaient ont été coulés par la flotte américaine. Il est possible que les ravitaillements des troupes communistes aient été ralentis et aussi d'ailleurs qu'elles s'entourent de plus de précautions devant leur première épreuve de force avec des contingents occidentaux. On s'attend à ce que les Nordistes fassent preuve de plus de qualités guerrières que les Coréens du Sud en raison de l'entraînement supérieur de leurs unités qui ont déjà combattu en Mandchourie. Ils sont en outre bien commandés. Les officiers et techniciens russes qui les aident n'apparaissent pas sur les champs de bataille et se tiennent soigneusement au Nord du 38e parallèle ; mais leur influence dans la conduite des opérations est facile à reconnaître. Du côté du Sud, il est exact que les troupes ont été sévèrement défaites mais les Américains comptent qu'elles pourront encore leur apporter un appoint utile. Leur embranchement a été très médiocre mais les soldats se sont relativement bien tenus et leur regroupement se poursuit.

Le premier choc entre les Américains et leurs adversaires aura une grande importance s'il fait apparaître dès le début la faiblesse coréenne. La guerre pourrait à moins d'intervention extérieure être dans cette éventualité plus courte qu'on ne le suppose généralement. Mais les Américains ont encore besoin de se renforcer ; les dispositions prises à cet effet demandent certains délais. Indépendamment de l'envoi de renforts, l'état-major se préoccupe d'organiser une base d'aviation dans la péninsule de manière que les avions de combat puissent tenir les lignes pendant un temps suffisant, ce qui est encore loin d'être le cas.

Il est difficile d'autre part de vérifier si les Nordistes continuent de recevoir du matériel soviétique. Cela demeure possible sinon probable. Tout compte fait, il ne convient donc pas de s'attendre à une solution militaire rapide.

2) Quoiqu'il en soit, la position américaine m'a été définie avec netteté. Tout le nécessaire sera fait pour emporter la décision. Il n'est pas permis d'échouer.

En revanche, le résultat une fois obtenu, il n'y a aucune intention de pousser plus loin l'affaire et dans les mesures qui seront prises, on aura soin d'éviter tout ce qui donnerait prétexte à un élargissement ou à une prolongation du conflit.

Il est inutile de dire que, dans ces conditions, il ne saurait être question d'engager des troupes de Formose. On considère qu'elles sont nécessaires, malgré la protection de la 7ème flotte pour la défense éventuelle de l'île. Les représentants du gouvernement nationaliste n'ont d'ailleurs pas été fâchés, m'a-t-il dit confidentiellement, de voir que l'offre du Généralissime était poliment écartée.

Du côté de Pékin, il n'y a pas d'indice d'intervention, en dépit de la violence verbale des chefs communistes. Divers renseignements indiquent des mouvements de troupes en Mandchourie, voire même l'envoi d'unités du Sud de la Chine vers le Nord, mais le Département d'État estime plutôt que Pékin s'abstiendra d'action ouverte, bien qu'il n'exclut pas l'hypothèse d'erreurs de jugement et d'imprudences consécutives de la part des communistes chinois.

Il va sans dire que, dans la situation actuelle, on estime que la question de l'admission de Mao Tsé-Toung au Conseil de sécurité ne se pose pas.

3) J'ai constaté qu'on attachait une grande importance à la réaction de la France où on avait été heureux de voir l'opinion approuver vigoureusement dans sa grande majorité la déclaration du président Truman. Le sentiment de la solidarité occidentale en Extrême-Orient est fortement établi et les situations en Indochine et en Corée sont considérées comme constituant deux aspects du même problème. Le Secrétaire d'État adjoint m'a confirmé l'intention de son gouvernement d'accélérer l'envoi de l'aide à la France et aux États associés. Le Département d'État compte, d'autre part, que la décision de l'Inde aura une heureuse influence sur l'opinion asiatique.

4) Réaction russe.

L'organisation de manifestations en faveur de la Corée du Nord en URSS et la déclaration de M. Gromyko ont retenu l'attention. Comme toujours, un mystère plane sur les desseins du Kremlin qui peut demain nous réserver des surprises. Mais l'impression de M. Bohlen est que l'exposé du Vice-Ministre des Affaires étrangères est avant tout un document de propagande et qu'il n'y a pas lieu pour le moment du moins d'en tirer des conséquences alarmistes. Tant par son rappel d'événements passés que par l'exposé des origines et du déroulement du conflit, M. Gromyko parait surtout se proposer de persuader ses lecteurs et auditeurs que l'URSS a le bon droit avec elle. On peut, il est vrai, se demander s'il avait des arrières pensées en déclarant que les Nations unies devraient demander aux troupes américaines d'évacuer la Corée. M. Rusk n'écarte pas complètement la possibilité de voir les Russes abandonner l'organisation en cas d'échec total des Coréens du Nord bien que ce revirement complet de la politique soviétique paraît encore loin d'être probable. M. Bohlen estime que l'allusion de M. Gromyko laisse comme souvent en pareil cas la porte ouverte à plusieurs possibilités.

Si l'hypothèse d'un durcissement de l'attitude soviétique n'est pas à écarter, il se peut aussi que Moscou continue à s'en tenir à des protestations violentes contre l'attitude des États-Unis et du Conseil de sécurité.

5) Au sujet des mesures à prendre par le Conseil de sécurité pour coordonner l'action des membres des Nations unies, le gouvernement américain n'a pas encore complètement arrêté sa position.

Il est probable qu'une décision ne sera prise que demain matin au cours d'une réunion où M. Hickerson exposera l'état de la question. Le Secrétaire d'État adjoint pour les affaires d'Extrême-Orient incline à penser que le Conseil devrait s'assurer la collaboration d'un comité restreint chargé de réunir toutes les informations touchant à l'affaire de Corée et les offres des États membres de les coordonner, d'effectuer les liaisons nécessaires entre sa commission en Corée, les autorités américaines sur place, le Conseil lui-même et les gouvernements intéressés. La Chine, l'URSS et la Yougoslavie ne peuvent naturellement pas faire partie de cet organisme. Il pourrait, d'après M. Rusk, ne comprendre en dehors des États-Unis, de la Grande-Bretagne et de la France qu'un ou deux autres États. J'ai fait remarquer que, conformément à une procédure internationale établie de longue date, d'autres États pourraient être appelés le cas échéant à collaborer aux travaux du comité et qu'il me semblait en conséquence préférable en effet de s'en tenir à quatre ou cinq membres titulaires. Bien que ce soit aussi l'avis de mon interlocuteur, il n'en est pas moins possible que des pressions s'exercent pour accroître le nombre des participants. M. Rusk pense qu'il sera aisé, d'autre part, d'établir la procédure qui assurera l'unité de commandement en Extrême-Orient tout en sauvegardant l'avantage qui résulte pour les pays démocratiques du fait qu'ils agissent au nom des Nations unies.

(Direction d'Asie-Océanie, Corée, volume 70)

188

M. Dejean, Ambassadeur de France, Chef de la mission française à Tokyo,
à M. Schuman, Ministre des Affaires étrangères[1].

T. n⁰ˢ 748-754.   *Tokyo, 4 juillet 1950, 23 h.*

Réservé.   *(Reçu : le 5, 11 h. 10)*

1) La situation militaire en Corée se développe comme il était inévitable, en raison de la dislocation produite par le premier choc, aggravée par la percée de la ligne du Han.

La médiocrité des cadres et la pauvreté du commandement sudiste ont accentué la débâcle depuis plusieurs jours. Il ne semble pas qu'il y ait eu de la part des troupes sud-coréennes de résistance organisée.

---

[1] Télégramme communiqué à la Présidence de la République, la Présidence du Conseil, MM. Parodi, Clappier, de La Tournelle et de Bourbon-Busset ainsi qu'aux postes de Saigon, Washington et New-York, avec prière de communiquer d'urgence à la Défense nationale. Note manuscrite : « C[ommuni]quer Londres par fil, f[ai]t le 6/7/50 ».

Les combats locaux ont été le fait d'initiatives isolées.

Malgré les efforts des officiers de liaison américains, on n'a vu se dessiner aucun mouvement de retraite digne de ce nom.

Il est douteux que l'on reforme, avec les éléments qui refluent en désordre, des unités de combat de quelque valeur. Les autorités américaines envisagent plutôt de les utiliser pour les services auxiliaires. La totalité de l'effort militaire sérieux devra donc être fourni par les troupes placées sous le commandement du général MacArthur.

2) D'autre part, il apparaît nettement que les forces coréennes du Nord représentent une armée solidement organisée, habilement commandée, disposant en quantité appréciable de matériel moderne dont elle a su tirer, jusqu'ici, un excellent parti. En outre, il est indéniable, bien que les Américains répugnent à l'admettre, que les Nordistes bénéficient à l'intérieur du pays, notamment dans le centre et le Sud, du concours de partisans.

3) Les Alliés ont en mains le très sérieux atout que représente le contrôle absolu de la mer. Mais c'est seulement dans deux ou trois jours environ qu'il commencera à produire son plein effet, la mise en place des bâtiments alliés devant être alors achevée. À l'avantage des Alliés, joue également une incontestable supériorité aérienne. Si l'aviation de chasse n'a pu enrayer la déroute ni arrêter les blindés, l'action des bombardiers se fait déjà sentir efficacement sur les lignes de communications.

Jusqu'ici le commandement américain n'a guère aventuré dans la zone de combat, au Nord de Taejon, qu'un bataillon amené en hâte par avion. Quant aux autres unités, dont le transport est en cours par mer, elles s'organisent dans le Sud-Est de la Péninsule. Ainsi est créée une solide base de départ pour une contre-offensive.

Il faut s'attendre pendant quelque temps à voir progresser l'ennemi. Mais la situation n'est pas inquiétante. Le commandement américain aurait pu céder à la tentation de porter trop rapidement en avant des troupes qui auraient risqué d'être emportées par la débâcle sudiste. Il s'en est soigneusement gardé. Si la déconfiture des Sud-Coréens est complète, la position des Alliés est saine.

4) Dans l'entourage militaire de MacArthur, on attend beaucoup de l'entrée en action des formations motorisées dont le transport pourra commencer dans quelques jours. On incline à penser qu'à moins d'appui massif des Communistes chinois ou de l'URSS, l'affaire pourrait être liquidée en quelques semaines.

Cet optimisme peut paraître un peu excessif. Il s'explique en partie parce que, jusqu'à présent, le commandement américain affecte de considérer les guérillas comme facteur négligeable.

Mais il repose surtout sur le fait que, en dépit des rumeurs, aucune information digne de foi n'a encore été recueillie sur des préparatifs de grande envergure de la part des gouvernements de Pékin et de Moscou dont on ne saurait toutefois considérer l'intervention comme exclue.

À cet égard, tout ce qu'il est permis de dire à l'heure actuelle (4 juillet) c'est que plus l'action alliée sera rapide et vigoureuse, moins elle offrira de risques de complications.

(Direction d'Asie-Océanie, Corée, volume 19)

189

M. SCHUMAN, MINISTRE DES AFFAIRES ÉTRANGÈRES,
à MM. BONNET, AMBASSADEUR DE FRANCE À WASHINGTON, CHAUVEL, REPRÉSENTANT PERMANENT DE LA FRANCE AUPRÈS DU CONSEIL DE SÉCURITÉ DES NATIONS UNIES, MASSIGLI, AMBASSADEUR DE FRANCE À LONDRES, ET DEJEAN, AMBASSADEUR DE FRANCE, CHEF DE LA MISSION FRANÇAISE À TOKYO.

T.[1].   *Paris, 5 juillet 1950.*

Réservé.

Avec l'intervention des forces terrestres américaines et la déclaration de M. Gromyko, l'affaire de Corée sort de la phase initiale. L'on peut admettre que les opérations militaires seront assez longues et que l'URSS persistera dans l'attitude de réserve menaçante qu'elle a adoptée dès le début de l'agression nord-coréenne.

La perspective d'une prolongation des opérations militaires et la campagne systématique que l'URSS et ses satellites vont développer à ce sujet va poser avec netteté pour nous le problème de l'aspect politique de la guerre de Corée.

Jusqu'ici nous avons, sur ce plan, marqué vis-à-vis de l'opinion mondiale quelques points essentiels. Le fait même de l'agression nord-coréenne n'est pas sérieusement discutable. La décision du président Truman, la résolution du Conseil de sécurité, ont clairement fixé pour but à l'action américaine le rétablissement en Corée du statut pacifique dans lequel elle se trouvait avant le 25 juin.

Dans la nouvelle phase qui s'ouvre maintenant, il importe essentiellement de ne perdre aucun des avantages qui résultent pour nous de l'état même des choses. Il faut que nos desseins demeurent clairs et fermes, que nul ne puisse mettre en doute notre volonté de rétablir en Extrême-Orient l'ordre et la paix.

---

[1] Ce télégramme est un projet du Secrétariat général, il semble ne pas avoir été finalement expédié.

La question de Formose pose à cet égard des problèmes délicats. Il est sans doute trop tôt pour que le gouvernement des États-Unis précise sa position, mais je verrais avantage à ce que vous vous enquériez de ses intentions, en lui faisant connaître dès maintenant qu'à notre avis, la plus sûre garantie de succès de nos opérations en Extrême-Orient repose sur une politique concertée entre les principales puissances intéressées.

C'est dans le même esprit que nous envisageons le problème indochinois. Les événements de Corée ont démontré le bien-fondé de notre position. Par sa déclaration du 27 juin, le président Truman a confirmé le lien étroit qui existe entre les affaires d'Indochine, celles de Formose et celles de Corée.

Je souhaite que, sur tous ces points, vous mainteniez et développiez avec le Département d'État le contact étroit qui s'impose. Il y aurait sans doute intérêt à ce que les représentants à Washington des principales puissances intéressées constituent officieusement une sorte de comité au sein duquel, et en liaison étroite avec les représentants permanents au Conseil de sécurité, pourraient être discutées les questions fondamentales que posent, pour la politique des puissances, les événements d'Extrême-Orient.

(Direction d'Asie-Océanie, Corée, volume 70)

190

M. Schuman, Ministre des Affaires étrangères[1],
à M. Bonnet, Ambassadeur de France à Washington[2].

T. sans n°.   *Paris, 5 juillet 1950.*

Les conditions dans lesquelles s'est engagé le conflit coréen et son développement ne laissent aucun doute, sauf pour la minorité toujours abusée par la propagande de Moscou, sur les graves responsabilités qu'encourt l'URSS dans cette affaire.

Cependant, en raison des développements que la guerre de Corée est susceptible de prendre, il me semble qu'il n'y aurait qu'avantage à en cerner les contours sur le plan politique aussi bien que juridique.

Le président Truman, dans sa déclaration du 27 juin, évoquant la résolution du Conseil de sécurité du 25 juin[3], qui enjoignait aux troupes d'invasion de se retirer sur le 38e parallèle, a fait connaître l'aide donnée

---

[1] Télégramme envoyé par la Direction générale des Affaires politiques.

[2] Télégramme communiqué à la délégation de la France aux Nations unies à New York et aux ambassades de France à Londres et Tokyo.

[3] Voir document n° 158.

par les forces américaines à l'exécution de cette résolution. Il a en outre manifesté le désir de neutraliser le gouvernement nationaliste chinois, lui interdisant toute opération contre le territoire tenu par les communistes, et soulignant que le statut de Formose était susceptible d'être révisé prochainement, plusieurs voies étant mentionnées pour atteindre ce but.

Il me paraît, afin de délimiter le conflit, et de circonscrire le danger d'hostilités généralisées, que ces deux aspects des intentions américaines gagneraient à être soulignées, toute occasion opportune devant être saisie pour les réaffirmer solennellement.

Cette initiative pourrait être prise à Washington par le gouvernement américain, ou bien encore par son délégué aux Nations unies.

Il ne peut être en effet indifférent ni aux Russes, ni aux Chinois que les États-Unis annoncent que l'action coercitive dont ils assument la direction, avec l'acquiescement des Nations unies, ait pour seule fin le rejet de l'invasion et le rétablissement du statut quo ante, et que les positions respectives de l'URSS et de la Chine ne sauraient être menacées, même si leur satellite coréen connaissait la défaite.

Enfin, l'intention que peut avoir la Chine d'intervenir en Corée pourrait peut-être prévenue par l'évocation de sa candidature à l'ONU et par le rappel de la nécessité pour tout État candidat d'observer les principes de la Charte, avant que sa requête ne soit prise en considération. Ainsi il serait explicitement indiqué à la Chine que sa candidature demeure soumise à l'examen des États membres, en dépit du conflit coréen, et que son admission pourrait ne pas être influencée par ce dernier.

(Direction d'Asie-Océanie, Corée, volume 70)

191

M. Parodi, Secrétaire général du Ministère des Affaires
étrangères,
  à M. Chauvel, Représentant permanent de la France auprès
  du Conseil de sécurité des Nations unies[1].

T. n°s 1252-1257.   *Paris, 7 juillet 1950, 3 h.*

Réservé.

Je me réfère à mon télégramme précédent[2].

Le Ministre de la Défense nationale a donné la plus grande attention
à vos télégrammes des 29 juin, 1er et 2 juillet 1950[3].

I/ La France est naturellement solidaire de l'action engagée par
l'armée américaine et les flottes combinées américaines et britanniques
au nom des Nations unies en Corée.

Aussi la question de savoir s'il était possible de mettre actuellement
un navire de guerre français à la disposition des Nations unies a-t-elle
été examinée. Le type de navire utile pour les missions à considérer
serait l'aviso ou le navire d'escorte équipé d'appareils d'écoute anti-
sous-marins.

Prélever l'un des avisos actuellement en Indochine aurait des répercussions immédiates sur l'efficacité de la patrouille des côtes d'Indochine et la répression de contrebande de matériel de guerre par voie
maritime. Ce serait garnir un front pour en dégarnir un autre.

Prélever un navire d'escorte sur les quelques unités dont nous disposons en Méditerranée signifierait qu'en cas d'alerte en Europe et alors
que les arrangements du Pacte atlantique nous confient la protection
des lignes de communication maritime entre l'Algérie et la Métropole,
un dispositif essentiel pour notre défense se trouverait affaibli.

Il a paru qu'une telle décision ne pouvait être considérée comme
rentrant dans les affaires courantes qu'un gouvernement démissionnaire
est autorisé à arrêter.

Je compte sur vous pour ne pas donner à cette réponse l'allure d'une
fin de non recevoir définitive. Aussi bien la France fournit-elle en Indochine un tel effort que chacun doit comprendre qu'il lui est difficile
d'aller au-delà.

---

[1] Télégramme communiqué à MM. Parodi, Clappier, de La Tournelle et de Bourbon-
Busset ainsi qu'aux ambassades de France à Washington (n°s 5547-5552) et à Londres
(n°s 5884-5889).

[2] Document non reproduit.

[3] Voir documents n°s 180 et 182.

Autant que nous soyons informés, les navires anglais mis à la disposition des Nations unies se trouvaient tous déjà en Extrême-Orient, mais n'étaient pas engagés comme notre marine dans des opérations actives.

II/ Je suis d'accord pour que vous présentiez avec votre collègue britannique un projet de recommandation pour la désignation d'un commandant en chef ou d'un commandement interallié rattaché à l'ONU, mais il convient qu'il ressorte clairement du texte déterminant son titre et ses fonctions que le commandement qui lui est imparti est celui des forces armées opérant en Corée.

Pour votre information confidentielle, les chefs d'état-major français qui sont actuellement à Washington, ont reçu instruction de sonder les chefs d'état-major américains sur l'opportunité d'une révision de la compétence de certains des organes militaires du Pacte atlantique. Ils exposeront l'opinion qu'il n'est pas possible de traiter séparément les problèmes de la sécurité mondiale selon qu'ils se posent en Europe ou en Extrême-Orient.

Nous pensons que, par la force des choses, le Groupe permanent de Washington de composition tripartite devra devenir un organe de conception stratégique et de répartition des efforts entre les différents théâtres d'opérations.

III/ Je n'ai pas d'objection majeure à l'emploi du drapeau des Nations unies sur le théâtre des opérations qui a été ouvert en conformité des recommandations du Conseil.

(Direction d'Asie-Océanie, Corée, volume 71)

192

M. Pignon, Haut-Commissaire de la République française en Indochine,
    à M. Schuman, Ministre des Affaires étrangères[1].

T. n°s 2342-2346.   *Saïgon, 7 juillet 1950.*

Réservé. Priorité absolue.   *(Reçu : le 10, 15 h.)*

Je me réfère aux télégrammes de notre ambassade à Washington et de notre mission à Tokyo relatifs à la participation française à l'action américaine en Corée[2].

---

[1] Télégramme communiqué à la Présidence de la République, la Présidence du Conseil, MM. Parodi, Clappier et de Bourbon-Busset et diffusé par l'intermédiaire du ministère de la France d'outre-mer (n° 429) avec prière de communiquer à la Défense nationale (n° 1149).

[2] Documents non reproduits.

Je pense que la majeure partie de l'opinion française estime, selon les termes mêmes employés par le Ministre des Affaires étrangères dans son télégramme circulaire du 5 juillet[1], que la France supporte actuellement, dans cette partie du monde, le poids d'une guerre analogue pour le maintien de la paix et de la liberté des peuples et qu'à ce titre, elle peut être dispensée d'un nouvel effort.

Toutefois, si pour des raisons supérieures, il apparaissait de l'intérêt de la France de participer d'une manière qui serait plus symbolique qu'effective aux opérations de Corée, la seule mesure possible sans gêner sérieusement la poursuite du combat contre le Viêt Minh serait la mise à la disposition du commandement américain d'une unité de la marine, aucune autre force ne pouvant être distraite du corps expéditionnaire ; encore faudrait-il demander que notre participation revête un caractère assez temporaire et assez souple pour permettre au corps expéditionnaire de récupérer dans un délai réduit, en cas de besoin urgent, l'élément engagé en Corée.

Dans l'état de mes informations et après ce que j'infère de mes conversations avec mes interlocuteurs américains, j'ai le sentiment que je crois devoir communiquer au gouvernement du très grand intérêt que nous aurions à prendre position à la fois nette et active dans le conflit coréen.

Déjà, une déception certaine a été manifestée de l'absence de toute déclaration officielle française sur le problème coréen à l'exception du passage consacré à ce problème par Monsieur le Président Queuille dans sa déclaration ministérielle. Le Chargé d'affaires américain avait exprimé clairement cette déception à mon Conseiller diplomatique et je l'ai ressentie hier bien qu'exprimée en termes plus discrets lors de la visite que m'a faite à son arrivée Monsieur Donald Heath.

Je comprends parfaitement les difficultés qui résultent des circonstances intérieures françaises mais je pense que l'affaire de Corée nous offre d'excellentes chances si nous savons en profiter pour mener résolument notre partie, à condition d'apparaître un associé actif et décidé, nous pourrions sans doute poser nos conditions et obtenir des garanties à la fois pour un soutien effectif en Indochine et notre liberté d'action dans ce domaine qui doit nous rester propre[2].

(Secrétariat des Conférences, NUOI, volume 139)

---

[1] Il s'agit sans doute du document n° 189.
[2] Voir document n° 191.

193

M. Massigli, Ambassadeur de France à Londres,
  à M. Schuman, Ministre des Affaires étrangères[1].

T. n°s 50 001-50 007.   *Londres, 8 juillet 1950, 18 h. 45.*

Réservé. Très urgent. Très secret.

Je me réfère à votre télégramme n°s 5947/50[2].

L'entretien que je viens d'avoir avec le Sous-Secrétaire d'État permanent a fait apparaître une très large mesure d'accord entre nos deux gouvernements, sur la suite que comporte la question posée à Sir David Kelly.

1) Si M. Bevin n'est pas entièrement convaincu de la sincérité soviétique, il n'en estime pas moins que l'ouverture faite par M. Gromyko ne doit pas être négligée. Ce serait également le sentiment de Washington.

2) Il estime que, pour le moment au moins Lake Success ne devrait pas être mêlé à la conversation.

3) C'est cependant dans un rôle de membre des Nations unies s'adressant à un membre de la même organisation que le gouvernement britannique souhaite apparaître. Il ne se considère pas comme investi par quiconque, encore moins par un groupe de puissances, d'un mandat spécial. Il ne serait le porte-parole de personne.

J'ai dit à Sir William Strang que lorsque nous distinguons entre « bonne volonté » et « bons offices », c'est exactement cette nuance que nous désirons marquer.

4) L'idée britannique serait d'aborder Moscou en rappelant que le Conseil des Nations a invité les Coréens du Nord à se retirer au Nord du 38e parallèle et en précisant que le gouvernement britannique souhaiterait savoir si le gouvernement soviétique est disposé à user de son influence dans ce sens.

Aucune question de méthode ne serait abordée à ce stade. Si la réponse de M. Gromyko était favorable, se poserait le problème des conditions et des délais de repli et, éventuellement, de vérification des contrôles à faire. Les Britanniques ne désirent aucunement assumer

---

[1] Télégramme adressé au Ministre et au Secrétaire général seulement.

[2] Dans celui-ci, Parodi était d'accord pour dire qu'il ne fallait pas minimiser l'ouverture faite par Gromyko et que l'action du gouvernement britannique devait bien se poursuivre en dehors des Nations unies. De plus, il notait que l'URSS se réservait la possibilité d'agir en maintenant sa propagande sur le terrain de la défense de la paix sans perdre du prestige aux yeux de son opinion publique. Le repli réclamé des forces nord-coréennes ne présageait en rien de la question de l'unification de la Corée dont la solution resterait confiée aux Nations unies (télégramme n°s 5947-5950 du 8 juillet 1950 de Paris, non reproduit).

seuls pareille responsabilité et ils insisteront sans doute, le moment venu, pour réintroduire dans l'affaire les Nations unies. Ce qui ne voudrait pas dire nécessairement Lake Success et ses méthodes publicitaires.

5) Les échanges de vues avec Washington ne sont pas terminés ; ils sont cependant assez avancés pour que l'on ait ici le sentiment que le schéma ci-dessus sera sans doute jugé acceptable par le gouvernement américain.

6) Pour que le délai inévitable (24 ou 48 heures encore) ne puisse donner lieu à Moscou à fausse interprétation, Sir David Kelly a été chargé de faire savoir à M. Gromyko qu'une réponse à la question qu'il avait posée était en préparation et qu'elle serait donnée sans retard.

7) J'ai insisté auprès de mon interlocuteur pour qu'on ne perde pas de temps. Pendant huit jours encore, sinon quinze, les troupes nord-coréennes ont le champ libre. Lorsqu'elles occuperont les 3/4 du territoire sud-coréen, il pourra devenir plus difficile d'obtenir un repli inconditionnel.

8) Le Sous-Secrétaire d'État permanent a souligné à nouveau le caractère ultra-secret de nos échanges de vues ; je lui ai répondu que les indications que je lui transmettais (je lui ai laissé une copie démarquée du télégramme du Département et de celui que je vous ai envoyé) devait être considérées comme une réponse de Votre Excellence à la communication du Secrétaire d'État, et qu'un secret rigoureux serait observé à Paris.

(Direction d'Asie-Océanie, Corée, volume 69)

194

M. Bonnet, Ambassadeur de France à Washington,
   à M. Schuman, Ministre des Affaires étrangères[1].

T. n°s 2561-2569.   *Washington, 8 juillet 1950, 20 h.*

Réservé.   *(Reçu : le 9, 6 h.)*

Monsieur Reinhardt, chargé des affaires russes au Département d'État, a déclaré ce matin au Conseiller de cette ambassade qu'on incline toujours à penser que l'URSS n'interviendra pas dans le conflit

---

[1] Télégramme communiqué à la Présidence de la République, la Présidence du Conseil, MM. Parodi, de La Tournelle, Clappier et de Bourbon-Busset. Note manuscrite : « C[ommuni]quer à Londres, Moscou, Tokyo, Bonn, Varsovie, Sofia, Prague, Bucarest, Budapest ».

coréen et qu'elle ne cherche pas pour le moment à déchaîner un conflit mondial.

I – L'analyse des divers documents et déclarations officiels dans lesquels les Soviets ont pris position (réponse russe à la démarche américaine, déclaration de M. Gromyko, protestation contre le blocus) révèle, selon le fonctionnaire américain, le souci des Soviets de se réserver une entière liberté d'action. Les thèses qu'ils soutiennent, en effet, leur permettent également, sans se déjuger, de rester à l'écart du conflit, ou de venir au secours de la Corée du Nord. Mais ils dénotent également la préoccupation dans cette affaire et de se ménager aussi une porte de sortie en cas d'échec de l'entreprise nord-coréenne.

Si ces observations ne permettent pas l'affirmer que les Soviets n'ont pas d'intentions agressives, elles établissent que jusqu'ici, la non-intervention directe de Moscou reste une hypothèse plausible.

II – Les tracasseries provoquées par les Soviets en Allemagne ne peuvent guère, selon M. Reinhardt, que viser des objectifs limités. L'affaire à laquelle on attache le plus d'importance ici dans ce domaine est celle de la prétendue propagation du doryphore par les avions américains. On note à cet égard, au service des affaires russes, que, d'après les renseignements reçus d'Allemagne du Sud et du Sud-Ouest même, les dommages causés par ce parasite constituent pour les services techniques organisés des régions atteintes, un problème assez grave pour que les dirigeants communistes se voient contraints d'en rejeter la responsabilité sur des tiers, en l'espèce, l'hostilité américaine.

Mais, en tous cas, l'invention politique qui parait présider à ces accusations ne sauraient aller plus loin, estime-t-on, que la recherche d'un prétexte pour interdire aux Américains la circulation aérienne entre Berlin et l'Allemagne de l'Ouest, et à préparer ainsi une nouvelle tentative pour éliminer les Alliés de Berlin.

III – Les renseignements que les autorités américaines ont pu obtenir sur l'activité militaire dans les pays européens contrôlés par les Soviets n'amènent pas à la conclusion que l'URSS prépare une agression dont doive logiquement sortir un conflit général.

Ainsi que je l'ai déjà signalé, les services américains ne relèvent aucun indice inquiétant en Tchécoslovaquie, en Hongrie et en Roumanie.

Une certaine activité militaire est signalée en revanche en Bulgarie, la présence de certaines unités soviétiques y serait notée. Toutefois, leur identification est difficile du fait de la présence d'officiers russes dans les cadres bulgares et leur nombre y serait en tout cas restreint. On observe, en outre, que la saison est celle des manœuvres et un accroissement des mouvements de troupes est normal à cette époque. Enfin, sans préjuger des conséquences que pourrait entraîner une offensive lancée de Sofia, on remarque que cette action ne viserait que des objectifs limités (Yougoslavie, Grèce, Turquie).

Dans la région européenne la plus importante au point de vue stratégique (Pologne, Allemagne), les informations en possession du Département d'État sont les suivantes :

a) Les services américains n'ont eu connaissance d'aucun mouvement de troupes anormal en Pologne. Les informations sur ce point sont en contradiction avec celles recueillies par le Ministre d'Autriche à Varsovie aux renseignements duquel d'ailleurs on n'attache pas ici grand crédit.

b) Il est de fait que les troupes soviétiques procèdent à des manœuvres en Allemagne orientale. Le Département d'État se borne à remarquer que l'armée russe d'occupation en a chaque année effectuées de semblables et que celles qui ont lieu cette année ne paraissent différer des exercices des années précédentes ni par l'ampleur, ni par le caractère. On s'interroge au Département d'État sur le rôle que Moscou voudrait faire jouer à la Chine dans le conflit. On estime que si l'intention de Moscou est d'accrocher les USA en Asie, l'affaire coréenne serait inopérante. On considère que même si les États-Unis devaient être entraînés pour de longs mois dans une campagne difficile sur ce théâtre, cet effort pour dur qu'il pourrait être, n'épuiserait pas de façon sensible le potentiel américain. Seul un conflit armé avec la Chine pourrait mettre les États-Unis devant le dilemme d'arrêter les frais ou de s'embarquer dans une entreprise de nature à dériver une partie importante de ces forces loin des théâtres d'opération éventuellement les plus importants. En la matière, on continue à spéculer au Département d'État sur la fragilité à laquelle on continue de croire de l'entente russo-chinoise et en tout cas sur la prudence dont on estime que les Soviets sont tenus de faire preuve vis-à-vis de Mao Tsé-Toung pour escompter que la pression russe sera discrète et restera, espère-t-on, sans effet. Mais on reconnaît que c'est l'un des points qui reste le plus obscur.

(Direction d'Asie-Océanie, Corée, volume 19)

195

NOTE DE M. LALOY DU SECRÉTARIAT GÉNÉRAL

Corée

N.   *Paris, 8 juillet 1950.*

Très secret.

En ce qui concerne la Corée, les déclarations russes ont affirmé jusqu'ici :

a) que l'agresseur était la Corée du Sud ;

b) qu'il s'agissait d'une affaire intérieure coréenne ;

c) que l'URSS n'intervenait pas dans les affaires intérieures des États ;

d) que la résolution du Conseil de sécurité n'avait pas de valeur légale ;

e) que, dans ces conditions, les États-Unis s'étaient rendus coupables d'un acte d'agression armée.

En ce qui concerne Formose, les déclarations russes ont affirmé jusqu'ici :

a) que Formose faisait partie de la Chine ;

b) que l'action des États-Unis à Formose était un acte d'agression contre la Chine.

À la demande adressée par l'amiral Kirk, le 25 juin, M. Gromyko a répondu en rappelant le principe de non-intervention de l'URSS dans les affaires intérieures des autres États.

À la demande transmise par l'Ambassadeur de Grande-Bretagne, M. Gromyko a répondu en convoquant l'Ambassadeur, en lui faisant savoir que le gouvernement soviétique était désireux de voir rétablir la paix et en demandant à la Grande-Bretagne de faire des suggestions à ce sujet.

Pour rétablir la paix en Corée, les puissances occidentales estiment que les troupes du Nord doivent d'abord être ramenées au 38e parallèle. C'est la condition de base. Il n'est pas exclu que l'URSS ne l'accepte.

La question est de savoir ce qui se passera ensuite. L'URSS demandera sans nul doute que les troupes américaines soient retirées de la Corée du Sud. Entre temps, et pour peu que la négociation dure, de nouvelles autorités auront été établies en Corée du Sud occupée, notamment à Séoul. Devrons-nous exiger leur suppression, et le rétablissement du gouvernement Syngman Rhee, dont la popularité est fort douteuse ?

La solution la meilleure sera de recourir aux bons offices des Nations unies. Pour cela, la question chinoise devra être résolue, et donc celle de Formose.

Au premier stade, nous devrions donc insister sur le repli du 38e parallèle et sur un armistice permettant de regarnir la Corée du Sud avec des troupes locales plus ou moins encadrées par des contingents américains ou internationaux.

Cette exigence risque de tout faire échouer. Si nous ne la formulons pas, la Corée du Sud sera en grand danger d'être incorporée de fait à celle du Nord avant que les Nations unies n'aient été capables d'exercer la moindre action.

La prudence la plus grande doit en l'occurrence s'allier à la rapidité si l'on veut arriver à un résultat concret. C'est dire les difficultés qui nous attendent.

(Direction d'Asie-Océanie, Corée, volume 70)

196

N.   *Paris, 8 juillet 1950.*

Très secret.

Si les considérations figurent à la note précédente[2] sont reconnues acceptables, la ligne suivante pourrait se dégager pour les négociations :

a) Dans la conversation à Moscou, l'accent serait mis sur la nécessité, en mettant fin aux hostilités, de revenir au *statu quo ante*. Ceci signifie que le gouvernement de la Corée du Sud retrouverait le contrôle sur la zone s'étendant au Sud du 38e parallèle.

b) Pour ne pas dépouiller les Nations unies de l'autorité indispensable, il serait entendu que dès l'entrée en vigueur de l'armistice, le Conseil de sécurité reprendrait l'examen de la question dans son ensemble, notamment en ce qui concerne l'unification de la Corée.

c) Il deviendrait donc nécessaire de régler à bref délai, mais dans un deuxième temps, la question de la représentation chinoise au Conseil de sécurité et par là, celle de Formose.

C'est le point qui fera le plus de difficultés à Washington.

Cette méthode ferait apparaître les bases d'un marchandage Corée-Formose, qui est loin de nous être avantageux du point de vue de l'Indochine. Mais l'on voit mal comment il serait possible, par une négociation, de garder pour nous tous les avantages. Si la crise pouvait se résoudre ainsi, il nous appartiendrait ensuite d'obtenir pour l'Indochine le concours américain massif que nous avons envisagé et qui se justifie maintenant aisément.

À la base de ces suggestions se trouve l'idée que nous ne pouvons effectuer le règlement de l'affaire de Corée en abandonnant tacitement la Corée du Sud à son sort. Non qu'elle nous intéresse, mais parce que

---

[1] Note manuscrite : « *Laloy* ».
[2] Voir document n°195.

ce serait donner à l'agression l'encouragement qui, le 25 juin, nous a paru fatal.

(Direction d'Asie-Océanie, Corée, volume 70)

197

M. Gastambide, Consul général de France à Saint Sébastien, à M. Schuman, Ministre des Affaires étrangères[1].

D. n° 176.   *Saint Sébastien, 8 juillet 1950.*

Le premier semestre de 1950 s'est caractérisé dans ces régions, et sans doute dans le pays tout entier, par une aggravation de la situation économique et par un raidissement politique des différents organes du gouvernement. L'Espagne semble passer par une crise violente « d'isolationisme » en même temps que les tenants d'une économie strictement autarcique maintiennent intacte leur situation et même gagnent du terrain. Ces deux phénomènes sont indéniablement liés dans leur essence, mais ils entraînent des conséquences importantes dans des domaines très différents.

Certaines informations donnent à supposer que le clan phalangiste, puisqu'il faut bien l'appeler par son nom, a profité de l'échec partiel de la politique de rapprochement inaugurée par M. Martin Artajo, pour reprendre en silence la place prépondérante qu'il avait occupée jusqu'en 1945. Certes les uniformes ont presque totalement disparu, ainsi que le salut fasciste, mais à chaque moment l'observateur attentif perçoit le renouveau de l'influence de la Phalange. Tout récemment encore un conférencier phalangiste affirmait ici-même : « À divers moments de l'histoire de notre patrie il a fallu fermer les frontières espagnoles à certains courants étrangers… » et il ajoutait plus loin que « grâce à la merveilleuse opération G (qui établit divers types de change pour le commerce extérieur) le Guipuzcoa obtient pour lui-même et pour l'économie nationale une importante quantité de devises qui n'arrivent pas par la voie du tourisme ».

Cette volonté d'isolement se manifeste très clairement par les difficultés sans nombre mises au passage de la frontière. Il devient de plus en plus long et compliqué pour les Espagnols d'obtenir un passeport. Quant aux visas de sortie, ils ne sont délivrés qu'aux personnes bien en cours, ou à ceux qui peuvent justifier de la possession légale de devises à l'étranger. Je puis dire, sans exagération, que 95 % des passeports non-frontaliers visés par ce poste ne portent pas d'autorisation de

---

[1] Dépêche communiquée à la Délégation à Madrid sous le n° 85.

sortie officielle. Les titulaires se bornent à présenter un sauf-conduit de la *Comandancia* d'Irun valable 48 heures.

Dans le domaine proprement économique, le récent discours du général Franco à Bilbao a produit une fort mauvaise impression sur les hommes d'affaires de cette province à cause de la violence de sa réponse aux propositions privées américaines. De même la construction par l'Institut national d'Industrie de nouveaux hauts-fourneaux dans les Asturies a jeté la consternation dans les milieux sidérurgiques qui éprouvent les plus grandes difficultés à subsister. Un conseil de techniciens avait été réuni pour discuter de l'opportunité de cette création et avait émis, à l'unanimité, un vote défavorable. Ceci n'a pas empêché le gouvernement de poursuivre son projet.

De son côté, la Chambre d'industrie de Guipuzcoa se plaint amèrement de la situation. On peut lire dans son compte rendu de gestion des phrases comme celle-ci : « La contraction du marché intérieur général dans tous les secteurs industriels ainsi que l'inspection fiscale, interprétant abusivement les règlements, ont contribué à la crise suraiguë de l'industrie du bois », et plus loin : « Les restrictions d'énergie électrique se sont aggravées à tel point que l'on est arrivé au maximum de jours perdus pour l'industrie par suite du manqué de force motrice, journées qui ont atteint le chiffre de 168 pendant l'année 1949 ».

Parlant ensuite de la fameuse opération « G », le compte rendu écrit :

« Ses admirables résultats peuvent être constatés dans la situation économique de la province qui n'est pas devenue extrêmement grave uniquement à cause de ses exportations compensant la chute complète des marchés intérieurs ».

Point n'est besoin, du reste, d'aller bien loin pour constater soi-même le marasme de ce marché intérieur, car les commerçants de la ville vous avouent sans détours qu'ils réussissent encore à couvrir leurs frais mais presque uniquement par les achats des touristes étrangers et principalement des Français.

De plus, le coût de la vie est en augmentation constante et le gouvernement a dû consentir des hausses de salaire dans certains cas. Les produits alimentaires essentiels sont toujours rationnés et les quantités allouées notoirement insuffisantes. Le consommateur doit donc s'adresser au marché noir, mais à des prix qui dépassent ses moyens. Il y a pénurie et hausse et si l'augmentation des salaires continue, ce pays risque fort d'entrer dans le « cercle infernal ».

En résumé, il semble bien que l'économie espagnole, livrée à ses propres ressources, s'enlise de plus en plus et qu'elle aurait besoin d'un puissant adjuvant venu de l'extérieur. Mais bien entendu, cette aide ne peut être obtenue sans consentir certains sacrifices et l'orgueil des gouvernants exacerbé dans un supernationalisme intransigeant refuse tout compromis.

C'est là un cercle vicieux qui peut-être fatal au pays à moins que des événements extérieurs ou une meilleure compréhension de ses intérêts ne fassent sortir le gouvernement d'un redoutable isolement qu'il s'applique actuellement à renforcer encore.

(Direction d'Europe, Espagne, volume 120)

198

M. BONNET, AMBASSADEUR DE FRANCE À WASHINGTON,
   À M. SCHUMAN, MINISTRE DES AFFAIRES ÉTRANGÈRES[1].

T. n°s 2575-2578.   *Washington, 10 juillet 1950, 21 h. 40.*

Réservé.   *(Reçu : le 11, 7 h. 20)*

Le raidissement des États-Unis devant le conflit coréen continue de s'accentuer.

Une division stationnée sur la côté Ouest vient d'être alertée et va être envoyée en Extrême-Orient. Cette mesure s'étendra à un certain nombre d'autres unités. On annonce que le nouveau président du National Security, M. Symington, va diriger une action, systématiquement et vigoureusement conduite, de préparation et de mobilisation industrielle. Le délai de 60 jours pendant lequel le Congrès aurait pu s'opposer à sa désignation étant écoulé, il prend officiellement ses fonctions. Comme Secrétaire à l'Aviation, où il a été récemment remplacé par M. Finletter, il s'était fait l'avocat d'un réarmement intensif. Dans plusieurs discours publics au cours de ces derniers mois, il avait vivement critiqué l'insuffisance de la préparation américaine, soulignant à chaque occasion l'intensité de l'effort soviétique, demandant que des dispositions soient adoptées d'urgence pour réduire l'avance menaçante que les États-Unis avaient laissée prendre à l'URSS dans la course aux armements. Le président Truman dont il sera un des principaux collaborateurs pour la mise au point de la défense nationale avait souligné lui-même en le nommant, l'importance du rôle assigné à l'Office des Ressources et à son nouveau chef. Il s'agit, en fait, de formuler un plan de prémobilisation et de faire prendre les mesures nécessaires pour qu'il puisse être rapidement appliqué le cas échéant, tout en mettant dès maintenant la nation en état de préparation ordonnée.

---

[1] Télégramme communiqué à la Présidence de la République, la Présidence du Conseil, MM. Parodi, de La Tournelle, Clappier, de Bourbon-Busset. Note manuscrite : « C[ommuni] quer Londres, Moscou, Bonn, f[ai]t 12/7 ». Il est cité en référence le télégramme n°2548 de Washington (document non reproduit).

Pour cette tâche, M. Symington trouvera un appui dans l'opinion publique profondément alertée par les nouvelles de Corée. Vous pouvez voir, par les câbles de presse, que des voix de plus en plus nombreuses se font entendre pour demander que soient édictées des mesures qui permettraient à diverses branches de l'industrie américaine de se consacrer dès maintenant à la fabrication d'armements[1].

De nombreuses hypothèses ont été formulées sur les desseins et projets du Kremlin à la suite du déclenchement des hostilités en Corée. Quels qu'ils puissent être, un premier résultat est en train d'être obtenu, celui de porter l'anti-soviétisme de ce pays à un degré de plus en plus élevé et de conduire l'Administration à accélérer le rythme du réarmement.

(Direction d'Asie-Océanie, Corée, volume 19)

199

Note de la Direction d'Europe

N.   *Paris, 10 juillet 1950.*

L'affaire coréenne, en mettant aux prises pour la première fois les forces armées d'un État stalinien avec celles d'une puissance occidentale suscite, dans les populations de tout l'Est de l'Europe, un immense espoir.

La perspective jugée moins lointaine d'une guerre libératrice exalte à ce point les esprits, que les moindres indices d'un développement guerrier de la situation sont relevés et colportés derrière le rideau de fer par une opinion publique que les événements rendent encore plus crédules qu'à l'accoutumée.

C'est dans ce climat d'excitation et de déséquilibre qu'il faut situer les nouvelles qui parviennent actuellement des diverses capitales de l'Est, sans qu'il soit possible dans la plupart des cas de les confirmer ou de les infirmer de façon certaine[2].

---

[1] Le 19 juillet, le président Truman adressait un message au Congrès apportant des précisions sur les mesures de préparation militaire envisagées par les États-Unis. Ceux-ci entraient dans une phase de pré-mobilisation puisqu'un projet de loi prévoyait de donner au Président américain les pouvoirs nécessaires pour adapter les industries américaines aux exigences de la Défense nationale… Il avait également insisté sur la nécessité de maintenir une économie prospère, d'éviter l'inflation et de ne pas compromettre le relèvement économique de l'Europe (télégramme nᵒˢ 2743-2755 du 19 juillet 1950 de Washington, non reproduit).

[2] Depuis Londres, on notait également que le *Foreign Office* ne disposait pas de renseignements sûrs lui permettant de confirmer la concentration de troupes aux frontières de la Yougoslavie. Tout au plus, on pouvait dire que le déclenchement de la guerre de Corée avait alourdi l'atmosphère politique dans les Balkans et on notait la sérieuse intensification de la « propagande de guerre » que le Kominform menait contre la Yougoslavie et la Grèce

Deux faits cependant apparaissant patents : le redoublement de violence à l'égard de la Yougoslavie de toutes les presses que contrôle le Kominform, le soin avec lequel l'agence officielle de Belgrade relève depuis quelques jours toutes les brimades dont sont l'objet dans les pays voisins les ressortissants yougoslaves.

Dans cet ordre d'idées, on peut tenir pour acquis que des mesures ont été prises dans les régions frontières de Hongrie, de Roumanie et de Bulgarie, pour éloigner et disperser, comme le signalent deux télégrammes de Belgrade, les minorités yougoslaves.

Plus généralement, M. Gauquié, dans une récente communication, signale « qu'à la date du 1er juillet, une bande de 15 kms de large, tout le long de la frontière hungaro-yougoslave, a été entièrement évacuée et déclarée zone interdite ». De son côté, M. Chalon rapporte de Sofia que « des travaux de fortifications ont été entrepris dans les régions frontalières bulgares ».

Enfin, selon des informations recueillies également à Sofia, à la légation de Turquie, « des manœuvres des armées roumaines et bulgare seraient prévues pour la deuxième quinzaine du mois d'août » précédant de peu celles « auxquelles doivent procéder sous le commandement du maréchal Rokossovski, les armées polonaise, tchécoslovaque et hongroise ».

Cet ensemble de fait qui, pris isolément, sont sans grande signification, peut être interprété comme indiquant que l'URSS qui, selon un télégramme de Budapest « veut désormais obtenir la capitulation de tous les rebelles de sa zone », se prépare à agir ou plutôt à faire agir ses vassaux contre le régime du maréchal Tito.

Si les rumeurs relatives à d'éventuelles mesures de mobilisation en Bulgarie et en Tchécoslovaquie sont comme le soulignent nos missions dans ces pays de caractère fantaisiste, il ne s'ensuit pas pour autant que l'hypothèse d'une agression contre la Yougoslavie doive être a priori écartée.

Tout dépend dans ce domaine du degré de préparation à la guerre de l'Union soviétique, et selon les observations d'officiers allemands d'état-major, rapportées par le chancelier Adenauer à M. François-Poncet, cette préparation serait actuellement activement poussée.

(Direction d'Europe, URSS, volume 164)

(dépêche n° 1114 du 14 juillet 1950 de Londres, non reproduite). En conséquence, le Quai d'Orsay demandait aux différents postes derrière le rideau de fer de suivre avec une grande attention tous les faits de nature à prouver l'aggravation de la crise internationale ouverte avec la guerre de Corée (augmentation de la virulence des campagnes de presse contre la Yougoslavie, toutes mesures préalables à un conflit armé, rumeurs raisonnablement fondées et recoupées…) (télégramme n°s 910-911 du 19 juillet 1950 de Paris à divers postes, non reproduit).

200

NOTE DU SECRÉTARIAT GÉNÉRAL

Corée

N.   *Paris, 10 juillet 1950.*

Secret.

La lecture de la presse soviétique des 9 et 10 juillet ne permet de déceler aucun symptôme rassurant sur les intentions soviétiques à l'égard de la Corée.

Le conflit est maintenant présenté de la façon suivante : il y a eu à un certain moment en Corée une guerre civile (déclenchée par la « clique » du Sud etc... etc...) qui est une affaire intérieure coréenne. Dans cette guerre, les Américains sont intervenus illégalement, non seulement parce que la décision du Conseil de sécurité n'a pas été prise conformément à la Charte mais aussi parce que l'action américaine dans la journée du 27 juin a précédé celle du Conseil de sécurité. Les Américains prolongent la guerre en Corée.

À en croire la *Pravda* du 9 juillet, le monde occidental serait las de l'affaire de Corée, et n'aurait pas confiance dans la justice de sa cause.

L'éditorial analyse ainsi les réactions du monde non-communiste :

   a) certains journaux européens sont inquiets du déroulement des opérations militaires ;

   b) beaucoup d'autres, notamment le *Manchester Guardian*, le *New Statesman and Nation*, le *Times of India* manifestent peu d'enthousiasme pour le régime de Syngman Rhee. Celui-ci ressemble « à Tchang Kaï-chek ou à Bao Daï » ;

   c) certains journaux américains craignent que l'intervention américaine ne prenne l'aspect d'une campagne des Blancs contre l'Asie ;

   d) une place à part est faite aux journaux égyptiens et arabes qui dénoncent la décision du Conseil de sécurité comme illégale.

À l'intérieur du système soviétique, les manifestations officielles ou les déclarations de presse semblent orientées par l'idée d'accentuer le découragement en Occident : campagne pour la paix et donc contre l'« intervention », totalement séparée des causes qui l'ont motivée ; déclarations d'anciens officiels du gouvernement Syngman Rhee, ralliés au nouveau régime (c'est aujourd'hui l'ancien commandant en chef de l'armée du Sud, Tou He Tun qui dit « quelle différence entre les Américains d'aujourd'hui et les Japonais d'hier ? Devons-nous de nouveau être des esclaves d'une colonie américaine ? » Radio-Moscou 9 juillet) ; enfin condamnation de plus en plus ouverte de l'ONU et de M. Trygve

Lie, dont la « croisade de paix » d'il y a un mois n'a été entreprise, affirme aujourd'hui la *Gazette littéraire*, que pour détourner l'attention des préparatifs américains de guerre en Corée. Le gouvernement soviétique calcule peut-être que beaucoup en Occident sont attachés à l'ONU et redoutant une scission qui paraît aujourd'hui vraisemblable.

Dans ce décor, les paroles de M. Gromyko à sir David Kelly ne rendent pas un son rassurant.

L'opinion hésite dans les pays occidentaux, la Corée se « libère » toute seule, les Américains sont intervenus illégalement ; le moment est donc venu de restaurer la paix, par le départ des Américains et le rattachement déjà aux trois quart accompli de la Corée du Sud à celle du Nord.

Pour éviter d'entrer dans ce schéma – et dans ce dilemme – les Occidentaux doivent autant que possible ne pas quitter le terrain des Nations unies. Mais, avec les Russes, c'est un terrain incommode, à cause de Mao Tsé-Toung et de Formose.

Si la négociation demeure limitée à la Corée, nous risquons de tout perdre. Si elle s'élargit, elle se complique et risque d'échouer.

(Direction d'Asie-Océanie, Corée, volume 70)

201

NOTE DE LA DIRECTION D'AMÉRIQUE[1]
La politique de la France en Amérique latine

N. n° III[2].   *Paris, 10 juillet 1950.*

Confidentiel.

---

[1] Cette note fait partie du complément au Plan d'action pour l'Amérique latine de 1946 (Voir *DDF*, 1946-I, n° 150). Il a été communiqué à tous les postes en Amérique latine ainsi qu'au Cabinet du Ministre, au Secrétariat général, aux Directions générales des Affaires politiques, du Personnel, des Affaires économiques, des Relations culturelles, aux Directions d'Europe, d'Afrique-Levant, d'Asie-Océanie et des Conventions administratives, au service d'Information et de Presse, aux Archives, à la Direction des Chancelleries, aux ambassades de France à Washington, Ottawa, Londres, Rome, Madrid, Bruxelles, Berne, Moscou sous bordereau n° 439 le 18 juillet 1950.

[2] On trouve dans le même volume les autres notes faisant partie de ce complément au Plan d'action de 1946. La note n° I portait sur les représentants de la France, leur rôle, leur activité et sur la nécessité de l'unité d'action entre le chef de poste et ses conseillers ou attachés spécialisés. La note n° II s'intéressait aux colonies françaises en Amérique latine, à leur maintien et à leur renforcement en vue de leur permettre d'apporter une aide nouvelle à l'action de la France au sud du Rio Grande (documents non reproduits).

1) *L'évolution politique de l'Amérique latine.*

Depuis l'époque où fut élaboré le plan d'action, l'Amérique latine a, du point de vue politique, assez rapidement évolué. Beaucoup de Républiques ont adopté des régimes de tendance autoritaire. Dans l'ensemble, le continent s'est orienté plus nettement vers ce que nous appelons en France, « la droite ».

Sans doute quelques uns des pays latino-américains ont-ils réussi à maintenir leurs institutions et leur ligne politique. L'Uruguay, malgré le développement d'un nouveau parti, qui n'est pas sans subir les influences du péronisme, représente encore, au Sud du Rio Grande, le modèle d'une démocratie progressiste et stable. La Bolivie a maintenu au travers de révolutions de tendance à la fois fasciste et communisante un gouvernement constitutionnel. Le Brésil et le Chili, tout en mettant le parti communiste hors la loi et en organisant la lutte contre lui, ont gardé intact le jeu de leurs institutions. À Cuba et au Mexique, dans ces Républiques où l'affairisme et la corruption dénaturent les doctrines partisanes, les changements réels d'orientation ont été insignifiants. Enfin, le Guatemala a présenté au monde ce paradoxe d'un petit pays, doté d'un gouvernement d'affinités communisantes, à proximité de la Grande République qui s'est faite le champion de la guerre froide contre Moscou.

Mais les changements de régime qui se sont produits ont tous marqué une orientation vers l'autoritarisme. Appuyé sur l'Armée, sur l'Église (dont il commence d'ailleurs à se détacher), et sur l'élément le plus miséreux de la plèbe, le gouvernement du général Perón a resserré son emprise sur l'Argentine : curieux régime, fait de l'exaltation du pouvoir personnel et d'une démagogie sans cesse renouvelée, désireux de respecter la légalité quand il peut le faire sans risques (il a rendu, par exemple, les fraudes électorales plus difficiles), mais peu soucieux de conserver des libertés qui le gênent (il a, dans une mesure appréciable, asservi la presse nationale), et qu'il serait injuste, malgré certaines affinités, de comparer au national-socialisme, puisqu'il n'a pas à son actif de morts, ni même beaucoup de prisonniers. Le Paraguay, voisin, est devenu pratiquement le satellite de l'Argentine. D'autres pays, comme le Venezuela, doté jadis de gouvernements de tendance socialiste, comme le Pérou, où les libéraux avaient fait leur part à des démagogues opportunistes, les apristes, ont été soumis à des juntes militaires. À Saint-Domingue, la dictature du général Trujillo s'est consolidée. Au Nicaragua, un régime dictatorial nouveau s'est imposé, dans la tradition même des *pronunciamentos* latino-américains. En Colombie, à la suite des émeutes de Bogota, les conservateurs extrémistes, aidés par un clergé puissant et batailleur, ont imposé par la force des élections en leur faveur, prélude à l'instauration d'un régime que certains qualifient déjà de « terreur blanche ».

Évolution à laquelle ont contribué tout à la fois et pour des raisons diverses, l'Argentine, l'URSS et les États-Unis ; la première consciemment, les seconds par la crainte qu'ils inspirent, les derniers sans s'en rendre compte. L'Argentine a cherché à imposer son influence à ses voisins, sans succès d'ailleurs pour le moment, sauf en ce qui concerne le Paraguay. Sa résistance aux États-Unis, sa démagogie régionale, lui ont pourtant valu un prestige indiscutable dans le continent ; les missions diplomatiques ou culturelles qu'envoie Buenos-Aires dans les Républiques sœurs sont nombreuses et souvent actives ; et si l'on sourit parfois du général Perón au sud du Rio Grande, il n'en a pas moins ses imitateurs. Quant au communisme, il ne représente une force politique réelle que dans certains pays comme le Brésil, le Chili, le Venezuela, où son action est clandestine, au Mexique, en Bolivie, à Cuba où il ne constitue pourtant qu'une minorité relativement faible. La menace qu'il représente agit pourtant sur les esprits dans ces pays de productions peu variées, soumis à des crises économiques fréquentes et brutales, peuplés d'un prolétariat d'hommes de couleur, d'Indiens aux réflexes mal connus, passifs à l'ordinaire, mais violents et cruels lorsqu'ils se révoltent, et contre l'agitation desquels les possédants souhaitent trouver l'assurance de régimes forts. Les Américains, enfin, ont sans doute contribué eux aussi à cette évolution. Bien peu d'entre eux, d'ailleurs, même des plus sincères, s'en rendent vraiment compte. Leurs hommes politiques, leurs missionnaires, leurs services de propagande parlent tous démocratie. Et pourtant la crainte du communisme qu'ils ont eux aussi contribué à répandre a été la cause principale de cette floraison nouvelle de gouvernements autoritaires. En outre, si Washington envoie au sud du Rio Grande des propagateurs officiels de la démocratie, ses hommes d'affaires, qui sont plus nombreux encore, plus mêlés sans doute à la vie des communautés, plus actifs, soutiennent les régimes stables, capables non seulement de mater les mouvements sociaux, mais surtout de créer une atmosphère de prospérité, de donner confiance au capital, de subir même plus aisément son influence.

2) L'image politique de la France.

Malgré cette évolution, nous n'avons pas à présenter aux opinions latino-américaines, une image politique de la France très différente de celle que le Plan d'action de 1946 recommandait de faire ressortir.

1) Nous devons d'abord, plus impérieusement que jamais, à un moment où les conflits idéologiques sont devenus aussi violents en Amérique latine qu'ailleurs, nous garder d'intervenir dans la politique intérieure des pays. Comme nous le notions en 1946, l'origine coloniale des Américains du Sud les rend particulièrement sensibles à l'égard de tout ce qui peut apparaître comme une intervention étrangère dans leurs propres affaires. Les propositions faites par un ministre des Affaires étrangères d'Uruguay, en vue d'organiser le boycottage par l'organisation des États américains des gouvernements nouveaux

imposés par des coups d'État, n'ont guère rencontré l'adhésion des autres pays du continent austral. En outre, les régimes latino-américains changent si souvent que nous risquerions aisément, en prenant parti, de nous brouiller avec les dirigeants du jour, au profit de ceux de demain, et réciproquement. Nous devons garder les contacts utiles avec ceux-là mêmes des gouvernants, dont l'idéologie ne correspond pas à la nôtre. Sans doute, cette politique n'est-elle pas toujours aisée à mener. En Argentine, nos amis traditionnels, les intellectuels, les gens du monde, les grands propriétaires terriens, considèrent les plus hautes autorités du pays comme leurs ennemis jurés. Le fait pour nous d'avoir de bonnes relations avec le Palais Rose leur paraît une trahison. Leurs exhortations ne doivent pourtant pas influencer nos représentants. Notre activité économique ou même culturelle ne peut s'exercer aujourd'hui sur les rives de la Plata qu'avec l'assentiment d'un gouvernement qui s'est maintenu au pouvoir depuis déjà plus de quatre ans. Les bonnes relations que nous entretenons avec celui-ci ne sauraient empêcher nos diplomates de garder des contacts avec nos anciens amis, à condition pourtant de ne jamais se laisser aller à dénigrer avec ces derniers les dirigeants argentins actuels.

2) Une attitude de non-intervention dans les affaires intérieures du pays, ne doit, en aucun cas, apparaître comme un renoncement. La France mérite d'être présentée telle qu'elle est et telle que la masse des Latino-Américains désire la voir présentée. L'évolution de certains régimes ne change pas sur ce point les directives contenues dans le Plan d'action de 1946. La France ne doit pas cesser de se montrer comme le champion de la liberté. Son attachement aux idées politiques généreuses, le caractère humain de sa civilisation lui valent toujours l'affection de ces peuples. Même dans les pays aux gouvernements les moins démocratiques de l'Amérique latine, l'image d'une France jeune, héritière de celle de 1789, capable d'appliquer des formules politiques nouvelles, mais conformes à sa grande tradition démocratique, ne pourra soulever d'opposition. Les dictateurs latino-américains eux-mêmes sont tenus de sacrifier, sinon par leurs actes, du moins dans leurs discours, à la liberté et à la démocratie.

3) Nous avons également un rôle à jouer du point de vue social. La crainte du communisme et des troubles dans la rue a contribué plus qu'aucune autre cause à amener au pouvoir des gouvernements autoritaires ou parfois simplement plus conservateurs. Mais ces gouvernements eux-mêmes sentent la nécessité de conquérir les masses par la promesse de réformes sociales. En Argentine, le gouvernement Perón se pique d'être le représentant et le défenseur des « Sans Chemises ». Il a accepté, encouragé la hausse des salaires, démantelé de grands domaines au profit de le plèbe rurale, procédé à une étatisation, parfois toute théorique d'ailleurs, de l'économie, favorisé la création de syndicats qu'il contrôle, de foyers ouvriers assez primitifs en apparence, mais dont il fait grand état. Au Pérou, la junte militaire, après avoir lutté

contre l'aprisme et ses doctrines de démagogie économique, s'est efforcée de définir elle aussi, malgré les tendances toutes conservatrices des militaires qui la composaient, une politique sociale suffisamment séduisante pour les masses. Au Venezuela, l'agitation des ouvriers de l'industrie pétrolière est un des problèmes les plus sérieux qu'ait à résoudre le gouvernement actuel. Les représentants de la France peuvent faire connaître, dans ces pays, nos propres réformes sociales, montrer que nous avons cherché des formules équilibrées, et réussi à concilier le maintien des libertés essentielles avec un régime de justice sociale plus équitable. Ils doivent s'intéresser aux efforts que les nations latino-américaines prétendent faire dans ce sens. Ils peuvent, dans ce domaine, toucher des éléments qui nous connaissent souvent mal, et gagner, par un apparent échange d'informations, la confiance des gouvernements, comme celui de l'Argentine, avec lequel nous n'avons pas en fait, beaucoup de sujets communs d'intérêts.

4) L'image de la France catholique, suscite, chez un grand nombre de Latino-Américains, eux-mêmes, profondément catholiques, une attirance profonde. Comme nous le disions, en 1946, nous pouvons et devons utiliser cette concordance, mais seulement sur un plan religieux, et nous garder d'associer la religion à une forme quelconque d'idéologie politique.

5) Il est de plus en plus important, comme nous le notions il y a quatre ans, de donner à l'Amérique latine, l'image d'une France jeune, vivante, active. Les propagandes qui nous sont hostiles nous représentent comme un pays vieilli, usé et qui n'a plus rien à enseigner de nouveau au monde. Il est souhaitable que les résidences mêmes de nos diplomates aient, dans la mesure du possible, une apparence claire, gaie, lumineuse. Il est désirable que nos représentants, dans tous les domaines, ne négligent pas les contacts avec les éléments jeunes et actifs de l'élite locale.

6) Enfin, la France doit apparaître comme un pays de réalisations. Toute l'Amérique (et c'est un trait commun des Américains du Nord et du Sud) croit au progrès. Nous devons prouver que, malgré leurs crises politiques, les Français savent produire et construire. Les succès de notre reconstruction et surtout de notre rééquipement ne sauraient être trop rappelés. La confiance que nous inspirerons dans le domaine de la technique, est une des conditions de notre pénétration économique ; mais elle est aussi, en Amérique latine une nécessité, si nous voulons apparaître, dans ce continent, comme une nation digne encore de compter sur la scène internationale.

3) *La France et les Grandes Puissances.*

Les moyens d'action de la France en Amérique latine se sont rapidement développés depuis 1946. Des lignes aériennes et de navigation françaises nous unissent à nouveau au continent austral. L'importance de nos échanges économiques a largement dépassé dans l'ensemble ceux d'avant la guerre, et malgré nos difficultés financières, nos organismes culturels ont retrouvé une activité qu'elles n'avaient d'ailleurs jamais complètement perdue. L'indépendance de notre action que préconisait le Plan d'action de 1946 est donc aujourd'hui beaucoup plus aisée à maintenir qu'elle ne l'était alors. Elle est restée, pour nous qui jouissons en Amérique latine d'un capital moral encore indéniable, la condition essentielle de notre succès.

Les États-Unis.

Les relations entre les États-Unis et les pays latino-américains se sont indiscutablement, depuis trois ou quatre ans, quelque peu détériorées. Non que Washington n'exerce au sud du Rio Grande, une influence prépondérante, qu'elle ne domine (et parfois presque complètement) la vie économique de ces nations et que la plupart des Républiques ne soient prêtes à se grouper autour des États-Unis lorsqu'il s'agit de la sécurité du Nouveau Monde. Mais aux griefs coutumiers des Latino-Américains à l'égard de leurs voisins du Nord vient s'ajouter aujourd'hui une cause nouvelle de mécontentement : Washington ne leur vient pas assez activement en aide. Malgré la crise économique très sérieuse que traversent la plupart des Républiques, les subsides de l'Amérique sont maigres et insuffisants. Les dollars prodigués à l'Europe ou même à l'Asie font défaut aux Latino-Américains. À la crainte traditionnelle de l'emprise économique de Washington se mêler de façon paradoxale, un ressentiment à la pensée que Washington, du point de vue économique, ne s'occupe pas assez d'eux. Quant à nous, nous aurions mauvaise grâce d'exploiter contre les États-Unis la générosité des États-Unis à notre égard. Il y a là pour nous, une raison de plus de ne pas participer aux campagnes régulièrement menées contre eux, au sud du Rio Grande.

Le maintien des relations cordiales avec les représentants des États-Unis doit être la règle pour nos chefs de poste. Mais cette règle s'accompagne de deux réserves.

Il peut arriver d'abord que des fonctionnaires panaméricains, poussés par un zèle excessif ou par des jalousies locales, s'engagent, même lorsque Washington ne nous est pas hostile, dans une action contraire à nos desseins. Nos représentants sont tenus, dans ce cas, de défendre nos intérêts, même contre leurs collègues, de répondre à toutes les critiques, directes ou indirectes, qui seraient faites contre nous et de réagir, vivement s'il le faut, auprès des autorités locales. Nous sommes fréquemment en concurrence avec Washington en Amérique latine dans notre action commerciale, culturelle, et linguistique et particulièrement lorsque nous proposons des conseillers techniques aux gouvernements locaux. Nous n'avons pas à craindre de lutter avec les États-Unis dans ces domaines, et personne ne saurait nous en garder rancune. De même, nous n'avons aucun scrupule à avoir lorsque les Latino-Américains nous demandent, contrairement au vœu de Washington, de participer à des organismes panaméricains. Les États-Unis désirent par exemple, restreindre l'action de la commission économique pour l'Amérique latine, à laquelle la France, la Grande-Bretagne et les Pays Bas sont représentés, au profit de la commission économique de l'Organisation des Nations américaines, dont nous ne faisons pas partie. Notre représentant à la CEPAL, aidé par la plupart des représentants latino-américains, a réussi récemment à faire triompher notre point de vue à Montévidéo. Il avait instruction de maintenir notre attitude, même s'il se trouvait en opposition formelle avec le délégué de Washington.

Enfin, notre amitié à l'égard des États-Unis ne doit jamais nous faire apparaître comme dépendant d'eux. À passer pour l'instrument de Washington, nous perdrions une grande part de notre crédit en Amérique latine. Alliés des Américains, nous souhaitons qu'ils ne rencontrent pas en Amérique latine de difficultés majeures, qui risqueraient de les obliger à disperser leurs forces davantage encore. Mais, même sur le plan politique local, nous ne devons pas nécessairement aligner notre position sur la leur. Nous avons récemment reconnu à plusieurs reprises, avant eux, de nouveaux régimes latino-américains. Ce fut le cas, il y a dix huit mois, pour la junte vénézuelienne, et, tout récemment, pour celle de Haïti.

Les pays latins.

L'idée de latinité trouve toujours une grande résonance en Amérique latine. Nous pouvons l'utiliser avec profit, mais aussi avec une certaine mesure, pour ne pas l'user rapidement, et avec une certaine prudence, car nos relations avec l'Espagne et l'Italie posent encore certains problèmes.

La plupart des gouvernements latino-américains ont évolué dans un sens favorable à France : nous n'avons pas à adopter, pour les satisfaire, une attitude qui n'est pas la nôtre. Tout au plus, devons nous marquer une certaine discrétion à ce sujet dans les pays comme la Colombie, où la question est devenue un thème essentiel de politique intérieure. Le Département a récemment envoyé des instructions à tous nos chefs de poste en Amérique latine au sujet de l'attitude qu'ils doivent observer à l'égard des représentants du gouvernement de Madrid. Leurs relations avec eux devront avoir un caractère officiel, tout en demeurant empreinte de réserve : notre comportement reste celui d'un pays fidèle à son idéal de liberté.

Quant à l'Italie, l'intimité récente de nos relations avec elle ne peut que nous servir. Toute démarche commune de la France et de l'Italie a des chances d'être accueillie par les Latino-Américains avec un préjugé favorable. Il est seulement indispensable d'éviter de servir de truchement à l'influence d'un pays qui, dans le domaine économique et culturel, risque de devenir un concurrent redoutable.

L'Allemagne.

Enfin, nos représentants surveilleront particulièrement l'Allemagne, qui reprend rapidement ses positions perdues, qui risque de devenir notre plus redoutable concurrente, à la fois sur le plan économique et culturel et dont la propagande, aujourd'hui encore, est presqu'inévitablement anti-française. Il faut cependant éviter de lasser les Latino-Américains par l'évocation de heurts franco-allemands, qu'ils jugent à l'échelle de conflits de clochers. Nos relations avec l'Allemagne en Amérique latine devront également évoluer dans le sens et dans la mesure où elles évoluent en Europe. Enfin, il est vraisemblable que l'action des missions envoyées dans le continent austral par le gouvernement de Bonn se révélera moins hostile que celle des groupements allemands d'Argentine ou même du Chili et du Brésil, travaillés longtemps par l'influence du national-socialisme.

Toute idée de fédération européenne, de groupement économique occidental, de pool de l'acier et du charbon, intéresse les esprits au sud du Rio Grande, car on y est habitué à se représenter la politique internationale de façon souvent assez simple, dans le cadre de grands ensembles régionaux. Nous devons seulement prendre garde de ne pas paraître perdre notre personnalité au sein de ces unions, car notre pays jouit en Amérique latine, d'un prestige plus grand encore que celui de ses voisins.

(Direction d'Amérique, Dossiers généraux, volume 78)

202

M. Chataigneau, Ambassadeur de France à Moscou,
   à M. Schuman, Ministre des Affaires étrangères[1].

D. n° 736. *Moscou, 10 juillet 1950.*

Confidentiel.

La revue *Perspectives* du 24 juin a publié un abrégé d'un article paru le 26 mai dans la revue *U.S. News* sur le bilan comparé des forces russes et américaines.

J'ai chargé le capitaine de vaisseau Peltier, attaché de la Défense nationale près cette Ambassade d'étudier le document dont il s'agit et de me faire connaître les remarques qu'il aurait pu y faire.

J'ai l'honneur d'envoyer ci-joint au Département la note d'information que m'a remise cet officier.

Le nombre de 170 divisions soviétiques qui y est tenu pour valable est sans doute celui des unités entièrement constituées. L'Ambassade

---

[1] Dépêche adressée à la direction d'Europe. Note manuscrite : « *M. Laloy. Prière de m'en parler* ».

des États-Unis à Moscou qui dispose de moyens d'information supérieurs aux nôtres fait état de 215 divisions. Le commandant Peltier ne conteste pas ce chiffre à la condition qu'il représente en plus des unités régulières mentionnées par les *U.S. News*, celles de cadres sans troupes dont on sait l'existence.

La table des avions et des chars serait valable si elle comportait une répartition par catégories d'appareils. Or, les types nouveaux d'engins blindés ne sont aperçus par les étrangers que dans les revues militaires où il est difficile de juger de leur mobilité. Les avions sont montrés aux cours des fêtes d'aviation par appareils isolés ou par groupes, mais il est impossible de connaître le nombre de ceux qui sont en service. Je doute qu'au cours de la fête annuelle de l'Aviation prévue pour le 16 juillet il soit possible de découvrir les qualités originales des nouveaux prototypes s'il en est montré. Les seules remarques valables rapportées par les attachés de l'Air, les années passées, n'avaient trait qu'au profil des appareils, aux formations de revues des escadrilles et aux acrobaties des pilotes.

Pour ce qui est des armes nouvelles des séries atomique, cosmique et bactériologique, leur étude, à défaut de leur fabrication et de leur emploi expérimental est poursuivie premièrement dans les montagnes du Caucase et d'Arménie et dans celles de la République de Tanou-Touva.

Le commandant Peltier estime que l'armée soviétique dispose au moins de cent divisions parées. L'opinion qu'il exprime me paraît plus valable que l'avis dit dans la revue *U.S. News* sur ce point.

Pour en mesurer la force offensive dans la direction qui nous intéresse en premier chef, celle de l'Europe occidentale, il conviendrait de connaître précisément leur répartition. Or, sans être fixé sur la proportion des unités parées, des unités en voie d'équipement et des unités de cadres, on sait que parmi les premières, certaines figurent dans les groupes d'armées de Khabarovsk, Tachkent et Tiflis, ce qui réduit d'autant leur nombre dans ceux de Léningrad, Minsk et Odessa. Des renseignements conséquents pourraient sans doute être obtenus dans les pays limitrophes de l'URSS, en Autriche et en Allemagne.

(Direction d'Europe, URSS, volume 106)

ANNEXE

NOTE DU COMMANDANT PELTIER,
ATTACHÉ MILITAIRE À L'AMBASSADE DE FRANCE À MOSCOU[1]

Forces militaires USA-URSS

N. n° 203. *Moscou, 7 juillet 1950.*

Secret. Confidentiel

1) *Armée de terre URSS.*

a) <u>Divisions</u> : bloc URSS : 170 divisions.

S'il ne s'agit que de l'URSS dans les satellites, le nombre de divisions indiqué est acceptable.

b) <u>Avions de guerre</u> : 16 000.

Chiffre acceptable.

c) <u>Chars</u> : 40 000.

Nombre valable à la fin de la guerre ; le matériel usé a été remplacé et le nombre global n'a guère dû varier.

2) *Forces navales URSS.*

<u>Navires de guerre et sous-marins</u> : 427.

Ce chiffre n'a aucun sens ; il faudrait donne plutôt un tonnage par catégories.

Le document précise que sur ces 427 unités, 300 sont des sous-marins munis du Schnorchel. Ce nombre me paraît fantastique. L'URSS dispose au maximum de 250 sous-marins, y compris les bâtiments hors d'âge ; il n'en est guère plus de 90 modernes ou modernisés.

3) *Bombes atomiques URSS.*

Nombre donné : 25.

Je ne puis apporter aucune précision.

4) *Commentaires.*

L'auteur de l'article estime que les Soviets ne pourraient aligner qu'une quarantaine de divisions modernes réellement pourvues en chars, artillerie, moyens de transports, etc…

Je ne partage pas cet avis et j'estime qu'il serait extrêmement imprudent de s'y arrêter. L'armée soviétique dispose au moins de 100 divisions parées.

(Direction d'Amérique, États-Unis, volume 206)

[1] Référence : *Perspectives* du 24 juin 1950.

203

M. Chataigneau, Ambassadeur de France à Moscou,
  à M. Schuman, Ministre des Affaires étrangères[1].

T. n° 1645[2].   *Moscou, 11 juillet 1950.*

(*Reçu* : le 16, 15 h.)

La résolution soviétique, découverte par Léontiev (mon télégramme n° 313)[3] de contraindre les États-Unis à l'alternative de mener simultanément la guerre en Asie et en Europe ou d'abandonner l'Asie ne cesse d'éclaircir les événements actuels de Corée et leurs conséquences.

a) L'invasion de la Corée du Sud par les troupes de celle du Nord bute assurément à attirer dans la péninsule d'importants effectifs américains sans y déceler ni même y engager pour le moment d'effectifs soviétiques, de façon à contenir et à user les premiers par l'action des forces coréennes laissées seules d'abord, puis renforcées d'infanterie chinoise, de matériel et de spécialistes provenant du groupe d'armées Malinovski situé à pied d'œuvre.

Si le gouvernement de Moscou juge que le théâtre coréen d'opérations ne divertit pas assez de troupes américaines pour lui assurer l'aisance de mouvements qu'il requiert à l'Ouest, il est sans doute qu'il n'hésitera pas à allumer d'autres foyers de conflits en Asie, par exemple en Indochine, pour y absorber à la fois du matériel américain et des troupes françaises, et en Iran dont la dépression intérieure qu'il suit attentivement lui paraît favorable à des séditions susceptibles d'être entretenues par l'infiltration de ses agents et de ses armes en Azerbaïdjan et au Khorassan (mes télégrammes n°s 21 et 1220)[4].

Cependant l'URSS ne semble pas pour autant disposée à entamer une guerre générale dont Staline persiste assurément à refuser les hasards. Mais elle entend disperser les forces combattantes des États-Unis pour réduire en compensation la puissance de l'appui qu'attendent de ce pays les nations de l'Europe occidentale menacées et pour induire celles-ci à perdre confiance et à envisager de compromettre par une manière d'accord pareil à celui de Munich qui leur créerait l'illusion d'obtenir un répit pour parfaire leurs armements ou simplement de reculer une échéance redoutée.

b) On peut se demander toutefois, alors que la presse et la radiodiffusion de Moscou distribuaient aussi bien leurs diatribes contre les

---

[1] Note manuscrite : « *C[ommuni]quer Washington, Londres, Téhéran, Hau[t Commi]ssaire [à Saïgon]. F[ai]t 18/7* ».
[2] Télégramme envoyé en clair et par courrier.
[3] Document non reproduit.
[4] Documents non reproduits.

gouvernements de Singman Rhee et de Bao Daï, pourquoi l'attaque prononcée il y a quinze jours l'a été en Corée plutôt qu'au Viêtnam ?

C'est que la guerre qui se poursuit en Indochine retient exclusivement des troupes françaises et que son aggravation ne pouvait servir qu'à détourner du matériel américain. En Corée, au contraire, l'URSS reprend la politique inaugurée par les Mongols qui déjà au XIIIe siècle cherchaient à y établir la base de leurs expéditions contre le Japon distant de 175 kilomètres seulement de la côte de Fusan.

Le Kremlin se donne en même temps le prétexte de se précautionner contre la disposition accoutumée des maîtres du Japon à chercher à placer en Corée la défense des avant-postes de l'Archipel et au manœuvres américaines qu'il veut dénoncer pour avoir constitué une base de départ d'agression contre l'URSS. La raison en est avancée par Smetanine dans un article de la *Gazette Littéraire* du 8 juillet : « Les impérialistes américains ont considéré la Corée du Sud en premier lieu comme une place d'armes pour attaquer l'URSS, la République populaire de Chine et tous les pays asiatiques dont les peuples luttent pour leur indépendance nationale ». Elle veut être fondée sur une citation du *Stars and Stripes* : « Si la guerre froide actuelle contre l'URSS dégénère en un conflit armé, la Corée sera considérée comme place d'armes avancée ».

c) Il semble bien dès lors que l'URSS n'a aucune hâte de voir mettre fin aux opérations en cours en Corée et qu'elle emploiera au contraire tous les moyens de la faire durer, en renforçant de troupes chinoises et de matériel soviétique les armées du Nord à la proportion de la fermeté de la résistance ou de la vigueur de la contre-offensive américaine. Mais si celle-ci, après avoir réussi à refouler les troupes nordistes au 38e parallèle s'étend au delà de cette ligne, on peut s'attendre à ce que l'URSS tire les conséquences d'une intervention sur un territoire récemment tenu encore par ses armées et dont elle a fait profession de cesser l'occupation pour lui assurer l'indépendance. Les réserves qu'elle a faites au sujet du blocus des côtes coréennes sont signifiantes de la position qu'elle entend soutenir sur ce point. Le recours à la guerre ne contredirait point la propagande qu'elle étend pour la paix, si on s'en tient à l'aveu fait il y a quelques jours à un de mes collaborateurs par un officier qui venait d'assister à une conférence à Saratov : « Si l'URSS est conduite à faire la guerre, ce sera pour faire régner la paix dans le monde entier »[1].

(Direction d'Asie-Océanie, Dossiers généraux, volume 37)

---

[1] La veille, Chataigneau s'interrogeait sur l'attitude énigmatique du Kremlin, qui donnait à penser que celui-ci avait voulu se livrer à une épreuve de force contre les États-Unis. Plusieurs articles dans la presse soviétique insistaient sur la « préméditation » américaine. Il constatait que le Kremlin répugnait à faciliter le règlement du conflit et que cela pouvait se comprendre comme sa volonté de détourner une partie de l'effort militaire américain vers

204

M. Bonnet, Ambassadeur de France à Washington,
  à M. Schuman, Ministre des Affaires étrangères[1].

D. n° 3351.   *Washington, 11 juillet 1950.*

Le déclenchement des hostilités en Corée a déjà eu d'importantes répercussions sur la politique américaine à l'égard de l'Indochine (ma dépêche n° 3250/AS du 5 juillet)[2]. Si, comme tout porte à le croire, le conflit coréen se prolonge pendant plusieurs mois, il ne manquera pas d'exercer une influence profonde sur l'ensemble des relations entre les États-Unis et l'Asie du Sud-Est.

J'ai déjà signalé au Département les premières conséquences pratiques de la participation américaine aux opérations militaires en Asie (renforcement de l'aide aux États associés et à la France en Indochine ; abandon, pour le moment tout au moins, de la théorie du « cordon d'îles » ; danger de concurrence entre les besoins militaires de la Corée et ceux de l'Indochine) ; cette évolution s'est accompagnée d'un changement de « climat » dans l'opinion publique qui mérite de retenir l'attention.

En premier lieu, les États-Unis sont passés du rôle de spectateurs de la lutte anticommuniste en Extrême-Orient à celui d'acteurs principaux : pour employer une expression triviale mais particulièrement imagée, ils sont désormais « dans le bain » ; les Français qui se battent en Indochine, les Anglais qui cherchent à mettre fin aux guérillas en Malaisie, sont considérés maintenant comme des frères d'armes, et non plus comme les derniers défenseurs d'un colonialisme périmé. Ceci ne veut pas dire que le courant anticolonialiste ait cessé d'exister ; mais ayant, comme dirait Rimbaud, la « réalité rugueuse à éteindre », les plus intransigeants sont obligés de reconnaître que l'encouragement donné aux nationalismes asiatiques n'est pas une panacée et que les puissances occidentales doivent jouer un rôle de premier plan dans l'organisation politique, économique et militaire de la résistance au communisme en Asie. Il n'est pas douteux que la nécessité de coordonner plus étroitement dans ce domaine les efforts des États-Unis, de la

---

l'Extrême-Orient. L'éventualité d'une intervention massive des Chinois en Corée n'était pas à écarter, de même que la possibilité de déclencher un conflit mondial à un moment où ses adversaires ne sont pas encore réarmés et unifiés dans une alliance solide. Mais, de Moscou, il soulignait que l'URSS ne souhaitait sans doute pas aggraver le conflit tout en ne faisant rien pour le régler... (dépêche n° 760 du 10 juillet 1950 de Moscou, non reproduite).

[1] Dépêche adressée à la direction d'Asie-Océanie et communiquée à la direction d'Amérique, au Haut-Commissariat à Saïgon et à la délégation française aux Nations unies à New-York.

[2] Document non reproduit.

France et de l'Angleterre – ne fût-ce que pour des raisons d'efficacité et d'économie – s'imposera avec une force croissante.

Ce sentiment de solidarité s'accompagne toutefois de doutes et d'inquiétudes ; de nombreux Américains ont été frappés des succès remportés auprès des peuples asiatiques par la propagande adverse, qui dénonce sans relâche l'intervention américaine en Corée comme une nouvelle entreprise de l'« impérialisme blanc » en Asie. Comme Walter Lippmann l'a fait remarquer à maintes reprises, les États-Unis ne peuvent pas se payer le luxe d'entretenir indéfiniment des corps expéditionnaires sur des théâtres d'opération lointains, alors que les forces soviétiques restent inentamées et libres de leurs mouvements.

C'est pourquoi l'on se montre ici particulièrement désireux d'obtenir le soutien effectif d'un ou plusieurs pays « jaunes » ; comme les nationalistes chinois sont, à l'heure actuelle, plus compromettants qu'utiles, c'est vers l'Inde que se tournent les espoirs d'une grande partie de l'opinion. « Il est temps », écrivait l'éditorialiste du *Washington Post* le 9 juillet, « de faire plus attention au point de vue de l'Inde sur la politique en Asie ». L'adhésion du gouvernement indien à la résolution du Conseil de sécurité qui recommandait aux membres des Nations unies d'apporter à la Corée du Sud l'assistance nécessaire au refoulement de l'agresseur, a été saluée avec enthousiasme par la presse américaine ; cet enthousiasme a été si grand que le Pandit Nehru s'est cru obligé de réaffirmer « l'indépendance » de la politique indienne à l'égard de l'Est et de l'Ouest.

Tant que l'intervention américaine en Corée pouvait être considérée comme une simple « opération de police », il était raisonnable de lui assigner pour but le retour au *statu quo ante*. On s'aperçoit maintenant qu'il s'agit d'une véritable guerre ; les « buts de guerre » devront donc, tôt ou tard, être définis. Le rétablissement de l'ordre ancien étant impossible, c'est vers la création d'un ordre nouveau que s'orienteront les efforts américains. Déjà, ce thème apparaît dans la presse libérale des États-Unis. La revue *The Nation* écrivait, dans son numéro du 8 juillet :

« Si ce pays espère jouer le rôle de libérateur en Asie, il devra lier son intervention en Corée à une politique bien plus drastique et révolutionnaire que celle qu'il a poursuivie dans le passé. Et il devra le faire maintenant, pendant que la bataille est en cours ». Précisant sa pensée, l'éditorialiste ajoutait : « La seule façon de "vendre" aux peuples de l'Asie l'intervention des États-Unis et des Nations unies en Corée est de leur offrir maintenant un engagement concret de liberté nationale et de réforme économique fondamentale. Ceci s'applique à l'Indochine et à la Malaisie, aussi bien qu'à la Corée, à Formose et aux Philippines ».

Exprimant la même idée sous une forme plus modérée, William Lacy, directeur du bureau des affaires de l'Asie du Sud-Est et des Philippines au Département d'État, déclarait le 11 juillet à l'Université de Virginie :

« Nous nous sommes attachés à démontrer aux dirigeants nationalistes du Sud-Est asiatique que communisme n'est pas synonyme de nationalisme, ou vice-versa, et que le communisme et un véritable nationalisme sont absolument incompatibles. Je crois que nous avons largement réussi dans cette entreprise ; mais la tâche ne sera pas achevée tant que les États de l'Asie du Sud-Est ne seront pas prêts et aptes à combattre le communisme parce qu'ils le voudront eux-mêmes et parce qu'ils comprendront que dans cette lutte réside leur salut ».

Le même jour, un éditorial du *New York Times* soulignait qu'en Asie « la puissance et la promesse d'un niveau de vie plus élevé sont les premières conditions requises pour tenir le communisme en échec ». On comprend, dans ces conditions, que le président Truman ait insisté le 11 juillet auprès des membres démocrates et républicains du Congrès pour que celui-ci vote dans leur intégralité les crédits nécessaires au « Point Quatre ».

Solidarité plus grande des États-Unis avec la France et l'Angleterre en Extrême-Orient, désir de rallier à la cause occidentale le plus grand nombre possible d'Asiatiques par la promesse d'un niveau de vie plus élevé et d'un ordre meilleur, détermination d'accroître l'efficacité des moyens de propagande anticommuniste : telles sont les premières conséquences qu'entraîne ici, sur le plan psychologique, la prolongation des hostilités en Corée. Aucun de ces facteurs ne saurait nous laisser indifférents dans la poursuite de notre politique en Indochine.

(Direction d'Amérique, États-Unis, volume 134)

205

M. Bonnet, Ambassadeur de France à Washington,
  à M. Schuman, Ministre des Affaires étrangères[1].

D. n° 3354.   *Washington, 11 juillet 1950.*

La sensation créée par l'intervention militaire américaine en Corée a rejeté au second plan les passages de la déclaration du président Truman du 27 juin relatifs à la politique des États-Unis dans les autres parties de l'Extrême-Orient.

---

[1] Dépêche adressée à la direction d'Asie-Océanie et communiquée à la direction d'Amérique, à la délégation à Manille, au Haut-Commissaire à Saïgon et à la délégation française aux Nations unies à New-York. Note manuscrite : « C[ommuniquer à] Londres, F[rance] O[utre-]M[er] (Varets), f[ai]t le 20/7/50 ».

L'importance des engagements du Président à ce sujet ne le cédait pourtant en rien à celle de la décision qu'il venait de prendre pour la Corée. Ils constituent en effet un tournant capital, et dans le cas de Formose un renversement, de la diplomatie américaine dans l'Asie extrême-orientale.

En ce qui concerne la Corée, il n'est guère besoin de souligner que la date du 27 juin a marqué une volte-face aussi bien du Pentagone que du Département d'État, car si le premier avait, sans hésitation apparente, retiré l'année dernière les troupes américaines de la Corée du Sud, on ne sache pas que le Département d'État s'y fût opposé en aucune manière.

Il est sans doute facile de se donner l'air de la sagesse après l'événement, mais il apparaît clairement aujourd'hui que si le Pentagone a commis la faute de croire (s'il l'a jamais cru) que les troupes du gouvernement de Séoul qui faisaient leurs classes sous les instructeurs américains pourraient résister à une agression armée du gouvernement de Pyong Yang, le Département d'État peut être accusé à son tour d'avoir perdu de vue l'incidence que l'abandon à leur sort des Coréens du Sud en cas d'une telle attaque aurait nécessairement sur la politique des États-Unis en Extrême-Orient. Il est vrai que la décision d'évacuer la Corée méridionale fut prise bien avant que Monsieur Acheson se soit déclaré en faveur de la « diplomatie totale ».

Quoi qu'il en soit, les Américains sont aujourd'hui en Corée dans une situation qu'on ne peut s'empêcher de comparer à la nôtre en Indochine et l'opinion publique des États-Unis, à en juger par certains commentaires de presse, commence à se rendre compte que le gouvernement de Washington risque d'être entraîné, au sud du 38e parallèle comme nous en Asie sud-orientale, dans des opérations militaires de longue durée et que tout compte fait, on ne choisit pas sa guerre en Extrême-Orient.

Ceci m'amène tout naturellement au passage de la déclaration Truman relatif à l'Indochine.

On ne peut pas parler à ce sujet d'un changement de la politique générale américaine. Celle-ci avait en effet été officiellement exposée par Monsieur Acheson dans sa déclaration du 8 mai à Paris. Ce qui est important, c'est qu'elle ait été reprise pour la première fois et en quelque sorte confirmée par la plus haute autorité des États-Unis et que l'enjeu de la partie qui se joue en Indochine ait été lié, aux yeux du public américain, à celui de la Corée.

L'on aurait donc mauvaise grâce désormais à imputer à notre action en Indochine des desseins « colonialistes » ou « impérialistes » ; toutefois, il ne faut pas perdre de vue que les Américains ont conscience de se battre en Corée pour l'indépendance de ce pays. Ils feront le même rapprochement en ce qui concerne la France et les États associés. Si nous ne savons pas mettre en valeur les concessions que nous faisons depuis plus de deux ans pour remettre à ces États la gestion de leurs affaires publiques, il faut nous attendre à un renouveau et sans doute à une accentuation des critiques américains concernant les buts de la politique que nous poursuivons en Indochine et vraisemblablement à une audience moins favorable des milieux gouvernementaux de Washington.

***

De la déclaration précitée du président Truman, c'est le passage relatif aux Philippines qui a en somme le moins surpris. À vrai dire, le Président n'a fait que confirmer l'orientation de la politique de Washington à l'égard du gouvernement des Philippines qui se dégageait des informations recueillies, au cours de ces derniers mois, par cette ambassade et par notre légation à Manille, à savoir la volonté des autorités américaines d'intervenir directement dans l'archipel pour mettre un terme à la détérioration dans tous les domaines de la situation de la jeune République.

Étant donné, d'une part, que Washington avait déjà fait connaître le départ prochain pour Manille de conseillers économiques et financiers américains et, d'autre part, que les traités americano-philippins autorisent les États-Unis à entretenir des bases dans l'archipel, il est possible qu'en liant dans sa déclaration l'aide militaire américaine aux Philippines à celle destinée à la Corée et à l'Indochine, le président Truman ait voulu, par cette présentation, ménager les susceptibilités des dirigeants de Manille, mises depuis quelque temps à une rude épreuve par les nouvelles du retour déguisé des États-Unis dans les affaires des Philippines.

***

Si pour l'Indochine, on peut dire que, dans la déclaration du président Truman, la thèse du Département d'État l'a emporté sur les hésitations du Pentagone, c'est, semble-t-il, l'opinion du Congrès et la pression de MacArthur qui sont venues à bout des réticences du Département d'État et de l'embarras du Pentagone concernant Formose.

On savait depuis longtemps que le général MacArthur considérait Taïwan comme un maillon essentiel de la chaîne de défense américaine dans le Pacifique Ouest sans que le Département de la Défense en soit encore convaincu. En revanche, le *State Department* estimait que les États-Unis devaient laisser Formose à son sort sous peine d'être accusés d'intervenir dans les affaires intérieures des pays d'Asie.

Le voyage en juin dernier à Tokyo de Monsieur Johnson, Secrétaire d'État à la Défense et du général Bradley a, selon toute apparence, rapproché les vues du Pentagone de celles de l'état-major de SCAP[1] à ce sujet.

Comme je vous l'ai fait connaître dans ma communication du 25 juin[2], le Département d'État se préparait, avant le conflit coréen et sous l'influence du Capitole, à abandonner sa politique de non-intervention en ce qui concerne Formose. L'attaque de la Corée du Sud par les forces de Pyong Yang n'a donc été que l'occasion de faire connaître par la voix du président Truman le changement de l'attitude de Washington en ce qui concerne Formose. Il s'agit d'ailleurs, en l'occurrence, d'une politique de neutralisation de la question formosane plutôt que d'une prise de position en faveur du gouvernement nationaliste. Suivant l'expression américaine, Formose est mise « dans la naphtaline » jusqu'à ce que la situation en Extrême-Orient se soit éclaircie. Cette décision, si elle est marquée du sceau des militaires, n'en est pas moins une décision de compromis sur le plan stratégique puisque l'état-major américain se contente d'interdire l'accès de l'île aux communistes sans en faire une base d'opérations.

En revanche, du point de vue politique, l'évolution de l'attitude des États-Unis est considérable : non pas lorsque le Président déclare que le statut futur de Formose pourra être déterminé par le règlement final de la paix avec le Japon, ceci en effet ne constitue pas juridiquement une nouveauté, mais lorsqu'il ajoute que ce statut pourra être éventuellement réglé par les Nations unies. Cette seconde suggestion revient en effet sur les décisions de la conférence du Caire, confirmées dans l'ultimatum de Potsdam au Japon, le 26 juillet 1945.

Ce renversement de position ne signifie d'ailleurs pas que le Département d'État ait changé d'opinion en ce qui concerne le « gouvernement croupion » de Taïpeh. Les principaux conseillers de Monsieur Acheson pour les affaires d'Extrême-Orient sont en effet toujours convaincus de l'incapacité de l'administration nationaliste.

**

Bien que le Japon n'ait pas été mentionné dans la déclaration Truman, il n'en apparaît pas moins que l'intervention du gouvernement de Washington en Corée est de nature à hâter la conclusion d'un traité de paix avec l'ancien Empire du Soleil Levant, dans le sens souhaité par le général MacArthur et par le Pentagone : à savoir la signature rapide d'un accord avec mise à la disposition des États-Unis (ou des Nations unies) de bases militaires.

L'opinion japonaise qui, dans son ensemble, paraissait, avant le conflit coréen rien moins que favorable à la rétention de bases dans

---

[1] SCAP : *Supreme Commander for the Allied Powers,* soit le Commandant suprême allié au Japon.
[2] Document non reproduit.

l'archipel par les États-Unis, semble avoir pris conscience, à la lumière des événements récents, du danger que comporterait, du côté soviétique, l'évacuation totale des forces d'occupation de l'archipel.

Il faut donc s'attendre, si l'affaire de Corée ne prend pas d'extension au point de vue international, à ce que le gouvernement de Washington fasse au sujet du traité de paix, et dans un avenir qui n'est peut-être pas très éloigné, des propositions dans le sens indiqué plus haut aux gouvernements intéressés.

***

En résumé :

1) L'affaire de Corée a amené le gouvernement américain à définir sa politique générale en Extrême-Orient qui, du fait de vues divergentes de l'Administration, était jusqu'alors invertébrée.

Washington, toujours sous le coup de son expérience désastreuse en Chine, pratiquait en effet une politique « au jour le jour, » guidée sur le plan politique par le souci de ne pas paraître s'opposer au développement des nationalismes asiatiques, et, sur le plan stratégique, par la nécessité de s'accrocher aux positions acquises dans le Pacifique Ouest en évitant toutefois de ne pas se laisser engager à fond sur le continent asiatique dans des opérations qui affaiblirait le dispositif de défense atlantique.

Depuis la déclaration du président Truman, prise dans une très large mesure, il convient de le souligner, sous la poussée de l'opinion publique aux États-Unis, la volonté d'arrêter par tous les moyens l'action de Moscou l'emporte à Washington, sur les scrupules politiques en Asie.

2) L'effondrement des Coréens du Sud et surtout les difficultés militaires américaines en Corée viennent de montrer au gouvernement de Washington et à la population américaine que ceux-ci ne possédaient pas les armes de leur politique.

Les conséquences de cette découverte dépassent d'ailleurs le cadre extrême-oriental.

3) Si le gouvernement américain est toujours favorable aux nationalismes asiatiques, il se rend compte maintenant que l'abandon prématuré aux jeunes États de la gestion de leurs affaires publiques constitue la recette infaillible pour y installer à brève échéance des gouvernements communistes : d'où la nécessité d'intervenir en Corée et d'appuyer les Philippins chez eux et la France dans les États associés d'Indochine.

Cette politique est de toute évidence la seule qui convienne dans les circonstances actuelles, mais c'est un remède d'urgence, une sorte de transfusion qui ne fera pas disparaître la faiblesse inhérente aux jeunes États asiatiques non inféodés à Moscou.

Cette faiblesse réside dans le fait que ceux-ci n'ont pas su, ou pas pu, s'attirer jusqu'ici le soutien des masses populaires.

Amené aujourd'hui à appuyer les gouvernements déconsidérés de Sygman Rhee, de Tchang Kaï-chek et de Quirino, ou des gouvernements qui n'ont pas eu encore le temps de se consolider, comme celui de Bao Daï, le gouvernement américain apparaît ainsi en Extrême-Orient, comme le champion de régimes incompétents et souvent corrompus, et comme le défenseur d'une organisation sociale défectueuse ou périmée.

Le gouvernement de Washington est le premier à se rendre compte de cet état de choses et il est à prévoir qu'après avoir défendu les jeunes nations asiatiques contre la menace de Moscou, son premier soin sera, comme il commence d'ailleurs de le faire aux Philippines, de s'employer à les délivrer d'une administration et de conditions de vie qui sont les meilleures armes de Moscou dans son action en Extrême-Orient.

(Direction d'Asie-Océanie, Dossiers généraux, volume 31)

206

M. Périllier, Résident général de la République française à Tunis,
    à M. Schuman, Ministre des affaires étrangères.

D. n° 953.   *Tunis, 11 juillet 1950.*

Ainsi que je l'avais indiqué à Votre Excellence par ma communication du 8 juillet[1], les principales difficultés soulevées par mes interlocuteurs lors des discussions portant sur les réformes concernaient l'autorité du Premier ministre sur les autres membres du gouvernement, la restriction des pouvoirs du Secrétaire général et la présence d'agents de contrôle français auprès des ministres tunisiens.

C'est pour essayer de les résoudre que j'ai remis aujourd'hui au Premier ministre le texte dont Votre Excellence voudra bien trouver ci-joint un exemplaire et qui comporte diverses modifications par rapport au projet emporté par M. de La Chauvinière[2].

Me Kaak estime en effet que la subordination du Secrétaire général au Premier ministre n'était pas assez nettement marquée en ce qui concerne les services administratifs visés à l'art. 3 que le Secrétaire général gère au titre de chef d'administration : services de contrôle du personnel et des dépenses et service du plan. J'ai par suite été conduit à supprimer dans cet art. 3 concernant exclusivement le Secrétaire

---

[1] Document non reproduit.
[2] Document non reproduit.

général toute allusion à l'autorité du Premier ministre, par analogie avec l'art. 5 concernant les autres chefs d'administration, qui ne parle pas non plus du Premier ministre.

En revanche, la fin de l'art. 2 concernant les pouvoirs du Premier ministre, a été modifiée pour préciser que le Secrétaire général du gouvernement, comme les ministres ou directeurs, exercent leurs attributions respectives sous l'autorité du Premier ministre ; cette modification a entraîné l'adjonction des services du Secrétariat général au premier alinéa de l'art. 1er à la liste des ministères et directions composant l'administration centrale.

Le Premier ministre obtient ainsi satisfaction, par une affirmation plus nette de son autorité sur le Secrétaire général, mais celui-ci conserve, comme les ministres ou directeurs, des pouvoirs propres de gestion sur les services de contrôle du personnel et des dépenses que j'estime essentiel de maintenir sous sa dépendance directe.

La question des délégués ou conseillers auprès des ministres tunisiens a également soulevé de très vives objections de la part de mes interlocuteurs que ce soit Me Kaak, à titre officiel, ou Si M'Hamed Chenik, à titre officieux.

Dans la ligne des instructions que Votre Excellence a bien voulu me faire parvenir, par sa communication du 10 juillet[1], j'avais essayé de transférer du Secrétariat général du gouvernement à la Résidence, ce contrôle des administrations tunisiennes, en me réservant le pouvoir de détacher auprès des chefs d'administration un fonctionnaire de contrôle qui me permette d'exercer en toute connaissance de cause la possibilité de veto sur les arrêtés qui, en vertu de l'art. 6, doivent m'être communiqués avant leur publication. J'ai eu l'impression très nette que le maintien de cette exigence serait susceptible de provoquer de nouveaux retards dans l'acceptation de ces textes et peut-être même de conduire Si M'Hamed Chenik à ne pas accepter la charge que je désire lui confier, et j'ai accepté la suppression pure et simple des conseillers, me réservant d'exercer par d'autres moyens le contrôle nécessaire sur les administrations tunisiennes.

Je souhaiterais que ces longues discussions puissent s'achever avant l'Aïd-es-Seghir et que la parution des réformes puisse être annoncée à l'occasion de cette fête. Aussi, ai-je l'intention d'aller rendre visite demain à S.A. le Bey pour lui indiquer qu'il ne m'est plus possible d'accepter de nouvelles modifications aux textes qui lui ont été présentés et que, comme il m'est nécessaire de me rendre à Paris au début de la semaine prochaine pour prendre contact avec le nouveau gouvernement, la publication des réformes serait remise *sine die*, si elle n'est pas effectuée dans les quelques jours qui viennent.

---

[1] Document non reproduit.

Parallèlement au dialogue officiel mené avec Me Kaak, j'ai continué à entretenir d'étroits contacts avec Si M'Hamed Chenik, auquel le Bey a également donné son agrément officieux comme futur Premier ministre, et il est intéressant de noter que les objections présentées par Si Chenik sur les textes de réformes sont à peu près identiques à celles mises en avant par Me Kaak et portent exclusivement sur la réforme du gouvernement ; aucune remarque ne m'a été faite, ni par l'un ni par l'autre de mes interlocuteurs, sur le texte concernant la fonction publique.

En ce qui concerne enfin la limitation des pouvoirs du Premier ministre, en tant que président du conseil des ministres, pour les questions budgétaires, je confirme à Votre Excellence les indications que je lui ai données ce matin par téléphone. Son maintien aboutirait, j'en suis convaincu, à l'échec des discussions en cours, alors que le Résident général et le gouvernement français possèdent, à mon avis, avec les traités actuellement en vigueur, des pouvoirs suffisants pour s'opposer à l'acceptation d'un budget déséquilibré ou à l'adoption de mesures discriminatoires à l'égard de la colonie française.

Je demande à Votre Excellence de bien vouloir m'indiquer par téléphone, avant la fin de la matinée de demain mercredi, si les conclusions de cette dépêche rencontrent son agrément, afin de me permettre de donner à l'entretien que je dois avoir avec S.A. le Bey demain soir, le caractère définitif que j'estime indispensable de lui faire prendre.

(Direction Afrique-Levant, Tunisie, volume 380)

207

NOTE DU SECRÉTARIAT DES CONFÉRENCES
POUR M. SCHUMAN, MINISTRE DES AFFAIRES ÉTRANGÈRES

Événements de Corée depuis le 25 juin et les Nations unies

N. n° 59 SC.   *Paris, 12 juillet 1950.*

Dans la journée du dimanche 25 juin 1950, le monde apprenait la nouvelle de l'agression entreprise à l'aube par des forces groupées en Corée du Nord contre le territoire contrôlé par le gouvernement de la Corée du Sud.

On sait que la division du pays en deux parties suivant la ligne idéale du 38e parallèle, résulte de la décision prise à Potsdam en août 1945 par les états-majors soviétique et américain de confier à leurs forces respectives le soin de désarmer au nord et au sud de cette ligne les armées japonaises vaincues.

En Corée même, surtout depuis l'évacuation en juin 1949 des troupes américaines d'occupation, on n'écartait pas la possibilité d'une agression du Nord, mais les observateurs étrangers pensaient que les autorités communistes attendraient pour l'accomplir que les activités de guérillas dans le sud aient pris une extension telle qu'elle n'aurait plus le caractère d'une invasion[1].

Quatre divisions dotées de tanks lourds et d'équipement de fabrication soviétique franchirent le 38ᵉ parallèle en de multiples points entre les côtes ouest et est, cependant que des forces moindres étaient débarquées le long de la côte est, jusqu'aux environs du 36ᵉ degré, à proximité des régions où avaient été signalées dans le passé les plus importantes activités de guérillas.

L'ambassadeur des États-Unis en Corée informa immédiatement de ces faits son gouvernement qui provoqua la convocation d'urgence du Conseil de sécurité. Un peu plus tard, la Commission des Nations unies pour la Corée, qui fonctionne à Séoul, et au sein de laquelle siège un délégué français, télégraphiait de son côté au Secrétaire général de l'Organisation des précisions sur l'attaque du Nord, attirant son attention sur la gravité de la situation et proposait que le Conseil de sécurité se saisit de l'affaire.

Réuni le 25 juin à 14 heures, le Conseil était mis au courant par M. Trygve Lie de la violation des principes de la Charte commise par les autorités communistes du Nord de la Corée. Le représentant américain, soutenu par les délégués de la Chine, de Cuba, de l'Équateur, de la France et de la Grande-Bretagne, fit adopter par 9 voix et l'abstention de la Yougoslavie une résolution invitant les autorités coréennes du Nord à cesser immédiatement les hostilités et à ramener leurs forces sur le 38ᵉ degré de latitude, sous le contrôle de la Commission des Nations unies (annexe 11)[2].

Au cours de la journée du 26, cette dernière envoyait de Séoul, menacé par l'approche des forces communistes, plusieurs télégrammes. Elle indiquait qu'elle était prête à faire le nécessaire pour mener à bien la mission dont la chargeait le Conseil de sécurité mais remarquait que la situation s'aggravait rapidement et qu'il était vain d'escompter que l'ordre de cesser le feu serait écouté. Elle confirmait, d'autre part, qu'après avoir étudié un rapport établi par les observateurs militaires qu'elle s'était attachés, les forces du Nord étaient seules responsables de l'invasion, préparée et exécutée dans le secret le plus complet, alors que les armées de la Corée du Sud étaient déployées en formations purement défensives (annexe 2)[3].

Après s'être consulté avec ses collaborateurs dans la nuit du 26 au 27, le président Truman, déclarait le 27, qu'afin d'apporter toute l'assis-

---

[1] Voir *DDF*, 1949-I, n° 304.

[2] Document non reproduit. Voir document n° 158.

[3] Document non reproduit.

tance du gouvernement des États-Unis à la mise en œuvre de la résolution du Conseil de sécurité, il avait, puisque les autorités de Corée
du Nord n'avaient tenu aucun compte de cette résolution, ordonné à
ses forces aériennes et navales de donner aux troupes coréennes du Sud
couverture et appui. Il ajoutait que la flotte américaine était également
chargée de prévenir toute attaque sur Formose (Taïwan), dont le statut
serait précisé plus tard, mais qu'en revanche, il avait prié le gouvernement chinois de Formose de cesser toute opération aérienne et navale
contre le continent. Il annonçait enfin que les forces des États-Unis
seraient renforcées aux Philippines et que l'assistance militaire à l'Indochine française serait accélérée (annexe 3)[1].

En même temps qu'il prenait ces décisions, il faisait remettre par son
ambassadeur à Moscou une note priant le gouvernement de l'URSS
d'user de son influence pour que les autorités nordistes obéissent aux
injonctions du Conseil de sécurité (annexe 4)[2].

Le 27 juin, Séoul était occupé et les forces de Corée du Sud commençaient à battre en retraite ; les autorités américaines avaient pu
toutefois procéder à l'évacuation des femmes et des enfants. Le gouvernement du dr. Syngman Rhee partait pour Suwon (à 50 km au sud de
la capitale) puis pour Taejon, suivi de l'ambassadeur des États-Unis et
jusqu'à Suwon de la commission des Nations unies. Il ne restait plus
dans Séoul occupé que le ministre de Grande-Bretagne et le Chargé
d'affaires de France, leur personnel, quelques missionnaires français et
quelques commerçants anglais. De Suwon, la Commission qui n'avait
pu rester en liaison avec le gouvernement coréen, partait pour le Japon.

Le Conseil de sécurité consacrait ce même jour une deuxième
réunion à l'examen de la question coréenne. À l'issue de la séance était
adoptée par 7 voix contre 1 et 2 abstentions une nouvelle résolution
qui, prenant note du fait que ses recommandations précédentes aux
autorités de la Corée du Nord n'avaient eu aucun résultat et considérant que des mesures militaires urgentes étaient nécessaires pour rétablir la situation, recommandait aux membres des Nations unies
d'apporter à la République de Corée toute l'aide nécessaire pour
repousser les assaillants (annexe 5)[3].

Alors que la radio et les journaux soviétiques s'étaient contentés
depuis le 25 juin de mentionner « l'attaque de la Corée du Nord par
la clique sudiste » et les succès remportés par la « contre-attaque » des
forces populaires, la *Pravda* du 27 commentait longuement la déclaration du président Truman auquel elle reprochait particulièrement la
décision de défendre Formose qui constituait un acte direct d'agression
à l'égard de la République chinoise.

---

[1] Document non reproduit.
[2] Document non reproduit.
[3] Document non reproduit. Voir document n° 162.

De son côté, le gouvernement britannique qui, la veille, avait déjà donné son accord à la décision américaine d'aider militairement la Corée du Sud, annonçait qu'il appuierait l'action des États-Unis en plaçant les forces navales se trouvant dans les eaux japonaises à la disposition des Nations unies.

Le 29 juin, le Secrétaire général des Nations unies transmit à tous les États membres le texte de la résolution pris le 27 par le Conseil de sécurité en les priant de lui faire connaître l'importance et la modalité de l'assistance qu'ils penseraient pouvoir donner en vertu des recommandations adoptées. À la requête de M. Trygve Lie, un groupe avancé de la Commission des Nations unies regagnait la Corée.

M. Gromyko, répondant à la note américaine du 27, réitérait « le principe traditionnel suivi par le gouvernement soviétique de ne pas s'immiscer dans les affaires intérieures des autres États » et estimait donc « inadmissible » cette immixtion (annexe 6)[1]. De son côté, le gouvernement populaire chinois dénonçait le 30 l'« invasion américaine » à Formose et en Corée, invitant les peuples d'Asie « à se soulever comme un seul homme » pour arrêter l'agression des Américains en Extrême-Orient.

Après que le général MacArthur, au cours d'un bref voyage en Corée où il rencontrait le Président de la République, le Dr. Rhee, eut constaté la disparition de toute résistance organisée des forces sudistes, le président Truman décidait le 30 juin d'engager les forces de terre des États-Unis et d'autoriser que l'activité de l'aviation fut étendue au nord du 38e de latitude.

Le Conseil de sécurité, convoqué pour la troisième fois dans la même semaine, entendait le délégué de l'Égypte confirmer l'attitude d'abstention qu'il avait prise le 27 juin en invoquant « la carence passée du Conseil dans l'affaire de Palestine » et le fait que « le conflit n'était qu'un nouvel aspect des profondes divergences entre l'Est et l'Ouest ». En revanche, le délégué de l'Inde communiquait l'adhésion de son gouvernement aux mesures décidées par le Conseil.

Les réponses à la lettre du Secrétaire général se succédaient et le premier juillet, quarante-sept États avaient déjà fait connaître leur position. Sur ce nombre, 4 s'étaient élevés contre la décision du Conseil de sécurité, l'URSS, la Tchécoslovaquie, la Pologne et la Yougoslavie et 2 étaient réticentes, l'Égypte et le Yémen.

Le 3 juillet, les premières forces terrestres américaines étaient débarquées à Pusan et acheminées vers la capitale provisoire du gouvernement du Dr. Rhee.

Après plusieurs échanges de vues officieux entre délégations, une résolution a été présentée conjointement par les délégations britannique et française à la quatrième séance consacrée le 7 juillet par le Conseil

---

[1] Document non reproduit.

de sécurité aux événements de Corée. Adoptée par 7 voix et 3 abstentions (Yougoslavie, Indes, Égypte), elle remerciait les États qui avaient
bien voulu offrir leur assistance à la République de Corée, recommandait ensuite que les forces militaires offertes fussent placées sous un
commandement unifié sous l'autorité des États-Unis, priait le gouvernement de Washington de désigner le commandement de ces forces,
et autorisait ces dernières à arborer le drapeau de l'Organisation des
Nations unies concurremment avec les drapeaux des pays participant
aux opérations.

(Secrétariat des Conférences, NUOI, volume 140)

208

M. Chataigneau, Ambassadeur de France à Moscou,
à M. Schuman, Ministre des Affaires étrangères[1].

T. nᵒˢ 1634-1641.   *Moscou, 13 juillet 1950, 15 h.*

Réservé.   *(Reçu : le 13, 22 h. 15)*

Je me réfère à mon télégramme n° 1613[2].

Sir David Kelly m'a entretenu confidentiellement ce matin de l'audience qu'il avait reçue hier à 16 heures de M. Gromyko.

Celui-ci, qu'il allait voir en exécution des instructions du Foreign
Office, lui a dès l'abord montré la faveur de son accueil en lui offrant
des cigarettes, alors qu'il a accoutumé de regarder comme un droit
acquis à la puissance soviétique d'accabler ses visiteurs d'une humeur
civile mais froide et nonchalante des prévenances de la courtoisie.

Les déclarations de Kingsbury Smith touchant à l'action concertée
que la Grande-Bretagne aurait voulu former avec la France sur les
affaires de Corée aussi bien que les bavardages importuns des agents
de presse étrangère à Moscou sur les représentations britanniques au
ministère des Affaires étrangères soviétique fournissaient à Sir Kelly
l'occasion de faire avantager sa démarche en appuyant sur la nécessité
de la discrétion dont toutes celles de cet ordre devaient être entourées.

M. Gromyko a tâché pour obtenir des précisions sur les propositions
auxquelles le gouvernement britannique souhaiterait qu'on entendît en
vue de terminer le conflit coréen.

Éludant le pressement de cet artifice, Sir Kelly a répondu que s'il
avait eu recours aux bons offices du gouvernement soviétique en la

---

[1] Télégramme communiqué à la Présidence de la République, la Présidence du Conseil,
MM. Parodi, Clappier, de Bourbon-Busset et de La Tournelle.

[2] Document non reproduit.

matière, c'est parce que ce gouvernement était membre de l'ONU et que la Grande-Bretagne ne pouvait concevoir de règlement à la contestation en cours que par le concours et dans le cadre de cette autorité internationale, qu'au surplus les combats avaient été engagés par la Corée du Nord sur laquelle le gouvernement de l'URSS était capable d'influence.

M. Gromyko n'a pas manqué de répliquer que les combats de Corée étaient la conséquence de l'opération préméditée par le gouvernement de Séoul, mais qu'il soumettrait à son gouvernement, en tout état de cause, les intentions de celui de Londres qui lui étaient étendues.

Il n'a point posé de questions sur les résolutions américaines touchant Formose, sur le blocus des côtes coréennes, pas plus que sur la genèse de la politique britannique sur ces deux points.

En réponse aux demandes, mineures d'un point de vue général, mais tendant à répondre au gouvernement de Londres quant au sort du ministre d'Angleterre à Séoul et d'un évêque anglican en Corée, M. Gromyko a aimablement déclaré qu'il ne savait rien de la position de ces deux personnalités et a promis de faire part à l'ambassade de Grande-Bretagne des renseignements dont il pourrait avoir connaissance à leur sujet.

Mon collègue a rapporté de son entretien l'impression que les Soviets n'avaient point complètement fermé la porte à la négociation et il calcule encore l'espoir de la voir ouverte, sans toutefois avoir fait son choix sur l'occasion à saisir à cet effet, soit celle d'une avance faite en Corée du Sud des armées communistes qui autoriserait les Soviétiques à se satisfaire d'un avantage de prestige pour faire profession de générosité au bénéfice de la paix, soit au contraire celle d'un recul des mêmes armées jusqu'au 38e parallèle, sous la pression de la contre-offensive américaine, qui replacerait les belligérants en l'état où ils étaient avant leur engagement.

Je retiens personnellement le sentiment que la démarche britannique antérieurement rapportée par mon télégramme n° 1565[1] n'ayant pas été concertée entre les gouvernements de Londres et de Washington autant que le second l'aurait souhaité, celle d'hier a buté essentiellement à compléter les explications et les détails de la première pour dissiper les malentendus que celle-ci aurait pu causer entre Américains et Britanniques d'une part, et les illusions qu'auraient pu naître dans l'esprit des Soviétiques, quant à une dissemblance de conduite entre la politique des alliés d'Occident.

(Direction d'Asie-Océanie, Corée, volume 69)

---

[1] Document non reproduit.

209

M. Schuman, Ministre des Affaires étrangères[1],
à M. Bonnet, Ambassadeur de France à Washington[2].

T. n°s 50 001-50 004.   Paris, *13 juillet 1950.*

Priorité. Très secret. Réservé.

Je souhaite que vous mainteniez au cours des prochaines semaines un contact suffisamment étroit avec le Département d'État pour que nous soyons périodiquement informée de la manière dont il apprécie la situation et pour qu'aucune décision grave ne soit prise sans consultation avec nous, comme avec le gouvernement britannique.

J'ai fait savoir à ce dernier que, tout en comprenant la prudence dont témoignent les récentes instructions envoyées à son ambassadeur à Moscou, il nous paraissait nécessaire de ne pas laisser tomber la conversation. Il me semble à cet égard que les démarches de l'ambassadeur de Grande-Bretagne pourraient être utilement appuyées par une réaffirmation du double aspect des intentions américaines telles qu'elles ont été énoncées par le président Truman dans sa déclaration du 27 juin.

Le Président, évoquant à cette date la résolution du Conseil de sécurité du 25 juin[3], a fait connaître l'aide donnée par les forces américaines pour l'exécution de cette résolution qui enjoignait aux troupes d'invasion de se retirer sur le 38e parallèle. Il a en outre manifesté l'intention de neutraliser le gouvernement nationaliste chinois, lui interdisant toute opération contre la Chine continentale et soulignant que le statut de Formose était susceptible d'une révision prochaine, plusieurs voies étant mentionnées pour atteindre ce but. Il pourrait être utile, alors que les opérations militaires prennent un développement plus considérable qu'il n'avait d'abord été envisagé, que les États-Unis renouvellent l'affirmation que l'action coercitive dont ils assument la direction à la requête des Nations unies a pour seule fin le rejet de l'invasion et le rétablissement du *statu quo ante*, et que les positions de l'Union soviétique et de la Chine ne sauraient être menacées par les opérations dirigées contre les troupes de la Corée du Nord.

Les assurances américaines relatives à la Corée et à Formose pourraient fournir ainsi un certain élément de contrepartie occidentale dans les conversations anglo-russes. S'il paraissait inutile ou contre-indiqué, en raison de la situation, que le gouvernement des États-Unis rappelle

---

[1] Télégramme signé par ordre Parodi.

[2] Télégramme communiqué à l'ambassade de France à Londres (n°s 50 001-50 004) et à la délégation aux Nations unies à New York (n°s 1328-1331).

[3] Voir document n° 158.

publiquement ses premières déclarations, celles-ci pourraient être directement utilisées par l'ambassadeur de Grande-Bretagne au cours de ses prochains entretiens avec M. Gromyko.

Je vous laisse le soin de soumettre, sous la forme qui vous paraîtra la plus utile, ces suggestions au Secrétaire d'État.

(Direction d'Asie-Océanie, Corée, volume 69)

210

Note de M. Laloy du Secrétariat général

L'URSS et la Corée

N.   *Paris, 13 juillet 1950.*

Trois semaines après le début des affaires de Corée, le gouvernement de l'URSS ne s'est pas départi de l'attitude énigmatique qu'il a adoptée dès le début. Tous les textes officiels russes se référant à la guerre de Corée restent réservés et en quelque sorte ambivalents : ils peuvent s'appliquer aussi bien à la paix qu'à la guerre. Articles et manifestations sont au contraire systématiquement orgueilleux et menaçants.

1) Le fait capital est celui de l'agression armée. Le gouvernement soviétique, loin de « craindre » la guerre, comme on l'a dit si souvent, n'hésite pas à y recourir, par personne interposée évidemment. Le 25 juin 1950 marque la fin du système de la « guerre froide », celui de deux blocs s'affrontant sans relâche, et par tous les moyens, sauf la guerre. L'explication armée est devenue l'un des instruments de la politique soviétique. C'est un fait nouveau.

2) Quelles raisons ont pu amener l'URSS à déborder ainsi le cadre établi en 1945 et péniblement maintenu depuis ?

Trois hypothèses principales peuvent être présentées.

a) Ne croyant pas à une riposte américaine, le maréchal Staline a pensé s'acquérir des avantages stratégiques et politiques par un coup rapide, au plus grand détriment de la politique américaine dans le monde.

Dans ce cas, il aurait été surpris de la riposte, et si elle avait un effet plus concret, il pourrait être désireux de composer.

b) Ayant envisagé une riposte des États-Unis, le chef du gouvernement soviétique, ayant bien soin de ne pas s'engager lui-même, chercherait à détourner vers l'Extrême-Orient l'effort militaire américain, à le fixer sur un terrain très favorable, soit pour agir lui-même ailleurs, soit pour accroître sa liberté d'action.

Dans ce cas, le danger principal serait celui d'une intervention de la Chine, qui donnerait au conflit un caractère permanent et insoluble.

c) Décidé à déborder de sa zone partout où cela est possible, le maréchal Staline aurait tâté le terrain en Extrême-Orient pour apprécier la capacité de résistance américaine. Il s'apprêterait donc non pas tant à une guerre générale qu'à la généralisation d'opérations particulières, lui donnant d'immenses avantages stratégiques économiques et politiques : Iran – Berlin – Vienne – Yougoslavie.

Dans ce cas, la mauvaise figure que font les troupes américaines ne pourrait que l'encourager, et le point le plus dangereux serait l'Iran, où une intervention armée n'est peut-être pas nécessaire pour obtenir le résultat cherché.

Dans tous les cas, le phénomène inquiétant est la campagne d'intimidation qui se poursuit, spécialement en Europe occidentale : sous le couvert de la propagande pour la paix, l'opinion est travaillée, on répand méthodiquement une peur instinctive de la guerre, de façon à laisser, à l'heure décisive, armées et gouvernements isolés au milieu d'une masse prête à tous les abandons.

La situation apparaît comme la plus grave que nous ayons connue depuis 5 ans, et il y aurait sans doute lieu de nous concerter avec nos alliés anglais et américains, pour préciser ce que nous devons faire et ce que nous devons éviter,

a) sur le plan extrême-oriental ;

b) sur celui de la défense immédiate de l'Europe ;

c) sur celui du réarmement qui s'impose.

(Direction d'Asie-Océanie, Corée, volume 70)

211

M. Chauvel, Représentant permanent de la France auprès du Conseil de sécurité des Nations unies,
 à M. Schuman, Ministre des Affaires étrangères[1].

D. n° 709 SC.   *New York, 13 juillet 1950.*

Les dernières délibérations du Conseil de sécurité au sujet de l'incident de Corée ont fait apparaître l'extrême fragilité de la position de la majorité en ce qui concerne cette affaire.

En effet, si la résolution du 25 juin demandant la cessation immédiate des hostilités et invitant les troupes coréennes à revenir sur le 38e paral-

---

[1] Dépêche adressée au Secrétariat des Conférences et communiquée au Secrétariat général, à la Direction des Affaires politiques, au Cabinet du Ministre et à l'ambassade de France à Washington.

lèle a été adoptée par neuf voix de majorité, celle du 27, portant appel à l'assistance des membres des Nations unies, n'a réuni d'abord que sept voix lesquelles ne sont devenues huit que par l'accord tardif de l'Inde[1]. La résolution du 7 juillet enfin, priant les États-Unis de désigner un commandant en chef, n'a obtenu le soutien que de sept délégations, dont la délégation chinoise.

L'importance que prend ainsi le vote chinois apparaît regrettable compte tenu du fait que le statut de la représentation de Formose fait l'objet du conflit qui divise les Nations unies depuis le mois de janvier. Si l'on songe en outre que des six autres délégations qui, le 7 juillet, ont approuvé la résolution, deux, l'anglaise et la norvégienne, représentent des pays qui ont rompu avec Taïpeh, la base juridique que fournit ce texte apparaît comme assez peu sûre.

Cette situation comporte, me semble-t-il, quelques enseignements.

Tout d'abord, il est clair qu'aussi longtemps que l'Égypte et l'Inde, pour des raisons d'ailleurs différentes et à des degrés divers, resteront en dehors des décisions que comporte la conduite d'opérations militaires, le statut de la représentation nationaliste chinoise ne peut plus être contesté. Si la déclaration du président Truman en date du 27 mai qualifie l'équipe du maréchal Tchang Kaï-chek de « gouvernement chinois en Formose » et lui interdit certaines opérations, le déclassement de la Chine nationaliste ne peut être poussé plus loin à moins de paralyser le Conseil.

En second lieu, les pays qui soutiennent l'affaire de Corée doivent être attentifs à se passer, dans toute la mesure du possible, de décisions du Conseil. Cette constatation vaut pour l'affaire de Corée elle-même. Ce n'est ici un secret pour personne que des six membres non permanents du Conseil, trois, l'Inde, l'Égypte et la Yougoslavie, sont favorables à un arbitrage. Jusqu'à présent, quand ils ont estimé ne pouvoir suivre le Conseil, ils se sont généralement abstenus. Il serait fâcheux que, placés en présence de textes plus accusés, ils votent contre. Ce risque serait plus grand si, le conflit s'étendant, les opérations militaires débordaient sur d'autres territoires et mettaient en cause d'autres adversaires.

Je pense donc que le commandement en chef étant maintenant établi, l'organisation de ce commandement et l'évolution des opérations doivent se poursuivre sur un plan interallié et sans que le Conseil soit appelé à intervenir[2].

Telle est aussi la conclusion à laquelle s'arrêtent, le plus souvent, la plupart de mes interlocuteurs américains.

(Secrétariat des Conférences, NUOI, volume 140)

---

[1] Voir documents nᵒˢ 158 et 162.

[2] Note manuscrite en marge de ce dernier paragraphe : « *C'est un peu difficile, mais il faudrait indéniablement arriver à ce résultat* ».

212

M. Bonnet, Ambassadeur de France à Washington,
    à M. Schuman, Ministre des Affaires étrangères[1].

D. n° 3425.   *Washington, 15 juillet 1950.*

L'URSS a-t-elle voulu, en déclenchant les divisions de la Corée du Nord, remporter seulement un des succès tactiques qu'elle ne néglige aucune occasion de s'assurer sur ceux des points de sa périphérie qui lui paraissent mal défendus ? Son geste a-t-il été celui d'un joueur désireux de profiter d'une occasion présumée sûre, ou le début d'une série de mouvements successifs permettant de déclencher une guerre mondiale au moment qui paraîtrait le plus opportun à Moscou, et peut-être avant qu'à la fin de l'année prochaine les États-Unis aient retrouvé les forces nécessaires et aient pu mettre l'Europe en état de défense ?

Aucune question n'a été davantage posée depuis trois semaines, aucune ne reste plus ouverte. Il semble pourtant qu'elle comporte à première vue une réponse négative. L'URSS n'est intervenue directement en Corée qu'avec prudence, et elle semble ne pas chercher à étendre ce conflit. Aucune indication de desseins offensifs à échéance prochaine ne parait d'autre part avoir été relevée sur le pourtour de l'Allemagne occidentale ou de la Yougoslavie. Si les Soviets envisagent d'avoir à provoquer la guerre générale qu'ils peuvent considérer comme inéluctable, la mise en œuvre de ce dessein paraît devoir être à long terme. Il s'en faut du reste que l'appréciation par l'Occident des intentions russes soit suffisante pour permettre à l'observateur d'estimer les chances d'un prochain conflit. Nombre de guerres mondiales sont issues, il est vrai, de l'appréciation erronée par une puissance en voie d'expansion du point de déclenchement d'une chaîne de résistances adverses. Le régime hitlérien est mort d'une méprise de cet ordre. Mais les chocs armés peuvent aussi bien éclater lorsque les intérêts politiques opposés de nations ou de groupes de nations déterminent une situation générale impliquant la rupture nécessaire de l'équilibre européen ou mondial. L'accroissement de la flotte allemande, le caractère agressif de l'expansionnisme russe dans les Balkans auraient rendu une guerre inévitable aux environs de 1914 même si l'attentat de Sarajevo n'avait pas eu lieu. Aussi bien la question qui se pose au moment de l'agression en Corée n'est pas de savoir si les Soviets entendent déclencher une guerre, mais s'ils peuvent ou veulent renoncer à une politique qui y conduit.

---

[1] Dépêche adressée à la direction d'Asie-Océanie et communiquée à la direction d'Amérique, au Cabinet du Ministre, aux ambassades de France à Londres et Moscou et à la délégation française aux Nations unies à New-York. Note manuscrite : « *Cerles. M'en parler. C[ommuni]quer S[ecrétariat] G[énéral], M. de Margerie, Hau[t Commi]ssaire [à Saigon], ronéo, f[ai]t 2/8* ».

Il se peut que les experts surestiment, après l'avoir sous-estimée, une puissance militaire dont on ne sait même pas si elle absorbe plus ou moins de 25 % du budget de l'URSS. Puissamment dotées en chars et en aviation tactique, les armées soviétiques et celles de leurs satellites peuvent submerger aujourd'hui l'Europe, et peut-être l'Asie. Il est vrai que la certitude où les dirigeants du Kremlin se trouvent de voir leurs villes et leurs centres industriels écrasés sous les bombes atomiques peut suffire à elle seule à les empêcher de s'embarquer dans une guerre générale tant qu'ils ne seront pas en mesure au moins de rendre les coups. Mais leurs traditions, leur comportement, ce que l'on sait de leurs préparatifs semble impliquer que le danger soviétique ne comporte pas, au stade actuel, le déclenchement prémédité d'une attaque générale. La philosophie et l'idéologie marxistes ont inculqué au monde soviétique la certitude de la destruction inévitable du monde capitaliste par l'intérieur. Bâtie sur ce dogme, la politique soviétique a consisté dans les années récentes moins à attaquer de front la fraction capitaliste du globe qu'à lui appliquer de l'extérieur des moyens de pression auxiliaires susceptibles de hâter une désagrégation fatale. Moscou a employé à cette fin, depuis 1945, deux tactiques qui se confondent, l'une défensive, tendant par l'occupation directe et par la multiplication des États satellites à accroître la ceinture de sécurité autour de l'URSS, l'autre offensive, dont la principale manifestation a été l'activité accrue des partis communistes à l'intérieur des États du bloc occidental. Après un succès initial en Tchécoslovaquie, puis un échec retentissant en Grèce, l'entreprise a été freinée en Europe. Elle a réussi en Chine, elle peut réussir en Corée, elle se poursuit en Indochine.

On peut douter que dans cet enchaînement de succès et de revers le facteur négatif, pour cuisant qu'il ait été aux ambitions russes, doive suffire à arrêter un mouvement d'expansion qui se présente à soi-même et au monde comme la mise en action d'une foi inébranlable. Les situations de force que l'Administration américaine désire voir se multiplier peuvent s'avérer, à condition que les intentions souvent exprimées à Washington soient traduites en faits, un moyen de stopper la poussée russe sur un point ou sur un autre, mais sur des points seulement. Les événements démontrent en effet que des hérissons de résistance devraient être édifiés sur tout le pourtour du monde soviétique pour endiguer définitivement un flot qui se rue pour l'heure dans toutes les brèches qu'entretient la conviction profonde où est l'URSS de détenir une vérité que nul ne peut enchaîner.

L'Occident peut, dans ces conditions, se demander s'il est sage de ne compter que sur la force pour répondre à la force. Les puissances atlantiques ont-elles assez de moyens pour assurer la défense de l'Europe, pour entretenir en Asie trois corps expéditionnaires et demain peut-être davantage ? J'entends bien que le terme force, tel que l'Administration américaine l'emploie, ne s'applique pas au seul élément militaire mais bien à l'établissement, dans chacun des points menacés du globe, d'un complexe politico-économico-social assez résistant pour enlever au communisme ses principaux moyens de propagande, dont la création seule suffirait à décourager l'agression et qui, partant, requerrait la mise sur pied de forces armées surtout dans la seule mesure où l'existence de vides amène quasi-automatiquement l'URSS à attaquer. La réorganisation du monde occidental a, dans cette direction, fait d'énormes progrès en Europe. Si elle est loin d'y être achevée, elle y est devenue une réalité immédiate, dont les principaux éléments peuvent être mis en place d'ici dix-huit mois. Les résultats du Plan Marshall, les promesses du Plan Schuman, si ils sont assortis d'un réarmement restreint et rapide en moyens de haute qualité, réduiront sur ce front à la défensive une puissance dont la tactique consiste à ruiner à l'intérieur, puis à faire tomber brutalement les redoutes de l'Occident les plus mal défendues non seulement militairement, mais surtout psychologiquement ; la chute ou même l'ébranlement de chaque redoute individuelle doit du reste, aux yeux de Moscou, affaiblir automatiquement un ou plusieurs des autres points de la défense et par l'ébranlement moral qu'elle entraîne, et par l'accroissement des charges militaires qu'elle provoque, jusqu'à ce que, par désagrégations successives des économies nationales, le monde occidental achève de pourrir par l'intérieur et puisse devenir, sous la pression d'un unique coup direct, la proie d'une URSS restée maîtresse d'une économie de guerre entretenue dans l'inaction à des frais moindres que les nôtres et dont les maîtres peuvent rattraper dans un délai raisonnable leur retard sur les États-Unis dans la fabrication des armes atomiques.

Aussi bien n'est-ce pas sans doute l'Europe occidentale qui demeure le talon d'Achille des démocraties, ni même la Yougoslavie qui n'est susceptible de tomber que sous le coup d'une attaque capable d'entraîner un conflit mondial, et dont la survie difficile n'implique aucun épuisement de l'économie occidentale. Il est vrai que l'état-major américain paraît décidé à ne pas s'engager en Corée au delà d'une certaine limite, et à ne pas compromettre en Asie la priorité qu'il attache à la défense de l'Europe. Mais il n'en semble pas moins que ce soit surtout sur le théâtre asiatique que l'URSS peut attendre l'affaiblissement massif d'adversaires que saigneront à blanc, espère-t-elle, des campagnes toujours plus coûteuses et dépourvus du moindre *substratum* politique susceptible de faire succéder une pacification durable à des opérations militaires dont il est malaisé de prévoir la fin.

Les événements font justice de la croyance ancrée si fort dans les milieux politiques américains d'après laquelle il suffisait de mettre en selle les mouvements nationalistes extrêmes-orientaux, en accordant à leurs pays l'indépendance, pour faire d'eux les champions non seulement déterminés, mais efficaces de l'anticommunisme en Asie. Il s'est trouvé qu'aucun gouvernement nationaliste n'a, dans cette partie du monde, été capable de résister victorieusement à l'agression armée de ses propres ressortissants d'obédience communiste. La Chine a tenu quelques années, le gouvernement Syngman Rhee quelques heures, le gouvernement de Bao Daï, réduit à ses propres forces, tiendrait quelques jours. L'Inde, la Birmanie, le Siam et l'Indonésie connaîtraient presque assurément semblable sort dans semblable épreuve.

Tant que le concept occidental de démocratie n'aura pu être assimilé par les masses asiatiques – et ce peut être dans plusieurs décades – les deux seules formes de vie publique aisément accessibles à leur mentalité resteront, comme au cours de l'histoire, la tyrannie ou l'anarchie. S'accommodant avec facilité des pires désordres, surtout s'ils ne touchent pas ses intérêts immédiats, l'Asiatique accepte aisément par la suite la domination d'un tyran, d'une oligarchie ou d'un parti quand il s'agit de faire succéder la paix au pillage et d'imposer un frein même approximatif à des maux devenus trop pressants. Réduit depuis des siècles à une misère souvent abjecte, facilement amené à rendre l'étranger responsable de ses souffrances, naturellement plus apte au rôle d'esclave révolté qu'à celui de héros de l'indépendance, le paysan d'Extrême-Orient devait être plus que tout autre la proie facile d'un communisme d'apparence nationale qui tout ensemble l'incite à la révolte et lui promet la paix, et qui offre à son imagination les joies de la conquête violente de la terre dont il veut être maître et la quasi-certitude de l'exploiter paisiblement dans une société régénérée où les serfs deviendront rois. Hésitant à prendre parti, au début de chaque bagarre, le paysan asiatique fait régulièrement depuis la guerre tourner la marée dans le sens des intérêts d'une faction en armes dès que celle-ci, lui promettant la terre, éveille ses passions ataviques sur une échelle assez large pour leur garantir à la fois l'impunité et le succès.

Le triomphe de Mao Tsé-Toung était assuré dès qu'en juillet 1946, il se décida à proclamer la réforme agraire. Ce n'est pas par hasard qu'au lendemain de la prise de Séoul que les Coréens du Nord l'ont annoncée à leur tour. Obligées, face à une idéologie conquérante, de mener directement sur le plan militaire une guerre qu'aucune nation asiatique n'a voulu ou pu prendre à son compte, les puissances occidentales ont malheureusement dû, quant à elles, s'appuyer dans l'ensemble du continent sur des formations ou sur des hommes aussi réactionnaires que nationalistes. En Chine, en Corée, aux Philippines, au Viêtnam, elles ont dû parfois créer, souvent étayer, toujours jouer des gouvernements sans force et sans prestige parce qu'ils étaient en chaque point les seuls éléments assez compromis aux yeux des masses pour accepter un choix sans retour. Conservateurs, toujours inféodés aux intérêts financiers ou fonciers, n'ayant rallié, dans les milieux intellectuels, que des éléments en quête d'emplois publics, les gouvernements auxquels les Alliés font confiance se sont avérés, de par leur origine même, incapables de considérer autrement qu'avec horreur les revendications paysannes dont les communistes jouent si bien. Ils ramènent nos atouts au simple emploi de la force, nos espoirs à celui de succès militaires devant lesquels les masses hésitantes ou rétives seraient obligées de s'incliner. Il

est permis d'estimer que, dans ces conditions, la partie n'est pas égale
entre nos adversaires et nous.

On peut évidemment épiloguer sur les raisons qui ont poussé l'URSS
à déclencher l'agression nord-coréenne. Sans doute en tous cas Moscou,
sachant que le commandement américain avait poussé l'année dernière
à l'évacuation de la Corée du Sud parce qu'il l'estimait indéfendable,
s'attendait-il à un succès rapide complétant son occupation du Nord
de l'Asie continentale et infligeant aux États-Unis une défaite écrasante
au moment où ils commençaient à aider la résistance française en
Indochine. La réaction américaine a dû dans ces conditions surprendre
le Kremlin, encore que l'ampleur des moyens donnés à l'armée nord-
coréenne paraisse indiquer que celle-ci n'avait rien négligé pour s'assurer un succès rapide. Mais il est loin dépendant d'être certain que la
riposte de Washington doive finalement décevoir Moscou, sauf au cas
assez improbable où les troupes américaines seraient en mesure de
refouler rapidement les agresseurs au nord du 38e parallèle. La victoire
escomptée à l'origine revêtira une portée incalculable si les Américains
sont jetés à la mer et si la Corée leur devient inaccessible à moins d'une
coûteuse reconquête. Si la campagne doit au contraire être longue, si
elle entraîne les États-Unis dans des dépenses croissantes d'argent et de
matériel, on voit mal comment Moscou se désolerait de voir ouvrir au
flanc de l'Occident un nouveau chancre inguérissable, aux cas surtout
où les opérations se termineraient par la restauration à Séoul d'un
gouvernement dont les rancunes seront exacerbées par les souvenirs
de la lutte et qui se montrera dans l'avenir plus encore que par le passé
incapable d'obtenir le minimum de consentement populaire sans lequel
il n'est pas de régime qui tienne. Ne s'étant pas commis directement
dans la crise actuelle ; maîtresse en Corée de fermer ou de laisser
ouverte les portes du temple de la guerre ; plus assurée encore de la
fidélité de ses alliés chinois depuis que la déclaration du Président
Truman a voulu interdire Formose aux dirigeants de Pékin ; ayant
trouvé ainsi une occasion commode d'attiser les divergences anglo-
américaines à l'égard de la Chine ; retenant toujours le meilleur de
l'armée française en Indochine et empêchant ainsi la reconstitution
rapide d'une armée métropolitaine ; toujours du reste en mesure de
déchaîner ou de contenir la menace d'une agression chinoise contre
l'Indochine, l'URSS, à moins que sa tentative actuelle n'échoue complètement, y trouvera vraisemblablement l'avantage d'avoir pour la
première fois depuis trois ans réussi à détourner sérieusement de l'Europe l'attention des États-Unis en embarquant ceux-ci dans une entreprise périlleuse pour leur prestige et, espère-t-on à Moscou, pour leur
économie. L'action ainsi déclenchée comporte, il est vrai, une contrepartie sérieuse, l'exaltation rapide du sentiment anti-soviétique aux
États-Unis et le réarmement de ce pays, aujourd'hui virtuellement
déclenché et capable rapidement de doubler aux yeux de Moscou la
menace que représente déjà la supériorité de Washington en matière

atomique. Mais Moscou croit à l'infaillibilité du matérialisme historique, et estime son économie mieux adaptée que l'économie américaine aux conséquences financières d'une politique de réarmement. Le
Kremlin juge inévitable la détérioration verticale qu'entraînera ce réarmement dans les économies américaines et par voie de conséquence
européennes, il croit certain que les États-Unis ne déclencheront jamais
la guerre et il se sent ainsi maître du jeu. Jeu dangereux, pour autant
que la rigueur de deux raisonnements opposés peut rendre inévitable
le déclenchement d'un conflit mondial.

La France fait en Indochine depuis trois ans et demi, en y engageant
pratiquement toute son armée, la Grande-Bretagne depuis des mois en
Malaisie, les États-Unis feront demain en Corée s'il la recouvrent,
l'expérience dangereuse d'opérations sans conclusion logique en face
d'adversaires que l'Occident ne peut peut-être pas vaincre et qu'il ne
sait en tous cas pas se rallier. Il parait vain d'imputer en Asie à la seule
terreur communiste la répugnance des masses à accepter les régimes
que nous leur offrons et nous ne saurions, semble-t-il, attendre de résultats politiques et psychologiques de nos entreprises tant que nous ne
nous serons pas penchés sur les besoins et sur les aspirations de la
paysannerie avec la volonté d'en satisfaire l'essentiel, fut-ce au prix
d'une pression accrue sur des gouvernements instinctivement éloignés
de toute politique de justice sociale que leur aliéneraient les éléments
restreints sur lesquels ils s'appuient. Le gouvernement indien le sait,
qui vient de décréter une réforme agraire drastique dans la portion du
Cachemire qu'il contrôle. La réforme agraire est-elle désirable, est-elle
possible dans les territoires que les puissances occidentales contrôlent
encore ou contrôleront demain ? On ne saurait d'ici le dire. Je sens en
tous cas se répandre dans les milieux de l'Administration américaine
le sentiment qu'une tentative hardie doit être faite, et doit être faite vite,
pour provoquer dans les masses asiatiques que nous voulons nous attacher un choc psychologique susceptible de leur prouver que leur bien-
être importe au moins autant à l'Occident que leur allégeance politique.
L'Administration américaine exprime cette façon de voir de manière
encore timide, mais elle l'éprouve avec force, et c'est à cette préoccupation que répondaient ses premiers projets d'assistance économique à
l'Indochine, dont dans plusieurs milieux on a souri à tort, et qui tendaient à apporter au paysan viêtnamien des régions libérées un premier
réconfort matériel. Le gouvernement américain est du reste poussé en
l'occurrence par le souvenir des résultats bienfaisants obtenus en Chine
pendant les derniers mois de la guerre civile par la *Joint Commission
on Economic Reconstruction*, organisme de l'ECA[1] dont le travail au
profit de la paysannerie chinoise fut, pendant sa brève existence, si
profitable que la résistance spontanée au communisme s'est prolongée
plus tard que nulle part ailleurs dans les provinces où il opérait. La

---

[1] E.C.A. : *European Cooperation Agency.*

JCER s'était du reste bornée à mettre rapidement sur pied un système d'amélioration des semences et de crédits agricoles dont la valeur psychologique se démontra sans tarder. L'exemple ainsi tracé, comme celui que l'Inde donne maintenant au Cachemire paraissent en tous cas devoir être mis par les puissances occidentales à profit sans tarder si elles ne veulent se condamner, soit à évacuer sans retour un continent aux tendances actuelles duquel elles se révéleraient inadaptables, soit à prolonger sans espoir une lutte condamnée d'avance et dans laquelle elles accepteraient la stratégie que l'URSS cherche à leur imposer.

(Direction d'Asie-Océanie, Dossiers généraux, volume 37)

213

M. Dejean, Ambassadeur de France, Chef de la mission française à Tokyo,
à M. Schuman, Ministre des Affaires étrangères[1].

T. n°s 863-875.   *Tokyo, 16 juillet 1950, 23 h.*

Réservé.   *(Reçu : le 17, 11 h. 15)*

1) La situation en Corée après le franchissement du Kum devient assez sérieuse[2].

Les Américains ne disposent pour le moment en Corée que d'une division plus l'artillerie d'une autre tandis que le transport de la première division de cavalerie ne semble pas terminé.

Deux régiments de la 24ème division ont été engagés très sérieusement. Deux de leurs bataillons avaient été encerclés au début des opérations.

Les deux artilleries divisionnaires ont été elles-mêmes engagées. Plusieurs batteries avaient été encerclées et on signale qu'au cours des combats actuels, d'autres batteries étaient entourées par l'ennemi.

Or, les deux artilleries divisionnaires ne représentent que 18 batteries de 105 et 6 de 155, le commandement américain compte beaucoup sur sa supériorité en artillerie. Il est certainement en mesure de remplacer les pièces perdues par prélèvements sur les parcs au Japon, mais la

---

[1] Télégramme communiqué à la Présidence de la République, la Présidence du Conseil, MM. Parodi, Clappier, de La Tournelle et de Bourbon-Busset, ainsi qu'aux postes de Saïgon (n°s 374-386), Washington (n°s 230-242) et New York (n°s 55-67), avec prière de communiquer d'urgence à la Défense nationale. Note manuscrite : « *[Communiquer à] Londres et Moscou par valise, f[ai]t le 18/7/50* ».

[2] La situation devenait critique car il fallait acheminer des renforts depuis les États-Unis avant que la tête de pont prévue ne puisse être emportée par les troupes nord-coréennes. Depuis Tokyo, Dejean soulignait l'importance des journées à venir (télégramme n°s 824-828 du 14 juillet 1950 de Tokyo, non reproduit).

réorganisation d'unités aussi éprouvées exige des délais alors que le temps presse.

2) On avait beaucoup espéré de l'entrée en action des chars américains dont ces divisions disposent d'environ une centaine. Mais les troupes de l'armée d'occupation n'avaient reçu que des chars légers et moyens de 20 et 35 tonnes alors que les communistes disposent de tanks russes plus puissants (notamment de 48 tonnes armés de canons 99).

Le général Walker qui dirige les opérations est un spécialiste des chars. C'est un homme de grande valeur, mais en attendant de recevoir les chars de 48 tonnes qui lui sont envoyés, le dynamisme et la puissance des blindés ennemis le placeront devant une tâche des plus difficiles.

3) L'efficacité de l'aviation de chasse alliée a été gênée par le mauvais temps, le manque de liaison et l'éloignement des bases. Des progrès ont été réalisés en ce qui concerne les liaisons. Deux terrains établis l'un près de Fusan, l'autre dans le sud-ouest de la presqu'île, seront bientôt mis à la disposition des forces de chasse. Malheureusement le temps est à cette époque généralement assez couvert dans l'ensemble du pays.

4) Au surplus, l'infanterie ennemie, malgré les pertes subies, conserve une très grosse supériorité numérique (très souvent de 5 à 1).

5) Enfin les Américains sont gênés sur leurs arrières immédiats par les guérillas, qu'ils avaient d'abord beaucoup négligés mais dont, dans leur état actuel de nervosité, ils seraient même portés, selon des informations récentes à exagérer l'importance.

Étant donné les divers facteurs qui viennent d'être exposés, il est certain que les Américains devront abandonner la ligne du Kum et la région de Taejong plus rapidement qu'il n'avait été prévu. C'est en cela que la situation est critique et le reste jusqu'à l'arrivée des renforts expédiés des États-Unis.

6) Un des aspects les plus inquiétants de la situation présente est la rude épreuve imposée à l'amour-propre des États-Unis dont les troupes doivent et devront encore reculer devant l'armée du petit État nord-coréen. La consigne donnée par le *State Department* et par le quartier général américain est de passer sous silence tous les faits qui prouvent l'immixtion soviétique ou communiste chinoise. Des ordres formels ont été donnés à ce sujet aux correspondants de presse en Corée. Jusqu'ici l'on n'a pas trouvé parmi les combattants de ressortissants de l'URSS ou de la Chine populaire.

Mais d'autres indices abondent. C'est un fait qu'une partie des engagés de l'armée nordiste est composée de Coréens ayant combattu dans les rangs de l'armée communiste chinoise. À Kimmpo, en particulier, on a trouvé de nombreux cadavres de soldats coréens revêtus d'uniformes chinois. Le nombre des Coréens vétérans de l'armée communiste chinoise et actuellement incorporés dans l'armée nordiste s'élèverait à 75 000 ce qui explique en partie, et l'importance des effectifs nordistes, et leur valeur combative : d'autre part, il est notoire que le matériel nordiste, qu'il s'agisse des avions Yak, des chars ou de l'artillerie, est de fabrication soviétique.

Si prudents que les dirigeants américains se soient montrés jusqu'ici, il n'est pas sûr qu'à la longue, sous la pression d'une opinion publique heurtée dans sa fierté nationale, ils puissent résister à la tentation d'expliquer les revers déjà subis et ceux qui paraissent encore inévitables par leur véritable cause, à savoir le soutien manifeste donné aux Coréens du Nord par la Chine communiste et l'URSS. Washington pourrait se trouver ainsi amené à dénoncer l'entreprise nord-coréenne comme ce qu'elle est réellement, une agression camouflée montée avec le plus grand soin, déclenchée et menée par Moscou avec le (...)[1] de la Chine. Ce jour là, la situation internationale serait dangereusement aggravée.

Les chances de localiser le conflit dépendent ainsi, dans une large mesure, du sens des responsabilités et de la maîtrise que saura garder le public américain au cours d'une épreuve assez pénible pour un pays justement conscient de sa puissance et de la valeur de sa cause.

La presse des pays alliés pourrait, semble-t-il, concourir utilement à ce résultat en faisant preuve elle-même de mesure et de sang-froid.

(Direction d'Asie-Océanie, Corée, volume 20)

214

M. BONNET, AMBASSADEUR DE FRANCE À WASHINGTON,
À M. SCHUMAN, MINISTRE DES AFFAIRES ÉTRANGÈRES[2].

T. n°s 2692-2705.   *Washington, 17 juillet 1950, 22 h.*

Réservé. Priorité.   *(Reçu : le 18, 9 h. 40)*

Je viens d'avoir un entretien de 3/4 d'heure avec le Secrétaire d'État.

1) Malgré que les nouvelles du front ne soient pas satisfaisantes aujourd'hui, Washington compte fermement que les troupes américaines réussiront établir d'ici peu une ligne de résistance sur laquelle elles contiendront l'avance nordiste. On avait tenté de tenir sur la

---

[1] Lacune de déchiffrement.

[2] Télégramme communiqué à la Présidence de la République, la Présidence du Conseil, MM. Parodi, de La Tournelle, Clappier, de Bourbon-Busset et à la délégation française à New York (n°s 382-395). Note manuscrite : « C[ommuni]quer DEF[ense] NAT[ionale], Londres, Moscou, New Delhi, f[ai]t 19/7 ».

rivière Kum à l'Ouest et sur un front d'orientation nord-est barrant la péninsule entre le Kum et la côte orientale. Les effectifs disponibles n'ont pas permis de mettre ce plan à exécution. La 24ème division qui avait charge de défendre la rivière se replie sur une ligne montagneuse plus au sud. Elle est appuyée sur sa droite par 2 divisions sudistes.

Le terrain est propice à la défense. À l'Est, la ligne ainsi établie se prolongerait jusqu'à la mer, la 25ème division maintenant au complet, monte vers le Nord pour occuper ces positions avec d'autres éléments sudistes. Une large portion de la Corée du Sud représentant au moins 1/3 du pays pourrait ainsi demeurer entre les mains des Américains. C'est avec confiance, m'a dit le Secrétaire d'État, qu'on envisage l'exécution de ces projets mais il faudra attendre l'arrivée des divisions de renfort et autres éléments qui sont en route, et du matériel expédié des États-Unis pour prendre ultérieurement l'offensive.

2) J'ai demandé à Monsieur Acheson s'il pensait que les négociations entre l'Ambassadeur d'Angleterre et Mr. Gromyko puissent hâter le règlement du conflit. À ce propos m'inspirant de votre télégramme n° 50001[1], j'ai insisté sur l'intérêt qu'il y aurait à faire clairement ressortir que le but de l'action entreprise est d'obtenir le retrait des Nordistes sur leur territoire mais qu'il n'y a nulle intention du côté des États-Unis et de l'Occident de porter atteinte aux intérêts et aux positions de l'URSS et de la Chine. Il pourrait être utile de rappeler que le président Truman a proclamé que le sort de Formose devrait être réglé à l'occasion du traité de paix ou par les soins de l'ONU.

Tout en n'excluant pas que les Soviétiques aient pu être surpris par la réaction des États-Unis et par leur entrée en ligne avant que la Corée n'ait été tout entière conquise dans une guerre éclair, le Secrétaire d'État ne s'attend pas à voir se développer les ouvertures faites par M. Gromyko. Des conversations avec Sir David Kelly, Monsieur Acheson a surtout retenu que le Vice-Ministre de l'URSS avait demandé à son interlocuteur des propositions au sujet desquelles il s'est ensuite borné à dire qu'il en référerait à son gouvernement. Les Anglais m'a-t-il dit ont eu une attitude « très correcte » ; leur mémorandum était solide et mentionnait comme condition nécessaire d'un règlement le retrait des troupes communistes au Nord du 38e parallèle.

Moscou n'a pas répondu et a saisi l'occasion plus agréable que lui a offerte le Pandit Nehru pour faire connaître son point de vue. Le Premier ministre de l'Inde, que personne n'avait chargé de cette mission et dont l'initiative ne m'a pas paru être appréciée, avait en effet évoqué dans sa communication la possibilité de faire siéger le représentant du gouvernement de Pékin au Conseil de sécurité et le maréchal Staline s'est empressé de lui faire savoir qu'il y avait là une suggestion constructive et qui méritait d'être considérée. Elle permettrait de traiter l'affaire à Lake Success et d'y faire entendre les représentants du « peuple

---

[1] Voir document n° 194.

coréen » c'est-à-dire évidemment, a remarqué M. Acheson, de la Corée du Nord. Une réponse des États-Unis sera adressée ce soir ou demain matin à Monsieur Nehru. Elle maintiendra que les décisions du Conseil doivent être exécutées sans conditions. Le Secrétaire d'État a été catégorique : son gouvernement ne peut admettre « qu'on récompense l'agresseur ».

Lorsque l'ONU aura obtenu satisfaction, le gouvernement américain se prêtera à la discussion de tous les autres problèmes. Le sort de Formose notamment pourrait être débattu devant tout forum approprié. M. Acheson a toutefois reconnu avec moi qu'il y avait intérêt à faire ressortir conformément à vos suggestions que l'Amérique dans le conflit actuel ne recherchait rien d'autre que le rétablissement du *statu quo* et ne nourrissait pas de desseins qui puissent inquiéter d'autres puissances.

Il m'a dit que le Président pourrait saisir bientôt une occasion de marquer clairement cette position.

3) Les États-Unis se garderont d'ailleurs de rien entreprendre qui puisse étendre le conflit. Ils ne désirent nullement s'enliser en Asie. Ils souhaitent nous voir arriver à une solution satisfaisants de nos lourdes difficultés en Indochine et ils seront heureux, m'a déclaré M. Acheson, de discuter avec nous des moyens de nous y aider après qu'ils se seront eux-mêmes débarrassés de l'affaire de Corée qui, pour le moment, accapare leurs efforts. Ces propos du Secrétaire d'État ne se rapportent évidemment pas au programme déjà adopté d'aide militaire et économique à l'Indochine.

4) L'attaque des Nordistes coréens aura des conséquences de longue portée. M. Acheson ne paraît pas douter de cette vigueur de la réaction américaine. Le Président va faire connaître dans deux jours les décisions qui auront été arrêtées. Indépendamment des dispositions destinées à accroître les effectifs et la puissance des trois armes et des demandes de fonds nécessaires à cet effet, des mesures seront prises pour permettre à l'industrie d'embrayer et de lancer les fabrications nécessaires aux États-Unis et à leurs alliés.

Des consultations sur l'organisation d'un système efficace de défense occidentale et sur les besoins des pays européens auront lieu à Washington entre les représentants militaires des trois principales puissances atlantiques et en Europe au Conseil des Suppléants. M. Acheson ne sait pas encore si M. Spofford sera en mesure d'apporter un plan, mais il compte que des conversations fructueuses s'engageront dès le début sur l'ensemble des problèmes que pose le remplacement aussi rapide et efficace que possible de l'Occident. Le Secrétaire d'État a insisté sur l'urgence de cette action et sur la nécessité impérieuse de faire diligence.

5) Il a cependant tendance à considérer que les déplacements de troupes que peuvent effectuer les Soviets ou leurs satellites en Europe relèvent probablement de la guerre des nerfs.

6) Un des collaborateurs du Secrétaire d'État qui m'accompagnait chez lui m'a demandé si la nouvelle de la mise à la disposition du général MacArthur d'unités navales françaises était confirmée. Il a ajouté spontanément que le gouvernement américain ne songeait nullement à nous demander de détacher en Corée des unités engagées sur le front indochinois. On sait, m'a-t-il dit, que la France tient une position clé dans la ligne de résistance à l'expansion soviétique et qu'elle doit y employer toutes les forces dont elle dispose en Extrême-Orient.

(Direction d'Asie-Océanie, Corée, volume 20)

215

M. Bonnet, Ambassadeur de France à Washington,
à M. Schuman, Ministre des Affaires étrangères[1].

T. n°s 2721-2730.   *Washington, 18 juillet 1950, 22 h. 10.*

Réservé. Très urgent.   *(Reçu : le 19, 7 h. 30)*

1) La politique américaine dans l'affaire de Corée, telle qu'elle m'a été confirmée hier par le Secrétaire d'État paraît exclure, pour le moment, sauf revirement sensationnel et invraisemblable de l'URSS, la possibilité d'un règlement de l'affaire de Corée par négociation. L'intervention du Pandit Nehru a plutôt gâté les choses et compliqué l'action que les Britanniques et, éventuellement, nous-mêmes, pourrions poursuivre à Moscou.

Un succès américain, montrant que l'agression n'a pas chance de payer, pourrait seul faciliter la recherche d'un arrangement. Bien que cet heureux événement ne paraisse pas à la veille de se produire, il demeure que toutes les occasions qui pourraient s'offrir de circonscrire et de régler le conflit devraient être saisies, sa prolongation ne pouvant qu'aggraver une situation déjà menaçante.

2) Les desseins des Soviets sont, comme toujours, entourés de mystère et peuvent prêter à des hypothèses fort diverses. La position américaine est au contraire nette. J'ai trouvé hier le Secrétaire d'État très calme et nullement enclin à exagérer le péril, qu'il n'ignore cependant pas. Il croit plutôt au développement, en Europe, de la guerre des nerfs qu'à la recherche d'un conflit. Il m'a affirmé, en réponse à une question que je lui ai posée deux fois, que les États-Unis étaient décidés à ne pas

---

[1] Télégramme communiqué à la Présidence de la République, la Présidence du Conseil, MM. Parodi, de La Tournelle, Clappier et de Bourbon-Busset et à la délégation française à New York (n°s 411-420). Note manuscrite : « *C[ommuni]quer Londres, Moscou (fil), Bonn, Rome, Tokyo, f[ai]t 20/7/50* ».

s'enferrer en Asie. Comme je soulignais notre désir d'être tenus au courant et consultés avant que ne fussent prises des décisions importantes, il m'a assuré qu'il tenait de son côté à demeurer d'accord avec Paris et Londres, dans un esprit de complète solidarité interalliée. Les mesures à prendre pour la défense de l'Europe et pour accroître les forces des pays européens en même temps que s'accélérerait le réarmement américain demeureront au premier rang des préoccupations de Washington. L'état-major américain est entièrement acquis à cette conception et, sachant mieux que personne ce que coûterait l'affaire de Corée, il se garderait, dans toute la mesure du possible de s'engager dans des opérations qui finiraient par le détourner de ce qu'il considère comme sa tâche principale, la mise en état de la défense de l'Occident.

Mais il reste qu'aux yeux des Américains, agissant au nom des Nations unies, les Coréens communistes doivent être repoussés au nord du 38e parallèle.

3) Bien des dangers peuvent surgir avant que cette opération n'ait été menée à bien. Même en écartant l'hypothèse d'une complication avec Pékin en cas d'attaque de Formose, l'URSS peut chercher à entretenir l'abcès ouvert en Corée et à obliger à peu de frais l'Amérique à une campagne prolongée. Elle peut espérer, à tort d'ailleurs, réduire ainsi le volume de l'aide que les États-Unis apporteront au réarmement de l'Europe et en tout cas leur demander un effort économique plus considérable ainsi que leurs alliés dont le relèvement matériel ne pourrait plus se poursuivre qu'à un rythme ralenti.

Ceux qui veulent se garder de tout optimisme craignent que l'URSS, sans être décidée à la guerre, en accepte le risque et ne cherche, alors que ses adversaires ne sont pas prêts, à s'assurer sur les confins du monde bolcheviste de nouvelles positions de force, là par exemple où elle n'a pu ni s'assurer une victoire politique, ni obtenir par accord des avantages économiques, comme en Iran ou en Yougoslavie où elle a perdu un bastion avancé ou même à Berlin.

4) Au cas même où le Kremlin, surpris par la rapidité inattendue de la riposte américaine, ne chercherait pas à s'engager dans de nouvelles aventures, les États-Unis et l'URSS se trouveraient plus que jamais dressés l'un contre l'autre. L'opinion ici s'enfièvre un peu plus tous les jours. Le réarmement américain se fera à un rythme considérablement accéléré. Des mesures énergiques vont être prises à cet effet qui ne constitueront qu'une première étape. Si la tension va s'accentuant, ce redressement qui vise à assurer la prévention de la guerre se poursuivrait dans une atmosphère de dangers, ou de faux calculs et l'entêtement de la part de l'URSS, sans lui prêter le désir de risquer le tout pour le tout, pourraient provoquer des accidents irréparables.

Dans l'état actuel des relations internationales, c'est sur la base de la mise en défense de l'Occident qu'est conduite la recherche de la paix. Devant la situation qui graduellement se développe, les États-Unis ne renonceront pas à mettre sur pied une force qui leur paraisse les garantir, ainsi que leurs alliés contre l'agression. Mais la sécurité collective demeure le but à atteindre.

Si complexes que soient les problèmes qui se posent en Extrême-Orient, des solutions ou des accommodements pourraient être obtenus, une fois remplies les conditions que l'ONU a posées pour le règlement du conflit coréen.

(Direction d'Asie-Océanie, Corée, volume 20)

216

M. Schuman, Ministre des Affaires étrangères,
    à M. Guérin, Ambassadeur de France à Ottawa.

D.   *Paris, 18 juillet 1950.*

Secret.

Je me réfère à votre communication du 15 juillet et à celle que je vous ai adressés le 18 juillet[1].

Vous trouverez ci-joint le texte de l'aide-mémoire confidentiel que j'ai remis le 18 juillet à l'Ambassadeur des États-Unis et qui a été communiqué à Londres le même jour.

(Direction d'Asie-Océanie, Corée, volume 69)

ANNEXE

Aide-mémoire du Gouvernement français du 18 juillet 1950

MÉMO.[2]

1/ Dès le premier jour, le gouvernement français a manifesté sa volonté de s'opposer à l'agression armée dont s'est rendu coupable le gouvernement de Pyongyang. Il a estimé en effet que si, dans une épreuve aussi grave, les Nations unies se montraient incapables de faire face à leur responsabilité essentielle, les dernières bases de la sécurité collective se trouveraient ébranlées sans recours. Pour des raisons fondamentales, le gouvernement français a donc approuvé entièrement l'attitude résolue du gouver-

---

[1] Documents non reproduits.

[2] Ce mémorandum a reçu une grande diffusion à MM. de Margerie, Chauvel, Baeyens, Dennery, Broustra, Seydoux, Alphand, Clappier, au Cabinet du Ministre, au Secrétariat général, à l'Ambassade du Royaume-Uni à Paris, à la Présidence de la République et à M. Pleven.

nement des États-Unis et il a apporté à celui-ci, notamment au Conseil de sécurité, son appui complet.

2/ Le gouvernement français apprécie à sa pleine valeur la contribution fournie par le gouvernement des États-Unis en exécution des résolutions du Conseil de sécurité des 25 et 27 juin[1]. Il est en complet accord avec les vues exprimées par celui-ci, ainsi que par le Secrétaire général des Nations unies, sur la nécessité de donner aux opérations actuellement en cours en Corée leur véritable caractère par l'envoi de forces armées en provenance des différentes nations qui se sont déclarées solidaires de la résolution du Conseil.

Dans ces conditions, et en dépit de l'effort croissant qu'il s'impose en Extrême-Orient depuis plus de quatre années consécutives, le gouvernement français a décidé de détacher une unité navale sur le théâtre d'opérations de Corée, et de la placer sous les ordres du commandant en chef désigné par le Conseil de sécurité, le général MacArthur[2]. Le gouvernement des États-Unis comprendra certainement que, dans les circonstances actuelles, il soit impossible à la France d'aller au-delà. Distraire du front actuellement tenu en Indochine des éléments terrestres, fût-ce à titre symbolique, ne ferait qu'affaiblir sur un point essentiel une ligne de défense qui, comme on le reconnaît unanimement aujourd'hui, est celle de toutes les puissances occidentales ; de même, l'on ne saurait envisager d'affaiblir un dispositif métropolitain d'une insuffisance reconnue.

3/ Trois semaines après le début des opérations en Corée, l'on peut tirer des graves événements en cours certaines conclusions provisoires, de façon à permettre aux principales puissances intéressées de rechercher en commun les lignes essentielles de leur politique au cours des mois à venir.

Il est clair, en effet, que l'action répressive engagée en Corée ne pourra, comme on l'avait espéré au début, se terminer par un succès rapide des forces des Nations unies, et entraîner à bref délai la retraite des assaillants vers le 38e parallèle. C'est à une guerre d'assez longue durée qu'il faut maintenant se préparer. Les risques d'une extension du conflit en deviennent plus grands, les charges de toutes sortes plus lourdes aussi.

Le gouvernement français a été tenu au courant jusqu'ici par la voie diplomatique, dans leurs grandes lignes, des desseins essentiels du gouvernement des États-Unis. Il lui paraît que, dans cette phase nouvelle et dangereuse, il est indispensable d'établir avec le gouvernement américain et le gouvernement britannique un contact aussi étroit que possible. L'agression rendait nécessaire une riposte immédiate ; la période actuelle appelle des consultations constantes en vue de parer à l'avance aux nouveaux périls qui pourraient s'élever, et de retirer à l'agresseur les profits de l'initiative. Il importe donc de mesurer avec soin les avantages et les risques de tous les gestes possibles, dans une période où les problèmes ne peuvent être traités isolément, et où l'équilibre des forces penche si nettement en faveur de l'autre partie.

En raison des graves préoccupations qu'il ressent à l'idée d'une extension possible du conflit actuel, le gouvernement français estime qu'aucune occasion d'entamer une conversation avec le gouvernement soviétique ne doit être négligée. Depuis le début de l'affaire de Corée, le gouvernement de l'URSS a manifesté, en dépit des violences de sa presse, son désir de garder, au moins en apparence, un certain contact avec les puissances occidentales. Celles-ci feraient erreur en laissant Moscou conserver seul le bénéfice d'une attitude prétendument pacifique. Mais il va sans dire que le gouvernement français estime qu'aucune base d'entente ne peut être trouvée sans que soit

---

[1] Voir documents n°s 158 et 162.

[2] Il s'agissait de l'aviso La *Grandière* qui se trouvait déjà en Extrême-Orient (télégramme circulaire n° 180 IP du 19 juillet 1950 de Paris, non reproduit).

remplie au préalable la condition fondamentale posée par le Conseil de sécurité : un repli au 38ᵉ parallèle des forces de la Corée du Nord. Il considère en revanche, que si, contre toute attente, une conversation pouvait aboutir à un résultat de cette nature, il n'y aurait aucun inconvénient à ce qu'elle se poursuivît d'abord en dehors des cadres rigides de l'Organisation elle-même, qui serait toujours appelée, en fin de compte, à en constater les résultats et à en recueillir le bénéfice moral.

4/ Aux yeux du gouvernement français, le problème de la Chine est parmi les premiers qui s'imposent à l'examen des Puissances. Si la Chine était amenée à intervenir par les armes sur l'un quelconque des théâtres d'Extrême-Orient, il deviendrait beaucoup plus malaisé de garder le contrôle de la situation, et les risques que nous encourons déjà se trouveraient accrus dans de graves proportions. Le gouvernement de la République attache à cette question une importance d'autant plus grande que l'une des éventualités les plus vraisemblables est celle d'une action chinoise à la frontière du Tonkin défendue par les trouves françaises et viêtnamiennes.

La décision prise par M. le Président des États-Unis en ce qui concerne Formose répond sans doute en premier lieu à une nécessité militaire. Sur le plan politique, elle offrait aussi l'avantage immédiat de neutraliser le gouvernement du maréchal Tchang Kaï-chek, dont les bombardements aériens sur le continent se sont ainsi trouvés interrompus. Le gouvernement français estime que, pour conserver cet avantage, des mesures devraient être prises pour que prît fin également le blocus naval de la côté par les unités nationalistes, dont la présence et l'activité, contraires à l'esprit de la déclaration faite au sujet de Formose par M. le président Truman, risquent de provoquer des incidents graves.

Le gouvernement français, pour des raisons qui ont déjà été exposées au gouvernement des États-Unis, est tenu de réserver entièrement sa position en ce qui concerne la représentation de la Chine aux Nations unies. Admettre les représentants de la Chine communiste à siéger au Conseil de sécurité sans que l'affaire de Corée eût fait l'objet, au préalable, d'un règlement satisfaisant, ne ferait qu'attribuer une prime indirecte à l'agression. En revanche, l'admission de la Chine communiste après une solution convenable du litige coréen apporterait dans la situation internationale un climat nouveau qui permettrait peut-être d'en modifier certaines perspectives. Le gouvernement français serait désireux de savoir si le gouvernement des États-Unis, sur ce point, maintient l'attitude qui était la sienne avant l'ouverture des hostilités en Corée.

En tout cas, le gouvernement français estime que les trois gouvernements principalement intéressés devraient étudier en commun, dans le plus proche avenir, la question chinoise en vue d'éviter d'abord toute action pouvant servir de prétexte à une intervention de la Chine dans la guerre, et, ultérieurement, en vue d'utiliser les perspectives diplomatiques que pourrait ouvrir, pour un fonctionnement normal des institutions internationales, l'entrée de la Chine communiste au Conseil de sécurité.

5/ Jusqu'ici, le gouvernement de l'URSS n'a, à dessein, découvert aucune carte de son jeu, et conserve toute sa liberté d'action. Mais l'incertitude même qui plane sur ses intentions continue à faire peser sur l'ensemble du monde occidental une menace d'autant plus sérieuse que les difficultés que rencontrent inévitablement en Corée, au début des opérations, les troupes des États-Unis, font éclater ouvertement l'extrême disproportion des forces en présence.

On ne saurait aujourd'hui rejeter l'éventualité d'une nouvelle initiative soviétique sur un autre point de l'immense arc-de-cercle qui s'étend de l'Europe à l'Asie. À cet égard, deux points apparaissent au gouvernement français comme spécialement menacés en Europe : la ville de Berlin, dont la situation peut redevenir précaire à bref délai ; la Yougoslavie, contre laquelle, bien qu'aucun symptôme nouveau ne soit enregistré dans le domaine militaire, une offensive concentrique peut être lancée sans préavis à l'aide des seules forces permanentes dont dispose l'URSS en Europe centrale. Les graves dangers qui pèsent ainsi sur le continent européen confirment le gouvernement français dans la conviction qu'aucune initiative ne doit être prise en Allemagne, qui tende à modifier le statut juridique de l'occupation alliée à Berlin comme dans les zones occidentales. En Asie, c'est l'Iran dont la stabilité intérieure risque d'être menacée par des infiltrations ou des révoltes dans les régions frontières.

Le gouvernement français se préoccupe également de l'attitude extrêmement réticente adoptée depuis le conflit de Corée par certains États arabes, et par l'Égypte en particulier. Dans la plupart de ces pays, la rancune que l'on nourrit contre les Nations unies et même contre les nations occidentales depuis qu'Israël a triomphé de la Ligue arabe l'emporte sur le souci de la défense contre le péril communiste. Il est à craindre que, dans tout le Moyen-Orient, des incidents éventuels ne soient difficiles à maîtriser, étant donné la mauvaise volonté des gouvernements locaux, d'ailleurs incapables d'opposer aucune résistance aérienne à une menace soviétique.

6/ Les opérations engagées en Corée, et dont la part essentielle est assumée avec courage et abnégation par les forces armées des États-Unis, comportent dès maintenant d'amples motifs de réflexion, et des leçons pour l'avenir.

Les experts militaires américains, britanniques et français devront, de toute évidence, procéder sans tarder à des échanges de vues détaillés sur les enseignements qui se dégagent de la campagne en cours, aussi bien en matière d'information et d'armement que dans le domaine de la stratégie et de la tactique.

En dépit des efforts accomplis depuis dix-huit mois, les puissances résolues à défendre à la fois leur indépendance et la paix du monde restent démunies des moyens qui sont indispensables pour parer à une attaque armée contre l'une quelconque d'entre elles. Cette disproportion entre les possibilités d'action, d'une part, et les engagements contractés, de l'autre, ne peut plus être acceptée à la lumière des événements récents. Ceux-ci imposent à chacune des puissances un effort accru que, pour sa part, le gouvernement français est décidé à entreprendre. Le gouvernement des États-Unis aura certainement noté à ce sujet la déclaration faite par M. René Pleven, Président du Conseil, à l'Assemblée nationale le 11 juillet dernier, et aux termes de laquelle le prochain budget français de la Défense nationale devra être augmenté de 80 milliards de francs au moins. Il est clair cependant, et le Conseil de l'Atlantique l'a constaté lors de sa dernière réunion, qu'un tel effort n'offre toute sa valeur que s'il fait partie d'un programme d'ensemble, permettant d'associer et de combiner les efforts individuels.

L'organisation de la défense de l'Europe occidentale contre l'invasion reste, aux yeux du gouvernement français, la tâche essentielle à laquelle doivent se consacrer les puissances signataires du pacte de l'Atlantique. Il suffit d'évoquer le degré de puissance auquel parviendrait l'URSS si elle contrôlait le continent européen tout entier et disposait ainsi librement de ses ressources industrielles, pour montrer par là même le caractère primordial, pour l'Amérique aussi bien que pour l'Europe, de la sécurité du monde occidental. À cet égard aussi, les événements de Corée nous apportent des leçons dont nous devons tirer profit.

7/ Le gouvernement français tient donc pour nécessaire que des consultations s'engagent avec les gouvernements américain et britannique sur les problèmes mentionnés dans le présent document et dont la brève énumération ne prétend pas épuiser la liste.

L'expérience nous prouve que, partout où les puissances occidentales, sans se contenter de réagir, ont su prendre l'initiative et mener une politique positive et constructive – comme ce fût le cas en Allemagne et en Grèce notamment – l'URSS a dû abandonner en partie ses projets. Il s'agit aujourd'hui de reprendre l'initiative perdue, et, pour cela, d'unifier nos efforts, nos programmes et nos vues. Le présent aide-mémoire se propose seulement de signaler les points dont l'examen s'impose d'urgence aux yeux du gouvernement français.

Si le gouvernement des États-Unis donnait son accord de principe aux consultations proposées avec le Royaume-Uni, la méthode à appliquer pourrait être rapidement déterminée. Telles questions, comme celles des rapports avec la Chine ou celles des entreprises soviétiques possibles en Europe, pourraient faire l'objet d'échanges de vues par la voie diplomatique. Le Conseil des Suppléants, qui se réunit à Londres pour la première fois le 25 juillet prochain, a précisément pour mission d'étudier les problèmes de production, d'armement et de répartition des charges dont les derniers événements montrent le caractère particulièrement pressant. Enfin, il appartiendrait au *Standing Group* de tirer les conséquences nécessaires de la situation nouvelle sur le plan de la stratégie mondiale.

(Direction d'Asie-Océanie, Corée, volume 69)

217

M. BONNET, AMBASSADEUR DE FRANCE À WASHINGTON,
   À M. SCHUMAN, MINISTRE DES AFFAIRES ÉTRANGÈRES[1].

D. n° 3521.   *Washington, 19 juillet 1950.*

Les revers subis en Corée par les forces armées américaines et les atrocités commises par les troupes de Corée du Nord notamment ont été à l'origine de quelques propositions invitant les États-Unis à utiliser la bombe atomique. Ainsi le représentant Bensten (Démocrate, Texas) a demandé que le président Truman envoie aux Coréens du Nord un ultimatum les sommant d'évacuer dans les huit jours la Corée du Sud faute de quoi les principales villes de Corée du Nord dont la liste serait publiée pourraient être soumises à des attaques atomiques de la part de l'aviation américaine. Quant au sénateur Brewster (Républicain, Maine) il a préconisé que le général MacArthur soit autorisé à employer à sa discrétion la bombe atomique en Corée si c'est là « le moyen d'empêcher que nos soldats soient assassinés de sang froid, les mains liées derrière le dos ».

Ces propositions ont été cependant vivement critiquées. Le sénateur MacMahon, président de la Commission du Congrès pour l'énergie atomique a soutenu que le caractère de la guerre de Corée est tel que l'emploi de la bombe atomique doit être écarté. Il a dit qu'il pensait que cette bombe pouvait être décisive dans une guerre, mais qu'elle était en premier lieu une arme pour frapper les sources de production et des concentrations de troupes massives. Or, il n'existe pas de tels objectifs en Corée du Nord. Il n'y a pas d'importantes usines de guerre en Corée du Nord et les troupes terrestres sont largement dispersées. Dans ces conditions, la bombe atomique n'est pas, du point de vue militaire, l'arme qui convient à l'action entreprise en Corée.

---

[1] Dépêche adressée à la direction d'Amérique et communiquée aux directions d'Europe et d'Asie-Océanie et au Secrétariat des Conférences.

M. Hanson W. Baldwin a longuement exposé dans le *New York Times* les raisons morales, politiques, psychologiques et militaires qui s'opposent à l'emploi de la bombe atomique. Les arguments moraux sont évidents. Au point de vue politique, ce serait étendre la guerre au monde entier. Du point de vue psychologique, lancer la bombe ce serait grouper la Corée du Nord et la plus grande partie de l'Asie même les peuples qui sont encore les amis des Américains contre les États-Unis. L'appel de Stockholm qui vise à mettre hors la loi la bombe atomique tire déjà partie des déclarations irresponsables de ces quelques personnes qui préconisent l'usage de la bombe contre la Corée. « Une mobilisation de l'opinion publique mondiale pour considérer les États-Unis comme la puissance belliciste agressive et pour nous accuser d'être les auteurs d'une guerre sans limite a déjà fait trop de progrès, en particulier à cause de l'importance exagérée donnée par nos chefs militaires à la bombe atomique comme Ligne Maginot de notre défense. Aussi, poursuit M. Baldwin, si nous voulons perdre les amis et l'influence que nous avons encore en Asie, un bon moyen est de lancer une bombe atomique en Corée du Nord ».

Quant aux motifs militaires qui s'opposent au bombardement atomique, ils sont encore plus forts. Tout d'abord, les États-Unis ont relativement peu de bombes atomiques et il faut donc peser l'importance stratégique des objectifs. « En d'autres termes, nous n'avons pas assez de bombes atomiques même pour bombarder les plus importants objectifs de la Russie ». Ensuite, il n'existe pas d'objectifs justiciables de cette arme en Corée du Nord. Il y a bien dans cette région cinq zones d'une certaine importance industrielle, celles de Pyongyang, de Sinuiju, de Wonsan, de Hungnam et de Changjun, mais aucune n'est de dimension ou d'importance suffisante pour appeler l'emploi d'une bombe atomique.

Peut-être, continue M. Baldwin, la raison militaire fondamentale pour laquelle la bombe atomique ne devrait pas être utilisée au cours des hostilités de Corée est que son emploi serait inefficace. Ceux qui la préconisent pensent qu'une ou deux bombes contraindraient les communistes de Corée du Nord à cesser le combat. Mais rien ne permet de dire qu'on aboutirait à ce résultat. En fait, il en serait tout autrement.

Le seul type de bombardement qui interrompe les communications et arrête ou entrave sérieusement les forces terrestres est le bombardement tactique continu avec des avions volant bas contre les routes, les chemins de fer, les ponts, les tunnels, les tanks, les camions, les troupes, etc... Cette action peut être complétée par des bombardiers tels que les Superforteresses B-29 qui sont assez redoutables contre les objectifs de Corée, contre les jonctions de communications, contre les ateliers de réparations de chemins de fer et les usines électriques de Corée du Nord. Tout ceci exige un grand nombre d'avions utilisés de façon inten-

sive, des bombes conventionnelles de types variés, des fusées et du
« napalm », mais non la bombe atomique.

En concluant, M. Baldwin rappelle à ceux qui veulent lancer la
bombe atomique que les États-Unis n'ont plus le monopole atomique
et que déjà les Soviets doivent avoir entre cinq et vingt bombes atomiques et aussi que les plans de défense civile du territoire américain
sont à peine au début de leur réalisation.

Un éditorialiste du *Christian Science Monitor* examinant la proposition du sénateur Brewster écrivait le 14 juillet que la décision d'employer la bombe atomique ne doit pas être laissée à la discrétion d'un
commandant militaire, car c'est une question de politique nationale
qui n'engage pas simplement la conscience des Américains mais l'opinion de l'humanité et l'éventualité d'une guerre mondiale. Du reste,
peut-on être sûr des effets que produirait le lancement de la bombe sur
les hostilités de Corée ? Peut-être si ces hostilités cessaient, épargnerait-
on des vies américaines, mais si l'on envenimait la haine des Coréens
du Nord, les sacrifices américains seraient sans doute plus lourds.

Certains de ceux qui préconisent le bombardement atomique font
valoir que l'affaire de Corée n'est qu'un commencement et que, pour
épargner les vies humaines, il faut prendre au plus tôt des mesures
énergiques contre l'agression. Ils pensent que les Soviets pousseront
leurs satellites les uns après les autres contre les peuples libres sans
engager eux-mêmes des hostilités. Ainsi que le montre la guerre de
Corée, les États-Unis et leurs alliés sont mal préparés pour arrêter les
satellites, à moins que la bombe atomique ne s'en charge. Aussi pense-
t-on ajouter à l'ultimatum coréen un avertissement à la Bulgarie et à
la Hongrie les avisant que toute agression contre la Yougoslavie aurait
une réplique atomique.

Mais, se demande l'éditorialiste du journal de Boston, comment réagiraient alors les Soviets ? N'en résulterait-il pas immédiatement une
guerre mondiale ? Certains pensent que le Kremlin aurait de la peine
à amener le peuple russe à combattre à moins que celui-ci se sente
visiblement attaqué et c'est pourquoi ils préféreraient employer la
bombe contre les satellites plutôt que contre les Russes. Mais nul ne
sait à quel point le Politburo pourrait pousser ou tromper son peuple.
Or c'est là le facteur-clef lorsqu'on veut déterminer si des vies humaines
seraient épargnées par l'emploi de la bombe en Corée.

Il faut aussi considérer l'effet d'une telle décision sur l'opinion du reste
du monde. Les amis de l'Amérique et les neutres seraient-ils encouragés
par cette manifestation de puissance pour résister à l'agression ? Ou
bien la considéreraient-ils avec répugnance et crainte ? La meilleure
réponse à ces questions serait de remettre le problème aux mains des
Nations unies. L'emploi de la bombe reposerait sur une base beaucoup
plus solide si les États-Unis agissaient comme chef de la police des
Nations unies avec l'approbation explicite de la grande masse des autres

peuples qui seraient directement intéressés. Ici aussi c'est un facteur qui affecte profondément le prix en vies humaines – même en vies d'Américains.

L'éditorialiste conclut que les hommes civilisés répugnent même à discuter l'emploi de cette arme horrible. Mais l'argument selon lequel des vies humaines seraient sauvées doit être examiné et pesé avec beaucoup plus de soin qu'il ne l'a été.

On sait que le Secrétaire d'État, M. Acheson, s'élevant contre la pétition de Stockholm, a affirmé qu'avant de condamner la bombe atomique, il fallait condamner l'agression elle-même et il a réservé le droit des États-Unis d'employer la bombe atomique pour s'opposer à une agression si une telle action était nécessaire. Cependant, il est à l'heure actuelle douteux que les Américains aient recours à cette arme en Corée, car elle ne pourrait pas améliorer de façon décisive la situation militaire. L'opinion publique est demeurée assez réservée à ce sujet. C'est en termes prudents que le comité exécutif de l'Association d'anciens combattants « Amvets » s'est exprimé à cet égard : « Nous approuvons l'emploi de la bombe atomique si, de l'avis de nos dirigeants nationaux, cet emploi est exigé pour la sécurité nationale et mondiale. Nous sommes pleinement confiants que la décision concernant l'emploi de la bombe sera prise en tenant soigneusement compte des conséquences morales qu'il entraînera ».

(Direction d'Asie-Océanie, Corée, volume 20)

218

M. Bonnet, Ambassadeur de France à Washington,
    à M. Schuman, Ministre des Affaires étrangères[1].

D. n° 3538.   *Washington, 19 juillet 1950.*

Le Département trouvera sous un autre pli le compte rendu des conversations qui se sont déroulées du 11 au 13 juillet au Département d'État sur les problèmes coloniaux. Il me paraît utile d'en souligner ci-après certains aspects qui révèlent, du côté américain, sinon un renversement d'attitude vis-à-vis de la politique africaine des puissances européennes, du moins une ouverture d'esprit et une compréhension nouvelles dont nous ne pouvons que nous féliciter. Il importe désormais d'en tirer le meilleur parti possible.

M. Hickerson, Sous-Secrétaire d'État, Directeur de la division des Nations unies, qui a conduit les conversations du côté américain, a insisté dès l'ouverture des entretiens sur le désir du gouvernement amé-

---

[1] Dépêche adressée à la direction d'Afrique-Levant.

ricain d'aider dans la mesure du possible les puissances coloniales et de renforcer leur position. « Nous désirons, a-t-il déclaré, avoir avec vous un échange de vues très franc qui nous permette de mieux comprendre nos problèmes mutuels. Mais la France demeure seule responsable des territoires qu'elle administre, et nous n'avons nullement l'intention de procéder à la liquidation de l'Empire français. Le monde subit actuellement l'action de forces destructrices et nous devons veiller à ce que le progrès soit obtenu dans l'ordre... Les Nations unies ont fait récemment plusieurs erreurs. La solution adoptée pour la Somalie est franchement extraordinaire (*frankly fantastic*) et la ferveur religieuse qui règne à Lake-Success pour l'idéologie de l'indépendance a conduit à cette autre décision incroyable concernant la Libye... Certes, tous les peuples indépendants ont droit à l'autonomie et à l'indépendance, lorsqu'ils sont prêts à les recevoir... Mais ils doivent être éduqués à cette fin, et lorsque l'indépendance leur est accordée prématurément, le communisme trouve là une occasion d'agir... Le rythme du développement politique doit varier suivant les territoires, les puissances qui en ont la responsabilité ont le devoir de guider ce développement, et le gouvernement américain, devant les critiques dont les puissances coloniales font l'objet à la quatrième commission de l'ONU, désire renforcer la position de ces puissances de toutes les manières possibles ».

J'ai tenu à citer aussi textuellement que possible ces quelques passages du discours d'ouverture de M. Hickerson. M. MacGhee, Sous-Secrétaire d'État chargé des questions d'Afrique, qui assistait à la séance d'ouverture et prit la parole aussitôt après son collègue, développa le même thème. Je n'ignore pas qu'en insistant de cette manière sur des idées qui ne pouvaient que nous être agréables, nos hôtes tenaient à créer dès l'abord une atmosphère de cordialité et de confiance dont les entretiens ne devaient effectivement que gagner ; et il leur importait d'effacer chez nous, pour autant qu'il eût existé, le sentiment que nous venions à Washington pour défendre notre attitude aux Nations unies et notre politique africaine devant les interlocuteurs hostiles et disposés à nous demander des comptes. Mais la suite des conversations a montré qu'il y avait dans ces déclarations faites avec beaucoup de franchise – et même d'humour – plus que de la *captatio benevolentiae*. À plusieurs reprises, l'un ou l'autre des délégués américains a parlé des représentants des pays anti-colonialistes comme de « nos adversaires », et M. Hickerson a exprimé son regret que l'anticolonialisme sentimental et traditionnel du peuple américain ne permette pas au gouvernement une volte-face qui rangerait les États-Unis trop ouvertement dans le clan des puissances coloniales. Mais il a reconnu que la délégation américaine à l'Assemblée de 1949 avait fait des erreurs, et a affirmé, à l'occasion des différentes questions passées en revue, que toute l'aide possible serait apportée à la délégation française, comme aux délégations anglaise et belge.

***

L'attention, et sans aucun doute la sympathie, avec lesquelles les vues exposées par la délégation française furent accueillies, de même que le langage qui nous a été tenu, marquent une nette évolution de la pensée du Département d'État.

Il est certain que les circonstances ont favorisé notre position et nous ont permis de faire preuve d'une fermeté d'autant plus grande dans la défense de nos thèses. Les événements internationaux ont rendu nos interlocuteurs visiblement anxieux de voir les divers organismes des Nations unies poursuivre leurs travaux dans une atmosphère aussi détendue que possible ; ils ont été d'autant plus compréhensifs à nos difficultés.

Mais si nous avons en l'occurrence bénéficié de circonstances exceptionnellement favorables, celles-ci ne suffisent pas à expliquer une attitude aussi nouvelle. Les difficultés que les puissances occidentales et les États-Unis connaissaient depuis la guerre en Extrême-Orient ont été, pour les esprits ouverts, l'occasion de reconnaître la contradiction qu'il y avait à prétendre, en même temps, lutter contre le communisme dans le monde, et manifester une sympathie ouverte sinon agissante aux mouvements nationalistes. Du jour où l'importance stratégique de l'Afrique s'est imposée au Département d'État, celui-ci a compris la nécessité d'avoir une politique africaine. De là est née la conférence de Lourenço-Marquès (ma dépêche n° 2671/AL du 12 avril)[1] qui s'est réunie en janvier 1950 sous la présidence de M. MacGhee, et dont les conclusions ont servi de bases d'études aux différents bureaux intéressés de Washington. Le discours que M. MacGhee a prononcé à Oklahoma City le 8 mai peut être tenu pour le premier essai d'exposé d'une politique africaine dont le Sous-Secrétaire d'État a analysé les facteurs : j'en ai rendu compte au Département par ma lettre n° 2211/AL du 11 mai 1950[2].

La nouvelle activité de la division d'Afrique du Département d'État semble avoir déjà porté des fruits. J'avais à plusieurs reprises signalé l'audience très différente que cette ambassade trouvait à cette division ou à celle des Nations unies. Les conversations qui viennent d'avoir lieu m'ont paru révéler l'influence grandissante de M. MacGhee, sous l'autorité duquel travaillent les bureaux africains. Certes, M. Hickerson, qui dirige la division des Nations unies, est trop préoccupé de sa spécialité pour ne pas quelquefois perdre de vue la réalité des choses coloniales, qu'il connaît d'ailleurs peu. Et il sera nécessaire de lui rappeler souvent, comme à ses bureaux, les conséquences très concrètes qu'ont pour les administrations des territoires d'outre-mer et pour leurs populations, les débats des organismes de Lake-Success et les résolutions si

---

[1] Document non reproduit.
[2] Document non reproduit.

légèrement prises par les Nations unies. Mais M. Hickerson a manifesté un très réel désir de s'informer désormais plus complètement des problèmes coloniaux, et je ne doute pas que les conversations de ces derniers jours, et celles que nous pourrons avoir par la suite ne nous assurent d'une plus grande compréhension de la part de personnalités dont le manque de sympathie reposait en grande partie sur l'ignorance des questions africaines.

***

Si les entretiens de Washington nous ont apporté certaines satisfactions, il n'en faudrait cependant pas conclure pour autant que la partie est désormais gagnée. Les circonstances occasionnelles dont nous avons bénéficié peuvent se modifier rapidement ; le traditionnel anticolonialisme est trop profondément ancré au cœur du peuple américain pour disparaître en quelques années ; bien que des intérêts économiques sont en contradiction avec la politique qu'esquisse encore timidement le Département d'État.

C'est à nous qu'il appartient d'user des circonstances actuelles, d'une part, pour nous orienter très franchement, et hardiment, vers le développement économique et social de l'Afrique tel que le gouvernement en a annoncé l'intention dans le mémorandum de la conférence tripartite de Londres, que le Département m'a communiqué, et dont les éléments très constructifs ont déjà retenu l'attention des hauts fonctionnaires du Département d'État ; d'autre part, en développant une action d'information des questions africaines auprès des organismes privés ou publics américains intéressés au continent noir ; enfin en poursuivant avec les personnalités américaines intéressées à l'Afrique des échanges de vues tels que ceux qui viennent d'avoir lieu et dont nous ne pouvons que nous féliciter.

Dans cet esprit, il importerait de développer, tant à Paris qu'à Washington, dans les conversations que nous pourrons avoir sur ces problèmes, les grandes idées de base de notre politique africaine qui n'ont pu être énoncées lors des entretiens qui viennent de se clôturer : intégration, plans d'équipement, collaboration interafricaine. Elles constituent un ensemble cohérent et réaliste susceptible d'exercer sur nos interlocuteurs une séduction d'autant plus grande que nous saurons le leur présenter sous une forme mieux adaptée à leur formation d'esprit comme à leurs préoccupations du moment. Dans toute la mesure, en particulier, où nous entendons mettre en œuvre les plans d'équipement zonaux de Mr. Eirik Labonne et obtenir à cette fin la participation de capitaux américains, il me paraîtrait souhaitable de mettre au point, sous la forme des études de planning américaines, une documentation destinée à ce pays et, le moment venu, de la faire présenter par un représentant qualifié à des auditoires que l'Ambassade se chargerait de réunir.

Au cours de la visite que M. Laurentie fit à Mr. MacGhee à l'issue des entretiens, le Sous-Secrétaire d'État parut s'intéresser vivement aux problèmes d'équipement. Rappelant le séjour qu'il fit au Maroc dans une mission de recherches du pétrole, M. MacGhee se déclara sceptique sur l'avenir de telles prospections dans ce pays mais il souligna, en revanche, les énormes possibilités minières et métallurgiques des confins algéro-marocains.

Il serait souhaitable que le Département saisit l'occasion du passage à Paris de Mr. MacGhee sans doute vers la fin de septembre, pour lui exposer l'ensemble de nos projets dans cette zone. Par sa formation et ses inclinations naturelles, le chef des Affaires africaines au Département d'État est particulièrement ouvert à ces problèmes, par ses relations dans le monde des affaires il est aussi, sans nul doute, en mesure de nous donner, le cas échéant, une aide efficace. Mais, comme Mr. Laurentie a pu le constater au cours de l'entretien qu'il eut avec le Sous-Secrétaire d'État, celui-ci continue, comme l'ensemble de ses services, à nourrir d'assez vives inquiétudes sur la stabilité politique de l'Afrique du Nord. S'il faut reconnaître que la conférence de Lourenço-Marquès a révélé au Département d'État certains aspects de notre action en Afrique noire qui ont, dans l'ensemble accru, la sympathie et la compréhension des milieux officiels américains à l'égard de notre politique, on peut se demander si la conférence de Tanger (2-7 octobre 1950) qui traitera de la portion septentrionale du continent africain permettra d'accentuer ces bonnes dispositions. Le gouvernement américain ne cache pas en effet son désir de voir la France faire preuve en A.F.N. de plus de réalisme politique, notamment en Tunisie. Pour reprendre une formule employée par Mr. MacGhee, au cours de son entretien avec M. Laurentie, on préférerait « nous voir travailler à la sécurité à long terme de l'Afrique du Nord plutôt que d'observer nos efforts sporadiques de sécurité à court terme (arrestations... etc...) » dont on n'est pas certains qu'ils assureraient, en cas de conflit, une stabilité politique suffisante.

Il m'a paru opportun de rapporter ces propos, déjà tenus par Mr. Hare à Londres, parce que j'ai le sentiment que les préoccupations qu'ils traduisent domineront la conférence de Tanger, comme les entretiens que Mr. MacGhee aura vers la même époque au Département. Il me semble que nous ne saurions trop tenir compte de cet état d'esprit dans l'orientation de notre politique africaine comme dans la préparation des entretiens de Paris. Nous n'obtiendrons en effet l'adhésion totale des États-Unis à notre politique africaine que dans la mesure où les inquiétudes qu'elle suscite encore en certains secteurs de grand intérêt stratégique seront apaisées.

Les circonstances aidant, les Américains sont prêts, semble-t-il, à comprendre qu'un soutien trop marqué aux nationalismes naissants, qu'une sympathie trop vive pour une rapide accession des peuples non autonomes à l'autonomie ou à l'indépendance, ne sont pas les meilleurs moyens d'obtenir cet ordre et cette stabilité en Afrique. Mais alors l'esprit positif et réaliste de nos interlocuteurs exige que le remède qui s'est montré inefficace soit remplacé par un autre, et il n'est pas douteux qu'on y pense déjà.

C'est là que la France peut trouver sa chance, en dirigeant les Américains et en leur soufflant des conceptions qu'ils risquent, autrement, de bâtir sans nous et à nos dépens.

(Direction d'Amérique, États-Unis, volume 106)

219

M. Schuman, Ministre des Affaires étrangères[1],
À tous les Postes diplomatiques.

T. circulaire n° 181 IP.   *Paris, 20 juillet 1950.*

Au cours de la discussion du budget du ministère des Affaires étrangères devant le Conseil de la République, M. Robert Schuman a fait, hier 19 juillet, une déclaration sur la politique extérieure du gouvernement français.

Évoquant les événements qui se déroulent actuellement en Corée, le Ministre a précisé la position de la France dans les termes suivants :

« Rarement agression a été si nettement établie que celle de Corée. Nous avions sur place une Commission des Nations unies qui a vécu les événements. Le Secrétaire général de l'ONU a pris position. Le Conseil de sécurité a voté des recommandations. Ayant la certitude qu'il y avait agression, nous ne pouvions laisser passer le fait sans sanction. Se contenter d'une protestation platonique aurait été renoncer à toute organisation internationale. C'est en vertu du chapitre VI de la Charte des Nations unies que le Conseil de sécurité a agi. Les États-Unis sont intervenus sur invitation, et au nom des Nations unies. Ils étaient particulièrement appelés à jouer le rôle qui leur a été dévolu. Ils ont été la puissance occupante de la Corée du Sud jusqu'au jour d'une évacuation qui était probablement prématurée (et cela doit nous faire réfléchir sur les conséquences possibles d'autres évacuations). C'est eux qui avaient les forces disponibles les plus proches.

De nombreux pays se sont joints aux États-Unis, et agissent avec eux sous le contrôle de l'ONU.

Quant à la France, elle considère qu'elle fait depuis quatre ans, en Indochine, un effort analogue contre les forces subversives. Elle le fait, non seulement pour le maintien de l'ordre, mais surtout pour la sau-

---

[1] Télégramme signé par ordre Beaumont.

vegarde de la liberté, de la dignité et de l'indépendance de la nation viêtnamienne menacée par les ingérences étrangères…

Il est certain que, pendant plus de quatre ans, l'importance de l'action de la France en Indochine a été méconnue ; mais aujourd'hui, elle est comprise et la France sera aidée.

Ce matin, le gouvernement a pris la décision de se joindre aux autres Nations unies par l'envoi d'un navire de guerre dans les eaux coréennes[1]. Nous ne pensons pas pouvoir faire plus. Nous ne pouvons, en effet, distraire des forces terrestres de territoires où leur présence est utile. Nous devons sérier nos obligations ; je suis sûr que nos alliés le comprendront.

Cela dit, quelles sont nos préoccupations dans le conflit coréen ? Tout d'abord, nous voulons que la situation antérieure soit rétablie, afin qu'aucune prime ne soit donnée à l'agression. En second lieu, nous voulons qu'à l'avenir de meilleures garanties soient prévues contre l'agression, que les moyens de défense soient accrus par la mise en commun des ressources et des efforts.

Mais notre préoccupation immédiate est d'empêcher toute extension du conflit coréen. Nous faciliterons toutes les interventions susceptibles d'empêcher cette extension, d'où qu'elles viennent. Mais nous devons nous concerter avec nos alliés et agir en accord avec eux au sein des organismes internationaux pour éviter le renouvellement de semblables agressions.

La France n'est pas, malgré son silence, demeurée inactive ; elle est restée en contact quotidien avec ses alliés et a, dès le premier jour, affirmé sa position au sein du Conseil de sécurité ».

(Secrétariat des Conférences, NUOI, volume 140)

220

M. MASSIGLI, AMBASSADEUR DE FRANCE À LONDRES,
  À M. SCHUMAN, MINISTRE DES AFFAIRES ÉTRANGÈRES[2].

D. n° 1171.   *Londres, 20 juillet 1950.*

Le groupe parlementaire franco-britannique s'est reconstitué après les élections générales et compte actuellement cent cinquante membres. Il m'a convié, en compagnie de mes principaux collaborateurs, le 17

---

[1] Il s'agissait de l'aviso La *Grandière* qui se trouvait déjà en Extrême-Orient (télégramme circulaire n° 180 IP du 19 juillet 1950 de Paris, non reproduit).
[2] Dépêche adressée à la direction d'Europe et communiquée à la direction des Affaires économiques et au Cabinet du Ministre. Note manuscrite : « *C[ommuni]quer à] Washington, f[ai]t le 28/7/50* ».

de ce mois à un dîner au Palais de Westminster sous la présidence de M. Eden, président du groupe. Une cinquantaine de parlementaires étaient présents ainsi que le chef de la Direction de l'Europe occidentale au Foreign Office. M. Younger, Ministre d'État, et M. Ernest Davies, Sous-Secrétaire d'État aux Affaires étrangères, représentaient le gouvernement en l'absence de M. Bevin qui, malade, avait adressé un message qui a été lu par le Ministre d'État.

M. Eden et M. Younger ont prononcé des allocutions de bienvenue dans lesquelles ils ont marqué l'intimité qui caractérise désormais les rapports entre la France et la Grande-Bretagne.

J'ai moi-même prononcé un discours dont je vous transmets ci-joint la partie politique. J'ai saisi cette occasion de réagir publiquement contre les tendances qu'ont depuis quelques temps certains hommes politiques britanniques à décrier l'œuvre d'intégration européenne en faisant valoir que seule la création d'une communauté atlantique permettait de faire face aux problèmes de l'heure. J'ai souligné que, loin d'être contradictoires, ces deux tâches devaient aller de pair : une communauté solidement établie sur les deux rives de l'Atlantique était inconcevable sans une Europe forte sous la conduite de la France et de la Grande-Bretagne.

(Direction d'Europe, Grande-Bretagne, volume 79)

ANNEXE

Extrait du discours de M. Massigli, Ambassadeur de France à Londres

Il est vain de vouloir nous dissimuler qu'au cours des dernières semaines la situation internationale s'est sérieusement aggravée et que chaque jour qui passe ajoute à nos anxiétés.

Peut-être fallait-il cette crise pour nous faire mieux comprendre combien nous serions fous, Anglais et Français, d'oublier, ne serait-ce que pour un moment, l'absolue nécessité de notre accord dans les affaires européennes.

Ce n'est pas le moment de revenir sur le Plan Schuman ; je ne veux pas savoir si des erreurs ont été commises d'un côté ou de l'autre dans les négociations préliminaires ; je voudrais simplement dire combien il serait déplorable que la controverse qui s'est développée à ce sujet ait pour résultat de nous faire perdre de vue quelques données fondamentales du problème européen.

Il y a quelque temps, l'Europe était à la mode, ici comme sur le continent ou comme en Amérique ; aujourd'hui elle paraît l'être beaucoup moins ici et les épithètes dont on se servait il y a peu de mois encore pour célébrer la communauté européenne et la *Western Union*, on en use, aujourd'hui pour prôner la communauté atlantique comme s'il y avait une contradiction entre la communauté atlantique et l'Europe, comme si une Europe saine n'était pas une condition fondamentale de la prospérité et de la sécurité de la communauté atlantique elle-même.

En lisant, hier, un article d'un économiste éminent, j'ai été frappé de voir combien cette vérité était perdue de vue.

On croirait, à le lire, que tous les problèmes se ramènent à des données théoriques et qu'il n'y a pas à tenir compte du facteur humain ; on parait ignorer l'importance du problème psychologique et moral que crée à l'Europe occidentale l'existence sur ses frontières orientales, de la masse soviétique ; on parait ignorer le prestige que le communisme s'est acquis sur le continent pendant les années d'occupation ; comme on l'ignore, on semble ne pas comprendre que la première condition pour que l'Europe occidentale puisse résister à la poussée et à la propagande qui vient de l'Est, c'est que cette Europe Occidentale ne soit pas un centre de dépression économique, car la dépression économique préparerait la voie à une 5ème colonne.

Cette vérité élémentaire était présente cependant à l'esprit des auteurs du Plan Marshall ; elle était aussi présente à l'esprit de M. Molotov, puisqu'elle a été une des raisons essentielles pour lesquelles les Soviets ont condamné ce plan.

Grâce au Plan Marshall, l'Europe occidentale a échangé à l'emprise de la 5ème colonne, mais tout danger n'est pas écarté ; je dirais même qu'à mesure que nous approchons de la date fixée pour la terminaison du plan, le problème à résoudre se présente à nous avec plus d'acuité.

Nous ne pourrons jamais trop dire tout ce que nous devons au Plan Marshall et aux organisations qui le mettent en œuvre. Mais, si les pays européens veulent équilibrer la balance de leurs comptes avec la zone dollar ; s'ils tiennent à maintenir le plein emploi et en même temps à conserver un niveau de vie élevé, il faut, s'ils ne veulent pas s'enfermer dans des systèmes autarciques néfastes, qu'ils puissent produire à des prix qui permettent une concurrence, il faut donc qu'ils réduisent leurs coûts de production ; cela veut dire qu'un élargissement des marchés s'impose.

On a loué et avec raison ce qui a été fait au sein de l'OECE[1] pour la libération des échanges ; ce n'est pas moi qui en dirai du mal ; je constate simplement qu'on a omis de dire que ces libérations ont été décidées dans chaque pays surtout sous l'angle de préoccupations nationales, et sans que soient pris en grande considération les intérêts des autres participants. Au surplus, chacun a eu soin de suivre les nomenclatures de son propre tarif douanier. Quel est le résultat ? Il est surprenant. Lorsque j'ai été mis au courant des conclusions d'une étude à laquelle la délégation française a procédé, j'ai eu quelque peine à les accepter. Les faits sont là cependant. En ce qui concerne, par exemple, les produits agricoles, on aboutit à cette constatation surprenante, sinon décourageante, qu'aucun produit agricole n'a été libéré par l'ensemble des 18 pays participant à l'OECE et je ne crois pas qu'il y ait beaucoup de produits qui aient été libérés par plus de 8 ou 9 d'entre eux. Pour les produits industriels, le résultat est pire encore. Pour aucun produit n'a été créé un grand marché européen ; pour aucun produit n'a donc été créée la condition primordiale pour une réduction substantielle des coûts de production.

La nécessité de faire éclater les cadres des frontières économiques s'impose d'une façon plus précise chaque jour aux continentaux et c'en serait assez pour justifier l'idée du Plan Schuman, si le grand problème de la réconciliation franco-allemand n'en constituait déjà par lui-même une justification suffisante.

De ce dernier point de vue, les événements de Corée, la mise en échec provisoire des forces des Nations unies rendent l'entreprise encore plus nécessaire. Nous mesurons mal le retentissement qu'ont en Allemagne ces événements ; si nous voulons que les yeux des Allemands ne se tournent pas de plus en plus vers l'Est, il est grand temps de faire tout ce qui est en notre pouvoir pour les lier à la communauté occidentale. Tel est l'enjeu : il mérite bien, d'un côté ou de l'autre, quelques sacrifices de doctrine. Encore une fois je ne veux pas plaider en ce moment le dossier. J'admets volontiers qu'à l'origine nous avons pu à divers égards prendre des positions trop dogmatiques.

---

[1] O.E.C.E. : Organisation européenne de coopération économique.

En revanche, nous ne pouvions accepter que les méthodes de coopération économique suivies jusqu'à présent fussent considérées comme sacro-saintes. Mais, dans le cadre des négociations de Paris, des conceptions plus concrètes sont en train de prévaloir. Je suis convaincu que, lorsque seront connues les conclusions des travaux en cours, vous constaterez ici qu'une grande partie des préoccupations légitimes qu'avait suscitées le plan se sera dissipée. Je ne dis pas pour autant que les propositions sur lesquelles les 6 pays seront d'accord coïncideront en tous points avec vos vues. Mais, c'est alors, que mesurant les conséquences, appréciant l'importance politique du succès, vous aurez, vous, Britanniques, à décider si l'enjeu ne mérite pas que vous fassiez, vous aussi, quelques sacrifices.

La décision sera vôtre. Je n'ai pas besoin de vous dire ce que je souhaite qu'elle soit. Pour ma part, je n'imagine pas une Europe dont la Grande-Bretagne et la France, ensemble, côte-à-côte, n'assumeraient pas la direction. Et s'il n'y a pas d'Europe, vous avouerai-je que je ne vois pas très bien comment pourrait exister une communauté solidement établie sur les deux rivages atlantique.

(Direction d'Europe, Grande-Bretagne, volume 79)

221

M. Chauvel, Représentant permanent de la France auprès du Conseil de sécurité des Nations unies,
  à M. Schuman, Ministre des Affaires étrangères[1].

D. n° 740 SC.   *New York, 20 juillet 1950*[2].

Secret.

Vue de New York, l'affaire de Corée, après trois semaines écoulées depuis le début de l'incident, se présente comme suit :

Le gouvernement soviétique a peut-être été surpris, comme nous l'avons été nous-mêmes, de la rapidité et de l'ampleur de la réaction américaine devant l'agression dirigée contre la République coréenne. Force nous est de constater pourtant que ses dispositions étaient prises en fonction de toutes les éventualités, y compris celles qui se sont produites. Nul ne soutiendra, je pense, que les tanks, les avions et autres matériels utilisés par les troupes nord-coréennes ont été fabriqués dans les ateliers artisanaux de la Corée du Nord. Nul ne pense que la stratégie et la tactique suivies ont été conçues à Pyong Yang. Il est clair enfin que les moyens mis en œuvre par l'état-major nord-coréen est hors de proportion avec l'adversaire qu'il s'agissait d'abattre, si cet adversaire avait été la seule armée de la Corée du Sud.

---

[1] Dépêche adressée au Secrétariat des Conférences et communiquée au Secrétariat général, à la Direction des Affaires politiques, au Cabinet du Ministre et à l'ambassade de France à Washington. Note manuscrite : « *M. Naudy, m'en parler. B.M. [Communiquer à] Londres, Moscou* ».

[2] Dépêche arrivée le 24 juillet.

Les entretiens Kelly-Gromyko[1], ou plutôt le fait que M. Gromyko ait paru désirer la prolongation de ces entretiens, a été interprété comme l'indice d'un désir soviétique d'empêcher une extension du conflit et, à cette fin, d'une disposition à se prêter à un règlement pacifique. Je n'en suis pas si sûr. J'inclinerais à penser que Moscou a voulu, aux fins de sa propagande, se faire refuser la paix par les États-Unis. S'il en était autrement, M. Gromyko aurait évité de reprendre à son compte la proposition du Pandit Nehru et, liant l'affaire de Corée à l'affaire de Chine, de donner la priorité à cette dernière.

Je persiste à croire qu'il y a un lien entre le renforcement du Pacte de l'Atlantique récemment décidé à Londres et le déclenchement de l'affaire de Corée. Et je crois aussi que si Moscou a choisi d'attaquer en Corée, ce n'est pas par un souci particulier de s'assurer la maîtrise de cette péninsule, mais parce que la Corée est en Asie. Si ces prémisses sont exactes, j'en conclurais volontiers que l'objet principal recherché par Moscou n'est probablement pas de rejeter les troupes américaines à la mer, mais d'occuper le plus grand nombre possible de ces troupes en Corée d'abord, puis vraisemblablement en d'autres points de l'Asie.

Le message du président Truman introduit dans la conjoncture un élément nouveau et dont l'importance est, à tous égards, immense. Il oblige Moscou à prendre une grave décision, qui est de déclencher une guerre générale, au risque de provoquer une riposte atomique, avant que la mobilisation américaine qui s'annonce ait produit ses effets ou d'attendre d'être mieux préparé à faire face à la riposte atomique. Les risques d'un conflit général seraient à apprécier, si nous avions les éléments de cette appréciation, en fonction d'un équilibre qui peut-être existe actuellement entre la supériorité des moyens stratégiques américains et la supériorité des moyens tactiques russes. Le comportement soviétique actuel ne paraît pas annoncer des décisions soudaines et spectaculaires. Si les quelques prochains jours ne nous apportent pas à cet égard des surprises, nous devons plutôt nous attendre à une préparation méthodique et peut-être longue des opinions soviétiques et communisantes, à des cheminements compliqués et à des incidents sporadiques, chacune ayant pour objet et pour effet d'engager en des lieux éloignés des forces occidentales toujours plus importantes.

Dans cette hypothèse, le gouvernement soviétique évitera sans doute toute initiative qui l'exposera à un contact direct avec les forces américaines, comme serait une affaire de Berlin, voire même les entreprises qui ramèneraient l'attention sur l'Europe. Il portera son effet sur l'Asie et sur cette partie de l'Asie qui baigne dans le Pacifique.

Les occasions ne lui manqueront pas, s'il les souhaite, de faire naître, en marge ou à côté de l'affaire de Corée, une affaire chinoise et qui ne porte pas seulement sur la disposition d'un fauteuil en Conseil. Il lui suffit d'introduire des troupes chinoises en Corée ou de provoquer une

[1] Voir document n° 208.

attaque sur Formose. L'objet essentiel d'une telle attaque ne serait pas nécessairement la conquête de l'île. Il suffirait que la 7ème escadre américaine coule quelques jonques chinoises pour que des hostilités en règle existent entre Washington et Pékin. Les États-Unis auraient à faire face ainsi à de nouvelles obligations qui seraient indéfiniment extensibles.

On dit volontiers en ce moment que les États-Unis ne sont pas en mesure de faire face à une guerre sur deux fronts. Cela est faux, sans doute puisqu'au cours de la dernière guerre, ils ont effectivement soutenu une guerre en Europe et en Asie. Les circonstances, cependant, sont différentes. Pendant la dernière guerre, ce pays avait en Europe des alliés puissants, dont la Russie soviétique, et il n'a véritablement engagé sa grande offensive du Pacifique qu'après un effort de préparation énorme qui le plaçait au plus haut de sa puissance militaire, les opérations d'Europe étant déjà en bonne voie. Aujourd'hui, l'Europe est désarmée et la machine militaire américaine est détruite. Seuls subsistent les moyens d'une guerre atomique, laquelle ne convient qu'aux objectifs majeurs. Si ces objectifs se dérobent, s'il faut que les États-Unis remontent la pente d'un réarmement classique, le processus sera lent et les effets produits ne seront pas si rapides ni si étendus que des incidents en Asie ne puissent les absorber. Les Russes peuvent, s'ils le veulent, user à leur encontre de la méthode du papier buvard.

Au cours de l'entretien dont rend compte le télégramme de Washington n° 2721[1], M. Acheson a donné à M. Bonnet l'assurance répétée que les États-Unis étaient décidés à ne pas s'enferrer en Asie. Je sais que le général Bradley et ses collaborateurs, pleinement conscients de la nécessité de conserver la priorité à l'Europe, ont tenu des propos analogues à nos chefs d'état-major. Ces déclarations sont excellentes et il convient d'en prendre acte. Elles ne nous dispensent pas cependant d'une grande vigilance. Les États-Unis ne sont pas maîtres de leur jeu en Asie et certains agents américains, au premier rang le général MacArthur, peuvent être entraînés par leur tempérament à prendre des positions souhaitées par l'adversaire. Or, dans l'état actuel des choses, les dangers les plus grands parmi ceux qui nous menacent me paraissent être l'enlisement en Asie des moyens tactiques américains à mesure de leur production, l'établissement parallèle de la défense aérienne soviétique, enfin l'attaque par les Soviets d'une Europe découverte et qui ne serait pas réarmée.

(Secrétariat des Conférences, NUOI, volume 140)

---

[1] Voir document n° 215.

222

M. Massigli, Ambassadeur de France à Londres,
à M. Schuman, Ministre des Affaires étrangères[1].

D. n° 1170.   *Londres, 21 juillet 1950.*

Confidentiel.

Le Service du Foreign Office chargé des affaires russes estime qu'en dépit de la détérioration des relations internationales qui s'est manifestée au cours des dernières semaines, il n'y a pas lieu de se laisser aller à un pessimisme excessif, du moins en ce qui concerne l'avenir immédiat.

1) Selon les fonctionnaires du *Northern Department*, la politique du Kremlin continue de s'inspirer des mêmes principes directeurs – infiltration ininterrompue par l'utilisation des « trois contradictions du capitalisme » (ma dépêche n° 2270/EU du 12 novembre 1948)[2] – et d'être dominée par le souci d'éviter d'engager la « patrie du communisme », qui doit être préservée à tout prix, dans un conflit international majeur. L'URSS, soulignent-ils, est, administrativement et politiquement, le pays le plus centralisé du monde et à ce titre particulièrement sensible à la menace d'une guerre atomique.

2) Dans ces conditions, le Foreign Office se refuse à faire sienne la théorie exposée par l'*Observer* de la semaine dernière (mon télégramme n° 2534)[3] et selon laquelle la manière dont le Minindiel[4] a justifié, dans sa note du 4 juillet, l'agression nord-coréenne au nom de l'« unité nationale et des droits démocratiques » contiendrait le germe d'une nouvelle doctrine de politique extérieure susceptible d'être appliquée prochainement par les Soviets en Perse, en Macédoine ou en Allemagne.

Selon les fonctionnaires du *Northern Department*, l'action russe serait de nature différente selon qu'elle exerce en Europe ou en Asie. Sur notre continent, où les positions sont plus ou moins stabilisées et où l'action des puissances occidentales est bien coordonnée, le danger d'une riposte est considérable : c'est pourquoi ils se cantonnent dans la « guerre froide », se bornant à l'intensifier. Au contraire, en Asie, théâtre d'opérations lointain et malgré tout secondaire, ils se hasardent à courir des risques beaucoup plus sérieux : c'est ainsi qu'après avoir accordé à Hô Chi Minh une reconnaissance qu'ils ont toujours refusée

---

[1] Dépêche adressée à la direction d'Europe. Note manuscrite : *«Copie à S[ecrétariat] G[énéra]L et C[abinet du] M[inistre] »*.

[2] Voir *DDF*, 1948-II, n° 337.

[3] Document non reproduit.

[4] Minindiel : le Ministère des Affaires étrangères soviétique.

à Markos, ils se sont lancés en Corée dans une « guerre par procuration ».

Aussi bien l'entreprise coréenne n'apparaît-elle pas ici comme un ballon d'essai, comme le prélude d'autres entreprises locales du même genre, mais plutôt comme une « opération de nettoyage » destinée à :

a) parachever l'œuvre de Mao Tsé Toung,

b) porter un coup fatal au prestige blanc en Asie et singulièrement à la position américaine au Japon,

c) donner un encouragement aux mouvements dits de libération nationale d'Indochine et de Malaisie.

3) En dépit de l'aggravation de la tension internationale qui s'est manifestée au cours des dernières semaines sur ces trois points névralgiques que sont Berlin, la Yougoslavie et la Perse, bien que diverses conférences politico-militaires aient lieu en ce moment de l'autre côté du rideau de fer (Snagov la semaine dernière, Berlin ou Prague à l'heure actuelle), le service compétent du Foreign Office incline à penser que les Russes se garderont de déclencher une nouvelle affaire de Corée dans les mois qui viennent. Il serait en effet extrêmement difficile d'empêcher dans les circonstances actuelles un conflit balkanique de dégénérer en guerre mondiale. Dans ces conditions, l'objectif essentiel du Kremlin, en Europe, continuerait d'être la « guerre des nerfs » menée sur un front aussi vaste que possible afin de harceler au maximum l'adversaire. Le Foreign Office aurait d'ailleurs des preuves que plusieurs des nouvelles alarmistes émanant de derrière le rideau de fer ont été lancées par la propagande soviétique.

De l'avis des agents spécialisés, la situation internationale ne revêtira pas un caractère véritablement alarmant avant que les Soviets n'aient à leur disposition leur *stockpile* de bombes atomiques, c'est-à-dire sans doute pas avant deux ou trois ans.

En faisant part au Département de ces considérations, je tiens à souligner qu'elles émanent de bureaux étroitement spécialisés dans les affaires soviétiques. Cette étude demande évidemment à être située dans la perspective nouvelle ouverte par le message d'avant-hier du président Truman au Congrès américain.

C'est avec cette réserve que je transmets au Département les réflexions du Foreign Office.

(Direction d'Europe, URSS, volume 157)

223

INSTRUCTIONS GÉNÉRALES POUR LE SUPPLÉANT FRANÇAIS
AU CONSEIL DE L'ATLANTIQUE

I.   *Paris, 23 juillet 1950.*

Très secret.

Dès ses premiers contacts avec le Conseil et avant tout dans ses conversations avec son collègue américain, le suppléant français devra s'inspirer des considérations générales suivantes qui seront précisées ultérieurement :

1) Il doit être reconnu que la défense de l'Europe continentale, suivant une manœuvre et des méthodes à déterminer en commun, constitue un élément primordial de la défense de l'Occident. L'organisation de cette défense est indispensable au maintien de la paix, but suprême du monde libre.

2) La défense de l'Europe occidentale ne saurait être conduite isolément de la lutte générale contre le bolchévisme dans le monde. Elle exige qu'un agresseur éventuel puisse être contenu aussi longtemps qu'il est nécessaire pour permettre la mobilisation des moyens de guerre des démocraties. Il faut donc en Europe continentale une force aéroterrestre suffisante pour tenir tête au choc de l'adversaire. Cette force, pour être instituée en quelques mois, ne peut résulter du seul effort des États du continent. Les États-Unis et la Grande-Bretagne doivent participer à la bataille initiale avec un certain nombre d'unités dont le matériel serait entreposé sur le continent et dont le personnel serait partie sur place, partie prêt à rejoindre le continent dans un délai très bref.

Il faut, en outre, prévoir des infrastructures et des moyens de transport, ainsi qu'une articulation en profondeur pour la manœuvre des masses et des ravitaillements.

Il faut enfin que les plans de mobilisation atlantiques assurent la constitution rapide de la force stratégique réservée qui permettra de soulager l'effort des troupes de couverture.

3) Afin d'atteindre ces buts, il est indispensable que soient déterminées sans retard :

   a) La nature et la quantité des matériels nécessaires. Il convient d'étudier et de choisir sans délai le matériel le plus moderne actuellement existant dans les pays participants et d'en assurer la standardisation au plus haut degré possible, sans toutefois que cette standardisation souhaitable soit une cause de retard du réarmement.

b) La nécessité de répartir les fabrications en tenant compte des capacités de production inemployées, de l'implantation des usines, des possibilités d'acheminement en temps de guerre des matières premières et des produits fabriqués. Le ministre des Finances et des Affaires économiques a entrepris une étude à ce sujet.

c) La nécessité de répartir le plus équitablement possible entre les pays participants les charges financières correspondant à ces tâches.

4) En ce qui concerne la répartition des charges, M. Alphand indiquera que la France souhaite l'établissement rapide d'un fonds commun auquel chaque pays participerait, en tenant compte de ses possibilités et de sa situation particulière. Ce fonds serait destiné à la couverture des dépenses d'intérêt commun à déterminer (y compris, par exemple, la constitution de stocks).

5) La situation spéciale de la France devra être soulignée. Elle est prête à prendre part à l'effort supplémentaire qu'imposent les événements internationaux récents, mais il faut considérer que la France se bat en Indochine pour l'intérêt commun, qu'elle doit assurer la sécurité de l'Union française et qu'elle doit faire face à l'intérieur aux menaces d'une cinquième colonne importante. Son effort financier ne saurait provoquer une situation monétaire économique et sociale telle qu'elle aboutisse à une sorte de désintégration interne favorisant ainsi les desseins de l'adversaire, sans que celui-ci ait à intervenir directement. Les détails d'un plan financier et économique français sont actuellement mis à l'étude par M. Petsche, notamment en ce qui concerne les conditions de la stabilité du franc.

6) Afin de ne pas retarder, en attendant les négociations relatives à la mise en vigueur du fonds commun, certaines dépenses d'extrême urgence (par exemple les dépenses d'infrastructure opérationnelle), il doit être suggéré qu'une première dotation soit consentie par les États-Unis d'Amérique. Cette dotation sera ensuite remboursées conformément aux règles de la répartition définitive des charges.

7) M. Alphand devra insister particulièrement sur l'importance des charges assumées par la France du fait de la guerre qu'elle mène en Indochine, dans l'intérêt général des puissances occidentales. Les dépenses qu'a nécessité la campagne d'Indochine seraient dès maintenant supérieures à la contre-valeur de l'aide Marshall à préciser. Malgré des appels répétés, malgré les engagements pris, l'aide en matériel militaire n'est jusqu'à ce jour que fort insuffisante. Or, les conditions internationales sont telles aujourd'hui qu'il ne nous suffirait plus de recevoir des armes. Pour poursuivre notre effort et équiper notamment les forces viêtnamiennes, c'est aussi une assistance financière que nous demandons. Son ordre de grandeur pour les deux années qui viennent

devra s'élever à la contre-valeur en dollars de 200 milliards de francs environ.

8) L'organisation même de la défense dans le cadre du Pacte atlantique devra être rapidement adaptée à la politique générale ainsi définie. Les organismes existants devront être simplifiés et renforcés. Les double emplois résultant notamment des organisations du Pacte de Bruxelles devront être supprimés. Nous devons tendre vers un organisme fort et restreint qui, vraisemblablement, siégerait à Washington et serait chargé en particulier de la gestion du fonds commun. Ce problème d'organisation devra donner lieu à une étude immédiate.

9) Les conditions d'un accord général embrassant la fixation de la politique et de la stratégie communes, les problèmes d'armement, de production et de finances devraient intervenir sans retard. Un tel accord nécessitera sans doute une conversation entre les gouvernements. Mais il serait inutile qu'elle s'engageât si elle n'était pas très sérieusement préparée à l'avance et assurée d'aboutir. Le suppléant français pourra indiquer qu'il est prêt, le cas échéant, à se rendre avec M. Spofford aux États-Unis pour préparer cet accord.

10) Ces considérations générales devront inspirer la rédaction d'un document qui sera remis par M. Alphand à M. Spofford avant le 5 août prochain. Ce document sera accompagné d'une évaluation provisoire des armements, équipements et forces qui, aux yeux du gouvernement français, sont indispensables pour assurer la résistance de l'Europe occidentale à un agresseur.

(Secrétariat général, Dossiers, volume 10)

224

M. Hoppenot, Ambassadeur de France à Berne,
À M. Schuman, Ministre des Affaires étrangères[1].

T. n° 115[2].   *Berne, 24 juillet 1950.*

Réservé.   *(Reçu : le 26, 12 h.)*

Je ne me dissimule point ce qu'il peut y avoir de présomptueux de ma part à présenter au Département des suggestions sur le règlement de l'affaire coréenne. De beaucoup plus qualifiés que moi s'y emploient certainement, qui disposent d'éléments d'information et d'appréciation dont l'expérience ou la réflexion ne compensent point pour moi le défaut. J'y risque le ridicule de traiter d'un problème dont les données

---

[1] Télégramme communiqué à MM. Parodi, Clappier et de Bourbon-Busset.
[2] Télégramme envoyé en clair et par courrier.

ne me sont qu'imparfaitement connues et de n'y proposer de solutions que banales ou impraticables. L'heure est cependant assez grave pour qu'aucun de ceux qui ont été associés, à un moment de leur carrière, à la direction de notre diplomatie ne doive se dérober à donner un avis, même imparfait et superflu. Il en est de même, toutes proportions gardées, pour notre pays, que le sentiment de sa faiblesse actuelle et de son rang diminué dans le rapport des forces en présence ne devrait point frapper d'inhibition devant certaines initiatives, qui ne seraient peut-être pas sans risques passagers, mais qu'une vue lucide de ses intérêts permanents, non moins que sa tradition imprescriptible, pourrait lui recommander.

Si une guerre générale doit être évitée, la solution du problème coréen ne peut être recherchée que dans le cadre des Nations unies ; elle ne peut être préparée que par les voies de la diplomatie classique.

Il est superflu d'insister sur ces deux points. Le recours à la Charte de San Francisco permettra seul de détourner le conflit vers une autre voie que celle de l'affrontement de forces militaires, sans cesse et dangereusement accrues ; il rend seul possible à chaque partie de sauver sa face et de préserver son prestige. L'une et l'autre acceptent d'ailleurs aujourd'hui cet alibi : les États-Unis en déclarant n'agir que sur mandat du Conseil de sécurité ; les Soviets en se disant prêts, dans leurs réponses aux démarches anglaises et hindoues, à laisser le Conseil se saisir de l'affaire. Il y a dans cet accord, quelles que soient les arrière-pensées de chacun, une chance pour la paix, dont il est d'autant plus urgent de profiter qu'il peut cesser d'un moment à l'autre ; il suffirait que la Russie quittât l'ONU en prenant acte de l'incapacité de l'Assemblée et du Conseil.

Le recours aux procédures de la Charte demande que soient réunies certaines conditions préalables, dont les méthodes de travail de l'ONU ne permettent pas à celle-ci d'assurer la réalisation. Cette tâche ne peut être entreprise que par des négociations diplomatiques secrètes, menées avec prudence, persévérance et fermeté dans la claire conscience de la catastrophe qu'il s'agit d'éviter, leur objectif étant d'atteindre, sur un certain nombre de points, à une entente que le Conseil n'aurait plus qu'à entériner et faire exécuter.

La première de ces conditions est de rendre au Conseil une autorité de droit indiscutée. Quels que soient les arguments spécieux et de circonstance développés en sens contraire, il parait évident qu'il ne la possède plus du jour où un de ses membres permanents la lui conteste. Les termes de la Charte sont trop formels pour que les considérations invoquées pour affaiblir la portée de l'abstention russe puissent leur être valablement opposées. Le fait que l'éventualité d'une telle abstention n'ait pas été prévue peut ôter quelque chose à la perfection de l'instrument ; il ne peut autoriser celui-ci à fonctionner suivant des règles différentes de celles qui l'ont institué. Du moment où un membre permanent s'abstient d'y siéger, en donnant à cette absence volontaire le sens et les conséquences que les Russes y ont attachés, le Conseil de sécurité perd la capacité dont la Charte l'a investi. Son autorité morale peut rester aussi grande ; la force juridique de ses décisions est sapée. Nous pouvons être justifiés politiquement à ne point l'admettre, mais il serait futile d'attendre des Russes qu'ils se prêtent, même pour sortir d'une impasse, l'intervention d'un organe dont leur abstention et l'absence de la Chine, les met en droit, à leurs yeux du moins, de récuser la compétence.

Il s'agit donc, en premier lieu, d'assurer l'entrée de la Chine de Mao Tsé-Toung au Conseil de sécurité. Les circonstances font que cette entrée dépend aujourd'hui presque uniquement de la France. Elle ne doit pas hésiter à en prendre la responsabilité.

Du point de vue purement français, aucune objection déterminante ne peut être opposée à cette décision. Nous n'avons pas rompu diplomatiquement avec les États qui ont reconnu Hô Chi Minh, malgré le caractère inamical, sinon hostile, d'un tel acte. Nous ne sommes pas justifiés, en conséquence, à invoquer cette reconnaissance contre Mao Tsé-Toung pour nous refuser à une mesure, dépouillée – en principe – de caractère politique et qui ne crée point par elle-même de liens directs entre Pékin et nous.

Du point de vue de l'esprit et même de la lettre de la Charte, l'exclusion d'un représentant de Mao Tsé-Toung du Conseil paraît indéfendable. C'est à la Chine réelle et non à une Chine fictive que l'un des cinq sièges permanents a été attribué. Les circonstances auraient fort bien pu faire que, dès 1945, Mao se soit trouvé au pouvoir. Le siège donné à la Chine alliée du Kuomintang n'aurait pas été refusé pour autant à une Chine alliée communiste. La récente déclaration du président Truman dénie, en fait, à la Chine de Tchang Kaï-chek le droit d'exercer sa souveraineté sur la Chine continentale ; elle frappe, de plus, de précarité l'exercice de ses droits sur Formose, dont le statut définitif demeure réservé jusqu'au traité de paix. Dans ces conditions, le délégué de la Chine nationaliste au Conseil n'y représente même plus un principe, mais tout au plus une autorité provinciale de fait. Rien n'y justifie plus en droit sa présence.

Du point de vue, enfin, du conflit actuel, si l'entrée de la Chine de Mao Tsé-Toung au Conseil, ne saurait suffire à elle seule à l'orienter vers un règlement pacifique, elle constitue cependant la condition première et indispensable de ce dernier. Il a été soutenu successivement, et presque simultanément que les deux questions n'avaient aucun rapport entre elles et que l'agression nord-coréenne devait tenir l'admission chinoise en état. Il faut choisir entre ces deux assertions, dont la première s'inspire d'une position juridique, la seconde d'une position politique. La question de l'admission de la Chine était ouverte bien avant l'agression coréenne ; celle-ci n'en a pas modifié les raisons de droit. L'agression nord-coréenne, d'autre part, a pu renforcer les motifs de stratégie politique et militaire qui militaient contre l'admission de la Chine ; elle n'en a pas transformé le caractère. La question reste posée dans les mêmes termes qu'avant le 25 juin ; la seule différence est que de la réponse qui lui sera donnée peut dépendre aujourd'hui le sort de la paix. Cela aussi longtemps, naturellement, que la Chine n'apportera pas une aide officielle et avouée à la Corée du Nord. Imitant la réserve russe, elle s'en est gardé jusqu'à présent, et c'est ce délai, qu'il faut mettre à profit si l'on veut sincèrement éviter le pire. La question de savoir si cette abstention formelle s'accompagne – ce qui n'est pas douteux – d'une aide réelle est de peu de poids. Une certaine hypocrisie n'a jamais été, ne sera jamais absente des relations internationales, qu'elle rend possible ; comme une certaine politesse les relations sociales. Ce qui importe, au stade actuel, ce n'est pas que la Russie et la Chine interviennent plus ou moins à couvert dans les affaires coréennes, mais c'est qu'elles s'en défendent. C'est ce qui laissa la porte ouverte à la diplomatie.

Il est bien évident que l'entrée de la Chine au Conseil n'aurait de sens que si elle doit permettre à celui-ci d'imposer au conflit un règlement sur les termes duquel un accord préalable aura été réalisé. L'on a parlé avec indignation, à ce propos, de chantage ou de marchandage. Ce sont là procédés de propagande et l'effort de notre diplomatie doit tendre à ne pas laisser les slogans prendre la place des réalités. Si les problèmes doivent être abordés dans un certain ordre, leurs solutions doivent former un tout solidaire, dont les diverses parties seront exécutées simultanément. Ni la Russie, ni les États-Unis ne prendront, ne peuvent prendre, l'initiative de les rechercher et de les proposer. Celle-ci ne peut revenir qu'à une tierce puissance. Elle aurait, sans aucun doute, été prise hier par la France de Briand ; elle devrait l'être encore par la France d'aujourd'hui, plus désintéressée que toute autre puissance dans le conflit actuel, plus menacée que toute autre par son extension.

Quels que soient les risques de l'attente, qui en tout état de cause ne peut plus être très longue, cette initiative ne peut se produire en dehors de certaines conditions favorables : celles-ci existeront le jour où, comme il est à prévoir, le front coréen se stabilisera pour de longs mois autour d'une tête de pont américaine. Le but de nos démarches devrait être de faire accepter par Washington et par Moscou, auxquels la proposition en serait faite secrètement et simultanément, pour écarter tout reproche de collusion :

– la réunion du Conseil de sécurité, au complet de ses membres russe et chinois ;

– l'adoption par le Conseil d'une résolution décidant l'envoi en Corée du Sud d'un Haut-Commissaire des Nations unies, investi des plus larges pouvoirs ; l'évacuation simultanée de son territoire par les forces nord-coréennes et américaines ; leur remplacement par une force de police internationale, (suédoise et hindoue, par exemple) placée sous l'autorité du Haut-Commissaire, après un délai raisonnable, l'ouverture d'élections générales sur tout le territoire de la Corée, sous l'égide et la surveillance des Nations unies ; le principe de l'admission de la Corée unifiée au sein de ces dernières.

Je n'ignore pas les objections qui seront faites à un tel règlement ; elles seront, de part et d'autre, de même force et de même nature. Mais les sacrifices demandés à l'un et l'autre adversaire demeureront sensiblement égaux ; ils pourront être présentés aux opinions publiques comme accomplis à la requête d'une instance supérieure, de manière à ce que ni Washington, ni Moscou n'y mettent en jeu leur prestige et à ce que les Nations unies y affirment le leur, à la mesure de l'efficacité de leur intervention. Et lorsque tout aura été dit pour ou contre une telle solution, il reste la question essentielle qui intéresse plus tragiquement peut-être notre pays que tout autre : comment, par quelle autre voie, éviter la généralisation fatale du conflit actuel en guerre mondiale ?

Je n'esquisse là, avec toutes les réserves que m'inspire mon éloignement actuel des affaires mondiales, que les grandes lignes d'une action et d'un règlement que des circonstances que j'ignore peuvent faire taxer de chimériques ou les desseins, secrets pour tous, de Washington et de Moscou rendre irréalisables. Je ne vois cependant pas d'alternative aux éventualités qui nous menacent ni, même s'il ne s'agissait que de gagner quelques années, ce qui pourrait nous détourner du devoir de tenter cette unique chance de salut.

La conscience de l'autorité morale que la France conserve encore dans le monde et des services que nous pouvons rendre à certains de nos alliés par notre expérience et nos traditions plus anciennes et mieux éprouvées que les leurs, notre responsabilité envers le pays d'aujourd'hui et de demain, tout nous commande une démarche qui nous dégage de la remorque des événements et peut encore, dans l'équilibre instable que prolonge l'hésitation des deux parties adverses, faire pencher la balance en faveur de la paix. Ni notre faiblesse matérielle ne doit nous en détourner – qui nous exposerait les premiers au désastre –, ni encore moins ce « complexe de Munich » qui n'est pas sans troubler les meilleurs esprits. Toute comparaison entre 1938 et 1950 est fausse. Il ne s'agit plus d'abandonner un allié à un agresseur éventuel, avec l'espoir de l'apaiser et dans une complicité inavouée avec son idéologie ; mais, les Nations unies ayant fait la preuve qu'elles ne laissaient point l'agression sans riposte, d'aménager sous leur égide les conditions d'un retour possible au respect de la loi internationale.

Encore une fois, il y a la guerre et il y a la diplomatie. La première se présenterait à nous dans des conditions telles que, quelle qu'en soit l'issue, nous y perdrions, et l'Europe avec nous, beaucoup plus que nous ne pourrions y gagner. Il ne nous est permis de l'accepter qu'inévitable et après avoir épuisé toutes les ressources possibles pour la prévenir ou tout au moins la retarder. Cette action diplomatique, nous en sommes en droit de demander à nos alliés qu'elle s'exerce parallèlement à l'action de force ; de leur proposer de nous en laisser prendre l'initiative et tenter toutes les chances, en s'abstenant, pour leur part, de prendre des positions irrenversables qui en compromettent d'avance le succès, en rendant impossibles les concessions et les compromis inévitables et nécessaires, l'efficacité d'une « diplomatie totale », qui risque trop souvent de perdre le tout pour la partie, reste encore à prouver. La diplomatie traditionnelle qui se propose moins de préparer la guerre que de préserver la paix se recommande de titres plus anciens. Et en diplomatie, disait M. Thiers à M. Jules Cambon, dont j'ai recueilli, il y a plus de trente ans, ce précepte, il ne faut jamais vouloir avoir trop raison.

(Direction d'Asie-Océanie, Corée, volume 71)

225

NOTE DE M. ROLAND DE MARGERIE, DIRECTEUR ADJOINT DES
AFFAIRES POLITIQUES
POUR M. SCHUMAN, MINISTRE DES AFFAIRES ÉTRANGÈRES

N.   *Paris, 24 juillet 1950.*

Secret.

M. Wallner, conseiller de l'ambassade des États-Unis, a rendu visite ce matin au directeur-adjoint des Affaires politiques et lui a exposé les trois questions suivantes :

I/ M. Bruce a remis, dans la soirée du 23 juillet au Président du Conseil un mémorandum qui expose d'une façon très générale les thèses que M. Spofford va défendre devant le Conseil des Suppléants[1].

Il ne s'agit que d'un document sommaire, le temps ayant manqué à l'ambassade des États-Unis pour tirer le parti voulu des télégrammes reçus du Département d'État. Selon M. Wallner, ces télégrammes constituent la manifestation d'intention la plus importante à laquelle se soit livrée la politique américaine depuis de longues années.

---

[1] Dans ce mémorandum, le gouvernement américain proposait un large accroissement de son effort militaire, de l'ordre de 10 milliards de dollars, et son soutien à l'accroissement des dépenses militaires chez les autres pays membres de l'alliance atlantique. Il préparait un programme détaillé de l'équipement militaire nécessaire, à débattre et à planifier à la prochaine conférence des Suppléants nord-atlantiques à Londres (note du 23 juillet 1950 remise à Pleven par Bruce, ambassadeur des États-Unis à Paris, non reproduite). Les États-Unis poussaient à des conversations officieuses avec les Anglais et les Français afin de déterminer l'étendue et les moyens de financement du réarmement de leurs pays respectifs (télégramme nos 2776-2779 du 21 juillet 1950 de Washington, non reproduit).

Le Département d'État attache beaucoup d'importance à ce que la presse française fasse à l'exposé de M. Spofford, dans la mesure où celui-ci sera porté à la connaissance du public, l'accueil le plus positif.

M. de Margerie a suggéré à son interlocuteur de prendre contact à ce sujet avec M. de Leusse.

II/ M. Wallner a ensuite rappelé que, dans l'aide-mémoire remis par M. Schuman à M. Bruce le 17 juillet dernier[1], le gouvernement français avait suggéré des échanges de vues par la voie diplomatique entre Français, Anglais et Américains, sur un certain nombre de questions telles que : la politique à suivre vis-à-vis de la Chine, les intentions de l'URSS, etc…

Le Département d'État est tout à fait favorable à cette suggestion, et pense que le meilleur moyen d'y donner suite serait de tenir des conversations à Paris, postérieurement au 1er août : à cette date, en effet, se trouverait de retour à Paris M. Bohlen, que le gouvernement des États-Unis juge comme étant le plus qualifié pour y prendre part.

III/ M. Wallner, enfin, a fait allusion aux bruits qui circulent actuellement et qui sont venus à la connaissance de l'ambassade des États-Unis, suivant lesquels le gouvernement français favoriserait l'idée de conversations permanentes à Washington, sur le plan politique, analogues à celles que poursuit, sur le plan militaire, le *Standing Group*, et qui pourraient donner lieu à la constitution d'une sorte de Groupe permanent civil aux États-Unis.

Le Département d'État, tout en restant aussi résolument favorable qu'il l'a toujours été à de constants échanges de vues tripartites, est d'avis qu'il convient de les poursuivre de la façon le moins publique possible de façon à ne point soulever le mécontentement des puissances qui n'y ont point de part.

Également, le Département d'État est hostile à tout ce qui paraîtrait couper l'herbe sous les pieds au Conseil des Suppléants, qu'il tient pour l'institution la plus propre, précisément, à développer la coopération entre les puissances. Rien n'empêche, et tout rend même particulièrement désirable, au contraire, les contacts les plus étroits, au sein du Conseil des Suppléants, entre les délégués français, anglais et américain. Mais le gouvernement des États-Unis est soucieux d'éviter tout ce qui paraît impliquer à l'avance que les Suppléants ne pourront point faire face à la besogne qui leur est dévolue, et tout ce qui semblerait donner aux contacts tripartites un aspect extérieur et formel.

(Cabinet du Ministre, Schuman, volume 147)

---

[1] Voir l'annexe du document n°216.

226

M. Bonnet, Ambassadeur de France à Washington,
   à M. Schuman, Ministre des Affaires étrangères[1].

D. n° 3618.   *Washington, 24 juillet 1950.*

La commission du Congrès pour l'énergie atomique vient de publier une étude faite par ses services sur le problème de la bombe à l'hydrogène envisagé sous l'angle du contrôle international de l'énergie atomique.

Ce document, qui est la synthèse la plus complète sur la question de la bombe à l'hydrogène qui ait été publiée officiellement, aborde certaines données techniques relatives à cette arme nouvelle qui intéressent directement le contrôle international[2]. Elle contient de plus un résumé chronologique des principaux événements qui ont marqué l'histoire du contrôle international des armes atomiques, rappelle succinctement les propositions et négociations dont ce contrôle a fait l'objet et souligne l'impasse dans laquelle on se trouve en ce moment en indiquant les principales différences entre le projet des Nations unies et le projet soviétique. Il comprend enfin, en annexe, le texte d'articles du Dr. Hans Thirring, du Dr. Louis N. Ridenour et du Dr. Hans Bethe et d'un discours du Dr. Robert F. Bacher, ancien membre de la Commission de l'énergie atomique, sur la bombe à l'hydrogène ainsi qu'une longue liste de documents, livres, revues et journaux qui ont abordé les problèmes de la superbombe et du contrôle international.

Cette étude fait ressortir tout d'abord les données techniques suivantes relatives à la bombe à l'hydrogène :

1) La bombe à l'hydrogène, si elle peut être réalisée, libérera l'énergie provenant de la fusion d'éléments légers. C'est là ce qui vraisemblablement se produit au centre du soleil et des étoiles où les températures atteignent plusieurs millions de degrés centigrades.

2) La bombe atomique du modèle actuel serait employée comme *trigger* de la bombe à l'hydrogène, pour permettre l'explosion de celle-ci. Il faut en effet porter les substances capables de produire la réaction voulue à une température comparable à celle de l'intérieur du soleil, et le seul moyen paraît être la bombe atomique. Ainsi les produits de fission lourds de cette dernière bombe fourniront, en explo-

---

[1] Dépêche adressée au Secrétariat des Conférences et communiquée aux directions d'Amérique et d'Europe, à la délégation française aux Nations unies.

[2] Le président Truman avait décidé de faire construire une bombe à hydrogène en début d'année, une décision bien accueillie par l'opinion publique américaine (télégramme n°s 432-434 du 31 janvier 1950 de Washington, non reproduit). C'étaient des motifs de sécurité nationale et le souci d'ajouter à l'arsenal américain une arme plus perfectionnée qui avaient motivé la décision de poursuivre les travaux sur la bombe H (dépêche n° 488 du 2 février 1950 de Washington, non reproduite).

sant, la chaleur au système hydrogène et permettront la réaction thermonucléaire. Les difficultés techniques d'un tel dispositif font que la réalisation pratique des armes à l'hydrogène demeure encore incertaine.

3) Les ingrédients fondamentaux de l'H-bomb sont non pas l'hydrogène normal, mais le « deutérium » ou « hydrogène lourd » de masse 2 et le « tritium » qui est un isotope radioactif lourd de l'hydrogène de masse 3. Il existe trois réactions possibles pour les hydrogènes lourds : réaction deutérium-deutérium, réaction tritium-tritium et réaction tritium-deutérium.

4) Le deutérium peut être obtenu par des opérations industrielles ordinaires. Le deutérium peut être séparé dc l'hydrogène tel qu'il est trouvé dans la nature. De plus, l'eau lourde qui est fabriquée sur une large échelle contient de l'hydrogène lourd ou deutérium. Le procédé de séparation chimique de l'oxygène de l'eau lourde est relativement simple.

5) Le tritium peut être produit dans des réacteurs nucléaires comme ceux d'Harford par bombardement par des neutrons du lithium qui est l'élément métallique le plus léger. On sait que les neutrons sont utilisés d'ordinaire pour produire du plutonium. Si le lithium est placé dans un réacteur et bombardé de neutrons, il se transforme en un mélange d'hélium 4 et de tritium.

6) Il peut être possible de construire une bombe à l'hydrogène dont les effets de souffle dans un cercle de 10 miles de rayon (16 km) seraient comparables à ceux qui furent provoqués à Hiroshima dans un cercle de 1 mile de rayon (1,6 km). On a souvent fait allusion à la grande énergie libérée par une bombe à l'hydrogène. On a dit qu'elle pourrait être mille fois plus grande que celle de la bombe de fission. En effet, le problème des masses critiques qui limitent les bombes atomiques ne joue pas pour les bombes à l'hydrogène. Les effets de souffle destructeur seraient accrus plusieurs fois par rapport à ceux d'une bombe atomique. Les effets de chaleur peuvent être aussi considérablement accrus, bien que ceux-ci seront variables et incertains puisqu'ils dépendront des conditions atmosphériques. Ordinairement les effets des radiations nucléaires et de la contamination radioactive provenant d'une bombe à l'hydrogène seraient moins importants, en comparaison des effets de souffle et de chaleur, bien qu'il soit possible de concevoir et d'utiliser une bombe à l'hydrogène telle qu'elle provoquerait localement une contamination dangereuse.

Ces indications impliquent que l'on estime possible la réalisation de la bombe à l'hydrogène, une fois résolues certaines difficultés techniques. Un tel engin serait assez puissant pour pouvoir détruire à lui seul une ville comme Chicago avec ses faubourgs, ainsi que l'a laissé pressentir le savant atomiste, Hans Bethe, qui pense pour sa part que l'effet *flash-burn* serait plus grand que l'effet de souffle et causerait des « brûlures fatales » dans un cercle de 40 miles de diamètre.

Le rapport fait ensuite la comparaison suivante des bombes atomiques et des bombes à l'hydrogène en ce qui concerne le contrôle international.

1) L'uranium, matière première de base des bombes atomiques, est peu abondant et cher, tandis que l'hydrogène et le lithium sont abondants et raisonnablement bon marché. Ainsi le lithium qui fournit le tritium par bombardement de neutrons se trouve fréquemment en dépôts concentrés : les frais d'extraction ne sont pas excessifs. Cependant, il ne faut pas perdre de vue que l'uranium demeure nécessaire, puisque la bombe atomique sera le *trigger* de la bombe à l'hydrogène.

2) L'uranium 235 et le plutonium qui sont les produits de fission indispensables pour la bombe atomique et comme *triggers* de la bombe à l'hydrogène sont coûteux et difficiles à obtenir. Le deutérium peut être fabriqué assez facilement et à bon compte. Mais le tritium ressemble au plutonium en ce que sa production exige des neutrons, a lieu dans des réacteurs et impose des dépenses importantes. Ainsi le coût du deutérium et du tritium doit être ajouté à celui des produits de fission qui servent de *triggers*.

3) L'uranium 235 et le plutonium ont une immense valeur potentielle pacifique comme combustibles de réacteurs, tandis que les utilisations constructives de deutérium et de tritium, excepté en laboratoire, apparaissent limitées voire inexistantes. L'eau lourde contenant du deutérium est intéressante à la fois comme modérateur et comme réfrigérant dans certains types de réacteurs nucléaires. Toutefois, il est possible que les réacteurs qui seront finalement employés à la propulsion des navires et des avions et pour fournir de l'énergie industrielle soient indépendants de l'eau lourde. On ne connaît pas et on ne prévoit pas d'utilisation pacifique du tritium comme source d'énergie.

4) Un stock considérable de bombes atomiques existe aujourd'hui, tandis que la bombe à l'hydrogène n'existe pas encore. Ici le rapport s'exprime ainsi :

« Lorsque les Nations unies considérèrent pour la première fois le contrôle international de l'énergie atomique, elles avaient en face d'elles le problème de supprimer une arme qui existait déjà et qui était déjà un fait accompli. Leur tâche, en un sens, était de défaire ce qui avait été fait. Si un accord effectif de contrôle est plus facilement obtenu en ce qui concerne une arme qui n'est pas encore un fait accompli – s'il est plus aisé de ne jamais faire ce qui n'est pas encore fait, plutôt que de défaire ce qu'il a été fait – il existe ainsi une occasion à saisir qui disparaîtra si la bombe devient une réalité. Par exemple, comme il existe aujourd'hui des quantités très appréciables de produits de fission, le problème qui se posera est d'être sûr que chaque pays, au moment où le plan de contrôle entrera en application, divulguera tous les produits de fission qu'il a fabriqués et n'en conservera pas en secret une partie en prétendant avoir révélé tout son stock. Ce problème devient plus important à mesure que le temps passe et que davantage de ces produits sont fabriqués. Mais le même problème en ce qui concerne le deutérium et le tritium est bien moins aigu aujourd'hui qu'il le sera plus tard ».

Après cette comparaison des bombes atomiques et à l'hydrogène au regard du contrôle international, le rapport de la commission du Congrès énumère une longue liste de questions concernant les bombes à l'hydrogène et ce contrôle. Si pour certaines de ces questions, les réponses sont évidentes, pour d'autres, elles apparaissent moins nette-ment. Cependant les rédacteurs du document ont insisté sur le fait que les propositions originales faites par les États-Unis et le plan actuel des Nations unies pour le contrôle international prévoient et prennent en considération la possibilité d'une bombe à l'hydrogène et couvrent cette arme nouvelle, ainsi que le prouvent les termes mêmes de ces textes. Du reste, il en est de même de la loi MacMahon sur le contrôle domes-tique de l'énergie atomique à l'intérieur des États-Unis.

Parmi les questions énumérées, ont peut relever celles-ci :

1) La bombe à l'hydrogène est-elle une arme plus ou moins impor-tante que la bombe atomique ? Les bombes à l'hydrogène peuvent-elles être décisives dans une guerre, ou leur portée a-t-elle été exagérée ? Ici on rappelle que le Dr. Urey a dit que l'H-bomb serait décisive du point de vue militaire et que le Dr. Hans Bethe a assuré que l'étape franchie des « A-bombs » aux « H-bombs » était aussi grande que l'étape franchie des explosifs conventionnels aux explosifs atomiques. Cepen-dant le Dr. Robert F. Bacher tout en ne cachant pas le caractère ter-rible de la nouvelle arme, a assuré que son efficacité militaire avait été grandement exagérée.

2) Si la bombe à l'hydrogène doit être décisive ou bien plus dange-reuse que la bombe atomique, ne devrait-on pas donner priorité au contrôle international sur les H-bombs par rapport au contrôle sur les armes atomiques ordinaires ? Les États-Unis ne devraient-ils pas pro-poser un plan distinct exclusivement destiné à régler la question des bombes à l'hydrogène ?

3) Le plan actuel des Nations Unies est-il techniquement approprié au contrôle des bombes à l'hydrogène ? Ici, il faut noter que ce plan a été rédigé de telle manière que l'organisme international aurait le pouvoir discrétionnaire de définir et de contrôler les produits et procé-der qui peuvent être employés pour fabriquer des armes nucléaires de destruction massive.

4) Le contrôle des produits de fission est-il suffisant pour prévenir la production de bombes à l'hydrogène ? S'il en est ainsi, le plan actuel des Nations Unies est-il approprié à cet effet ? On doit noter, en effet, que les bombes à l'hydrogène peuvent être réglementées de deux façons

au moins : contrôle des matériaux de fission utilisables comme *triggers* et contrôle du deutérium et du tritium.

5) Les contrôles de la bombe à l'hydrogène doivent-ils avoir trait au deutérium et au tritium aussi bien qu'aux matériaux de fission ? Si oui, le plan actuel des Nations unies prévoit-il complètement ces contrôles ou exige-t-il une révision ou des changements ?

6) Est-il techniquement possible de détecter la fabrication d'eau lourde et de deutérium par inspection internationale ? Un accord international interdisant complètement la production en quantité est-il désirable ?

7) Les dispositions du plan actuel des Nations unies sur l'inspection et les enquêtes doivent-elles être modifiées pour contrôler la production d'eau lourde et de deutérium ?

8) Quelles sauvegardes sont nécessaires pour empêcher la production clandestine de tritium ? Est-il désirable de conclure un accord international interdisant complètement la production en quantité de tritium ?

9) Doit-on faire une enquête géologique mondiale sur les dépôts de lithium concentré ? Le plan des Nations unies prévoit une telle enquête pour l'uranium et le thorium. Des dépôts commercialement exploitables de lithium ont été reconnus dans les Black Hills du Dakota du Nord, dans le Nord du Nouveau-Mexique, en Saskatchewan et dans le Sud-Ouest de l'Afrique. La production de minerais était d'environ 900 tonnes d'oxyde de lithium en 1944 et est aujourd'hui de 200 tonnes. Le lithium a des usages commerciaux divers.

10) Les données techniques de la bombe à l'hydrogène signifient-elles qu'à présent plus que jamais le plan des Nations unies est dans une ligne correcte pour parvenir au contrôle international ?

11) Comment la bombe à l'hydrogène affectera-t-elle le problème des « étapes » par lesquelles le plan des Nations unies doit prendre effet ?

12) Comment la bombe à l'hydrogène affectera-t-elle le problème de la disposition des stocks existants de matériaux de fission, des « quotas », des recherches qui doivent être menées par l'organisme de contrôle des Nations unies ?

13) Les informations techniques concernant la bombe à l'hydrogène doivent-elles être transmises aux Nations unies comme base pour une discussion du contrôle des bombes à l'hydrogène ?

14) Doit-on constituer une nouvelle commission d'experts analogue au groupe Acheson-Lilienthal pour étudier la bombe à l'hydrogène sous l'angle du contrôle international ?

Ainsi le rapport des services de la commission du Congrès pour l'énergie atomique constitue pour cette commission une sorte de document de travail. Même si la bombe à l'hydrogène est couverte par le plan actuel des Nations unies de contrôle international, il n'en demeure pas moins que celui-ci n'a pas été rédigé en tenant compte exactement des éléments particuliers à cette nouvelle arme et des données techniques qui la concernent.

(Direction d'Amérique, États-Unis, volume 215)

227

M. La Chauvinière, Ministre Délégué auprès du Résident
Général de la République française à Tunis,
à M. Schuman, Ministre des affaires étrangères.

D. n° 989.   *Tunis, 25 juillet 1950.*

Dans le même temps où M. Périllier informe le gouvernement français des conversations qu'il a eues avec le Bey au sujet du programme des réformes[1] et où, à Tunis, Si M'Hamed Chenik poursuit officieusement ses consultations pour la formation d'un nouveau ministère, les Tunisiens suivent avec attention le développement de la question et lisent avec intérêt les informations et les articles de la presse locale ou métropolitaine qui traitent de « l'affaire tunisienne ».

Les Tunisiens ont enregistré avec satisfaction la déclaration de Votre Excellence devant le Conseil de la République sur la nécessité de rompre l'immobilisme ; ils ont été moins satisfaits de la position prise en ce qui concerne le maintien des traités du Bardo et de Kasser-Saïd. L'opinion musulmane en déduit que, depuis le discours de Thionville, une évolution s'est manifestée et que le gouvernement français tend maintenant vers un raidissement dont les nationalistes redoutent les conséquences.

La presse arabe constate que la réaction des Français de Tunisie devant l'octroi des réformes a porté ses fruits, et, pour contrebalancer cette influence, Si Tahar Ben Ammar, qui préside à la fois la Chambre d'Agriculture du Nord et la section tunisienne du Grand Conseil, a tenu à affirmer le point de vue de ses compatriotes. Il a fait adopter par la Chambre d'Agriculture, puis par les 24 membres de la section tunisienne du Grand Conseil qui lui sont fidèles, une motion qui a été remise au Palais de Carthage par Tahar ben Ammar accompagné des membres des bureaux de la Chambre et de la section tunisiennes.

Je n'ai pas, pour ma part, jugé utile de recevoir toute la délégation et j'ai prié le président Ben Ammar de venir me voir seul, aujourd'hui en fin de matinée.

Selon les échos qui ont pu être recueillis au sujet de la réunion tenue par les délégués dans le bureau du président Ben Ammar au siège

---

[1] Voir document n° 206.

même du Grand Conseil, la discussion a été parfois animée, certains membres plus exaltés que les autres s'élevant contre la modération de la majorité. Il est de fait, comme pourra s'en rendre compte le Département à la lecture de la motion ci-jointe[1], que celle-ci est conçue en termes mesurés. À noter toutefois qu'elle n'a pas été adoptée, comme il est dit dans le texte, par la majorité de la section tunisienne puisque celle-ci compte 52 membres.

Comme dans bien des cas, la position prise par ces élus tunisiens est une réaction contre l'attitude de certains de leurs collègues français qui ont donné l'exemple en démissionnant pour protester contre les réformes. C'est bien d'ailleurs dans cet esprit qu'est conçue la motion tunisienne qui, sur le fond, se borne à reproduire le mémoire remis par Tahar Ben Ammar au gouvernement français.

Il est à prévoir également, tout comme l'ont fait les élus français, que les Tunisiens porteront cette motion et le mémoire de Tahar Ben Ammar à la connaissance du public, en les faisant publier dans la presse arabe et française.

Au reste, la Zohra continue à tourner en ridicule l'attitude des « démissionnaires » et semble annoncer la réaction des Tunisiens quand elle écrit : « Les Tunisiens ne se soucieraient nullement de tout cela s'ils ne voyaient les milieux gouvernementaux français aider ces messieurs et permettre à Colonna de s'occuper des questions politiques tunisiennes alors que le gouvernement français avait donné à Son Altesse le Bey l'assurance que Colonna se verrait interdire toute activité de ce genre ».

Pour conclure, le journal estime que le silence observé à cet égard par le gouvernement français ne peut que tendre davantage les relations franco-tunisiennes.

(Direction Afrique-Levant, Tunisie, volume 380)

---

[1] Document non reproduit.

228

M. Dejean, Ambassadeur de France, Chef de la mission française
à Tokyo,
  à M. Schuman, Ministre des Affaires étrangères[1].

T. n°s 952-961.   *Tokyo, 27 juillet 1950, 1 h.*

Réservé. Urgent. Très secret.   (*Reçu* : le 27, 14 h. 40)

J'ai reçu hier 25 juillet la visite du colonel Katzin, représentant personnel de M. Trygve Lie, venu passer quelques jours à Tokyo.

Au point de vue militaire, il était très préoccupé de la situation présente, mais il entrevoyait en même temps, pour un avenir assez proche, un revirement complet[2].

D'après les informations qu'il a reçues des Américains, l'ennemi dispose pour les opérations en cours de 15 divisions, dont 10 à effectif plein (10 000 hommes) et 5 à effectif plus faible (6 à 8 000 soldats), soit 135 000 combattants, sans compter les services de l'arrière. Ses réserves lui avaient permis jusqu'ici de remplacer ses pertes et il procède abondamment, rigoureusement, impitoyablement à l'enrôlement de tous les Coréens du Nord et du Sud en état de porter les armes. Le Colonel n'attache d'ailleurs pas une valeur absolue aux informations de l'état-major américain qui lui avait paru médiocrement renseigné.

Sur le nombre des chars ennemis, aucune indication précise n'avait pu lui être fournie. Les tanks arrivaient d'une manière continue de Vladivostok, de façon à assurer le remplacement des engins détruits. Les chars étaient très supérieurs à ce que les Américains avaient pu leur opposer jusqu'à présent. Leur valeur combative tenait non seulement à leur armement, à leur mobilité ainsi qu'à la qualité de leur blindage, mais aussi à des formes savamment étudiées pour faire glisser les projectiles.

---

[1] Télégramme communiqué à la Présidence de la République, la Présidence du Conseil, MM. Parodi, Clappier, de La Tournelle et de Bourbon-Busset, ainsi qu'aux postes de Washington (n°s 285-291), New-York (n°s 111-117) et Saïgon (n°s 436-442), avec prière de communiquer d'urgence à la Défense nationale. Note manuscrite : « C[ommuni]quer Londres, f[ai]t 28/7, DEF[ense] NAT[ionale], États associés (M. Letourneau), f[ai]t le 29/7/50. [Pour la partie n°s 959-961] D'accord avec M. Parodi, une seule communication DEFNAT (un officier est venu en prendre connaissance), f[ai]t 28/7 ».

[2] La situation militaire demeurait très critique car les Américains devaient encore reculer avant de pouvoir stabiliser leurs positions. Toutefois, l'ébauche du réduit de Fusan commençait à apparaître et rassurait les milieux militaires et diplomatiques de Tokyo (télégramme n°s 984-990 du 28 juillet 1950 de Tokyo, non reproduit). À Washington, on estimait qu'il fallait encore tenir une semaine pour être certain de pouvoir tenir la tête de pont du Sud-Est coréen (télégramme n°s 2901-2904 du 29 juillet 1950 de Washington, non reproduit).

Le commandement américain était convaincu que toute la stratégie nordiste portait la marque soviétique et qu'aux échelons les plus élevés, les opérations étaient dirigées par des officiers de l'Armée Rouge. Mais aucun ressortissant de l'URSS n'avait été trouvé prenant part au combat. Parmi les troupes nordistes, il y avait certainement des Mandchous et sans doute des Chinois d'autres provinces ; mais il était bien difficile de les distinguer des Coréens. Un fait indéniable était que la plupart des Nordistes avaient été entraînés selon les méthodes soviétiques dans les rangs de l'Armée populaire chinoise ; d'autre part, le matériel de guerre (tanks, camions, munitions, carburant) ne pouvait être fourni que par l'URSS. En ce qui concerne les engins de guerre, ils étaient en général composés des derniers types en service dans l'armée russe à la fin de la deuxième guerre mondiale.

Les activités des guérillas, à l'intérieur et à l'arrière immédiat des lignes, constituaient pour les Américains une gêne croissante et devenaient presque une hantise. Les partisans étaient particulièrement nombreux et remuants dans la région de Taegu, où ils avaient attaqué en particulier l'aéroport situé près de la ville. La 8ème armée avait dû procéder le 24, aux abords de cette ville, à une opération de nettoyage par le vide, dont sans doute un certain nombre de civils avaient dû être victimes.

Un autre aspect de la guerre de Corée avait vivement frappé le colonel Katzin. C'était sa férocité. Les communistes ne faisaient pas de quartiers. En général, les prisonniers valides ou blessés étaient massacrés. Les établissements, voitures et le personnel de la Croix-Rouge étaient particulièrement exposés aux coups de l'ennemi.

Les Sudistes ne le cédaient guère en cruauté à leurs compatriotes du Nord et donnaient libre cours à leurs sentiments de haine, dès qu'ils échappaient aux regards des Américains. Le colonel Katzin n'avait pas une très grande idée de la valeur militaire des Sudistes. Les soldats étaient courageux, mais les cadres étaient très inférieurs à leur tâche.

En outre, les unités du Sud étaient très mal armées. Très souvent, elles ne disposaient que d'un fusil pour 2 hommes. Deux divisions sudistes, réformées après la déroute initiale, avaient rendu d'appréciables services. Les autres étaient de valeur très inégale. En somme, les Américains ne pouvaient guère compter que sur eux mêmes jusqu'à l'arrivée de nouveaux renforts, ils auraient à tenir tête à un ennemi jouissant d'une énorme supériorité numérique et abondamment pourvu d'un matériel très supérieur à celui dont les Alliés disposaient jusqu'ici. Leur maîtrise complète de l'air et de la mer devrait cependant leur permettre de se maintenir dans le Sud-Est de la péninsule.

Mais pour lancer une contre offensive, il faudrait de gros effectifs. D'où l'importance attachée à la mise à la disposition du général MacArthur de forces terrestres par les divers membres des Nations unies.

1) L'espoir de mon interlocuteur en un prochain revirement de la situation militaire en Corée était fondé surtout sur l'opération à laquelle devraient procéder les deux divisions américaines actuellement en cours de transport et qui devraient arriver dans quelques jours.

Il semble que l'intention du Commandement soit de faire débarquer ces troupes sur la côte occidentale, à la base d'Asan, sous le 37e parallèle. Prenant les Nordistes à revers les unités débarquées devaient, dans le plan initial, chercher à établir la liaison avec les autres troupes américaines dans la région de Taejon. Ce serait l'une des raisons de l'acharnement avec lequel le commandement s'est efforcé de tenir cette ville.

Il est probable qu'après la perte de Taejon et de Yong Dong, le plan primitif devra être adapté aux conditions nouvelles. Toutefois, le principe d'une seconde opération amphibie semble impossible. D'autre part, l'état-major est encore arrivé il y a trois jours à tenir autour de Fusan une frontière d'environ 80 milles de rayon.

S'il y parvenait, il espérait sans doute, grâce à des renforts qui lui seraient déjà promis, être en mesure de passer à l'offensive dans les huit à dix semaines et pouvoir porter des coups sensibles à l'ennemi.

2) Ces vues, dont j'ai tout lieu de croire qu'elles étaient il y a 3 jours celles du général MacArthur, apparaissent aujourd'hui d'un optimisme peut être exagéré. Le front n'a pu encore être stabilisé. Il est fort douteux que la tête de pont puisse avoir des limites aussi étendues ou on envisage tout (...)[1].

3) Je laisse au Département le soin de communiquer, s'il y a lieu, à Saïgon, à Washington et à New York.

(Direction d'Asie-Océanie, Corée, volume 20)

229

M. Baudet, Premier conseiller à l'Ambassade de France à Londres,
    à M. Seydoux, Directeur d'Europe[2].

L.   *Londres, 27 juillet 1950.*

Confidentielle.

Nous avons de très sérieuses raisons de penser que deux des principaux membres conservateurs de la délégation britannique au Conseil de l'Europe étudient la possibilité de présenter devant l'Assemblée de

---

[1] Lacune de déchiffrement.
[2] Note manuscrite : « *À retourner à M. Seydoux* ».

Strasbourg une proposition de compromis touchant le Plan Schuman, qui serait, pensent-ils, acceptable pour la Grande-Bretagne. Si elle était prête en temps utile, cette proposition serait probablement mise en avant sous forme d'un amendement à la motion qu'on s'attend ici à voir déposer par le délégué français en faveur du Plan Schuman lors de la prochaine session.

Ces deux parlementaires conservateurs, dont l'attitude a été, dès le début, très favorable à l'idée qui a inspiré notre plan, espèrent pouvoir obtenir les signatures d'un certain nombre de membres des délégations d'autres pays et, à l'issue du débat, l'approbation de la majorité de l'Assemblée. Ils croient que s'ils y parvenaient, leur initiative permettrait de rompre l'impasse dans laquelle la question de la participation britannique s'est trouvée engagée. Ils souhaiteraient à cette fin obtenir devant l'Assemblée les votes des délégués travaillistes et seraient, de ce fait, très soucieux d'éviter une prise de position hostile du *Labour Party* avant même que l'amendement ait été déposé. Ils seraient donc particulièrement désireux de garder le secret le plus strict sur leur projet.

La Ligue européenne pour la coopération économique, dont le comité britannique compte plusieurs membres travaillistes, recherche de son côté des solutions concrètes. Mais ses travaux n'ont pas été assez poussés pour servir de base aux propositions que les deux parlementaires conservateurs envisagent de déposer.

(Direction d'Europe, Généralités, volume 112)

230

Compte rendu de la conversation de M. Alphand, Directeur des Affaires économiques et financières, avec M. Spofford, Suppléant américain au Conseil atlantique, à l'Ambassade des États-Unis à Londres

C.R.   *Londres, 27 juillet 1950.*

Très secret.

I/ M. Alphand expose à M. Spofford qu'il a reçu mission d'expliquer au Suppléant américain la position générale de son gouvernement en ce qui concerne l'organisation de la défense commune.

À l'origine, il est nécessaire de concevoir nettement notre objectif afin d'en tirer les conclusions pratiques. L'alliance atlantique a été contractée et mise en œuvre pour prévenir la guerre. La mission de l'organisation du Pacte de l'Atlantique est d'assurer la défense de ses membres et en aucune mesure de préparer une agression comme la propagande adverse cherche à le faire croire.

Partant de ce principe, le gouvernement français considère que la défense de l'Europe continentale est le point fondamental de la défense commune. À cet égard, plusieurs questions doivent être posées.

Le premier point à élucider est la question de savoir quelles sont les intentions véritables des puissances atlantiques concernant leurs conceptions stratégiques relatives à la défense du continent européen. Entendent-elles défendre la ligne du Rhin ? ou au contraire entendent-elles défendre la ligne de l'Elbe ? Une réponse claire à cette question est essentielle pour déterminer les armes qui seront nécessaires à l'exécution des plans stratégiques arrêtés.

Or, rien de précis ni de définitif ne ressort à cet égard des plans envisagés.

En toute première urgence, un plan stratégique donnant une définition précise de la défense à tenir en Europe doit être déterminé en commun. Cette défense doit être placée le plus à l'Est possible en Europe. Le gouvernement français tient essentiellement à ce que soit écartée toute conception qui impliquerait éventuellement un abandon même provisoire de l'Europe continentale suivi d'une libération.

II/ Dans ces conditions, l'essentiel est de disposer de forces suffisantes pour gagner la bataille initiale à livrer contre l'agresseur éventuel et ainsi de le décourager dans ses intentions. À cet effet, des forces doivent être concentrées dès à présent en Europe continentale. Cela implique que des forces accrues des États-Unis et du Royaume-Uni soient stationnées d'une manière permanente sur le continent. En effet, le transport de ces troupes et de leur matériel après l'ouverture des hostilités serait sans doute une opération trop longue et trop difficile pour éviter l'échec initial.

Le but doit être de réunir dès à présent les effectifs et les armements qui seraient nécessaires pour livrer les combats qui se dérouleraient pendant la première semaine des hostilités. Les troupes américaines et anglaises en Allemagne doivent donc être sensiblement accrues.

Le peuple français est actuellement invité à faire un effort de réarmement et à consentir à cet effet certains sacrifices. Cet effort ne peut être accompli ou le serait dans des conditions psychologiques et politiques détestables, si la France avait le sentiment de rester isolée sur le continent. Elle doit avoir la certitude que ses Alliés seront en force à ses côtés au premier combat éventuel.

III/ En même temps que le renforcement des effectifs alliés en Europe continentale, la fabrication des armes doit être entreprise sans délai et sur une vaste échelle. La résolution n° 8 de la session du Conseil de l'Atlantique du mois de mai doit être sans plus tarder appliquée. Une liste des armes à fabriquer doit être établie, dont la production et le coût devront être répartis entre les alliés.

Il serait de bonne méthode que ce travail commençât par l'établissement de la liste des armes nécessaires, sans définition préalable des unités qui les utiliseront, c'est-à-dire que l'on partît des armes et non point des hommes. Le but serait de constituer une sorte de « pool » des armements où viendraient puiser les différents utilisateurs. M. Alphand rappelle la directive sur la production des armements en Amérique établie par le président Roosevelt quand les États-Unis sont entrés en guerre.

À une question de M. Spofford faisant remarquer que les experts militaires paraissent désirer au contraire que l'on procède en première urgence à l'instruction d'un plus grand nombre d'hommes, M. Alphand répond que sans doute les deux tâches doivent être menées de front, mais que la priorité doit rester à la production du matériel.

IV/ La mise en route d'un tel programme de fabrication de matériel posera d'importants problèmes financiers que la constitution d'un fonds commun doit permettre, aux yeux du gouvernement français, de résoudre. Ce fonds devrait couvrir les dépenses d'intérêt commun, c'est-à-dire certains programmes de fabrication de matériel, et les travaux d'infrastructure entrepris dans l'intérêt commun.

La France est prête à contribuer à ce fonds commun. Mais dans la contribution qu'elle y fera il doit être tenu compte de la lutte qu'elle doit mener sur le plan de la stabilité sociale et de la guerre qu'elle supporte en Indochine depuis 1945, où elle a déjà englouti 800 milliards de francs. C'est une préoccupation essentielle pour le gouvernement français que d'éviter par l'exécution d'un programme de réarmement de favoriser les entreprises de désintégration intérieure par l'abaissement du niveau de vie. Il doit donc être compris que dans les pays comme la France ou l'Italie existe une certaine limite aux efforts de réarmement que ne connaissent pas des pays dont l'opinion est moins sensible à l'action de la propagande adverse.

La constitution de ce fonds commun exigera certains délais. Mais des dépenses sont à engager immédiatement : la ligne de communication américaine en France, les armes à fabriquer sans délai, par exemple. Une première dotation doit donc être faite immédiatement, bien que sur une base provisoire, pour permettre les premières opérations de financement. Le gouvernement français estime qu'il appartiendrait au gouvernement des États-Unis de faire cette dotation, qui serait bien entendu remboursable selon les règles dont il serait ultérieurement convenu.

Une première liste provisoire des dépenses à couvrir par le fonds doit donc être établie. En effet, quels que soient les programmes définitivement arrêtés, des tanks, des avions, de l'artillerie devront en tout état de cause être construits. L'abandon du « perfectionnisme » en matière financière signifie que des dépenses doivent immédiatement être engagées, sur une base provisoire, sans attendre la mise en place d'un plan général de financement.

Ces décisions impliqueront sans doute une réunion internationale tripartite à l'échelon gouvernemental avant le 15 septembre prochain. Le gouvernement français estime toutefois que cette réunion ne porterait pas de fruits si les accords auxquels elle devrait aboutir n'étaient pas au préalable soigneusement préparés.

À cet effet, M. Alphand est prêt à discuter avec M. Spofford l'ensemble de ces questions ou à se rendre à Washington pour y rencontrer M. Harriman.

Il faudrait enfin étudier la constitution d'une Autorité suprême restreinte composée des trois principales puissances qui, dans un domaine limité, aurait le pouvoir d'établir et d'exécuter les programmes envisagés pour l'ensemble de la coalition.

V/ M. Alphand veut attirer de nouveau l'attention de M. Spofford sur le problème particulier que pose à la France la guerre d'Indochine. La France a déjà fait appel au concours des États-Unis et les premières livraisons d'armes ont commencé. La situation en Indochine amène le gouvernement français à constituer dans les États associés des armées nationales qui permettront le retrait des cadres français dont la présence est indispensable en Europe. Les événements de Corée montrent à quel point est nécessaire la constitution de forces armées nationales susceptibles de résister par elles-mêmes à l'agresseur.

La constitution des armées des États associés représente une nouvelle charge financière que le budget ne peut plus assurer. Ainsi le gouvernement français est-il amené à demander au gouvernement des Etats-Unis, non seulement un concours en armements, mais également un concours en argent pour faire face à ces dépenses supplémentaires. L'aide financière dans les deux ans qui viennent devait atteindre 200 milliards de francs, soit environ 300 millions de dollars par an.

VI/ En conclusion, M. Alphand résume le point de vue du gouvernement français qui demande :

a) l'établissement d'un plan stratégique précis ;

b) l'accroissement des forces américaines et anglaises sur le continent ;

c) la constitution d'un fonds commun destiné à financer les programmes de réarmement et d'infrastructure ;

d) une dotation provisoire des États-Unis à ce fonds commun pour permettre la fabrication d'une première liste d'armements dont le besoin se fait sentir d'une manière particulièrement urgente ;

e) un concours américain en argent à la guerre d'Indochine.

Sur les deux premiers points, M. Spofford répond à M. Alphand qu'il lui est difficile de fournir des commentaires étendus. Ce sont en effet des questions strictement militaires dont les états-majors ressentent certainement la gravité, mais qu'il ne se sent pas en mesure de traiter.

M. Alphand précise qu'il est capital pour le gouvernement français de savoir les régions que le gouvernement des États-Unis entend inté-

grer dans ses plans de défense. Il ressort de la conversation du général
Léchères avec le général Bradley que les plans actuellement arrêtés par
l'état-major américain impliquent une invasion de l'Europe occidentale,
puisque l'intervention des États-Unis n'est prévue que trois ou quatre
semaines après l'ouverture des hostilités. Jamais la France ne pourra
résister seule pendant cette période d'attente. M. Alphand répète qu'il
est essentiel de savoir ce que l'on veut. Si le peuple français a le sentiment que les plans stratégiques ne laissent en France qu'une tête de
pont, les réactions du public seront détestables. Le neutralisme et le
défaitisme auront libre cours. Ainsi, il ne s'agit pas là d'une question
strictement militaire, mais bien au contraire d'une question politique
capitale.

M. Spofford demande si l'opinion française a encore des doutes sur
la volonté des États-Unis de réagir à l'agression armée. M. Alphand
répond qu'après les événements de Corée, l'opinion française n'aura
certes pas de doutes sur la volonté de réagir de l'Amérique mais sur les
plans stratégiques américains. Les délais dans lesquels une aide pourrait
être apportée en cas d'agression entraîneraient un pessimisme fatal à
la cause commune. Il est impossible de s'arrêter à une conception stratégique qui impliquerait un revers initial. L'agression doit être soit
découragée, soit contenue à la première bataille.

M. Spofford demande quelle est dans ces conditions l'angle sous
lequel le gouvernement français considère cette question. Il lui paraît
difficile de rendre publiques les intentions stratégiques sans donner à
l'opinion le sentiment que l'on prépare activement la guerre, impression
que les Alliés veulent précisément éviter.

M. Alphand répond que l'angle sous lequel le Ministre de la Défense
nationale britannique a exposé la question à la Chambre des Communes lui paraît satisfaisant : la disproportion entre les forces russes et
celles de l'Europe occidentale est connue. On ne peut laisser l'Europe
continentale ouverte, sans défense, à l'armée des Soviets. Or, la France
ne peut résister seule et c'est de cette certitude et du désespoir qui en
peut naître que le neutralisme tire sa force. À la suite des événements
de Corée, l'opinion française espère que les leçons seront tirées et qu'il
sera compris que la défense doit être organisée d'une manière préventive.

Passant à la proposition française relative à la constitution d'un fonds
commun, M. Spofford y voit la possibilité d'une solution au problème
du financement d'un programme de production. Aussi aimerait-il en
discuter plus avant avec les représentants français et connaître plus en
détail leurs projets. M. Alphand répond qu'un projet est établi par le
Ministère des Finances français dont il pourra incessamment discuter
avec M. Spofford. M. Spofford indique qu'il aura à en référer à Washington, mais qu'il serait heureux de pouvoir connaître auparavant le
détail des idées françaises sur ce point.

En ce qui concerne les demandes françaises relatives à l'Indochine, M. Spofford indique qu'il en a pris bonne note.

M. Spofford demande dans quel délai le gouvernement français pourra répondre aux demandes qui lui ont été faites sur les mesures qu'il compte prendre pour améliorer sa défense.

M. Alphand indique que, dès à présent, les services sont au travail à Paris où lui-même retourne pour contribuer à hâter l'élaboration de la réponse du gouvernement français. Il espère pouvoir remettre la réponse à M. Spofford au début de la semaine prochaine.

M. Spofford insiste sur l'importance que présente cette réponse pour obtenir du Congrès les décisions nécessaires en matière de législation sur l'aide et en matière d'appropriation de crédits. M. Spofford indique qu'il retournera à Washington dès qu'il sera en possession des réponses des États intéressés.

M. Alphand partage entièrement le point de vue de M. Spofford sur l'importance de la réponse à fournir puisqu'elle décidera dans une large mesure de l'aide américaine qui pourrait constituer la première dotation au fonds commun dont il a parlé.

M. Spofford demande s'il est de l'intention de M. Alphand de porter les différents points qui ont fait l'objet de l'entretien à la connaissance du Conseil des Suppléants. M. Alphand répond qu'il lui paraît nécessaire de parler devant le Conseil des Suppléants de la nécessité d'établir une liste provisoire des armes dont la fabrication immédiate est d'une urgente nécessité et de la constitution d'un fonds commun qui pourrait fonctionner rapidement sur une base provisoire.

M. Spofford estime pour sa part que les problèmes de stratégie générale doivent être discutés avec le *Standing Group*.

En ce qui concerne les questions de fabrication de matériel, M. Spofford estime que le *Standing Group* devrait pouvoir, dans un délai extrêmement bref, deux semaines par exemple, donner la liste des priorités à observer dans la fabrication du matériel. Cette liste serait provisoire, elle n'aurait aucun caractère exhaustif, mais elle permettrait la mise en route à peu près immédiate d'un programme de fabrication des armes les plus nécessaires.

En second lieu, en supposant que les fonds nécessaires seraient réunis, le comité de Défense économique et financier pourrait régler un certain nombre de questions discutées d'une manière théorique depuis un an et pour lesquelles aucun règlement pratique n'a encore été trouvé, la question des transferts d'armes, par exemple ? En même temps, correspondant au plan intérimaire de ce programme d'armement, le D.F.E.C. pourrait élaborer un programme de financement intérimaire et en même temps mettre en lumière certains points restés en suspens sur lesquels la décision des Ministres qui se réuniront en septembre pourrait être obtenue.

M. Spofford déclare enfin à M. Alphand qu'il fera rapport de l'ensemble de cette conversation à son gouvernement.

(Secrétariat général, Dossiers, volume 10)

231

M. Chauvel, Représentant permanent de la France auprès du Conseil de sécurité des Nations unies,
à M. Schuman, Ministre des Affaires étrangères[1].

D. n° 784.   *New York, 27 juillet 1950.*

Secret.

J'ai lu avec attention le mémorandum remis par Votre Excellence à l'Ambassadeur des États-Unis le 18 de ce mois[2]. Cette lecture m'inspire les remarques suivantes :

J'apprécie pleinement les raisons qui nous amènent à souhaiter qu'aucune occasion ne soit négligée d'établir ou de maintenir une conversation avec le gouvernement soviétique. Je crois néanmoins que nous ne devons pas nous faire d'illusion sur les effets d'une telle conversation. L'orientation qu'ont prise les entretiens Kelly-Gromyko et le procédé soviétique consistant à répondre à Londres dans des termes repris d'une suggestion de New Delhi m'amènent à penser qu'il s'agissait là, pour Moscou, de tactique et de propagande. Si un même souci de propagande et de tactique nous interdit de fermer les portes entrouvertes, nous ne devons pas nous attendre à ce que, de ces propos croisés, naisse un règlement pacifique. Pour qu'un tel règlement devienne possible, il faudrait qu'il soit souhaité de part et d'autre. Or, pour des raisons différentes et même opposées, tel ne paraît pas être aujourd'hui le cas.

J'ai indiqué dans ma correspondance les raisons qui m'amènent à penser que le gouvernement soviétique, avant de déclencher l'affaire de Corée, a accepté le risque d'un conflit avec les États-Unis. Ce n'est pas dire que Moscou souhaite nécessairement ce conflit, ou qu'il le souhaite dès maintenant, ou qu'il soit prêt à en prendre l'initiative. Sans doute l'URSS préférerait-elle, si la possibilité s'en offrait, acquérir sans guerre les bénéfices de la victoire. Sans doute, dans le cas d'espèce, le gouvernement soviétique est-il sincère quand il approuve et reprend à son compte la proposition du Pandit Nehru. L'adoption de cette pro-

---

[1] Dépêche adressée au Secrétariat des Conférences et communiquée au Secrétariat général, au Cabinet du Ministre, à la Direction des Affaires politiques et à l'ambassade de France à Washington.

[2] Voir document n° 216 (annexe).

position aurait pour conséquence, en ignorant la résolution du 25 juin dernier, de faire mordre la poussière au Conseil de sécurité et au gouvernement américain ensemble. L'URSS obtiendrait en pleine crise la solution de l'affaire chinoise qu'elle prétend poursuivre depuis plus de six mois et rentrerait au Conseil avec un fidèle second, retrouvant la possibilité de paralyser toute décision ultérieure des Nations unies cependant que les troupes coréennes continueraient, en Corée même, à tailler des croupières à l'armée combattant sous le drapeau de l'Organisation. De cette situation déplorable, le gouvernement soviétique serait complètement maître. Il serait en mesure de dicter ses conditions, lesquelles comporteraient, on peut le supposer, l'évacuation complète des troupes américaines, l'élimination du gouvernement de la Corée du Sud et l'organisation pour l'ensemble de la Corée d'élections qui, en dehors même de toute pression, ne manqueraient pas, étant données les circonstances, de porter au pouvoir les candidats de Moscou. La Corée entière se trouverait ainsi ramenée dans le giron soviétique, l'aveu serait implicitement acquis de l'illégitimité des décisions prises à Lake Success en dehors de la présence russe, la preuve serait faite de l'inefficacité du soutien américain, le Conseil de sécurité serait réduit à l'impuissance et toutes les voies seraient ouvertes qui conduiraient l'URSS, revêtue d'un prestige accru, à d'autres entreprises.

Le gouvernement soviétique ne se leurrait probablement pas sur la possibilité de faire agréer cette solution par Washington. Sans doute lui suffisait-il de pouvoir faire état, à l'égard des masses qu'il anime, d'une ouverture non accueillie. L'opération coréenne en effet, telle qu'elle se présente aujourd'hui, est excellente pour Moscou. Elle lui permet à peu de frais de faire l'épreuve des forces de l'adversaire, de fixer solidement ces forces en un lieu excentrique, d'en absorber de nouvelles, de porter le trouble dans les économies capitalistes, le tout étant fait sans s'engager directement. L'URSS ne peut ignorer le risque qui se vérifie actuellement, qui est de réamorcer la machine de guerre américaine. Mais les effets de cette remise en marche seront lents à se manifester et ne se manifesteront que progressivement. Moscou a donc la possibilité d'en absorber, progressivement aussi, les effets par l'extension ou la multiplication d'opérations périphériques, d'engager ainsi politiquement et militairement les États-Unis en telle région du monde, de choisir enfin le moment opportun pour provoquer, avant que l'Occident n'ait reconstitué ses forces, une explication décisive qu'il puisse, s'il est besoin, conclure armes en mains.

La position américaine, comparée à celle que je viens de décrire, est assurément moins favorable. L'affaire de Corée est, pour les États-Unis, une mauvaise affaire, mauvaise politiquement parce que la cause de la République de Corée n'est point nécessairement soutenue par la population coréenne, mauvaise militairement parce que difficile à conduire avec des moyens inadaptés et conduisant, dans la meilleure hypothèse, à la reconquête d'un territoire que l'état-major américain considère comme indéfendable en cas de conflit majeur. En outre, à supposer la bataille gagnée, que fera Washington d'une Corée reconquise sous l'égide et sur la recommandation des Nations unies ? S'arrêtera-t-il au 38ᵉ parallèle et rétablira-t-il le *statu quo ante*, qu'il devra probablement renforcer par une occupation militaire prolongée ? Franchira-t-il le parallèle et poursuivra-t-il l'adversaire jusqu'aux frontières de Mandchourie ? Quelle autre possibilité aura-t-il alors que de faire procéder dans toute la Corée à des élections qui, sous le coup de la guerre, des destructions et d'une occupation toujours impopulaire, risquent d'être, dans l'ensemble du pays, favorables à Moscou ? Or, la bataille n'est pas gagnée. Il n'est pas encore certain que les forces armées américaines puissent se maintenir en Corée. Si elles s'y maintiennent, ce ne sera que dans un étroit espace difficile à tenir, coûteux à soutenir et où des éléments de toutes natures devront être accumulés pendant de nombreux mois avant qu'une centre offensive puisse être lancée. Cependant dans ce combat de David et Goliath, le Goliath américain, en constante retraite, a perdu déjà une division, qui est une dixième des forces dont il dispose dans le monde entier et prévu, à titre de première tranche d'un programme de réarmement, l'engagement d'un crédit supplémentaire de dix milliards de dollars.

Si l'on s'en tenait à ce tableau dont aucun trait n'est outré, on pourrait s'attendre à ce que le gouvernement américain désire un accommodement, eût-il le payer d'un bon prix. Mais il ne peut avoir ce désir parce qu'un accommodement, s'il était recherché actuellement, comporterait les conditions et les conséquences que j'ai dites tout à l'heure, parce qu'il mettrait en cause, de ce fait, toute la politique intérieure et toute la politique étrangère des États-Unis, sans leur assurer pour autant la sécurité de l'avenir ; parce que, loin d'assurer cette sécurité, il affaiblirait de façon peut-être irrémédiable les bases sur lesquelles elle devrait être fondée. L'accommodement, dans les circonstances présentes, serait une sorte de Munich, mais qui serait intervenu après la conquête de la Pologne par Hitler, consacrant cette conquête.

À la vérité le choix américain est fait, et depuis longtemps. Il est fait depuis le 12 mars 1947, date à laquelle le président Truman, ajoutant aux engagements généraux inscrits dans la charte des Nations unies, prît à l'égard de la Turquie et de la Grèce le premier de ces engagements particuliers qui devaient par la suite gagner en étendue, dont le plus vaste est le Pacte de l'Atlantique, dont le dernier en date est la déclaration du 27 juin dernier couvrant, avec la Corée, Formose, les Philippines et l'Indochine. Je me souviens d'avoir rencontré à Londres, au printemps de 1947, chez M. Massigli, l'Ambassadeur des États-Unis à la Cour de St James. Comme nous évoquions la déclaration Truman sur la Grèce et la Turquie, je disais à M. Lewis Douglas que si telle était désormais la politique de son pays, son gouvernement devait y adopter le rythme et les méthodes de son action. Le malheur est que Washington n'a modifié ni ce rythme, ni ces méthodes. Depuis le

12 mars 1947, alors que les engagements politiques et militaires des États-Unis sont allés croissants, leurs moyens militaires ont constamment décru jusqu'à atteindre l'état pitoyable où ils sont aujourd'hui. Les décisions les plus graves ont été prises, les responsabilités les plus lourdes ont été assurées sans qu'à aucun moment les conséquences des unes et des autres aient été mesurées et couvertes. Le Plan Marshall fait seul exception, aussi est-ce la seule réussite. Pour le reste, la foi en les effets de la bombe atomique suppléait à tout, cette bombe dont la possession a produit ici des effets analogues à ceux qu'a entraîné, en France, dans les années 1930, l'existence de la ligne Maginot.

Pour ces raisons, la situation est mauvaise non pas seulement en Corée, mais dans le monde. On sait que récemment encore M. Dean Acheson, s'expliquant sur le peu d'appétence du gouvernement américain pour une reprise de contact avec Moscou, a déclaré qu'aucune négociation avec les Soviets se pouvait conduire à des résultats utiles si l'on ne se trouvait d'abord dans une situation forte devant laquelle Moscou pût être amené à s'incliner. Dans l'affaire de Corée, la situation du gouvernement américain et des Nations Unies est actuellement très faible. Ce n'est donc pas, suivant les vues de M. Acheson, le moment de rechercher un règlement pacifique, si ce n'est aux termes de la résolution du Conseil en date du 23 juin. Pour qu'une négociation du fond puisse s'ouvrir sur l'affaire de Corée, il faut que la situation y soit rétablie. Pour qu'une négociation plus étendue puisse être ouverte, il faut que la situation des États-Unis et des puissances occidentales soit forte non pas seulement en des points particuliers, mais dans le monde.

Telle est la signification profonde qu'il convient d'attacher aux mesures de réarmement décidées par le gouvernement des États-Unis. Ces décisions, prises à propos de l'affaire de Corée, aussitôt la dépassent. De leur fait nous sommes entrés dans un processus qui doit conduire soit à une négociation décisive, soit à la guerre. De l'étendue et de la rapidité de ce réarmement dépend que ce soit la paix ou la guerre. Si la crainte soviétique d'être l'objet d'une attaque atomique nous vaut un délai suffisant, ce peut être la paix. Que ce soit la paix ou, malgré tout, la guerre, il importe d'être fort.

Tels sont les termes du problème. Il n'est pas au pouvoir de la France, quelque souci qu'elle en ait eu quelque initiative qu'elle prenne, de les changer. Nous sommes, au surplus, quel que soit notre sentiment à cet égard, complètement solidaires des États-Unis. Nous devons donc aider de tout notre pouvoir le renforcement, auquel ils tendent, de notre situation commune.

Cette coopération suppose, sur le plan proprement français comme sur celui des accords et pactes auxquels nous avons souscrits, des efforts qu'il ne s'appartient point d'énumérer. Sur le plan franco-américain, elle peut se traduire par des conseils. Nous pouvons et devons saisir toutes occasions d'accroître la confiance des Américains en nous et notre influence sur eux, notre autorité. L'une et l'autre peuvent être grandes et nos avis sont attendus. S'ils ne sont pas toujours demandés, c'est par manque de méthode. Je me félicite donc que le mémorandum du Département ait insisté sur la nécessité de consultations. Un contact constamment maintenu nous permettra d'éviter certaines erreurs profitables à l'adversaire, de l'obliger, s'il veut que le conflit s'étende, de prendre lui-même les initiatives conduisent à cette extension.

Pour reprendre quelques points particuliers traités dans le mémorandum du Département, je traiterai d'abord de la question chinoise.

Votre Excellence sait que, me plaçant au point de vue de Lake Success, j'ai regretté dès janvier que cette question ait pu être posée sur l'initiative des Soviets et dans les termes où elle l'a été. J'ai souhaité que nous nous dissocions très tôt de Formose. J'ai signalé les conséquences graves auxquelles la prolongation d'un état de choses anormal exposait l'ONU en tant qu'institution universelle. Cependant, l'affaire de Corée apporte au début un élément nouveau. Cette seconde affaire a été traitée par le Conseil qui a assumé à son sujet non seulement des responsabilités juridiques, mais la responsabilité concrète de l'intervention militaire américaine. Cette intervention se poursuit. Le Conseil peut être appelé à prendre à son sujet des décisions nouvelles. La rentrée de la délégation soviétique empêcherait ces décisions. La substitution de la délégation communiste chinoise à la délégation nationaliste suffirait à elle seule à renverser un vote qui nous est absolument nécessaire. Le règlement de l'affaire chinoise aurait donc actuellement pour effet de porter le désordre dans l'affaire de Corée. Pour cette raison, s'ajoutant à d'autres, il paraît nécessaire d'ajourner tout règlement de l'affaire chinoise jusqu'au jour où la résolution du Conseil en date du 25 juin dernier serait complètement appliquée.

À supposer cette coalition réalisée, la question d'une normalisation de l'ONU devrait être examinée en elle-même, compte tenu de considérations que j'indiquerai plus loin.

L'affaire de Formose est une de celles qui préoccupent le plus actuellement le gouvernement américain. Le président Truman a mentionné, dans une même déclaration, la Corée, Formose, les Philippines et l'Indochine. Il a annoncé, dans ce même document, des mesures concernant ces quatre territoires. Il a obtenu l'accord du Conseil pour certaines seulement de ces mesures, celles qui concerne la Corée. Pour Formose, les positions sont différentes. L'Angleterre et l'Inde, qui ont reconnu Mao Tsé-Toung, seraient, si l'affaire était évoquée en Conseil, dans de grandes difficultés. Cependant, Washington, si j'en juge par les avis que demandent à cette délégation les membres de la délégation américaine, souhaiterait faire couvrir par l'ONU les mesures prises ou à prendre en ce qui concerne Formose.

Je crois que c'est là une erreur de jugement. Notre position au Conseil, j'ai eu l'occasion de le signaler au Département, est dès à présent fragile. Nous risquons, en voulant forcer des décisions, de provoquer des accidents de vote. Je crois que le gouvernement américain serait bien inspiré de dissiper toute équivoque qui subsisterait encore sur ses intentions concernant Formose. Je crois qu'il doit être attentif à éviter jusqu'à l'apparence d'une provocation. Mais il est clair que le président Truman, par la déclaration qu'il a faite, s'est mis à la merci de Moscou et de Pékin ensemble. Pékin peut tenter, fût-ce sans espoir de succès, une attaque sur Formose. Ce serait, du point de vue chinois, une affaire intérieure et l'Angleterre, pas plus que l'Inde, ne pourrait contester ce point de vue. Cependant la 7ème escadre a mission de s'opposer à cette attaque. Il serait au moins difficile de faire homologuer cette mission par l'ONU. Le mieux, je pense, est d'attendre. Si l'attaque se produit, les circonstances permettront peut-être de la rattacher à l'affaire de Corée. Peut-être serait-ce désirable, peut-être pas.

Ces remarques sur la Corée m'amènent à des observations plus générales. J'ai dit la faiblesse de notre position au Conseil. La vérité est que le Conseil, comme l'organisation tout entière, est assis entre deux selles. L'ONU n'est pratiquement plus une organisation universelle. Elle n'est pas non plus une alliance. Prévus pour assurer le maintien de la paix, elle n'est pas adaptée à la conduite d'une guerre. Elle n'y est pas adaptée parce qu'elle comprend des neutres, lesquels sont, volontés solentes, associés aux activités des organismes dont ils font partie.

La tendance américaine est d'entraîner les neutres dans l'alliance. Je doute que ce soit possible. Je ne suis pas certain que ce soit désirable, car il ne me semble pas que ce soit sage.

Les puissances occidentales, et tout d'abord les États-Unis, sont aujourd'hui trop faibles pour étendre leur protection au monde entier. Quelle assistance efficace peuvent-elles offrir actuellement à l'Iran, à l'Afghanistan, au Pakistan, à l'Inde ? Quelle contrepartie peuvent-elles donner à ces pays en échange d'un appui moral qui suffit à les compromettre et les expose aux entreprises de Moscou ? Quels arguments peuvent-elles faire valoir qui emportent conviction ? Et l'utilité d'un concours moral vaut-elle de faire courir à ces pays de très réels dangers ? Le sort de toute l'Asie est en cause, nous le savons. Le concours militaire des pays asiatiques, à la supposer acquis, n'ajouterait pas grand chose à notre force. Leur concours moral, si nos sollicitations ne sont pas escroquerie, nous obligerait à les défendre, ce que nous ne pouvons faire. Notre intérêt est qu'ils ne soient pas attaqués. À cette fin, ne vaut-il pas mieux qu'ils demeurent neutres ? Il ne vaudrait-il pas bien mieux encore pour nous qu'ils le soient avec notre accord et sur nos conseils ? Une propagande occidentale consistant à faire appel aux nationalismes asiatiques pour lutter contre le communisme rencontre peu d'écho, l'expérience en est faite. Les peuples d'Asie veulent la paix et du riz et se méfient des étrangers, surtout s'ils sont blancs. Ils ne veulent pas être mêlés à notre grand conflit. Laissons-les en dehors et offrons-leur, cependant, quelque assistance.

Si le principe d'une sorte de neutralité au sein de l'ONU était admis, il serait plus facile de faire le départ de ce qui est de l'ONU et de ce qui est de l'alliance. Il serait plus facile aussi, le cas échéant, de se prêter au règlement de la question chinoise et au retour de l'URSS au Conseil.

Il y aurait, me semble-t-il, avantage à ce que ces sujets qui se rapportent à l'avenir des Nations unies soient examinés au cours de conversations tripartites.

Quant au fonctionnement de l'alliance, il doit être conçu non seulement aux fins d'un conflit éventuel, mais aussi et d'abord à celles d'un renforcement de la situation de l'Occident dans le monde.

Le Pacte de l'Atlantique fournit, pour l'Atlantique, le cadre dans lequel poursuivre ce renforcement. Pour le Pacifique, j'ai entretenu Votre Excellence de l'utilité de prévoir dès maintenant, à toute éventualité, l'organisation du commandement. Je sais qu'il en est officieusement question à Washington. Je ne reviendrai donc pas sur ce point.

Il est une autre idée qui ne s'applique pas seulement au Pacifique et que je voudrais signaler à Votre Excellence : c'est celle d'une répartition géographique des responsabilités entre principaux alliés. De telles attributions existent en fait. L'Allemagne et l'Autriche sont placées sous la responsabilité commune des puissances occupantes, la Grèce relève de la responsabilité américaine, ainsi que la Corée, Formose et les Philippines. L'Empire britannique relève de l'Angleterre et la France d'outremer et les pays associés, de la France. Tout récemment, M. Acheson reconnaissait que le problème de la défense des États associés d'Indochine était au premier chef une responsabilité française. Tout cela cependant demeure empirique et n'est pas constamment présent à l'esprit de tout un chacun. Si ces attributions étaient vérifiées et précisées en commun, certaines confusions pourraient être évitées, les Américains comprendraient plus aisément que la Corée est leur affaire et non la nôtre, les conditions d'assistance mutuelle seraient plus aisées à définir, l'effort immense enfin, que nous poursuivons, dans un intérêt qui n'est pas seulement français, en Afrique du Nord et en Indochine, pour ne parler que de ces territoires, se trouverait valorisé et porté à notre crédit dans les comptes de la défense commune contre un ennemi commun.

(Direction d'Asie-Océanie, Corée, volume 71)

232

M. Bonnet, Ambassadeur de France à Washington,
à M. Schuman, Ministre des Affaires étrangères[1].

T. n°s 2875-2889.   *Washington, 28 juillet 1950, 22 h. 15.*

Priorité absolue. Réservé.   (*Reçu : le 29, 6 h. 25*)

L'annonce faite hier par M. Malik à M. Trygve Lie a surpris Washington où les milieux gouvernementaux se perdent en conjectures[2]. S'ils n'escomptaient pas un coup de théâtre marquant le retrait définitif de l'URSS des Nations unies, l'expérience de ces derniers mois les a rendus trop peu enclins à l'optimisme pour ne pas leur faire supposer que, renversant sa tactique, l'URSS veuille entraver maintenant de l'intérieur l'action du Conseil de sécurité dans l'affaire coréenne et lui interdire toute décision éventuelle en ce qui concerne Formose. Mais on n'exclut pas non plus ici que, surpris par l'ampleur de la réaction américaine devant le dernier en date de ses actes d'agression, Moscou cherche maintenant, par une manœuvre, à détendre la situation internationale avant que le réarmement des États-Unis se poursuive à un rythme par trop accéléré.

1) Il se peut en effet que, tout en poursuivant une politique qui implique de sa part l'acceptation du risque d'une guerre générale, Moscou hésite devant l'irréparable et veuille gagner du temps. Washington demeure de son côté plus résolu que jamais à prendre toutes les dispositions nécessaires pour affronter une menace dont l'échéance paraît maintenant pouvoir être plus prochaine qu'on ne l'escomptait avant le 25 juin. Mais le gouvernement américain n'en entend pas moins explorer, dans le cadre des décisions qu'il a prises, toutes les possibilités de sauver la paix. Il mesure du reste le danger qu'il courrait à s'engager trop loin en Asie. Aussi bien les hésitations simultanées des deux adversaires pourraient-elles, dans l'hypothèse où l'URSS ne rentrerait pas au Conseil de sécurité dans le seul dessein d'en enrayer le mécanisme, faciliter la recherche éventuelle d'une détente.

2) Comme on le sait d'ailleurs le caractère hasardeux d'une campagne en Corée du Sud avait l'année dernière induit les *Joint Chiefs of Staff* à préconiser le retrait des troupes américaines. Les conditions

---

[1] Télégramme communiqué à la Présidence de la République, la Présidence du Conseil, MM. Parodi, Clappier, de Bourbon-Busset et de La Tournelle ainsi qu'à la délégation française à New York (n° 492).

[2] Ce retour était également beaucoup commenté à New York et Chauvel avait participé à une réunion avec ses collègues américain et britannique pour examiner les dispositions à prendre au cas où le président soviétique voudrait écarter la délégation nationaliste chinoise. Il en concluait que la rentrée en scène de l'URSS était un élément de grande confusion aux Nations unies (télégramme n°s 1090-1092 du 28 juillet 1950 de New York, non reproduit).

dans lesquelles s'est produite l'agression du 25 juin comme les nécessités de la politique générale des États-Unis n'en ont pas moins amené à ce moment le commandement américain à souscrire avec empressement à la décision du président Truman concernant la Corée, à accepter celle qu'il a prise alors au sujet de Formose. Mais on s'imaginait voici un mois à Washington que la campagne de Corée se déroulerait rapidement et que l'aviation y jouerait un rôle décisif. Les revers subis, l'échec d'opérations dont, en dépit de l'optimisme que conserve le Pentagone, on n'exclut pas absolument qu'elles puissent conduire à un rembarquement, amènent aujourd'hui le gouvernement américain à considérer avec préoccupation les développements possibles de la mesure concernant Formose prise malheureusement à l'origine pour des raisons relevant principalement de la politique intérieure.

On estime généralement ici que, si l'URSS a un intérêt évident à détourner vers l'Extrême-Orient l'attention des escadres et à les y entraîner dans des opérations fragmentaires mais coûteuses, sa vulnérabilité stratégique dans cette région doit l'empêcher de souhaiter qu'un conflit généralisé y commence. Il semble également à Washington, à première vue, préférable probablement que la Chine communiste entre en lutte ouverte avec les États-Unis encore que le précédent coréen puisse induire Pékin à espérer remporter à Formose un succès facile.

Le Département d'État demeure en tout cas inquiet du rassemblement d'une flottille d'invasion sur la côte orientale de la Chine et il est sceptique sur les possibilités de l'île au cas où des éléments communistes assez importants pourraient y prendre pied. L'ordre donné à la 7ème flotte de défendre Formose demeure bien entendu ; un Chargé d'affaires et un attaché naval viennent d'être envoyés à Taïpeh ; mais aucune autre disposition ne semble avoir été encore prise, ni pour l'envoi possible des troupes américaines à Formose ni sur l'attitude que prendrait Washington au cas où l'entrée en action de la 7ème flotte viendrait à entraîner des conséquences imprévisibles.

Dangereuse dans ce domaine est encore ici l'expectative. Les considérations parlementaires qui ont, en ce qui concerne Formose, entraîné la décision présidentielle demeureraient cependant uniquement valables au cas où les États-Unis devraient dans des conditions diplomatiques peu favorables, entrer en conflit avec la Chine.

Mais sans doute les considérations militaires qui militent dans un sens divergent représentent-elles un frein appréciable. Tout comme le gouvernement, le commandement demeure en effet, persuadé de la primauté absolue du théâtre européen. Non seulement il répugnerait à engager en Extrême-Orient une part trop appréciable de ses moyens, mais il est déterminé, en cas de conflit général à rester sur la défensive en Asie et à centrer ses efforts sur l'Europe.

3) Comme dans le domaine militaire, le gouvernement américain demeure aujourd'hui déterminé à ne s'engager que progressivement

dans la voie de la mobilisation économique. Un des fonctionnaires qui accompagnaient le président Roosevelt à la conférence de Téhéran me rappelait récemment que le maréchal Staline y avait déclaré, parlant alors des forces russes, qu'il fallait qu'un conflit fût déjà entamé pour qu'un pays pût effectuer sa mobilisation industrielle totale. Aussi le gouvernement américain désire-t-il ne poursuivre sa mobilisation que dans les limites où elle ne rapprocherait pas fatalement une guerre que l'on veut ici éviter. Tous les hauts fonctionnaires avec qui je me suis entretenu ces jours derniers m'ont précisé à cet égard que les États-Unis chercheraient à ne pas dépasser le « *point of no results* ».

Les dispositions du gouvernement, sans que sa fermeté soit en rien entamée, demeurent donc prudentes. Mais il doit compter avec le durcissement extrême de l'opinion, outrée, exaspérée des revers subis en Corée et dont le sentiment antirusse est plus monté que jamais. Il doit également tenir compte du Congrès où l'opinion se reflète et où se dessine au sein des deux partis un assez fort mouvement pour l'adoption rapide du système de contrôle économique généralisé préconisé par M. Baruch. La commission bancaire de la Chambre n'a repoussé hier qu'à une voix de majorité le plan Baruch et, dans ces conditions, le projet de loi limite présenté par le Président n'est pas absolument assuré de rencontrer l'appui d'un Congrès dont les membres sont accablés de lettres de leurs électeurs se plaignant de la montée en flèche des prix.

4) Les considérations qui précèdent détermineront en partie les réactions du gouvernement américain devant les développements qui se produisent sans doute la semaine prochaine à Lake Success. Il n'est évidemment pas possible de rien prédire à cet égard. Mais un entretien que j'ai eu cet après-midi avec le Secrétaire d'État adjoint pour l'Europe me laisse l'impression que les États-Unis ne souscriraient bien entendu, en ce qui concerne la Corée, à aucune solution n'impliquant pas le retrait préalable des forces nord-coréennes au nord du 38ᵉ parallèle, mais que si les communistes chinois n'attaquent pas Formose, on pourrait se prêter, en ce qui concerne ce territoire, si l'URSS le désire, à la recherche d'une formule qui devrait toutefois être acceptable pour le Congrès.

(Direction d'Asie-Océanie, Corée, volume 70)

233

M. Bérard, Haut-Commissaire adjoint de la République française en Allemagne,
à M. Schuman, Ministre des Affaires étrangères.

T. Metric n° 50 004[1].   *Bonn, 28 juillet 1950.*

Très secret.

Le Département voudra bien trouver ci-joint la traduction de deux notes qui ont été remises les 17 et 27 juillet au général Hays par le général comte Schwerin[2].

Il a été entendu entre les Hauts-Commissaires que chacun d'eux prendrait sur cette question l'avis du commandant de ses forces militaires et que ces documents conserveraient un caractère absolument secret.

Comme vous ne manquerez pas de le remarquer, le second document est de nature à susciter beaucoup plus de réticence de notre part, car il aboutirait en fait à reconstituer, sous direction allemande, un embryon d'armée. Il n'est pas douteux que nous ne devions agir en cette matière avec précaution.

Les conversations que j'ai eues ces temps derniers avec M. MacCloy et avec Sir Ivone Kirkpatrick m'ont cependant montré que l'un et l'autre ne reculeraient pas devant la formation de 10 ou 15 divisions allemandes. Pour éviter de nous laisser déborder et de voir un pareil plan mis en réalisation, il conviendrait que nous arrêtions nous-mêmes sans délai ce que nous serions prêts à accepter. À cet égard, les mesures suivantes semblent pouvoir être retenues :

– Participation de l'industrie allemande à la fabrication de matériel pour les Alliés, sous forme de camions, de véhicules de toutes sortes, de plaques de blindage, à l'exclusion des armes proprement dites.

– Constitution de dépôts qui permettront d'armer éventuellement un maquis et préparation de ce maquis.

– Préparation de la mise sur pied d'unités qui n'interviendraient qu'en cas d'agression et dont le personnel pourrait être éventuellement évacué.

– Réorganisation dans les zones britannique et américaine et création dans la zone française de *Dienstgruppen* mais ceux-ci étant strictement placés sous commandement allié.

(Secrétariat général, Dossiers, volume 7)

---

[1] La série de télégrammes, de dépêches ou de notes « Metric », particulièrement protégée et à exemplaire unique, avait été mise en place à l'occasion du Pacte de Bruxelles, à la demande des Anglais et des Américains.

[2] Documents non reproduits.

234

M. Chauvel, Représentant permanent de la France auprès du Conseil de sécurité des Nations unies,
à M. Schuman, Ministre des Affaires étrangères[1].

T. nᵒˢ 1178-1181.   *New York, 1ᵉʳ août 1950, 19 h. 41.*

Priorité.   *(Reçu : le 2, 4 h.)*

La séance d'aujourd'hui au sujet de laquelle j'envoie par ailleurs à Votre Excellence un compte rendu détaillé[2] a été relativement paisible. S'agissant apparemment de procédure, l'ordre du jour est encore en discussion, le fond a été abordé à diverses reprises.

Dès à présent, les constatations suivantes peuvent être faites :

1) Ayant tenté d'écarter la délégation chinoise par décision présidentielle et ayant été battu sur ce point par 8 voix contre 3, M. Malik n'a pas néanmoins quitté le Conseil.

2) Il a donné la parole sans aucune remarque au délégué chinois.

3) Il s'est expliqué sur la conception d'un règlement pacifique de la question coréenne et n'a rien dit de nouveau par rapport à la dernière communication de M. Gromyko à Sir David Kelly. Le règlement de la question coréenne suppose à son sens l'admission, préalable à toute discussion, d'un représentant de Pékin au Conseil et la convocation d'un (…)[3] pour la Corée.

4) J'ai noté, dans une de ses interventions, l'amorce de développements futurs. Les États-Unis, a-t-il dit, sont en Corée les agresseurs. Ils ont eux-mêmes lié la question de Corée à la question chinoise puisque la déclaration coréenne couvre à la fois la Corée et Formose. Cette déclaration mentionne également les Philippines et le Viêtnam. Les peuples asiatiques sont en conséquence menacés de nouvelles agressions de la part des États-Unis.

Cela étant, on peut se demander si l'objet de la rentrée de M. Malik n'est pas, plutôt que de présenter un plan de paix, d'empêcher le Conseil, si une attaque chinoise se produit sur Formose, de couvrir la réaction américaine.

(Direction d'Asie-Océanie, Corée, volume 21)

---

[1] Télégramme communiqué à l'ambassade de France à Washington (n° 389).
[2] Compte rendu envoyé dans le télégramme nᵒˢ 1182-1186 du 1ᵉʳ août 1950 de New York, non reproduit.
[3] Lacune de déchiffrement.

235

M. Bonnet, Ambassadeur de France à Washington,
   à M. Schuman, Ministre des Affaires étrangères[1].

T. nᵒˢ 2942-2950.   *Washington, 1ᵉʳ août 1950, 19 h. 15.*

Réservé. Priorité absolue.   (*Reçu* : le 2, 4 h. 20)

Je réponds à votre télégramme nº 6490[2].

1) Je me rends pleinement compte des questions délicates que pose au gouvernement la participation éventuelle de forces terrestres françaises aux opérations de Corée. Quand un des secrétaires d'État adjoints m'a demandé, à titre privé, si nous pourrions détacher des forces substantielles d'Indochine, je lui ai répondu nettement qu'il nous était impossible de dégarnir ce front vital (mon télégramme nº 2648)[3].

Le (…)[4] depuis lors maintenu cette position, d'autant plus facilement qu'il m'a été déclaré, plusieurs reprises dans les milieux gouvernementaux, qu'il était de l'intérêt commun de ne pas effectuer de prélèvement sur l'armée d'Indochine. Il n'y a eu qu'une exception récente, le Secrétaire de l'Air, dans une conversation strictement privée, il y a quelques jours, exprimant son regret de cet état de chose, a fait allusion à la possibilité de mettre à la disposition du général MacArthur, à défaut de troupes de terre, une grosse unité navale, croiseur ou cuirassé.

2) Il n'en est pas moins vrai que l'opinion publique réagit avec beaucoup plus de nervosité que le gouvernement. Les offres de troupes présentées par quelques nations ont été saluées avec enthousiasme. Des propos démagogiques peuvent, dans les circonstances actuelles, être tenus au Congrès ou dans la presse. Jusqu'à présent, la France n'a pas été directement mise en cause mais il est impossible d'assurer, l'émotion grandissant, que l'opinion publique n'en arrivera pas à s'étonner qu'un des principaux alliés des Américains et un des plus fermes soutiens des Nations unies ne participe pas à l'action terrestre en Corée. Je ne manque pas de souligner, en toute occasion, l'étendue des sacrifices que nous consentons en Extrême-Orient. Mais avec une opinion publique enfiévrée, on ne peut évidemment pas compter sur une appré-

---

[1] Télégramme communiqué à la Présidence de la République, la Présidence du Conseil, MM. Parodi, Clappier, de La Tournelle et de Bourbon-Busset, ainsi qu'à la délégation française aux Nations unies à New York (nᵒˢ 537-545). Note manuscrite : « *Cattand. [Communiquer à] DEF[ense] NAT[ionale], Londres, f[ai]t le 3/8/50* ».

[2] Dans ce télégramme, Schuman signalait que la question de la participation des forces françaises aux opérations de Corée était très délicate en raison de la situation en Indochine et de l'état de l'opinion publique. Il désirait avoir le point de vue de Bonnet sur cette question (télégramme nº 6490 du 31 juillet 1950 de Paris, non reproduit).

[3] Document non reproduit.

[4] Lacune de déchiffrement.

ciation objective des faits. Dans ces conditions, et en raison des entretiens que nous devons avoir avec le gouvernement américain sur le réarmement de l'Europe, un geste destiné à prévenir des réactions désagréables et analogues à celles de l'Angleterre peut se concevoir. Si le gouvernement prenait cette décision, il y aurait intérêt à ce qu'elle fût rapidement connue en raison de l'effet psychologique qu'on peut en attendre.

3) Revenant, d'autre part, sur la question du réarmement européen (votre télégramme n° 6423)[1], je demeurerai en liaison constante à ce sujet avec les milieux officiels. Comme je vous l'ai signalé hier, nous devons, dans ce domaine aussi, tenir compte de l'évolution possible de l'opinion publique. À cet égard et maintenant que le Président a officiellement demandé un supplément d'aide à l'Europe de 3 000 000 000 et demi de dollars, nous ne devons perdre aucune occasion de souligner non seulement l'effort que nous allons accomplir en montrant son ampleur par rapport aux ressources, au revenu national et aux charges générales de la France, mais aussi notre volonté d'assurer le succès de l'entreprise commune de défense européenne. C'est cette conviction qu'il est nécessaire de faire partager par le gouvernement et l'opinion publique des États-Unis. Plus ils seront assurés que nous sommes à leurs côtés et que nous contribuerons, avec toute la diligence voulue, à la mise sur pied d'un système de sécurité occidental, plus il nous sera possible au fur et à mesure des développements de leur faire comprendre et admettre les facteurs d'un autre ordre dont il faut, dans l'intérêt de tous d'ailleurs, tenir compte, au moment où l'Amérique, avec l'appui total de son opinion, s'engage dans une effort de préparation militaire dont tout le pays va sentir le poids, il importe qu'elle ne doute pas de notre pleine participation. C'est ce doute qui pourrait la conduire à donner l'impression non fondée qu'elle oublie la nécessité de la restauration économique de l'Europe. Rassurée aujourd'hui sur notre détermination, dont il importe de la persuader par des déclarations de nature à frapper les esprits, elle devrait être la première à ne rien nous demander qui puisse mettre en péril ou entraver le développement de la puissance française.

(Direction d'Asie-Océanie, Corée, volume 21)

---

[1] Document non reproduit.

236

M. Bérard, Haut-Commissaire adjoint de la République française en Allemagne,
à M. Schuman, Ministre des Affaires étrangères.

T. Metric n° 50 005[1].   *Bonn, 1er août 1950.*

Secret. Strictement réservé.

J'ai eu hier une nouvelle conversation avec le général Hays, à qui j'ai demandé où en étaient les propositions qui nous ont été faites.

Il m'a indiqué qu'elles étaient actuellement examinées par le commandement américain en Allemagne. M. MacCloy n'en saisirait pas son gouvernement avant d'avoir une proposition précise à lui faire. Il craindrait qu'autrement le Pentagone n'arrête un programme qui ne réponde pas aux conditions politiques ni aux possibilités de réalisation.

Le général Hays avoue que son gouvernement n'avait pas su déceler à l'avance les forces qui ont été mises en ligne par les Nord-Coréens. L'Intelligence n'avait identifié antérieurement au conflit les effectifs que de trois divisions ; or six avaient dès le début participé à l'attaque. Le nombre des chars avait été le double de celui escompté. Il était manifeste que les formations coréennes constituées par les Soviets étaient des unités de cadres que des appels avaient permis de doubler en quelques jours.

Il devait en être de même de la *Volkspolizei*. Ses 50 000 hommes constituaient vraisemblablement les cadres d'une armée qui pourrait dès maintenant s'élever à 450 ou 500 000 hommes. Les services américains avaient tendance à penser que, le moment venu, les Soviets agiraient en Allemagne comme ils l'ont fait en Corée en évitant de s'engager eux-mêmes mais en mettant en avant la *Volkspolizei*.

On ne s'attendait pas généralement du côté américain à ce que Moscou prit cette année une initiative de ce genre. On espérait avoir un an devant soi. Il était indispensable, durant cette année, d'organiser la défense occidentale qui, pour être efficace, devrait comprendre environ 35 divisions. Sur ce chiffre, 10 devraient pouvoir être constituées avec des troupes allemandes. La méthode pour y parvenir faisait encore le sujet d'études ; mais il apparaissait dès maintenant que l'on devait, dans le moment actuel, s'attacher surtout à former des cadres. Les Américains étaient prêts à faire passer aux États-Unis 25 000 Allemands pour les instruire en quelques mois. Ils seraient également partisans de constituer dans les divisions alliées un certain nombre de

---

[1] La série de télégrammes, de dépêches ou de notes « Metric », particulièrement protégée et à exemplaire unique, avait été mise en place à l'occasion du Pacte de Bruxelles, à la demande des Anglais et des Américains.

bataillons allemands, dont les hommes pourraient encadrer éventuellement des appelés du dernier moment. Le matériel nécessaire aux
unités à constituer ainsi en cas de crise pourrait être stocké en partie
en Allemagne entre les mains des Alliés et, si on le jugeait nécessaire,
pour une forte part en France à proximité de la frontière allemande.
C'est avec le même souci de former des cadres que, pour commencer,
les Américains allaient procéder à l'épuration et à la réorganisation de
leurs *Dienstgruppen*. Ils les renforceraient en même temps d'une
dizaine de milliers d'hommes. Ils nous incitaient vivement à créer des
détachements analogues.

Je doute, pour ma part, que les Soviets puissent faire grand fond sur
la *Volkspolizei*. Les désertions continuent d'être nombreuses dans ce
corps de police. Dans les seuls secteurs occidentaux de Berlin, 167
Volkspolizsiten ont cherché refuge dans le courant du mois de juillet,
contre 104 en juin et 80 en mai. Il m'est confirmé d'autre part que
Semenov a récemment fait savoir que son gouvernement ne pouvait
envisager de donner dès le temps de paix des armes lourdes à des
troupes dont on pouvait craindre qu'en cas de conflit elles ne livrent
aux Américains les armes légères dont elles sont dotées. Mais une initiative montée d'abord sous le couvert de la *Volkspolizei* pourrait aisément se poursuivre avec le renfort de contingents soviétiques et un coup
de main monté avec des Allemands à Berlin, conduirait immédiatement
à des complications graves.

Il est donc évident que le temps presse et il est urgent, que nous
puissions, ainsi que je l'ai déjà souligné, proposer aux Américains un
programme d'action précis.

Il apparaît que, pour éviter d'avoir à autoriser la constitution de
milices locales, nous aurons avantage à composer la nouvelle police des
Länder d'un nombre important d'anciens sous-officiers. Envisager la
formation de cadres nous permettrait d'autre part de refuser plus aisément la recréation d'unités allemandes plus nombreuses et le stockage
d'armes entre nos mains est également une garantie qui vaudrait d'être
retenue.

(Secrétariat général, Dossiers, volume 7)

237

NOTE DU SECRÉTARIAT DES CONFÉRENCES
POUR M. SCHUMAN, MINISTRE DES AFFAIRES ÉTRANGÈRES

Rentrée de l'Union soviétique au Conseil de sécurité

N. n° 70 SC.   *Paris, 1ᵉʳ août 1950.*

La presse de ce matin avait proposé l'ordre du jour de la séance du Conseil de sécurité prévue pour le 1ᵉʳ août à Lake Success. Cet ordre du jour comporte deux points :

1) Admission au Conseil de sécurité du représentant du gouvernement de Pékin ;

2) Règlement pacifique du conflit coréen.

L'adoption de cet ordre du jour lui-même[1], l'addition du point supplémentaire proposé par la délégation des États-Unis – qui vient de déposer un projet de résolution tendant à condamner les autorités de la Corée du Nord –, la priorité à donner à chacune de ces questions, donneront sans doute lieu à une discussion de procédure dont il est difficile de prévoir l'issue. Toutefois il n'est pas interdit de penser que la question préjudicielle des pouvoirs du délégué nationaliste chinois pourrait être évoquée *in limine*[2].

En ce qui concerne le problème de la représentation chinoise, les instructions utiles ont déjà été communiquées à M. Chauvel. Il pourra, ainsi que le Secrétariat des Conférences l'avait déjà indiqué dans la note n° 66 du 28 juillet[3], se présenter en deux temps : le Conseil apprécierait d'abord, peut-être même avant d'engager le débat, la validité des pouvoirs du délégué nationaliste ; il devrait ensuite, au cas où, en donnant sur ce point une réponse négative, il aurait exclu le représentant du maréchal Tchang Kaï-chek, décider s'il admet, ou non, le délégué de Pékin.

Pour les raisons exposées dans la même note, l'exclusion du délégué nationaliste constituerait un pas fort important qui devrait logiquement conduire, à peine de paralyser le Conseil de sécurité, à l'entrée du délégué communiste. C'est ce qu'a estimé le Conseil des ministres en

---

[1] *Note du document :* « L'article 9 du règlement intérieur du Conseil de sécurité dispose que "le premier point de l'ordre du jour provisoire de chaque séance du Conseil de sécurité est l'adoption de l'ordre du jour" ».

[2] Il apparaissait difficile d'anticiper l'attitude du délégué soviétique au Conseil de sécurité et notamment de savoir s'il poserait la question de la représentation chinoise. En ce cas, le gouvernement français appelait son représentant à s'abstenir sans expliquer son attitude, sauf si Malik prenait l'initiative d'exclure le délégué nationaliste, auquel la décision présidentielle devrait être rejetée (télégramme nᵒˢ1473-1478 du 30 juillet 1950 de Paris, non reproduit).

[3] Document non reproduit.

décidant qu'une solution analogue devrait être apportée à deux questions qui ne pouvaient être appréciées isolément.

***

Quant au règlement de l'affaire coréenne elle-même, bien qu'elle ne puisse pour le moment qu'émettre des hypothèses sur le sens et la portée des propositions que formulera M. Malik, il est possible toutefois d'envisager, d'ores et déjà, certains des problèmes généraux auxquels nous aurons sans doute à faire face en raison des initiatives du représentant de Moscou.

Il semble tout d'abord que les deux principes suivants doivent être posés.

1/ Il serait exclu de se prêter à une négociation qui mettrait en cause les décisions du Conseil de sécurité et ne prévoirait pas, dans le secteur coréen, le retour à la situation existant avant le 25 juin 1950. Agir autrement serait, en s'inclinant devant le fait accompli, donner une prime à l'agression, créer un précédent redoutable au regard des situations analogues à celles de la Corée qui pourraient se développer en d'autres points sensibles du monde, provoquer enfin sur l'opinion publique de certains pays particulièrement alarmés en raison de l'état des relations entre l'Est et l'Ouest un effet démoralisant. Les répercussions d'une telle attitude seraient, pour des motifs qu'il est inutile de développer, particulièrement dangereuses en Allemagne.

2/ Mais ce n'est pas à dire que nous devrions nous refuser dès l'abord à toute tentative de conciliation. Au contraire, il nous appartient, semble-t-il, de saisir, en toute bonne foi, les occasions de régler pacifiquement le différend qui répondraient à la condition énoncée plus haut. L'on ne saurait trop avoir égard en effet à l'intérêt qui s'attache, dans l'état actuel où se trouvent les préparatifs militaires des puissances occidentales, à gagner du temps, si ce temps peut être mis à profit. D'autre part, sauf le cas où les solutions de force s'imposent, le maintien des contacts sur le terrain diplomatique ou au sein des organismes internationaux présente toujours des avantages évidents. Il importe donc d'éviter toute attitude qui pourrait être interprétée comme une manifestation d'intransigeance ou une fin de non recevoir anticipée.

Ceci étant, il est permis de se demander si la solution de la question coréenne ne serait pas plus facilement obtenue à l'occasion d'un règlement d'ensemble d'autres problèmes qui séparent l'Union soviétique de l'Occident. Il paraîtrait en effet d'autant plus aisé de procéder à des concessions mutuelles que le compromis pourrait porter sur des objets plus divers. En tout état de cause, il y a là une possibilité qui doit retenir l'attention.

Entrant maintenant un peu plus dans le détail, le Secrétariat des Conférences rappelle qu'il avait également indiqué dans sa note précitée que trois possibilités s'offraient à M. Malik : l'une consistant à soumettre un plan général liant les uns aux autres les divers problèmes d'Extrême-Orient, une autre revenant à faire une obstruction systématique aux décisions que voudrait prendre le Conseil de sécurité à propos de la Corée, la dernière comprenant diverses propositions pour régler le différend : cessation des hostilités, nomination d'une commission d'armistice, établissement d'élections libres, etc…

En reprenant cette troisième hypothèse, une distinction doit être faite entre les projets de la délégation soviétique qui traduiraient, dans des termes acceptables pour la majorité du Conseil, une intention de conciliation et des propositions qui, au contraire, seraient une pure manœuvre ayant pour objet de rallier certaines puissances dont les tendances neutralistes se sont exprimées au cours de ces dernières semaines.

a) Dans le premier cas, on pourrait imaginer que la délégation soviétique, se préférant à la résolution du Conseil de sécurité du 25 juin[1] contre laquelle elle ne paraît pas s'être officiellement élevée, alors qu'elle a contesté la légalité de la résolution du 27 juin[2], proposât un « cessez le feu » et un retrait des troupes du Nord au 38ᵉ parallèle avec, en contrepartie, une évacuation des forces de l'Organisation des Nations unies ; des élections générales seraient alors organisées sous le contrôle d'une commission restreinte composée de puissances asiatiques ou arabes (par exemple Inde, Birmanie, Égypte). Dans cette hypothèse, il serait possible, semble-t-il, sans contradiction flagrante avec les résolutions adoptées par le Conseil de sécurité, de discuter sur les bases esquissées par les Russes. C'est à ce moment qu'un plan reprenant les formules de conciliation suggérées dans le passé par certaines délégations à la commission temporaire des Nations unies pour la Corée pourrait envisager la création d'une commission mixte composée de membres internationaux et de membres coréens choisis dans les rangs de l'Assemblée de la République de Corée et dans ceux de l'Assemblée populaire du Nord. Le mandat de cette commission pourrait être rédigé en termes suffisamment souples pour lui permettre de se consacrer avant tout au dénouement pacifique de l'imbroglio coréen par la restauration de l'unité économique et politique du pays. Il ne faut pas se dissimuler cependant qu'une telle formule aboutirait presqu'inévitablement à l'unification de la Corée sous une direction communiste et les auspices de Moscou.

b) Dans le cas où les propositions soviétiques ne constitueraient qu'une manifestation de propagande « pacifiste », elles pourraient envisager une convocation par le Conseil de sécurité de Coréens « représentatifs » pour fixer les responsabilités de l'agression, avec effet suspensif sur les opérations entreprises par les Nations unies dans la péninsule. Il est évident que ni les Nations unies ni les États-Unis ne sauraient, sans se mettre en opposition avec les résolutions du Conseil, souscrire à une solution revenant en arrière des recommandations adoptées antérieurement par celui-ci.

[1] Voir document n° 158.
[2] Voir document n° 162.

Est-ce à dire qu'une attitude purement négative soit souhaitable ? Ne serait-il pas préférable qu'à des fins de propagande également, la majorité du Conseil de sécurité fasse connaître la ligne de conduite qu'elle envisagerait d'adopter lorsque les troupes des Nations unies auraient repoussé au-delà du 38ᵉ parallèle les forces de la Corée du Nord.

L'on pourrait songer, pour définir cette ligne de conduite à des formules de trois ordres divers :

La première reviendrait à rétablir purement et simplement le gouvernement du Dr Rhee dans ses prérogatives en étendant son autorité à la Corée du Nord libérée par les troupes de l'Organisation des Nations unies. Cette idée paraîtrait difficilement conciliable avec les principes élevés qui ont guidé l'intervention de l'Organisation des Nations unies en Corée : le gouvernement du Dr Rhee a commis trop de fautes, a fait trop peu de cas des conseils et des recommandations des diverses commissions internationales siégeant à Séoul, a révélé trop clairement ses tares intérieures – corruption, arbitraire, incapacité financière, pour qu'on puisse encore lui faire confiance. Son retour au pouvoir se traduirait par le déclenchement d'une « terreur blanche » dont les effets s'ajoutent à ceux de la « terreur rouge » priverait définitivement la Corée des quelques élites modérées qu'elle possédait et qui ne s'étaient ralliées à aucun des deux régimes. Lors du renouvellement de l'Assemblée nationale de la Corée du Sud, les élections de mai 1950 avaient d'ailleurs amené au Parlement une majorité d'éléments indépendants hostiles au gouvernement du Dr Rhee.

La seconde solution consisterait à reprendre certaines dispositions de l'accord signé par les ministres des Affaires étrangères à Moscou en 1945 : tutelle d'une durée limitée, création d'un gouvernement provisoire, établissement d'une commission mixte qui pourrait être composée au lieu des Russes et des Américains de représentants de petites ou de moyennes puissances, élections générales, cependant que des effectifs réduits des troupes des Nations unies demeureraient en Corée jusqu'à la fin de la période de tutelle. Une telle formule présenterait l'inconvénient de reprendre l'idée d'une tutelle exercée directement par l'Organisation, dont nous n'admettons guère le principe ; et qui a du reste été très impopulaire parmi bon nombre de Coréens.

D'après la troisième solution qui équivaudrait à l'établissement d'un régime de tutelle de très courte durée, ne portant du reste pas ce nom, la commission actuelle des Nations unies serait chargée d'appliquer intégralement le mandat donné à la commission temporaire par l'Assemblée générale par sa résolution du 24 novembre 1947. Les termes de ce mandat, qui n'avait pu être mené à bien en raison de l'opposition de l'Union soviétique n'auraient guère à être modifiés : l'expression « forces d'occupation » qui visait les troupes russes et américaines s'appliquant automatiquement aux forces des Nations unies.

***

Enfin, il semble que nous puissions nous rallier au texte de la résolution américaine :

« Condamnant les autorités nord-coréennes pour leur mépris continu des décisions des Nations unies, invitant tous les États à utiliser leur influence pour persuader les autorités de la Corée du Nord de mettre fin à cette attitude, invitant tous les États à s'abstenir de donner aide ou encouragement aux autorités nord-coréennes et à s'abstenir de toute action qui pourrait amener une extension du conflit coréen à d'autres régions, mettant ainsi encore plus en danger la paix et la sécurité internationales ».

De même, nous pourrions appuyer la délégation des États-Unis lorsqu'elle demandera la priorité pour la discussion de ce projet.

(Secrétariat des Conférences, NUOI, volume 141)

238

NOTE DE M. LALOY DU SECRÉTARIAT GÉNÉRAL

Position soviétique au 1ᵉʳ août 1950

N.   *Paris, 2 août 1950.*

Dans une précédente note (15 mars 1950)[1], le principe avait été établi que la politique soviétique se trouvait durablement orientée vers l'Extrême-Orient et les territoires dépendants ; qu'en Asie orientale, l'URSS trouvait le terrain même où les principes de stratégie et de tactique fixés par Staline au cours des premières années de la révolution trouvaient leur champ d'application ; qu'en Asie, l'URSS pouvait exercer sur les puissances occidentales une pression redoutable analogue à celle de l'Allemagne au Maroc en 1905 ; que, néanmoins, une attitude résolue pouvait faire hésiter Staline à s'engager dans une offensive au Tonkin, offensive qu'il ne pouvait mener que par la double entremise de Mao Tsé-Toung et de Hô Chi-Minh.

Le 25 juin, l'URSS a abattu une carte ; son action s'exerce sur un territoire infiniment plus proche de l'URSS que l'Indochine, et elle fait peser sur les puissances occidentales une menace redoutable.

1) La première question qui se pose est celle de savoir si, en laissant la voie libre aux armées coréennes, l'URSS avait prévu la riposte américaine.

Beaucoup de facteurs, en particulier l'attitude de l'état-major américain, qui avait délibérément rayé la Corée de ses plans stratégiques,

---

[1] Document non reproduit.

tendraient à faire croire que le gouvernement soviétique n'escomptait pas une réplique armée.

Un fait cependant conduit à penser que Staline n'avait pas négligé l'hypothèse d'une résistance américaine : c'est l'énorme accumulation d'armes et de matériel qui a permis aux forces coréennes de dévaler vers le Sud sans prendre un instant de repos. Pour triompher de l'armée du Sud, point n'était besoin d'un effort pareil, et si celui-ci a été fait, c'est qu'on pensait avoir à faire à un ennemi combattif et armé.

L'URSS a donc admis la possibilité d'une action militaire engageant, directement ou non, l'armée des États-Unis.

2) S'il en est bien ainsi, la guerre de Corée constitue un fait nouveau d'importance essentielle dans les relations d'après-guerre. Le recours à la force n'est plus exclu. La sécurité relative de la « guerre froide » s'est écroulée.

3) Quels peuvent être les buts soviétiques dans cette nouvelle phase ?

Matériellement, engager et user les forces américaines sur un théâtre marginal et sans intérêt stratégique.

Moralement, profiter de la perte de prestige qu'encourent les États-Unis, sur le terrain où ils sont le moins à l'aise pour se battre, celui du nationalisme asiatique.

D'une façon générale, démontrer au monde la puissance russe, d'autant plus effrayante qu'elle est intacte, et profiter de cette vague de terreur pour de nouvelles avances immédiates ou pour la préparation de nouvelles entreprises par les procédés classiques de l'infiltration et de l'agitation politique.

4) Le point faible de toute l'affaire est son caractère ouvertement agressif.

L'absence de tout délégué soviétique au Conseil de sécurité a permis à l'ONU de déclencher une action collective que n'est venu paralyser aucun veto. La réaction dans le monde a été étonnement unanime, et des pays connus pour leur attitude réservée à l'égard du système atlantique – comme l'Inde – se sont ralliés à la décision du Conseil.

Ce sont sans doute des constatations de ce genre qui ont amené l'URSS à faire sa rentrée inattendue à l'ONU, le 1er août[1]. Par le veto, elle contrôle l'action de l'organisation ; par sa présence, elle tend à dissocier le bloc qui s'est formé derrière les États-Unis. Grâce à l'Inde, l'URSS apparaît à nouveau comme le défenseur d'un système authentiquement asiatique.

*** *

Les puissances occidentales, si elles veulent conserver les avantages moraux qu'elles ont recueilli dans les premiers jours après le 25 juin,

[1] Voir documents n°s 234 et 237.

ne doivent pas permettre à l'URSS de faire oublier, par des propositions de règlement amiable, le caractère agressif de toute l'entreprise. C'est l'une des raisons de l'attitude catégorique de M. Austin au Conseil de sécurité.

Il faut en même temps ne pas manquer une occasion possible de règlement.

Les questions qui se posent sont les suivantes :

1) Maintenons-nous le principe que l'affaire de Corée doit être réglée en elle-même ?

Si oui, quelles solutions envisager ?

a) tactiquement, au Conseil de sécurité ;

b) fondamentalement, en cas de recul des Nordistes au 38e parallèle.

2) Estimons-nous que l'URSS recherche un compromis, comme jadis dans l'affaire de l'Azerbaïdjan, ou, au contraire, qu'elle ne pense qu'à se faciliter, par le jeu du veto, le déclenchement de nouvelles initiatives ?

3) Y a-t-il une possibilité concrète de diminuer le risque grave d'extension du conflit que représente la présence de forces navales américaines à Formose ?

4) Si non, pouvons-nous au moins compter qu'en cas de règlement satisfaisant en Corée, la flotte américaine se retirera des eaux chinoises ?

5) Quelle attitude prendrons-nous si, après un incident à Formose, la Chine se déclare en guerre avec les États-Unis, et que ceux-ci recourent au Conseil de sécurité ?

6) Y a-t-il lieu de pousser les puissances asiatiques, l'Inde notamment, à appuyer activement les États-Unis ? Ou, au contraire, leur attitude de semi-neutralité n'offre-t-elle pas de plus grands avantages, notamment à l'égard de la Chine ?

(Direction d'Asie-Océanie, Corée, volume 70)

239

M. Dejean, Ambassadeur de France, Chef de la mission française
à Tokyo,
à M. Schuman, Ministre des Affaires étrangères[1].

D. n° 422. *Tokyo, 2 août 1950.*

En vue de présenter un tableau coordonné des diverses décisions
prises par les États-Unis et les Nations unies à la suite de l'affaire de
Corée, j'ai fait établir par mes services un état récapitulatif, d'une part,
des récentes mesures de mobilisation militaire et économique intervenues en Amérique, et d'autre part, de l'aide apportée ou promise par
les membres de l'ONU.

À toutes fins utiles, je me permets d'adresser ci-joint ces pièces au
Département.

Il en ressort essentiellement que l'importance des mesures prises par
les États-Unis paraît devoir acheminer progressivement ceux-ci vers
une mobilisation générale. Les décisions adoptées depuis quinze jours
à Washington sont d'une portée beaucoup plus vaste que celles qui,
étendues sur deux années, ont précédé l'entrée de l'Amérique dans la
dernière guerre mondiale ; elles placent dès maintenant le pays dans
une situation d'alerte dans laquelle il ne se trouvait pas à la veille de
Pearl Harbor et qu'il n'avait pas connue depuis la fin de la guerre.
Surpris par l'affaire de Corée en un état de préparation militaire ne
correspondant nullement à l'ampleur de ses engagements internationaux, le gouvernement américain entend reconstituer en toute hâte
une machine de guerre lui permettant d'affronter les risques et les aléas
d'une partie diplomatique décisive qui doit se jouer, semble-t-il, plus
tôt qu'il ne s'y attendait. Dans la mesure où le conflit coréen l'oblige à
engager en Extrême-Orient des forces plus considérables qu'il ne l'avait
prévu, il paraît bien décidé à développer son potentiel militaire de
façon à pouvoir parer à toute éventualité dans les autres parties du
monde et il semble résolu à n'épargner à cette fin aucun effort ni aucun
sacrifice.

Dès maintenant en tout cas, les mesures prises telles qu'elles apparaissent d'ici dépassent de beaucoup par leur ampleur de cadre de
l'affaire coréenne. Elles ont manifestement pour but de mettre les États-
Unis en mesure de faire face à toutes les complications qui peuvent
naître du présent conflit et aux dangers et aux charges que pourrait
entraîner son extension.

---

[1] Dépêche adressée à la direction d'Asie-Océanie et communiquée aux directions
d'Amérique et d'Europe. Note manuscrite : « *Copie à S[ecrétariat] G[énéra]L, S[ecrétariat
des] C[onférences] et AM[érique]* ».

Le gouvernement de Washington ne pouvant se permettre de recourir périodiquement à des mesures ayant une incidence aussi profonde sur la vie nationale, il y a tout lieu de penser que, par delà la solution du problème coréen, déjà suffisamment gros de périls, il entend amener l'URSS à dire clairement si elle est décidée à poursuivre ou si elle accepte de modifier la politique agressive adoptée depuis 1946. En d'autres termes, il semble que, sous l'énergique impulsion de Washington, les choses doivent à plus où moins brève échéance évoluer vers une situation dans laquelle Moscou sera mis en demeure de choisir entre la guerre et la paix. Il s'agit d'éclaircir, sinon d'assainir la situation non seulement en Extrême-Orient mais dans le monde. C'est en cela sans doute que réside toute la gravité de l'affaire coréenne.

(Direction d'Asie-Océanie, Corée, volume 21)

240

M. Chauvel, Représentant permanent de la France auprès du Conseil de sécurité des Nations unies, à M. Schuman, Ministre des Affaires étrangères[1].

T. nᵒˢ 1214-1216.   *New York, 3 août 1950, 19 h. 50.*

(Reçu : le 4, 8 h.)

La suite du débat sur l'ordre du jour a été aujourd'hui fort vive.

Sans provocation particulière, M. Malik a fait un discours assez long et très violent mettant en cause le seul gouvernement américain. Rappelant que, du point de vue de Moscou, les récentes délibérations du Conseil sont sans valeur, il a dénoncé les opérations de Corée comme une agression américaine et la proposition d'ordre du jour présenté par la délégation des États-Unis comme un moyen de couvrir la poursuite de cette agression. À ce projet qui n'est autre que le texte sous le couvert duquel nous délibérons depuis 5 semaines, il a opposé le sien propre.

Devant une démonstration si nette des intentions russes, il m'a semblé nécessaire de réagir aussi nettement. En conséquence, après avoir marqué sans aucune équivoque que le gouvernement français ne s'opposait pas à une nouvelle discussion de l'affaire chinoise et souhaitait aussi vivement que tout autre gouvernement le règlement pacifique de l'affaire de Corée, j'ai déclaré que les accusations soviétiques contre les États-Unis étaient contraires aux faits, me suis élevé contre une manœuvre portant atteinte à la solidarité des États ayant voté la réso-

---

[1] Télégramme communiqué à l'ambassade de France à Washington (nᵒˢ 414-416).

lution du 25 juin[1] et ai annoncé mon intention pour ces motifs de voter contre l'ordre du jour soviétique dont on ne nous cachait point qu'il ignorait cette résolution et s'opposait à elle.

Le délégué britannique, tenu par des instructions impératives reçues de Londres dans la matinée, a voté pour l'inscription de la question chinoise, mais contre celle du « règlement pacifique de la question coréenne », en précisant que ce second vote était la conséquence directe du discours de M. Malik.

Après quoi nous sommes passés au vote, M. Malik a été battu sur la priorité de son ordre du jour sur l'ordre du jour américain qui a été adopté, enfin sur les deux points de son propre ordre du jour : ces échecs constatés, il s'est tranquillement enquis des convenances de ses collègues pour la prochaine réunion.

Cette réunion est fixée à demain. L'ordre du jour ne mentionne que l'agression commise contre la République de Corée et l'objet de la discussion sera le projet américain déposé le 31[2].

(Direction d'Asie-Océanie, Corée, volume 21)

241

M. Bonnet, Ambassadeur de France à Washington,
à M. Schuman, Ministre des Affaires étrangères[3].

T. n° 2978[4].   *Washington, 3 août 1950.*

Réservé. Secret.   *(Reçu : le 7, 20 h.)*

Le conflit coréen est encore en plein développement et il est impossible d'en mesurer, actuellement, toutes les conséquences. Mais il est, dès à présent, certain qu'une sérieuse étape vient d'être franchie sur la voie qui peut mener à une guerre générale.

---

[1] Voir document n° 158.

[2] Le lendemain, Chauvel précise que si Malik avait reçu des instructions positives pour régler pacifiquement l'affaire de Corée, il n'en avait rien laissé paraître. En effet, il niait la qualité juridique du Conseil de sécurité à prendre une décision en l'absence de deux de ses membres permanents et affirmait le caractère intérieur du conflit coréen pour conclure que la seule agression caractérisée était l'agression américaine et non pas la nord-coréenne. Il visait ainsi à isoler les États-Unis aux Nations unies. C'est pourquoi il paraissait nécessaire à Chauvel de réagir en réaffirmant la volonté et la responsabilité collective du Conseil représentées par la résolution du 25 juin (télégramme n°s 1218-1220 du 4 août 1950 de New York, non reproduit).

[3] Télégramme communiqué à la Présidence de la République, la Présidence du Conseil, MM. Parodi, de La Tournelle, Clappier et de Bourbon-Busset.

[4] Télégramme envoyé en clair et par courrier.

1) Nul ne sait si Moscou a eu l'illusion que les États-Unis s'incline-raient, en Corée, devant le fait accompli, après une victoire éclair des communistes. On s'est demandé si les Soviets n'avaient pas fait fond sur la déclaration par laquelle le Secrétaire d'État, en janvier dernier, avait paru exclure la Corée de la zone vitale de protection que les États-Unis étaient décidés à ne pas laisser entamer. S'il en a été ainsi, ils ont commis une lourde erreur d'appréciation. La définition d'une ligne stratégique n'est pas celle d'une politique. Il suffisait, pour s'en persuader, de lire les discours que le Secrétaire d'État a prononcés depuis lors, à San Francisco, à Dallas, à Boston et ses nombreuses déclarations à la presse. Après avoir affirmé la décision américaine de s'opposer à l'expansion du bolchévisme en le mettant en face de situa-tions de fait qu'il serait contraint de reconnaître et en lui opposant, aux points de friction dangereux, des « zones de force », il était certain que M. Acheson ne serait pas disposé à s'incliner lui-même devant un coup monté qui aurait eu pour résultat d'établir un bastion soviétique à deux pas du Japon.

L'intervention américaine, quand elle a été décidée par le président Truman, a recueilli l'approbation enthousiaste de l'opinion publique. La montée progressive et continue de l'anti-soviétisme aux États-Unis, depuis quatre ans, a été le fait saillant de la politique internationale. La campagne de Corée porte ce sentiment au paroxysme.

2) Le résultat est que toute tentative des Soviets pour agglutiner de nouveaux pays à la masse bolchévique peut désormais entraîner les pires conséquences.

L'aisance avec laquelle sont votées les sommes destinées à assurer le réarmement de l'Amérique et de ses alliés est une preuve de l'émotion qui a secoué le pays, et aussi de sa résolution. Il est d'ores et déjà certain que les États-Unis, dans les années à venir, auront un budget militaire de vingt-cinq à trente milliards de dollars. Il dépend du cours des évé-nements, en Asie ou ailleurs, que les quatorze milliards ajoutés au cha-pitre de la défense, ne représentent, au lieu d'un accroissement régulier, que la première tranche d'un programme rapide et massif d'arme-ments. Les États-Unis entreraient alors dans une période de quasi-mobilisation, où il n'y aurait plus qu'un pas de la tension à la rupture.

3) Des conversations que j'ai eues dans les milieux les plus autorisés de la Défense nationale, il ressort que l'avance des Américains dans le domaine des armes atomiques est encore considérée comme suffisante pour détourner les Soviets d'une guerre offensive. Mais l'opinion est plus nerveuse. On entend formuler – même dans les cercles dirigeants d'ailleurs – des craintes diverses et contradictoires, celle que les Soviets ne soient tentés de mettre à profit, sans plus attendre, la faiblesse de l'Europe occidentale quand, de surcroît, la France, la Grande-Bretagne et, maintenant, les États-Unis eux-mêmes sont lourdement engagés en Asie ; celle que, dans quelques années, l'URSS, après avoir patiemment pris son temps, ne soit en mesure de porter, par surprise, un coup qui

pourrait être mortel à l'Amérique. Une atmosphère de méfiance, totale et invétérée s'est établie. Elle donne à la lutte entre les deux politiques qui s'affrontent un caractère d'âpreté et de passion d'autant plus menaçant que le fanatisme bolchéviste s'est, jusqu'à présent tout au moins, refusé à voir les réalités. Elle ne facilite pas la recherche d'un règlement.

4) En supposant, bien entendu, que l'URSS ne soit pas décidée à la guerre, c'est cependant un règlement qu'il faut se proposer, si on veut sortir d'une situation où, par un enchaînement d'actions mal calculées, le monde pourrait se trouver acculé à la catastrophe.

Il ne saurait être question de ralentir ou d'arrêter l'effort de réarmement occidental. C'est par la création d'une force supérieure que les démocraties cherchent à prévenir la guerre. Aucune autre méthode ne s'offre à elles, dans l'état présent des relations internationales. La mise en état de défense de l'Europe continentale peut seule faire disparaître la tentation d'une attaque et la crainte qu'engendre la possibilité de cette agression. Pour les Alliés, l'objectif immédiat doit être d'organiser en commun, dans les moindres délais, un premier dispositif efficace de protection.

Il ne s'ensuit pas que l'inaction doive régner dans le domaine diplomatique. Il est plus que jamais nécessaire de recourir aux méthodes traditionnelles et éprouvées de la négociation, quand il n'y a, semble-t-il, rien à espérer de grandes conférences de contrôle ou de réduction d'armements et de réunions spectaculaires. Le terrain ne peut être préparé que par des accords particuliers portant sur des points précis. C'est par des accords de cet ordre qu'on peut graduellement dissiper l'atmosphère de méfiance et d'angoisse qui enveloppe le globe. Le problème est de briser d'abord les obstacles qui se dressent sur le chemin d'une paix réelle.

5) Il est encore trop tôt pour savoir si les débats actuels de Lake Success offriront une occasion de régler l'affaire de Corée. Les milieux politiques de Washington et la presse en doutent. Bien que l'Administration n'ait, au fond, jamais été décidée à écarter un accommodement et à fermer toutes les portes, il est certain qu'en raison même des succès communistes et de l'indignation publique, elle maintiendra une attitude de rigueur. L'opinion ne permettrait pas que l'agression fût récompensée. Mais il ne faut pas oublier, en dépit des graves imprudences que fait en ce moment même commettre, à Formose la pression des partisans de Tchang Kaï-chek, que l'état-major américain voudrait éviter de s'enliser dans les complications asiatiques. Si une ouverture se dessinait, il n'est pas douteux qu'il faudrait en profiter pour essayer de mettre sur pied un règlement satisfaisant du problème coréen et pour négocier un arrangement de la question chinoise.

Est-il, d'autre part, certain que tout accord conclu avec les Soviets doive être violé à la première occasion ? Il faut, à cet égard, remarquer que la tendance actuelle n'est pas de leur en fournir la tentation. Les démocraties, quoiqu'il arrive, doivent et vont s'organiser militairement. Jusqu'à présent tout au moins, les Soviets n'ont pas remis en cause le règlement de la question de l'Iran que le Conseil de sécurité leur a imposé au printemps 1946, contre leur gré et malgré les affirmations de leur représentant qu'il s'agissait d'une affaire vitale pour l'URSS, son développement économique et sa sécurité militaire. Exemple plus frappant encore, Moscou n'a pas suscité de coup d'État contre le gouvernement démocratique de la Finlande. Il est vrai que ce dernier est sous étroite surveillance et qu'une menace pèse sur l'Iran, où toute violence soviétique serait d'ailleurs susceptible de provoquer le drame, immédiatement ou à brève échéance. Mais le problème est précisément d'écarter ces menaces et de voir s'il est possible d'y substituer des accords.

Il n'est pas besoin d'énumérer les zones de friction qui existent, sur tout le périmètre du monde bolchévique, de la Corée à Berlin. Il est de l'intérêt des Occidentaux, dans beaucoup de cas, d'arriver à une entente qui les soulage du fardeau écrasant qu'ils portent en montant une garde, souvent inopérante, dans tous les secteurs du globe. Des concessions devraient, en Corée et autres lieux, être obtenues des Soviets et de leurs associés. Sans doute l'expérience même prouve-t-elle que ce n'est pas une entreprise facile. Mais la fermeté dans une négociation n'en exclut pas les chances de succès. Au reste, les Soviets eux-mêmes pourraient trouver des avantages aux arrangements à conclure, qu'il s'agisse d'une révision du régime des Détroits, ou de l'exploitation des pétroles du Nord de l'Iran et les payer d'un abandon de leurs méthodes de pression et de leurs projets plus ou moins masqués d'expansion territoriale.

Ce programme à longue échéance s'amorcerait dans des conditions délicates mais, si l'on peut employer cette expression, rassurantes aussi, en même temps que le monde occidental s'organiserait et se mettrait à l'abri d'un coup de force. Du fait même des négociations et des résultats qu'elles pourraient avoir, des garanties s'esquisseraient graduellement et le système de la paix armée, ainsi aménagé, pourrait procurer au monde une longue période de tranquillité au lieu de le conduire à une issue fatale.

***

Il importe de voir que la guerre est, en raison des événements d'Extrême-Orient, devenue possible, même si les antagonistes n'y sont pas décidés. Tout doit être mis en œuvre pour enrayer l'évolution menaçante des rapports internationaux et pour mettre fin à une situation où, en croyant simplement agiter un brandon, l'URSS pourrait allumer l'incendie.

(Direction d'Asie-Océanie, Corée, volume 70)

242

C.R.

Secret.

Présents :

France : MM. Parodi, de Margerie, Baeyens, de Menthon,

Grande-Bretagne : MM. Hayter, Dening,

États-Unis : MM. Bruce, Bohlen, Wallner.

Questions examinées : situation générale à la suite de l'agression de la Corée du Nord, Corée, Chine, Formose.

M. Parodi ouvre la séance à 17 h.

Il explique les raisons qui ont poussé le gouvernement français à provoquer cette réunion, et appelle le mémorandum français envoyé le 18 juillet aux gouvernements britannique et américain[1], qui est à l'origine de cette réunion. Sans doute nos représentants à New York sont-ils en contact permanent, mais il est utile d'avoir à Paris une étude en commun de la situation.

Les conversations actuelles doivent conserver un caractère officieux. Elles n'engagent pas les gouvernements ; il s'agit seulement d'un échange d'informations et d'un examen des perspectives qui s'offrent aux puissances occidentales.

M. Bruce et M. Hayter approuvent les paroles de M. Parodi.

M. Parodi ne juge pas nécessaire d'avoir un ordre du jour précis, mais pense cependant que l'on pourra s'inspirer d'une liste de questions préparée par les services français. Il passe ensuite la parole à M. Bohlen.

M. Bohlen examine d'abord les raisons que pouvaient avoir les Russes de provoquer l'agression de la Corée du Nord.

Sans doute, en sommes-nous réduits à des spéculations, puisque nous ne pouvons avoir aucune information exacte sur les intentions soviétiques, mais M. Bohlen pense que l'URSS désirait tout simplement avoir le contrôle de la Corée du Sud. L'histoire rappelle que cette région a toujours eu une importance stratégique pour ceux qui tenaient la Mandchourie. Une indication intéressante peut confirmer cette hypothèse : la Corée du Nord était, avec l'Albanie, le seul satellite de l'URSS avec lequel ce pays n'avait aucun accord militaire. Staline considérait donc que ce gouvernement n'avait pas encore obtenu son

[1] Voir document n° 216.

assise définitive ; en même temps, il ne voulait pas être engagé dans les actions que le gouvernement de Pyong-Yang pourrait être amené à entreprendre.

On ne peut passer sous silence le fait que le gouvernement américain n'a jamais caché que, du point de vue stratégique, la Corée du Sud était militairement intenable. Les déclarations faites en ce sens à Washington n'ont pas échappé aux Russes. Elles ont pu les induire à faire un faux calcul. En fait, le point de vue américain concernait le cas d'une guerre générale. Dans le cas présent, d'autres considérations ont joué, des considérations politiques. C'est la raison pour laquelle aucun plan militaire n'était prêt pour faire face à l'agression.

Le gouvernement américain ne pense pas que les Russes supputaient l'intervention des États-Unis et il estime que la réaction des Nations unies fut une surprise pour les Soviets. Cela peut être confirmé par le fait que, 48 heures après la déclaration du président Truman, la radio soviétique ne semblait pas avoir encore suivi une ligne bien définie : c'est le signe classique que la décision du Politburo n'est pas encore prise.

M. Bohlen passe ensuite aux raisons qui ont poussé les États-Unis à intervenir. Il a déjà indiqué que, malgré la mauvaise situation militaire de la Corée du Sud, il y avait une nécessité politique à agir.

L'action des États-Unis est basée sur les résolutions des Nations unies.

En ce qui concerne le futur, il est difficile de prendre actuellement une position définitive, car il s'écoulera probablement un long délai avant que les forces des Nations unies aient atteint le 38e parallèle.

M. Bohlen ne dira donc rien sur ce qui se passera à ce moment. Les troupes américaines resteront-elles en deçà du 38e parallèle ou iront-elles au-delà ? On ne peut encore le dire. On peut cependant prévoir que les organismes appropriés des Nations unies seront chargés de le préciser. Il y a d'ailleurs une résolution de l'Assemblée générale qui prévoit une Corée unie : c'est déjà quelque chose, mais évidemment cette décision n'a aucun caractère impératif.

Pour le moment, il s'agit de gagner la lutte sur le plan militaire : le gouvernement américain donne à ce facteur une priorité absolue. M. Bohlen n'est pas compétent pour parler de la situation militaire ; il a d'ailleurs quitté Washington il y a quelques jours. À ce moment là, la situation était jugée critique. On espérait cependant pouvoir tenir en Corée.

On ne pense pas à Washington que l'action actuelle en Corée affaiblisse l'ensemble des forces américaines. Au contraire, précisément à cause des événements de Corée, les forces américaines augmenteront peu à peu. Le président Truman a demandé de nouveaux crédits, de 10 milliards de dollars, 4 milliards supplémentaires sont prévus pour armer les pays alliés des États-Unis.

En ce qui concerne les possibilités d'un élargissement du conflit, M. Bohlen indique que la résolution présentée lundi par M. Austin au Conseil de sécurité a essentiellement pour but de l'éviter. Cette résolution ne cherche pas tellement à condamner la Corée du Nord qu'à demander aux membres des Nations unies de ne rien faire pour étendre le conflit.

Il existe évidemment un danger de voir le conflit s'élargir. Ce serait le cas en particulier, si des troupes communistes chinoises étaient employées en Corée. On sait qu'il y a des troupes massées en Mandchourie, mais elles n'ont pas encore été identifiées et on n'a reconnu aucun mouvement de troupes vers la Corée.

Les Américains ont été impressionnés par l'habileté militaire des Coréens du Nord. Ils sont persuadés que ce sont là des troupes aguerries par la guerre de Chine où elles avaient combattu sous les ordres de Mao Tsé-Toung. Il y a également de nombreux Coréens provenant de la Sibérie orientale soviétique.

Il peut enfin se poser un problème beaucoup plus vaste, celui d'une implication soviétique directe : cette hypothèse paraît peu vraisemblable tant que le conflit reste localisé à la Corée du Sud.

De toutes façons, il faut prévoir le moment où les Soviétiques modifieront leur attitude. Si les Américains sont chassés de la péninsule, il y aura sans doute une prise de position de l'URSS.

Si le front est stabilisé en Corée, et c'est là une question de temps, il faudra également s'attendre à une nouvelle démarche russe.

M. Bohlen veut enfin ajouter qu'il ne pense pas un seul instant que les Soviets utilisent leur influence pour obtenir un règlement acceptable de la question coréenne.

Il est d'autre part certain que, si une opportunité réelle de règlement se présentait, les États-Unis l'examineraient favorablement. Mais, il est très important de reconnaître que la guerre de Corée n'est pas une guerre ordinaire : les troupes des Nations unies combattent pour affirmer un <u>principe,</u> celui de la résistance à l'agression. C'est pourquoi la marge de négociation est beaucoup plus réduite que s'il s'agissait d'une guerre ordinaire.

M. Dening est en général d'accord avec M. Bohlen. Il précise cependant deux points : tout d'abord, il s'agit là pour la première fois d'une agression par personne interposée. En effet, la situation ne se présentait pas tout à fait de la même façon en Grèce. Pourquoi donc les Soviets ont-ils choisi cette tactique en ce moment ? Il n'est pas facile de répondre. Voulaient-ils profiter de la faiblesse de la Corée du Sud ? Cette explication ne paraît guère satisfaisante.

M. Dening marque, d'autre part, son accord avec M. Bohlen sur le fait que les Soviets n'attendaient pas de réaction de la part des États-Unis.

En ce qui concerne les démarches de Sir David Kelly à Moscou, elles avaient un caractère d'exploration : la porte, en tout cas, ne s'est pas refermée brutalement.

L'ordre du jour de M. Malik, à Lake Success, n'est autre chose qu'une offensive de paix qui reprend les lignes générales de la démarche du Pandit Nehru.

M. Dening est également d'accord avec M. Bohlen sur le fait qu'il n'existe pas actuellement d'indication que l'URSS cherche un moyen de régler la situation par l'entremise des Nations unies. Les Russes n'ont sans doute pas fermé la porte à Moscou, mais ils veulent laisser les opérations se poursuivre en Corée pour le moment.

M. Dening souhaite également que l'on s'efforce de localiser le conflit. Que se passera-t-il quand le 38e parallèle sera atteint ? Que fera l'URSS ? Peut-être les Soviets enverront-ils des troupes au nord du 38e parallèle en invoquant le prétexte que les troupes américaines occupent la Corée du Sud. Ce serait là une situation désagréable, et qui accroîtrait beaucoup la tension internationale.

Il est certain qu'il faut unifier la Corée, mais il est très difficile d'imaginer un régime unifié sans des forces des Nations unies pour le soutenir. Quelle que soit la solution, elle doit être une solution des Nations unies, mais, il est actuellement prématuré d'arriver à une conclusion.

En ce qui concerne l'implication de la Chine dans le conflit, les Anglais ne pensent pas que la Chine intervienne, si son intervention ne lui rapporte pas des <u>avantages matériels</u>. Il est donc peu probable que la Chine souhaite intervenir d'une façon ou d'une autre en Corée, où elle n'a aucun bénéfice à attendre.

En ce qui concerne l'utilisation éventuelle de Coréens soviétiques, il est certain qu'il y a eu en 1919 une rébellion de Coréens, qui se sont réfugiés par centaines de mille en URSS et qui sont devenus plus russes que coréens. Ils sont absolument soviétisés, et ils ont combattu avec du matériel soviétique.

M. Dening pense que, si les choses tournaient mal pour les Russes, ils se soucieraient peu de sacrifier un de leurs satellites. Mais, pour le moment, ils exploitent une situation favorable.

Il est certain qu'une victoire des Nations unies serait une défaite de l'URSS. Si l'on admet que l'URSS ne veut pas une guerre générale, elle serait, dans ce cas, obligée d'abandonner son satellite.

M. Bohlen ajoute à son exposé une remarque générale : l'affaire de Corée a servi à dévoiler à l'opinion publique américaine des faits dont le gouvernement américain avait déjà conscience.

M. Dening a parlé d'agression par personne interposée : M. Bohlen tient à préciser que c'est la première fois qu'il y a eu agression manifeste. Ainsi l'URSS est prête aujourd'hui à prendre des risques de plus en plus grands, et cela, sans doute, parce que les armements soviétiques sont en progrès constants. Il est donc nécessaire que les puissances occidentales fassent un effort de plus en plus important, sinon la situation deviendra grave.

M. Parodi déclare qu'on a été frappé à Paris par le caractère indubitable de l'agression : on se serait plutôt attendu à une révolte en Corée du Sud, soutenue de l'extérieur. On pouvait penser que les Russes ne s'attendaient pas à une riposte armée des États-Unis et espéraient ainsi faire perdre la face aux puissances occidentales, cependant l'opération avait été préparée avec tant de soin que l'hypothèse d'une réaction des Occidentaux avait également dû être envisagée.

L'affaire de Corée a créé une situation nouvelle ; elle a ouvert les yeux des puissances occidentales et les a incités à réarmer. Il faut faire face dans ces conditions au danger très sérieux que les Russes, conscients de cet effort de réarmement, ne songent à utiliser leurs forces avant qu'il ait porté tout ses fruits. Cette considération doit renforcer notre prudence au stade actuel qui est celui où nous courons les plus grands risques. Depuis le début de l'affaire de Corée, l'URSS paraît avoir voulu se réserver une grande liberté de manœuvre ; l'attitude des partis communistes dans les autres pays a été relativement modérée. Avant tout il ne faut pas perdre de vue la tentation pour l'Union soviétique d'utiliser ses forces avant que l'effort de réarmement occidental ait porté tous ses fruits ; dans ce cas il peut être grave que les forces américaines soient engagées aussi profondément en Corée alors que leur appoint peut-être indispensable ailleurs.

M. Bohlen déclare qu'à Washington on a mûrement réfléchi au risque d'une attaque russe destinée à prévenir le réarmement des puissances occidentales, mais ce risque doit être couru. D'autre part, il semble que Staline ne considère pas seulement les éléments purement militaires. Staline n'est pas un Hitler, un conquérant emporté par le rêve. Il est prudent et calculateur. Il sait ce qu'est le moral de son armée et de son peuple. Il n'a pas oublié l'hémorragie d'effectifs qui s'est produite en 1941. Il se demande peut-être ce qui se passerait si les troupes russes débordant loin de leurs frontières étaient en contact avec l'extérieur, cependant qu'à l'intérieur le contrôle effectif de l'armée et de la police serait affaibli. Il y a aussi le problème des satellites européens, qui est foncièrement différent de celui des satellites asiatiques.

Enfin il y a le danger de l'arme atomique : la campagne déclenchée par les partis communistes dans les différents pays contre la bombe atomique montre l'importance qu'attache l'URSS à neutraliser cette arme.

M. Parodi considère que les éléments qui incitent Staline à la prudence existeront encore dans 3 ans, et qu'en logique pure, la situation serait alors plus difficile pour lui, l'Occident étant réarmé. Le danger est donc sérieux. Quant à l'action des combattants de la Paix, elle peut être destinée aussi à constituer, pour l'URSS, un alibi à l'extérieur et à l'intérieur, en couvrant du prétexte de la paix et de la défense toutes les agressions qu'il lui plaira de faire.

Il ne faut donc pas donner l'impression que les puissances occidentales rejettent systématiquement toute possibilité de règlement pacifique.

M. Dening reconnaît que le réarmement de l'Occident comporte un danger, mais qu'il y aurait un danger plus grand encore à ne pas réarmer, et à encourager l'URSS à de nouvelles opérations agressives dans lesquelles les forces occidentales seraient dispersées sur de nouveaux fronts secondaires.

Sur une question de M. Parodi, M. Bohlen déclare qu'à son point de vue, si Staline avait pu prévoir la riposte des États-Unis et de l'ONU dans le conflit coréen, il en aurait sans doute prévenu le déclenchement, car cette riposte entraîne le réarmement des États-Unis : or Staline a maintes fois répété au cours de la guerre que c'est la puissance industrielle qui constitue le facteur décisif.

M. Parodi formule l'hypothèse d'une proposition soviétique comportant le retrait des forces nordistes au-delà du 38e parallèle, le retrait des forces de l'ONU, et des élections. Cette proposition serait embarrassante.

M. Bohlen déclare que la possibilité d'une telle proposition a été envisagée aux États-Unis, mais que, dans l'état de la situation militaire actuelle, elle paraît peu vraisemblable. Les Russes ont peu d'attrait pour les élections sous contrôle international, des élections, qui se dérouleraient avec certaines garanties, ne seraient pas nécessairement favorables aux Nordistes ; les troupes du Sud paraissent très loyales, elles se sont battues parfaitement, après avoir été regroupées. Il y a eu des infiltrations nordistes au Corée du Sud, mais aucune guérilla locale. Il ne faut pas oublier non plus qu'il y a 700 000 réfugiés derrière les troupes des États-Unis. En aucun cas, les forces de l'ONU ne pourraient être retirées avant que la paix et l'ordre gouvernemental ne soit entièrement restaurés.

M. Parodi souligne que l'absence de M. Malik aux séances du mois de juin a été une faute grave des Russes ; ceci montre peut-être qu'à Moscou, on n'avait pas prévu la riposte.

M. Parodi pose ensuite la question de Formose.

M. Bohlen répond que la position prise par le gouvernement américain dans cette question a été inspirée uniquement par des considérations d'ordre militaire. La présence de forces hostiles aux États-Unis à Formose créerait un grand danger pour les forces des Nations unies engagées en Corée. Les États-Unis n'ont aucun intérêt économique à Formose, et ne songent pas non plus à y établir une base agressive. Ils n'ont pas l'intention d'envoyer des éléments américains dans l'île. Ils défendent simplement une ligne de communication vitale pour les forces opérant en Corée.

M. Parodi indique que l'affaire de Formose est beaucoup plus embarrassante que l'affaire de Corée. Elle recèle un grave danger d'extension du conflit.

M. Dening estime également qu'il convient de prévenir l'extension de la guerre. À son avis, si les Chinois supposent que leurs forces sont suffisantes, avec l'aide qu'ils pourraient recevoir de l'URSS, ils seront tentés d'attaquer l'île ; dans le cas contraire, ils demeureront prudents, car le régime de Mao Tsé-Toung, qui s'est imposé par des victoires successives, pourrait être ébranlé par un échec militaire.

M. Parodi demande si Tchang Kaï-chek s'abstient désormais d'exercer le blocus de la Chine.

M. Bohlen déclare que le gouvernement des États-Unis souhaite lui aussi limiter autant que possible le conflit ; si la 7ème flotte est attaquée, elle a néanmoins pour ordre de riposter ; toutes précautions doivent être prises pour qu'une éventualité de ce genre garde les proportions d'un incident, mais, dans certains cas, des bombardements de la côte pourront être nécessaires.

Sur une question de M. Parodi, M. Bohlen souligne que le gouvernement américain lie des dispositions prises à Formose à l'intervention de l'ONU en Corée, et plus particulièrement à la nécessité de contrôler les communications du corps expéditionnaire. La situation devra faire l'objet d'un nouvel examen après conclusion de l'affaire de Corée. À ce moment, différentes solutions pourront être envisagées.

Sur une deuxième question de M. Parodi, M. Bohlen explique que le récent voyage du général MacArthur à Formose était nécessaire pour examiner les questions militaires liées à l'action éventuelle de la flotte américaine. Aucune question politique n'a été abordée au cours de cet entretien.

Passant au problème d'Indochine, M. Parodi rappelle qu'il a abordé déjà plusieurs fois avec M. Bruce l'hypothèse d'une attaque chinoise à laquelle le commandement français ne pourrait résister qu'en obtenant des États-Unis des forces aériennes suffisantes. Il demande ensuite à M. Dening quelle est la situation des forces anglaises en Malaisie.

M. Dening répond qu'il faudra environ une année avant que les effectifs britanniques dans cette région puissent être diminués.

M. Baeyens rend compte des estimations de M. Pignon sur les effectifs chinois massés le long de la frontière nord de l'Indochine. Ils s'élèveraient à 150 ou 200 000 hommes, composés en majorité d'infanterie. Il existe, d'autre part, en Chine communiste, des camps de repos, d'entraînement et de rééquipement pour les forces du Viêt Minh. Le Haut-Commissaire s'attend à une offensive dans la région du delta, qui constitue la réserve alimentaire indispensable au ravitaillement des forces du Viêt Minh. Il estime qu'en septembre, à la fin de la période de la mousson, des forces de 50 à 60 000 hommes pourraient être engagées par le Viêt Minh dans une attaque, les Chinois assurant les services de l'arrière. M. Pignon a appelé l'attention de la mission américaine à Saïgon sur cette situation, et souligné l'urgence d'une aide aérienne à ce moment.

M. Parodi déclare que tout ce qui touche à la Chine intéresse la France, en raison des rapports étroits qui existent entre la situation en Chine et l'Indochine. C'est pourquoi les deux questions de Formose et de l'entrée éventuelle de la Chine communiste aux Nations unies sont très graves, elles préoccupent beaucoup le gouvernement français.

M. Dening estime que les Chinois donneront toute l'aide possible au Viêt Minh de l'intérieur de leurs frontières, mais il juge improbable une intervention directe de la Chine.

Il serait très heureux de pouvoir être informé de temps en temps de la situation militaire en Indochine.

À la demande de M. Parodi, M. Dening indique qu'il n'a pas d'informations précises sur une intervention de la Chine ou Birmanie : il n'y a eu aucune indication de cet ordre jusqu'à présent. Cependant le gouvernement britannique et le gouvernement birman s'en inquiètent, et surveillent la situation : une guerre en Birmanie porterait tort à tout le commerce du riz dans la région.

M. Dening indique ensuite que le Tibet est certainement une région sur laquelle Pékin cherche à resserrer son étreinte. On a parlé d'une attaque en septembre ou octobre prochains ; mais la présence de la neige à cette époque rend cette prévision improbable. L'Inde a fourni quelques armes aux Tibétains, mais il n'est pas sûr que ceux-ci sachent les utiliser.

Du point de vue politique, l'Inde, comme le Royaume-Uni, ont toujours reconnu la suzeraineté chinoise sur le Tibet, et il serait très difficile d'intervenir sur le plan politique contre la Chine.

En résumé, du point de vue militaire, il n'y a pas beaucoup de danger en raison de l'Himalaya, mais du point de vue politique, des infiltrations communistes dangereuses sont possibles.

À la demande de M. Parodi, M. Bohlen indique qu'il y a toujours des révoltes aux Philippines, mais il pense que la situation est meilleure, car le calme est revenu autour de Manille. Cependant, le gouvernement reste faible.

Toutefois, il ne faut pas oublier que les Philippines sont suffisamment éloignées du continent asiatique pour juger improbable une intervention directe des Chinois dans cette île.

M. de Margerie demande à M. Bohlen si l'engagement que le président Truman a pris à l'égard de la défense de Formose et des Philippines comporte l'intention d'agir sur le plan militaire aux Philippines.

M. Bohlen répond que les États-Unis ont déjà des accords qu'ils ont passés pendant la guerre avec les Philippines, concernant l'entraînement et l'équipement de l'armée philippine, ainsi que la jouissance de bases militaires. Il n'est pas nécessaire d'avoir de nouveaux accords, il suffirait de renforcer ceux qui existent. M. Bohlen vérifiera cependant quelle est la situation exacte à cet égard.

La séance est levée à 19 heures.

(Direction d'Asie-Océanie, Dossiers généraux, volume 22)

243

M. CHAUVEL, REPRÉSENTANT PERMANENT DE LA FRANCE AUPRÈS DU CONSEIL DE SÉCURITÉ DES NATIONS UNIES,
À M. SCHUMAN, MINISTRE DES AFFAIRES ÉTRANGÈRES[1].

D. n° 816 SC.   *New York, 3 août 1950.*

Depuis le 1er de ce mois, le représentant permanent de l'URSS préside effectivement les délibérations du Conseil de sécurité.

M. Malik s'acquitte de ses fonctions sans la moindre nervosité. Au cours de ses interventions, son langage n'a été vif qu'à l'égard de la délégation américaine, du gouvernement américain et de la politique américaine. Au cours de la première séance[2], il a marqué assez nettement qu'il ne confondait pas les responsabilités de Washington, considérées comme seules engagées dans l'affaire de Corée, avec celle du Conseil que l'obstination des États-Unis maintenait, depuis le 13 janvier dernier, dans l'impossibilité de siéger valablement.

Dans la pratique, le délégué soviétique se montre longanime. Ayant pris une décision présidentielle excluant du Conseil le représentant de Formose et ayant vu cette décision contestée, puis renversée, il ne s'est pas retiré, ce qu'il eut dû faire pour rester fidèle à ses déclarations du 13 janvier. Il a sans observation, à plusieurs reprises, donné la parole à mon collègue chinois. La seule différence de traitement qu'il maintienne est, au lieu de donner, dans les termes consacrés, « la parole au représentant de la Chine », de se borner à un simple signe que l'interprète traduit comme il l'entend. M. Tsiang, de son côté, commence et termine ses interventions sans s'adresser au Président. Tout au long d'un débat, en soi-même irritant, sur l'ordre du jour, s'il a été parfois audacieux dans ses affirmations, il a été, pour ce qui touche à la mécanique du Conseil, constamment correct. M. Zinchenko disait, il y a quelques jours, que son compatriote serait bon président. Je crois en effet que M. Malik tient à se donner les gants de l'être. Il n'est pas

---

[1] Dépêche adressée au Secrétariat des Conférences et communiquée au Secrétariat général, à la Direction générale des Affaires politiques, au Cabinet du Ministre et à l'ambassade de France à Washington.
[2] Voir document n° 234.

question pour lui, contrairement aux craintes qui avaient été exprimées, d'empêcher le Conseil de délibérer. Il le réunit au contraire tous les jours.

Que conclure de tout cela ?

Tout d'abord, et ce n'est pas une surprise, que le gouvernement soviétique ne s'embarrasse pas des contradictions. M. Malik est assis à la table sur laquelle M. Tsiang appuie ses coudes. D'autre part, au moment même où il nous dit que les décisions prises en l'absence de deux membres permanents du Conseil sont frappées de nullité, lui-même nous invite, malgré ce qui, pour lui, est l'absence d'un membre permanent, à prendre des décisions.

D'autre part, il semble que le délégué soviétique est installé dans son fauteuil pour un certain temps. Après le renversement de sa décision sur la représentation chinoise, M. Trygve Lie lui a demandé s'il allait partir. « Pas encore », a répondu mon collègue. Il n'est pas question actuellement de ce départ, non plus que de presser les votes qui le justifierait. M. Malik donnerait plutôt l'impression de gagner du temps.

Cependant, le fait que la délégation soviétique ne se soit pas présentée ce matin à la réunion du Comité d'état-major tendrait à prouver que la rentrée de l'URSS est limitée au seul Conseil. La réunion de la Commission des armements de type classique, prévue pour le 9 de ce mois, nous fournira à cet égard une contre-épreuve.

À l'heure actuelle tout se passe comme si l'objet de cette rentrée était d'être présent et de veiller au grain.

Et je ne puis me garder de penser que l'affaire chinoise, dont l'objet probable était d'empêcher la Chine nationaliste d'accéder au Conseil, est passée au second plan des préoccupations de Moscou.

Que l'affaire coréenne a donné dès à présent tout ce qui en était attendu, et ce, quels qu'en soient les développements prochains. Si les troupes américaines sont contraintes de rembarquer, les États-Unis auront perdu du monde, du matériel, beaucoup de leur prestige et se trouveront à la tête d'une entreprise qui aura perdu son point d'application. Si ces troupes réussissent à organiser une tête de pont, cet établissement suffira pour quelque temps à absorber les produits de la mobilisation américaine.

Je pense enfin que l'affaire actuelle n'est plus ni l'une ni l'autre de celles que j'ai dîtes, mais bien une troisième, qui pourrait être l'affaire de Formose, à l'occasion de laquelle il s'agirait de travailler à l'isolement des États-Unis.

Cependant M. Trygve Lie assiste à nos débats avec le sourire d'une maîtresse de maison satisfaite. À cette table, où lui-même et M. Zinchenko encadrent le Président soviétique, treize personnes sont assises.

P.S. – La présente dépêche a été rédigée avant la séance du Conseil de cet après-midi.

Au cours des débats animés et parfois violents qui se sont produits, j'ai pensé un moment que M. Malik allait démentir mes prévisions et que, battu sur tous les points, il partirait.

Il n'en a rien été.

Le délégué soviétique va continuer demain à présider un Conseil où siège le représentant de Formose et dirigera les débats portant sur les opérations de Corée, elles-mêmes gouvernées par la résolution du 25 juin, dont il a nettement marqué qu'il la considérait comme sans valeur.

Je considère que les conclusions de ma dépêche se trouvent ainsi confirmées.

(Secrétariat des Conférences, NUOI, volume 141)

244

Note du Secrétariat général

Conversations tripartite. Séance du 4 août 1950

N.   *Paris, 4 août 1950.*

Au cours des entretiens d'hier, les points suivants ont été clairement établis :

1) Le gouvernement des États-Unis considère l'affaire de Corée comme posant la question de principe de la résistance à l'agression. Il entend donc la poursuivre jusqu'au bout, et n'est prêt à aucune transaction amiable.

2) Le règlement final de la question de Corée n'a pas encore fait l'objet d'une décision nette du gouvernement américain, le délai jusqu'à cette décision étant d'au moins plusieurs mois.

3) À Formose, la 7ème Flotte a reçu l'ordre de tirer, en cas d'attaque. Le gouvernement des États-Unis n'envisageait aucune modification de cet ordre. Il n'y a donc pas de possibilité concrètes de diminuer actuellement le risque d'extension de la guerre résultant de l'action américaine à Formose.

n.b. Les Anglais semblent en avoir pris leur parti, et se sont montrés dépourvus de toute réaction sur la question de Formose.

4) La flotte américaine ne protège Formose que pendant la durée des opérations en Corée. Lorsque celles-ci seront terminées, le problème de Formose fera l'objet d'un nouvel examen.

Différentes questions demeurent en suspens. La principale est celle de l'attitude que nous comptons prendre en ce qui concerne l'admission du représentant de la Chine communiste au Conseil de sécurité. À ce sujet, les questions suivantes pourraient être posées, en vue de préciser les points de vue de chacun :

A – Que pensent les délégués américain et britannique de la position fondamentale du gouvernement de Pékin ?

– Estiment-ils que ce gouvernement a été prévenu par les Russes de ce qui allait se passer en Corée ?

– Considèrent-ils que le régime de Mao Tsé-Toung est solidement établi ?

– Pensent-ils que, sur le plan extérieur, la politique chinoise est déterminée en connexion étroite avec Moscou ?

– Espèrent-ils qu'au cours des mois à venir, des divergences de vues pourraient se produire entre Moscou et Pékin ?

B – Quels sont les inconvénients et les avantages que les délégués américain et britannique attendent de l'entrée éventuelle de la Chine au Conseil de sécurité ?

Contre : – L'entrée de la Chine, avant que la question de Corée ait été réglée, est un précieux appoint pour Moscou.

Elle permet, en empêchant un vote majoritaire de 7 membres, d'éviter un recours éventuel au veto.

Les Nations unies sont donc doublement paralysées.

Pour : – L'entrée de la Chine rétablit les règles de fonctionnement normal du Conseil de sécurité.

Elle enlève aux Russes un argument pour accuser le Conseil d'une action illégale.

Surtout, l'entrée de la Chine permet peut-être des contacts utiles à New York, en vue d'éviter l'extension du conflit.

C – Si la question de la représentation de la Chine n'est pas traitée au Conseil de sécurité, les trois délégations sont-elles d'accord pour remettre la question à la prochaine Assemblée ? Quels sont les avantages et les inconvénients qui peuvent se présenter ?

D – Si le délégué américain semble particulièrement réticent sur l'ensemble de ces questions, on pourrait peut-être lui poser la question de savoir s'il redoute spécialement la présence d'un délégué communiste chinois au Conseil de sécurité, tant que l'affaire de Formose n'est pas réglée.

***

Deux autres questions mériteraient sans doute d'être examinées :

a – Si un incident se produit à Formose, les États-Unis sont-ils désireux de recourir à l'intermédiaire des Nations unies (Conseil de sécurité ou Assemblée) ?

De notre point de vue, les inconvénients l'emportent sans doute sur les avantages.

b – Quelle est l'attitude des deux délégations à l'égard des puissances asiatiques non communistes, en particulier de l'Inde ?

Y a-t-il lieu de pousser ces puissances à appuyer activement les États-Unis, ou, au contraire, leur attitude de semi-neutralité offre-t-elle de plus grands avantages ? (notamment à l'égard de la Chine ?)

Cette dernière question est celle qui est développée par M. Chauvel dans sa dépêche relative à l'aide-mémoire français du 18 juillet[1].

(Direction d'Asie-Océanie, Corée, volume 69)

245

COMPTE RENDU DE LA DEUXIÈME SÉANCE
DES CONVERSATIONS TRIPARTITES DE PARIS DU 4 AOÛT 1950 À 17 H.

C.R.

Secret. Confidentiel.

Présents :

France : MM. Parodi, de Margerie, Baeyens, de Menthon, Pignon,

Grande-Bretagne : MM. Hayter, Dening,

États-Unis : MM. Bruce, Bohlen, Wallner.

Questions examinées : Indochine, Chine, représentation de la Chine aux Nations unies, Formose, Afghanistan, Iran, Proche-Orient, Turquie, Yougoslavie, Espagne, Allemagne.

La séance est ouverte à 17 h. 05 par M. Parodi qui demande si quelqu'un a des questions à poser à M. Pignon.

M. Dening demande à M. Pignon de préciser où en sont les négociations de Pau.

M.Pignon rappelle que l'ordre du jour de la conférence de Pau résulte des traités passés entre la France et les États associés. À cet ordre du jour figuraient la question des transmissions et celle du régime de l'immigration. Elles ont été résolues aisément à la satisfaction des États associés, et particulièrement du Viêtnam.

---

[1] Voir documents n⁰ˢ 216 et 231.

Venaient ensuite les questions financières : commerce extérieur et douane, mais la délégation du Cambodge a posé préalablement une question sur le régime du Mékong et du port de Saïgon, qui n'était pas à l'ordre du jour ; son examen a été poursuivi en commission spéciale. La question du plan d'équipement a été traitée à la satisfaction générale.

Des questions posées par la délégation cambodgienne, celle du régime du Mékong pour laquelle existaient des bases juridiques a été relativement aisée à traiter. Celle du port de Saïgon est demeurée plus difficile. Un projet accepté il y a deux jours par la France, le Viêtnam et le Laos ne reçut pas l'accord du Cambodge. Le Cambodge a fait depuis connaître son accord sur cette question, mais le Viêtnam a repris le sien. Ces discussions ont fait perdre une dizaine de jours. M. Pignon rappelle que, pour venir à bout de la méfiance des participants, il est nécessaire d'examiner les problèmes dans les moindres détails. Cette conférence se déroule lentement et a l'inconvénient de retenir en France les principaux hommes politiques des États associés. Il conclut en indiquant que la marche générale des conversations est satisfaisante.

M. Parodi indique que la préoccupation essentielle en Indochine demeure la situation militaire et la mesure dans laquelle il peut y être fait face. Il pose la question des rapports avec les missions américaines en Indochine.

M. Pignon rend hommage à la mission de M. Malby, qui comprenait des spécialistes de toutes les armes. Il a assisté lui-même aux séances d'information générale qui ont été très poussées et qui ont été suivies d'un travail concret par spécialité. Les observateurs américains ont pu circuler à travers tout le pays et ramasser une somme d'informations très complète. Le Haut-Commissaire ajoute qu'il souhaiterait que la mission permanente attendue soit placée sous l'autorité du représentant diplomatique des États-Unis.

M. Bruce indique qu'il a déjà câblé à Washington sur ce point. Il ne pense pas qu'il y ait de difficultés à cela, puisque c'est un usage général.

M. Parodi conclut en soulignant que les rapports sont excellents entre les membres des missions américaines et les autorités françaises.

M. Parodi passe à la question de l'admission de la Chine au Conseil de sécurité et indique en premier lieu qu'il faut s'efforcer d'éviter que la Chine ne soit entraînée dans le conflit coréen. Il pose un certain nombre de questions à ce sujet. Quels renseignements a-t-on sur la Chine en général et ses liens avec l'URSS ? La politique extérieure de la Chine communiste est-elle celle d'un simple satellite de Moscou, ou bien le régime chinois a-t-il conservé une indépendance suffisante pour maintenir une certaine autonomie dans sa politique étrangère ?

M. Parodi ajoute que l'entrée de la Chine à l'organisation des Nations unies comporterait des inconvénients certains au point de vue des votes, bien que deux vetos ne soient guère plus gênants qu'un seul veto. Il est en tout cas certain que la majorité de 7 votes serait encore plus difficile à réunir. Il sera par contre difficile de justifier en droit la position actuellement prise sur l'admission de la Chine communiste, lorsque le régime de Mao Tsé-Toung se sera affermi.

M. Parodi se demande si l'entrée de la Chine communiste à l'ONU ne permettrait pas la reprise de certains contacts. Au cas où la question de la représentation chinoise ne serait pas réglée en septembre, l'Assemblée générale ne serait-elle pas saisie de l'affaire ?

M. Bohlen déclare qu'il ne peut formuler que des hypothèses sur la question des relations de la Chine communiste avec Moscou. Il aborde donc la question de l'admission de la Chine à l'ONU. Le soutien ouvert et évident donné par la Chine communiste à la Corée du Nord empêche absolument d'envisager à l'heure actuelle son admission à l'ONU. Il rappelle que la Chine a appelé tous les Asiatiques à résister à l'impérialisme américain et s'efforce de présenter comme une opération exclusivement américaine l'action de l'ONU en Corée. Aussi longtemps que l'agression continuera, il n'y a donc aucune raison pour modifier la position américaine. Vis-à-vis de l'opinion des États-Unis, on ne peut se permettre de paraître payer un prix pour mettre fin à l'agression. S'écarter de la position actuelle constituerait une prime à l'agression.

Les Russes d'ailleurs semblent loin de chercher un règlement. Il serait dangereux de croire la chose possible. Ce que cherche l'URSS, c'est de rompre l'unité du front des Nations unies contre l'agression.

Il ne faut pas oublier que 16 membres seulement des 59 Nations unies ont reconnu la Chine communiste. Les États-Unis sont donc en accord avec la grande majorité des Nations unies. Les États-Unis considèrent que l'admission de la Chine communiste ne peut se poser à l'heure actuelle. Si elle se posait, indépendamment de l'affaire de Corée, les États-Unis voteraient contre l'admission mais ne considéreraient pas ce vote négatif comme un veto.

Sur la question de savoir si la Chine est un simple satellite de Moscou, M. Bohlen indique qu'elle est en tout cas un membre du monde communiste. Le communisme chinois peut ne pas perdre de vue les intérêts chinois, mais rien ne permet de croire pour l'instant qu'il est prêt à se séparer du communisme. En tout cas, il y a peu de chances qu'une attitude bienveillante de la part de l'Occident puisse contribuer à détacher le communisme chinois du Kremlin. La rupture entre Tito et les Soviets n'est pas la conséquence d'une action extérieure, mais d'un phénomène du monde communiste, elle s'est d'ailleurs produite à un moment où les relations de Tito avec l'Ouest étaient particulièrement tendues.

M. Dening est généralement d'accord avec M. Bohlen. Il fait néanmoins une différence entre la propagande du gouvernement de Pékin, strictement calquée sur celle de Moscou, et les déclarations officielles des dirigeants. Il cite en exemple le cas de discours faits à Mao Tsé-Toung par des diplomates communistes lors de présentations de lettres de créance, dans lesquels ceux-ci faisaient l'éloge de Staline. Dans sa réponse, Mao Tsé-Toung est resté dans le cadre diplomatique le plus banal. Il ne faut pas ajouter trop d'importance à ces détails ; on peut penser cependant que lorsqu'il s'agit d'intérêts proprement chinois, la Chine n'agira pas uniquement pour les « beaux yeux » de Moscou. Contrairement à ce qu'on dit généralement, Mao Tsé-Toung n'a pas répudié tous les traités passés par ses prédécesseurs ; il a déclaré que les traités antérieurs seraient examinés et l'attitude de la Chine précisée dans chaque cas. Il est resté dans les limites de son droit. L'ambassadeur britannique à Moscou considère que l'URSS a promis à la Chine communiste un siège à l'ONU et a, jusqu'à présent, échoué dans les différentes tentatives qu'elle a faites pour le lui obtenir.

Quant à l'admission de la Chine communiste à l'ONU, le gouvernement britannique considère qu'en aucun cas cette question ne doit devenir un objet de marchandage, ainsi que l'URSS en avait l'intention.

La question serait par contre différente si elle était examinée en soi, et non en liaison avec l'affaire de Corée. Dans ce cas, la Grande-Bretagne se prononcerait pour l'admission du représentant de Mao Tsé-Toung.

M. Bevin, dans un discours tenu le 24 mai, avait déclaré qu'à la longue il serait impossible d'empêcher la Chine d'être représentée à l'ONU. Si la question était posée maintenant les instructions du délégué britannique sont de s'abstenir, si la majorité ne peut être atteinte. Il est peu probable d'ailleurs que la question puisse être examinée en soi.

M. Parodi pense, comme M. Dening, qu'objectivement il sera difficile de tenir indéfiniment la Chine à l'écart. Mais, cette admission ne saurait en aucun cas faire l'objet d'un marchandage. Il faut donc se montrer très prudent, d'autant plus que, pour la France, s'ajoute le problème plus spécial des États associés. Dans le vote récent sur la mise à l'ordre du jour de la représentation chinoise, M. Chauvel avait reçu pour instruction de ne pas voter contre l'inscription à l'ordre du jour. Toutefois étant donné le discours prononcé par M. Malik, M. Chauvel, estimant qu'il fallait faire front sur les résolutions prises en juin, a voté contre. Par deux fois, la France a indiqué à ses alliés combien le problème de la représentation chinoise lui paraissait embarrassant, il est évident que la Grande-Bretagne et les États-Unis seront tenus au courant de toute modification de l'attitude française actuelle d'expectative.

M. Dening estime que tout compte fait, il y a sans doute avantage à régler cette question en faveur de la Chine communiste. Certes, toute rupture entre la Chine communiste et l'URSS ne peut venir que de l'intérieur, mais la Grande-Bretagne considère qu'il y aurait intérêt à laisser à Mao Tsé-Toung des possibilités de contact avec les puissances occidentales pour ne pas lui donner l'impression qu'il n'a d'autre choix que Moscou.

M. Parodi convient également qu'il ne faut pas rejeter totalement la Chine dans le camp russe.

M. Bohlen demande si l'on ne peut enregistrer un accord entre les trois délégations sur les deux points suivants :

a) Les trois Puissances considèrent que le problème de la représentation de la Chine à l'ONU ne saurait être examiné aussi longtemps que l'agression continue en Corée ;

b) Aucun lien ne doit être établi entre cette question et celle de Corée.

M. Dening n'est pas entièrement d'accord. Sans doute les deux questions ne doivent-elles pas être liées comme élément de marchandage, mais, si la question de la représentation chinoise devait être examinée indépendamment, la position britannique ne serait pas négative.

M. Bohlen en conclut que, pour la Grande-Bretagne, il s'agit essentiellement d'une question de temps. Si les deux questions ne sont pas inscrites en même temps sur l'ordre du jour, la Grande-Bretagne est prête à considérer le problème de la représentation chinoise, même dans le cas où l'agression en Corée continue.

M. Dening est d'accord.

M. Parodi demande si l'entrée de la Chine communiste à l'ONU ne poserait pas de façon encore plus délicate le problème de Formose.

M. Dening rappelle qu'à une question récemment posée au Parlement britannique, il a été répondu que, jusqu'à la signature d'un traité de paix avec le Japon, Formose ne pouvait être considérée comme faisant juridiquement partie de la Chine.

M. Bohlen rappelle la déclaration du président Truman. L'action de la 7ème flotte n'a rien changé au régime qui est celui de Formose depuis la fin de la guerre, elle modifie plutôt l'avenir. C'est une question sur laquelle les juristes devront se pencher.

M. Parodi signale que la question de la représentation chinoise aux Nations unies est un des points faibles de la situation actuelle. À la suite de la position prise par les États-Unis à l'égard de Formose, le gouvernement nationaliste a de moins en moins qualité pour parler au nom de la Chine.

Le gouvernement français s'est demandé si on ne pouvait exclure à la fois Mao Tsé-Toung et Tchang Kaï-chek, mais cette solution s'est révélée impossible. En effet, les communistes chinois pourraient facilement utiliser en leur faveur les arguments que l'on aurait développé contre le gouvernement nationaliste : on a convenu que l'abstention n'équivalait pas à un vote, ce qui a permis de considérer l'absence soviétique comme une abstention. Mais une véritable vacances mettrait les puissances occidentales dans une position intenable.

M. Parodi demande à M. Bohlen si, en cas d'incidents à Formose, les États-Unis saisiraient le Conseil de sécurité. Toute indication serait fort utile pour arrêter la position française.

M. Bohlen répond que la 7ème Flotte agirait sans doute immédiatement en cas d'intervention communiste chinoise. Il ne peut dire exactement ce qui se passerait ensuite sur le plan politique. Le gouvernement américain n'a pas encore défini sa position : sa décision dépendrait sans doute de la nature de l'attaque. De toute façon, c'est là un problème dont les trois représentants à New York devraient s'entretenir.

M. Bohlen revient sur la question de l'intervention de la Chine dans le conflit en Asie. Il pense, que si une intervention armée se produit, ce sera de préférence à Formose puis en Corée, puis en Indochine, sans que cet ordre de priorité puisse être considéré comme absolu.

Une attaque sur Formose dans les conditions actuelles n'est pas certaine : il existe sur les côtes faisant face à Formose des armées chinoises concentrées depuis un certain temps mais aucun récent mouvement de troupes n'a été signalé. Il y a eu également des rapports sur des concentrations de petits bateaux, mais qui n'ont pas été confirmés. Il est cependant certain que les Chinois pourraient assembler rapidement des embarcations légères. Il faut enfin signaler que la saison de la mousson et des typhons est commencée, ce qui rend une invasion difficile et même improbable actuellement bien que Formose soit le terrain où la Chine ait le plus de raisons d'intervenir.

M. Bohlen partage les sentiments de M. Dening sur le fait que la Chine n'a pas grand intérêt à intervenir en Corée. Une attaque dans cette région est donc improbable.

En ce qui concerne l'Indochine, M. Bohlen pense également que la Chine ne s'engagera pas ouvertement.

D'une manière générale, le gouvernement chinois ne peut savoir si la guerre qu'il déclencherait serait localisée ou non. Il ne sait pas quelles sont les intentions des États-Unis en ce qui concerne la localisation d'un conflit. C'est la crainte d'être impliquée dans une guerre générale qui retient la Chine. Sans doute une guerre sino-américaine serait agréable au Kremlin, mais elle ne le serait guère à Pékin.

Ces arguments sont également valables pour l'hypothèse où les Chinois chercheraient à attaquer Hong-Kong.

M. Parodi demande s'il y a risque d'une insurrection intérieure à Formose.

M. Bohlen répond que la question est complexe. Il faut dissocier deux cas : celui d'une insurrection en liaison avec une invasion chinoise, et celui d'une insurrection autonome.

Dans le premier cas, il est certain que l'on ne peut être trop sûr de certains généraux chinois. Il y a cependant de bons généraux chinois à Formose, qui ont été entraînés aux États-Unis. L'une des raisons du voyage du général MacArthur était précisément de s'assurer que les bons généraux étaient aux bons endroits.

M. Dening ne pense pas que des troubles intérieurs puissent se déclencher s'il n'y a pas invasion.

M. Bohlen est de cet avis.

M. Parodi met la discussion sur les autres pays d'Extrême-Orient et propose de parler de la situation en Afghanistan.

M. Dening indique que les démarches récentes qui ont été faites par son gouvernement pour régler la différend qui oppose l'Afghanistan au Pakistan n'ont pas eu grand succès jusqu'à présent. On a pensé au danger de voir l'Afghanistan se tourner vers les Russes avec lesquels ce pays a signé un accord commercial. Mais il ne semble pas que le risque soit grand car récemment les dirigeants afghans ont pris une attitude suffisamment ferme à l'égard des Russes.

Sans doute le régime est faible. De plus, si un mouvement soviétique se produisait vers l'Afghanistan, on ne voit pas trop comment on pourrait y parer.

M. Parodi mentionne ensuite l'Iran.

M. Baeyens précise qu'au moment où se déclenchait l'affaire coréenne, des inquiétudes se sont fait jour au sein du gouvernement iranien : le souverain et le Premier ministre les ont exprimées à notre ambassadeur à Téhéran. Cependant, les derniers renseignements ne signalent pas de nouveaux mouvements de troupes. Toutefois, il est certain que la division parachutiste stationnée en permanence à proximité des frontières de l'Iran pourrait intervenir immédiatement.

M. Bohlen précise que, le 21 juillet dernier, l'ambassadeur de l'URSS a demandé au Premier ministre iranien si l'URSS pourrait faire quelque chose pour aider l'Iran. Le premier ministre a été si surpris qu'il n'a trouvé à répondre qu'en invoquant huit soldats retenus actuellement par les Russes et la question des réserves d'or iraniennes confisquées en URSS.

Il y a au Caucase 16 divisions russes stationnées en permanence : elles pourraient entrer en Iran à n'importe quel moment. Dans ce cas, la situation serait très sérieuse car tout le Moyen-Orient serait en danger. Des consultations urgentes seraient évidemment nécessaires. Cependant, du point de vue militaire, il n'y aurait pas grand-chose à faire étant donné l'éloignement géographique de l'Iran. Actuellement cependant, il n'y a pas d'indice d'une action directe, mais des infiltrations sont probables en Azeirbaïdjan. La situation est toutefois un peu différente de celle de 1946, où des troubles en Azeirbaïdjan avaient servi de prétexte à l'action soviétique.

M. Hayter pense que les Russes ne peuvent agir en Iran par personne interposée. Il estime que le gouvernement iranien actuel est le meilleur qu'on ait eu depuis longtemps. Il rappelle le traité de 1921 qui permet à l'URSS d'entrer dans le pays et d'y établir des troupes, si une tierce puissance intervient de son côté.

L'interprétation juridique de ce traité serait évidemment peu commode, si la question était posée sur ce plan aux Nations unies.

M. Bohlen ajoute qu'il serait très difficile, après l'affaire de Corée, pour les Soviets, de s'imaginer qu'une nouvelle agression ne provoquerait pas une guerre générale. S'ils veulent une guerre générale, ils peuvent attaquer en Iran.

À titre personnel, M. Bohlen suggère que Staline pourra hésiter à compromettre sa réputation d'« homme de la paix » en faisant commettre une agression par des troupes dont il est généralissime. Il a signé une réponse à Nehru où il se déclare pour le règlement pacifique des conflits : se mettre de manière flagrante en contradiction avec lui-même nuirait à son prestige, en tant que chef du communisme mondial.

M. Baeyens demande à M. Bohlen quelle est l'importance de la mission militaire américaine en Iran, et s'il y a eu livraison de matériels.

M. Bohlen répond que la mission militaire est très réduite et qu'une très faible quantité de matériel a été livrés.

Il rappelle que depuis 1946, les Russes ont invoqué à plusieurs reprises le traité de 1921 : ils le font toujours pour grossir leur dossier, mais jusqu'ici, ils n'ont jamais mis leur menace à exécution.

Il précise, à la demande de M. Baeyens, qu'il n'existe pas d'engagement direct de l'Iran avec les États-Unis, à l'exception du programme d'assistance, qui est bien connu.

M. Parodi met ensuite la discussion sur le Proche-Orient, et en particulier sur la Turquie.

En ce qui concerne le Proche-Orient, il s'inquiète de l'attitude de l'Égypte et des indices d'hésitation qui se manifestent dans les pays arabes. Ceux-ci auraient-ils peur soudainement ?

M. Bohlen a noté ces indices mais il ne pense pas que ce soit très grave. Il croit au contraire que la question de Palestine devient moins dangereuse et que les Arabes renoncent peu à peu à revenir sur une situation de fait. Il estime donc que le calme revient dans ces pays.

M. Hayter indique que l'Égypte se conduit d'une manière enfantine. Les Égyptiens veulent mettre les troupes du Royaume-Uni à la porte de leur pays mais en même temps, le Premier ministre égyptien a informé confidentiellement le gouvernement britannique que les troupes égyptiennes seraient à ses côtés en cas de conflit général. Il est certain que le régime égyptien est violemment anticommuniste, mais les conditions sociales sont mauvaises.

En ce qui concerne la Turquie, M. de Margerie croit savoir qu'une démarche a été faite le 31 juillet à Ankara auprès des ambassadeurs de France, des États-Unis et du Royaume-Uni pour demander l'inclusion de la Turquie dans le Pacte atlantique. Il n'y a rien là de nouveau :

depuis deux ans, l'Ambassade de Turquie à Paris ne cesse de répéter que l'intérêt des puissances atlantiques est d'admettre l'accession de la Turquie au pacte. Son principal argument est que la Turquie est la seule puissance européenne à pouvoir mettre en ligne une armée véritable, nombreuse et bien armée.

La démarche du 31 juillet est manifestement un sondage. Du point de vue juridique, la situation est complexe, du fait que l'accession d'un nouveau membre doit être acceptée à l'unanimité, et que, de plus, en France comme aux États-Unis, cette décision doit faire l'objet d'une ratification parlementaire. Ces procédures causent donc des délais inévitables.

Quel intérêt y aurait-il à inclure la Turquie dans le pacte ? On avait d'abord pensé à l'origine à consolider le Pacte atlantique par un pacte méditerranéen. Puis on a considéré que les engagements pris étaient déjà très étendus, que l'adhésion de la Turquie poserait la question de l'adhésion éventuelle de l'Iran et que dans ce cas, les engagements seraient beaucoup trop vastes. Les Français et les Anglais se sont donc bornés à dire officieusement puis publiquement que les accords de 1939 étaient toujours valables. Ceci ne suffit évidemment pas à la Turquie. L'envoi de troupes turques en Corée est une manifestation du désir des Turcs de se mettre en avant.

M. de Margerie désirerait savoir quelle sera la réponse des États-Unis et du Royaume-Uni à la démarche turque.

M. Bohlen indique que son gouvernement n'a pas encore reçu le texte exact de la note turque. Il est certain que le Sénat américain devra être consulté et devra ratifier l'entrée d'un nouveau membre ; d'autre part, la question d'une extension éventuelle à l'Iran serait posée par l'adhésion de la Turquie au Pacte.

M. Bohlen rappelle enfin que le président Truman a déjà donné des assurances à la Turquie.

M. Hayter croit savoir que le ministre des Affaires étrangères de Turquie parlera de la question à M. Bevin à Strasbourg à l'occasion du Conseil de l'Europe. M. Bevin répondra vraisemblablement que c'est là une question difficile à laquelle il doit réfléchir.

M. de Margerie reconnaît que la force militaire de la Turquie est appréciable. Cette force maintient sur les frontières turques des forces russes assez importantes. Il s'agit de savoir si la Turquie serait plus ou moins exposée à la suite de son adhésion au Pacte atlantique, c'est-à-dire si cette adhésion amènerait sur les frontières turques des effectifs russes encore plus importants. S'il en était ainsi, l'affaire serait avantageuse, peut-être de notre point de vue, mais elle serait juridiquement très compliquée. On peut donc se demander s'il ne serait pas plus simple d'envisager une extension du traité anglo-franco-turc de 1939 aux États-Unis.

M. Bruce répond qu'il peut se renseigner sur ce point mais personnellement, il pense qu'une telle extension est très improbable, en particulier en raison des difficultés qui seraient créées au Sénat.

M. Bohlen examine l'éventualité d'une attaque russe sur la Turquie. Il ne pense pas que la Bulgarie soit assez forte pour attaquer seule la Turquie. Si, par conséquent, les Russes veulent déclencher une attaque, ils s'en chargeront eux-mêmes. Mais alors les dispositions de 1939 entraîneraient une guerre générale. Si l'on admet que l'URSS ne veut pas une guerre générale, il en découle qu'elle n'attaquera pas directement la Turquie.

Passant à la Yougoslavie, M. Parodi mentionne les rumeurs qui ont couru il y a quelque temps sur des concentrations de troupes en Bulgarie. Il ne pense pas que la Bulgarie soit en état d'attaquer par ses seuls moyens.

La France poursuit avec la Yougoslavie une négociation difficile sur le plan économique et l'on n'est pas encore arrivé à un accord.

M. Bohlen n'a pas beaucoup d'éléments d'informations nouveaux sur ce sujet. Antérieurement au déclenchement de l'affaire de Corée, on estimait Tito capable de résister seul aux satellites de l'URSS. Depuis les opérations de Corée, cette opinion a été quelque peu révisée car il a été prouvé que les satellites équipés par les Russes avec des tanks lourds et des armes modernes se révélaient très dangereux. D'autre part, les Yougoslaves se sont montrés récemment moins confiants en leur force militaire. M. Bohlen continue cependant à penser que la Yougoslavie peut se défendre même contre les satellites bien armés.

Il n'y a pas actuellement d'indice de mouvements de troupes contre la Yougoslavie. Si les Russes veulent renverser Tito, ce qui est théoriquement indispensable pour eux, il leur serait nécessaire de faire très vite pour éviter de donner au monde communiste le spectacle d'une lutte difficile d'un État communiste contre un autre État communiste bien que dissident.

M. Bohlen rappelle qu'en décembre dernier un mémorandum a été envoyé par les États-Unis aux deux autres puissances occidentales pour leur demander d'examiner en commun les moyens d'aider militairement la Yougoslavie en cas d'attaque. Un autre mémorandum a été envoyé dans ce sens le 10 juillet dernier. L'existence de la Yougoslavie de Tito est pour le moment un élément essentiel du maintien de la stabilité dans les Balkans, notamment en Grèce. C'est pourquoi les États-Unis souhaitent obtenir une réponse au mémorandum qu'ils ont envoyé.

M. Bohlen demande des précisions sur les perspectives de la négociation commerciale franco-yougoslave.

M. Parodi expose les grandes lignes de cette négociation et précise que les difficultés portent sur le règlement des créances arriérées ainsi que sur celui des indemnités de certains biens français saisis en Yougoslavie : ces deux questions ne seront pas résolues rapidement.

M. Parodi met ensuite en discussion la question de l'Espagne. Il a l'impression que des difficultés se produiront prochainement s'il est proposé à l'Assemblée générale de revenir sur les résolutions de 1946. Le gouvernement français serait très embarrassé, car si nous avons repris des relations commerciales avec l'Espagne, nous continuons à penser que nous devons prendre en considération le côté psychologique de l'affaire espagnole. Il faut éviter de donner une nouvelle matière à la propagande communiste. Le gouvernement n'a pas de proposition à ce sujet mais il sera certainement extrêmement prudent. M. Acheson a d'ailleurs fait une récente déclaration dans ce sens.

M. Bohlen est conscient des difficultés psychologiques posées par le problème espagnol. M. Acheson a effectivement pris position sur la question du prêt à l'Espagne. Cependant, l'opinion publique est différente aux États-Unis de celle qui existe en Europe. M. Bohlen pense qu'il serait utile que l'Assemblée générale amendât les résolutions de 1946 qui ont été votées tout de suite après la guerre, et qui n'ont pas en fait gêné beaucoup Franco. La délégation des États-Unis soutiendra donc tout projet de résolution amendant les résolutions de 1946 de manière à permettre le retour des ambassadeurs en Espagne et l'accès de l'Espagne à certaines institutions spécialisées.

Cette affaire vient tous les ans aux Nations unies, et c'est pourquoi la propagande s'en saisit à chaque fois : il faut donc laisser la question se régler cette année. Il communique à titre confidentiel un exemplaire du genre de résolution qui pourrait être proposée. Cette résolution porterait sur deux points :

a) les résolutions de 1946 seraient amendées de manière à permettre le retour des ambassadeurs à Madrid ;

b) les institutions spécialisées de caractère technique et non de caractère politique (OACI[1] par exemple) pourraient être ouvertes à l'Espagne.

Il ne serait pas question de l'entrée de l'Espagne aux Nations unies.

En plus des raisons précédemment invoquées, il existe des raisons de caractère militaire, concernant la défense de la Méditerranée : l'Espagne du fait de sa position au Maroc tient l'entrée de la Méditerranée. Pour toutes ces raisons, il est nécessaire d'arriver à un résultat cette année aux Nations unies.

Le gouvernement américain avait jusqu'à présent considéré l'Espagne comme un problème européen et n'avait pas favorisé un règlement du problème espagnol. Il pense maintenant que le moment est venu de considérer la question sur le plan général et de normaliser les rapports avec l'Espagne.

---

[1] O.A.C.I. : Organisation de l'aviation civile internationale.

M. Hayter n'est pas en mesure de prendre la parole sur cette question.

M. Parodi s'abstiendra également de commenter la proposition américaine. Deux considérations générales guideront vraisemblablement le gouvernement français dans sa décision :

a) d'une part, il est indéniable que la guerre d'Espagne a laissé dans l'opinion publique française (et il ne s'agit pas seulement de l'opinion communiste) des souvenirs défavorables à Franco ;

b) d'autre part, s'il est certain que Franco serait de notre côté en cas de conflit général, il est également certain qu'il n'agirait pas ainsi en raison des avances que nous aurions pu lui faire en dernière heure. Par conséquent, on peut se demander s'il est utile de lui faire de telles avances.

Allemagne

M. Parodi indique que la question qui préoccupe actuellement le gouvernement français est celle du réarmement de l'Allemagne et de la participation allemande au réarmement de l'Europe.

M. Hayter parle d'abord de Berlin. Ayant examiné la question de savoir s'il était nécessaire de rester à Berlin, le gouvernement britannique en est arrivé à la conclusion que c'était effectivement nécessaire ; le danger à Berlin est la possibilité d'un rétablissement du blocus. Ce rétablissement est concevable, mais il n'y a à l'heure actuelle, pas de signe en ce sens. La position des Alliés est à la fois meilleure et pire qu'en 1948. Meilleure en ce sens que les stocks disponibles sont plus élevés, pire parce que les possibilités du pont aérien sont plus réduites.

D'autre part, les Russes ont étudié des techniques pour rendre plus difficile l'emploi du pont aérien.

M. Bohlen pense que l'emploi des forces militaires soviétiques dans une action contre les secteurs occidentaux de Berlin est peu vraisemblable car elle entraînerait la guerre, mais, après les élections d'octobre en Allemagne orientale, l'URSS peut confirmer sa reconnaissance de cet État et ainsi ne plus être tenue juridiquement pour responsable d'une action de ce genre par les forces de la République démocratique allemande. Les forces paramilitaires de l'Allemagne orientale s'élèveraient actuellement à environ 50 000 hommes, principalement de l'infanterie, légèrement équipées. Il est important de ne pas les laisser grossir dans une proportion dangereuse. Le principal danger demeure le blocus de Berlin. Le pont aérien serait plus difficile à réaliser, en conséquence de l'utilisation de l'aviation américaine dans le Pacifique, en particulier à cause de la guerre de Corée. Il indique, comme son collègue britannique, que les stocks sont plus élevés que lors du blocus de 1948. Il n'y a d'ailleurs pas de signe actuellement de reprise du blocus. Il faudrait faire face au moindre indice en ce sens avec fermeté et rapidité, et montrer dès le début qu'on ne croirait pas à des explications soi-disant techniques. La règle serait de ne laisser passer aucun incident susceptible de conduire au blocus sans réagir immédiatement.

Vienne ne doit pas non plus être perdu de vue. Le pont aérien y aurait plus difficile, en particulier faute d'aérodromes suffisants dans les secteurs alliés. Il n'y a d'ailleurs à l'heure actuelle aucun signe d'une action soviétique de cet ordre, les intérêts soviétiques sont d'ailleurs plus limités en Autriche qu'en Allemagne.

M. Parodi indique que selon les renseignements en sa possession, les forces paramilitaires d'Allemagne orientale s'élèveraient à 60 à 70 000 hommes, légèrement équipés, mais que certains cadres suivraient des cours de chars et d'aviation.

M. Sauvagnargues aborde la question des rapports entre Berlin et la République fédérale. Il considère qu'une décision aboutissant à reconnaître le gouvernement de Bonn comme le gouvernement *de jure* de toute l'Allemagne serait dangereuse ; elle créerait un fait nouveau qui amènerait ensuite les Soviets à reconnaître à Berlin un gouvernement qui serait également pour eux le gouvernement de toute l'Allemagne. Il serait également dangereux de reconnaître Berlin occidental comme le douzième *Land* de la République fédérale. On risquerait ainsi de provoquer une contre-mesure soviétique.

M. Bohlen exprime son assentiment.

M. Parodi indique que la position française demeure ferme sur ces deux points. Il indique qu'en Angleterre et aux États-Unis, on tourne autour de l'idée tentante de ne pas laisser inutilisée la force de l'Allemagne, soit en la réarmant, soit en employant sa capacité industrielle au réarmement de l'Occident. Il rappelle que la France considère qu'il ne saurait être question d'un réarmement de l'Allemagne. Sans doute, l'URSS, se souvenant des enseignements de la dernière guerre, et du danger auquel l'a exposée la puissance militaire allemande, considérerait un tel réarmement comme un *casus belli* ; c'est donc là un risque que la France ne saurait prendre, surtout maintenant où elle est militairement faible.

Toute la question du réarmement français étant subordonnée à celle de la production des armes, il convient d'abord de réarmer les forces françaises. Il n'y a aucun problème d'effectifs.

Enfin, l'opinion allemande paraît à l'heure actuelle éloignée de souhaiter le réarmement. On ne peut songer à faire une propagande en sa faveur alors que toute notre action précédente a tendu à détourner l'Allemagne du militarisme. Toutefois, la création de la *Volkspolizei* pose la question de la constitution d'une police de l'Ouest. La France est en faveur d'une police des *Länder* qui pourrait en cas d'urgence, être mise à la disposition du gouvernement fédéral.

M. Parodi s'enquiert de l'importance des forces auxiliaires utilisées dans leurs zones par les commandants britannique et américain. Il demande que si l'armement de ces forces soit assuré, il demeure extrêmement léger, et qu'il soit bien entendu qu'il s'agisse là d'une simple police supplétive.

Passant à la question de l'utilisation du potentiel économique de l'Allemagne en vue du réarmement de l'Ouest, M. Parodi indique que la question mérite d'être examinée, mais qu'elle doit être traitée avec la plus grande prudence. La France a renoncé à bien des garanties contre le réarmement allemand. Or, il semble que l'Allemagne soit à la veille de dépasser le plafond de production sidérurgique de 11 millions de tonnes. Si cette limite est dépassée, nous souhaiterions trouver une formule, la maintenant en principe, dans laquelle on dirait que les commandes des Alliés sont hors contingent.

M. Bruce indique que la position américaine n'a pas changé. Que le gouvernement des États-Unis n'a pas l'intention de patronner le réarmement allemand, mais ne s'interdit pas de l'étudier. Il précise que le gouvernement américain n'a pas l'intention de passer en Allemagne de commandes de matériel militaire proprement dit (matériel de combat).

M. Bohlen indique que, dans la situation actuelle, la possibilité d'utiliser la capacité de production allemande pour la fabrication de camions, d'automobiles et de pièces détachées indispensables pour maintenir en bon état un équipement produit ailleurs, ne saurait être écartée. Il y a un problème général des pièces détachées : si elles ne sont pas produites en série en Europe, le matériel américain sera inutilisable dans deux ans.

M. Hayter souligne que la question de la force de police allemande doit être complètement séparée de celle du réarmement.

Il ajoute qu'à Londres, on estime que la solution retenue par les Hauts-Commissaires est médiocre. Le gouvernement britannique se prononce en faveur d'une police comportant certains organes centralisés, à l'échelon fédéral.

M. Parodi répond que la police des *Länder* est susceptible d'être mise à la disposition du gouvernement central et ne serait pas moins efficace. Il répète que, pour la période à venir (deux ou trois années) on ne saurait, du côté français, faire un pas dans la direction d'un réarmement allemand, qui provoquerait, certainement, une réaction soviétique dangereuse.

M. Bruce : « Le gouvernement américain est conscient de ces objections, et il n'y a pas lieu de supposer qu'il plaide la cause du réarmement allemand dans un avenir rapproché ».

***

M. Parodi remercie tous ceux qui ont participé à un échange de vues qu'il souhaite voir se renouveler de temps à autre.

La séance est levée à 19 h. 30.

(Direction d'Asie-Océanie, Dossiers généraux, volume 22)

246

M. Bérard, Haut-Commissaire adjoint de la République française en Allemagne,
à M. Schuman, Ministre des Affaires étrangères.

T. Metric n° 50 008[1]. *Bonn, 5 août 1950, 16 h. 10.*

Très secret. Réservé.

Je me réfère à mon télégramme n° 50.007[2].

Le plan des Américains est de constituer dans les mois qui viennent en Allemagne occidentale une force à peu près comparable à celle de la *Volkspolizei* et capable de lui résister. Les *Labor Units* fourniraient 20 000 hommes, les services auxiliaires de la zone britannique un contingent égal et les 10 000 hommes de la nouvelle police des *Länder* viendraient s'y ajouter. Les Américains pensent en effet qu'il serait d'un effet psychologique désastreux de résister avec des troupes alliées à une attaque de la *Volkspolizei* et qu'à des Allemands il convient d'opposer des Allemands.

Le danger de cette orientation est que, par compétition, on accroisse progressivement les forces allemandes à l'Est et à l'Ouest et que celles-ci finissent par atteindre un total qui se rapproche de nos propres forces.

Il importe donc que nous arrêtions le plus tôt possible de manière précise notre position et que nous la fassions connaître à nos alliés à l'échelon gouvernemental.

La difficulté des entretiens que j'ai à conduire à ce sujet avec mes collègues tient au fait que, quelle que soit l'attitude annoncée officiellement à Londres, par le gouvernement britannique, ses représentants en Allemagne poussent énergiquement dans le même sens que les Américains.

(Secrétariat général, Dossiers, volume 7)

---

[1] La série de télégrammes, de dépêches ou de notes « Metric », particulièrement protégée et à exemplaire unique, avait été mise en place à l'occasion du Pacte de Bruxelles, à la demande des Anglais et des Américains.

[2] Dans ce télégramme, Bérard expliquait la décision américaine de constituer des *Labor units* à partir des personnes déplacées allemandes qui leur servaient d'auxiliaires (télégramme n° 50 007 du 4 août 1950 de Bonn, non reproduit).

247

M. Bonnet, Ambassadeur de France à Washington,
  à M. Schuman, Ministre des Affaires Étrangères[1].

T. n°s 2996-3000.   *Washington, 5 août 1950, 16 h. 45.*

Réservé.   (*Reçu* : le 5, 22 h. 45)

Il semble, d'après les renseignements recueillis au Pentagone, que le commandement américain ait réussi, mais de justesse, à se replier au Sud-Est de la Corée dans un périmètre de défense cohérente.

Cette zone affecte la forme d'une équerre dont le pan Sud-Nord de 90 miles environ, tenu par les forces américaines parties de la région de Tong Yong, passe ensuite à l'Ouest de Masan et remonte la vallée de la Naktong jusqu'à un point à environ 10 miles à l'Est de Sangju à partir duquel le pan Ouest-Est d'à peu près 60 miles, tenu par les Coréens du Sud, se dirige vers Yongdok, où il se termine. Le gros des forces américaines s'est déplacé depuis quelques jours vers le Sud en raison de la poussée nord-coréenne dans la région de Chinju.

Les troupes américaines sont constituées à l'heure actuelle de 5 divisions dont l'ensemble est composée d'éléments venus des îles Hawaii, d'Okinawa et d'une brigade de la 1ère division de Marines. Les forces sud-coréennes se montent à 5 divisions, sans qu'il y ait mélange entre Américains et Coréens.

En face du secteur tenu par les Américains, 6 divisions nord-coréennes ont été identifiées et, en face des Sud-Coréens, 4 divisions de Coréens du Nord.

En outre, deux autres divisions de Nords-Coréens se trouvent en arrière de la ligne de feu. On estime au Pentagone que l'ensemble des troupes dont dispose actuellement le commandement des Nations unies est suffisant pour consolider la ligne de défense du périmètre qui s'appuie sur un terrain favorable et pour « se donner de l'air » éventuellement en quelques points.

Il s'agit donc essentiellement pour le moment de tenir la vaste tête de pont décrite plus haut dont la superficie est d'environ 5 000 milles carrés. Le Pentagone semble optimiste à ce sujet et déclare que la période de l'engagement des troupes américaines par petits paquets est terminée et que le « *Build up* » en matériel et en hommes qui s'effectue maintenant de façon continue permettra d'engager des forces importantes dans les secteurs menacés.

[1] Télégramme communiqué à la Présidence de la République, la Présidence du Conseil, MM. Parodi, Clappier, de La Tournelle et de Bourbon-Busset. Note manuscrite : « *Cattand. C[ommuni]quer à Londres, DEF[ense] NAT[ionale], Hau[t-Commi]ssaire [en Indochine], f[ai]t 7/8* ».

La remontée vers le Nord exige, pour commencer, environ le double des effectifs de ceux dont dispose aujourd'hui le général MacArthur.

Pour les milieux militaires de Washington, l'un des éléments importants du problème est évidemment la façon dont tiendront les troupes nord-coréennes sous le coup des bombardements aériens et terrestres accrus des forces américaines[1].

(Direction d'Asie-Océanie, Corée, volume 21)

248

M. Schuman, Ministre des Affaires étrangères,
     à M. Chauvel, Représentant permanent de la France auprès
     du Conseil de sécurité des Nations unies[2].

T. n°s 1529-1534.   *Paris, 5 août 1950, 23 h.*

Au cours d'échanges de vue officieux dont je vous informe par ailleurs, que nous venons d'avoir avec l'Ambassade des États-Unis et l'Ambassade de Grande-Bretagne sur les principaux problèmes posés par la situation internationale[3], M. Bohlen, qui revenait de Washington, nous a fourni certaines précisions sur la position du gouvernement américain au sujet du règlement de la question de Corée. Elles confirment, à quelques nuances près, les indications que vous a données M. Gross.

D'après M. Bohlen, le gouvernement américain ne saurait prendre actuellement position, en ce qui concerne l'avenir, aussi longtemps que les forces des Nations unies n'auront pas atteint le 38e parallèle, ce qui nécessitera vraisemblablement un long délai. On ne peut prévoir non plus si elles seront arrêtées au 38e parallèle ou si elles iront au-delà ; il est permis de penser toutefois qu'il appartiendra aux organes appropriés des Nations unies de le préciser.

Pour le moment, la priorité absolue doit être donnée au facteur militaire. Il faut avant tout gagner la lutte engagée par les forces des Nations unies en application des résolutions du Conseil de sécurité qui prévoient, outre le retour au 38e parallèle, l'aide à la République de

---

[1] Depuis Tokyo, Dejean signalait que la contre-attaque américaine avait permis de prévenir une nouvelle offensive nord-coréenne contre Fusan. Néanmoins, la situation militaire restait préoccupante, en raison de l'établissement d'une solide tête de pont dans la boucle sud-ouest du Naktong (télégramme n°s 1133-1135 du 10 août 1950 de Tokyo, non reproduit).

[2] Télégramme communiqué aux ambassades de France à Londres (n°s 7279-7284), Washington (n°s 6618-6623) et Tokyo (n°s 600-605). Cet envoi a pour référence le télégramme n°s 1207-1212 de New York, non reproduit. Note manuscrite : « *Vu Baeyens* ».

[3] Voir documents n°s 242 et 245.

Corée nécessaire pour écarter l'agression et rétablir la paix et la sécurité dans cette région.

Il importe au surplus de ne pas perdre de vue que les forces des Nations unies combattent pour affirmer un principe, celui de la résistance à l'agression, et qu'en conséquence, il n'existe pas la même marge de discussion que s'il s'agissait seulement d'un différend.

Ceci dit, le gouvernement américain est disposé à explorer les possibilités qui pourraient apparaître d'un règlement satisfaisant pour les Nations unies de l'affaire de Corée, mais il n'en entrevoit pas en l'état actuel de la situation.

En tout état de cause, il conviendra de donner, le moment venu, aux Coréens la possibilité de s'exprimer librement. Des élections qui se dérouleraient sous contrôle international avec les garanties indispensables ne seraient pas nécessairement favorables aux Nordistes. Il y a lieu de tenir compte notamment à cet égard du fait que les troupes sudistes se sont montrées loyales et apportent un concours très efficace aux forces des Nations unies, les guérillas sont le résultat d'infiltrations nordistes non du mécontentement local enfin la présence de 700 000 réfugiés en arrière du front ce qui suffit à constituer un témoignage du sentiment de la population.

En aucun cas, les forces des Nations unies ne pourraient être retirées avant que la paix et l'ordre gouvernemental n'aient été entièrement restaurés.

Les indications données par le représentant britannique sur la position de son gouvernement ont été beaucoup moins catégoriques. Il ne croit pas non plus à la possibilité d'envisager dès maintenant une solution ; il a marqué en outre que celle-ci ne pourrait être qu'une solution des Nations unies et qu'il paraissait difficile d'imaginer l'instauration d'un régime unifié sans la présence de forces des Nations unies.

(Direction d'Asie-Océanie, Corée, volume 21)

249

M. Parodi, Secrétaire général du Ministèredes Affaires étrangères,
  à divers postes diplomatiques[1].

T.   *Paris, 5 août 1950.*

Réservé. Secret.

À la suite de l'aide-mémoire remis le 19 juillet aux Ambassades de
Grande-Bretagne et des États-Unis[2], des entretiens franco-anglo-américains ont eu lieu au Département les 3 et 4 août[3]. Ces conversations,
auxquelles ont participé du côté américain MM. Bruce et Bohlen, et
du côté anglais, M. Dening, ont pris la forme d'un échange de vues sur
les principaux problèmes qui se posent aux trois puissances, en raison
des événements d'Extrême-Orient.

Sans méconnaître en rien la gravité de la situation, M. Bohlen considère qu'à Moscou, on n'est pas désireux d'étendre le champ des hostilités. Il reconnaît que l'agression armée, fût-ce par personne interposée,
constitué un fait nouveau dans le développement de la politique soviétique mais croit pouvoir dire que la Corée représente un cas spécial ;
l'éventualité d'agression directe par les troupes soviétiques lui paraît
peu vraisemblable.

À son avis, le recours aux armes en Extrême-Orient signifie avant
tout que le potentiel militaire de l'URSS s'est accru considérablement,
et que celle-ci est prête à prendre plus de risques, mais il estime que le
maréchal Staline n'avait pas prévu une riposte américaine massive.
C'est sur l'idée de cette erreur de calcul que s'appuie l'action des États-
Unis.

Selon M. Bohlen, en résistant à l'agression, les Nations unies donnent
aux Russes le seul avertissement qui puisse les arrêter sur la pente où
ils se sont engagés. Toute concession, prouvant que l'agression profite
à l'agresseur, serait donc fatale.

Ces considérations, renforcées évidemment par le désir de ne pas
accepter les échecs subis sur le terrain, paraissent rendre la politique
américaine extrêmement rigide. D'après M. Bohlen, le gouvernement
des États-Unis serait décidé à n'accepter aucun compromis, même au

---

[1] Télégramme communiqué à la Présidence de la République, la Présidence du Conseil,
MM. Parodi, de La Tournelle, Clappier, de Bourbon-Busset et aux postes à Washington
(n° 6667), Londres (n° 7304), New York (n° 1542), Tokyo (n⁰ˢ 671-679), Bonn (n° 2292),
Rome (n° 1720), Moscou (n° 1130), New Delhi (n° 675), Saigon (n° 1272), Canberra (n⁰ˢ 257-
265), Manille (n⁰ˢ 141-149), Taipeh (n⁰ˢ 113-121), Rangoon (n⁰ˢ 158-166), Bangkok (n⁰ˢ 247-
255), Singapour (n⁰ˢ 125-133) et Djakarta (n⁰ˢ 238-246).
[2] Voir document n° 216 (annexe).
[3] Voir documents n⁰ˢ 242 et 245.

cas où la tête de pont de Pusan devrait être évacuée. La nécessité d'exécuter de toute façon la décision du Conseil de sécurité prime toute autre considération.

Aucun règlement définitif n'est encore envisagé pour la Corée, mais, d'ores et déjà, en repousse l'idée d'un simple repli des nordistes au 38e parallèle s'il devait être accompagné d'une évacuation américaine ; on n'estime pas possible de se contenter de sauver la face, on désire la victoire des Nations unies.

Une part importante des conversations a été consacrée aux moyens d'empêcher une extension du conflit. En ce domaine, qui concerne en premier lieu la Chine, des indications intéressantes ont été données par M. Dening. Le Sous-Secrétaire d'État adjoint britannique ne croit pas que le gouvernement chinois soit actuellement tenté de pratiquer une politique différente de celle de Moscou. Il note néanmoins que la Chine ne passera à l'action que pour des buts concrets ; il y a, à son avis, une zone d'intérêts chinois ne coïncidant pas nécessairement avec la zone d'intérêts de l'URSS. Immédiatement, une intervention chinoise directe en Corée apparaît peu probable : la Corée intéresse surtout l'URSS ; la Chine, traditionnellement, reste à l'écart des affaires coréennes. Le point délicat est Formose : M. Dening pense que la Chine n'interviendra à Formose que si l'appui de la flotte sous-marine et de l'aviation soviétiques lui permet de compter sur un succès : le régime de Mao Tsé-Toung ne peut encore courir le risque d'un échec, même limité.

Du côté américain, on prévoit aussi que la Chine restera sur l'expectative ; du moins on espère que la présence de la 7e Flotte sera de nature à détourner les Chinois de toute entreprise risquant de les engager dans un conflit général avec les États-Unis : ce conflit ne bénéficierait en effet, qu'à l'URSS.

À Formose, les États-Unis ne veulent rien faire pour aggraver la situation ; mais ils sont décidés à courir le risque, et ne sont pas encore prêts à entendre les conseils de la prudence. Il a toutefois été précisé que la « neutralisation » de Formose était liée à la guerre de Corée, et prendrait fin avec celle-ci. Le sort ultérieur de l'île ferait alors l'objet de conversations entre les Puissances.

M. Pignon, qui a assisté à une partie des entretiens, a précisé les problèmes qui se posent en Indochine. Il a mentionné l'éventualité d'une offensive prochaine du Viêt Minh dont les troupes ont été équipées et entraînées de l'autre côté de la frontière. Cette offensive, même si elle ne reçoit pas d'appui extérieur, nous mettra au Tonkin à dure épreuve ; il est possible qu'un renforcement aérien nous soit nécessaire.

Dans l'ensemble, la position américaine apparaît pour l'instant très fortement déterminée. Engagés presque seuls dans des opérations militaires très dures, pour le compte, ils ne cessent de le souligner, des Nations unies, les États-Unis sont prêts à courir de gros risques, qu'ils considèrent moins graves qu'un compromis encourageant l'adversaire.

Les Britanniques, tout en faisant preuve d'une plus grande réserve, notamment en ce qui concerne la représentation de la Chine au Conseil de sécurité, semblent s'être rendu compte qu'il n'y avait pas moyen pour l'instant de modifier la position américaine.

Je vous ferai connaître prochainement les conclusions qui se dégagent, du point de vue français, des entretiens de ces derniers jours.

Les indications qui précèdent vous sont transmises pour votre information confidentielle. Aucune information n'a été donnée à la presse sur les réunions des 3 et 4 août, qui font partie des échanges de vues réguliers prévus par les Ministres des Affaires étrangères, lors de leur réunion à Londres.

(Direction d'Asie-Océanie, Corée, volume 69)

250

MÉMORANDUM DU GOUVERNEMENT FRANÇAIS
AU GOUVERNEMENT DES ÉTATS-UNIS[1]

Mémo. *Paris, 5 août 1950.*

1) Le gouvernement des États-Unis a demandé au gouvernement français, ainsi qu'aux autres gouvernements signataires du Pacte atlantique, des informations sur la nature et l'étendue des efforts qu'ils ont décidé d'entreprendre en vue de renforcer le système collectif de sécurité nécessaire à la défense de la paix[2].

Ces renseignements concernent l'accroissement des forces armées et des productions militaires qui pourrait être réalisé grâce notamment à l'aide supplémentaire que le Président des États-Unis a soumise à l'approbation du Congrès afin de permettre à chaque nation libre d'apporter sa contribution *maxima* à la défense commune. C'est dans cet esprit que le gouvernement français est heureux d'avoir l'occasion de préciser ses intentions.

---

[1] Le texte de ce mémorandum a été adressé à l'ambassade de France à Washington par le télégramme nᵒˢ 6695-6707, à Londres (nᵒˢ 7358-7370) et au conseil des suppléants à Londres (nᵒˢ 5-17).

[2] Voir document nᵒ 225. Le Département d'État avait bien confirmé que les États-Unis s'attendaient à ce qu'un effort plus grand soit accompli par ses alliés pour leur propre défense. L'ambassadeur américain à Paris était chargé de demander une réponse française avant le 5 août. Il restait évident que la reconstruction économique des pays européens devrait se poursuivre et qu'une coordination devrait être assurée entre les programmes d'aide économique et d'assistance militaire. Toutes ces questions étaient débattues au sein de l'administration américaine mais leur issue dépendrait en grande partie des réponses faites par les alliés européens (télégramme nᵒˢ 2844-2849 du 25 juillet 1950 de Washington, non reproduit).

2) Les crédits que la France a consacrés aux dépenses militaires n'ont cessé de croître au cours des dernières années et s'élèveront en fait à près de 500 milliards de francs en 1950. Ils représentent, si l'on adopte les normes du comité économique et financier du Pacte atlantique, un pourcentage de 8,2 du revenu national, d'autant plus lourd que sur ce même revenu doivent être prélevés simultanément les crédits nécessaires à la réparation des dévastations infligées par la dernière guerre.

À une date toute récente, le gouvernement français a décidé, pour l'année budgétaire commençant le 1er janvier 1951, un effort supplémentaire d'au moins 80 milliards, soit un nouvel accroissement d'environ 18 % par rapport au chiffre prévu initialement au budget de 1950.

Ces crédits militaires permettent d'entretenir en France, en Allemagne occupée et dans les pays de l'Union française, des effectifs proportionnellement plus élevés que ceux de beaucoup d'autres nations, si l'on tient compte du régime français de la conscription, d'après lequel les hommes du contingent, conformément à la tradition française, ne reçoivent qu'une paie insignifiante (moins de deux cents francs par jour) ; si l'on tient compte aussi qu'officiers et militaires de carrière perçoivent des soldes notablement inférieures à celles en usage dans d'autres pays.

3) La France entretient, en effet, actuellement des effectifs (armée, marine, air) qui atteignent, gendarmerie comprise, 659 000 hommes dont 150 000 environ sont engagés dans des opérations actives en Indochine, où la France assure seule, et dans d'intérêt commun, depuis plusieurs années, la protection d'une partie de l'Asie du Sud-Est.

Tous les militaires français de carrière, tous les officiers des armées, de terre, de mer et de l'Air, servent à tour de rôle en Indochine pendant une durée *minima* de deux années.

4) Le nouveau programme que le gouvernement français a actuellement en vue s'ajouterait à la modernisation et au rééquipement des divisions existantes qui s'effectuent présentement, grâce notamment aux livraisons au titre de la première tranche du programme d'aide militaire (P.A.M.).

Ce nouveau programme exigerait pour l'armement, l'équipement et l'entretien des forces supplémentaires, notamment des divisions nouvelles, un montant qui, au cours des trois prochaines années, peut être évalué approximativement à 2 000 milliards de francs.

Ce chiffre couvre à la fois la valeur des armes et équipements dont la fourniture est prévue dès maintenant au titre de la deuxième tranche du P.A.M. que les dépenses nécessaires à la fabrication en France ou dans d'autres pays signataires du Pacte atlantique du matériel indispensable. Les mêmes chiffres englobent les crédits prévus pour les trois premières tranches du programme aérien quinquennal récemment voté par le Parlement.

5) À cet accroissement des moyens de défense devra correspondre une augmentation parallèle des effectifs français affectés en temps de paix à la défense de l'Europe occidentale. Ces effectifs seraient graduellement augmentés de manière notamment à permettre la constitution en trois ans de quinze divisions nouvelles à effectif complet.

6) Il est bien évident toutefois que la mesure dans laquelle un aussi vaste programme pourra être exécuté dépend de l'aide que se prêteront mutuellement les États signataires du Pacte atlantique et, en particulier de celle qui viendra des États-Unis. Même dans ces conditions, l'effort envisagé par le gouvernement français entraînerait des sacrifices importants de la part du peuple de France pour la cause commune.

Mais, ainsi que le gouvernement des États-Unis l'a reconnu, le réarmement ne doit pas avoir pour conséquence d'anéantir les efforts faits par les pays européens pour consolider leurs finances et leur économie. Un accroissement des programmes de défense hors de proportion avec les possibilités nationales aurait à la fois pour conséquence de mettre en péril l'équilibre fragile de nos comptes extérieurs en réduisant notamment nos exportations et de diminuer de façon dangereuse les investissements intérieurs indispensables au maintien du revenu national.

Or, les dévastations laissées par la guerre sur le territoire français sont beaucoup plus graves que celles de 1918 et sont encore loin d'être réparées. En raison même de l'effort militaire actuel, des centaines de milliers de maisons n'ont pu être reconstruites. Pendant de longues années encore, un minimum de dépenses d'investissement et de reconstruction est nécessaire, sans lequel l'effort industriel et humain indispensable à la défense ne pourrait être pleinement réalisé.

De plus, la stabilité monétaire, la protection de l'équilibre budgétaire et le maintien d'un suffisant niveau de vie doivent être considérés comme des éléments capitaux du potentiel de défense. Aussi bien, l'article 2 du Pacte de l'Atlantique prévoit-il, dans ces domaines, une coopération étroite entre les pays signataires.

Ainsi, quels que soient les sacrifices imposés à notre population, l'effort nouveau ne pourra être accompli sans un apport extérieur d'armement, de matières premières, d'équipement, et sans une aide financière importante.

7) Le gouvernement français tient à souligner que cet effort considérable sur le plan humain, industriel et financier, serait sans efficacité si des forces terrestres et aériennes suffisantes pour assurer le maintien de la paix ne se trouvaient pas stationnées en Europe continentale. Ces forces, pour être constituées rapidement, ne peuvent résulter du seul effort des États du continent. Ce sentiment est particulièrement vif dans l'esprit des Français qui ont gardé le souvenir douloureux des événements de 1940 et qui constatent aujourd'hui les conséquences de l'insuffisance initiale de forces prêtes à s'opposer à l'agression.

Il est nécessaire que les États-Unis et la Grande-Bretagne notamment puissent participer à la défense avec un nombre suffisant de divisions stationnées en Europe continentale.

8) Le gouvernement français, enfin, souhaite exprimer de la façon la plus franche au gouvernement des États-Unis ses vues sur les conditions dans lesquelles devrait être exécuté le programme de défense collectif.

Notre but, notre seul but, est de préserver la paix.

À cette fin, toutes les nations libres doivent faire de lourds sacrifices. En accord avec ses partenaires, la France est résolue à jouer pleinement son rôle dans l'entreprise de sécurité collective du Pacte atlantique. Ses efforts proportionnellement à ses ressources ne seront inférieurs à aucun de ceux consentis par les autres pays participants.

Mais, pour que ce programme atteigne son nécessaire degré d'efficacité, il est indispensable que chacun des peuples du Pacte atlantique ait la conviction profonde de participer à un effort commun, orienté par une direction commune, dans lequel chaque partenaire est pleinement engagé et dans lequel chacun bénéficie de l'appui total des autres. Le nouvel effort de défense doit donc être conçu comme une entreprise collective des nations atlantiques et non comme une addition ou une juxtaposition d'efforts nationaux.

Le caractère collectif de cette entreprise devrait être matérialisé par l'instruction d'organes centraux de conception et de direction, à la fois dans le domaine politique et économique, par l'unité du commandement militaire et par l'établissement d'un système financier destiné à centraliser et à gérer de la façon la plus efficace la plus grande partie possible des ressources consacrées par chacun des pays aux besoins de la défense.

Le gouvernement français a l'intention de préciser ultérieurement ses vues à ce sujet et de proposer la conclusion des arrangements désirables tant avec le gouvernement des États-Unis qu'avec les gouvernements des autres pays membres du Pacte atlantique.

Il soumettra ensuite au Parlement français les dispositions qui devraient être prises sur le plan national en conséquence des mesures élaborées en commun.

(Secrétariat général, Dossiers, volume 10)

251

NOTE DU SECRÉTARIAT DES CONFÉRENCES[1]

Possibilités d'un règlement de la question de Corée

N.   *Paris, 8 août 1950.*

Bien qu'en l'état actuel de la situation militaire, l'on puisse estimer prématuré d'envisager d'ores et déjà les possibilités et les conditions d'une solution de la question coréenne, il ne semble pas inutile d'examiner dès maintenant les grandes lignes de l'action qui pourrait à cet égard être entreprise par les Nations unies.

Plus vont les choses et plus on aperçoit clairement en effet que le règlement de l'incident coréen ne saurait être dissocié de la question de Corée. L'Organisation s'est donné pour objet de repousser l'agresseur et de rétablir dans la région la paix et la sécurité ; mais les conditions mêmes dans lesquelles elle s'acquittera de ces tâches lui imposeront sans doute, une fois arrivée à ses fins, d'autres issues que le maintien pur et simple du *statu quo ante*. Au surplus, il paraîtrait opportun qu'en présence des manœuvres de propagande et de division auxquelles se livre la délégation soviétique au Conseil de sécurité, les puissances occidentales ne donnent pas l'impression d'adopter une attitude purement négative et de rejeter systématiquement, sans proposer elles-mêmes aucun plan constructif, tout projet de règlement. De ce point de vue, force est de constater que ces puissances ont perdu du terrain, tant auprès de l'opinion publique internationale, qui a peine à saisir le sens exact des débats du Conseil, que de certains États (Inde, Égypte) dont les tendances neutralistes se sont affirmées à l'occasion de l'affaire de Corée.

Il va sans dire que le règlement du problème coréen est lié à l'évolution encore imprévisible des événements militaires et que le tour que prendront ceux-ci commandera étroitement le recours à une solution déterminée. Enfin, avant d'aborder la question dans le détail, il semble nécessaire d'appeler l'attention sur les considérations énoncées ci-après qui ne sauraient être perdues de vue.

Il serait tout d'abord exclu de se prêter à une négociation ou de suggérer un plan qui mettraient en cause les décisions du Conseil de sécurité et ne prévoiraient pas le retrait des troupes communistes au nord du 38ᵉ parallèle. Agir autrement serait, en s'inclinant devant le fait accompli, donner une prime à l'agresseur, créé un précédent redoutable au regard des situations analogues à celle de la Corée qui pourraient se développer en d'autres points sensibles du monde, provoquer enfin

---

[1] Note communiquée à la délégation française au Conseil de sécurité de New York et aux ambassades de France à Londres et Washington.

sur l'opinion publique de certains pays particulièrement alarmés en raison de l'état des relations entre l'Est et l'Ouest un effet démoralisant. Les répercussions d'une telle attitude seraient, pour des motifs qu'il est inutile de souligner, particulièrement dangereuses en Allemagne.

Mais ce n'est pas à dire que nous devrions refuser dès l'abord toute tentative de conciliation. Au contraire, il nous appartient semble-t-il, de saisir, en toute bonne foi, les occasions de régler pacifiquement le différend qui répondraient à la condition énoncée plus haut. L'on ne saurait trop avoir égard en effet à l'intérêt qui s'attache, dans l'état actuel où se trouvent les préparatifs militaires des puissances occidentales, à gagner du temps, si ce temps peut être mis à profit. D'autre part, sauf le cas où les solutions de force s'imposent, le maintien des contacts sur le terrain diplomatique ou au sein des organismes internationaux présente toujours des avantages évidents. Il importe donc d'éviter toute attitude qui pourrait être interprétée comme une manifestation d'intransigeance ou une fin de non recevoir anticipée.

Toutefois, la teneur des propositions présentées par M. Malik le 4 août a clairement démontré qu'en énonçant celles-ci, le délégué soviétique n'avait eu en vue qu'une manœuvre de propagande et le désir de gagner du temps en attendant le développement de la situation militaire : tout souci de masquer un tel dessein sous une intention apparente de conciliation en avait été délibérément écarté. Le délégué soviétique a suggéré en effet l'audition par le Conseil de représentants de la population coréenne, la cessation des hostilités et l'évacuation de la péninsule par les troupes étrangères.

L'attitude peu encourageante de Moscou fournit donc aux puissances occidentales une raison supplémentaire de chercher à préciser leurs propres intentions.

Au demeurant, sur le règlement général de la question coréenne, le mutisme des résolutions adoptées les 25 et 27 juin[1] par le Conseil de sécurité est complet. On y trouve seulement l'affirmation de la légalité du gouvernement de la République de Corée et la recommandation de fournir à cette République l'aide nécessaire pour repousser les assaillants, sans qu'il soit précisé d'ailleurs jusqu'à quel point. De même, le passage concernant la nécessité de rétablir la paix et la sécurité « dans cette région » n'indique pas s'il s'agit de la zone envahie ou de la Corée tout entière.

***

La seule solution satisfaisante en soi de la question de Corée serait celle qui permettrait l'unification du pays et l'instauration d'un régime conforme au désir librement exprimé de la population. Cette solution

---

[1] Voir documents nᵒˢ 158 et 169.

apparaît difficilement concevable sans la présence de contingents des Nations unies au moment où la population sera appelée à se prononcer.

Une première question se pose donc, c'est celle de savoir si les forces des Nations unies, en admettant qu'elles soient à même de redresser la situation militaire et de ramener les troupes de la Corée du Nord au 38ᵉ parallèle, s'arrêteront sur cette ligne ou poursuivront leur action au-delà. Il semble que cette seconde éventualité doive être exclue, bien qu'elle soit la seule qui garantirait la disparition d'une ligne de démarcation arbitraire dont la suppression serait autrement suspendue au « bon vouloir » de l'Union soviétique et de la Corée du Nord. Elle outrepasserait en effet les décisions des 25 et 27 juin du Conseil de sécurité et surtout, il y a lieu de penser qu'elle provoquerait immédiatement une intervention directe des forces soviétiques avec tous les risques qui en résulteraient.

On ne saurait exclure d'ailleurs l'éventualité où, avant même que les troupes nord-coréennes aient été ramenées au 38ᵉ parallèle et que les forces des Nations unies aient atteint cette ligne, l'URSS serait tentée de réoccuper la zone nord. On peut se demander à cet égard si, en vue d'éviter un tel risque, il ne serait pas opportun de prévoir par avance l'arrêt des forces des Nations unies à une certaine distance du 38ᵉ parallèle, le contrôle du retrait des troupes nord-coréennes au-delà du parallèle étant assuré par des observateurs militaires attachés à la Commission des Nations unies.

***

Ceci dit, il semble que les formules suivantes puissent être envisagées :

a) Une première formule peut être ainsi résumée :

– Arrêt des hostilités et retrait des troupes de la Corée du Nord au 38ᵉ parallèle avec, en contrepartie, une évacuation des forces de l'Organisation des Nations unies.

– Audition par les Nations unies de représentants de la Corée du Nord et de la Corée du Sud.

– Élections générales sous le contrôle d'une commission restreinte composée de puissances asiatiques ou arabes (par ex. Inde, Birmanie, Égypte).

– Création d'une commission mixte, composée de membres internationaux et de membres coréens choisis au sein des organes représentatifs de la Corée du Sud et de la Corée du Nord et dont le mandat devrait être rédigé en termes suffisamment souples pour lui permettre de se consacrer avant tout au dénouement pacifique de l'imbroglio coréen par la restauration de l'unité économique et politique du pays.

Il ne faut pas se dissimuler toutefois qu'une telle formule, si elle serait vraisemblablement acceptable par l'URSS en cas de stabilisation et à plus forte raison de retournement de la situation militaire actuelle (du fait qu'elle n'implique pas la présence de forces des Nations unies en Corée du Nord), aboutirait presque inévitablement en définitive à l'unification de la Corée sous les auspices de Moscou et à son intégration dans le système communiste.

b) Une autre formule consisterait à reprendre certaines dispositions de l'accord signé par les ministres des Affaires étrangères à Moscou en 1945 : tutelle d'une durée limitée, création d'un gouvernement provisoire, établissement d'une commission mixte qui pourrait être composée, au lieu des Russes et des Américains, de représentants de petites ou de moyennes puissances, élections générales, cependant que des effectifs réduits des troupes des Nations unies demeureraient en Corée jusqu'à la fin de la période de tutelle.

Une telle formule, outre qu'elle présenterait l'inconvénient de reprendre l'idée d'une tutelle directe de l'Organisation au principe de laquelle nous sommes peu favorables et qui a du reste été très impopulaire parmi nombre de Coréens, soulèverait vraisemblablement de sérieuses difficultés d'application dans la mesure où elle impliquerait la présence de troupes des Nations unies en Corée pendant toute la période de tutelle. Il est vrai que ces troupes pourraient être composées différemment qu'elles ne le sont actuellement.

c) Une troisième formule consisterait à établir un régime de tutelle de courte durée (ne portant du reste pas ce nom) et à charger la commission actuelle des Nations unies dont le mandat actuel est venu caduc, ou une autre commission créée à cet effet d'appliquer un programme semblable à celui que mentionnait la résolution du 14 novembre 1947, c'est-à-dire : « faire procéder à des élections afin de choisir des représentants avec lesquels elle pourrait se consulter en vue de la réalisation de l'indépendance… Ces représentants se réunissant en Assemblée nationale pourraient former un gouvernement… Ce gouvernement en consultation avec la commission constituerait ses propres forces de sécurité… se chargerait de toutes les fonctions gouvernementales assurées par les autorités militaires et civiles prendrait des dispositions avec les Puissances occupantes en vue du retrait total de leurs forces stationnées en Corée… ».

Les termes de ce mandat n'auraient guère à être modifiés, à l'expression « Puissances occupantes » qui visait alors les troupes russes et américaines devrait être substitués les mots « Nations unies ».

Une telle formule se heurterait vraisemblablement aux mêmes difficultés d'application pratique que la précédente, dans la mesure où elle impliquerait également la présence de troupes des Nations unies.

La présentation de l'une ou l'autre de ces deux formules ne serait toutefois pas sans embarrasser Moscou dont il serait aisé, en cas de refus de sa part de les examiner, de mettre en évidence la mauvaise foi.

***

De toute façon dans le cas où l'une de ces formules se révélerait applicable, il serait inopportun, semble-t-il, de rétablir purement et simplement le gouvernement du Dr Rhee dans ses prérogatives, une fois la Corée du Sud libérée. Cette idée paraîtrait difficilement conciliable avec les principes élevés qui ont guidé l'intervention de l'Organisation des Nations unies en Corée : le gouvernement du Dr Rhee a commis trop de fautes, a fait trop peu de cas des conseils et des recommandations des diverses commissions internales siégeant à Séoul, a révélé trop clairement ses tares intérieures – corruption, arbitraire, incapacité financière – pour qu'on puisse encore lui faire confiance. Son retour au pouvoir se traduirait par le déclenchement d'une « terreur blanche » dont les effets s'ajoutant à ceux de la « terreur rouge » priverait définitivement la Corée des quelques élites modérés qu'elle possédait et qui ne s'étaient ralliées à aucun des deux régimes. Lors du renouvellement de l'Assemblée nationale de la Corée du Sud, les élections de mai 1950 avaient d'ailleurs amené au Parlement une majorité d'éléments indépendants hostiles au gouvernement du Dr Rhee.

Il serait donc plus sage, au lieu de rétablir simplement le *statu quo ante,* de se fonder sur le principe qu'une situation nouvelle appelle des formules nouvelles.

***

Quelle que soit la formule sur laquelle un accord aurait pu être obtenu, elle devrait être appliquée par étapes sans précipitation et être précédée d'une sorte de pause politique durant laquelle les compétences gouvernementales seraient exercées, soit par les Nations unies, soit par les forces d'occupation, soit par des organes locaux provisoires, en attendant l'organisation d'élections générales.

Une telle pause offrirait l'avantage de gagner du temps, de permettre aux passions de se calmer et au souvenir des violences de s'atténuer. Elle contribuerait à faciliter par cela même la solution du problème coréen.

***

On ne saurait se dissimuler qu'il apparaît exclu, dans l'état actuel de la situation internationale, de régler de manière satisfaisante en soi la question de Corée. Il semble indispensable toutefois de s'attacher à en rechercher une qui, si imparfaite soit-elle, permette de régler le conflit dans des conditions aussi honorables que possible pour les Nations unies, étant donné que l'Organisation a pris l'initiative d'intervenir, et de rétablir la paix dans cette région du monde.

(Direction d'Asie-Océanie, Corée, volume 21)

252

M. Schuman, Ministre des Affaires étrangères[1],
à M. Chauvel, Représentant permanent de la France auprès
du Conseil de sécurité des Nations unies[2].

T. nᵒˢ 1613-1614.   *Paris, 10 août 1950, 21 h.*

Réservé. Très urgent.

Je me réfère à votre télégramme nᵒˢ 1247/49[3].

Je partage entièrement le point de vue du Foreign Office à l'égard des diverses formules envisagées par la délégation des États-Unis en vue de contrecarrer les manœuvres d'obstruction du délégué soviétique au Conseil de sécurité. Elles apparaissent en effet des plus inopportunes aussi bien du point de vue général que dans la mesure où elles seraient de nature à fausser le fonctionnement normal du Conseil. Nous estimons en particulier que l'éventualité de la convocation d'une session spéciale de l'Assemblée générale devrait, à moins d'un élément nouveau particulièrement sérieux, être écartée.

Vous connaissez d'ailleurs nos préoccupations qui concordent entièrement avec celles que vous avez exprimées à diverses reprises dans vos communications. Elles s'inspirent essentiellement, vous le savez, du souci d'affirmer notre solidarité avec le gouvernement des États-Unis auquel, dans les circonstances difficiles de l'heure, nous devons apporter notre appui le plus complet, et mais aussi d'éviter toute initiative susceptible, sans résultats pratiques appréciables, d'aggraver la situation internationale et de compromettre les possibilités ultérieures d'un règlement de l'affaire coréenne.

(Direction d'Asie-Océanie, Corée, volume 71)

---

[1] Télégramme envoyé par le Secrétariat des Conférences.
[2] Télégramme communiqué à la Présidence de la République, la Présidence du Conseil, MM. Parodi, de La Tournelle, Clappier, et de Bourbon-Busset ainsi qu'aux ambassades de France à Washington (nᵒˢ 6843-6844) et Londres (nᵒˢ 7549-7550).
[3] Document non reproduit.

253

NOTE DE LA DIRECTION D'AFRIQUE-LEVANT
(SOUS-DIRECTION DES PROTECTORATS)
POUR LE MINISTRE[1]

Situation politique en Tunisie

N. *Paris, 10 août 1950.*

En prenant possession de ses fonctions à Tunis, le 13 juin 1950, M. Louis Périllier annonçait, dans une allocution radiodiffusée, que le gouvernement français avait décidé d'accomplir, en accord avec le Bey, diverses réformes des institutions de la Régence. La déclaration du Résident général, dont le passage essentiel avait été rédigé de concert avec le Département, laissait entrevoir clairement que ces réformes porteraient en premier lieu sur :

1) La réorganisation du gouvernement tunisien.

2) L'amélioration des conditions d'accession des Tunisiens aux emplois administratifs.

3) L'élection de municipalités.

En fait, deux projets de décrets beylicaux modifiant les textes de 1947 sur le gouvernement et l'administration de la Tunisie et un projet de décret sur la fonction publique, visant à réaliser les deux premières réformes envisagées, étaient soumis au début de juillet au Premier ministre, Si Mustapha Kaak.

En même temps M. Périllier prenait contact avec Si Mohamed Chenik, ancien Premier ministre de Moncef Bey, dont il souhaitait s'assurer le concours pour la constitution d'un nouveau gouvernement tunisien.

Par un télégramme du 8 juillet[2], le Résident général exposait au Département que le Bey, mis au courant par le Premier ministre des dispositions envisagées, soulevait diverses objections dont les plus sérieuses portent sur :

1) Le visa par le Secrétaire général du gouvernement des arrêtés des ministres et directeurs.

2) Le droit pour le Résident général de présider le Conseil des ministres pour les délibérations relatives au budget et aux emprunts publics.

Bien que le Département se soit montré disposé à faire de larges concessions sur ces deux points si celles-ci permettaient d'aboutir, le

---

[1] Rédacteur : M. Péquin. Note manuscrite : « *Remise à M. de Bourbon-Busset qui a communiqué une copie à la Présidence du Conseil et à M. de Folin pour M. Parodi* ».

[2] Document non reproduit. Voir document n° 206.

Résident général, au cours d'un entretien qu'il avait le 12 juillet avec Sidi Lamine trouvait son interlocuteur très peu préparé à prendre une décision et visiblement désireux de gagner du temps.

Venant à Paris sur ces entrefaites pour prendre contact avec le nouveau gouvernement, M. Périllier y rapportait l'impression qu'il ne serait pas possible d'effectuer les réformes prévues par le gouvernement français tant que la responsabilité de celles-ci devrait être partagée non seulement avec le Bey, mais avec un Premier ministre aussi timoré et impopulaire que Si Mustapha Kaak. Il suggérait donc au gouvernement de l'autoriser à constituer un nouveau Ministère tunisien présidé par Si Mohamed Chenik dans lequel il tenterait de faire entrer une personnalité destourienne.

Ayant donc obtenu du Conseil des ministres, le 29 juillet, l'autorisation de tenter cette opération politique, le Résident général a, depuis lors, repris contact avec diverses personnalités tunisiennes. Il a même eu un entretien avec Habib Bourguiba, président du Néo-Destour, rentré à Tunis le 1er août après un séjour de près de quatre mois en France.

Les réactions de l'opinion publique locale en présence des projets de réformes qui avaient été très vives au mois de juin, se sont calmées. Les congés d'été succédant au jeûne du Ramadan ont distrait momentanément les Français comme les Tunisiens des préoccupations politiques. Toutefois, il y a lieu de noter que le Néo-Destour a sensiblement raidi sa position depuis le retour de Bourguiba et que si certains Tunisiens se déclarent en faveur de réformes modérées, les chances de faire entrer un destourien dans un nouveau ministère apparaissent très réduites. En outre :

1) Le « bureau de la section française du Grand Conseil » a remis sa démission au Résident général pour protester contre le fait que les élus de la colonie française n'ont pas été informés des projets de réforme.

2) Vingt-quatre membres de la section tunisienne (sur cinquante-trois) se sont réunis en séance privée sans être régulièrement convoqués et ont voté une motion approuvant la position réformiste prise par leur président, Si Tahar ben Ammar, et qui a été exposée dans un mémorandum remis au gouvernement français.

(Direction d'Afrique-Levant, Tunisie, volume 336)

254

MÉMORANDUM DE LA DIRECTION D'ASIE-OCÉANIE

MÉMO.   *Paris, 10 août 1950.*

La guerre de Corée menaçant de prendre une extension dangereuse, le gouvernement français estime qu'il est nécessaire, pour la sauvegarde de la paix, que le Conseil de sécurité soit mis en mesure d'exercer à nouveau ses activités, sans que la délégation soviétique puisse continuer à faire obstruction à son fonctionnement, en tirant argument de la composition de la représentation chinoise, telle qu'elle existe actuellement.

S'il devient de plus en plus difficile de soutenir que le régime de Taïpeh représente encore le peuple chinois, il y a, en outre, plus d'inconvénients que d'avantages à maintenir la Chine communiste dans une position qui la place nécessairement sous une dépendance plus étroite de Moscou.

Dès la constitution du gouvernement populaire de Pékin, le gouvernement français avait eu l'intention de reconnaître le nouveau régime, ce qui, par voie de conséquence, aurait amené la délégation française à New York à voter pour l'admission de la représentation communiste au Conseil de sécurité. Mais, la reconnaissance d'Hô Chi Minh par Mao Tsé Toung[1], jugée comme un acte hostile vis-à-vis de la France, n'a plus permis au gouvernement de la République de poursuivre la politique qu'il avait d'abord envisagée.

Cependant, l'impérieuse nécessité de remettre le Conseil de sécurité à même de reprendre le cours de ses activités normales amène le gouvernement français à penser qu'il serait désirable que son représentant au Conseil de sécurité reçoive les instructions nécessaires pour prendre position en faveur de l'admission de la Chine communiste au sein de cet organisme.

Le gouvernement français, toutefois, ne pourrait agir dans ce sens qu'après avoir reçu l'assurance que le gouvernement de Pékin, s'il devient membre des Nations unies, entend respecter pleinement les obligations de la Charte, et, dans cet esprit, garantir qu'il ne compte pas s'immiscer dans les affaires du Viêtnam.

Le représentant de la France à Pékin n'étant pas en mesure de prendre contact avec le gouvernement populaire chinois, le gouvernement français a pensé que ces ouvertures pourraient sans doute être transmises par le Chargé d'affaires de Grande-Bretagne en Chine.

Dans ces conditions, le gouvernement de la République a l'honneur de demander au gouvernement de Sa Majesté s'il estimerait possible,

---

[1] Voir document n° 94.

le cas échéant, d'inviter son Chargé d'affaires à Pékin à faire une démarche dans le sens indiqué ci-dessus. Dans l'affirmative, le gouvernement français se réserve de faire savoir au gouvernement anglais le moment auquel une telle démarche lui paraîtrait opportune.

(Direction d'Asie-Océanie, Corée, volume 21)

255

M. Bonnet, Ambassadeur de France à Washington[1],
 à M. Schuman, Ministre des Affaires étrangères[2].

D. n° 3792.   *Washington, 10 août 1950.*

Comme je le signalais dans ma communication du 24 juillet dernier, la tournure prise par l'affaire de Corée sur le plan militaire n'a pas tardé à faire apparaître les dangers, sur le plan politique international, de la décision annoncée le 27 juin par le président Truman de défendre Formose contre une invasion des communistes chinois[3].

Cette décision impliquait en effet, si elle ne voulait pas être génératrice d'autres conflits, que les agresseurs nord-coréens fussent rapidement rejetés au-delà de la ligne du 38e parallèle. Or, au début du mois d'août, la question était encore de savoir si ce ne seraient pas les troupes du général MacArthur qui allaient être chassées du territoire coréen.

Si, comme on peut l'espérer raisonnablement aujourd'hui, cette éventualité est à écarter et si le commandement des Nations unies parvient à maintenir ses forces à l'intérieur d'un périmètre de défense assez étendu autour de Pusan, il n'en demeure pas moins que, sauf imprévu, de longs mois seront nécessaires pour rétablir en Corée, sur le plan militaire, le *statu quo* d'avant le 25 juin dernier.

Les dispositions prises par le gouvernement américain à l'égard de Formose devront donc continuer d'être appliquées pendant tout ce temps, avec tous les risques qu'elles comportent, et la neutralisation de l'île dont le but était purement stratégique, au lieu d'être une garantie pour les États-Unis, devient pour ceux-ci dans le domaine politique un embarras et un danger à mesure que se prolongent les hostilités en Corée.

---

[1] Dépêche signée par ordre Daridan.

[2] Dépêche adressée à la direction d'Asie-Océanie et communiquée à la direction d'Amérique, au Secrétariat des Conférences et à la délégation de la France aux Nations unies à New York. Note manuscrite : « M. de La Tournelle. Circulation. C[ommuni]quer Londres, Moscou par fil, f[ai]t le 19/8/50 ».

[3] Note manuscrite en marge de ce paragraphe : « *Munich ! Munich ! Ce pays pacifiste est écœurant et aveugle [?]* ».

L'Administration de Washington en s'érigeant en défenseur du réduit formosan fait en effet maintenant figure, qu'elle le veuille ou non, de tuteur du gouvernement nationaliste auquel elle avait déclaré pourtant, par la bouche du président Truman et de M. Acheson en janvier dernier, ne vouloir apporter aucun appui.

Conséquence plus grave, le gouvernement américain donne l'impression de lier la question chinoise à celle de Corée au moment même où il s'oppose à Lake Success à la volonté de l'URSS de faire dépendre la solution du conflit coréen de l'admission de la Chine communiste aux Nations unies, en se fondant sur l'argument que ces deux problèmes n'ont aucun rapport.

En outre, si Moscou peut être accusé d'avoir déclenché le conflit coréen, le Kremlin peut à son tour accuser Washington, avec une certaine vraisemblance, de s'immiscer dans la guerre civile chinoise.

Les conditions dans lesquelles s'est effectuée la visite récente du général MacArthur à Taïpeh ne pouvaient qu'accentuer, aux yeux de l'opinion la plus favorable aux États-Unis, l'appréhension d'un engagement politique du gouvernement américain à l'égard du gouvernement de Formose[1].

Cette impression, si elle n'est pas dissipée, risque d'avoir les conséquences les plus fâcheuses sur la politique commune poursuivie par les nations démocratiques en Extrême-Orient, en affaiblissant l'homogénéité de ce front ; en effet, la Grande-Bretagne, qui a reconnu Mao Tsé Toung, si elle est disposée à suivre le *leadership* de Washington dans l'affaire de Corée, est consciente néanmoins des inconvénients qu'un tel alignement présente pour sa politique chinoise et le gouvernement de Londres se soucie fort peu de les augmenter encore en paraissant jouer double jeu dans la question de Formose, les abstentions de son représentant à propos de l'admission de la Chine communiste à l'ONU lui causant déjà assez d'embarras dans cet ordre d'idées. Dès le premier jour du conflit coréen, et à plusieurs reprises ensuite, le gouvernement britannique s'est donc attaché, par des interventions répétées au Département d'État, à dissocier son adhésion de la poli-

---

[1] Plusieurs membres de l'administration militaire américaine au Japon avaient confirmé que les accords pris lors du voyage du général MacArthur à Formose présentaient un caractère simplement militaire. Cela ne devait pas faire illusion, et Dejean l'interprétait comme un geste politique en faveur de la Chine nationaliste. C'était donc vu comme la reprise de la lutte pour une cause commune (télégramme n°s 1089-1099 du 7 août 1950 de Tokyo, non reproduit). Le président Truman s'efforça de dissiper l'impression ainsi créée le 28 août en recommandant que les Nations unies prennent en considération la question de Formose. Mais pour la France, il était surtout important de noter que les États-Unis se ralliaient aux partisans de la résistance armée au communisme asiatique sur la ligne de contact entre les deux conceptions politiques, qui passait également par l'Indochine. On en espérait un soutien accru aux troupes françaises en Indochine (note du 30 août 1950 du Département, non reproduite).

tique américaine en Corée des décisions de la Maison-Blanche à l'égard de Formose.

En ce qui nous concerne et bien que nous n'ayons pas reconnu le gouvernement de Pékin, notre situation en Indochine nous interdit de suivre les États-Unis dans une politique pro-nationaliste dont nous risquerions à coup sûr de ressentir le contre-coup, voire de le provoquer, à la frontière du Tonkin.

D'une façon plus générale, l'affaiblissement que comporterait pour le système de défense atlantique l'engagement des États-Unis dans un conflit avec la Chine communiste est de nature à inciter tous les pays européens intéressés à s'opposer aux décisions de ceux qui, aux États-Unis, veulent assimiler la défense de Formose à celle de la Corée du Sud.

Enfin, en paraissant vouloir défendre sur le plan politique, le régime de Tchang Kaï-chek, le gouvernement américain accroît en Extrême-Orient les suspicions des jeunes États asiatiques à l'égard des États-Unis coupables, selon eux, de n'apporter leur aide en Asie qu'à des régimes déconsidérés ou artificiels.

On se rend compte maintenant au Département d'État des dangers que comporte la décision du Président concernant Formose et la déclaration de M. Harriman à son retour du Japon, suivant laquelle, sur le plan politique, le gouvernement de Washington n'a pas changé son attitude de désintéressement à l'égard du gouvernement de Taïpeh, témoigne heureusement du désir de l'Administration d'alléger les appréhensions des alliés des États-Unis.

La décision américaine de défendre Formose contre une invasion des troupes de Mao Tsé Toung n'en demeure pas moins, et avec elle, le risque de voir les États-Unis entraînés dans un conflit avec le Chine communiste, d'étendre ce conflit à l'Asie du Sud-Est et de faire ainsi le jeu de Moscou.

Pour que le gouvernement américain revienne sur sa décision à l'égard de Formose, il faudrait toutefois que le succès des forces du général MacArthur en Corée soit assuré. 1950 est en effet une année d'élections aux États-Unis et tant que l'Administration démocrate ne sera pas sûre d'une décision favorable en Corée, il est à douter qu'elle modifie les dispositions prises pour la défense de Formose, la question chinoise étant de celles où elle se sent particulièrement vulnérable aux coups des Républicains.

(Direction d'Asie-Océanie, Formose, volume 3)

256

M. Schuman, Ministre des Affaires étrangères[1],
à M. Bonnet, Ambassadeur de France à Washington[2].

T. n°s 6846-6851.   *Paris, 11 août 1950, 11 h.*

Réservé.

Le gouvernement a pris connaissance avec un intérêt tout particulier de votre télégramme n°s 3034-3049 et je vous remercie des premières indications qu'il apporte[3].

Il est nécessaire qu'au cours des entretiens que vous aurez avec les plus hautes autorités américaines pendant les prochains jours, vous exprimiez avec le plus grand soin les motifs de la position française telle qu'elle résulte du mémorandum du 5 août[4] et que vous ne perdiez aucune occasion de les faire comprendre aux membres du Congrès et à la presse.

Il ne s'agit pas pour nous d'une sorte de marchandage, il ne s'agit pas de nous soustraire aux obligations et aux charges qui résultent à la fois de notre position politique et de notre position géographique. Mais, comme nous l'avons dit nettement, nous voulons que la défense de l'Europe continentale soit organisée réellement. Or, il est bien évident que la constitution de 15 divisions françaises nouvelles n'y suffiraient pas. Nous aurions fait des sacrifices immenses tant sur le plan humain que sur le plan financier, sans aboutir au résultat recherché. La paix resterait menacée et l'Occident aurait toutes les chances de perdre la bataille initiale en Europe.

Cela, aucun gouvernement français ne peut l'envisager. À côté de l'effort français en hommes et en matériel, il faut donc savoir ce que sera l'effort des autres. Il est essentiel qu'une réponse rapide et précise nous soit fournie par les États-Unis aussi bien que par l'Angleterre et les autres pays du Pacte de l'Atlantique en ce qui concerne le point 7

---

[1] Télégramme signé par ordre Parodi.

[2] Télégramme communiqué à la Présidence de la République, la Présidence du Conseil, MM. Parodi, de La Tournelle, Clappier et de Bourbon-Busset et communiqué pour information aux ambassades de France à Londres (n°s 7564-7569), Rome (n°s 1755-1760), Bruxelles (n°s 870-875) et La Haye (n°s 861-866).

[3] Dans ce télégramme, Bonnet rapportait les premières réactions américaines au mémorandum français sur le réarmement du 5 août. Celui-ci avait été jugé très constructif et on avait été impressionné par l'ampleur de l'effort militaire envisagé, notamment par les 15 divisions nouvelles prévues. Toutefois, on jugeait à Washington que l'on ne recherchait pas la solution parfaite mais bien l'exécution rapide du réarmement. On attendait notamment que très rapidement, la France envoie toutes les indications précises et chiffrées sur la nature des armes, matériels et machines-outils qu'elle désirait recevoir (télégramme n°s 3034-3049 du 8 août 1950 de Washington, non reproduit).

[4] Voir document n° 250.

de notre mémorandum. Nos efforts, avons nous dit, seraient sans efficacité si des forces terrestres et aériennes suffisantes ne se trouvaient pas stationnées en Europe continentale. Les experts militaires estiment que ces forces doivent être au bas mot de 40 à 50 divisions. La France, compte tenu des unités existantes à compléter et des formations qu'elle prévoit de créer au cours des trois années qui viennent, en fournira environ 20. Qui fournira les autres ? Quelles seront les parts américaine, anglaise, belge, hollandaise, etc…. ?

Sans doute le gouvernement français conçoit-il la nécessité d'aller vite et d'exécuter sans tarder un programme d'armements prioritaires. Nous avons donné à Londres notre accord aux formules proposées à cet égard. Mais ce programme pour nous n'a aucun sens s'il n'a pas pour but l'exécution du plan commun de défense de l'Europe tel qu'il a été établi par le *Standing Group* à Fontainebleau. Il doit donc être entendu de façon formelle que ce programme s'intégrera dans ce plan d'ensemble.

Il doit être entendu également que le système financier provisoire que nous mettrons en œuvre pour assurer l'exécution du programme prioritaire ne doit pas nous faire perdre de vue l'urgence et la nécessité d'établir un système financier définitif fondé sur la notion d'« entreprise collective des nations atlantiques » et non sur celle d'« addition ou de juxtaposition d'efforts nationaux ». Si nous proposons un système financier destiné à centraliser et à gérer la plus grande partie possible des ressources consacrées par chacun des pays aux besoins militaires, ce n'est pas par préférence pour une technique financière particulière. C'est parce que sans cet instrument, d'une part il n'y aura que double emplois et gaspillage ; que, d'autre part, nous ne pourrons pas mobiliser les ressources occidentales nécessaires à l'organisation de la défense.

Pour Washington seulement : Les réponses aux diverses questions qui vous sont demandées par l'administration américaine sont actuellement en préparation elles formeront une annexe confidentielle au mémorandum du 5 août[1].

(Secrétariat général, Dossiers, volume 10)

---

[1] Voir annexe du document n° 261.

257

M. Rivière, Ambassadeur de France à Prague,
à M. Schuman, Ministre des Affaires étrangères[1].

D. n° 951.   *Prague, 14 août 1950.*

J'ai pris connaissance, avec un vif intérêt, de la dépêche de notre ambassadeur à Washington, en date du 15 juillet, communiquée par votre bordereau collectif du 3 août, n° 475, intitulée : « L'Extrême-Orient et la conjoncture mondiale »[2].

Certaines réflexions et appréciations de M. Henri Bonnet peuvent trouver leur application aussi bien en Europe qu'en Asie. Que « la philosophie et l'idéologie marxistes aient inculqué au monde soviétique la certitude de la destruction inévitable du monde capitaliste par l'intérieur » est une constatation que je ne cesse de faire depuis mon arrivée en Tchécoslovaquie. J'en éprouve en quelque sorte personnellement le sentiment, à me voir considéré ici ou tout au moins traité par le gouvernement de Prague comme l'ambassadeur d'un régime condamné, d'un pays qui ne serait que le « pays légal » en face d'un prétendu « pays réel », celui des communistes et des soi disants « progressistes » français.

M. Henri Bonnet a parfaitement raison d'écrire que « l'Occident peut… se demander s'il est sage de ne compter que sur la force pour répondre à la force », et il voit très juste lorsqu'évoquant la politique moscovite, il la dépeint comme entendant « ruiner à l'intérieur, puis faire tomber brutalement les redoutes de l'Occident les plus mal défendues, non seulement militairement, mais surtout psychologiquement ».

C'est cette défense, cette contre-offensive psychologique, c'est cette construction menée vigoureusement d'un ordre novateur, c'est cette audace dans la présentation d'une doctrine assurant aux masses, avec une existence en tous points convenable, une « sécurité » sociale complète que l'on doit souhaiter voir développer en France et d'ailleurs dans tout l'Occident. Il importe de susciter chez nous une foi, une croyance, la certitude, en toute occasion affirmée, que nous détenons la saine et juste formule. On a l'impression qu'à cet égard l'élan est surtout vigoureux à l'Est. Il devrait l'être aussi à l'Ouest et là plus encore peut-être, venant de milieux où la pensée est libre et spontanée. Ajouterais-je que ce processus est tout naturellement appelé, ainsi que le préconise si opportunément Votre Excellence, à s'accompagner d'une intégration rapide de l'Europe, de notre Europe, sur le plan économique et, dans toute la mesure du possible, politique ?

---

[1] Dépêche adressée à la direction d'Europe et communiquée au Cabinet du Ministre et au service d'Information et de Presse. Note manuscrite : « *M. Laporte, m'en parler* ».

[2] Voir document n° 212.

On dit couramment que, dans les démocraties orientales, les peuples sont sous le joug, ne rêvent que « libération », éprouvent la nostalgie d'un retour pur et simple aux formes démocratiques existant avant la confiscation de leur liberté par l'appareil marxiste ou, pour parler plus net, par Moscou. Sans doute. Mais, pour autant que j'en puisse juger de mon poste, certaines réserves doivent être faites à cet égard. En ce qui concerne la Tchécoslovaquie, il est exact que les anciens bourgeois et petits bourgeois, à quelques rares exceptions, courbent tristement la tête sous la loi nouvelle qu'ils détestent. Industriels, avocats, médecins, commerçants moyens et petits, beaucoup d'ex-fonctionnaires de la République se considèrent comme frustrés, dépouillés, asservis. Parmi les paysans, le sens de la propriété individuelle, l'esprit traditionaliste et conservateur, s'irritent de l'ingérence de l'administration, de l'obligation faite aux intéressés d'entrer dans des coopératives, obligation qui tend à terme, ils le comprennent, à les priver en fait de la possession de leur terre. Enfin, chez bon nombre de Tchèques et surtout de Slovaques, la campagne menée contre les évêques et le Vatican, la prétention d'incorporer l'Église au système offensent un sentiment religieux traditionnel. Au demeurant, presque toute la population redoute un régime policier, autoritaire, arbitraire, qui fait si peu de cas de la liberté individuelle, un régime qui aliène l'indépendance de la nation au profit d'une grande puissance. Je crois pouvoir penser que le communisme ne rallie derrière lui en Tchécoslovaquie pas plus de 15 ou 20 % au maximum de la population.

Cependant, il y a les ouvriers qui, bien que privés de la liberté de faire grève, bien qu'enrégimentés, bien que poussés sans cesse à un travail accru, éprouvent une double satisfaction, la première, celle de bénéficier de plus en plus de cette sécurité que j'évoquais plus haut ; l'autre, celle que leur procure l'illusion d'être « les maîtres ». J'admets que cela ne soit pas toujours vrai pour les ouvriers d'une quarantaine d'années et plus, gens d'esprit rassis, qui n'oublient pas en outre tout ce que la démocratie de Masaryk et de Bénès, fort avancée au point de vue social, avait fait pour eux. Mais les ouvriers de 18 à 30 ans ne semblent pas raisonner ainsi. J'ai eu l'occasion de m'entretenir dernièrement avec certains d'entre eux qui, je le reconnais, étant spécialisés, arrivent à gagner dans les 10 ou 12 000 couronnes par mois (70 à 75 000 francs). Or, ils se sont attachés à me donner l'impression d'être satisfaits de leur condition, heureux en même temps de ne plus voir au-dessus d'eux des classes privilégiées. Ils m'ont d'ailleurs immédiatement interrogé sur la vie de nos travailleurs, sur le chômage qui règne en particulier en France et en Italie, affirmant d'autre part que chez nous l'ouvrier ne jouit pas d'une sécurité réelle, à 100 pour 100, en cas de maladie et de vieillesse.

Et puis, il faut songer à ce que pourront être dans dix ans, 20 ans, les jeunes gens et jeunes filles de ce pays, quelles que soient leur origine sociale et leurs occupations, à l'effet de nivellement, de brassage produit sur eux, au cours des années, par cette profonde transformation.

De ce tableau esquissé à grands traits, les communistes et communisants de France, les intellectuels en quête de nouvelles doctrines, les déçus et les aigris ne retiennent que ce qui leur convient de retenir. Les moins déraisonnables admettent que ces régimes sont durs, mais ils ne le sont, disent-ils, que provisoirement, préparant un âge d'or, cette ère annoncée par les prophètes Marx et Engels où l'humanité assistera, ravie, au « dépérissement de l'État ». Une fraction non négligeable de la population française et occidentale se laisse aller à cette enthousiaste confiance. Il convient donc, méthodiquement et spectaculairement, pour ainsi dire, de s'attacher à neutraliser les effets d'une propagande cachant la rude et décevante réalité stalinienne. L'effort social accompli en France depuis 1944 est important, la volonté du gouvernement de parvenir à adapter les salaires aux besoins, de traiter franchement des rapports entre le capital et le travail, évidente. L'attitude des dirigeants kominformistes doit nous inciter à accentuer plus encore si possible notre action, de façon à inculquer aux prolétaires français, aux petits paysans, à certains intellectuels le sentiment définitif que les idéologies ou plutôt les méthodes fallacieuses de Moscou ne constituent pas le salut, que la République française rénovée leur offre des garanties réelles et fondamentales, dans un régime largement social, socialiste si l'on veut, mais imprégné en même temps d'humanisme et fidèle aux valeurs permanentes qui ont édifié la civilisation chrétienne. Il faudrait aussi que les patrons, tous les patrons, comprissent leur devoir qui, dans les circonstances graves du moment, correspond à leur intérêt bien entendu.

Il est un autre terrain où la propagande de l'Ouest devrait s'exercer avec une insistance toujours plus grande, celui de la paix. Assurément, la position « pacifique » d'un immense pays, dont la politique intransigeante et brutale s'appuie, à titre immédiat, sur deux cents divisions et une armée de l'air imposante, n'impressionne pas les hommes raisonnables. Mais il est de fait que la campagne habilement menée, et perfide dans ce qu'elle a de sommaire, autour de la résolution de Stockholm sur l'arme atomique sert les desseins les plus précis de Moscou, des satellites et des dirigeants communistes des pays occidentaux. Elle jette le doute parmi les esprits simples et entraîne les naïfs. Condamner l'arme atomique et « le premier gouvernement » qui s'en servirait, sans accompagner cette condamnation d'une mise en garde solennelle contre l'utilisation offensive des armes classiques, contre l'ingérence d'une Puissance dans les affaires intérieures des autres, contre l'inobservance des Droits de l'homme et des dispositions de la charte de l'ONU est une ruse, mais, si grossière soit-elle, cette ruse produit des réactions populaires dont on ne peut nier les effets.

Une attitude de pacifisme et d'apaisement serait actuellement folie. L'Ouest n'a présentement d'autre voie de salut que dans l'augmentation, la coordination de ses forces militaires, dans sa mise en état de défense, et ces efforts doivent être rapides. Mais en même temps, les démocraties occidentales devraient peut-être proclamer avec plus d'éloquence et de solennité encore que la paix, la collaboration mondiale demeurent le but. La prochaine assemblée de l'ONU pourrait constituer une occasion opportune à cet égard. À nous de trouver pour contrebalancer la résolution de Stockholm une formule lapidaire derrière laquelle se grouperaient des centaines de millions de personnes angoissées par les perspectives qu'offre à notre monde l'impérialisme soviéto-marxiste.

***

Je sais que ces réflexions incomplètes n'apportent rien de nouveau à l'étude des problèmes dont le gouvernement français connaît très exactement tous les éléments. J'ai cru néanmoins devoir les consigner ici comme venant d'un observateur de ce qui se passe de l'autre côté du Rideau de fer.

P.S. 18 août.

Il semble d'ailleurs que les « Défenseurs de la Paix » viennent de comprendre l'intérêt tactique d'élargir leur propagande et, ne la limitant plus à l'emploi de l'arme atomique, de l'appliquer à un soi-disant « désarmement » matériel et moral (ma communication du 18 août)[1].

(Direction d'Europe, URSS, volume 169)

258

M. Bérard, Haut-Commissaire adjoint de la République française en Allemagne,
à M. Schuman, Ministre des Affaires étrangères.

T. Metric n° 50 014[2].   *Bonn, 15 août 1950.*

Réservé. Très secret.

Le Département me permettra de résumer brièvement la situation en Allemagne telle qu'elle m'apparaît en présence de la menace de l'Est. Cette menace revêt un double aspect.

---

[1] Document non reproduit.

[2] La série de télégrammes, de dépêches ou de notes « Metric », particulièrement protégée et à exemplaire unique, avait été mise en place à l'occasion du Pacte de Bruxelles, à la demande des Anglais et des Américains.

– Les Soviets entretiennent en Europe orientale une quarantaine de divisions en état d'entrer immédiatement en action, et leurs unités stationnées dans l'Allemagne de l'Est disposent d'une impressionnante dotation en chars (mon tél. n° 50.013)[1]. Si Moscou décidait d'utiliser ces moyens pour une initiative en direction de l'Ouest, on ne voit guère quelles forces nous permettraient de les contenir, soit en Allemagne, soit bien au-delà. Cette éventualité dramatique doit évidemment être envisagée et les décisions que nous prendrions en pareil cas doivent être arrêtées ; mais ce problème dépasse la compétence et les attributions de ce Haut-Commissariat. Le danger subsistera tant que n'aura pas été constitué en Europe occidentale un chiffre à peu près comparable de divisions. La seule protection dont nous disposions en attendant est la crainte que peuvent éprouver les Soviets de déclencher une guerre ouverte avec les États-Unis. Quelqu'accroissement de la tension internationale qu'ait provoqué l'agression de Corée, quelque lumière qu'elle ait apportée sur les dispositions de courir certains risques, ce danger d'autre part n'est pas nouveau. Nous n'avons pas non plus observé ces temps derniers de signes de renforcement des unités soviétiques ce qui, il est vrai, ne serait guère nécessaire étant donné leur importance, ni de symptômes précurseurs de leur passage à une action prochaine.

– L'autre menace tient au développement de la *Volkspolizei*. Au cours de l'automne dernier, on avait pu se demander si la création et l'accroissement de cette police ne correspondaient pas, chez les Russes, à l'intention d'en faire le soutien et le fondement du régime instauré par eux en Allemagne orientale, afin d'être à même de retirer de ces régions leurs troupes d'occupation. J'avais moi-même à cette époque envisagé dans un de mes télégrammes pareille hypothèse. Dans les circonstances actuelles, on ne peut guère supposer que les Soviets persistent dans cette intention, s'ils l'ont jamais eue. Cependant le renforcement de la *Volkspolizei,* sinon en effectifs apparents du moins à coup sûr en qualité et efficacité militaire, se poursuit et s'intensifie. À quel objectif répond-il ?

Sans doute la situation en Allemagne est-elle nettement différente de celle qui existait en Corée du fait que les troupes alliées continuent d'occuper le pays. Il existe néanmoins trop d'analogies pour que l'esprit ne doive pas s'y arrêter. Les Soviets peuvent imaginer qu'en faisant conduire une opération par la seule *Volkspolizei,* ils ne se trouveraient pas impliqués dans la guerre. Tout au moins auraient-ils tendance à l'espérer pour une opération limitée comme celle qu'ils monteraient contre Berlin. On est généralement d'accord pour penser que les effectifs actuels de la *Volkspolizei* ne seraient pas suffisants pour une action contre l'Allemagne de l'Ouest. Il ne faut pas cependant oublier que ces effectifs ne sont que des cadres qui pourraient être aisément gonflés à

---

[1] Document non reproduit.

l'image de ce qui s'est passé en Corée et de ce que, d'autre part, le matériel considérable dont disposent les Russes en zone soviétique serait mis ainsi que les spécialistes nécessaires, à la disposition de la *Volkspolizei,* pour accroître l'efficacité de celle-ci et en faire, à l'instar des forces nord-coréennes, une armée redoutable. Il est toutefois vraisemblable qu'une première opération aurait pour objectif Berlin. Elle serait probablement doublée d'une agitation et de troubles dans l'Allemagne de l'Ouest. C'est à cette éventualité qu'il faut d'abord chercher à faire face.

J'ai indiqué quelle solution pouvait être adoptée pour Berlin : constitution de quelques unités d'intervention comme celle que nous avons autorisé la République fédérale à organiser, armement et entraînement des 10 000 *Schupos* existants. Encore devons-nous veiller à ce que la première de ces mesures ne représente pas, par rapport à ce qui existe dans le secteur oriental, une innovation qui puisse provoquer une réaction des Soviets.

Dans l'Allemagne de l'Ouest, la police de *Land* de 10 000 hommes va, espérons-le, être rapidement mise sur pied. Le Département a bien voulu me donner verbalement son assentiment, si la demande nous en était faite, à la transformation en polices de *Land* des polices municipales dans toutes les localités de plus de dix mille habitants, mesure qui intéresserait les deux tiers environ de ces polices et permettrait ainsi de créer une nouvelle police de *Land* de soixante mille hommes. Cette fois non encasernés. Si l'on y joint les 17 000 hommes de *Grenzpolizei,* c'est un chiffre d'environ 100 000 hommes de police entraînée et armée qu'y compris Berlin on atteindrait. En outre subsisteraient 30 000 hommes de police municipale.

La réalisation de ce plan nous mettrait vraisemblablement à même de résister à une attaque de la *Volkspolizei* contre nos secteurs berlinois et aux troubles concomitants qui pourraient éclater en Allemagne occidentale. Certes, il ne saurait être question pour nous de retirer nos troupes de Berlin et il importe que toute opération contre nos secteurs implique nécessairement une attaque contre nos troupes et fasse jouer le Pacte atlantique. Mais il importe aussi, pour détourner la *Volkspolizei* de toute initiative dangereuse, de lui donner le sentiment qu'elle a en face d'elle des forces à sa mesure et j'ai signalé les raisons pour lesquelles un simple accroissement de nos garnisons ne saurait apporter le remède opportun.

Sans pouvoir être considérée par les Soviets comme une provocation, ni être interprétée comme une remilitarisation de l'Allemagne, la réorganisation de ces cent mille hommes de police donnerait, pour quelque temps au moins, satisfaction aux désirs du gouvernement fédéral et à ceux de nos alliés. Elle impliquerait déjà pour les autorités allemandes un important effort financier.

Nous devons seulement veiller à ce que le *Bund* ne mette pas la main sur ces différentes polices, pour un faire une force militaire dont les 10 000 hommes de police spéciale fourniraient les cadres. Il est manifeste en effet que les objections du Chancelier à laisser les Allemands s'engager au service des Alliés ou fournir des contingents dans des unités alliées recouvrent chez lui et chez ses conseillers le désir de reconstituer, aux ordres du gouvernement fédéral, une police ou une force militaire de cent mille hommes à l'image de ce qu'était l'ancienne *Reichswehr.*

(Secrétariat général, Dossiers, volume 7)

259

NOTE DE LA DIRECTION GÉNÉRALE DES AFFAIRES POLITIQUES

Note sur l'Allemagne

N.　　　　　　　　　　　　　　　　　　　　*Paris, 16 août 1950.*

La guerre de Corée appelle l'attention sur la situation de l'Allemagne, elle aussi arbitrairement divisée entre les occupants, elle aussi pourvue dans la zone d'occupation russe d'une *Volkspolizei,* aux effectifs puissamment armés, et dans les zones occidentales d'une police municipale désarmée.

Il est vrai que les armées d'occupation sont face à face, et que le retrait des troupes russes, notamment après l'expérience coréenne, ne saurait entraîner le rappel des effectifs occidentaux. La *Volkspolizei,* si elle entreprenait une agression ouverte, sans assistance soviétique, ne se heurterait pas moins à la résistance des armées occidentales. Mais les forces communistes allemandes ont à leur disposition contre leurs concitoyens de l'Ouest d'autres moyens d'intervention, qui leur laisseraient l'espoir d'éviter un choc avec les forces occidentales tels que sabotages, grèves insurrectionnelles, guérillas. Ainsi, elles risqueraient de désorganiser un régime encore fragile, et de démoraliser une opinion inquiète, ouvrant les voies à la propagande communiste.

Les déclarations récentes de M. Grotewohl traduisent sans doute cette intention : « Les impérialistes américains ont porté la guerre en Corée ; la lutte nationale du peuple allemand doit revêtir des formes différentes et plus concrètes ». Les Russes prépareraient donc en Allemagne, non la guerre internationale, mais la guerre civile.

Un conflit de ce genre exige d'autres forces et d'autres armes que la guerre internationale. Sans doute serait-il temps pour les puissances occidentales, tout en se préparant à affronter celle-ci, ce qui est la meilleure méthode d'en reculer le risque, de prévoir celui-là et de rassembler dès maintenant les moyens d'y répondre.

À la lumière des événements de Corée, et de l'agitation des communistes allemands de l'Est, les puissances occidentales devraient sans retard renforcer les polices de *Land*, dont l'action serait d'autant plus efficace que seraient constituées de petites unités camouflées. Elles devraient être extrêmement mobiles, et disposer d'un armement léger. Elles constitueraient des formations auxiliaires des forces d'occupation, étant placées sous le haut commandement de ces dernières. Le commandement allié, qui serait ainsi parfaitement informé de la situation, serait seul juge aussi bien du renforcement de telle ou telle de ces unités de police, de leurs besoins en armement, que de la nécessité éventuelle de les faire appuyer dans leurs interventions par des contingents des troupes d'occupation. En même temps serait retirée au gouvernement allemand la tentation d'opérer des marchandages politiques avec les autorités de l'Allemagne orientale.

L'emploi des méthodes précitées préviendrait d'éventuelles intrusions en Allemagne occidentale de la *Volkspolizei* et de ses agents camouflés, quels que soient les procédés auxquels ils recourraient.

(Secrétariat général, Dossiers, volume 8)

260

M. Bonnet, Ambassadeur de France à Washington,
à M. Schuman, Ministre des Affaires étrangères[1].

T. nos 3171-3186.   *Washington, 17 août 1950, 20 h. 35.*

Réservé. Secret. Urgent.   *(Reçu : le 18, 7 h. 45)*

Dans toutes les conversations que mes collaborateurs et moi-même avons avec les membres du Congrès et les hauts fonctionnaires américains, nous ne manquons pas d'attirer l'attention de nos interlocuteurs sur la gravité des conséquences que risque d'avoir le voyage du général MacArthur à Taïpeh. Mais nous faisons également ressortir les dangers que la politique, actuellement suivie par le gouvernement américain à l'égard de Formose, risque d'entraîner pour le maintien de notre établissement en Indochine.

Si nous n'insistions en effet que sur l'inconvénient qu'entraîne pour le défense générale de l'Occident, l'adoption par les États-Unis, sans consultation préalable avec leurs alliés, d'une politique agressive à

---

[1] Télégramme communiqué à la Présidence de la République, la Présidence du Conseil, MM. Parodi, de La Tournelle, Clappier, de Bourbon-Busset.

l'égard de la Chine communiste, on pourrait ici nous rétorquer que la déclaration faite le 27 juin par le président Truman s'appliquait à l'Indochine aussi bien qu'à Formose, et que si nous en mettions ce dernier terme en cause, nous pourrions affaiblir aux yeux d'un large secteur de l'opinion publique américaine la justification de l'appui que le gouvernement américain a décidé de nous donner en Asie du Sud-Est. Aussi représentons-nous à ceux avec qui nous sommes en contact, que si la déclaration de M. Truman doit demeurer indivisible, encore faut-il admettre que sa mise en œuvre serait compromise au cas où les contradictions qu'elle contient ne seraient pas éliminées. La continuation ou l'accroissement du soutien des États-Unis en Indochine n'affaiblirait pas en effet, et renforcerait plutôt la position des autorités de Taïpeh. Mais la prolongation d'une politique américaine comportant un risque majeur de conflit avec la Chine implique par contre, sinon le franchissement de la frontière du Tonkin par les troupes communistes chinoises, du moins l'extension massive du soutien qu'Hô Chi Minh reçoit actuellement de Pékin l'entraînement de nouvelles unités de viêtminhiennes au Kouang-Si, l'envoi d'armes lourdes chinoises en Indochine dans des propositions qui peuvent devenir très dangereuses.

J'ai, en effet, le sentiment que dans la répartition des tâches actuelles identiques entre Chinois et Russes, ceux-ci se sont réservé l'exploitation de l'affaire de Corée, tandis que la responsabilité des questions concernant l'Indochine a dû être laissée au gouvernement de Pékin. M. Malik a confirmé cette impression quand, répondant lundi à M. Chauvel, qui venait de relever la similitude du comportement de Moscou à l'égard de la Corée et de l'Indochine, il a pris soin de préciser que la phrase incriminée par notre délégué n'exprimait pas en l'occurrence le point de vue du gouvernement soviétique. S'il en est bien ainsi, c'est à l'intervention politique et militaire de la Chine que nous devons faire face ; c'est elle dont nous devons, si nous ne pouvons absolument l'écarter, diminuer la pression pour permettre à l'armée française d'Indochine de continuer à remplir sa mission avec des chances raisonnables de succès. Si, faisant suite à la reconnaissance de Hô Chi Minh par le gouvernement de Mao Tsé Toung, l'animosité de Pékin à l'égard de l'Indochine ne peut être contenue dans ses limites actuelles, je suis loin d'être certain qu'un appui militaire américain assez puissant pour nous aider à repousser une attaque chinoise doive nous être octroyé. Les dispositions dont a fait preuve la mission (...)[1] lors de son départ de Saigon sont certainement rassurantes et permettent d'espérer que nous finirons par recevoir la quasi totalité du matériel que nous avons demandé. Alors que le Secrétaire d'État adjoint pour l'Extrême-Orient s'était montré réservé (mon télégramme n° 3027)[2], les propos qu'a tenus de son côté le général Erskine au général Carpentier sont encourageants, dans la mesure toutefois où ils sont susceptibles d'être traduits

[1] Lacune de déchiffrement.
[2] Document non reproduit.

en actes. Or, la réduction des paiements américains, la consommation d'armements entraînée par la guerre de Corée, les nécessités du réarmement, rendent très douteux que les États-Unis, le voudraient-ils, puissent fournir à l'Indochine tout le matériel nécessaire au cas où une situation exceptionnelle se présenterait. Aucune unité terrestre n'existant en outre ici, qui puisse être envoyée en Indochine, nous ne saurions au mieux espérer, en cas d'attaque chinoise, qu'un certain appui aérien et naval. Il n'est pas du reste certain que les *Joint Chiefs of Staff*[1], engagés à leur corps défendant dans la campagne de Corée, qui demeurent opposés non seulement à l'ouverture d'hostilités avec la Chine, mais à tout nouvel engagement sérieux en Asie continentale, doivent se montrer favorables à l'envoi en Indochine d'éléments navals ou aériens qui ne seraient du reste pour l'heure probablement pas disponibles.

Nous aurions sans doute intérêt, dans ces conditions, à prendre après en avoir informé Washington, les mesures susceptibles de nous permettre d'essayer tant qu'il en est peut-être temps encore, de détourner la Chine d'attaquer l'Indochine et d'accroître l'aide qu'elle fournit à Hô Chi Minh. Les circonstances sont évidemment à cet égard chaque mois moins favorables ; mais il ne nous en reste sans doute pas moins quelques semaines avant la fin de la saison des pluies en Indochine pour prendre une initiative à l'égard de Pékin.

Sans que la campagne de Corée permette d'envisager la reconnaissance du Kong Chang Tang, il n'est pas exclu qu'une approche faite dans un esprit pragmatique, et ne comportant pas la recherche d'un accord écrit, nous permette de rechercher la clarification de nos situations respectives et d'aboutir à un engagement verbal réciproque de ne pas modifier le *statu quo*. Toute conversation autre que directe avec les communistes chinois étant impossible, il me semble désirable que nous envisagions d'envoyer rapidement un émissaire qualifié à Pékin.

Mais la France comme la Grande Bretagne ne retirerait qu'un avantage temporaire de toute action tendant à diminuer la sensation d'isolement qu'éprouve la Chine communiste si elles n'essayaient d'amener les États-Unis à admettre – ce que démontrent les débats de Lake Success – que l'URSS ne recherche qu'en apparence l'entrée de la Chine communiste au Conseil de sécurité, qu'elle désire au maximum empêcher Mao Tsé-Toung de nouer avec les Occidentaux des contacts même officieux, et que rien ne fait mieux son jeu qu'une politique alliée aboutissant à maintenir la Chine dans l'état de réclusion dans lequel elle se trouve et à faire de l'URSS demain plus qu'aujourd'hui son unique soutien. Les représentants hindou et yougoslave à Washington ont déjà représenté au Département d'État qu'à se faire les champions d'une lutte ouverte contre Pékin, les parlementaires américains sino-philes se montrent en fait les tenants les plus efficaces des desseins de

---

[1] *Joint Chiefs of Staff*, soit le comité des chefs d'état-major interarmées américain.

la Chine. Une politique plus nuancée, et permettant au moins des reprises de contact, rencontrerait la faveur d'éléments importants de l'administration.

Il est évidemment exclu que les considérations d'ordre international qui ont amené à la fin de juin le gouvernement américain à renverser sa position vis-à-vis de Formose lui permettent de se déjuger à nouveau avant les élections. Mais si les ministres des Affaires étrangères français et anglais pouvaient exposer le mois prochain à leur collègue américain, non seulement les dangers de la politique suivie actuellement, mais l'intérêt majeur que présente pour tout l'Occident, et non pas en ce qui concerne la seule Asie du Sud-Est, l'adoption d'une attitude nouvelle à l'égard de la Chine, leurs arguments pourraient amorcer dès septembre une évolution indispensable. Celle-ci sera de toute façon lente, puisqu'elle ne saurait aboutir qu'après novembre. Il n'en est pas moins souhaitable qu'elle débute avant que le déclenchement d'un incident chinois vienne ancrer les États-Unis sans espoir de retour dans la position dangereuse où ils se sont actuellement aventurés.

(Direction d'Asie-Océanie, Corée, volume 69)

261

M. Schuman, Ministre des Affaires étrangères[1],
   À M. Bonnet, Ambassadeur de France à Washington[2].

T. n° 6991.   *Paris, 17 août 1950.*

Réservé.

Le Secrétaire général a reçu cet après-midi l'Ambassadeur des États-Unis auquel il a remis le nouveau mémorandum français.

Il a rappelé d'une manière pressante que nous attendions une réponse aux questions précédemment posées concernant la mise en commun des ressources, l'accroissement du nombre de divisions alliées en Allemagne et l'aide à l'Indochine[3].

---

[1] Télégramme en provenance du Secrétariat général.

[2] Télégramme communiqué à la Présidence de la République, la Présidence du Conseil, MM. Parodi, de La Tournelle, Clappier, de Bourbon-Busset et aux ambassades de France à Londres (n°s 7836 et 7866), Rome (n° 1783), Bruxelles (n° 908) et à la délégation française à New York (n° 1673).

[3] Ces questions avaient été posées à M. Bruce lors de la remise de ce mémorandum (note du 17 août 1950 de Paris, non reproduite). Jean Monnet avait fait connaître un certain nombre d'observations sur le projet de mémorandum. Il soulignait qu'aucune organisation ne lui semblait possible avant l'acceptation du principe proposé de mise en commun des efforts et des ressources et que l'objet de cet effort commun n'était pas la préparation à la

L'Ambassadeur a indiqué qu'il n'avait pas manqué d'intervenir énergiquement auprès de son gouvernement, et qu'il pensait que la réponse nous serait donnée au cours de la prochaine réunion des Suppléants.

Vous recevrez, par télégramme séparé, le texte du mémorandum qui n'a pu vous être envoyé plus tôt, n'ayant été définitivement arrêté que ce matin.

(Secrétariat général, Dossiers, volume 10)

ANNEXE

MÉMORANDUM DU GOUVERNEMENT FRANÇAIS AU GOUVERNEMENT AMÉRICAIN

MÉMO.   *Paris, 17 août 1950.*

1) Dans son mémorandum du 5 août[1], le gouvernement français a affirmé sa volonté de mettre en œuvre un programme supplémentaire de défense de 2 000 milliards de francs comportant notamment l'équipement de 15 divisions nouvelles. Un effort de cette importance ne peut atteindre son plein degré d'efficacité que s'il est placé dans le cadre d'une organisation collective orientée dans tous les domaines suivant une direction commune. Ainsi qu'il l'avait annoncé, le gouvernement français tient à préciser ses vues à ce sujet.

2) Sa conception ne s'inspire en aucune façon de considérations théoriques. Les nations signataires du Pacte de l'Atlantique sont placées en face d'un vaste groupe de pays où se trouve assurée la mise en commun des ressources. Les nations atlantiques, au contraire, ont agi trop souvent en ordre dispersé. Bien que la somme totale des crédits qu'elles consacrent à la défense nationale soit égale aux budgets militaires des pays dont elles peuvent redouter une agression, bien que leurs ressources humaines et industrielles soient très supérieures à celles de l'adversaire éventuel, les résultats pratiques en ce qui concerne l'importance et l'efficacité des moyens en présence ne peuvent être comparés. C'est donc que la politique suivie et l'organisation existante ne répondent pas aux nécessités urgentes de la situation et qu'elles engendrent des doubles emplois, des gaspillages, une déperdition de forces que seule l'unité de conception et d'exécution peut permettre d'éliminer.

3) Les propositions françaises s'inspirent de l'expérience des deux dernières guerres :

En 1914, la France a dû d'abord supporter à peu près seule le fardeau militaire et financier de la guerre. Peu à peu, l'unité d'organisation s'est imposée et a été obtenue par la désignation du commandant en chef et les accords économiques et financiers passés entre la France, la Grande-Bretagne et les États-Unis.

Au cours du dernier conflit mondial, ce n'est qu'en 1942 que l'unité de conception et de direction s'est trouvée réalisée grâce aux relations personnelles de deux grands

guerre mais bien l'organisation d'une défense suffisante pour préserver la paix. Pour réaliser cela, des mesures immédiates seraient à prendre pour 1951 : avoir des forces suffisantes en Allemagne pour écarter toute tentative de « putsch » sur la RFA, nécessité d'en tenir compte pour le projet de budget pour 1951, en jouant sur la mise en commun demandée. La mise en route d'études communes en vue de l'établissement de programmes à long terme devrait également être entreprise selon le Commissaire au Plan (note du 15 août 1950 de Monnet, non reproduite).

[1] Voir document n° 250.

hommes d'État, à la conclusion des accords de prêt-bail et à l'établissement d'organismes d'exécution communs.

Il s'agit aujourd'hui, dès le temps de paix et pour sauvegarder la paix, de mettre en place un système collectif et d'éviter les lourds sacrifices qu'a entraînés au cours des deux dernières guerres une organisation insuffisante et tardive. Le Pacte de l'Atlantique constitue le cadre juridique permettant d'assurer sur le plan diplomatique, militaire et économique, la cohésion des forces et la répartition des charges.

***

4) L'objet de notre entreprise doit être constamment rappelé à l'opinion publique : il ne s'agit pas de préparer la guerre, mais d'organiser une défense assez puissante pour préserver la paix.

La politique générale des nations atlantiques à l'égard d'un agresseur éventuel doit être délibérée en commun. Les initiatives de toute nature à prendre à cet effet par l'un quelconque d'entre nous, dans la mesure où elles intéressent les relations de tous avec l'agresseur éventuel, doivent être décidées en commun soit par l'intermédiaire de nos représentants qualifiés au sein du Conseil de l'Atlantique, soit par la voie diplomatique.

5) Dans le domaine militaire, les nations atlantiques doivent tendre rapidement vers l'unité du commandement. Il est nécessaire de prévoir la constitution d'un organisme qui, comme le *Combined Chiefs of Staff,* au cours de la dernière guerre, soit capable de fixer dès à présent la stratégie générale et de diriger l'ensemble des opérations suivant une conception unique. Le gouvernement français estime qu'à cet effet le Groupe permanent devrait fonctionner désormais comme un état-major. Il se mettrait ainsi en mesure de devenir l'organe du Haut-Commandement de tous les théâtres d'opérations éventuels, en évitant les cloisonnements actuels. Chaque théâtre d'opérations éventuel, dont les limites seraient précisées à l'avance d'un commun accord, devrait être placé sous un commandement unique, doté d'un état-major qui resterait subordonné au Groupe permanent. Les groupes régionaux actuels, dits de « planning » seraient ainsi amenés à disparaître.

Le Groupe permanent serait en outre chargé de définir les moyens militaires nécessaires à la réalisation d'une défense commune efficace. Il collaborerait à cet effet avec l'organe exécutif dont la création est prévue au paragraphe 8 ci-après.

Tous les organes issus, soit du Pacte de Bruxelles, soit du Pacte de l'Atlantique qui font actuellement double emploi devraient également être supprimés.

Afin de permettre au Conseil de l'Atlantique de prévoir les mesures nécessaires pour assurer dans cet esprit la mise en vigueur de plans coordonnés de défense, le gouvernement français propose que le Conseil des Suppléants invite le Groupe permanent, en consultation avec les représentants qualifiés des pays signataires du Pacte de Bruxelles, à lui faire parvenir pour une date très proche, à fixer, des propositions précises tendant à aménager les institutions militaires du Pacte de Bruxelles et du Pacte de l'Atlantique, dans le sens indiqué ci-dessus.

***

6) Le souci d'employer au mieux nos ressources doit nous conduire à centraliser et à gérer de la façon la plus efficace la plus grande partie possible des moyens consacrés par chaque pays aux besoins de la défense, ce qui implique :

a) l'établissement en commun d'un programme d'ensemble comprenant les armes et équipements standardisés à produire, les effectifs à mettre sur pied, les infrastructures à établir, les stocks à constituer et, d'une façon générale, toutes les dépenses de défense commune ;

b) la production aussi rapide que possible des armes et équipements faisant l'objet du programme commun, avec le souci d'employer au maximum les capacités de production des pays atlantiques et de standardiser, dans toute la mesure nécessaire, les matériels utilisés ;

c) la répartition aussi équitable que possible des charges financières de la défense commune ;

d) l'application d'une politique commune tendant à la répartition des matières premières et des moyens de transports, ainsi qu'à la lutte contre l'inflation.

7) Pour atteindre les objectifs ainsi définis, le gouvernement français propose l'établissement d'un « budget commun ». La concentration des éléments de décisions financières paraît en effet le seul moyen d'établir l'organisation collective que nous croyons indispensable.

Le budget commun prendrait progressivement en charge la plus grande part possible des dépenses militaires qui, suivant les méthodes actuelles, sont dispersées dans les budgets nationaux ; il serait crédité de contributions qui lui seraient versées par les divers États, ainsi que du produit de recettes spéciales qui pourraient être votées par tous les parlements pour la défense de la paix. Il favoriserait la réalisation d'opérations de crédit collectives. Enfin, il devrait assurer une équitable péréquation des charges entre les États participants.

Ainsi les dépenses de défense commune fixées par les pays participants seraient couvertes dans les conditions d'efficacité et d'économie très supérieures à celles qui résultent des gestions individuelles actuellement pratiquées.

Le gouvernement français tient toutefois à souligner que le budget commun n'est que l'instrument de la politique qu'il souhaite voir appliquer par les nations atlantiques et ne représente pas un but en soi. Si un autre système financier permet d'atteindre les mêmes objectifs, le gouvernement français est prêt à en examiner les modalités avec les pays participants.

8) L'application de cette politique exige l'établissement sous le contrôle du Conseil de l'Atlantique d'un organisme exécutif doté de pouvoirs de décision aussi larges que possible. Cet exécutif serait chargé de toutes les missions décrites au paragraphe 6 ci-dessus. Toutefois, sauf cas exceptionnels, il ne serait pas habilité lui-même à passer les commandes ou à faire les paiements, ces opérations étant réservées, dans le cadre des décisions prises, aux administrations nationales remplissant le rôle d'agences de l'exécutif.

***

9) Les pays européens du Pacte de l'Atlantique peuvent et doivent fournir une large part de l'effort commun de production. Ils disposent en effet de ressources inutilisées en main d'œuvre et en capacité productive. Cependant la politique de défense ne doit pas conduire à abandonner l'action constructive entreprise par les pays européens au cours des dernières années pour libérer les échanges, créer un marché unique, spécialiser les productions et coordonner les investissements. Elle doit, au contraire, confirmer cette évolution, hâter la réalisation de la communauté européenne et améliorer la productivité de son économie.

10) Le gouvernement français tient à rappeler que l'effort de défense ne peut être réalisé que sur des bases économiques saines. La stabilité financière des pays européens, le maintien d'un suffisant niveau de vie pour leurs populations doivent être considérés comme un élément capital de leur potentiel de défense. Les nations atlantiques doivent veiller à ce que les conséquences économiques et sociales de l'effort

entrepris ne donnent pas à un adversaire éventuel des avantages peut être plus certains que ceux qu'ils pourraient attendre d'une exploitation de ses moyens militaires.

Il ne faut pas non plus que certaines monnaies risquent du fait de cet effort, de se dégrader plus que d'autres. La confiance dans les monnaies européennes qui, dans bien des cas, n'a été rétablie que récemment et de façon encore précaire, doit être sauvegardée.

Les pays de l'Europe ne peuvent se laisser aller à une politique d'inflation que souhaitent et font prévoir les adversaires du Pacte de l'Atlantique. Des engagements précis doivent être souscrits à cet égard par les différents pays.

Grâce à un accord monétaire approprié entre les pays participants au Pacte, il est nécessaire que soit garantie la stabilité des monnaies nationales les unes par rapport aux autres et notamment leur stabilité par rapport à la plus forte d'entre elles, le dollar des États-Unis. Le mécanisme de garantie adopté ne devrait évidemment pas aboutir à faire supporter par aucun pays la charge d'une politique d'inflation qui serait suivie par un autre pays participant.

11) Il va de soi que l'institution de l'organisation collective nécessaire ne doit pas avoir pour effet de permettre à aucun pays de différer les efforts qu'il est en mesure d'accomplir dès maintenant. C'est pourquoi le gouvernement français souhaite que le programme d'armement prioritaire dont l'élaboration est en cours puisse être exécuté dans les plus brefs délais et qu'un régime provisoire soit établi pour couvrir ces dépenses urgentes. Il ne faut pas oublier toutefois que ce programme immédiat devra être, par la suite, intégré dans le programme d'ensemble et que l'institution d'une organisation collective, tâche essentielle, doit être décidée et entreprise sans aucun retard.

12) Le gouvernement français est extrêmement désireux de savoir si le gouvernement des États-Unis et les autres gouvernements membres du Pacte de l'Atlantique sont d'accord avec les principes ci-dessus.

Les organisations nécessaires à cette réalisation pourront être étudiées dès que les principes eux-mêmes auront été arrêtés. C'est pourquoi une réponse rapide apparaît nécessaire.

Le gouvernement français a en même temps fait connaître par le présent mémorandum certaines modalités possibles d'exécution. Il serait prêt naturellement à les discuter dès qu'un accord sera intervenu sur les principes et à envisager toutes autres dispositions qui permettraient d'atteindre le but convenu.

(Secrétariat général, Dossiers, volume 10)

262

M. François-Poncet, Haut-Commissaire de la République
française en Allemagne,
à M. Schuman, Ministre des Affaires étrangères.

T. Metric n° 50 017[1].   *Bonn, 18 août 1950.*

Secret.

Je me réfère à mon télégramme n° 50016[2], relatif aux déclarations
que le Chancelier a faites, le 17 août, aux Hauts-Commissaires.

Dans l'ensemble, je considère comme exactes les informations que
M. Adenauer nous a apportées sur la puissance militaire de l'URSS.

Elles n'étaient, d'ailleurs, pas neuves et correspondent, à peu de
choses près, à ce que nous savions déjà. Le Chancelier les a seulement
poussées au noir, afin de nous émouvoir plus sûrement.

Les calculs et les projets qu'il attribue aux dirigeants soviétiques sont,
à mes yeux, tout à fait vraisemblables. Je crois, effectivement, qu'après
les élections du 15 octobre, la République démocratique allemande de
l'Est accentuera son apparence d'État indépendant.

Je crois qu'un de ses principaux soucis sera de développer la *Volkspolizei* et de la transformer en une armée, capable d'opérations militaires. Je crois que le Kremlin essaiera de se servir de cette armée pour
exercer une pression sur l'Allemagne occidentale, ou même pour attaquer cette dernière, quand elle en aura reçu les moyens, tout en restant
personnellement, au moins dans une phase initiale, à l'écart du conflit,
selon l'exemple de la Corée, et en laissant aux États-Unis et aux Alliés
la responsabilité de provoquer une guerre générale.

Je ne doute pas, non plus, que Staline n'ait l'ambition bien arrêtée
de mettre la main sur l'Allemagne de l'Ouest, sur ses ports, en particulier, et son bassin de la Ruhr, et le désir également ferme de s'emparer
d'un pays ayant conservé un potentiel industriel, utilisable à plein.

Ce que le Chancelier nous a dit de l'état d'esprit de la population de
l'Allemagne de l'Ouest, de son apathie, de son scepticisme à l'égard de
l'efficacité de la protection américaine, après les événements de Corée,
de ses dispositions à rester neutre et inerte, dans l'hypothèse d'une
offensive, menée par les Allemands de la *Volkspolizei* orientale, rien

---

[1] La série de télégrammes, de dépêches ou de notes « Metric », particulièrement protégée
et à exemplaire unique, avait été mise en place à l'occasion du Pacte de Bruxelles, à la
demande des Anglais et des Américains.

[2] Dans ce télégramme, François-Poncet rapportait les propos d'Adenauer sur la sécurité
de l'Allemagne et de l'Europe. Celui-ci ne croyait pas à une attaque immédiate de la part de
l'URSS, mais il craignait l'application de la même méthode qu'en Corée (télégramme
n° 50 016 du 18 août 1950 de Bonn, non reproduit).

de tout cela n'est contraire aux observations que nous faisons de notre côté.

On remarquera que les assertions de M. Adenauer signifient, en résumé, que l'Allemagne occidentale demeurera passive, si elle estime que l'agresseur de l'Est est le plus fort et que les Alliés ne sont pas en mesure de la protéger, mais qu'elle marchera avec les Alliés, s'il lui est prouvé que ceux-ci sont de taille à faire échec aux Russes.

Il y a, tout de même, une contradiction entre l'apathie ou le froid réalisme, signalés par le Chancelier, et l'affirmation qu'une troupe fédérale de 150 mille hommes se battrait avec enthousiasme contre les Allemands de la *Volkspolizei,* ou que les volontaires afflueraient, si une unité spéciale était créée pour les accueillir, ou que l'opinion publique se féliciterait que l'Allemagne fut représentée dans une future armée européenne.

Le Chancelier n'a pas levé cette contradiction, mais il est possible qu'elle ne lui soit pas propre et reflète simplement celle qui existe, à l'heure actuelle, dans l'esprit du peuple allemand.

Pour souligner les progrès de l'infiltration communiste et de l'affaiblissement de la résistance de l'opinion, M. Adenauer a évoqué des incidents qui se seraient passés à Esslingen et à Munich.

Je suppose qu'il a beaucoup grossi les incidents en question, car s'ils avaient en autant d'importance qu'il l'a prétendu, la presse en aurait parlé et nos gouverneurs et observateurs n'auraient pas manqué de nous en avertir. Le Chancelier a une vieille rancune envers la police des *Länder,* qui gêne son dessein de posséder une forte police fédérale. Aussi n'est-il pas, en la matière un juge auquel on puisse se rapporter, *a priori.* Ce qui est certainement vrai, c'est que la propagande communiste s'est singulièrement développée et enhardie, en ces derniers temps, que son travail n'est pas sans résultat et que, comme mes collègues le leur ont reproché, le gouvernement fédéral et son chef, ne déploient pas des efforts suffisants, ni pour réprimer l'activité subversive du communisme, ni pour soutenir et exalter le moral de l'opinion anticommuniste.

À mon avis, l'exposé que le Chancelier nous a fait, le 17 août, avait essentiellement pour but, en nous alarmant par le tableau de la puissance soviétique et en nous mettant nous-mêmes, en quelque sorte, en face de notre propre impuissance, de nous incliner à accepter la création d'une force militaire de 150 mille hommes, qui serait entièrement entre les mains du gouvernement fédéral.

Comment concilier cette prétention, qui aboutirait à constituer le noyau d'une armée allemande, avec le refus du Chancelier d'envisager le réarmement de l'Allemagne occidentale ? Dans l'esprit de M. Adenauer, le contingent de 150 mille hommes ne serait évidemment pas recruté par la voie du service militaire, mais par engagements volontaires. Et c'est en cela que résiderait la différence. Il ne semble pas, au surplus, que les idées du Chancelier soient tout à fait claires.

Il est probablement sincère, quand il se déclare hostile à un réarmement véritable. Mais ses conseillers, et notamment le général von Schwerin, l'y poussent. Et, d'autre part, il sait que nos alliés américain et britannique n'y sont pas, au fond, défavorables. Le général Hays et M. Steel ne s'en cachent pas, dans les propos qu'ils tiennent. Il devrait donc être possible, selon lui, de modifier la position des Alliés en ce qui concerne la constitution d'une force d'ordre, et de les déterminer à admettre que cette force ne soit pas formée dans le cadre des *Länder*, mais dans celui du pouvoir fédéral, qu'elle dépasse de beaucoup les dix mille hommes dont il est question et se rapproche autant que possible des effectifs et de la nature de la *Volkspolizei*.

Jusqu'à plus ample informé, je n'ai pas l'impression que M. Adenauer ait pleinement atteint son but.

Je demeure, pour ma part, convaincu que, s'il convient de retenir un certain nombre des indications du Chancelier, il n'y a pas lieu, cependant, de renoncer aux thèses que nous soutenons.

La création, dans le cadre des *Länder*, d'un contingent spécial de police, de dix mille hommes bien armés et bien instruits, placés à la disposition éventuelle du gouvernement fédéral, est une mesure qui a déjà en elle-même, sa valeur, et qui demeure prudente.

Si la police des *Länder* est réorganisée, comme les gouvernements des États vont probablement le proposer, et si l'on y joint la police des frontières déjà existante, c'est, en réalité, d'une force d'environ cent mille hommes que l'Allemagne occidentale pourrait être dotée dans un délai très court et à laquelle elle serait libre de conférer la plus grande efficacité.

C'est au proche avenir qu'il appartiendra, au surplus, d'indiquer s'il suffit de s'en tenir à ce point, ou s'il faut s'avancer au-delà.

(Secrétariat général, Dossiers, volume 7)

263

M. Chauvel, Représentant permanent de la France auprès
du Conseil de sécurité des Nations unies,
à M. Schuman, Ministre des Affaires étrangères[1].

D. n° 886.   *New York, 18 août 1950.*

Par mon télégramme n° 1317 du 17 août 1950[2], j'ai fait part à Votre Excellence de mon sentiment en ce qui concerne les possibilités actuelles d'un règlement pacifique de l'affaire coréenne au Conseil de sécurité ou par le moyen de ce Conseil. La séance privée d'hier me confirme dans ce sentiment. Je ne crois pas que la délégation soviétique ait actuellement autre chose à nous dire que ce qu'elle nous a déjà dit. Et cela est peu de chose.

Pour regrettable qu'elle soit, cette situation donne un peu de temps à chacun des gouvernements représentés au Conseil, puis au Conseil lui-même, pour se faire une idée claire de ce que devrait être un règlement pacifique de l'affaire de Corée.

Au point actuel, je crois devoir attirer l'attention de Votre Excellence sur les considérations suivantes.

Un règlement pacifique de l'affaire coréenne comporterait nécessairement deux phases, dont l'une serait la cessation des hostilités et l'autre la définition et la mise en œuvre d'un statut couvrant l'ensemble de la Corée. Ces deux phases néanmoins, nous le constatons aujourd'hui, ne peuvent pas être considérées indépendamment l'une de l'autre. Plus précisément, la première doit être traitée compte tenu de l'idée que l'on se fait de la seconde. Il s'agit d'une action continue et constante dans ses objets, ou qui doit l'être.

C'est pourquoi, s'agissant seulement de la cessation des hostilités, Votre Excellence, en son télégramme n° 1617[3], s'inquiète des suites.

Ces suites peuvent être telles ou telles suivant le degré des responsabilités collectives et particulières que l'on se propose d'assurer en Corée.

Ces responsabilités peuvent être très lourdes. Si l'on se réfère en effet aux résolutions prises par l'Assemblée au sujet de la Corée, on constate, comme vient de le faire en Conseil mon collègue américain, qu'il s'agit d'en faire un pays libre, c'est-à-dire un État unifié, indépendant et jouissant des libertés démocratiques, le tout ensemble supposant des élections correctement conduites sur tout le territoire coréen.

---

[1] Dépêche adressée au Secrétariat des Conférences et communiquée à la Direction générale des Affaires politiques, au Cabinet du Ministre et à l'ambassade de France à Washington.

[2] Document non reproduit.

[3] Document non reproduit.

La difficulté la plus sérieuse à laquelle se heurte l'application de ce programme est que les termes d'élections correctes, de libertés démocratiques et d'indépendance ont des sens très différents à Moscou et à Washington. Si l'ONU est appelé à arbitrer ce conflit d'interprétation, son arbitrage, étant donné la composition du Conseil, sera favorable à Washington, mais sa sentence ne sera pas acceptée par Moscou. Il faudra donc l'imposer par la force.

L'affaire de Corée a toujours été une affaire très importante pour l'URSS. Elle est devenue, tout récemment, une affaire très importante pour les États-Unis et, par voie de conséquence, pour les Nations unies. Cette importance, pour les Nations unies, réside-t-elle en la défense formelle de certains principes, ou exige-t-elle que ces principes soient appliqués en un sens précis et suivant des modalités déterminées ?

Répondre affirmativement à cette dernière question – et je vois bien les raisons qui peuvent désormais, à Washington surtout, incliner à une réponse affirmative –, est s'engager dans une grande aventure.

La Corée, en effet, est en passe d'unification par les armes. Au cas même où la tête de pont subsisterait, les autorités nord-coréennes contrôlent la quasi totalité du territoire. Déjà elles s'installent à Séoul, d'où il leur sera loisible de faire des élections pour l'ensemble de la Corée, de légiférer pour cet ensemble et de faire régner en tous lieux la liberté telle qu'on l'entend à Moscou. Rien ne permet d'affirmer que ce processus ne répond ou ne répondra pas aux aspirations de la majorité du peuple coréen.

Il est à prévoir cependant que, quel que soit le sort de la tête de pont, les États-Unis refuseront de s'incliner devant un fait ainsi accompli et se mettront en mesure, par un processus inverse et qui ne s'arrêtera pas au 38e parallèle, de libérer la Corée entière pour la doter de l'indépendance et des libertés démocratiques vues dessus.

Cette seconde entreprise sera sans doute plus difficile que la première.

Si, en effet, l'intervention soviétique est un élément important dans toute cette affaire, Moscou a l'avantage de pouvoir appuyer son action sur des autorités locales non dépourvues de consistance et dont les tendances paraissent correspondre à l'idée que la population coréenne se fait du nationalisme et de la justice sociale. Au sud du 38e parallèle, il n'existe rien de tel. La République de Corée, pour légitime qu'ait été sa naissance, n'a jamais soulevé, en Corée même, l'enthousiasme des foules. Elle est entre les mains d'un groupe d'hommes dont on a pu dire beaucoup de choses fâcheuses. Enfin, M. Syngman Rhee a été battu aux dernières élections.

Le rétablissement de la République coréenne et l'extension de son autorité à l'ensemble de la Corée se présente donc comme une opération à monter de toutes pièces. Elle sera délicate, de longue durée et devra être doublée, si l'on en juge par les informations publiées au sujet des bombardements américains, outre une aide économique et financière, d'un très important effort de reconstruction. Et cette opération a pour prélude obligé une reconquête dont on ne peut se demander si l'URSS ne jugera pas nécessaire de s'y opposer directement.

La libération et la réhabilitation de la Corée, si l'on veut leur donner une réalité qui corresponde aux conceptions occidentales, apparaissent ainsi, par leurs implications, non seulement comme une affaire importante, mais comme un « but de guerre », comme un but de cette troisième guerre mondiale qui, pour froide qu'elle soit encore dans l'ensemble du monde, est déjà fort chaude aux environs de Fusan.

(Secrétariat des Conférences, NUOI, volume 141)

264

M. Bonnet, Ambassadeur de France à Washington,
à M. Schuman, Ministre des Affaires étrangères[1].

T. nᵒˢ 3223-3240.   *Washington, 19 août 1950, 22 h. et 23 h.*

Secret. Réservé.   *(Reçu : le 20, 6 h. et 8 h. 30)*

J'ai eu hier à l'Ambassade une longue conversation avec M. Harriman.

Nous avons, tout d'abord, parlé du mémorandum français sur le réarmement[2], dont je lui ai remis un exemplaire, et que nous avons discuté dans ses grandes lignes.

1) C'est avec une très vive satisfaction qu'on voit, à Washington, la France prendre des initiatives dans ce domaine. Elle a un intérêt capital à la réussite de l'entreprise commune qui ne peut se concevoir sans sa pleine participation. Aussi attend-on d'elle des idées et des propositions constructives. Même s'il n'y a pas d'accord sur tous les points que nous soulevons dans notre mémorandum, il va être étudié avec attention, confronté avec le projet déjà esquissé et, en apportant des suggestions nouvelles, il exercera certainement une influence qui ne peut manquer de se faire sentir sur les décisions finales.

2) Mon interlocuteur est convaincu comme nous de la nécessité impérieuse d'une unité de conception et de direction sans laquelle il y aurait gaspillage funeste de ressources considérables et supérieures à celles des blocs orientaux. Il y a tout lieu de prévoir en conséquence que notre proposition d'accroître les responsabilités du groupe permanent sera

---

[1] Télégramme communiqué à la Présidence de la République, la Présidence du Conseil, MM. Parodi, de La Tournelle, Clappier et de Bourbon-Busset.
[2] Voir document nᵒ 261.

bien accueillie. M. Harriman est d'accord que la mise en œuvre des pactes de Bruxelles et de l'Atlantique a entraîné la création d'un mécanisme trop lourd et que tous les organismes qui, après réorganisation du système de défense interalliée feraient double emploi, devraient être supprimés.

3) Est également approuvé le souci que nous affirmons d'employer avec le maximum d'efficacité, les ressources et les moyens de production qui sont à la disposition des alliés : établissement en commun d'un programme d'ensemble, utilisation maximum des capacités de production, répartition des matières premières, organisation des transports, lutte contre l'inflation. L'adoption de ces divers principes ne devrait pas soulever de difficultés.

La nécessité d'un organisme exécutif doté de larges pouvoirs me paraît devoir en conséquence être reconnue. Nos propositions sont, sur ce point, arrivées en temps utile. Mon interlocuteur a souligné à diverses reprises qu'il parlait à titre strictement personnel, mais il lui semble, à la lumière des discussions en cours à Washington, que la pensée américaine s'orientera, en l'occurrence, dans la même direction que la nôtre.

J'ai rappelé les excellents résultats qu'avaient donnés pendant la guerre, les « bureaux combinés » (*Combined boards*) à Washington et la manière dont ils avaient assuré la coopération organisée des industries américaine, anglaise et canadienne, ainsi que la répartition des ressources et des transports. Je me suis attaché à souligner que ce succès était dû, non seulement à la bonne organisation de ces offices, mais aussi à leur étroite collaboration avec l'état-major combiné. Il me paraît que les directives données par le groupe permanent devraient pouvoir être traduites de la même manière en mesures pratiques dans les domaines de la production et de la préparation militaire.

Mon interlocuteur partage dans l'ensemble cette manière de voir. Il doute toutefois que le mécanisme à créer puisse être tout entier établi à Washington. Le groupe permanent doit y demeurer, mais il lui semble, à première vue, que l'expansion de la production européenne est d'une telle importance que les autres rouages exécutifs devraient être établis de l'autre côté de l'océan. Je me suis contenté de faire remarquer que la rapidité et l'unité de décision pouvaient en devenir plus difficiles à atteindre. En ce qui concerne les compétences de l'organisme exécutif dans le domaine de la production, M. Harriman estime qu'il faut s'en tenir à l'essentiel : armes lourdes, tanks, avions, équipement scientifique, etc… sans prétendre réglementer la production des fournitures secondaires.

4) La discussion sera plus ardue à propos de l'adoption d'un projet de budget qui paraît devoir se heurter à des objections diverses. J'ai fait ressortir les avantages considérables que présenterait cette organisation financière collective qui laisserait d'ailleurs subsister, en grande partie,

les budgets nationaux. J'ai aussi souligné que nous étions prêts à discuter des modalités du système à adopter, notre but unique était d'assurer une juste répartition des charges et le maximum d'efficacité à l'action commune.

5) Parlant des possibilités d'expansion des industries européennes et de celles de la France en particulier, j'ai avancé que les États-Unis eux-mêmes pouvaient en retirer des avantages très appréciables et alléger, au bénéfice de leur production de biens de consommation, l'intensité de leurs efforts d'armement.

Un ajustement heureux des activités alliées permettrait en même temps à l'Europe, dont on tient absolument ici à préserver le relèvement économique, de porter un fardeau qui risquerait sans cela d'être trop lourd pour elle.

6) J'avais, au cours de cette dernière semaine, exposé dans les milieux politiques, les idées qui sont à la base du mémorandum français. Des nombreuses conversations que j'ai eues à ce sujet, je retire l'impression que les principes d'organisation recommandés dans notre document devraient recueillir un large assentiment. J'ajoute que M. Harriman, en parlant de l'exécution du programme commun de défense, m'a dit l'espoir confiant qu'on place ici, à cet égard, dans le gouvernement français.

En discutant le mémorandum français sur le réarmement, mon interlocuteur a abordé le problème des effectifs européens nécessaires pour la défense du continent. Il s'est prononcé sans réserve pour la reconstitution d'unités allemandes à encadrer dans une armée européenne. Il ne devrait pas y avoir d'état-major allemand, pas de fabrication spéciale d'armes pour une armée allemande, mais M. Harriman est convaincu que la participation de l'Allemagne est indispensable si l'Occident veut réunir un nombre de divisions suffisant pour prévenir ou arrêter une agression.

Je lui ai fait observer que la France était d'accord pour rechercher et assurer l'intégration de l'Allemagne dans l'Europe occidentale. La preuve en a été fournie par votre projet d'union industrielle. C'est par cette voie que pourra être atteint l'objectif poursuivi et que l'Allemagne sera de nouveau associée à la communauté européenne. Déclencher des controverses dont il est aisé de prévoir l'âpreté à propos d'un réarmement de l'Allemagne serait d'une extrême imprudence. Nous ne pouvons pas courir le risque de compromettre ou même de retarder le succès d'une entreprise dont dépend le progrès de l'unité européenne, cause justement chère aux États-Unis.

J'ai indiqué d'autre part que le premier problème à résoudre en matière de défense était de reconstituer les forces armées de la France, de la Grande-Bretagne et des autres membres du Pacte atlantique. C'est l'existence de ces forces, appuyées par des divisions américaines, qui permettra de récréer le sentiment de sécurité qui, pour le moment, fait défaut en Europe. Cet effort doit s'accomplir dans l'unité et ce serait le compliquer et le mettre en péril que parler d'armée allemande avant qu'il fût accompli.

Enfin, s'il est possible et désirable d'organiser des polices allemandes en zone occidentale et de prendre des mesures pour que la production allemande soit utilisée pour le réarmement des nations atlantiques, il ne faut pas oublier que la création d'une armée germanique aurait un caractère de provocation à l'égard de l'URSS et qu'il était de bonne politique de s'en abstenir.

Je n'ai pas l'impression d'avoir, sur tous ces points, convaincu mon partenaire. Il s'est déclaré entièrement d'accord pour ne rien faire qui puisse retarder ou rendre plus malaisée la conclusion du projet d'union industrielle occidentale. Il en a souligné l'importance dans les termes les plus élogieux. Comme tous les milieux politiques des États-Unis et l'opinion publique dans son ensemble, il estime que cette entreprise est la plus riche possible de promesses pour l'Europe et il en souhaite le prompt succès.

Mais il s'en est tenu à sa conviction que ce serait une erreur d'attendre trop longtemps pour employer les ressources de l'Allemagne en effectifs dont nous avons tous besoin.

Quant au danger d'une riposte russe, il pense que ce risque doit être couru parce qu'il y a risque dans tous les cas et que le plus grand serait d'effectuer une préparation militaire insuffisante. Il ne croit pas d'ailleurs que les Soviets soient prêts à exposer leur pays à la dévastation de la bombe atomique.

Dans ce cas aussi, M. Harriman a tenu à marquer qu'il m'avait fait part d'idées qui lui étaient personnelles, mais il est évident comme je vous l'ai déjà signalé, que nous aurons à nous opposer sur ce point à des conceptions largement répandues ici et dont le gouvernement américain, dans les circonstances actuelles, sera très sérieusement tenté de tenir compte[1].

(Secrétariat général, Dossiers, volume 10)

---

[1] Le lendemain de l'envoi de ce télégramme, Bonnet insistait sur le fait que, si les diverses suggestions avancées par Harriman l'étaient à titre personnel, elles n'en traduisaient pas moins les préoccupations de l'administration américaine. Le problème des effectifs en était un en raison de la guerre de Corée et des difficultés du démarrage du réarmement américain. Le choix français de ne pas envoyer de soldats en Corée, en raison de leur immobilisation en Indochine, était bien compris à Washington, et il ne fallait pas prendre ombrage de ce que disaient certains organes de presse, même si on souhaitait avec insistance une participation symbolique au contingent des Nations unies. Ce problème des effectifs faisait que l'idée d'utiliser le potentiel allemand devenait de plus en plus répandue dans divers milieux américains. Il fallait la combattre, selon Bonnet, en appuyant l'idée d'un soutien effectif des unités américaines aux armées reconstituées de France et du Royaume-Uni (Voir document n°266).

265

M. Parodi, Secrétaire général du Ministère des Affaires étrangères,
   à M. Bonnet, Ambassadeur de France à Washington.

L.   *Paris, 19 août 1950.*

J'ai déjà adressé à R. Berdraud de très sérieuses objurgations et le verrai de nouveau avant son départ. Il sait que cette « expérience » que je me remercie aussi d'avoir finalement acceptée, fixera mon opinion à son égard.

Je vous envoie ci-joint copie d'une lettre que j'adresse à Chauvel[1]. J'ajoute pour votre information que le gouvernement s'oriente vers l'envoi d'un bataillon en Corée.

L'effort de réarmement est enfin sérieusement engagé[2] beaucoup grâce à Jules Moch, dont l'efficacité va avoir à s'employer à fond. Jusqu'où faut-il remonter dans notre histoire pour trouver une France aussi désarmée qu'elle l'est aujourd'hui ?

Mais la préoccupation de Défense nationale ne doit pas diminuer notre souci de maintenir la paix. Cela suppose d'abord nous travaillons chaque jour à calmer et à maintenir dans la région nos amis américains. Cela peut supposer aussi que nous nous séparions d'eux quelques fois. Et peut-être devrions-nous prendre plus d'initiatives, mais je vois mal lesquelles. Si vous avez à cet égard des vues plus précises que les miennes, ne manquez pas de me les communiquer[3]. J'ai eu le plaisir de voir Madame Bonnet. Et je vais tâcher de m'absenter quinze jours.

Bien amicalement.

(Papiers d'agents-archives privées, papiers Bonnet, volume 1)

---

[1] Voir annexe ci-après.

[2] Note manuscrite : « *Voir lettre de Leusse du 26/1/52* ». Les notes sont de la main de Bonnet, mais impossible de savoir quand exactement elles ont été écrites.

[3] Note manuscrite : « *Quelles influences s'exerçaient sur le Département ?* ».

ANNEXE

M. PARODI, SECRÉTAIRE GÉNÉRAL DU MINISTÈRE DES AFFAIRES ÉTRANGÈRES,
À M. CHAUVEL, REPRÉSENTANT PERMANENT DE LA FRANCE AUPRÈS DU CONSEIL
DE SÉCURITÉ DES NATIONS UNIES.

L.[1]   *Paris, 18 août 1950.*

Je veux vous mettre au courant des dernières décisions envisagées ici concernant la question chinoise, ne voulant pas pour le moment en faire l'objet d'un télégramme.

Le Conseil des ministres avait examiné la question la semaine dernière. La position prise, d'une manière très ferme, a été que nous ne pouvions envisager un vote favorable à l'admission de la Chine communiste aux Nations unies sans avoir reçu quelque assurance au sujet de l'Indochine. La reconnaissance de Hô Chi Minh a été en effet, un acte d'hostilité à l'égard de l'Union française qui devrait appeler une réparation sous une forme à trouver. Celle-ci pourrait consister dans une affirmation, faisant allusion à l'Union française, de la volonté de respecter les obligations de la Charte. Le Conseil des ministres souhaitait qu'un contact fût pris en ce sens avec le gouvernement de Mao Tsé-Toung, soit directement, soit par personne interposée, qui pourrait être le gouvernement indien.

M. Schuman avait fait allusion à ces intentions au cours d'une conversation avec M. Bevin à Strasbourg. Nous nous sommes alors demandés comment prendre le contact envisagé. L'intermédiaire de l'Inde risquait au moins, si nous nous adressions directement à New-Delhi, de provoquer peut-être de la part de Nehru une initiative imprévue concernant l'Indochine. Nous risquions, en outre, de nous trouver dans une position de demandeur gênante pour la négociation qui se poursuit difficilement au sujet des Établissements français. Enfin, M. Daniel Lévi n'est pas à New-Delhi où son état de santé ne lui permet pas de retourner maintenant.

L'idée d'un contact direct avec le gouvernement chinois, soit sur place par ceux de nos représentants qui sont restés en Chine, soit par l'intermédiaire d'une ambassade de la Chine communiste (c'est-à-dire à Moscou ou à New-Delhi) a paru présenter également de sérieux inconvénients, le moindre n'étant pas le risque d'une fin de non-recevoir pure et simple à défaut de reconnaissance préalable[2].

Nous nous étions en fin de compte arrêtés à l'idée de demander aux Britanniques si l'état de leurs relations avec le gouvernement communiste chinois leur permettrait d'engager pour nous la conversation. Cette demande devait être tout à fait préalable, et aucune démarche ne devait être engagée pour le moment pour ne pas gêner l'action américaine en Corée.

Il m'a paru nécessaire, avant d'engager cette procédure de prévenir l'Ambassadeur des États-Unis. M. Bruce a réagi avec beaucoup d'émotion ; à ses yeux, une démarche, même aussi préliminaire que celle que nous envisagions, risquait de ne pas demeurer secrète, de gêner beaucoup la politique américaine, et en fin de compte, de troubler gravement les relations franco-américaines. Il a été entendu qu'il écrirait personnellement à M. Acheson pour le mettre au courant avant que nous poussions plus loin. La réponse dont il m'a fait part le 16 était entièrement conforme à sa première réaction (mention y était faite du risque de rendre plus difficiles les envois prioritaires d'armements prévus pour l'Indochine). M. Acheson suggérait que rien ne fût fait avant

---

[1] Note manuscrite en tête de lettre : « *Quelle est notre politique ? Quelles craintes ou quelles influences l'inspirent ?* ». Les notes sont de la main de Bonnet, mais impossible de savoir exactement quand elles ont été écrites.

[2] Note manuscrite en face de ce paragraphe : « *Monumental* ».

que les trois ministres des Affaires étrangères aient pu s'entretenir de la question chinoise au cours de leur réunion de septembre.

L'ambassadeur a également été reçu par le Président du Conseil. Il a insisté auprès de lui pour l'envoi d'une unité de troupes françaises en Corée et repris, concernant la question chinoise, les arguments qu'il avait développés devant moi.

En définitive, M. Pleven a été d'avis de lui donner l'assurance que nous attendrions la conversation des ministres des Affaires étrangères, mais en insistant, d'autre part, pour avoir une réponse sur d'autres questions posées par nous et jugées plus essentielles (mise en commun des ressources pour la Défense nationale, accroissement des divisions alliées en Allemagne, aide militaire à l'Indochine en cas d'agression chinoise).

Je viens de transmettre cette assurance à Bruce en même temps que le texte du nouveau mémorandum français[1].

Dans l'intervalle des deux conversations avec Bruce, votre télégramme n°s 1166-68[2] m'avait donné à penser que c'était peut-être par votre intermédiaire que la conversation aurait pu le plus facilement être engagée. L'état de vos relations avec votre collègue indien, et une certaine communauté de points de vue sur le terrain des Nations unies, auraient pu vous rendre possible la négociation que le Conseil des ministres avait envisagée.

En raison des assurances données par le Président du Conseil, nous ne pouvons plus avoir maintenant une conversation précise. Je vous demande cependant de bien vouloir y réfléchir et, si vous estimiez pouvoir le faire en votre nom tout à fait personnel, de sonder votre collègue indien. Il pourrait y avoir là un élément d'appréciation important pour arrêter la position que le Ministre prendra en vue de ses conversations à Washington.

Je vous signale que la réaction du Conseil des ministres paraît avoir été à peu près unanime, et que les représentants des États associés consultés avaient eu la même réaction tout à fait négative.

J'attacherais du prix à avoir votre avis sur tout cela.

(Papiers d'agents-archives privées, papiers Bonnet, volume 1)

[1] Voir document n° 261.
[2] Document non reproduit.

266

M. Bonnet, Ambassadeur de France à Washington,
à M. Schuman, Ministre des Affaires étrangères[1].

T. n°s 3255-3264.   *Washington, 20 août 1950, 15 h. 27.*

Réservé. Priorité. Secret.   (*Reçu* : le 21, 11 h. 10)

Certaines questions traitées dans mes télégrammes n°s 3223[2], 3234 et 3241[3] méritent un commentaire.

Il a été souligné à diverses reprises que l'entretien avait un caractère privé et que diverses suggestions étaient avancées à titre personnel. Les points de vue exprimés n'en traduisent pas moins les préoccupations des autorités les plus qualifiées et ils ne manqueront pas d'être formulés dans les réunions gouvernementales. Il faut faire la part du souci naturel qu'avait mon interlocuteur de ne pas paraître empiéter sur un domaine qui n'est pas directement le sien et nous devons être discrets pour que je puisse continuer d'avoir des échanges de vues du même caractère.

1) Il est évident que les événements de Corée et les difficultés du démarrage en matière de réarmement américain ont porté au premier plan le problème des effectifs. Il se pose dans l'immédiat avec acuité et par une conséquence naturelle, on en discute aussi à longue échéance dans les milieux gouvernementaux et militaires. La presse, prompte à le sentir, ne manquera pas, au risque de provoquer des malentendus, de greffer des polémiques sur ces préoccupations.

2) Les propos qui m'ont été tenus sur le besoin de troupes des Nations unies en Corée révèlent les inquiétudes immédiates. Des campagnes d'une extrême violence ont été déclenchées à travers le pays à propos du manque de politique américaine. Elles se poursuivront, car il y a là un aliment de choix pour la bataille électorale. Le fait est, qu'après avoir dépensé pendant les cinq dernières années des sommes considérables, les États-Unis se trouvent dans l'incapacité, devant un danger soudain, d'opposer des forces d'infanterie suffisantes à une attaque locale. Il leur est aujourd'hui difficile d'ajouter d'autres unités aux 5 divisions qui portent le poids de la lutte en Corée. Sans aucun doute, l'insistance du général MacArthur à obtenir des troupes étrangères s'explique par le désir sincère de recevoir des renforts que la mobilisation américaine ne lui permet pas d'espérer de son pays avant des délais variables, mais assez longs, et il n'est pas surprenant que le gouverne-

---

[1] Télégramme communiqué à la Présidence de la République, la Présidence du Conseil, MM. Parodi, Clappier, de La Tournelle et de Bourbon-Busset.

[2] Voir document n° 264.

[3] Documents non reproduits.

ment, critiqué tant pour sa politique militaire que pour le mauvais ajustement de ses préparatifs à son action diplomatique, se dispose à appuyer les demandes du commandant de l'armée des Nations unies.

3) Mes dernières conversations dans les milieux diplomatiques américains et au Congrès même ne m'ont pas donné l'impression que la France, dont les sacrifices en Indochine sont de mieux en mieux compris, soit l'objet de critiques pour la position que vous avez prise dans vos messages aux Nations unies. Je l'ai maintes fois expliquée et défendue sans me heurter à de violentes résistances.

Mais je vous ai signalé à diverses reprises que certains organes de presse n'observaient pas la même discrétion et que, surtout dans une période d'émotion intense, nous pourrions n'être pas à l'abri de propos désagréables. Je considère qu'en somme ma conversation d'avant-hier a dans cette conjoncture conduit finalement à l'exposé de la part de mon interlocuteur d'un point de vue modéré. Il s'est limité en fin d'entretien à suggérer, avec beaucoup d'insistance il est vrai, un geste en partie symbolique : l'envoi d'un millier d'hommes des troupes coloniales avec toute la promptitude possible.

Je me doute des difficultés que cette solution peut néanmoins causer au gouvernement. Si vous estimez qu'il est impossible de nous y rallier, je m'emploierai bien entendu à le faire comprendre. Je ne puis pas garantir non plus que nous serons, si la campagne coréenne ne doit pas après un redressement de la situation être abrégée par négociation, à l'abri de nouvelles demandes. Les avantages d'une décision positive n'en méritent pas moins d'être pris en considération au cas où ils pourraient balancer les difficultés et les inconvénients évidents qu'elle comporterait du point de vue français.

4) Les soucis que provoque, à plus longue échéance, le problème des effectifs se manifestent quotidiennement dans la presse. Des parlementaires démocrates me disaient, il y a quelques jours, qu'il ne fallait pas chercher d'autres raisons aux campagnes en faveur de l'Espagne qui, comme vous le savez, soulève, d'ailleurs dans de nombreux milieux, une vive résistance. Le désir d'utiliser la réserve d'effectifs allemands est plus sérieux et plus répandu. L'entretien que je vous ai rapporté par mes télégrammes précités en est une preuve. Mais j'ai l'impression que nous pourrons faire prévaloir des solutions prudentes. Les entretiens des ministres des Affaires étrangères en septembre donneront, il faut l'espérer, l'occasion d'engager la politique interalliée à cet égard dans une voie raisonnable.

L'utilisation éventuelle du potentiel militaire de l'Allemagne n'est d'ailleurs qu'un aspect du problème de la défense de l'Europe. À ce propos, il convient de signaler que l'envoi et le maintien sur le continent d'un plus grand nombre de divisions américaines est de plus en plus ouvertement discuté. Nous devons comprendre qu'il ne peut pas s'agir de donner immédiatement suite à ce projet pour la raison évidente qu'il n'y a en ce moment aucune unité disponible et qu'à moins d'un nouvel accroissement de la tension internationale, du vote de nouveaux crédits massifs et d'une mobilisation intense et quasi-totale avec tous les dangers que cela comporterait, il en sera de même pour de longs mois.

Nous ne devons néanmoins pas nous décourager même s'il y a de vives réactions dans certains organes de presse américains. En raison de l'acuité avec laquelle se pose le problème des effectifs et de l'émotion que suscitent les événements actuels, il est inévitable que des malentendus se produisent et que les journaux s'en fassent l'écho. Mais en fait, l'idée fait des progrès. Je vous ai rapporté confidentiellement qu'elle était à l'étude de la commission de l'armée de la Chambre Basse. Diverses conversations que j'ai eues depuis lors dans les milieux parlementaires m'ont prouvé que les avantages d'un soutien effectif des armées reconstituées de la France et de la Grande-Bretagne par des unités américaines étaient compris. Récemment, des sénateurs se sont prononcés publiquement en faveur de cette conception. Son sort dépendra évidemment du succès des discussions et négociations qui vont avoir lieu sur le réarmement des nations atlantiques dans leur ensemble. Nos propositions pour une unité de conception et d'action dans ce domaine et la création à cet effet d'un mécanisme efficace de coopération doivent nous aider à faire accepter ici le principe de la solution que nous désirons voir donner au problème de la participation américaine à la défense de l'Occident.

(Direction d'Asie-Océanie, Corée, volume 22)

267

M. Bonnet, Ambassadeur de France à Washington,
à M. Schuman, Ministre des Affaires étrangères[1].

D. n° 4003.   *Washington, 23 août 1950.*

Les États-Unis sont intervenus dans la guerre de Corée pour donner au monde la preuve de leur volonté d'arrêter l'expansion du communisme soviétique. Dès lors, ils se sont consacrés au problème de gagner cette guerre. Les revers militaires n'ont pas entamé la confiance des Américains dans leur force et n'ont eu pour résultat que d'ancrer chez eux la volonté d'arrêter l'agression. Les débats de Lake Success leur ont prouvé qu'il s'agissait d'une lutte entre la conception de vie américaine et le communisme slave et ils s'interrogent maintenant sur les buts de guerre.

---

[1] Dépêche adressée au Secrétariat des Conférences et communiquée aux directions d'Europe et d'Asie-Océanie.

Le *New York Times,* posant la question « Pourquoi nous battons-nous », répond : « Le soldat en Corée, le contribuable aux États-Unis se battent pour survivre. La Corée n'est qu'une épisode d'une longue lutte dans laquelle notre liberté, notre mode de vie sont en jeu. Le Coréen fanatique, trompé, n'est notre ennemi que par accident. Notre ennemi véritable, c'est le communisme, le totalitarisme, l'état policier. L'Américain doit savoir qu'il n'est pas de compromis possible entre le communisme soviétique, qui est une force agressive comportant un message pseudo religieux, et la démocratie occidentale ! ».

Malgré les déceptions qu'elle a éprouvée, ces dernières années, l'opinion américaine reste fidèle à l'idée que la constitution d'un gouvernement démocratique issu d'élections libres est la solution de tous les problèmes, sous toutes les latitudes. Néanmoins, les difficultés actuelles l'amènent à envisager des mesures peu conformes à cet idéal.

Poussée par le désir de trouver des soldats pour s'opposer aux masses communistes, l'opinion publique voudrait que soient utilisées les ressources en hommes de l'Allemagne, de ces hommes qui, elle le sait, sont d'excellents soldats ; des voix se font entendre en faveur du réarmement du Japon, d'autres spéculent sur les divisions françaises.

Pour gagner la guerre contre le communisme, il ne faut pas lutter seulement sur le front extérieur, mais aussi sur le plan intérieur et mettre les communistes américains hors d'état de nuire. Les excès de la Commission des activités non-américaines et du sénateur MacCarthy, la vague « d'espionite » n'étaient que des manifestations individuelles de cette volonté de défense, mais le Congrès est maintenant saisi d'un projet de loi conçu en termes très généraux et prévoyant notamment des peines sévères contre tout individu conspirant pour établir aux États-Unis une dictature totalitaire. De telles stipulations peuvent faire l'objet d'interprétations très larges et le président Truman a du mettre en garde le Congrès contre le danger de porter atteinte aux libertés fondamentales. L'Administration a présenté un projet de loi qui vise uniquement la répression de l'espionnage et du sabotage.

Dans leur lutte à l'extérieur et à l'intérieur contre le communisme, certains Américains, emportés par leur volonté de gagner la guerre, ont parfois tendance à préconiser des moyens qui pourraient facilement mettre en péril cette conception de la vie américaine qui est leur idéal, leur raison de se battre. Peu habitués à manier les idées générales, ils ne cherchent guère à définir cette conception et empiriquement, ils s'efforcent de trouver des solutions aux problèmes de l'heure présente.

C'est ainsi que M. Austin a esquissé devant le Conseil de sécurité les buts que doivent poursuivre les Nations unies : mettre fin à la guerre, empêcher toute agression où qu'elle se produise, permettre au peuple coréen de jouir d'une liberté individuelle et politique complète, donner à la Corée la liberté et l'unité, et il a affirmé notamment que « des élections libres devraient avoir lieu en Corée sous le contrôle d'un organisme des Nations unies. La référence à l'unité de la Corée a immédiatement soulevé la question de savoir si les forces des Nations unies s'arrêteraient au 38ᵉ parallèle et si M. Austin a précisé ensuite que sur ce point, la politique des États-Unis n'avait pas changé, les réactions et commentaires de la presse ont été encore plus vagues.

Il est probable que la réponse à cette question dépendra beaucoup des événements militaires. Les troupes des Nations unies lorsqu'elles reprendront l'initiative seront-elles en mesure d'anéantir dans le Sud de la Corée les forces nord-coréennes, ou bien celles-ci pourront-elles se retirer encore menaçantes au-delà du 38ᵉ parallèle ?

Les réactions américaines aux projets de tutelle sur la Corée sont un nouvel indice de l'intransigeance actuelle de l'opinion de ce pays.

Lorsque les correspondants américains à Lake Success ont annoncé que le Secrétariat des Nations unies envisageait l'établissement d'un régime de tutelle en Corée, à la fin des hostilités, la presse américaine a fait chorus avec le délégué coréen pour protester contre ce projet. Le *New York Times* notamment a rappelé que « les Nations unies s'étaient engagées à rétablir un gouvernement librement élu pour toute la Corée unifiée, indépendante et démocratique. Un tel gouvernement a déjà été installé et reconnu comme le seul gouvernement légal de la Corée » et ce journal concluait que l'établissement dans ce pays d'un régime de tutelle constituerait pour la Corée au point de vue politique un retour en arrière. Mais le *New York Times* n'a pas précisé que, pour unifier la Corée, il serait nécessaire que les troupes des Nations unies s'avancent jusqu'à quelques kilomètres de Vladivostok.

(Direction d'Asie-Océanie, Corée, volume 22)

268

NOTE DU DÉPARTEMENT[1]

N.   *Paris, 24 août 1950.*

À la suite de la séance de travail tenue le matin, le Président du Conseil et MM. Jules Moch et Petsche se sont retrouvés à déjeuner chez ce dernier avec les Ministres britanniques, MM. Shinwell et Gaitskell.

Le déjeuner a été suivi d'une double conversation, l'une financière, l'autre militaire.

En ce qui concerne le problème proprement militaire, les deux points de vue britannique et français ont été de nouveau exposés.

[1] Note manuscrite : « *Pacte atlantique* ».

Les Britanniques font porter leur effort sur la prolongation de la durée du service. Pour faciliter l'adoption par leur Parlement de la prolongation du service à deux ans, ils souhaitent pouvoir faire état d'un engagement du gouvernement français de prendre une mesure du même ordre. Les ministres français se sont refusés à prendre maintenant un tel engagement. Ils font porter leur effort sur la constitution de divisions nouvelles devant porter le nombre de divisions françaises à 10 le 1er juillet (ou le 1er septembre) 1951.

Pour arriver à ce résultat, le problème essentiel est un problème d'armement et non de durée du service. Cependant, s'il était nécessaire de la prolonger pour arriver à constituer les 10 divisions prévues, le gouvernement français n'hésiterait pas à la proposer au Parlement. S'il peut parvenir au résultat cherché dans prolonger la durée du service, il ne le fera pas dans cette première phase du réarmement. Une durée de service plus longue sera d'ailleurs certainement nécessaire pour porter ensuite à un chiffre plus élevé le nombre des divisions françaises.

Les ministres français de leur côté ont demandé à leurs collègues britanniques un engagement relatif au nombre de divisions britanniques présentes en Europe. Il devrait être tel qu'aux 10 divisions françaises prévues pour 1951 corresponde, à la même date, un nombre égal de divisions à fournir par les autres pays du Pacte atlantique.

M. Shinwell a déclaré qu'il n'était pas en mesure actuellement de donner sur ce point une réponse engageant son gouvernement, mais qu'il saisirait à nouveau le Cabinet britannique et qu'il était prêt déjà à dire que son sentiment personnel était favorable à la demande française (le 1er juillet 1951, le chiffre des troupes anglaises en Allemagne sera de 70 000, au lieu de 50 000 actuellement, soit trois divisions au lieu de deux).

Les ministres ont ensuite exprimé leur inquiétude devant le retard des réponses américaines aux questions posées dans les mémorandums envoyés à Washington sur la demande du gouvernement américain[1]. Ces retards rendent très difficile la mise au point des mesures précises qui devraient être proposées au Parlement britannique comme au Parlement français.

M. Pleven a suggéré que si d'ici le 1er septembre aucune réponse n'était obtenue, les gouvernements anglais et français devraient, dans l'esprit le plus amical, procéder à une démarche commune auprès du gouvernement des États-Unis et notamment suggérer que M. Harriman vienne pour une courte visite en Europe rencontrer les ministres responsables anglais et français.

Personnellement favorable à cette suggestion, MM. Shinwell et Gaitskell ont indiqué qu'ils devaient en référer au Premier ministre et au ministre des Affaires étrangères et qu'ils nous feraient connaître inces-

---

[1] Voir documents nos 250 et 261.

samment la réponse du gouvernement anglais à ces suggestions d'une démarche commune. Ils ont indiqué qu'ils ne pensaient pas qu'un résultat serait obtenu en agissant simplement auprès de M. Spofford.

(Cabinet du Ministre, Schuman, volume 147)

269

M. Dejean, Ambassadeur de France, Chef de la mission française à Tokyo,
    à M. Schuman, Ministre des Affaires étrangères[1].

T. n°s 1254-1262.   *Tokyo, 25 août 1950, 1 h.*

Réservé.   *(Reçu : le 25, 9 h. 40)*

Le chef d'état-major du général MacArthur a déclaré hier matin 23 août que, depuis le début des hostilités, la situation n'avait jamais été aussi satisfaisante.

En fait, depuis le 18, la situation qui était des plus graves, s'est subitement redressée. Une division ennemie tout entière occupant, dans la boucle sud-ouest du Naktong, avec son infanterie, artillerie et pionniers, une position de toute première importance, a dû repasser le fleuve après avoir subi de lourdes pertes.

Les alliés tiennent aujourd'hui un front de plus de 200 kms jalonné en gros par Pohang, Taegu, Masan et Fusan. La défense de ce périmètre est assurée d'une façon continue. Les infiltrations sont moins à craindre. Une seule poche nordiste subsiste sur la rive orientale du Naktong au sud-ouest de Taegu. En cas de brèche le commandement dispose de quelques unités de réserve.

Ces résultats paraissent dus principalement aux facteurs suivants :

a) Arrivée de renforts amenés pour la plupart par avion et organisation progressive des troupes sudistes.

Au 21 août, les chiffres officiels secrets pour les combattants en Corée étaient : 38 500 hommes pour le huitième armée et 83 500 hommes pour les troupes sud-coréennes.

b) Entrée en action d'un certain nombre de chars lourds de valeur égale à ceux de l'ennemi alors que jusqu'à présent les tanks amé-

---

[1] Télégramme communiqué à la Présidence de la République, la Présidence du Conseil, MM. Parodi, Clappier, de La Tournelle et de Bourbon-Busset. Note manuscrite : « *M. Nègre. C[ommuni]quer NY ONU, Londres, Washington, Def[ense] nat[ionale] par courrier, f[ai]t le 28/8/50* ».

ricains avaient été constamment surclassés en quantité et en qualité.

c) Harcèlement des unités communistes par l'aviation de chasse ainsi que par les bombardiers légers et moyens qui ont pu mettre à profit quelques journées d'excellente visibilité.

Une mention spéciale doit être faite à cet égard des unités de chasse des « Marines » mieux entraînées que les autres à la coopération avec les forces terrestres.

d) Organisation très souple des divisions américaines en trois *regimental combat teams* comprenant infanterie, artillerie et chars et dont chacun peut être déplacé rapidement selon les besoins, les commandants de division étant plutôt chargés d'un secteur que placés à la tête d'une véritable unité. La mobilité ainsi obtenue a permis au commandement de compenser l'insuffisance des effectifs.

e) La mise sur pied, selon les exigences de la situation et suivant les méthodes de la marine, de groupements dits *Task Forces* destinés à certaines missions importantes et dissous après accomplissement de leur tâche. Certaines de ces *Task Forces* comprenant de l'infanterie sudiste iraient jouer un rôle essentiel dans l'organisation de la défense du front nord.

De leur côté, les Nordistes donnent des signes évidents de fatigue et de gêne. Les destructions effectuées, et le contrôle exercé par les forces navales et aériennes sur leurs lignes de communication devenues très longues, commencent à produire des effets. Les approvisionnements de toutes sortes notamment le carburant et les munitions arrivent plus difficilement. Il en résulte des retards dans les manœuvres et une certaine diminution de la force offensive. Le moral n'est plus si élevé. Les prisonniers se font plus nombreux. Les attaques sont moins puissantes et leur fréquence tend à diminuer. L'actuelle position des Nord-Coréens n'est pas sans analogie avec celle de l'armée allemande qui, au moment où Alexandrie semblait perdu, s'est brusquement arrêtée. De toute façon, la guerre de Corée est arrivée à un tournant.

Le seul secteur du front qui donne encore de l'inquiétude est celui de Waegwan-Kunwi, à la jonction des Américains et des Sud-Coréens. Une pression soutenue y est exercée de la part des 1ère, 13ème et 15ème divisions populaires qui poursuivent leur tactique d'enveloppement sur les arrières et que pourrait éventuellement renforcer la 2ème DI populaire tenue en réserve.

En outre, dans le Sud entre Masan et le Naktong, la 6ème division communiste renforcée par des éléments de la 7ème, se montre entreprenante et cherche manifestement à fixer les réserves américaines au moment où les forces populaires massées au Nord de Taegu s'apprêtent à une nouvelle poussée.

Tout danger n'a donc pas disparu. Mais la période est révolue, où l'ennemi avait exclusivement l'avantage de l'initiative. La stabilisation des lignes est en voie de réalisation.

À la course de vitesse succède une épreuve de longue haleine. Le risque d'être rejetés à la mer étant à peu près écartés, les alliés disposent désormais du temps nécessaire pour l'accumulation des moyens qui doivent permettre de passer à l'offensive.

(Direction d'Asie-Océanie, Corée, volume 22)

270

M. Dejean, Ambassadeur de France, Chef de la mission française à Tokyo,
à M. Schuman, Ministre des Affaires étrangères[1].

T. n°s 1263-1267.   *Tokyo, 25 août 1950, 7 h.*

(Reçu : le 25, 15 h. 40)

A – Il est possible que les puissances qui ont patronné jusqu'ici l'agression nord-coréenne élargissent leur aide dans la mesure où s'accroîtront les forces alliées au risque de se laisser entraîner vers une guerre ouverte avec tous les dangers de complications internationales qu'elle implique. Il est également concevable que le coup n'ayant pas réussi, elles abandonnent leurs protégés à leur sort et n'ayant pu étendre leur emprise à l'ensemble de la Corée, elles concentrent leurs efforts vers le retour du *statu quo ante*.

Dans le premier cas, il est probable que l'on ne tarderait pas à constater le rassemblement aux confins septentrionaux de la Corée de forces importantes.

Les aviations et les marines alliées exercent sur ces régions une surveillance active et s'emploient à détruire les voies ferrées réunissant la Corée à la Mandchourie et à la Sibérie. Des transports de troupes et de matériel ont été constatés en direction du sud. Mais jusqu'ici aucun renseignement précis et indiscutable n'a été recueilli sur de vastes rassemblements de troupes chinoises ou soviétiques à proximité des frontières coréennes. C'est là une question d'une importance capitale que les alliés devraient chercher à tirer au clair en comparant loyalement leurs informations.

B – Quant aux chances de voir la politique soviétique s'orienter plutôt vers le rétablissement du 38e parallèle, il semble que, dans le stade

---

[1] Télégramme communiqué à Saigon. Note manuscrite : « *M. Wolfrom, prière de m'en parler* ».

actuel, elles devraient être soigneusement ménagées par les puissances soucieuses de limiter le conflit. En marquant dès maintenant avec trop de netteté qu'elles considèrent une telle solution comme insuffisante, elles risqueraient d'orienter Moscou et Pékin vers une politique d'appui toujours plus large pouvant conduire à l'intervention directe avec ses graves conséquences pour la paix.

La question du rétablissement ou de la suppression définitive du 38ᵉ parallèle devrait donc à mon sens, être soigneusement écartée des discussions publiques. En revanche, le problème si complexe et si dangereux de l'unification de la Corée devant inévitablement se poser à plus ou moins brève échéance, il paraît indispensable qu'il fasse sans tarder l'objet d'échanges de vues confidentiels entre les gouvernements occidentaux.

C – Enfin le gouvernement soviétique qui affecte de tenir à la fois plusieurs forges au feu, pourrait mener concurremment les 2 politiques c'est-à-dire poursuivre son entreprise d'agression par pays interposé et se réserver en même temps la possibilité d'un repli sur le 38ᵉ parallèle. Dans ce cas, on assisterait des 2 côtés du Maktong à une course aux armements intensive, accompagnée d'une tension croissante des rapports internationaux.

Dans cette éventualité sans doute la plus vraisemblable, la détermination, le sang-froid et l'union des alliés représenteraient la seule chance d'empêcher l'extension du conflit.

(Secrétariat des Conférences, NUOI, volume 141)

271

NOTE DE LA DIRECTION D'EUROPE

Le mémorandum de M. Adenauer sur la police et la sécurité

N. n° 1.   *Paris, 29 août 1950.*

Le mémorandum remis par M. Adenauer aux trois Hauts-Commissaires constitue la première demande formulée officiellement par écrit par le gouvernement fédéral sur le plan de la sécurité de l'Allemagne.

Entre le tableau que ce document présente des forces soviétiques et allemandes qui seraient déjà rassemblées dans la zone orientale et la faible efficacité des moyens de défense qui sont revendiqués – à savoir la formation d'une police dont l'importance n'est d'ailleurs pas précisée, le contraste est frappant. Aussi bien M. Adenauer ne paraît pas compter, pour le moment, sur des forces allemandes pour s'opposer à une invasion éventuelle de l'Est. Le mémorandum fait une distinction très nette entre le danger extérieur et le danger intérieur. C'est, en premier lieu, aux armées alliées qu'il incomberait de repousser l'agression ; il n'est fait, au contraire, qu'une brève allusion à la participation éventuelle d'un contingent allemand à une armée internationale de l'Europe occidentale. Bien plus, le Chancelier tient à bien préciser que la reconstitution d'une armée nationale allemande n'entre pas dans ses intentions.

Le problème que pose M. Adenauer et qui lui tient actuellement à cœur, est celui du maintien de l'ordre intérieur au moyen d'une police fédérale allemande. Il ne se contente pas des 10 000 hommes qui lui ont été récemment octroyés par les Hauts-Commissaires, non plus que des conditions dans lesquelles cette police d'intervention serait mise, le cas échéant, à la disposition du *Bund*[1]. Il veut, sans le préciser, un chiffre plus élevé ; il veut surtout posséder une force à ses ordres et, à cet effet, demande à la Haute-Commission, en attendant un amendement de la Constitution, qu'elle lui prescrive de créer dès maintenant la police qu'il souhaite.

Telles étant actuellement les données du problème, ainsi du moins qu'elles sont posées par M. Adenauer, il y a lieu de se demander quelles devraient être les considérations essentielles dont nous devrions nous inspirer.

Il est permis de s'interroger sur les véritables motifs qui amènent le Chancelier à formuler une revendication ne répondant pas aux éventualités qu'il évoque. On avait pu penser, à la suite de récentes déclarations de M. Adenauer, que, lorsqu'il insistait pour obtenir des forces de police fédérale considérables, c'était essentiellement dans l'idée qu'elles auraient à s'opposer à une attaque de la police populaire de l'Est. Le Chancelier paraît avoir renoncé à tirer parti de cette menace. Sans doute lui a-t-il été démontré que l'argument n'était pas valable, une pareille attaque devant, bien plus encore qu'en Corée, se heurter à la résistance des Alliés. C'est donc en se situant essentiellement sur le plan de la sécurité intérieure qu'il entend faire triompher ses vues. On sait déjà que celles-ci ne semblent pas rencontrer l'approbation sans réserve de ses collègues du Cabinet qui préféreraient, peut-être pour éviter que le Chancelier ne s'arroge des pouvoirs excessifs, que les autorités allemandes s'en tinssent aux dispositions déjà autorisées par la Haute-Commission.

Si telle a été effectivement l'attitude d'un certain nombre de membres du gouvernement de Bonn, il conviendrait de ne pas précipiter les choses et d'attendre que la police d'intervention – qu'elle soit de 10 000 hommes ou d'un chiffre sensiblement supérieur – ait été constituée conformément à l'autorisation de la Haute-Commission pour savoir si la demande de M. Adenauer doit effectivement être prise en considération.

---

[1] *Bund* : désigne la Fédération ouest-allemande.

En limitant, comme il le fait cette fois-ci, le rôle de la police allemande à une mission de sécurité intérieure, M. Adenauer n'exclut pas, pour autant, un autre aspect du problème allemand, celui de la sécurité extérieure. Il est bien évident que c'est un aspect qui sera, lui aussi, évoqué à New York par les Américains et les Anglais et que ces derniers nous demanderont si et comment nous entendons faire participer les Allemands à la défense occidentale. Les considérations très générales suivantes devraient, à cet égard, nous guider :

- Il faut assurer la priorité à la reconstitution des forces militaires alliées.
- Ce principe une fois posé, il conviendrait d'examiner la question de savoir si le potentiel industriel du groupement occidental, y compris l'Allemagne, serait tel qu'il permettrait l'équipement et l'armement d'un contingent allemand. Pareille question pose subsidiairement celle des interdictions et des limites auxquelles est soumise l'industrie allemande et qu'il y aurait peut-être lieu, conformément au désir du gouvernement américain de réviser sur certains points.

Si, les conditions précédentes étant remplies, l'urgence du péril soviétique amenait les Alliés à considérer qu'il devient indispensable pour eux de faire appel à l'appoint d'une force allemande, il s'agirait de définir les modalités de cette participation. Le problème est d'autant plus difficile à résoudre qu'une armée revêtant un caractère international n'est pas encore créée. Dans la situation actuelle, deux risques sont à signaler : éviter toutes mesures pouvant contribuer à favoriser la renaissance d'une caste militaire allemande, dont il est à craindre qu'elle n'établirait rapidement des contacts avec l'Est ; prendre, d'autre part, toutes les précautions nécessaires pour ne pas fournir aux Soviétiques des motifs d'alarme tels qu'ils seraient de nature à les précipiter dans l'aventure. On peut se demander si la formule la moins mauvaise ne serait pas, en cas de nécessité absolue, celle des engagements volontaires. Il serait ainsi démontré que les Allemands peuvent collaborer à l'effort commun et que l'on n'y est point opposé du côté français. Il reste à savoir comment ces volontaires seraient groupés et encadrés, à la fois pour tenir compte de l'amour-propre germanique et pour ménager les appréhensions françaises.

- De toutes façons, il serait au moins imprudent de nous laisser impressionner par les procédés auxquels les Soviétiques ont recours pour reconstituer, sous la forme de la *Volkspolizei*, une véritable armée allemande, dotée notamment de chars et d'armes lourdes. Les deux Allemagnes se lanceraient ainsi dans une surenchère dont l'issue serait, quelque soit l'hypothèse que l'on envisage, désastreuse.
- Il importerait, dans le cas où les Alliés s'engageraient dans la voie de la participation de l'Allemagne à la défense, que nous obtenions, en échange, de la part des États-Unis et de l'Angleterre, l'assurance

formelle que leurs armées resteraient en Allemagne sans limite de durée.

– Quoiqu'il en soit, le problème de la sécurité tend à l'emporter en Allemagne sur toutes autres considérations. Le moment ne serait-il pas venu de chercher à élargir l'actuel gouvernement de Bonn pour amener les principaux partis à prendre en commun leurs responsabilités ?

(Direction d'Europe, Généralités, volume 134)

272

NOTE DE LA DIRECTION D'ASIE-OCÉANIE

Les menaces nouvelles pour l'Indochine

N.   *Paris, 29 août 1950.*

I – <u>Collaboration sino-viêt minh.</u>

1) Bien qu'encore officieuse, la coopération entre les Chinois communistes et les Viêt Minh est réelle.

Au cours des derniers mois, la « collusion non organisée » a fait progressivement place à une « collaboration » de plus en plus étroite.

Vraisemblablement, des accords ont été passés entre le gouvernement Hô Chi Minh et le gouvernement communiste chinois. Ces accords prévoiraient une assistance matérielle militaire.

On note d'ailleurs l'installation de nouvelles missions viêt minh officielles et reconnues par les autorités communistes chinoises à Mong Tzeu, Kai Yuen et Kunming.

2) Actuellement une <u>aide importante</u> est fournie aux Viêt Minh. Elle porte principalement sur :

   a) La fourniture d'armement (y compris des armes lourdes).

   b) L'entraînement des cadres et des troupes viêt minh dans des camps d'instruction chinois (au Yunnan et au Kwangsi).

Ces camps se trouvent situés dans les régions de Wen Shan et de Iao Kay. Les troupes viêt minh y revêtent l'uniforme chinois dès leur arrivée et sont instruites pendant 3 mois sous la direction des cadres et du commandement chinois. Le premier stage, qui a dû prendre fin début août, comprendrait un effectif de 6 à 7 000 Viêt Minh, soit au minimum 8 à 10 bataillons.

   c) La mise à la disposition du Viêt Minh de conseillers et d'instructeurs chinois sous forme de missions permanentes

3) Ultérieurement cette aide pourrait porter sur :

– l'envoi de renforts incorporés aux forces Viêt Minh,

– appui de l'aviation communiste chinoise.

4) Il y a lieu de signaler que dans le Kwang Tung, le Kwangsi et au Yunnan un important effort est fait par les Chinois pour la réfection des voies de communication en particulier de celles menant au Tonkin. La remise en état de ce réseau routier a pour effet d'augmenter le volume du ravitaillement en riz et l'armement en provenance de Chine.

Conclusion.

Le général commandant en chef en Indochine estime que, grâce à cette collaboration, le Viêt Minh pourra disposer au début de la saison sèche (15 octobre 1950 environ) d'une armée régulière d'une centaine de milliers d'hommes bien armés et encadrés, épaulée par un réservoir de forces régionales d'une importance équivalente.

Il en résulte des risques d'attaque importante sur nos postes particulièrement sur ceux des régions de Laokay à la frontière du Uynnan, du Fleuve rouge et de la R.C.4 de That Khe à Caobang.

II – Mouvements des troupes communistes chinoises.

En ce qui concerne les mouvements des troupes communistes chinoises en direction des frontières de l'Indochine, il est difficile d'en déterminer l'importance exacte faute de renseignements précis. Il semble toutefois qu'on assiste actuellement aux régions frontières du Tonkin à la relève de la 4ème armée de campagne par la 2ème. Il en résultera un renforcement très sensible du dispositif chinois au Yunnan, province jusqu'alors très faiblement tenue.

(Direction d'Asie-Océanie, Indochine, volume 182)

273

NOTE DE LA DIRECTION D'ASIE-OCÉANIE
POUR M. SCHUMAN, MINISTRE DES AFFAIRES ÉTRANGÈRES

Mesures à prendre pour faire face à la menace communiste en Asie du Sud-Est et notamment en Indochine

N.   *Paris, 30 août 1950.*

Il semble que, compte tenu des indications contenues dans les notes ci-annexées et pour répondre aux préoccupation des États-Unis en ce qui concerne les mesures à prendre pour faire face à la menace communiste croissante dans l'Asie du Sud-Est, les trois demandes suivantes pourraient, en ce qui concerne l'Indochine, être présentées aux délégués américains à la conférence des trois Ministres de Washington :

1) *Aide militaire.*

Nous avons demandé, au début de l'année, aux États-Unis, une aide totale en matériel s'élevant à 100 milliards de francs qui se décompose ainsi :

– urgence immédiate :	27	milliards
– première urgence (fin 1950)	51	"
– deuxième urgence (1951)	30	"

Or, le matériel actuellement accordé et en cours de livraison représente environ 10,5 milliards de francs.

Il apparaît donc que nous pourrions essayer d'obtenir de nos interlocuteurs qu'ils nous accordent, dès à présent, la totalité de ce que nous leur avons demandé et qu'ils prennent les dispositions nécessaires pour que « l'urgence immédiate » soit immédiatement satisfaite.

2) *Aide financière.*

Il conviendrait de reprendre la question d'une participation américaine à nos dépenses pour l'Indochine, en présentant le raisonnement suivant :

La collaboration sino-viêtminh et les mouvements des armées communistes chinoises à la frontière sino-tonkinoise font peser une menace de plus en plus sérieuse sur l'Indochine.

Cette menace nous oblige à consacrer une partie importante des moyens du corps expéditionnaire à la défense du Nord-Tonkin, région montagneuse particulièrement difficile.

En fait, on peut considérer qu'au moins la moitié des forces de l'air, de terre et de mer stationnées au Nord-Viêtnam sont consacrées à cette mission principale.

Or, les unités stationnées au Nord-Viêtnam représentent un peu moins de la moitié des forces armées de l'Indochine ; il en résulte que la défense dont il s'agit absorbe sensiblement le quart de l'ensemble de nos moyens en Indochine.

Les dépenses supportées par la France en 1950 pour son corps expéditionnaire s'élevant à 180 milliards environ, on peut évaluer à 45 milliards la part des dépenses qu'elle doit supporter pour faire face à la menace communiste extérieure sur l'Indochine.

Une aide financière américaine pourrait très utilement nous décharger de ces dépenses.

Par ailleurs, la nécessité de prévoir – toujours pour faire face à une menace communiste venant de l'extérieur – un programme d'infrastructure permettant en particulier d'utiliser des appareils modernes au Tonkin, des dépenses se montant à 5 milliards de francs seraient à prévoir.

Au total donc, un crédit de 50 milliards de francs, dont la justification précise sera ultérieurement fournie au Département par le ministère de la Défense nationale en vue de la conférence de Washington, pourrait être demandé au gouvernement américain.

3) *Mesures à prendre pour faire face à une attaque éventuelle de l'Indochine par les communistes chinois.*

Pour répondre au souci du gouvernement de Washington d'étudier les moyens de contenir la menace communiste chinoise dans l'Asie du Sud-Est, notamment en ce qui concerne l'Indochine, mesure qu'il considère comme un problème d'intérêt commun, pour les trois gouvernements alliés, il serait opportun de profiter de la conférence de Washington pour poser de nouveau aux représentants anglais et américains la question de savoir quelles dispositions il y aurait lieu de prendre, dès à présent, en vue de répondre, le cas échéant, à une nouvelle expansion armée du communisme en Asie du Sud-Est, notamment vers l'Indochine.

À cet égard, le ministère de la Défense nationale et le Haut-Commissaire de France en Indochine estiment que c'est avant tout d'un concours aérien dont nous aurions besoin, en première urgence, dans l'hypothèse considérée.

Une étude sur cette question et sur les propositions que nous pourrions faire à nos interlocuteurs anglais et américains, en vue de l'adoption de mesures de stratégie commune dans le Pacifique, est actuellement préparée par la Défense nationale et sera prochainement remise au Département à l'intention de la délégation française à la conférence des Trois.

(Secrétariat des Conférences, NUOI, volume 73)

274

*Renforcement de la situation intérieure et diplomatique
de l'Indochine*

N.   *Paris, 30 août 1950.*

I/ Développement de l'État viêtnamien

Depuis avril 1949, date du retour de Sa Majesté Bao Daï en Indochine, les progrès réalisés par le gouvernement du Viêtnam pour développer et affermir son autorité ont été très sensibles. Ils se sont accentués dernièrement d'une manière appréciable.

Les résultats obtenus peuvent être classés en trois chapitres :

– organisation constitutionnelle et administrative,

– développement de la pacification,

– augmentation de la sécurité.

1) *Organisation constitutionnelle et administrative.*

La situation intérieure du Viêtnam n'a pas encore permis de procéder aux élections générales qui détermineront les instances auxquelles le peuple viêtnamien remettra le soin de diriger ses destinées.

Mais, en attendant le retour de la paix, le gouvernement viêtnamien a créé par ordonnances et décrets les institutions nécessaires à l'exercice d'une action rapide et efficace tout en respectant les exigences du principe démocratique. Les principaux textes relatifs à l'organisation constitutionnelle du Viêtnam sont groupés dans la note ci-jointe, éditée par *La Documentation française.* Ils fixent notamment l'organisation et le fonctionnement des institutions publiques, le statut des administrations publiques, l'organisation de la Cour suprême de Justice et du Conseil des censeurs.

Le gouvernement viêtnamien a reçu en outre tous les services qui étaient jusqu'à présent assurés par l'administration française, y compris les services de police et de sûreté générale.

Depuis plusieurs mois, la France ne détient plus aucun service public en Indochine. Elle n'a conservé que quelques organismes d'ordre économique et financier qui jusqu'à présent ont géré les intérêts communs du Cambodge, du Laos et du Viêtnam.

La conférence de Pau actuellement réunie a pour but d'assurer le partage de ces organismes économiques et financiers dans la mesure où les intérêts des trois États indochinois n'en souffriront pas et préparer la mise sur pied d'organismes tripartites pour administrer ce qui devra rester commun aux trois États. La conférence a terminé ses travaux en matière de transmissions, d'immigration, de circulation sur le Mékong et organisé le fonctionnement du port de Saigon. Il ne lui reste plus qu'à mettre au point les questions concernant le commerce extérieur, les douanes et le trésor.

2) *Développement de la pacification.*

Le delta tonkinois a été occupé pendant l'hiver dernier par les forces combinées franco-viêtnamiennes.

La campagne commencée par la délivrance de l'importante zone catholique de Phatdiem dans le sud du delta tonkinois s'est étendue rapidement, en tache d'huile, à tous les grands centres. Le Viêt Minh qui était maître depuis cinq ans de cette région en a été chassé rapidement et s'est trouvé privé de cette façon de ressources considérables en riz, en sel et en hommes. Sur les neuf millions d'habitants que comprend le Tonkin, six sont concentrés dans le delta. Ceci montre la perte considérable qui en résulte pour le Viêt Minh dont les difficultés économiques se sont aggravées. Une récente mesure du gouvernement d'Hô Chi Minh en apporte la preuve ; il a dû instituer pour les fonctionnaires une échelle mobile de salaires en fonction du cours du riz. Il est obligé en outre d'avoir recours à des réquisitions pour trouver les quantités de ce produit alimentaire nécessaires à ses troupes. En six mois, le quintal de riz est passé de mille à quatre mille piastres Hô Chi Minh.

Ces difficultés de ravitaillement ont eu leurs répercussions sur le plan militaire. Il faut y voir la cause principale d'une activité guerrière très restreinte. Nous savons, en particulier, que, dans le haut Tonkin, une offensive, dès longtemps préparée, a dû être différée pour cette seule raison.

Un effort de pacification non moins grand a été poursuivi en Cochinchine. Toutes les offensives Viêt Minh se sont brisées sur notre dispositif, notamment celles de Travinh et de Sadec. On peut désormais circuler en sécurité sur tous les grands axes routiers des deltas du sud et du nord.

3) *Augmentation de la sécurité.*

Le président Tran Van Huu a entrepris une action énergique contre le Viêt Minh. Une commission d'action anti-terroriste a été instituée en vue d'étudier les mesures à prendre pour assurer le maintien de l'ordre et la protection des populations. Des textes ont élaboré une législation d'exception.

Un arrêté établit la censure sur toutes les publications éditées au Viêtnam, afin de mettre un terme aux campagnes tendancieuses des feuilles aux ordres du Viêt Minh. Le ton de la presse a complètement changé et le gouvernement a réussi à obtenir que l'opinion publique ne soit plus quotidiennement empoisonnées par des appels à peine déguisés à la rébellion. Les instructions qui ont été données aux commissions de contrôle apparaissent des plus strictes.

Celles-ci devront évidemment censurer tout appel à la violence et au meurtre, mais aussi toute critique systématique de mauvaise foi : sont interdits les articles tendancieux visant les nations amies du Viêtnam, ceux qui peuvent susciter des conflits sociaux ou les envenimer, ceux qui font l'apologie du communisme, les articles documentaires sur le Viêt Minh et sur les activités du communisme international.

Parmi les nouvelles et informations devront être censurées celles qui seront susceptibles de porter atteinte au prestige du chef de l'État et du gouvernement, de nuire au moral de l'armée nationale et à celui des troupes de l'Union française, de saboter la politique extérieure du gouvernement. Le titrage et les photographies sont également contrôlés. Les commissions de censure ont, enfin, le pouvoir de suspension provisoire ou définitive des journaux incriminés.

Par ailleurs, une ordonnance du Chef de l'État viêtnamien a donné au Président du Conseil, pour une durée de six mois, le pouvoir d'édicter une législation spéciale, sous la seule réserve que les mesures restrictives de la liberté individuelle devront être prises en Conseil de Cabinet et contresignées par le ou les ministres intéressés. Les dispositions prises en application de ces textes permettant de sanctionner des activités occultes, qu'il était souvent malaisé d'établir et que les tribunaux se refusaient à punir.

Le Conseil de Cabinet a également ratifié les propositions dont il avait été saisi par le comité de lutte anti-terroriste et tendant à créer des tribunaux d'exception. Les actes de terrorisme seront dorénavant déférés à ces instances où siégeront des fonctionnaires d'autorité ; les décisions rendues ne seront pas susceptibles d'appel et seront immédiatement exécutoires. Ces tribunaux ne retiendront pas de circonstances atténuantes et les complices des actes criminels seront passibles des mêmes peines que leurs auteurs.

Pour la première fois, le gouvernement viêtnamien est entré dans la lutte anti Viêt Minh et la résolution qu'il a montrée a fortement frappé les esprits. On commence à comprendre en Indochine qu'il est devenu dangereux d'apporter une aide même passive à la rébellion, et ce retournement, qui se dessine, en privant les agents du Viêt Minh d'une ambiance qui leur était indispensable, doit peu à peu contribuer à les éliminer des grands centres.

II/ Position internationale des États associés.

Tout en procédant au cours de ces derniers mois à la réorganisation interne de leurs pays, en application des accords signés par eux avec la France au cours de l'année 1949, les gouvernements des États associés se sont attachés, avec l'aide de la France, à affirmer leur personnalité sur le plan international.

Dès octobre 1949, la Commission économique des Nations unies pour l'Asie et l'Extrême-Orient, dont le Cambodge et le Laos faisaient déjà partie, réunie à Singapour, se voyait saisie de la demande du Viêtnam de faire partie de la commission en qualité de membre associé. Cette candidature présentée et forcement appuyée par la délégation française, était accueillie par 8 voix (Australie, Chine, France, Inde, Pays-Bas, Nouvelle-Zélande, Grande-Bretagne, États-Unis) et 3 abstentions (Siam, Philippines, Birmanie), cependant que celle de « République démocratique du Viêtnam », soutenue par l'URSS était rejetée par 7 voix et 3 abstentions.

Ce succès marquait un premier pas vers la reconnaissance du Viêtnam et son entrée dans le concert des nations libres. L'accroissement de prestige qui en résultait pour le gouvernement de S.M. Bao Daï n'échappait pas à l'attention des dirigeants étrangers :

C'est ainsi qu'en novembre 1949 et en janvier 1950 la Grande-Bretagne, d'une part, les États-Unis de l'autre, chargeaient respectivement MM. MacDonald et Jessup d'un travail d'information en Indochine. Les impressions recueillies sur place par ces deux hommes d'État furent favorables et leurs missions aboutirent, les 4 et 8 février 1950, à la reconnaissance officielle des États associés par les gouvernements des États-Unis et de la Grande-Bretagne.

La décision des deux grandes puissances anglo-saxonnes a amené, par la suite, d'autres gouvernements à prendre une position semblable. À ce jour, une trentaine d'États parmi lesquels le Vatican, la Belgique, l'Italie, les Pays-Bas, l'Argentine, le Brésil, la Thaïlande ont reconnu les trois États associés à la France.

D'ores et déjà, la Grande-Bretagne et les États-Unis ont élevé leurs représentations consulaires en Indochine au rang de légations. Le Ministre d'Amérique M. Heath a déjà pris ses fonctions au mois de juillet et la nomination du Ministre d'Angleterre M. Gibbs interviendra incessamment. Ces deux légations siégeront à Saigon, mais les ministres seront accrédités simultanément auprès des trois souverains du Cambodge, du Laos et du Viêtnam. De son côté, le gouvernement viêtnamien a décidé, avec l'accord de la France, d'accréditer un ambassadeur auprès des gouvernements de Londres et de Washington.

D'autre part, des négociations sont en cours pour l'établissement de nouveaux liens diplomatiques entre les trois États et d'autres puissances étrangères, en particulier avec la Thaïlande et la Belgique qui seront dans un proche avenir représentées à Saigon.

Par ailleurs, deux autres succès importants ont été enregistrés par les États associés sur le plan international : au mois de mai 1950, ces États ont été admis à l'unanimité (moins une abstention, celle de la Yougoslavie) à l'Assemblée mondiale de la Santé. Estimant un tel résultat particulièrement encourageant, le gouvernement viêtnamien décidait alors de participer à la conférence suivante du Travail à Genève et présentait à cette occasion sa demande d'admission à l'OIT[1]. Cette admission était prononcée le 21 juin en séance plénière et le Viêtnam admis en qualité de membre de l'OIT : sur 170 membres présents à la conférence, 132 avaient émis un vote favorable, ils s'étaient abstenus, 27 étaient absents. Aucun vote négatif n'avait été enregistré.

Les trois États associés à la France dans le cadre de l'Union française, indépendamment de l'établissement de ces rapports officiels, vont pour la première fois se lier directement par des traités avec un État étranger.

En effet, les États-Unis d'Amérique ayant décidé de faire bénéficier les trois États d'une aide militaire et d'une aide économique, des traités fixant les modalités d'attribution et d'utilisation de cette aide sont en cours de discussion. L'accord sur l'aide militaire revêtira la forme d'un accord à cinq, signé par les trois États, la France et les États-Unis. Quant à l'accord sur l'aide économique, il se présentera sous la forme de trois arrangements bilatéraux liant les États-Unis à chacun des États d'Indochine.

La combinaison de ces deux procédures montre clairement comment peuvent se concilier les liens qui unissent les États associés à l'Union française avec la liberté qu'ils possèdent de traiter en ce qui concerne leurs intérêts particuliers avec des États étrangers.

Enfin, on peut noter que la place des trois États dans le concert des nations d'Asie tend à s'affirmer chaque jour, c'est ainsi qu'ils doivent en principe participer à la conférence économique du Commonwealth qui doit se tenir prochainement à Londres.

(Direction d'Asie-Océanie, Indochine, volume 182)

275

Note de la Direction d'Europe

Le mémorandum allemand sur le statut d'occupation et le groupe de travail de Londres

N.   *Paris, 1er septembre 1950.*

Le mémorandum que M. Adenauer a fait remettre, le 30 août, aux trois Hauts-Commissaires « sur la question de la réorganisation des rapports entre la République fédérale et les puissances d'occupation » ne saurait beaucoup nous surprendre. Il n'est pas étonnant, en effet, étant donné surtout les procédés auxquels, dans d'autres circonstances,

[1] O.I.T. : Organisation internationale du Travail.

a déjà eu recours le Chancelier, que celui-ci, au moment où se poursuivent à Londres les discussions sur la révision du statut d'occupation et à la veille de la réunion des trois ministres des Affaires étrangères, ait tenu à faire connaître son point de vue et à révéler jusqu'où vont actuellement ses prétentions.

Ce que M. Adenauer réclame, en échange des devoirs qui, dans le cadre de la communauté européenne, incomberont à la population allemande, ce n'est pas simplement la révision du statut d'occupation, c'est l'abolition de ce statut et l'établissement des rapports entre les Puissances occupantes et la République fédérale sur une base entièrement nouvelle ; au statut octroyé seraient désormais substitués des accords contractuels ; le régime futur serait élaboré non plus par les seuls experts alliés, mais par une commission où siégeraient en même temps des experts alliés et des experts allemands. M. Adenauer attend des entretiens de New York la reconnaissance par les puissances occupantes de l'égalité des droits : les troupes alliées ne demeureront plus en Allemagne que pour assurer en quelque sorte « à la frontière » la protection de la communauté occidentale tout entière contre l'URSS, il en attend aussi des décisions qui auront pour effet de préparer, à la suite de négociations germano-alliées, la conclusion d'un véritable traité de paix, progressivement élaboré.

Si les gouvernements alliés s'engageaient trop rapidement dans cette voie, il est évident que le reproche pourrait leur être intenté, ainsi, du reste, qu'au gouvernement fédéral lui-même, d'avoir pris l'initiative et la responsabilité de la coupure définitive de l'Allemagne, avec toutes les conséquences qui peuvent en résulter, d'une part, dans l'opinion allemande, d'autre part, sur le plan de nos relations avec l'Est. Lorsque les Soviétiques sont annoncer la signature prochaine d'un traité de paix entre l'URSS et la zone orientale, ils se livrent sans doute à une manœuvre destinée à encourager les Alliés à adopter les premiers des résolutions extrêmes qui permettraient ensuite plus aisément au gouvernement de Moscou de justifier sa propre politique.

L'important n'est pas, tant, d'ailleurs, de savoir ce que désire M. Adenauer ; ses demandes étaient prévisibles. Les résultats qu'il cherche à obtenir dépendront essentiellement de la volonté des Alliés. À cet égard, l'attitude adoptée aujourd'hui par le Chancelier éclaire d'une lumière encore plus crue la position qu'avait prise, à Londres, la délégation américaine, lorsque, le 16 août, le groupe tripartite, après une interruption de 15 jours, a repris ses travaux, M. François-Poncet se demande, au reste, si M. Adenauer aurait rédigé ce mémoire s'il n'avait pas recueilli à Londres et à Washington certains échos favorables à ses vues. Le 16 août, M. Douglas a, en effet, déclaré qu'il était hostile à l'élaboration, par les experts, d'un projet de statut révisé, qu'il préférerait, quant à lui, un document d'un caractère moins précis, et que les Ministres à New York, au lieu de se mettre immédiatement d'accord sur le nouveau statut, devraient se borner à proclamer des principes d'ordre général sur leur politique à l'égard de l'Allemagne, chargeant le groupe de travail de se remettre aussitôt à la tâche pour reprendre son œuvre, sur des bases en réalité nouvelles. Il y a là un risque qui n'avait pas échappé à la délégation française et qui avait amené celle-ci, afin de couper court à la tactique américaine, à insister pour que le statut révisé sortît, tout prêt, dès le 13 septembre, des délibérations des trois Ministres.

Les études auxquelles le groupe de travail a procédé sont, en tous cas, de nature à montrer que l'on peut rester dans le cadre du statut et accomplir cependant des progrès substantiels de nature à donner satisfaction au gouvernement de Bonn. Qu'il s'agisse des affaires extérieures, des problèmes économiques ou de la législation, les experts sont dans l'ensemble tombés d'accord sur des formules souvent très libérales.

Le principe du statut octroyé doit d'autant plus être défendu que le maintien de l'autorité suprême entre les mains des Alliés en est étroitement solidaire. C'est ce qu'il y aurait lieu éventuellement de faire clairement comprendre aux Américains qui, jusqu'à maintenant, ne paraissent pas vouloir mettre en question cette notion. On peut se demander au surplus si la doctrine de Washington est nettement établie, étant donné qu'à Londres, la délégation américaine témoigne quelquefois d'un certain flottement : il y a peu de jours, les experts du Département d'État soutenaient énergiquement le point de vue selon lequel la République fédérale devrait recevoir prochainement l'autorisation de nommer des Ambassadeurs à Paris, Londres et Washington. M. Douglas – Et c'est peut être là l'un des résultats de la récente visite de M. MacCloy à son beau-frère – vient au contraire, de se prononcer pour une formule plus restrictive afin de sauvegarder probablement l'existence même de la Haute-Commission.

Les hésitations qu'il est permis de discerner dans la politique du gouvernement des États-Unis nous offriront sans doute encore la possibilité de l'orienter dans un sens favorable à nos thèses. Quant aux Britanniques, ils semblent, de leur côté, disposés à aller très loin dans la voie des concessions à faire aux Allemands. Ils sont, cependant, désireux de conserver le cadre général du statut, étant entendu que celui-ci s'accompagnerait d'une série d'accords particuliers par lesquels le gouvernement de Bonn assumerait un certain nombre d'engagements. C'est là une conception à laquelle nous ne nous sommes pas opposés, à la condition que le caractère même du statut n'en soit pas affecté. Entre ces accords et ceux qu'envisage M. Adenauer, il y a toute la différence que, dans l'esprit du Chancelier, le Statut n'existerait plus.

Le but à rechercher devrait sans doute consister dans la sauvegarde de quelques principes fondamentaux (autorité suprême, octroi du statut, contrôle général de la politique étrangère). Les Alliés pourraient, en outre, veiller à ce que le nouveau document, quel qu'il fût, se présentât sous une forme qui fit apparaître clairement les modifications intervenues et soulignât, du point de vue psychologique, le changement d'atmosphère.

(Direction d'Europe, Allemagne, volume 1030)

276

Police et réarmement de l'Allemagne

N. n° 2.　　　　　　　　　　　　　　*Paris, 4 septembre 1950.*

Dans la lettre complémentaire qu'il a adressée aux trois Hauts-Commissaires au sujet de la police, M. Adenauer a précisé très nettement ses demandes :

a/ La police fédérale devrait, à son début, grouper 25 000 hommes et être portée très rapidement à 60 000.

b/ Son caractère fédéral serait accentué par le fait que le Chancelier en assumerait personnellement la direction ; il s'agit donc d'une véritable garde prétorienne.

c/ Elle disposerait d'un armement relativement complet.

Le troisième point n'appelle pas d'observation particulière. En ce qui concerne, en revanche, le second point, M. François-Poncet est d'avis que nous devons nous en tenir à la formule sur laquelle les Hauts-Commissaires se sont mis d'accord et dont M. Adenauer a eu connaissance : création d'une police mobile, formée dans le cadre des *Lander* et susceptible, en cas de réquisition par le *Bund*[1], d'être commandée par un chef fédéral.

Quant à la question des effectifs, il semble que le chiffre de 60 000 hommes, maintenant réclamé par le Chancelier, ne correspond pas aux besoins de la sécurité intérieure. C'est seulement, en effet, à la sécurité intérieure que M. Adenauer paraît vouloir limiter la mission dont serait chargée cette police d'intervention. Il est symptomatique à cet égard que, tandis que la première rédaction du mémorandum, sur la police faisait allusion au rôle que celle-ci pourrait avoir à jouer sur la frontière – ce qui laissait planer un doute –, ce même mémorandum, dans sa version définitive, ne contient plus ce passage.

L'importance d'une telle force, surtout si l'on tient compte des polices déjà existantes en Allemagne occidentale, est évidemment excessive et l'on peut se demander si M. Adenauer ne se propose pas, de cette façon, de reconstituer une armée allemande, qui serait entièrement

---

[1] *Bund* : désigne la Fédération ouest-allemande.

indépendant et nationale. C'est sans doute à ce risque que M. Pleven a voulu s'opposer lorsqu'il a déclaré à Strasbourg : « Le problème de la reconstitution des forces armées allemandes ne peut être traité par ce biais (celui de la police)... ».

En réalité, il n'est pas question, aujourd'hui, de reconstituer une armée allemande. Nous nous trouvons en présence de deux problèmes, qui n'ont rien à voir avec cette reconstitution ; il s'agit, d'une part, de permettre à la République fédérale d'assurer sa protection intérieure, de là la création d'une police ; d'autre part, de l'associer d'une manière ou d'une autre à l'effort commun du monde occidental contre la menace soviétique.

Cette participation doit se faire essentiellement, pour ne pas dire exclusivement, au début, sur le plan économique : fabrication d'un matériel ne revêtant pas un caractère strictement militaire, ce qui peut amener, sur certains points, les Alliés à réviser l'accord sur les industries interdites et limitées. L'Allemagne se verrait ainsi reconnaître une certaine marge supplémentaire, représentant sa contribution à l'accroissement du potentiel militaire occidental.

Quant à la question de savoir si l'Allemagne devrait, en outre, fournir une part quelconque en ce qui concerne les effectifs, elle ne saurait, en tous cas, semble-t-il, être posée par nous. Ce ne serait que dans l'éventualité où nous nous trouverions appelés à nous opposer à des propositions de nature à nous inquiéter que nous aurions à apprécier quelle serait la formule la moins inacceptable. Celle des volontaires a été avancée dans une note précédente. Ces volontaires devraient constituer des petites unités commandées, à partir d'un certain grade, par des officiers alliés, et intégrées dans l'une ou l'autre des armées occupantes. Les dangers que comporterait l'existence d'une police considérable, du genre de celle que réclame M. Adenauer, se trouveraient ainsi écartés. En même temps, le grief ne pourrait pas nous être intenté d'empêcher ceux des Allemands qui le souhaiteraient de se préparer à la défense éventuelle de leur pays, tandis que, dans les populations d'Europe occidentale, l'argument selon lequel les Alliés se battraient pour l'Allemagne perdrait de sa valeur.

(Direction d'Europe, Généralités, volume 134)

277

M. BONNET, AMBASSADEUR DE FRANCE À WASHINGTON,
   À M. SCHUMAN, MINISTRE DES AFFAIRES ÉTRANGÈRES[1].

T. n°s 3646-3655.   Washington, 5 septembre 1950, 21 h.

Réservé. Très secret.   (Reçu : le 6, 5 h. 07)

Les milieux militaires américains de Washington, sans minimiser l'importance des offensives nord-coréennes au Nord-Ouest de Taegu et surtout au Sud-Sud-Ouest de Pehang, en direction de Kyongjiu, débordant Yongchon-Kyongsan, ont bon espoir que les troupes du général Walker parviendront une fois de plus à colmater les percées nordistes. On fait remarquer à ce sujet au Pentagone que le front coréen n'est pas continu, qu'il n'est tenu que par des points d'appuis relativement faibles et qu'il est fatal que la ligne de défense des Nations unies commence par être percée à chaque fois qu'une pression nordiste de quelque importance se fait sentir.

Il ne faut pas oublier, dit-on à Washington que les forces nordistes sont toujours les plus nombreuses, que techniquement bien préparées par les Russes, elles conservent toujours l'initiative et qu'une masse de réserve contenue de s'accumuler sur leurs arrières.

En dépit de ces considérations, l'état-major américain est confiant, ainsi que j'ai pu m'en rendre compte au cours d'une conversation privée avec le général Bradley à la fin de la semaine dernière. Cet optimisme se fonde sur les raisons suivantes :

1) Le commandement du général MacArthur dispose actuellement en Corée de réserves « blanches » se montant à près de 3 divisions (y compris la 27e brigade britannique qui vient d'arriver et une fraction de la division blindée stationnée aux États-Unis).

En outre, et je serais reconnaissant au Département de vouloir bien garder un caractère très secret à ce renseignement dont mon attaché militaire vient de faire part à l'état-major permanent à Paris en le priant d'observer la même discrétion, la troisième division d'infanterie américaine qui était en garnison jusqu'à ces temps derniers aux États-Unis est en route vers la Corée où son premier élément devrait être à pied d'œuvre vers le 15 septembre.

2) On est très satisfait maintenant à Washington du nouveau matériel utilisé par les forces des Nations unies. Comme me l'a dit lui-même le général Bradley, le bazooka de 3,5 fait merveille et le char lourd M.

---

[1] Télégramme communiqué à la Présidence de la République, la Présidence du Conseil, MM. Parodi, Clappier, de La Tournelle et de Bourbon-Busset, ainsi que sans doute à New York (n°s 787-796).

46 (Patton) s'est révélé très supérieur aux tanks soviétiques de sa catégorie. Enfin, l'aviation continue d'augmenter sa marge de puissance.

3) On croit à Washington que les forces offensives des Nord-Coréens s'épuisent en ce moment d'une manière très rapide, ce qui amène les milieux compétents de Washington à envisager un retournement brusque de la situation dans un avenir qui serait peut-être assez rapproché ; si l'optimisme du haut-commandement américain est étayé par des raisons, semble-t-il, solides en ce qui concerne le développement de la puissance militaire des Nations unies, les pronostics d'un écroulement prochain des Nord-Coréens sont toutefois moins convaincants dans la mesure où, à mon avis, ils ne paraissent pas tenir un compte suffisant de l'attitude russe et chinoise dans cette affaire.

Autrement dit, Moscou et Pékin permettront-ils l'« écroulement » des Nord-Coréens ? Comme je le signalais dans mon télégramme n° 3520[1], l'administration n'était pas tellement optimiste à ce sujet au milieu de la semaine dernière en dépit de la confiance du Pentagone en ses propres forces. Le même esprit conciliant qui imprégnait les dernières déclarations du président Truman et du Secrétaire d'État semble se retrouver d'ailleurs dans l'attitude du Département d'État et du Secrétariat à l'Air en ce qui concerne l'affaire du bombardier soviétique abattu par la force navale des Nations unies en Corée. Le gouvernement américain, malgré son intervention à Lake Success, paraît chercher, pour le moment, à minimiser cet incident qui, comme on le rappelle ici, n'est pas très différent de celui du *Privateer* américain abattu dans la Baltique.

À ce propos, le Secrétaire d'État adjoint pour les affaires d'Extrême-Orient m'a dit que la décision avait été prise dès hier soir de porter immédiatement l'incident à la connaissance des Nations unies pour éviter qu'elles ne soient saisies tout d'abord par les Russes qui n'auraient pas manqué de présenter une version déformée de l'affaire. L'avion abattu était en effet en liaison par radio avec sa base.

Sur l'incident lui-même, il n'y a pas davantage de détails, m'a dit M. Rusk, que ceux qui ont été donnés à Lake Success. Mais l'avion ne pouvait pas ignorer qu'il s'aventurait au-dessus d'une zone d'opérations actives et les forces américaines engagées dans la région n'ont fait que se protéger contre une menace d'attaque ennemie. Il est en outre difficile de distinguer entre la marche d'identification des avions de combat soviétiques et nord-coréens et la nationalité de l'appareil ne paraît être établie que parce que le corps d'un des membres de l'équipage a pu être dégagé des débris.

(Secrétariat des Conférences, NUOI, volume 141)

---

[1] Document non reproduit.

278

Le mémorandum américain sur l'armée européenne

N.   *Paris, 5 septembre 1950.*

Secret.

Le mémorandum américain concernant la constitution d'une armée européenne dont ferait partie un contingent allemand nous éclaire pleinement sur l'attitude observée, au cours de ces derniers jours, par M. Adenauer. Celui-ci avait, tout d'abord, commencé par déclarer que la police dont il demandait la création serait surtout destinée à s'opposer à la *Volkspolizei*. Dans les documents qu'il a remis ensuite aux trois Hauts-Commissaires, il n'était plus fait allusion à cet aspect de la mission qui serait réservée à la police d'intervention ; elle serait seulement consacrée à la sécurité intérieure de l'Allemagne occidentale. C'était aux armées occupantes qu'il appartenait de protéger la frontière. En réalité, M. MacCloy et M. Adenauer s'étaient déjà entendus : si la police devait se consacrer à la sécurité intérieure, une autre force allemande était prévue qui aurait, elle, à contribuer à la protection de l'Allemagne de l'Ouest contre une invasion venue de dehors ; nul doute que M. MacCloy n'ait entretenu M. Adenauer de la création de l'armée européenne avant que M. Bruce ne nous en ait informés. Le voyage de M. MacCloy et de M. Douglas à Washington revêt maintenant toute sa signification.

On comprend également pourquoi, lors de la reprise des discussions du groupe de travail, à Londres, le 16 août, M. Douglas se soit montré si opposé à l'élaboration d'un texte de statut d'occupation révisé et si désireux de laisser en quelque sorte le champ complètement libre aux trois Ministres des Affaires étrangères lorsqu'ils se réuniraient à New York le 12 septembre. Il est bien évident, en effet, que, si, dans un avenir rapproché, un contingent allemand doit faire partie d'une armée européenne, cette décision pèsera de tout son poids sur les conditions dans lesquelles sera déterminé le statut de l'Allemagne.

Il est permis de se demander, d'autre part, si l'institution du service militaire de deux ans en Angleterre et le renforcement prochain de l'armée d'occupation britannique en Allemagne ne sont pas des mesures prises au moment opportun pour nous amener plus aisément à envisager la reconstitution sous une forme ou une autre d'une armée allemande.

(Direction d'Europe, Généralités, volume 134)

279

NOTE DE LA DIRECTION D'AFRIQUE-LEVANT

Les relations franco-égyptiennes

N. *Paris, 5 septembre 1950.*

Au moment où le Président du Conseil Nahas Pacha et le Ministre des Affaires étrangères Salah Eddine Bey sont de passage à Paris, il peut être opportun de faire une revue rapide des difficultés questions qu'ils peuvent être amenés à évoquer. (À noter que le Ministre des Affaires étrangères passe pour être assez fanatique).

1) *Affaire de Corée.*

On se souvient que l'Égypte a voté au Conseil de sécurité la condamnation morale de l'agression nordiste, mais qu'elle s'est refusée à sanctionner d'un vote favorable l'action répressive menée par les Nations unies. Elle entend ainsi punir les puissances occidentales de l'aide apportée à la constitution de l'État d'Israël. Cette position a été ratifiée par les autres États arabes lors de la récente réunion de la Ligue au Caire. D'une manière générale, les milieux dirigeants des pays arabes craignent de s'engager dans la rivalité entre l'Est et l'Ouest. Les difficultés rencontrées en Corée par les troupes américaines semblent les avoir confirmés dans cet état d'esprit.

2) *Évacuation de la zone du Canal par les troupes anglaises.*

Les Britanniques cherchent à faire admettre aux Égyptiens que la sécurité de leur pays exige le maintien des troupes anglaises dans la zone du Canal. Ces derniers se sont jusqu'à présent refusés à admettre le principe d'un accord prolongeant cette présence, ou posent des conditions inacceptables, telles que le rattachement préalable du Soudan à l'Égypte.

L'Ambassadeur de Grande-Bretagne au Caire a déclaré à M. Couve de Murville qu'il pensait que son gouvernement demanderait aux États-Unis et à la France d'intervenir auprès des Égyptiens au nom de la solidarité occidentale, mais aucune demande n'a été effectuée jusqu'à présent auprès du Département et il est loin d'être certain que le Foreign Office se décide à nous demander une intervention qui aurait d'ailleurs peu de chance d'être décisive.

3) *Transit des bateaux dans le Canal de Suez.*

Depuis le début de la guerre de Palestine, les Égyptiens prétendent contrôler le trafic dans le Canal afin de saisir les marchandises destinées aux Israéliens. La France et l'Angleterre ont maintes fois protesté contre cette action qui viole les dispositions de la Convention de 1888 selon laquelle le Canal est ouvert, en temps de guerre comme en temps de paix, à tous les navires. Les Égyptiens font valoir qu'au cours des deux grandes guerres mondiales, les Alliés n'ont pas hésité à faire visiter les bateaux neutres dans le Canal de Suez. Ce à quoi nous leur répondons que les Alliés se trouvaient dans des conditions qui leur donnaient le droit de blocus et que les opérations de contrôle se faisaient dans le Canal, plutôt qu'en pleine mer, avec l'accord des gouvernements neutres, pour des raisons de commodité. En fin de compte, les incidents avaient été jusqu'à présent peu nombreux lorsque ces jours derniers les Égyptiens ont décidé d'arrêter tout navire pétrolier qui aurait dans le passé touché la côte israélienne ou dont le capitaine ne prendrait pas l'engagement que sa cargaison ne serait pas réexportée après son débarquement dans un port occidental. La Grande-Bretagne, les États-Unis, la France, la Hollande et la Norvège ont successivement protesté. Il semble que, tout en maintenant la décision de principe, les Égyptiens hésiteront à l'appliquer.

Si l'occasion s'en présente, il serait bon de marquer de l'intérêt pour cette question, car elle est importante pour notre industrie de pétrole et notre propre ravitaillement.

Libye.

Le délégué égyptien au Conseil des dix, M.[1] est un homme assez désagréable dans son comportement. Mais au cours des dernières réunions, ses propos à l'égard du délégué français et de l'attitude de notre pays ont été particulièrement déplaisants. Une remarque à ce sujet paraît s'imposer.

Création d'un établissement d'enseignement égyptien à Tanger.

Les Égyptiens ont demandé aux autorités de la zone de Tanger l'autorisation d'ouvrir une école. Ils ont reçu une réponse dilatoire. Nous nous sommes bornés à leur dire que nous n'avions pas d'objection à leur projet mais que la décision ne dépendait pas de nous mais du Conseil de la Zone dans lequel nous n'avons qu'une voix.

(*Direction d'Afrique-Levant, Égypte, volume 117*)

---

[1] Le nom du délégué n'est pas inscrit sur l'original.

280

M. Pofilet, Chargé d'affaires à l'Ambassade de France
à Varsovie,
à M. Schuman, Ministre des Affaires étrangères[1].

D. n° 541.   *Varsovie, 5 septembre 1950.*

Confidentiel.

Au cours de la visite de courtoisie que lui a faite M. Rollet, Premier secrétaire de cette ambassade, récemment arrivé à Varsovie, l'ambassadeur d'URSS qui est aussi le doyen du corps diplomatique a tenu des propos qui ont paru dignes d'être notés. M. Rollet les a consignés dans le compte rendu que j'ai l'honneur de faire parvenir ci-joint au Département.

Pour parler de la Pologne et de l'Allemagne ou du congrès de la Paix qui se tient actuellement à Varsovie, M. Lebiediew a conservé le ton à la fois jovial et cynique qui a séduit, dans le passé, certains diplomates occidentaux.

C'est lui déjà qui disait, il y a un peu plus d'un an, à son collègue américain : « Lorsque vous aurez des doutes sur les choses que vous diront les Polonais, venez me voir, je vous dirai ce qu'il faut en penser ».

Cette ambassade se félicite, pour sa part, de la fermeté que dans ses réponses son Premier secrétaire a su opposer à M. Lebiediew lorsque ce dernier s'en est pris à la position de notre pays dans le monde, mettant même en cause la dignité des Français.

(Direction d'Europe, URSS, volume 152)

ANNEXE

Note de M. Rollet, Premier secrétaire de l'Ambassade de France
à Varsovie

Conversation avec Viktor Lebiediew, ambassadeur d'URSS à Varsovie

N.   *Varsovie, 5 septembre 1950.*

Confidentiel.

Ayant demandé le 31 août un rendez-vous avec M. Lebiediew, ambassadeur d'URSS à Varsovie et doyen du corps diplomatique, pour lui faire la visite de courtoisie d'usage,

[1] Dépêche adressée à la direction d'Europe (sous-direction d'Europe orientale) et communiquée à la sous-direction aux Affaires allemandes. Note manuscrite : « *[Communiquer à] Moscou, Washington, Londres, f[ai]t 15-9-50* ».

il m'a été répondu le 1ᵉʳ septembre que l'ambassadeur me recevrait le 2 à 10 heures du matin.

L'ambassadeur m'a reçu accompagné d'un interprète. Il a prononcé quelques paroles en français, qu'il connaît assez mal, et le reste de la conversation s'est tenu en russe de sa part, traduit en polonais par interprète, et en polonais de mon côté.

Après quelques banalités, l'ambassadeur a mis la conversation sur diverses manifestations de masses auxquelles il avait assisté en Pologne, et sur l'enthousiasme qui y régnait : fête de l'Aviation, congrès des Défenseurs de la Paix, manifestations pour la Corée du Nord. Il avait assisté la veille à l'ouverture du congrès de la Paix qui réunissait 3 000 délégués, témoignant d'un allant extraordinaire et d'un vif désir de paix. L'affaire de Corée a ému considérablement les Polonais qui expriment une sympathie vibrante pour les Coréens (évidemment les Nord-Coréens). L'ambassadeur a été vivement impressionné par la personnalité de M. d'Arboussier, au sujet duquel il remarque, d'un air intrigué, qu'il a « le visage basané ». J'explique en quelques mots qui est M. d'Arboussier et j'ajoute qu'il a droit au titre de marquis. Cette information est traduite avec respect par interprète, et paraît accroître considérablement le prestige du député communiste.

Jusqu'ici, je m'étais gardé d'intervenir dans la conversation, ayant le sentiment très net qu'avec la moindre parole ayant une allure d'assentiment, j'allais recevoir une invitation à assister au Congrès ou à rencontrer M. d'Arboussier. L'ambassadeur paraissait savoir que j'avais appartenu au mouvement de Résistance, je me suis demandé même s'il ne croyait pas trouver en moi un corréligionnaire politique ou un sympathisant. Je n'ai pas eu de mal à garder le silence, l'ambassadeur parlant avec abondance et chaleur et toutes les apparences de la sincérité.

Mais, par le biais du congrès, la conversation se porte sur l'Allemagne. La délégation allemande au congrès a été reçue très cordialement. Malgré l'antipathie des Polonais pour les Allemands, la haine de l'Allemagne s'est affaiblie, grâce à la collaboration des deux gouvernements (polonais et allemand-oriental). Il faut d'ailleurs, pour la paix, que cette haine disparaisse. J'indique, à ce moment, qu'à mon avis, les Polonais n'ayant plus aucune revendication territoriale à l'égard de l'Allemagne, et ayant au contraire reçu un territoire considérable, n'ait plus de raison présente de haïr l'Allemagne. « Oui – répond l'ambassadeur – mais les Allemands, eux, ont alors bien des raisons de haïr les Polonais » et part d'un grand éclat de rire, très satisfait de sa plaisanterie.

« Comment vont les choses en France ? » me demande M. Lebiediew. J'explique que, rentrant en France après trois ans de séjour en Nouvelle-Zélande, j'ai trouvé des progrès considérables et que le pays est retourné à son standard de vie d'avant-guerre. Il y a de tout, disparition du rationnement, progrès de la reconstruction, etc… « Cependant, dit l'ambassadeur, des écrivains soviétiques qui ont visité le Nord de la France l'an dernier ont écrit dans nos journaux que la reconstruction n'avançait pas et qu'on voyait encore les trous des bombes, même pas comblés ». « Je me demande bien où ils ont vu cela, répondis-je, j'ai circulé dans le Nord en auto pendant un congé, et n'ai rien vu de pareil. Peut-être pourrait-on noter, tout au plus, que la reconstruction a porté en priorité sur l'industrie ». « Mais l'état de l'industrie est un indice de la prospérité économique, et il ne semble pas, dit M. Lebiediew, que cet état soit en France très florissant ». Je cite les réalisations du plan Monnet et j'indique que la production industrielle est passée à environ 125 % d'avant-guerre. « Ici, dit l'ambassadeur, c'est 200 % que l'on a atteint ». « Le chiffre que vous citez, répondis-je, s'applique à une Pologne considérablement agrandie du point de vue industriel, par ses annexions. La France, elle, n'a pas fait d'annexion ». « Pourquoi donc n'en a-t-elle pas fait aussi ? » dit en riant M. Lebiediew qui enchaîne aussitôt en parlant de la profonde amitié des Russes pour la France, et du chagrin que leur cause la stagnation économique de la France, la diminution de son rôle mondial et le manque d'indépendance de son gouvernement.

Le monologue de M. Lebiediew prend ici un tour franchement déplaisant. Il veut à toutes forces que j'accepte l'idée que la France dépend entièrement des Américains. « Dans les conditions présentes du monde, répondis-je, il se crée entre les nations des liens de plus en plus étroits. Mais, du point de vue de l'indépendance nationale, il n'y a rien de changé, et en ce qui concerne l'avenir économique de la France, je suis très optimiste ». « Votre optimisme est une illusion, dit M. Lebiediew, et vous parlez en diplomate ». « Non, répondis-je, je parle en Français ». Ici l'ambassadeur prononce quelques mots en russe où je crois reconnaître le mot « honneur ». L'interprète, d'ailleurs assez médiocre, paraît gêné – et l'ambassadeur lui dit de se taire. Puis il reprend : « Il est un fait, c'est que les Français ne sont plus fiers de leur pays comme autrefois ». Veuillant mettre fin à cette conversation, je dis : « Je crois, Monsieur l'ambassadeur, que vous avez vu surtout de mauvais Français, de ceux qui dénigrent leur patrie ».

L'ambassadeur proteste de son amitié pour la France, ajoute qu'il n'a pas voulu m'offenser, je réponds que je n'en doute pas et je prends congé.

M. Lebiediew souhaite, à l'occasion, reprendre cette conversation. « Je le ferai avec plaisir », dis-je avec résignation et nous nous séparons avec la plus grande cordialité, après un entretien de plus de trois quarts d'heure.

(Direction d'Europe, URSS, volume 152)

281

NOTE DE LA DIRECTION GÉNÉRALE DES AFFAIRES POLITIQUES[1]

Réarmement de l'Allemagne

N.   *Paris, 6 septembre 1950.*

Plutôt que d'être entraînés *volens nolens* par nos alliés dans des mesures favorisant, conformément à leurs conceptions, le réarmement de l'Allemagne occidentale, nous aurions intérêt à présenter des thèses qui tinssent compte en même temps et des conceptions que nous avons défendues à l'égard de l'Allemagne depuis 1945, et des adaptations aux faits que nécessite une évolution rapide de la situation européenne.

Nous avons déjà donné notre accord à la création d'une force qui constituera le noyau d'une police fédérale. Demain sans doute, on nous démontrera la nécessité de la création de contingents allemands au sein d'une armée européenne. À la tête de cette armée s'imposera rapidement la présence de généraux allemands, présentés comme étant les seuls à posséder la connaissance des choses de l'Est. Il est d'ores et déjà permis de supposer que l'Allemagne occidentale, de puissance désarmée, deviendra en quelques mois, un État possédant une ossature militaire puissante, grâce à sa participation à l'armée européenne, à la création d'une police fédérale, à la réorganisation de la police des *Länder*.

---

[1] Note manuscrite : « *Note de La Tournelle (à laquelle s'est rangé M. Bérard)* ».

Le rapide essor de la *Volkspolizei* en Allemagne orientale le laisse craindre d'autre part que l'Allemagne occidentale, si elle était maintenue dans son état actuel de faiblesse, risquerait sous la pression de la première, de voir son régime encore fragile se désorganiser, son opinion inquiète se démoraliser, les voies à la propagande communiste s'ouvrir largement.

Nous devons envisager contre l'Allemagne occidentale une intervention de la seule *Volkspolizei*, sans assistance soviétique. Les forces communistes allemandes ont à leur disposition contre les Allemands de l'Ouest des moyens d'intervention qui leur laisseraient l'espoir d'éviter un choc avec les forces occidentales. Ce sont les sabotages généralisés, les grèves insurrectionnelles, les guérillas.

Les déclarations récentes de M. Grotewohl traduisent sans doute cette possibilité : « Les impérialistes américains ont porté la guerre en Corée ; la lutte nationale du peuple allemand doit revêtir des formes différentes et plus concrètes ». Les Russes prépareraient donc en Allemagne, non la guerre internationale, mais la guerre civile.

Un conflit de ce genre exige d'autres forces et d'autres armes que la guerre internationale. Sans doute serait-il temps pour les puissances occidentales, tout en se préparant à affronter celle-ci, ce qui est la meilleure méthode d'en reculer le risque, de prévoir celui-là et de rassembler dès maintenant les moyens d'y répondre.

Il convient donc de mettre l'Allemagne occidentale en état de défense, sans qu'en même temps cette condition nouvelle, qui assurerait sa protection contre les menaces de l'Est, ne suscite pour nous de nouveaux périls.

Il est opportun d'apaiser, dans la mesure du possible, la crainte qu'éprouverait l'URSS à constater que l'Allemagne occidentale est transformée en une place d'armes. Si l'on peut vraisemblablement éliminer du cours de la politique soviétique l'hypothèse de l'accident, cette politique étant insensible à la provocation et ne se laissant pas détourner de ses fins par telle ou telle initiative de ses adversaires, il est sage cependant de laisser comprendre aux Russes que les mesures de sécurité prises en Allemagne sont justifiées par le déploiement de forces dont ils font étalage dans leur propre zone. Ainsi seront-ils peut-être enclins à limiter leurs visées expansionnistes, et à conseiller la prudence à leurs clients allemands.

Il est non moins nécessaire d'enlever au gouvernement allemand la tentation d'opérer, grâce à une force militaire reconstituée, de fructueux marchandages avec les autorités alliées, ou avec les autorités de l'Allemagne orientale, ou même avec les Soviets.

Ces diverses conditions déterminent la forme que devrait emprunter un réarmement allemand.

L'hypothèse d'une participation de l'Allemagne occidentale à la formation d'une armée européenne, dans laquelle entreraient des contingents germaniques avec leurs cadres, impliquerait immédiatement ou dans un proche avenir l'abrogation du statut et le recouvrement par l'Allemagne de l'égalité des droits.

On ne devrait pas non plus retenir l'éventualité de la création d'une police fédérale, qui entre les mains d'un Chancelier autoritaire, constituerait une véritable garde prétorienne, susceptible de porter atteinte au fédéralisme.

En revanche, en même temps que la police des *Länder*, chargée d'assurer la sécurité des arrières des forces d'occupation, serait réorganisée et renforcée, nous devrions préconiser la création de forces supplétives allemandes aux troupes alliées. Placées sous commandement allié, elles constitueraient dans une proportion à déterminer un élément des armées chargées exclusivement d'assurer la défense de l'Europe occidentale sur des positions aussi voisines que possible de l'Allemagne orientale.

La mise sur pied de tels contingents se heurterait d'ailleurs à de graves difficultés politiques, car le Chancelier ne manquerait pas de protester contre l'initiative qui le dessaisirait de moyens politiques, et l'opinion allemande serait déçue que des contingents allemands formassent des corps auxiliaires, à l'intérieur de troupes étrangères, et non pas une armée nationale, ou bien encore une fraction d'une armée européenne, où leurs qualités militaires leur permettraient d'occuper une place de premier rang.

(Secrétariat général, Dossiers, volume 8)

282

NOTE DE LA DIRECTION D'EUROPE
(Sous-direction d'Europe orientale)

L'aide occidentale à la Yougoslavie

N.   *Paris, 6 septembre 1950.*

Le problème d'une aide occidentale à la Yougoslavie apparaît depuis les événements de Corée sous un jour nouveau. En démontrant que le Kremlin ne répugne pas à lancer dans un conflit armée un État satellite, la guerre en Extrême-Orient dissipe les illusions que l'on pouvait encore entretenir sur la résolution pacifique de Staline. Elle incite en même temps à penser que la Yougoslavie, ceinturée par la chaîne des démocraties populaires, n'est pas à l'abri d'une agression.

Il ne s'agit donc plus seulement de savoir si les puissances atlantiques feront un effort supplémentaire pour rééquiper la Yougoslavie que bloquent économiquement les États kominformistes, mais bien de décider rapidement si une aide militaire sera fournie au maréchal Tito, pour lui permettre de faire face avec une meilleure chance de succès à une éventuelle agression. Bien plus, il s'agit de savoir sous quelles conditions et dans quels délais cette aide lui sera apportée.

La question d'un secours militaire, sous forme de livraisons d'armes au gouvernement de Belgrade est, à dire vrai, posée depuis plusieurs mois. Un premier mémorandum de Washington adressé en décembre 1949 à Londres et à Paris suggérait déjà la mise à l'étude de ce qui pourrait être fait dans ce domaine. Mais, si la réponse du gouvernement français fut relativement rapide (février 1950)[1], celle des Britanniques se fit attendre jusqu'au mois de juin, ce qui marquait bien que l'on considérait encore, en Angleterre du moins, qu'il n'y avait aucune urgence.

L'alerte militaire du mois de juillet, la multiplicité des bruits de mobilisation et de mouvements de troupes le long du Danube et dans les Balkans émurent les capitales occidentales, et auront pour salutaire effet d'attirer l'attention sur la supériorité des forces rassemblées au pourtour de la Yougoslavie. Un nouveau mémorandum américain, auquel la France répondit par l'affirmative dans les plus courts délais demanda alors la réunion prochaine d'un comité de travail tripartite, chargé de l'examen des problèmes divers que poserait l'aide militaire à la Yougoslavie.

Les choses en sont là pour l'instant. C'est dire qu'elles sont encore fort peu avancées et que la procédure employée n'en est qu'au stade des préliminaires.

De telles lenteurs techniques sont fâcheuses. Elles dénotent un manque de réalisme, car au rythme où peuvent se précipiter les événements, la temporisation demeure difficilement explicable si l'on est vraiment décidé à porter secours à Tito.

Mais, cette volonté même d'assistance, qui, sous certaines réserves, semblait il y a 6 mois bien établie, apparaît, si l'on en croit certaines déclarations de M. Acheson, remise partiellement en cause par la récente proclamation neutraliste du chef du gouvernement yougoslave.

Le moment semble donc venu de réviser au moins en partie l'attitude adoptée par la France au début de cette année.

Lorsqu'en février, le gouvernement français répondit à l'aide-mémoire de Washington, il précisa, ce qui demeure valable, qu'étant donné la position prise par la Yougoslavie, et sa situation d'État de pointe au cœur du bloc oriental, il apparaissait plus raisonnable de ne lui fournir que des armes légères adaptées à la guerre de partisans qu'elle aurait sans doute à mener contre d'éventuels agresseurs venus de l'Est. Mais le gouvernement français soulignait en même temps que « sa bonne volonté de venir en aide à Belgrade était atténuée par le souci qui s'imposait à lui d'obtenir au préalable un règlement raisonnable des revendications de la France sur le plan financier ».

---

[1] Voir document n° 38.

Une telle exigence, légitime il y a six mois, n'est plus guère concevable aujourd'hui. Il n'importe plus autant de savoir si la Yougoslavie paiera ses dettes, mais bien si elle sera capable de résister à un assaut de ses voisins, si elle sera capable de préserver l'indépendance nationale que lui a valu le schisme antistalinien de Tito.

En d'autres termes, il ne s'agit plus d'apprécier la valeur du régime de Belgrade sur le plan de la stricte morale financière, mais sur celui de son comportement politique.

Communiste avoué, mais excommunié par Moscou, le maréchal Tito se trouve placé dans une situation singulière. Tout conflit qui l'opposerait à l'Union soviétique et au cortège de ses vassaux revêtirait l'aspect d'une guerre de religion. Reste à savoir si dans ce cas il accepterait, comme le fit le Roi très chrétien, l'alliance du grand Turc, en l'occurrence celle de l'Occident. Reste à savoir quel degré de confiance les puissances atlantiques pourraient avoir en la Yougoslavie au cas où elle se trouverait engagée dans une aventure guerrière.

Il apparaît donc souhaitable, au moment où le problème d'une aide à ce pays va être à nouveau examinée, de laisser entendre à Belgrade, qu'un règlement du problème de Trieste, une normalisation des rapports gréco-yougoslaves, seraient, dans l'état actuel des choses, le meilleur gage de bon vouloir à l'égard de l'Occident.

Une démarche dans ce sens, est cependant délicate à effectuer. Le maréchal Tito, dont la chatouilleuse indépendance s'est déjà manifestée à l'égard de Moscou, pourrait difficilement admettre que de Washington, de Londres ou de Paris, on lui trace impérativement la ligne à suivre. C'est dans ce sens que les récentes missions en Yougoslavie et en Grèce de MM. Davies et Noël-Baker qui soulignent avec une évidence trop crue la volonté anglaise de s'entremettre dans des affaires considérées à Belgrade comme purement yougoslaves, apparaissent comme inopportunes.

Quelles que soient cependant les susceptibilités des dirigeants du régime titiste, il ne semble pas impossible de leur faire admettre que les récentes déclarations faites par le maréchal Tito pour prouver la neutralité sont de nature à inciter l'occident à une grande prudence, mais qu'on serait prêt néanmoins, dans les capitales de l'Ouest, à accueillir avec plus de compréhension les demandes de la Yougoslavie si, de son côté, elle se décidait à faire preuve d'un esprit plus conciliant à l'égard de Rome et d'Athènes.

Si un tel langage venait à être compris à Belgrade, et si l'on y manifestait de façon tangible de meilleures dispositions à l'égard de la Grèce et de l'Italie, il ne faudrait plus alors marchander à la Yougoslavie l'aide qu'elle sollicite avec une insistance largement justifiée par les menaces qui pèsent sur elle.

(Direction d'Europe, Yougoslavie, volume 88)

283

NOTE DU DÉPARTEMENT
POUR M. SCHUMAN, MINISTRE DES AFFAIRES ÉTRANGÈRES

Demandes actuelles du gouvernement français

N. n° 2. *Paris, 7 septembre 1950.*

À l'occasion du point 2 de l'ordre du jour, le Président a été prié par le gouvernement de soulever un certain nombre de demandes instantes intéressant la France.

1) *Mémorandum n° 2.*

Dans le mémorandum n° 2[1], le gouvernement français a demandé que soit établi un système financier permettant de répartir équitablement les charges et d'assurer l'économie *maxima* dans l'usage des ressources collectives. À cet effet, les délégués français ont remis un projet de budget commun dont les recettes seraient constituées par la plus grande partie possible des crédits budgétaires affectés par les nations atlantiques à leur défense, dont les dépenses comprendraient toutes les charges de la défense commune déterminées par les nations atlantiques. L'Angleterre paraît opposée à ce système, dans l'espoir sans doute d'arriver à un règlement direct et bilatéral avec les États-Unis. Les États-Unis n'ont pas rejeté le principe, mais estiment que sous cette forme, le budget commun se heurterait à des difficultés constitutionnelles insurmontables. D'après la loi américaine, en effet, les crédits votés par le Congrès doivent être dépensés sous le contrôle de l'Administration et non pas mis à la disposition d'un organisme international. Le représentant des États-Unis a fait comprendre qu'il serait prêt à proposer une alternative dont les objectifs seraient analogues à ceux du budget commun. Toutefois, il n'a pas précisé sa pensée sur ce sujet. Il est douteux que M. Acheson puisse lui-même fournir les éclaircissements que nous attendons avec impatience. Mais la procédure d'une étude officieuse entre les experts des gouvernements français, britannique et américain précédant l'examen officiel par le Conseil des Suppléants devrait être décidée par la conférence des trois Ministres. Cette étude pourrait avoir lieu à Washington avec le concours de M. Harriman et des principaux représentants de l'administration américaine compétents, entre le 18 septembre et le début d'octobre. Nous avons télégraphié dans ce sens à M. Bonnet et prévenu M. Bruce à Paris.

Cette étude devrait également porter sur les dispositions à prendre pour contrôler la hausse des prix des matières premières et faire échec

---

[1] Voir document n° 261.

à l'inflation monétaire, ainsi que sur les modifications à apporter aux organismes du Pacte atlantique pour faire face à ces tâches nouvelles. Le mémorandum français avait à cet égard proposé la création d'un « Exécutif » sous le contrôle du Conseil de l'Atlantique[1].

2) *Budget de 1951.*

Notre impatience est d'autant plus justifiée qu'en l'absence du système de financement collectif, le ministre des Finances est dans l'impossibilité d'établir son budget pour 1951, et le ministre de la Défense nationale incapable de déterminer avec précision ses programmes de production et d'effectifs. Le système de financement provisoire est insuffisant pour nous permettre de répondre aux questions qui se posent. Or si nous ne recevons pas une aide non seulement en matières premières, armements et moyens de production, mais encore une assistance financière, nous risquons, si nous voulons exécuter notre programme des 20 divisions et des 2 000 milliards, de plonger de nouveau la France dans un état dangereux d'inflation. Les États-Unis qui, grâce au Plan Marshall, nous ont aidé à rétablir la stabilité économique et financière, reconnaissent que l'exécution de nos plans de défense ne doivent pas avoir pour effet de détruire ce qui a été si péniblement établi. Mais ni la forme ni l'ampleur de leur assistance n'a pu jusqu'à présent être déterminée. C'est là un problème urgent et tragique qui se pose devant le gouvernement français.

M. Petsche doit fournir sur la situation financière et économique de la France une note précise à M. Schuman (annexe n° 2)[2]

3) *Insuffisance des forces alliées en Europe.*

La France a annoncé son intention de mettre en première ligne 20 divisions d'active entre la mer du Nord et la vallée du Pô. Cet effort serait insuffisant s'il n'était pas complété en Europe par un effort parallèle et à peu près égal des États-Unis, de l'Angleterre, de la Belgique et de la Hollande. L'Angleterre a fait à cet égard certaines promesses (1 division blindée supplémentaire en Allemagne avant le 1er juillet 1951). L'effort belge et hollandais est absolument insuffisant (voir note spéciale sur l'accroissement des forces des puissances du Pacte atlantique en 1951)[3].

Les États-Unis n'ont pas encore pris aucun engagement malgré l'accroissement considérable de leurs forces (effectifs supplémentaires de

---

[1] *Note du document :* « Une note résumant le point de vue du ministre des Finances sur le budget commun, la mise en commun de certaines recettes en dollars, les emprunts atlantiques et la politique des matières premières, est annexée » [Document non reproduit].

[2] Document non reproduit.

[3] Document non reproduit.

900 000 hommes avant le 1er juillet 1951) (Tél. Suppléant Londres, n° 10.213 du 3 septembre)[1].

Toutefois, on peut espérer que M. Acheson pourra se montrer plus précis au cours de ses conversations avec le Président sur ce sujet.

4) *Indochine.*

Il faut rappeler pour mémoire notre demande instante concernant une aide en Indochine : nos besoins en armes n'ont été que très insuffisamment couverts par les livraisons jusqu'à présent effectuées. D'autre part, nous demandons une aide financière pour nous permettre de lever des armées viêtnamiennes et de dégager ainsi les cadres indispensables au développement de nos efforts en Europe (voir note spéciale sur l'Indochine)[2].

(Secrétariat général, Dossiers, volume 10)

284

Note du Département
pour M. Schuman, Ministre des Affaires étrangères

Questions relatives à l'organisation militaire du Pacte atlantique

N. n° 7.   *Paris, 8 septembre 1950.*

Cette question a été mise à l'ordre du jour à la demande de M. Bevin.

Il est rappelé que c'est le gouvernement français dans son mémorandum n° 2[3] qui, pour la première fois, a demandé une transformation radicale de l'organisation militaire actuelle. Il a en effet au paragraphe 5 de ce mémorandum proposé les solutions suivantes :

« Dans le domaine militaire, les nations atlantiques doivent tendre rapidement vers l'unité du commandement. Il est nécessaire de prévoir la constitution d'un organisme qui, comme le *Combined Chiefs of Staff,* au cours de la dernière guerre, soit capable de fixer dès à présent la stratégie générale et de diriger l'ensemble des opérations suivant une conception unique. Le gouvernement français estime qu'à cet effet, le Groupe permanent devrait fonctionner désormais comme un état-major. Il se mettrait ainsi en mesure de devenir l'organe du Haut-Commandement de tous les théâtres d'opérations éventuels, en évitant les cloisonnements actuels. Chaque théâtre d'opérations éventuel, dont les

---

[1] Document non reproduit.
[2] Document non reproduit.
[3] Voir document n° 261.

limites seraient précisées à l'avance d'un commun accord, devrait être placé sous un commandement unique, doté d'un état-major qui resterait subordonné au Groupe permanent. Les groupes régionaux actuels, dits de « planning » seraient ainsi amenés à disparaître.

Le Groupe permanent serait en outre chargé de définir les moyens militaires nécessaires à la réalisation d'une défense commune efficace. Il collaborerait à cet effet avec l'organe exécutif dont la création est prévue au paragraphe 8 ci-après.

Tous les organes issus, soit du Pacte de Bruxelles, soit du Pacte de l'Atlantique qui font actuellement double-emploi devraient également être supprimés.

Afin de permettre au Conseil de l'Atlantique de prévoir les mesures nécessaires pour assurer dans cet esprit la mise en vigueur de plans coordonnés de défense, le gouvernement français propose que le Conseil des Suppléants invite le Groupe permanent, en consultation avec les représentants qualifiés des pays signataires du Pacte de Bruxelles, à lui faire parvenir pour une date très proche, à fixer, des propositions précises tendant à aménager les institutions militaires du Pacte de Bruxelles et du Pacte de l'Atlantique, dans le sens indiqué ci-dessus ».

Ces propositions ont reçu un accueil favorable de l'ensemble des nations atlantiques et il a été décidé de demander au Comité de Défense composé des ministres de la Défense des douze nations de faire connaître, avant le 18 octobre 1950, son avis sur ces questions et de préciser, le cas échéant, au Conseil de l'Atlantique les mesures qui pourraient être nécessaires à la mise en vigueur des plans de défense et à l'aménagement corrélatif des institutions militaires du Pacte de Bruxelles et du Pacte de l'Atlantique (tél. Suppléant Londres, n° 10.208 du 3 octobre)[1].

De son côté, le *Standing Group* a étudié la question. D'après les indications qui ont été données par le général Ély, il est favorable à une solution de ce genre et prévoirait pour l'ensemble du théâtre Europe s'étendant du Cap Nord à l'Afrique du Nord française[2] une organisation du commandement responsable de l'établissement des plans doté d'un état-major intégré et ayant à sa tête un chef d'état-major. Cet état-major dépendrait directement du Groupe permanent jouant le rôle de *Combined Chiefs of Staff*. Cette solution a été confirmée par la lettre récemment remise par M. Bruce au Président.

(Secrétariat général, Dossiers, volume 10)

---

[1] Document non reproduit.

[2] Note manuscrite : « V[oir] note Moch 8/9 ». Une note au sujet de l'organisation du commandement stratégique en Europe provenant de l'état-major combiné des forces armées précisait le théâtre d'opérations unique du cap Nord au Sahara, divisé en trois secteurs d'opérations (Scandinavie, Allemagne occidentale et Méditerranée occidentale). Le plus important et le plus vulnérable était le secteur central qui se prêtait le plus au déploiement des forces armées dans le cadre du plan défensif pour livrer bataille sur le Rhin et les Alpes (note du 8 septembre 1950 de l'EMCFA, non reproduite).

285

M. Dejean, Ambassadeur de France, Chef de la mission française
à Tokyo,
à M. Schuman, Ministre des Affaires étrangères[1].

T. nᵒˢ 1433-1445.   *Tokyo, 9 septembre 1950, 9 h.*

Réservé.   *(Reçu : le 9, 15 h. 15)*

1) Bien que ces jours derniers les forces alliées se soient trouvées, à plusieurs reprises, dans une position difficile, le haut-commandement n'a pas été sérieusement inquiet. Il est convaincu qu'il s'agit de la part des Nordistes, d'un dernier assaut dans lequel ils jettent toutes leurs ressources.

Quelles que soient les péripéties de la bataille, l'état-major estime que d'ici deux mois des changements radicaux seront intervenus dans la situation même. Il compte beaucoup sur les résultats d'une opération de débarquement qui serait proche et à laquelle participeraient une nouvelle division de Marines venue des États-Unis ainsi que la 7ᵉ division encore au Japon et soumise à un entraînement intensif. Dans l'intervalle, il poursuit la destruction des lignes de communication avec le Nord de la péninsule, c'est-à-dire des voies qui mènent vers la Sibérie et la Mandchourie.

Le général MacArthur, volontiers optimiste, pense que la campagne pourrait être terminée avant l'hiver. Même ceux qui ne partagent pas cet espoir estiment qu'avant la fin de l'automne des coups décisifs auront été portés à l'ennemi.

2) Quoi qu'il en soit, le moment paraît venu d'envisager les conditions d'un règlement coréen.

La première question qui vient à l'esprit est celle du 38ᵉ parallèle. La résolution du 25 juin invite les autorités nord-coréennes à retirer sans délai leurs troupes au 38ᵉ parallèle. La résolution du 27 recommande aux membres des Nations unies de fournir à la République coréenne toute l'assistance nécessaire, non seulement pour repousser l'assaillant mais « restaurer dans cette région la paix et la sécurité internationales »[2].

Selon les uns, la formule très générale de la décision du 27 autorise sans nouvelle intervention du Conseil de sécurité, les forces des Nations unies à franchir le 38ᵉ parallèle. D'autres, invoquant les termes de la

---

[1] Télégramme communiqué à la Présidence de la République, la Présidence du Conseil, MM. Parodi, Clappier, de La Tournelle et de Bourbon-Busset, et communiqué par Tokyo aux postes à Saigon (nᵒˢ 674-686), Washington (nᵒˢ 443-455) et New-York (nᵒˢ 243-255). Note manuscrite : « *M. Cattand* ».

[2] Voir documents nᵒˢ 157 et 167.

décision du 25, soutiennent que, si les forces coréennes se retirent au Nord de la ligne de démarcation, aucune action ne serait plus possible sans nouvelle décision du Conseil.

Entre les deux versions, Washington ne semble pas s'être prononcé[1]. Le 30 août, le Secrétaire d'État a déclaré que lorsque les forces des Nations unies arriveraient au 38ᵉ parallèle, il appartiendrait à l'ONU de décider si elles devaient aller au delà. Mais, interrogé à ce sujet le 1ᵉʳ septembre, le président Truman s'est dérobé.

Le représentant de M. Trygve Lie en Corée incline vers la seconde interprétation. La section diplomatique de SCAP[2] et le grand quartier général penchent vers la première.

Il est cependant deux points de vue sur lesquels chacun est d'accord :

a) Le grand quartier général aussi bien que le colonel Katzin considèrent qu'il y aurait les plus grands inconvénients à ce qu'une position officielle fût prise dès maintenant au sujet du 38ᵉ parallèle. Déclarer ne pas vouloir agir au-delà serait se lier prématurément. Affirmer qu'il sera dépassé si nécessaire, risque d'inciter Chinois et Russes à entrer en Corée du Nord avant que les forces alliées n'y parviennent.

b) En ce qui concerne le fond du problème, le représentant de Monsieur Trygve Lie estime avec SCAP que l'on ne saurait envisager un retour au *statu quo ante*. Se borner à rétablir la situation antérieure serait s'exposer, en effet, à de nouveaux incidents, alors que l'on ne peut attendre des membres des Nations unies qu'ils acceptent de mobiliser ou de démobiliser au gré des fantaisies de Moscou.

3) La situation militaire, telle qu'elle se présentera au moment où les alliés approcheront du Nord, sera un des éléments importants des décisions à intervenir. À cet égard encore, les conceptions divergent : le général MacArthur et son entourage considèrent que l'armée qui attaque aujourd'hui le périmètre ne reverra jamais la Corée du Nord. Entre les forces alliées qui déboucheront un jour de la tête de pont et le ou les corps de débarquement, elle serait anéantie. La destruction de l'armée enlèverait toute base au régime actuellement établi en Corée du Nord. À moins d'intervention chinoise ou soviétique, il y aurait alors au-delà du 38ᵉ parallèle un vide que les forces des Nations unies pourraient seules combler.

---

[1] La question était largement débattue dans la presse américaine, comme le rapportait Bonnet depuis Washington. Les journaux américains examinaient les arguments en faveur d'un franchissement du 38ᵉ parallèle, notamment au plan moral, en considérant que les Coréens souhaitaient être réunifiés, et au plan juridique, suite aux diverses déclarations de 1943 et 1945 et aux résolutions de l'ONU, se prononçant en faveur d'une Corée libre et indépendante. La dernière résolution du 27 juin 1950 exclurait dans l'esprit des commentateurs américains toute solution fondée sur le *statu quo* et sur le maintien de la frontière d'avant l'invasion (dépêche n° 4123 du 28 août 1950 de Washington, non reproduite).

[2] SCAP : *Supreme Commander for the Allied Powers*, soit le Commandant suprême allié au Japon.

Le colonel Katzin est, au contraire, convaincu que les Nordistes feront retraite à temps pour échapper à l'anéantissement. C'est sur cette hypothèse qu'est basé son plan, comportant un nouvel appel à la cessation des hostilités et le désarmement des forces coréennes nordistes et sudistes dès que la défaite des Nord-Coréens serait devenue inévitable. Le Colonel considère d'ailleurs comme très improbable l'acceptation d'un tel plan, mais il estime qu'après son rejet les forces des Nations unies seraient moralement en meilleure posture pour continuer la poursuite de l'ennemi.

De toutes façons, il apparaît nécessaire d'envisager, à titre provisoire, le maintien d'une dualité administrative en Corée. Faute de mieux, le gouvernement Rhee resterait chargé du Sud, tandis que dans le Nord serait installé un gouvernement militaire, aux échelons inférieurs duquel certains envisagent de faire appel à d'anciens fonctionnaires japonais connaissant bien le pays. Cette période intermédiaire devrait être essentiellement consacrée à la préparation, sous le contrôle de l'ONU, d'élections générales d'où sortirait un seul gouvernement coréen. Une force internationale resterait dans le pays, aussi longtemps qu'il faudrait, pour assurer sa sécurité et la consolidation de ses institutions démocratiques.

4) S'il est indispensable d'étudier dès maintenant les moyens de transformer la Corée en un pays unique, libre et indépendant, il est évident que la réalisation pratique de tous les plans qui peuvent être imaginés dépendra essentiellement de l'attitude de l'URSS et de la Chine.

Or, à l'heure actuelle, l'opinion qui tend à prévaloir ici dans tous les milieux, c'est que Moscou ne permettra pas l'unification de la Corée sous le patronage de l'ONU. L'on craint que, lorsqu'elles parviendront au 38e parallèle, les forces des Nations unies ne trouvent, en face, des troupes soviétiques ou chinoises. Ces craintes sont entretenues par les souvenirs de l'attitude du gouvernement soviétique à l'égard de la Commission de l'ONU en Corée avant l'agression du 25 juin, par les informations difficiles à contrôler qui circulent sur les mouvements de troupes à la frontière mandchoue, par l'établissement, au Nord de la Corée, d'un réseau d'aérodromes, par une déclaration de Radio-Pékin, affirmant que la Corée rentre dans la sphère d'intérêts chinois et par la campagne d'excitation systématique des Soviets à l'adresse de Pékin.

Ces appréhensions sont partagées par le colonel Katzin, bien qu'il m'ait dit avoir acquis la conviction qu'aucune unité chinoise n'avait franchi la frontière.

Très préoccupé des possibilités de complications internationales, le représentant de M. Trygve Lie n'a cependant pas abandonné l'espoir d'une localisation de la guerre. En ce qui concerne l'attitude de la Chine, il se demande si la pression de Moscou prévaut sur le souci des intérêts chinois (voir mon télégramme n° 1422)[1]. Il demeure persuadé que la meilleure chance de sauver la paix réside dans une attitude exempte de toute provocation comme de toute faiblesse.

Que les appréhensions actuellement manifestées ici soient plus ou moins justifiées, l'éventualité où, après la défaite des Nord-Coréens, les troupes chinoises ou soviétiques viendraient prendre position sur le 38ᵉ parallèle est, semble-t-il, l'une de celles que les trois ministres des Affaires étrangères ne sauraient négliger au cours de leur réunion de New York.

(Direction d'Asie-Océanie, Corée, volume 23)

286

Réarmement allemand

N.   *Paris, 10 septembre 1950.*

Les documents, dont nous avons été saisis par les Américains et les Britanniques, ne peuvent plus nous tromper sur leurs intentions. Ils cherchent, sous un nom ou sous un autre, à reconstituer une force armée allemande considérable. Lorsqu'ils demandent, les uns la participation d'un contingent allemand à une armée européenne, les autres la création d'une police fédérale de 100 000 hommes, ils s'efforcent encore de faire croire qu'il ne s'agit point, dans leur pensée, d'une armée allemande telle que nous l'avons connue. Peut-être leur désir est-il, en ne présentant pas les choses telles qu'elles sont ou telles qu'ils souhaitent qu'elles soient, de ne pas heurter trop violemment les Soviétiques, tout en préparant l'armée qu'ils estiment, sur le continent, nécessaire à leur protection. Ils ne sauraient, en tout cas, nous voiler, à nous, la vérité. Celle-ci est éclatante et la question est trop grave, elle est lourde de conséquences trop redoutables aux yeux du gouvernement et de l'opinion française pour que les Alliés ne la regardent pas bien en face.

Il n'est pas, d'ailleurs, question seulement de la France, mais de toutes les puissances occidentales, c'est-à-dire de l'Angleterre, des États-Unis qui n'ont peut-être pas mesuré toutes les répercussions que peuvent comporter leurs propositions, mais aussi des voisins directs de l'Allemagne, de la Belgique, de la Hollande, par exemple, qui savent à quoi s'en tenir, dès que l'Allemagne redevient puissante par les armes, sur l'impression d'incertitude, de malaise, de crainte qui envahit le Conti-

---

[1] Document non reproduit.

nent. On ne saurait prétendre, maintenant, qu'un tel sentiment devrait appartenir au passé, que l'Allemagne a changé à ce point qu'elle peut contribuer à éveiller, chez les nations qui l'entourent, le sentiment qu'elles seront rassurées, protégées. Nous n'en sommes malheureusement pas là. À mesure que les mois s'écoulent, nous avons de plus en plus, devant nous, le spectacle d'un pays, qui, en se redressant, nous prouve qu'il n'a pas accompli, sur la voie de la démocratie, les progrès auxquels nous l'avons convié et qu'il est loin de renier un passé récent.

Sans doute pouvons-nous nous alarmer à juste titre du danger dont la puissance de l'URSS et de ses satellites nous menace tous, et en premier lieu l'Europe. Mais il ne faut pas, pour éviter un péril, en créer un autre. D'aucuns prétendent que l'URSS se soucie peu des desseins et de l'attitude de ses adversaires, qu'elle a déjà choisi son heure et que rien ne pourrait désormais la détourner de ses projets. C'est là probablement une vision quelque peu sommaire de la politique du Kremlin. Le réarmement de l'Allemagne, quelque soit la forme qu'il revête, est précisément de nature à constituer, pour les Soviétiques, le fait nouveau qu'ils n'accepteront pas et qui les amènera à déclencher le conflit. Si tel n'était pas le cas, nous n'en devrions pas, pour autant, nous montrer plus rassurés. Ne serions-nous pas, quelques années, quelques mois plus tard, les témoins d'un rapprochement germano-soviétique, l'URSS offrant à l'Allemagne, en compensation du renversement de son attitude, ou même de sa collaboration militaire, les territoires dont elle l'a dépossédée. Il y a là une monnaie d'échange dont il ne nous faut jamais sous-estimer le prix. Comment nous imaginer que, le jour où l'Allemagne disposera de nouveau d'une force armée, sa principale, son unique préoccupation ne sera pas de reconstituer, par tous les moyens, par la guerre ou par l'entente, l'unité de son territoire ? Gardons présent à l'esprit le souvenir des liens particuliers qui, même en des temps où les deux pays s'affrontaient, existaient entre les états-majors allemand et russe.

Mais surtout, nous devons nous placer sur un terrain pratique et éviter d'ajouter un problème qui, à notre avis, n'est pas d'actualité, à tous ceux que nous avons déjà à résoudre. Il importe, d'abord, de développer les armées de nos pays et de les pourvoir en armements. C'est une première étape indispensable et le gouvernement français a montré qu'il entendait apporter à l'effort commun une large part.

Cela signifie-t-il que nous comptons ne pas répondre aux demandes de M. Adenauer ? Encore importe-t-il de savoir en quoi elles consistent exactement. Modifiant la position qu'il avait adoptée, au début, en face des Hauts-Commissaires, le Chancelier n'en est plus, pour le moment, à réclamer une police destinée à assurer la sécurité extérieure de son pays contre une attaque de la *Volkspolizei*, de cette *Volkspolizei* dont il a fait un impressionnant tableau et qui, à en croire certains renseignements, n'est encore ni très solidement charpentée, ni dotée d'un moral à toute épreuve. Ce qu'il a décrit, c'est plutôt la *Volkspolizei* de

demain, celle que les Soviétiques veulent nous opposer. Dans le mémorandum qu'il a remis à nos représentants en Allemagne[1], M. Adenauer
a bien spécifié que la police dont il demandait la création aurait à
limiter sa tâche à la sécurité intérieure. Nul ne saurait contester l'importance de cette mission, surtout dans un pays où les infiltrations communistes venues du dehors représentent un incontestable danger. Mais
on peut s'étonner, surtout si l'on tient compte des polices existant déjà
dans les municipalités et les *Länder* et qu'il conviendrait, sans tarder,
de réorganiser, du chiffre élevé que M. Adenauer a mentionné. Il n'en
aurait pas cité un autre s'il avait voulu confier à la police allemande
non seulement une mission de protection intérieure, mais aussi le devoir
de défendre l'Allemagne contre le danger du dehors.

Toutefois, s'il est permis de discuter sur les chiffres, la position du
Chancelier doit nous donner encore davantage à réfléchir lorsque se
pose la question de l'organisation de la police. Nous savons que ses
prétentions à cet égard rencontrent en Allemagne même de sérieux
obstacles, qu'il est obligé de surmonter des résistances multiples. C'est
vraisemblablement parce que son autoritarisme effraye, parce que
nombreux sont ceux qui redoutent que M. Adenauer, ou l'un de ses
successeurs, hanté par des exemples pourtant néfastes, ne recourt, le
jour où l'Allemagne disposera de nouveau de bases solides, à des initiatives dangereuses. Une police de 100 000 hommes mise à la disposition quasi-exclusive du Chancelier, c'est, étant donné le tempérament
allemand, une armée de cadres sur laquelle il pourra s'appuyer et dont,
bien plus encore que ceux des Allemands qui s'efforcent de résister au
Chancelier, nous devons craindre la constitution et le rôle qu'elle ne
manquera pas d'essayer de jouer dans la balance des forces. On ne
saurait non plus négliger le fait que M. Adenauer a déjà auprès de lui
un véritable cabinet militaire dont nous pouvons deviner les conceptions et les tendances.

Le gouvernement français insiste donc de la manière la plus pressante
pour que ce soit dans le cadre des *Länder* que s'organise la police allemande, étant entendu que toutes mesures devront être prises pour que,
dans des conditions à déterminer, le gouvernement fédéral puisse en
disposer, si le besoin s'en fait sentir, avec le maximum de rapidité et de
facilité.

Voici quelle doit être, à nos yeux, l'étape – car c'en est une – que l'on
peut franchir à l'heure actuelle. Sera-t-il possible, demain, d'en franchir
une autre ? Autrement dit, sera-t-il possible d'envisager la participation
d'un contingent allemand à une armée européenne, ou plutôt atlantique. Ce n'est évidemment pas le gouvernement français qui s'opposerait à la formation d'une telle armée en faveur de laquelle les
représentants les plus qualifiés du Parlement français ont pris position
il y a quelques semaines à peine devant l'assemblée du Conseil de

---

[1] Voir document n° 271.

l'Europe. Mais encore faut-il que nous sachions ce qu'il faut entendre par les mots « armée européenne ». S'agira-t-il seulement d'une armée composée d'armées nationales juxtaposées et simplement dotées d'un commandement unique ? Pareille perspective ne serait pas de nature à nous rassurer suffisamment dans l'éventualité où, parmi ces armées nationales, se trouverait une armée nationale allemande. Sans doute importerait-il de s'engager plus avant, sans doute aurions-nous à nous montrer plus hardis, plus téméraires dans la voie de la fusion, de l'intégration. Dans ce cas, il nous serait peut-être possible d'envisager, sans arrières-pensées excessives, la présence, à côté de nos forces, d'une force allemande dans l'armée internationale. Mais il convient auparavant que nous ayons nous-mêmes une idée claire de cette armée et que nous sachions qu'en y introduisant un contingent allemand, nous ne pourrons refuser à l'Allemagne la pleine, la totale égalité des droits.

Il y a là un problème d'avenir qui ne comporte pas uniquement un aspect allemand ; avant que nous n'ayons à l'examiner sous cet angle, il importe que nous-mêmes, en ce qui nous concerne, nous la soumettions à une étude approfondie pour savoir si, au lieu d'être un mot sonore, l'armée européenne peut constituer, dans la vie de nos peuples, une garantie de protection, de cohésion.

Il serait, à notre avis, au moins risqué de brûler les étapes. L'intégration de l'Allemagne dans le monde occidental est en train de s'accomplir. C'est une œuvre d'une importance capitale pour nos peuples, il convient de ne pas la compromettre par des initiatives précipitées qui bouleverseraient les données de la question en retirant à l'Allemagne le désir qu'elle semble manifester, aujourd'hui, de vouloir se rapprocher de nous, désir qui s'explique, au reste, dans une large mesure, parce qu'elle y voit, à juste titre, son intérêt.

(Secrétariat général, Dossiers, volume 8)

287

M. Brionval, Conseiller à l'Ambassade de France à Moscou, à M. Schuman, Ministre des Affaires étrangères[1].

T. n⁰ˢ 2130-2141.   *Moscou, 12 septembre 1950, 7 h.*

(Reçu : le 12, 15 h. 15)

Le silence imposé à la presse soviétique au sujet de l'incident aérien du 4 septembre indique la prudence avec laquelle le Kremlin entend

---

[1] Note manuscrite : « *Comm[uniqué] le 14/9 à New York par fil (comm[uniqué] à Washington)* ».

traiter cette affaire qui met cette fois, en liaison étroite avec l'affaire de Corée, l'URSS directement aux prises avec les États-Unis.

À en juger par la seule allusion, extrêmement brève, qui y ait été faite jusqu'ici (la *Pravda* du 9), le gouvernement soviétique souhaite surtout trouver là un argument pour renforcer sa propagande sur les partisans de la paix et essayer, à la veille de l'Assemblée générale, d'amener l'ONU à « régler pacifiquement le conflit coréen » avant que celui ci n'entraîne de dangereuses complications, ou plutôt, en vérité, avant que les troupes américaines aient eu le temps de passer à la contre-offensive.

Non moins remarquable d'ailleurs est la discrétion avec laquelle la presse de Moscou traite des affaires de Chine ; celle-ci se borne en effet, depuis quelque temps à reproduire les informations officielles publiées par les dépêches d'agences chinoises. Sans doute le public soviétique est-il maintenu dans l'attente d'une action chinoise contre Formose (à la question qui leur est fréquemment posée, les conférenciers populaires chargés de faire sur le conflit coréen des exposés à la portée du grand public, répondent invariablement que l'île sera reconquise avant la fin de l'année). Il est de fait cependant que les journaux ne font plus actuellement allusion à l'imminence d'une intervention chinoise ni dans cette direction ni dans celle du Tonkin.

Notons encore qu'après avoir bruyamment souligné les maladroits efforts faits par M. Malik pour faire entrer la Chine communiste au Conseil de sécurité, c'est sans les commenter et à l'aide des seules dépêches d'agences chinoises que la presse annonce maintenant les initiatives directement prises par le gouvernement de Pékin pour se faire représenter à l'Assemblée générale et entendre au Conseil dans l'affaire de l'incident du Yalou.

Il est enfin assez curieux de constater qu'en s'appliquant, comme ils le font depuis quelque temps, à mettre surtout l'accent sur le caractère « colonialiste et impérialiste » de la politique américaine en Extrême-Orient, le Kremlin et sa presse assument le rôle qu'ils voudraient voir tenir par Mao Tsé-Toung, chef désigné de la croisade asiatique contre les puissances capitalistes.

Cependant que le gouvernement de Pékin, en faisant lui-même une tentative directe pour entrer à l'ONU et en invitant instamment celui-ci à régler rapidement l'affaire de Corée, cherche, semble-t-il, surtout à provoquer un arrangement qui lui sauve la face et acquérir une bonne raison de ne pas entrer dans la voie où le pousse son allié soviétique.

Que l'évolution de la politique du gouvernement de Pékin soit ou non conforme aux désirs du Kremlin, il est de fait que la discrétion que la presse de ce pays observe actuellement au sujet de la Chine contraste singulièrement avec la prolixité dont elle faisait preuve, avant le conflit de Corée, pour célébrer les bienfaits de l'amitié sino-soviétique.

Il est vrai, et c'est là un autre fait à constater, que l'attention des observateurs soviétiques est de plus en plus fixée sur les réactions provoquées au-delà du rideau de fer par les événements de Corée. Les décisions fréquentes et rapides prises par les puissances atlantiques, notamment par les États-Unis, l'Angleterre et la France (ma dépêche n° 987 EU du 5 septembre)[1] pour renforcer leur organisation défensive, sont abondamment commentées par les journaux qui ne cherchent à en minimiser ni l'importance ni la portée.

Enfin, si large que soit l'emploi que la propagande de Moscou en fasse quotidiennement pour dénoncer « la politique d'agression des puissances capitalistes asservies à Washington », l'argument sert surtout au Kremlin et aux partisans de la paix, pour affirmer la volonté de paix du monde communiste et pour insister à nouveau sur l'urgence d'un « règlement pacifique » du conflit coréen.

On notera enfin la prudence avec laquelle la presse soviétique, qui avait cependant là un beau sujet à traiter, a été invitée à commenter le discours du général MacArthur sur Formose et les déclarations de M. Matthews sur la guerre préventive. Jusqu'ici seules les *Izvestia* l'ont fait sans d'ailleurs hausser le ton habituel de leurs diatribes contre les « fauteurs de guerre américains ».

Est-ce à dire que, conscient désormais de la dangereuse évolution d'une partie de l'opinion publique américaine et aussi de l'inquiétude que commence à éprouver l'homme de la rue en Russie soviétique, Moscou soit cependant décidé à ne pas créer l'irréparable.

En maintenant, malgré l'échec de son travail de division, son représentant au Conseil, en envoyant une nombreuse délégation à la prochaine Assemblée générale, le Kremlin semblerait sans doute déjà indiquer qu'il ne souhaite pas de rupture définitive avec les Occidentaux. Le conflit coréen, tant qu'il dure offre à sa propagande un excellent argument ; il lui permet à la fois de renforcer la cohésion du mouvement des partisans de la paix et d'exiger du travailleur soviétique, en le maintenant dans l'appréhension d'un 3ème conflit mondial, un effort accru pour développer le rendement de la production agricole et industrielle.

Le Kremlin aura-t-il la sagesse de ne pas vouloir abuser de la situation créée par le conflit coréen ? En Extrême-Orient, tout dépend sans doute de l'attitude que prendra en dernière analyse le gouvernement de Pékin. L'unanimité des Nations unies, la fermeté des puissances occidentales, la montée sensible de la tension populaire aux États-Unis ont, en tout cas, produit à Moscou un effet qu'il convient naturellement de noter sans toutefois en tirer de conclusion définitive.

(Secrétariat des Conférences, NUOI, volume 141)

---

[1] Document non reproduit.

288

Note du Département

Stratégie et tactiques soviétiques en Extrême-Orient

N.   *Paris, 12 septembre 1950.*

On ne répétera jamais assez combien il est essentiel, dans la détermination d'une politique visant à s'opposer à la menace que le communisme fait peser sur le monde libre, d'être en mesure de distinguer, à tout moment, ce qui, dans le jeu communiste, tient à la stratégie générale et « demeure inchangé tout au long d'une phase donnée de la révolution » de ce qui appartient au domaine essentiellement mouvant de la tactique. Celle-ci ne demeure fixe qu'au cours d'une très courte période « du mouvement de flux ou de reflux de la révolution »…. elle s'accommode « des nécessités de compromis pratiques, d'accords provisoires, de zigzags, de retraites, etc… ».

Les quelques considérations qui suivent s'efforcent d'opérer cette distinction sur le théâtre d'opérations communiste en Extrême-Orient et d'en tirer quelques conclusions applicables aux problèmes particuliers de la Corée, de Formose et de l'Indochine qui doivent faire l'objet des délibérations des trois ministres des Affaires étrangères à New York.

***

La faiblesse de l'Asie face au péril communiste s'impose aujourd'hui comme un fait évident.

Ce ne sont pas les nationalismes hésitants et fragiles des jeunes nations asiatiques, ce n'est pas plus le nationalisme de l'Inde, hier encore divisée en centaines d'États et qui ne comporte à tout prendre que quelques milliers d'éléments d'élite capables de comprendre le langage de Nehru, ce n'est pas même le nationalisme des Japonais préoccupés par d'impérieux problèmes économiques et démographiques, qui, laissés à eux-mêmes, seraient en mesure, à l'heure actuelle, d'opposer une résistance sérieuse à la pénétration de l'idéologie léniniste-marxiste. Dans une moindre mesure au Japon, mais partout ailleurs avec une aveuglante clarté se dégage cette vérité que là où le nationalisme local exerce sa séduction et insuffle quelque esprit de résistance aux éléments supérieurs de la population, les promesses qu'agite la propagande communiste axées sur l'aspect matériel de l'existence, atteint les énormes masses populaires, arriérées et souvent misérables, d'une manière autrement plus rapide et plus redoutable. L'expérience chinoise est là pour nous le rappeler.

Encore presque tous dépourvus de cette conscience nationale qui pourrait, comme à certaines époques de l'histoire européenne, faire surgir, face au péril extérieur, un front idéologique solide auquel participerait d'enthousiasme tout le peuple menacé dans ses traditions communes, les nations asiatiques – Japon excepté – ne sont pas moins aujourd'hui, et pour longtemps encore, privées de ces moyens matériels et de ces connaissances techniques qui leur permettraient sans secours extérieur et sous la seule direction de leurs élites, de bâtir, même en s'unissant, une résistance matérielle suffisante pour faire échec aux entreprises de Moscou.

Le voyageur le moins informé ne saurait manquer de constater, après une tournée du continent asiatique, que tout ce qui a été fait dans le domaine de l'équipement et de l'organisation matérielle de ces énormes espaces, est à porter de l'actif de la présence européenne ou japonaise. Il devrait, au surplus, ce qui est plus grave, reconnaître qu'au lendemain de la guerre, après la retraite volontaire des uns, le reflux forcé dans leurs îles des autres, non seulement cet équipement ne s'est plus développé mais encore qu'il s'est le plus souvent dégradé. On trouverait à Formose l'un des exemples les plus notoires du recul de la civilisation matérielle au lendemain du départ de ceux qui l'y avaient introduite.

Aussi mal préparée moralement et matériellement à faire face à une menace extérieure, l'Asie se trouve, depuis la guerre, exposée aux coups de la plus organisée, de la plus expérimentée, de la plus matériellement puissante des formes d'impérialisme que l'on ait jamais connue. À la force matérielle qu'avaient mise en œuvre les derniers conquérants de l'Asie, l'URSS joint une formule spirituelle dont ses plus grands ennemis conviennent qu'elle répond, dans ses apparences au moins, aux aspirations confuses de centaines de millions d'Asiatiques.

Si l'Occident est, en général, parfaitement conscient de cet état de choses et s'il s'attache, depuis quelques années, au développement de la conscience nationale des peuples asiatiques, jeunes ou vieux, ainsi qu'à leur équipement économique et s'il s'efforce d'éveiller ces peuples, par des liens plus étroits avec l'Occident, à la pleine compréhension de la signification profonde de la lutte engagée, il n'en demeure pas moins que ces efforts devront être poursuivis pendant de longues années avant de porter leurs fruits.

Une double constatation s'impose donc à l'esprit ; c'est d'abord que la Russie soviétique – après le départ des Japonais de l'Asie continentale et celui, plus ou moins complet, des Européens dont le Japon avait sciemment préparé l'éviction – dispose, pendant quelques temps encore, d'un atout considérable pour le succès de ses entreprises ; c'est en second lieu qu'elle ne saurait profiter de cet atout que dans la mesure où l'Occident sera, d'une façon ou d'une autre, écarté de la scène asiatique. Il apparaît donc logique de considérer que la <u>stratégie soviétique en Asie vise au premier chef à l'élimination de la présence et de l'influence occidentales.</u> Cet objectif une fois atteint, Moscou est en droit de considérer que le succès communiste ne demeure qu'une question de temps et de manière.

Les tactiques les plus diverses s'offrent au Kremlin, aussi bien pour obtenir l'éviction désirée que pour s'introduire ensuite dans le vide créé : seuls le limitent, semble-t-il, dans le vaste choix qui lui est offert, le souci d'éviter un conflit mondial et celui de provoquer par une fausse manœuvre des réactions de l'Occident qui amèneraient un renforcement et une prolongation de la présence de celui-ci en Asie.

Si la première de ces limitations est généralement admise à l'heure actuelle, la seconde apparaît en revanche moins clairement appréciée et parfois même contestée parce que, dans les dédales de la tactique soviétique, elle ne s'impose pas avec la même netteté.

**

Comment s'est déroulée jusqu'ici cette opération systématique de liquidation de la présence et de l'influence occidentales en Asie et quelles formes est-elle susceptible de prendre désormais ?

Les Japonais, conscients, comme les Russes, de ce fait que la seule résistance efficace à leur emprise sur l'Asie pouvait venir de l'Occident avaient, après leurs victoires militaires, préparé dans chacune de leurs conquêtes l'éviction politique définitive des blancs : abandon des concessions en Chine, participation au pouvoir en Indonésie, en Indochine des élites indigènes, exaltation des nationalismes devaient, au lendemain de la guerre, qu'elle soit gagnée ou perdue pour le Japon, assurer à celui-ci un atout permanent en Asie.

Parée des lauriers de la victoire, pourvue d'une formule révolutionnaire qu'elle sut adapter à la xénophobie asiatique et mettre à la portée des masses arriérées, la Russie soviétique a jusqu'à présent mené habilement son jeu en Extrême-Orient profitant des conditions favorables créées par le Japon.

Après la Mandchourie où les alliés avaient favorisé sa pénétration, l'URSS s'est attaquée à la Chine, pièce maîtresse de l'Asie continentale. À très peu de frais, utilisant cette idéologie de l'indépendance que l'Occident se faisait un devoir de professer jusqu'à l'excès, faisant son profit des livraisons d'armes que les États-Unis assuraient à Tchang Kaï-chek croyant qu'elles pourraient palier l'impréparation notoire morale et matérielle, de la Chine à faire bon usage de son indépendance, l'URSS a infligé à l'Occident une défaite plus cuisante que n'avait été la perte de Singapour pendant la guerre. Le prestige de l'Occident en Asie s'en est trouvé singulièrement atteint, la croyance en la puissance de l'homme blanc, déjà fort ébranlée pendant la guerre, a subi un nouveau coup dont les répercussions se sont fait sentir partout où blancs et jaunes collaboraient encore en Asie, Japon inclus.

Dans l'immédiat, il faut toutefois le noter, la Chine ne représentait pas pour l'URSS un avantage aussi considérable qu'il aurait pu le paraître à première vue. Une charge pour le pays qui en assumait la protection au lendemain d'une très longue guerre, surtout s'il voulait

assurer la remise sur pied de son économie, la Chine était, politiquement, un nouveau satellite délicat à manier, d'autant plus délicat sans
doute que ses aspirations économiques seraient moins satisfaites par ses
nouveaux maîtres. Stratégiquement enfin, la Chine représentait certes
un glacis de valeur en temps de guerre, mais qu'il ne fallait pas espérer
équiper et préparer à une résistance active.

En fait, et ce serait peut être là un indice de plus du désir de l'URSS
de continuer ses conquêtes par d'autres voies que la guerre, la Chine
valait surtout par les promesses d'avenir qu'elle apportait à Moscou
dans le reste de l'Asie. Il s'agissait d'un tremplin d'où le communisme
était susceptible de rebondir avec un visage asiatique, paré du sourire
nationaliste et de l'auréole xénophobe, sur l'ensemble de l'Asie. La
Chine pouvait devenir un « brillant second » dont les ambitions habilement exploitées pouvaient apporter à Moscou de nouvelles conquêtes
sur l'Occident.

À l'opposé de celle de Chine, l'opération de Corée, quelle qu'en soit
l'issue militaire, peut d'ores et déjà être considérée comme un échec
pour l'URSS. Dans l'hypothèse même où les troupes des Nations unies
seraient rejetées à la mer, le réveil américain, le renforcement de la
cohésion occidentale, de la vigilance et de la détermination de l'Ouest
rendront plus difficile dans l'avenir les nouvelles entreprises de l'URSS
Si les troupes des Nations unies, comme il est maintenant probable,
demeurent accrochées en Corée, l'URSS peut au mieux espérer,
comme ce fût le cas pour le blocus de Berlin, négocier le retour au
statut quo ante dans des conditions qui sauvent sa face et n'éliminent
pas toutes possibilités de nouvelles tentatives.

On peut se demander pourquoi l'URSS s'est lancée dans cette opération. L'erreur qu'elle commit en l'occurrence tient apparemment au
premier chef à la sous-estimation de la réaction de l'Occident. Si l'on
avait prévu à Moscou une résistance sérieuse, dont la préparation militaire de l'opération semblerait témoigner, la participation active de
troupes américaines avait en revanche, sans doute été écartée – à la
lumière de l'expérience chinoise et de l'état d'impréparation des forces
américaines – et les réactions possibles de l'Occident n'avaient pas été
escomptées avec la même vigueur. Entre Formose, où se trouvait une
armée chinoise encore importante et dont la valeur stratégique pour
l'Occident était reconnue, et la Corée du Sud, évacuée par les troupes
américaines et officiellement reconnue comme indéfendable sinon sans
valeur en cas de conflit, Moscou pouvait logiquement penser que ce
dernier objectif était pour l'instant préférable et qu'une attaque déclenchée contre lui ne provoquerait que des réactions de forme.

La réaction américaine a bouleversé ces prévisions, lancé l'URSS
dans une opération hasardeuse, rendu nécessaire le retour de la délégation soviétique à l'ONU.

Quelles peuvent être les intentions du Kremlin devant cette nouvelle situation ?

Si l'URSS était prête à déclencher une guerre mondiale ou à courir le risque de voir celle-ci déclenchée par l'Occident, on pourrait sans doute craindre qu'elle ne désire engager profondément les troupes alliées en Extrême-Orient et en Corée en particulier dispersant ainsi les forces occidentales et dégarnissant le front essentiel : celui de l'Europe occidentale. Ce souci de dispersion des forces ennemies semble peu vraisemblable, d'une part, parce que l'intérêt de Moscou, encore pleine d'espoirs d'expansion pacifique en divers points du globe, ne paraît pas être de risquer de compromettre par une guerre qu'elle aurait du mal à gagner l'édifice patiemment édifié depuis 5 ans, d'autre part, parce que, sans guerre mondiale, l'URSS n'a de chances sérieuses de poursuivre ses conquêtes en Asie qu'en évitant de fixer l'Occident dans cette partie du monde sous une forme ou sous une autre.

Il apparaît ainsi plus conforme à ses intérêts – comme d'ailleurs à la doctrine léniniste-marxiste – d'essayer de régler au mieux cette opération de Corée mal engagée et de tenter ailleurs sa chance sur l'un des nombreux points de moindre résistance du dispositif occidental.

Si donc les troupes des Nations unies reprenaient le dessus en Corée, on verrait sans doute l'URSS préparer les conditions d'une négociation – par exemple par l'engagement de troupes chinoises – et, s'efforçant de mener celle-ci sur l'air bien connu de la paix, s'attacher sinon à provoquer une réelle détente, aujourd'hui difficilement réalisable, tout au moins à éviter de gêner ses opérations futures. Un des moyens utilisables à cette fin, serait l'exploitation de la crainte qu'éprouve l'Occident devant la menace d'une guerre avec la Chine.

Afin d'apprécier exactement les fondements de cette dernière crainte, plusieurs questions doivent être étudiées :

1) Il paraît judicieux de se demander en premier lieu ce qui, aux yeux de Moscou, est aujourd'hui essentiel et ce qui n'est qu'accessoire sur le théâtre d'opérations asiatique. En d'autres termes : que vaut Formose pour Moscou ?

À vrai dire, la Corée écartée, le choix se présente dans l'immédiat entre Formose et l'Indochine.

Posons de nouveau, en principe, que l'URSS ne veut pas la guerre et qu'elle entend, comme par le passé, poursuivre ses entreprises aux moindres frais, là où la résistance est la plus faible et où les chances de conflit sont moindres. Ajoutons en outre, que Moscou, constatant l'effort de préparation entrepris par l'Occident, doit éprouver une certaine hâte dans la poursuite de sa tâche en Asie. Le raidissement de l'attitude occidentale doit lui apparaître comme susceptible de rendre de plus en plus difficile de nouvelles entreprises d'où la nécessité que l'on doit ressentir à Moscou de consacrer les quelques années de facilité relative

qui restent offertes à des opérations susceptibles de répercussions lointaines, escomptables même dans une paix puissamment armée.

Dans une telle perspective, l'Indochine apparaît comme un objectif
nettement plus séduisant et plus urgent à atteindre que Formose. Celle-
ci serait sans aucun doute plus facile à prendre que l'Indochine, encore
que les forces de Mao Tsé-Toung ne soient guère préparées à une opération de débarquement, mais elle ne présenterait qu'une conquête de
valeur minime. Mao Tsé-Toung en serait le principal bénéficiaire : il y
gagnerait un certain prestige et peut-être plus de facilités pour entrer
à l'ONU ; il se trouvait en revanche aux prises avec de nouvelles difficultés économiques et une situation politique plus délicate qu'en
Chine continentale. Pour l'URSS, mise à part l'entrée éventuelle de la
Chine communiste à l'ONU, qui n'est d'ailleurs peut-être pas tellement
désirée à Moscou, la prise de Formose représente surtout un avantage
stratégique valable en temps de guerre, c'est-à-dire par hypothèse dans
un avenir lointain. Cet atout, il faut d'ailleurs le noter, est autrement
plus valable dans les mains de l'Occident que dans celles de Moscou,
celle-ci gagnant surtout dans la mesure où son adversaire perd cette
position avancée vers la Chine.

L'Indochine, en revanche, est au centre du dispositif occidental en
Asie du Sud-Est, elle ouvrirait la voie à la pénétration au Siam et en
Malaisie et assurerait assez rapidement l'accès de ressources en riz,
charbon et caoutchouc non négligeables. La résistance franco-viêtnamienne, encore faible, est en passe de se renforcer chaque mois grâce
à un appui plus effectif des États-Unis. Les possibilités de pénétration
communiste iront donc en s'amenuisant, tant du fait de la résistance
militaire plus grande à laquelle cette pénétration devra faire face que
du renforcement corrélatif de la confiance et de la collaboration des
masses viêtnamiennes à la cause de Bao Daï.

Ainsi, du point de vue de Moscou qui entend poursuivre l'expansion
du communisme en Asie, la poursuite active de la pénétration en Indochine apparaît essentielle et urgente, tandis que Formose n'est qu'accessoire. Celle-ci peut rester dans les mains de l'Occident tout au long du
processus de pénétration en Asie du Sud-Est sans grand inconvénient,
voire même avec certains avantages politiques pour l'URSS.

Il apparaîtrait donc illogique de concevoir qu'à l'heure actuelle
l'URSS soit tentée d'engager la Chine communiste dans une guerre
contre les États-Unis afin de s'assurer la prise de Formose.

2) Le risque demeurerait cependant, selon certains, de voir l'occasion
de la présence à Formose des États-Unis saisie par l'URSS pour provoquer une telle guerre qui servirait les desseins soviétiques. Serait-il
donc préférable d'écarter ce risque en abandonnant Formose à son
sort ?

Le général MacArthur, pour des raisons militaires et stratégiques dont
on ne saurait méconnaître la valeur, s'est nettement opposé à un tel

abandon. Considérées comme inopportunes sur le plan politique et traitées comme telles par le Président, les déclarations du commandant suprême n'en correspondent pas moins à des préoccupations que l'on a de bonnes raisons de croire partagées par un grand nombre d'Américains et notamment par les milieux du Pentagone. La perte de cette île serait ressentie par ces derniers comme une brèche ouverte dans le propre dispositif de défense des États-Unis.

La conservation de Formose apparaît donc souhaitable sur le plan militaire et stratégique ; elle devrait être recherchée sous une forme juridiquement satisfaisante : les possibilités d'obtenir une neutralisation de l'île sous l'autorité de l'ONU devraient être explorées.

Mais, que pourrait-il se produire dans l'éventualité où, sous une forme ou sous une autre, les États-Unis demeureraient installés en protecteurs de Formose ? Il apparaît peu vraisemblable que l'URSS serait disposée à lancer la Chine – si celle-ci y consentait – dans une guerre contre les États-Unis et l'ONU en profitant du prétexte qui lui serait ainsi offert. D'une part en effet, une telle guerre n'aurait, nous l'avons dit déjà, qu'un objectif de valeur accessoire, de l'autre, elle serait sans doute impossible à gagner pour la Chine. Au surplus, elle ne saurait que renforcer et prolonger la présence américaine au Japon, or, celui-ci est une autre pièce maîtresse sur l'échiquier asiatique sur laquelle Moscou n'a de réelles chances d'agir avec efficacité qu'après le départ au moins partiel de l'Occident. La géographie, l'économie, la démographie agiraient alors, escompte-t-on au Kremlin, en faveur du bloc communiste dans une mesure d'autant plus forte que le Japon serait plus libre de ses mouvements.

Il semblerait donc logique d'admettre que l'URSS ne pourrait songer à lancer la Chine dans une guerre contre les États-Unis que dans le but, soit de disperser les forces occidentales, soit d'écarter un péril déjà sérieux de voir la Chine se laisser attirer par le camp « impérialiste ». La question de la dispersion des forces occidentales sera traitée plus loin. Quant aux craintes de titisme chinois, il serait bien invraisemblable que l'URSS songe à les écarter par une guerre qui multiplierait en fait les chances de contacts de la Chine avec l'Occident aujourd'hui très réduites et qui surtout, en fixant les États-Unis en Asie, mettrait un obstacle de plus aux possibilités d'expansion chinoise et agirait à l'encontre de la stratégie générale soviétique précédemment définie.

La neutralisation de Formose apparaît donc souhaitable et sans grands risques de conflit. Pouvant être assurée par les États-Unis avec des forces réduites (navales et aériennes), elle renforcerait le dispositif et sans doute la coopération occidentale en Asie. En revanche, l'abandon de Formose, en écartant les États-Unis de l'Asie du Sud-Est et en mécontentant les milieux militaires américains, serait plutôt de nature à nuire à cette coopération. On peut enfin se demander si le lâchage complet de Tchang Kaï-chek qui a, maladroitement peut-être mais fidèlement quand même, collaboré à la défense occidentale contre le

communisme, ne jetterait pas quelque inquiétude dans l'esprit des dirigeants nationalistes que nous essayons, à grand peine, d'associer activement à notre cause en d'autres pays asiatiques.

3) Mais, si l'on écarte l'éventualité d'une guerre avec la Chine déclenchée à propos de Formose, la question se pose encore de savoir si, en
neutralisant cette île, nous ne risquerions pas de compromettre la possibilité d'agir efficacement sur Mao Tsé-Toung en vue de relâchement
des liens de celui-ci avec Moscou.

L'étude du cas Tito nous amène à constater, que c'est le tête-à-tête
Moscou-Belgrade, le contact permanent et sans échappatoire possible
entre les dirigeants yougoslaves et leurs maîtres et conseillers moscovites
qui a été l'un des éléments déterminants du Titisme. Le chef yougoslave
a fait la dure expérience du « national-chauvinisme » de Moscou, du
« Kremlinisme », comme les Kostov et les Rajk ; les uns et les autres
beaucoup plus qu'ils n'ont été influencés par l'Occident, ou ont été
heurtés par les méthodes de leurs maîtres dans leur nationalisme et
dans leur croyance à l'égalité des nations socialistes. La Chine fait
actuellement cette expérience, sans doute moins durement que ne l'ont
faite les satellites européens, mais, après l'enthousiasme de la victoire
et les satisfactions que leur ont procuré le partage des terres et la prise
du pouvoir, les communistes chinois éprouvent sans doute déjà les
pénibles réalités morales de ce pouvoir en même temps qu'ils se
trouvent aux prises avec des difficultés économiques auxquelles l'URSS
n'est ni apte, ni prête à porter remède. Des relations normales avec la
Chine communiste, à ce stade, n'apporteraient-elles pas plutôt une
détente dans ce tête-à-tête et certaines améliorations économiques qui
serviraient en définitive le parti au pouvoir ?

Faut-il cependant, tout en admettant ces prémisses, croire avec les
Britanniques que « le pied dans la place » que vaudrait à l'Occident la
reprise de relations normales avec Pékin serait d'une grande utilité ? Il
ne le semble pas. L'essai de la Grande-Bretagne est demeuré infructueux. Au surplus, il n'y a pas de frontières étanches autour de la Chine
et les relations de celles-ci avec l'extérieur demeurent possibles même
sans représentation diplomatique. Il apparaît surtout que si la Chine
devait se détacher un jour de Moscou, ce serait semble-t-il plus par
dégoût de celui-ci que par attrait pour l'Occident. Notre politique
devrait donc tendre à accroître au maximum les causes possibles de
mécontentement des dirigeants chinois vis-à-vis de leurs maîtres actuels.

La tête-à-tête intégral avec Moscou est probablement une des meilleures possibilités qui nous soient offertes, à cette fin son emploi devrait
être complété par la restriction au maximum des relations économiques
avec Pékin. Mais surtout, il apparaît essentiel de frustrer complètement
les communistes chinois de ce que Moscou leur promet, aux lieu et
place d'une prospérité économique immédiate, à savoir l'expansion vers
le Sud-Est asiatique qui comblerait en même temps leurs ambitions
politiques et leurs besoins économiques. Notre politique vis-à-vis de

Pékin, favorable à l'aggravation des causes latentes de déviation doctrinale, se confond ainsi avec notre politique de *containment* en Asie du Sud-Est. Dans le même temps, en développant au maximum notre effort d'équipement économique dans les autres nations asiatiques et en confiant ces nouvelles sources de richesses aux élites indigènes, nous devrions nous attacher à rendre chaque jour plus forte la réaction des dirigeants chinois à un tête-à-tête que l'on peut considérer comme s'avérant déjà pour eux moralement pénible et sans profits matériels.

***

La stratégie soviétique tend à l'élimination de l'Occident de l'Asie, la tactique vise à assurer les conditions les plus favorables à cette élimination et à l'exploitation du vide ainsi créé.

La stratégie est une, la tactique est diverse selon les pays. En Corée, après un retrait satisfaisant de l'Occident, l'exploitation de ce retrait a échoué ou est sur le point de l'être. L'effort de l'URSS se portera bientôt sans doute vers la liquidation de cet échec dans des conditions ne constituant pas un obstacle permanent à la reprise de l'offensive : la recherche d'une Corée indépendante, libre de toute entrave occidentale, semblerait devoir être un jour prochain le leitmotiv de la propagande du Kremlin. Encore est-il probable qu'elle exploitera le désir de paix de l'Occident pour se refuser, si elle en a l'occasion, à lâcher son emprise sur la Corée du Nord. En Indochine et en Malaisie, les mouvements communistes poursuivent leur tâche avec l'aide de Moscou et de ses satellites en brandissant la bannière nationaliste et en jetant l'inquiétude dans l'esprit de ceux qui servent la cause occidentale. Vis-à-vis de Formose, l'URSS invoque la déclaration du Caire et les droits de la Chine. Au Japon, le parti communiste exploite la présence militaire alliée et fera de plus en plus appel au nationalisme et aux ambitions économiques du peuple japonais.

Quelle réponse opposer à ces manœuvres ?

1) À la stratégie soviétique tendant à l'élimination de l'Occident en Asie, il faudra longtemps encore répondre par une présence armée et déterminée dans tous les points où aucune résistance nationale n'est capable de s'opposer à la pénétration communiste. Aucun pays asiatique n'échappe malheureusement à l'heure actuelle à cette faiblesse. Limité pour l'instant, sous une forme active, aux pays déjà directement atteints, Corée, Indochine, Malaisie, notre appui devrait être assuré en permanence au Japon et à Formose et s'appliquer indirectement et progressivement, sous la forme d'une aide économique et militaire, aux autres pays asiatiques, Indes y compris.

2) À la tactique communiste qui fait essentiellement usage des nationalismes asiatiques et des prétendues justifications ou des arguments qu'assure à Moscou les traités et les engagements divers souscrits par l'Occident, notre réponse sera plus complexe :

a) Le développement des véritables nationalismes est essentiel. Ceux-ci trouveront les encouragements dont ils ont besoin dans la détermination de l'Occident à ne plus reculer nulle part en Asie, dans les marques du pouvoir qui leur seront concédées, dans l'exercice de ce pouvoir dans des conditions économiques assurées par l'Occident et susceptibles d'engendrer l'optimisme des dirigeants et la satisfaction matérielle des masses.

b) Il conviendrait de répondre aux exploitations que fait Moscou des textes et des principes des Nations unies par une utilisation plus réaliste des possibilités que nous offrent ces mêmes moyens. Cette exploitation des moyens juridiques et diplomatiques par l'Occident est d'autant plus nécessaire que nous avons actuellement peu de moyens militaires disponibles et qu'il ne saurait jamais être sans danger de disperser des forces importantes aux quatre coins du monde. La protection permanente de Formose par l'Occident pourrait ainsi s'appuyer sur une demande des Formosans aux Nations unies. Tout aussi valable, sinon plus, que la déclaration du Caire serait aux yeux de l'opinion mondiale un recours du peuple formosan aux Nations unies qui, faisant valoir le droit des peuples à disposer d'eux-mêmes et mettant en relief la condition du peuple formosan, de race mélangée, soumis pendant 50 ans à la domination japonaise qui l'a accoutumé à une forme de civilisation matérielle nettement plus avancée que celle de la Chine continentale, affirmerait le droit de ce peuple à l'autonomie garantie par les Nations unies. Resterait à régler au mieux le sort de Tchang Kaï-chek et de son armée.

En Indochine même, où les forces d'Hô Chi Minh reçoivent de la Chine communiste un appui considérable et où se développera sans doute peu à peu une situation assez semblable à celle de la Grèce il y a deux ans, l'envoi d'une commission de l'ONU chargée, comme l'UNSCOB[1], de surveiller l'aide apportée par l'extérieur à la rébellion, nous donnerait, aux yeux du monde, un atout important. Susceptible d'apaiser les critiques dont nous sommes l'objet, qui trouvent leur aliment plus dans les souvenirs du passé que dans notre attitude présente, une telle commission encouragerait sans doute en même temps la résistance viêtnamienne qui serait plus consciente d'avoir le monde libre tout entier de son côté.

Pour la France, le problème immédiat et essentiel est la continuation et l'accroissement de l'aide que nous recevons des États-Unis. Cette aide ne paraît pas devoir être réduite dans des proportions sensibles pour nous au cas, improbable d'ailleurs, où une guerre durable éclaterait entre les États-Unis et la Chine à propos de Formose, la protection de cette dernière devant surtout exiger des forces navales et

---

[1] UNSCOB : *United Nations Special Committee on the Balkans*, soit la Commission spéciale des Nations unies pour les Balkans.

aériennes et les États-Unis pouvant toujours éviter de se lancer dans autre chose que la protection de l'île sous l'autorité des Nations unies. En donnant notre accord au maintien du *statu quo* à Formose, il conviendrait cependant de faire ressortir que l'Indochine se trouvera ainsi la plus immédiatement exposée et que l'aide à lui apporter devient d'autant plus urgente et plus importante.

Cette aide, complétée par l'application du programme d'action vis-à-vis du nationalisme local, tel qu'indiqué plus haut pour l'ensemble de l'Asie et par le recours à l'ONU pour l'envoi d'une commission devrait nous permettre de repousser la menace dans des conditions matérielles et morales meilleures.

Mais l'ensemble de cette argumentation, bâtie sur la croyance au souci stratégique des Soviets d'écarter par des moyens tactiques l'Occident de l'Asie repose en même temps sur le postulat que l'URSS, ne prévoyant pas une guerre mondiale proche, n'a pas le dessein de disperser les forces de l'Occident. Nous posons ainsi en principe que Moscou garde l'espoir de pouvoir poursuivre ses conquêtes pendant longtemps encore soit en Asie, soit ailleurs, par des voies pacifiques ou en se servant des mouvements subversifs locaux aidés par elle ou ses satellites.

La crainte qu'il n'en soit pas ainsi que l'URSS considérant l'époque des conquêtes faciles comme terminée, accepte déjà l'idée d'une guerre mondiale, inévitable et proche, et s'assure des avantages par la dispersion des forces de l'Occident est-elle suffisante pour justifier de notre part une politique d'économie de nos forces en Asie et un souci tout particulier d'éviter un conflit avec la Chine ?

1) Il faut d'abord remarquer que, si la guerre devait éclater prochainement, ce ne sont pas les forces actuellement dispersées en Asie qui pourraient être une protection efficace pour l'Europe occidentale.

2) Au surplus, au cas d'une guerre avec la Chine à propos de Formose ou de la Corée, les États-Unis qui n'ont pas d'ambitions territoriales en Asie pourraient toujours se limiter à la protection de Formose – ce qui semble réalisable avec des forces assez réduites – et en Corée, dans l'hypothèse très improbable ou l'URSS entendrait faire durer le conflit actuel ; se résigner à l'évacuation de la péninsule qui ne présente pas une valeur stratégique notable.

3) Les événements de Corée conduiront, dans un délai relativement court à un accroissement des forces de l'Occident dans des proportions telles que la valeur de la dispersion des forces occidentales disponibles en juin 1950, réalisée par l'URSS, apparaît devoir être bien plus que compensée par ce nouvel effort de notre part.

Au demeurant, mis à part le retard soviétique dans le domaine atomique, la doctrine léniniste-marxiste et ce que l'on peut estimer être l'intérêt bien compris du Kremlin ne semblent pas devoir orienter ce dernier vers une guerre prochaine. Le monde libre présente encore de multiples points faibles et les perspectives ouvertes à Moscou sans guerre demeurent considérables. Si l'Asie peut, du fait de l'erreur de la Corée devenir d'un accès plus difficile, le Proche-Orient, l'Afrique, l'Europe même offrent encore des champs d'action propices. Les hommes du Kremlin sont patients, ils ont le temps et une formule dont ils sont convaincus de la valeur et de la séduction sur les peuples arriérés ou amoindris par suite de la guerre. Les résultats acquis chez les uns et les autres depuis quelques années sembleraient avoir plutôt renforcé la conviction du Kremlin en l'avenir de son œuvre. Le temps d'arrêt, voire la défaite de Corée ne sera jamais qu'un échec tactique : « Afin de ne pas se perdre dans les zigzags et les contorsions de l'histoire et de conserver la perspective générale, afin de ne pas se perdre dans les moments de réserve, de retrait, de défaite temporaire, ou quand l'histoire ou l'ennemi nous repousse, la chose importante et la seule théoriquement valable est de ne jamais perdre de vue le programme de base » (Lénine).

Il nous appartient de transformer peu à peu cet échec tactique en défaite stratégique en Asie en nous refusant désormais à abandonner à ses propres forces de résistance aucun peuple asiatique.

De toutes façons, il faut s'attendre à ce que après avoir réglé au mieux la malheureuse affaire de Corée, l'URSS reparte à l'offensive en d'autres lieux plus propices : « La défensive est la mort de tous les soulèvements armés ; ceux-ci meurent avant qu'ils n'aient pu se mesurer avec leurs ennemis… Conservez l'ascendant moral que le premier succès vous a donné ; ralliez à votre cause les éléments hésitants qui se mettent toujours du côté le plus fort et cherchent toujours le côté le plus sûr ; forcez vos ennemis à la retraite avant qu'ils ne puissent rassembler leurs forces contre vous ; comme le disait Danton, le plus grand maître de la révolution : de l'audace, de l'audace, encore de l'audace » (Karl Marx, *Révolution et Contre-Révolution*).

L'opération de Corée était audacieuse pour l'URSS la réaction quelle provoqua ne l'était pas moins pour l'Occident. La formule a prouvé déjà sa valeur. Aussi longtemps que l'URSS n'est pas prête à faire la guerre et qu'elle peut légitimement conserver l'espoir de poursuivre ses conquêtes en quelques points faibles du globe, la fermeté apparaît de plus en plus comme la seule formule opposable à Moscou. Si le jeu du Kremlin consiste à nous faire redouter l'emploi de la fermeté par crainte d'une guerre, le nôtre paraît être de réduire peu à peu le nombre des points du globe où l'URSS pourra s'engager à fond avec quelque chances de succès et sans risquer cette même guerre. Jeu dangereux certes, surtout à mesure que s'accroîtra la capacité de chacun des adversaires de déclencher la dite guerre, mais le conflit qui éclaterait ne pouvant être qu'effroyablement destructeur, jeu qui peut durer suffisamment longtemps pour que s'offre à nous, par la lassitude des masses communistes frustrées dans leurs espoirs, l'occasion favorable à l'effritement du gigantesque et fragile édifice construit par Moscou.

(Direction d'Asie-Océanie, Dossiers généraux, volume 38)

289

Compte rendu sommaire de la première réunion tripartite
des Ministres des Affaires étrangères de France,
du Royaume-Uni et des États-Unis
à New York le 12 septembre 1950 à 15 h.

C.R.

Secret.

Présents :

États-Unis :	France :	Royaume-Uni :
M. Acheson	M. Schuman	M. Bevin
M. Jessup	M. Bonnet	Sir Oliver Franks
M. Perkins	M. François-Poncet	Sir Ivone Kirkpatrick
M. Spofford	M. Alphand	Sir Pierson Dixon
M. MacCloy	M. de Margerie	Sir Frederick Hoyer-Millar
		Air Marshall Sir William Elliott

I/ Questions de procédure :

1) Les Ministres sont d'accord pour que :

(a) aucun compte rendu sténographique ne soit pas établi pour ces réunions ;

(b) il soit fait appel au service d'interprètes durant les réunions ;

(c) à la fin de chaque réunion, les Ministres se mettent d'accord sur les informations à fournir à la presse. Ils décident également qu'un seul communiqué sera publié à la fin de la conférence.

II/ Ordre du jour :

2) Les Ministres acceptent l'ordre du jour proposé (Doc. 1, du 12 septembre 1950)[1]. M. Acheson note que le point V B, Assistance économique à la Yougoslavie a été ajouté, à la suggestion des États-Unis, au vu de rapports récemment reçus sur les effets sérieux de la sécheresse actuelle sur la situation économique en Yougoslavie.

III/ Réunion restreinte :

3) Les Ministres décident de poursuivre leurs discussions à huis clos.

---

[1] Document non reproduit.

IV/ Questions concernant le Traité de l'Atlantique Nord (Point I de l'ordre du jour)

4) Les Ministres s'étant réunis à nouveau, M. Acheson résume les discussions à huis clos relatives à la défense de l'Europe. Le gouvernement des États-Unis a examiné soigneusement les mémoranda français et britannique et s'est déclaré prêt à contribuer à une force européenne pour la défense de l'Europe afin de prévenir ou d'arrêter l'agression. Toutefois, la participation des États-Unis devrait dépendre de l'existence d'une force convenablement organisée. La cadence d'arrivée et l'importance des troupes américaines n'ont pas pu être spécifiées en raison de la situation en Corée. Si celle-ci se réglait favorablement dans un proche avenir, la contribution américaine à une force européenne serait facilitée, encore que la conclusion de l'affaire de Corée ne doive pas être considérée comme une condition à la mise sur pied de forces américaines substantielles en Europe. Une telle force exigerait la création d'un état-major unifié et, éventuellement, une unité de commandement. Le chef de l'état-major international devrait avoir certains pouvoirs, par exemple celui de diriger et de superviser l'entraînement. Les questions concernant la composition et l'importance de cette force devraient, de même, être examinées par les ministres de la Défense.

5) À propos du problème de l'équipement des forces, M. Schuman a signalé l'importance qu'il y a à établir, au sein de l'organisation de l'Atlantique Nord, un organisme permanent doté de pouvoirs de supervision en vue d'assurer une production et une distribution adéquates. M. Bevin a insisté sur l'importance de lancer la production d'équipement. Le gouvernement des États-Unis a reconnu que ce problème appelle un examen urgent et qu'un organisme de ce genre, prenant la forme d'un comité commun pour l'équipement des forces pourrait apparaître nécessaire.

6) En ce qui concerne le financement, M. Acheson a indiqué que les études américaines ne sont pas aussi avancées sur ce point que sur d'autres. Trois aspects essentiels du problème général ont pu être dégagés : (a) articles dont la production doit passer en toute première priorité en vue de leur utilisation immédiate ; (b) production pour cette année et pour l'avenir immédiat ; (c) problèmes à long terme au sujet desquels le gouvernement français a fait des propositions d'une grande portée. Il est provisoirement décidé que, en vue de définir les questions mentionnées aux points ci-dessus, les experts devraient commencer leurs discussions de façon à permettre aux trois Ministres de recommander à leur gouvernement, avant la fin du mois, la mise en train de programmes pratiques. M. Paul Nitze (E.U.), Sir Oliver Franks (G.B.) et M. Alphand (Fr.) commenceront cette étude.

7) En ce qui concerne la défense de l'Allemagne, M. Acheson résume les discussions à huis clos en déclarant que, de toute évidence, la perte de l'Allemagne mettrait en danger la position occidentale en raison de la prépondérance en ressources qui en résulterait pour les Russes. Tou-

tefois, la nécessité de défendre l'Europe aussi loin à l'Est que possible soulève des problèmes difficiles en raison de l'étendue de la zone et du déséquilibre relatif des forces en présence. Aussi bien, il a proposé la participation de l'Allemagne à une force européenne en soulignant qu'il n'envisageait pas la reconstitution d'une armée nationale allemande. Les contingents allemands recevraient leur armement de l'étranger et seraient incorporés dans des unités qui comprendraient des contingents d'autres nationalités.

M. Schuman a soulevé la question de la date à laquelle une telle participation pourrait devenir effective, ceci en raison de l'opinion publique française, tandis que M. Bevin a marqué l'importance qui s'attache à ce que l'Allemagne ne soit pas mise, du fait de sa participation à des forces européennes, en situation d'engager un marchandage à propos de la politique alliée d'occupation.

8) M. Acheson suggère que les Ministres discutent du problème de la participation de l'Allemagne à la défense de l'Europe sous les trois têtes de chapitres suivantes : (a) examen de la méthode la plus raisonnable pour traiter le problème allemand ; (b) consultation des autres pays européens (Benelux et membres du Pacte de l'Atlantique Nord) ; et (c) étude de la présentation de cette question à l'opinion publique.

9) M. Schuman indique que la question financière exige des études supplémentaires si l'on veut accélérer la production des articles de priorité immédiate et il ajoute que les questions qui sont actuellement soumises aux Suppléants atlantiques ne devraient pas leur être retirées à l'heure actuelle. Il propose, en outre, que les Suppléants examinent le problème du contrôle des prix des matières premières, spécialement la laine, le coton, le cuivre et le caoutchouc, de manière à éviter que les prix actuels et les besoins à satisfaire ne soient mis en danger par les achats auxquels procède l'URSS (Voir doc. 21 du 12 septembre 1950)[1]. L'Allemagne ayant demandé une garantie contre l'agression, elle doit clairement contribuer à la défense commune. En même temps, l'Allemagne ne devrait pas se voir accorder le pouvoir d'agir indépendamment des trois Alliés ou en opposition avec eux. Aussi, tout en approuvant l'accroissement des forces de police allemandes pour les besoins de la sécurité intérieure, il souhaite que ces forces ne deviennent pas une armée de métier. En ce qui concerne le consultation d'autres pays il n'est pas forcément opposé à des entretiens confidentiels avec les pays du Benelux mais il hésite à donner son accord à des conversations avec d'autres signataires du Pacte de l'Atlantique à l'heure actuelle, par crainte des indiscrétions éventuelles et de la publicité qui leur serait donnée.

10) M. Acheson souligne que la première tâche des trois ministres des Affaires étrangères en ce qui concerne la défense de l'Europe est de se mettre d'accord sur une attitude commune à suivre durant la réunion

[1] Document non reproduit.

du Conseil atlantique. La composition et la répartition des forces est le point le plus important sur lequel les trois ministres doivent s'entendre. De façon à ne pas perdre de temps, le Conseil de l'Atlantique pourrait décider à l'avance d'approuver le plan à moyen terme pour 1954 dont la version révisée doit être terminée au mois d'octobre.

11) M. Bevin estime que le plan à moyen terme pour 1954 devrait être réaliste et prendre en considération deux éléments (a) des plans sur la composition des forces avant 1954 en vue d'une crise possible au cours de la prochaine année et de la suivante et (b) la synchronisation de la mise sur pied des troupes et de la production de l'équipement.

12) M. Schuman souligne que les plans préparés par le Groupe permanent devraient prévoir la composition des forces en 1951 et en 1952 aussi bien qu'en 1954. Ils devraient également tenir compte de la capacité de production, de manière à synchroniser l'accroissement des effectifs et la production d'équipement. Une difficulté résultait néanmoins du fait que les neuf autres puissances signataires du Pacte de l'Atlantique, qui ne sont pas représentées au Groupe permanent pourrait n'être pas d'accord pour approuver à l'avance le plan, à moyen terme malgré le désir des ministres des Affaires étrangères américain, britannique et français.

13) M. Acheson propose que les Ministres proposent de demander aux Suppléants de préparer des projets de résolution sur les points suivants pour le Conseil de l'Atlantique Nord et de soumettre ces projets aux Ministres le 13 septembre :

(a) approbation à l'avance du plan à moyen terme comme but ultime à atteindre,

(b) accord immédiat sur les forces souhaitables au 1er juillet 1951,

(c) demande éventuelle d'un rapport sur les forces souhaitables au 1er juillet 1952.

14) M. Bevin voit deux difficultés. En premier lieu, M. Acheson a déclaré que le volume des troupes américaines disponibles en Europe serait fixé en considération du conflit coréen. Ceci rendra plus difficile tout programme relatif aux effectifs des forces pour l'Europe. En second lieu, dans tous les plans, les possibilités de production devraient être examinées de manière que l'accroissement des forces corresponde à un accroissement de l'équipement.

M. Acheson répond que le conflit de Corée n'affecte pas la décision des États-Unis de rendre disponibles pour l'Europe des troupes supplémentaires mais qu'elle aura simplement un effet sur la rapidité avec laquelle cette décision sera exécutée. Les États-Unis, malgré la Corée, commenceront à exécuter tout plan sur lequel l'accord se serait fait pour l'utilisation de forces américaines en Europe, à condition que les puissances européennes participent à la création du cadre et des forces communes nécessaires.

15) M. Acheson propose et les Ministres décident que les Suppléants atlantiques devront (a) préparer la résolution du Conseil couvrant les trois points mentionnés au paragraphe 13 ci-dessus et (b) préparer une recommandation concernant un état-major commun pour la défense de l'Europe occidentale.

16) M. Acheson propose, en outre, que les Suppléants préparent une recommandation sur l'éventuelle création d'un nouvel organisme atlantique pour la production. Les Ministres décident de remettre à la réunion de demain l'examen de ce problème.

17) Sur une proposition de M. Acheson et de M. Bevin, les Ministres décident que les Hauts-Commissaires en Allemagne se réuniront dans la soirée pour examiner la question des forces allemandes dans le cadre des forces de défense européenne et le problème de la réaction de l'opinion publique allemande à une participation de l'Allemagne à ces forces.

18) M. Schuman propose que les Suppléants entreprennent l'étude du problème des matières premières compte tenu de la mise en état de défense de l'Europe occidentale. Les Ministres décident de remettre à une prochaine séance l'examen de cette proposition.

V/ Presse :

19) Les Ministres décident que, dans leur déclaration à la presse au sujet de la réunion du 12 septembre, ils se borneront à déclarer qu'ils ont commencé à examiner les questions européennes et désigné plusieurs sous-comités pour l'examen de problèmes particuliers.

Les Ministres décident de se réunir de nouveau demain matin à 10 h. 30.

(Direction d'Asie-Océanie, Dossiers généraux, volume 182)

290

M. HOPPENOT, AMBASSADEUR DE FRANCE À BERNE,
  À M. SCHUMAN, MINISTRE DES AFFAIRES ÉTRANGÈRES[1].

D. n° 1944. *Berne, 12 septembre 1950.*

Par une note, dont vous voudrez bien trouver copie ci-joint, M. Romain Gary, Premier secrétaire de l'Ambassade, m'a rendu compte d'un entretien que le Chargé d'affaires près de l'Union soviétique, a

---

[1] Dépêche adressée à la direction d'Europe. Note manuscrite : « *M. Laloy, M. de Liencourt. [Communiquer à] Washington, Londres, Moscou, Belgrade, f[ai]t 15-9-50* ».

récemment pris l'initiative d'engager avec lui, à l'issue d'une réception à la légation de Bulgarie.

Il est si rare, à Berne du moins, qu'un membre d'une des missions russe ou satellites aborde avec un collègue des pays occidentaux d'autres sujets de conversation que la pluie ou le beau temps, que le langage tenu par M. Korioukine à mon collaborateur m'a paru mériter de vous être signalé, moins pour sa substance que pour le fait qu'il ait été tenu. Le Chargé d'affaires des Soviets n'aurait certainement pas ouvert cet entretien s'il n'avait eu instruction d'en rechercher l'occasion. Le fait qu'il pouvait converser en russe avec M. Gary a sans doute levé également en lui certaines inhibitions et donné plus de liberté à des propos dont il est difficile de discerner la part de la propagande et celle de la sincérité.

(Direction d'Europe, URSS, volume 138)

ANNEXE

NOTE DE M. GARY, PREMIER SECRÉTAIRE DE L'AMBASSADE DE FRANCE À BERNE

N.   *Berne, 8 septembre 1950.*

Au cours d'une réception à la légation de Bulgarie, le premier conseiller soviétique, M. Korioukine, Chargé d'affaires a.i., a entamé spontanément avec moi une longue conversation.

M. Korioukine, avec une ténacité et une ardeur assez remarquable et qui frisaient la sincérité, s'est appliqué à démontrer que l'URSS non seulement ne désirait pas la guerre, mais qu'elle la redoutait et qu'elle n'allait pas se laisser entraîner au conflit par aucune mesure de provocation telle que, dit-il, le cas de l'avion soviétique abattu au large de la Corée.

Invoquant le conflit dans cette région, M. Korioukine m'a demandé pourquoi la France n'aidait pas à le résoudre pacifiquement, évitant ainsi au monde de courir les risques d'une guerre générale ; il fit même appel à tous les souvenirs communs, d'ordre presque sentimental, qu'il pouvait trouver, tels que les exploits de l'escadrille française « Normandie » sur le front russe. Il s'est étendu longuement sur la renaissance du nationalisme allemand et affirma que l'URSS n'avait rien oublié des souffrances que les Allemands lui avaient infligées, pas plus, espérait-il, que la France.

Ayant à mon tour demandé à M. Korioukine pourquoi l'URSS n'aidait pas à résoudre le conflit pacifiquement en obtenant le retrait des troupes nord-coréennes au-delà du 38e parallèle et pourquoi, par exemple, l'URSS et les USA ne reviendraient pas, pendant une période d'apaisement, à leurs positions respectives de 1945, M. Korioukine répondit, avec une préoccupation visible, que les USA n'accepteraient certainement pas cette dernière proposition, laquelle, se reprit-il aussitôt avec dignité, n'est d'ailleurs pas conforme au désir du peuple coréen.

Toute l'attitude de M. Korioukine, très différente de celle adoptée généralement par les diplomates soviétiques au cours des réceptions, très différente également de celle qu'il adoptait lui-même dans mes rencontres antérieures avec lui, semble bien indiquer qu'il exécutait les instructions de Moscou sur la conduite à tenir, dans les circonstances actuelles, devant les diplomates occidentaux, instructions qui peuvent sans doute se résumer ainsi : démontrer que l'URSS veut éviter la guerre et qu'il faut l'aider dans cette tâche.

Le plus intéressant de cette conversation, qui s'est poursuivie en russe pendant plus de trois heures, debout, au milieu d'une foule de satellites qui évoluaient à une distance respectueuse, est la véritable passion que M. Korioukine mettait dans son effort de me convaincre des intentions pacifiques de l'URSS et de son horreur pour la guerre, me demandant à deux reprises si vous-même vous rendiez bien compte de cette détermination de paix de son pays. Derrière les propos qu'il tenait et qui ne s'écartaient guère des variations habituelles sur ce sujet que peut inspirer la dialectique marxiste, perçait cependant indiscutablement une inquiétude réelle et même une certaine angoisse personnelle qui n'étaient sans doute pas comprises dans ses instructions et qui ne sont peut-être pas sans jeter une certaine lumière sur l'état d'esprit des Soviétiques.

(Direction d'Europe, URSS, volume 138)

291

M. BONNET, AMBASSADEUR DE FRANCE À WASHINGTON[1],
À M. SCHUMAN, MINISTRE DES AFFAIRES ÉTRANGÈRES[2].

D. n° 4326.   *Washington, 12 septembre 1950.*

Plusieurs faits ont illustré cette semaine la volonté du gouvernement américain de compléter son action politique contre le communisme par une action économique et il est à noter que dans l'un et l'autre domaine, le gouvernement américain met en relief sa volonté d'agir par l'intermédiaire des Nations unies.

En confiant à M. Dean Acheson la charge de mettre en application le programme d'assistance aux régions insuffisamment développées, M. Truman a voulu souligner l'importance qu'il attache au Point IV de son programme et le lien étroit qui existe entre la politique étrangère du *State Department* et l'action économique pour laquelle un crédit de 34,5 millions de dollars vient d'être voté.

Dans la déclaration qui accompagne la nomination de M. Acheson, le président Truman s'est efforcé de répondre par avance aux critiques que les communistes ne manqueront pas de diriger contre le Point IV. « Toutes les activités entreprises dans le cadre de ce programme », a-t-il déclaré, « auront pour base la coopération et les plans ne seront exécutés par les États-Unis qu'à la requête des autres gouvernements. Les

---

[1] Dépêche signée par ordre Juniac.

[2] Dépêche adressée à la direction d'Amérique et communiquée à la direction des Affaires économiques et financières, au Secrétariat des Conférences et à la délégation française aux Nations unies à New-York. Note manuscrite : « *[Communiquer à] S[ecrétariat] G[énéra]L, Afrique-Levant, Asie, f[ai]t le 21-9-50* ».

crédits votés seront utilisés en grande partie pour donner à des pays étrangers une assistance technique en leur envoyant des experts qualifiés. Les pays intéressés fourniront eux-mêmes le personnel et les fonds complémentaires nécessaires pour exécuter les plans ».

Le Président a voulu ainsi ménager les susceptibilités des États appelés à bénéficier de l'aide prévue au Point IV et pour répondre à l'accusation d'impérialisme économique, le chef de l'État a précisé plus loin : « Une partie des fonds votés par le Congrès est destinée au programme d'assistance technique des Nations unies, auquel contribuent d'autres États membres. Nous pensons qu'au fur et à mesure que ce mouvement de coopération progressera et que le programme des Nations unies sera mieux défini, l'Organisation des Nations unies sera en mesure de prendre à sa charge une partie de plus en plus grande de l'aide aux régions insuffisamment développées ».

C'est donc par une action des Nations unies et non par une assistance directe des États-Unis que le gouvernement américain entend développer le programme du Point IV.

La presse n'a pas manqué de développer ces idées et surtout de mettre en relief la tâche qui incombe à l'Amérique. Le meilleur moyen de lutter contre la propagande communiste, c'est de prouver que les nations occidentales sont en mesure de permettre aux peuples défavorisés de résoudre les problèmes de la misère et de la faim. Les déclarations faites à Paris par le président de la Banque internationale, M. Eugène Black et le Secrétaire d'État au Trésor, M. Snyder, ont dans le même esprit reçu une large diffusion. « C'est en apportant aux pays défavorisés l'aide prévue au Point IV qu'on évitera de nouvelles Corées », mais la presse souligne après M. Black qu'une telle politique implique une répartition plus équitable des charges et des revenus dans certains pays afin de rendre disponible une partie plus importante de la richesse nationale.

Cet aspect économique de la politique étrangère des États-Unis est mis également en relief par l'intérêt que le *State Department* porte actuellement à la situation économique yougoslave. Cette Ambassade a annoncé au Département l'octroi d'un prêt de l'Export-Import Bank au gouvernement de Belgrade, elle a rendu compte aussi du désir du gouvernement américain de voir la République de Bonn accorder des crédits à la Yougoslavie et de l'intention de M. Acheson d'évoquer la situation économique de ce pays devant la conférence des ministres des Affaires étrangères.

Par ailleurs, plusieurs emprunts importants dont bénéficierait l'Iran seraient envisagés, soit par l'Export-Import Bank, soit par la Banque internationale. Un groupe d'experts américains est actuellement à Téhéran et le gouvernement américain attend le résultat de son enquête pour prendre une décision.

On peut également noter dans le même ordre d'idées la réaction de l'éditorialiste du *New York Times* aux rumeurs venant de Lake Success selon lesquelles il serait proposé de diviser la session de l'Assemblée en deux parties, la première consacrée aux questions courantes, la seconde qui aurait lieu au début de l'année prochaine traiterait des problèmes politiques : Corée, représentation de la Chine communiste. Le *New York Times* estime que les Nations unies doivent prendre leurs responsabilités et tout particulièrement s'occuper des millions de réfugiés coréens : « Il n'est pas suffisant que les Nations unies aient mobilisé pour résister à l'agression. Elles doivent maintenant organiser les secours aux innocentes victimes civiles de l'agression. On ne peut pas permettre que plusieurs millions de Coréens meurent de faim avec comme seul réconfort la pensée que les Nations unies s'efforcent, par les armes, d'arrêter une agression ». Cette œuvre humanitaire, conclut le *New York Times,* relève de l'Assemblée et on ne peut l'ajourner uniquement pour éviter des controverses.

(Direction d'Amérique, États-Unis, volume 232)

292

M. de La Chauvinière, Ministre Délégué auprès du Résident général de la République française à Tunis,
à M. Schuman, Ministre des affaires étrangères.

D. n° 1186.   *Tunis, 12 septembre 1950.*

Le Département a été informé, par ma dépêche n° 1156 du 7 septembre[1], de l'attitude de certains ministres.

Cet état d'esprit nouveau, d'une indépendance de mauvais aloi, a tendance à se développer chez d'autres ministres, des fonctionnaires d'autorité et même à la Cour.

C'est ainsi que le ministre de la Santé publique, le Dr Hamadi ben Salem, gendre de S.A. le Bey, s'est rendu en tournée d'inspection dans le centre et le nord-ouest de la Régence sans faire prévenir au préalable les contrôleurs civils. Le Ministre n'a pas cru devoir, selon l'ancienne tradition, s'arrêter à Kairouan où le contrôleur civil se proposait de le recevoir. Le contrôleur civil a tenu cependant à se faire représenter par son adjoint à Sidi Amor Bouhadjla où devait avoir lieu l'inspection de l'hôpital mais, durant le temps de cette inspection, le Dr ben Salem a feint d'ignorer la présence de ce fonctionnaire français d'autorité.

À l'occasion du départ de la *Providence,* et au cours de la cérémonie qui a eu lieu à bord du bateau, le général Taïeb El Haddad, secrétaire particulier du Bey et chef de la délégation tunisienne, avait exprimé le désir auprès du représentant du Souverain d'adresser des remerciements aux vœux que M. Stablo avait formulés au nom du Résident général. Le représentant du Bey lui ayant conseillé de n'en rien faire,

---

[1] Document non reproduit.

Si Taïeb El Haddad ne s'acquitta de son devoir qu'un peu plus tard, mais à titre privé.

Il m'a été donné de constater, durant la cérémonie des obsèques d'une princesse, le 11 septembre, qui a eu lieu en présence du Souverain, des ministres et des consuls étrangers, que certains Tunisiens, — dont un gendre du Bey et un Caïd détaché à la Médina, — avaient ordonné d'une nouvelle façon leur barrette de décorations. En effet, l'insigne du Nichan-Iftikhar y figurait en première place tandis que le ruban de la Légion d'Honneur était mis en seconde position.

Le Bey, au cours d'audiences qu'il a accordées hier à Si Amine Marsi Kandil, conservateur de la Bibliothèque royale du Caire et à M. Paul Kahn, président du syndicat de la presse diplomatique, était entouré de tous ses ministres, bien que ce fut un lundi et que ce cérémonial n'ait lieu ordinairement que le jeudi à l'occasion du Sceau. Si les ministres avaient été convoqués pour la réception de Si Amine Marsi Kandil, il est pour le moins curieux qu'ils ne se soient pas retirés pour l'audience de M. Paul Kahn qui s'est tenue une demi-heure plus tard.

J'ai plutôt le sentiment que Sidi Lamine veut maintenant donner plus d'apparat aux audiences qu'il accorde à des personnalités étrangères de passage. Il semble également qu'il ait voulu influencer M. Paul Kahn puisque l'entretien a été long et soutenu alors qu'à l'ordinaire les conversations avec les visiteurs sont protocolaires et que les propos échangés ne sortent pas de la banalité la plus simple.

Le Souverain a demandé à son visiteur les raisons pour lesquelles la presse métropolitaine ne paraissait pas avoir la même orientation que la presse locale et il s'est étonné que certains journaux français n'appuient pas la position gouvernementale au sujet des réformes en Tunisie. Sidi Lamine a justifié son étonnement en précisant que certaines peuplades nègres, — « sans vouloir faire de racisme » a-t-il ajouté, — avaient obtenu leur indépendance tandis qu'un peuple évolué comme le sien était toujours en tutelle.

Ces propos étaient sans nul doute destinés à avoir une portée politique puisque, contrairement à tous les usages, la traduction a été en partie assurée non par le directeur du Protocole ni par le Premier ministre, mais par le ministre de la Justice, Me Salah ben Youssef.

Le Souverain en effet manifesté de plus en plus la tendance de vouloir passer pour un monarque éclairé, averti de tous les problèmes politiques ou autres. Avant son accession au ministère de la Justice, Salah ben Youssef était consulté officieusement en sa qualité de secrétaire général du Néo-Destour. Depuis qu'il est membre du gouvernement, les choses se passent d'une façon plus officielle et il est à prévoir que Me Salah ben Youssef prendra, de ce fait, une place de plus en plus grande dans le concert des Ministres.

293

COMPTE RENDU SOMMAIRE DE LA SECONDE RÉUNION TRIPARTITE
DES MINISTRES DES AFFAIRES ÉTRANGÈRES DE FRANCE,
DU ROYAUME-UNI ET DES ÉTATS-UNIS
À NEW YORK LE 13 SEPTEMBRE 1950 À 10 H. 30

C.R.

Secret.

Présents :

États-Unis :	France :	Royaume-Uni :
M. Acheson	M. Schuman	M. Bevin
M. Jessup	M. Bonnet	Sir Oliver Franks
M. Perkins	M. François-Poncet	Sir Ivone Kirkpatrick
M. Spofford	M. Alphand	Sir Pierson Dixon
M. MacCloy	M. de Margerie	Air Marshall Sir William Elliott
	M. de La Tournelle	

I/ Questions relatives au Traité de l'Atlantique Nord (Point 1 de l'ordre du jour).

1) Les Ministres ont commencé l'examen de trois documents : le projet de résolution destiné au Conseil de l'Atlantique Nord (document n° 22) du 13 septembre 1950, le projet de résolution du Conseil de l'Atlantique relatif aux forces nécessaires à la défense de la liberté en Europe (document 24 du 13 septembre 1950) et le rapport sur les opinions des Hauts-Commissaires (document 23 du 13 septembre 1950)[1].

II/ 2) Les Ministres décident de faire étudier par chaque délégation le projet de résolution du Conseil de l'Atlantique Nord et d'ajourner à une date ultérieure son examen.

3) Au cours de l'examen du rapport sur les opinions des trois Hauts-Commissaires (document 23), qui avait déjà réuni l'accord unanime de ceux-ci, les points ci-après ont été soulevés.

4) Les Ministres approuvent la recommandation 5(a) visant à accroître l'importance des troupes alliées stationnées en Allemagne occidentale.

---

[1] Documents non reproduits.

5) À cet égard, M. Schuman propose un nouvel examen du système des zones d'occupation, notamment en ce qui concerne l'emplacement et le dispositif des forces armées en Allemagne afin de faciliter les tâches relatives à la défense commune. M. Bevin souligne que l'administration civile de l'occupation doit continuer sur la base actuelle de la répartition par zone mais approuve la proposition tendant à envisager une organisation militaire commune. Les Ministres décident de confier à la Haute-Commission, en collaboration avec les autorités militaires, l'examen de cette question.

6) Les Ministres approuvent la recommandation 5(b) visant à renouveler la déclaration de l'intention des Alliés de protéger la République fédérale ainsi que Berlin contre toute agression d'où qu'elle vienne.

7) Les Ministres décident que la résolution 5(c) relative à l'équipement, au financement et au commandement d'une force unifiée destinée à la défense de l'Europe devra faire l'objet d'un examen actif.

8) Les Ministres se mettent d'accord en principe sur la résolution 5(d) relative à la nécessité de maintenir l'ordre intérieur en Allemagne et discutent les points ci-après tendant à mettre en vigueur cette résolution. À l'appui d'une organisation de la police sur la base des *Länder*, M. François-Poncet souligne que l'idée d'une force de police fédérale est contraire à la loi fondamentale, qu'il est dangereux d'établir une force de police contrôlée seulement par le gouvernement fédéral, que les *Länder* sont hostiles à une telle force, et que la sécurité intérieure pourrait être efficacement assurée par l'entraînement et l'équipement en commun des forces des *Länder*, et par des dispositions prévoyant un contrôle fédéral en cas de besoin. Résumant la position du Royaume-Uni en faveur d'une police fédérale, Sir Ivone Kirkpatrick déclare que le gouvernement fédéral demande une telle force. Puisque l'on désire obtenir la coopération allemande sur d'autres problèmes, on doit donner satisfaction à cette demande allemande ; le système actuel de la police décentralisée n'est pas très efficace et est fondé sur l'ancienne politique qui vise à maintenir le gouvernement fédéral dans un état de faiblesse, alors que des contrôles suffisants peuvent être imposés pour empêcher le Chancelier de faire un mauvais emploi d'une police fédérale. M. MacCloy propose d'améliorer la police des *Länder* par l'établissement d'un système unique d'entraînement et d'équipement, d'en augmenter la mobilité, et d'affecter des unités de cette force à Adenauer pour la protection du gouvernement de Bonn. Cette force pourrait sans doute fonctionner comme une « garde mobile » sans avoir le droit de procéder à des arrestations.

9) M. Schuman indique qu'il est fermement opposé à un changement de la loi fondamentale. Non seulement une telle décision est une affaire sérieuse mais il est nécessaire d'agir rapidement et une révision de la loi fondamentale peut prendre six mois. Il est d'accord en ce qui concerne l'unification du recrutement et de l'entraînement mais l'implantation doit demeurer décentralisée afin de permettre d'intervenir

rapidement sur place dans le cas de troubles provoqués soit par les communistes (par exemple, dans le cas de Berlin où une police fédérale ne peut pas être cantonnée) soit par d'autres éléments tels que les réfugiés (dans le Schleiswig-Holstein).

Bien plus encore, M. Schuman est opposé à la création d'une police centralisée parce qu'une telle police pourrait faciliter la renaissance d'une armée professionnelle.

10) M. Acheson suggère qu'il serait possible d'imaginer que, sur une base rotative, certaines unités de la police des *Länder* seraient en tous temps à la disposition du gouvernement fédéral. Ces unités pourraient agir immédiatement en cas de crise et le gouvernement fédéral aurait ainsi le temps de convoquer les unités en réserve si l'occasion le nécessitait. Les Hauts-Commissaires pourraient être chargés d'établir un plan basé sur cette idée, et qui comprendrait d'autres dispositions relatives à l'entraînement, à la contribution financière du *Bund* à l'entretien d'une telle police décentralisée, à la nomination d'un inspecteur général, etc. Un tel projet va très loin dans la voie de satisfaire la demande du Chancelier et le désir de M. Bevin en la matière.

11) Les Ministres sont d'accord pour renvoyer cette question aux Hauts-Commissaires, suivant les lignes proposées par M. Acheson. Ils sont aussi d'accord pour que le gouvernement fédéral apporte une contribution financière au maintien de la police et ils reconnaissent qu'il est nécessaire que le Chancelier soit muni de certains pouvoirs en ce qui concerne le recrutement de cette force.

12) M. Schuman dit que la recommandation 5 (e) du document 23 soulève deux problèmes : premièrement, une question de droit, celle du lien des unités allemandes avec le Traité nord-atlantique étant donné que ce traité n'a pas prévu la création de telles unités ; et deuxièmement, une question militaire : celle de l'organisation de la défense de l'Europe de l'Ouest sur la base d'armées qui ne seraient pas nationales. Il serait possible de disposer d'unités non nationales sous la direction du commandement unique, chacune de ces unités étant composée d'hommes de la même nationalité, sans aucune intervention du gouvernement du pays d'origine. Outre les unités allemandes, il serait possible de disposer d'unités espagnoles et grecques par exemple. Une telle structure de défense n'est pas seulement réalisable mais pourrait s'avérer très souhaitable.

13) M. Acheson indique que la façon d'approcher le gouvernement allemand ainsi que le maniement de l'opinion publique, c'est-à-dire deux questions de procédure, devraient être distinguées de la question essentielle de l'accord à réaliser sur les instructions à donner aux Hauts-Commissaires. Pleinement conscients des dangers que constituerait une armée nationale allemande, les États-Unis ne s'en montrent pas partisans, mais il est nécessaire de décider immédiatement comment l'Allemagne sera à même de participer à la défense de l'Europe de

l'Ouest. Le Traité de l'Atlantique Nord n'apporte aucune lumière sur cette question puisqu'il se préoccupe de la résistance collective à l'agression et non pas des moyens de repousser des attaques. Sans doute serait-il possible de constituer des unités strictement internationales, mais cette création soulèverait des problèmes administratifs graves. Les États-Unis sont disposés à prendre la mesure sans précédent de s'engager à envoyer des troupes sur le continent européen et à s'associer à une défense commune. Les États-Unis ne pourraient le faire que si tous leurs alliés sont prêts à prendre les mesures nécessaires pour assurer la réussite de cette défense. Sans participation allemande, les puissances européennes n'ont pas les forces adéquates à leur défense. Il s'écoulerait d'ailleurs, en toute hypothèse, un délai considérable avant que des forces allemandes puissent être effectivement créées. En attendant, les gouvernements devraient se mettre d'accord sur une ligne de conduite, de nouveaux délais ne pouvant qu'ajourner encore la participation de l'Allemagne à la défense commune. On déciderait plus tard de la publicité à donner à cette affaire et des communications qui seraient faites aux autres membres du Pacte atlantique.

14) M. Schuman, au nom du gouvernement français, déclare qu'il ne peut accepter actuellement la proposition américaine. Il est difficile de voir la différence entre « des unités qui doivent être créées » ainsi que le propose M. Acheson, et une véritable armée nationale allemande. Si le gouvernement allemand devait participer d'une manière ou d'une autre à la défense commune, dans le cadre du Pacte atlantique, de nombreux problèmes relatifs à ce Pacte ne manqueraient pas de naître. Le Parlement français poserait de nombreuses questions à ce sujet. Il y a en outre le danger d'un manque de discrétion de la part du gouvernement allemand. Les propositions des Ministres tomberaient immédiatement dans le domaine public, ce qui ne manquerait pas d'avoir les plus sérieuses conséquences en France.

15) M. Acheson souligne le danger d'un délai et met en relief la nécessité de mesures propres à enrayer le défaitisme en Allemagne, afin que l'Allemagne puisse faire front avec les autres puissances occidentales. Les trois gouvernements ne pourront considérer leur réunion à trois comme ayant réussi si ils n'aboutissent pas à un résultat positif dans ce domaine. Le désaccord de la France et de l'Angleterre sur ce point ne pourrait que retarder l'action commune sur d'autres questions de défense.

16) Les Ministres sont d'accord pour que les textes anglais et français du document 23 soient confrontés afin d'éliminer les divergences de texte.

17) Les Ministres décident de se réunir à 3 heures le 13 septembre 1950.

(Direction d'Asie-Océanie, Dossiers généraux, volume 182)

294

COMPTE RENDU SOMMAIRE DE LA TROISIÈME RÉUNION TRIPARTITE
DES MINISTRES DES AFFAIRES ÉTRANGÈRES DE FRANCE,
DU ROYAUME-UNI ET DES ÉTATS-UNIS
À NEW YORK LE 13 SEPTEMBRE 1950 À 15 H.

C.R.

Secret.

Présents :

États-Unis :	France :	Royaume-Uni :
M. Acheson	M. Schuman	M. Bevin
M. Jessup	M. Bonnet	Sir Oliver Franks
M. Perkins	M. François-Poncet	Sir Ivone Kirkpatrick
M. Spofford	M. Alphand	Sir Pierson Dixon
M. MacCloy	M. de Margerie	Sir Frederick Hoyer-Millar
	M. de La Tournelle	Air Marshall Sir William Elliott

I) <u>Allemagne</u> (Point 2 de l'ordre du jour).

1) Les Ministres passent à l'examen du rapport du groupe d'étude intergouvernemental sur l'Allemagne (doc. 15, 7 septembre 1950)[1]. Les Ministres <u>approuvent</u> les questions agréées du rapport présenté par le groupe d'étude, à l'exception de celle relative aux personnes déplacées et aux réfugiés. La discussion de cette question est à nouveau ouverte sur la demande des États-Unis, qui jugent nécessaire de conserver le droit réservé en vue d'assurer la collaboration du gouvernement allemand en ce qui concerne les problèmes relatifs aux réfugiés et aux personnes déplacées.

2) M. Acheson déclare qu'il convient de conserver ce droit pour toutes questions de restitution en raison de la lenteur dont les Allemands ont fait preuve dans l'exécution d'un programme qui n'était pas de nature à leur plaire. M. Schuman déclare que le moment est peut-être venu d'abandonner les droits réservés dans la mesure où ils intéressent les nationaux allemands, mais qu'il convient de les garder lorsqu'ils intéressent des ressortissants des puissances alliées. Il est <u>décidé</u> de renvoyer le problème de la restitution devant les experts pour plus ample examen.

---

[1] Document non reproduit.

3) Le gouvernement anglais, déclare M. Bevin, juge que la République fédérale d'Allemagne devrait envoyer des ambassadeurs à Londres, Paris et Washington. M. Acheson et M. Schuman s'opposent pour l'instant à cette proposition. Il est alors <u>convenu</u> de différer l'examen de la question de représentation diplomatique de l'Allemagne jusqu'au moment où le rôle de l'Allemagne dans la défense de l'Europe aura été défini.

4) Il est <u>convenu</u> que les divergences de vues en matière de commerce extérieur sont sans grande importance et qu'il conviendrait d'habiliter la Haute-Commission alliée à trouver une solution définitive au problème.

5) M. Acheson souligne qu'il est important de maintenir des droits réservés de nature générale en matière d'Affaires étrangères au cas où des accords internationaux auxquels l'Allemagne serait partie mettraient nettement en danger les puissances occidentales. M. Bevin déclare que son gouvernement convient de la nécessité de maintenir un certain contrôle pour des questions bien définies, par exemple en matière de relations avec l'Union soviétique, mais qu'il estime qu'en ce qui concerne la question des Affaires étrangères, ces droits devraient être abandonnés. M. Acheson et M. Schuman se déclarent d'accord avec M. Bevin au sujet de la nécessité du maintien de droits réservés spécifiques, de l'ordre de ceux mentionnés ; toutefois, ils estiment que ces questions ne peuvent être rendues publiques et que, pour cette raison, il est nécessaire de conserver des droits généraux. M. Schuman suggère, et M. Bevin convient, que la difficulté pourrait être tranchée en modifiant le paragraphe 2(c) de l'article III du statut d'occupation dans les termes suivants : « Les Affaires étrangères, dans la mesure où elles traitent d'accords internationaux conclus par l'Allemagne ou en son nom ou de l'établissement de relations diplomatiques… ». M. Acheson, toutefois, se déclare opposé à cette solution parce que son gouvernement estime que le statut d'occupation ne devrait pas être remanié. L'adoucissement des mesures de contrôle devrait s'effectuer par voie de négociations spéciales avec les Allemands. Les Ministres <u>conviennent</u> de déférer la question des droits réservés en matière d'affaires étrangères à la Haute-Commission en la chargeant d'en poursuivre l'examen.

6) Les Ministres <u>approuvent</u> les documents (dénommés « documents agréés ») énumérés dans le rapport du groupe d'étude (doc. 15) sous les rubriques suivantes, statut des traités de l'ancien Reich allemand ; questions économiques et légales, autres que des réclamations, découlant de la guerre ; mise en vigueur des articles 18 et 19 de l'Accord sur la Ruhr ; formule relative au statut légal de la République fédérale.

7) M. Acheson explique que le problème de mettre fin à l'état de guerre comporte certaines difficultés constitutionnelles aux États-Unis, mais ajoute que le gouvernement des États-Unis est prêt à procéder aussi rapidement que possible à l'adoption de mesures conduisant à la

terminaison de l'état de guerre. M. Schuman et M. Bevin expriment la même intention, et M. Schuman souligne l'importance d'une déclaration simultanée à cet effet par les gouvernements américain, britannique et français. Les Ministres conviennent de demander aux Hauts-Commissaires de fixer la date de cette déclaration.

8) Il est <u>convenu</u> que les problèmes de réclamations contre l'Allemagne et les industries prohibées et limitées seront soumis aux Hauts-Commissaires pour qu'ils présentent un rapport définitif aux ministres des Affaires étrangères à leur prochaine réunion.

9) Il est <u>convenu</u> qu'en ce qui concerne les problèmes dont l'étude est confiée durant la présente réunion aux Hauts-Commissaires, ceux-ci recevront l'assistance des divers experts des trois délégations.

10) En ce qui concerne la proposition américaine relative à un communiqué sur Berlin (doc. 25, du 13 septembre 1950)[1], il est jugé préférable d'émettre un seul communiqué sur tous les problèmes allemands plutôt qu'un communiqué séparé sur Berlin, comme il a été suggéré ici. Les Ministres <u>conviennent</u> de limiter leur étude au projet d'accord des États-Unis concernant la sécurité de Berlin (doc. 27, du 13 septembre 1950)[2] et de discuter cette proposition au cours d'une réunion ultérieure.

II/ <u>Sécurité de la Grèce et de la Turquie</u> (Point III de l'ordre du jour).

11) Les Ministres ont étudié le document n° 31[3] qui énonce l'attitude des États-Unis vis-à-vis de la question d'adhésion de la Grèce et de la Turquie au Traité de l'Atlantique Nord.

12) M. Bevin déclare que le Royaume-Uni et la France sont déjà liés par leur traité d'alliance avec la Turquie, et que la question pourrait peut-être être tranchée si les deux pays réaffirmaient leurs traités et si les États-Unis pouvaient donner à la Turquie une forme quelconque de garantie contre l'agression. La Turquie se trouverait alors dans une situation plus favorable que si elle était appelée à participer uniquement en tant qu'associée à la préparation des plans de l'Organisation du Traité de l'Atlantique Nord, sans autre garantie pour sa propre sécurité. M. Bevin ajoute que le fait d'admettre la Turquie au sein de l'Organisation du Traité de l'Atlantique Nord serait susceptible de créer certaines difficultés au Royaume-Uni, vis-à-vis du Commonwealth, qui est également intéressé dans la défense du Moyen-Orient.

13) M. Acheson répond que la proposition des États-Unis n'occasionnerait aucune nouvelle obligation de la part des pays membres de l'Organisation du Traité de l'Atlantique Nord, mais qu'elle permettrait

---

[1] Document non reproduit.
[2] Document non reproduit.
[3] Document non reproduit.

à la Turquie d'être au courant des plans de défense pour la Méditer-ranée. Pour leur part, les États-Unis avaient aidé la Turquie autant que cela leur était possible sans assumer d'obligations contractuelles, et ne pourraient, par conséquent, accorder à la Turquie aucune garantie de l'ordre de celle suggérée par M. Bevin. De plus, il est à noter que les trois gouvernements n'estiment pas que la Turquie pourrait être admise en ce moment à participer aux droits et aux obligations qu'elle encou-rerait en qualité de pays membre de l'Organisation du Traité de l'Atlan-tique Nord.

14) Les Ministres approuvent en principe le document 31 et conviennent qu'il devrait être transmis aux experts en vue d'améliora-tions à apporter au texte. Ils conviennent également, à la suite de la requête de M. Bevin, que la version révisée devrait inclure une décla-ration à l'effet que la Grèce et la Turquie seraient associées à tout plan de l'Organisation du Traité de l'Atlantique Nord relatif à la défense de la région de la Méditerranée qui pourrait être considéré comme appro-prié par le comité de Défense.

III/ Projet de résolution pour le Conseil de l'Atlantique Nord (document 22) (Point 1 de l'ordre du jour).

15) Les Ministres approuvent en principe le document 22[1] ; ils sont d'accord pour supprimer le préambule et pour insérer la partie essen-tielle du second paragraphe du préambule dans le texte définitif de la recommandation. Le document est transmis aux Suppléants en vue de l'établissement du nouveau texte.

IV/ Résolution proposée par l'OTAN relativement aux forces nécessaires à la Défense de la Liberté en Europe (document 24) (Point 1 de l'ordre du jour).

16) Les Ministres approuvent en principe le premier paragraphe du préambule de la résolution proposée.

17) Les Ministres conviennent de rédiger à nouveau le second para-graphe du préambule à l'effet de recommander que les forces soient organisées conformément aux principes devant être énumérés par la suite dans la résolution. Il est également convenu de modifier le cin-quième paragraphe de manière à prévoir que le président du comité de Défense assure l'application des recommandations contenues dans la résolution.

18) En ce qui concerne ces « recommandations », M. Bevin recom-mande instamment la nomination d'un commandant suprême, qui serait chargé de mettre sur pied les forces nécessaires pour la mise en œuvre du plan de défense. Ce commandant, de par position même, serait en mesure d'obtenir une réponse maximum de la part de tous

---

[1] Document non reproduit.

les gouvernements intéressés. Un chef d'état-major ne saurait, à lui seul, avoir l'autorité nécessaire pour amalgamer les forces des différentes nations. À son avis, le commandant suprême et le chef d'état-major devraient être nommés simultanément. Toutefois, si la question des titres semble devoir causer des difficultés, il vaudrait peut-être mieux les éliminer complètement de la résolution.

19) L'Air Marshall Elliott explique la différence qui existe, du point de vue militaire, entre les fonctions d'un commandant suprême et celles d'un chef d'état-major, et suggère que la résolution devrait indiquer en termes généraux ce qui est nécessaire, et laisser au comité de Défense le soin de décider quand et comment ces recommandations devraient être mises à exécution.

Sir Oliver Franks dit que le Royaume-Uni estimait particulièrement important de passer du stade des projets à celui de l'organisation concrète des forces en question et qu'en conséquence, il considérait la présence visible d'un commandant suprême comme important du point de vue politique.

20) M. Schuman dit qu'il partage l'avis des autres Ministres : un seul homme devrait être chargé de l'organisation des forces unifiées, mais qu'il n'estime pas que la question du titre soit importante. Il est possible, toutefois, que la nomination immédiate d'un commandant suprême cause une certaine alarme parmi le public, qui pourrait croire que cette mesure implique qu'on s'attend à voir éclater la guerre à bref délai. On devrait peut-être laisser au comité de Défense le soin de décider quel serait le moment le plus opportun de procéder à la nomination du commandant suprême.

21) M. Acheson souligne l'immédiate nécessité de créer les forces en question et soumet qu'un chef d'état-major devrait se charger de la tâche. Ces forces une fois sur pied, il serait beaucoup plus facile de trouver la compétence pour le commandement suprême. En pratique, il ne s'écoulerait sans doute qu'un court intervalle entre le début d'établissement des forces et la nomination du commandant suprême. Il ajoute que la nécessité de former un état-major dès le début est clairement indiquée, mais que le besoin immédiat d'un commandant suprême l'est moins. Il conviendrait d'examiner plus loin la question avant d'en continuer la discussion.

22) En réponse à une question de M. Schuman, sur la signification du terme « contingents » du second paragraphe des « recommandations », M. Acheson explique que les gouvernements auraient à définir les forces qui seraient, en fait, placées sous le commandement du commandant suprême. Il y a des unités, telles les troupes françaises en Indochine, qui ne tomberaient évidemment pas sous son autorité.

V/ Communiqué de presse.

23) Il est convenu que la presse devrait être informée du fait que les Ministres ont examiné le rapport du groupe international d'études de Londres, et qu'ils continueraient la discussion de cette question et de questions connexes concernant l'Allemagne au cours de leur prochaine réunion.

VI/ 24) Les Ministres décident de se réunir à nouveau le 14 septembre à 10 h. 30.

(Direction d'Asie-Océanie, Dossiers généraux, volume 182)

295

M. MONNET, COMMISSAIRE AU PLAN[1],
À M. SCHUMAN, MINISTRE DES AFFAIRES ÉTRANGÈRES[2].

T. n°s 2165-2169. Paris, 14 septembre 1950, 15 h.

Urgent. Réservé. Sans diffusion.

Le changement dans l'attitude de la délégation allemande aux négociations sur le Plan Schuman que je vous avais indiqué avant votre départ se développe maintenant très nettement.

Les délégués allemands ont proposé hier soir que le marché unique dispose d'une protection douanière élevée contre les pays tiers, le tarif du Benelux s'ajustant sur le tarif allemand actuel. Cette position, rapprochée de celles qu'ils ont récemment prises, indique que les Allemands veulent simultanément garder l'avantage de salaires bas, donner à l'ensemble de la communauté charbon-acier une protection douanière élevée et refuser une contribution appréciable à la péréquation. En bref, l'Europe deviendrait un marché allemand. Ces positions s'accompagnent d'un changement de ton dans les réunions générales.

Cette brusque transformation s'explique par les perspectives que les Allemands croient voir s'ouvrir devant eux, depuis qu'ils entendent proclamer à Strasbourg et à Washington que la sécurité de l'Ouest dépend du réarmement de l'Allemagne. Le Plan Schuman acier-charbon représentait pour eux un espoir de relèvement par une fusion dans une communauté européenne. Au sein de cette communauté dont la France serait le guide, nos interlocuteurs allemands envisageaient que leur acier et éventuellement leurs hommes soient fusionnés avec les autres pays.

---

[1] Télégramme envoyé par ordre J. P. Anglès de la part de Monnet.
[2] Télégramme adressé à la délégation française à New-York pour le président Schuman en voyage aux États-Unis.

C'est à mon avis, et de l'aveu même de certains de nos interlocuteurs, le seul moyen d'obtenir une contribution allemande efficace et rapide à la défense de l'Ouest et d'éviter en même temps que le sentiment de puissance ne soit à nouveau éveillé dans l'âme allemande par la création d'une force militaire allemande.

Mais il apparaît soudain à certains de nos interlocuteurs que le réarmement et le relèvement de l'Allemagne vont se réaliser dans le cadre national. D'où leur changement d'attitude.

Je suis convaincu que si l'on traite le réarmement allemand sans le réaliser dans le cadre général européen du Plan Schuman, on risque à la fois d'aller à l'échec des négociations sur le Plan Schuman et de voir les Allemands retourner à leurs tentations traditionnelles. Je crois utile de vous informer sans attendre de ces réactions. J'en informe également M. l'Ambassadeur des États-Unis que nous tenons régulièrement au courant du développement des négociations sur le Plan Schuman.

(Cabinet du Ministre, Schuman, volume 139)

296

COMPTE RENDU SOMMAIRE DE LA QUATRIÈME RÉUNION TRIPARTITE
DES MINISTRES DES AFFAIRES ÉTRANGÈRES DE FRANCE,
DU ROYAUME-UNI ET DES ÉTATS-UNIS
À NEW YORK LE 14 SEPTEMBRE 1950 À 15 H.

C.R.

Secret.

Présents :

États-Unis :	France :	Royaume-Uni :
M. Acheson	M. Schuman	M. Bevin
M. Jessup	M. Bonnet	Sir Oliver Franks
M. Perkins	M. Chauvel	Sir Gladwyn Jebb
M. Rusk	M. Alphand	Sir Pierson Dixon
	M. de Margerie	M. Dening
	M. de La Tournelle	

I/ <u>Représentation de la Chine aux Nations unies</u> (point VII D de l'ordre du jour).

1) M. Bevin ouvre la discussion en déclarant qu'il croit que le soutien des revendications de Tchang Kaï-chek est en train de porter un tort considérable dans toute l'Asie aux puissances occidentales. Face à la montée du nationalisme asiatique, il y a le danger que les puissances se trouvent en opposition avec les aspirations de ces nouvelles nations. Le Royaume-Uni ne peut ignorer le grand intérêt que porte l'Inde à la présente question. Après l'examen le plus attentif de la position américaine, le gouvernement du Royaume-Uni croit que la continuation du soutien aux nationalistes chinois créera une scission entre l'Inde et la Chine, bien qu'il y ait de plus grandes affinités naturelles entre ces pays qu'entre la Chine et l'URSS, et il croit que cette scission forcera la Chine dans une position d'absolue dépendance de l'Union soviétique. En dépit de ces craintes cependant, le Royaume-Uni s'est gardé, depuis l'éclatement des hostilités en Corée, de prendre, à l'égard du gouvernement de Pékin, toute action qui pourrait embarrasser les Nations unies ou les États-Unis.

2) M. Schuman dit qu'il y a deux problèmes distincts :

1) la question de la reconnaissance du gouvernement de Pékin,

2) l'admission de représentants de la Chine aux Nations unies. La France n'envisage aucun changement dans sa politique de non reconnaissance du régime communiste en l'absence d'un éclaircissement de la situation en Corée et d'assurances en ce qui concerne l'Indochine, mais il faut faire face immédiatement à la seconde question. La Chine est un membre de droit des Nations unies et la présente délégation nationaliste ne représente plus réellement la Chine. Il apparaît qu'il n'y a aucun espoir en Chine d'un retour des nationalistes au pouvoir et il faut tenir compte de ce fait quand il s'agit de considérer le problème. Les appréhensions du gouvernement français à l'égard du présent état de choses se rapprochent de celles qui ont été exprimées par M. Bevin.

3) M. Acheson admet que les considérations mises en avant par M. Schuman et M. Bevin sont impressionnantes et importantes. En l'absence d'accord complet des trois Puissances sur la question qui se pose à elles, il est nécessaire de réduire leurs différences de points de vue et d'harmoniser leurs actions dans toute la mesure du possible. À cet effet, les États-Unis espèrent que l'examen du problème pourra être suspendu au Conseil de sécurité et que l'Assemblée générale lui portera toute son attention. Si l'affaire est soulevée au début de l'Assemblée par l'URSS, ou quelque autre gouvernement, il sera nécessaire d'obtenir un vote aussi rapide que possible à ce sujet afin d'éviter tout délai dans le travail de l'Assemblée. En assumant que les nationalistes chinois ne perdent pas leur siège, la question pourra être examinée ensuite d'une manière approfondie soit aux termes de la résolution cubaine ou de toute autre résolution similaire. Les États-Unis ne proposeront pas une telle étude

par l'Assemblée, mais ils soutiendront une proposition de cette nature si elle est présentée. De l'avis des États-Unis, la période d'enquête qui suivra devra être prolongée autant que possible de façon à faire pression durant tout ce temps sur les communistes chinois pour qu'ils se conduisent mieux. Les problèmes de procédure relatifs à cette action pourront faire l'objet d'un accord ultérieur. Les États-Unis feront de leur mieux pour combattre toute tentative d'admettre immédiatement la délégation communiste.

4) M. Schuman dit que la France ne voit aucune difficulté à s'opposer à une motion soviétique destinée à faire siéger les communistes chinois. Il est également d'accord pour que le vote sur cette question ait lieu à l'Assemblée générale et non pas au Conseil de sécurité.

5) M. Bevin dit qu'il ne sait pas comment son gouvernement décidera de voter sur une motion initiale en vue de faire siéger la délégation communiste. Assumant toutefois qu'une telle motion soit repoussée, le Royaume-Uni soutiendra toute étude subséquente par l'Assemblée générale et déterminera son attitude finale à la lumière du rapport qui sera présenté. Il est très important pour les trois gouvernements d'harmoniser leurs actions dans les questions de procédure qui se présenteront.

6) Les Ministres se déclarent d'accord d'une façon générale avec l'esquisse de la position que M. Acheson vient de tracer.

II/ Formose (ordre du jour point VII C).

7) Les Ministres sont d'accord sur les propositions de M. Acheson pour traiter de la question de Formose aux Nations unies :

1) Un État ami soulèvera la question de Formose à l'Assemblée générale soit aux termes de l'article 11 paragraphe 2 ou de l'article 14 de la Charte.

2) Une commission des Nations unies pour Formose sera alors établie en vue de faire, après étude du problème, des recommandations à la prochaine session de l'Assemblée générale.

3) Il pourrait être désirable que l'Assemblée générale fasse une déclaration demandant à toutes les parties de s'abstenir de tout acte hostile pendant que la question est à l'étude.

III/ Corée (ordre du jour point VII B).

8) M. Acheson note que les délégations des trois gouvernements aux Nations unies ont eu un échange de vues extensif sur le sujet de la Corée et qu'elles sont en complet accord sur la marche à suivre aux Nations unies en ce qui concerne ce problème.

9) Les Ministres approuvent l'accord auquel sont parvenus leurs délégations à ce sujet.

IV/ <u>Asie du Sud-Est</u> (ordre du jour point VII A).

10) M. Schuman exprime son approbation des passages sur l'Indochine contenus dans le document sur l'Asie du Sud-Est (doc. 8 – 1er septembre 1950)[1]. Il désire toutefois ajouter quelques commentaires. La France est en faveur de grandes armées nationales en Indochine. Les effectifs des armées des trois États associés se montent déjà à 77 000 hommes et il y a 44 000 Indochinois dans l'armée de l'Union française. La constitution des armées nationales se heurte à de grandes difficultés. Il y a la difficulté de trouver des cadres entraînés et celle de financer l'équipement des troupes. L'armée de l'Union française en Indochine compte actuellement 150 000 hommes. Le financement de cette armée impose également de lourdes charges à la France et à ce sujet une aide est requise d'urgence.

La proximité de la Chine communiste est une autre menace qui a obligé la France à demander aux États-Unis un soutien tactique aérien direct dans l'éventualité d'une agression communiste chinoise. Ceci s'ajoute aux besoins présents d'avions de la France en Indochine. Finalement, à propos des conversations tripartites mentionnées dans la partie B du document 8, la France est en faveur de conversations militaires pour discuter les moyens de faire face à des attaques communistes chinoises sur l'Indochine.

11) M. Acheson déclare que son gouvernement attache la plus grande importance à l'accroissement des forces militaires en Indochine, ceci comprenant à la fois les forces nationales et celles de l'Union française. Les États-Unis ont fourni une assistance substantielle dans le passé et sont prêts à accroître cette assistance. En ce qui concerne l'aide financière, les États-Unis sont en mesure de fournir de l'équipement militaire fabriqué aux États-Unis, mais ne peuvent pas fournir de l'argent qui serait utilisé localement. M. Acheson déclare que les États-Unis ne peuvent pas accorder le soutien tactique aérien direct demandé par M. Schuman.

Finalement, les discussions militaires décrites dans la partie B du document 8, doivent avoir lieu bientôt en Extrême-Orient et les commandants militaires engagés actuellement dans des opérations dans cette région se concerteront afin d'étudier, entre autres choses, au cours de ces réunions les mesures à prendre.

V/ <u>Communiqué intérimaire.</u>

12) Les Ministres approuvent le communiqué intérimaire et sont d'accord pour lever la séance et se réunir à nouveau lundi 18 septembre 1950.

(Direction d'Asie-Océanie, Dossiers généraux, volume 182)

---

[1] Document non reproduit.

297

M. Parodi, Secrétaire général du Ministère des Affaires étrangères,
à M. Schuman, Ministre des Affaires étrangères[1].

T.   *Paris, 16 septembre 1950, 15 h.*

Très urgent.

Le Président du Conseil a réuni ce matin un comité ministériel comprenant, en dehors de M. Schneiter, M. René Mayer, M. Jules Moch, M. Letourneau et M. Guy Mollet, pour examiner les questions posées par vos derniers télégrammes sur la déclaration de principe à laquelle M. Acheson voudrait que nous donnions notre adhésion. Ce comité a unanimement considéré que cette déclaration pour une modeste satisfaction donnée à une certaine tranche de l'opinion publique américaine comporterait dans la période actuelle de très sérieux dangers :

1) Comme vous l'avez déjà fait valoir, la déclaration envisagée ne pourrait avoir qu'un caractère purement théorique puisqu'il n'existe pas de possibilités de constituer rapidement des unités allemandes sans diminuer d'autant les ressources en armes et en matériel modernes que les pays occidentaux attendent impatiemment pour la formation de leurs propres unités.

2) L'annonce d'un réarmement de l'Allemagne, fût-ce sous le couvert d'une armée européenne qui d'ailleurs n'existe pas encore et ne peut avoir de réalité avant de longs délais, comporterait en lui-même une aggravation des risques de la situation actuelle que, dans l'état d'insuffisance des forces alliées, le gouvernement ne peut accepter. C'est seulement quand la défense occidentale aura été suffisamment reconstituée que nous pourrions envisager des mesures de l'ordre de celles préconisées par M. Acheson.

3) Une déclaration admettant le principe de la constitution de forces armées allemandes encouragerait la renaissance du militarisme allemand, et mettrait en péril l'effort de démocratisation difficilement poursuivi depuis 4 ans, comme l'ont reconnu publiquement ou à titre privé les délégués allemands qui étaient présents à Strasbourg. Les récents télégrammes reçus de Bonn, ceux notamment qui ont analysé la constitution du nouveau gouvernement du Schleswig-Holstein ou rapporté les déclarations des généraux Guderian et Manteuffel, montrent suffisamment que la renaissance du nationalisme allemand est déjà largement avancée et que l'ancien personnel nazi commence partout à relever la tête. Il paraît à cet égard impossible d'envisager

---

[1] Télégramme adressé à New York et communiqué à Londres. Le président Schuman se trouvait en voyage à New York.

comme le fait M. Acheson la création d'un ministère allemand de la Défense nationale sans qu'elle s'accompagne de la reconstitution, au moins clandestine, d'un état-major.

4) La reconstitution d'une armée allemande sous quelques biais qu'on la présente et aussi longtemps qu'une très solide armée occidentale n'aura pas été constituée et mise en place donnerait à l'Allemagne des moyens de manœuvre ou de pression qui lui permettraient bientôt soit une politique de bascule, soit une politique poussant à la guerre.

5) Comme vous l'avez déjà fait ressortir, la déclaration de principe proposée par M. Acheson conduirait pratiquement à intégrer l'Allemagne dans le Pacte atlantique, ce qui serait contraire et au Pacte lui-même et aux déclarations faites devant le Sénat américain et devant la Chambre française.

Une déclaration en faveur du réarmement de l'Allemagne, quelle que soit la forme sous laquelle il serait présenté, ouvrirait donc la porte aux plus sérieux dangers sans aucune contrepartie réelle et actuelle pour la sécurité et la défense de la paix.

Ce n'est pas à dire que nous nous refusions à reconnaître la nécessité de faire participer l'Allemagne à l'effort commun de sécurité européen. Il faut considérer comme une participation indirecte à cet effort la constitution d'une police permettant d'assurer la sécurité intérieure. On peut également envisager que l'Allemagne doit en prendre sa part en participant aux travaux de casernement ou de défense que comportera l'augmentation des effectifs alliés sur le territoire allemand (construction de casernement, de casemates, pose de barbelés, établissement de champs de mines, etc...).

En définitive, le comité a estimé que le problème tel qu'il vous est posé est beaucoup moins actuel que celui que nous avons posé nous-mêmes par les propositions concernant notre propre effort de réarmement.

C'est pour cet ensemble de raisons que le comité a été d'avis qu'il convient de maintenir notre position telle que vous l'avez exposée et qu'il n'y aurait pas avantage à ce que vous proposiez la formule transactionnelle mentionnée dans votre télégramme n° 10.046[1], d'autant plus que techniquement des unités de la taille du bataillon seraient difficiles à organiser en unités autonomes et qu'il parait inévitable que ces bataillons ne se groupent fatalement en divisions.

Pour les mêmes raisons, le comité a été unanime à écarter le texte préparé par les Hauts-Commissaires, ce texte aboutissant en termes enveloppés au même résultat que la proposition de M. Acheson sans que nous ayons obtenu aucune des garanties préalables qu'exige notre sécurité.

(Secrétariat général, Dossiers, volume 8)

---

[1] Document non reproduit.

298

M. Monnet, Commissaire au Plan,
  à M. Schuman, Ministre des Affaires étrangères.

L.   *Paris, 16 septembre 1950.*

Mon cher Président,

Depuis le télégramme que je vous ai envoyé le 14 septembre, j'ai à nouveau réfléchi sur l'évolution de la situation internationale et les entretiens qui se déroulent actuellement à New York.

Le communiqué publié à l'issue des réunions que vous avez eues avec MM. Acheson et Bevin atteste que nous sommes arrivés au moment où les États-Unis, la Grande-Bretagne et la France vont devoir faire un choix fondamental pour l'avenir des relations de l'Allemagne avec les pays de l'Ouest.

Trois voies semblent ouvertes. Ne rien faire ? Mais est-ce possible ? Traiter l'Allemagne sur une base nationale, mais rendre alors la constitution de l'Europe et le succès du Plan Schuman impossibles : ou intégrer l'Allemagne à l'Europe par un Plan Schuman élargi, en prenant dans un cadre européen, les décisions qui vont être prises.

Je vous fais parvenir ci-joint un mémorandum à ce sujet. Il a dû être rapidement rédigé afin que M. Couve de Murville puisse l'emporter avec lui aujourd'hui.

J'ai été souffrant jusqu'à hier et je n'ai pu, jusqu'à présent, voir le Président du Conseil. Je le verrai cet après-midi. Je lui remettrai copie du mémorandum que je vous adresse.

Je tiens naturellement MM. Clappier et Parodi au courant.

Recevez, mon cher Président, mes sentiments affectueusement dévoués.

(Secrétariat général, Dossiers, volume 8)

Annexe

Mémorandum de M. Monnet, Commissaire au Plan,
pour M. Schuman, Ministre des Affaires étrangères

Mémo.   *Paris, 16 septembre 1950.*

1) Les événements de Corée ont fait accepter par tous les esprits que la participation de l'Allemagne était indispensable à la défense de l'Ouest. Cette nécessité est évidente. Mais elle nous place devant une alternative dans laquelle nous devons choisir sans tarder. Ou bien, on s'abandonnera à la fatalité historique et on réintroduira dans la

communauté internationale, une Allemagne disposant de forces armées et de tous les attributs de la souveraineté, ou bien, conformément au Plan Schuman, l'Allemagne sera incorporée à l'Europe continentale de l'Ouest ; ainsi sera hâtée la constitution de cette Europe de l'Ouest, essentielle à l'ensemble de la défense atlantique et à la prospérité de la communauté des peuples libres, en même temps qu'au sentiment militaire et national allemand se substituerait celui d'appartenir à la communauté européenne.

En bref, il s'agit de savoir si l'on traite de l'Allemagne ou de l'Europe continentale, on peut donner au problème allemand une solution positive. Si l'on traite de l'Allemagne, isolément, on empêchera la constitution de l'Europe.

2) L'organisation, sur une base nationale, de la nécessaire participation de l'Allemagne à la défense commune, au lieu d'intégrer l'Allemagne à l'Europe de l'Ouest, lui permettrait de s'en séparer. Une telle décision et la liberté d'action qui, dans cette perspective, serait en contrepartie rendue à l'Allemagne, lui donneraient les moyens et, suivant les circonstances, la tentation de balancer entre l'Ouest et l'Est. En fin de compte, le réarmement de l'Allemagne, sur une base nationale, loin de renforcer l'Europe de l'Ouest la laisserait plus désunie, c'est-à-dire plus faible, qu'aujourd'hui.

Il en résulterait, en effet, sur le continent un désarroi moral plus grand que celui qui a précédé la proposition Schuman. Les pays voisins surveilleraient avec anxiété les initiatives que pourrait prendre une Allemagne réarmée, forte de son potentiel industriel et démographique, l'utilisant à ses propres fins nationales, grâce à sa souveraineté recouvrée.

3) Ce serait aussi l'échec du Plan Schuman, que les négociations actuelles n'aboutissent pas ou se terminent pas un accord purement technique sur le charbon et l'acier, sans signification politique ni avenir.

Le Plan Schuman devait et peut être le commencement de la création d'une Europe occidentale organisée à l'initiative de la France, en même temps que le seul règlement possible du problème allemand, par l'incorporation politique et matérielle de l'Allemagne à une communauté supra nationale comprenant, en outre, la France, l'Italie et le Bénélux.

La mise en commun des productions de charbon et d'acier, l'établissement d'un marché unique, l'institution d'une Haute-Autorité supranationale et d'une assemblée commune, peuvent donner à cette communauté de l'Ouest ses premières assises économiques et psychologiques. D'autres réalisations pourront alors suivre, élargissant graduellement la mise en commun de la vie de pays jusqu'alors désunis et ennemis.

4) Si les Allemands devaient obtenir les avantages immédiats qu'ils espéraient du Plan Schuman, indépendamment de celui-ci, c'est-à-dire s'ils apportent sur une base nationale leur contribution à la défense de l'Ouest, leur statut actuel étant révisé en conséquence, nous risquons de les voir se détourner de nous et de se laisser à nouveau dominer par le sentiment national.

La réalisation du Plan Schuman et la constitution de l'Europe seraient rendues impossibles.

5) Déjà, l'opinion publique allemande est hésitante et divisée. Certains de nos interlocuteurs, tels que le professeur Hallstein, reflétant d'ailleurs, autant qu'on en peut juger, le sentiment du chancelier Adenauer, restent en faveur du Plan Schuman et de la constitution d'une Europe de l'Ouest dans laquelle l'Allemagne s'intégrera réellement. D'autres, et leur voix se fait plus forte tous les jours, témoignent de préoccupations purement nationales.

6) Pour toutes ces raisons, il me semble que nous devrions examiner, en nous référant à l'alinéa 4 de l'ordre du jour publié dans le communiqué du 15 au soir, les deux propositions suivantes :

1) que la participation de l'Allemagne à la défense commune soit organisée dans le cadre européen supra national d'un Plan Schuman élargi – ce plan étant élaboré à l'initiative de la France, et la Grande-Bretagne et les États-Unis participant à son élaboration ;

2) qu'il soit reconnu :

  a) que la communauté atlantique comprend :

– les États-Unis,

– la Grande-Bretagne et les Dominions,

– les pays de l'Ouest du continent,

  b) que les organismes de défense et autre de cette communauté doivent être articulés sur cette base ;

  c) qu'au sein de cette communauté, les pays de l'Ouest poursuivront, suivant les principes du Plan Schuman, à l'initiative de la France, l'effort qu'ils ont entrepris pour créer une communauté continentale.

Cette articulation donnerait aux organes actuels de la communauté atlantique, avec les révisions nécessaires, une efficacité qui leur fait aujourd'hui défaut.

(Secrétariat général, Dossiers, volume 8)

299

M. Bonnet, Ambassadeur de France à Washington,
  à M. Schuman, Ministre des Affaires étrangères[1].

T. nᵒˢ 3778-3781.   *Washington, 18 septembre 1950, 20 h. 50.*

Réservé. Urgent. Secret.   *(Reçu : le 19, 4 h. 30)*

L'espoir d'une décision militaire rapide en faveur des Nations unies, à la suite du débarquement d'Inchon[2], a donné une actualité inattendu à la question du franchissement du 38ᵉ parallèle. Mon collaborateur a retiré de son entretien de cet après-midi au Département d'État l'impression que, si la résistance des Coréens du Nord, pris dans l'étau des troupes du général MacArthur, s'effondrait subitement, il n'était pas impossible que le commandement américain, estime nécessaire de passer le 38ᵉ parallèle, même si l'ONU n'avait pas eu le temps de se décider à ce sujet, de façon à profiter de l'effet de surprise pour occuper

---

[1] Télégramme communiqué à la Présidence de la République, la Présidence du Conseil, MM. Parodi, Clappier, de La Tournelle et de Bourbon-Busset, ainsi sans doute qu'à New-York (nᵒˢ 827-830). Note manuscrite : « *M. Cattand* ».

[2] Le débarquement d'Inchon était une opération de grande envergure, engageant 70 000 hommes et 140 navires. Dejean signalait que l'opération en cours envisageait l'occupation de Séoul dans les 36 heures, la capitale étant seulement défendue par une division de sécurité (télégrammes nᵒˢ 1501-1503 du 16 septembre et nᵒˢ 1505-1509 du 17 septembre 1950 de Tokyo, non reproduits).

la Corée du Nord en vue de l'unification du pays, dont le principe est après tout reconnu par les résolutions des Nations unies.

À mon collaborateur, qui soulignait les dangers d'une telle initiative, en rappelant la position du gouvernement français à cet égard dont il a fait état, comme le gouvernement britannique, au cours d'une conversation récente des trois Ministres, le Directeur par intérim de l'Asie du Nord-Est a répondu, en ayant toujours soin de spécifier qu'il ne parlait qu'à titre personnel, que l'effondrement subit des Nord-Coréens pourrait être interprété comme un signe que les Chinois et les Russes avaient décidé de ne plus les aider et que, dans ces conditions, le risque pour les forces des Nations unies de se heurter aux troupes de Pékin ou de Moscou au Nord du 38e parallèle en était très réduit.

Bien que les propos tenus par M. Johnson, avec beaucoup de réserve d'ailleurs, ne traduisent pas en principe le point de vue officiel américain, j'ai cru bon de les signaler car ils peuvent refléter l'état d'esprit de certains milieux du Pentagone et de l'entourage du général MacArthur. Le danger des prochains jours est en effet que les développements rapides de l'affaire coréenne sur le plan militaire ne prennent également de vitesse le Conseil de sécurité.

Certaines initiatives récentes du général MacArthur ne peuvent à ce sujet que nous inciter à la plus grande vigilance.

(Direction d'Asie-Océanie, Corée, volume 23)

300

M. Royère, Consul général de France à Shanghaï,
  à M. Schuman, Ministre des Affaires étrangères[1].

T. n°s 688-694[2].   *Shanghaï, 18 septembre 1950.*

                                         (Reçu : le 6 octobre, 15 h.)

J'ai l'honneur de vous adresser ci-après, une analyse succincte de la situation générale en Chine à la date du 15 septembre 1950.

1) *Aspect politique.*

Dans l'ensemble, le régime communiste chinois a réussi au cours des derniers mois, à étendre et à consolider son autorité sur les territoires de la Chine continentale et sur l'île de Haïnan malgré des troubles

---

[1] Télégramme communiqué à Saigon (n°s 143-149). Note manuscrite : « *Cattand, m'en parler* ».
[2] Télégramme envoyé par courrier.

sporadiques (résistance à la réforme agraire, action des guérillas et des services secrets nationalistes) pendant cette même période.

Il se confirme que l'action du parti communiste chinois reste l'élément directeur de la politique intérieure chinoise. Les tentatives des tiers partis (ligue démocratique, kouomintang révolutionnaire, etc...) pour gagner du terrain ont apparemment échoué ; et ces groupements ne subsisteront que dans la mesure où ils accepteront de se soumettre sans réserves à l'autorité du parti communiste chinois.

Les quelques sondages qu'il est possible d'effectuer dans la masse chinoise permettent de se rendre compte que l'opinion publique est encore assez réservée vis-à-vis du nouveau régime dont l'austère sévérité et la rigueur des dispositions fiscales sont notamment critiquées. Il est toutefois improbable qu'une résistance organisée puisse se constituer étant donné, d'une part, l'indifférence de la plupart des Chinois pour ce qui touche à la politique et, d'autre part, l'emprise que s'est déjà assurée le gouvernement populaire sur le pays.

L'intégrité réelle, le sens de l'intérêt public et le souci d'efficacité de la nouvelle administration ne compensent qu'en partie l'imperfection de ses cadres qui, trop vite fermés et composés d'éléments fanatiques et inexpérimentés, ont commis de nombreuses fautes. Il convient, toutefois, de reconnaître que – grâce, nous assure-t-on, à la méthode de la critique et de l'autocritique instaurée par les pouvoirs centraux – un assez sérieux progrès a été réalisé ces temps derniers. Il n'en reste pas moins que l'édification de cette administration et son perfectionnement sont œuvre de longue haleine.

L'attitude des autorités populaires chinoises à l'égard des étrangers demeure généralement celle de la correction plus ou moins marquée suivant les régions. C'est ainsi qu'en Chine de l'Est, secteur où la densité d'étrangers est la plus forte, ceux-ci n'ont que peu de griefs réels à formuler. Il ne semble pas qu'il y ait généralement de la part des services publics autre chose qu'une méfiance constamment entretenue par l'autorité supérieure et les diatribes de la presse contre l'« impérialisme étranger » ; cette méfiance se traduit par une raideur et une mauvaise grâce plus ou moins accentuées. Quoi qu'il en soit, il apparaît difficile aux ressortissants étrangers de se plaindre du traitement qui leur est réservé en Chine populaire, le régime auquel ils sont soumis n'étant pas à quelques rares exceptions près (permis de voyage par exemple), différent de celui auquel sont astreints les autochtones ainsi que les nationaux des autres démocraties populaires.

Les représentants des pays qui n'ont pas encore établi de relations diplomatiques avec Pékin sont incontestablement l'objet d'une surveillance et d'une malveillance particulières. Cependant, à quelques réserves près, les uns et les autres ont réussi tant bien que mal à s'accommoder de la situation qui leur était imposée et parfois même à obtenir, grâce à leur expérience du pays, un traitement qui peut être considéré dans l'état actuel des choses, comme relativement favorable.

2) *Aspect économique.*

Économiques comme politiques, la plupart des problèmes qui se posent aujourd'hui à la Chine sont dominés par la question de la réforme agraire. L'édification économique de ce pays dépend en effet, en grande partie de la réussite de cette réforme sur laquelle les dirigeants communistes de Pékin ont fortement misé tant sur le plan national que sur le plan du communisme asiatique. Il est à cet égard, convenable que l'information d'après laquelle le gouvernement populaire chinois éviterait tout conflit extérieur avant l'heureuse conclusion de la réforme agraire (c'est-à-dire fin 1951 au plus tôt) ait quelque fond de vérité[1].

(Direction d'Asie-Océanie, Chine, volume 123)

301

M. Schuman, Ministre des Affaires étrangères,
à M. Parodi, Secrétaire général du Ministère des Affaires étrangères[2].

T. n°s 1642-1647.   *New York, 19 septembre 1950, 7 h. 30.*

Réservé. Priorité absolue.   *(Reçu : le 19, 14 h. 45)*

Les trois ministres des Affaires étrangères ont terminé ce soir leur réunion de New York en approuvant, sans sérieuse difficulté, les différents documents qui avaient été élaborés sur l'Allemagne par les Hauts-Commissaires et par les experts.

En particulier, le rapport établi par le groupe de travail de Londres a été adopté tel quel, en même temps que les recommandations formulées ici sur les quelques points de divergences qui subsistaient. Un accord complet est donc intervenu sur les conditions dans lesquelles sera révisé le statut d'occupation.

---

[1] On trouve également dans le volume 4 de la sous-série Hong-Kong une longue dépêche faisant le point sur un an de démocratie populaire en Chine, cherchant à retenir les réalisations et les déficiences dans le domaine de la politique extérieure (dépêche n° 498 du 23 octobre 1950 de Hong-Kong, non reproduite) ou dans le domaine militaire (dépêche n°557 du 23 novembre 1950 de Hong-Kong, non reproduite).

[2] Télégramme communiqué à la Présidence de la République, la Présidence du Conseil, MM. Parodi, de La Tournelle, Clappier et de Bourbon-Busset, avec prière de communiquer d'urgence au Président du Conseil.

Deux divergences d'une importance essentielle restaient à aplanir lorsque les ministres se sont réunis aujourd'hui : le niveau de l'acier, la sécurité extérieure de la République fédérale.

Sur le premier point, la formule suivante a été adoptée :

« Les ministres chargent la Haute-Commission de faire savoir au gouvernement fédéral que la Haute-Commission, en consultation avec l'Office militaire de sécurité, aura la faculté de permettre, par un accord unanime, l'augmentation de la production d'acier de telle sorte que l'acier qui pourrait être exporté ou consacré de quelque autre manière à l'effort de défense de l'Ouest ne réduise pas la quantité d'acier disponible pour la consommation allemande ».

Ce texte maintient donc le plafond actuel de la production de l'acier et subordonne tout dépassement justifié par les besoins de la défense commune à une décision unanime de la Haute-Commission qui aura, au préalable, recueilli l'avis de l'Office militaire de sécurité.

M. Dean Acheson avait manifesté le vif désir que l'on s'en tînt aux règles normales du fonctionnement de la Haute-Commission, c'est-à-dire de la procédure majoritaire. M. Bevin aurait tenu, pour sa part, à ce que le niveau actuel de la production d'acier fût porté dès maintenant à un chiffre supérieur à 11 millions de tonnes. Je leur ai nettement marqué que je n'accepterais aucune de ces deux propositions.

En ce qui concerne la sécurité extérieure de la République fédérale, nos experts n'avaient pu obtenir de leurs collègues britanniques et américains qu'ils renoncent à inscrire dans le projet de communiqué des formules impliquant une décision de principe favorable à la participation de contingents allemands à la défense européenne. Devant la résistance que je leur ai opposée, M. Dean Acheson et M. Bevin ont finalement accepté le texte figurant dans le communiqué qui vous a été transmis par un tg précédent ; il laisse le problème entier.

Sur deux questions auxquelles nous attachons une importance fondamentale et qui avaient fait apparaître de vives oppositions, M. Bevin et M. Dean Acheson ont manifesté le désir, ce soir, de tenir compte de nos préoccupations et marqué une certaine volonté de compréhension.

(Secrétariat général, Dossiers, volume 8)

302

NOTE DU DÉPARTEMENT
POUR M. SCHUMAN, MINISTRE DES AFFAIRES ÉTRANGÈRES

N.   *Paris, 19 septembre 1950.*

1) L'heure paraît venue d'avoir une explication très franche franco-américaine et, connaissant les sentiments de haute estime et de confiance qu'éprouve Monsieur Acheson à l'égard de votre personne, le gouvernement pense qu'une conversation personnelle entre vous et le Secrétaire d'État américain sur les points énumérés ci-dessous serait la meilleure forme de cet échange de vues.

2) La politique de « *containment* de l'URSS » qui est celle des pays atlantiques, impose à la France des sacrifices proportionnellement beaucoup plus lourds qu'aux autres pays du Pacte. Nous devons cumuler le fardeau de l'Indochine, celui du réarmement européen, celui de la reconstruction des régions sinistrées, celui d'une lutte intense contre la propagande communiste. L'aide américaine consiste dans des livraisons lentes de matériel peu moderne. Si appréciable que soit cette aide, elle laisse sur les épaules de la France un fardeau démesurément lourd.

3) Le gouvernement français, lors de la réunion du Conseil atlantique à Londres a déjà particulièrement signalé cette situation au représentant des États-Unis. Il a sollicité une aide substantielle en argent et en matériel pour l'Indochine. Aucune réponse précise n'a été faite jusqu'à votre dernière conversation avec Monsieur Acheson qui a déclaré qu'il fallait exclure toute aide en argent frais. Quant aux fournitures de matériel, elles sont jusqu'à maintenant insignifiantes.

4) Le gouvernement français a voulu rechercher si des moyens diplomatiques de diminuer la pression en Indochine ne pouvaient être mis en œuvre. Le gouvernement américain lui a fait connaître par une démarche extrêmement pressante qu'un tel projet entraînerait des conséquences très sérieuses entre la France et les États-Unis. En revanche, la Grande-Bretagne a gardé toute liberté d'agir séparément vis-à-vis de la Chine et d'y poursuivre la défense de ses intérêts.

5) Dans un esprit de coopération constructive, le gouvernement français a présenté des propositions précises pour la rationalisation, le financement du programme de réarmement. Aucune réponse précise n'a pu être obtenue du gouvernement des États-Unis. En revanche, il a suffi que le chancelier Adenauer sur un ton agressif déclare à un journal new-yorkais que l'Allemagne devait être réarmée pour que, malgré l'avis contraire du gouvernement français, le Secrétaire d'État américain fasse du réarmement allemand le centre des discussions du Conseil de l'Atlantique. Il en résulte une arrogance grandissante des

milieux allemands et pratiquement l'arrêt des négociations sur le Plan Schuman.

6) Le gouvernement français pense que les 3 ententes des démocraties occidentales et l'unification européenne sont les deux fondements politiques de la défense de la paix. Mais ni l'un ni l'autre ne peuvent être assurés si l'un des principaux partenaires a le sentiment que, dans l'élaboration de la politique commune, il n'est pas tenu un compte suffisant soit de l'effort qu'il doit supporter, soit des sentiments de son opinion publique. Il est également anormal que, comme c'est le cas pour le réarmement allemand, un des partenaires agisse comme si on voulait imposer une décision que le gouvernement français juge actuellement inopportune et dangereuse.

7) Le gouvernement français estime qu'avant de parler d'intégrer des unités militaires allemandes dans une armée de défense de l'Europe, il faut d'abord créer cette armée et créer cette Europe.

Tel était l'objet des mémoranda français[1] et tel était l'objet du Plan Schuman.

8) La France reconnaît volontiers la nécessité morale et matérielle d'associer l'Allemagne occidentale aux efforts financiers, économiques, humains de la sécurité européenne. Il faut passer par le stade préliminaire, avant d'arriver au rétablissement de divisions allemandes, même sous commandement d'un état-major international.

(Secrétariat général, Dossiers, volume 10)

303

M. MASSIGLI, AMBASSADEUR DE FRANCE À LONDRES,
  À M. SCHUMAN, MINISTRE DES AFFAIRES ÉTRANGÈRES.

T. Metric n⁰ˢ 10 308-10 320[2].   *Londres, 20 septembre 1950, 21 h.*

Les suggestions énoncées dans le télégramme de New York n⁰ˢ 10.219 à 10.228[3] ont assurément l'avantage d'appeler les pays qui ont directement souffert de l'invasion allemande à dire le mot décisif dans la question de la participation de l'Allemagne à la défense de l'Europe. Il est vrai que certains de ces pays, les Pays-Bas notamment, ne sont pas très chauds pour faire eux-mêmes un sérieux effort d'armement et ne sont que trop portés à se décharger de ce soin sur leurs voisins de l'Est.

---

[1] Voir documents n⁰ˢ 250 et 261.

[2] La série de télégrammes, de dépêches ou de notes « Metric », particulièrement protégée et à exemplaire unique, avait été mise en place à l'occasion du Pacte de Bruxelles, à la demande des Anglais et des Américains.

[3] Document non reproduit.

Comme, d'autre part, l'Italie est assez peu qualifiée pour exprimer une opinion en la matière, c'est à un dialogue franco-allemand que se ramènera en fait la discussion. La situation présente des avantages, elle a aussi l'inconvénient de nous laisser la pleine responsabilité de la solution qui interviendra tant vis-à-vis de nos partenaires que vis-à-vis des Soviets et je souligne ce second point.

Quoi qu'il en soit, l'ouverture d'une conversation dans les conditions envisagées me parait soulever à la fois de sérieux problèmes de fond et d'insurmontables difficultés de tactique.

1) Nous ferions figure de demandeurs vis-à-vis de l'Allemagne.

2) L'ouverture de la conversation suppose que nous admettons le principe du réarmement qu'aujourd'hui nous déclarons écarter. Quelles que soient les précautions qui seront prises pour marquer que la solution à intervenir n'est pas préjugée, le seul fait que nous prenions l'initiative de causer tranche le débat. Les Puissances occupantes viennent d'ailleurs à New York de prendre publiquement l'engagement de défendre l'Allemagne de l'Ouest et les secteurs occidentaux de Berlin contre toute agression. Cet engagement, elles sont actuellement hors d'état et elles le demeureront longtemps de le tenir avec les forces propres dont elles disposent. La participation allemande devient dès lors une nécessité. Nous nous sommes jusqu'ici constamment efforcés d'élargir le problème de la défense européenne et nous l'avons présenté comme inséparable de celui de la sécurité des îles britanniques d'abord, des États-Unis ensuite. C'est dans cet esprit que nous avons passé du cadre du traité de Bruxelles à celui du Pacte atlantique et que nous avons insisté pour qu'Anglais et Américains renforcent leurs effectifs d'occupation en Allemagne. Au moment même où nous obtenons un premier résultat, nous viendrions dire à nos partenaires que leur effort ne nous intéresse qu'au second degré et qu'il appartient aux continentaux de prendre la décision sur un aspect essentiel de la défense du Continent ? Ce n'est pas le meilleur moyen d'engager les Américains, ce l'est encore moins de conserver la coopération des Britanniques qui s'estiment très directement intéressés dans la question qui ont fini par se convaincre à notre suggestion même, que le Rhin est un élément essentiel de leur défense et qui, au surplus, se croient justifiés par l'ampleur même de leur effort de réarmement à dire leur mot sur tous les problèmes de la défense européenne.

3) L'Allemagne est désarmée à la suite d'une victoire à laquelle nous n'avons pas eu la plus grande part. Est-il psychologiquement parlant possible que nous déclarions à ceux de nos partenaires occidentaux qui ont joué le rôle décisif que l'affaire ne les concerne pas qu'au second degré ? Les susceptibilités qu'a fait apparaître la négociation du Plan Schuman ne nous permettent aucun doute sur la réaction que nous provoquerions ici à tout le moins.

4) Admettons cependant le principe du tête-à-tête franco-allemand. Il importerait que, si nous y recourions, nous ayons de bonnes chances

de sortir dans des conditions favorables de l'impasse actuelle. Or, dans la situation considérée, nous nous présenterions à la négociation avec l'obligation morale d'aboutir en face d'une Allemagne placée dans la position de sollicitée et que la hâte américaine mettrait en mesure de poser des conditions, aussi bien sur le plan réarmement que dans la négociation charbon-acier, ce serait le chantage sur les deux tableaux.

5) Le chancelier Adenauer conserverait des contacts certainement avec les Britanniques et surtout avec les Américains dont il sait bien que le réarmement dépend en fait. Les Américains seraient ainsi en mesure d'intervenir à tous moments dans la négociation sans en avoir la responsabilité que, en définitive, nous apparaîtrions porter seuls.

6) Je mentionne pour mémoire le grand danger qu'il y a à donner à l'opinion américaine l'impression que nous faisons peu de cas de sa participation à la défense de l'Europe.

7) Une conversation franco-allemande, telle que celle qui est envisagée, ne peut s'engager dans de bonnes conditions que si elle apparaît non comme un moyen de sortir des difficultés présentes, mais comme une libre initiative de notre part. Si, dans l'état actuel de la négociation, il n'existe pas de porte de sortie (par exemple en accordant sur la police davantage que nous ne l'avons fait jusqu'ici), mieux vaut constater l'existence de l'impasse et attendre. Certes nous avons besoin de l'Amérique, mais l'Amérique de son côté a encore besoin de nous et elle ne peut à l'heure actuelle tabler sur l'Allemagne seule pour résoudre le problème de la défense de l'Occident. Il ne faut donc point prendre au tragique la tactique de M. Dean Acheson qui présente le plan américain comme un tout. Si l'on considère que l'état de la négociation actuelle ne permet pas d'attendre, alors il ne reste qu'à reconnaître le principe du réarmement comme une conséquence logique des engagements que nous venons de prendre vis-à-vis des populations de l'Allemagne occidentale.

8) À mon sens, la solution de courage et j'ajoute la solution payante, est celle par laquelle, ayant repoussé une proposition américaine improvisée et que l'on ne nous a pas laissé le temps d'étudier, nous déclarerions que nous désirons réfléchir. Mais en même temps pour marquer notre volonté de ne pas nous laisser détourner par cet incident d'une tâche indispensable, nous prendrions des mesures pour hâter l'exécution de notre propre programme de réarmement, pour autant qu'il dépend de nous, quitte à, nous imposer volontairement des charges supplémentaires en attendant qu'une solution économique et financière de l'ensemble du problème ait été trouvée. Si une telle solution dépasse nos possibilités matérielle et morale, ne nous faisons pas d'illusion : il n'y a pas de méthode de négociation si ingénieuse qu'elle soit, qui nous dispense d'action et qui à la longue, empêche le Pentagone de jouer sur l'Allemagne plutôt que sur nous.

(Secrétariat général, Dossiers, volume 8)

304

M. Dejean, Ambassadeur de France, Chef de la mission française
À Tokyo,
    à M. Schuman, Ministre des Affaires étrangères[1].

T. n° 1557[2].   *Tokyo, 20 septembre 1950.*

(*Reçu* : le 26, 19 h.)

Je me réfère à mes communications du 25 juin et du 9 août 1950[3].

1) La décision prise par le gouvernement des États-Unis et annoncée
le 14 septembre, par le président Truman, de tenter un nouvel effort
en vue de la conclusion d'un traité de paix avec le Japon clôt une
controverse qui durait depuis trois ans et qui avait illustré d'une façon
particulièrement significative les incertitudes de la politique américaine
en Extrême-Orient et les graves désaccords dont elle était l'objet dans
les sphères dirigeantes des États-Unis. Très longtemps, les malentendus
et les conflits qui divisaient le Département d'État et celui de la Défense
et qui, pour des raisons diverses, opposaient chacun de ces ministères
au général MacArthur avaient empêché le gouvernement de Washington de se prononcer sur l'opportunité d'un règlement japonais. Le
Département d'État hésitait beaucoup à conclure une paix sans l'URSS,
puis sans la Chine communiste et à aggraver ainsi la tension entre l'Est
et l'Ouest. Le Pentagone estimait qu'un traité ne pourrait qu'affaiblir
les garanties militaires que les États-Unis tenaient de la présence de
leurs troupes en territoire nippon. Le général MacArthur soutenait que
l'occupation avait produit tous ses effets utiles et que la prolonger indéfiniment risquait de compromettre l'avenir des relations entre les États-
Unis et le Japon.

C'est seulement au cours de l'été dernier que, devant l'insistance du
général MacArthur, une sérieuse tentative avait été effectuée en vue de
concilier les vues des uns et des autres. Lors du voyage au Japon en
juin dernier de M. Johnson, du général Bradley et de Mr. Dulles, les
conceptions des chefs militaires américains s'étaient suffisamment rapprochées de celles de SCAP[4] progressivement adoptées par le Département d'État, pour que l'élaboration d'un traité ou d'arrangements
équivalents pût être envisagée assez prochainement. Éclatant sur ces
entrefaites, l'agression nord-coréenne avait d'abord relégué le problème

---

[1] Télégramme communiqué à la Présidence de la République, la Présidence du Conseil,
MM. Parodi, de La Tournelle, Clappier et de Bourbon-Busset, ainsi qu'à Saïgon (n° 737),
Washington (n° 480) et New York (n° 280). Note manuscrite : « *M. Cattand, vu* ».

[2] Télégramme envoyé en clair et par courrier.

[3] Documents non reproduits.

[4] SCAP : *Supreme Commander for the Allied Powers,* soit le Commandant suprême allié
au Japon.

au second plan. Mais la guerre de Corée ne tarda pas à être considérée par SCAP comme soulignant l'urgence d'un règlement japonais, le but essentiel d'un tel règlement devant être de placer et de fixer l'empire nippon aux côtés des puissances s'efforçant de contenir en Asie, comme en Europe, la poussée conjuguée du communisme et de l'impérialisme soviétique.

Au cours de sa rapide visite à Tokyo, au début d'août, M. Harriman, envoyé spécial du Président, avait pu constater que, sur ce point, les vues de SCAP correspondaient à celles de Washington.

C'est dire que l'idée d'une neutralité perpétuelle de l'empire nippon et la formule du « Japon, Suisse de l'Asie », naguère lancées par le général MacArthur lui-même, ont été complètement abandonnées. Il y a quelques années, la disparition complète et définitive de la puissance japonaise pouvait être considérée comme une garantie de paix en Extrême-Orient. Après la victoire des communistes en Chine, l'alliance entre Pékin et Moscou (février 1950), le déclenchement sur l'ordre du Kremlin de l'invasion nord-coréenne, elle est apparue comme créant dans cette partie du monde un vide redoutable, qui ne pouvait que faciliter l'expansion russe et qu'il fallait au plus tôt combler.

Ce sentiment a encore été renforcé par la constatation d'un autre échec américain en Asie. Après la guerre, la politique de Washington, soit par une vieille tradition anticolonialiste, soit par calcul politique, avait cru devoir encourager les jeunes nationalismes asiatiques pour se les concilier et les détourner du communisme. Or, la plupart des nouveaux États, hâtivement proclamés indépendants et démocratiques, se sont révélés comme des constructions fragiles qui, loin de constituer un appui, ne pouvaient exister que dans la mesure où elles étaient soutenues économiquement, politiquement et même militairement. À la périphérie de l'Asie communiste, l'empire nippon, avec sa population de 83 millions d'habitants, son équipement industriel, son sens de la discipline et de l'organisation apparaissait ainsi comme le seul pays solide, en mesure d'apporter un concours appréciable à l'établissement d'un front anticommuniste.

Au moment où s'amorce la discussion d'un traité, le Japon se trouve ainsi appelé à bénéficier, dans une large mesure, des amères expériences de la politique américaine en Chine, de ses déceptions dans le Sud-Est asiatique, de la détérioration progressive des rapports entre Washington et Moscou, de la menace que représente le bloc sino-soviétique et, enfin, des déboires éprouvés et des angoisses ressenties durant les deux premiers mois de la campagne coréenne, où le commandement américain, devant le flot des assaillants communistes, s'est trouvé désespérément à court d'effectifs.

En bref, les dirigeants américains ne cherchent pas seulement à mettre fin à l'état de guerre avec le Japon. Ils sont en quête d'un allié qui leur parait indispensable à la poursuite d'une politique visant à endiguer la poussée soviétique. Dans leur esprit, l'empire nippon doit entrer dans le système défensif contre l'impérialisme rouge en Extrême-Orient, de même que la protection de l'Europe occidentale est inconcevable sans la participation de l'Allemagne de l'Ouest.

2) Dans ces conditions, en ce qui concerne la procédure et la substance du futur règlement japonais, un certain nombre de points peuvent être considérés comme acquis, du moins en ce qui concerne l'attitude américaine.

a) Les États-Unis n'accepteront pas que l'URSS, se prévalant d'un droit de veto, puisse se livrer à des manœuvres d'obstruction semblables à celles qui empêchent depuis des années tout progrès dans la négociation du traité autrichien. Washington entend conclure un traité avec Tokyo, avec ou sans participation soviétique, c'est-à-dire, selon toutes vraisemblances, sans l'URSS. Le fait que le gouvernement de Moscou puisse être approché par le *State Department* au même titre que les autres gouvernements représentés à la Commission d'Extrême-Orient ne saurait faire illusion.

b) Les stipulations du traité seront aussi libérales que possible, pourvu que soient sauvegardés les intérêts de la sécurité américaine. Elles rendront en principe, au Japon, l'entier exercice de sa souveraineté.

Elles ne comporteront, en particulier, aucune interdiction de réarmer.

La conclusion d'un traité ferait tomber les interdictions résultant de la décision de la Commission d'Extrême-Orient en date du 12 février 1948.

C'est aux Japonais eux-mêmes qu'il appartiendrait de décider s'ils entendent maintenir ou abroger l'article 9 de la Constitution du 3 mai 1947, par lequel le Japon a renoncé pour toujours à la guerre, à tout potentiel de guerre et à tout droit de belligérance. Cette stipulation, dont le général MacArthur avait exigé l'insertion il y a trois ans, ne répond manifestement plus à la situation créée, en Extrême-Orient comme en Occident, par l'attitude agressive du communisme international.

Après avoir longtemps écarté l'idée d'un réarmement du Japon, le général MacArthur a lui-même remarqué récemment[1] que la question ne présentait qu'un caractère académique tant que la paix n'était pas signée, mais que, par la suite, « si le monde entier devait prendre les armes pour la défense de la liberté et si le Japon se trouvait dans la zone menacée, il devrait s'organiser défensivement dans toute la mesure de ses moyens ».

---

[1] *Note du document* : « Réponse en date du 11 août à une lettre de M. Russell, commandant en chef de l'organisation des Vétérans américains, concernant l'éventualité d'un réarmement du Japon ».

Cette thèse n'est pas encore unanimement acceptée par les États-Unis et elle rencontre encore, parmi les Alliés, des résistances que le général MacArthur n'ignore pas. Dans le même document, il a évoqué, non sans une pointe d'ironie, « les puissances plus effrayées par la perspective d'un Japon réarmé et remilitarisé que par l'éventualité d'un Japon sans défense devenant la proie des forces tendant à la destruction de la liberté ». Cette attitude correspond chez le commandant suprême pour les puissances alliées à une évolution considérable accomplie au cours des six derniers mois.

En fait cependant, l'hostilité de l'Australie et des Philippines à tout réarmement du Japon a quelque peu fléchi et la position de la Grande-Bretagne paraît avoir évolué sensiblement dans le sens des conceptions américaines. Pour ce qui est de l'attitude du gouvernement australien, j'en ai eu le sentiment très net lors du récent passage au Japon de M. Menzies. Quant au gouvernement philippin, il est trop tributaire des États-Unis pour ne pas se rallier en définitive à la politique que suivra l'Amérique. À l'heure actuelle, il semble plus ou moins admis que le Japon devrait avoir la latitude de réarmer de façon à pouvoir contribuer efficacement à sa propre défense et remplir les obligations d'assistance qui lui incomberaient éventuellement comme membre des Nations unies.

L'arrière-pensée américaine est que l'empire nippon, avec un territoire à peu près réduit aux quatre grandes îles, ne disposerait pas des matières premières indispensables (minerais de fer, charbon, pétrole) à la mise sur pied et au maintien d'un appareil militaire moderne de quelque envergure. Son réarmement pourrait donc, en fait, être aisément contrôlé et contenu dans certaines limites selon les circonstances et, en particulier, selon le degré de confiance qu'inspirerait l'évolution politique du pays. À l'objection suivant laquelle le Japon pourrait importer de l'étranger des matières premières qui lui font défaut, on répond du côté américain que l'empire nippon, ruiné par la guerre, ne pourrait procéder à de tels achats à l'extérieur que grâce à des crédits que les États-Unis sont seuls en mesure de lui accorder.

Pour la même raison, on estime inutile de soumettre les échanges du Japon à un contrôle quelconque. On se féliciterait plutôt de voir ce pays en mesure d'assurer, par ses propres moyens, à une population déjà trop nombreuse et toujours croissante[1], un niveau d'existence qui ne la rende pas trop accessible aux leurres de la propagande communiste. Ces préoccupations expliquent l'attitude des dirigeants américains à l'égard des préparations japonaises dont, à leur sens, il ne saurait plus être question.

---

[1] *Note du document :* « L'accroissement de population considéré comme normal par les autorités nippones est de 100 000 par mois, soit 1.200 000 habitants par an. Ce taux est souvent dépassé ».

En fait, SCAP, en autorisant la formation d'une réserve de police de 75 000 hommes et d'un contingent supplémentaire de 8 000 h. pour la police maritime, s'est déjà engagé, après bien des hésitations, dans la voie du réarmement du Japon. D'autre part, il ne se passe guère de jour où les autorités d'occupation n'assouplissent, dans un domaine ou dans un autre, le contrôle qu'elles exercent encore sur l'économie japonaise et qui paraît appelé à disparaître complètement avec le régime d'occupation.

c) En ce qui concerne les clauses territoriales du futur traité, le gouvernement des États-Unis, si bien disposé qu'il soit à l'égard du Japon, ne jouit que d'une liberté d'action très restreinte.

Le règlement territorial a été préfiguré, en effet, avec beaucoup de précision, par trois arrangements interalliés.

Par la déclaration du Caire (1er décembre 1943), les « trois grands Alliés », Chine, États-Unis et Royaume-Uni, « décidés à châtier l'agression japonaise », tout en écartant pour eux-mêmes toute idée d'agrandissement territorial, ont stipulé que « le Japon serait privé de toutes les îles du Pacifique qu'il a saisies ou occupées depuis le début de la guerre de 1914 et que tous les territoires ravis par le Japon aux Chinois, tels que la Mandchourie, Formose et les Pescadores, seraient restitués à la République de Chine ». Le Japon serait « également chassé de tous les autres territoires pris par violence et cupidité », notamment de la Corée.

À Yalta (11 février 1945), en contrepartie de l'engagement d'entrer dans la guerre contre le Japon trois mois après la fin des hostilités en Europe, l'Union soviétique obtenait des États-Unis et de la Grande-Bretagne, la promesse de la « restauration de tous les anciens droits de la Russie violés par l'agression japonaise en 1904, c'est-à-dire restitution du Sud de Sakhaline, situation privilégiée dans le port de commerce internationalisé de Daïren et cession à bail de la base navale de Port-Arthur ». Il était stipulé, en outre, que les îles Kouriles seraient remises à l'Union soviétique.

Enfin, la déclaration de Potsdam (26 juillet 1945), pleinement acceptée par le gouvernement japonais le 14 août, stipulait que « la souveraineté nippone serait limitée aux îles Honshu, Hokkaido, Kyushu, Shikoku et à telles autres petites îles qui seraient déterminées par les États-Unis, le Royaume-Uni et la République de Chine ».

En fait, le Sud de Sakhaline et les Kouriles sont occupés depuis 1945 par la Russie soviétique et rien ne saurait être changé à cette situation sans le consentement du gouvernement de Moscou. Celui-ci a laissé entendre, sans d'ailleurs se compromettre, qu'il pourrait éventuellement renoncer aux îles de Shikotan et de Habomaï ; d'autre part, selon la version japonaise, les îles de Kunaschiri et d'Etotofu ne feraient pas partie de l'archipel des Kouriles, tel qu'il était visé par le traité de mai 1875[1].

Mais il est fort peu probable que l'URSS participe au traité souhaité par les Américains et il est fort douteux qu'elle se prête jamais à la moindre restitution sans exiger de lourdes contreparties.

De leur côté, les Américains qui ont assumé l'administration des Ryukyu ont laissé entendre qu'ils pourraient rendre au Japon, les îles les plus septentrionales, en particulier Amami Oshima. Pour les autres îles – y compris l'importante base d'Okinawa actuellement centre de la XIIIe Air Force – ils inclinent vers la solution d'un *trusteeship* qui leur serait confié.

C'est à un règlement du même genre que vont leurs préférences pour l'épineux problème qui, après la victoire du communisme dans la Chine continentale, se pose à propos de Formose et des Pescadores, promis à la « République de Chine » par la déclaration du Caire, au même titre que la Mandchourie.

Pour les îles Mariannes et les Marshall, qui s'étaient trouvées sous mandat japonais entre les deux guerres mondiales, il a toujours été admis entre Alliés qu'elles reviendraient aux États-Unis sous la forme qui conviendrait au gouvernement de Washington et, dans ce cas encore, celui-ci préconisera sans doute un *trusteeship*.

Dans ces conditions, c'est à peine si le Japon peut espérer quelques adoucissements aux dispositions d'ordre territorial, d'une grande sévérité, arrêtées, dans leurs lignes essentielles, par les Alliés au cours des années 1943-1945, bien que, depuis lors, la situation internationale ait subi des changements radicaux, l'un des grands Alliés de la guerre mondiale étant devenu également menaçant en Europe et en Extrême-Orient, tandis que la République fondée par Sun Yat Sen est passée au communisme, avec tous les dangers qui en résultent pour son indépendance.

d) Un autre facteur tend à atténuer la satisfaction que peut causer aux Japonais la perspective de voir l'état de guerre prendre fin.

Le général MacArthur ayant proclamé à plusieurs reprises que les buts de l'occupation avaient été accomplis, le gouvernement japonais pourrait, a moins théoriquement, se prévaloir de l'article 12 de la déclaration de Potsdam pour réclamer le retrait des troupes d'occupation. Mais dans la présente conjoncture internationale, il est exclu que les troupes américaines quittent le territoire nippon. Il est reconnu, même par de nombreux Japonais d'expérience et de bonne foi, que leur départ livrerait le pays, sans défense, aux entreprises des communistes de l'intérieur et de l'extérieur. Un règlement japonais devra donc

---

[1] *Note du document :* « En vertu de ce traité, le Japon, en échange de l'île de Sakhaline entièrement cédée à l'URSS a acquis, sous la désignation d'îles Kouriles, les 19 îles situées au Nord d'Estotofu, à partir de l'île d'Urup ».

prévoir le maintien dans les quatre grandes îles de troupes américaines jouissant de toutes les facilités nécessaires pour assurer leur propre sécurité et celle du territoire, ce qui, du côté japonais, se traduirait par d'assez nombreuses servitudes. Pour ménager l'amour-propre nippon, la diplomatie américaine envisage de régler cette question, dite « des bases », par un accord séparé, indépendant du traité, librement conclu par le gouvernement japonais. Mais il ne s'agit que d'une question de pure forme. Pratiquement, le gouvernement nippon sera obligé de consentir pour une période sans doute assez longue à une limitation très sensible de la souveraineté dont on prétend lui rendre le libre exercice.

3) En fait, le règlement très libéral et très généreux que le général MacArthur et, semble-t-il, les milieux dirigeants de Washington, voudraient offrir au Japon, pour l'inciter à prendre nettement parti pour les puissances démocratiques dans le grand conflit qui divise actuellement le monde, s'annonce très dur dans ses clauses territoriales et assez lourd dans les dispositions d'ordre militaire qui en formeront l'indispensable complément.

Beaucoup de Japonais se demandent avec angoisse si l'empire nippon, réduit à un territoire moins grand que la France et dont seule une faible partie est cultivable[1], pourra assurer la subsistance d'une population de plus de 83 millions d'habitants qui s'accroît chaque année d'un million et demi. Ils doutent que le commerce avec le Sud-Est asiatique, dont le développement est favorisé avec juste raison par les Américains, puisse lui réserver des possibilités suffisantes et ils sont très soucieux d'éviter tout ce qui pourrait rendre plus difficile la réouverture du marché chinois. Ils craignent, en outre, que le maintien de troupes américaines sur le territoire national n'ait pour résultat inévitable, à plus ou moins longue échéance, d'impliquer le Japon dans un conflit armé avec l'URSS.

Ces appréhensions expliquent en grande partie l'hostilité tenace des socialistes et les répugnances des démocrates à l'égard de toute paix séparée.

Quant aux chefs du parti libéral, sur lequel s'appuie le gouvernement, ils estiment que le Japon n'a pas le choix. Étant donné la situation internationale, ils considèrent comme impossible pour leur pays de maintenir entre les deux blocs une attitude de neutralité. À leur sens, l'empire nippon doit prendre parti. Or, il ne peut pratiquement se prononcer que pour l'Amérique ; d'abord, parce que les Américains sont là et sont encore les maîtres. En outre, il vaut mieux essayer de traiter avec eux que de se trouver un jour à la merci de l'Union soviétique à l'égard de laquelle les Japonais, dans leur ensemble, éprouvent

---

[1] *Note du document* : « Surface totale des quatre grandes îles japonaises : 380.175 km² dont 15,6% sont formés de terres cultivables. Superficie de la France : 550.986 km² dont 40 % de terres cultivables ».

plus de crainte que de sympathie. Enfin, au point de vue économique, l'aide américaine est indispensable. Sa disparition entraverait le redressement péniblement amorcé, réduirait à néant les progrès accomplis depuis deux ans et signifierait à bref délai, le déclin et la misère.

En entrant dans les vues de la politique américaine, en prêtant aux États-Unis le concours qu'ils peuvent souhaiter dans une période particulièrement difficile, le gouvernement de Tokyo espère que le Japon en arrivera à être progressivement traité comme un véritable allié.

L'avenir d'une telle entente dépendra évidemment des perspectives qu'à longue échéance, elle pourrait offrir au partenaire nippon.

La question essentielle est de savoir si les gouvernements occidentaux estimeront plus avantageux que dangereux de favoriser la renaissance en Extrême-Orient, sur les arrières de l'URSS, d'une puissance avec laquelle Moscou devrait de nouveau compter.

C'est de la réponse à cette question que dépend l'avenir des relations entre les États-Unis et le Japon, et, dans une très large mesure, l'attitude de ce pays à l'égard des nations qui défendent la cause de la paix dans la liberté.

Le problème concerne au premier chef Washington et Londres. Mais il affecte également les intérêts de l'Union française, riveraine du Pacifique, et ceux de la métropole. Si l'URSS, alliée de la Chine communiste, se trouvait, d'une façon durable, dégagée de toute préoccupation sur ses confins extrême-orientaux, il serait à craindre qu'elle n'accentuât la pression déjà si forte exercée sur les pays de l'Europe occidentale. À lui seul, d'ailleurs, le fait que les États-Unis, première puissance du Pacifique, sont en même temps le principal partenaire du Pacte atlantique, suffirait à illustrer l'inévitable incidence d'un règlement japonais sur la sécurité française et sur le problème plus général du maintien de la paix en Europe et dans le monde.

(Direction d'Asie-Océanie, Japon, volume 48)

305

NOTE DE LA DIRECTION GÉNÉRALE DES AFFAIRES POLITIQUES

Note relative au réarmement allemand

N.   *Paris, 20 septembre 1950.*

À l'occasion des réunions du Conseil atlantique et du Conseil des ministres des Affaires étrangères, différentes procédures ont été envisagées, ces jours derniers, à New York au sujet du réarmement allemand.

La formule américaine des trois Hauts-Commissaires mandatés par le Conseil atlantique pour discuter cette question avec le Chancelier, n'est pas satisfaisante, car on admettrait ainsi un réarmement subordonné à une négociation préalable.

La proposition tendant à inviter la France seule à mener cette négociation au nom de l'Europe occidentale continentale paraît encore moins acceptable, car, outre les inconvénients de la formule précédente, elle en présente plusieurs autres qui lui sont propres.

Le Haut-Commissaire français, s'il était chargé de cette tractation, négocierait sous la pression des membres du Conseil atlantique, qui ont déjà fait connaître sans ambiguïté leur position de principe, favorable au réarmement allemand. En outre, il aurait en face de lui non seulement le Chancelier, mais les deux Hauts-Commissaires anglo-saxons, qui se feraient les complices ou les alliés de monsieur Adenauer, afin que les vues de leurs gouvernements prévalussent. Dans ces conditions, la négociation serait singulièrement ardue, et si elle aboutissait, la France risquerait d'être critiquée par certains comme seule responsable du réarmement allemand.

Cette question, si on l'envisage, ne pourrait l'être que dans le cadre du Conseil atlantique où il appartiendrait alors à la France de faire prévaloir une solution conforme à ses intérêts.

M. Acheson nous a proposé la création de divisions allemandes, dont le recrutement, l'habillement, le ravitaillement et la discipline seraient confiés à un ministère allemand.

Nous devrions proposer la création de bataillons allemands, formations supplétives qui seraient encadrées dans les régiments des forces d'occupation des différents pays. Ces unités seraient levées, habillées, entraînées par le commandement allié.

En premier lieu, les puissances occidentales ne peuvent se désintéresser de la sécurité extérieure de l'Allemagne occidentale qui, dans les circonstances actuelles, est inséparable de la leur. Or, elles se reposeraient en partie de ce soin sur l'Allemagne occidentale, si elles l'autoriseraient à former d'importantes unités autonomes, telles que des divisions.

En second lieu, le Chancelier serait ainsi dépourvu d'un instrument politique dont on peut assurer qu'il s'efforcerait de tirer de grands avantages.

En troisième lieu, les puissances occidentales se verraient contraintes de ne pas relâcher leurs efforts de réarmement, car les bataillons allemands formeraient une proportion à déterminer des troupes d'occupation, et leur nombre augmenterait dans la mesure où s'accroîtraient les effectifs alliés.

Enfin, on pourrait estimer qu'une telle organisation constituerait le premier noyau de l'armée intégrée.

On objectera à ce plan l'opposition du Chancelier. Il faudra voir dans les récriminations de monsieur Adenauer le regret d'être dessaisi d'une arme dont il entendait se servir. Puis il est vraisemblable que les Alliés eux-mêmes ont été abusés par les arguments de monsieur Adenauer, tendant à souligner l'impossibilité de constituer une armée allemande dont il n'aurait pas le contrôle. On doit, cependant, demeurer sceptique au sujet du refus qu'opposerait le peuple allemand à toute participation à la défense de son territoire, aussi longtemps que monsieur Adenauer n'aurait pas lui-même déterminé les modalités de cette participation.

(Secrétariat général, Dossiers, volume 8)

306

Note de M. Ledoux

L'aide économique américaine aux États associés

N.   *Saïgon, 20 septembre 1950.*

Secret.

Depuis que la légation américaine de Saïgon a notifié aux gouvernements des États associés par lettre du 24 mai l'octroi d'une aide économique s'élevant à 23 millions de dollars, peu d'opérations ont été effectuées et peu de décisions ont été prises. Les retards apportés à l'application du programme d'aide sont dus essentiellement du côté des États au départ des ministres responsables pour Pau et à la crainte de leurs suppléants de prendre des initiatives dans un domaine qu'ils connaissent mal, du côté américain au désir de ne pas froisser les susceptibilités des États par des décisions brusquées et d'attendre autant que possible les résultats de la conférence de Pau avant de trancher les questions les plus délicates.

Les craintes qu'éprouvent les représentants des États restés en Indochine d'anticiper sur les solutions qui seront trouvées à Pau les ont incités jusqu'ici à avoir des conversations directes avec la mission américaine. Il y a seulement fort peu de temps qu'ils ont exprimé le désir d'avoir des conversations avec les représentants français sur le projet d'accord bilatéral. L'absence presque totale de contacts entre nous et les États sur ces questions, nous ont empêchés de faire appuyer par leurs représentants les arguments présentés par nous-mêmes à la mission américaine. Il semble toutefois que les inconvénients politiques de rapports directs entre Américains et Viêtnamiens qui étaient apparus particulièrement grands au moment du passage de la mission Griffin aient perdu de leur importance, et que la force d'attraction qu'exercent les États-Unis sur le Viêtnam ait partiellement diminué ; sans doute les événements de Corée, par l'atteinte qui a été portée au prestige américain, sont une des raisons du changement qui est intervenu, mais il apparaît aussi que les déceptions viêtnamiennes à l'égard de l'aide économique américaine sont assez vives.

Les Viêtnamiens semblent estimer que l'aide économique prend beaucoup trop l'aspect d'un moyen de propagande en faveur des États-Unis ; ils sont aussi certainement irrités par la multitude des renseignements qui leur sont demandés par la mission américaine en même temps que par l'indécision de celle-ci ; ils sont déçus par le faible montant des crédits alloués et par l'absence de toute réalisation importante.

Une évolution très nette a marqué en même temps l'attitude de la mission Blum. Sans cesser d'avoir des rapports étroits avec les services français, les Américains ont fait preuve assez longtemps d'une défiance certaine à l'égard des suggestions françaises. Mais lassés peu à peu par les difficultés qu'ils ont éprouvées pour obtenir des renseignements sérieux de la part des États, pressés aussi de mettre en œuvre un programme d'aide trop longtemps retardé, ils se sont tournés depuis quelques temps beaucoup plus franchement vers les services français et semblent plus disposés à admettre les principales idées que nous avons défendues depuis longtemps. Ils reconnaissent que les crédits affectés au programme d'aide commerciale doivent être plus importants qu'ils ne l'avaient envisagé au début ; ils paraissent prêts à tenir compte des éléments de programme que nous avons nous-mêmes fournis et même à accepter l'idée d'un programme commun d'importation. L'évolution des Américains est toutefois trop récente pour que l'on puisse affirmer que les progrès qui ont été observés seront poursuivis dans l'avenir ; tout dépend dans ce domaine des résultats qui seront obtenus à Pau sur les questions de commerce extérieur, de douanes et de changes.

Le début de détérioration qui marque actuellement les rapports entre les Américains et les gouvernements des États conduit à penser qu'il vaut mieux dans la phase actuelle laisser autant que possible les représentants des États et les Américains face à face. En attendant que soient prises à Pau des décisions nous permettant d'agir plus ouvertement, il paraît préférable dans l'immédiat de limiter notre action à des pressions exercées tant sur les Américains que sur les États en vue d'orienter l'élaboration des programmes d'aide commerciale et d'aide gratuite dans le sens qui est le plus conforme à nos intérêts, et d'éviter que l'application des programmes n'entraîne des charges financières nouvelles pour les États. Il n'est pas exclu cependant qu'à la demande même des Américains désireux de ne plus perdre de temps et d'utiliser les procédures d'importation en vigueur, nous ne participions pas directement à la gestion de l'aide commerciale.

I – Programme d'aide commerciale.

Notre intérêt est d'obtenir que les crédits ECA[1] affectés à des importations commerciales soient les plus importants possible :

a) l'aide commerciale, plus que l'aide gratuite, contribue à soulager la France en Indochine de ses charges en devises ;

b) nous avons intérêt à ce que le montant de la contre-valeur soit élevé car il n'est pas impossible qu'une partie en soit affectée à la couverture de certaines dépenses militaires, si les États le demandent ;

c) en supposant qu'une solution favorable soit obtenue à Pau pour le commerce extérieur, nous pourrons intervenir plus facilement sur la part commerciale de l'aide que sur l'aide gratuite ;

d) l'aide gratuite a un caractère essentiellement politique. En prenant une trop grande importance, elle contribuerait à fausser le fonctionnement des marchés des produits de consommation.

Dans l'esprit des Américains, l'aide commerciale est surtout un moyen de se procurer, grâce aux fonds de contrepartie, les sommes en piastres nécessaires pour compléter l'action qui peut être entreprise grâce à l'aide gratuite. Toujours désireux de donner à l'aide économique un caractère essentiellement politique, les Américains craignent qu'une participation trop large des maisons françaises dans les importations faites sur crédits ECA, ne soit mal interprétée par les États. Soucieux pourtant de se procurer des sommes importantes, ils admettent qu'ils sont obligés de tenir compte des disponibilités financières des importateurs et reconnaissent que les entreprises viêtnamiennes sont incapables d'utiliser un montant élevé des crédits d'aide commerciale.

Ils sont prêts à consacrer aux importations commerciales des crédits beaucoup plus importants qu'ils ne l'avaient d'abord envisagé et qui pourraient être de l'ordre de dix millions de dollars au moins. Il est toutefois impossible dans les circonstances actuelles de mettre sur pied un programme d'ensemble pour une année, et l'on doit se borner à établir des tranches successives. Les éléments d'une première tranche de un million et demi de dollars avaient été rassemblés par la mission Blum à l'aide de renseignements recueillis auprès de certains importateurs français et viêtnamiens. Le programme qui comprenait l'importation de matières premières telles que l'acier et l'aluminium susceptibles d'être fournies par la France ont fait l'objet de très vives critiques de notre part. Les Américains ont fini par admettre que des importations de tels produits sur crédits ECA représenteraient un véritable gaspillage de dollars et que l'aide américaine n'était pas destinée à détruire les courants commerciaux normaux des États. Il a été entendu que les services français du commerce extérieur établiraient un programme correspondant aux besoins normaux des États sur la zone dollar et à

---

[1] E.C.A. : *European Cooperation Agency.*

des demandes immédiates des importateurs. Ce programme serait ensuite présenté par la mission américaine aux représentants des États pour recueillir l'approbation de ces derniers.

Il semble bien que, dans l'esprit des Américains, la première tranche du programme d'aide commerciale représenterait un programme d'importation commun aux trois États, idée à laquelle ils s'étaient montrés jusqu'ici très hostiles ; ils admettent en effet que les fonds de contrevaleur correspondant à ces importations pourraient être répartis entre les trois États selon des pourcentages à déterminer qui pourraient être identiques aux pourcentages de répartition du produit des droits de douane faisant actuellement l'objet de discussions à Pau.

Il n'est pas exclu que, sur la propre demande des Américains, la procédure d'importation utilisée soit très voisine de la procédure actuelle et que nous intervenions de la sorte directement dans l'exécution même du programme. La formule dite de remboursement utilisée en France pour certaines importations sur crédits ECA paraît seule applicable à l'Indochine ; elle supposerait la mise à la disposition de l'Office indochinois des changes d'une avance du fonds français de stabilisation des changes qui pourrait être de l'ordre de un million de dollars.

D'après les estimations faites récemment par les services du commerce extérieur et du plan, les besoins de l'Indochine sur la zone dollar ont été évalués à un chiffre qui dépasse à peine dix millions de dollars. Il est difficile de prétendre que la totalité des achats sur la zone dollar qui, en l'absence d'aide américaine, auraient été portés sur un programme d'approvisionnement financé par la France puissent être maintenant imputés sur des crédits ECA ; il y a d'ailleurs intérêt à ce que les États restent dépendants pour une certaine part de la métropole en ce qui concerne leurs importations en dollars. Aussi bien l'octroi de crédits ECA aux États doit permettre de se montrer un peu plus libéral qu'on ne l'a été jusqu'ici dans la délivrance des autorisations d'importations en provenance de la zone dollar sans compromettre les débouchés des produits français.

Néanmoins deux idées doivent être rappelées à la mission américaine au moment de l'établissement des programmes :

- les crédits américains ne s'ajoutent pas purement et simplement aux crédits en dollars alloués aux États par la France. Dans la mesure du possible, la France doit être soulagée par l'aide américaine d'une part de ses charges en dollars en Indochine.

- Il serait d'autant plus dangereux de considérer que l'aide américaine doit constituer en tout état de cause une aide supplémentaire à l'aide de la France que ce principe conduirait à importer sur crédits ECA des produits qui peuvent être normalement achetés dans l'Union française ou importés dans le cadre des accords commerciaux. Nous devons appliquer dans l'élaboration des programmes des États les mêmes principes d'économie qui nous guident pour les autres parties de l'Union française si nous voulons empêcher les États de gaspiller les dollars dont ils disposent et si nous voulons obtenir un jour l'équilibre de la balance des paiements de l'ensemble de la zone franc. Il est difficile d'imaginer que l'administration de l'ECA qui est guidée par le même souci en Europe puisse pratiquer une politique exactement contraire en Asie.

II – Programme d'aide gratuite et d'utilisation de la contre-valeur.

Le programme d'aide gratuite en dollars complété par un programme de dépenses en piastres financé par la contre-valeur constitue aux yeux des Américains l'aspect essentiel de leur action.

Leur préoccupation étant de toucher directement les populations, ils considèrent que leur effort doit porter surtout sur les questions médicales, sur les fournitures de vivres et de vêtements aux populations les plus éprouvées et sur la reconstruction ; ils considèrent aussi qu'ils doivent aider les paysans à l'aide de distributions d'engrais et de semences et de fournitures de matériel agricole ; ils considèrent enfin qu'un effort particulier doit être fait dans le domaine de l'artisanat. Les grandes lignes de ce programme sont conformes aux conclusions du rapport Griffin.

Les autorités françaises n'ont pas caché à diverses reprises les inquiétudes que leur a inspirées l'orientation donnée au programme d'aide économique par la mission Blum. Elles ont indiqué que, dans le domaine médical où un programme a pu être établi assez vite, l'absence de sécurité risquerait de donner peu d'efficacité à une action d'envergure ; elles ont indiqué aussi que, si les mêmes tendances devaient se manifester sur d'autres parties du programme, l'aide économique risquait d'être détournée des objectifs, paraissant les plus urgents dans les circonstances actuelles, car en définitive les distributions gratuites ne pourront être faites que dans les zones qui ont le moins besoin d'être secourues et l'effet politique recherché par les Américains ne sera pas obtenu.

Pour éviter un gaspillage de crédits et donner le maximum d'efficacité à l'aide économique, il paraît souhaitable que celle-ci devienne davantage le complément de l'aide militaire. Les crédits étant limités, il est préférable de les utiliser à des fins qui soient à la fois économiques et militaires et qui permettent de réaliser des investissements durables dont l'utilité stratégique serait immédiate. C'est dans cet esprit qu'il a été suggéré que les reconstructions de routes, l'aménagement d'installations portuaires, l'amélioration des conditions de transports soient comprises dans le programme. Dans le même esprit, il a été demandé qu'une part de la contre-valeur soit affectée au financement des troupes locales. Sur ces deux derniers points, les Américains ont admis que quelque chose pourrait être fait et ont demandé aux États leurs suggestions dans ce domaine. Aucune réponse n'a été obtenue jusqu'ici ; toutefois les Américains se sont déjà préoccupés de réserver certains crédits à un programme de transport et de travaux publics. Il a été rappelé à cet égard à la mission qu'une part des crédits récemment allouée à l'Indonésie ont été affectés à un programme de transports et d'installations portuaires.

En ce qui concerne l'utilisation de la contre-valeur à des fins militaires, les Américains ont indiqué qu'on pourrait envisager seulement le financement de dépenses de vivres, d'habillement ou de médicaments pour les armées nationales. Nous ne pourrons obtenir satisfaction sur ce point que si les États appuient nos propositions.

Les chiffres provisoires du programme d'aide gratuite et d'utilisation de la contre-valeur prévus actuellement par les Américains pour le Viêtnam et qui nous ont été communiqués par eux sont les suivants :

1) Programme de secours (fournitures de riz et de vêtements, dépenses de reconstruction) :

2 millions US dollars – 50 millions de piastres.

2) Programme de santé publique :

2 millions 1/2 US dollars – 15 millions de piastres.

3) Programme en faveur des artisans :

500 000 US dollars – 20 millions de piastres.

4) Programme agricole (engrais, semences, matériel de pompage) :

700 000 US dollars – 15 millions de piastres.

5) Programme de transports (notamment réparations de routes) :

1 million 1/2 US dollars – 40 millions de piastres.

6) Information et propagande :

350 000 US dollars – 10 millions de piastres.

Le programme total pour le Viêtnam représenterait donc environ 8 millions 1/2 de dollars sous forme d'aide gratuite et 150 millions de piastres de contre-valeur. La part du programme affectée à des secours pourrait être fortement réduite pour tenir compte de nos préoccupations et pour permettre une augmentation du programme de transport et de travaux publics ainsi que le financement d'une part des dépenses des troupes locales. Une modification des chiffres américains ne pourra être faite que si les États appuient nos suggestions.

Les programmes d'aide gratuite du Cambodge et du Laos comprendraient essentiellement des fournitures de produits médicaux, d'équipements de travaux publics et de moyens de transports. Une part des fonds de contre-valeur attribués à ces deux États permettrait de couvrir les frais de transport des produits et du matériel qui leur sont destinés.

III – <u>Aspects financiers de l'application de l'aide économique.</u>

En l'absence actuelle de contre-valeur, la mission américaine s'est préoccupée de transférer une part de ses avoirs en francs provenant des 5 % de la contre-valeur France s'élevant à 10 millions de piastres environ et d'en faire l'avance aux États afin d'assurer le financement de ses dépenses administratives et des dépenses en piastres qu'entraîne le début de l'application du programme médical.

La mission peut trouver dans une extension du procédé de transfert une solution provisoire facile au problème du financement des dépenses en piastres du programme. Sans doute les transferts dans le sens France-Indochine ne constituent pas du point de vue strictement financier une mauvaise chose ; néanmoins la limitation des transferts est un des moyens de pression que nous pouvons utiliser vis-à-vis des Américains pour les forcer à mettre en œuvre un programme d'importation commercial substantiel et pour écarter les inconvénients d'avances faites aux États. Nous nous apercevons aujourd'hui que la nécessité pour la mission de disposer de sommes importantes en piastres la force à tenir compte davantage des points de vue français sur l'aide commerciale.

Pour compléter l'avance qui serait faite au Viêtnam à l'aide de transferts de francs la mission américaine a demandé au gouvernement du Viêtnam d'avancer sur sa trésorerie 2 millions de piastres remboursables ultérieurement sur la contre-valeur Indochine. Les dangers d'une telle procédure ont été tout récemment signalés à des représentants de la Présidence du Conseil du gouvernement du Viêtnam. Il leur a été indiqué qu'une semblable procédure constituait un précédent fâcheux et que de telles avances pourraient ensuite se transformer en charges définitives pour le budget du Viêtnam. La nécessité de mettre le plus tôt possible en application un programme d'importation susceptible de produire la contre-valeur nécessaire au financement des dépenses prévues au programme leur a été indiquée, d'autre part, l'intérêt de consacrer une part de la contre-valeur non pas à des distributions gratuites dont l'effet serait très discutable mais à certaines dépenses militaires en vue de limiter l'inflation actuelle a été également souligné.

Enfin, dans le même ordre d'idées, il a été précisé que le système d'importation envisagé actuellement par les Américains pour les artisans présentait de grands risques ; il doit en effet se traduire par la fourniture provisoirement gratuite de certaines matières premières dont la contre-valeur ne sera recouvrée par le gouvernement du Viêtnam qu'après la vente des produits fabriqués par les artisans intéressés ; il est vraisemblable que dans le genre d'opérations une partie seulement de la contre-valeur pourra être remboursée par les artisans et que la différence demeurera à la charge du gouvernement du Viêtnam.

Il apparaît assez clairement que les représentants viêtnamiens qui ont jusqu'ici traité les questions d'aide économique américaine ne sont absolument pas au courant des problèmes financiers du Viêtnam. Une meilleure connaissance de ce problème peut les conduire à modifier leur attitude vis-à-vis des Américains et à défendre les mêmes positions que nous.

IV – <u>Accord bilatéral d'aide économique.</u>

Le texte du projet d'accord bilatéral relatif à l'aide économique a été communiqué officiellement aux États le 14 août par la légation américaine ; il a été indiqué à cette occasion par M. Heath qu'il paraissait souhaitable pour les États de procéder à des consultations entre eux et avec les autorités françaises afin de permettre la signature simultanée de textes identiques. Le gouvernement cambodgien a manifesté le désir de procéder à des consultations bilatérales avec les autorités françaises ; ces entretiens ont commencé le 12 septembre. Les autorités viêtnamiennes paraissent également assez disposées à connaître notre point de vue sur le projet d'accord.

Les observations les plus importantes que l'on puisse formuler sur le texte du projet et sur l'annexe sont essentiellement de deux ordres :

1) Il n'est pas tenu suffisamment compte des rapports existant entre les trois États et de leur appartenance à l'Union française. La légère modification apportée au projet primitif qui nous avait été communiqué à titre confidentiel fait mention dans le préambule « des États associés de l'Union française » ; elle devrait être complétée par des références précises aux accords du 8 mars et aux accords ultérieurs à conclure entre la France et les États, notamment aux articles 1 et 5.

Dans l'hypothèse où nous aurions obtenu satisfaction à Pau sur les questions de commerce extérieur, il serait nécessaire de mentionner la procédure d'importation selon laquelle les crédits ECA consacrés à des importations commerciales seraient utilisés.

2) L'annexe au projet d'accord prévoit en cas d'insuffisance de la contre-valeur le recours aux budgets locaux pour les sommes qui seraient demandées par la mission américaine. Le principe du recours aux budgets locaux est à exclure.

Par ailleurs aucune garantie n'est donnée aux États pour limiter à un certain pourcentage de la contre-valeur les dépenses locales de la mission économique américaine.

La fixation d'un pourcentage est d'autant plus nécessaire qu'il y a intérêt à limiter le montant de piastres dont peut disposer la mission américaine si l'on veut éviter que les matériaux stratégiques visés à la section 2 de l'annexe ne puissent être achetés avec les devises locales. Sur ce point les dispositions de l'accord d'aide économique devraient être semblables aux dispositions de l'accord d'aide militaire relatives à la même question, lesquelles font mention d'arrangements à conclure en ce qui concerne les conditions d'achats. Comme on se préoccupe de le faire pour l'aide militaire, il faudrait aussi préciser que les livraisons de matériaux stratégiques aux États-Unis devront être faites en tenant compte non seulement des besoins des États mais aussi des autres parties de l'Union française.

Un point doit être évoqué pour être complet : jusqu'ici les membres de la mission américaine ont été peu nombreux ; en dehors de quelques médecins américains envoyés dans le Nord du Viêtnam, la mission ne comprend aucun expert à titre permanent. Le danger de voir de nombreux experts américains intervenir auprès des États associés est donc très provisoirement écarté, d'autant plus que la mise en œuvre d'un large programme d'équipement et de modernisation qui pourrait entraîner la venue de techniciens dans le domaine industriel et agricole est contraire aux conceptions actuelles des représentants américains.

Le danger n'en est pas moins latent et déjà les services de la légation américaine se préoccupent de favoriser l'octroi aux Viêtnamiens de bourses dans les universités américaines. Il faut donc songer dès maintenant du côté français à examiner ce qui peut être fait dans le domaine de l'assistance technique aux États associés ; nous risquons d'être devancés par les Américains si nous ne faisons pas un effort dans ce sens à assez brève échéance.

(Direction d'Asie-Océanie, Indochine, volume 263)

307

M. Dejean, Ambassadeur de France, Chef de la mission française à Tokyo,
    à M. Schuman, Ministre des Affaires étrangères[1].

T. nos 1578-1581.　　　　　　　　　*Tokyo, 22 septembre 1950, 3 h.*

Réservé.　　　　　　　　　　　　*(Reçu : le 22, 12 h. 45)*

1) Un entretien que je viens d'avoir avec un des collaborateurs immédiats du général MacArthur tend à confirmer les vues exprimées dans mon télégramme n° 1562[2] au sujet des dispositions du commandement

---

[1] Télégramme communiqué à la Présidence de la République, la Présidence du Conseil, MM. Parodi, Clappier, de La Tournelle et de Bourbon-Busset ainsi qu'à Washington (nos 481-484) et à New-York (nos 281-284), avec prière de communiquer à la Défense nationale. Note manuscrite : « *M. Cattand. Signaler à Barbier (Presse)* ».

[2] Dans ce télégramme, Dejean fournissait des renseignements sur l'organisation de l'armée sud-coréenne avant l'invasion et sur sa réorganisation en cours. Il signalait qu'elle était de plus en plus mise en valeur, répondant ainsi à une préoccupation plus politique. Dans l'esprit du général MacArthur, l'armée nord-coréenne devait être détruite entièrement et l'armée sud-coréenne resterait la seule, accompagnant ainsi le rétablissement d'une administration civile régulière par le gouvernement sudiste. Il semblait bien dans les intentions des militaires américains de permettre au gouvernement Rhee d'étendre sa

américain à l'égard du gouvernement Rhee et du rôle dévolu aux troupes sud-coréennes (armée de la République de Corée).

2) En ce qui concerne le franchissement éventuel du 38ᵉ parallèle, mon interlocuteur a observé que l'URSS ayant repris sa place au Conseil de sécurité, celui-ci était désormais hors d'état de prendre une décision à ce sujet.

Une telle décision ne serait d'ailleurs pas nécessaire étant donné la formule très large de la résolution du 27 juin[1]. Le Conseil de sécurité n'avait soulevé aucune objection lorsque le président Truman avait ordonné aux forces navales et aériennes américaines d'étendre leur action à la Corée du Nord. L'action des forces terrestres ne poserait pas, du point de vue du droit international, de problème nouveau.

Le mieux serait de s'en remettre à l'initiative du commandement des Nations unies, qui serait motivée par des considérations purement militaires.

3) Mon interlocuteur m'a fait le plus grand éloge de l'armée sud-coréenne qui s'était très bien battue, qui, malgré de lourdes pertes, avait conservé un allant remarquable et qui constituait pour le gouvernement Rhee un excellent moyen d'action intérieure. Il ne m'a pas caché qu'il serait difficile de l'arrêter au 38ᵉ parallèle. Il m'a paru considérer avec sympathie la thèse de M. Rhee suivant laquelle l'agression nordiste aurait effacée la ligne de démarcation purement artificielle établie en 1945.

Il a remarqué que, dans quelques jours, le Président serait installé de nouveau à Séoul avec son gouvernement[2].

4) J'ignore dans quelle mesure les dispositions du commandement américain reflètent celles du gouvernement américain. Mais j'ai l'impression très nette que le général MacArthur et son état-major ne sont guère enclins à rétablir en Corée la situation antérieure avec toutes les possibilités de nouveaux incidents qu'elle impliquerait et que, à cet égard, leurs vues ne diffèrent pas sensiblement de celles du président Rhee.

(Direction d'Asie-Océanie, Corée, volume 23)

juridiction sur toute la Corée (télégramme nᵒˢ 1562-1574 du 21 septembre 1950 de Tokyo, non reproduit).

[1] Voir document n° 167.

[2] Séoul avait été prise le 26 au matin par les forces alliées (télégramme nᵒˢ 1643-1647 du 26 septembre 1950 de Tokyo, non reproduit).

308

M. Dejean, Ambassadeur de France, Chef de la mission française
à Tokyo,
  à M. Schuman, Ministre des Affaires étrangères[1].

T. nᵒˢ 1600-1605.   *Tokyo, 24 septembre 1950, 23 h.*

Réservé.   *(Reçu : le 25, 11 h. 30)*

Je me réfère à mon télégramme n° 1578[2].

1) Les plans militaires et politiques du général MacArthur en Corée reposent manifestement sur l'hypothèse de la non intervention soviétique ou chinoise.

Au sujet de la présence dans l'armée populaire de soldats coréens entraînés en Chine, le second rapport du général MacArthur au Conseil de sécurité n'a apporté aucun élément nouveau.

La presse avait signalé dernièrement d'importants convois de nationalité indéterminée venant d'Antung et se dirigeant vers le Sud. D'autre part, il m'est revenu que certains officiers du 2ème bureau manifestaient quelque nervosité des mouvements signalés aux confins septentrionaux du pays.

J'ai demandé hier 22 septembre au chef d'état-major si le commandement avait de sérieuses raisons de craindre une intervention ouverte de la Chine.

Le général Hickey m'a répondu que jusqu'ici aucun renseignement concret n'avait été recueilli au sujet de l'entrée en Corée d'unités chinoises ou même de la participation au combat d'individus dont la nationalité chinoise ait pu être établie de façon incontestable.

D'autre part, l'état-major incline à penser que si le gouvernement de Pékin avait eu l'intention d'intervenir ouvertement et directement, il n'aurait probablement pas attendu que la défaite des Nord-Coréens devienne inévitable. Or, actuellement la situation du gros de l'armée communiste qui se trouve dans le Sud-Est de la péninsule est gravement compromise. L'offensive contre Pusan avait échoué et les voies de retraite étaient des plus menacées. D'autre part, les Nations unies avaient rassemblé des forces imposantes qui ne cessent de croître. L'affaire était donc peu séduisante pour les Chinois qui n'ont rien à y gagner et beaucoup à perdre.

---

[1] Voir document n° 307.

[2] Télégramme communiqué à la Présidence de la République, la Présidence du Conseil, MM. Parodi, de La Tournelle, Clappier et de Bourbon-Busset, aux postes à Saïgon (nᵒˢ 748-753), Washington (nᵒˢ 485-490) et New York (nᵒˢ 285-290), avec prière de communiquer d'urgence à la Défense nationale. Note manuscrite : « *M. Cattand* ».

Formose était pour le moment hors de leur portée. En Corée, ils ne pouvaient que tirer les marrons du feu au profit des Soviets déjà maîtres de la Mandchourie.

Le commandement américain était cependant convaincu que Mao Tsé-Toung était soumis à une très forte pression de la part de Moscou. Il surveille avec la plus grande vigilance des régions frontières et continue la destruction systématique des voies de communication allant du nord au sud.

2) L'idée généralement admise au quartier général américain à Tokyo est qu'en cas d'intervention massive de la Chine, la Corée devrait être évacuée. La guerre serait poursuivie par d'autres méthodes et sans doute aussi par d'autres armes dont l'« action de police » menée en Corée ne comporte pas l'emploi. Une telle réplique apparaît comme le seul moyen de déjouer les calculs des dirigeants soviétiques et d'empêcher que la Corée devienne un creuset où fondraient les unes après les autres les divisions américaines mises sur pied.

La diplomatie de Washington qui ne manque pas d'intermédiaires avec Pékin aura sans doute veillé à ce que l'attention des chefs de la Chine communiste soit attirée sur les risques auxquels ils exposeraient leur pays en cédant aux conseils russes.

La présence près des côtes chinoises des puissantes forces navales et aériennes rassemblées pour les opérations coréennes constitue déjà un sérieux avertissement.

(Direction d'Asie-Océanie, Corée, volume 23)

309

M. Schuman, Ministre des Affaires étrangères,
  à M. Pignon, Haut-Commissaire de la République française
  pour l'Indochine [1].

T. n°s 1421-1424.   *Paris, 25 septembre 1950.*

Secret. Urgent.

Je réponds à votre télégramme n° 614[2].

Je vous communique ci-après les indications que M. Schuman a fait parvenir au Département concernant l'accueil fait par le Secrétaire d'État américain à nos demandes pour l'Indochine.

---

[1] Télégramme signé par ordre J. Roux.
[2] Document non reproduit.

Après avoir déclaré que les États-Unis attachaient la plus grande importance au développement simultané des troupes françaises et des troupes nationales des États associés, et souligné que la plus haute priorité serait réservée à l'équipement de ces forces, M. Acheson a précisé que l'assistance militaire américaine serait augmentée et que les autorités de Washington nous demanderaient à cet effet des précisions sur nos besoins.

Le Secrétaire d'État a tenu néanmoins à souligner les deux points suivants :

1) Le gouvernement américain est désireux de contribuer à la livraison de matériel fabriqué aux États-Unis et à son transport, mais il ne peut pas nous donner de « l'argent frais », pour être utilisé localement ;

2) En ce qui concerne une aide aérienne tactique éventuelle, le gouvernement américain ne peut s'engager, et M. Acheson a ajouté : « Nous ne voyons en aucune manière la possibilité de le faire ».

Des entretiens tripartites à un échelon élevé pourraient d'ailleurs, selon le Secrétaire d'État, avoir lieu en Extrême-Orient même et s'appliquer à des questions d'ordre technique, telles que celles de l'efficacité du matériel employé et de l'entraînement des troupes.

M. Acheson a indiqué également que des conversations d'états-majors détermineraient éventuellement la coopération des forces des trois pays au cas d'une attaque généralisée des communistes en Extrême-Orient.

3) La question de l'envoi éventuel d'observateurs de l'ONU à la frontière sino-tonkinoise n'a pas, à la connaissance du Département, été évoquée au cours de la conférence des Trois.

Je vous serais reconnaissant de me faire savoir si ces indications correspondent à celles qui vous ont été données à Saïgon par M. Heath et par M. Gullion.

(Direction d'Asie-Océanie, Indochine, volume 263)

310

COMPTE RENDU DES ENTRETIENS FRANCO-AMÉRICAINS
DU 25 SEPTEMBRE 1950
AU SUJET DE L'AFRIQUE[1]

Conversation entre M. de La Tournelle et M. MacGhee

C.R.

Assistaient à ces entretiens :

Du côté français :

M. de La Tournelle, M. de Margerie, M. Charpentier, M. Francfort, M. Monod, M. Gassouin, M. Blanchard, M. Vaurs (tous du Département), MM. Delteil, Pomeyou, Torré, Kreisser (de la France d'outre-mer).

Du côté américain :

M. MacGhee, Sous-secrétaire d'État pour l'Afrique et le Moyen-Orient, M. Bourgerie, adjoint de M. MacGhee pour l'Afrique, M. John Utter, de l'Ambassade des États-Unis à Paris.

M. de La Tournelle rappelle les conversations antérieures sur les questions africaines qui se sont déroulées à Londres sous forme tripartite, au cours desquelles un désir de coopération s'était manifesté de chaque côté.

M. MacGhee tient à assurer ses interlocuteurs qu'il est venu en ami et n'est animé d'aucun esprit critique. Les questions africaines importent aux États-Unis aussi bien qu'à la France et le désir de ceux-là est de nous aider dans notre tâche. Déjà l'aide de l'ECA[2] s'est manifestée au bénéfice de ces territoires. L'aspect stratégique de l'Afrique ne laisse pas non plus les États-Unis indifférents.

Les conversations antérieures ont eu d'heureux effets en effaçant les suspicions et les malentendus entre eux et nous. Désireux d'être mieux informés, M. MacGhee et ses adjoints sont venus nous écouter et seront heureux d'avoir quelques indications sur les points suivants :

1) *Propagande communiste en Afrique.*

M. Francfort rappelle que les conditions habituelles de développement du communisme (existence d'une classe ouvrière et subsidiairement d'une classe agricole) ne se trouvent pas réalisées en Afrique. La

---

[1] Compte rendu communiqué à Washington, au ministère de la France d'outre-mer, et à la direction d'Europe sous bordereau n° 377 du 30 octobre 1950.

[2] E.C.A. : *European Cooperation Agency.*

propagande moscoutaire recherche donc un appui dans les milieux nationalistes. Le RDA[1] fondé en 1927 est utilisé dans le sens d'une exacerbation du sens national et exploité en vue de créer des désordres. Les nombreux déplacements à Moscou de M. d'Arboussier, secrétaire général du parti, le désignent suffisamment comme agent communiste. Les incidents sanglants de février 1950, inquiétants pour l'avenir du, RDA, conduisent à une épuration qui laisse quelque incertitude sur l'orientation future du parti.

Tactiquement disposés à agir dans le même sens que les communistes, les nationalistes ne voient de réalisation de leurs aspirations que dans l'indépendance. C'est une vue imparfaite des choses ; des formes d'associations économiques ou politiques peuvent se faire jour dans l'avenir. D'autre part, une indépendance rapidement acquise dans les conditions actuelles risque d'orienter de nouvelles souverainetés vers une attitude neutraliste et d'encourager le chantage au rapprochement avec les Soviétiques. La mise en valeur de l'Afrique, conçue dans le cadre de vastes ensembles, et qui s'accommoderait mal de la multiplication de petites souverainetés, sera un moyen efficace de lutte contre le communisme.

M. de La Tournelle résume la question en soulignant le caractère récent du développement du communisme en Afrique, lié aux nationalisme et le refus de ceux-ci de s'adresser aux groupements européens dont ils ont pourtant besoin. Ceci est à rapprocher du refus de coopération internationale de l'URSS. L'intensification de la propagande communiste en Afrique se fait par Addis-Abeba. Notre effort doit consister, pour combattre celle-ci, à convaincre les sociétés indigènes que leur intérêt est de se rapprocher des sociétés européennes, seul moyen d'améliorer leur condition.

M. MacGhee, rappelant que les syndicats sont les véhicules habituels de diffusion de la doctrine moscoutaire, s'inquiète de leur rôle en Afrique.

M. Francfort précise que leur action est limitée.

Quant à l'attitude du gouvernement français vis-à-vis du RDA, dont se préoccupe le Secrétaire d'État américain, on souligne que c'est dans le sens d'une action souple, exercée par les gouverneurs de territoires sur les personnalités du parti, que l'on s'oriente. Si les autorités françaises ne sont pas gênées sur le plan international, elles prendront les mesures appropriées pour juguler le communisme. L'évolution de la conjoncture en Afrique est semblable à celle constatée en Europe et le gouvernement français se sont de plus en plus assuré dans sa lutte.

Au demeurant, le communisme en Afrique (pour répondre à une autre question de M. MacGhee) n'est pas une force assez importante pour entraver l'action de l'administration. L'action judiciaire s'est d'ail-

[1] R.D.A. : Rassemblement démocratique africain

leurs révélée efficace et depuis le mois de février à la suite de la répression provoquée par les incidents sanglants de Côte d'Ivoire, le RDA est très affaibli, sensiblement discrédité et semble avoir rompu avec le parti communiste.

Y a-t-il une organisation clandestine qui s'étendrait le long du 14e parallèle, dont le but serait le sabotage et la provocation au désordre, s'enquiert le Secrétaire d'État ? Rien ne permet de le penser, bien que l'on constate une excitation des sentiments xénophobes des musulmans fanatiques. Cet effort toutefois semble infructueux, car la structure sociale des musulmans est étrangère au marxisme.

M. Bourgerie, adjoint de M. MacGhee, demande s'il existe une collaboration étroite entre autorités des territoires voisins pour l'information réciproque sur les mouvements communistes en particulier avec le Libéria. Oui, répond-t-on. Au sujet du Libéria, on rappelle le trafic d'armes existant à notre frontière. M. Bourgerie donne des précisions sur les instructions envoyées à l'ambassade américaine à Monrovia, en vue des précautions à prendre.

Les étudiants noirs viennent-ils en Europe ? Sont-ils influencés par leurs congénères blancs ? M. Francfort suggère, en répondant à cette question, que les Américains nous signalent l'affiliation éventuelle de nos noirs aux grandes organisations noires américaines *American Council on African Affaire* etc.

Quant à ceux qui viennent en France, pouvez-vous les convaincre, demande M. Bourgerie, que le communisme est une forme d'impérialisme plus redoutable et dangereux que celui dont ils prétendent se plaindre ?

Cela est difficile, lui répond-t-on.

M. MacGhee demande s'il existe en Afrique une organisation politique active susceptible de lutter contre le communisme. M. Francfort répond que la libre activité des partis constitue par elle-même un contrepoids à des activités subversives, mais ce qui compte surtout c'est l'existence d'une administration française confiante en son action, appuyée par le gouvernement, comprise sur le plan international, aidée par une justice efficace. Au-delà de cette action, c'est la force militaire qui interviendrait en cas de tension.

Le RDA attire-t-il à lui toutes les forces spirituelles noires ? Non, car les particularismes locaux freinent cette tendance. Néanmoins le communisme utilise dans chaque région l'élément le plus utile, avec habileté et sans idée préconçue. Exemple : alliance du RDA avec les Musulmans dans le Niger, rappelle M. Delteil.

L'Union française pourra être, à la longue, un exutoire des forces nationalistes, souligne-t-on auprès de M. MacGhee. Mais cela nécessite une longue éducation.

M. Binoche conclut la conversation sur ce sujet en soulignant la contradiction devant laquelle l'on se trouve ; l'autorité française veut donner une éducation aux masses africaines, mais les mouvements subversifs utilisent cette éducation pour soulever les Noirs contre l'administration. L'équilibre est difficile à réaliser. Un certain immobilisme nous est ainsi imposé, quoiqu'il ne soit pas dans notre pensée.

2) *Coopération technique en Afrique.*

Cette question a déjà été exposée au *State Department,* souligne M. Monod. Le progrès politique ne peut être complet qu'accompagné du progrès social et économique. C'est sur cette donnée qu'a été conçue la coopération technique en 1945. Dans l'ordre social, nous avons voulu parer au plus pressé pour servir les Africains eux-mêmes. D'où les conférences techniques africaines. Le besoin est ensuite apparu de donner une forme organique à cette œuvre : CCTA.

Nous travaillons en liaison avec les institutions spécialisées, et non pas en concurrence avec elles, car nous avons entrepris cette œuvre avant elles, en 1945. Notre désir est d'obtenir de ces organismes une aide financière, spécialement sous l'aspect du 4ème point.

M. MacGhee, demande ce que pense le RDA de cette œuvre de coopération.

M. Monod répond que celle-ci n'a pas encore retenu l'attention des milieux politiques noirs. Mais les Noirs y sont directement intéressés car les conférences techniques africaines comportent la présence d'Africains dans nos délégations.

Les questions purement économiques ont été intentionnellement exclues de la compétence de la CCTA. C'est davantage des méthodes d'action que des moyens financiers, dont s'occupe cette organisation.

(Direction d'Amérique, États-Unis, volume 127)

311

M. Guyon, Ministre de France à Tel-Aviv,
    à M. Schuman, Ministre des Affaires étrangères[1].

D. n° 1032.   *Tel-Aviv, 25 septembre 1950.*

Mes télégrammes ont rendu compte au Département de la conférence qui a réuni à Jérusalem au début de ce mois une cinquantaine de représentants du sionisme et du judaïsme américains, invités par le

---

[1] Dépêche adressée à la direction d'Afrique-Levant et communiquée à la Direction des Affaires économiques, Amman, Bagdad, Beyrouth, Damas, Le Caire. Note manuscrite : « [Communiquer à] Washington, Londres, Secrétariat des Conférences, Europe, M. de La Tournelle, f[ai]t le 24 octobre 1950. Copie à AM[érique] ».

gouvernement d'Israël à se rendre compte sur place des besoins de l'État juif et à examiner les moyens propres à y faire face. La conférence n'était pas publique et le détail des débats n'a pas été publié. D'après ce qu'on en sait, elle a consisté avant tout dans la présentation par M. Ben Gourion et ses collaborateurs de la note à payer à ceux qui font vivre Israël depuis l'origine. Ceux-ci ont fait ensuite un certain nombre de critiques et d'objections. Ils n'en ont pas moins, en conclusion, donné satisfaction au gouvernement, puisqu'ils ont voté un ordre du jour reconnaissant qu'Israël aurait besoin, dans les trois années à venir, d'un milliard de dollars pour financer l'immigration d'environ 600 000 personnes et mettre le pays en mesure de subvenir à ses besoins. Ils ont décidé de convoquer à New York une conférence groupant les représentants de toutes les organisations juives et de leur recommander l'appel du gouvernement d'Israël.

On doit donc admettre que la réunion de Jérusalem, premier acte d'une nouvelle campagne de propagande, est un succès pour le gouvernement.

J'ai noté aussi les réserves qu'il convenait de faire sur ce succès apparent que la presse a bruyamment orchestré : tout d'abord sur la composition même de la conférence ; un certain nombre de ses membres paraissent avoir été des représentants qualifiés des Juifs d'Amérique ; mais d'autres, professionnels de la quête, laissaient un peu trop l'impression de jouer le rôle de compères, chargés de donner la réplique dans un dialogue écrit d'avance par les dirigeants d'Israël. Ensuite, même si l'on admet que le judaïsme américain a été représenté d'une manière sincère, il reste que la décision finale dépend de cinq millions de donateurs ou de souscripteurs qu'il va falloir maintenant solliciter. Enfin, une autre grande inconnue demeure : la situation internationale. Personne, en effet, ne met en doute que, si celle-ci venait à s'aggraver, il serait impossible de trouver en Amérique les fonds nécessaires au financement du plan de trois ans, comme aussi le matériel d'équipement et les produits alimentaires dont le pays aura besoin pendant cette période.

Telle quelle, cette conférence marque sans doute une date importante dans l'histoire d'Israël. Survenant deux ans et demi environ après la proclamation de l'État juif, à un moment où celui-ci se débat dans des difficultés financières normalement inextricables, elle jette une intéressante lumière sur la politique d'Israël, sur la mentalité de ses dirigeants et en premier lieu sur celle de son véritable chef, Monsieur Ben Gourion.

***

J'ai signalé tout récemment (ma dépêche n° 1.001/AL du 5 de ce mois)[1] le malaise qui règne dans le pays et le découragement de la

---

[1] Document non reproduit.

grande majorité de la population. Les déclarations de M. Ben Gourion aux Juifs américains montrent que le trouble des esprits ne l'émeut pas et qu'il suit imperturbablement la ligne qu'il s'était tracée au début de 1949. Il s'agissait alors de doubler le chiffre de la population en quatre ans. Si, comme il le prévoit maintenant, 600 000 nouveaux immigrants viennent se fixer en Israël dans les trois prochaines années, Israël comptera alors plus d'1 700 000 habitants et le programme de 1949 aura été atteint.

Ceci prouve bien que le gouvernement ne se laisse pas abattre par les difficultés, qu'il reste optimiste et nullement disposé à se montrer moins ambitieux. Les partis d'opposition peuvent bien proclamer que la politique économique du gouvernement a fait faillite ; les observateurs étrangers peuvent bien estimer que le gouvernement et l'administration se sont montrés incapables d'organiser un pays qui reste à leurs yeux plongé dans le chaos. Le gouvernement, sans nier le désordre, semble considérer cette situation comme parfaitement naturelle. Pour lui, il s'agit d'une vaste révolution en train de s'opérer ; Israël est encore en gestation ; mais les choses suivent, en dépit des apparences, un cours favorable. Il n'y a donc qu'à persévérer.

Sa thèse est, au surplus, que le gouvernement ne poursuit pas une politique librement décidée, mais qu'au contraire il n'a pas le choix. « Il n'y a pas d'autre route ; c'est l'ordre du destin » a dit récemment M. Ben Gourion au dernier congrès du Mapaï. Et il a repris et développé le même thème à la conférence de Jérusalem. M. Sharett, à la veille de son départ pour l'Assemblée des Nations unies, m'a exposé la même idée. La force qui pousse les Juifs d'Europe orientale et ceux du Moyen-Orient à venir se grouper en Israël est un de ces courants contre lesquels les hommes ne peuvent rien. Devant cette fatalité historique, il faut songer, a-t-il poursuivi, aux grandes migrations que l'humanité a déjà connues. Elles se sont accomplies en général dans la douleur et dans le sang. Il ne dépend de personne d'arrêter celle qui se déroule aujourd'hui, mais il dépend de certains de permettre à cette migration de s'effectuer dans un ordre relatif et de s'achever en une œuvre constructive. Si, au contraire, ceux qui peuvent l'aider refusent leur appui, cette migration-ci, comme les précédentes, se traduira par la misère pour beaucoup d'hommes « et peut-être par le communisme », a ajouté M. Sharett. Ce dernier argument a dû être largement employé à faire comprendre aux Juifs américains qu'il dépendait de leur générosité d'empêcher leurs frères d'Israël de sombrer dans une idéologie susceptible de soulever par contrecoup une vague d'antisémitisme aux États-Unis.

***

Sans entrer dans la discussion de cette thèse, le fait que le gouvernement israélien s'en tient à son programme de mars 1949 donne à réfléchir car il y a certainement au moins un domaine où la situation n'a pas évolué conformément à ses prévisions : celui des rapports d'Israël avec les États arabes. Il y a dix-huit mois, on avait l'espoir que, le temps aidant, les États arabes se résigneraient au fait accompli et signeraient la paix avec Israël. Aujourd'hui, on admet que cet espoir s'est évanoui et qu'il faut s'accommoder de la situation présente. Or celle-ci, quoiqu'en prétende la propagande officielle, constitue pour l'État juif une gêne sérieuse. Elle l'oblige à des dépenses militaires qui pèsent lourdement sur son budget. Elle entretient un climat d'inquiétude et de nervosité. Elle compromet le développement économique du pays.

M. Ben Gourion, dans son discours déjà cité, déclarait que, d'après les prévisions de l'Agence juive, 25 % des habitants d'Israël pourraient dans trois ans s'adonner à l'agriculture ; prévisions qui paraissent optimistes à plus d'un égard ; d'abord parce qu'elles supposent (ce sont les chiffres de l'Agence) la mise en culture de 70 000 hectares supplémentaires et que cette surface devrait suffire à faire vivre 80 000 familles (soit plus d'une famille à l'hectare, ce qui paraît beaucoup) ; ensuite parce qu'à voir ce qui se passe depuis deux ans, on reste sceptique sur la possibilité d'obtenir le retour à la terre de 80 000 familles de citadins invétérés.

Même si ces prévisions étaient justes, il resterait à faire vivre d'activités autres qu'agricoles les trois quarts de la population. Cela suppose un État fortement industrialisé. Dans les prévisions faites il y a dix-huit mois, on s'imaginait volontiers Israël jouant dans l'avenir le rôle d'une Belgique du Moyen-Orient. Haïfa serait le grand port de cette partie du monde ; Israël, un pays de transit et, grâce à ses industries de transformation, le fournisseur de tous ses voisins. Que reste-t-il de ces beaux projets, si les États voisins se refusent à ouvrir leurs frontières aux produits israéliens et à se servir du port de Haïfa ? Il reste seulement la possibilité de se faire offrir par les Juifs américains un équipement industriel qui permettrait au pays, d'ici quelques années, d'importer surtout des matières premières et non plus des produits manufacturés. Bien entendu, il devrait s'agir d'un don gracieux ; car on n'imagine guère le degré de rentabilité d'une industrie qui ne disposerait que d'un marché intérieur de moins de deux millions d'habitants, dont les possibilités d'exportation n'apparaissent pas, puisqu'elle serait privée de ses débouchés naturels, et qu'elle devrait évidemment payer de très hauts salaires à ses ouvriers.

***

Les récentes déclarations de M. Ben Gourion et sa ténacité à poursuivre la même politique incitent encore à une observation d'un ordre tout différent, mais que je crois essentielle à la compréhension de sa position : il est visible que, dans sa forme actuelle, Israël intéresse très peu le chef du gouvernement. Non qu'il ne s'enorgueillisse pas des résultats accomplis ; mais il est pareil à ces pères qui remarquent à peine les premiers pas de leur fils, ne songeant déjà qu'à ses études et à sa carrière futures ; M. Ben Gourion vit fort peu pour le moment présent ; il vit intensément l'avenir d'Israël. Et pourtant, avec ses 1 100 000 habitants juifs, Israël, dans une partie du monde si peu peuplée, constitue déjà une réalité qui n'est pas méprisable. De ce fait, ni lui-même, ni les autres dirigeants du pays ne semblent avoir conscience.

L'explication de ce phénomène est sans doute qu'Israël est une création trop récente pour avoir pu susciter déjà un patriotisme à forme d'amour de la terre comme on le connaît dans de vieux pays. L'amour de la Terre Promise est chez les vieux Sionistes purement mystique ; il n'a rien de charnel. La plupart d'entre eux n'en aiment ni le climat ni les paysages et ils gardent au fond du cœur la nostalgie de la neige, de la steppe et des sapins.

Pour ces hommes venus de Pologne ou de Russie, Israël n'est donc pas vraiment une patrie au sens que ce mot a pour un Français. Ils n'ont pas non plus d'attachement pour le peuple israélien. Au vrai, ce peuple n'existe pas. Ce qui existe, c'est le peuple juif dont une fraction seulement – une avant-garde – est déjà réunie en Israël. Aussi une réaction nationale du peuple d'Israël ne peut-elle se concevoir que contre les peuples non juifs – les Arabes par exemple. Parmi les vieux Israéliens – je l'ai noté dans ma correspondance – il y en a maintenant qui se disent que leurs intérêts sont contraires à ceux des Juifs de la Dispersion qui veulent venir les rejoindre ; mais ils éprouvent du remords à se le dire ; ils savent que c'est de l'égoïsme et n'ont pas le sentiment qu'il s'agisse d'un égoïsme national donc légitime ou même sacré. Il est remarquable qu'à la conférence de Jérusalem, au moment où l'on parlait de la nécessité de maintenir une immigration massive pour sauver les Juifs menacés, il ne s'est trouvé qu'une voix solitaire pour observer que l'essentiel était tout de même de sauver d'abord l'État d'Israël, parce que s'il sombrait, tout sombrerait avec lui y compris l'espoir des Juifs de la Dispersion : c'était la voix du seul Anglais présent à la conférence.

Ainsi, pas plus dans la sensibilité des dirigeants de ce pays que dans leurs idées, on ne trouve rien qui les amène à penser qu'Israël est un bien précieux qu'il faut avant tout préserver. Il n'y a rien de conservateur dans leur mentalité, rien de « statique ». L'Israël actuel n'est pour eux que l'ébauche du grand rêve qu'ils ont poursuivi toute leur vie. Le Sionisme s'intitulait « l'État en marche ». L'État a beau avoir, depuis lors, été fondé non plus seulement dans les esprits mais sur le sol, il reste pour eux « en marche ». Leur conception est toujours « dynamique ». Serviteurs d'une idéologie et non d'un pays, ils sont demeurés des mystiques sionistes et ne sont pas devenus des patriotes israéliens.

***

Cette conception ne manque pas de grandeur, mais elle présente des risques évidents. Tout d'abord, elle compte pour rien les souffrances d'une population sous-alimentée, mal logée, manquant de travail. Ensuite, elle apparaît comme fort inquiétante pour les voisins d'Israël. Cet État en perpétuel devenir doit ressembler, vu du dehors, à une tête de pont dont l'envahisseur renforce constamment les effectifs. Et si l'inquiétude arabe se traduit, comme il est normal, par un surcroît de fanatisme, les communautés juives d'Afrique et d'Orient ne verront plus leur salut que dans la fuite vers Israël. On est ainsi amené à penser que la tension même des rapports entre Israël et les États arabes facilite la politique d'immigration massive voulue par M. Ben Gourion, tandis que l'immigration massive, à son tour, augmente la tension.

On voit mal dans ces conditions pourquoi, dans trois ans, Israël aurait trouvé son équilibre. Rien ne prouve que la vague d'immigration aura pris fin. Rien ne prouve non plus qu'Israël aura trouvé le moyen de faire vivre sa population accrue et pourra subvenir à ses besoins sans une nouvelle aide extérieure. Malgré tous les plans dont elle se pare afin de donner l'impression qu'elle sait où elle va, la politique du gouvernement israélien reste aujourd'hui comme hier une politique d'aventure.

(Direction d'Afrique-Levant, Israël, volume 11)

312

M. Bonnet, Ambassadeur de France à Washington,
    à M. Schuman, Ministre des Affaires étrangères[1].

T. n⁰ˢ 3865-3868.   *Washington, 26 septembre 1950, 21 h.*

Réservé. Urgent. Secret.   *(Reçu : le 27, 6 h.)*

Des renseignements recueillis au Département d'État, il semble que l'attitude du gouvernement américain concernant le problème du 38ᵉ parallèle, au cas où les Coréens du Nord refuseraient de se rendre, se présente de la façon suivante :

Il faut distinguer le franchissement du parallèle et l'occupation de la Corée du Nord.

1) Pour ce qui est du franchissement, c'est une question d'ordre purement militaire qui doit être résolue très rapidement et sur laquelle l'avis du Conseil de sécurité n'est pas nécessaire. L'assentiment de cet orga-

---

[1] Télégramme communiqué à la Présidence de la République, la Présidence du Conseil, MM. Parodi, Clappier, de La Tournelle et de Bourbon-Busset, ainsi qu'à New-York (n⁰ˢ 854-857). Note manuscrite : « *M. Cattand* ».

nisme n'a pas été requis en effet pour les bombardements aériens et les débarquements qui ont été effectués depuis le 25 juin au nord du 38ᵉ parallèle ; il doit en être de même pour des actions terrestres futures de grande envergure. La présence de la Russie au Conseil de sécurité rend d'ailleurs toute décision impossible. Au surplus, la création d'un « vide militaire » au nord du 38ᵉ parallèle constituerait vraisemblablement le moyen infaillible d'y attirer les forces russes ou chinoises ou les deux.

On admet néanmoins que le franchissement du parallèle par les troupes des Nations unies constitue un risque mais que ce risque n'étant pas considérable, il convient de le courir.

2) L'occupation de la Corée du Nord une fois les opérations militaires terminées est en revanche une question qui devrait être décidée le plus tôt possible par l'Assemblée des Nations unies à l'occasion d'une résolution présentée par un État tiers (peut-être le Royaume-Uni) ; cette résolution conçue en termes très larges demanderait à cet organisme de prendre toutes mesures utiles pour la pacification et l'unification de la Corée. L'occupation militaire en découlerait donc.

Le Département d'État est favorable à la participation de forts contingents asiatiques et à une refonte de la commission des Nations unies pour la Corée de façon à permettre à cet organe de jouer le rôle essentiel qui serait le sien dans l'éventualité envisagée.

C'est sur cette question de l'occupation que M. Acheson et ses collaborateurs se proposent, semble-t-il, de mettre l'accent dans les conversations qu'ils vont avoir ces jours-ci à New York à propos de la Corée avec les principales délégations étrangères.

(Direction d'Asie-Océanie, Corée, volume 23)

313

NOTE DE M. DE MARGERIE, DIRECTEUR ADJOINT
DES AFFAIRES POLITIQUES
POUR M. SCHUMAN, MINISTRE DES AFFAIRES ÉTRANGÈRES[1]

N.   *Paris, 28 septembre 1950.*

Secret.

Les conférences qui viennent de réunir à New York, entre le 11 et le 25 septembre, les ministres des Affaires étrangères et de la Défense nationale des trois grandes puissances et le Conseil de l'Atlantique, font

---

[1] Note manuscrite : « *Conférence de New York. J'ai ouvert un dossier* ».

apparaître les résultats suivants, si l'on se place au point de vue français :

1) *Résultats favorables.*

   a) Le président Truman a annoncé, et M. Acheson a confirmé, un renforcement « très substantiel », aussitôt que faire se pourra, des effectifs américains en Europe ; ce renforcement, d'après la presse américaine, se situera entre 6 et 10 divisions, et dépasse donc sensiblement nos espérances ;

   b) la constitution d'une force unifiée pour la défense de l'Europe occidentale est acquise ;

   c) cette force unifiée sera pourvue immédiatement d'un état-major international, et, dès qu'elle présentera un caractère suffisamment substantiel, d'un commandant suprême.

Ces trois points correspondent à trois des revendications essentielles formulées dans le mémorandum français du 17 août dernier[1], qui a donc exercé une influence considérable sur les décisions du gouvernement des États-Unis et apporté une contribution essentielle à la solution du problème de la défense de l'Europe occidentale.

2) *Résultats défavorables.*

   a) Le gouvernement des États-Unis, en acceptant la constitution de la force unifiée, insiste de la façon la plus pressante pour qu'une décision de principe, prévoyant la participation d'unités allemandes à l'échelon de la division, soit prise incessamment par le Conseil de l'Atlantique ;

   b) M. Acheson et ses collaborateurs n'ont pu donner encore que peu de renseignements précis sur l'appui financier que le gouvernement des États-Unis accordera aux puissances européennes pour leur permettre de constituer les unités destinées à composer la force unifiée ; le projet de budget commun, qui constitue l'une des pièces maîtresses de notre mémorandum du 17 août dernier, ne recueille point la faveur des services américains compétents ; les indications recueillies sur la participation américaine au financement du programme de fabrication prioritaire établi par les Suppléants ne répondent pas aux besoins, et les modifications nécessaires à la loi américaine exigeront de longs délais.

La discussion a fait apparaître :

1) qu'un climat de confiance règne parmi les signataires du pacte de l'Atlantique et que ceux-ci sont résolus à faire un effort commun ;

2) que toutes les puissances, sauf la France, se rallient, avec plus ou moins d'enthousiasme, à la thèse américaine concernant la participa-

[1] Voir document n° 261.

tion d'unités allemandes à la force unifiée : la France, seule dans son opposition, se trouve dans une situation particulièrement délicate du fait que, dès le commencement du débat, les Pays-Bas, puissance européenne des plus éprouvée par l'occupation allemande, a donné son appui sans réserve aux propositions de M. Acheson, soutenues ensuite par le Luxembourg lui-même, et que la Grande-Bretagne, par l'intermédiaire de M. Bevin, et sans opposition, à New York du moins, de la part de M. Shinwell, leur a apporté son approbation qui est aussi celle du *Labour Party* ;

3) que, devant cette quasi-unanimité, les États-Unis pourront être tentés de passer outre à notre opposition et même, sinon de remettre en cause le principe de la force unifiée ou le renforcement de leurs effectifs en Europe, du moins de profiter de notre résistance pour diminuer leur concours financier à notre propre réarmement.

Toutefois, les explications données par nos Ministres, les délais de réflexion demandés par certains de leurs collègues européens, ont permis à M. Acheson de mieux comprendre notre attitude et ses raisons et l'ont amené à amplifier et à renforcer en conséquence ses déclarations initiales sur les points suivants :

1) il ne saurait être question, dans l'esprit du gouvernement des États-Unis, de reconstituer ni une armée nationale allemande, ni un état-major allemand ;

2) ce n'est pas l'industrie allemande qui sera appelée à fournir les armements nécessaires aux unités allemandes : celles-ci recevront leur équipement entièrement du dehors, restant ainsi dans la dépendance de ceux qui les leur fourniront ;

3) les puissances signataires du pacte de l'Atlantique conservent un droit de priorité rigoureux en matière d'armement, et aucune unité allemande ne pourra être équipée qu'après réalisation du programme des puissances occidentales.

Enfin, devant notre insistance, les négociateurs américains ont accepté que le problème ne fût l'objet d'aucune décision immédiate, mais fût renvoyée à l'examen du comité de Défense, composé des ministres compétents des signataires du pacte de l'Atlantique, qui se réunira à New York le 27 octobre prochain, et qui, de toute évidence, est le plus qualifié pour se prononcer.

Il faut voir clairement que nous ne pourrons davantage éluder la question, et que nous nous trouverons alors au pied du mur ; le court répit qui nous reste doit être mis à profit pour chercher une issue à l'impasse où nous sommes actuellement. Mais ce délai est plus bref encore qu'il ne semble : en effet, le ministre de la Défense nationale doit retourner aux États-Unis, peut-être avant le 10 octobre prochain, avec le ministre des Finances, et il est évident que leurs négociations seront d'une grande conséquence pour le règlement final. De plus, il n'est pas impossible qu'un débat parlementaire se déroule, entre le 20 et le 27 octobre, à la veille de la conférence des ministres de la Défense ; en ce cas, une discussion extrêmement confuse est à craindre qui rendrait plus difficile encore la tâche des négociateurs français. La discussion doit donc être dirigée par le gouvernement, et le vote final de la Chambre orienté suivant les perspectives d'un règlement final.

Dans ces conditions, l'on est conduit à penser :

que notre doctrine doit être élaborée avant le départ pour les États-Unis de MM. Petsche et Jules Moch, c'est-à-dire avant le 8 octobre prochain ;

qu'une décision définitive devra être prise à leur retour, et avant un débat parlementaire éventuel.

***

Avant d'étudier les grandes lignes d'une solution possible, il faut faire d'abord deux constatations :

1) La diplomatie américaine établit un lien entre la création de la force unifiée et le renforcement des troupes américaines en Europe, d'une part, et la participation des unités allemandes, de l'autre ; elle exerce sur nous, à cet égard, une pression, pour ne pas dire un chantage, que facilite le ralliement de tous les autres signataires du pacte à la thèse américaine. Il ne paraît guère probable qu'aujourd'hui les États-Unis soient encore en mesure de revenir sur l'approbation qu'ils ont donnée aux points essentiels du mémorandum français ; les décisions du président Truman et du Conseil de l'Atlantique à cet égard ont été proclamées publiquement, et ont recueilli l'approbation universelle. Il n'y a donc plus à y revenir. Mais il faut se demander très sérieusement si, devant l'opposition de la France seule, les États-Unis n'hésiteraient point à passer outre, étant désormais assurés de l'approbation des autres puissances. L'attitude du général Marshall au cours des discussions de New York, les déclarations du général Bradley montrent que l'état-major américain, où nous comptons nos meilleurs amis, est entièrement d'accord avec M. Acheson en faveur du réarmement allemand. Il n'est pas certain, en revanche, qu'au Département d'État, l'état d'esprit soit unanime sur ce point.

2) L'un des principaux arguments que nous avons mis en avant pour arrêter les États-Unis dans la voie où ils veulent s'engager a perdu en partie sa valeur en raison de la très large publicité que la presse mondiale a donnée au débat. Nous avons fait observer qu'en dépit de la *Volkspolizei* dans l'Allemagne de l'Est, la formation d'unités allemandes en Allemagne de l'Ouest pourrait être considérée par l'URSS comme une provocation ; que le risque de guerre s'en trouverait accru, et d'autant plus inutilement que le gouvernement américain affirme que d'assez longs délais s'écouleront avant la formation de ces corps ; et que, si nous devons assumer sans hésiter les dangers qui peuvent résulter du réarmement occidental, nous n'avons, en revanche, aucun motif

plausible pour accroître ce péril en proclamant dès maintenant une décision dont les effets ne se feront sentir que dans un avenir encore éloigné.

La décision reste suspendue, mais le risque que nous avons dénoncé est là dès maintenant. Le retentissement donné aux débats sur le réarmement de l'Allemagne, l'obstination apportée par les États-Unis à le préconiser, ont d'ores et déjà convaincu l'URSS du caractère inévitable de ce réarmement. Aucune résolution publique ou secrète ne serait-elle proclamée à cet égard que le Kremlin la tiendrait cependant pour acquise, que nous consentions ou non, sous quelque forme que ce soit, aux propositions américaines, Moscou fait aujourd'hui entrer dans ses calculs la reconstitution d'une armée allemande, et c'est en vain que nous avons cherché à éviter un danger désormais présent. Il, n'en reste pas moins qu'une décision solennelle peut encore servir à l'URSS de prétexte pour justifier, de sa part, quelque manœuvre diplomatique ou même quelque action.

***

De ce qui précède, il résulte que la France peut se trouver en face d'une décision qu'elle juge périlleuse, dont elle a dénoncé obstinément les dangers, et qu'elle est parvenue jusqu'ici à retarder. C'est donc s'inspirer du souci de nos intérêts nationaux que de nous mettre à la recherche d'une solution positive, pour éviter de nous trouver complètement isolés le 27 octobre prochain, pour ne point courir le risque de compromettre par là même les avantages obtenus ou à obtenir sur d'autres points, et pour conserver la possibilité d'influer sur les suites d'un événement que, selon toute vraisemblance, il ne nous appartient plus de prévenir. Si l'on pense avec le cardinal de Retz que la politique consiste en certains cas « à se faire honneur de la nécessité », comment y parvenir dans l'occasion présente ?

Les États-Unis insistent pour que nous acceptions dès maintenant le principe de la participation d'unités allemandes à la force unifiée pour la défense de l'Europe occidentale ; l'on ajoute que d'ailleurs leur formation demandera huit ou dix mois au moins. Si cette thèse, à quelque date que ce fût, devait triompher, il ne faudrait point que ce fût le cas avant que nous ayons pu obtenir des garanties dans l'application, et, sur le plan de la politique mondiale des sécurités propres à rétablir un équilibre que risque de rompre le réarmement de l'Allemagne.

Le gouvernement des États-Unis peut être décidé à passer outre si nous maintenons notre opposition à la création d'unités allemandes : mais il n'en reste pas moins extrêmement désireux d'aboutir sur ce point à une solution qui puisse trouver notre accord. Les motifs qui déterminent son attitude sont bien connus : il veut à la fois apaiser son opinion publique, qui répugne à voir engager sur le continent européen les forces américaines sans utilisation simultanée de tout le potentiel humain continental, et neutraliser l'attitude du Congrès qui, à en juger par ses récents débats, refuserait sans doute de voter les crédits pour les armements occidentaux si l'Allemagne ne se trouvait pas associée à la défense de son propre territoire. Mais, si ces arguments d'ordre intérieur pèsent certainement d'un poids décisif dans la balance, la politique américaine ne s'en inspire pas moins d'une conception stratégique d'ensemble qui est conforme à la nôtre et qui répond à nos intérêts, même si elle s'en écarte sur un point plus délicat pour nous que pour Washington. Le Département d'État, qui ne manque aucune occasion de souligner l'importance de la contribution que nos mémoranda et nos suggestions apportent à l'organisation de la défense occidentale, souhaite ardemment trouver, sur les derniers points en litige, une solution qui puisse satisfaire les deux parties, comme il l'a fait déjà pour le renforcement des troupes américaines en Europe, la force unifiée, l'état-major combiné et le commandement suprême.

Si importants que soient les progrès effectués à cet égard, un point essentiel reste à éclaircir : il s'agit du financement de notre réarmement et de la défense de l'Indochine à la fois. Comme M. Acheson l'a reconnu à New York, les études des services compétents, poussées assez loin pour permettre une réponse favorable à nos thèses sur les quatre sujets mentionnés plus haut, n'ont pas été suffisamment avancées jusqu'ici pour qu'il fût possible de nous répondre avec la précision voulue sur ce double terrain financier.

Il semble donc, étant donné l'importance primordiale de la question, que nous devrions nous efforcer, à l'occasion du prochain voyage à New York de MM. Petsche et Jules Moch, d'obtenir dans ce domaine les informations et les assurances dans lesquelles nous ne pouvons mettre en application notre programme de fabrication prioritaire, ni équilibrer le budget de 1951. L'établissement d'un budget commun, proposé dans nos mémoranda, paraît au gouvernement français la meilleure façon de régler le problème ; cependant, nous n'avons cessé de déclarer que nous accepterions, si elle doit conduire au but poursuivi toute autre solution propre qui paraîtrait préférable à nos partenaires : c'est donc d'eux, essentiellement, que dépend l'arrangement souhaité. Enfin, en ce qui concerne l'Indochine, qui constitue un point essentiel dans la résistance à l'expansion communiste à travers le monde, nous pouvons faire valoir que notre effort dans l'Asie du Sud-Est apporte une contribution considérable à l'organisation de la défense des puissances atlantiques dans l'univers ; que celle-ci constitue un tout inséparable, et qu'il doit donc nous en être tenu compte ailleurs, c'est-à-dire en Europe, où nous alignerions sept ou huit divisions de plus si nous n'étions obligés de les conserver au Tonkin ou en Cochinchine. Établissant un lien entre le renforcement des troupes américaines sur notre continent et la participation d'unités allemandes à la force unifiée, M. Acheson a fait valoir que les propositions du gouvernement des États-Unis formaient un ensemble qu'il ne fallait point les considérer séparément, et qu'il ne serait pas « équitable » d'en laisser retenir ou tomber par chacun ce qui lui conviendrait particulièrement : nous sommes en droit d'appliquer le même raisonnement à l'Indochine si l'on veut que, dans un avenir plus ou moins éloigné, nous acceptions les vues américaines sur la coopération de l'Allemagne, problème qui se présenterait pour nous sous un tout autre aspect si nous disposions dans l'Est des contingents actuellement retenus en Indochine.

De l'étendue des promesses qui nous seraient faites sur le financement de notre réarmement, aussi bien que de nos dépenses dans le Sud-Est asiatique, – et il appartiendrait aux services compétents des ministères des Finances et de la Défense nationale d'établir nos besoins *minima* à cet égard –, dépendrait notre attitude future vis-à-vis de la participation ultérieure d'unités allemandes à la défense de l'Europe occidentale, participation qui devrait encore être liée à un certain nombre de garanties dont quelques unes vont être énumérées.

Il faut d'abord que soit maintenu le caractère rigoureusement prioritaire du réarmement des signataires du pacte de l'Atlantique, et le principe de l'équipement uniquement effectué par l'étranger, éventuelles unités allemandes.

Ni l'une ni l'autre de ces conditions ne paraissent difficiles à remplir : M. Acheson a lui-même apporté une emphase particulière à en souligner l'importance, et nous n'aurons point de peine à obtenir qu'elles soient formulées de façon à nous donner tous les apaisements nécessaires.

Le Secrétaire d'État a fait allusion à New York à la nécessité de prévoir la formation des services qui seraient chargés de préparer la future participation allemande à la défense européenne, et ses auditeurs ont pu avoir l'impression qu'il songeait à la création d'un ministère allemand spécial. Ceci appelle, de notre part, les plus sérieuses réserves. Nous devrons veiller à ce que de semblables institutions restent soumises à un contrôle à l'exercice duquel il conviendra que nous ayons une large part.

Nos exigences devraient porter également sur la nature et sur l'utilisation des futures unités allemandes. Ici, il convient d'entrer dans plus de détails, parce que nous trouverons les Américains dans des dispositions moins favorables, et parce qu'il ne semble pas impossible de réfuter leurs affirmations et leurs arguments.

M. Acheson nous déclare, de la façon la plus catégorique, et les communiqués du Conseil de l'Atlantique reprennent cette formule, qu'il ne saurait être question un seul instant de refaire une armée nationale allemande, ni un état-major allemand ; de la même voix, il nous invite à créer des unités allemandes allant jusqu'à la division. Une large publicité a été donnée déjà en Amérique à cette conception, ce qui ne peut qu'accroître les appétits allemands.

Quelle différence y aurait-il entre une armée nationale, et une armée composée de plusieurs, peut-être d'une dizaine de divisions même séparées dans l'espace ; entre les états-majors de ces divisions ou les officiers allemands qui feraient partie de l'état-major interallié prévu, et un état-major allemand proprement dit ? Qui ne voit qu'il suffirait de juxtaposer ces divers éléments pour constituer à bref délai une *Reichswehr* pourvue de tous ses services, même si son équipement doit provenir entièrement de l'extérieur ?

Si l'on réduit, au contraire, l'importance des unités prévues, et si on les ramène à ce qui devrait être, pour quelque temps, un maximum, c'est-à-dire au régiment, le problème épineux de l'état-major se trouve provisoirement écarté : un régiment n'en comporte point, à l'encontre d'une division, et, de plus, de telles unités pourraient être beaucoup plus aisément amalgamées, en raison de leur format réduit, aux forces alliées, au milieu desquelles elles perdraient plus facilement certains de leurs caractères nationaux. Si l'on admet que c'est dans le cadre européen que l'Allemagne doit être le plus facilement accrochée de façon définitive à l'Europe occidentale, il faut reconnaître que la force unifiée, dont le principe vient d'être proclamé, peut seule rendre supportable pour nous l'idée d'un réarmement allemand, – et cela d'autant mieux que nous pousserons plus loin l'amalgame, jusqu'à la constitution de grandes unités composées de corps de plusieurs nationalités. On peut concevoir des divisions qui comprendraient, à côté de régiments français, anglais ou américains, un régiment allemand, et qui seraient pourvues d'un équipement et de services communs. De telles solutions, inspirées d'un sentiment de solidarité internationale, pouvaient paraître, il y a peu de temps encore, du domaine de la chimère. Il n'en est plus ainsi aujourd'hui.

Certes, il serait préférable de maintenir les unités allemandes à l'échelon bataillon. Mais il ne semble pas possible de s'en tenir là, étant donné que nous avons admis déjà, dans le domaine de la police, le recrutement de cadres « pour des unités allant jusqu'au régiment » (tél. de New York nos 10.321)[1].

Si l'on admet que nous posions la question sur ce terrain, il serait souhaitable également de prévoir que ces unités devraient n'être employées, en temps de paix, que dans certaines conditions : en un mot, elles ne devraient pas être stationnées le long de la ligne de démarcation entre l'Allemagne de l'Est communisée, et l'Allemagne de l'Ouest occupée par les Alliés, mais être systématiquement placées en seconde ligne, derrière les effectifs américains, anglais ou français, sans contact direct avec la *Volkspolizei,* ni avec aucun autre élément allemand analogue.

Il a été indiqué plus haut que, malheureusement, la publicité donnée à ces discussions préliminaires donnait aux points en suspens l'aspect

---

[1] Document non reproduit.

de faits acquis, et entraînait déjà, pour nous, les mêmes dangers, vis-à-vis de l'URSS, que les décisions ou les actes envisagés. C'est là un fait auquel nous ne pouvons plus rien changer et dont il faut bien nous accommoder. En revanche, il serait encore temps de parer aux périls qu'entraînerait pour nous le contact direct entre Allemands de l'Est et Allemands de l'Ouest.

Sous quelque angle qu'on l'envisage, on ne peut que lui trouver les plus graves inconvénients.

La *Volkspolizei*, ne voyant en face d'elle que des Allemands, décide-t-elle, à l'instigation de l'URSS, de les attaquer, comme les Coréens du Nord l'ont fait des Coréens du Sud ? Nous sommes aussitôt entraînés dans le conflit puisque nous ne saurions laisser envahir le territoire qui nous sert de couverture.

Les unités allemandes de l'Ouest, au contraire, cèdent-elles à la tentation de marcher vers l'Est, à la conquête des anciennes frontières du Reich ? Nous voilà, sinon complices, du moins associés à une aventure susceptible d'entraîner une nouvelle guerre mondiale, ni les Russes, ni les Polonais ne pouvant accepter la reconstitution de l'unité allemande à leur détriment. Avons-nous intérêt à voir se reformer cette unité dont nous avons pu constater depuis 1870 à quel point elle est dangereuse pour nous, à la refaire en quelque sorte pour les Allemands, et ne devrions-nous pas, en pareil cas, nous attendre, dans un avenir plus ou moins lointain, – ou plus ou moins rapproché –, à voir l'Allemagne unifiée contre la Russie s'entendre ensuite avec elle pour se retourner vers l'Ouest ?

Les conversations de New York ont permis de dire, et de répéter à M. Acheson, que l'histoire nous enseigne la défiance que méritent les troupes allemandes incorporées à une force internationale (quand il ne s'agit point de mercenaires). La Grande Armée qui envahit la Russie en 1812, sous les ordres de Napoléon, comportait des contingents allemands, autrichiens, italiens, espagnols. Les Autrichiens du prince de Schwarzenberg restèrent soigneusement à l'écart de la lutte ; les Saxons à Leipzig, les Prussiens du comte Yorck à Tauroggen, nous trahirent en plein combat. Ce sont précédents à ne pas oublier, dans un avenir peut-être encore éloigné. Mais dans l'immédiat, ce n'est pas se montrer naïf que d'évoquer le danger d'une guerre civile entre Allemands, provoquée par les Allemands eux-mêmes et propre à nous engager dans un conflit mondial. De 1919 à 1921, les émeutes de la Ruhr, les luttes des corps-francs en Silésie et en Bavière, la révolte de Spartacus ont fait en Allemagne plusieurs dizaines de milliers de victimes dans des combats dont les ouvrages de Schultze-Pfaelzer et de Rosenberg bien qu'inspirés de convictions contraires, soulignent également la cruauté. C'est un de nos ministres des Affaires étrangères, c'est Chateaubriand, qui a évoqué en ces termes la préférence que peuvent marquer les hommes, en temps de troubles, pour les luttes entre concitoyens : « Quoi qu'on en dise, les guerres civiles sont moins injustes, moins révoltantes et plus naturelles que les guerres étrangères….. fondées au moins sur les outrages individuels, sur des aversions avouées et reconnues, ce sont des duels avec des seconds, ou des adversaires savent pourquoi ils ont l'épée à la main…. » : entre Allemands de l'Est et Allemands de l'Ouest, entre sociaux-chrétiens et sociaux-démocrates de Rhénanie ou de Bavière et communistes de Prusse ou de Saxe, les motifs de haine sont actuellement si lourds que la prudence nous commande de ne point les mettre face à face.

Il y a là, d'ailleurs, un argument supplémentaire pour maintenir au niveau du régiment les unités allemandes à former : chaque division alliée pourrait s'en voir affecter un, qu'elle placerait en arrière des siens au milieu de ses éléments de seconde ligne ; et l'on éviterait ainsi à la fois le double inconvénient de placer des Allemands face à la *Volkspolizei*, qui pourrait être tentée de les provoquer ou qui pourrait prêter à provocation de leur part, et de constituer de grandes unités allemandes sur les arrières des armées alliées.

En tout état de cause, l'expérience de Corée contient une leçon décisive. Le plus mince cordon protecteur de troupes américaines entre Coréens du Nord et Coréens du Sud a pu empêcher, des années durant, toute attaque du gouvernement de Pyongyang contre celui de Séoul. Dans l'instant même où fut décidée l'évacuation des forces américaines, et où Moscou sut que bientôt des Coréens seuls monteraient la garde aux deux côtés de la frontière, commencèrent les préparatifs de l'agression contre la Corée du Sud. Pas plus en Allemagne qu'ailleurs, il n'y a lieu de prévoir une agression locale des forces russes contre les armées alliées proprement dites, ni, à plus forte raison, de la *Volkspolizei* : autrement dit, si Staline reste dans la logique de son attitude passée, et c'est seulement dans le cas où il aurait pris la décision de provoquer une nouvelle guerre mondiale qu'il serait amené à passer directement, sans recours à aucun État interposé, à l'attaque contre nos troupes d'occupation.

Les garanties, les précautions qui viennent d'être énumérées sont d'ordre surtout technique ; il faut bien admettre qu'elles présentent un caractère assez illusoire, et, en tout cas, provisoire, le temps et les circonstances faisant le jeu du gouvernement de Bonn dans sa poursuite obstinée de la « *Gleichberschtigung* »[1]. Il nous faut donc chercher ailleurs, sur le terrain de la politique générale, des contre-assurances qui puissent apaiser nos inquiétudes.

L'on a évoqué la possibilité d'entretiens à quatre avec la Russie des Soviets pour rechercher en commun une demi-neutralisation de l'Allemagne à l'Est comme à l'Ouest. Rien de plus séduisant qu'une telle solution, qui aboutirait à supprimer le problème par une renonciation parallèle des puissances occupantes à une course aux armements dans un pays coupé en deux et aujourd'hui encore entièrement soumis à la

---

[1] *Gleichberechtigung* : égalité des droits.

domination étrangère ; mais rien de plus douteux, aussi, que les chances de succès d'un pareil règlement, qui ne constituerait rien de moins qu'un renversement complet de la politique soviétique sur la rive droite de l'Elbe. Est-ce à dire qu'il faille écarter de prime abord l'idée d'une telle tentative ? Bien au contraire : d'abord, aucun effort ne doit être négligé pour mettre fin à la guerre froide et pour affirmer, dans les actes comme dans les mots, le caractère de notre politique de réarmement que nous savons purement défensive, mais que les Soviets ne tiennent point pour telle. Même si une conciliation avec Moscou ne devait donner aucun résultat tangible, même sans avoir d'illusion sur ses résultats possibles, nous n'en aurions pas moins intérêt à la rechercher, ne fût-ce que pour mettre Moscou dans l'embarras : un refus soviétique d'y prendre part jetterait un jour singulier sur la politique prétendument pacifique de Staline, alors qu'une acceptation serait interprétée, par les Allemands de l'Est, comme un commencement d'abandon. Il ne faut pas, cependant, perdre de vue que nos interlocuteurs communistes ne manqueraient point d'affirmer que la *Volkspolizei* n'offre aucun caractère militaire et ne fait que représenter ou défendre le gouvernement le plus « démocratique » du monde. D'autre part, la méfiance légitime vis-à-vis de Bonn ne l'est pas moins vis-à-vis de Moscou, et l'expérience nous prouve qu'aucun crédit ne doit être accordé aux assurances qui nous seraient données. En fin de compte, une semblable négociation nous laisserait sans doute au point où nous en sommes, mais non sans nous avoir procuré quelques avantages pratiques.

Que l'on s'efforce ou non de profiter de l'échec soviétique en Corée et des dispositions conciliantes que le Kremlin peut montrer aujourd'hui pour rechercher une détente en Europe, il reste que, dans l'hypothèse d'un réarmement de l'Allemagne de l'Ouest auquel semblent aujourd'hui acquis ou résignés tous les signataires du pacte de l'Atlantique, la France exceptée, le gouvernement français doit s'efforcer de s'assurer la plus grande mesure possible de contrôle sur l'exécution de ce réarmement. La faveur marquée au Plan Schuman par le gouvernement des États-Unis et par l'opinion américaine ne peut que nous inciter à en tirer parti pour convaincre nos interlocuteurs de laisser la France jouer un rôle dirigeant dans les conversations qui se dérouleront à ce sujet avec le chancelier Adenauer : faute de quoi les Allemands ne seraient que trop tentés, comme ils en montrent déjà tous les signes, de marchander, ou même de retirer leur collaboration à des projets européens qui soulevaient d'abord leur enthousiasme, où ils ne verraient plus qu'une étape de leur libération et qu'ils jugeraient facilement dépassés déjà à la perspective de la formation prochaine de divisions allemandes. Il va sans dire que cette direction, cette responsabilité particulière, que nous pourrions revendiquer, s'accompagnent, dans notre esprit, d'une collaboration étroite avec Washington dont l'accord, l'approbation et l'appui nous sont indispensables. Il y aurait lieu, égalementment, d'étudier le rôle qui pourrait revenir, dans ce domaine, au Conseil de l'Europe.

Dans quelle mesure le gouvernement des États-Unis peut-il envisager de nous laisser jouer un pareil rôle ? Il ne faut pas oublier que la formation d'unités allemandes, entreprise simultanément avec une augmentation considérable des forces et des frais d'occupation, soulève des problèmes financiers dont l'ampleur dépasse les moyens du gouvernement de Bonn. L'Amérique devra donc, une fois de plus, payer la note, et sans doute tiendra-t-elle à bénéficier du surcroît d'influence qui peut en résulter pour elle en Allemagne comme sur l'ensemble du continent européen.

***

La valeur, la portée et la durée des garanties énumérées plus haut restent singulièrement réduites dans le temps comme dans l'espace, et un réarmement éventuel de l'Allemagne ne pourrait se voir dépouillé de sa nocivité que dans le cadre d'une Europe solidement organisée, sous condition d'un vigoureux renforcement préalable de la position française : il est bien clair que la formation d'unités allemandes présenterait un aspect tout différent si la France disposait déjà d'une dizaine de divisions pour couvrir ses frontières de l'Est aux côtés de ses alliés.

Abstraction faite des considérations de fond qu'appelle la question et qui ont été longuement étudiées dans les pages précédentes, l'effort immédiat du gouvernement français paraît donc devoir porter avant tout sur les deux points suivants, de façon à nous prémunir en toute hypothèse contre certains au moins des risques inhérents au projet américain.

1) Créer dans les délais les plus rapides une force française puissante afin d'acquérir l'avance nécessaire au maintien de notre prépondérance dans une armée européenne : pour cela, il nous faut – et c'est là l'objet principal du voyage à New York de MM. Jules Moch et Petsche –, imposer le principe de notre réarmement prioritaire et obtenir des États-Unis l'appui financier sans lequel nous ne pouvons mettre sur pied les dix divisions prévues au 31 décembre 1951 ; il nous faut aussi consolider les institutions européennes existantes, faire triompher le « pool » du charbon et de l'acier, étendre et développer la compétence des autorités européennes dont l'action peut seule souder le destin de l'Allemagne à celui des démocraties occidentales.

2) Gagner le temps nécessaire à cet effet – on peut l'évaluer à douze ou quinze mois environ – en persuadant les États-Unis qu'aucun gouvernement français ne pourrait accepter de voir proclamer dès maintenant sans profit aucun, bien plus, avec les plus graves inconvénients, qu'un programme de réarmement allemand sera appliqué dans un terme encore relativement éloigné.

Le gouvernement français pourrait, en revanche, se déclarer prêt à faire entreprendre aussitôt par les techniciens les études nécessaires, et disposé à envisager dans un esprit positif la participation d'unités allemandes à la défense de l'Occident <u>au jour où la constitution de la force unifiée et la formation des dix divisions françaises du « programme immédiat » auront accompli des progrès suffisants pour être considérées comme acquises.</u>

(Cabinet du Ministre, Schuman, volume 10)

314

M. BRIONVAL, CONSEILLER À L'AMBASSADE DE FRANCE À MOSCOU,
À M. SCHUMAN, MINISTRE DES AFFAIRES ÉTRANGÈRES[1].

T. nᵒˢ 2219-2228.   *Moscou, 29 septembre 1950, 15 h. 05.*

(Reçu : le 29, 18 h. 20)

La rapidité du succès remporté par les armées de l'ONU a causé ici une surprise que la presse parvient mal à dissimuler. Visiblement à court d'arguments, les journaux attendent encore les consignes qui les aideront à expliquer comment une victoire tant de fois prédite a pu en quelques jours se transformer en désastre.

On a ainsi nettement l'impression que le Kremlin voit pour la première fois depuis longtemps l'initiative lui échapper. Pris au dépourvu par l'effondrement de la résistance nordiste qui l'oblige à considérer le problème coréen sous un angle imprévu, il cherche d'abord à gagner le temps nécessaire pour ajuster sa conduite au rythme des événements. Il vaut en tout cas de constater que sa première réaction est une réaction de prudence : l'offensive de paix qu'il développe à fond depuis quelques jours à Lake Success et à laquelle il fait donner par sa presse une très large publicité semblerait en effet indiquer qu'à moins d'un incident imprévu il ne souhaite pas intervenir militairement en faveur de la Corée.

On doit cependant considérer qu'en se déclarant disposé à « causer », le Kremlin effectue un repli stratégique parfaitement conforme aux lois de la tactique communiste. Il obtient ainsi un temps de répit qu'il va sans doute utiliser pour essayer de retarder l'action de l'ONU et de diviser si possible les puissances occidentales ; il s'en servira surtout pour montrer à l'univers communiste et aux partisans de la paix que

---

[1] Note manuscrite : « *[Communiquer à] L[ondres], N[ew]Y[ork], W[ashington], Bonn, f[ai]t* ».

l'URSS ne néglige aucun effort pour défendre la paix dont la sauve-garde lui est assez dure pour l'obliger à assister sans réagir à la défaite d'une République amie victime de « l'agression ».

Reste à savoir cependant – et c'est là sans doute la conséquence la plus sérieuse et la plus incalculable de l'impressionnant succès des forces de l'ONU – jusqu'à quel point ce subtil raisonnement réussira à convaincre les populations d'Asie déjà surprises de l'abstention de la Russie soviétique et de la Chine. Comment l'Extrême-Orient appré-cierait-il finalement l'offensive purement négative des deux grandes puissances communistes le jour où les forces des « agresseurs impéria-listes » feraient irruption sur le territoire d'un État dont Moscou et Pékin ont formellement reconnu l'existence et l'indépendance ? On doit donc toujours se demander si, à défaut de l'armée rouge, les troupes de Mao Tsé-Toung ne finiront pas par intervenir en Corée du Nord sinon pour sauver la situation militaire, du moins pour consolider le prestige menacé du communisme en Asie.

Il convient ici de constater que si la presse soviétique ne cesse d'accu-muler les « preuves » de la préméditation de l'agression américaine et des atrocités commises par les troupes de MacArthur, elle n'a jamais encore, à ma connaissance, fait allusion à la situation que créerait le franchissement du 38e parallèle par les troupes de l'ONU.

Je note d'autre part que bien que les journaux continuent à n'ajouter aucun commentaire aux informations reçues de Chine, ils réservent une place de choix à toutes les déclarations officielles des membres du gouvernement de Pékin. Ils ont notamment relevé le dernier discours de Mao Tsé-Toung, discours au cours duquel, revenant sur ses décla-rations du mois de juin, le chef du gouvernement chinois a insisté sur l'urgence de créer une armée chinoise puissante « pour assurer la défense des frontières ». Enfin, l'insistance nouvelle avec laquelle la délégation soviétique appuie à l'ONU les prétentions du gouvernement de Pékin, le ton sensiblement plus raide des dernières protestations élevées par Chou En Lai, donnent une idée assez nette des efforts constamment déployés par Moscou pour aviver l'irritation causée à Pékin par la quarantaine dans laquelle la Chine communiste est tou-jours tenue à Lake Success et pour pousser le gouvernement chinois à une intervention armée en faveur de la Corée du Nord.

À considérer d'autre part l'attention quotidienne qu'en dépit des pré-occupations asiatiques la presse continue à donner aux affaires alle-mandes à l'approche des manifestations du 15 octobre, on peut se demander si ce n'est pas à Berlin que, pour sa part, Moscou se chargera de créer une opportune diversion à l'affaire coréenne. Celle-ci a cepen-dant permis au Kremlin de reconnaître les étroites limites dans les-quelles il peut désormais manœuvrer sans risquer de déclencher un troisième conflit mondial. C'est pourquoi, dans la mesure où ses pro-testations pacifiques et le puissant encouragement qu'il apporte aux organisateurs du deuxième congrès mondial des partisans de la paix trahissent un réel désir d'éviter la guerre, on peut logiquement s'attendre à ce que, tout en mobilisant l'arsenal de sa propagande, le gouvernement soviétique veillera à ce que les manifestations de la journée historique du 15 octobre ne dépassent pas les limites d'un déploiement tapageur, mais pacifique.

Telles sont les indications que l'on peut actuellement dégager de la lecture de la presse soviétique. Elles permettent peut-être de souligner l'intérêt qu'auraient les Nations unies et surtout les puissances occidentales à profiter du choc produit par la victoire américaine pour hâter la solution politique du problème coréen et pour définir les buts de leur politique asiatique. Les démocraties occidentales ont, sans doute, intérêt à jouer le même jeu que le Kremlin : tout en acceptant d'engager avec Moscou des conversations politiques, elles ne devraient pas perdre de temps à saisir l'occasion qui leur est offerte de garder l'initiative en Extrême-Orient en mettant rapidement le Kremlin en face du « fait accompli ».

(Secrétariat des Conférences, NUOI, volume 141)

315

M. Chauvel, Représentant permanent de la France auprès du Conseil de sécurité des Nations unies,
à M. Schuman, Ministre des Affaires étrangères[1].

T. n⁰ˢ 1808-1817.   *New York, 29 septembre 1950, 21 h. 20.*

(Reçu : le 30, 6 h. 10)

Je réponds à votre télégramme n° 2498[2].

Il y a encore une semaine, le 21 septembre, le président Truman déclarait, au cours de sa conférence de presse hebdomadaire, que c'était aux Nations unies, et non pas au gouvernement américain qu'il appartiendrait, le moment venu, de décider si les forces américaines en Corée devraient ou non poursuivre les forces nord-coréennes au-delà du 38ᵉ parallèle.

Depuis, et surtout au cours des trois derniers jours, la position officielle du gouvernement américain a brusquement et très rapidement évolué. La délégation américaine, activement secondée par la délégation britannique, s'est employée à répandre parmi les autres délégations à l'Assemblée l'idée que le commandement unifié était déjà autorisé

---

[1] Télégramme communiqué à Washington (n⁰ˢ 708-719). Note manuscrite : « *M. Cattand* ».

[2] Document non reproduit.

par les résolutions du Conseil de sécurité des 25 et 27 juin à conduire la poursuite des opérations militaires en Corée du Nord s'il l'estimait nécessaire à l'accomplissement de la tâche qui lui a été confiée par les Nations unies.

D'après ce raisonnement, présenté comme émanant du Département d'État, il est vrai sans doute que les résolutions de juin indiquent expressément que les forces nord-coréennes doivent revenir au 38e parallèle, et sans doute aussi peut-on en déduire que ce parallèle constitue l'« objectif » assigné au commandement unifié. Mais il est question également dans ces résolutions du rétablissement de la paix et de la sécurité « dans la région » (*in the area*). D'autre part, il serait contraire au bon sens et à tout principe stratégique de laisser un ennemi en déroute s'échapper si on a la possibilité de le poursuivre. Enfin, il serait gravement imprudent de laisser les forces communistes nord-coréennes libres de se reformer et de préparer une contre-offensive.

À l'appui de sa thèse, la délégation américaine fait état du sentiment assez général parmi les délégations aux Nations unies, qu'il ne doit plus être question désormais d'une division artificielle du problème politique coréen par le 38e parallèle. La question de Corée doit dorénavant être traitée dans son ensemble. Le commandement unifié doit donc saisir l'occasion de sa victoire pour réunir les deux parties du pays. Ces idées ont abouti à la rédaction d'un projet de résolution que la délégation britannique a présenté cet après-midi à l'Assemblée, avec le patronage de l'Australie, du Brésil, de Cuba, des Pays-Bas, de la Norvège, du Pakistan et des Philippines. L'Inde, dont le patronage avait été également requis, ne s'est pas associée à cette démarche.

La résolution a essentiellement pour objet, en rappelant que l'Assemblée a constamment ou en vue l'établissement d'un gouvernement de Corée unifié, indépendant, et démocratique :

1) De recommander l'adoption de toutes les mesures appropriées pour assurer la stabilité dans l'ensemble du pays et l'organisation d'élections sous les auspices des Nations unies.

2) De décider l'institution d'une commission de composition à déterminer ultérieurement pour l'unification et la « réhabilitation » de la Corée.

Le projet stipule en outre que les forces des Nations unies ne devront demeurer dans aucune partie de la Corée au-delà de ce qui sera nécessaire pour la réalisation des objectifs qu'il spécifie.

La délégation américaine mentionne bien dans les explications qu'elle donne aux autres délégations sur les vues du gouvernement et du commandement américain, que l'on aurait pu confier l'occupation de la partie septentrionale de la Corée, exclusivement à des troupes sud-coréennes, mais c'est pour ajouter aussitôt que le risque de massacre sur une grande échelle paraît trop grand pour que les Nations unies s'exposent à en porter même indirectement la responsabilité. Dans le même sens, il conviendrait que les forces des Nations unies pénètrent en Corée du Nord aussitôt que le développement des opérations les y appellerait, ce qui pourrait être littéralement, d'une heure à l'autre. Cela ne signifierait cependant pas que ces forces auraient nécessairement à se porter jusqu'à la frontière de la Chine et de l'URSS, leur seul objectif militaire étant la destruction des forces nord-coréennes.

Les diplomates américains ajoutent qu'une occupation militaire et administrative de la totalité du territoire nord-coréen sera certainement nécessaire dans un avenir très prochain pour la réalisation des objectifs politiques des Nations unies en Corée. Mais la participation pure et simple américaine à une telle occupation devrait être ramenée à la proportion correspondant normalement à ce qu'un État membre peut être appelé, compte tenu de son potentiel, à apporter à une œuvre commune.

En fin de journée (29 septembre), un certain flottement apparaît dans la position américaine à Lake Success. Le bruit court que, de fait, le 38e parallèle aurait déjà été sensiblement dépassé par les forces américaines et que ce serait maintenant le commandement américain qui s'inquiéterait d'obtenir des Nations unies une couverture politique à l'opération.

Il est de fait en tout cas que le président Truman, répondant hier à des journalistes américains, a fait des déclarations en contradiction successive avec celles qu'il avait lui-même faites le 21 septembre et avec la thèse du Département d'État, telle qu'elle vient d'être exposée, laissant ses interlocuteurs dans l'impossibilité de définir la position officielle du gouvernement américain[1].

(Direction d'Asie-Océanie, Corée, volume 23)

---

[1] Les questions du franchissement du 38e parallèle et de l'administration de la Corée libérée agitaient les chancelleries occidentales. Une note du Secrétariat des Conférences revenait sur la brusque évolution dans la position américaine concernant le franchissement du 38e parallèle en reprenant plusieurs termes du présent document (note n° 204 du 5 octobre 1950, non reproduite). À Tokyo, Dejean rappelait que, selon le colonel Katzin, le gouvernement de Rhee était assez médiocre et que son régime ressemblait davantage à un régime policier qu'à une démocratie. On ne pouvait toutefois que s'appuyer sur lui pour assurer l'administration du sud de la péninsule (télégramme nos 1679-1684 du 28 septembre 1950 de Tokyo, non reproduit).

316

M. Pignon, Haut-Commissaire de la République française
en Indochine[1],
À M. Schuman, Ministre des Affaires étrangères[2].

T. n° 633   *Saigon, 30 septembre 1950.*

Réservé. Priorité absolue.   *(Reçu : le 3, 12 h.)*

Les entretiens entre les Haut-Commandements français et britannique qui se sont déroulés les 27 et 28 septembre à Singapour dans
l'ambiance de cordialité et de compréhension réciproque qui caractérise
nos relations avec les autorités anglaises du Sud-Est asiatique ont révélé,
chez nos voisins, une volonté d'action commune, un désir d'aboutir que
je crois devoir souligner avant tout.

Participaient à ces entretiens :

du côté anglais : l'amiral Brind, commandant le *Far East Station*,
Président ; le général Harding, commandant les *Far East land Forces* ;
le vice-marshal Fogarty, commandant les *Far East Air Forces*.

J'étais seul du côté français.

Dans une première conférence tenue de 15 à 18 heures 30, un exposé
de la position anglaise fut fait par le général Harding. Il se résuma
ainsi : le gouvernement britannique estime nécessaire à la paix du
monde le maintien de la présence anglaise en Extrême-Orient.

Fermement décidés à maintenir l'ordre et à assurer la défense des
territoires sous leur dépendance (Hongkong, Singapour, Malaisie,
Bornéo), ainsi que leurs communications aériennes et navales et leurs
liaisons avec les forces américaines et françaises, les Britanniques ont
adopté une politique défensive. Ils sont persuadés de la nécessité d'une
organisation régionale de défense englobant le Sud-Est asiatique jusqu'à
l'Ouest de l'Inde, comportant la répartition de la responsabilité des
territoires entre les trois grandes puissances et dont le premier objectif
doit être le rétablissement de l'ordre intérieur.

À Hongkong, la menace leur semble plus politique et économique
que militaire. Leurs forces actuelles doivent suffire à maintenir l'ordre
intérieur. La situation de ce territoire dépend étroitement de celui de
Formose et du Tonkin.

---

[1] Télégramme envoyé de la part du général en chef, le général Carpentier.
[2] Télégramme adressé au Ministère de la France d'outre-mer (n°ˢ 715-726 et 740-751,
diffusé sous le n° 633) et communiqué à la Présidence de la République, la Présidence du
Conseil, MM. Parodi, de La Tournelle, Clappier et de Bourbon-Busset avec prière de
communiquer d'urgence à la Défense nationale (n° 1236). Note manuscrite : « *C[ommuni]
quer Londres, Washington, par valise, f[ai]t 4/10* ».

En Malaisie, ils estiment devoir rétablir la situation intérieure en 1951. Mais une menace demeure d'attaque chinoise tournant le Tonkin et traversant le Siam et la Birmanie. Peu convaincus du désir de la Russie et de la Chine de déclencher dans un proche avenir une guerre mondiale, ils pensent que la Chine utilisera ses troupes en action psychologique sur la population des pays voisins par une présence en masse aux frontières.

Néanmoins, une initiative locale chinoise demeure possible ainsi que, dans un délai de 6 à 8 mois, une action officielle délibérée.

Je suis invité ensuite à exposer mon point de vue sous forme de réponse à plusieurs questions ayant trait à la menace chinoise, à la défense du Tonkin, aux possibilités d'un plan de collaboration pour l'ensemble des territoires contrôlés par les alliés.

J'ai brossé une situation très sincère, en particulier du Tonkin, insistant sur les conséquences très importantes de l'aide chinoise aux rebelles et sur la nécessité d'adapter notre plan de défense aux nouvelles possibilités du Viêt-Minh.

Après avoir souligné notre solidarité dans le Sud-Est asiatique dans la lutte anticommuniste et les conséquences fâcheuses des déclarations américaines de ne vouloir participer à ce combat que par une aide matérielle, j'ai conclu en prônant à mon tour la nécessité d'une coopération anglo-franco-américaine et en demandant, à défaut de la création que j'estime indispensable d'un théâtre d'opérations du Sud-Est asiatique, tout au moins le développement immédiat de nos contacts officiels en particulier pour l'Air et la Marine.

J'ai demandé enfin quelle aide nous pourrions attendre des Anglais en cas d'attaque du Tonkin et quelle serait l'attitude des alliés dans l'éventualité d'un coup d'État communiste au Siam et en Birmanie.

Ces questions ont entraîné une discussion très franche et une analyse serrée du problème intérieur indochinois dont la solution conditionne, aux yeux des Britanniques, la possibilité de résister à une attaque extérieure.

Ils semblent n'être pas disposés à une aide en unités d'infanterie que je ne leur avais pas d'ailleurs demandée, estimant leurs effectifs nécessaires à la défense de la Malaisie contre une manœuvre chinoise éventuelle tournant le Tonkin. Ils seraient plus disposés à une aide maritime, une fois réglée l'affaire de Corée. Ils auraient été heureux que je puisse leur proposer un plan de collaboration militaire susceptible de résoudre rapidement et sûrement le problème militaire posé par le Viêt-Minh. Ils affirment qu'un pareil projet aurait toutes chances d'emporter l'accord de leur gouvernement. J'ai insisté sur l'effort considérable que la France fait actuellement en Indochine et qui ne peut certainement pas être augmenté. À l'issue de cette discussion, la dépendance des problèmes politiques et militaires en Indochine leur est apparue clairement.

Dans la recherche menée en commun, fort loyalement, de la contribution la plus efficace et la plus immédiate qu'ils pouvaient nous accorder, nous nous sommes arrêtés longuement sur la position du Pandit Nehru actuellement hostile à la France, ainsi que sur l'utilité d'une déclaration commune anglo-franco-américaine sur notre politique dans le Sud-Est asiatique. En ce qui concerne l'Inde, j'ai pour ma part marqué la très grande influence de l'attitude du Pandit Nehru sur les gouvernements et les élites de nos trois États associés.

Une seconde conférence s'est tenue le 28 de 8 h. 30 à 9 h. 45 au cours de laquelle l'amiral Brind m'a communiqué les conclusions auxquelles les trois commandants en chef britanniques avaient abouti la veille et les suggestions qu'ils comptent faire à l'issue de ces entretiens à leur gouvernement. Les voici résumées : l'Indochine connaît une aggravation certaine de sa situation générale et a un urgent besoin d'action (mot intraduisible) pour déterminer une amélioration quelconque.

Le problème de la sécurité intérieure doit être résolu avant que puisse être affronté un problème extérieur.

Dans les deux cas, il s'agit du problème général de la lutte anticommuniste et un échec français en Indochine signifierait inéluctablement le début de la désintégration du Sud-Est asiatique et le triomphe du communisme. Il n'y a donc pas d'indépendance entre la lutte menée en Indochine et la défense de l'Europe. Le plan de défense du Tonkin conçu pour résister à une infanterie sans matériel doit s'adapter à l'action des troupes dont l'encadrement et l'armement augmentent et s'améliorent rapidement.

Grâce à l'aide chinoise, les forces régulières viêt-minh fortes de 80 000 hommes cette année le seront demain de 100 000. Déployées de manière à faire face à la menace chinoise toujours présente, les forces françaises ne peuvent se consacrer librement à résoudre le problème intérieur.

La France, d'autre part, manifeste une certaine inquiétude de voir la moitié de ses forces militaires armées en Indochine et en particulier ses cadres dont elle a besoin pour constituer ses divisions nouvelles.

Le gouvernement Bao Daï est faible et inefficace. Il n'a pas gagné la confiance des masses et une aide française trop évidente le desservirait auprès de celle-ci. La situation militaire ne peut s'améliorer que si la confiance revient dans ce gouvernement. C'est la condition indispensable pour obtenir un rendement sérieux des armées nationales.

Il est nécessaire par conséquent de faire comprendre aux éléments nationalistes la sincérité des intentions françaises et de leur prouver que les grandes puissances démocratiques sont elles-mêmes persuadées de cette sincérité.

Ainsi le point de vue militaire conduit à la nécessité d'une entente politique et la création d'une atmosphère favorable dans laquelle un plan de défense contre une agression communiste pourra être établi et une organisation régionale de défense anticommuniste mise sur pied.

Tout le monde reconnaît, et le général Carpentier plus que tout autre, l'importance de l'Inde puissance (Union indienne) ainsi que les très grandes difficultés qu'on rencontrera pour modifier l'opinion du Pandit Nehru qui ne croit pas à la sincérité française et préfère voir une débâcle en Indochine au maintien des Français dans ce pays. La contribution la plus efficace de la Grande-Bretagne paraît être de faciliter cette entente politique et en particulier de convaincre les Indes de la sincérité française, du caractère de communisme intégral du Viêt-Minh et de l'importance essentielle pour toutes les nations démocratiques que le communisme ne s'installe pas en Indochine. En ce qui concerne les USA dont la position évolue favorablement pour le point de vue français, il semble nécessaire insister pour que sa propagande nationale soit orientée sur la sincérité française, pour que l'aide matérielle s'accélère enfin, et surtout pour qu'ils évitent prendre dès maintenant officiellement une position négative sur leur participation éventuelle à la défense de l'Indochine.

Les généraux anglais ont insisté sur le désir de la propagande française de donner toute la notoriété nécessaire aux transmissions pouvoir déjà faites aux États associés. Le général Harding a signalé qu'il avait écrit au général Lemnitzer au Pentagone pour attirer son attention sur l'urgence de l'aide matérielle à l'Indochine.

J'ai demandé à l'amiral Brind bien vouloir souligner le prix que j'attache à la création d'un théâtre d'opérations du Sud-Est asiatique, seule solution efficace aux problèmes de collaboration militaire que nous impose la menace communiste.

J'ai vu également Sir John Sterndale Bennett, *deputy commissioner general for foreign affairs,* adjoint de M. MacDonald, Haut-Commissaire et qui le remplace provisoirement.

Il m'a demandé où en était la conférence de Pau et a insisté sur l'importance d'un aboutissement rapide pour mener à bien les interventions qu'ils sont prêts à faire en notre faveur.

(Direction d'Asie-Océanie, Dossiers généraux, volume 175)

317

M. Daridan, Premier conseiller à l'Ambassade de France
à Washington,
  à M. Schuman, Ministre des Affaires étrangères[1].

T. nᵒˢ 3963-3967.   *Washington, 3 octobre 1950, 21 h.*

Priorité absolue. Réservé. Très confidentiel.   (*Reçu* : le 4, 5 h. 10)

Le directeur des Affaires chinoises vient de faire connaître, à titre
strictement confidentiel, à l'un de mes collaborateurs que M. Chou En
Lai a déclaré formellement le 2 octobre à l'Ambassadeur de l'Inde à
Pékin que les forces chinoises communistes entreraient en Corée du
Nord si les « forces de l'ONU » franchissaient la ligne du 38ᵉ parallèle
mais que l'armée de Pékin ne bougerait pas au cas du franchissement
de cette même ligne par les troupes sud-coréennes.

Monsieur Panikkar (…)[2] c'est par les Britanniques que le gouvernement américain en a été avisé ce matin.

L'Ambassadeur des États-Unis à New-Delhi vient, de son côté, mais
avec un peu de retard, d'en recevoir confirmation par le gouvernement
indien.

Les déclarations de M. Chou En Lai paraissent visiblement avoir mis
dans l'embarras les services du Département d'État qui faisait preuve,
hier encore, d'un optimisme certain à ce sujet (mon télégramme
n° 3339)[3] en dépit de l'avertissement contenu dans le discours du
1ᵉʳ octobre du ministre des Affaires étrangères de Pékin.

L'on se demande naturellement ici la part de « bluff » que contiennent
les propos de Chou En Lai. Les milieux américains compétents
semblent à ce sujet douter encore que le gouvernement de Mao Tsé-
Toung veuille « braver l'opinion de 55 États des Nations unies » pour
reprendre l'expression employée par M. Clubb dans sa conversation
avec M. Millet.

Le directeur des Affaires chinoises ignorerait encore l'usage que
comptaient faire de cette information les délégations américaine,
britannique et indienne à New York. Plus que jamais, le Département
d'État parait soucieux de voir voter rapidement par l'Assemblée la
résolution des huit puissances, mais il est bien certain que les
déclarations du ministre des Affaires étrangères communiste à Monsieur

---

[1] Télégramme communiqué à la Présidence de la République, la Présidence du Conseil,
MM. Parodi, Clappier, de La Tournelle et de Bourbon-Busset, ainsi qu'à New-York (nᵒˢ 872-
876). Note manuscrite : « *M. Cattand* ».
 [2] Lacune de déchiffrement.
 [3] Document non reproduit.

Panikkar, viennent de faire passer un nuage sur le ciel, qu'on croyait ici désormais serein, de la Corée.

(Direction d'Asie-Océanie, Corée, volume 24)

318

Note du Département

N.   *Paris, 3 octobre 1950.*

Très secret.

Une réunion a eu lieu aujourd'hui sous la présidence de M. Charpentier entre experts français et américains pour l'exposé du programme de Défense nationale français de 1951. Du côté français, y ont pris part l'ingénieur général Kahn et les représentants du Ministère des Finances, du côté américain, M. Bonsall et les experts venus spécialement de Washington et qui repartent ce soir.

1) M. Kahn a donné les informations suivantes sur le programme militaire français de 1951, tel qu'il a été approuvé hier par le comité de Défense nationale. Il a précisé que les chiffres cités étaient encore approximatifs et étaient communiqués à titre d'indication.

a) Sur les 20 divisions que la France doit mettre sur pied en Europe, 10 seront prêtes à la fin de 1951. Il s'agit de 5 divisions existantes à perfectionner et de 5 divisions nouvelles à créer. Il faut entendre qu'outre les 10 divisions de l'armée de terre, un effort parallèle sera fait dans les deux autres armes, ainsi que dans les services communs.

b) Le coût total en France du réarmement français sur la base de 20 divisions pour l'Europe (avec effort parallèle dans les trois armes) sera de 2 000 milliards de francs, répartis sur les années 1951, 1952, 1953. Ce chiffre est celui des <u>dépenses faites en France,</u> il comprend donc l'effort français et l'aide financière étrangère ; mais il ne comprend pas les livraisons gratuites de matériels finis.

Il ne faut pas confondre ce chiffre avec celui, qui se trouve être aussi de 2 000 milliards, avancé dans notre mémorandum pour l'effort supplémentaire français en 3 ans. L'effort supplémentaire ainsi chiffré ne comprenait pas la reconduction des dépenses 1950 (360 milliards y compris l'Indochine) mais il comprenait les livraisons gratuites de matériels finis au titre du PAM[1].

c) Décomposition par catégorie de ce total de 610 milliards pour 1951 :

[1] P.A.M. : Programme d'aide militaire américain.

Personnel 250, fabrication 205, investissements techniques 23, infrastructure 50, études 25, section commune 47.

Décomposition par armes :

Guerre 290, Air 166, Marine 111, section commune 47.

d) À titre de comparaison avec 1951, le budget de 1950 de la Défense nationale (donc non compris l'Indochine) est de 280 milliards.

e) Au chiffre de 610 milliards s'ajouteront 240 milliards pour les dépenses d'outre-mer, portant le total pour 1951 à 850 milliards.

f) Sur cet ensemble, la France pourra supporter 580 milliards. La participation totale, Europe et outre-mer, demandée aux États-Unis sera donc de 270 milliards de francs.

Cette contribution viendrait s'ajouter aux livraisons de matériels finis attribués au titre du PAM, et dont l'évaluation en dollars ou en francs n'est pas établie ici, en raison de difficultés de comptabilisation.

2) M. Bonsall a marqué sa satisfaction d'avoir obtenu ces précisions. Il a toutefois fait remarquer qu'il lui manquait la décomposition détaillée du programme militaire français pour 1951, par arme ainsi que la cadence des créations envisagées.

Il lui a été répondu que cette question faisait actuellement l'objet d'une mise au point du comité de Défense nationale, en fonction des chiffres d'ensemble adoptés hier et que les résultats de cette étude lui seraient communiqués dans les très prochains jours de sorte qu'ils parviennent à Washington avant l'arrivée de M. Moch.

3) De même, les listes de matériels finis américains à demander pour l'armement du programme 1951 sont en cours de révision. Elles seront remises à l'ambassade américaine dès que possible. Cependant, il a été précisé à M. Bonsall que cette révision ne changera rien aux deux premières listes de matériels finis à recevoir au titre du PAM.

4) M. Bonsall a demandé quelle serait dans le chiffre de 610 milliards la part du programme prioritaire. Il lui a été répondu qu'elle serait pour 1951 de 50 milliards de francs.

5) Enfin, M. Bonsall a indiqué que le gouvernement américain préparait un projet d'aide à la défense de l'Indochine.

La contribution du gouvernement américain en ce domaine viendrait en déduction des 240 milliards prévus pour nos dépenses en 1951.

(Secrétariat général, Dossiers, volume 10)

319

Note de la Direction d'Europe

Le réarmement de l'Allemagne

N.   *Paris, 3 octobre 1950.*

Il avait été indiqué, dans une note du 10 septembre dernier[1], que, sur le plan de notre politique générale, le réarmement de l'Allemagne était de nature à comporter les plus sérieux inconvénients. Depuis lors, les délibérations de New York ont confirmé que tel n'était pas le point de vue du gouvernement de Washington ; elles ont montré, en outre, qu'à l'exception de la France, les États signataires du Pacte de l'Atlantique se rallieraient aux conceptions américaines.

Il convient donc maintenant, à la veille de la réunion du comité de Défense, d'examiner comment nous pouvons encore empêcher le réarmement allemand de s'effectuer dans des conditions et à un rythme de nature à susciter les plus vives inquiétudes.

Nous avions admis, au début de septembre, avant l'ouverture des conversations tripartites, que la République fédérale devait disposer d'une police renforcée lui permettant d'assurer sa sécurité intérieure. Le document adopté, le 19 septembre, sur la police par les trois ministres des Affaires étrangères s'inspirait de nos vues, tout en donnant, sur le terrain pratique, aux Britanniques, partisans d'une police fédérale et non pas organisée à l'échelon des *Länder*, de larges satisfactions.

Depuis lors, l'accord s'est fait, à New York entre les six ministres des Affaires étrangères et de la Défense nationale sur un document d'un caractère fort différent et dont on ne sait, d'ailleurs, s'il se substitue au texte adopté antérieurement ou s'il est destiné à le compléter.

Il en ressort notamment que la police, au lieu d'être dotée uniquement d'armes légères, recevra du matériel lourd, en particulier des blindés, des mitrailleuses lourdes et du matériel de génie. En outre, il est prévu que ces formations ne seront pas seulement consacrées à l'ordre intérieur mais qu'elles pourraient être utilisées pour repousser éventuellement une attaque paramilitaire en provenance de l'Allemagne orientale.

Ce sont là les caractéristiques d'une force militaire, plutôt que celles d'une police.

Il est à relever, d'autre part, que ce même document prévoit la fabrication en Allemagne même du matériel léger prévu pour l'équipement de ladite police, ce qui, lors des conversations initiales de New York, paraissait exclu, la délégation américaine elle-même ayant semblé hostile à la mise sur pied d'une industrie de guerre allemande.

---

[1] Voir document n° 286.

On constate également que les unités de travailleurs doivent être réorganisées et « enrégimentées ». Nous n'avions pas écarté a priori une pareille hypothèse mais nous avions considéré qu'elle constituait à nos yeux une solution se suffisant à elle-même pour le réarmement allemand.

Enfin, les dispositions qui concernent l'utilisation dans une plus large proportion du potentiel humain de l'Allemagne pour des fins de protection sont telles que, si l'esprit militariste se développait à nouveau en Allemagne, tout Allemand pourrait, d'une manière ou d'une autre, être appelé à servir dans une formation militaire ou paramilitaire allemande.

Il y a là autant de mesures qui, du fait qu'elles permettent la reconstitution des forces militaires allemandes, devraient nous incliner à penser que l'on ne songe en tous cas pas à aller au-delà. Les négociateurs ont, d'ailleurs, traité dans ce même document la question de la participation de l'Allemagne occidentale à l'effort de défense de l'Ouest sur le terrain de la production. Il est à craindre, cependant, qu'il n'en soit pas ainsi, puisque l'accord intervenu indique qu'il ne s'agit que de mesures *minima*, que d'une étape.

L'attitude des Américains ne laisse, au reste, pas de doute sur leurs intentions d'accélérer encore le mouvement et d'obtenir la création, indépendamment de la police, des unités de travail et de toutes autres formations envisagées de véritables unités prêtes à être endivisionnées. Dans l'esprit du gouvernement des États-Unis, ces unités feraient partie de la force unifiée atlantique.

Dans l'éventualité où le plan américain l'emporterait, on se trouverait en présence non seulement d'unités allemandes incorporées dans la force unifiée mais d'un véritable embryon d'armée <u>nationale</u> allemande, représenté par la police et les unités de travail. Un tel résultat serait contraire à la résolution adoptée le 24 septembre par le Conseil de l'Atlantique et selon laquelle le comité de Défense ne devait pas s'orienter vers la reconstitution d'une armée nationale allemande. Comment le gouvernement de Washington pourrait-il, en effet, contester que la police allemande, telle que la conçoit le document des six, représente le noyau d'une armée nationale, alors qu'il fonde essentiellement son argumentation sur le fait que la *Volkspolizei* constitue, quant à elle, une force d'intervention nationale ?

Dans ces conditions, nous devrions, semble-t-il, faire valoir à nos alliés que, du jour où l'incorporation dans une armée atlantique d'éléments allemands deviendrait possible, il conviendrait d'y inclure les unités de la police renforcée et les régiments de travail.

D'autre part, il serait indispensable que nous sachions à quoi nous en tenir exactement sur le maintien ou non en vigueur du document sur la police qui avait été approuvé le 19 septembre par les trois ministres des Affaires étrangères. Dans le cas où il ne serait plus valable, nous pourrions redouter par exemple, que le chiffre de 30 000 hommes qui avait été fixé, tout au moins pour une première période, ne soit plus retenu. De toutes façons, du reste, il importerait que ce document et celui qui a été établi par les six, étant donné surtout le caractère vague de ce dernier, fussent étudiés de très près par le comité de Défense.

Quoiqu'il en soit, et principalement au moment où l'un des aspects fondamentaux du problème allemand n'intéresse plus seulement les trois puissances occupantes, mais les douze États signataires du Pacte de l'Atlantique, il est indispensable que les États-Unis, le Royaume-Uni et la France ne laissent subsister aucun doute sur leur volonté de maintenir en Allemagne l'autorité suprême et les contrôles essentiels qui en découlent. Nous risquons, en effet, de nous voir opposer, et pas seulement par des Allemands, la thèse selon laquelle le réarmement allemand ne se conçoit que dans l'égalité des droits. C'est précisément l'éventualité du réarmement allemand qui doit nous amener à demeurer sur nos gardes. Sans doute était-il utile de contrôler une Allemagne désarmée. À plus forte raison, devons-nous nous réserver la possibilité de conjurer la menace que constituerait la renaissance du militarisme allemand. Cela ne signifie pas que nous prendrions, à ce sujet, une position définitive. Mais encore faut-il, pour que l'Europe puisse se fonder conformément à nos vues, que son cadre soit solidement construit avant que nous ne laissions à l'Allemagne une liberté d'action qui lui permettrait, sa force ayant été prématurément recouvrée, ou bien d'édifier l'Union européenne sous sa direction, ou bien de l'empêcher de naître.

(Secrétariat général, Dossiers, volume 8)

320

NOTE DU SECRÉTARIAT GÉNÉRAL

N. *Paris, 3 octobre 1950.*

Au cours des entretiens de New York, M. Schuman et M. Moch ont accepté – sous réserve de modifications dont nous ne connaissons pas encore la teneur – les termes d'un mémorandum établi par le général Marshall et relatif à « certaines mesures *minima* à prendre immédiatement en Allemagne, comme une étape vers la participation plus complète de l'Allemagne à la mise en état de défense de l'Europe ». Ce mémorandum porte sur les points suivants :

a – Renforcement immédiat des polices des *Länder* qui seraient pourvues d'armes individuelles aussi bien que de mitrailleuses lourdes et de mortiers, et comprendraient des unités blindées légères et du génie, le tout entièrement motorisé.

b – Accroissement et amélioration des *Dienstgruppen,* dans l'idée de former des cadres pour des unités allant jusqu'au régiment.

c – Création d'unités de sécurité contre la 5ème colonne ; d'un système de défense passive ; d'une organisation de guérillas et d'unités spécialisées du Génie.

d – Utilisation du potentiel industriel de l'Allemagne pour la production d'équipements militaires légers.

e – L'ensemble de ces mesures devrait être accéléré en proportion des progrès accomplis dans l'équipement et l'organisation des forces du Pacte de l'Atlantique.

Ce mémorandum contient des éléments acceptables, d'autres qui le sont moins ; ses termes sont souvent ambigus, et sa conclusion paraît inquiétante.

Son contenu s'éclaire si on le met en rapport avec deux mémoires rédigés par le général von Schwerin sur la participation de l'Allemagne à la défense contre l'invasion, et qui sont parvenus à la connaissance du Département.

Dans ces documents, le conseiller militaire du Chancelier fédéral pose un certain nombre de questions à l'intention des alliés. Il demande en particulier quelle serait l'attitude des gouvernements alliés sur les points suivants :

a – Création d'une force de police, très mobile, entièrement motorisée en encasernée. Cette force devrait être fédérale, mais, au début, il suffirait qu'elle fût organisée dans le cadre des *Länder,* pourvu qu'il y ait un système central de contrôle.

b – Création d'unités spécialisées du Génie pour l'établissement de barrages et l'utilisation de matériel de ponts (à l'intention des réfugiés se heurtant au Rhin).

c – Création d'un service de défense passive.

d – Organisation d'unités de guérillas.

e – Enfin utilisation et renforcement des *Dienstgruppen* en tant que centres mobilisateurs de futures unités allemandes.

Dans un 2ème document, le général von Schwerin précise ses conceptions à l'égard des *Dienstgruppen.*

Ceux-ci doivent être considérés comme des unités-cadres, de façon à permettre la mobilisation allemande en cas d'invasion.

À cet effet, ils seront réorganisés ; leur personnel sera trié et accru jusqu'à un chiffre de 200 000 hommes.

Ces groupes seront administrés par un service allemand du personnel auquel seraient adjoints de simples observateurs alliés.

Au bout d'un mois, le service du personnel allemand deviendrait un service de coordination ; chaque groupe se dédoublerait par création d'un groupe d'instruction.

Au bout de deux mois, le service de coordination créerait une direction du matériel et une direction de l'instruction.

Au bout de trois mois, serait établie une direction de l'habillement.

On ne dit pas ce qui se passerait le quatrième mois, mais il est clair qu'au neuvième mois, l'enfant serait à terme et qu'il aurait l'aspect peu engageant d'une armée allemande nationale, munie d'un haut état-major, et appuyée sur une puissante police motorisée, des services de défense passive, une police politique et même des groupements de partisans.

Il est infiniment probable que le document remis par le général Marshall s'inspire directement des deux rapports du comte Schwerin. Il est intéressant de constater que ces textes prévoient non seulement un renforcement de la police, mais la création progressive de forces armées, dérivées des *Dienstgruppen* conçus non seulement comme des centres mobilisateurs, mais comme des unités du temps de paix pouvant se développer rapidement en cas de guerre.

Il y aurait certainement avantage à ce qu'un nouvel examen de ce document soit effectué avant la réunion des Ministres de la Défense.

On voit mal, en effet, comment nous pourrions accepter plus que les mesures proposées, sans admettre *ipso facto* la reconstitution immédiate de forces armées allemandes.

Il serait enfin souhaitable de connaître avec précision les réserves qui ont été faites à New York le 23 septembre du côté français sur le plan proposé par le général Marshall.

(Secrétariat général, Dossiers, volume 8)

321

M. Dejean, Ambassadeur de France, Chef de la mission française à Tokyo,
à M. Schuman, Ministre des Affaires étrangères[1].

T. n⁰ˢ 1751-1757. *Tokyo, 4 octobre 1950, 8 h.*

Réservé. *(Reçu : le 5, 12 h. 10)*

1) Depuis longtemps, le général MacArthur est résolu à franchir le 38ᵉ parallèle, à forcer l'ennemi dans son repaire et à rendre possible l'unification de la Corée sous l'égide des Nations unies.

Dans son esprit, l'entrée des troupes alliées en Corée du Nord est une nécessité à la fois militaire et politique.

L'appel adressé le premier octobre aux forces nord-coréennes pour les inviter à se rendre sans condition ne laisse d'ailleurs aucun doute sur ses intentions. Ces forces sont sommées de mettre bas les armes « où qu'elles puissent se trouver en Corée » et à se soumettre à tel contrôle militaire que le général MacArthur pourra fixer, ce qui impliquerait la présence des forces des Nations unies dans l'ensemble du territoire de la péninsule.

En outre, il est clair que si les forces sud-coréennes ont franchi le parallèle avant même que ne soit radiodiffusé l'appel au gouvernement populaire, c'est avec l'autorisation du commandement américain qui fournit aux unités sudistes, non seulement l'appui de son aviation, mais le soutien direct de ses navires.

D'autre part, le langage tenu à Lake Success par le délégué américain ne permet pas de douter que pour le gouvernement des États-Unis, le 38ᵉ parallèle n'est qu'une ligne artificielle dont le maintien constituerait un danger pour la paix.

Enfin, la presse américaine abonde en commentaires, plus ou moins inspirés, indiquant nettement que sur la base de la décision du Conseil de sécurité du 25 juin[2], le commandant en chef des forces des Nations unies était fondé à faire entrer ses troupes en Corée du Nord s'il l'estimait nécessaire. Or, le général MacArthur ne serait guère enclin à interpréter d'une façon limitative les textes qui lui confèrent des pouvoirs.

---

[1] Télégramme communiqué à la Présidence de la République, la Présidence du Conseil, MM. Parodi, Clappier, de La Tournelle et de Bourbon-Busset, ainsi qu'aux postes à Saigon (n⁰ˢ 802-808), New-York (n⁰ˢ 337-343) et Washington (n⁰ˢ 537-543), avec prière de communiquer d'urgence à la Défense nationale pour les 2ᵉ et 3ᵉ points. Note manuscrite : « *M. Cattand* ».

[2] Voir document n° 158.

En l'occurrence cependant, il fait preuve d'une honorable prudence. Dans son entourage, on déclare que franchir le parallèle est une décision politique qui doit être prise par les autorités compétentes. Alors que l'entrée des troupes du Sud en Corée du Nord est de notoriété publique depuis le 1er octobre, c'est seulement le trois que le quartier général a indiqué le fait. Ceux qui ont cherché à savoir d'où était venu l'ordre n'ont obtenu que des réponses évasives.

2/ La réserve dont fait preuve le général MacArthur doit, semble-t-il, être due à deux raisons principales :

a) Il y a quelque temps, le Général a été publiquement désavoué par le président Truman pour avoir exprimé au sujet de Formose des vues qui ont été considérées à Washington comme la définition d'une politique qui ne cadrait pas avec celle du gouvernement américain. Le général MacArthur a été invité assez sèchement à se cantonner dans les questions de son ressort. Il en a éprouvé un profond ressentiment. Invité aujourd'hui, plus ou moins ouvertement, à prendre, en invoquant des nécessités militaires, des décisions qui sont essentiellement d'ordre politique, il montre peu d'empressement et entend laisser à chacun sa part de responsabilité, d'autant plus que si actuellement une intervention militaire chinoise ou soviétique est considérée comme peu probable, il n'en reste pas moins que l'entrée des forces des Nations unies en Corée du Nord peut entraîner sur le plan international de sérieuses difficultés.

b) Pour le moment, les troupes sud-coréennes sont seules en mesure de franchir le 38e parallèle. Les troupes américaines venues de Fusan sont occupées dans le Sud à des opérations de nettoyage. Celles du 10ème Corps se heurtent au nord de Séoul à de sérieuses résistances.

De toutes façons, un certain regroupement des unités américaines est indispensable. Un délai est donc inévitable et il est sans doute préférable que le franchissement au-dessus du parallèle ne soit annoncé qu'au moment où il se produira.

3/ Étant donné l'avance des troupes sud-coréennes, il n'y a donc pas de perte de temps au détriment des Alliés.

Mais il y aurait intérêt à ce que la présente situation ne durât pas trop sous peine d'être interprétée comme un signe d'hésitation.

(Direction d'Asie-Océanie, Corée, volume 24)

322

NOTE DE LA DIRECTION D'AFRIQUE-LEVANT

Entretiens avec MacGhee sur l'Afrique et le Levant

N. *Paris, 4 octobre 1950.*

Les entretiens que le Département a eus les 25 et 26 septembre avec M. MacGhee, Sous-Secrétaire adjoint au *State Department* pour l'Afrique et le Moyen-Orient, n'ont en fait pas apporté de résultats pratiques immédiats[1].

En ce qui concerne l'attitude du gouvernement des États-Unis vis-à-vis de la politique française dans les territoires d'outre-mer, ces entretiens ont confirmé les impressions qui avaient été recueillies à Washington en juillet dernier. Il est certain que, pour des raisons de politique générale, les États-Unis s'abstiendront de soutenir aux Nations unies les tendances anticolonialistes et que, dans la mesure où le *State Department* peut influer sur l'opinion américaine, il en combattra également les tendances anticolonialistes. M. MacGhee personnellement semble avoir compris que l'action du gouvernement français en Afrique ne devait pas être rendue plus difficile.

D'autre part, il apparaît nettement d'après les questions posées par le Sous-Secrétaire adjoint que le gouvernement des États-Unis est préoccupé avant tout par des considérations stratégiques.

L'intérêt qu'il a porté à nos explications sur l'action communiste en Afrique témoigne du désir de son gouvernement d'être assuré qu'en cas de conflit, l'attitude des populations africaines n'entraverait pas les efforts de guerre que les Alliés pourraient entreprendre dans ces territoires. Malgré le soin que nous avons mis à démontrer que les nationalistes pouvaient être les meilleurs auxiliaires du communisme, il semble que la délégation américaine n'en ait pas été entièrement convaincue par notre argumentation. En tous cas, il est probable que les services spéciaux, qui ne dépendent pas du Département d'État, continueront à développer leurs contacts avec les nationalistes locaux pour s'assurer éventuellement de leur neutralité. L'indifférence relative dont a témoignée M. MacGhee vis-à-vis de nos projets de développement social et politique des populations locales prouve qu'il compte beaucoup plus sur les sympathies que s'assurera le gouvernement américain que sur l'amélioration des conditions d'existence des indigènes, pour assurer leur tranquillité.

Sur le plan des projets d'investissements, quelque complets qu'aient été les exposés du Ministère des Colonies sur le plan de développement économique, sur la production des matériaux stratégiques, de M.

[1] Voir document n° 310.

Labonne sur ses propres plans, il n'apparaît pas que les Américains soient disposés à de nouveaux investissements économiques et stratégiques. M. MacGhee a reconnu lui-même que les capitaux américains, assurés de plus grands dividendes aux États-Unis, n'étaient pas tentés de s'investir en Afrique et que sur les fonds publics, ceux d'aide Marshall notamment, on ne pourrait disposer de sommes importantes. Il s'est borné, surtout semble-t-il pour donner satisfaction aux intérêts privés américains dont le Congrès prend la défense, à demander un statut plus favorable pour certains d'entre eux, particulièrement au Maroc.

Dans l'ensemble, il est probable que si les Américains attachent de l'importance au développement industriel stratégique de l'Afrique, c'est plutôt sur des territoires d'allégeance britannique et sud-africaine qu'ils feront porter leur effort et leur aide.

(Direction d'Afrique-Levant, Généralités, volume 59)

323

NOTE DE LA DIRECTION D'ASIE-OCÉANIE
POUR LE SECRÉTAIRE GÉNÉRAL[1]

Aide financière américaine pour l'Indochine

N.   *Paris, 4 octobre 1950.*

Une réunion s'est tenue ce matin au Secrétariat permanent de la Défense nationale, sous la présidence de M. Mons, en vue de faire le point de la question de l'aide financière américaine à l'Indochine et d'arrêter la position française tant sur le chiffre de la demande à adresser à Washington que sur la manière de la justifier.

Y assistaient les représentants des ministères des Finances, du Budget, des États associés, de la Défense nationale, de la France d'outre-mer et du Département (MM. Baeyens, Roux et de La Grandville).

Après avoir rappelé que, sur les 850 milliards que représentera le budget militaire français en 1951, 610 milliards concernent la France et 240 l'Indochine, M. Mons a précisé qu'aux termes des décisions prises par le Conseil de Défense, la participation à la charge de ce budget demandée aux États-Unis s'élève à 270 milliards, soit 170 pour la France et 100 pour l'Indochine.

M. Baeyens a ensuite fait connaître l'état des conversations franco-américaines sur la question, tel qu'il résulte de la conférence des Trois

---

[1] Note manuscrite : « *M. Nègre, original remis à M. Parodi. C[ommuniqu]er copie à La Granville* ».

de New York, et des échanges de vues que notre Ambassade à Washington a eus depuis avec le Département d'État. Il a notamment indiqué les premières réponses que nous avons déjà fournies aux Américains à l'appui du chiffre mis en avant de 50 milliards.

Le représentant du ministère de la France d'outre-mer a enfin déclaré qu'à la suite du passage à Saïgon de la mission Erskine-Melby, le chiffre global de 108 milliards de francs, qui représentait jusqu'ici le montant de nos demandes d'aide en matériel pour l'Indochine adressées aux Américains, avait été augmenté dans une certaine proportion, qui sera ultérieurement précisée.

Il a été convenu que, conformément aux instructions du Président du Conseil, le chiffre de 100 milliards de francs sera présenté par nous au cours des prochaines négociations d'ensemble de Washington. Les représentants des différents ministères ont été d'accord pour considérer qu'il convient de faire porter nos justifications de ce chiffre à la fois sur :

1) L'entretien des armées des États associés, des supplétifs du corps expéditionnaire, des gardes locales indépendantes et des troupes ralliées, des bataillons autochtones faisant partie du corps expéditionnaire.

2) Certains travaux d'intérêt militaire et des travaux d'infrastructure aérienne.

3) Le maintien du renfort spécial créé en Indochine en 1949 pour faire face, le cas échéant, à une attaque des communistes chinois.

Ces différents chapitres permettraient de justifier un chiffre très voisin de 100 milliards.

Les ministères techniques intéressés vont tenir cet après-midi une nouvelle réunion en vue d'établir l'état exact et détaillé de ces justifications. Celui-ci sera présenté de telle manière que nos représentants à Washington pourront utiliser ses différentes rubriques, selon les besoins de la négociation.

Cet état sera emporté à Washington par les techniciens français, dont l'activité sera coordonnée par les soins de M. Alphand.

(Direction d'Asie-Océanie, Indochine, volume 263)

324

Réarmement allemand

N.   *Paris, 5 octobre 1950.*

De l'examen des textes adoptés au cours des réunions des ministres des Affaires étrangères, du Conseil de l'Atlantique et des trois ministres de la Défense nationale à New York, au cours du mois de septembre, et de la lecture des comptes rendus des discussions, il apparaît que la situation actuelle en ce qui concerne le problème du réarmement de l'Allemagne peut s'analyser de la manière suivante :

1) Nous avons accepté dans le cadre d'une décision soi-disant relative à la police un texte qui prévoit un développement considérable de la police et son équipement par des armements allant jusqu'aux chars, en même temps que la réorganisation des *Dienstgruppen* et la formation de groupes de sécurité qui sont de nature à constituer les premiers éléments d'une armée allemande.

2) Nous avons accepté, en outre, de faire examiner par le comité de Défense, à la fin du mois d'octobre, la forme de participation de l'Allemagne à la force unifiée pour la défense de l'Europe occidentale. Il est clair que le Secrétaire d'État américain se propose, fin octobre, d'obtenir notre adhésion à la constitution de divisions allemandes intégrées dans une armée unifiée.

Pour obtenir notre consentement au document sur le renforcement de la police et la réorganisation des *Dienstgruppen,* M. Acheson s'est servi des moyens de pression que lui fournissaient notre demande de renforcement des forces américaines en Allemagne, et notre désir exprimé par le mémorandum du 17 août[1] d'une unification des forces affectées à la défense. Pour nous faire céder à la fin d'octobre, il dispose encore des mêmes moyens, qui ne sont pas épuisés et nous lui fournirons entre temps un argument neuf en lui présentant une demande d'aide financière correspondant à peu de chose près au montant de notre budget de la défense nationale. Si l'on ajoute à ces constatations le fait que la France s'est trouvée seule en septembre à s'opposer à la constitution immédiate de forces armées allemandes, l'on comprendra que le Secrétaire d'État attende sans grande inquiétude pour l'avenir de son plan, l'expiration du délai d'un mois que nos efforts ont réussi à obtenir.

Comment utiliser ce délai ? D'abord en fixant une doctrine ensuite en le faisant connaître et partager par les puissances européennes qui ont ou devraient avoir des soucis parallèles aux nôtres.

---

[1] Voir document n° 261.

En résumé, la doctrine que nous pourrions adopter serait la suivante :

– Le document sur la police contient en germe une armée allemande, il est donc inutile de prévoir autre chose. Par contre, il faut préparer l'intégration dans l'armée atlantique unifiée de toutes les formations, sauf la police *stricto sensu*, notamment les *Dienstgruppen,* prévues par le document sur la police. Telle est la forme que devra prendre à nos yeux la participation allemande à la force unifiée.

Cette intégration devra se faire sous contrôle allié et, si possible, par étapes, la première consistant à former un contingent européen intégré qui sera mis ensuite à la disposition du commandement suprême de la force unifiée. Ce contingent européen serait composé d'unités françaises, belges, luxembourgeoises hollandaises et éventuellement danoises, norvégiennes, italiennes et britanniques si ces divers pays y consentent. On pourrait faire valoir : 1) que seule la formation d'une force intégrée européenne comprenant des unités allemandes permet de sauvegarder l'idée européenne alors que la notion d'unités allemandes directement intégrées à la force unifiée risquerait de la rendre plus difficile sinon impossible ; 2) que la solidarité du Pacte de Bruxelles et son originalité ont, en cette occurrence, une occasion, peut-être la dernière, de se manifester.

De même sur le plan de la production, nous pourrions demander que les commandes de matériel de guerre passées et réparties par le comité exécutif production du Conseil de l'Atlantique, soient adressées non pas directement aux puissances européennes pour ce qui est de l'Allemagne, la France, l'Italie, la Belgique, la Hollande et le Luxembourg, mais à l'Autorité supranationale du Plan Schuman qui les sous-répartiraient en accord, pour l'Allemagne avec l'OMS[1].

Cette doctrine ou toute autre doctrine qui devrait être mise au point et adoptée comme nôtre devrait être sans retard exposée par nos ambassadeurs dans les différentes capitales européennes. Nous devrions, en même temps, nous prêter à toute modification mineure de cette doctrine qui s'avérerait nécessaire pour que nous présentions au comité de Défense et, éventuellement à la prochaine session du Conseil de l'Atlantique, un front commun.

(Secrétariat général, Dossiers, volume 8)

---

[1] O.M.S. : Office militaire de sécurité

325

NOTE DE M. BONNET, AMBASSADEUR DE FRANCE À WASHINGTON[1]

Problème du réarmement allemand

N.   *Washington, 5 octobre 1950.*

1) Le comité de Défense doit examiner le 28 octobre le détail des mesures nécessaires pour instituer et organiser la force unifiée dont la création a été décidée par le Conseil de l'Atlantique Nord, en vue de prévenir une agression éventuelle contre l'Europe occidentale. Il est à prévoir qu'il se trouvera dès le début devant le problème qu'ont posé les Américains aux réunions de septembre, celui de définir les méthodes selon lesquelles l'Allemagne pourrait, du point de vue technique, participer le plus utilement à la mise en état de défense de l'Occident. Une solution de principe sera proposée par les représentants des États-Unis, celle qui consisterait à prévoir la création d'unités allemandes à incorporer, avec des précautions et après un délai donné, dans les forces combinées des nations atlantiques.

2) Il n'est pas besoin d'insister sur les dangers évidents de toute solution qui finirait par conduire à la reconstitution d'une armée allemande nationale et à la résurrection du militarisme prussien. Nul ne peut prévoir les réactions que provoquerait en URSS pareille décision. Contraire aux accords de Potsdam et aux traités de garantie mutuelle que Moscou a conclus avec diverses nations occidentales, elle serait interprétée, ou en tout cas présentée, comme une mesure agressive. L'inquiétude serait plus grande encore en Pologne et en Tchécoslovaquie.

Il est d'ailleurs certain que l'armée allemande reconstituée aurait pour objectif, non seulement l'unité germanique, mais la conquête des territoires perdus à l'Est. Un élément nouveau ne tarderait pas à être introduit ainsi dans la politique de la coalition occidentale, du fait de l'Allemagne réarmée par les États-Unis. Les chances de prévenir la guerre seraient dangereusement réduites ; nous nous trouverions en face de possibilités accrues, pour ne pas dire d'une certitude de conflit sanglant.

3) Les Américains répondront que les mesures de précautions déjà envisagées doivent suffire à écarter ces dangers (pas de reconstitution d'une armée et d'un état-major allemands, priorité donnée au réarmement allié ; limitation du nombre des unités allemandes à un pourcentage déterminé du total des forces alliées ; armements lourds fabriqués à l'extérieur de l'Allemagne). Ils feront valoir d'autre part que, de l'avis

---

[1] Note manuscrite : « *D[irection] G[énér]ale Politique* ».

des techniciens, l'apport d'unités allemandes est indispensable pour assurer victorieusement la défense de l'Europe à la hauteur de l'Elbe.

4) Il faut leur faire comprendre que le problème est, pour les États-Unis aussi bien que pour l'Europe, d'empêcher une agression éventuelle venant de l'Est en mettant une force aussi solide que possible au service d'une politique commune de préservation de la paix, mais en évitant soigneusement, et des gestes de provocation, et toute mesure qui risquerait de compromettre la cohésion des peuples occidentaux et singulièrement de l'Europe de l'Ouest.

Il est certes désirable de faire participer l'Allemagne à la défense de son propre territoire et de la voir prendre sa part de sacrifices, mais la création d'unités allemandes qui entraînerait fatalement après quelque délai la formation, camouflée ou non, d'états-majors, de services généraux et d'un ministère de la Défense, irait à l'encontre des objectifs que nous poursuivons ; elle risquerait de ruiner en particulier l'effort d'unité européenne qui se poursuit et auquel la France vient d'apporter une contribution décisive par le Plan Schuman.

5) Une solution de compromis écartant la création de divisions allemandes et acceptant des bataillons ou des régiments laisserait subsister tous les dangers. Un rejet brutal des propositions de Washington risquerait, d'autre part, sans supprimer le péril de collusion avec les militaires allemands, d'inciter l'état-major américain à se replier sur lui-même, et, tout en conservant ses liens avec la Grande-Bretagne, à concentrer son effort sur le développement de la force nationale.

Nous devons, en conséquence, demander au comité de Défense de penser de nouveau tout le problème.

6) Cette attitude implique toutefois que nous apportions des propositions concrètes[1]. Il ne serait pas indiqué, par exemple, de suggérer simplement l'institution d'une commission d'études. Nous risquerions de voir les autres participants définir la tâche de cet organisme de telle manière que le principe du réarmement allemand serait, malgré tout, accepté. Nous n'avons pas intérêt en outre à ce que cette commission soit composée des douze membres du Pacte atlantique sous peine de nous voir imposer par une écrasante majorité les vues américaines.

C'est comme protagoniste de l'unité européenne que la France doit prendre position. Au moment où elle s'efforce d'assurer le progrès décisif de cette unité dans l'ordre économique par l'institution d'une autorité supranationale, elle a qualité pour saisir fermement la même

---

[1] La direction d'Europe avait bien précisé que la police devait être réorganisée selon les conditions prévues en septembre à New York et ne devait pas apparaitre comme étant l'embryon d'une armée nationale ni posséder de matériel lourd. Sa mission devait juste être d'assurer la sécurité intérieure de l'Allemagne occidentale. Elle se déclarait d'accord avec le principe de l'intégration de contingents allemands qu'à partir du moment où la force unifiée sera devenue une réalité et qu'un nombre suffisant de divisions françaises en ferait partie (note du 6 octobre 1950 de la direction d'Europe, non reproduite).

initiative dans l'ordre de la défense. En proposant de faire franchir une nouvelle étape à l'idée fédérale, elle devrait gagner l'adhésion, non seulement de l'opinion populaire en Europe, mais aussi aux États-Unis.

7) Il semble donc que nous devrions demander la création d'une commission des six puissances européennes continentales, qui siégerait à Paris, et qui serait chargée de mettre sur pied un plan d'armée continentale unifiée placée sous une autorité unique du point de vue de son organisation, de son équipement et de son financement aussi bien que de son commandement.

La défense du secteur central de l'Europe serait ainsi assurée par une armée américaine, une armée britannique et une armée continentale. Il appartiendrait à l'autorité unique chargée de constituer ladite armée continentale de voir dans quelles conditions des effectifs allemands pourraient être utilisés pour tenir leur place dans la défense du secteur attribué à cette force européenne unifiée. C'est par la participation à une organisation fédérale de la défense européenne que l'Allemagne serait agrégée à l'effort commun et sans être appelée à se constituer un état-major et un ministère de la Défense.

8) La mise au point, dans les détails, du plan général qui serait élaboré suivant ces lignes demanderait évidemment une étude très poussée par la commission européenne à constituer sur le modèle de la commission du Plan Schuman, et qui devrait être composée de représentants politiques et de techniciens de divers ordres.

D'ores et déjà, la solution ci-dessus envisagée offrirait des avantages certains. Comme dans l'ordre économique, l'initiative et la direction appartiendraient à la France. La force continentale à créer serait chargée, à côté des forces américaines et anglaises, de la défense du principal secteur européen dont le commandant en chef serait très vraisemblablement un général français. La priorité de l'armement étant assurée aux alliés atlantiques, des forces substantielles seront sur pied avant que des effectifs allemands puissent y être ajoutés. En fait, l'organisation de la force fédérale se ferait par l'intégration immédiate des unités belges, françaises, hollandaises en un tout. Une armée comprenant un nombre imposant de divisions serait déjà à la disposition de l'Autorité supranationale lorsqu'elle serait appelée à renforcer et à compléter cette armée par des éléments germaniques.

9) En accomplissant ce deuxième pas décisif vers la création de l'Europe, il serait facile de mettre l'accent sur les préoccupations légitimes de défense auxquelles obéirait l'Union occidentale en constituant ses forces armées. Le Conseil de l'Europe pourrait être tenu au courant. Il serait même possible de faire valoir que l'organisation ultérieure d'une force internationale à la disposition de l'ONU serait éventuellement facilitée par cette première et décisive expérience.

(Cabinet du Ministre, Schuman, volume 148)

326

M. Daridan, Chargé d'affaires à l'Ambassade de France
à Washington,
    à M. Schuman, Ministre des Affaires étrangères[1].

D. nº 4794.   *Washington, 5 octobre 1950.*

Au cours de cet été, cette ambassade a eu l'occasion de signaler l'incertitude et les hésitations qui s'étaient emparé de l'esprit des Américains à la suite des revers subis par les forces des États-Unis en Corée. La révélation brutale de l'impréparation des forces américaines avait rendu le public conscient de l'insuffisance des moyens à la disposition des États-Unis pour appuyer leur politique d'engagements internationaux. C'est avec un certain trouble que l'opinion américaine assiste aux efforts entrepris par l'administration pour pallier ces déficiences. Le passage d'un état d'esprit de paix au sentiment que les États-Unis étaient pratiquement en guerre et qu'ils devaient s'attendre au pire avait naturellement créé dans l'esprit public une tension qui se reflétait par la violence des débats au Congrès et par les critiques portées contre l'administration.

Le retournement de la situation militaire en Corée a mis fin à ce flottement inquiet. Un sentiment de détente s'est immédiatement manifesté. Par un phénomène classique aux États-Unis, où les réactions sont à la fois fortes et rapides, le public, après s'être laissé quelque temps aller à l'inquiétude, a été prompt à retrouver son équilibre et même à afficher un certain optimisme. Celui-ci s'exprime volontiers de la façon suivante : nous avions eu tort de nous inquiéter outre mesure, il suffit que les États-Unis élèvent leur grosse voix pour que tout rentre dans l'ordre.

Une telle formule exprime de façon quelque peu outrée un état d'esprit qui, s'il n'est pas général, se retrouve pourtant dans les différents secteurs américains touchés dans leurs intérêts par les mesures prises à la suite de l'incident de Corée. C'est ainsi que de nombreux industriels ont vu leurs programmes de fabrications dérangés par la nécessité de reconvertir à des fins militaires une part de leur production. Pour l'ensemble des consommateurs, les événements internationaux se sont traduits par une hausse sensible du prix de la vie et par des restrictions sur le marché des produits disponibles et sur les achats à crédit. Enfin, le contribuable américain subit le contrecoup des programmes de réarmement par un relèvement sensible du taux des impôts. C'est ainsi que, à un titre ou à un autre, d'innombrables Américains ont ressenti les conséquences de la tension internationale grandissante ; d'où la ten-

---

[1] Dépêche adressée à la direction d'Amérique et communiquée aux directions d'Europe et d'Asie-Océanie, au Secrétariat général et au service d'Information et de Presse.

dance chez eux, depuis que les choses vont mieux, de ralentir l'effort entrepris et de retourner, si possible, à la situation normale. La formule « business as usual » est l'une de celles qui trouvent facilement crédit aux États-Unis.

Cette attitude comporterait un danger certain si elle s'affirmait. Il semble que ce soit surtout dans les milieux internationaux, à Lake Success en particulier, qu'on en ait eu conscience. Cette crainte de voir les États-Unis détendre leur effort et s'endormir à nouveau dans une sécurité trompeuse semble même avoir été exprimée par les commentateurs étrangers avec une netteté assez brutale qui a choqué de nombreux observateurs américains. Sans doute ceux-ci reconnaissent-ils que la démobilisation massive à la fin de la Deuxième Guerre mondiale, que l'évacuation de la Corée qu'il a fallu réoccuper ensuite, ont été des précédents dignes de susciter des inquiétudes. Sans doute admettent-ils aussi que l'opinion américaine demeure assez versatile, notamment en matière de politique internationale. Mais ils font valoir, en revanche, tous les efforts entrepris par le gouvernement américain depuis 1945 en matière de coopération internationale. Ils soulignent que, dans l'affaire de Corée, ce sont les États-Unis qui ont pris la tête de la riposte et qui ont fourni aux Nations unies les forces nécessaires pour combattre l'agresseur, portant ainsi le prestige de l'Organisation à un niveau jamais atteint par la Société des Nations. Les observateurs américains les moins bien disposés ripostent en outre que c'est sur le vieux continent, et non pas sur le nouveau, que se manifestent des hésitations et une volonté insuffisante à se défendre. Les commentateurs plus bienveillants notent que les succès américains en Corée et les décisions de New York sur l'institution d'une armée atlantique et d'un commandement centralisé ont, au contraire, accru la confiance des peuples européens.

S'ils s'élèvent contre des reproches qu'ils qualifient d'exagérés et d'injustes, les milieux dirigeants américains n'en ont pas moins conscience du danger qu'il y aurait à voir s'établir aux États-Unis un état d'esprit de laisser-aller. Le soin même avec lequel ils réagissent contre cette tendance en témoigne. Les propos recueillis dans les milieux de l'Administration et du Congrès, ainsi que les multiples articles de presse publiés dans les journaux quotidiens et les hebdomadaires, manifestent à cet égard une grande unanimité. L'affaire de Corée a été pour nous un dur réveil ; nous avons entrepris le redressement nécessaire ; la plus grave erreur que nous pourrions commettre serait d'interrompre ce redressement ; rien de plus dangereux ne pourrait nous arriver que de retomber dans nos anciens errements : tel est le thème qui a été abondamment développé ces jours-ci.

Cette vue raisonnée a d'ailleurs été confirmée par l'attitude même de l'URSS. La modération relative dont ont fait preuve les représentants soviétiques aux Nations unies a paru annoncer une nouvelle offensive de paix du Kremlin. Mais ce changement de ton a précisément été trop rapide et il a suivi de trop près le retournement de la situation militaire pour que le jeu soviétique n'ait pas été facilement percé à jour, non seulement par les dirigeants américains, mais par le public lui-même. La réaction générale aux États-Unis a donc été : nous avons déjà été pris plusieurs fois, nous ne nous laisserons plus tromper par l'offensive de paix des Soviets. La politique d'apaisement appartient désormais, pour les États-Unis, à un passé révolu...

Cette position est naturellement celle des chefs de l'Administration ; elle a été clairement exprimée par le Président, par M. Acheson, par la nouvelle équipe du général Marshall et de M. Lovett qui va mettre toute son autorité au service du renforcement militaire des États-Unis, par M. Symington qui va consacrer toute son énergie à la mobilisation économique du pays. Au Congrès même, avant sa récente séparation, on ne trouvait pratiquement aucune voix dissidente pour prôner un ralentissement de l'effort américain. Une telle réaction aurait pu se produire après plusieurs mois de détente dans la situation internationale. Mais l'amélioration sur le plan militaire a précédé de trop peu les élections imminentes et elle ne s'est pas manifestée encore avec assez de netteté pour qu'aucun homme politique, surtout s'il est de ceux qui doivent retourner devant les électeurs, ait osé recommander un ralentissement de l'effort américain. À l'extrême-droite isolationiste même, la tendance traditionnelle à se désintéresser des événements extérieurs a été compensée par l'anticommunisme forcené qui anime ce secteur politique. Le communisme ne peut manifestement être combattu à l'intérieur des États-Unis sans être également tenu en échec au dehors, ce qui implique que le gouvernement américain dispose de forces suffisantes.

Quant à la possibilité d'une discussion avec Moscou, elle vient évidemment de s'exprimer à nouveau par la lettre que M. Stassen a envoyée hier à Staline. Mais on ne saurait sérieusement considérer cette manifestation comme annonçant un retour à la politique d'apaisement. L'ancien gouverneur du Minnesota a en effet marqué, de la façon la plus nette, que c'était l'URSS qui devait revoir sa politique et qu'en tous cas, les États-Unis ne renonceraient pas aux forces dont ils disposent et qu'ils doivent encore accroître.

Cette ferme direction imprimée par le gouvernement, par les milieux politiques et par une presse éclairée paraît donc aujourd'hui capable de tenir en échec la réaction de moindre effort qui a pu se manifester dans certains éléments du public américain, au lendemain des récents succès de Corée. L'opinion américaine se laisse assez facilement conduire lorsque les arguments qu'on lui présente comportent une évidence logique difficilement réfutable. Tel est aujourd'hui le cas, et il semble permis de conclure que les États-Unis, loin de retomber dans l'indifférence et la passivité qui ont été souvent les leurs au lendemain de succès remportés à l'extérieur, poursuivront au contraire et accroîtront l'effort nécessaire pour donner au pays l'armée de sa politique et pour réarmer, parallèlement, les alliés des États-Unis. S'il en est ainsi, le peuple américain aura fourni une preuve nouvelle de sa maturité politique croissante.

(Direction d'Asie-Océanie, Corée, volume 24)

327

NOTE DE LA DIRECTION D'EUROPE[1]
(Sous-direction d'Europe méridionale)

Chypre

N.   *Paris, 16 octobre 1950.*

Les manifestations spectaculaires organisées au cours des derniers mois par l'Église orthodoxe en faveur du retour de Chypre à la Grèce ont rappelé à l'opinion internationale qu'il y a une question de Chypre, question qui présente d'ailleurs plusieurs aspects. Une éventuelle modification du statut actuel de cette île, qui constitue une importante base stratégique, ne pourrait en effet manquer d'avoir des répercussions sur l'équilibre des forces dans le bassin oriental de la Méditerranée. D'autre part, la persistance de l'agitation en faveur du rattachement à la Grèce risque d'amener le gouvernement d'Athènes à prendre un jour dans cette affaire une position de nature à compromettre ses rapports avec la Grande-Bretagne et avec la Turquie.

La France, qui n'est pas intéressée directement à l'évolution de la situation à Chypre, ne pourrait toutefois s'abstenir de faire connaître son point de vue dans le cas d'une éventuelle cession à la Grèce, puisque, aux termes de l'article 4 de la convention du 23 décembre 1920 fixant les frontières des territoires sous mandat de Syrie, Palestine et Irak, la Grande-Bretagne s'est engagée à ne pas céder Chypre à une tierce puissance sans le consentement du gouvernement français.

Administrée par la Grande-Bretagne depuis 1878, l'île de Chypre est cependant restée sous la suzeraineté théorique du Sultan jusqu'à la signature du traité de Lausanne, en 1923. À cette date, la Turquie a reconnu formellement l'annexion de Chypre que la Grande-Bretagne avait prononcée, dès 1914, lors de l'entrée en guerre de la Turquie. En 1925, Chypre a été dotée d'un statut de colonie dont la mise en vigueur a eu pour résultat de substituer à une administration de caractère libéral un renforcement très sensible du contrôle britannique dans tous les domaines. Le mécontentement provoqué par une telle situation s'est manifesté en 1931 par une révolte ouverte des Chypriotes, au cours de

---

[1] Note manuscrite : « *Vu par Monsieur de La Tournelle. M. Baeyens, m'en parler* ».

laquelle la résidence britannique fut incendiée, ce qui permit à la Grande-Bretagne de prendre des mesures particulièrement sévères, allant jusqu'à la suppression de toutes les libertés politiques et la déportation de deux évêques.

C'est en effet l'Église orthodoxe grecque de Chypre qui constitue le centre actif de la résistance à la domination britannique et le symbole des aspirations nationales en faveur de la réunion de Chypre à la Grèce. L'Ethnarchie encadre 360 000 orthodoxes, soit 80 % de la population totale de l'île. En face de cette masse de fidèles d'origine grecque, groupés derrière leurs évêques, les Turcs, au nombre de 80 000, ne représentent que 18 % de la population. Les partis politiques, autorisés seulement à partir de 1941, sont en grande majorité sous l'influence de l'Ethnarchie qui les a organisés pour lutter contre le parti communiste. Celui-ci, d'ailleurs, dont les effectifs sont peu nombreux mais fort dynamiques, fait également campagne en vue du rattachement de Chypre à la Grèce, poursuivant en cela des objectifs déterminés par la stratégie du Kominform.

Le référendum organisé en janvier dernier par l'Ethnarchie a marqué une étape importante dans l'évolution de la question de Chypre. Bien qu'il y ait lieu, du fait des pressions diverses qui ont pu être exercées sur les votants, d'accueillir avec certaines réserves les chiffres officiellement publiés (96 % de Grecs se seraient déclarés favorables à l'Einosis[1]), il est bien évident que cette consultation a constitué une retentissante manifestation en faveur du rattachement de Chypre à la Grèce. L'Ethnarchie a immédiatement exploité les résultats de ce référendum en les communiquant au gouvernement britannique et au gouvernement grec, demandant à l'un et l'autre d'en tirer les conséquences et de s'entendre pour le transfert à la Grèce de l'administration du pays. En outre, plus récemment, une délégation de l'Ethnarchie s'est rendue à Athènes, à Londres et aux États-Unis, avec l'intention d'intéresser l'opinion publique internationale à la cause des Chypriotes et d'obliger les gouvernements et l'ONU à prendre position. C'est ainsi qu'a eu lieu à Athènes, le 21 juillet, une manifestation organisée, sous la présidence de Mgr Spyridon, archevêque-primat, par le Comité panhellénique pour l'union de Chypre à la Grèce et à laquelle assistaient plus de 100 000 personnes.

Bien que le gouvernement britannique n'ait pas fait connaître officiellement son point de vue à la suite de ces événements, il est certain que l'action entreprise par l'Ethnarchie ne peut le laisser indifférent. Il ne semble pas toutefois qu'un changement quelconque dans le statut actuel de l'île soit, pour le moment, envisagé à Londres étant donné en effet l'importance de cette position stratégique pour la défense des intérêts britanniques dans l'ensemble du Proche-Orient, la Grande-Bretagne n'est disposée, semble-t-il, à faire aucune concession majeure

---

[1] Einosis : Union de Chypre avec la Grèce.

d'ordre politique qui lui paraîtrait constituer une menace pour la sécurité de ses bases militaires à Chypre. Elle demeure d'autant plus ferme sur ce point que ces bases pourraient revêtir une importance plus considérable encore si les troupes britanniques étaient amenées à évacuer la zone du Canal de Suez. D'autre part, sur le plan politique, la cession de Chypre à la Grèce constituerait un précédent de nature à affaiblir la résistance britannique aux prétentions de l'Égypte sur le Soudan. On peut cependant se demander si la Grande-Bretagne, dont le jeu a, jusqu'à maintenant, essentiellement consisté à s'appuyer sur la minorité turque, favorable au maintien du *statu quo,* pourrait continuer à s'opposer aux revendications de la majorité grecque de l'île, dans le cas où l'agitation entretenue par l'Ethnarchie et par les communistes prendrait une ampleur telle que non seulement la Grèce, mais aussi les Nations unies, pourraient être appelées à intervenir.

Cette situation pose au gouvernement d'Athènes un difficile problème. D'une part, il ne peut pas officiellement désavouer l'action de propagande en faveur de l'Einosis mais, d'autre part, pour des raisons de politique générale, il est tenu à une extrême prudence vis-à-vis de la Grande-Bretagne. Le gouvernement américain qui n'avait pas encore pris position, a, de son côté, fait pression récemment sur le gouvernement grec dans le sens de l'abstention, en lui faisant valoir que la Grèce devait avoir actuellement pour tâche essentielle d'assurer le maintien de sa sécurité et ne devait pas se laisser détourner de cette tâche par une affaire d'ordre secondaire qui n'appelait pas de solution immédiate. C'est dans ces conditions que le gouvernement grec a été amené à déclarer, au cours d'un débat parlementaire le 4 juillet dernier, que, dans les circonstances présentes, il n'était pas opportun de soulever cette question. Cette prise de position a d'ailleurs recueilli l'assentiment de la majorité des députés grecs.

Dans cette affaire, l'URSS poursuit un seul objectif, d'ordre stratégique : il s'agit pour elle de favoriser, par l'entremise du parti communiste de Chypre, l'agitation en faveur du rattachement à la Grèce, avec l'espoir qu'une telle solution entraînerait l'abandon par la Grande-Bretagne des bases militaires qu'elle entretient dans l'île. En vue d'enlever à l'Ethnarchie le bénéfice exclusif d'une telle propagande, une délégation des syndicats communistes de Chypre s'est rendue récemment dans les capitales des démocraties populaires ainsi qu'à Lake Success.

Bien que la question de Chypre ne figure pas à l'ordre du jour de l'actuelle session de l'Assemblée générale des Nations unies, la Grande-Bretagne n'exclut pas qu'elle puisse être soulevée, au cours des débats, notamment par l'un des représentants des États satellites de l'URSS. Étant donné qu'une motion favorable aux revendications des Chypriotes serait appuyée par l'URSS. pour les raisons signalées plus haut, il y a tout lieu de penser qu'une majorité se dégagerait pour le rejet d'une telle motion.

Si cette affaire venait à être évoquée à l'ONU, nous devrions évidemment nous concerter sur l'attitude à adopter avec les États-Unis et la Grande-Bretagne qui sont plus directement en cause et qui s'inspireront vraisemblablement de considérations stratégiques. L'extension récente à la Turquie et à la Grèce de l'organisation atlantique, dans le cadre de la collaboration militaire en Méditerranée, permet en effet de penser que cet aspect du problème sera tout particulièrement présent à l'esprit des gouvernements occidentaux.

(Direction d'Europe, Grèce, volume 120)

328

M. Bérard, Haut-Commissaire adjoint de la République française en Allemagne,
à M. Schuman, Ministre des Affaires étrangères[1].

T. nos 5398-5404.   *Bonn, 17 octobre 1950, 13 h. 30.*

Réservé. Urgent.   *(Reçu : le 17, 13 h. 55)*

Au cours de la conversation que j'ai eue ce matin avec le Dr. Blankenhorn, celui-ci s'est étendu sur le caractère particulièrement difficile de la situation dans laquelle se trouvait placé le Chancelier. Accusé d'avoir pris à l'égard des Alliés un engagement concernant la fourniture de contingents allemands à une armée occidentale, il était en butte aux attaques les plus acharnées de la part des protestants qui, désormais, voulaient sa chute. Le pasteur Niemoller n'avait-il pas été jusqu'à dire qu'Adenauer passerait comme Grotewohl ! Le Dr. Schumacher, qui avait pourtant eu récemment des entretiens cordiaux avec le Chancelier, manifestait sa ferme intention de profiter des circonstances : il se rapprochait des protestants et soutenait leurs attaques, avec l'espoir d'amener une scission dans le bloc bourgeois et même dans la CDU.

Le Chancelier souhaitait toujours de retarder le plus longtemps possible, et même dans les conditions actuelles d'éviter, un débat parlementaire. C'est pour y parvenir qu'il allait faire cet après-midi une déclaration expliquant et justifiant son attitude, espérant ainsi apaiser les esprits.

J'ai demandé au Dr. Blankenhorn quelle attitude comptait prendre le gouvernement fédéral sur cette question des contingents à la suite des débats récents. Il m'a répondu que, d'accord sur ce point avec le Dr. Schumacher, le Chancelier comptait attendre une demande des

---

[1] Télégramme communiqué à la Présidence de la République, la Présidence du Conseil, MM. Parodi, de La Tournelle, Clappier et de Bourbon-Busset.

Alliés. Il porterait alors la question devant le Bundestag et s'inspirerait de la position adoptée par celui-ci pour formuler sa réponse. Les nouvelles difficultés qu'avait fait naître à propos de l'organisation de la police, la réunion du 13 octobre avec les ministres de l'Intérieur des *Länder*, ne le détourneraient pas de cette décision. Au sujet de la nomination des officiers supérieurs, du financement, de la création d'un inspectorat général, les ministres de l'Intérieur n'avaient témoigné d'aucun esprit de coopération. Le Chancelier allait provoquer une réunion avec les Ministres-Présidents pour chercher une issue à cette impasse.

J'ai fait ressortir au Dr. Blankenhorn que l'évolution de la politique intérieure allemande, les changements intervenus au sein du gouvernement fédéral, les déclarations faites non seulement par des ministres comme M. Seebohm, mais par le Chancelier lui-même au sujet des provinces de l'Est, suscitaient en France bien des appréhensions et créaient un climat de méfiance. M. Blankenhorn a justifié le Chancelier en affirmant que celui-ci était sans cesse pressé par les Américains de passer à l'offensive et constamment incité à prendre, à l'égard de l'Allemagne de l'Est, quelque initiative nouvelle. Mais l'opinion française ne devait pas se laisser impressionner pour autant. Le gouvernement fédéral se rendait nettement compte que si l'Allemagne devait apporter sa contribution à une armée occidentale, les forces militaires qu'elle aurait à recréer devraient se distinguer complètement de l'ancienne armée et être animées d'un esprit entièrement nouveau. Le Chancelier était conscient du danger qu'autrement cette reconstitution ferait courir à la République fédérale.

Le Dr. Blankenhorn lui-même avait passé récemment une soirée dans un cercle d'anciens généraux. Il avait été scandalisé de l'esprit prussien et réactionnaire de ceux-ci. Il était persuadé qu'à quelques exceptions près, parmi lesquelles il plaçait Speidel et Heusinger, toutes ces figures du passé étaient à écarter. Il était vain d'espérer qu'ils puissent s'adapter au monde nouveau. Il n'en était que plus urgent de préparer une génération nouvelle, qui ne devait pas être formée en Allemagne, mais dans les écoles militaires internationales en Amérique, en France ou en Angleterre. L'Allemagne était prête à prendre sa place dans une armée européenne. Il était souhaitable qu'elle la prît à un échelon élevé. Peut-être des divisions ne seraient-elles pas suffisantes et l'unité choisie devrait-elle être le corps d'armée.

J'ai fait remarquer au Dr. Blankenhorn qu'il avait été successivement question de bataillons, de régiments, de brigades, de divisions ; il parlait maintenant de corps d'armée ; où s'arrêteraient les prétentions allemandes ? Ne se rendait-il pas compte combien était décourageant cet aspect insatiable du caractère allemand ? Le Dr. Blankenhorn a répondu que ce point pourrait être réglé par des techniciens et que nos experts reconnaîtraient peut-être eux-mêmes l'avantage de choisir des unités importantes. Puis, avec beaucoup d'insistance, il m'a répété ce qu'il m'avait dit il y a une quinzaine de jours déjà, combien il paraissait désirable au Chancelier qu'une initiative vînt du côté français. L'Allemagne ne voulait pas prendre place dans une armée américaine. Si la France proposait la création d'une armée européenne sous commandement allié, dont le chef suprême pourrait même être un Français, le gouvernement fédéral se rallierait à cette solution.

(Secrétariat général, Dossiers, volume 6)

329

M. BÉRARD, HAUT-COMMISSAIRE ADJOINT DE LA RÉPUBLIQUE FRANÇAISE EN ALLEMAGNE,
   À M. SCHUMAN, MINISTRE DES AFFAIRES ÉTRANGÈRES[1].

T. n°s 5421-5432.   *Bonn, 17 octobre 1950, 23 h. 50.*

Réservé. Priorité absolue.   *(Reçu : le 18, 1 h.)*

Des contacts que j'ai repris depuis mon retour à Bad-Godesberg et de l'entretien dont j'ai rendu compte avec le docteur Blankenhorn (télégramme n° 5398)[2], se dégagent les impressions suivantes.

Loin de se simplifier, depuis la fin de la conférence de New York, le problème de la participation de la République fédérale à la défense de l'Occident se complique pour nous avec le temps. Il n'est pas douteux que les Américains poussent leurs conversations et leurs études pour parvenir, dans un délai qu'ils se sont fixés, à la constitution, sous une forme ou sous une autre, de forces militaires allemandes. En l'absence de M. MacCloy, j'ai fait ressortir hier soir au représentant politique américain à Bonn combien il était déplaisant qu'au moment où nous étions invités à accepter le seul principe de la formation de contingents allemands, des experts militaires américains, franchissant déjà l'étape suivante, passent à la préparation sur le papier de ces contingents en liaison avec les autorités fédérales. Les prétentions allemandes ont, de leur côté, tendance à s'accroître. Le Chancelier, soutenu par M. Schumacher, manifeste son désir de nous placer en position de demandeurs, afin de pouvoir poser des conditions que le temps rendra toujours plus rigoureuses ; la propagande neutraliste développée par les les milieux protestants l'amènera d'ailleurs, pour obtenir la collaboration de son opinion, à élever le prix de la contribution allemande. Enfin, dans l'incertitude actuelle, les milieux nationalistes, les cercles d'anciens mili-

---

[1] Télégramme communiqué à la Présidence de la République, la Présidence du Conseil, MM. Parodi, de La Tournelle, Clappier et de Bourbon-Busset.
[2] Voir document précédent

taires, tant que n'est pas adoptée une solution qui déçoive leurs espoirs, relèvent la tête et intensifient leur action.

En face de ces difficultés, des éléments favorables sont cependant à enregistrer.

Il existe une analogie certaine entre la position de la France et celle de l'Allemagne fédérale concernant la défense de l'Occident. L'une et l'autre ont le souci d'écarter à tout prix de leur territoire la possibilité d'une invasion et d'éviter de servir de champ de bataille ; elles sont préoccupées de s'abstenir de toute provocation à l'égard des Soviets, avant que ne soit constituée une force occidentale véritablement digne de ce nom : c'est pourquoi les initiatives intempestives de M. Reuter, si les Américains y applaudissent, trouvent peu d'écho dans les milieux politiques de Bonn. Certes, le jour où l'Allemagne disposera d'une force armée et où elle sentira derrière elle la puissance américaine, elle sera tentée de provoquer des événements qui puissent amener la libération de ses territoires de l'Est et la reconstitution de son unité. Mais, en attendant, la grande majorité de son opinion souhaite que la République fédérale n'apporte sa contribution au développement des forces militaires européennes que quand celles-ci auront déjà atteint un certain niveau ; et, pour cette raison, le principe de la priorité du réarmement français n'est pas discuté.

Le Chancelier dit vrai quand il affirme son souci d'éviter que la contribution allemande se traduise par une participation à une armée américaine. Il redoute que son pays n'ait à fournir l'infanterie et les troupes de choc d'une force offensive anticommuniste que les États-Unis mettraient sur pied en Europe. Les mêmes préoccupations existent dans notre opinion en ce qui concerne notre pays. M. Adenauer sollicite une initiative française qui écarte la menace de cette solution américaine qu'il redoute. Je considère qu'il est sincère dans l'expression de ce souhait, comme il l'a été et comme il le reste dans son adhésion au Plan Schuman. Il croit à une solution franco-allemande des problèmes qui se posent à l'Europe occidentale, du problème militaire comme des problèmes économiques. Ce n'est pas à dire que l'on doive concevoir une armée occidentale dont les Américains seraient exclus et dont Français et Allemands fourniraient les forces principales. Pareille solution risquerait un jour de nous contraindre à nous battre, sinon pour le roi de Prusse, du moins pour la reconquête, de la Prusse.

Quelle que soit enfin la pression qu'exercent que lui les milieux industriels qui financent son parti, et les anciens cercles militaires, M. Adenauer a conscience que le retour au pouvoir de ces derniers consacrerait la ruine de la jeune démocratie allemande.

J'ai toujours pensé que nous devions empêcher à tout prix la reconstitution d'une armée allemande camouflée et c'est pourquoi j'ai dénoncé avec insistance le danger d'une police qui serait dotée d'un armement lourd et à laquelle l'industrie allemande fournirait son matériel et ses munitions. J'estime pour le même motif qu'il est impossible d'accepter la formation de contingents allemands qui puissent agir un jour de manière autonome ; mais je ne crois pas que nous puissions nous cantonner dans une attitude purement négative. À repasser en mémoire l'histoire de ces dernières années, on en arrive à penser qu'en participant dès le début à une administration commune des zones occidentales, nous aurions eu plus de chance de faire triompher certaines de nos idées qu'en nous tenant obstinément à l'écart d'une bizone dont il n'était pas en notre pouvoir d'éviter la formation. Pareille expérience ne doit pas être renouvelée. Je ne sais s'il dépend de nous d'éviter qu'Américains et Anglais préparent la contribution de forces allemandes à la défense de l'Occident. Si, comme je le crains, nous ne pouvons pas l'empêcher, nous aurons avantage à limiter les dangers en ne restant pas à l'écart, mais en posant et en faisant accepter nos conditions.

La formation d'une force militaire américano-allemande constituerait pour nous la solution la plus défavorable, je dirais même la plus dangereuse. Elle scellerait la solidarité des États-Unis et de l'Allemagne ; elle amènerait par reconnaissance, les premiers à épouser les thèses de la seconde et la réorganisation de l'Europe de demain se ferait suivant les conceptions allemandes. Si l'on craint, d'autre part, les répercussions que la constitution d'une force occidentale peut avoir sur l'attitude des satellites en les incitant à resserrer leur solidarité avec l'URSS, ce péril sera évidemment porté à son comble par la formation d'une force américano-allemande, tandis que les pays de l'Est trouveraient dans une participation de la France à une armée occidentale un certain apaisement à leurs craintes.

Je crois que ni les partis gouvernementaux allemands, ni les partis d'opposition ne refuseraient la participation de leur pays à une armée européenne intégrée, dans laquelle l'Amérique aurait d'importants contingents et dont le commandement suprême pourrait revenir à un Français. J'estime d'autre part que si la constitution d'une armée européenne était décidée, il serait essentiel de placer l'Allemagne en position de demandeur. Il semble enfin que le gouvernement fédéral se contenterait pour l'instant de la proclamation d'un principe général, sans même que l'Allemagne fût expressément nommée. Je me permets dans ces conditions de revenir sur la formule que j'avais soumise au Département à mon récent passage à Paris et je me demande si nous ne pourrions pas, pour sortir des difficultés présentes, proposer nousmêmes la création d'une armée européenne intégrée, à laquelle seraient admises à participer toutes les nations qui en feraient la demande.

(Secrétariat général, Dossiers, volume 6)

330

M. Périllier, Résident général de la République française
à Tunis,
à M. Schuman, Ministre des affaires étrangères[1].

D. n° 1305.   *Tunis, 17 octobre 1950.*

Par dépêche en date du 10 août 1950[2], Votre Excellence a bien voulu
me faire connaître la procédure qui lui apparaissait comme la plus
recommandable pour la conclusion des conventions entre la France et
la Tunisie.

Je donne tout d'abord mon agrément au premier principe posé dans
la dépêche ci-dessus visée, selon lequel les accords ne doivent pas revêtir
une forme solennelle susceptible de leur donner l'aspect de véritables
traités.

Je crois également souhaitable que le Résident général soit le signataire de ces conventions, comme représentant du gouvernement français, solution qui d'ailleurs a déjà été adoptée tant pour la convention
de la Marsa, que pour la convention postale.

Par contre, je pense qu'il est fâcheux que le représentant de la Tunisie
soit un chef d'administration. Cette formule présente, à mes yeux,
divers inconvénients :

En premier lieu, elle oblige à recourir deux fois à l'autorité du Souverain : une première fois pour habiliter le chef d'administration, et
une seconde fois, pour prendre le décret beylical d'approbation.

En second lieu, cette formule place le Résident général sur le même
plan qu'un chef d'administration, qu'il soit directeur français ou
ministre tunisien. Dans un pays où l'on attache beaucoup d'importance
aux apparences, ce rapprochement me paraît grandement à éviter.

Enfin, cette formule permet au Souverain, lors de l'intervention du
décret d'approbation, de refuser son accord à une procédure déjà fort
engagée, et pratiquement, de mettre en échec la signature du Résident
général.

Telles sont les raisons pour lesquelles je crois indispensable de faire
sceller par le Souverain lui même le texte de ces conventions, ce Sceau
se trouvant, comme c'est la pratique courante dans ce pays, placé en
vis à vis avec la signature du Résident général.

Sans doute pourrait-on se montrer surpris de voir le Souverain signer
lui même des conventions qui peuvent être d'importance secondaire

---

[1] Dépêche adressée à la sous-direction des Protectorats. En référence, la dépêche n° 1038
de Paris du 10 août 1950. Note manuscrite : « *[Communiquer au] Jurisconsulte du
Département. 26/10/50* ».
[2] Document non reproduit.

ou de caractère très technique, mais cet argument paraît de peu de poids, dès lors que, bon nombre de décrets soumis au Sceau ont un caractère purement administratif, et peuvent avoir une importance tout à fait minime.

Par voie de conséquence, dès lors que le Bey aura signé lui même la convention, celle-ci pourra être publiée au Journal officiel tunisien sans qu'un nouveau décret beylical soit nécessaire.

Je précise qu'au cours d'une récente mission à Paris, M. de Baecque, Conseiller juridique et de législation du gouvernement tunisien s'est entretenu de cette affaire avec M. le professeur Gros qui ne s'était pas opposé à l'adoption d'une telle procédure.

Si Votre Excellence voulait bien adopter le point de vue ci-dessus exprimé, je pourrais soumettre sans délai, au Sceau de S.A. le Bey, la convention sur la météorologie au sujet de laquelle Elle m'a donné son accord le 10 août 1950.

(Direction Afrique-Levant, Tunisie, volume 381)

331

Note de la Direction d'Europe

Réarmement allemand

N.   *Paris, 18 octobre 1950.*

Il paraît résulter des initiatives prises sur le terrain pratique par les États-Unis en ce qui concerne le réarmement de l'Allemagne (contacts, par exemple, entre le général Hays, adjoint de M. MacCloy et le général von Schwerin) que le problème ne serait plus entier. Il ne s'agit plus, semble-t-il, de savoir si l'on réarmera l'Allemagne, mais si la France tiendra ou non à jouer un rôle en la circonstance. Ou bien, le réarmement allemand interviendra dans le cadre des relations germano-américaines, avec toutes les conséquences politiques qui en résulteront inévitablement ; ou bien la France, s'appuyant sur la recommandation adoptée en septembre dernier par le Conseil de l'Europe, se fera la championne de la création d'une armée européenne – elle-même intégrée dans une force unifiée atlantique – qui serait placée sous le commandement français et comprendrait des contingents allemands.

En procédant de la sorte, la France resterait dans la ligne de la politique qui l'a conduite à créer le Conseil de l'Europe, destiné à être le couronnement d'un édifice dont le projet de mise en commun des ressources en charbon et en acier représenterait le premier pilier.

Si les circonstances étaient effectivement telles que nous n'eussions plus qu'à nous engager dans une pareille voie, encore faudrait-il que toutes les précautions fussent prises pour éviter les conséquences fâcheuses pouvant résulter pour nous d'un réarmement allemand, quelle que soit la forme qu'il revête.

La prudence s'impose d'autant plus que, durant ces dernières semaines, les prétentions allemandes se sont singulièrement précisées. Sur le plan militaire, les porte-paroles du gouvernement allemand ne dissimulent déjà plus que la division allemande ne serait plus, à leurs yeux, une unité suffisante ; ils réclament le corps d'armée. Mais, selon des indications secrètes, ils vont plus loin : le général von Schwerin considérerait comme nécessaires une aviation allemande d'accompagnement et une participation allemande à l'état-major atlantique.

Dans le domaine politique, l'égalité des droits nous est présentée comme le corollaire logique et inévitable de la collaboration de la République fédérale sur le plan militaire. Cela signifie l'abandon du Statut d'occupation, demandé notamment par M. Hallstein dans le document qu'il a remis à M. Monnet ; la disparition de la Haute-Commission ; l'établissement des relations entre l'Allemagne et les puissances occidentales sur une base contractuelle, l'accord à conclure portant notamment sur les conditions du maintien des troupes alliées sur le territoire fédéral.

Pour la première fois, d'autre part, un Ministre allemand, M. Seebohm, s'est prononcé publiquement en faveur du retour à l'Allemagne du territoire des Sudètes. Déclaration qui prend sa valeur si on la rapproche de l'intérêt accru que de nombreux Allemands, soutenus par les Américains, portent aux provinces de l'Est, sans se soucier des risques qu'entraînerait une politique destinée à les récupérer.

Il importe donc que nous mettions tout en œuvre, dans le cas où nous consentirions au principe du réarmement allemand, pour obtenir, entre autres, les garanties suivantes :

Sur le plan militaire :

— Priorité du réarmement des puissances du Pacte de Bruxelles par rapport au réarmement de l'Allemagne.

— Engagement formel des gouvernements américain et britannique de maintenir leurs armées en Allemagne pour un temps indéterminé, étant entendu, au surplus, que les forces alliées stationnées en territoire allemand devront toujours s'y trouver, par rapport aux forces allemandes, dans la proportion de deux à un. Dans l'éventualité d'une détente internationale qui entraînerait l'évacuation totale ou partielle de l'Allemagne, la dissolution et le désarmement des forces allemandes devraient précéder cette évacuation.

— Organisation de l'état-major unifié dans des conditions telles que la reconstitution d'un état-major allemand ne soit plus possible.

- Interdiction de la fabrication en territoire allemand tout au moins de certaines catégories de matériel de guerre, telles que l'armement lourd et l'armement collectif.
- Impossibilité pour l'Allemagne, au moins à un premier stade, de disposer d'unités autres que de régiments d'infanterie.

Sur le plan politique :

- Affirmation du maintien de l'Autorité suprême qui subsisterait jusqu'au moment où l'organisation européenne serait suffisamment avancée pour que l'Allemagne puisse passer directement du régime du contrôle unilatéral auquel elle est soumise à un régime international limitant la souveraineté de tous les États de l'Europe occidentale.
- Aboutissement du Plan Schuman et mise en œuvre de projets similaires concernant d'autres branches de l'économie européenne. Une collaboration européenne limitée au domaine des armements serait insuffisante et choquante.
- Nécessité, pour des considérations politiques évidentes, d'éviter que les troupes de la République fédérale ne soient placées, en temps de paix, au contact de la *Volkspolizei* et, d'une manière générale, sur les frontières.

D'autre part, il serait éminemment souhaitable que, dans l'hypothèse qui vient d'être envisagée, le mémorandum qui avait été établi, à New York, le 24 septembre dernier, par les ministres des Affaires étrangères et de la Défense nationale, pût être soumis à un nouvel examen. S'il devait, en effet, être maintenu tel quel, la République fédérale disposerait non seulement des contingents que l'on prévoit pour elle dans le cadre de l'armée européenne, mais aussi de forces de police assimilables par leurs effectifs et surtout par leur armement à des unités militaires, ainsi que d'unités de travail « enrégimentées ». Il faudrait donc ou bien ramener ces forces et ces unités à leur juste proportion ou bien décider qu'elles constitueront, dans la mesure où elles seraient excédentaires, les premiers éléments des contingents allemands de la future armée européenne.

(Secrétariat général, Dossiers, volume 8)

332

M. Bonnet, Ambassadeur de France à Washington,
   à M. Schuman, Ministre des Affaires étrangères[1].

D. n° 4982.   *Washington, 19 octobre 1950.*

L'affaire coréenne marque une étape importante dans la maturation de la pensée politique américaine à l'égard de l'Asie. De même que deux guerres mondiales ont été nécessaires pour donner pleinement conscience aux États-Unis de leurs responsabilités européennes, de même il aura fallu les déceptions chinoises et la coûteuse opération de Corée pour les convaincre de leurs responsabilités asiatiques. Une fois de plus, le grand principe suivant lequel on n'apprend que par l'expérience se trouve vérifié.

Pour mesurer l'étendue du chemin parcouru en 5 ans, il suffit d'évoquer l'attitude du public américain à l'égard des colonies européennes d'Asie en 1945. Avec un généreux idéalisme et un sans-gêne d'adolescents, les États-Unis se posaient en libérateurs de tous les peuples coloniaux, cherchant à transposer dans un monde inconnu les idées et les méthodes de la démocratie américaine.

À mesure que les relations américano-russes se tendaient, et en particulier après les succès remportés par les communistes chinois, une évolution se manifestait dans la pensée des milieux dirigeants : si les nationalistes asiatiques étaient encouragés et soutenus, ce n'était pas seulement par anticolonialisme, mais aussi et surtout parce qu'ils étaient considérés comme la seule force capable de s'opposer à l'expansion de la doctrine communiste[2].

Les vicissitudes de la République sud-coréenne, l'impéritie du gouvernement philippin et les troubles d'Indonésie ont fait apparaître de plus en plus nettement que le nationalisme ne constituait pas une panacée ; aussi les voix de plus en plus nombreuses s'élèvent-elles aux États-Unis pour proclamer qu'il ne suffit pas d'encourager de la voix et du geste les jeunes États indépendants, mais qu'il convient également de les guider d'une main ferme sur la voie du progrès politique, économique et social.

Des esprits cyniques ou chagrins pourraient prétendre qu'après avoir critiqué les puissances coloniales, les États-Unis sont en train d'adopter leurs méthodes et de prendre leur place ; c'est là, d'ailleurs une des thèses soutenues par Moscou et reprises, en termes plus ou moins voilés, par le Pandit Nehru ; une telle présentation des faits ne tient pas

---

[1] Dépêche adressée à la direction d'Asie-Océanie et communiquée à la direction d'Amérique et au Secrétariat des Conférences.

[2] Note manuscrite en haut de page en rapport avec ce passage : « *Passage de l'anticolonialisme négatif à l'anticolonialisme positif : retour à la colonisation* ».

compte, toutefois, des différences essentielles qui séparent la politique américaine actuelle de celle que pratiquaient, avant la guerre mondiale, les puissances européennes possessionnées en Asie.

Un des principaux motifs de l'expansion coloniale à la fin du 19ème siècle et au début du 20ème, était la recherche de sources de matières premières et de débouchés pour une Europe surindustrialisée à quelques rares exceptions près, les sources de la richesse américaine se trouvent aux États-Unis même et le commerce avec l'Asie ne présente pour ce pays qu'un intérêt secondaire ; s'il se trouve amené à assumer des responsabilités de plus en plus grandes dans l'Est asiatique, c'est pour faire échec à l'impérialisme soviétique ; c'est, en quelque sorte, à son corps défendant et sous la pression des circonstances qu'il doit supporter une part de ce que Rudyard Kipling appelait naguère « le fardeau de l'homme blanc ».

De cette analyse de la situation découlent plusieurs conséquences importantes. D'une part, les États-Unis ne conçoivent leur intervention directe dans tel ou tel pays d'Asie que comme une entreprise à durée limitée, le but de cette intervention étant de mettre le pays en question en mesure de résister efficacement au communisme ; de l'autre, il ne s'agit pas pour le gouvernement américain de retirer de l'opération un profit matériel immédiat, mais au contraire de provoquer une amélioration aussi rapide que possible des conditions de vie locales en consentant, s'il le faut, des sacrifices financiers pour atteindre cet objectif ; enfin, l'aide économique peut et doit être utilisée comme un levier pour amener les résultats politiques et sociaux jugés nécessaires par les États-Unis. Le but reste toujours : l'Asie aux Asiatiques, mais les moyens ont dû être modifiés à la lumière de l'expérience.

***

Cette conception nouvelle du rôle américain en Asie est clairement exposée dans un article de M. Nathaniel Peffer, professeur de relations internationales à l'Université de Columbia, qui a été publié dans le *New York Times Magazine* du 15 octobre 1950.

Le titre de l'article : « La Corée est plus un avertissement qu'une victoire » est révélateur : le professeur Peffer exhorte ses compatriotes à ne pas s'endormir sur des lauriers chèrement acquis ; pour mieux frapper le lecteur, il commence par affirmer – ce qui est, dans une certaine mesure, contestable – que « les causes qui ont produit l'affaire coréenne ne sont pas particulières à la Corée. Elles sont communes à l'ensemble de l'Asie orientale et elles auront le même effet qu'en Corée, d'une façon ou de l'autre, à un moment ou à l'autre, partout en Asie orientale – à moins qu'elles ne soient supprimées ».

Quelles sont ces causes ? Pour M. Peffer, la véritable raison des difficultés actuelles en Asie, c'est l'anarchie politique et économique créée par deux guerres en l'espace d'une génération et par le déclin de l'influence occidentale.

« Le fait est que deux guerres en une génération ont détruit le fondement de la stabilité en Asie orientale. Le Japon a été réduit à la soumission et désorganisé par la perte de ses possessions extérieures. La Chine a été saignée à blanc par 8 années d'invasion, épuisée par 4 années de gabegie gouvernementale après la guerre et laissée dans un état de vide tel que les communistes s'y sont glissés, comme nus par une force inanimée ».

« Le reste de l'Asie orientale était soumis, dans le passé, à la domination occidentale. La stabilité politique était assurée par la puissance des États occidentaux détenteurs de la souveraineté. La stabilité économique était assurée parce que l'économie de chaque partie était liée à celle de l'État qui la contrôlait. La dernière guerre a mis fin à tout cela. Les puissances occidentales ont été obligées d'abandonner ou de relâcher leur domination, sauf en Indochine, et toute la région a été laissée à la dérive, sans fondations réelles ni dans le domaine politique, ni dans le domaine économique ».

À cela vient s'ajouter le fait que les masses asiatiques refusent désormais d'accepter l'état d'extrême pauvreté qui a été le leur depuis des siècles ; ce désir de réforme sociale n'a pas été créé par les Russes, mais ils ont été prompts à l'exploiter à des fins politiques.

Le professeur Peffer développe alors un certain nombre d'idées analogues à celles qu'il avait exposées dans son article du 14 mai dernier (ma dépêche n° 2281/AS du 18 mai, intitulés : « Politique américaine en Asie »)[1]. Les appels à la démocratie politique restent sans effet sur des peuples qui ne l'ont jamais pratiqués et dont le souci principal est de ne pas mourir de faim, le Point Quatre du président Truman risque de faire plus de mal que de bien si l'aide économique et technologique ne s'accompagne pas de réformes politiques et sociales ; le but que les Etats-Unis doivent se proposer en Asie orientale, c'est « la création d'un système économique qui produira un niveau de vie plus proche de celui qui existe dans le monde occidental ».

Un point toutefois mérite d'être souligné : M. Peffer déclare qu'il ne sera pas suffisant, pour atteindre ce but, de surveiller l'emploi de l'aide américaine : « Ce qui est bien plus important, c'est le genre d'individus et de groupes que nous décidons de soutenir à chaque endroit » ; à cet égard, le professeur Peffer estime que les États-Unis ont fait « quelques choix malheureux » et cite notamment le cas de Bao Daï :

« Il n'est plus nécessaire de citer la clique du Kouomintang. Les résultats en Chine parlent d'eux-mêmes. Mais il n'est pas trop tard pour citer l'Indochine et Bao Daï. Nous pouvons avoir reconnu Bao Daï et lui avoir promis notre soutien ; mais il y a peu de gens en Extrême-

---

[1] Document non reproduit

Orient, ou à Washington, ou ailleurs, qui ne fassent pas la réserve mentale suivante : essayer d'empêcher les communistes d'écraser Bao Daï (et les Français) constitue une entreprise sans espoir, à moins que l'Amérique ne fasse ce qu'elle a fait en Corée ou qu'elle n'amène les Français, d'une part, à accorder des concessions bien plus grandes en ce qui concerne le statut politique de l'Indochine et le régime de Bao Daï, de l'autre, à se montrer un peu plus conscient des besoins économiques du peuple ».

Si, conclut le professeur Peffer, le contrôle absolu des classes possédantes, pour lesquelles les êtres humains ne sont que des unités, ne peut pas être brisé dans un certain nombre de pays asiatiques (y compris la Corée), « ce serait une économie d'argent et de moyens de rayer de nos tablettes (*write off*) l'Asie orientale sans plus attendre, car les communistes s'en empareraient de toute façon. Mais cela n'est pas fatal. Il n'est pas écrit que notre soutien moral et matériel doive aller à de tels hommes, comme cela a été trop souvent le cas dans le passé, parce qu'ils sont anticommunistes. Certes, ils sont réellement anticommunistes, mais ils n'en constituent pas moins le plus grand atout du communisme. Nulle part, nous n'arrêterons le communisme avec des gens de leur espèce, pas plus que nous ne l'avons arrêté en Chine de Tchang Kaï-chek et ses associés ».

La solution que préconise le professeur Peffer est radicale ; deux passages de l'article qu'il a publié dans le *New York Times Magazine* permettront de s'en rendre compte :

« Il est donc légitime », conclut l'auteur, « que nous fassions des stipulations quant aux buts et aux méthodes des gouvernements que nous soutenons[1]. Si ces stipulations ne sont pas remplies, le remplacement des chefs de ces gouvernements doit être la condition mise à la poursuite de notre aide à des fins de reconstruction ».

Précisant sa pensée, le professeur Peffer écrit plus loin :

« Dans chaque région où il existe un mauvais gouvernement, il y aura une opposition latente qui pourra être mise au grand jour si nous manifestons notre mécontentement à l'égard du régime dirigeant. En fait, on peut s'attendre à ce que cette opposition se révèle d'elle-même, s'il est clair que nous ne soutenons pas ceux qui sont au pouvoir. La menace d'un retrait de l'aide financière pourrait, à elle seule, être suffisante. Ceci a été amplement démontré en Grèce et, dans une moindre mesure, aux Philippines.

Certes, cela constituerait une intervention, mais il vaut mieux intervenir de cette manière que comme nous l'avons fait en Corée ».

(Direction d'Asie-Océanie, Corée, volume 24)

---

[1] Note manuscrite en marge : « *Oui* ».

333

M. Hoppenot, Ambassadeur de France à Berne,
   à M. Schuman, Ministre des Affaires étrangères.

T. n°s 151-154.   *Berne, 22 octobre 1950, 23 h.*

Confidentiel.   (*Reçu* : le 23, 2 h. 40)

Le Directeur politique m'a dit hier que, d'après tous les renseignements recueillis par les services de renseignements suisses, la police allemande en zone soviétique ne disposait d'aucun armement offensif, c'est-à-dire ni d'avions, ni de chars, ni d'artillerie lourde ou légère. Si entraînée et fortement encadrée que fût cette police, elle ne saurait, estimait-il, être considérée comme une force militaire proprement dite.

D'après mon interlocuteur, les Russes se défieraient de toute armée allemande reconstituée, même sous leur contrôle, et ce sentiment serait plus fort encore chez leurs satellites. Ils auraient, d'autre part, acquis la conviction, entièrement partagée, par les services suisses, que les populations de l'Allemagne orientale ne se laisseront jamais entraîner dans l'initiative d'une guerre civile contre leurs compatriotes de l'Ouest. L'Allemagne de l'Est, m'a dit mon interlocuteur, n'accepterait pas de jouer le rôle de la Corée du Nord.

Il en pense différemment de l'Allemagne fédérale et c'est là la principale des raisons pour lesquelles, comme je l'ai déjà signalée, M. Petitpierre et ses collaborateurs envisagent avec tant de réticence le réarmement de cette dernière. Connaissant les Allemands, ils estiment vaines, à plus ou moins longue échéance, toutes les précautions qui pourraient être prises pour neutraliser au sein d'un ensemble atlantique ou européen les aspirations nationales d'une armée allemande reconstituée. Celle-ci apparaîtra toujours au gouvernement, aux populations, aux réfugiés de l'Allemagne occidentale comme l'instrument de l'unification allemande et de la reconquête des territoires perdus. L'occasion sera dès que possible saisie ou provoquée de lui faire jouer ce rôle, d'entraîner – ce sont les propres termes de mon interlocuteur – les alliés dans cette croisade. Aussi considère-t-il que les Russes sont dans une large mesure justifié à voir dans le réarmement allemand une menace directe pour leur position actuelle et à le dénoncer comme une violation des accords de Potsdam.

Ces vues, qui sont celles d'observateurs vigilants, objectifs et avertis, m'ont paru mériter de vous être signalées. Elles expliquent qu'au Département politique la remilitarisation allemande soit considérée beaucoup plus comme une menace pour la paix que comme un élément effectif de sécurité pour l'Occident. Elles inspirent également la sympathie, qui m'a été plusieurs fois exprimée, avec laquelle sont suivis les efforts du gouvernement français pour écarter ou tout au moins retarder cette remilitarisation. Comme je prenais congé de lui, le Directeur politique m'a même fait part de son espoir que la note de protestation russe, qui venait d'être connue, pourrait aider nos négociateurs dans leur tâche.

(Direction d'Amérique, États-Unis, volume 116)

334

M. OFFROY, CONSUL GÉNÉRAL DE FRANCE À MILAN,
    À M. FOUQUES-DUPARC, AMBASSADEUR DE FRANCE À ROME[1].

D. n° 212.   *Milan, 24 octobre 1950.*

Le succès remporté par la mission de Mr. Petsche à Washington a causé à Milan une véritable stupéfaction, un peu d'amertume et un sentiment où se mêlent l'espoir et l'inquiétude.

Stupéfaction parce que nul ne pensait ici que le gouvernement américain accepterait de payer, par l'octroi de dollars libres, le prix de la « conversion » de l'économie française.

Amertume parce que les Milanais se sont demandé si, ayant eu plus d'audace et de courage, les Français ne vont pas recevoir la part du lion, et porter ainsi préjudice aux revendications que l'Italie pourrait présenter dans ce domaine.

Les Américains, écrit sans enthousiasme Alfio Russo, ont par cet accord reconnu non seulement la priorité de la France en matière de secours, mais encore sa position de première puissance politique et militaire de l'Europe continentale.

Espoir mêlé d'inquiétude enfin, parce que les milieux d'affaires de l'Italie du Nord pensent d'une part que leur pays doit pouvoir profiter du précédent que constitue l'accord franco-américain, et d'autre part que les négociateurs italiens ne seront peut-être pas en mesure de présenter à Washington des dossiers assez clairs, assez précis, assez étudiés, assez complets et assez éloquents pour pouvoir obtenir des avantages comparables à ceux rapportés par Mr. Petsche.

***

Dans le *Corriere della Sera,* le correspondant à New York, qui avait le premier signalé la démarche de notre ministre, a commencé avec enthousiasme la décision américaine : « L'élément important et l'on peut même dire révolutionnaire de ces négociations n'est pas l'ampleur

---

[1] Dépêche communiquée à la Direction d'Europe (n° 839), au service d'Information et de Presse (n° 840), et à la Direction économique (n° 841).

des concessions faites à la France en ce qui concerne le matériel de guerre, mais le "principe" que le ministre des Finances français a su affirmer ». La France a été plus courageuse que la Grande-Bretagne. Cette dernière n'avait pas mis ouvertement sur le tapis l'équilibre de son budget et le standing de vie des Anglais. « Mr. Petsche a fait un pas de plus avec courage, en montrant ce qui était sous entendu dans la thèse britannique et en portant jusqu'à ses conséquences logiques extrêmes la préoccupation commune à tous les pays européens ». Il a invité les USA à tenir compte du fait « que les programmes de réarmement pour l'Europe veulent dire transformation de plusieurs secteurs de la vie économique ».

Résumant son opinion personnelle, Stile écrit : « Mr. Petsche a demandé des dollars dans le but réel de maintenir la solidité de la situation monétaire française. L'importance de cette thèse n'échappera pas à ceux qui ont suivi les controverses entre le gouvernement italien et l'ECA[1] » ; le problème qui se pose maintenant est de savoir « si le cas français peut être étendu à d'autres pays ».

Le *Corriere* ne veut pas en douter, mais il sait que pour obtenir les mêmes résultats il faut savoir se servir des mêmes moyens : que l'Italie prépare donc un « plan soigné » sur sa production éventuelle de guerre et qu'elle montre quelles seraient les répercussions de sa réalisation sur le plan national. Et c'est par la plume de Mr. Merzagora que le grand journal milanais essaie d'exhorter les hommes d'affaires de Lombardie à un effort concret et rationnel.

Formulant des critiques assez similaires à celles que contenait ma dépêche n° 205 du 17 courant[2], le sénateur milanais, qui est un des rares esprits cartésiens de cette ville, déplore que « tous continuent à faire des théories, ce qui est facile et commode, et que personne ne prenne la peine de concrétiser son propre point de vue en suggérant des mesures précises dans chaque secteur déterminé ».

Après avoir énuméré les mesures qui freinent actuellement à son avis les investissements privés, l'ancien ministre du Commerce extérieur évoque la mission de Mr. Petsche et invite le gouvernement à envoyer le plus rapidement possible le meilleur des négociateurs que l'on puisse trouver parmi les ministres. D'après lui, en effet, l'Italie risque encore une fois d'arriver trop tard. Évoquant le regain que l'accord franco-américain a donné aux appréhensions qu'exprimait ma dépêche n° 153 du 7 août dernier[3], Mr. Merzagora écrit : « Le jeu à l'égard de l'Italie est clair : la France et l'Angleterre veulent avoir toutes les fournitures directes, et essaient de faire travailler ce pays seulement indirectement et pour leur compte. La France et la Grande-Bretagne auront des

[1] E.C.A. : *European Cooperation Agency.*
[2] Document non reproduit.
[3] Document non reproduit.

dollars, et nous serons payés en livres et en francs. Ce qui est, en vérité, moins attrayant ».

Le quotidien économique *24 ore* se demande si Mr. Pacciardi est bien, à cet égard, l'homme qu'il faut. Le ministre de la Défense nationale a heureusement demandé qu'on mette à ses côtés un expert financier. Et le journal des hommes d'affaires milanais exprime l'espoir que la commission envoyée par le gouvernement aura une liberté de manœuvre assez grande pour ne pas être obligée de téléphoner à Rome avant de prendre une décision quelconque.

En ce qui concerne les commandes américaines, *24 ore* met en garde ses lecteurs contre un excès d'optimisme. Si le programme des USA donne du travail aux Italiens, il ne s'agira jamais que d'un petit groupe d'ouvriers spécialisés. Les industries produisent aujourd'hui au-dessous de leurs possibilités et ont une main-d'œuvre excédentaire. Ne nous faisons pas trop d'illusions, conclut ce journal, et « n'oublions pas que le problème des prix de revient peut peser d'un poids décisif dans ce domaine ».

Dans ce domaine comme dans les autres, les critiques de Mr. Dayton cheminent silencieusement, mais sûrement.

(Direction d'Europe, Italie, volume 218)

335

Note de M. de Margerie, Directeur adjoint des Affaires politiques pour M. Schuman, Ministre des Affaires étrangères

N.   *Paris, 25 octobre 1950.*

Très secret.

Le Chargé d'affaires des États-Unis a rendu visite le 25 octobre à 15 h. 30 à M. de Margerie pour s'entretenir avec lui des premières réactions américaines devant le projet d'armée européenne exposé hier à l'Assemblée nationale par le Président du Conseil.

Il est impossible au gouvernement des États-Unis, a déclaré M. Bohlen, de prendre position aussitôt à l'égard d'un plan d'une aussi considérable portée, dont les conséquences peuvent être aussi lointaines, et dont le détail pose un grand nombre de questions sur lesquelles des informations supplémentaires seront certainement demandées. On ne saurait donc escompter une approbation (« *endorsement* ») du Département d'État sans autre forme de procès. En revanche, mais sans posséder aucune certitude à cet égard, M. Bohlen espère qu'au cours de la conférence de presse que M. Acheson tiendra à la fin de la journée, entre 18 et 21 heures, le Secrétaire d'État sera amené à marquer la « sympathie » du gouvernement des États-Unis à l'égard de l'initiative française, en ajoutant qu'elle soulève des problèmes d'un caractère complexe, et que le Département d'État, tout en « saluant » ce nouveau geste français, s'emploiera sans tarder à obtenir les « clarifications » nécessaires.

Il est notoire que M. Bohlen, le 9 septembre dernier, au cours de la réunion tenue à Washington et d'où est sorti le plan américain de réarmement de l'Allemagne, a pris position personnellement de façon très catégorique contre ce plan, qu'il jugeait à la fois inutile, prématuré et dangereux. Son attitude passée donne donc un poids particulier aux considérations qu'il a fait valoir devant le directeur-adjoint des Affaires politiques.

Le Chargé d'affaires des États-Unis pense que nous serions mal inspirés de vouloir obtenir de son gouvernement une approbation immédiate et catégorique de l'initiative française : ni le président Truman, ni, à plus forte raison, le Département d'État, ne pourraient s'engager à ce point dès maintenant. Il estime donc qu'en toute hypothèse – que le Président du Conseil adresse un message à M. Truman ou que l'Ambassadeur de France soit chargé d'une communication auprès de M. Acheson –, nous devrions éviter tout ce qui ressemblerait à une mise en demeure, ne fût-ce que dans le domaine d'une approbation verbale. « Ne demandez pas aux États-Unis de se prononcer trop tôt », a-t-il déclaré à M. de Margerie ; « ils ne pourraient le faire, avant d'avoir obtenu des éclaircissements sur divers points très importants, dont je vous certifier qu'ils seront soulevés par le général Marshall ».

M. Bohlen a souligné à ce propos l'importance qu'il convenait d'attacher à l'opinion du Secrétaire d'État à la Guerre : « Vous savez que c'est un homme extrêmement réfléchi, et le plus civil de tous les militaires ; n'empêche qu'il examinera votre plan en militaire, et en fonction des plans existants dont il vient d'accepter de mener à bien l'application ».

Sa première préoccupation sera certainement de connaître la façon dont le gouvernement français apprécie le « *time element* », le facteur « temps ». Il faut pouvoir démontrer au général Marshall que le projet français n'apporte ni délai ni désordre dans l'exécution des programmes qui viennent d'être adoptés par les puissances signataires du Pacte de l'Atlantique ; que le calendrier fixé pour les diverses étapes de ce programme reste le même ; et que les conceptions nouvelles introduites dans le débat ne causeront aucun retard aux livraisons d'armement ou aux formations d'unités actuellement prévues.

Un second point, a poursuivi M. Bohlen, préoccupera certainement le Secrétaire d'État. Que se passera-t-il pendant la période transitoire que prévoit le document français ? Y aura-t-il suspension complète des discussions ou travaux relatifs à la participation éventuelle de l'Allemagne à la défense de l'Europe occidentale, ou bien pourra-t-il être procédé, pendant cette période, à la préparation de cette phase « préliminaire » au cours de laquelle les modalités de la coopération allemande seront établies ?

Enfin et surtout, – le Chargé d'affaires des États-Unis a particulièrement insisté sur ce point –, « le général Marshall vous demandera certainement ce que vous entendez par une armée européenne au niveau de l'unité la plus petite possible. Je ne dois pas vous dissimuler que nos experts sont unanimes à penser qu'il ne serait point réaliste de chercher ce niveau plus bas que la division. L'expérience de la dernière guerre prouve, d'après eux, que partout à travers le monde, il a été possible de faire collaborer dans les conditions les plus satisfaisantes des divisions de nationalités diverses, mais que les mêmes résultats n'ont pu être obtenus à un échelon inférieur, en raison des problèmes insolubles de ravitaillement et d'équipement qui se trouvaient ainsi posés. Beaucoup dépendra donc des éclaircissements que vous pourrez donner à cet égard au Secrétaire d'État à la Guerre ».

***

M. Bohlen a été amené à envisager ensuite les problèmes de procédure qui devront être résolus à la lumière de la nouvelle initiative française. Il a commencé par demander – sur une question venue de Washington, où l'on reconnaît le curieux formalisme américain –, si la communication faite hier à l'ambassade des États-Unis de la déclaration ministérielle française présentait un caractère « officiel ». M. de Margerie lui a indiqué que chacune des puissances signataires du Pacte de l'Atlantique en avait reçu communication dans les mêmes conditions, et que, par conséquent, il s'agissait bien d'une démarche officielle du Quai d'Orsay.

Le Chargé d'affaires des États-Unis a ajouté, sans y insister, que cette déclaration ministérielle recevrait sa pleine valeur quand elle aurait obtenu l'approbation du Parlement. Examinant ensuite la marche à suivre après cette approbation dont il ne semble point douter, il a rappelé que le comité de Défense avait été expressément chargé par le Conseil de l'Atlantique d'étudier la question de la participation allemande à la défense de l'Occident, et que, par conséquent, il semblait logique que ce comité procédât à l'étude du projet français ainsi que du mémorandum américain qui lui a été soumis sur la même question ; sans doute voudra-t-il consulter des experts, soit par l'intermédiaire du *Standing Group,* soit par le moyen d'un sous-comité spécial formé à cette fin.

M. de Margerie ayant signalé à son interlocuteur le caractère essentiellement politique de la question et des nouvelles suggestions présentées par le gouvernement français, M. Bohlen en a volontiers convenu, ajoutant que sans doute l'Ambassadeur de France à Washington serait amené à s'entretenir de l'ensemble du problème avec M. Acheson et à demander à celui-ci comment il concevait la suite des opérations. Pour sa part, et parlant strictement en son nom personnel, le Chargé d'affaires des États-Unis estime que le comité de Défense fera rapport sur ses travaux au Conseil de l'Atlantique. On peut concevoir ensuite, soit une réunion spéciale de ce Conseil (qui présenterait l'inconvénient de mettre exagérément en vedette le problème allemand, aussi bien vis-à-vis des Allemands eux-mêmes que de l'URSS), soit une réunion des Trois, qui serait facilitée si, en fait, le comité de Défense ne se trouvait saisi que du projet français et du mémorandum américain, à l'exclusion de tout document provenant d'une autre puissance.

Quoi qu'il en soit, l'attitude des autres pays européens à l'égard de notre plan fera certainement l'objet de la curiosité de M. Acheson, et il serait opportun que M. Henri Bonnet pût lui donner le maximum d'informations dans ce domaine.

**

La fin de la conversation a été consacrée à différentes questions d'ordre technique concernant la ligne de communication Francfort-La Pallice. Si la matière est évoquée ici, c'est que M. Bohlen a donné à cette occasion une indication d'ordre général qui présente un intérêt considérable.

De même qu'en mai 1945, la capitulation de l'Allemagne a entraîné un renversement complet dans la direction des transports de troupes et de matériels américains destinés à l'Europe et dérivés dès lors vers l'Asie, l'achèvement prochain de la campagne de Corée provoque dès maintenant un renversement inverse, et 40 000 tonnes de matériel de guerre destinées à l'Extrême-Orient ont été aussitôt détournées vers l'Allemagne : c'est dire le prix que le gouvernement des États-Unis attache à voir fonctionner le plus rapidement possible la ligne de communication, et l'intérêt qu'elle présente pour le gouvernement français.

(Secrétariat général, Dossiers, volume 8)

336

M. Périllier, Résident général de la République française
à Tunis,
  à M. Schuman, Ministre des affaires étrangères.

D. n° 1356.   *Tunis, 25 octobre 1950.*

J'ai l'honneur de faire parvenir à Votre Excellence :

1) Le texte d'une note non datée qui a été remise le 12 septembre à mon Cabinet[1], au moment même où je quittais Tunis pour Paris. Ce document était accompagné d'une traduction en langue arabe.

2) Le texte d'une lettre en date du 30 septembre[2] qui m'a été remise le même jour à l'occasion d'une audience que j'avais accordée, en présence de M. Vimont, Secrétaire général du gouvernement tunisien et M. Cartry, Secrétaire général adjoint, à MM. les membres tunisiens du gouvernement.

Le premier document a été évoqué par le Premier ministre lors des discussions qui ont précédé le sceau par S.A. le Bey des décrets de nomination de MM. Vimont et Cartry. À bout d'arguments, M. Chenik avait alors prétendu poser comme condition aux nominations envisagées, la prise en considération de sa note du 12 septembre comme base de discussion sur les réformes de structure du gouvernement. Il lui avait été répondu que cette note ne saurait en aucun cas être admise comme base de discussion, celle-ci demeurant ma déclaration du 13 juin dont les limites avaient été formellement acceptées, avant leur accession au pouvoir, par tous les membres du gouvernement.

À la vérité, la première question à régler pour normaliser les rapports entre le Premier ministre et le nouveau Secrétaire général consistait en l'établissement d'un *modus vivendi* entre ces deux personnalités, quant à l'acheminement du courrier, l'atmosphère ayant été singulièrement troublée par la diffusion des circulaires Rodière et Chenik dont il a été rendu compte au Département, par dépêche n° 1219 du 19 septembre[3].

M. Vimont s'attachait, dès sa première prise de contact, à obtenir du Premier ministre la rédaction commune d'une nouvelle circulaire mettant un point final à cet incident.

Le 30 septembre, les ministres tunisiens inquiets du sort réservé à la note du 12 septembre, dont ils savaient cependant parfaitement qu'étant donné l'ampleur des revendications formulées, elle ne pouvait même pas être discutée, m'ont remis le second texte dont il est fait mention.

---

[1] Document non reproduit.
[2] Document non reproduit.
[3] Document non reproduit.

Un échange de vues eut lieu qui demeura très courtois, bien que S.E. Salah Ben Youssef, selon son habitude, prit le pas sur le Premier ministre et entendit être le seul à donner le ton du côté tunisien. Il fut expliqué, selon ma propre expression, « qu'il n'y avait pas le feu à la maison », que l'opinion devait être préparée et l'atmosphère clarifiée, que des conversations ne pouvaient être menées que dans un climat de bonne foi et de confiance réciproques, climat qui, du côté tunisien, n'avait peut-être pas toujours été respecté. Il fut convenu qu'on ne pouvait établir des textes dans l'abstrait et que tous les malentendus passés et à venir ne pouvaient être résolus que par la recherche d'un nouvel équilibre dans les rapports entre le Premier ministre et le Secrétaire général.

M. Vimont put alors donner connaissance d'un projet de circulaire à la signature du Premier ministre, projet qui, en même temps qu'il terminait ce qui fut appelé par certains journaux la « querelle des circulaires », attribuait au Premier ministre un rôle de coordination dépassant de beaucoup celui qui, en vertu des textes de 1947, lui revenait en sa qualité de Président du Conseil de Cabinet.

Ce projet fut accepté et c'est dans une atmosphère particulièrement détendue que fut rédigé et publié le communiqué suivant :

« M. Louis Périllier, Résident général de la République française à Tunis, a reçu à la Marsa, dans l'après-midi d'hier S.A. Sidi M'hamed Chenik, accompagné des ministres tunisiens.

M. le Résident général était entouré de MM. Vimont, Secrétaire général du gouvernement tunisien et Cartry, Secrétaire général adjoint du gouvernement tunisien.

Au cours de cet entretien, les conversations touchant les réformes envisagées se sont poursuivies dans une atmosphère de compréhension et de confiance réciproques ».

La nouvelle circulaire, datée du 9 octobre a pris effet à compter du 16. Copie de ce texte est également joint à la présente dépêche[1].

J'étudie actuellement un projet de décret qui, en même temps qu'il confirmera le nouveau rôle dévolu au Premier ministre quant à la coordination des services ministériels, précisera la mission de centralisation des affaires civiles et administratives qui ne saurait échapper au Secrétaire général.

Un bureau d'ordre commun chargé d'assurer l'acheminement des plis qui parviendront désormais au Premier ministre (Secrétaire général du gouvernement tunisien) vient d'être institué. Le Secrétaire général deviendra ainsi le premier collaborateur du Premier ministre, formule qui paraît satisfaire les soucis protocolaires de ce dernier.

Quant à la marche des affaires, je dois dire qu'un mois d'expérience depuis la suppression des conseillers des ministres paraît donner des

---

[1] Document non reproduit.

résultats singulièrement décevants. Je tiens un compte exact des graves soucis que j'ai en ce domaine primordial et qui justifient mes déclarations sur la « pause à la politique » et la remise en route de la machine administrative.

S'agissant des autres réformes envisagées, je viens de proposer au Premier ministre la constitution de deux commissions, l'une dont la présidence a été offerte à S.E. Materi, ministre d'État, chargée d'étudier la réforme municipale, l'autre chargée de la réforme de la fonction publique. Il m'a été répondu qu'il n'y avait aucune urgence en ces matières, et l'on m'a laissé entendre que les nouveaux ministres tunisiens ne s'attachaient qu'à la confirmation de leur propre autorité et à la définition de leurs propres pouvoirs dans le domaine de la politique pure.

Or, il me paraît particulièrement inopportun dans les circonstances présentes que de telles revendications, qui dépassent le cadre qui fut tracé d'un commun accord lors de la constitution du Ministère, soient simplement mises à l'étude, le développement de la personnalité des ministres tunisiens déjà largement épanouie depuis la disparition des conseillers, ne pouvant en aucun cas, dans une première étape, être confondu avec l'autonomie.

(Direction Afrique-Levant, Tunisie, volume 381)

337

M. François-Poncet, Haut-Commissaire de la République française en Allemagne,
À M. Schuman, Ministre des Affaires étrangères.

T. nᵒˢ 5690-5695.   *Bonn, 26 octobre 1950, 19 h. 30.*

(Reçu : le 26, 19 h. 45)

Je me réfère à mon tg nᵒˢ 5679/86[1].

M. Blankenhorn a confirmé, cet après-midi, à M. Bérard que l'accueil du Chancelier au Plan français d'armée européenne avait été, dès l'abord, défavorable. Cette impression avait été renforcée par l'entretien qu'il avait eu hier avec le général Clay, M. MacCloy et Sir Ivone Kirkpatrick.

---

[1] Dans ce télégramme, François-Poncet précisait qu'il n'avait pas pu lui-même recueillir les premières impressions d'Adenauer sur le plan français d'armée européenne, mais qu'on lui avait rapporté qu'elles étaient hostiles aux suggestions françaises. Ses collègues haut-commissaires n'en faisaient pas mystère non plus (télégramme nᵒˢ 5679-5686 du 26 octobre 1950 de Bonn, non reproduit).

Les objections du Chancelier sont de trois sortes :

La principale et la plus grave concerne les délais de réalisation de notre proposition. M. Adenauer pense que si la menace russe n'est pas imminente, elle risque de le devenir avant la fin de l'année 1951. Il faut donc que d'ici là soient mises sur pied les forces de défense européenne. Or, le plan français prévoit la négociation d'un traité dont l'établissement va demander de longs mois et, seulement après, la conclusion de cet instrument, la constitution d'unités allemandes.

M. Blankenhorn a répété que le Chancelier avait particulièrement regretté le lien établi entre le Plan Schuman et le Plan d'armée européenne. Il reconnaissait que les négociations du premier étaient en bonne voie ; mais il ne pensait pas qu'elles pussent se terminer avant la fin du mois de novembre. Il en résulterait un délai fâcheux ; mais surtout, en faisant dépendre de l'aboutissement du Plan Schuman, la constitution de l'armée européenne, la proposition française rendait beaucoup plus difficile la position parlementaire du Chancelier, en même temps qu'elle accroissait l'opposition des socialistes à la participation de l'Allemagne au pool du charbon et de l'acier. Le Chancelier avait espéré, après plusieurs semaines d'entretiens cordiaux avec le Dr Schumacher que ses relations avec ce dernier s'étaient établies sur une base de compréhension et de confiance. Or, au moment même où se déroulait à Berlin une manifestation impressionnante de solidarité occidentale, le Dr Schumacher faisait une conférence de presse dans laquelle il s'opposait sur 4 points essentiels à la politique du Chancelier et demandait, en particulier, que fussent dissociés le Plan Schuman et la participation de contingents allemands à la défense européenne.

Le Chancelier avait enfin été frappé de la discrimination que le plan français entendait imposer à l'Allemagne. Il y était question de la participation d'Allemands « sous la forme de la plus petite unité » ; en outre, la République fédérale n'aurait pas droit comme les autres nations à un ministre de la Défense nationale pour administrer ses contingents. L'opinion allemande ne manquerait pas d'en être choquée.

M. Bérard a fait remarquer que, quelque fut l'effort de rapprochement réalisé par notre gouvernement, on ne pouvait pas s'étonner, du côté allemand, après tout ce qui s'était passé, qu'il subsistait dans l'opinion française une assez vive méfiance. De cet état d'esprit, le cabinet était obligé de tenir compte, surtout dans la période pré-électorale où la France se trouvait placée. C'était le Chancelier lui-même, par l'intermédiaire du Dr Blankenhorn, qui avait indiqué combien il lui paraissait souhaitable que, dans le domaine militaire, la France prît l'initiative comme elle l'avait fait dans le domaine économique et présentât un plan[1]. Enfin M. Monnet était particulièrement désireux de hâter la conclusion de ses négociations ; l'association établie entre le Plan Schuman et le plan militaire ne devrait donc pas retarder sensiblement

[1] Voir document n° 328.

l'examen de ce dernier. Il était, d'ailleurs, de notoriété publique que de longs mois devraient encore s'écouler avant que des contingents allemands puissent être mis sur pied. D'une manière plus générale, si l'on tenait compte de la situation politique en France, on devait plutôt se réjouir que pareils résultats aient pu être obtenus, alors que l'on pouvait craindre, il y a quelques jours encore, qu'une majorité se prononçât contre la constitution de contingents allemands. La forme même qu'avait donnée le gouvernement français à son initiative avait permis de rassembler une majorité de 120 voix, succès dont il y avait tout lieu de se réjouir.

M. Blankenhorn est convenu qu'il était important de ne pas décourager les efforts qu'avaient déployés le gouvernement et le Parlement français. M. Adenauer en avait conscience. Sa première déception passée, il avait reconnu qu'il existait dans notre plan des éléments positifs qu'il ne fallait pas négliger. Il avait donc décidé d'attendre les développements de la situation et de notre initiative et de s'abstenir, jusqu'à nouvel ordre, de prendre position[1].

(Secrétariat général, Dossiers, volume 6)

338

M. Baudet, Ambassadeur de France à Belgrade,
   à M. Schuman, Ministre des Affaires Étrangères[2].

T. n°s 1071-1079.   Belgrade, 28 octobre 1950, 21 h.

(Reçu : le 28, 23 h. 55)

J'ai été reçu hier par le Maréchal Tito.

Ce premier entretien a eu lieu suivant l'usage à sa résidence officielle, le Palais Blanc, où il m'attendait en grand uniforme. L'accueil très humain, empreint de simplicité et même de bonne grâce, de l'ex-chef des partisans, contraste, peut-être de manière voulue avec ce décor un peu théâtral. Le maréchal Tito ne parlant pas notre langue, c'est le Directeur du Protocole qui sert d'interprète.

Après les compliments de circonstance, je lui ai dit l'intérêt avec lequel on suivait en France l'œuvre de reconstruction à laquelle il s'était

---

[1] À Londres, on se posait également beaucoup de questions sur la déclaration française et on souhaitait être pragmatique en estimant que le danger soviétique était prioritaire par rapport au danger allemand. Les Britanniques souhaitaient voir se matérialiser rapidement l'aide américaine et n'étaient pas favorables à un amalgame de nationalités au niveau de la division. De même, un ministre de la Défense européen ne leur semblait pas une idée plausible sans une fédération européenne encore inexistante (télégramme n°s 4006-4013 du 4 novembre 1950 de Londres, non reproduit).

[2] Note manuscrite : « [Communiquer à] Londres, Washington, par fil, f[ai]t 30-10-50 ».

voué et lui ai fait par des vœux de Votre Excellence pour le succès de cette entreprise nationale.

Établissant un parallèle avec la reconstruction française d'après guerre, j'ai cherché à frapper son esprit avec quelques précisions sur l'étendue et la rapidité de notre redressement économique et financier. Je n'ai pas manqué de souligner à cette occasion que si l'aide Marshall avait joué chez nous un rôle indispensable, c'était seulement grâce au bon usage que l'esprit d'organisation, le labour et la technique française en avaient fait que les résultats d'aujourd'hui avaient pu être obtenus. D'une façon générale, je me suis attaché à lui montrer qu'il s'était recréé en France des forces neuves et des courants d'idées qui rendaient notre pays plus ouvert que jamais à la compréhension de bien des problèmes particuliers qui se posent à certaines notions européennes. C'était d'ailleurs, ai-je ajouté, la raison pour laquelle la France s'était trouvé portée en quelque sorte naturellement à la tête du mouvement d'unification de l'Europe.

Le maréchal Tito après avoir écouté avec attention mon exposé s'est plu à constater que rien ne séparait les vues politiques de nos deux pays au moins sur un terrain, celui du maintien de la paix et de la recherche des moyens de renforcer le mécanisme de sécurité des Nations unies. Passant ensuite à la question allemande : « Ne me demandez pas, s'exclama-t-il, en riant, si je suis pour ou contre le réarmement ». L'important lui paraît être de réussir à relever peu à peu nos anciens ennemis et à les amener à nous en les débarrassant de ce complexe d'infériorité qui chez eux, affirment-il, a toujours été l'un des ressorts secrets du militarisme.

Au surplus, vu la politique de mobilisation systématique des ressources de l'Allemagne orientale poursuivie par Moscou, il déclare approuver sans réserve toute mesure de nature à encourager les Allemands à résister aux visées impérialistes soviétiques. Puis, comme si ses dernières paroles lui semblaient aller trop loin, il a remarqué que le problème allemand ne pourrait jamais recevoir de solution durable sans un accord avec la Russie.

La 2ème partie de l'entretien fut consacrée aux rapports entre la France et la Yougoslavie. Le chef du gouvernement a abordé de front la question de l'aide économique à son pays et marqué son espoir que les négociations qui doivent s'ouvrir la semaine prochaine à Paris aboutissent rapidement.

Je lui ai répondu que Votre Excellence avait accueilli avec intérêt la démarche de M. Ristic du 9 octobre et que le gouvernement français souhaitait également pouvoir conclure un accord qui, tout en donnant à notre pays certaines satisfactions indispensables en ce qui touche la liquidation du passé, nous permettrait, par l'ouverture d'un crédit à la Yougoslavie, de passer rapidement à la réalisation d'un programme de fournitures de biens d'équipement ; mon interlocuteur a aussitôt observé que si son gouvernement ne songeait pas à renier les engagements passés, il lui était cependant matériellement impossible d'y faire face pour le présent autrement que par des témoignages de bonne volonté ; que, par contre, les difficultés économiques appelaient ici une aide urgente.

Je lui ai dit qu'il pouvait être assuré que les négociateurs français tiendraient pleinement compte de la situation spéciale dans laquelle se trouvait placé son pays.

Le Maréchal avait gardé pour la fin l'évocation de certains aspects militaires de l'aide qu'il espère de l'Occident. J'en rends compte par télégramme séparé. J'ai saisi cette occasion pour lui demander quelle lui paraissait être l'urgence du danger d'agression pesant sur son pays.

Sa réponse fut très nette : « Aucun risque immédiat, mais c'est avant que le danger se précise qu'il faut songer à se renforcer ». « On ne pourrait définir plus exactement, lui ai-je répondu, le principe dont se sont inspirés les nations occidentales en décidant de se mettre en état de défense effective ». C'est sur ces mots, qu'il ponctua d'un large sourire, que se conclut l'entretien.

Je suis certes trop nouvellement arrivé à ce poste pour me permettre de tirer des conclusions de ce premier contact.

Je note cependant que ce n'est pas le langage d'un doctrinaire que m'a tenu hier le maréchal Tito et que d'incontestables possibilités paraissent s'offrir ici à la diplomatie occidentale[1].

(Direction d'Europe, Yougoslavie, volume 117)

---

[1] Baudet avait précisé dans son télégramme suivant en quels termes Tito avait évoqué la question de l'aide militaire à la Yougoslavie. Il aurait souhaité le développement de la capacité de production de l'industrie d'armement yougoslave, même s'il est conscient que cela ne pouvait être qu'à long terme. Il sollicitait l'envoi d'armes uniquement défensives pour ne pas donner prise à la propagande soviétique. Les ambassadeurs américain et anglais, mis au courant de l'entretien, soulignèrent que c'était la première fois que l'éventualité d'une aide militaire directe à la Yougoslavie avait été évoquée par les dirigeants yougoslaves (télégramme n°s 1080-1087 du 28 octobre 1950 de Belgrade, non reproduit). Baudet, convoqué par le vice-ministre des Affaires étrangères le matin du 28, notait que le gouvernement yougoslave désirait nuancer les idées émises par Tito lors de l'entretien et que les précisions apportées retiraient en réalité beaucoup de portée aux paroles du Maréchal. Baudet estimait que celui-ci avait bien sciemment lancé ces demandes envers lui mais qu'il souhaitait que cela reste très secret et qu'aucune fuite n'apparaissent chez les Occidentaux (télégrammes n°s 1088-1090 et n°s 1091-1094 du 28 octobre 1950 de Belgrade, non reproduits).

339

M. Bonnet, Ambassadeur de France à Washington,
    à M. Schuman, Ministre des Affaires étrangères[1].

T. nᵒˢ 4367-4373.   *Washington, 28 octobre 1950, 21 h. 35.*

(*Reçu* : le 29, 5 h. 10)

On ne possède encore à Washington aucune précision sur l'intervention, rapportée par la presse, de troupes chinoises communistes en Corée. Le seul élément d'information dont disposait hier soir à cet égard le Pentagone était la capture par les Sud-Coréens de deux prisonniers se disant Chinois. Il ne s'agit donc à l'heure présente que d'une hypothèse[2].

Le Secrétaire adjoint pour l'Extrême-Orient vient toutefois de dire à l'un de mes collaborateurs que l'on ne serait pas surpris ici que cette hypothèse se vérifiât. Le gouvernement de Pékin peut en effet, entre autres motifs d'intervention, vouloir garantir à la Mandchourie l'utilisation du courant produit par les barrages de Sakchu sur le Yalou, à 65 kms en amont d'Antoung.

40 à 50 000 Coréens ayant combattu dans l'armée de Mao Tsé-Toung et qui se trouvent toujours en Mandchourie seraient, si la menace se précise, susceptibles de suppléer à l'armée nord-coréenne sans que les troupes chinoises aient à intervenir elles-mêmes. L'une et l'autre éventualités laissent du reste froid le commandement américain. Les unités proprement nord-coréennes seraient en effet complètement dissociées. Seules, la 18ᵉ division, reconstituée après les pertes qu'elle a subies à Séoul, et deux brigades de sécurité présentent encore quelque cohésion sur la côte Ouest. Les unités sud-coréennes ne rencontreraient sur la côte Est d'autre obstacle que le terrain et le climat.

Pour la première fois depuis plusieurs semaines, les troupes des Nations unies se sont cependant, les 26 et 27 octobre, heurtées à une résistance sérieuse sur l'axe Pyongyang-Antung. Les Britanniques ont

---

[1] Télégramme communiqué à New-York (nᵒˢ 975-981).

[2] Le président Truman avait annoncé le 26 octobre que la région frontalière avec la Chine serait occupée par des troupes sud-coréennes et non par les forces américaines (télégramme nᵒˢ 4330-4332 du 26 octobre 1950 de Washington, non reproduit). Paris était d'accord pour que l'on indiquât à Pékin que les Nations unies tiendraient compte des nécessités techniques locales et qu'elles ne toucheraient pas aux barrages sur le Yalou, ceux-ci fournissant de l'électricité également à la Mandchourie (télégramme nᵒˢ 9189-9190 du 27 octobre 1950 de Paris, non reproduit). L'intervention des troupes chinoises provoquait une résistance de plus en plus forte à l'avancée des troupes des Nations unies depuis le 27 octobre, et s'il était difficile de dire si des troupes chinoises constituées prenaient part aux combats, on était certain que des soldats chinois se trouvaient parmi les troupes nord-coréennes (télégramme nᵒ 2017 du 29 octobre 1950 de Tokyo, non reproduit).

dû stopper pendant que le deuxième corps sud-coréen cédait du terrain. La 6ᵉ division du 2ᵉ corps a été même assez malmenée ; l'un de ses régiments encerclé n'a pu se dégager qu'en abandonnant son matériel tandis que l'autre devait, après avoir atteint la frontière de Mandchourie à Chosan, se retirer.

Une forte activité de guérilla dans laquelle 30 000 guérillas environ sont impliqués, se manifesterait d'autre part au Nord et au Sud du 38ᵉ parallèle, dans les régions de Taejon, Samchok, Wonsan et Kumhwa.

Les unités sud-coréennes sont rapidement reconstituées par le commandement américain, qui vient de leur ajouter une nouvelle division et de créer un troisième corps d'armée. Elles comprennent désormais huit divisions réparties en trois corps d'armée, et auxquelles s'ajoutent de nombreux groupements légers anti-guérillas représentant chacun un bataillon.

Quant au dispositif d'ensemble, il comprend à l'avant deux corps d'armée coréens : le premier corps d'armée opère sur la côte Est, appuyé par deux divisions américaines, la 7ᵉ D.I. et la 1ᵉ division de Marines. Le deuxième corps d'armée, sur la côte Ouest est appuyé par les Britanniques et par deux autres divisions américaines, les 1ᵉ et 2ᵉ D.I. Le troisième corps d'armée coréen poursuit à l'intérieur le nettoyage auquel participent également deux divisions américaines, l'une, la 2ᵉ, au Nord, l'autre, la 25ᵉ, au sud du 38ᵉ parallèle.

Le nombre des prisonniers nord-coréens ne cesse enfin de croître. Il atteignait 127 000 le 25 octobre au soir. Les autorités américaines déclarent qu'à cette date, 126 000 Nord-Coréens environ avaient été tués.

(Secrétariat des Conférences, NUOI, volume 142)

340

M. Dejean, Ambassadeur de France, Chef de la mission française à Tokyo,
à M. Schuman, Ministre des Affaires étrangères[1].

T. nᵒˢ 2024-2036.   *Tokyo, 31 octobre 1950, 8 h.*

(Reçu : le 31, 22 h. 30)

1) L'Ambassadeur des États-Unis en Corée, M. Muccio, appelé en consultation à Washington, a quitté Tokyo le 26 octobre pour 3 semaines environ.

---

[1] Télégramme communiqué à Saigon (nᵒˢ 931-941), Washington (nᵒˢ 602-612) et à New-York (nᵒˢ 394-404). Note manuscrite : « *M. Cattand* ».

Ce voyage a été motivé par la situation politique très confuse qui règne actuellement en Corée.

En fait, 4 autorités différentes se partagent ou se disputent la juridiction sur les régions libérées au Nord du 38ᵉ parallèle : le gouvernement Syngman Rhee ; la commission des Nations unies ; le général commandant la 8ᵉᵐᵉ armée ; le général commandant le 10ᵉᵐᵉ corps.

2) Le gouvernement de M. Syngman Rhee avait toujours envisagé d'étendre provisoirement son autorité au Nord du pays au fur et à mesure de sa libération et d'y organiser dès que possible des élections législatives qui auraient permis de pourvoir aux cent sièges laissés vacants à l'Assemblée depuis 1948. Ainsi aurait été réalisée l'unification.

Le Président dont le mandat vient normalement à expiration en 1952 aurait continué jusqu'à cette date à exercer ses fonctions sur l'ensemble de la Corée. M. Syngman Rhee basait ces prétentions sur le fait que son gouvernement avait été reconnu en décembre 1948 par l'ONU comme le seul gouvernement de la République de Corée. Pour réaliser son dessein, il comptait certainement sur la bienveillance du général MacArthur avec lequel il entretient de longue date des rapports d'amitié, et sur l'appui de l'armée sud-coréenne toujours plus nombreuse et mieux équipée. Son plan n'avait pas reçu l'approbation formelle du commandement américain ; il n'avait pas non plus été désapprouvé. L'attitude du général MacArthur à l'égard du Président notamment lors des cérémonies de Séoul, le 29 septembre, semblait indiquer que les autorités militaires américaines s'y montraient plutôt favorables. Le gouvernement américain avait adopté, il est vrai, une attitude plus réservée. Le 6, il avait déclaré par l'entremise de son délégué permanent à l'ONU qu'il n'avait aucunement l'intention d'imposer M. Syngman Rhee au peuple coréen. M. Austin avait ajouté toutefois que si le Président de la République de Corée appartenait effectivement à l'un des partis mis en minorité par les dernières élections, le fait n'avait en soi rien d'anormal. Des cas analogues s'étaient présentés aux États-Unis.

3) L'ONU a pris contre M. Syngman Rhee une position beaucoup plus nette. Dans son préambule (alinéa 4), la résolution des 8 puissances adoptée le 8 octobre par l'Assemblée limite expressément à la Corée du Sud la juridiction du gouvernement de la République de Corée reconnu par les Nations unies le 12 décembre 1948. D'autre part, dans ses paragraphes 2 et 3, elle pose le principe d'élections générales qui seules peuvent permettre l'établissement d'un « gouvernement unifié, indépendant et démocratique dans la Corée ».

Le sort de l'Assemblée issue du scrutin du printemps dernier se trouve ainsi réglé et la situation de son président très compromise. Logiquement, en effet, la Corée du Sud étant appelée à disparaître en tant qu'entité politique séparée, le Président et le Parlement devraient perdre leur mandat.

L'autorité de M. Syngman Rhee s'est trouvée mise en échec plus directement encore par la décision en date du 13 octobre de la commission intérimaire de l'ONU.

Conformément à la proposition australienne, cette décision limite formellement le pouvoir de la République coréenne à la région au sud du 38ᵉ parallèle ; elle autorise le commandement unifié à établir une administration civile dans les régions libérées du Nord. Elle stipule que ces mesures sont destinées à préserver la liberté d'action de la commission des Nations unies en Corée du Nord jusqu'aux élections générales.

4) Le président Rhee a protesté violemment contre l'attitude de l'ONU qui aboutit pratiquement à déposer un gouvernement internationalement reconnu. Il objecte que l'organisation des Nations unies n'a aucun droit de se comporter comme un super-gouvernement. Tout disposé à accepter l'assistance de l'ONU pour l'administration de l'ensemble du pays et pour l'organisation des élections, il n'admet pas que les Nations unies se substituent au gouvernement de l'État souverain de Corée.

Il demeure ferme sur cette position en dépit des actes de soumission qui alternent avec les protestations indignées et les menaces de démission. En fait, il est d'autant moins disposé à renoncer à ses prétentions qu'il est assuré des sympathies du général MacArthur. Avec l'assentiment ou la tolérance des autorités militaires américaines, il a envoyé en Corée du Nord 5 gouverneurs et de nombreux administrateurs. Il les maintient en dépit de la situation équivoque dans laquelle ils se trouvent.

Après avoir nommé les préfets, il a promis de les faire élire pour toute la Corée. De leur côté, les officiers sud-coréens prennent dans les régions qu'ils libèrent des initiatives difficilement contrôlées. Ils appuient le cas échéant les fonctionnaires civils désignés par le président ou mettent sur pied des « autorités démocratiques ».

D'autre part, les commandants des unités américaines hésitent entre l'établissement d'une administration militaire ou la constitution d'autorités locales provisoires. Ils ne savent s'ils doivent remettre ou conserver la responsabilité civile. Les mesures qu'ils adoptent trahissent ce flottement.

La situation se complique encore à cause de la dualité du commandement et des inévitables frictions qu'elle engendre entre le général Walker, commandant la 8ᵉᵐᵉ armée dont l'autorité s'exerce sur le Sud et le Nord-Ouest du pays et le général Almond, commandant le 10ᵉᵐᵉ corps auquel a été confié région du Nord-Ouest au dessus du 39ᵉ parallèle sans que la zone et les attributions de chacun aient été nettement délimitées.

5) C'est pour rendre compte de cette situation et pour en discuter que M. Muccio a été appelé à Washington.

Personnellement, l'ambassadeur des États-Unis est assez favorable à M. Rhee ainsi qu'aux deux membres principaux de son équipe ministérielle, M. Shin, Président du Conseil et ministre de la Guerre et M. Chounh, ministre de l'Intérieur. Il n'est pas convaincu que l'ONU n'a pas outrepassé ses pouvoirs en prenant des décisions qui doivent mettre fin à l'autorité légitime qu'exerce le gouvernement de Séoul sur la Corée du Sud.

Indépendamment de ces considérations juridiques, il estime que l'Assemblée et la commission intérimaire sont allées beaucoup trop loin dans leur désir de protéger les populations de la Corée du Nord contre les visées de M. Syngman Rhee. Il est persuadé que, pour assurer la transition, le plan de ce dernier était du moins aussi praticable que celui de l'ONU et que, pour une période intérimaire, il eût été plus sage de ménager l'autorité du président tout en contrôlant ses actes.

Dans ce domaine, les vues de M. Muccio se rapprochent de celles du général MacArthur et elles sont partagées dans une large mesure par la section diplomatique de SCAP[1].

Tout en se rendant compte des faiblesses de M. Syngman Rhee, des erreurs et même des tares de son régime, le Conseiller politique du commandant en chef m'a confié qu'à son avis, il était, pour le moment, aussi difficile de remplacer le Président que de se passer de lui. Il estimait que la commission des Nations unies devait rechercher un arrangement avec Rhee plutôt que de l'exclure *a priori*, ou de lui faire perdre complètement la face. Il attribuait en grande partie l'attitude de la délégation australienne à Lake Success et celle de la commission provisoire aux rapports violemment hostiles au gouvernement de Séoul adressés à Canberra par M. Hodgson, ancien représentant de l'Australie à Tokyo, dont les intentions sont excellentes, mais dont la modération n'est pas la qualité maîtresse. M. Sebald souhaitait qu'à New York on se rendît mieux compte de la situation véritable de la Corée, des conditions primitives dans lesquelles vit encore l'immense majorité de la population, du caractère farouche et des mœurs brutales de la plupart des habitants et de la difficulté d'instituer et de faire prévaloir un régime vraiment démocratique dans un pays si peu mûr pour une telle forme de gouvernement.

Reconnaissant, à mon avis, qu'il y a beaucoup de vrai dans les jugements de M. Sebald, les remarques peuvent s'appliquer d'ailleurs non seulement à la Corée mais à la plupart des jeunes États asiatiques qui ont été poussés vers l'indépendance sans avoir pu faire au préalable un apprentissage suffisant de la liberté.

(Direction d'Asie-Océanie, Corée, volume 24)

---

[1] SCAP : *Supreme Commander for the Allied Powers*, soit le Commandant suprême allié au Japon.

341

M. Baudet, Ambassadeur de France à Belgrade,
    à M. Schuman, Ministre des Affaires étrangères[1].

T. n° 1116[2].   *Belgrade, 1ᵉʳ novembre 1950.*

(Reçu : le 4, 12 h.)

Dans mon télégramme n° 1071[3], j'ai essayé de donner une idée d'ensemble de ma première conversation avec le maréchal Tito sans m'attacher à la rapporter en détail. Celle-ci, ayant duré plus d'une heure et s'étant déroulée très librement, a touché plusieurs sujets sur lesquels je me réserve de revenir.

Au cours de l'entretien, j'ai eu en particulier l'occasion de mentionner l'éventualité d'un accroissement des contacts et des échanges entre la France et la Yougoslavie et de demander au chef du gouvernement son sentiment de principe sur ce point. Il m'a assuré qu'il portait de l'intérêt à cette question et m'a dit qu'il demanderait à ses services d'étudier ce qui pourrait être fait dans ce domaine, compte tenu de la pénurie des devises dont souffre la Yougoslavie.

Dès le lendemain, je pus constater, au cours de ma première visite au ministre-adjoint des Affaires étrangères chargé des questions européennes, que celui-ci avait déjà été informé par le Maréchal de cet aspect – pourtant très passager – de notre conversation. M. Veivoda s'est mis à ma disposition pour étudier cette question. J'en ai pris acte et lui ai dit que j'y réfléchirais de mon côté.

Il faut bien constater que nous partons de bas. Depuis la Libération, la France n'a guère eu à enregistrer dans ce pays que des reculs et des humiliations. Un traitement analogue a sans doute été infligé à nos alliés occidentaux, mais le contraste avec l'avant-guerre est d'autant plus grand en ce qui nous concerne que nous jouissions ici d'une meilleure situation. C'est à peine si, depuis la rupture, intervenue en 1948, entre le Kominform et le parti communiste yougoslave, quelques signes de détente sont apparus dans les rapports entre la Yougoslavie et l'Occident. Encore ces résultats, si minces qu'ils soient, ne doivent-ils pas nécessairement être interprétés comme le début d'une évolution dont le terme plus ou moins lointain serait un retour de ce pays au sein de la communauté occidentale.

---

[1] Note manuscrite : « *[Communiquer à] Direction des Affaires économiques, Direction générale des Relations culturelles, Londres (n° 4164), Washington (n° 4522), Vienne (n° 924), Rome (n° 2453), Athènes (n° 858), f[ai]t 6-11-50* ».

[2] Télégramme envoyé en clair et par courrier.

[3] Voir document n° 338.

Avant d'adresser au Département des propositions ou même des suggestions à ce sujet, je crois indispensable de rappeler que l'évolution de nos relations, tant économiques que culturelles, ou même simplement humaines avec le Yougoslavie d'aujourd'hui, reste étroitement fonction de données politiques très spéciales.

Il convient en effet de ne jamais perdre de vue que la rupture de Belgrade avec Moscou n'est nullement due à l'initiative de Tito. Depuis que l'appareil soviétique cherche à étrangler en lui le rebelle, tous ses efforts ont tendu à mobiliser les forces vives de la nation autour d'un idéal qui, pour être avant tout national, n'a pas cessé de s'identifier, pour le parti, à la pure doctrine marxiste. Idéologiquement, nous restons donc très loin de ce régime. N'oublions pas non plus que la fermeture de la frontière yougoslave aux insurgés grecs, qui a permis la victoire des gouvernementaux, n'a été que l'une des conséquences inévitables de la rupture de Moscou avec Belgrade, et que c'est le général Markos qui, sur l'ordre du Kremlin, a cessé le premier sa collaboration avec les Yougoslaves. En fait, les tentatives d'amélioration des rapports entre la Yougoslavie et ses voisins grecs et italiens ont été jusqu'ici décevantes. La reconnaissance par Belgrade du pseudo-gouvernement de Hô Chi Minh est là pour nous rappeler constamment que ce régime vise beaucoup moins à un rapprochement avec le groupe des puissances occidentales et singulièrement avec les membres du Pacte atlantique qu'à l'exploitation systématique des avantages qu'il peut retirer d'eux grâce à la position de bastion avancé de résistance à l'emprise soviétique dans laquelle les événements et la géographie ont placé la Yougoslavie.

En matière économique, ce pays, désorganisé par l'interruption de toutes relations avec l'Est et par la mise en œuvre de l'économie collectiviste, frappé de disette par la sécheresse de l'été, a un besoin criant de l'aide occidentale. En la sollicitant, ses dirigeants ont misé à fond sur l'intérêt que nous attachons au maintien de sa capacité de résistance à la Russie et à ses satellites. Des secours que nous pouvons lui apporter – et qu'il apparaît en effet de notre intérêt de lui donner – n'attendons donc aucune reconnaissance. Le gouvernement de Belgrade les considère comme un dû et même, soyons-en assurés, plus d'un des dirigeants de ce régime se frottent les mains à la perspective de profiter sans contrepartie des mauvais fruits du capitalisme.

C'est également dans cette perspective politique qu'il nous faut situer nos relations culturelles et nos échanges intellectuels avec ce pays. L'expression totalitaire et policière que porte la physionomie de ce régime s'est certes un peu détendue depuis quelques mois, comme la correspondance de ce poste n'a pas manqué de le noter. Mais sont-ce là signes précurseurs d'une évolution authentique vers une libéralisation du régime ou, au contraire, simples apparences destinées à faire illusion à l'opinion américaine jusqu'à consolidation de la situation intérieure ? Tel est le doute que nous devons constamment avoir à l'esprit en essayant de tracer le cadre de nos relations avec la Yougoslavie d'au-jourd'hui.

Est-ce à dire, pour autant, que la France doive se réfugier dans une prudente abstention ? Rien ne serait plus éloigné de ma pensée. Car d'abord, quelle que soit la part de calcul qui entre dans l'attitude actuelle des dirigeants yougoslaves, quelle que soit aussi l'habileté de leur jeu, il n'en demeure pas moins que le fait de l'aide occidentale sans contrepartie – annoncée au pays par Tito lui-même – est un événement considérable de nature à remuer profondément les pensées des cadres du régime comme des masses populaires. Tito réussira-t-il à rester jusqu'au bout le maître des événements ? Personne ne connaît d'ailleurs vraiment les intentions de cet homme énigmatique. Il se peut, si l'Ouest manque de mesure, qu'une dangereuse lame de fond surgisse de sa gauche, pour le plus grand avantage du Kremlin. Il est possible aussi que, s'appuyant de plus en plus sur les éléments opportunistes ou pure-ment nationalistes du régime, le chef du gouvernement en vienne à imprimer au pays un véritable mouvement vers le libéralisme. Dans les deux hypothèses, la France a, me semble-t-il, un rôle de première grandeur à jouer ici. C'est à elle qu'il appartient d'interpréter la pensée occidentale sans essayer de l'imposer et d'expliquer, en puissance conti-nentale, les données nouvelles de la politique européenne. C'est à elle aussi à faire sentir son influence modératrice auprès de ceux qui vou-draient aller trop vite en besogne.

C'est en fonction de ces données que, si Votre Excellence les approuve, je compte essayer d'orienter nos rapports avec la Yougoslavie nouvelle.

(Direction d'Europe, Yougoslavie, volume 117)

342

Note du Département

N.   *Washington, 1ᵉʳ novembre 1950.*

Très secret.

La présente note comprend une analyse des critiques qui ont été faites tant au sein du comité de Défense que dans des conversations privées à l'occasion de la discussion du plan français concernant la contribution d'effectifs allemands à la défense de l'Europe.

Malgré les explications données par M. Jules Moch et par les membres de la délégation française, la plupart des délégations étran-gères ne semblent pas avoir encore compris les raisons politiques profondes qui inspirent nos propositions et continuent à maintenir leur opposition.

Il est nécessaire que le gouvernement connaisse exactement ces critiques pour préparer les réponses qui devront y être faites par nos négociateurs au sein des comités politiques et militaire et pour fixer en définitive sa position.

I – Critiques de caractère militaire et technique.

Le plan français est représenté comme impraticable et irréel.

1) Les militaires américains et la plupart de leurs collègues des délégations atlantiques considèrent qu'il est impossible de former des unités composées d'hommes issus d'une même nation à un niveau plus bas que la division. Nous avons au contraire indiqué que les contingents fournis par les États participants seraient incorporés dans l'armée européenne au niveau de l'unité la plus petite possible et M. Moch a mentionné, pour les Allemands, le bataillon. Même si ces unités *minima* étaient formées au niveau du régiment ou de la brigade, il existerait encore sur le plan technique une opposition considérable. Les questions suivantes ont été à cet égard posées :

a) Comment s'effectueraient à l'intérieur d'une même division européenne les liaisons entre plusieurs unités (bataillons ou régiments) formées d'éléments nationaux différents ?

b) Comment imaginer des services communs (artillerie, génie, transports, ravitaillement, intendance, etc..) servant des bataillons ou des régiments dissemblables ?

c) Comment prévoir des règles uniformes en ce qui concerne le temps de service, l'alimentation, les soldes, l'administration en général, à l'intérieur d'une division disparate ?

d) Comment résoudre les problèmes résultant de la diversité des langues employées pour le commandement ? etc…

2) Un ministre européen de la Défense ne pourra pas assurer le recrutement, l'entraînement, l'équipement et l'administration des forces armées allemandes sans l'aide d'une agence fédérale allemande et d'un bureau militaire chargé des questions administratives habituelles.

3) Le plan américain devrait aboutir à accroître la force unifiée atlantique de neuf divisions, soit d'environ 300 000 hommes en 1954. La préparation et l'entraînement de certaines petites unités devraient commencer en 1951. Le plan français ne prévoit rien de précis à cet égard. M. Jules Moch a indiqué qu'à titre expérimental une première armée européenne de 100 000 hommes comprenant 20 % d'Allemands pourrait être envisagée après la signature de l'accord projeté, et n'a pas donné d'autres indications sur le volume ultérieur de cette armée.

II – Le plan français entraînerait des délais pour la formation d'une force atlantique unifiée.

1) La plupart des nations atlantiques ont des doutes quant à une signature proche du Plan Schuman, condition préalable, d'après la proposition française, d'un réarmement allemand. Leurs représentants n'ont pas bien compris le lien qui existe, entre la signature de ce plan et la mise en œuvre de la contribution allemande à la force unifiée.

2) Les mêmes nations redoutent les complications et les lenteurs d'une négociation européenne pour l'institution d'une assemblée parlementaire et d'un Conseil des ministres de la Défense, la nomination d'un ministre européen de la Défense et la définition de ses fonctions, la mise en place d'un budget commun et d'un programme européen d'armement.

III – Obstacles de caractère politique.

1) Nos partenaires américains estiment que la plupart des pays d'Europe ne sont pas disposés à accepter l'inclusion de leurs forces dans une armée européenne suivant les termes du plan français. Il en est certainement ainsi pour l'Angleterre, la Norvège, le Danemark, la Hollande se montre fort réticente, l'Italie hésitante ; seule la Belgique et le Luxembourg ont, dans une certaine mesure, soutenu nos points de vue. Les Américains prétendent qu'il est impossible dans ces conditions de fonder une force occidentale efficace sur des bases aussi incertaines.

2) Les représentants des États-Unis ont également été frappés de la froideur avec laquelle apparemment le gouvernement fédéral allemand a accueilli notre projet. Ils croient que le plan américain aurait beaucoup plus de chances d'être accepté par Bonn, malgré les limites qu'il comporte. Pour que les Allemands participent efficacement à la défense, ils estiment qu'un certain nombre de conditions psychologiques doivent être exigées et que ces conditions ne figurent pas dans le plan français. Celui-ci comporte en effet des discriminations à l'égard de l'Allemagne (les officiers allemands ne pourraient avoir un grade plus élevé que celui de colonel, les unités allemandes ne devraient pas être dotées de chars...) plus sévères pour ce pays que les limitations prévues dans le plan américain.

3) Les raisons politiques qui ont été mises en avant par M. Jules Moch et par la délégation française pour justifier la méthode suggérée par nous n'ont pas convaincu nos interlocuteurs. Ils prétendent redouter comme nous la renaissance d'un militarisme allemand, mais ils estiment que leur propre proposition est de nature à écarter ce risque. Ils ne craignent pas, semble-t-il, une influence dominante de militaires allemands, soit en Allemagne même, soit sur certains éléments de l'administration militaire ou civile des États-Unis. Les partisans en Amérique de la guerre préventive ne forment, d'après eux, qu'une minorité infime. Quelles que soient leur habileté et leurs intrigues, les militaires

allemands ne pourront jamais convaincre les Américains de risquer une guerre pour unifier l'Allemagne et récupérer Koënigsberg.

Au surplus, une Allemagne privée d'aviation, dépendant pour ses armements lourds de l'industrie étrangère, dont les forces ne formeront toujours qu'une proportion déterminée et relativement faible de l'armée atlantique, ne constitue pas d'après eux un danger. La situation qui a évolué d'une façon si tragique entre les deux guerres ne risque pas de se reproduire au temps de la bombe atomique, alors qu'avec deux ou trois de ces engins la Ruhr peut être complètement réduite à néant.

Enfin, ils ne croient pas que l'emploi de divisions allemandes constitue une provocation à l'égard des Soviets, aussi longtemps que l'Occident conserve la supériorité atomique, c'est-à-dire pendant deux ou trois ans, temps nécessaire, précisément, pour mettre en place la force unifiée atlantique.

Le gouvernement n'ignore pas les conséquences d'une telle divergence d'opinions entre la France et ses partenaires atlantiques.

Reprenant les formules de M. Acheson à New York, le général Marshall a indiqué que les propositions américaines constituaient un ensemble. Le gouvernement des États-Unis reste prêt à envoyer ses troupes en Europe même en temps de paix (ce qui, à ses yeux, constitue un événement historique important) mais il désire que cet effort soit utile et qu'en conséquence la force atlantique à laquelle il veut coopérer soit efficace. Pour cela, d'après les chiffres du *Standing Group,* il manquera en 1953 neuf divisions environ que les Américains souhaitent recruter en Allemagne. Il faut surtout que les armées alliées, stationnées entre le Rhin et l'Elbe, n'opèrent pas au milieu d'une population allemande indifférente ou hostile. Aussi, tant que le problème allemand n'aura pas reçu une solution pratique, l'envoi des troupes américaines en Europe, la désignation du commandant suprême, la mise en place de la force unifiée se trouveront suspendus.

Si cette solution ne pouvait être trouvée, nous devrions mesurer les conséquences devant lesquelles la France pourrait se trouver en ce qui concerne ses rapports avec les États-Unis, ses relations avec l'Allemagne et l'Angleterre, son rôle en Europe.

En toute hypothèse, il paraît indispensable qu'un nouvel effort soit fait, tant au Conseil des suppléants qu'au comité militaire, pour mieux faire comprendre nos préoccupations. Tout en maintenant le cadre et les éléments essentiels de notre proposition, nous devrions examiner dans quelle mesure elle doit et peut être amendée pour permettre un accord au cours des prochaines semaines. Les conséquences d'une crise prolongée semblent trop sérieuses pour qu'une certaine marge des négociations ne soit pas recherchée et que des instructions en conséquence ne soient données à nos représentants.

De son côté, le Département d'État paraît plus disposé qu'auparavant à faire pression sur le Pentagone, qui demeure hostile, pour obtenir un assouplissement des positions américaines. La déclaration de M. Acheson prouve son espoir de trouver une solution, son souci d'éviter un retournement de l'opinion qui a tendance à nous rendre responsables des retards actuels, et son appréciation de la contribution de la France qui – comme l'a rappelé très opportunément, M. Jules Moch – apportera à l'Armée atlantique près de la moitié de ses forces terrestres[1].

(Secrétariat général, Dossiers, volume 10)

343

M. BAUDET, AMBASSADEUR DE FRANCE À BELGRADE,
   À M. SEYDOUX, DIRECTEUR D'EUROPE[2].

L.   *Belgrade, 1ᵉʳ novembre 1950.*

Je ne veux pas laisser partir cette première valise sans vous envoyer un mot ou deux de premières impressions sur le poste.

J'ai trouvé, dans l'ensemble, – et toute question architecture mise à part – une maison bien organisée et des collaborateurs empressés et de valeur. (Quel dommage que Soutou quitte le poste ! Mais je ne me sens pas le droit de le retenir, après cinq ans de labeur forcené dans ce pays). Les collègues étrangers nous ont également accueillis, ma femme et moi, avec beaucoup de chaleur. Je crois que ce poste est de ceux où il est essentiel que, sur certains grands sujets, la collaboration avec les Américains et les Anglais soit sans réserve ni ombre. À cet égard, il est bon que j'arrive de Londres et que j'aie pu suivre les principales étapes du resserrement atlantique.

Au point de vue politique et malgré mon désir de nouvel arrivant de trouver des ouvertures, j'ai bien le sentiment que, pour un temps au moins, je ne pourrai que rester strictement dans la ligne de mon prédécesseur, et que je serai amené à crier casse-cou chaque fois qu'on sera tenté, à Washington ou à Paris, d'aller plus vite que la musique. Ce pays a un besoin criant d'aide. Mais il ne l'acceptera de l'Occident

---

[1] Une note signalait qu'une étude comparée du mémorandum américain et de la déclaration française sur la participation allemande à la défense européenne permettait de constater qu'il n'existait pas finalement tant de différences entre les deux et qu'ils présentaient des points d'accord suffisamment nombreux pour pouvoir être synthétisés plutôt que faire l'objet d'un choix exclusif au détriment de l'un d'eux. Les points de divergence portaient sur la question du niveau des unités militaires à fournir par l'Allemagne, division ou unités plus petites, et sur la question de la création d'une agence fédérale allemande perçue comme un ministère allemand de la Défense par les Français. Un compromis paraissait alors possible (note du 4 novembre 1950 du service des Pactes, non reproduite).

[2] Note manuscrite : « *M. Laporte* ».

qu'autant qu'aucune condition politique n'y sera attachée. Le régime
« socialiste » de Tito préférerait encore, je crois, se suicider et passer
la main aux staliniens que de se compromettre avec les capitalistes.
Naturellement, une évolution peut se produire et certains signes d'hu-
manisation sinon de libéralisation, ont commencé d'apparaître : mais
ce sont là bébés nés avant terme que la moindre dose de nourriture
forte peut tuer. Pour le moment, c'est l'eau sucrée et le coton dont il
faut nous servir, avec l'espoir que la nature fera ensuite son œuvre…

Ci-joint, copie de la lettre que j'adresse à Clappier, au sujet de l'organisation éventuelle de visites de syndicalistes ou de parlementaires français ici[1]. J'aimerais avoir votre sentiment.

(Direction d'Europe, Yougoslavie, volume 83)

344

M. Chauvel, Représentant permanent de la France auprès du
Conseil de sécurité des Nations unies,
à M. Schuman, Ministre des Affaires étrangères[2].

D. n° 1429.   *New-York, 2 novembre 1950.*

Les agences de presse se sont fait récemment l'écho de rumeurs
d'après lesquelles le gouvernement français se proposerait de saisir les
Nations unies de l'affaire d'Indochine. Déjà, de ce fait, des questions
m'ont été posées à ce sujet.

Je crois donc devoir rappeler qu'au début de la présente année j'avais
moi-même entretenu le Département de la possibilité d'une telle initiative. Je me réfère ici à ma dépêche n° 93/SC du 21 février dernier[3].
Il s'agissait alors de la représentation chinoise. L'admission de la Chine
communiste au Conseil paraissait probable et proche. J'avais donc
attiré l'attention du Département sur une conséquence possible de cette
admission, qui était l'évocation en Conseil de l'affaire d'Indochine par
le futur représentant de Pékin. Il me paraissait, étant donné ce risque,
que nous pouvions avoir avantage à prendre l'initiative et à attirer
l'attention du Conseil, en présence du délégué de la Chine communiste
nouvellement admis, sur l'intervention d'une puissance étrangère, en
l'espèce cette même Chine dans les affaires de l'Union française. Dans
mon esprit, il ne s'agissait alors que de tactiques. Notre initiative devrait
seulement nous permettre de choisir notre terrain en même temps que

---

[1] Document non reproduit.
[2] Dépêche adressée au Secrétariat des Conférences.
[3] Voir document n° 34.

de mettre en garde Pékin contre les inconvénients de la poursuite de ses entreprises. Nous n'avions, en janvier, rien à demander au Conseil.

Il est clair que la situation a changé depuis lors. Si l'admission de la Chine communiste aux Nations unies parait moins probable, ou moins prochaine, notre position en Indochine même s'est sensiblement modifiée. S'il est actuellement question en divers lieux d'évoquer l'affaire indochinoise à Lake Success, ce n'est plus en fonction d'une tactique à suivre en Conseil pour faire face à une éventuelle dénonciation chinoise. C'est qu'il apparaît que nous avons besoin d'aide sur place et que les Nations unies pourraient faciliter les choses à cet égard.

C'est là toutefois une idée vague. Il convient, me semble-t-il, de la préciser. À ne le point faire, nous risquerions de voir cette idée vague devenir une idée fausse et de nous trouver engagés dans une impasse ou du moins dans une voie qui nous conduise où nous n'aurions pas choisi d'aller.

Il y a lieu de préciser tout d'abord que nous ne pouvons évoquer ici nos difficultés avec le Viêt Minh. Il s'agit là de questions d'ordre intérieur dans lesquelles, aux termes de l'article 2 de la Charte, les Nations unies ne sont pas autorisées à intervenir. Nous ne pourrions les inviter à le faire qu'en renonçant à nous prévaloir de l'Union française. Or, en dehors de toute autre considération, l'Union française constitue notre titre à être en Indochine et à y défendre contre des rebelles un gouvernement établi, lequel est, en même temps, aux termes de notre constitution, un gouvernement « associé ». Nous ne pouvons saisir les Nations unies de l'affaire d'Indochine qu'en invoquant un aspect international de cette affaire, c'est-à-dire comme en février l'intervention chinoise.

Techniquement, la chose est possible. Nous pouvons saisir le Conseil de sécurité en invoquant notre article 4 si nous faisons état d'une « situation », du chapitre VII, si nous entendons présenter le cas comme un différend. Nous pouvons saisir l'Assemblée en excipant de l'article 10 de la Charte.

Nous ne devons pas dissimuler toutefois que le recours aux Nations unies n'est pas en lui-même une solution. Si nous évoquons en Conseil de sécurité une situation ou un différend, si nous évoquons devant l'Assemblée une affaire, ce n'est pas seulement pour informer les Nations unies et nous prémunir contre des campagnes adverses. Ce n'est pas non plus, j'imagine, pour faire part aux Nations unies de notre intention de remettre en ses mains un fardeau trop lourd. Notre situation en Indochine n'est pas assimilable à celle des Anglais en Palestine. L'Angleterre était investie au Levant d'un mandat international à des fins précises. N'ayant pu accomplir ces fins, elle a renoncé à son mandat et a notifié sa décision à l'organisme successeur de la Société des Nations. Nous n'avons pas, pour notre part, de titre à abandonner que nous n'avons conquis nous-mêmes et ce titre conquis n'intéresse pas les Nations unies. L'affaire d'Indochine n'est pas non plus, du point de vue de Lake Success, comparable à l'affaire de Corée. La République de Corée constituait, suivant le vocabulaire des Nations unies, un État démocratique et indépendant, qui de plus est création des Nations unies et qui a fait l'objet, de la part d'autorités non reconnues ici, d'une agression caractérisée et constatée par une commission internationale. L'affaire de Grèce se rapproche davantage de la nôtre. Encore s'agissait-il d'un État membre des Nations unies et ayant assez de consistance et de moyens pour rétablir sa situation avec une aide économique et financière et technique des États-Unis, l'Organisation se bornant, pour sa part, à l'envoi sur place d'une commission d'observation.

À la différence des Anglais en Palestine, nous ne sommes pas en Indochine en vertu d'un mandat international auquel nous puissions renoncer. Le Viêtnam n'est pas, comme la Corée, un État démocratique et indépendant appelé à la vie par les Nations unies elles-mêmes. Nous ne sommes pas, enfin, à l'égard du Viêtnam, dans la même relation que les États-Unis par rapport à la Grèce et le gouvernement Bao Daï n'a ni la consistance du gouvernement grec, ni ses moyens. Aucun de ces précédents ne peut donc être évoqué ici. Du point de vue de Lake Success, l'affaire d'Indochine est une affaire coloniale à laquelle le gouvernement français essaie de donner meilleure apparence en conférant à un gouvernement sans autorité et sans prestige, sous le couvert de l'Union française, un semblant d'autonomie. Le terme de comparaison qui vient ici, immédiatement à l'esprit est l'affaire d'Indonésie. Comme l'Indonésie, comme toute l'Asie, le Viêtnam est en train de se libérer de la domination étrangère. La seule différence entre l'Indonésie et le Viêtnam est qu'au Viêtnam l'adversaire du colonialisme est inféodé à Moscou. J'entends bien par là que c'est l'aspect des choses que nous pouvons invoquer. J'entends bien que nous contesterions la thèse d'après laquelle l'affaire du Viêtnam ne serait qu'un épisode de l'agonie du colonialisme, que nous nous efforcerions de valoriser le gouvernement viêtnamien, que nous présenterions nos difficultés comme une des manifestations de la volonté agressive de Moscou poursuivie sous la double couverture du Viêt Minh et de la Chine communiste. Nous dirions, comme je l'ai dit déjà en commentant la déclaration Truman du 25 juin dernier, qu'il s'agit d'une même agression, d'un front unique à tenir qui, dans le Pacifique, s'étend de la Mandchourie au Tonkin. Et cela est vrai, et c'est bien ainsi que nous pouvons imprimer à l'affaire d'Indochine un caractère international.

Mais il ne s'agit plus seulement de réaliser une présentation favorable. Il s'agit d'obtenir une aide. Or, sur ce point, deux remarques s'imposent :

La première est que l'Organisation des Nations unies en tant qu'entité, n'a aucun moyen propre de nous aider. Elle peut approuver une politique, elle peut assumer la responsabilité de cette politique, elle peut, comme elle l'a fait pour l'action américaine en Corée, donner sa couverture à des mesures militaires, mais nous ne pouvons utilement lui demander ni de définir une politique, ni de prendre elle-même des mesures militaires. Nous devons donc, avant de nous adresser aux Nations unies, définir une politique et convenir de mesures, nous adressant pour cela aux pays qui prennent spécialement intérêt à ce qui se passe en Indochine et qui sont en mesure de nous apporter une assistance concrète, à savoir les États-Unis et l'Angleterre.

La seconde remarque est plus générale. Elle tient aux dispositions de la majorité des États membres à l'égard de l'affaire d'Indochine. Cette majorité, qui comprend, à la vérité, quand une affaire vient au vote, toutes les puissances non possessionnées, est anticolonialiste. En outre, s'agissant d'une affaire d'Asie, nous connaissons le sentiment de l'Inde et des États asiatiques, qui est que l'Occident ne comprend rien à l'Extrême-Orient et que les pays d'Asie ont seuls qualité et compétence pour trouver des solutions aux questions intéressant ce continent.

C'est dire que si nous approchons les Nations unies même avec une politique et un programme militaire ayant fait l'objet d'accords franco-anglo-américain, même s'il ne s'agit en un premier temps que de demander, par application de la « résolution Acheson l'action concentrée pour la paix », l'envoi d'observateurs sur place, nous ne pourrons maintenir la position assez superbe que nous avons maintenue à l'égard de Washington. Nous ne pouvons prétendre internationaliser l'affaire d'Indochine et réserver, en même temps, pour nous seuls, comme étant affaires intérieures de l'Union française, les questions relatives à l'évolution politique du Viêtnam ou à l'utilisation des moyens qui seront mis à notre disposition. Nous serons amenés, si nous nous présentons non plus comme défenseurs d'intérêts français, mais comme responsables d'un des secteurs d'un front commun et international, à marquer notre détachement des aspects nationaux de l'affaire. Nous serons amenés à mettre en avant le gouvernement du Viêtnam, à faire, en ce qui concerne son indépendance future, des déclarations plus précises et de plus grande portée que celles que nous avons faites jusqu'ici. S'agissant de l'Union française, nous serons amenés à dire qu'il ne s'agit pas là d'une solution imposée, qu'il s'agit d'une formule librement consentie sujette à confirmation lorsque le Viêtnam aura été doté d'institutions démocratiques et d'un gouvernement responsable. Nous devrons admettre, au moins implicitement, le droit de sécession.

Peut-être l'évolution de la situation en Indochine même justifie-t-elle tout cela. Je ne dispose pas à cet égard d'éléments d'appréciation. Je veux seulement aujourd'hui, à toutes fins éventuellement utiles, indiquer, quelles sont, à mon sens, les conditions de l'opération. Et il me semble que si nous devions la tenter, il serait important, avant toute déclarations d'intention, de nous assurer d'abord de ce que serait la contrepartie, de ce que seraient cette politique et ce programme militaire franco-anglo-américain que les Nations unies seraient appelées à couvrir.

(Direction d'Asie-Océanie, Indochine, volume 199)

345

M. Dejean, Ambassadeur de France, Chef de la mission française à Tokyo,
  à M. Schuman, Ministre des Affaires étrangères[1].

T. n°s 2071-2073.   *Tokyo, 3 novembre 1950, 8 h.*

Réservé.   *(Reçu : le 3, 12 h.)*

Je me réfère à mes télégrammes n°s 2054 et 2069[2].

Les indications données ce matin à la conférence des chefs de service de l'état-major américain présentent la situation dans la région Nord-Ouest de la Péninsule sous un jour beaucoup plus sérieux.

Les effectifs chinois dans ce secteur sont aujourd'hui à 14 000 hommes au minimum. Le général chef du 2e Bureau est même convaincu qu'ils sont plus nombreux. À ces effectifs organisés en « unités de préservation de la paix » et constitués par des prélèvements sur les divisions stationnées en Mandchourie s'ajouteraient 40 000 Nord-Coréens.

Ces troupes, munies d'un matériel excellent et abondant, font preuve d'un mordant extrême ; elles attaquent nuit et jour sans interruption et tirant le parti le plus avantageux d'un terrain très difficile et de l'hiver qui commence à sévir. Elles viennent d'infliger aux forces des Nations unies un rude échec qui oblige le commandement à réviser ses plans. Le projet d'une avance rapide vers Agilu est abandonné. L'intention de l'état-major est de rassembler ses troupes sur la rive gauche du Chengchon et de ne conserver sur la rive droite de ce fleuve au Nord-Ouest de Sinanju, qu'une tête de pont.

Ce mouvement est en cours. La 25e division rassemblée hâtivement est en route vers le front.

Le chef du 2e Bureau a fait allusion ce matin au réservoir inépuisable d'effectifs en Mandchourie.

---

[1] Télégramme communiqué à la Présidence de la République, la Présidence du Conseil, MM. Parodi, Clappier, de La Tournelle et de Bourbon-Busset, avec prière de communiquer à la Défense nationale. Note manuscrite : « *M. Cattand. C[ommuni]quer DEF[ense] NAT[ionale], Londres [par] valise, f[ai]t le 4/11/50* ».

[2] Documents non reproduits.

De toutes les façons il ne saurait plus être question d'en terminer à très bref délai comme certains, l'escomptaient encore tout récemment[1].

(Direction d'Asie-Océanie, Corée, volume 25)

346

M. CHAUVEL, REPRÉSENTANT PERMANENT DE LA FRANCE AUPRÈS DU CONSEIL DE SÉCURITÉ DES NATIONS UNIES,
À M. SCHUMAN, MINISTRE DES AFFAIRES ÉTRANGÈRES[2].

T. n°s 2574-2579.   *New York, 6 novembre 1950, 22 h. 20.*

Urgent. Réservé.   *(Reçu : le 7, 8 h.)*

Je me réfère à mon tg n° 2571[3].

À l'issue de la séance du Conseil, qui doit se réunir après-demain matin pour discuter de la situation en Corée, M. Gross m'a communiqué à titre officieux un projet de résolution dont le texte continue de faire l'objet d'étude à Washington[4].

---

[1] Dès le 2 novembre, Dejean signalait que la guerre de Corée, que l'on considérait comme à peu près terminée, venait de se rallumer et d'entrer dans une nouvelle phase avec l'intervention directe des communistes chinois, d'autant qu'elle s'accompagnait d'une activité accrue de l'aviation ennemie. D'après Dejean, le général MacArthur ne la croyait pas appelée à se développer et cela le pousserait même à accélérer ses plans pour en finir, mais il relevait que les rapports du 2ème Bureau étaient moins optimistes et traduisaient même une certaine préoccupation (télégramme n°s 2054-2064) du 2 novembre 1950 de Tokyo, non reproduit). À Washington, on voulait se montrer encore prudent vis-à-vis de la réalité de cette intervention, mais on notait la reconstitution d'une armée nord-coréenne, alors qu'elle était donnée pour battue avec 100 000 tués et 130 000 prisonniers. Une certaine incertitude s'emparait des milieux dirigeants américains (télégramme n°s 4467-4471 du 2 novembre 1950 de Washington, non reproduit). Il y avait donc nécessité de dénoncer l'intervention militaire chinoise aux Nations unies, et le général MacArthur avait envoyé un rapport à ce sujet à Washington (télégramme n°s 4480-4482 du 4 novembre 1950 de Washington, non reproduit). De plus, la qualité des troupes chinoises était incontestablement supérieure à celle des troupes nord-coréennes, et elles exploitaient très habilement leurs succès (télégramme n°s 2111-2112 du 6 novembre 1950 de Tokyo, non reproduit).
[2] Télégramme communiqué à la Présidence de la République, la Présidence du Conseil, MM. Parodi, de La Tournelle, Clappier et de Bourbon-Busset ainsi qu'à l'ambassade de France à Washington (n°s 715-800).
[3] Document non reproduit.
[4] L'ambassadeur à Washington avait signalé l'intention américaine de faire adopter une résolution dénonçant l'intervention chinoise tout en rappelant le désir des Nations unies de localiser le conflit (télégramme n°s 4518-4522 du 6 novembre 1950 de Washington, non reproduit). Le 8 novembre, le Conseil de sécurité s'était réuni pour procéder à l'examen du dernier rapport de MacArthur, provoquant à nouveau l'opposition du délégué soviétique. La question de l'invitation d'un représentant du gouvernement de la République populaire de Chine était également débattue et semblait acquise pour pouvoir parler de l'intervention chinoise (télégramme n°s 2638-2643 du 8 novembre 1950 de New York, non reproduit). Le

Ce projet, dont j'adresse la traduction à Votre Excellence par tg séparé[1], se réfère à la résolution du Conseil du 25 juin[2] et à la résolution de l'Assemblée du 7 octobre, invite tous États et toutes autorités à s'abstenir d'assister les Coréens du Nord et demande à la Commission de la Corée, nouvelle manière, de se tenir prête à coopérer au règlement de tous les problèmes relatifs à la région frontière et intéressant des États étrangers ou des autorités étrangères.

Mon interlocuteur et moi sommes tombés d'accord sur la probabilité d'un veto russe et aussi sur le fait que, si le Conseil était ainsi arrêté, cette affaire serait probablement la première dont l'Assemblée aurait à se saisir par application de la résolution Acheson.

Sous le bénéfice de ces observations et sous réserve des instructions de Votre Excellence, j'ai dit à M. Gross que son texte me paraissait à première vue acceptable pour nous et que nous serions probablement en mesure de lui accorder notre co-patronage.

J'ai ajouté to utefois que la discussion en Conseil, à supposer qu'elle aboutisse, serait sans doute assez longue et qu'entre temps la situation continuerait à évoluer sur place. Je pensais donc que nous avions intérêt à proposer en Conseil, peut-être en même temps que le projet susvisé mais en lui donnant priorité sur ce projet, une déclaration relative aux barrages du Yalou. Cette déclaration marquerait clairement que l'intention des Nations unies est de préserver les barrages de la destruction et de veiller à l'application des accords existants au sujet de la distribution de l'énergie. Le Conseil rappellerait en même temps le risque que la poursuite d'opérations de guerre dans ce secteur ferait courir à ces installations.

J'ai fait observer que cette déclaration serait peut-être votée à l'unanimité.

L'action chinoise, si elle était poursuivie, apparaîtrait alors non plus comme une défense d'intérêts économiques essentiels, mais comme une entreprise politique et militaire.

Si la délégation soviétique s'abstenait ou s'opposait à l'adoption de ce texte, la politique russe elle-même apparaîtrait sous son vrai jour.

Dans l'un et l'autre cas, le projet de résolution préparé à Washington gagnerait en substance et en autorité. M. Gross s'est engagé à faire part à Washington de cette suggestion pratique qui prolonge l'action entreprise depuis quelques jours au Département d'État par M. Henri Bonnet.

---

10 novembre, le Conseil a débattu de l'inscription de la résolution américaine sur l'intervention chinoise à l'ordre du jour et, après un vote, elle a été inscrite en priorité à l'ordre du jour (télégramme n°s 2696-2699 du 11 novembre 1950 de New York, non reproduit).

[1] Document non reproduit.
[2] Voir document n° 158.

Il m'a demandé d'autre part de lui faire savoir demain, au début de l'après-midi, la réaction de Votre Excellence, sur le projet américain particulièrement en ce qui concerne l'appel à la Commission de Corée.

Je téléphonerai donc en fin de matinée à M. Parodi pour prendre vos directives à ce sujet.

(Secrétariat des Conférences, NUOI, volume 142)

347

M. Dejean, Ambassadeur de France, Chef de la mission française à Tokyo,
à M. Schuman, Ministre des Affaires étrangères[1].

T. n°s 2118-2121.   *Tokyo, 7 novembre 1950, 3 h.*

Extrême urgent.   *(Reçu : le 7, 8 h. 55)*

1) Étant donné l'ampleur déjà acquise par l'intervention chinoise en Corée, la bruyante dénonciation par Pékin des prétendus projets d'agression des États-Unis et la position prise par le général MacArthur (communiqué du 6 novembre), le danger d'un troisième conflit mondial est plus menaçant que jamais.

En fait, des unités chinoises étant aux prises avec les forces alliées, ce conflit a pratiquement commencé. La question n'est plus de l'éviter. Il s'agit de l'enrayer.

À cet égard, deux gestes pourraient, semble-t-il, être utiles :

a) Affirmation solennelle par l'ONU que les forces des Nations unies engagées en Corée n'ont aucun dessein agressif à l'égard de la Chine, qu'elles n'ont aucune intention d'envahir le territoire chinois et que, pour en faire la preuve, elles ont reçu l'ordre de s'arrêter à une certaine distance des frontières, seuls parmi ces troupes, les Sud-Coréens étant autorisés à avancer jusqu'aux limites du pays.

La distance en question devrait être fixée de façon à ne pas compromettre le résultat des opérations militaires.

b) Assurance donnée par la même autorité que les forces des Nations unies n'ont aucune intention de détruire les installations hydroélectriques du Nord de la Corée et que l'ONU est disposée à s'employer pour assurer une répartition équitable du courant entre les pays intéressés.

---

[1] Télégramme communiqué à New York (n°s 450-453), Washington n°s 658-661) et Saïgon (n°s 1008-1011).

2) Après le franchissement du 38ᵉ parallèle, il avait été question d'une zone frontalière où n'entreraient pas les forces américaines. Des déclarations plus ou moins officieuses et d'ailleurs contradictoires avaient été faites à ce sujet à Washington, à Tokyo et par les commandants des unités américaines en Corée. Finalement, c'est le projet d'une avance jusqu'aux frontières qui jusqu'ici semble avoir prévalu.

Une prise de position à ce sujet dans le sens indiqué ci-dessus constituerait une réponse aux accusations actuellement lancées contre les États-Unis par radio Pékin et par l'agence d'information de la Chine nouvelle. Elle aurait au moins pour effet d'établir nettement les responsabilités.

La déclaration concernant les sources d'énergie électrique, déjà proposée par le Département, continue de présenter à mon avis un intérêt capital. Le dispositif des forces chinoises en Corée fait ressortir en effet l'importance primordiale attachée par les communistes à ces installations.

(Direction d'Asie-Océanie, Corée, volume 25)

348

M. François-Poncet, Haut-Commissaire de la République française en Allemagne,
à M. Schuman, Ministre des Affaires étrangères[1].

T. nᵒˢ 5979-5990.   *Bonn, 7 novembre 1950, 17 h. 40.*

Très urgent. Réservé.   *(Reçu : le 7, 18 h. 30)*

J'ai fait aujourd'hui 7 novembre à midi au chancelier Adenauer la communication dont m'avait chargé M. le Président du Conseil.

Le Chancelier m'a prié de dire à M. Pleven qu'il était très sensible à son message et l'en remerciait vivement.

Avec le gouvernement français, M. Adenauer estime que la réalisation de l'idée européenne, l'organisation de l'Europe constituent le but supérieur auquel doivent obstinément tendre tous nos efforts. Il l'a déclaré à la fraction CDU qu'il préside. Il le répétera demain à la séance du Bundestag.

La base de l'organisation de l'Europe, c'est une entente franco-allemande. Le Chancelier en demeure persuadé. On lui dit, de divers

---

[1] Télégramme communiqué à la Présidence de la République, la Présidence du Conseil, MM. Parodi, de La Tournelle, Clappier et de Bourbon-Busset.

côtés, qu'à cet égard sa politique a échoué. Il ne s'en laissera pas détourner néanmoins.

Aussi désire-t-il que la négociation dont le Plan Schuman est l'objet soit conclue le plus tôt possible. L'obstacle qui la retarde ne réside pas selon lui, dans les difficultés suscitées par les prix du charbon belge – M. Hallstein a assuré qu'elles seraient surmontées – mais dans l'existence de l'Autorité internationale de la Ruhr, qu'il juge incompatible avec les données et l'esprit du Plan Schuman. J'ai indiqué au Chancelier qu'il était sans doute malaisé de jucher deux textes sur un même corps, que la question de noms avait pas échappé, qu'elle était complexe et ne pouvait être réglée du jour au lendemain, mais que nous l'examinions et espérions parvenir à la résoudre d'une manière satisfaisante.

M. Adenauer voudrait un peu plus que cette bonne parole. Il prétend que M. Jean Monnet lui avait antérieurement donné sur ce point des assurances plus fermes. M. MacCloy, auquel il avait fait part de sa préoccupation, lui avait suggéré de parapher dès maintenant l'accord recherché, sous réserve que le cas posé par l'Autorité internationale serait tranché, conformément à ses vœux, avant la ratification définitive. Il retenait cette suggestion, qui lui semblait intéressante, et la recommandait à notre approbation.

De quelque façon qu'ait lieu la signature de l'accord en cause, M. Adenauer convient qu'il sera opportun de l'entourer d'un certain éclat, afin d'en mettre en relief l'importance historique. Et il n'est pas douteux qu'il lui plairait de se rendre à Paris à cette occasion.

Au sujet de l'intégration militaire éventuelle de l'Allemagne dans une armée européenne, j'ai affirmé à mon interlocuteur qu'une formule conciliant le plan américain et le Plan Pleven serait certainement trouvée, et que les experts y travaillaient. Il leur appartiendrait de déterminer quelle devrait être la structure de cette armée et son unité de base. Peut-être serait-ce le « *Combat Team* » dont l'hypothèse avait été récemment versée à la discussion ? Quoi qu'il en soit, l'Allemagne ne serait, dans le système adopté, frappée d'aucune discrimination. M. Pleven l'avait déclaré. Je l'avais dit à mon tour. M. Schuman l'avait, hier encore confirmé dans l'interview qu'il a accordée à Rome au représentant de la *Frankfurter Allgemeine Zeitung*.

C'est un point auquel le Chancelier attache la plus grande importance. Il est reconnaissant – m'a-t-il dit – des apaisements qu'il a reçus de nous et qui lui seront précieux.

La conception d'une armée « fusionnée » a son plein agrément. En particulier, il est très favorable au projet d'instruire ses cadres dans des écoles communes.

Il s'inquiète cependant de l'attitude qu'aura l'Angleterre envers celle-ci. Y participera-t-elle ? J'ai renvoyé à M. Adenauer à la partie de l'interview de M. Schuman qui répond à la question.

Nous désirons vivement la participation britannique. Si elle était refusée, ou ajournée, l'armée fusionnée continentale n'en devrait pas moins exister. Elle bénéficierait du concours d'une armée anglaise comme d'une armée américaine, sous le commandement unique d'un chef suprême.

Le Chancelier tient pour essentiel que toute perte de temps soit évitée. Les choses vont vite. Les situations se transforment. Déjà en Corée la situation change d'aspect. Il faut agir.

J'ai de nouveau démontré à mon interlocuteur qu'un long délai n'est pas nécessaire pour installer les instances prévues par le plan français. Un comité d'organisation mettant au point les détails d'exécution pourrait être instituée sans retard. M. Adenauer a témoigné qu'il apprécierait hautement que l'Allemagne y siégeât. En attendant que naisse l'Assemblée dont le ministre commun de la Défense serait l'émanation, et qui pourrait aussi bien s'appeler Haut-Commissaire, les Ministres en fonction en assumeraient les responsabilités de la période intermédiaire. L'Assemblée elle-même pourrait d'ailleurs n'être pas différente de celle que prévoit le Plan Schuman. Ainsi apparaîtrait le lien étroit qui unit l'intégration militaire des États européens et leur intégration économique.

Si M. Adenauer insiste sur la nécessité d'aller vite, c'est également parce qu'il est frappé de l'ampleur croissante de la propagande communiste et pacifiste qui vient de Russie par la zone orientale allemande. Les envois de tracts et de lettres personnelles se multiplient. Il y a peu de jours, la *Brudeschaften,* association d'anciens militaires, a tenu une séance secrète, à laquelle assistaient non seulement le professeur Noack et Gehrke, ancien ministre de Basse-Saxe, connus l'un et l'autre pour leurs accointances avec les autorités soviétiques et leurs convictions neutralistes, mais Dertinger lui-même, ministre des Affaires étrangères de la République allemande de l'Est. M. Schumacher y avait été invité et ne s'y est pas rendu ; mais il est possible qu'il y ait envoyé un représentant. Le défaitisme fait des progrès. L'inaction alliée les encourage.

Le Chancelier s'est plaint au passage que le discours qu'il a prononcé dimanche à Stuttgart ait été saboté par une minorité de communistes et que la police de Land, paralysée par le souci de ménager ces derniers, n'ait pas osé intervenir. Heureusement, les contestations qui subsistaient en matière de police ont été aplanies grâce au nouveau ministre de l'Intérieur, M. Lehr. La Basse-Saxe, il est vrai, résiste encore. Mais le Bund va conclure un arrangement avec les dix autres *Länder*.

J'ai abordé la question soulevée par l'offre soviétique d'une conversation à quatre sur l'Allemagne.

L'avis de M. Adenauer à ce propos, c'est qu'un État totalitaire ne traite jamais qu'avec un partenaire dont il respecte la force. Il s'agit donc, avant tout, d'être fort.

Le Chancelier ne disconvient pas, cependant, qu'il y aurait autant de risques à rejeter sans examen cette offre qu'à l'accueillir sans précautions.

La République fédérale a fait savoir à plusieurs reprises ainsi que les alliés, qu'elle se prêterait à tout moment à des élections dans toute l'Allemagne, pourvu que celles-ci fussent accompagnées de toutes les garanties de liberté, en usage dans les pays vraiment démocratiques. Elle s'en tient là pour son compte.

C'est ce que le Chancelier dira au Parlement, s'il mentionne l'initiative du Kremlin.

À la séance du 8 novembre du Bundestag, M. Adenauer se propose de faire des déclarations qui ménageront l'avenir. Les opinions qu'il m'a exprimées et que je viens de résumer s'y retrouveront sans doute. Il pense que le débat ne se terminera pas par un vote car il ne croit pas que les socialistes déposent une motion. En revanche, les partis de la coalition gouvernementale donneront lecture d'un texte qui n'était pas encore rédigé ce matin, et par lequel ils affirmeront que l'Allemagne est résolue, le cas échéant, à prendre sa part dans la défense commune.

Pendant tout le cours de l'entretien, le Chancelier s'est montré calme et sûr de lui. Il a paru satisfait de mes explications.

Un accent de grande sincérité animait les paroles qu'il a prononcée au sujet de sa volonté de poursuivre ses efforts pour rapprocher l'Allemagne et la France au sein d'une nouvelle Europe, comme celles par lesquelles il a insisté sur son désir de voir très prochainement aboutir le Plan Schuman.

(Secrétariat général, Dossiers, volume 6)

349

M. Bonnet, Ambassadeur de France à Washington,
à M. Schuman, Ministre des Affaires étrangères[1].

T. n°s 4546-4553. *Washington, 7 novembre 1950, 23 h. 12.*

Réservé. Priorité absolue. Secret. *(Reçu : le 8, 6 h. 30)*

1/ Le général Marshall, au cours d'un entretien que j'ai eu avec lui ce matin, s'est montré assez préoccupé de la situation créée en Corée par l'attaque d'éléments communistes chinois. En stigmatisant, comme

---

[1] Télégramme communiqué à la Présidence de la République, la Présidence du Conseil, MM. Parodi, de La Tournelle, Clappier, de Bourbon-Busset et à la délégation française à New York (n°s 1011-1018).

je vous l'ai signalé d'autre part, la tactique suivie par l'aviation ennemie qui se réfugie en Mandchourie après de brèves incursions sur les lignes américaines, il traduisait l'irritation qu'éprouve l'état-major américain devant la reprise inattendue des hostilités. Les Américains ne sont pas encore fixés sur l'importance exacte des nouvelles forces communistes engagées contre eux. Déjà, les Chinois ont réorganisé et réarmé des unités nord-coréennes après les avoir recueillies au-delà de la frontière. Leurs propres troupes proviennent de nombreuses unités différentes et si leurs desseins à long terme n'apparaissent pas clairement, il n'en reste pas moins qu'une situation dangereuse est créée à laquelle le commandement des Nations unies devra, d'une manière ou d'une autre, être mis en mesure de faire face. Le général Marshall a reconnu l'importance pour le parti adverse des barrages nord-coréens qui fournissent du courant, non seulement à la Mandchourie, mais aussi à Vladivostok et à Dairen et à Port-Arthur. C'est au sud des barrages que se développe la résistance chinoise. Le commandement américain avait pris soin de ne rien dire qui pût à ce sujet inquiéter Pékin, mais un général sud-coréen a déclaré *urbi et orbi* qu'il couperait le courant provenant des usines coréennes aux usagers du Nord après l'occupation du pays par les troupes victorieuses. C'est peu de temps après cette bévue que s'est produite l'attaque communiste.

J'ai exprimé l'espoir que les Nations unies pourraient, demain, en même temps qu'elles adopteraient une résolution condamnant l'agression, donner à la Chine des assurances sur le maintien des arrangements qui concernent l'utilisation du courant produit par les barrages. Le Secrétaire de la Défense a reconnu qu'il y avait là un argument pertinent.

2/ Le ministre-conseiller de l'Ambassade a, d'autre part, entretenu cet après-midi de la situation le Secrétaire d'État adjoint pour l'Extrême-Orient. Mon collaborateur avait déjà indiqué à M. Rusk, voici plusieurs semaines, qu'il nous paraissait peu probable que l'URSS et la Chine acceptassent l'installation à leurs frontières d'un régime ouvertement amical à l'égard des États-Unis. Il lui a fait ressortir, aujourd'hui, le rôle qu'avaient certainement joué dans le récent déclenchement des forces communistes, les inquiétudes suscitées à Pékin par l'éventualité d'une mainmise américaine, directement ou indirectement, sur les barrages coréens et il a souligné l'importance qui s'attache à ce que des assurances soient données rapidement au gouvernement de Mao Tsé-Toung.

M. Rusk a compris notre thèse sans se montrer pour l'heure disposé à s'y rallier entièrement. L'action chinoise relève en effet d'après lui moins d'un réflexe de légitime défense que de desseins mûrement concertés avec l'URSS et visant non seulement à immobiliser les forces occidentales en Corée et en Indochine, mais à accroître d'une seule poussée le *dominium* communiste dans ces deux territoires et au Tibet. Loin de chercher à négocier, Pékin voudrait, a-t-il ajouté, obliger les troupes du général MacArthur dans une lutte à laquelle il pourrait n'y avoir d'autre issue qu'une réaction militaire dont on ne se dissimulait du reste pas ici le danger.

Malheureusement n'ayant pu au moment où cette conversation a eu lieu faire état du projet que M. Chauvel va déposer à Lake Success, je chargerai demain un de mes collaborateurs d'appuyer ce texte auprès du Département d'État.

(Direction d'Asie-Océanie, Corée, volume 25)

350

NOTE DU DÉPARTEMENT

Corée

N.　　　　　　　　　　　　　　　　　　*Paris, 7 novembre 1950.*

Le 18 octobre dernier, notre ambassadeur à Washington, reflétant la pensée du gouvernement et de l'état-major américains, télégraphiait au Département que l'entrée des troupes des Nations unies à Pyong Yang et la prise de Hungnam par les Sud-Coréens marquaient, selon toute vraisemblance, la fin des opérations militaires en Corée. À cette date, l'armée sud-coréenne comprenait 80 000 hommes entièrement équipés et l'armée américaine 350 000 hommes. La force militaire nord-coréenne, avec 135 000 prisonniers et 200 000 hommes hors de combat pouvait être considérée comme détruite.

Le 27 octobre, à Tokyo, le représentant de l'état-major américain, annonçait la suppression des séances d'information, « l'affaire de Corée étant liquidée au point de vue militaire ».

Cependant, le même jour, les forces de l'ONU se heurtaient partout à une résistance assez forte et, d'après certaines agences de presse, le commandement sud-coréen déclarait que de 30 à 60 000 Chinois avaient franchi la frontière mandchoue et prenaient part aux combats.

La présence des troupes chinoises semblait confirmée par les déclarations de plusieurs prisonniers.

Le 1er novembre, les Nord-Coréens reprenaient partout l'offensive, refoulant les troupes sud-coréennes et contraignant les Américains à se replier sur la rivière Chongchon.

Dès le 4 novembre, on ne mettait plus en doute l'intervention chinoise et dans un communiqué personnel, publié le 5 à Tokyo, le général MacArthur confirmait la présence d'unités étrangères sur le front de Corée.

Trois divisions chinoises seraient en contact avec le 8ème armée américaine et le problème des effectifs préoccupe particulièrement Washington où l'on estime que 500 000 hommes, stationnés en Mandchourie, appuyés par des chars et de l'aviation, peuvent être jetés d'un moment à l'autre en Corée.

De fait, dès le 6 novembre, l'aviation américaine signalait l'arrivée continuelle de renforts, franchissant la rivière Yalou qui forme la frontière entre la Corée et la Mandchourie. Des avions Yak attaquaient des B. 26.

Cette situation a amené les autorités américaines à réviser le problème stratégique et même à envisager le bombardement des bases chinoises de Mandchourie.

L'intervention chinoise prenant au dépourvu l'état-major américain, dans la pleine euphorie de la victoire, avait été cependant prévue, quoique en termes voilés, par le ministre chinois Chou En Lai, dans un discours qu'il prononçait le 30 septembre. La radio communiste de Pékin annonçait le 4 novembre que des « volontaires » chinois combattaient aux côtés des forces coréennes et elle diffusait, à la même date, une déclaration de tous les partis chinois représentés au gouvernement, spécifiant que l'aide chinoise à la Corée était intimement liée à la défense et à la sécurité de la Chine.

Dans l'état actuel de la situation, il est impossible de savoir si la Chine est décidée à entreprendre une guerre véritable ou si son intervention se bornera à la protection des puissantes usines hydroélectriques construites sur le Yalou et dont la force est indispensable à l'industrie mandchoue et peut-être même à des recherches russes concernant l'énergie atomique.

Notre ambassadeur à Tokyo a recueilli l'impression que le commandement américain est résolu à s'emparer ou à détruire cet important système hydroélectrique.

Cependant, sur la demande des États-Unis, le Conseil de sécurité doit se réunir et examiner le rapport du général MacArthur le 6 novembre. Dans la partie diplomatique qui va s'ouvrir, le gouvernement américain, s'il limite les initiatives de l'état-major, pourrait disposer sans doute d'un atout de première importance en offrant d'ouvrir des négociations sur le statut de la production électrique de la Corée du Nord ; mais il est à craindre que la République populaire de Chine, qui n'est pas représentée à Lake Success, se refuse à se soumettre aux recommandations des Nations unies.

(Direction d'Asie-Océanie, Corée, volume 25)

351

NOTE DE LA DIRECTION D'ASIE-OCÉANIE
POUR LE MINISTRE

Situation diplomatique en Indochine

N.[1]   *Paris, 7 novembre 1950.*

Les récents revers subis par les troupes de l'Union française au Tonkin ont eu des répercussions tant sur le plan intérieur indochinois que sur l'attitude des puissances à l'égard des affaires d'Indochine.

L'abandon de la ligne des postes tenus par la France à la frontière Caobang-Langson-Laokay a correspondu de la part du Viêt Minh, à une pression de ses troupes au sud de Hanoï, dans la région de Phuli et vient d'amener le commandement français à évacuer le poste de Haobinh.

La détérioration de la situation militaire a eu des répercussions immédiates sur l'attitude du gouvernement viêtnamien. M. Tran Van Huu, son président, a donné des interviews dans lesquelles il a déclaré que l'indépendance du Viêtnam ne serait parfaite qu'après le départ de son sol des troupes françaises.

Parmi les puissances voisines, seul le Siam a continué à faire preuve vis-à-vis du gouvernement des États associés de l'attitude amicale qui est la sienne depuis quelques mois. Lors du passage de S.M. Bao Daï à Bangkok, celui-ci a été l'objet des égards du gouvernement thaïlandais.

Les pourparlers relatifs à l'établissement de légations viêtnamiennes et cambodgiennes à Bangkok sont en cours et doivent aboutir dans un avenir proche à l'échange de missions diplomatiques entre la Thaïlande, le Viêtnam et le Cambodge.

Plus importante à l'égard de l'Indochine est cependant l'attitude des deux grandes puissances asiatiques, la Chine et l'Inde.

La Chine communiste, depuis six mois, apporte au gouvernement viêtminh une aide matérielle et morale importante. Le ravitaillement en armes en provenance de Chine a permis aux unités viêtminh d'acquérir une puissance de feu comparable à celle des grandes unités modernes. 30 à 50 000 hommes auraient été ainsi équipés. Concurremment, le Viêt Minh bénéficie des services de techniciens prêtés par la Chine pour les unités de transport, les communications, la radio et l'état-major.

On doit cependant remarquer que l'aide ainsi fournie par la Chine communiste n'est pas accompagnée de déclarations officielles de la part

---

[1] Note manuscrite : « *Note jugée trop longue et remaniée* ».

du gouvernement chinois sur l'intérêt qu'il porte au mouvement viêt-minh. La presse communiste commente les opérations en Indochine d'une manière favorable au Viêt Minh, mais aucune déclaration officielle n'est intervenue depuis la reconnaissance par le gouvernement de Mao Tsé-Toung de celui d'Hô Chi Minh, en février de cette année.

Le gouvernement indien s'est, jusqu'à présent, montré très réservé à l'égard des gouvernements des trois États associés à la France. Fidèle à la politique de neutralité entre le bloc communiste et les puissances occidentales, le gouvernement indien a cherché cependant à se concilier les bonnes grâces du gouvernement communiste chinois. C'est pourquoi il n'a jamais pris une attitude nette à l'égard de la politique menée par la France en Indochine. Il est vraisemblable cependant, que les récents développements de l'affaire du Tibet joints au fait que le gouvernement indien reconnaît aujourd'hui la stricte obédience communiste d'Hô Chi Minh, en partie à la suite du travail à Delhi des missions d'information viêtnamiennes, l'amènera peut-être à adopter une attitude moins hostile aux gouvernements nationaux établis sous l'égide de la France. À cet égard, on doit relever que le gouvernement indien continue à tolérer le passage au dessus de son territoire, d'une ligne régulière d'avions militaires français reliant Saigon et Paris.

Certains indices sont relevés périodiquement par nos postes à l'étranger qui laisseraient croire que le gouvernement indien désirerait intervenir comme médiateur en Indochine, mais aucun recoupement n'a pu jusqu'à présent à New-Delhi, confirmer ces rumeurs qui circulent à l'étranger.

Quelle que soit l'importance de l'attitude prise à l'égard du problème indochinois par les puissances asiatiques, c'est en définitive de l'attitude qui sera adoptée par les gouvernements de Londres et de Washington que dépendra l'issue de la crise actuelle.

Le gouvernement américain, longtemps réticent à l'égard de la politique menée par la France, a, dans le cours de la dernière année, nettement modifié sa position. Il a d'abord admis l'importance de la lutte menée par la France contre le communisme mondial, représenté dans la péninsule par Hô Chi Minh. À ce titre, il a accepté de faire droit à certaines de nos demandes en matériel et en armes. Il envisage même l'octroi à la France de crédits pour permettre la constitution des forces nationales des États associés.

Cette aide matérielle apportée par l'Amérique à la France ne comporte pas de contrepartie et il est peu vraisemblable que le gouvernement américain souhaite aujourd'hui que le problème soit internationalisé.

Le gouvernement anglais, qui ne peut guère nous apporter d'appui direct, est cependant favorable à notre politique en Indochine en raison des menaces que les succès d'Hô Chi Minh feraient courir à la Malaisie et au Sud-Est asiatique. Les récentes informations transmises par notre ambassade à Londres, montrent que le gouvernement anglais ne souhaite pas, lui non plus, voir évoquer le problème de l'Indochine devant une instance internationale.

La position des diverses puissances ne peut, du reste dans l'état actuel des choses, qu'influer sur la politique française à longue échéance. En effet, le problème actuel est avant tout militaire et rien d'effectif ne peut être tenté sur le plan politique avant que la situation militaire n'ait été rétablie.

Dans cet ordre d'idée, l'appui matériel qui peut être fourni par les seuls États-Unis d'Amérique, ne pourra être accordé d'une façon massive que dans la mesure où le gouvernement français aura défini de façon claire, les buts politiques qu'il compte atteindre.

(Direction d'Asie-Océanie, Indochine, volume 148)

352

NOTE DE M. DE MARGERIE, DIRECTEUR ADJOINT
DES AFFAIRES POLITIQUES,
POUR M. PARODI, SECRÉTAIRE GÉNÉRAL DU MINISTÈRE
DES AFFAIRES ÉTRANGÈRES

N. *Paris, 9 novembre 1950.*

Maintenant qu'est acquis le principe de la participation allemande à la défense de l'Occident, le litige franco-américain se réduit à deux points essentiels :

1) la dimension des unités allemandes à former ;

2) le caractère de l'institution chargée de leur formation.

Il semble que le conseil des Suppléants et le comité militaire pourraient utilement orienter la recherche d'une solution de ces deux difficultés en mettant au point de façon parallèle et simultanée :

A/ La définition du type d'unité qui pourrait être adopté pour les futures forces allemandes de façon à éviter tout danger de reconstitution d'une armée nationale et d'un état-major national allemands, conformément à la volonté marquée par toutes les puissances atlantiques, les États-Unis en tête.

Il s'agit de mettre sur pied une unité qui offre le rendement militaire maximum sans que la juxtaposition d'un certain nombre d'unités semblables entraîne fatalement les périls signalés plus haut. La France estime que la formation de <u>divisions</u> allemandes aboutirait inévitablement à la renaissance d'une *Reichswehr* avec son grand état-major, les États-Unis, en revanche, que celle de <u>bataillons</u> allemands serait insuffisante pour donner une valeur militaire réelle à la future contribution de l'Allemagne. Le « *Regimental Combat Team* », unité purement opérationnelle, dépourvu d'un état-major de conception, mais nanti d'armes variées qui lui donnent son autonomie sur le champ de bataille, présente peut-être les caractéristiques voulues : cette formation ressemblerait assez à une demi-brigade française de chasseurs à pied, qui ajouterait de l'artillerie et des chars à ses trois bataillons d'infanterie.

Notre effort devrait également tendre à déterminer un type d'unité qui s'imposerait peu à peu à tous les pays de la coalition atlantique, offrant ainsi de double avantage d'aboutir à une rationalisation générale, et d'éviter toute discrimination à l'égard des Allemands, ainsi que l'assurance vient d'en être donnée à plusieurs reprises au chancelier Adenauer.

B/ La définition de l'institution chargée de former en Allemagne les unités dont le type aura été adopté.

Pour éviter que ne se reconstitue un ministère de la *Reichswehr*, on peut :

— soit confier le problème du recrutement et de l'entraînement à une institution civile (le ministère du Travail, par exemple),

— soit – ce qui serait préférable – créer un office international où seraient représentés à la fois l'Allemagne, les puissances occupantes et, ultérieurement, les États européens qui accepteraient d'incorporer leurs contingents dans une armée européenne.

L'office militaire de sécurité (OMS) où siègent également l'Allemagne, les États-Unis, la Grande-Bretagne et la France, pourrait servir de cadre, ou d'exemple, à une telle solution.

C/ L'incorporation progressive de ces unités et le rattachement de ces institutions à l'armée européenne, dont le projet a été exposé par M. Pleven et dont la conception semble rallier en Allemagne la plupart des éléments favorables à une participation de leur pays à la défense occidentale.

En effet, les raisons de sécurité internationale pour lesquelles nous voulons éviter toute résurrection du militarisme allemand deviennent, outre-Rhin, dans l'esprit du chancelier Adenauer et de son équipe, des raisons de sécurité interne ; la crainte que l'on éprouve à Bonn de voir l'ancienne caste militaire reprendre son influence aux dépens de la nouvelle démocratie allemande rejoint ainsi les anxiétés des peuples envahis par le Reich en 1939-1940.

Les résistances que le réarmement allemand rencontre en Allemagne même donnent à penser que les États-Unis ne sont pas en mesure d'imposer au gouvernement de Bonn une solution qui ne rallie pas les Allemands eux-mêmes, et que nous ayons donc une chance sérieuse de faire prévaloir une solution européenne de la question.

(Cabinet du Ministre, Schuman, volume 1)

353

M. Parodi, Secrétaire général du Ministère des Affaires étrangères[1],
À M. Baudet, Ambassadeur de France à Belgrade[2].

T. n⁰ˢ 1185-1186.   *Paris, 10 novembre 1950.*

Réservé.

Je me réfère à votre télégramme n° 1116[3].

J'approuve la ligne de conduite que vous vous proposez d'adopter à l'égard du gouvernement de Belgrade. J'estime comme vous que nous devons poursuivre en Yougoslavie une politique de présence dans tous les domaines, afin notamment d'encourager les bonnes dispositions dont témoignent, par leurs paroles et par certains gestes, les dirigeants yougoslaves, non seulement à notre égard, mais aussi envers les puissances occidentales en général.

Je pense également qu'il serait inopportun, et probablement néfaste, de paraître lier formellement l'aide que nous sommes disposés à apporter à la Yougoslavie, à des conditions déterminées. Il me semble cependant que certaines suggestions amicales de vos collègues anglo-saxons ont été comprises à Belgrade. La question de savoir si nous pourrions être amenés, à l'avenir, à nous associer éventuellement à des démarches de cette nature, devra être examinée, dans chaque cas, selon des considérations d'opportunité qu'il vous appartiendrait d'apprécier, et compte tenu des moyens d'action, sans doute moins étendus que ceux de nos alliés, dont nous pourrions disposer.

(Direction d'Europe, Yougoslavie, volume 117)

---

[1] Télégramme préparé par la sous-direction d'Europe orientale.
[2] Télégramme communiqué par courrier à Londres (n° 21502), Washington (n° 9761), Athènes (n° 878), Rome (n° 2485) et Vienne (n° 942).
[3] Voir document n° 341.

354

NOTE DE LA DIRECTION D'AMÉRIQUE
POUR M. SCHUMAN, MINISTRE DES AFFAIRES ÉTRANGÈRES

N. sans n°.   *Paris, 14 novembre 1950.*

Depuis quelques semaines, les relations franco-américaines, considérées sous l'angle de l'opinion publique, traversent une crise : les commentaires de presse dans l'un et l'autre pays, les conversations et
correspondances privées expriment trop souvent des sentiments d'agacement, d'incompréhension et de méfiance. Cette fâcheuse évolution
est d'autant plus sensible qu'elle succède à une période au cours de
laquelle les deux opinions avaient sans doute atteint le plus haut degré
de sympathie réciproque qu'elles aient éprouvée depuis la guerre : le
Plan Schuman avait été accueilli avec enthousiasme par la presse américaine, et la guerre de Corée suscitait dans nos journaux – à l'exception de la presse communiste – une admiration unanime pour la
résolution et, par la suite, l'efficacité dont faisaient preuve les États-Unis
dans la lutte contre l'agression ; du même coup, le neutralisme, perdant
son argument favori, était contraint de se dissimuler.

Depuis, les choses ont bien changé : les accusations réciproques qui
ont accompagné le séjour à Washington de M. Jules Moch, les craintes
exprimées dans certains de nos journaux au sujet de l'action des États-
Unis en Asie, les commentaires qui ont suivi les élections américaines,
tous ces éléments ont fini par troubler sérieusement l'atmosphère si
favorable qui prévalait jusqu'en septembre dernier.

Bien des propos entendus ou rapportés à M. de Beaumont ou à ses
collaborateurs confirment l'impression déprimante qui ressort de la
presse des deux pays.

C'est évidemment la question de la participation allemande à la
défense atlantique qui est à l'origine de la fâcheuse évolution des opinions publiques, mais surtout du côté américain. Aux yeux de l'opinion
d'outre-Atlantique, les objections françaises sont apparues comme
tendant à retarder un réarmement efficace de l'Europe ; les isolationnistes et les adversaires d'une stratégie de défense européenne les ont
largement exploitées, il ne faut pas se dissimuler que leurs tendances
n'ont pu qu'être sensiblement renforcées par les dernières élections. Les
discours Hoover du 19 octobre 1950 et Eisenhower du 20 octobre 1950,
l'accent nouveau mis sur les projectiles télécommandés et les préférences du sénateur Taft pour la guerre « presse-bouton » peuvent apparaître à cet égard comme des symptômes inquiétants.

La Direction d'Amérique s'est permis d'appeler l'attention du Ministre
sur cette situation parce qu'elle lui paraît constituer un élément très
important de nos rapports avec les États-Unis ; l'opinion et la presse

jouent dans la politique étrangère de ce pays un rôle décisif et c'est en s'adressant au public américain tel qu'il est, dans les termes qu'il est préparé à comprendre, que l'on pourra couper court à une évolution lourde de péril.

(Direction d'Amérique, États-Unis, volume 121)

355

NOTE DU DÉPARTEMENT
POUR M. MONNET, COMMISSAIRE AU PLAN

N.   *Paris, 15 novembre 1950.*

1) Tout système de pondération des voix au sein du Conseil des ministres et de l'Assemblée commune sera nécessairement un caractère artificiel.

2) À l'origine du Plan Schuman, il n'y avait pas d'organismes de caractère politique. Ils sont apparus au cours de la négociation. Il s'agit de déterminer un équilibre par mettant un fonctionnement normal et équitable du système et garantissant contre une instabilité néfaste ou contre une domination allemande. De ce point de vue, il faut reconnaître que la composition envisagée est défavorable : rôle imprévisible du facteur italien ou arbitrage du Benelux, tel est le dilemme.

3) Il n'y a que deux moyens d'échapper à ce cercle vicieux :

– Faire reconnaître à la France par les États-Unis un rôle de leader, la France étant mandatée pour construire l'Europe fédérée et du même coup pour négocier le règlement de paix avec l'Allemagne ;

– Sortir du cadre des six pays en rattachant la Communauté charbon-acier à un cadre plus vaste.

4) Il y a ici une observation importante à faire : le statut de l'Autorité de la Ruhr distinguait les pays membres de l'Autorité et les pays coopérant au bien économique commun, les premiers ayant pour rôle de veiller à ce que l'accès aux ressources soit assuré à l'ensemble des seconds.

Ne peut-on reprendre cette idée et la notion de <u>responsabilité</u> des autorités spécialisées vis-à-vis d'instances plus larges ?

Là est peut-être la solution du problème britannique.

5) Quel pourrait être ce cadre plus large : on ne voit que Strasbourg ou que la communauté atlantique.

a/ <u>Strasbourg</u> : la pondération des voix à Strasbourg n'est vraiment critiquable que si on se place dans le cadre des six pays. Il y a au

Conseil de l'Europe, à côté des six pays, des pays qui ne sont pas directement intéressés et qui éventuellement pourraient jouer le rôle d'arbitre (tel la Grande-Bretagne).

Une référence à Strasbourg faciliterait la solution du problème sarrois.

Dans ce cas, il y aurait lieu d'envisager si l'Assemblée commune ne pourrait pas se confondre avec Strasbourg ou évoluer dans ce sens (ce qui serait conforme aux recommandations du Conseil de l'Europe).

b/ Pacte atlantique : le grand avantage du choix d'un cadre atlantique est la présence des États-Unis, ce qui est un facteur fondamental. Malheureusement, les organismes atlantiques sont en plein devenir et de profondes divergences subsistent entre les thèses en présence.

6) Telles sont les questions qui relient le Plan Schuman au plan le plus général de la construction du monde libre.

Le gouvernement français devrait en prendre conscience pour engager avec les États-Unis et avec la Grande-Bretagne, les conversations indispensables.

(Direction des Affaires économiques, DECE, volume 508)

356

M. Rivière, Ambassadeur de France à Prague,
à M. Schuman, Ministre des Affaires étrangères[1].

D. n° 1234. *Prague, 15 novembre 1950.*

Depuis que la Tchécoslovaquie est entrée dans le camp des satellites de l'URSS, la soviétisation de ses institutions politiques, économiques et sociales s'est accomplie d'une manière à peu près totale. L'installation de cadres communistes, l'épuration de l'armée et de la police, les réformes administrative, judiciaire et scolaire, la refonte des codes, l'assujettissement complet de la presse, de l'université et de la radio, l'élimination graduelle du secteur privé dans la production et le commerce, la transformation de l'économie réalisée conformément aux plans et sous le contrôle de l'Union soviétique, tels ont été les principaux aspects de l'intégration de la République tchécoslovaque au bloc de l'Est.

---

[1] Dépêche adressée à la sous-direction d'Europe orientale et communiquée à la direction générale des Relations culturelles et au service d'Information et de Presse. Note manuscrite : « *Villelume, me rendre. À c[ommuni]quer à M. Laloy. C[ommuni]quer Londres, Varsovie, f[ai]t 16-12-50* ».

Ainsi, il n'a pas fallu beaucoup plus de deux ans aux maîtres actuels du pays pour bouleverser de façon radicale la structure de son gouvernement et de ses institutions. L'adaptation des mœurs, du genre de vie, des manières de penser et d'agir des Tchèques aux modèles donnés par Moscou, la russification du pays en un mot, constitue toutefois une œuvre de plus longue haleine, dont les résultats ne pourront être évalués qu'avec le temps. Il s'agit là d'une tâche d'autant plus malaisée que, de toutes les démocraties populaires d'Europe, la Tchécoslovaquie est la nation dont l'esprit avait été – de beaucoup – le plus fortement marqué par les traditions et les habitudes occidentales. Certains aspects de cette entreprise sont toutefois assez avancés pour faire, dès à présent, l'objet d'examen.

***

L'enseignement de la langue russe constitue l'un des éléments essentiels du processus d'assimilation. Comme le sait le Département (ma dépêche n° 267/RC du 30 avril 1948), le développement de cet enseignement dans les écoles constituait un des objectifs essentiels de la loi scolaire du 21 avril 1948 ; cette dernière, entre autres innovations, a, en effet, rendu obligatoire l'étude du russe pour tous les écoliers tchécoslovaques, dès leur entrée à l'école du second degré, c'est-à-dire, en moyenne, à partir de l'âge de neuf ans. L'enseignement des langues vivantes « occidentales » – le français, l'anglais, l'allemand, etc… – sans être complètement supprimé, est passé au second plan et devenu matière à option qui ne peut plus, désormais, qu'occuper une place secondaire dans la préparation des examens.

D'assez longues années s'écouleront toutefois avant que les écoliers, qui apprennent actuellement la langue de Lénine, puissent devenir des propagandistes actifs de la culture soviétique dans les différents secteurs de la vie nationale où ils seront employés. L'immense majorité des générations parvenues à l'âge adulte avant la réforme scolaire aura échappé à ses effets. C'est cette lacune qu'un effort systématique, entreprise depuis deux ans, est appelé à combler, en répandant le russe dans le public, au moyen des « cours populaires de langue russe », dont l'extension a fait l'objet de ma dépêche n° 1080 du 3 octobre 1950[1].

La campagne de propagande, organisée par les pouvoirs publics en faveur de la diffusion de cet enseignement, s'est particulièrement intensifiée dans les semaines qui ont précédé la réunion, le 7 novembre dernier, du IIe Congrès de l'association Tchécoslovaquie-URSS. La presse a longuement expliqué qu'apprendre le russe permettrait aux travailleurs, non seulement de se familiariser avec la littérature, la science et la pensée du grand pays slave, mais encore de se forger une arme précieuse dans la lutte pour le socialisme et pour la paix.

---

[1] Document non reproduit.

Les lignes suivantes des *Lidové Noviny* du 11 octobre traduisent bien ce souci : « ... Tu vois un pays sur une carte, tu entends parler de lui, tu lis des livres le concernant, mais tout cela est bien peu. Tu sens que si tu veux bien le connaître, tu dois apprendre la langue de son peuple... En parlant le russe, devenu la langue du socialisme, comme le français et l'anglais étaient les langues de l'époque bourgeoise, tu seras compris non seulement en URSS, mais encore dans tous les pays de démocratie populaire, où la classe ouvrière lutte pour son droit et la liberté... ».

On ne peut encore apprécier les résultats précis obtenus à l'issue de la première année des cours. Au demeurant, nous devons évidemment faire des réserves, en face des chiffres de scolarité fournis par le gouvernement. Celui-ci parle de 300 000 personnes ayant suivi cet enseignement l'année dernière... L'exagération est très probable. Cependant, l'ordre de grandeur est à noter et apparaît assez remarquable, si l'on tient compte des éléments qui, *a priori*, doivent rebuter les intéressés. En effet, malgré la parenté des deux langues, il semble que l'aspect rébarbatif de l'alphabet russe, pour superficiel que soit l'obstacle, tend à éloigner des leçons un grand nombre de Tchécoslovaques, sans compter d'autres raisons qui peuvent les décourager. C'est ce que constate l'auteur de l'article déjà cité, qui conclut toutefois par ces mots réconfortants : « ... Quand nous apprendrons le russe, quand nous affronterons ses difficultés, souvenons-nous des paroles du ministre Vaclav Kopecky : la langue russe est une langue d'avenir, elle n'est pas difficile. N'en ayez pas peur ! »

***

Parallèlement à la diffusion de la langue russe, les autorités ont fait un effort de longue haleine pour mettre le public, au moyen du livre, du cinéma, de la radio, en contact avec les aspects modernes de la vie et des mœurs de l'Union soviétique.

Les traductions de livres russes, qu'il s'agisse de classiques, d'ouvrages contemporains ou, dans une plus large mesure encore, de propagande politique ou de littérature marxiste-léniniste, sont régulièrement et continuellement rééditées. La presse a, par exemple, annoncé récemment la publication d'une nouvelle édition des œuvres de Makarenko, écrivain soviétique spécialiste des questions pédagogiques. Une troisième édition de la traduction tchèque de *Ciment,* du romancier soviétique Gladkov, vient également de paraître, ainsi qu'une seconde édition des *Essais* du critique russe Belinsky. Il est malaisé d'apprécier avec exactitude la faveur que cette littérature peut obtenir actuellement dans les différents milieux tchécoslovaques. La librairie soviétique, *Svet Sovietu,* spécialisée dans la diffusion de ces ouvrages, fait, en tout cas, un effort de publicité considérable. Il est certain que l'absence de toute concurrence de la part du livre occidental doit rendre facile, dans ce domaine, la tâche des distributeurs.

Les festivals cinématographiques annuels qui se sont tenus en Tchécoslovaquie depuis la libération et, en particulier, celui de Karlovy Vary (voir ma dépêche n° 937)[1], ont permis de mesurer l'emprise exercée par la propagande, la technique et les réalisations soviétiques sur le film tchécoslovaque « rénové ». Les relations établies entre les deux industries dès avant février 1948 se sont resserrées depuis, au point de prendre, à certains égards, le caractère d'une véritable « osmose ». C'est ainsi que des techniciens tchécoslovaques en nombre croissant vont effectuer des stages de perfectionnement en URSS : d'autre part, les installations nationales ont été mises à la disposition des réalisateurs soviétiques qui ont tourné des productions entièrement russes dans les studios tchécoslovaques. Une délégation imposante de réalisateurs et de techniciens soviétiques s'était déplacée à Karlovy Vary en août 1950 : son président, M. Souvenov, vice-ministre du Cinéma en URSS, avait exhorté les cinéastes tchécoslovaques, dont il avait vanté, d'autre part, les qualités de techniciens, à se mettre plus résolument à l'école du « réalisme socialiste », conformément aux modèles donnés par l'industrie du film soviétique. Que ce conseil ait été scrupuleusement suivi est évident pour qui assiste régulièrement à la projection des films tchécoslovaques dont les sujets et le rythme rappellent de plus en plus, à un degré de qualité généralement inférieur, les réalisations du cinéma russe.

M. Vaclav Kopecky, ministre de l'Information, a récemment affirmé que 43 millions de spectateurs tchécoslovaques avaient assisté en 1949 à des représentations de films soviétiques, contre 31 millions en 1948 ; il a ajouté que le chiffre correspondant à l'année 1950 serait « considérablement plus élevé ». Encore une fois, ces indications sont-elles rigoureusement exactes ? Mais, comment nier l'efficacité de cet effort officiel de propagande en faveur du film soviétique qui, tant à Moscou qu'à Prague, est manifestement regardé comme un des plus puissants instruments de propagande à la disposition de la grandeur russe, en deçà comme au-delà des frontières du monde soviétisé ?

La radio, cet autre levier de la « culture populaire », n'a pas davantage échappé à l'influence des méthodes soviétiques. Sans parler des nombreuses émissions de propagande destinées à faire mieux connaître au public les aspects divers de la Russie moderne, il n'est pas sans intérêt de relever la fréquence des programmes que la radiodiffusion tchèque consacre, depuis plusieurs mois, à la mode russe, aux œuvres de folklore et aux chansons populaires. Le commentateur musical de *Rudé Pravo* a analysé, à ce propos, dans un article récent, les enseignements que pourraient tirer les auditeurs et les artistes tchécoslo-

---

[1] Document non reproduit.

vaques des études consacrées, par le critique russe André Idamov, au rôle de la musique populaire dans l'éducation socialiste de la nation :

« Le besoin des chansons populaires, a-t-il écrit, s'est fait sentir ici, dès 1945…. Les travailleurs tchécoslovaques, commençant une vie nouvelle, libre, joyeuse, animée de la volonté de bâtir une société différente, avaient besoin de chants, surtout de chants collectifs, traduisant cette existence… D'importants résultats ont été enregistrés dans la composition de chœurs et de cantates. Ces œuvres montrent que la tradition et les sujets nouveaux de la vie actuelle ont su trouver leur harmonie. La production de chants choraux va de pair avec le développement des clubs culturels, des chorales populaires d'entreprises, et de villages… ». Le critique ajoutait que de très belles cantates ont été ainsi composées en l'honneur du IXe Congrès du parti communiste, en l'honneur de l'anniversaire de Staline et en celui du mouvement mondial des combattants de la paix. L'influence russe est manifestement présente dans de telles innovations.

***

Deux organismes permanents, l'un de création récente, l'autre solidement établi depuis plusieurs années, constituent en quelque sorte les foyers du rayonnement culturel soviétique en Tchécoslovaquie. Ce sont l'Institut soviétique de Prague et l'association Tchécoslovaquie-URSS.

L'Institut soviétique a été inauguré solennellement à l'occasion du 33ème anniversaire de la Révolution, le 7 novembre 1950. Le président Gottwald a déclaré, le jour de son ouverture, qu'il s'agissait là « d'un des événements les plus importants dans la vie scientifique et culturelle de la nation ». Et il a précisé ainsi sa pensée : « La science tchécoslovaque et toute notre culture ont à faire face à la grande tâche de s'assimiler les résultats de la science la plus progressive du monde – la science soviétique, et de travailler en étroite coopération avec elle, dans l'intérêt du progrès de l'esprit humain. Sans cette collaboration, le développement de notre science serait une entreprise impensable. Sans elle, notre science ne pourrait remplir les devoirs que lui assigne la construction du socialisme dans notre pays ». Il semble d'ailleurs que l'on doive prendre ici le terme « science » dans sa très large acception marxiste.

L'objet du nouvel institut doit donc consister, selon ses organisateurs, à « propager les sciences soviétiques », à aider à la vulgarisation des expériences des savants soviétiques, à organiser des cercles d'études sur l'URSS, en bref, à servir de trait d'union entre les hommes de sciences des deux pays. L'établissement comprendra plusieurs sections respectivement spécialisées dans les sciences sociales et l'art, les sciences médicales et naturelles, les « sciences techniques », l'agriculture. Elles publieront un bulletin bi-mensuel intitulé : « La Science soviétique ». On annonce que, dans un avenir prochain, paraîtront des bulletins consacrés à la philosophie, à l'histoire, à la politique et au droit, à la

biologie, aux mathématiques, à la physique et à la chimie, à la péda-
gogie, à la psychologie et à la philologie.

Moins ambitieuse dans ses objectifs, mais plus complexe et touchant
un plus vaste public, apparaît l'activité de l'association Tchécoslovaquie-
URSS. L'on n'analysera pas ici les tâches et les méthodes qui, dans leur
principe, ne diffèrent pas essentiellement de celles que se sont fixées les
organisations analogues créées par les partisans et les amis de l'URSS
dans les pays occidentaux où l'activité de l'Association est reconnue, et
en particulier en France.

Il est certain, toutefois, que, bénéficiant du patronage officiel et de
subsides considérables, l'association Tchécoslovaquie-URSS a devant
elle un champ d'activité infiniment plus vaste et plus varié que celui
des organisations parentes en pays capitalistes.

L'inauguration du deuxième congrès que l'association a tenu à Prague
depuis la guerre a coïncidé, à deux jours près, avec les fêtes de la célébration du 33ème anniversaire de la Révolution d'octobre. Suivant, d'autre
part, de quelques jours, l'ouverture solennelle du second cycle des cours
populaires de langue russe, elle a marqué, entre ces deux manifestations,
le centre d'une « semaine » consacrée à la gloire de l'amitié russo-tchécoslovaque, semaine où ont été proclamés et précisés, tant à l'usage du
public national qu'à celui, sans doute, des observateurs étrangers, les
résultats d'une étape importante dans la russification du pays.

Que ce travail puissant d'assimilation, graduel ou brutal selon les
besoins de l'heure, ne doive pas entrer en conflit avec le patriotisme
d'un petit peuple fier de sa culture originale et de son passé historique,
c'est ce que se sont efforcés de démontrer les orateurs officiels, au cours
des diverses manifestations de ce « cycle russo-tchécoslovaque » : l'essentiel de leur pensée se reflète dans la péroraison d'un discours de M.
Slansky, Secrétaire général du parti communiste : « ... Patriotes, c'est
nous seuls, communistes, qui l'avons été, en démontrant à notre peuple
qu'il n'est qu'un seul pays sur lequel il puisse compter, l'Union soviétique. L'Histoire a montré quelle valeur ont eue pour nous l'union et
l'amitié avec l'URSS. Cependant, il ne suffit pas d'aimer l'Union soviétique ; il faut tirer toujours plus d'enseignements de ses expériences :
telle est la grande mission de l'association Tchécoslovaquie-URSS... »[1].

(Direction d'Europe, Tchécoslovaquie, volume 166)

---

[1] La célébration du cinquième anniversaire de la libération de la Tchécoslovaquie avait
été l'occasion de réécrire l'histoire et de contribuer à la création de nouveaux mythes
résumés sous la forme : « L'Union soviétique était à Munich en 1938 la seule amie de la
Tchécoslovaquie, en 1945, c'est également grâce à elle qu'elle doit son existence ».
Parallèlement à ces éloges dithyrambiques de l'Union soviétique matraqués par les moyens
habituels de la propagande, le rôle des États-Unis et de la Grande-Bretagne pendant la
guerre est traité avec le mépris le plus total. Tout cela était perçu comme le témoignage de
l'emprise sans cesse plus forte exercée par l'URSS sur la Tchécoslovaquie (dépêche n° 597
du 15 mai 1950 de Prague, non reproduite).

357

M. François-Poncet, Haut-Commissaire de la République française en Allemagne,
à M. Schuman, Ministre des Affaires étrangères[1].

T. nᵒˢ 6240-6254.   *Bonn, 17 novembre 1950, 17 h.*

Réservé. Urgent. Secret.   (*Reçu : le 17, 18 h.*)

Lorsque le chancelier Adenauer demande audience à la Haute-Commission, c'est toujours pour lui adresser, soit des récriminations, soit des revendications. Il n'a pas manqué à la règle, hier 16 novembre, au cours de l'entrevue que nous avons eue avec lui et qui a duré quatre heures. Mais il s'est exprimé, cette fois, sur un ton qui n'avait rien d'acrimonieux.

La note à payer, qu'il nous a présentée, n'en a été que plus exempte de vergogne.

M. Adenauer voulait manifestement dissiper l'impression fâcheuse qu'il craignait que les Américains n'eussent gardée, devant le peu d'empressement avec lequel le peuple et le Parlement du Bund ont accueilli l'éventualité d'un réarmement de l'Allemagne occidentale, et que le Chancelier ne leur avait pas laissé prévoir. Aussi, a-t-il affirmé que, malgré une opposition socialiste, dont il a attribué la raison majeure à un souci de démagogie électorale, le Bundestag se déclarerait avec une grosse majorité favorable au principe de la contribution allemande à la défense commune de l'Occident, le jour où il serait saisi, à cet égard, d'une question précise. Le pays lui-même, en dépit de ses flottements actuels, prendrait une attitude positive, pour peu qu'une propagande bien menée s'efforçât de l'éclairer.

M. Adenauer voulait, d'autre part, à l'usage spécial de la France ainsi qu'il l'a marqué, répondre aux appréhensions que l'on ressent chez nous à l'idée de la résurrection d'une armée allemande. Il ne s'agit pas, a-t-il dit avec force et netteté, de restaurer l'ancienne armée, avec ses prétentions politiques et son esprit de caste, mais d'organiser une armée nouvelle, d'inspiration démocratique, loyale envers le régime et soumise au pouvoir civil. M. Blank était un autre homme que Noske. Sa personnalité offrait la garantie certaine qu'il saurait écarter le danger d'une renaissance du militarisme et diriger dans le bon sens l'œuvre à entreprendre. Au surplus, le Chancelier ne s'entêterait pas sur la forme que devraient assumer les unités militaires futures. Il accepterait des bri-

---

[1] Télégramme communiqué à la Présidence de la République, la Présidence du Conseil, MM. Parodi, de La Tournelle, Clappier et de Bourbon-Busset. Note manuscrite : « *Réarmement. Me rendre. C[ommuni]quer Londres, Washington, Rome, Bruxelles, La Haye, Berne, courrier, f[ai]t* ».

gades, si les experts préconisaient non plus des divisions, mais des brigades. L'essentiel, à ses yeux, était l'égalité de traitement.

Cette considération lui a servi de transition pour en arriver à ce qui était, sans doute, l'objet essentiel de sa démarche. Quoiqu'il se fût déclaré, quelques instants plus tôt, sûr de l'adhésion finale du peuple allemand, il est revenu, en effet, sur ce point et nous a expliqué que le peuple allemand n'était pas insensible aux insidieuses campagnes de Moscou, qui le poussaient à une réconciliation avec l'Est, au sein de laquelle se rétablirait l'unité de la patrie, ou, tout au moins, à un neutralisme qui servait de prétexte aux tentations de lâcheté.

Comment s'opposer à une telle propagande ? Par une contre-propagande encore plus efficace. Et que faudrait-il pour que cette contre-propagande fût encore plus efficace ?

D'abord, que les Alliés ne tardassent pas à adresser à l'Allemagne une question, ou une offre précise.

Il faudrait ensuite qu'ils fissent la preuve du sérieux de leur décision de défendre l'Allemagne, en renforçant leurs contingents stationnés sur le territoire de la République fédérale.

Il faudrait, surtout, qu'ils rendissent aux Allemands une pleine liberté, afin qu'ils acceptent de plein cœur de faire les sacrifices nécessaires à la défense de cette liberté.

C'est ainsi que le Chancelier a introduit le cahier de revendications, qu'il avait rédigé partie par écrit et dont il nous a remis un exemplaire dactylographié.

Les revendications comprennent, outre celles déjà mentionnées la substitution, refusée à New York, d'un régime contractuel au régime d'autorité, l'abolition du statut d'occupation, dont le nom sonne si mal, l'équitable répartition des frais d'occupation, l'arrêt immédiat et définitif des démontages encore en cours d'exécution, la révision radicale de la liste des industries interdites et limitées, l'autorisation de construire des navires de commerce pour les besoins intérieurs, celle de convertir les usines Fischer-Tropsch, la participation effective, voire prépondérante de l'autorité allemande à la déconcentration et la décartellisation de l'industrie de la Ruhr et de l'I.G. Farben, la levée des restrictions qui pèsent encore sur la recherche scientifique, la suppression des restitutions, la fin des extraditions de criminels de guerre, le rétablissement du statut de la radiodiffusion en vigueur avant 1933, l'extension à Berlin de la juridiction de la Cour de Cassation de Carlsruhe.

M. Adenauer, en nous communiquant ce programme, a bien spécifié que celui-ci n'avait pas le caractère d'une exigence, qu'il n'était pas l'exposé des conditions mises par le gouvernement fédéral à la participation de son pays à la défense de l'Occident. C'était simplement le tableau des décisions qu'il semblait opportun que prissent les Alliés, pour développer chez les Allemands de l'Ouest, en face des tentatives de séduction moscovites, un esprit de résistance intrépide.

Malgré cette précaution oratoire, il était difficile de ne pas sous-entendre que, si les suggestions du Chancelier n'étaient pas suivies, les Alliés ne devraient pas s'étonner que l'opinion publique et parlementaire allemande demeurât réticente.

D'où l'impression désagréable et le malaise qu'a produit le discours de M. Adenauer.

Dans les revendications qu'il a formulées, les grandes choses sont mêlées aux petites. Il n'y a pas de commune mesure entre l'abolition du statut d'occupation et l'autorisation de recourir au procédé Fischer-Tropsch. Certaines des demandes du Chancelier peuvent être examinées. D'autres sont exorbitantes.

Ce qui doit être retenu, me semble-t-il, de sa demande, c'est que dans son esprit, et dans celui de son Parlement, l'appel à la collaboration militaire de l'Allemagne doit entraîner sans délai le retour à l'égalité des droits et la restauration de la souveraineté allemande. On ne saurait se dissimuler qu'il serait malaisé, à la longue, de traiter l'Allemagne à la fois en alliée économique et militaire et en nation sous tutelle et de droits réduits.

Mais tout est affaire de temps. L'évolution progressive, prévue par les Alliés, est trop lente au gré des Allemands. Ils ne veulent pas attendre. Le Chancelier cherche à utiliser l'occasion pour brûler les étapes.

Nous pensions qu'il allait nous parler hier de la mise en application des allégements décidés à New York. Mais il est déjà bien au-delà. Ce qui est acquis ne l'intéresse plus. Avant d'avoir vidé le contenu de son assiette, il réclame, en bon Allemand, une double portion.

Sa tactique est elle-habile ? N'est-elle pas plutôt la manifestation d'un manque de sentiment des nuances et d'une instabilité qui risquent d'indisposer même les Américains ? On peut se demander, en effet, où s'arrêteront les prétentions du Chancelier et celles de son peuple ? Et si, de l'égalité des droits, telle que M. Adenauer et les siens la revendiquent, le chemin n'est pas très court qui conduit au réveil de la volonté de puissance.

Il était trop tard pour que je pusse m'entretenir avec mes collègues de ce que nous venions d'entendre, comme aussi pour qu'il fût possible d'engager une controverse avec le Chancelier.

Je me suis borné à souligner sans bienveillance les divers aspects du problème des extraditions et à rappeler que les susceptibilités de l'opinion française à cet égard n'étaient pas moindres que celles de l'opinion allemande et avaient non moins que ces dernières le droit d'être respectées.

Pour le surplus, j'ai marqué que le 19 septembre, les puissances avaient accordé à l'Allemagne des concessions substantielles, qu'elles avaient, en outre, fait entrevoir à New York qu'au cours de 1951 et peut-être aux alentours du printemps, elles étudieraient l'hypothèse d'une prochaine révision, et que, cependant, le 16 novembre c'est-à-dire moins de 2 mois après, le Chancelier nous présentait un programme de nouvelles concessions.

Avant d'examiner ce programme de plus près, il me paraissait convenable de commencer par mettre à exécution celui d'il y a deux mois. Ce fut également l'avis de mes collègues.

Je dois ajouter que M. Adenauer nous a prié de considérer comme très confidentielle et secrète la communication qu'il nous a faite.

M. MacCloy, président, a insisté à son tour sur cette recommandation en disant qu'il fallait éviter que l'opinion américaine ne pût penser que l'Allemagne subordonnait sa collaboration militaire à une série de conditions, et n'en fût profondément choquée.

(Direction d'Europe, Allemagne, volume 1030)

358

M. Jobez, Consul de France à Hong-Kong,
    à M. Schuman, Ministre des Affaires étrangères[1].

D. n° 542.   *Hong-Kong, 17 novembre 1950.*

D'après des sources chinoises continentales, la décision du gouvernement de Pékin d'intervenir en Corée aurait été prise dès le milieu de septembre et les mesures envisagées pour le transfert des troupes, de matériel et de ravitaillement en Mandchourie auraient commencé à se manifester au début d'octobre ; 250 000 hommes et 35 000 tonnes de ravitaillement auraient ainsi été expédiés en Mandchourie près de la frontière coréenne.

Cette décision aurait été prise au cours d'une réunion du Politbureau provoquée par Liu Shaoqi immédiatement après le débarquement des troupes de l'ONU à Inchon ; en même temps que les instructions étaient données pour le renforcement des effectifs en Mandchourie, 145 000 Coréens de l'armée de Lin Biao étaient remis à la disposition de Kim Il Sung.

Les unités chinoises qui auraient été envoyées en Mandchourie sont : les 38e, 39e, 40e et 42e armées de la 4e armée de campagne de Lin Biao déjà engagées en Corée ; les 41e, 45e, 46e, 55e, 56e et 57e armées de Lin Biao concentrées et gardées en réserve à la frontière mandchourienne ; les 64e, 65e, 67e et 70e armées de la 1re armée de campagne de Peng Dehuai qui seraient à l'instruction dans la région de Harbin et Hachee,

---

[1] Dépêche adressée à la direction d'Asie-Océanie et communiquée à l'ambassade de France à Londres et au Haut-Commissaire à Saigon. Note manuscrite : « *M. Cattand, vu. M. Cerles (à utiliser en partie p. 2, pour prochaine note mensuelle). C[ommuni]quer Washington, Tokyo, f[ai]t 21/11* ».

localité située à environ 90 kilomètres au nord de la ville coréenne de Hoeryong, sur la Tumen, où l'aviation de l'ONU a fait il y a quelques jours un raid dévastateur. Des instructeurs soviétiques entraîneraient ces troupes et les équiperaient avec du matériel moderne. Enfin il est question de transférer également en Mandchourie les 43e, 44e, 48e et 50e armées de Lin Biao de leurs garnisons actuelles du Hounan et du Houpei, information confirmée par d'autres sources. Quand cette mise en place sera terminée, Pékin disposera ainsi en Mandchourie de plus de 400 000 hommes non compris les unités de garnison, les armées de Lin Biao et de Peng Dehuai ayant un effectif de plus de 20 000 hommes.

Ces informations s'encadrent assez bien dans ce qu'on sait des mouvements militaires qui ont pris place en Chine au cours des derniers mois et dans ceux qu'on envisage (ma communication n° 566 du 17-11-50)[1].

Il est intéressant de relever une fois de plus que la décision importante de l'intervention en Corée a été prise à l'initiative de Liu Shaoqi, secrétaire général du PCC, dont on connaît les tendances pro-soviétiques. Mais le vice-président du gouvernement populaire conseillé par Li Lisan personnellement lié avec le parti communiste de Mandchourie où il a été pendant plusieurs années le communiste numéro un, aurait aussi eu en vue de renforcer considérablement les effectifs chinois dans cette région où l'emprise soviétique reste, en dépit des manifestations d'amitié sino-soviétique et de solidarité, un point cuisant pour le PCC. C'est là l'argument qui aurait décidé Mao Tsé-Toung à se ranger à l'avis de Liu Shaoqi et certains observateurs désireux de trouver une explication aux décisions même les plus secrètes du Politbureau prétendent que Mao Tsé-Toung a également saisi l'occasion de se débarrasser de troupes dont la présence en Chine le gênait parce qu'elles sont trop dévouées à Li Lisan et Liu Shaoqi. Cela peut être vrai des troupes de Peng Dehuai mais ce ne l'est pas à coup sûr, de celles de Lin Biao dont on sait l'antagonisme aussi bien avec Liu Shaoqi et Li Lisan contre lequel il a une vieille rancune depuis la période mandchourienne de 1946 à 1948 ; on n'a pas de raison de douter de sa loyauté à l'égard de Mao Tsé-Toung et il se pourrait qu'il ait été envoyé en Mandchourie, non seulement pour ses qualités militaires et la valeur combative de ses troupes, mais également pour y contrarier les desseins de Li Lisan.

Sans attacher plus d'importance qu'il ne faut à ces explications des tiraillement internes du PCC, il est bien évident qu'une décision de cette importance n'a pas dû faire l'unanimité au sein du Politbureau. Il y a lieu de penser aussi, qu'en dépit de la rigidité de la ligne communiste et indépendamment de la question idéologique et des incitations de Moscou, les luttes d'influence des chefs militaires ont dû, dans une certaine mesure, influencer le débat.

---

[1] Document non reproduit.

Quant à la date à laquelle les préparatifs de Pékin ont été mis en œuvre, il est bien évident que des concentrations de troupes de cette importance ont dû demander plusieurs semaines. On sait maintenant que les trains de voyageurs ont été interrompus à plusieurs reprises sur la ligne de Pékin à Moukden pour faire place aux trains militaires ; l'expulsion de M. Stevenson, Vice-Consul britannique à Moukden est également une indication que les communistes ne tenaient pas à ce qu'on sache le détail des mesures qu'ils prenaient[1].

(Direction d'Asie-Océanie, Chine, volume 198)

359

M. Bonnet, Ambassadeur de France à Washington[2],
à M. Schuman, Ministre des Affaires étrangères[3].

D. n° 5491. *Washington, 17 novembre 1950.*

Avec une franchise que l'on pourrait qualifier de désarmante, le correspondant du *Washington Evening Star* à Tokyo vient d'expliquer, dans une série de 3 articles publiés par ce journal les 9, 10 et 11 novembre, comment les États-Unis étaient en train de « réarmer tranquillement le Japon » pour faire face à la menace d'expansion communiste en Asie.

---

[1] On s'interrogeait beaucoup sur les motivations sous tendant l'intervention chinoise dans le conflit coréen. À Moscou, Chataigneau soulignait que Pékin semblait être entré dans la voie où Moscou ne cessait de la pousser, alors qu'il ne s'était pas engagé dans un conflit pour Formose, il se retrouvait virtuellement engagé dans un conflit avec les États-Unis. L'intervention des « volontaires » chinois ne devait en effet prendre fin qu'à l'occasion du départ des troupes américaines. Ainsi, on jugeait que Pékin faisait le jeu du Kremlin puisque cela permettait de relever le prestige de la cause communiste tout en isolant totalement la Chine de l'Occident, sans rien risquer soi-même. Chataigneau s'interrogeait toutefois sur les concessions éventuelles que le Kremlin aurait pu consentir à Pékin (télégramme n° 2523 du 16 novembre 1950 de Moscou, non reproduit). Depuis Shanghai, Bouffanais penchait pour l'hypothèse d'une intervention chinoise sous la pression de Moscou et des éléments extrémistes du PC chinois. Il estimait qu'il ne fallait pas faire de concessions à la Chine, notamment sur la question de son entrée à l'ONU, au risque de ruiner la confiance que les peuples asiatiques auraient encore dans les Nations unies. Le résultat serait nul puisque la Chine populaire continuerait, quoi qu'il arrive, dans son rôle de leader du communisme et d'émancipation des peuples opprimés d'Asie, pouvant même, estimait-il, reprendre à son compte l'ancien projet japonais de « sphère de coprospérité asiatique » accommodé à la sauce communiste (télégramme n°s 863-866 du 5 décembre 1950 de Shanghai, non reproduit).

[2] Dépêche signé par ordre Daridan.

[3] Dépêche adressée à la direction d'Asie-Océanie et communiquée à la direction d'Amérique, au Secrétariat des Conférences et à la mission de liaison à Tokyo. Note manuscrite : « *Cattand, C[ommuni]quer DEF[ense] NAT[ionale], Londres, f[ai]t le 24/11/50* ».

Le noyau de la nouvelle armée japonaise, écrit M. Keyes Beech, est constitué par la « réserve de police nationale » de 75 000 hommes, dont le général MacArthur a autorisé la création peu de temps après le début de la guerre de Corée.

M. Beech donne, sur l'organisation et l'entraînement de cette « réserve de police », des renseignements qui feront sans doute la joie des propagandistes du Kremlin ; mais le correspondant de l'*Evening Star* ne s'en tient pas là ; il fournit également des précisions sur les raisons qui ont poussé les États-Unis à favoriser le réarmement du Japon, ainsi que sur l'étendue de la « participation japonaise » à la guerre de Corée.

M. Beech fait remarquer que les 75 000 « réservistes » représentent une force équivalente à 4 divisions ; plus de la moitié d'entre eux sont des anciens combattants de la dernière guerre ; un grand nombre ont combattu aux Philippines, en Birmanie et en Chine et « ont besoin de peu d'entraînement, à part une mise en forme physique ».

L'encadrement comprend 5 000 anciens officiers. Les officiers de carrière ne sont pas admis, car ils ont été « purgés » par une directive des forces d'occupation ; mais M. Beech cite deux moyens employés par SCAP[1] pour tourner cette interdiction. D'une part, des centaines de « cadets », qui n'avaient pas terminé leur période d'entraînement à la fin de la guerre, peuvent être utilisés ; de l'autre, SCAP a rendu disponibles 3 000 officiers de carrière en « dépurgeant », à la fin d'octobre, ceux qui n'avaient pas reçu d'entraînement militaire avant Pearl Harbor.

M. Beech note au passage que les mesures prises pour « dépurger » 3 000 officiers n'ont reçu aucune publicité dans la presse japonaise et il nous en donne la raison : les journaux nippons, tient-il à préciser, ont été invités par les autorités d'occupation à se montrer prudents « pour éviter une fausse interprétation de la part du peuple japonais ».

Il n'en reste pas moins, souligne le correspondant, que les nouveaux « réservistes » ressemblent plus à des soldats qu'à des policiers ; leur uniforme kaki rappelle celui des armées américaine et australienne et, en ce qui concerne la casquette, celui de l'ancienne armée japonaise. Chaque compagnie de réservistes comprend 6 officiers, comme l'armée américaine. Les manuels militaires américains ont été traduits intégralement en japonais pour servir à l'instruction des recrues ; celles-ci reçoivent un entraînement de 13 semaines qui comprend, outre la culture physique, des exercices de reconnaissance et de patrouilles ; dans de nombreux cas, les « réservistes » utilisent les camps et les installations laissés vacants par les troupes américaines envoyées en Corée.

---

[1] SCAP : *Supreme Commander for the Allied Powers*, soit le Commandant suprême allié au Japon.

En ce qui concerne l'armement, la nouvelle force de police n'a reçu jusqu'ici que des carabines ; toutefois, elle apprend à se servir des autres armes américaines, depuis les mitrailleuses jusqu'aux canons de 155 ; M. Keichi Masuhara, chef civil de la « réserve de police », a indiqué à M. Beech que l'entraînement comprendrait, à l'avenir, la guerre des tanks et l'emploi des canons antichars de 57 mm. L'entourage du général MacArthur a précisé, de son côté, que l'on n'envisageait pas de donner aux réservistes d'autres armes que des carabines, mais que « personne ne doutait, et les Japonais moins que personne, que toutes sortes d'armes américaines seraient largement disponibles en cas de besoin ».

Quant à l'esprit des nouvelles recrues, les déclarations faites à M. Beech par un officier et un sous-officier japonais permettent de s'en faire une idée assez claire. M. Yamagami, tout frais émoulu de l'école d'officiers d'Eta Jima, n'a pas voulu donner de détails au correspondant de l'*Evening Star* sur l'entraînement qu'il avait reçu dans cette école sous la direction d'officiers américains ; en revanche, il s'est plaint du fait qu'il régnait « trop de démocratie » dans la nouvelle force de police.

« La démocratie », s'est-il écrié, « est parfaite pour les hommes mais elle est dure pour les officiers. Quand un officier donne un ordre, il s'attend à être obéi. Nous ne voulons pas confier trop d'autorité aux sous-officiers, car ils risquent d'en abuser. Il faut qu'il y ait de la discipline ».

M. Nagano, qui avait servi naguère comme sergent aux Philippines, a émis également l'opinion que la discipline devait être améliorée, « ne fût-ce que pour rendre plus facile la vie en commun ».

Si les États-Unis ont décidé de réarmer le Japon, poursuit M. Beech, c'est, d'une part, parce que ce pays ne peut pas survivre au milieu d'une Asie communiste s'il reste désarmé ; mais c'est aussi parce que « si Moscou est prêt à sacrifier des millions de vies orientales pour dominer l'Asie, l'Amérique doit avoir d'autres Orientaux pour lutter à ses côtés ».

Le général MacArthur – qui, rappelle M. Beech, avait fait insérer la clause de renonciation à la guerre dans la nouvelle constitution japonaise au cours de la période d'euphorie qui a suivi la capitulation – en est arrivé, voici quelques temps, à la conclusion que le Japon devrait avoir une armée au moment où le traité de paix serait signé.

D'ailleurs, conclut le correspondant, le Japon est déjà à tous égards l'allié des États-Unis dans la guerre de Corée – à cette exception près, toutefois, qu'il n'a pas fourni de troupes.

Des « LST » avec équipages japonais ont aidé au débarquement des premiers détachements américains en Corée, à un moment où les moyens de transport maritimes faisaient cruellement défaut ; 19 des navires qui ont pris part à l'invasion d'Inchon étaient dotés d'équipages japonais ; des dragueurs de mines japonais ont nettoyé les côtes coréennes.

Au Japon même, les autochtones ont été employés dans les stations météorologiques de l'armée américaine et ils ont monté la garde autour des installations militaires.

Quant à l'industrie japonaise, « elle a démontré son potentiel de guerre en produisant plus de 140 millions de dollars de marchandises destinées à l'armée » et les commandes continuent à affluer, qu'il s'agisse de sacs de terre ou de matériel de chemin de fer.

De l'avis de M. Beech, non seulement la défaite des Coréens du Nord aurait été considérablement retardée sans l'aide japonaise, « mais il n'est pas exagéré de dire que nous aurions pu être rejetés hors de Corée en l'absence d'une telle aide ».

On comprend que l'occupant n'ait guère de faveurs à refuser à un pays qui lui a ainsi sauvé la mise.

(*Direction d'Asie-Océanie, Japon, volume 31*)

360

M. Bonnet, Ambassadeur de France à Washington,
    à M. Schuman, Ministre des Affaires étrangères[1].

D. n° 5521.   *Washington, 17 novembre 1950.*

La perplexité que cause à Washington le problème des véritables intentions qui ont amené le gouvernement de Pékin à intervenir en Corée conduit l'opinion à se demander dans quelle mesure le règlement de la crise internationale ne devrait pas être recherché dans le cadre des rapports américano-soviétiques. Suivant les hypothèses en effet que l'on formule sur les motifs de l'action chinoise, celle-ci apparaît comme inspirée par des préoccupations nationales ou commandées par des intérêts communistes sinon proprement russes. Si l'on admet que la Chine a voulu seulement protéger ses droits économiques et la sécurité de sa frontière et qu'elle a visé à s'assurer des gages pour négocier avantageusement, on peut espérer trouver à Pékin la solution de la question. Si l'on est porté à croire que la Chine cherche à entraîner l'Amérique dans une guerre d'usure ou qu'elle va s'efforcer de repousser l'armée des Nations unies hors de Corée au péril d'un conflit avec une puissance militaire aussi redoutable que les États-Unis, on est tenté de penser que le gouvernement de Mao Tsé-Toung fait le jeu du Kremlin et que, dans ces conditions, la clé du problème est non pas à Kremlin mais à Moscou.

---

[1] Dépêche adressée à la direction d'Europe et communiquée à la direction d'Amérique.

Sous cet angle, les théories qui n'ont cessé de s'affronter sur la politique à suivre vis-à-vis de l'URSS sont reprises et réapparaissent fondées sur les réflexions nouvelles que provoquent les événements récents.

Les partisans d'un *Showdown* avec la Russie voient dans la situation actuelle l'occasion d'appliquer les méthodes qu'ils ont toujours préconisées. Dès le mois d'août, on s'en souvient, M. Stassen avait déclaré à propos de l'affaire de Corée, que c'était à Moscou qu'il fallait demander des comptes ; et il avait proposé qu'un avertissement soit adressé au Kremlin pour lui signifier qu'il serait tenu pour responsable si ses satellites se livraient à de nouvelles agressions. Au début d'octobre (mes dépêches n° 4781 du 5 octobre et n° 4839 du 12 octobre)[1], il avait, dans une lettre à Staline, suggéré un procédé voisin – d'ailleurs diversement interprété par l'opinion – qui consistait à envoyer une mission à Moscou chargée d'attirer l'attention de Staline sur la puissance et la détermination des États-Unis et de lui faire toucher du doigt le danger auquel s'exposait l'URSS en se refusant à amender ses méthodes et à renoncer à ses buts d'expansion. Les milieux partisans d'une politique offensive à l'égard de la Russie estiment que, dans la conjoncture actuelle, il conviendrait de forcer celle-ci à abattre ses cartes. Les représentants de cette tendance, comme Constantine Brown, appuyés d'ailleurs par certains publicistes américains en résidence ou de passage en Extrême-Orient, comme Lieberman ou Hanson Baldwin, correspondant militaire du *New York Times,* donnent de la substance à cette thèse en assurant, sous des formes diversement nuancées, soit que le gouvernement de Mao Tsé-Toung n'est qu'une marionnette dont Moscou tire les ficelles, soit que les deux gouvernements agissent en union étroite au service de la cause communiste. Les esprits qui admettent ces prémisses ont tendance à considérer que l'initiative chinoise n'a pas pour but la protection d'intérêts limités mais qu'elle comporte des visées plus lointaines qui exigent que le problème soit examiné en définitive comme un aspect des rapports entre le monde libre et la IIIème Internationale. En réalité, ces vues attirent manifestement une partie de l'opinion qui, d'une façon générale, n'avait pas fait jusqu'ici cause commune avec les partisans des solutions extrêmes. C'est ainsi qu'à côté de journaux d'une orientation anti-russe particulièrement marquée comme ceux de la presse Scripps Howard, des organes plus modérés comme le *Washington Post* et même le *New York Times* ont admis avec quelques nuances dans la présentation et sans aller jusqu'au bout du raisonnement que c'est à Moscou qu'il faut chercher les responsables de la tension internationale.

Dans des conversations privées, certains journalistes résument ainsi leurs pensées : la Chine agit sur les ordres de Moscou ; c'est pour servir les intérêts soviétiques qu'elle prend le risque d'une guerre avec les États-Unis. Or il est contraire à l'intérêt stratégique de ceux-ci de

---

[1] Documents non reproduits.

donner dans le piège et de laisser accrocher et user les forces américaines dans une campagne de grande envergure en Asie. Si les États-
Unis doivent se lancer dans une guerre générale, que ce soit au moins
contre l'ennemi principal qui est la Russie. Les défenseurs de cette
doctrine ne vont pas toutefois jusqu'à préconiser une politique qui
consisterait à s'en prendre directement à la Russie. Ils reviennent à
l'idée de mettre celle-ci au pied du mur par l'envoi d'une mission spéciale à Moscou, et reprenant la suggestion qu'a formulée à deux reprises
le président Truman, ils prononcent le nom de M. Vinson, président
de la Cour Suprême, comme celui d'une personnalité capable de porter
au Kremlin ce message comminatoire. Les partisans de la théorie
opposée, celle qu'on appelle ici la politique « d'apaisement », se sont
faits, au cours des derniers mois, de plus en plus rares. À la vérité, le
public dont les votes aux dernières élections ont été largement influencés par le « MacCarthysme », c'est-à-dire l'antibolchévisme le plus
soupçonneux, s'est prononcé contre eux. Dans les circonstances
actuelles, leur influence ne se manifeste pas et ce n'est donc guère que
l'opinion des « activistes », – qui ont pour eux certains éléments de
l'opposition parlementaire et du Pentagone – que l'Administration est
tenue de prendre en considération.

Les vues du Département d'État restent pour le moment semblables
à elles-mêmes et opposées aux solutions hasardées. On n'écarte pas tout
d'abord dans les services l'idée que Pékin n'est intervenu que pour sauvegarder des intérêts limités. En dépit de la gravité de la tension en
Extrême-Orient, on se garde d'exagérer les chances de voir les hostilités
avec la Chine dégénérer en une guerre déclarée. On reconnaît que le
gouvernement chinois a déchaîné une propagande effrénée d'excitation
à la guerre contre les États-Unis mais on note qu'il a évité jusqu'ici de
commettre directement son prestige dans l'affaire coréenne en soulignant constamment que les troupes chinoises combattant en Corée ne
comptent que des volontaires ; on voit dans cette attitude la preuve qu'il
tient à conserver une porte de sortie. Dans ces milieux, on n'a pas complètement abandonné l'espoir que l'opposition des intérêts chinois et
russes finira par se traduire dans les faits. Certains ont été jusqu'à prétendre que l'afflux de troupes chinoises en Corée et en Mandchourie
avait autant pour but de contrebalancer l'influence russe dans ces régions
que de préparer la lutte contre les États-Unis. On observe, d'autre part,
au Département d'État que le caractère de l'intervention étrangère en
Corée paraît avoir quelque peu changé. Tant que l'armée nord-coréenne
a combattu, seule déclare-t-on, la présence de conseillers russes auprès
des états-majors et des commandants d'unités a été signalée. Depuis
l'entrée en action des troupes chinoises, les services américains ne
relèvent plus aucune participation russe dans la conduite des opérations.
D'essentiellement russe, l'affaire est devenue, dans les apparences, essentiellement chinoise. On se garde de tirer de ces observations des conclusions, et l'on admet en contrepartie que si l'attitude adoptée par Moscou

reste nettement en retrait sur celle de Pékin, la prudence ainsi manifestée par les Russes pourrait bien être un signe que le gouvernement de Mao Tsé-Toung agit sur les instigations du Kremlin et que celui-ci, soit pour avoir le champ libre dans d'autres directions et notamment en Europe, soit pour écarter un danger dont il se croit menacé, pratique une fois de plus une politique de dérivation des forces de ses adversaires analogue à celle qu'il a tenté de faire vis-à-vis de l'Allemagne jusqu'au mois de juin 1941. On avoue donc que les rapports entre Pékin et Moscou restent obscurs mais on se refuse à fonder la politique américaine sur le postulat d'une dépendance totale de la Chine vis-à-vis de l'URSS.

On repousse en tout état de cause l'idée d'amener la Russie à dévoiler son jeu par l'envoi d'une mission à Moscou. On observe en effet qu'un tel geste serait illogique avant tout au moins qu'on ait tenté de résoudre la question coréenne en combinant la poursuite des opérations militaires et les négociations que va permettre l'arrivée à Lake Success de la délégation chinoise. Les déclarations nettement conciliantes que M. Acheson a faites le 15 à sa conférence de presse ont manifestement pour but de préparer ces pourparlers. Celles du président Truman le 17 ont confirmé cette attitude. Le Département d'État escompte au surplus tirer des enseignements utiles de l'attitude que la délégation chinoise adoptera. Son comportement permettra, estime-t-on, de se faire enfin une idée de la mesure dans laquelle le gouvernement chinois agit sur les injonctions de Moscou ou conserve à côté des préoccupations que lui inspire la solidarité communiste une politique chinoise.

Dans ces conditions, l'Administration paraît pour le moment déterminée, à moins d'événements imprévus, à ne rien précipiter jusqu'à ce que la conversation avec les représentants chinois ait pu s'amorcer. Elle paraît soucieuse de faire un effort sérieux, d'envisager des solutions diverses, de garantir les intérêts économiques de l'État chinois, peut-être de faire quelques concessions dans le sens de la création d'une zone tampon pour arriver à un règlement. Elle peut, il est vrai, rencontrer de graves difficultés dans cette tâche non seulement de la part de la Chine et de la Russie dont le désir de compromis n'est nullement prouvé, mais aussi du fait des réactions de l'opposition parlementaire, des exigences du Pentagone et enfin des péripéties que peut réserver le déroulement des opérations militaires. Néanmoins, l'enjeu est trop considérable pour qu'elle paraisse actuellement vouloir s'arrêter devant ces obstacles car si elle réussissait elle aurait amené l'affaire coréenne à un règlement satisfaisant, dégagé ses forces militaires du guêpier asiatique, amené le gouvernement chinois à agir en conformité exclusive avec ses intérêts nationaux, amorcé ainsi un mouvement de dissociation entre Moscou et Pékin et peut-être, en fin de compte, éteint le foyer d'où pouvait sortir une troisième guerre mondiale. Ce n'est donc que si cette tentative échoue que l'Administration pourra se demander s'il convient de régler le problème, par-dessus la tête de Mao Tsé-Toung, directement avec Moscou. Il est difficile de prévoir dès maintenant dans quel sens inclineraient alors ses préférences, le développement des événements pouvant exercer en la matière une influence décisive. En dépit de l'irritation et de l'impatience manifestées par une partie de la presse et certains éléments de l'opposition, son souci demeure d'éviter, selon l'expression de M. Acheson, la « tragédie colossale » que serait un conflit mondial et il est permis de croire que toute solution qui tendrait, pour l'Amérique, à se munir de justifications lui permettant de recourir le moment venu à une guerre préventive – telle une mission d'avertissement à Moscou – rencontrera son opposition. À l'inverse, toute négociation directe avec la Russie n'ayant d'autre but qu'un partage de zone d'influence est contraire à sa doctrine des rapports internationaux. La position qu'a pris le gouvernement américain dans la guerre de Corée où il s'est fait le champion de la résistance à l'agression lui permet moins que par le passé de recourir à ce procédé. Une telle entreprise se heurterait en outre à l'hostilité du public envers une politique « d'apaisement » qu'ont révélée les résultats des dernières élections. Si enfin, pour témoigner de sa volonté pacifique aux yeux de l'opinion mondiale, le gouvernement américain n'a voulu écarter ni la proposition syro-irakienne à l'ONU ni l'offre soviétique de réunion à quatre, le Département d'État n'en reste pas moins réticent pour passer à l'exécution. Il est intéressant de relever à cet égard la manière dont la presse a présenté les déclarations des ministres des Affaires étrangères anglais et français relatives à la suggestion soviétique. C'est avec une satisfaction manifeste que les journaux ont interprété la réponse de M. Bevin comme une manœuvre dilatoire. Quant à la déclaration de Votre Excellence, elle a, ainsi que je l'ai indiqué, été diversement comprise mais elle a semblé surtout approuvée dans la mesure où elle a paru essentiellement conditionnelle.

Néanmoins, si les États-Unis se décidaient à entrer dans la voie d'un règlement général avec Moscou, ces deux procédures resteraient ouvertes. Il est possible que la lenteur calculée avec laquelle les Américains préparent leur réponse à l'offre soviétique soit pour partie inspirée du souci de ne pas, sans nécessité, rompre les ponts. Cette précaution, pas plus que les attitudes de principe que l'Administration a cru devoir prendre, n'infirment que le Département d'État nourrit toujours les mêmes préventions contre une tentative de règlement direct avec la Russie, même dans le cadre d'une conférence des grandes puissances. Il est actuellement impossible de prévoir quelle formule il pourra envisager si, dans les semaines qui vont suivre, aucun règlement de l'affaire coréenne ne peut être réalisée à Lake Success, mais pour le moment sa façon de concevoir sa politique vis-à-vis de la Russie reste toujours celle que M. Acheson a définie et selon laquelle des conversations ne doivent être engagées avec l'URSS qu'en vue de la solution de problèmes limités et lorsque l'état des rapports de forces permet de négocier au moins sur un pied d'égalité.

(Direction d'Europe, URSS, volume 146)

361

NOTE DE M. LALOY DU SECRÉTARIAT GÉNÉRAL
DU MINISTÈRE DES AFFAIRES ÉTRANGÈRES

Projet de conférence à Quatre

N.   *Paris, 20 novembre 1950.*

Qu'on le veuille ou non, la proposition russe du 4 novembre pose un problème de fond[1].

Le gouvernement doit-il considérer comme intangible la politique actuelle qui est celle de la couverture américaine en Europe ? Peut-il envisager au contraire par le moyen de l'interdiction de toutes forces armées en Allemagne, une politique de détente avec l'URSS, conduisant sans doute les États-Unis à se détourner en pratique de l'Europe occidentale ?

Y a-t-il entre ces deux termes une solution tierce ?

La politique « atlantique ».

Depuis 1947, le gouvernement français a considéré comme son devoir essentiel d'engager les forces américaines aussi profondément que possible sur l'ancien continent.

Il a cherché, par là, à décourager toute tentative soviétique d'avance belliqueuse vers l'Atlantique ; mieux, il a voulu avoir la certitude que, dès la bataille initiale, les forces de la coalition seraient toutes en action,

---

[1] Dans une note du 4 novembre, le gouvernement soviétique faisait la proposition de convoquer un Conseil des ministres des Affaires étrangères des quatre pays occupant l'Allemagne pour l'examen de la question de l'exécution de l'accord de Potsdam au sujet de la démilitarisation (télégramme n° 2419 du 4 novembre 1950 de Moscou, non reproduit). L'ambassadeur à Moscou l'expliquait par la crainte soviétique d'un relèvement militaire allemand et par la possibilité d'introduire de la division entre la France et ses alliés occidentaux (télégramme n°s 2422-2430 du 4 novembre 1950 de Moscou, non reproduit). À Londres, Massigli se déclarait favorable à l'idée de profiter de cette proposition pour pousser la mise sur pied d'une commission d'investigation sur la démilitarisation de l'Allemagne, en préalable à toute conférence à quatre (télégramme n° 4034 du 6 novembre 1950 de Londres, non reproduit). À Washington, on était embarrassé par cette initiative car on craignait que cela ne crée une atmosphère de détente qui ralentirait l'effort de réarmement atlantique, mais qu'en même temps, les États-Unis soient accusés d'être responsables de la tension internationale en repoussant les offres de paix soviétiques (télégramme n°s 4499-4506 du 5 novembre 1950 de Washington, non reproduit). Il importait donc pour Washington de ne pas prendre une attitude fermant la porte à toute consultation avec Moscou et de montrer que ces propositions seraient étudiées avec soin, tout en soulignant que les bases des conversations proposées par les Soviétiques devraient être modifiées, notamment pour être élargies à d'autres questions, comme l'Autriche (télégramme n°s 4512-4517 du 6 novembre 1950 de Washington, non reproduit).

à l'Est des frontières de France. Le souvenir de juin 1940 est ici dominant.

Tous les accords, traités ou conventions des années 1947 à 1950 s'interprètent de la même façon : nécessité de fortifier les États occidentaux, de rendre leur défense nationale possible, de mettre l'ensemble occidental à l'abri d'une invasion.

Les événements de Corée ont montré le bien-fondé de cette attitude : c'est un territoire découvert abandonné à ses infimes moyens, qui a été attaqué.

L'effet de la guerre de Corée sur l'opinion américaine est profond : renouveau d'intérêt pour l'Extrême-Orient, sentiment de l'inutilité de tout effort américain non soutenu par la population locale, désir de renforcer l'Europe sans accroître à l'excès les effectifs américains, accroissement d'influence des cercles militaires, tout cela a conduit les États-Unis à poser par priorité en septembre dernier la question du réarmement de l'Allemagne.

La contradiction, dès lors, est la suivante : sous prétexte de renforcer la défense physique de l'Europe par un appoint en hommes et en matériel, on menace gravement la défense morale, l'unité et la fermeté de l'ensemble européen. En mêlant à celles des autres puissances les forces d'un État allemand sectionné et impatient de ses limites, on modifie en effet l'équilibre de l'alliance atlantique. Elle devient active, sinon offensive. On peut regretter que seule la France ait aperçu cette contradiction. Elle est néanmoins inhérente à la situation.

Les Russes ont foncé dans cette fissure.

Le bloc soviétique.

Depuis 1945, l'URSS a cherché, par le contrôle de l'Allemagne, à étendre sa domination à l'ensemble du continent européen. Par l'accord de Potsdam, elle est parvenue, tout en isolant sa propre zone, à inhiber pendant 2 ans l'initiative des puissances occidentales dans les leurs ; par une revendication de contrôle sur la Ruhr, elle a tendu à déborder la ligne de l'Elbe ; par la réclamation de réparations sur la production courante, elle a voulu mettre une hypothèque permanente sur l'économie allemande. Dans son message au président de la République démocratique allemande, Staline a célébré les bienfaits de l'entente germano-russe, seule capable d'assurer définitivement la paix à l'Europe.

La politique allemande de l'URSS est pour toutes les puissances, mais surtout pour la France, le danger majeur.

Aujourd'hui, cette politique se heurte à un fait nouveau, la menace d'une remilitarisation de l'Allemagne. Sera-ce assez pour l'infléchir ?

D'une part, le réarmement de l'Allemagne c'est pour l'URSS, l'échec de sa politique européenne, la perspective d'une coalition activement revendicatrice, le long des frontières de sa zone de sécurité essentielle.

D'autre part, ce réarmement des zones occidentales dénoncé par elle dès décembre 1945, l'URSS n'a rien fait pour l'arrêter. Le traité de garantie permanente de démilitarisation de l'Allemagne proposé par James Byrnes en 1946 et de nouveau par M. Marshall un an plus tard a été repoussé par M. Molotov, sous le prétexte que l'Allemagne, à l'époque, n'était pas réellement désarmée. Le risque du réarmement a été pris depuis longtemps.

Enfin et surtout, en demandant le maintien de la démilitarisation de l'Allemagne, l'URSS fait d'une pierre deux coups : elle limite le danger d'une renaissance militaire allemande, et dans les conditions d'aujourd'hui, elle affaiblit peut-être irrémédiablement la coalition atlantique.

Perspectives de négociation.

Contre un avantage si évident, on voit mal ce que l'Union soviétique peut donner.

Au maximum, c'est le traité de paix, l'évacuation de l'Allemagne, son unité rétablie et, si le traité avec l'Autriche est également conclu, l'évacuation par l'URSS de ses satellites, Pologne, Hongrie, Roumanie, Bulgarie. Rien de cela ne compense réellement le départ d'Europe des troupes américaines. Quand bien même nous parviendrions ainsi à attirer l'Allemagne dans notre système, celui-ci demeurerait encore longtemps inexistant en face du potentiel russe.

Au minimum, si l'occupation est maintenue et qu'un *modus vivendi* soit trouvé, c'est encore l'Union soviétique qui gagne, puisque la démilitarisation de l'Allemagne remet en cause le dispositif occidental, sans que celui de l'URSS puisse être aucunement ébranlé.

Ainsi, nous ne pouvons abandonner le renforcement atlantique pour des concessions larges, car elles ne sont en notre faveur peut-être que sur le plan politique, mais sur celui des forces, elles jouent contre nous.

Dans une solution plus limitée, deux variantes peuvent être envisagées :

a) On pourrait essayer de faire comprendre à l'URSS que, si nous admettons le désarmement allemand, nous ne voulons pas abandonner toute couverture américaine en Europe. Cet effort ne serait pas facile, à supposer qu'il aboutisse, on arriverait à l'idée d'une Allemagne unie et évacuée, mais avec une occupation prolongée sur les pourtours, rive gauche du Rhin, ligne de l'Oder, par exemple.

Le problème est de savoir si une solution de ce genre demeurerait efficace, et n'entraînerait pas un abandon par les États-Unis de l'idée de la défense à l'est de la France et donc de l'Europe.

b) Si l'on désire maintenir l'occupation dans son extension actuelle et ne rien sacrifier sur le fond du programme atlantique, quels que soient ses inconvénients, on peut penser alors à une garantie mutuelle de non-agression et de non recours à la force en Europe. Une telle solution de la conférence nous donnerait les avantages suivants :

a) contrôle politique de la force allemande reconstituée,

b) limitation des revendications et du chantage allemand,

c) couverture relative de la Yougoslavie,

d) maintien d'un certain lien avec le camp russe.

Pour l'URSS, cette déclaration aurait l'intérêt de ne rien modifier aux garanties concrètes qu'elle a déjà obtenues et qui sont les plus grandes que la Russie ait jamais eues. Elle ne la rassurerait que dans la mesure infime où elle nous fait confiance ; mais en ce domaine, la réciproque est vraie. Elle stabiliserait provisoirement l'un des fronts de la guerre froide, ce qui n'est pas sans valeur pour les deux parties.

Une telle conclusion de la conférence est peut-être la seule qui ne soit pas une duperie. Elle aurait un écho certain dans l'opinion, notamment en France.

Les moyens permettent d'aboutir à une solution de ce genre font l'objet d'une note distincte.

(Direction d'Europe, Généralités, volume 136)

362

NOTE DE LA DIRECTION D'EUROPE

Évolution de la Yougoslavie

N.   *Paris, 20 novembre 1950.*

Il est manifeste que, depuis quelques semaines, le gouvernement yougoslave, qui, pendant des mois, avait paru hésiter sur la direction à prendre, incline nettement du côté des puissances occidentales. Il est difficile d'apprécier si cette attitude lui est plutôt dictée par la situation économique du pays ou par l'évolution de la politique internationale. Ce qui est sûr, c'est que le maréchal Tito, au cours de manifestations récentes, semble avoir fait son choix. Il ne s'est pas borné à des déclarations du genre de l'interview qu'il a donnée au *New York Times* ; il adopte vis-à-vis de la Grèce par exemple une position qui le montre disposé à la conciliation.

Le moment est donc venu où les puissances occidentales doivent, de leur côté, encourager cette tendance. L'occasion leur en sera prochainement fournie par la mise en œuvre du plan d'assistance militaire qui vient d'être établi par le groupe de travail tripartite de Washington. La première condition pour que ce programme sorte du cadre quelque peu théorique dans lequel il a été conçu est que les Alliés entrent en contact avec le gouvernement de Belgrade et recherchent, d'accord avec lui, comment l'aide militaire envisagée peut lui être apportée de la façon la plus efficace, compte tenu des différentes éventualités qui peuvent se présenter. Il importe donc que le gouvernement français se prononce dès que possible sur le rapport du groupe de travail, qui est actuellement étudié par les ministères compétents. La question se posera ensuite de savoir dans quelles conditions pratiques il y aura lieu d'approcher le gouvernement yougoslave. À cet égard, les dirigeants de Belgrade ont laissé entendre à notre Ambassadeur qu'ils ne seraient pas opposés à l'idée de voir la France assumer en quelque sorte le rôle d'intermédiaire entre l'Occident et la Yougoslavie. C'est là une perspective qui mérite d'être prise en considération. Encore faudrait-il que le rôle que nous assumerions ainsi fût tenu d'une façon suffisamment discrète pour éviter d'éveiller inutilement, et plus spécialement contre la France, les susceptibilités et l'irritation soviétiques.

En tout état de cause, il convient, si nous tenons à voir se confirmer en Yougoslavie des dispositions particulièrement profitables à la cause que nous défendons, de donner, dès que possible, une forme concrète à notre propre bonne volonté. D'une part, les négociations économiques et financières devraient, si l'on se place sur le terrain politique, être menées promptement à leur terme ; d'autre part, il serait très indiqué que nous fournissions sans retard à la Yougoslavie l'assistance alimentaire, que nous lui avons laissé espérer.

(Direction d'Europe, Yougoslavie, volume 108)

363

M. Baudier, Ministre de France à Sofia,
    à M. Schuman, Ministre des Affaires étrangères[1].

D. n° 954.   *Sofia, 20 novembre 1950.*

Par décret du 25 octobre 1950, publié au *Journal Officiel* du 3 novembre courant, le gouvernement bulgare a institué un régime préférentiel en matière d'établissement, au bénéfice des ressortissants soviétiques séjournant sur son territoire.

L'article 1 du décret est ainsi libellé :

---

[1] Dépêche communiquée en copie à la Direction des Affaires économiques et financières. Note manuscrite : « *Faire lire à M. Laloy. [Communiquer à] Washington, Londres, Moscou, Varsovie, Informations et Presse (à l'attention de M. Clermont-Tonnerre), f[ai]t 1er-12-50* ».

« Les citoyens soviétiques résidant sur le territoire de la République populaire de Bulgarie, quelle que soit la date à laquelle ils ont acquis cette citoyenneté et quelles que soient les conditions de son obtention[1] ont le droit, sans obtenir au préalable l'autorisation qui est nécessaire pour les étrangers, d'occuper, en se conformant à la réglementation en vigueur, des fonctions dans toutes les administrations d'État, dans les coopératives publiques, dans les entreprises et administrations privées, et d'une manière générale d'exercer toutes professions ».

L'article 2 du décret indique que les citoyens soviétiques « reçoivent les gratifications et les traitements prévus pour les postes et emplois qu'ils occupent, et qu'ils bénéficient des droits et qu'ils sont soumis aux obligations stipulés par la loi sur les assurances sociales et les autres lois, sur un pied de complète égalité avec les ressortissants bulgares ».

Le même article précise que « la législation restrictive prévue en la matière pour les étrangers ne leur est pas applicable ».

Le décret du 25 octobre 1950 n'a été ni commenté, ni même mentionné par la presse bulgare. Connu de ce fait avec quelque retard par l'opinion publique, il a soulevé une vague d'indignation, qui a amené la propagande officielle à faire courir le bruit, sous le manteau, que le texte avait été pris dans le seul désir de faire bénéficier les anciens Russes blancs des mêmes droits que leurs concitoyens devenus soviétiques dès 1917[2].

Le gouvernement bulgare, devant les réactions de l'opinion publique, qui ne s'est guère trompée sur la portée du décret, a été amené à prendre à Sofia, et sans doute aussi dans d'autres centres, d'importantes mesures de police et de sécurité, qui n'ont été rapportées que tout récemment[3].

Le sens général du décret adopté le 25 octobre est parfaitement clair, et seules quelques incidentes de son texte peuvent prêter à des interprétations divergentes.

De longue date, mais surtout depuis le début de cette année, l'Union soviétique envoie en Bulgarie, en civil, par Varna, des officiers, des techniciens de l'agriculture et de l'industrie, des ouvriers spécialistes et même de simples artisans. Le Kremlin, grâce à la parfaite complicité du président Tchervenkov, prend progressivement en main le pays, et, pour parer aux réactions défavorables que rencontre l'intrusion de ses agents dans toutes les sphères locales, renforce ses positions dans les deux ministères clefs de la République populaire : le ministère de la Guerre et le ministère de l'Intérieur.

---

[1] Note du document : « Les ressortissants soviétiques qui possédaient auparavant la nationalité bulgare bénéficient également des dispositions du décret du 25 octobre 1950 ».

[2] Note du document : « Les Russes blancs réfugiés en Bulgarie ont dû prendre, en 1945, un passeport soviétique, lors de l'entrée des troupes de l'URSS. Ils sont assez nombreux dans l'administration locale ».

[3] Note du document : « Télégramme n°389 de cette légation » [document non reproduit].

Quelle est l'importance des effectifs soviétiques installés d'ores et déjà en Bulgarie ?

À Sofia, de nombreux habitants, jugés trop tièdes à l'endroit du régime, ont été expulsés et envoyés dans les campagnes, pour faire place aux nouveaux arrivants. Des magasins spéciaux, fort achalandés et dont les prix sont fort bas, ont été réservés aux ressortissants soviétiques. Des mess ont été ouverts aux seuls officiers de l'Armée Rouge. Au ministère de l'Intérieur, la langue d'usage, dans les relations de service, est maintenant le russe. Des informations sérieuses incitent à croire que Sofia abriterait actuellement plus de dix mille *missi dominici* du Kremlin, et qu'on en compterait au moins vingt mille, au total, en Bulgarie. Cette évaluation, si difficilement contrôlable qu'elle soit, semble cependant reposer sur des bases sérieuses.

On s'explique, dans ces conditions, que Moscou ait éprouvé le besoin de légaliser la situation présente, de donner un statut à ses ressortissants et de préparer une base légale de départ pour des mesures plus larges et plus décisives, s'il en était besoin.

C'est précisément sous ce dernier aspect que le décret du 25 octobre mérite de retenir l'attention.

Il ne se borne pas, de fait, à réglementer la situation présente et à régulariser le passé. Il prépare l'avenir et constitue un acte juridique qui, malgré certaines précautions de style et de forme, enregistre publiquement l'abandon par la Bulgarie d'une des prérogatives les plus essentielles d'une souveraineté péniblement acquise au cours d'une lutte plus que séculaire pour sa libération.

Il convient de remarquer, en effet, que les avantages accordés aux ressortissants soviétiques établis, ou qui pourraient s'établir, en Bulgarie ne sont pas concédés de plein droit, à titre de simple réciprocité, aux ressortissants bulgares domiciliés en URSS. L'absence d'une telle stipulation, qu'elle résulte d'une simple omission ou d'une volonté bien arrêtée, témoigne de la subordination totale du gouvernement bulgare au gouvernement soviétique, qui a ainsi imposé à Sofia un régime que les États qualifiés, par une propagande bruyante, de capitalistes, d'impérialistes et de colonialistes, ont renoncé de longue date à appliquer à leurs protégés africains et asiatiques.

À cet égard, il n'est pas sans intérêt de noter au surplus que le même décret ne prévoit aucune limitation du nombre des fonctionnaires soviétiques susceptibles de prendre place dans les cadres de l'administration bulgare, ou au sein de l'armée, et qu'aucune disposition n'entrave leur accès aux postes les plus élevés de l'État.

Ainsi, le décret du 25 octobre se situe, dans le domaine du droit international public, comme une déclaration unilatérale et sans contrepartie, souscrite par un État protégé au bénéfice d'un État protecteur.

L'acte du 25 octobre, si l'on tient compte de la soumission totale du Cabinet bulgare aux ordres de Moscou, constitue donc, en dernière analyse, une base juridique de départ permettant à l'Union soviétique, de faire de la Bulgarie, à son choix, soit une République fédérative soviétique autonome, soit un État protégé, du type colonial, dont le statut serait comparable à celui de la Bohême, au lendemain du 13 mars 1939.

Pour quelles raisons l'Union soviétique, qui ne semblait rencontrer ici, depuis des mois, aucun obstacle politique, s'est-elle décidée à une mesure aussi spectaculaire et aussi lourde de conséquences ? Quel parti se propose-t-elle de tirer, dans un proche avenir, de la traite en blanc que M. Tchervenkov vient de remettre au Kremlin ?

Ce serait avancer un truisme de dire, pour expliquer cet appétit démesuré des Soviets, que l'URSS, héritière des traditions panslaves de la Russie impériale, n'a cessé de tourner des regards d'envie vers la Bulgarie qui fut, au seuil du dixième siècle, lorsqu'elle touchait aux trois mers[1], le berceau de sa propre culture ; de rappeler que ces souvenirs ont été ravivés par la guerre russo-turque de 1877 et entretenus, dès cette époque, par les trois cents instructeurs du « Tsar Libérateur » ; de souligner enfin que la Bulgarie, terre de passage, commande les routes qui relient l'Europe de l'Est à l'Europe de l'Ouest, ainsi que les voies d'accès au Danube et aux Dardanelles.

Dresser un tel tableau reviendrait à sortir des archives de l'histoire une grossière image d'Épinal, certes haute en couleur, mais qui risquerait cependant, de ne donner qu'une idée fort inexacte des réalités présentes.

Les problèmes que l'Union soviétique doit affronter dans les Balkans, et singulièrement en Bulgarie, sont en effet maintenant très différents de ceux que la Russie des Tsars avait à résoudre à la fin du xixe siècle.

Petit propriétaire exploitant, attaché à la glèbe, le Bulgare, à peine sorti d'une longue lutte contre le Turc, était fort mal préparé pour recevoir des mains russes, en 1945, le message communiste. Sa fougue politique, encore insuffisamment assagie par quelques décades de régime parlementaire, ne le prédisposait aucunement à la dure discipline moscovite. Aussi, dans tous les domaines, l'échec du communisme stalinien a été patent.

Pour constituer un prolétariat où il serait en mesure de recruter des adhérents, plus facilement que dans une paysannerie traditionnellement hostile, le gouvernement soviétique a dû entreprendre l'industrialisation du pays. Mais, cette industrialisation, par suite du manque de main-d'œuvre qualifiée susceptible d'être trouvée sur place, l'a amené à envoyer ici un grand nombre de techniciens, choisis parmi les plus sûrs au point de vue politique. Pour s'assurer leur fidélité, et peut-être aussi pour témoigner du niveau de vie élevé dont bénéficieraient ses ressortissants des villes, l'Union soviétique a gratifié ses envoyés de salaires

---

[1] *Note du document :* « Mer Noire, Mer Adriatique, Mer Égée ».

élevés et ouvert à leur usage des magasins spéciaux d'approvisionnement plantureusement approvisionnés. Des contremaîtres se sont vu attribuer des rétributions de plusieurs centaines de milliers de leva, sans rapport avec les salaires locaux[1]. Il n'en fallait pas plus, il va sans dire, pour soulever l'indignation d'un peuple laborieux et économe, voire âpre au gain, fier de son passé, et non encore dégagé des complexes lancinants que lui a légué un long passé de domination étrangère.

La propagande de Moscou, malgré son acharnement, s'est révélée incapable, en Bulgarie comme en Yougoslavie, de lutter contre ce courant d'opinion. Bien plus, les armes qu'elle a souvent employées sans discernement se sont retournées contre elle. La Bulgarie, que l'on prétendait libérer d'un joug capitaliste épuisant, n'est-elle pas exploitée maintenant plus âprement encore que par le passé ? À quelle époque de l'histoire bulgare, le technicien étranger a-t-il joui de telles faveurs et bénéficié d'un semblable régime de « capitulation » ?

Cet état d'esprit, fort répandu de longue date dans l'opinion publique, pour révélateur d'un échec qu'il ait été pour Moscou et ses thuriféraires locaux, n'aurait pas suffi cependant à les alerter sérieusement si des événements importants de politique générale ne s'étaient point produits.

Le Bulgare, ami de la terre, attaché au sol, tire de son travail patient une persévérance prodigieuse et un immense orgueil national. Il est, pour reprendre le qualificatif donné à un de ses anciens chefs, Kroum, père de la grande Bulgarie du début du Moyen-Âge, « l'homme aux vengeances terribles ». Mais il a les pieds solidement accrochés au sol, un robuste bon sens terrien, et l'expérience ancestrale de ce qu'il en coûte de lever trop tôt l'étendard de la révolte et de la libération. Plus oriental que slave par ses origines proto-bulgares hunniques, et par sa longue cohabitation turque, il scrute avec patience l'horizon international, mesure les forces en présence et par tradition historique estime que rien ne doit être entrepris sans une aide extérieure.

Rien de surprenant, dès lors, si les événements de Corée et la politique de détente que semble vouloir adopter l'URSS depuis quelques semaines ont été suivis ici avec passion par l'opinion publique. L'étonnante réceptivité politique du Bulgare a immédiatement discerné un retournement possible des forces en présence. Sa souplesse asiatique lui a aussitôt dicté de nouvelles attitudes.

Alors que l'aile marchante du parti communiste local, trop engagée dans l'affaire russe pour reculer, a estimé qu'il convenait d'aller de l'avant et de poursuivre la manœuvre, le reste de ses membres a com-

---

[1] *Note du document :* « Des salaires de l'ordre de 300 000 leva par mois seraient fréquents. L'habitude de ces hauts salaires a été si bien prise par le gouvernement bulgare que celui-ci a offert récemment à un monteur français d'une usine électrique des émoluments de l'ordre de 100 000 francs payables en France pour sa famille, et de 80 000 leva, payables en Bulgarie, pour lui-même ».

mencé à esquisser une prudente retraite pour ménager l'avenir et se réserver les chances d'un retournement politique possible.

Cette tendance nouvelle, très nette même au sein des membres actifs du parti communiste, ne pouvait manquer d'inquiéter l'URSS, et singulièrement son représentant à Sofia, M. Bodrov, dont les nombreux voyages à Moscou, depuis août dernier, apportent le témoignage de la nervosité soviétique.

Considéré sous l'angle de la politique intérieure bulgare, le décret du 25 octobre ne peut donc être tenu pour un aboutissement, mais bien comme un des chaînons d'une politique qui exige, sous peine de faillite, un resserrement continu de l'ingérence soviétique en Bulgarie.

Mais le développement de cette ingérence, avec tous les risques qu'elle comporte à longue échéance, était-il présentement désiré par l'URSS ?

On peut en douter. De nombreux indices concordants, qu'ont relevés également notre Attaché militaire et notre Attaché commercial, m'incitent à croire, au contraire, que le Kremlin eut été fort désireux, tout au moins dans la conjoncture présente, de ménager ses ressources pour d'autres terrains et de « laisser la Bulgarie en l'état ».

Aussi bien, il est très visible, depuis quelques mois, que l'URSS pèse de tout son poids sur le gouvernement bulgare pour l'amener à hâter, au besoin par des pressions violentes, la collectivisation des terres. Cette collectivisation permettrait, en effet, à l'Union soviétique de mieux contrôler le pays, sans faire appel à de nouveaux *missi dominici,* dont la présence n'est pas de nature à hausser son prestige en Bulgarie.

Ainsi, pris dans l'engrenage d'une politique de force, le Kremlin aurait été amené à dicter au Cabinet Tchervenkov le décret du 25 octobre et à donner l'impression qu'il entendait mener à bien rapidement son entreprise de russification totale de la Bulgarie[1].

Cette hypothèse, bien qu'elle soit étayée sur des arguments solides, ne peut être acceptée cependant sans réserves et seul un avenir prochain nous dira si l'Union soviétique est véritablement décidée à courir le risque de tomber en Bulgarie « dans le cycle périlleux de l'impopularité et de l'intervention directe ».

(Direction d'Europe, Bulgarie, volume 80)

---

[1] Cette politique de soviétisation était suivie très régulièrement. Ainsi Baudier notait en février que l'infiltration russe avait pris une cadence rapide, des éléments russes traversant chaque jour la frontière de la Dobroudja du Sud et allant notamment s'installer en Macédoine bulgare (télégramme n°s 49-53 du 14 février 1950 de Sofia, non reproduit). Il notait également qu'elle s'exerçait dans de nombreux domaines par l'intermédiaire des associations bulgaro-soviétiques qui faisaient connaitre les conquêtes de l'Union soviétique dans la politique, l'économique, le social et le culturel (dépêche n° 718 du 7 septembre 1950 de Sofia, non reproduit).

364

M. Chataigneau, Ambassadeur de France à Moscou,
à M. Schuman, Ministre des Affaires étrangères[1].

T. n°s 2573-2581.   *Moscou, 21 novembre 1950, 7 h. 15.*

(*Reçu* : le 21, 11 h. 20)

Il est, à divers indices, permis de penser que nous entrons rapidement dans le plein de la crise ouverte en Asie par le Kremlin à la seule fin de régler la question allemande et d'arrêter le réarmement de l'Occident. Plus se confirme l'hésitation dans laquelle sont les trois gouvernements occidentaux quant à l'opportunité d'une conférence à Quatre sur l'Allemagne, plus Moscou resserre, insensiblement et avec une subtilité dont il nous a déjà donné de nombreuses preuves, sa pression.

Il est, en effet, assez remarquable, qu'après s'être abondamment servie du tremplin coréen pour dénoncer « la politique d'agression américaine en Extrême-Orient », la presse soviétique oublie actuellement de s'intéresser aux malheurs de Pyong Yang pour insister exclusivement sur l'attaque généralisée que les États-Unis se prépareraient à lancer contre la Chine.

Le thème de l'impérialisme est nettement éclipsé par celui de l'agression. Si la presse aux ordres du Kremlin analyse ce qui se passe au Viêtnam, au Tibet, aux Philippines, en Malaisie, en Birmanie et en Indonésie, c'est bien moins pour dénoncer, avec Owen Lattimore, les survivances d'un impérialisme démodé ou pour attaquer la politique colonialiste de la France et la Grande-Bretagne, que pour alerter les Chinois sur les menées du gouvernement américain, déterminé à faire de ces pays des bases de départ pour attaquer la Chine. C'est ainsi que, pour le chroniqueur de la *Pravda,* l'action militaire chinoise au Tibet a, en déjouant les plans de Washington, contribué à sauvegarder la paix déjà gravement menacée en Extrême-Orient.

Bien plus, et tout en attisant ainsi la campagne entreprise par le gouvernement de Pékin pour enflammer le patriotisme chinois, Moscou se hâte de compléter le dossier constitué de la collusion nippo-américaine. Après avoir, au cours de ces 12 derniers mois, tour à tour dénoncé les intrigues de MacArthur et de Yoshida, la libération « illégale » de nombreux criminels de guerre japonais, l'utilisation en Amérique même, de spécialistes nippons de la guerre bactériologique, la presse soviétique n'hésite plus maintenant à accuser le général MacArthur de mettre secrètement au point une véritable alliance militaire

---

[1] Note manuscrite : « *Vu Cattand. As la stratégie du Kremlin et l'intervention chinoise en Corée* ».

avec le gouvernement japonais, pendant du réarmement de l'Allemagne occidentale.

Le dessein de guerre paraît assez clair : si la crise ouverte par l'intervention des volontaires chinois sur le front coréen n'est pas bientôt résolue, les puissances occidentales devront sans doute s'attendre à voir le gouvernement soviétique invoquer peut-être prochainement l'article 1 du traité d'amitié sino-soviétique qui fait à ce gouvernement obligation de « prêter immédiatement son aide militaire et autres » à la Chine « victime d'une agression de la part du Japon ou de l'allié de ce dernier ».

Si l'on peut certes douter du désir du Kremlin de déclencher ainsi un 3ème conflit mondial, si l'on peut supposer également que Mao Tsé-Toung n'a agi que pour obliger les États-Unis à réviser leur politique chinoise et pour obtenir notamment satisfaction au sujet de Formose, le fait que la propagande de Moscou ne néglige aucune occasion d'attiser la haine des Chinois pour les Américains, souligne suffisamment la volonté que l'on a ici d'user jusqu'à l'extrême limite du danger de guerre, de l'atout asiatique pour amener Washington, Londres et Paris à faire à la cause de la paix mondiale un sacrifice substantiel, en cédant sur la question allemande.

Sachant à quel point il a peu le goût de l'aventure, on doit cependant se demander si le risque grave que le Kremlin prend aujourd'hui à l'Est ne répondrait pas à la nécessité où il se trouverait lui-même de calmer les inquiétudes que sa politique allemande inspire aux pays satellites.

C'est peut-être pourquoi, si dangereuse que soit la tension actuelle et si peu sûr que l'on soit des initiatives que le gouvernement soviétique, ébranlé dans la conviction de sa toute puissance, serait un jour capable de prendre, le meilleur moyen de raffermir la paix menacée est, semble-t-il plus que jamais, celui de la fermeté ; les abandons que pour sauver la situation en Extrême-Orient les puissances occidentales seraient tentées de faire en Europe, ne feraient qu'encourager le Kremlin, inquiet en ce moment de la résistance de ses adversaires, à précipiter de nouvelles exigences.

(Direction d'Asie-Océanie, Dossiers généraux, volume 38)

365

M. Bonnet, Ambassadeur de France à Washington,
à M. Schuman, Ministre des Affaires étrangères[1].

T. nos 4833-4843.   *Washington, 21 novembre 1950, 21 h. 04.*

Réservé. Priorité absolue.

J'ai eu ce matin un entretien avec M. Dean Acheson au sujet de la réponse à faire à la note russe du 3 novembre et de la proposition de zone internationale en Corée.

1) Le Secrétaire d'État est d'accord pour que des conversations entre les représentants des trois puissances alliées aient lieu à une date rapprochée, en vue de confronter nos projets respectifs de réponse à Moscou. Je lui ai dit que les termes de notre note étaient à l'étude et que nous pensions être en mesure de faire connaître à brève échéance la date à laquelle nos experts pourraient prendre part à la discussion envisagée. M. Dean Acheson est d'avis que cette réunion se tienne dès qu'il sera possible. Il m'a confirmé que le projet de réponse américain était à l'étude et qu'il faudrait encore deux jours environ pour que la teneur en soit arrêtée. Il a, à ce propos, exprimé sa satisfaction des aspects concordants qu'offrent les déclarations publiques qui ont été faites par les trois ministres des Affaires étrangères de France, des États-Unis et de Grande-Bretagne. J'ai rappelé alors que vous aviez insisté pour que la réponse à la note russe eût un caractère positif. Sans doute certaines des propositions de l'URSS, celle par exemple qui demande la parité entre les deux Allemagnes dans une éventuelle assemblée constituante, sont-elles parfaitement inacceptables ; il ne serait, d'autre part, pas concevable que, dans l'état actuel du monde, une conférence des Quatre se bornât à traiter le problème allemand en ignorant les autres causes de la tension internationale. Mais il importe de ne pas donner l'impression que nous voulons provoquer un refus et de montrer que nous sommes désireux au contraire de rechercher des solutions aux difficultés présentes.

Le Secrétaire d'État m'a répondu qu'il ne fallait, en effet, pas fermer la porte aux discussions et qu'il espérait que nous pourrions, en comparant les diverses suggestions actuellement à l'étude, trouver une forme de présentation satisfaisante. Il a convenu que, tant pour l'opinion publique en général qu'en raison de la résolution adoptée par l'ONU, nous devions nous garder de prendre une attitude négative.

---

[1] Télégramme communiqué à la Présidence de la République, la Présidence du Conseil, MM. Parodi, de La Tournelle, Clappier et de Bourbon-Busset ainsi qu'à la délégation française à New York (nos 1094-1104).

Je pense que le projet de réponse américain nous sera communiqué avant la réunion envisagée. C'est en discutant le détail du document à établir qu'il sera possible, tout en maintenant les positions de principe des nations occidentales, d'éliminer s'il y a lieu des suggestions qui entraîneraient dès le début la rupture des pourparlers au lieu de mener à la préparation d'un ordre du jour. Mon télégramme n° 4821 vous a rendu compte des difficultés qu'il y a lieu de prévoir à cet égard[1].

En ce qui concerne le lieu de la réunion à Trois, M. Dean Acheson m'a dit qu'il avait songé à Paris. Il n'a aucune objection contre Londres, mais M. Douglas devant rentrer à Washington cette semaine et M. Gifford n'étant pas encore disponible, il eût été plus facile pour les États-Unis de constituer leur délégation à Paris. Au cas où nous nous serions mis d'accord avec les Anglais pour Londres, M. Julius Holmes pourrait conduire la négociation du côté américain ; il se pourrait aussi qu'on demandât à M. Bruce ou à un de ses collaborateurs de faire le déplacement ; mais aucune décision n'a encore été prise à ce sujet.

2) Le Secrétaire d'État n'a pas marqué d'hostilité de principe à la proposition de créer une zone démilitarisée le long de la frontière coréo-chinoise. Mais il a souligné les difficultés de l'entreprise. Il ne faut pas que cette zone devienne en fait et malgré la présence d'une commission des Nations unies réduite à l'impuissance, un nouvel État nord-coréen. Il faudra donc se mettre d'accord pour que des forces de police puissent empêcher la reconstitution d'unités communistes ainsi que le maintien ou l'entrée des troupes de Pékin. Il n'est pas sûr non plus que les Chinois ne veuillent pas précisément créer tout au long de leur frontière un état d'insécurité qui obligerait les États-Unis à conserver des forces importantes dans la région. Mais M. Dean Acheson a reconnu à cette occasion qu'il était précisément désirable de ne pas se laisser entraîner dans cette voie et qu'il fallait, si possible, éviter d'avoir à monter la garde dans un pays difficile sur une frontière de quelque sept cents kilomètres. Le problème, a-t-il ajouté, va pouvoir être étudié avec la délégation chinoise, qui est attendue à Lake Success vendredi. Il lui paraît difficile d'ici là d'en parler utilement. Sans doute est-il possible que les représentants de Mao Tsé-Toung ne se prêtent pas facilement à ces entretiens. Le Secrétaire d'État ne doute pas néanmoins que, de divers côtés, on les presse de se prononcer. On peut espérer qu'il sera plus facile alors de voir clair dans les intentions de leur gouvernement.

Il ressort de ces propos que si le Secrétaire d'État n'a pas une confiance exagérée dans les pourparlers qui vont s'engager, il ne partage pas non plus l'opinion de certains milieux absolument opposés à la création de la zone démilitarisée et qui comptent sur une avance rapide des troupes américaines pour régler la question dans les jours qui viennent.

---

[1] Document non reproduit.

En ce qui concerne le droit de poursuite des avions chinois, M. Dean Acheson a été plus réticent. Il est extrêmement pénible, m'a-t-on dit, de laisser attaquer et parfois abattre par des appareils qui font une apparition de quatre ou cinq minutes au-dessus du territoire coréen ces croiseurs modernes que sont les bombardiers B. 29 ; mais il m'a néanmoins donné l'assurance que rien ne serait fait du côté américain qui puisse envenimer la situation et provoquer des combats aériens au-dessus de la Mandchourie[1].

(Secrétariat des Conférences, NUOI, volume 142)

366

M. Garnier, Ambassadeur de France à La Haye,
     à M. Schuman, Ministre des Affaires étrangères[2].

T. n°s 1724-1732.   *La Haye, 22 novembre 1950, 14 h.*

Priorité absolue. Confidentiel.   *(Reçu : le 22, 15 h. 45)*

Le Secrétaire général des Affaires étrangères avec qui j'avais rendez-vous ce matin a saisi l'occasion de cet entretien pour prier M. Spierenburg de venir m'exposer le point de vue hollandais sur la phase actuelle des pourparlers relatifs au Plan Schuman.

Mes deux interlocuteurs ont tenu tout d'abord à rappeler l'effort accompli par le gouvernement néerlandais qui s'est associé « de tout cœur » au projet français. Ils ont souligné l'intérêt politique que présentait la coopération des Pays-Bas sur le plan continental. Évoquant les réticences traditionnelles de leur pays, ils ont fait ressortir que, pour la première fois, celui-ci s'était engagé franchement sur la voie de la collaboration européenne, amorce possible d'une intégration de plus en plus grande qui pouvait se traduire prochainement, à titre d'exemple, par l'entrée en vigueur du Plan Mansholt en matière agricole, bien que ce projet fut à certains égards peu favorable aux intérêts anglais.

Or M. Boon et M. Spierenburg éprouvaient dans l'instant présent certaines inquiétudes dont ils avaient estimé nécessaire de me faire part

---

[1] Lors d'un entretien avec Rusk, Secrétaire d'État adjoint aux affaires d'Extrême-Orient, Bonnet soulignait les difficultés qu'allait entrainer l'offensive américaine prévue contre les troupes d'intervention chinoises. Pour sa part, Rusk ne croyait pas en la création d'une zone démilitarisée le long de la frontière chinoise, ni même en une zone tampon afin de rassurer les Chinois (après un éventuel succès militaire des Nations unies). Bonnet en retirait comme impression que le gouvernement américain ne tenait pas à entrer en négociation avant d'avoir démontré sa supériorité militaire (télégramme n°s 4858-4866 du 23 novembre 1950 de Washington, non reproduit).

[2] Avec prière de communiquer d'urgence à M. Monnet.

en toute franchise. Depuis un certain temps déjà, des conversations de couloir se poursuivaient entre Français, Américains et Allemands. L'extrême susceptibilité des petites puissances m'était bien connue.

On avait été flatté à La Haye – et cela avait beaucoup facilité les choses – de l'importance attachée par la France au concours des Pays-Bas dont pourtant la contribution dans le domaine charbon-acier était relativement secondaire. On était d'autant plus sensible à tout ce qui pouvait donner l'impression d'être par moment laissé quelque peu à l'écart comme dans le cas des échanges de vues actuels.

Le Plan Schuman avait toujours été considéré comme une affaire essentiellement européenne. On ne voudrait pas qu'il devînt une entreprise principalement américaine. Certains points de projet d'accord paraissaient d'ailleurs devoir être remis en cause, tel par exemple l'article sur la décartellisation, les Américains voulant aller plus loin encore que les dispositions arrêtées en la matière par les puissances occupantes.

D'autre part, si les Allemands étaient en droit de relever comme ils venaient de le faire assez brusquement le prix de leur charbon, cette hausse n'était nullement justifiée par des augmentations de salaires.

Elle apparaissait donc comme contraire à l'esprit du Plan Schuman. Le seul des États contractants qui risquât de souffrir indirectement et quelles que puissent être les compensations envisagées de cette mesure, était la Hollande, pays importateur. Aussi certains membres du gouvernement néerlandais, et notamment le ministre des Affaires économiques, qui avaient beaucoup contribué à faire accepter ici le Plan Schuman s'inquiétaient-ils vivement des répercussions possibles de la décision allemande. Je note à ce propos que M. Van Den Brink a dit lui-même hier soir à un de mes collaborateurs au cours d'un dîner à l'Ambassade que la mise au point de la convention ne lui paraissait pas pouvoir intervenir dans les dix jours comme on semblait s'y attendre. « Il faudra bien un bon mois, a-t-il observé, pour venir à bout de certaines petites difficultés nouvelles ».

Il y avait donc ici un certain malaise et l'on souhaitait qu'il se dissipât le plus vite possible. Aussi espérait-on que la réunion des présidents des délégations fixée en principe à demain ne fut pas au dernier moment reportée. On désirait en effet voir reprendre sans tarder les négociations officielles. S'il était effectivement nécessaire de discuter avec les Américains, pourquoi ne pas le faire dans le cadre du Plan Schuman et à six.

Des tractations isolées, en ordre dispersé, pouvaient avoir des inconvénients. C'est ainsi que en l'absence de M. Spierenburg, le délégué néerlandais avait cru devoir de son côté entrer en contact direct avec les Américains. M. Spierenburg ne pouvait l'en blâmer mais il ne trouvait pas que ce fût une bonne méthode. Il importait d'éviter tout ce qui risquait de « fausser l'esprit et d'alourdir l'atmosphère » du Plan Schuman au moment même où l'on voulait aboutir.

Aux Pays-Bas, il existait toujours une certaine tendance à vouloir rester à l'écart, à redouter l'hégémonie des grandes puissances et certains membres du gouvernement n'avaient pas manqué de relever qu'en ce qui concernait le Plan Schuman, la Hollande était allée bien loin. Il ne fallait pas encourager ces courants qui pouvaient avoir leurs répercussions au Parlement alors que l'on touchait presque au but.

Certes on faisait pleine confiance à M. Jean Monnet et M. Spierenburg en particulier n'avait jamais eu qu'à se louer de ses rapports avec lui qui avaient toujours été excellents. Mes interlocuteurs, qui connaissaient son esprit de compréhension dont il avait donné de multiples preuves au cours de ces négociations difficiles, souhaitaient qu'il fût bien informé et pleinement conscient des difficultés particulières de la position hollandaise qu'ils avaient ainsi tenu à m'exposer.

(Direction d'Europe, Généralités, volume 112)

367

NOTE DE M. ROLAND DE MARGERIE, DIRECTEUR ADJOINT DES AFFAIRES POLITIQUES[1]

Questions intempestives

N.   *Paris, 22 novembre 1950.*

I/ Le gouvernement français croit-il que la sécurité de la France et la paix mondiale seraient consolidées si les deux Allemagne étaient évacuées simultanément par les puissances occupantes, – l'unité allemande se trouvant ainsi reconstituée ; l'Allemagne servant de *no man's land* entre le monde soviétique et le monde occidental ; l'URSS demeurant en Pologne et en Tchécoslovaquie, c'est-à-dire à proximité immédiate des territoires évacués dont ne la sépare aucun obstacle géographique ; et les forces américaines regagnant les États-Unis ;

Ou bien le gouvernement français estime-t-il, devant les risques d'une telle solution, qu'il vaut mieux maintenir le *statu quo*, – autrement dit : qu'il est préférable de voir les Russes sur l'Elbe, mais l'Allemagne divisée, l'Allemagne de l'Ouest inféodée à l'Occident, et les forces américaines stationnées en Europe, et même renforcées ?

Le gouvernement français n'aurait-il pas intérêt à solliciter sur ce point l'avis des chefs d'état-major, d'une personnalité militaire éminente comme le général Juin, et du Conseil supérieur de la Défense nationale ?

---

[1] Note manuscrite : « *M. Sauvagnargues. M. Seydoux* ».

II/ Dans l'hypothèse d'une négociation à quatre avec l'URSS sur ce que cette dernière nomme la « démilitarisation » de l'Allemagne, le gouvernement français est-il disposé à envisager :

A) que cette « démilitarisation » devienne une « neutralisation », (thèse de M. Pierre Cot, qui reflète évidemment celle de l'URSS) ;

B) que cette neutralisation s'accompagne d'une garantie des puissances voisines analogue à celle que le traité de 1839 prévoyait pour la Belgique ;

C) qu'elle entraîne pour l'Allemagne :

a) soit la défense perpétuelle d'entretenir une armée (et c'est dans ce cas seulement que l'on pourrait parler avec l'URSS d'une « démilitarisation » de l'Allemagne),

b) soit le droit pour elle de protéger sa propre neutralité en possédant une armée nationale (ce qui serait contraire aux vues unanimement exprimées jusqu'ici par les signataires du pacte de l'Atlantique) ?

III/ Le gouvernement français pense-t-il qu'il existe, entre le monde occidental et l'URSS un véritable objet de négociation qui soit autre que l'abandon par la Russie de la politique d'expansion poursuivie par elle depuis 1939, et l'évacuation du glacis soviétique systématiquement constitué depuis les accords Molotov-Ribbentropp ; dans le cas où il aboutirait à la conclusion qu'il est vain d'espérer que l'URSS consente à évacuer le Pologne, la Tchécoslovaquie, la Roumanie, la Hongrie et la Bulgarie, le gouvernement français estimerait-il cependant que la négociation diplomatique contient en elle-même une vertu lénifiante et pacificatrice et que, par conséquent, il convient de saisir l'occasion offerte, dans l'intérêt d'une détente internationale, quitte à se proposer, pour commencer, des objets limités dans le temps comme dans l'espace ?

IV/ Dans cette dernière hypothèse, positive, le gouvernement français serait-il disposé à recommander une politique de rétablissement de la confiance par étapes successives :

A) par un règlement préalable, à titre démonstratif, de la question d'Autriche, au moyen de la signature d'un traité de paix, accompagnée de l'évacuation du territoire autrichien ;

B) par la recherche ultérieure, si l'expérience réussit, d'une solution analogue pour l'Allemagne, comportant :

a) l'évacuation d'abord partielle du territoire allemand, avec repli sur le Rhin des forces occidentales,

b) l'évacuation totale de l'Allemagne, dans des délais qui seraient fonction de la réussite de l'évacuation partielle ?

V/ Pour ne point perdre le bénéfice de la présence et de l'intervention américaines en Europe, – que nous nous attachons systématiquement depuis deux ans à conserver et à renforcer –, le gouvernement français

accepterait-il – comme le fait déjà la Grande-Bretagne – le stationnement permanent de forces américaines sur le territoire français, belge,
néerlandais et luxembourgeois ?

VI/ Dans la première hypothèse, négative – c'est-à-dire au cas où le
gouvernement français estimerait dangereux tout abandon de territoire
et tout recul sur notre propre glacis qui n'entraîneraient pas le rétablissement simultané de régimes libres en Pologne, Tchécoslovaquie, Roumanie, Bulgarie et Hongrie – serait-il prêt, toujours en vue de
provoquer une détente dans les relations internationales, à prendre
l'initiative de proposer la conclusion d'un pacte de non-agression entre
l'URSS, les États-Unis, la Grande-Bretagne et la France ?

(Direction d'Europe, Généralités, volume 136)

368

NOTE DE LA DIRECTION POLITIQUE - SERVICE DES PACTES

N.   *Paris, 24 novembre 1950.*

Au stade actuel de la négociation qui se déroule au Conseil des Suppléants, il paraît nécessaire d'étudier les différentes propositions faites
en vue de permettre une participation allemande à la défense occidentale par rapport aux buts de la politique française à l'égard de l'Allemagne.

Ces buts consistent essentiellement à maintenir les contrôles exercés
par les Hauts-Commissaires alliés aussi longtemps que n'auront pas été
établies des institutions européennes suffisamment solides pour que ces
contrôles puissent être remplacés par les garanties qu'apportera l'entrée
de l'Allemagne dans un système fédéral efficace. Il s'agit en d'autres
termes d'éviter de donner à la République fédérale une souveraineté,
dont par la nature même des choses (décision de l'Allemagne, territoires
de l'Est) elle risquerait d'être amenée à faire un usage dangereux.

Le plan français initial subordonnait la levée de contingents allemands à la création préalable d'une armée et d'institutions politiques
européennes. Devant l'opposition qu'il a rencontrée, la recherche d'un
compromis a amené le suppléant français à suggérer que certaines
mesures provisoires pour la participation d'unités allemandes soient
prises en tout état de cause et dans des délais déterminés, tandis que
dès la signature du Plan Schuman se réunirait une commission chargée
de créer les organismes de l'armée européenne. Ainsi modifié, le plan
français serait sans aucun doute très proche des propositions de M.
Spofford qui prévoient des mesures provisoires en Allemagne sous le

contrôle des Hauts-Commissaires ainsi que l'étude simultanée des institutions européennes.

Le danger de ces propositions est de ne donner à la France aucune assurance certaine en ce qui concerne le maintien des contrôles. En cas d'acceptation par nous des propositions américaines, il est, en effet, très probable que les Allemands refuseront d'y souscrire tant que les contrôles ne seront pas levés, cela, d'autant plus que le plan français, tel qu'il a été présenté à M. Adenauer, impliquait que l'Allemagne participerait à l'armée européenne sur le même pied que les autres pays. Dans ce cas, la France pourrait être sollicitée par les États-Unis d'accepter la levée des contrôles pour permettre la réalisation des mesures provisoires qu'elle a admises, et ceci à un moment où la Commission européenne n'aurait pas achevé ses travaux. Nous risquerions alors de perdre sur les deux tableaux : fin des contrôles et absence d'institutions européennes.

À ce danger, on pourrait répondre par une proposition semblable à celle du suppléant hollandais : le transfert du pouvoir de contrôle à une autorité atlantique. Mais, outre que cette proposition ne paraît avoir été faite que pour permettre aux Pays-Bas à un premier stade de participer dans une certaine mesure au contrôle de l'Allemagne et suppose, d'autre part, l'accession rapide de l'Allemagne au Pacte atlantique, elle ne serait vraisemblablement pas acceptée par les Allemands qui ne peuvent demander la suppression d'un système de contrôle et en admettre un autre.

Il faut en conclure que la négociation sur la nature de la participation allemande devrait être accompagnée d'une demande adressée par la France aux deux autres puissances occupantes de s'engager en tout état de cause, et quelle que soit la position allemande, à maintenir le régime actuel d'occupation tant qu'une autorité politique européenne chargée de gérer une armée européenne au préalable intégrée dans la force atlantique n'aurait pas commencé de fonctionner.

(Direction d'Europe, Allemagne, volume 1030)

369

M. Alphand, Délégué permanent de la France au Conseil
des Suppléants du Pacte atlantique,
à M. Schuman, Ministre des Affaires étrangères[1].

T. Metric n°s 10456-10464[2].   *Londres, 26 novembre 1950, 20 h. 10.*

(*Reçu* : le 26, non précisé)

Les négociations de Londres ont pris maintenant une tournure[3] telle
que nous pourrions tenter de faire prévaloir une solution dont les
grandes lignes seraient les suivantes :

Primo : La participation militaire allemande s'effectuerait à l'échelon
du *Combat Team.*

Secundo : Une conférence européenne se réunirait à Paris en vue
d'étudier et de mettre au point les propositions françaises destinées à
créer une armée européenne et les institutions correspondantes. Toutes
les puissances européennes de l'OTAN seraient invitées ; en répondant
positivement à l'invitation, elles ne se prononceraient pas par avance
sur le principe de l'accord à réaliser, mais accepteraient que les discussions soient concentrées sur le sujet prévu. Les puissances atlantiques
non européennes et les puissances atlantiques européennes non parti-
cipantes pourraient éventuellement être représentées par des observateurs. L'invitation ne serait lancée par la France qu'après la signature
du Plan Schuman. Toutefois la décision sur ce point resterait entre nos
mains.

Tertio : Des mesures intérimaires pour la formation d'unités allemandes seraient convenues. Elles comprendraient des dispositions préparatoires au recrutement ; puis le recrutement et l'entraînement de
petites unités allemandes rattachées provisoirement aux divisions alliées
se trouvant en Allemagne ; enfin la création de *Combat Teams* allemands.

Quarto : Aussi longtemps que les institutions européennes ne seront
pas en place, les mesures intérimaires seront exécutées sous le contrôle,
suivant le cas, de la Haute-Commission alliée en Allemagne ou du
commandant suprême atlantique.

[1] Télégramme à communiquer d'urgence au Président du Conseil.

[2] La série de télégrammes, de dépêches ou de notes « Metric », particulièrement protégée
et à exemplaire unique, avait été mise en place à l'occasion du Pacte de Bruxelles, à la
demande des Anglais et des Américains.

[3] On trouve plusieurs télégrammes rapportant les débats des Suppléants à Londres.
Alphand notait les positions et les progrès de chacun, les points de divergence entre Français
et Américains, notamment autour de la question du Haut-Commissaire européen de
Défense (télégramme n°s 10422-10427 du 22 novembre 1950 de Londres, non reproduit).

Quinto : Au fur et à mesure que des progrès seront réalisés en ce qui concerne la constitution de l'armée européenne, les mesures intérimaires feront place à des dispositions de caractère permanent.

A) Le Haut-Commissaire européen dont les attributions seront les mêmes vis-à-vis de tous les pays participant à l'armée européenne, assurera les pouvoirs qui lui seront progressivement dévolus et notamment en matière de recrutement (voir mon n° 10371)[1].

B) Parallèlement, certains des contrôles exercés par les Hauts-Commissaires alliés seront progressivement appelés à disparaître.

C) Le commandant suprême aura vis-à-vis de l'armée européenne des pouvoirs analogues à ceux dont il bénéficiera vis-à-vis des armées nationales formant la force unifiée atlantique.

Dans un pareil système, si la formation des unités allemandes n'est plus strictement subordonné aux progrès de l'organisation militaire européenne, il n'en restera pas moins que :

Primo : L'Allemagne sera incitée au succès rapide des négociations rapides de Paris puisqu'elle ne pourrait être libérée d'une partie des contrôles qui pèsent sur elle que dans la mesure où un accord sur l'armée européenne interviendrait.

Secundo : Les unités allemandes à former ne dépasseraient pas en toute hypothèse, l'échelon du *Combat Team.*

Il importerait donc, au plus haut point, que jusque la conclusion d'un pareil accord, notre Haut-Commissaire en Allemagne reçût mission de s'opposer à tout relâchement des contrôles (notamment en ce qui concerne les industries interdites et limitées et la dénazification) et que, si possible, il fût entendu que ses collègues américain et britannique se plient à des directives identiques. Nous risquons sur ce point d'ailleurs de nous heurter à des difficultés sérieuses de la part de nos deux partenaires.

J'ajoute qu'étant donné l'état d'esprit qui paraît régner en Allemagne, nous n'aurions vraisemblablement pas à redouter, sous l'emprise du régime intérimaire, une formation accélérée des unités allemandes. L'Allemagne semble en effet soucieuse de ne pas s'engager trop avant dans ce domaine aussi longtemps que des discriminations trop rigoureuses lui sont imposées et qu'elle n'est pas assurée qu'une force atlantique suffisante se trouve en fait stationnée en Europe continentale. Ces délais devraient donc nous permettre de déterminer à temps les missions et pouvoirs du Haut-Commissaire européen à la Défense, de créer les institutions politiques vis-à-vis desquelles il serait responsable, et de procéder à sa nomination.

Il convient de ne pas se dissimuler les difficultés de cette tentative en raison notamment de la complexité des positions prises par nos interlocuteurs. À la différence de l'accueil chaleureux qu'avait reçu sur le

---

[1] Document non reproduit.

continent l'annonce du Plan Schuman, le projet français d'armée européenne provoque, chez les représentants des mêmes pays, des réactions réservées quand elles ne sont pas méfiantes.

Je serais reconnaissant au gouvernement de m'indiquer si je puis m'engager sur une pareille voie.

(Secrétariat général, Dossiers, volume 7)

370

Note de la Direction d'Asie-Océanie

Intervention chinoise en Corée

N. *Paris, 27 novembre 1950.*

Le 20 octobre dernier, après la capture de Pyongyang, le gouvernement et l'état-major américains considéraient la campagne de Corée comme virtuellement terminée. L'avance réalisée par les troupes de l'ONU le long de la côte orientale et le succès de l'opération aéroportée de Suckson et Sunchon avaient, en effet, permis de couper la retraite des divisions qui tentaient de trouver refuge dans le massif montagneux du nord du pays. Avec 200 000 hommes hors de combat et 135 000 prisonniers, l'armée de Kim Il Sung paraissait entièrement hors d'état de s'opposer plus longtemps aux 350 000 hommes de MacArthur appuyés par 80 000 Coréens. Et le 27 octobre, le porte parole de SCAP[1] annonçait la suppression des séances d'information.

Cependant, le même jour, les forces de l'ONU se heurtaient de nouveau à une vive résistance. Un régiment Rok était encerclé près d'Onjong et le commandement sud-coréen affirmait qu'environ 40 000 hommes appartenant au 40e corps communiste chinois avaient franchi la frontière afin de protéger les puissantes centrales hydroélectriques (construites par les Japonais de 1937 à 1943), et qui, avec un rendement de 1 200 000 kw, alimentent en courant les industries mandchoues.

Le 1er novembre, la 4e division sud-coréenne était repoussée avec de lourdes pertes et, le 2, toutes les troupes des Nations unies se voyaient contraintes de reculer d'une quinzaine de kilomètres par une puissante contre-attaque appuyée par des éléments blindés. Dès le 4, elles étaient amenées à s'installer défensivement derrière la rivière Chongchon.

Désormais, l'intervention chinoise ne pouvait plus être mise en doute et, le 6 novembre, dans un communiqué publié à Tokyo, le général MacArthur soulignait la gravité de la situation créée par l'entrée en

---

[1] SCAP : *Supreme Commander for the Allied Powers*, soit le Commandant suprême allié au Japon.

campagne d'une « nouvelle armée communiste » venue de Mandchourie et disposant « de larges réserves et d'amples approvisionnements » concentrés « au-delà des limites du champ présent de notre action militaire ».

Cependant, peu après, le contact était brusquement rompu entre les troupes de Mao Tsé-Toung, regroupées dans la région voisine du Yalu, et celles des Nations unies. Ces dernières se réorganisaient sans être gênées par la pression de l'ennemi et, après environ une semaine, reprenaient prudemment leur marche en avant[1].

À l'heure actuelle, l'état-major de Tokyo estime qu'entre son armée et la frontière, s'interposent une douzaine de divisions chinoises, représentant environ 70 000 hommes équipés pour la guerre de montagne, et quelque 60 000 Nord-Coréens qui ont pu être récupérés grâce à l'avance initiale des unités venues de Chine. Par ailleurs, les Mustang ont quotidiennement à faire face à des appareils à réaction que l'on voit s'envoler des aérodromes mandchous. Bien que les forces américaines disposent d'une grande supériorité en matériel et en puissance de feu, le problème des effectifs préoccupe vivement Washington où l'on estime qu'environ 500 000 hommes stationnés en Mandchourie, appuyés par des chars et de l'aviation pourraient, d'un moment à l'autre, être jetés dans la bataille.

***

Cette intervention tardive des troupes de Mao Tsé-Toung aux côtés de celles de Kim Il Sung a donné lieu à des interprétations multiples et contradictoires. Cependant les autorités de Pékin ont, à diverses reprises, au cours des derniers mois, précisé officiellement leur position à l'égard de l'affaire coréenne.

Le 30 septembre, en effet, le Président du Conseil et ministre des Affaires étrangères a, dans un discours public, exalté la solidarité des « jeunes démocraties » de Chine et de Corée et affirmé que le peuple

---

[1] On était encore optimiste le 16 novembre dans les bureaux du Pentagone concernant l'offensive des Alliés lancée le 12 novembre. On pensait que les Chinois se contenteraient d'une action limitée. Mais de plus en plus se posait la question d'un éventuel danger de guerre avec la Chine car on se rendait bien compte que celle-ci n'accepterait pas d'avoir une frontière commune avec un pays soutenu par les États-Unis (télégramme n⁰ˢ 4761-4769 du 16 novembre 1950 de Washington, non reproduit). L'offensive lancée par les Nations unies le 12 ne donnait pas les résultats attendus, et il semblait peu probable que l'on arrive à repousser les forces chinoises et nord-coréennes à bref délai. Une campagne d'hiver était donc à craindre, et les renseignements indiquaient bien un renforcement des troupes chinoises (télégramme n⁰ˢ 2222-2228 du 18 novembre 1950 de Tokyo, non reproduit). S'opposaient, parmi les Américains, ceux qui souhaitaient mettre la main à tout prix sur les barrages et centrales électriques du Yalu, et ceux qui, devant cette campagne d'hiver, voulaient saisir la première occasion et arriver à un règlement avec la Chine (télégramme n⁰ˢ 2229-2232 du 18 novembre 1950 de Tokyo, non reproduit).

chinois « ne resterait pas inactif en cas d'invasion du territoire de son voisin ».

Le surlendemain, 2 octobre, M. Chou En Lai réitérait cette mise en garde en avertissant formellement l'ambassadeur de l'Inde à Pékin que l'armée chinoise entrerait en Corée du Nord « si les forces de l'ONU franchissaient le 38ᵉ parallèle », mais qu'elle s'abstiendrait, par contre, de toute intervention si cette ligne n'était franchie que par les seules troupes sud-coréennes.

Le moment choisi pour l'intervention chinoise et la forme qu'elle a revêtue donnent cependant à penser que les dirigeants de Pékin ne souhaitent pas une guerre ouverte avec les États-Unis. Ils se sont, en effet, abstenus lorsqu'ils avaient la possibilité d'infliger une défaite retentissante aux troupes américaines. D'autre part, la déclaration commune des « partis démocratiques », diffusée le 4 novembre par Radio-Pékin, prend soin de n'évoquer l'envoi que de seuls « volontaires », désireux, en aidant la Corée, de « défendre leur patrie directement menacée sur sa frontière nord-est ». Ainsi la porte a-t-elle été laissée entrouverte pour la négociation, tandis qu'a été proclamée, avec la plus grande netteté, l'immense importance stratégique que présente la Corée pour la sécurité de la Chine, qui ne saurait accepter de voir fixer en dehors d'elle le statut de la péninsule.

***

C'est dans ces conditions que le Conseil de sécurité s'est réuni le 8 novembre pour étudier l'intervention chinoise en Corée. Un projet de résolution soviétique à l'effet d'inviter des représentants de la Chine communiste fut repoussé par trois voix contre deux et 6 abstentions (dont la France). Le Conseil adopta par 8 voix contre deux (Cuba, Chine) et 2 abstentions (Égypte) une proposition analogue présentée par le Royaume-Uni, mais précisant que l'invitation devait être limitée à l'examen du rapport du commandant en chef. Le lendemain, sans attendre l'arrivée des délégués communistes, le Conseil aborda l'examen du projet de résolution déposé par les délégations de Cuba, de l'Équateur, de la France, de la Norvège, du Royaume-Uni et des États-Unis.

Ce projet – dont la discussion a été retardée afin d'attendre l'arrivée de la délégation chinoise – prend acte du rapport spécial du commandement des Nations unies en Corée, affirme le caractère temporaire de l'intervention de l'ONU et proclame solennellement son intention de respecter la frontière sino-coréenne et de protéger les intérêts légitimes chinois et coréens dans la zone frontalière.

Par un télégramme du 11 novembre, M. Chou En Lai a fait savoir au président du Conseil de sécurité que son gouvernement décline l'invitation qui lui a été adressée le 7 de participer aux débats sur le rapport spécial du général MacArthur. Mais si les représentants de la

Chine communiste n'entendent pas se voir assigner un sujet aussi limité que l'examen d'un rapport « illégal », ils désirent discuter conjointement les deux problèmes de « l'intervention armée en Corée et de l'agression contre le territoire chinois de Taïwan par le gouvernement des États-Unis ». De fait, la délégation chinoise est arrivée à Lake Success le 24 novembre, c'est-à-dire le jour même où MacArthur lançait son offensive « finale ».

***

Le déclenchement de cette nouvelle action militaire a provoqué à l'ONU moins d'émotion qu'on pouvait en attendre. La raison en est sans doute que les milieux internationaux, mal instruits des entretiens de Washington, étaient peu convaincus de la possibilité d'établissement d'une zone neutre. D'autre part, pour beaucoup de délégués, l'opération nouvelle apparaît comme la poursuite, à un rythme plus vif, de celle qui était en cours depuis près de 15 jours. Tous cependant sont conscients des conséquences que peut avoir, sur la prise de contact avec la délégation chinoise, l'accélération soudaine de la marche vers le Yalu.

D'après les indications recueillies par nos ambassadeurs à Londres et à Tokyo, le général MacArthur ne serait pas irréductiblement hostile à l'idée d'arrêter les forces américaines à une faible distance de la frontière. Il aurait même, d'ores et déjà, l'intention, une fois achevé le nettoyage du territoire nord-coréen, de ramener en arrière le gros de ses forces, en les couvrant d'un léger rideau de protection.

Dans ces conditions, la solution d'une zone démilitarisée demeure aussi intéressante sinon plus qu'auparavant, afin de limiter les risques d'incidents de frontière, et la constitution d'une telle zone pourra semble-t-il être étudiée au cours des conversations qui vont s'engager à Lake Success.

(Direction d'Asie-Océanie, Corée, volume 72)

371

M. Massigli, Ambassadeur de France à Londres,
    à M. Schuman, Ministre des Affaires étrangères[1].

D. n° 1842.   *Londres, 27 novembre 1950.*

La présente dépêche parviendra au Département à la veille du débat de politique étrangère qui doit avoir lieu les 30 novembre et 1er décembre. Du point de vue formel, il est d'ores et déjà décidé que ce débat sera engagé sur une « motion d'ajournement », ce qui paraît exclure l'éventualité d'un vote de confiance. Il ne devrait normalement s'agir en effet que d'une libre discussion permettant au gouvernement de recueillir l'expression des principaux courants d'opinion qui prévalent actuellement dans les milieux politiques, sans engager pour autant sa responsabilité propre.

En évitant ainsi que ne vienne officiellement en discussion aucune des trois motions travaillistes qui ont fait l'objet de mes télégrammes n° 4288 et n°s 4385/6[2], le gouvernement a sans doute répondu au désir très général d'éviter une crise intérieure à une époque de grave tension internationale ; il ne saurait pour autant faire en sorte que ces motions, de même que la motion de censure déposée par les conservateurs sur la question des fournitures d'armes à l'Égypte, ne soient présentes à l'esprit de tous tandis que se poursuivra le débat.

Car, et c'est là l'aspect dominant de la situation parlementaire actuelle dans ce pays, la politique extérieure du gouvernement travailliste ne paraît plus être sincèrement soutenue depuis une quinzaine de jours que par une minorité de la Chambre des Communes, elle-même davantage guidée, semble-t-il, par l'affectueux respect dont M. Bevin continue d'être entouré et par la crainte de provoquer une crise gouvernementale que par une approbation consciente de cette politique.

Le terrain était d'ailleurs préparé, car un certain malaise avait commencé à se faire sentir dans les milieux travaillistes antérieurement à la déclaration faite par M. Bevin le 13 novembre. La conférence de Margate au début d'octobre, le discours du Trône et le débat sur l'Adresse avaient mis en lumière que, si la masse du parti conservait un dynamisme suffisant pour le maintenir au pouvoir, les dirigeants avaient besoin d'un certain répit leur permettant de « repenser » leur politique générale à la lumière des événements mondiaux et de l'effort de réarmement que ceux-ci rendaient nécessaire.

Mais si déçus que certains travaillistes aient pu être devant la modestie du programme gouvernemental pour l'année à venir défini dans le

---

[1] Dépêche adressée à la direction d'Europe. Note manuscrite : « *M. de La Tournelle. Bulletin, f[ai]t* ».

[2] Documents non reproduits.

discours du Trône, ils ne pouvaient d'une part que reconnaître l'impossibilité pour le gouvernement de déposer un budget d'automne susceptible de rendre confiance à l'opinion (puisque l'on était encore dans l'incertitude quant à l'étendue de l'aide américaine), et d'autre part, que préférer l'élaboration quelque peu tardive d'un nouveau programme travailliste à la mise en œuvre immédiate d'un programme conservateur inacceptable pour eux. Aussi le gouvernement n'eut-il à relever aucune défection lors des divers votes intervenus les 6 et 7 novembre.

Il en est tout autrement aujourd'hui.

Coup sur coup, en effet, les milieux travaillistes ont vu M. Bevin accepter le principe du réarmement allemand à la première injonction de Washington ; rester apparemment passif alors que le général MacArthur était en voie de lancer les nations occidentales dans les pires aventures en Extrême-Orient ; adopter, enfin, à l'exemple américain, une attitude pratiquement négative à l'égard de la note soviétique du 3 novembre.

Dès le lendemain de la déclaration de M. Bevin sur ce dernier point, on pouvait sentir dans les couloirs du Parlement une nervosité marquée parmi les « Jeunes Turcs » du Parti.

Peut-être ce vent de critique se serait-il apaisé de lui-même en interventions personnelles auprès du Secrétaire d'État, si des sentiments tout à fait analogues ne s'étaient pas trouvés exprimés publiquement et de façon particulièrement remarquable dans le discours prononcé le 15 novembre à la Chambre des Lords par le Marquis de Salisbury. Il devenait impossible aux plus dynamiques des travaillistes de laisser au leader conservateur à la Chambre Haute le monopole d'une position modératrice assurée de recueillir dans le pays une approbation quasi-unanime.

Aussi, dans l'après-midi du 17 novembre, vingt et un députés travaillistes, ayant pour chef de file MM. Dryberg et Mikardo, l'un et l'autre membres du comité exécutif, ainsi que M. Michael Foot, qui vient seulement d'en démissionner, déposaient-ils les deux motions dont j'ai communiqué le texte au Département.

Que ce geste (de même que le dépôt de la motion des 40 quelques jours plus tard) ait correspondu dans l'esprit de ses auteurs à une véritable rébellion devant éventuellement aller jusqu'à un vote hostile au gouvernement, ou seulement à une pression spectaculaire appelée à rétablir dans l'opinion, au profit des travaillistes, une confiance ébranlée par l'appel de Lord Salisbury, il est difficile de le dire. Pour peu probable (mais non impensable) qu'ait été chez les intéressés l'acceptation délibérée du risque de renverser le gouvernement à un moment et dans des conditions où de nouvelles élections auraient toutes les chances de ramener les conservateurs au pouvoir, il demeure que les deux motions du 17 novembre constituent un réquisitoire contre la politique étrangère de M. Bevin.

Si l'on peut définir celle-ci comme la recherche constante du minimum d'obligations internationales indispensables à la défense économique et militaire des îles Britanniques, du Commonwealth et des intérêts anglais de par le monde, laissant au gouvernement britannique le maximum de liberté quant aux modalités de la sauvegarde de ces intérêts et quant aux procédures propres à maintenir la paix, il apparaît en effet qu'au moment même où cette politique semblait triompher, elle vient de subir des atteintes redoutables.

M. Bevin avait été unanimement approuvé par son parti lorsque, à Dunkerque, il lia l'Angleterre à la France, traditionnellement amie et alliée, clé de voûte de la défense européenne, et possédant outre-mer des intérêts assez grands pour que l'Angleterre n'ait pas à craindre de se voir amenée par elle à sacrifier ses intérêts mondiaux à une politique strictement européenne.

La Belgique et les Pays-Bas, ayant également une vocation extra-européenne, le traité de Bruxelles parut à l'opinion travailliste être dans la nature des choses. Au contraire et pour les mêmes raisons, la réticence manifestée par M. Bevin à l'égard d'un Conseil de l'Europe alourdi de trop de pays à intérêts limités fut suivie avec sympathie par ses partisans.

La preuve ayant été faite à la même époque de la fragilité économique et militaire d'une Europe occidentale livrée à ses seules ressources, le parti travailliste acclama le succès remporté par M. Bevin lorsque, avec le Pacte atlantique, il lia la puissance économique et militaire des États-Unis aux destinées de l'Europe. Mais vers la fin de 1949, la crise de la livre sterling venait prouver que la puissance économique de la Grande-Bretagne ne lui permettait pas d'être aussi activement présente à la fois sur tous les théâtres. M. Bevin devait donc faire un choix. Or, vers cette époque, M. Bevin recevait deux avertissements : à la première assemblée de Strasbourg, on avait, beaucoup trop pour son goût, parlé de « Fédération », d'une fédération dans laquelle les socialistes seraient en minorité ; quelques mois après, une nouvelle formule européenne, le « Plan Schuman », lui était proposée, également irrecevable puisque conçue en fonction d'une Autorité supranationale.

Au contraire, les perspectives paraissaient en Extrême-Orient beaucoup plus favorables à une politique britannique et travailliste constructive : les Indes devenues indépendantes restaient fidèles au Commonwealth ; la conférence de Colombo était un succès ; il semblait enfin que, dans l'Asie du Sud-Est, un apport de dollars, si massif fut-il, ne résolvait pas les questions, cependant que la défaite de Tchang Kaï-chek paraissait éliminer les États-Unis de ces parages. Aussi, insensiblement, M. Bevin manœuvra-t-il pour utiliser le Pacte atlantique de manière à permettre à la Grande-Bretagne de se décharger sur les États-Unis de ses principales responsabilités de leader européen, et de se consacrer essentiellement à sa vocation au Proche-Orient et en Extrême-Orient.

Ici encore, le parti le suivit, et l'absence du mot « Europe », de même que la référence explicite à l'Asie du Sud-Est dans le discours du Trône prononcé le 31 octobre, n'étaient que la sanction de l'enthousiasme avec lequel le congrès de Margate avait salué l'action britannique en Extrême-Orient et la réticence du gouvernement vis-à-vis de l'Union européenne.

Sans doute cette politique ne connaissait-elle pas que des succès : Mao Tsé-Toung ne manifestait aucune gratitude devant la reconnaissance accordée à son régime ; il soutenait le Viêt Minh et menaçait le Tibet ; les pays arabes continuaient à faire preuve d'un inquiétant manque d'unité ; plus récemment, l'acceptation du réarmement allemand n'était pas admise sans difficulté par tous les membres du parti, cependant que l'aide américaine attendue en contrepartie de ce geste se révélait inférieure aux espérances.

Mais il demeurait que l'Angleterre était seule à pouvoir éventuellement se faire entendre à Pékin et que la liberté d'action qu'elle avait eu garder en Extrême-Orient lui permettait de peser sur la politique américaine à l'égard de Formose.

C'est alors que vinrent les périls : intervention chinoise en Corée, communiqué de Prague, note soviétique du 3 novembre. Et, à chaque occasion, il put paraître que M. Bevin parlait et agissait avec le seul désir de s'aligner sur Washington. Et cela à un moment où les tendances modérées de M. Acheson se trouvaient attaquées de plus en plus vivement par un parti républicain revenu en force au Congrès et plaçant toute sa confiance dans le général MacArthur…

Le cri d'alarme de Lord Salisbury ne risquait certes pas de n'être pas entendu sur les bancs travaillistes.

Enfin, brochant sur le tout, voici l'Égypte qui menace de dénoncer la convention de 1936, laquelle constitue encore la pierre angulaire de la politique britannique en Proche-Orient. Et ce n'est qu'après avoir été fortement pressé à sa droite et à sa gauche que M. Bevin fait annoncer que les exportations d'armes seront suspendues jusqu'à ce que la situation s'éclaircisse. Position jugée d'ailleurs insuffisamment précise par les conservateurs, qui maintiennent pour le moment la motion de censure qu'ils avaient déposée à ce sujet.

L'attitude générale des conservateurs n'est d'ailleurs pas encore très claire. Sans doute M. Churchill a-t-il, en février dernier, proclamé l'urgence d'une conférence à quatre ; sans doute M. Eden, à son retour d'un voyage aux États-Unis, est-il tout disposé à se rallier aux vues de Lord Salisbury ; sans doute enfin l'occasion est-elle bonne d'attaquer le gouvernement. Mais il demeure que l'étroite entente anglo-américaine est à la base de la politique étrangère de M. Churchill ; que ce dernier est convaincu de la nécessité de développer les forces militaires occidentales préalablement à une conversation avec Moscou ; qu'enfin, s'il est fort séduisant de reprendre le pouvoir, une crise gouvernementale au moment présent pourrait être désastreuse. Aussi l'acceptation par M. Churchill de la thèse énoncée par Lord Salisbury, si elle est probable, ne doit-elle vraisemblablement pas entraîner le leader conservateur à une attaque à fond contre le gouvernement.

Qu'attaquerait-il au demeurant, et qu'attaqueront les signataires des diverses motions travaillistes ? Est-ce le « bevinisme » qui est en cause, ou bien l'activité personnelle de M. Bevin au cours des deux derniers mois ? Sans doute M. Eden pourra-t-il aisément reprocher au gouvernement d'avoir par sa politique brouillé l'Angleterre avec ses amis continentaux ; sans doute aussi, étant donné la position qu'il a adoptée vis-à-vis de l'Union européenne, le parti conservateur pourrait-il en théorie dénoncer l'erreur commise en croyant que l'Angleterre pouvait d'autant mieux agir hors d'Europe qu'elle serait moins commise en Europe même et que, libre de ses mouvements au sein du Pacte atlantique, elle pourrait mieux faire entendre sa voix à Washington que ne le ferait une Europe au sein de laquelle l'Angleterre aurait pu au préalable faire sentir son influence. Mais, sans que l'on puisse éliminer l'éventualité d'allusions plus ou moins nettes à cette orientation, il est improbable, si vifs qu'aient été les reproches adressés au gouvernement par l'opposition au cours du récent débat sur le Conseil de l'Europe, que M. Churchill et ses amis prennent la semaine prochaine une position aussi marquée : ce serait, en effet, s'engager à défendre le même thème devant les électeurs, et rien ne serait moins certain que leur accord à ce sujet.

Car, il faut le reconnaître, M. Bevin ne se trompait pas lorsqu'il demandait aux délégués travaillistes réunis à Margate si un seul d'entre eux pouvait affirmer avoir perdu des voix en février à cause de sa politique étrangère : le « bevinisme » correspondait bien aux aspirations profondes du peuple britannique.

Aussi bien ce qui est réellement en cause aujourd'hui, c'est moins une politique qu'un homme. Cet homme, maintenant dans sa soixante-dixième année, est usé par une vie de luttes syndicales et politiques, et la maladie l'a durement atteint depuis quelques mois. S'il serait encore exagéré de parler de sénilité dans le cas de Mr. Bevin, on peut toutefois noter chez lui de temps à autres des sentiments, de rancune par exemple, dont il eût été incapable il y a deux ans. Et surtout, M. Bevin est physiquement fatigué, épuisé même par moments. C'est ainsi, je crois, que s'expliquent les accidents récemment survenus dans le cours d'une politique dont l'un des aspects essentiels était qu'elle se façonnait de jour en jour en fonction des réactions souvent instinctives d'un Ministre riche d'expériences humaines. Ces réactions se sont émoussées, et l'on s'en rend compte.

L'on s'en rend compte au point que, comme il me l'a confié lui-même, Lord Salisbury a reçu ces jours derniers de nombreuses lettres dans lesquelles des Anglais se présentant comme anti-conservateurs affirmaient vouloir un rajeunissement de la politique anglaise, et se disaient prêts à voter pour le parti conservateur afin d'amener ce rajeunissement.

Car, et ce fait vient encore compliquer la situation parlementaire, nul ne voit de successeur possible à Mr. Bevin parmi les travaillistes.

Aussi n'est-il pas surprenant qu'un député travailliste influent ait pu dire à l'un de mes collaborateurs que jamais il n'avait vu la Chambre des Communes en proie à une confusion d'idées semblable à celle qui y règne actuellement sur la politique étrangère.

À défaut d'une cristallisation brutale que la procédure prévue pour le prochain débat ne semble pas devoir permettre, il faut espérer que les interventions des conservateurs et de la gauche travailliste ranimeront pour un temps – mais à une heure décisive – la volonté et la vigueur du Secrétaire d'État, en même temps que sa perméabilité aux influences extérieures ; ce pourrait être le moment d'évoquer de nouveau devant lui les principales questions sur lesquelles un accord franco-britannique serait particulièrement opportun.

(Direction d'Europe, Grande-Bretagne, volume 76)

372

M. Massigli, Ambassadeur de France à Londres,
    à M. Schuman, Ministre des Affaires étrangères[1].

D. n° 1844.   *Londres, 27 novembre 1950.*

Ma communication n° 4382 du 22 de ce mois[2] a rendu compte au Département de la première réaction du gouvernement britannique à la publication par divers journaux américains d'informations d'où il semblait ressortir que certains ministres britanniques, et particulièrement M. Bevan, souhaitaient dissocier la politique anglaise de la politique américaine et, à cette fin, refuser toute aide en dollars en vue du réarmement et restreindre l'effort même que la Grande-Bretagne s'était engagée à faire dans ce domaine.

Depuis le démenti officiel donné par M. Attlee à ces informations, des précisions supplémentaires sont venues à la connaissance du public. C'est au cours d'un déjeuner que lui offraient quatre correspondants

---

[1] Dépêche adressée à la direction d'Europe. Note manuscrite : « *[Communiquer à] Washington f[ai]t le 1/12/50* ».

[2] Document non reproduit.

américains accrédités à Londres, et parlant « *off the record* », que M. Bevan a tenu certains propos concernant le réarmement britannique, ses difficultés et les problèmes qu'il soulevait, notamment en ce qui concerne l'aide en dollars.

Il est évidemment difficile de savoir au juste ce que M. Bevan a dit et n'a pas dit : à supposer même qu'un compte-rendu sténographié eût pu être fait de cette conversation, le langage du Ministre de la Santé est si imagé, ses formules si personnelles et sa pensée si rapide qu'il eût encore été possible de faire un contresens.

Toujours est-il qu'après la publication du démenti gouvernemental, M. Bevan a mis lui-même un point final à toutes les rumeurs qui avaient pu courir sur ses prétendus désaccords avec le reste du gouvernement en ce qui concerne le réarmement : « Des articles, a-t-il déclaré dans un communiqué personnel, ont récemment paru dans divers journaux américains, laissant entendre que je serais opposé à la politique de réarmement du gouvernement. Il semble que ces articles soient fondés sur un déjeuner « *off the record* » auquel j'avais été invité la semaine dernière par quatre journalistes américains.

« En ma qualité de membre du gouvernement, je prends toute ma responsabilité avec mes collègues vis-à-vis de la politique de réarmement, qui a mon plein appui. J'ajoute que les noms de MM. Strachey et Strauss n'ont pas été mentionnés au cours du déjeuner en question ».

Répondant cet après-midi à diverses questions qui lui étaient posées à ce sujet par des députés conservateurs, M. Attlee marqua fermement qu'à sa connaissance son collègue ne s'était rendu coupable d'aucune indiscrétion, et qu'il deviendrait impossible à un Ministre de s'entretenir avec des journalistes si chaque malentendu donnait naissance à un incident.

En fait, et c'est ce dont les milieux politiques sont aujourd'hui pleinement conscients, M. Bevan paraît bien n'avoir fait qu'exprimer aux journalistes américains, avec la virulence qui lui est familière, les graves perplexités qui assaillent le gouvernement britannique : à défaut de l'aide en dollars escomptée lorsque le programme de 3 500 millions de livres fut annoncé, faudra-t-il sacrifier l'équilibre économique et social britannique à la réalisation du plan, ou sauver l'essentiel de celui-là en réduisant celui-ci ?

(Direction d'Europe, Grande-Bretagne, volume 89)

373

Note de la Direction d'Europe
(Sous-direction d'Europe orientale - Section URSS)

Évolution intérieure de l'URSS au cours de l'année 1950

N.   *Paris, 28 novembre 1950.*

Au moment où l'Union soviétique fête le trente-troisième anniversaire d'Octobre, il est intéressant de rechercher quelles sont les tendances dominantes de l'évolution intérieure soviétique, au cours de l'année 1950.

Les mots d'ordre donnés par le parti communiste, et répétés par la presse soviétique, ont trait, plus encore que par le passé, à la transformation progressive de l'État socialiste en un régime communiste, caractérisé sur le plan matériel par l'abondance résultant de l'accroissement continuel de la production, et, sur le plan idéologique, par la disparition des derniers vestiges de l'état d'esprit capitaliste et des oppositions de classe.

Tout en affirmant que l'Union soviétique réalise d'immenses progrès dans cette voie, Staline et les exégètes de la pensée stalinienne se gardent de préciser dans quel délai il sera possible de proclamer l'avènement de l'ère communiste. En outre, ils mettent une insistance particulière à souligner que la marche vers le communisme n'implique pas, bien au contraire, un relâchement de la contrainte et de la toute puissance de l'État.

Dans les *Questions de léninisme*, Staline avait déjà défini ce qu'il fallait penser de la prédiction d'Engels sur la mort de l'État dans le régime communiste :

« L'État subsistera-t-il, même après l'événement du communisme ? Oui, s'il n'est pas mis fin à l'environnement capitaliste. Non, si l'environnement capitaliste est liquidé et remplacé par un voisinage socialiste. Dans ce cas, l'État disparaîtra ».

Le fait que l'Union soviétique compte surtout parmi ses voisins des gouvernements « socialistes », et que le plus grand pays avec lequel elle ait une frontière commune soit maintenant la Chine communiste, n'a pas mis fin à l'environnement capitaliste. C'est pourquoi Staline lui-même a jugé bon de revenir sur la question du rôle de l'État au cours du récent débat sur la linguistique en affirmant à nouveau que, s'il voulait éviter d'être écrasé par l'encerclement capitaliste, le pays de la révolution victorieuse devait consolider par tous les moyens l'État, les organes du gouvernement, les services de renseignements et l'armée.

***

Développement de la production.

L'année 1950 est la dernière du 4ᵉᵐᵉ plan quinquennal dont les objectifs ont été définis dans le discours adressé par Staline à ses électeurs moscovites le 9 février 1946.

« Les tâches fondamentales du nouveau plan quinquennal sont de restaurer les régions du pays qui ont souffert, de rétablir le niveau d'avant-guerre de l'industrie et de l'agriculture, puis de le dépasser dans des proportions plus ou moins grandes ».

L'effort principal de l'Union soviétique au cours de ces cinq ans a donc porté sur la restauration de l'industrie lourde, et il est clair que le 4ᵉᵐᵉ plan quinquennal a pour mission essentielle de renforcer la puissance économique et le potentiel de guerre du pays.

Staline avait toutefois mis l'accent sur le souci des dirigeants soviétiques d'obtenir une amélioration du niveau de vie de la population.

« Non seulement nous allons bientôt supprimer les cartes, déclarait-il dans le même discours, mais aussi nous accorderons une attention spéciale au développement de la production d'objets de consommation courante, à l'amélioration du niveau de vie des travailleurs grâce à la création d'instituts de recherche scientifique de tous ordres capables de donner à la science les moyens de développer ses forces ».

Enfin le 4ᵉᵐᵉ plan quinquennal est une étape vers la réalisation d'objectifs plus ambitieux et à plus long terme.

« En ce qui concerne les plans pour une période plus longue, le parti est décidé à organiser un nouvel essor de l'économie nationale qui donnerait la possibilité d'élever le niveau de notre industrie de trois fois par rapport à son niveau d'avant-guerre. Il faut que notre industrie puisse produire chaque année 56 millions de tonnes de fonte, 60 millions de tonnes d'acier, 500 millions de tonnes de charbon, 60 millions de tonnes de pétrole. Ce n'est qu'à ces conditions que nous pourrons considérer notre patrie comme étant à l'abri de tous les dangers. Il nous faudra peut-être pour cela trois nouveaux plans quinquennaux, sinon plus. Mais nous pouvons et devons le faire ».

Le développement de la production n'est donc pas présenté comme impliquant un choix entre l'équipement et les biens de consommation, entre le « beurre » et les « canons ». Plutôt que d'examiner les résultats du plan quinquennal, au sujet desquels sont donnés chaque trimestre des chiffres encourageants pour l'Union soviétique, mais difficilement contrôlables, on peut étudier l'orientation actuelle de l'effort soviétique de restauration et de renforcement de l'économie.

***

L'année 1950 se différencie des précédentes en ce qu'elle inaugure une nouvelle série de transformations révolutionnaires de l'économie tant agricole qu'industrielle de l'URSS.

De 1945 à 1949, l'on n'avait pas demandé aux paysans ni aux ouvriers de fournir un effort sensiblement différent de celui qu'impliquait la restauration de l'économie d'avant-guerre. Aujourd'hui, les mots d'ordre proclamés et les programmes annoncés impliquent à nouveau un bouleversement profond de la structure de la société soviétique. Il semblerait qu'à peine obtenue, l'amélioration relative du niveau de vie que l'État a jugé indispensable à la remise en marche de la production, celui-ci prenne soin de relancer en avant les masses vers de nouvelles conquêtes, vers de nouveaux labeurs, et, sans doute aussi, vers de nouvelles épreuves.

**

Collectivisation de l'agriculture.

C'est l'agriculture qui paraît faire l'objet des mesures les plus révolutionnaires, tant il importe à l'État soviétique d'éviter dans les campagnes un retour en arrière, par le seul fait de ne pas aller de l'avant. La transformation de l'agriculture grâce au développement de la mécanisation et de la collectivisation, renforce la base de l'alimentation des peuples soviétiques, libère une partie de la main-d'œuvre exigée par l'industrie, assure enfin une plus grande unité du pays en rapprochant la condition des paysans de celle des ouvriers.

La réforme essentielle de cette année a pour objet l'agrandissement des kolkhozes, elle constitue le thème principal de la propagande du parti. Elle tend à remplacer partout les petits kolkhozes, qui sont encore nombreux, par des exploitations agricoles de 300 ha et plus. Ces mesures poursuivent des objectifs à la fois techniques et politiques. Les grandes exploitations se prêtent mieux à la mécanisation que les petits kolkhozes ; la propagande officielle souligne en outre qu'il s'agit par cette réforme de faire disparaître les derniers antagonismes entre les ouvriers et les paysans. On peut en effet considérer que les travailleurs des grands kolkhozes seront rassemblée dans de véritables agglomérations urbaines, et que leur prolétarisation permettra de lutter contre les vestiges de l'état d'esprit individualiste, attaché à la petite propriété et aux traditions paysannes. Il semble que le but principal de cette réforme soit de renforcer le contrôle du parti sur les organisations kolkhoziennes, les cadres techniques et politiques n'existant pas en nombre suffisant pour permettre le maintien d'une trop grande dispersion des entreprises[1]. L'agrandissement des kolkhozes rendra plus efficace la propagande politique du parti ainsi que la lutte contre les fraudes si souvent signalées des paysans qui s'approprient des terres collectives

---

[1] *Note du document :* « C'est ainsi que, d'après les indications de la presse soviétique, le regroupement au Kouban de 1 000 petits kolkhozes en 364 grandes exploitations agricoles, aurait permis de libérer des organismes de direction et d'administration des kolkhozes plus de 6 000 personnes ».

ou consacrent plus de temps à cultiver le terrain dont ils disposent pour leur famille qu'à travailler pour la collectivité. Cette réforme doit en outre permettre à l'agriculture soviétique de réduire le contraste qui subsiste entre le niveau élevé de la science agricole soviétique, en particulier de la zootechnie, et le caractère arriéré des paysans qui, comme le confiait Staline à Churchill « viennent toujours vous dire qu'ils ne veulent pas de la ferme collective et qu'ils préfèrent se passer de tracteurs ».

Pour saisir quelles peuvent être les conséquences de cette réforme, et plus particulièrement des progrès qui en sont attendus dans le sens de la mécanisation de l'agriculture, il convient de rappeler que la grande vague de collectivisation qui a eu lieu de 1929 à 1936 s'est traduite par le déplacement vers les villes et les usines d'une population paysanne de 26 millions d'habitants[1].

Nouveaux plans à grands travaux.

Il y a donc sans doute un lien entre l'agrandissement des kolkhozes et les plans « gigantesques » de construction de centrales hydroélectriques sur la Volga, l'Amou Daria et le Dniepr, et de percement de canaux d'irrigation. Ce programme, annoncé par des décrets d'août et septembre 1950, prévoit la construction de centrales hydroélectriques géantes (2 millions kw à Kouybichev, et 1,7 million kw à Stalingrad) sur la Volga, et l'irrigation de la région située au nord et au nord-ouest de la Volga (entre le Terek et l'Oural) ; le percement du grand canal du Turkmenistan, reliant l'Amou Daria à la Caspienne et permettant d'irriguer une partie du désert de Kara Koreum ; l'établissement d'un barrage sur le Dniepr, à Kakhovka, c'est-à-dire à 100 km de son embouchure, ainsi que d'une centrale électrique de 250 000 kw. L'énergie électrique qui serait rendue disponible par ces travaux serait d'un ordre de grandeur voisin de celui dont disposait la France en 1939 : l'ensemble du programme doit être réalisé dans un délai de 5 à 7 ans.

L'avenir montrera si ces projets, qu'il s'agisse de la construction de centrales ou de la transformation des déserts du Turkmenistan en régions fertiles, seront réalisés dans les délais prévus. La publicité incessante faite dans tous les secteurs de l'opinion publique soviétique autour de ces plans ne permet pourtant guère de penser qu'ils puissent être facilement abandonnés ou ajournés. En revanche, on ne peut manquer d'être surpris par la soudaineté de l'annonce de ce programme, alors qu'il ne semble pas que toutes les études nécessaires à sa réalisation aient été achevées. C'est ainsi qu'un article des *Izvestia* du 6 septembre indique qu'une des tâches des techniciens soviétiques devra être de mettre au point des lignes à haute tension, telles qu'il n'en existe pas encore dans le monde, pour transporter vers Moscou le courant provenant des centrales de Stalingrad et Kouybichev. En outre, lorsque

---

[1] *Note du document :* « Voir à ce sujet le livre de Deutscher : *Soviet Trade Unions*, p. 84 ».

des projets analogues avaient été étudiés vers 1930, il était apparu que leurs réalisation entraînerait une baisse du niveau de la mer Caspienne que les eaux de la Volga ne suffisent déjà pas à maintenir constant. Ceci montre bien la complexité des problèmes que pose le nouveau programme de grands travaux, et on ne peut exclure l'hypothèse que leur annonce ait été précipitée par les besoins de la propagande de paix à laquelle ils fournissent un thème particulièrement propice. Quoi qu'il en soit, le développement de l'énergie électrique d'origine hydraulique ne peut que favoriser l'essor de l'agriculture et de l'industrie soviétiques.

On peut tout d'abord prévoir qu'il entraînera l'État soviétique à procéder à d'importants déplacements de la population agricole vers les chantiers de grands travaux, si l'on en juge pas le nombre d'articles de presse soulignant le désir des paysans de s'enrôler dans les équipes qui doivent réaliser ce programme. En outre, le développement de l'électrification, qui était déjà un mot d'ordre de Lénine, permettra une plus grande mécanisation de l'agriculture, renforcera le contrôle des stations de machines et de tracteurs, organismes d'État, sur les entreprises kolkhoziennes et facilitera la modernisation du mode de vie des paysans. L'irrigation enfin, assurée par les nouveaux canaux de l'Amou Daria, de la Volga et du Dniepr devrait contribuer à augmenter la production des fourrages et du blé d'hiver, le développement de l'élevage, et plus spécialement la culture du coton qui a donné lieu à de graves déboires cette année, surtout en Ouzbékistan.

En ce qui concerne l'industrie, il va de soi que l'accroissement de la puissance électro-hydraulique répond à une nécessité profonde si l'on considère l'insuffisance des sources d'énergie dont dispose l'URSS, qui n'est pas près « d'atteindre et de dépasser les pays capitalistes », ni pour la production de pétrole, ni pour l'extraction du charbon.

Enfin, l'annonce du « plan de construction de centrales électriques » a été suivie de la publication par la presse d'innombrables témoignages d'enthousiasme des ouvriers et des paysans. Il n'y a pas dans les journaux d'éditorial ou d'article de fond qui ne contienne la même phrase stéréotypée sur ce programme grandiose de transformation pacifique de la nature. On peut donc considérer que les décrets d'août et de septembre sont une des manifestations de la volonté de l'État soviétique de ne négliger aucune occasion pour inciter les travailleurs à augmenter leurs efforts et à accroître leur rendement.

Efforts pour accroître la productivité.

Il en est de même de chacun des nombreux anniversaires que comporte le calendrier soviétique et de la plupart des initiatives du gouvernement soviétique : les uns et les autres servent de prétexte à une intense campagne destinée à faire jouer l'émulation socialiste.

La propagande en faveur de la signature de l'appel de Stockholm a été tout particulièrement orientée dans ce sens. La presse soviétique ne cesse de mentionner les exploits des travailleurs qui ont accepté de faire des heures supplémentaires pour assurer « la garde de la paix ».

L'approche du 33ème anniversaire de la révolution d'Octobre doit fournir l'occasion d'un redoublement de l'émulation socialiste. L'émulation « d'avant octobre » doit inciter le personnel des entreprises à achever pour le 7 novembre le programme fixé pour l'année.

On pourrait multiplier les exemples de cette propagande d'émulation dont l'un des buts est certainement de pallier chez les chefs d'entreprise l'absence du stimulant constitué dans les pays de structure capitaliste par le profit et par la concurrence. En plus de cette campagne psychologique, une série de mesures concrètes ont été prises pour augmenter la productivité du travail.

L'effort essentiel du parti semble porter sur la formation de cadres techniques. C'est en effet un domaine dans lequel l'Union soviétique doit rattraper un retard particulièrement marqué.

Il est certain que les services des techniciens et savants allemands ont été utilisés sur une assez large échelle. De plus, les dirigeants soviétiques ne manquent pas de souligner à chaque occasion, comme l'avait fait Staline en 1946, l'importance des efforts consacrés à la formation de techniciens soviétiques. Dans son discours électoral de mars 1950, Malenkov a indiqué que le nombre des étudiants des écoles techniques était de 408 000 et dépassait considérablement les effectifs de 1946. Il faut souligner en outre le développement de l'enseignement technique postscolaire dans les entreprises et en particulier dans les exploitations agricoles.

En ce qui concerne les ouvriers de l'industrie, l'éventail des salaires ne manifeste aucune tendance au resserrement. C'est ainsi que le salaire d'un ouvrier métallurgiste qualifié est de 1 600 roubles par mois, soit quatre fois celui d'un manœuvre. Ces différences de salaires ne peuvent qu'inciter les ouvriers à développer leurs connaissances techniques, tandis que les primes au rendement et l'essor du stakhanovisme ont pour but d'accroître la productivité du travail.

Amélioration du niveau de vie.

Qu'elles s'appliquent à l'agriculture ou à l'industrie, les réformes actuelles tendent incontestablement à renforcer le potentiel économique de l'URSS. Il est intéressant d'examiner si elles aboutissent également à cette amélioration du niveau de vie que Staline avait mentionnée en 1946 comme un des principaux objectifs du plan quinquennal.

D'une manière générale, on ne peut contester que depuis 1945 le niveau de vie se soit sensiblement amélioré. Le rationnement a été aboli. Plusieurs séries de baisse de prix sont intervenues sans que les salaires aient été diminués.

Les observateurs étrangers s'accordent à constater que la situation alimentaire est plus favorable que par le passé. Il faut noter cependant que si l'ensemble de la population se nourrit mieux, le niveau de l'alimentation reste relativement bas en raison des exigences modestes des consommateurs, qui, surtout dans les campagnes, vivent essentiellement de céréales et de légumes.

Les mêmes observations pourraient être faites en ce qui concerne l'habillement. C'est dans le domaine du logement que les perspectives sont les plus sombres. Ceci est dû tout d'abord à l'étendue des destructions dues aux opérations militaires. S'il est exact que 1 700 villes et 70 000 villages ont été détruits pendant la guerre, on peut être certain que le plan quinquennal en cours d'exécution, qui prévoit la construction de 72 millions de mètres carrés dans les villes et cités ouvrières, ne suffira pas à améliorer sensiblement les conditions de logement d'une population qui s'accroît chaque année d'environ trois millions d'unités.

On peut penser que le quatrième plan quinquennal qui se proposait d'élever le niveau de vie de la population, a, dès maintenant, abouti à une amélioration réelle des conditions d'existence par rapport, il est vrai, à la situation désastreuse du lendemain de la guerre.

Il faut noter cependant que l'amélioration de la qualité des produits de consommation ne va pas de pair avec l'accroissement quantitatif de la production, à en juger par les critiques publiées dans la presse soviétique. C'est là une conséquence difficilement évitable de la planification : les entreprises n'ont que trop tendance à sacrifier la qualité à la quantité pour pouvoir affirmer que le plan de production a été atteint et même dépassé. Le même défaut se retrouve dans l'organisation du commerce intérieur, les magasins de gros étant tentés de réaliser des bénéfices au détriment de la qualité des produits. Enfin le circuit du commerce intérieur n'est pas satisfaisant : maintenant que la période de grande pénurie a pris fin, les organismes de planification du commerce ont de la peine à prévoir les besoins des consommateurs devenus plus exigeants, et de nombreuses plaintes se font jour, notamment au sujet de la répartition géographique des produits de consommation, qui suivent parfois d'étranges circuits[1], tant il est difficile de faire cadrer sans libre concurrence l'offre et la demande sur chacun des marchés.

Il reste donc beaucoup à faire dans ce domaine, en particulier dans les campagnes, où, comme le déclarait Mikoïan dans son discours électoral de cette année « il est temps de s'occuper de faire parvenir des produits tels que les livres, les bicyclettes, les motocyclettes, les appareils photographiques et les phonographes ».

***

[1] *Note du document :* « Un article de la *Pravda* du 13 août cite notamment le cas des phonographes produits par l'usine de Molotov (Perm) non loin de l'Oural, expédiés de là vers Riga, où ils trouvent peu d'acheteurs, alors que les habitants de Molotov cherchent en vain à s'en procurer ».

L'État soviétique et la culture.

Le succès relatif des efforts tentés pour accroître le volume des biens de consommation est présenté comme un progrès de la « culture », l'adjectif *koultourny* étant employé par la langue soviétique pour désigner tous les objets dont la diffusion témoigne de quelque progrès matériel. Il serait injuste de prétendre que la culture soviétique se réduit à cela, et néglige toute activité de l'esprit. On ne peut nier les efforts faits pour développer l'instruction, pour encourager les sciences, et pour assurer à la masse de la population des possibilités de distraction d'ordre intellectuel.

Cependant l'essor d'une véritable culture est paralysé par l'emprise croissante de l'État et du parti dans le domaine de l'esprit. Toute pensée indépendante est rendue impossible à mesure que s'établit une forme extrême du totalitarisme sans exemple dans l'histoire.

Qu'il s'agisse de la littérature, des arts ou de l'activité scientifique, le parti ne permet pas aux intellectuels soviétiques de faire abstraction du marxisme-léninisme, et les oblige à incorporer la doctrine officielle dans leurs écrits[1]. Comme l'indiquait un récent article de la *Pravda* (28 octobre 1950), l'État socialiste « met la science au service de la construction du communisme ». Au cours de l'été dernier, lorsque Staline est intervenu dans le débat sur la linguistique, et a condamné les erreurs de l'académicien Marr et de ses disciples, il s'est bien gardé de critiquer leur essai d'appliquer le marxisme-léninisme à la linguistique, mais leur a reproché d'avoir mal interprété les enseignements de Marx et Lénine. Staline a conclu ses articles par la remarque qu'il n'y avait pas de science possible sans liberté de discussion ; les mois qui ont suivi son intervention ont montré qu'il s'agissait là d'une déclaration toute platonique.

On a pu lire en effet depuis lors dans la presse soviétique des articles qui reproduisaient, sous la forme stéréotypée qui est propre aux exégètes de la pensée stalinienne, cette conclusion du « grand coryphée de la science » sur la liberté de pensée, après avoir vivement attaqué tel professeur de droit qui s'était rendu coupable « d'objectivisme » en décrivant le système judiciaire britannique, ou tel économiste qui s'était laissé aller à commenter les écrits du professeur français Aftalion

---

[1] *Note du document :* « On connait les accusations de formalisme dont ont été l'objet les compositeurs soviétiques. L'intolérance doctrinale n'est pas moins grande à l'égard des peintres. Un article du journal *Koultoura i Jizn* (31 octobre 1950), consacré à l'analyse d'une histoire de la peinture soviétique, adresse à l'auteur, B. Nikiphorov, les critiques suivantes : "B. Nikiphorov fait preuve d'un certain libéralisme à l'égard des tendances artistiques hostiles au réalisme. On ne trouve pas dans son livre de critiques de l'impressionnisme, dont des survivances se retrouvent encore dans les œuvres de certains artistes. Ce livre ne contient pas non plus une critique décisive des éléments de schématisme et de modernisme qui apparaissent dans les tableaux de certains peintres… et l'auteur a omis de démasquer aussi le « cézannisme », qui se fait encore jour maintenant dans les œuvres d'artistes de la vieille génération" ».

comme s'il s'agissait d'un de ses collègues. Les journalistes soviétiques soulignent toute la nécessité de la critique et de l'autocritique, selon les préceptes de Staline, et ils reprochent aux adversaires de l'école de Marr de n'avoir pas osé élever la voix contre le monopole que celle-ci s'était arrogée dans le domaine de la philologie. Pourtant, puisque la critique ne doit en aucune façon mettre en cause les principes du marxisme-léninisme, mais au contraire permettre de les mieux incorporer dans les différentes disciplines scientifiques, on voit difficilement comment les savants soviétiques auraient pu se permettre de critiquer la seule école de philologie qui ait réellement tenté de fonder la linguistique sur le marxisme, si étranges que soient les conclusions auxquelles elle était parvenue. Il suffit en effet de considérer les attaques dont sont l'objet les physiologues et les biologistes qui essaient de soutenir des thèses différentes de celle de Pavlov et de Lyssenko pour apprécier la difficulté de la tâche des savants soviétiques.

Ce n'est encore que dans un nombre restreint de domaines que le parti communiste a formulé clairement la position marxiste-léniniste en matière scientifique, et à la lecture de la presse soviétique de cette année, on pourrait penser que toute la science se réduit à la biologie, la physiologie, la linguistique et à l'économie politique. Il y a cependant lieu de prévoir que, peu à peu une doctrine officielle sera définie dans chacune des disciplines scientifiques et dès maintenant, on peut signaler des attaques contre certaines théories « idéalistes » en physique et en astronomie. Aucun secteur de l'activité intellectuelle soviétique ne peut en effet rester indifférent à l'idéologie politique du régime. Un journal estonien n'a-t-il pas récemment critiqué un professeur d'échecs pour avoir négligé l'éducation politique de ses élèves et avoir rédigé des manuels dépourvus de tout contenu idéologique ?

Communisme et religion.

L'un des principaux soucis du parti depuis la guerre a certainement été de réagir contre les influences de la pensée occidentale qui risquaient de s'infiltrer dans les différents domaines de l'activité intellectuelle soviétique. La même réaction a pu être observée à l'égard de la religion, qu'il avait été jugé opportun de ménager pendant la guerre. La *Komsomolskaya Pravda,* organe de la jeunesse communiste, a récemment rappelé aux membres des Komsomols qu'il ne leur était pas permis de se marier à l'église, même pour tenir compte des sentiments religieux de la famille du conjoint. La *Gazette littéraire* du 27 juillet 1950 a qualifié la religion musulmane d'idéologie féodale et réactionnaire. En résumé, tout ce qui peut être considéré comme une survivance d'un passé condamné doit disparaître pour laisser la place libre à la domination totale de l'idéologie communiste.

***

Que ce soit dans l'agriculture, dans l'industrie, dans la vie sociale ou dans la culture, la caractéristique essentielle de l'année qui va s'achever est pour l'URSS le renforcement de la puissance absolue d'un État omnipotent et omniprésent.

À peine les paysans pouvaient-ils souffler un instant qu'on les brasse et les rebrasse pour les encaserner dans des kolkhozes géants où le mot d'ordre est obéissance et travail ; à peine les usines commençaient-elles à reprendre un rythme normal qu'on annonce des programmes de construction qui rappellent les Pharaons et seront, une fois de plus, exécutés selon les méthodes éprouvées il y a plusieurs milliers d'années.

Partout et sans cesse, on réclame de nouveaux efforts, on corrige de nouvelles erreurs, on censure, on réprime, on exhorte.

Le but de tout cela est la force, la force accrue de l'URSS, qui doit être prête à affronter tous les dangers.

On peut, selon ce qu'on désire, considérer le programme actuel de l'Union soviétique comme un programme pacifique ou comme un programme belliqueux. La vérité, c'est qu'il est l'un et l'autre. C'est un programme de force, appuyé sur un régime totalitaire, n'admettant ni critique, ni reproche, ni plainte, ni protestation.

Selon la volonté de dirigeants qui se considèrent eux-mêmes comme la dictature la plus totale de l'histoire, la dictature d'une classe, obéissant à des lois scientifiques inexorables, il peut servir à la paix comme à la guerre, sans que les 200 millions de citoyens soviétiques aient à en juger en aucune manière.

La loi du système soviétique a été définie par Lénine dans les paroles célèbres : ce qui importe, c'est de savoir *kto kavo* « Qui tue qui ».

Ce qui est guerre pour l'objet peut aisément être paix pour le sujet.

(Direction d'Europe, URSS, volume 110)

374

M. Schuman, Ministre des Affaires étrangères[1],
À MM. Bonnet, Ambassadeur de France à Washington,
ET Chauvel, Représentant permanent de la France
auprès du Conseil de sécurité des Nations unies[2].

T. n⁰ˢ 20 452-20 454 ; 3300-3302.   *Paris, 29 novembre 1950.*

Réservé. Secret. Priorité absolue.

M. Schuman s'est entretenu hier soir avec Sir Oliver Harvey de nos préoccupations au sujet des événements de Corée et de la position prise par la délégation américaine au Conseil de sécurité. Il a assuré l'Ambassadeur du complet appui du gouvernement français pour l'action modératrice qui a été et qui sans doute continuera d'être celle du gouvernement britannique. Il lui a exprimé son désir qu'un contact étroit soit maintenu entre les représentants des deux pays à Paris, Washington et Lake Success.

L'Ambassadeur ayant rendu compte à Londres de cette conversation nous a informé cet après-midi que M. Bevin était en plein accord avec M. Schuman. Il a donné connaissance des instructions envoyées à Sir Gladwin Jebb et à Sir Oliver Franks. Le premier a mission de s'en tenir au texte du projet de résolution du 10 novembre et de ne pas accepter les amendements qui pourraient être éventuellement présentés pour l'aggraver. En cas d'insistance pour un amendement de cette nature, il devrait attendre de nouvelles instructions.

Sir Oliver Franks doit faire de son côté une démarche au Département d'État pour demander que la délégation américaine s'en tienne au projet de résolution du 10 novembre sans présenter d'amendement.

Je suis en complet accord avec cette manière de faire, et vous demande d'appuyer l'action de votre collègue britannique dans les conditions qui vous paraîtront les meilleures.

(Direction d'Asie-Océanie, Corée, volume 72)

---

[1] Télégramme signé Parodi.
[2] Télégramme communiqué à l'ambassade de France à Londres (n⁰ˢ 22 756-22 758).

375

M. PARODI, SECRÉTAIRE GÉNÉRAL DU MINISTÈRE DES AFFAIRES
ÉTRANGÈRES,
À M. CHAUVEL, REPRÉSENTANT PERMANENT DE LA FRANCE
AUPRÈS DU CONSEIL DE SÉCURITÉ DES NATIONS UNIES[1].

T. n°s 3303-3308.   *Paris, 29 novembre 1950.*

Réservé.

Je me réfère à mon télégramme n°s 3300 à 3302[2].

Il est utile que vous assuriez vos interlocuteurs américains du souci du gouvernement français de maintenir aussi étroite que possible la solidarité des pays unis dans la lutte menée en Corée au nom des Nations unies et dont les États-Unis portent le poids principal.

Les derniers développements de la situation, qui apportent la preuve que la Chine, contrairement à ce que nous avions pu espérer, s'engage dans la guerre, rendent cette solidarité plus nécessaire encore. Ils requièrent aussi de nous un effort de sang-froid et un calcul exact des risques auxquels nous pouvons consentir.

Il est bien certain que l'action militaire chinoise a tous les caractères de l'agression prévus par la Charte, mais la question est de savoir s'il convient que le Conseil de sécurité en fasse officiellement la constatation. Sans doute le Conseil conserverait-il sa pleine liberté d'apprécier l'opportunité des différentes mesures prévues par le chapitre 7 de la Charte, cependant, s'il constatait officiellement l'existence d'une agression, il lui serait, moralement au moins, bien difficile de ne prendre aucune mesure pour y parer, et les circonstances sont telles que ces mesures ne pourraient guère avoir un caractère autre que militaire. Ainsi prendrions-nous le risque, qu'il faut à tout prix éviter, d'engager la Chine à fond dans la guerre.

La situation générale est devenue telle que les raisons de nous décider sont déjà d'ordre stratégique autant que politique. Le grand risque à éviter est celui d'une longue campagne qui continuerait d'absorber l'essentiel des forces américaines, et exigerait de l'appareil américain un effort manifestement sans rapport avec les résultats. Cette considération doit conduire à rechercher, même si les chances d'aboutir sont faibles, tous les moyens qui pourraient encore localiser et apaiser le conflit.

Dans cet esprit, il pourrait être utile de reprendre, au moment et dans les conditions qui vous paraîtraient les meilleures l'examen des propo-

---

[1] Télégramme communiqué aux ambassades de France à Washington (n°s 20 455-20 460) et à Londres (n°s 22 579-22 584).
[2] Voir document n° 374.

sitions qui ont pu être suggérées déjà, ou qui vous paraîtraient opportunes. Je vous rappelle à cet égard les déclarations qu'avait faites M. Chou En Lai à l'Ambassadeur de l'Inde à Pékin le 2 octobre dernier (télégramme n⁰ˢ 872-76 de Washington à New York)[1], déclarations dont le gouvernement américain paraît avoir méconnu jusqu'ici l'intérêt et l'importance.

Vous pourriez examiner la possibilité, si le développement des événements le permet encore, d'inclure dans les propositions soumises au Conseil de sécurité, ou éventuellement, si la question est reprise à l'Assemblée, devant celle-ci, un texte qui tendrait à mieux préciser les intentions des Nations unies. Il viserait, dès qu'il serait mis fin à l'intervention chinoise en Corée,

1) à établir dans des limites à définir, une zone neutre le long de la frontière de Corée, zone qui serait démilitarisée et contrôlée par une commission internationale émanant des Nations unies ;

2) à réserver aux troupes sud-coréennes l'occupation de la Corée du Nord ;

3) à maintenir en Corée du Sud un effectif des Nations unies qui serait rappelé dès que le rétablissement de l'ordre et de la sécurité le permettrait.

(Direction d'Asie-Océanie, Corée, volume 25)

376

M. Bonnet, Ambassadeur de France à Washington,
  à M. Schuman, Ministre des Affaires étrangères[2].

T. n⁰ˢ 4945-4951.   *Washington, 30 novembre 1950, 15 h.*

Priorité absolue. Réservé.   (*Reçu* : le 1ᵉʳ, 0 h. 30)

La déclaration du président Truman, dans sa conférence de presse, frappe par la fermeté du ton plus net et plus tranchant que celui du Secrétaire d'État dans l'allocution qu'il a prononcée hier soir.

Cette impression a été naturellement renforcée par l'allusion à la possibilité d'emploi de la bombe atomique. Bien que le Président ait exprimé l'espoir qu'il ne serait pas nécessaire d'en arriver là, sa réponse à la question d'un journaliste provoqua une profonde sensation.

---

[1] Document non reproduit.

[2] Télégramme communiqué à la Présidence de la République, la Présidence du Conseil, MM. Parodi, Clappier, de La Tournelle et de Bourbon-Busset, ainsi qu'à New York (n⁰ˢ 1141-1147). Note manuscrite : « C[ommuni]quer L[ondres], M[oscou], T[okyo], f[ait] ».

L'explication qui vient à l'esprit et qui a été immédiatement donnée de divers côtés est que M. Truman a voulu par cette menace faire pleinement mesurer au monde communiste la gravité de la situation. Il lançait en même temps par sa déclaration un appel à l'unité des partis politiques américains auxquels il demande de voter de nouveaux crédits ainsi qu'à l'union des Alliés occidentaux.

Il est certain que ce matin la presse reflète une grande confusion. Elle étale plus au moins nettement un éventail d'opinions qu'on entend couramment exprimer et qui vont de l'ultimatum à Moscou avec menace atomique, jusqu'au retrait des Européens de l'Extrême-Orient en vue de concentrer tous les efforts sur la défense de l'Europe.

La tâche du gouvernement devant ces manifestations est encore compliquée par des controverses qui risquent de s'envenimer au sujet du général MacArthur.

Ce dernier demeure l'idole de groupes politiques importants. Aucun critique officiel n'est d'ailleurs contre lui et à moins d'événements graves, l'administration ne se départira pas de cette attitude. Mais la trêve qui règne entre les partis pourrait être mise en danger si les polémiques qui s'esquissent prenaient plus d'ampleur.

Il est naturel que, dans ces conditions, le gouvernement ait voulu donner l'impression à son opinion publique qu'il suivait sans crainte et avec fermeté la voie qu'il s'était tracée et qu'il ne doutait pas du succès.

En fait, la note était hier à la fermeté sans doute mais aussi au calme. La communication du Secrétaire d'État adjoint pour l'Extrême-Orient, qui avait officiellement réuni les ambassadeurs alliés pour les entretenir de la situation, se proposait évidemment de donner cette impression. M. Webb, que j'avais vu à deux reprises dans la journée, m'avait chaque fois donné la même impression. Le discours de M. Acheson n'apportait pas d'indications contraires. Mais il se fondait sur l'espoir que la situation militaire serait rétablie dans les 3 ou 4 jours qui viennent. Les dernières informations reçues permettent toujours de penser heureusement qu'en dépit de la force de l'attaque chinoise, les troupes des Nations unies réussiront à établir une ligne solide de résistance dans le goulot de la péninsule coréenne. Ce redressement permettrait de réfléchir et peut-être de négocier dans les semaines qui suivront.

Mais s'il en était autrement, les émotions vives et confuses qui se manifestent aujourd'hui montrent que nous pourrions nous trouver en face de réactions violentes en partie imprévisibles et qui feraient peser sur le monde la menace immédiate d'une guerre avec la Chine.

(Secrétariat des Conférences, NUOI, volume 142)

377

M. Chataigneau, Ambassadeur de France à Moscou,
    à M. Schuman, Ministre des Affaires étrangères[1].

D. n° 1291.   *Moscou, 30 novembre 1950.*

Tandis que grâce à son allié chinois le Kremlin est aujourd'hui parvenu à élargir le conflit coréen au point d'immobiliser bientôt les États-Unis et la France dans une longue guerre d'usure en Extrême-Orient[2], les divergences franco-anglo-américaines sur la question allemande, les hésitations qu'éprouvent encore les « gouvernements vassaux de Washington » à se lancer dans une politique de réarmement sont soigneusement exploitées par la propagande soviétique[3].

Se réclamant de la volonté tapageusement exprimée à Varsovie par les partisans de la paix, la presse et la radio soviétiques reprennent l'offensive vainement lancée par M. Vychinski et ses collaborateurs à Lake Success pour rompre le bloc atlantique.

Tout en continuant à attaquer de front l'irréductible adversaire américain, c'est en revanche par la persuasion que le Kremlin semble actuellement vouloir amener Paris, et Londres à abandonner une politique qu'il déclare solennellement condamnée par toute l'humanité progressiste.

La manœuvre est particulièrement nette en ce qui concerne la France, maillon que Moscou estime le plus faible de la chaîne atlantique. La tactique consiste moins à attaquer le gouvernement français qu'à l'éclairer sur les risques qu'il encourt en s'obstinant dans une voie sans issue. Maintenir la solidarité franco-américaine, n'est-ce pas vouloir imposer à la France un réarmement coûteux et périlleux pour la paix que réclame le peuple français ? N'est-ce pas surtout entraîner le pays à poursuivre contre sa volonté une campagne sanglante au Viêtnam et l'obliger à accepter la remilitarisation de son ennemie héréditaire, l'Allemagne ?

La publicité donnée cette semaine par toute la presse soviétique aux longs commentaires de la presse américaine sur les désaccords existant entre les membres du Pacte atlantique et notamment sur les divergences franco-anglo-américaines à propos de l'Extrême-Orient et de l'Allemagne ne souligne que mieux le désir et la hâte que l'on a ici d'exploiter les inquiétudes et les hésitations françaises. Le Kremlin se soucie d'ailleurs

---

[1] Dépêche adressée à la direction d'Europe et communiquée au Cabinet du Ministre et au Secrétariat des Conférences. Note manuscrite : « *[Communiquer à] Washington, Londres, f[ai]t 9-12-50* ».

[2] Le même jour, Chataigneau décrivait ainsi l'objectif essentiel des Soviétiques dans le conflit coréen : fixer en Asie orientale les effectifs adverses de façon à garder à l'URSS une liberté de manœuvre diplomatique ou militaire en Europe (télégramme n° 2663 du 30 novembre 1950 de Moscou, non reproduit).

[3] Voir document n° 364.

moins d'affirmer que de convaincre. Plutôt que d'accabler un gouvernement qui, selon lui, ne saurait représenter le véritable peuple français, il juge plus habile de lui ouvrir les yeux sur les réalités du moment et de lui découvrir la situation dans laquelle serait placée la France le jour où, affaiblie par une épuisante guerre coloniale, prélude de l'effondrement de l'Union française, elle se trouverait isolée dans une Europe dont déjà l'Angleterre se détache et de laquelle les États-Unis menacent, sous l'influence d'un parti républicain inspiré par M. Taft, de se désintéresser.

Ainsi présentée, la discussion proposée par le Kremlin sur l'affaire allemande offrirait au gouvernement français une occasion, peut-être la dernière, de sauver à la fois la paix et les intérêts de la France.

Pour mieux nous convaincre, le Kremlin a simultanément recours à la séduction et à la menace. C'est pour nous séduire qu'il a invité sa presse et sa radio à modérer ces temps derniers leurs attaques contre la France, s'il a protesté pour la forme contre l'expulsion d'un certain nombre de Soviétiques indésirables en France, il n'a pas réagi à l'élimination récente des maires communistes de la Seine.

Sans aller jusqu'à faire des concessions majeures, il ne refuse cependant pas certains allégements dans le régime des visas ; il laisse volontiers sa presse et ses fonctionnaires rappeler les affinités intellectuelles franco-soviétiques.

Mais, dans le même temps, le Kremlin, misant sur l'ardent désir de paix du peuple français, accentue son chantage à la peur. Il veut nous faire comprendre que de même que le gouvernement de Pékin est aujourd'hui contraint de prendre les armes pour défendre ses frontières menacées à la fois au Nord, au Sud et à l'Est par « l'agresseur américain », de même le gouvernement soviétique ne peut plus rester indifférent à la menace que le réarmement des États-Unis et de l'Europe occidentale et « l'hystérie des fauteurs de guerre américaine et de leurs émules occidentaux » fait peser sur l'URSS. Il peut demain prendre ses garanties à l'Ouest comme à l'Est. Il n'attend peut-être que l'occasion d'une action hostile des Américains en Mandchourie pour venir à l'aide de son allié chinois, victime, après la Corée de « l'agresseur impérialiste ».

Enfin, lorsque le gouvernement français décide de poursuivre sans défaillance la lutte qu'avec l'appui américain il mène contre le Viêt Minh, Moscou n'attend pas vingt-quatre heures pour nous rappeler par la voix de M. Chou En Lai la gravité et l'imminence du danger qui menace le Tonkin et le Laos.

Ainsi, sans nous le dire ouvertement, le Kremlin nous fait clairement comprendre que l'heure du choix a sonné ou plutôt qu'il n'est pour la France d'autre voie à suivre que celle qui aboutit à la paix en passant par Moscou.

(Direction d'Europe, URSS, volume 152)

378

M. Chauvel, Représentant permanent de la France auprès
du Conseil de sécurité des Nations unies,
à M. Schuman, Ministre des Affaires étrangères[1].

T. n°s 3249-3250.   *New York, 1er décembre 1950, 23 h. 08.*

Priorité absolue. Réservé.   (*Reçu* : le 2, 10 h. 20)

Pour apprécier justement les éléments psychologiques de la situation
présente, nous ne devons pas exclure la possibilité de réelles appréhensions chinoises de la politique poursuivie par les États-Unis en Extrême-
Orient. Nous voyons l'envers du décor. Pékin en voit la face qui peut
être pour un Asiatique, se distingue mal de celle du général MacArthur.

Nous ne devons pas perdre de vue que il y a quelques mois la Corée
du Sud était vide de troupes américaines, ouvertement considérée
comme indéfendable en cas de conflit majeur et que Formose était en
dehors des lignes de défense américaines.

Actuellement, les troupes américaines ont franchi le 38e parallèle et
sont en un point sur le Yalu, la 7e flotte monte la garde devant Formose,
cette île est incluse dans le système de défense américain et le général
MacArthur justifie cette inclusion en précisant notamment qu'elle
assure aux forces américaines le contrôle de la côte chinoise.

(Direction d'Asie-Océanie, Corée, volume 69)

379

Note de la Direction d'Europe
(Sous-direction d'Europe orientale)

Réarmement de la Bulgarie, de la Hongrie et de la Roumanie

N.   *Paris, 1er décembre 1950.*

Lorsque l'Union soviétique proteste avec indignation contre le réarmement par les alliés atlantiques de l'Allemagne de l'Ouest, elle semble
oublier que si la création d'une force allemande est contraire aux stipulations de Potsdam, le constant accroissement des forces militaires

---

[1] Télégramme communiqué à la Présidence de la République, la Présidence du Conseil,
MM. Parodi, de La Tournelle, Clappier et de Bourbon-Busset ainsi qu'aux ambassades de
France à Washington et Londres. Note manuscrite : « *M. Cattand* ».

des États satellites, ex-alliés de l'Allemagne, est en contradiction flagrante avec les stipulations des traités de paix.

Or, à l'heure actuelle, tous les renseignements qui peuvent être recueillis sur la situation militaire en Bulgarie, Hongrie et Roumanie, confirment que ces trois pays ont largement dépassé les effectifs que les traités les autorisaient à avoir. Dans une récente interview accordée à M. Sulzberger du *New York Times*, le chef d'état-major général yougoslave, le général Popovitch, soulignait que, d'après les informations en sa possession, la Bulgarie disposait actuellement de 130 000 hommes sous les drapeaux alors que les traités ne l'autorisaient à en avoir que 55 000. La Roumanie, de son côté, disposait d'une force de 250 000 hommes, soit 130 000 de plus qu'il ne lui avait été alloué. Enfin, en ce qui concerne la Hongrie, son armée, d'après le général Popovitch, compterait actuellement 120 000 hommes au lieu des 65 000 qu'elle est autorisée à avoir.

Ces diverses informations sont confirmées par les services de renseignements français dont les chiffres sont mêmes supérieurs à ceux donnés à M. Sulzberger en ce qui concerne la Bulgarie et la Roumanie. On sait de plus que, malgré les stipulations des traités, l'armée bulgare, qui fait actuellement l'objet des soins les plus attentifs de l'état-major soviétique, vient d'être dotée de plusieurs centaines de chars russes du type le plus récent.

Bien que ces faits n'aient jamais été officiellement publiés ou reconnus à Budapest, à Bucarest ou à Sofia, il semble que dans une éventuelle discussion sur le réarmement allemand, il pourrait en être fait état.

(Direction d'Europe, Hongrie, volume 38)

380

Note du Département

L'Union soviétique et la neutralité

N.   *Paris, 1ᵉʳ décembre 1950.*

L'évolution de la situation internationale au cours des deux dernières années a amené certains secteurs de l'opinion publique en France et en d'autres pays à préconiser une attitude de neutralité et à se prononcer en faveur de la création d'une troisième force, constituée par toutes les puissances désirant conserver une position indépendante tant à l'égard des États-Unis que de l'URSS.

L'importance primordiale accordée par l'URSS et les partis communistes de chaque pays au mouvement des partisans de la paix confirme que l'objectif essentiel de la propagande soviétique est d'affaiblir et de dissocier la coalition atlantique. On peut donc se demander si l'URSS ne considérerait pas dans ce dessein qu'il est de son intérêt de favoriser l'essor des tendances neutralistes, du moins dans les pays signataires du Pacte de l'Atlantique.

Le désir manifesté par les organisateurs du congrès de Varsovie d'élargir les bases de leur mouvement a effectivement donné lieu à une attitude particulièrement bienveillante à l'égard des neutralistes. Ceux-ci, a déclaré M. Pierre Cot, (après avoir précisé qu'il ne partageait pas leur opinion) doivent participer au mouvement pour la paix. Très applaudi par le congrès, M. Cot a souligné que l'adoption (par les pays d'Europe occidentale) d'une politique de neutralité permettrait de « gagner du temps sur la guerre » en conduisant à la dénonciation du Pacte atlantique et en empêchant l'utilisation de l'Europe occidentale comme plate-forme de guerre.

La lecture de la presse soviétique de cette année montre qu'il ne peut s'agir là que de considérations tactiques et que l'URSS ne saurait reconnaître de véritable neutralité dans la « guerre froide » qu'elle considère comme un conflit entre le bloc « impérialiste » et le « camp de la paix ». La presse soviétique a déclaré à maintes reprises[1] qu'il « ne saurait y avoir de neutres dans la lutte pour la paix ».

On pourrait multiplier les exemples qui montrent que l'URSS considère que les États qui s'efforcent de rester en dehors de deux groupes de puissances, s'abritent derrière une façade de neutralité pour mieux cacher leur soumission à la politique américaine.

Il est clair que l'Union soviétique a tout fait, après la rupture de Tito avec le Kominform, pour empêcher la Yougoslavie de conserver la position indépendante que ce pays aurait souhaité adopter à l'égard des deux groupes de puissances. Les pays traditionnellement neutres comme la Suisse et la Suède ont fait l'objet d'articles très malveillants.

Enfin la revue *Temps nouveaux* a récemment publié un article qui montre que l'URSS n'est pas moins hostile aux idées du « Troisième Bloc » qui ont constitué un des fondements de la politique de l'Inde indépendante et paraissent, à la faveur de la session actuelle de l'Assemblée générale des Nations unies, rencontrer un certain succès.

Dans sa livraison du 19 juillet dernier, la revue *Temps nouveaux* avait quelque peu malmené le président du parti socialiste indien qui, présentant au congrès de Madras le rapport de politique extérieure, avait fait l'apologie d'une politique de neutralité sans doute très semblable à celle prônée par le gouvernement de New-Delhi. Dans une longue lettre à la rédaction, le docteur Lohia avait alors exposé à nouveau son opinion et non sans une certaine naïveté, invité la revue soviétique à

---

[1] *Note du document :* « cf. notamment la *Pravda* du 4 juin 1950 ».

en faire une « critique raisonnable » et à « essayer de comprendre le point de vue d'un autre pour lui indiquer ses erreurs ».

De cette offre, l'hebdomadaire *Temps nouveaux* semble surtout avoir retenu le dernier terme et, dans son numéro du 25 octobre, il consacre son « courrier de la rédaction » à la poursuite de ses attaques personnelles contre le docteur Lohia combinée avec une réfutation péremptoire de toutes les conceptions actuelles de la neutralité.

Jamais sans doute un organe aussi officiel ne s'était exprimé avec autant de clarté sur le sujet. Rappelant que l'homme politique indien essaie de transplanter sur son sol la mauvaise herbe, qui, semée par Léon Blum et Attlee s'est, sous le couvert de la « Troisième Force » épanouie avec la formation du Pacte atlantique, l'article souligne que les tentatives indiennes ne sauraient, comme leur modèle, que tourner finalement en instrument supplémentaire de la « politique d'agression » : « Toute cette cabalistique » (*sic*) « ne change rien à l'essentiel, à savoir que dans la conjoncture présente la neutralité qu'elle prêche fait exclusivement l'affaire des impérialistes américano-anglais qui redoutent une participation active des masses populaires à la lutte pour la paix, la démocratie et la liberté ».

Selon *Temps nouveaux*, la politique d'objectivité et d'abstention préconisée par les socialistes indiens sous le prétexte chimérique de contribuer à la paix universelle permettrait aux impérialistes de détruire en détail les pays du camp démocratique d'abord, ceux du troisième camp ensuite :

« Le salut du peuple serait donc de suivre avec indifférence les manœuvres des impérialistes. La politique de non-intervention qui a conduit à la deuxième guerre mondiale serait donc la meilleure : l'absurdité de cette thèse est d'autant plus évidente que, dans la conjoncture présente, il n'y a pas ou presque de problème internationaux n'affectant pas les intérêts de tous les pays du monde, surtout lorsqu'il s'agit de la menace d'une nouvelle guerre ».

Enfin le Dr. Lohia achève de déchaîner l'indignation de son critique quand, envisageant l'étendue universelle de la politique du troisième camp, il cite parmi ses adhérents éventuels : la Suède, certains États d'Amérique du Sud et – humour ou naïveté – la Yougoslavie. La mention de cette dernière est qualifiée sommairement d'« anecdote de mauvais goût ». Quant à la Suède : « Comment saurait-on prendre au sérieux la « neutralité » du gouvernement suédois dont la participation semi-avouée, semi-camouflée aux préparatifs d'agression du bloc atlantique est aujourd'hui si universellement connue ». Enfin Lohia « espère-t-il pouvoir vraiment convaincre quiconque que les États de l'Amérique latine poussés par le Département d'État dans le pacte de défense interaméricain pourraient en même temps orner de leur présence le troisième camp neutre ? ».

Ainsi, *Temps nouveaux* vient-il confirmer ce que la presse soviétique avait souvent laissé entendre. Il en est des États comme des individus. Faute d'une adhésion totale au système, ils sont sans distinction de nuances, sans considération d'intention, voués à rouler dans le « bourbier de la réaction ». Une attitude d'abstention à l'égard du « camp de la paix » est péché mortel ; elle est aussi condamnable que l'hostilité déclarée à laquelle, selon les « lois du système », elle doit inévitablement aboutir.

Il n'est pas besoin d'insister sur l'intérêt que présente cet avertissement dans la situation internationale actuelle.

(Direction d'Europe, URSS, volume 110)

381

NOTE DE LA DIRECTION D'ASIE-OCÉANIE
POUR LE SECRÉTAIRE GÉNÉRAL[1]

Indépendance du Viêtnam et constitution française

N.   *Paris, 1ᵉʳ décembre 1950.*

La question a été posée à la Direction d'Asie-Océanie de savoir si la reconnaissance par la France de l'indépendance totale du Viêtnam ne serait pas contraire à la constitution française de 1946.

La Direction d'Asie-Océanie, après consultation du Service juridique du Département, estime que le Viêtnam peut, sans que la constitution soit violée, être reconnu comme totalement indépendant.

1) Les rapports entre la République française et les États associés sont fixés par l'acte qui, dans chaque cas, les a définis (art. 61 de la constitution). Cet acte peut être un traité ou toute autre forme d'accord et il n'a pas, par nature, le caractère d'un traité international. En effet, les rapports entre la République et les États associés sont des rapports d'ordre constitutionnel de l'Union française et non pas des rapports internationaux.

2) La constitution de 1946 n'a fait que reprendre dans son article 27 les dispositions de la constitution de 1875, qui énumère ceux des traités qui doivent être ratifiés en vertu d'une loi. Même si l'on considérait, à tort, que le traité qui donnerait au Viêtnam son indépendance est un traité international au sens de l'article 27, ce traité n'aurait besoin que de la seule signature et de la ratification du Président de la République (art. 31 de la constitution).

---

[1] Note manuscrite : « *Cette note a été finalement classée comme ne répondant pas exactement aux préoccupations de M. de La Tournelle* ».

Les traités politiques et les traités de protectorat, sous le régime de la constitution de 1875 n'étaient pas soumis à l'approbation du Parlement. Si les accords avec le Viêtnam, le Laos et le Cambodge ont été examinés par l'Assemblée nationale, ce n'était pas en exécution de dispositions impératives de la Constitution, mais pour des raisons de simple opportunité politique.

(Direction d'Asie-Océanie, Indochine, volume 148)

382

M. ᴅᴇ Vᴀᴜx Sᴀɪɴᴛ Cʏʀ, Aᴍʙᴀssᴀᴅᴇᴜʀ ᴅᴇ Fʀᴀɴᴄᴇ à Aᴛʜèɴᴇs, à M. Sᴄʜᴜᴍᴀɴ, Mɪɴɪsᴛʀᴇ ᴅᴇs Aғғᴀɪʀᴇs éᴛʀᴀɴɢèʀᴇs[1].

D. n° 826.   *Athènes, 1ᵉʳ décembre 1950.*

À l'ouverture de la séance de la Chambre, le 30 novembre, le Président du Conseil a annoncé qu'à la suite des gestes successifs effectués par la Yougoslavie et qui montraient les bonnes dispositions dont elle était animée vis-à-vis de la Grèce, le gouvernement hellénique avait décidé d'accréditer un ministre à Belgrade. Ces gestes avaient été le retour en Grèce de militaires et de civils grecs retenus en Yougoslavie à l'encontre de toute loi internationale, la restitution d'une vingtaine d'enfants grecs et l'autorisation donnée à un membre de la Croix-Rouge suédoise de rechercher dans les camps yougoslaves les enfants emmenés par les rebelles et réclamés par leurs parents.

Les chefs de tous les partis de la Chambre, depuis M. Tsaldaris jusqu'à M. Sophianopoulos, en passant par MM. Stéphanopoulos, Plastiras, Rendis et Svolos auxquels s'est joint un député de Florina, se sont félicités de la reprise des relations normales avec la Yougoslavie et ont demandé que ces rapports deviennent plus étroits encore dans l'intérêt des deux pays et dans celui de la paix dans les Balkans. La Chambre toute entière a applaudi ces paroles qui soulevaient une enthousiasme unanime, rare dans cet hémicycle.

Ainsi se sont terminées les négociations qui duraient depuis longtemps et qui n'ont pas toujours été menées du côté grec avec beaucoup de doigté.

On se rappelle qu'en fermant ses frontières aux rebelles, les Yougoslaves ont apporté aux Grecs une aide indirecte qui leur a permis de mettre fin à la guerre civile. Le maréchal Tito n'avait pas pris cette

---

[1] Dépêche adressée à la direction d'Europe. Notes manuscrites : « C[ommuni]quer *Belgrade, Londres, Washington, fait le 12-12-1950. M. Baeyens, il me semble que le gouvernement grec n'a pas été si maladroit que le prétend cette dépêche. F[rançois] S[eydoux]. M. de La Tournelle. 1 copie à l'Europe orientale* ».

décision dans l'intention de servir la cause grecque, mais pour les deux raisons suivantes :

1) se garder des communistes grecs, surtout depuis la condamnation lancée par le Kominform contre Markos qui s'était laissé séduire par le communisme national du maréchal Tito ;

2) éviter l'encerclement complet par les communistes d'obédience moscovite. Mieux valait avoir à ses frontières méridionales des « monarcho-fascistes » que des moscoutaires.

Quoi qu'il en soit, un premier rapprochement se produisit entre Belgrade et Athènes que les Anglais et les Américains s'efforcèrent de maintenir et de fortifier[1]. Des deux côtés de la frontière, les négociations ne furent pas conduites avec toute l'habileté désirable. Du côté yougoslave, la crainte de paraître trop céder aux puissances de l'Ouest amena le gouvernement de Belgrade à raidir sa position. À Athènes, les bureaux, ceux des Affaires étrangères surtout, s'opposèrent à toute concession et firent montre d'une intransigeance absolue. M. Politis, l'actuel sous-secrétaire d'État permanent aux Affaires étrangères, m'a souvent répété : « Nous n'avons rien à gagner à renouer des relations avec la Yougoslavie : tout l'avantage est pour la partie adverse ». C'était juger les choses d'une façon aussi fausse que simpliste.

Deux fois les négociations échouèrent. Tout d'abord, quand le gouvernement de Belgrade posa comme condition la reconnaissance des minorités slaves en Macédoine et ensuite, quand M. Kardelj prononça un discours véhément la veille du jour où le nouveau ministre yougoslave, M. Sehovic, devait présenter au roi Paul ses lettres de créance[2]. La cérémonie n'eut pas lieu et le ministre rentra à Belgrade. M. Politis, qui pensait toujours aux exactions commises par les bandes yougoslaves en Macédoine avant 1912, n'en fut pas autrement désappointé. Les Grecs auraient peut-être pu accepter de recevoir un ministre yougoslave et poser ensuite leurs conditions en ce qui concerne les minorités slaves, les prisonniers et les enfants enlevés.

La pression des Américains et la situation alimentaire et économique devenue chaque jour plus critique ont amené les Yougoslaves à faire

---

[1] Le discours de Tito du 27 avril avait notamment permis une ouverture et l'envoi d'un nouveau ministre à Athènes. La question du rapatriement des enfants grecs enlevés par les rebelles restait encore pendante entre les deux parties (dépêche n° 723 du 30 avril 1950 de Belgrade, non reproduite). Mais on restait encore très prudent à Athènes, même si on appréciait l'évolution de la politique yougoslave et la nomination d'un ministre yougoslave à Athènes (dépêche n° 328 du 2 mai 1950 d'Athènes, non reproduite).

[2] Les pourparlers pour la normalisation des rapports gréco-yougoslaves avaient été pratiquement rompus suite à la question macédonienne posée par Belgrade, peut-être à cause des pressions bulgares accusant Tito d'abandonner ses frères slaves au « joug grec ». En tout cas, notait l'ambassadeur, il convenait maintenant de faire silence sur la question du rapprochement gréco-yougoslave (dépêche n° 520 du 1ᵉʳ juillet 1950 d'Athènes, non reproduite). Une note relevait que la situation restait bloquée, malgré les efforts des puissances anglo-saxonnes (note d'octobre 1950 de Paris, non reproduite).

les gestes dont a parlé M. Vénizélos à la Chambre[1]. Tous les Grecs se sont réjouis d'apprendre que de nouveaux ministres vont être échangés entre les deux pays. La Grèce envoie à Belgrade M. Capetanidis, qui était Chargé d'affaires à Madrid. Le gouvernement yougoslave attend le retour de M. Kardelj pour nommer son représentant à Athènes.

On a remarqué ici, non sans quelque satisfaction, que les conditions posées par les États-Unis à l'octroi d'armes aux Yougoslaves sont les mêmes que celles posées aux pays du Pacte atlantique. On en conclut que la Yougoslavie est ainsi incorporée dans le système de défense contre le communisme.

Si les avantages politiques de ce rapprochement gréco-yougoslave sont évidents, les avantages économiques ne sont pas non plus à dédaigner. Le port de Salonique, débouché de la vallée du Vardar et point d'arrivée des fournitures américaines destinées à la Yougoslavie, va sortir du marasme dans lequel il vit depuis la guerre. Le port franc yougoslave va s'ouvrir à nouveau. L'atmosphère est à l'optimisme et les officiels grecs, qui ont été chercher les enfants hellènes en Yougoslavie, se félicitent de l'accueil cordial qu'ils ont reçu. Cet optimisme est assez rare à l'époque actuelle pour qu'on prenne soin de le noter.

J'ai demandé à une personnalité politique grecque importante si l'on avait prévu le cas où les Yougoslaves, une fois armés par les Américains, passeraient de gré ou de force du côté de Moscou. Il m'a répondu qu'il ignorait si des mesures avaient été envisagées, mais qu'à son avis, la riposte immédiate devait être l'entrée en Albanie. Et beaucoup de Grecs, a-t-il ajouté, partagent mon avis.

M. Peurifoy, ambassadeur des États-Unis, est parti aujourd'hui en avion pour Genève. Il est question, dit-on, qu'il rencontre dans cette ville M. Allen, ministre des États-Unis à Belgrade, et étudie avec lui la situation dans les Balkans en général et les rapports gréco-yougoslaves en particulier. J'ai vu mon collègue avant son départ. Tout en se félicitant de l'aboutissement des négociations avec la Yougoslavie, il n'était pas sans appréhender la répercussion possible des événements d'Extrême-Orient sur le maintien de la paix dans les Balkans.

(Direction d'Europe, Grèce, volume 132)

---

[1] Ce n'est que début novembre que l'on relevait des dispositions conciliantes manifestées par le gouvernement yougoslave, en renonçant à toute allusion aux minorités macédoniennes et se déclarant à donner quelque satisfaction aux Grecs dans la question des enfants enlevés par les rebelles. Il restait encore à confirmer ces dispositions (dépêche n° 754 du 4 novembre 1950 d'Athènes, non reproduite).

383

M. Chauvel, Représentant permanent de la France auprès
du Conseil de sécurité des Nations unies,
à M. Schuman, Ministre des Affaires étrangères[1].

T. n°s 3278-3280.　　　　　　　*New York, 2 décembre 1950, 0 h. 44.*

Réservé. Priorité absolue.　　　　　　　(*Reçu* : le 2, 11 h. 30)

Je réponds à votre télégramme n° 3303[2].

Au point où en sont les choses et à moins d'un retournement complet de la situation militaire, je ne crois pas que nous puissions utilement offrir à Pékin de créer une a) zone neutre le long de la frontière et de réserver aux b) seules forces sud-coréennes l'occupation de la Corée du Nord. Ces propositions fussent venues à leur heure il y a trois semaines lors de l'apparition en Corée du premier volontaire chinois. C'est en ce sens que M. Lewis Douglas, rentré de Londres ces jours derniers, parle à qui veut l'entendre d'une grande occasion perdue.

Dans l'hypothèse où, conformément aux espoirs de Washington, le front se stabiliserait au goulot coréen, la formule suggérée comporterait l'évacuation de la Corée du Nord tout entière par les forces chinoises cependant que les forces des Nations unies seraient maintenues, soit par les Américains en Corée du Sud, soit par les Sud-Coréens en Corée du Nord jusqu'à la limite de la zone neutre. Nous nous attendons au cas où même les Chinois accepteraient le principe d'une évacuation de la région nord par leurs troupes à ce qu'ils exigent en contrepartie l'évacuation de la zone sud par les troupes américaines, les Coréens du Nord occupant la zone nord et les Coréens du Sud la zone sud[3].

Plutôt qu'à la discussion de formules de cette nature, j'inclinerais à une suspension d'armes, la ligne du front devenant ligne de trêve. J'ajoute que nous devions nous attendre à voir les Chinois évoquer Formose à propos de toute négociation de substance relative à la Corée et probablement dès la phase initiale d'une telle négociation. Si la Corée est un territoire voisin de la Chine où la Chine a des intérêts et d'où ses territoires peuvent être menacés, Formose, aux yeux de Pékin, est un territoire chinois soustrait frauduleusement au contrôle de la Chine par une puissance étrangère et où, sous le couvert de ladite puissance, un gouvernement rival maintient une administration, une armée et un statut international.

---

[1] Télégramme communiqué à la Présidence de la République, la Présidence du Conseil, MM. Parodi, de La Tournelle, Clappier et de Bourbon-Busset ainsi qu'aux ambassades de France à Washington et Londres (n°s 63-66).

[2] Document non reproduit.

[3] Note manuscrite : « *Retour à la situation du 25 juin* ».

Aucun accord n'apparaîtrait possible qui ne consacrerait la disparition de ce qui est, du point de vue communiste chinois, une monstrueuse anomalie.

(Direction d'Asie-Océanie, Corée, volume 26)

384

M. Chauvel, Représentant permanent de la France auprès du Conseil de sécurité des Nations unies, à M. Schuman, Ministre des Affaires étrangères[1].

T. n°ˢ 3283-3284. *New York, 2 décembre 1950, 19 h. 18.*

(Reçu : le 3, 5 h. 50)

Sans nouvelle de vous, je ne sais si Votre Excellence se propose de venir, elle aussi, à Washington.

Je me permets de lui faire part des inquiétudes que j'éprouve à l'idée qu'il pourrait en être autrement.

Quel que soit en effet l'accord réalisé avec le gouvernement britannique sur la ligne à suivre[2], je ne peux oublier que depuis 1944 nous nous sommes constamment efforcés d'empêcher l'Angleterre de se constituer le porte-parole de l'Europe à Washington et plus spécialement de jouer le rôle d'intermédiaire entre les États-Unis et nous.

La venue de Votre Excellence ou du Président du Conseil ici produirait certainement, dans les circonstances actuelles, une forte impression auprès de l'opinion américaine comme des Nations unies.

Nous acquerrions de ce fait prestige et influence sur quoi fonder notre attitude. Si nous ne paraissons à Washington en même temps et sur le même pied que les Anglais, non seulement ils traiteront sans doute ce qui est notre affaire aussi bien que la leur, mais encore ils bénéficieront seuls, au détriment de notre action future, et de cette influence et de ce prestige.

Ce ne sont pas là spéculations gratuites, mais constatations faites ce matin même à Flushing Meadows.

(Secrétariat général, Dossiers, volume 23)

---

[1] Télégramme indiqué sans distribution, pour le Ministre personnellement et diffusé auprès de MM. Clappier et de Bourbon-Busset.
[2] Voir document n° 386.

385

NOTE DE M. ROLAND DE MARGERIE, DIRECTEUR-ADJOINT
DES AFFAIRES POLITIQUES

N.   *Paris, [2] décembre 1950.*

La position du gouvernement français à l'égard des événements qui se déroulent en Corée reste fondée sur les résolutions qui avaient été adoptées les 25 et 27 juin et le 7 juillet dernier par le Conseil de sécurité, avec l'appui de notre représentant[1]. Le Conseil, après avoir constaté le caractère d'attaque constituant une rupture de la paix que présentait l'action dirigée contre la République de Corée, avait notamment, dans la dernière des résolutions qui viennent d'être mentionnée, recommandé à tous les membres des Nations unies de prêter assistance à la République de Corée en mettant des forces militaires à la disposition d'un commandement unifié placé sous l'autorité des États-Unis, en vue d'aider la République de Corée à se défendre et afin de rétablir la paix et la sécurité internationale dans cette région.

Tout ce qui dépasserait le cadre ainsi indiqué ne rentre point dans le mandat confié par les Nations unies au commandement unifié, et aucune action allant au-delà de ce mandat ne saurait être entreprise sans un nouveau débat devant les Nations unies, et sans une autorisation préalable de leur part.

En prenant sa part de responsabilité dans les décisions ainsi adoptées à Lake Success, le gouvernement français a obéi dès le début du conflit de Corée, à une double préoccupation : d'abord, le souci de collaborer activement à la résistance contre l'inqualifiable attaque dont venait d'être victime la République de Corée, (et c'est ainsi que le gouvernement français a été amené à mettre successivement à la disposition du commandement unifié des unités navales et terrestres) ; ensuite, la préoccupation de ne pas voir s'élargir le conflit, en dépit des provocations auxquelles se livrent les assaillants, et si clair que soit le droit de légitime défense d'une armée en plein combat dont les adversaires opèrent non seulement contre les résolutions des Nations unies, mais encore contre le droit international, en effectuant tous leurs préparatifs en pleine impunité.

Une nouvelle résolution, votée hier même au Conseil de sécurité avec l'appui des États-Unis, de la Grande-Bretagne et de la France, mais que le veto soviétique a empêché d'être adoptée, vient encore de concrétiser cette volonté de limiter et de localiser le conflit coréen en précisant que les Nations unies se sont fixé comme ligne de conduite de « respecter la frontière de la Chine avec la Corée et de protéger

---

[1] Voir documents nᵒˢ 160 et 167.

pleinement les intérêts légitimes chinois et coréens dans la zone frontière ».

Si le gouvernement français croit devoir, avec les Nations unies, et dans l'intérêt même de ceux qui se sont vu confier le soin de défendre la cause des Nations unies en Corée, s'en tenir à cette position, c'est qu'il a la conviction que, dans les circonstances actuelles, le sang-froid s'impose pour qu'à tout moment les effets d'actes qui présenteraient même le caractère le plus évident de la légitime défense soient calculés soigneusement avant d'être entrepris.

Cette conviction et cette résolution communes prennent toute leur valeur en particulier quand il s'agit d'instrument de guerre aussi redoutable que l'arme atomique. Celle-ci, on le sait, est soumise aux États-Unis à un régime spécial, et c'est le président seul qui peut en décider l'usage. La transmission inexacte d'une allusion faite à l'arme atomique, dans ses déclarations d'hier, par M. le président H. Truman a provoquée en Europe dans les milieux politiques et chez les gouvernements européens eux-mêmes une émotion légitime autant que compréhensible. Le gouvernement français se félicite de la rencontre qui doit avoir lieu incessamment entre le Premier ministre de Grande-Bretagne et M. le président Truman et de l'occasion ainsi offerte de dissiper définitivement ces malentendus. Le gouvernement français n'a pas cessé au cours de ces derniers jours d'être en liaison étroite avec les gouvernements de Londres et de Washington : les entretiens que le Président du Conseil et le ministre des Affaires étrangères se proposent d'avoir avec M. Attlee et avec M. Bevin avant le départ pour Washington du Premier ministre de Grande-Bretagne leur donneront l'occasion d'exposer encore plus complètement le point de vue française et c'est en pleine connaissance de cause que M. Attlee se trouvera donc en mesure de faire connaître à M. le président Truman les vues communes des deux gouvernements.

(Direction d'Asie-Océanie, Corée, volume 72)

386

COMPTE RENDU DES ENTRETIENS QUE M. PLEVEN, PRÉSIDENT DU
CONSEIL, ET M. SCHUMAN, MINISTRE DES AFFAIRES ÉTRANGÈRES,
ONT EU À LONDRES LE 2 DÉCEMBRE 1950 AVEC M. ATTLEE,
PREMIER MINISTRE, ET M. BEVIN, MINISTRE DES AFFAIRES
ÉTRANGÈRES BRITANNIQUE

C.R.

Assistaient à cette réunion :

MM. Pleven, Schuman, Massigli, Parodi et MM. Attlee, Bevin, Sir
William Strang, Sir Roger Makins et Sir Pierson Dixon.

I – L'affaire de Corée.

M. Pleven – Après avoir appris avec satisfaction que M. Attlee allait
se rendre à Washington, M. Pleven avait pensé qu'il serait utile au
succès de ce voyage de procéder à un tour d'horizon avec ses collègues
britanniques et d'étudier avec eux les décisions à prendre à la suite des
récents événements, notamment en ce qui concerne l'Asie.

Le gouvernement français est très préoccupé par les décisions qu'il
conviendra éventuellement de prendre aux Nations unies lundi ou
mardi prochains et par les répercussions sur la situation en Indochine
de l'aggravation des relations avec la Chine. Lundi ou mardi, nous
pouvons être en présence d'une demande du gouvernement des États-
Unis tendant à faire déclarer la Chine coupable d'agression, ce qui
serait interprété comme autorisant le commandant en chef (le général
MacArthur) à bombarder le territoire chinois en Mandchourie. Les
informations dont dispose le Premier ministre correspondent-elles à
celles-ci notamment en ce qui concerne l'interprétation que donnerait
le gouvernement américain à une déclaration visant à accuser la Chine
de s'être rendue coupable d'agression ?

M. Bevin – Le gouvernement britannique s'en tient à la résolution
des 6 puissances invitant la Chine à se retirer de Corée mais sans la
déclarer coupable d'un acte d'agression. Sir Gladwyn Jebb a pour instructions de s'en tenir là. Le sénateur Austin a demandé que la Chine
soit déclarée coupable d'agression mais le Secrétaire d'État a saisi directement M. Acheson de cette question et selon les informations dont il
dispose, les États-Unis ne demanderont plus une pareille déclaration.

M. Schuman – M. Chauvel, dans un télégramme daté du
30 novembre[1], donne une impression contraire à celle qu'a recueillie
le Secrétaire d'État. À la suite d'une conversation avec Sir Gladwyn
Jebb et M. Gross, il pense que le gouvernement des États-Unis inter-

___
[1] Document non reproduit.

prête la déclaration envisagée comme une autorisation de bombarder la Mandchourie.

M. Attlee – Ceci serait vrai si la résolution devait être modifiée mais il n'est pas question de le faire.

M. Bevin – Cette question a été discutée de manière très approfondie avec les Américains. Ceux-ci avaient demandé aux Anglais de voter une résolution accusant la Chine de s'être rendue coupable d'agression. Le gouvernement britannique avait refusé mais, à la demande du gouvernement de Washington, avait accepté de ne pas faire connaître publiquement sa position, ce qui eut été gênant pour les États-Unis au moment de l'arrivée à New York de la délégation du gouvernement communiste chinois. À la suite de cette concession, Sir Gladwyn Jebb avait télégraphié que les Américains se contenteraient maintenant de la résolution des 6 puissances telle qu'elle était (télégramme du 29 novembre)[1].

M. Schuman fait remarquer que les informations dont il dispose sont postérieures à celle-ci.

M. Bevin – Il n'y a pas de raison de s'inquiéter. Les Américains cherchent à savoir comment exercer une pression économique sur la Chine mais ne songent pas à la mettre en accusation devant les Nations unies.

M. Schuman – Ceci est rassurant. Il faudrait que les 2 gouvernements se tiennent constamment au courant de la situation. Le gouvernement français a pris une décision et il ne pourrait maintenant se prêter à aucune modification de la résolution des 6 puissances.

II – Indochine.

M. Pleven – Il est un problème qui intéresse la France au premier chef, c'est celui de l'Indochine. Le gouvernement français a décidé de renforcer les moyens militaires dont il dispose en Indochine, particulièrement en aviation et en moyens spécialisés. Si il ne se produit d'offensive importante dans un avenir immédiat, et si nous n'avons affaire qu'aux forces du Viêt Minh sans la coopération des Chinois, nous pouvons tenir le Tonkin jusqu'à l'arrivée des renforts, prévue pour la mi-décembre ; mais les informations que nous recevons au sujet des intentions chinoises sont très inquiétantes. Une campagne de radio et de presse semble préparer une intervention directe. Selon des informations de source militaire, trois divisions chinoises ont été concentrées dans la province frontière et le gouvernement français craint qu'il ne se produise bientôt une attaque puissante qui serait soutenue par des soi-disant volontaires Chinois. Il est également un autre développement très inquiétant : jusqu'à présent, le Viêt Minh s'était intéressé seulement au Viêtnam. Depuis quelques temps la radio et la presse du Viêt Minh

---

[1] Document non reproduit.

témoignent d'ambitions qui se portent sur tous les pays de l'Indochine, notamment le Cambodge et le Laos, et le gouvernement français estime que c'est un signe que la Chine s'apprête à intervenir. En dehors de la possibilité d'une intervention directe de la part de la Chine au cours des semaines à venir, les effets de l'aide matérielle donnée au Viêt Minh par les Chinois sont tels que, dans trois ou quatre mois, l'équilibre des forces existant actuellement entre les forces françaises et celles du Viêt Minh sera probablement rompu. La France ne peut pas augmenter suffisamment ses effectifs sans se mettre dans l'impossibilité de tenir les engagements qu'elle a pris en Europe et qu'elle entend respecter scrupuleusement. Nous nous trouvons donc dans une situation où, de l'avis du gouvernement français, il est nécessaire qu'au niveau militaire le plus élevé des consultations aient lieu entre les États-Unis, la Grande-Bretagne et la France en vue de conseiller les gouvernements quant aux dispositions à prendre pour faire face à la situation en Extrême-Orient. Nous assistons en Asie à l'exécution d'un plan d'ensemble qui nous intéresse tous. Dans ces conditions, le Premier ministre pense-t-il qu'une coopération sur le plan militaire devrait être organisée au moyen de discussions des problèmes stratégiques, discussions qui pourraient avoir lieu soit officiellement soit discrètement, compte tenu du fait que le Pacte de l'Atlantique Nord ne vise pas l'Extrême-Orient.

M. Attlee – Ce sont des problèmes qu'il faut envisager à la lumière de la situation mondiale. Sans déplacer un seul homme, l'URSS a réussi à accrocher de plus en plus les forces démocratiques en Extrême-Orient. C'est un piège dans lequel il ne faut pas tomber. Nous devons essayer de limiter nos engagements dans une région où l'Union soviétique dispose d'inépuisables ressources en effectifs et où elle peut ainsi espérer engager de plus en plus les ressources des puissances occidentales. Ceci affaibli notre position à l'égard des Russes en Europe et il ne faut pas perdre de vue que c'est le point crucial.

M. Bevin – Un échange de vues serait utile et, du côté britannique, le maréchal Slim qui a fait la guerre en Birmanie et connaît bien cette partie du monde serait particulièrement qualifié.

M. Attlee – Il ne faut pas perdre de vue que les Français et les Anglais sont mieux à même de juger les réactions des peuples asiatiques que ne le sont les Américains. L'idée d'utiliser la bombe atomique en Corée montre une absence complète de compréhension de la mentalité asiatique car elle suggère que les Européens et les Américains ne se préoccupent guère de la valeur des vies des Asiatiques. Les Asiatiques ont tendance à croire que l'on a pas hésité à utiliser la bombe atomique contre le Japon alors qu'on ne l'a pas fait en Europe et que cela montre la différence de traitement et de point de vue entre les deux parties du monde. Tout ce que nous faisons doit tenir compte des réactions de l'opinion chinoise et de l'opinion des peuples asiatiques en général. Ce n'est qu'à ce prix que nous pourrons obtenir le concours de ces peuples dans la résistance à l'agression.

<u>M. Pleven</u> s'est déclaré d'accord.

Le gouvernement français s'est engagé résolument dans une politique d'indépendance de l'Indochine, ainsi qu'il en a assuré M. Malcom MacDonald et l'Ambassadeur d'Angleterre au cours d'un récent entretien. Le gouvernement français accepte pleinement le principe qu'il convient de respecter les tendances nationalistes des peuples de l'Asie, et il est essentiel qu'il ne subsiste aucun doute sur les raisons pour lesquelles nous menons le combat contre le Viêt Minh en Indochine.

<u>M. Bevin</u> – Il est souhaitable que l'évolution des États asiatiques vers leur indépendance ait lieu autant que possible parallèlement. Le gouvernement britannique a pris une certaine position aux Indes et au Pakistan, il est allé encore plus loin en ce qui concerne la Birmanie et il a l'intention d'aller de l'avant dès que cela sera possible en Malaisie. Les Hollandais ont réglé la question d'Indonésie. Il est heureux que le gouvernement français prenne une position analogue en ce qui concerne l'Indochine. La coopération politique est essentielle car elle est la condition de la coopération économique qui permettra d'associer les peuples asiatiques à notre action.

<u>M. Attlee</u> – La grande difficulté de la situation actuelle vient de ce que, après nous être trouvés au moment où les opérations de Corée étaient victorieuses, dans une bonne position de négociations, nous nous trouvons maintenant dans une position faible et il serait difficile de négocier avec les Chinois sans perdre la face tant que la situation militaire n'aura pas été rétablie.

<u>M. Pleven</u> – Le gouvernement français est d'accord avec la politique du gouvernement britannique et il a fait de son mieux pour soutenir des points de vue analogues dans toute cette affaire. Mais il doit faire face à une opinion publique qui pousse à des conversations directes avec le gouvernement chinois au sujet de l'Indochine. L'opinion publique française comprenait très bien les raisons du combat en Indochine aussi longtemps qu'il ne s'agissait que de réduire le Viêt Minh mais maintenant qu'il y a l'intervention chinoise, il en résulte une grande inquiétude. Il y a quelques mois au moment où la situation en Corée était très grave et avant le débarquement américain, le gouvernement français avait songé à entamer des conversations avec les Chinois mais il en avait été dissuadé par les Américains. L'opinion publique reprocherait maintenant au gouvernement de ne pas prendre l'initiative à cet égard et il serait très difficile de laisser échapper une occasion telle que la présence à New York de la délégation chinoise.

<u>M. Bevin</u> – Tout ceci a été discuté avec M. Acheson en mai dernier et nous n'avons pu que constater nos différences de point de vue. Le gouvernement britannique s'est jugé obligé de reconnaître la Chine et son représentant a voté pour que la Chine communiste soit admise aux Nations unies. La politique contraire qui a prévalu a eu pour résultat de jeter les Chinois dans les bras des Russes. Il semble qu'il y ait main-

tenant un changement d'attitude à Washington. Dans un télégramme du 1er décembre, Sir Oliver Franks déclare que les développements de la situation en Corée ont ôté à certains extrémistes leur désir de faire la guerre à la Chine et les incitent au contraire à vouloir éviter l'extension de la guerre. Le Premier ministre trouvera à Washington un terrain plus favorable et une meilleure compréhension des vues anglaises et françaises que s'il s'était rendu dans la capitale américaine quinze jours plus tôt.

M. Pleven – Le gouvernement français aurait voulu adopter la même attitude que le gouvernement britannique au printemps dernier mais il en avait été empêché par le fait que Mao Tsé-Toung avait reconnu le Viêt Minh. M. Pleven reconnaît l'importance des questions de face en Extrême-Orient. Si 3 ou 4 divisions chinoises devaient attaquer l'Indochine ou si de nouveaux bataillons du Viêt Minh armés par la Chine passaient à l'attaque, la position française serait très grave. Mais le gouvernement français a le souci de ne rien décider sans avoir consulté ses alliés et il juge nécessaire qu'aucune décision ne soit prise séparément. C'est pourquoi il insiste pour que des consultations militaires aient lieu à nouveau, consultations auxquelles le général Juin pourrait représenter la France.

M. Bevin – Le général Wu, chef de la délégation chinoise à New York a pris certains contacts, notamment avec le délégué de l'Inde et avec M. Trygve Lie et il doit voir Sir Gladwyn Jebb lundi. Il cherche à se faire une opinion et il serait bon que M. Chauvel prit contact avec lui pour contribuer à former son jugement. Le Secrétaire d'État a cherché toutes les occasions de prendre contact avec la Chine et il a pris la précaution d'envoyer son Chargé d'affaires à Pékin expliquer ses intentions. Cette démarche est restée sans réponse mais il y a lieu de penser qu'elle a fait bon effet.

M. Schuman – M. Chauvel a pour instructions formelles de profiter de toute occasion pour établir le contact. Il est très reconnaissant à M. Bevin des indications et des encouragements qu'il vient de lui donner.

M. Bevin – En ce qui concerne les affaires militaires, il y a des échanges de vues à Washington avec les Américains. Sous certains rapports, les Anglais ne sont pas satisfaits de la manière dont ces affaires sont menées. Mais il serait délicat de vouloir créer un nouvel organisme militaire pour l'Indochine. Il faut considérer les effets d'une pareille décision sur les Nations unies. Il faut également considérer les autres engagements que nous avons dans cette partie du monde. Mieux vaut donc que les conversations soit officieuses et aient lieu dans le plus grand secret. Le maréchal Slim est tout désigné pour tâter le terrain à Washington où il rencontrera le général Bradley.

Du bon travail a été fait l'année dernière à propos des affaires d'Extrême-Orient sur le plan civil. C'est une méthode analogue qu'il faut employer sur le plan militaire et le gouvernement britannique est disposé à sonder les Américains.

M. Pleven – Le gouvernement français ne tient nullement à la mise sur pied d'un organisme officiel ; il ne demande qu'à se concerter avec ses alliés qui ont des engagements et des responsabilités analogues aux siens. C'est en Europe que devraient avoir lieu les conversations de manière à ne pas inquiéter les Chinois en leur donnant l'impression que l'on élabore des plans stratégiques contre eux. Ce qui est indispensable, c'est que ces consultations aient lieu à très bref délai étant donné l'aggravation de la pression chinoise contre l'Indochine. Le gouvernement français avait espéré disposer d'un important matériel libéré par la fin des opérations en Corée. Cet espoir est maintenant réduit à néant ce qui prouve à quel point les différents problèmes qui se posent en Extrême-Orient sont liés les uns aux autres.

M. Bevin – Il y a eu récemment des entretiens à Singapour entre la France et la Grande-Bretagne. Ils ont donné de très bons résultats[1]. Il faudrait que les Américains s'y joignent.

M. Pleven – Il convient que les conversations auxquelles il vient de faire allusion aient lieu à un niveau plus élevé.

M. Bevin – D'accord mais il faut utiliser le résultat des travaux déjà effectués et les mettre à jour.

III – L'arme atomique.

M. Pleven – L'évocation de la possibilité de l'emploi de la bombe atomique en Corée a considérablement ému l'opinion française (cette possibilité étant bien distincte d'un éventuel bombardement de la Mandchourie).

M. Schuman – Au cours de récentes entrevues, M. Van Zeeland, M. Stikker et M. Rasmussen ont demandé à leur collègue français d'exprimer à M. Attlee et à M. Bevin les mêmes appréhensions que celles dont M. Pleven vient de se faire l'écho ainsi que leur vif souci de ne pas voir s'aggraver la situation par suite de l'emploi d'armes atomiques en Corée. Ils sont unanimes à estimer qu'une telle décision ne manquerait pas d'avoir les plus graves conséquences en Europe.

M. Attlee – L'opinion britannique est convaincue que l'on ne peut pas considérer les armes atomiques sur le même plan que les autres armes. Leur usage ouvrirait une ère nouvelle dans la conduite de la guerre et entraînerait des conséquences qu'il est impossible de prévoir. Cette question (de même que l'éventuel bombardement de la Mandchourie) ne peut pas être tranchée sur un plan purement militaire mais bien sur le plan politique. Toute décision prématurée prise en vue de résoudre une difficulté actuelle pourrait être fatale. Les représailles éventuelles s'exerceraient contre les pays européens. On ne peut pas

[1] Voir document n° 316.

dire que les armes atomiques ne seront jamais employées ; mais le gouvernement britannique partage le sentiment du gouvernement français quant à leur utilisation en Corée.

M. Bevin exprime le regret que certaines réponses, faites à des questions posées au cours d'une conférence de presse aient été de nature à affaiblir notre position. Pendant les difficultés au sujet de Berlin, la question atomique avait été soulevée avec beaucoup d'adresse de telle sorte que les Russes croyaient réellement que, s'ils allaient trop loin, ils seraient attaqués à la bombe atomique. La situation est différente en ce qui concerne la Corée, mais il est regrettable que la déclaration de presse en question ait provoqué dans l'opinion alliée une manière de révolte qui force à une rétractation et qui affaiblit ainsi les effets préventifs de notre possession de l'arme atomique. Le Secrétaire d'État estime que tant que l'on ne sera pas parvenu à un règlement général, la bombe atomique doit être tenue en réserve en qualité de dernier argument. Tout bavardage inconsidéré, surtout s'il vient de voix autorisées, est très dangereux. L'opinion publique est capable de juger en quelle occasion une mesure aussi extrême que l'emploi de la bombe atomique peut se trouver justifiée et il est certain qu'un conflit entre les États-Unis et un petit pays comme la Corée ne serait pas considéré comme une telle occasion.

M. Pleven se déclare entièrement d'accord.

IV – Relations entre l'Inde et la Chine.

M. Pleven demande quelles indications ses collègues britanniques sont en mesure de lui fournir au sujet des relations entre le gouvernement de l'Inde et le gouvernement communiste chinois et au sujet de l'influence que le gouvernement de l'Inde est susceptible d'exercer sur les communistes chinois.

M. Bevin – Avant l'affaire du Tibet, le gouvernement de l'Inde avait les meilleures relations avec Pékin et y exerçait la plus utile influence. Le gouvernement britannique avait été à même d'utiliser cette influence grâce aux étroites relations qu'il entretient avec M. Nehru. Mais l'invasion du Tibet a provoqué aux Indes une mauvaise humeur grandissante et l'influence modératrice du Pandit Nehru commence à être combattue au sein même de son gouvernement. Telle est, à n'en pas douter, la raison du long entretien que le représentant de l'Inde à New York a eu récemment avec le général Wu.

M. Pleven – Est-il exact que l'opinion de l'Inde, notamment parmi les jeunes intellectuels, soit pro-soviétique et anti-américaine ?

M. Bevin – L'opinion n'est pas pro-soviétique, mais elle est peut-être anti-américaine. Elle est surtout pro-hindoue. Mais le sentiment anti-américain témoigne moins d'une hostilité à l'égard de la politique des États-Unis que d'une certaine mauvaise humeur provoquée par l'afflux grandissant d'Américains dans le pays.

Il faut cependant reconnaître que l'attitude des Américains change et qu'ils commencent à comprendre la valeur de l'Inde comme contrepoids à l'influence de l'URSS et ceci ne manquerait pas d'être très important lors de la conclusion du traité de paix avec le Japon.

M. Attlee – Il est important de bien comprendre que l'Inde est l'avant poste de l'Occident en Asie et qu'elle s'efforce de pratiquer la culture européenne et de suivre les traditions administratives de l'Europe.

La séance est suspendue.

Séance de l'après-midi.

V – La défense des puissances occidentales.

M. Attlee – Le moment est venu d'étudier les répercussions des événements d'Extrême-Orient sur la situation générale. Il existe un danger certain que, les Américains se trouvant fortement engagés en Extrême-Orient, nous soyons attaqués à l'Ouest. Il semble que l'opinion américaine comprenne d'ailleurs que c'est bien l'Europe qui constitue le point crucial. La menace à l'Ouest pouvant se préciser à tout moment, les puissances occidentales ne doivent pas perdre de temps pour renforcer leur défense en Europe et pour se trouver dans une position de force qui leur permette de parler aux Russes. Les mobiles de ces derniers sont souvent difficiles à discerner. On peut se demander par exemple si leur absence de New York au moment où le Conseil de sécurité a pris ses décisions en ce qui concerne la Corée n'a pas été voulue de manière à nous laisser nous engager en Extrême-Orient. Il est certain que les Russes cherchent par tous les moyens à provoquer des difficultés, non seulement entre nous et des adversaires secondaires éventuels, mais aussi entre nous-mêmes. Il est essentiel, pour déjouer de pareilles manœuvres, d'assurer l'unité des forces occidentales. Il est de la plus haute importance que les États-Unis soient persuadés que l'Europe est véritablement unie dans ses efforts. La désignation d'un commandant suprême pour le front occidental ne manquerait pas d'avoir le meilleur effet.

M. Pleven – Le gouvernement français est entièrement favorable à cette désignation et il regrette qu'elle ait été retardée à cause des divergences relatives au problème allemand. Il estime que les deux affaires n'étaient pas liées. Il fera tout ce qui est en son pouvoir pour favoriser la désignation rapide du commandant suprême, désignation que le gouvernement français avait du reste proposé dans son mémorandum du 17 août[1].

M. Attlee – Les Américains considèrent qu'il convient de ne pas nommer un commandant suprême avant qu'on ait des forces suffisantes à lui donner à commander. Nous étions peut-être tombés dans l'excès contraire en créant des organes de commandement sans troupes.

---

[1] Voir document n° 261.

Si nous ne parvenons pas à nous entendre, nous n'aurons pas de forces armées.

Il est en outre nécessaire de mobiliser toutes nos ressources économiques sur quoi repose en grande partie la valeur de notre force défensive.

M. Pleven exprime son accord.

M. Bevin – Ainsi qu'il l'a dit devant le Parlement, le Secrétaire d'État a toujours été inquiet de constater que la stratégie soviétique jouait à la fois en Asie et en Europe. L'Asie lui paraît pouvoir n'être qu'une diversion et il ne faut pas s'y laisser accrocher car c'est en Europe que réside le principal danger.

Lors des entretiens de Londres en mai, M. Bevin avait souligné l'importance de l'idée de coopération entre l'Amérique du Nord et l'Europe, par opposition à l'idée d'une aide accordée à cette dernière par les premiers. Lors de la conférence de New York, en septembre, la déclaration du président Truman au sujet de l'envoi en Europe de troupes américaines et les propositions formulées par M. Acheson ont paru à M. Bevin constituer une occasion qu'il ne fallait pas manquer et il s'est engagé à augmenter pour sa part la contribution de l'Angleterre. Si celle-ci n'est pas encore assez forte, c'est cependant un commencement et il faut bien commencer quelque part.

Le gouvernement britannique doit s'assurer le soutien de son opinion et celle-ci envisage trois facteurs : les relations entre le Royaume-Uni et le Commonwealth, la situation en Extrême-Orient, le danger en Europe.

Ainsi qu'il l'a dit à la Chambre, l'Europe n'est plus assez forte pour assurer seule sa propre défense, et c'est pourquoi le gouvernement britannique s'est rallié à la conception de la défense atlantique et c'est pourquoi il a estimé avoir atteint un objectif de première importance par la signature du Pacte de l'Atlantique. Les États-Unis avaient fait un pas en avant lors des entretiens de Londres au mois de mai et à New York en septembre, ils s'étaient montrés disposés à s'engager davantage encore et à partager nos responsabilités en Europe.

M. Bevin ne s'attendait pas à ce que la question de la participation de l'Allemagne à la défense de l'Europe occidentale soit soulevée comme elle l'a été ; mais le gouvernement des États-Unis avait abouti à la conclusion que les ressources allemandes en effectifs étaient essentielles à toute défense efficace de l'Ouest et c'est un point de vue dont on ne saurait méconnaître la valeur.

En présence du refus français, le gouvernement britannique était embarrassé car il se trouvait pris entre deux amis qu'il ne voulait perdre ni l'un ni l'autre. S'il avait mis toute sa confiance dans la conception atlantique, il n'en était pas moins disposé à laisser les pays continentaux agir à leur guise s'ils estimaient qu'ils apporteraient à l'armée atlantique une meilleure contribution en combinant leurs forces plutôt qu'en les

mettant séparément à la disposition de l'organisation alliée. En conséquence, le gouvernement britannique est disposé à accepter le compromis Spofford. Il estime que la désignation du commandant suprême
serait un important pas en avant car, autour de lui, on pourrait
construire peu à peu. Il est important de se mettre d'accord sur le
principe de la participation de l'Allemagne à la défense commune, mais
les modalités de cette participation pourraient être établies au fur et à
mesure que l'organisation se construirait. Il était partisan des solutions
empiriques et l'essentiel était de ne pas perdre de temps. Si l'on allait
rapidement de l'avant à l'Ouest, on pourrait sans doute sauver l'Extrême-Orient ; malheureusement, pour l'instant, on est dans un cercle
vicieux, car les Américains demandent la formation effective d'unités
allemandes. Si l'on acceptait de mettre sur pied ces unités sans avoir
les moyens de les défendre, on créerait une situation dangereuse.

Pendant ce temps, les Français subordonnent leur acceptation à la
création d'une armée européenne dont on peut se demander ce qu'en
pensent les Allemands. Ils voudraient, paraît-il, que les Anglais y participent, mais c'est là chose impossible.

Sir Pierson Dixon expose les grandes lignes du compromis Spofford :

a) on commence dès maintenant à procéder à la création d'unités
   allemandes, peut-être sur la base de groupements tactiques
   (*brigade groups* ou « *combat teams* ») ;

b) le gouvernement français convoque à Paris une conférence où
   les gouvernements européens seront invités à discuter de la formation d'une armée européenne.

Toute la question est de savoir jusqu'à quel point on peut entrer dans
la voie des réalisations en ce qui concerne le premier terme de ce compromis (a) avant d'avoir abouti à des résultats en ce qui concerne le
second (b). Les Américains ne veulent pas désigner de commandant
suprême ni envoyer de divisions américaines en Europe tant qu'ils
n'auront pas l'assurance de disposer d'unités allemandes ; étant donné
la longueur que risque d'avoir la discussion en vue de la création de
l'armée européenne, la mise sur pied de l'organisation de défense paraît
incertaine. M. Alphand, rentré de Paris la veille, avait posé, au Conseil
des Suppléants, un certain nombre de question sur le relâchement des
contrôles en Allemagne. L'une de ces questions était de savoir si,
pendant la période transitoire, les groupements tactiques allemands
seraient rattachés aux divisions alliées existantes. Une autre question
était de savoir si l'on pouvait admettre le principe que les contrôles ne
seraient pas relâchés avant l'établissement d'un système militaire ou
politique définitif. En conclusion, on ne pouvait que se demander
jusqu'où l'on pouvait aller dans la voie des réalisations prévues par le
compromis Spofford.

M. Bevin – Les Américains feront un pas en avant si nous en faisons un de notre côté. La situation en Corée ne peut que les inciter à la bonne volonté.

M. Schuman – Tout le monde est d'accord pour reconnaître la nécessité d'aller vite. Mais comment y parvenir le plus sûrement ? Les gouvernements étaient d'accord quant aux objectifs. Des divergences existent entre eux quant à l'exécution. Le gouvernement français accepte l'idée d'une force atlantique intégrée qu'il a lui-même préconisé dans son mémorandum du 17 août. Il regrette que l'on ait lié cette question à celle de la participation allemande et que l'on n'ait pas encore procédé à la désignation du commandant en chef. Le fait que les Américains subordonnent la création de l'armée atlantique intégrée au règlement du problème allemand a placé le gouvernement français dans une situation difficile. Le gouvernement français ne se refuse cependant pas à étudier ce problème. Il ne s'oppose pas au principe de la participation de l'Allemagne, ce principe est logique, on ne peut pas imaginer la défense de l'Europe sur l'Elbe sans que les Allemands participent au sacrifice commun. C'est dans les modalités de cette participation que résident les difficultés.

Si les unités allemandes devaient être versées directement dans l'armée atlantique, cela reviendrait à dire que l'Allemagne deviendrait un partenaire des puissances atlantiques comme si elle était membre de leur communauté et si elle avait signé le traité. Or, elle n'avait pas signé le traité et, lors de la ratification de celui-ci par les Parlements, il avait été bien précisé que l'Allemagne n'était pas et ne pouvait pas être parmi les signataires. Jamais le Parlement français n'admettrait le contraire. Jamais il n'admettrait que l'Allemagne entrât dans la communauté atlantique en y jouissant de droits égaux à ceux des autres membres.

En second lieu, il faut envisager les difficultés qui viennent de l'attitude des Allemands eux-mêmes. On s'est mis d'accord à New York sur le principe qu'il ne faut pas se présenter devant les Allemands en demandeurs. C'est, malheureusement, ce qui se passe et l'on voit, en Allemagne, les partis politiques se livrer à toutes les surenchères afin d'obtenir que la participation de l'Allemagne soit payée au plus haut prix. Or, cette participation, il faut qu'elle soit consentie car on ne saurait l'imposer aux Allemands. Ceux-ci sont unanimes à exiger l'égalité des droits et à en faire la condition de leur participation. Dans le cadre du Pacte de l'Atlantique, cela ne peut signifier que leur participation au Pacte, leur admission dans le Conseil de l'Atlantique et dans les différents comités de l'organisation.

M. Attlee – Quelle différence y-a-t-il entre la participation des Allemands à l'organisation atlantique et à une organisation européenne ? Ils ne manqueront pas de demander l'égalité des droits pour faire partie de l'armée européenne.

M. Schuman – L'armée européenne comporterait des organismes spéciaux, serait conçue sur une base entièrement européenne et l'Allemagne pourrait y avoir la même situation que ses autres partenaires. Il ne serait pas nécessaire de demander au Parlement français de se prononcer à ce sujet.

Dans l'armée atlantique, seul le commandement opérationnel sera entre les mains du commandant suprême. Dans l'armée européenne, le recrutement, l'instruction, l'administration des unités seront placés sous le contrôle d'organismes européens et l'on peut dire que ces unités seront en quelque sorte dénationalisées.

M. Attlee – Ne s'agit-il pas là d'une distinction essentiellement juridique ?

M. Schuman – Non point.

La troisième difficulté est relative aux réactions possibles de la Russie et des États satellites.

L'exemple de la Corée montre quel usage les Soviets sont susceptibles de faire de leurs satellites. Un pareil exemple pourrait bien être suivi en Allemagne. Les trois gouvernements alliés vont procéder la semaine prochaine à des consultations pour savoir comment répondre à la proposition soviétique en vue de conversations quadripartites sur l'Allemagne. Il semble au gouvernement français qu'il serait illogique de prendre des décisions irrévocables au sujet du réarmement de l'Allemagne au moment précis où cette question peut faire l'objet de conversation avec la Russie. De telles décisions pourraient être invoquées par les Russes comme prétextes pour déclarer que les conversations à quatre seraient sans objet.

Le gouvernement français est d'accord sur le principe du réarmement allemand ; mais, du moment qu'une longue période de préparation est nécessaire, il ne lui paraît pas opportun de prendre, dès maintenant, des décisions quant aux modalités d'application.

Le gouvernement français n'est pas loin de donner son adhésion au plan Spofford. Il est en mesure de donner son accord au sujet des mesures préparatoires qui précéderont la formation d'unités allemandes. Il admet que les discussions soient entamées avec les Allemands pour préparer les dispositions législatives et administratives nécessaires et pour jeter les bases du recrutement ; mais il s'oppose à la mobilisation et à l'instruction des troupes telles que les prévoit le plan Spofford car, une décision à cet égard, si elle était rendue publique, donnerait l'impression à l'opinion que nous n'avons pas sérieusement l'intention de profiter de l'ouverture faite par les Soviets.

Du moment qu'il a été reconnu à New York que les unités allemandes ne pourraient pas être armées avant dix-huit mois, et que ce délai pourrait être encore allongé à la suite des événements de Corée, pourquoi se montrer si pressés de décider selon quelles modalités des contingents allemands seraient intégrés dans une armée européenne ou atlantique ? Si nous commençons à procéder au recrutement de troupes allemandes, tout espoir d'arranger les choses avec la Russie est perdu.

En résumé, la France accepte la proposition Spofford en demandant que toute mesure d'incorporation soit réservée tant qu'il y aura des possibilités de pourparlers avec la Russie.

M. Attlee – Pourquoi la création d'une armée européenne ne donnerait pas également prétexte aux Russes pour refuser les conversations envisagées ? Au surplus, l'apaisement n'a jamais produit de bien bons effets avec les Russes qui sont beaucoup plus sensibles à des démonstrations de fermeté.

M. Pleven – Il n'est pas question d'apaisement. Notre désir d'éviter la guerre avec la Chine n'est pas davantage une démonstration d'apaisement. Il s'agit seulement d'éviter, en Allemagne comme en Corée, certains actes qui pourraient entraîner les plus graves conséquences. Il convient notamment de ne pas prendre l'initiative de violer des accords signés avec la Russie et dans lesquels il est explicitement déclaré que le réarmement de l'Allemagne ne sera pas toléré.

Ce qu'il faut, c'est que les États-Unis, le Royaume-Uni et la France soient eux-mêmes déterminés à consentir l'effort maximum. Le mal vient en grande partie, dans cette affaire, de ce que les vues des militaires, au sujet du réarmement de l'Allemagne, aient pu être exprimées sans qu'il ait été établi une liaison suffisante avec les autorités politiques responsables.

Malgré tout, depuis deux mois, des progrès considérables ont été faits et la France a fait plusieurs pas en avant :

1) Le gouvernement français est d'accord sur le principe de la participation de l'Allemagne à la défense de l'Europe occidentale.

2) Il pourrait être rapidement d'accord au sujet du pourcentage des effectifs allemands.

3) Il est d'accord au sujet des mesures préparatoires (examen médical, sélection professionnelle, recensement, etc...) à l'exclusion de toute mesure d'incorporation.

4) Il est d'accord pour la fabrication des équipements nécessaires à l'incorporation rapide des contingents quand cette incorporation aura été décidée.

5) Il est d'accord sur le principe du groupement tactique en tant que base de la participation allemande. Il ne peut pas aller plus loin pour le moment sauf dans le cadre d'un système européen qui ne provoquerait pas, de la part des Russes, les mêmes réactions que le réarmement pur et simple de l'Allemagne.

M. Attlee – Pourquoi la situation est-elle différente s'il s'agit d'une armée européenne ?

M. Pleven – Pour deux raisons : d'abord, rien dans les accords que nous avons signés avec les Russes ne nous interdit la création d'une organisation européenne ou d'une armée européenne.

En second lieu, les contingents allemands dans une pareille armée ne seraient pas soumis à une autorité politique allemande et il ne pourraient pas être utilisés pour servir une politique agressive de la part de l'Allemagne.

M. Attlee – Les Russes ne se laisseront pas prendre à de pareilles distinctions car ils sont bien trop réalistes.

M. Pleven – Il ne s'agit pas que des Russes. Il faut tenir compte de l'opinion publique dans nos propres pays et dans les pays satellites. Il faut que nous soyons en mesure de démontrer que nous n'avons pas violé nos engagements.

M. Bevin – Il faut tout de même aller de l'avant. Après tout, est-ce que la désignation d'un commandant suprême ne donnerait pas aux Russes un prétexte aussi bon que le réarmement allemand ?

M. Pleven – Il n'existe pas d'accord nous interdisant de nommer un commandant en chef. Le retard apporté à cette désignation ne facilite pas les choses pour le gouvernement français.

M. Schuman – Il n'y a pas de distinction de principe entre la signature du Pacte de l'Atlantique qui n'a provoqué de la part des Russes aucune réaction et la désignation d'un commandant suprême. Par contre, la création d'une armée allemande constituerait un fait nouveau qui ne manquerait pas d'être relevé. Jusqu'en août dernier, le principe établi à Potsdam du désarmement de l'Allemagne n'avait jamais été mis en cause.

M. Pleven – Il ne faut pas oublier que jamais les États-Unis, la Grande-Bretagne ou la France n'ont attaqué l'URSS. Celle-ci a été la victime d'une agression allemande par conséquent, la création d'une armée allemande est de nature à l'inquiéter considérablement. Quant aux risques que comporte cette affaire, nous en serions moins conscients s'il existait déjà en Europe une forte armée alliée.

M. Attlee – Il faut procéder *pari passu*.

Il faudra longtemps pour créer des forces allemandes, et dans l'intervalle, les éléments alliés seront renforcés. Sans la participation allemande, le renforcement de la défense européenne prendra deux fois plus longtemps et nous n'arriverons à rien.

M. Pleven – Des progrès ont déjà été réalisés dans l'accroissement de nos propres forces.

M. Attlee – On peut en douter.

La question est de savoir où nous défendrons l'Europe. Si nous ne sommes pas en mesure de la défendre sur l'Elbe (ce qui ne serait possible qu'avec la participation des Allemands), nous abandonnons toute l'Allemagne à la Russie. Tant que cette question ne sera pas résolue, il ne sera pas possible d'établir des plans stratégiques.

M. Bevin – M. Attlee part demain pour les États-Unis. Il est essentiel qu'il sache exactement où nous en sommes. Nous sommes tous d'accord sur le principe de la participation allemande, mais pas sur les détails. Nous voulons demander aux Américains s'ils accepteraient de procéder à la désignation du commandant suprême sur la base du plan Spofford et compte tenu des cinq points de M. Pleven.

M. Pleven – Il ne faudrait pas retarder de nouveau la désignation du commandant suprême.

M. Bevin – Le gouvernement français persiste-t-il à lier son accord sur le plan Spofford à la création d'une armée européenne ?

M. Pleven – Pour l'instant, le gouvernement français est lié par une décision du Parlement. Le principe essentiel auquel le Parlement français est attaché est qu'il ne doit pas exister une armée allemande placée sous l'autorité d'un gouvernement allemand. Une telle armée, même au sein d'une force militaire intégrée, pourrait un jour devenir l'instrument d'une politique de revanche. Elle pourrait donc donner un esprit offensif à l'armée atlantique.

Si le commandement suprême était en place, il constituerait un fait nouveau qui permettrait au gouvernement français de retourner devant le Parlement et de lui demander si l'on ne pourrait pas faire un pas de plus selon une formule nouvelle.

M. Pleven souligne qu'il ne faut pas lui faire dire plus qu'il n'a dit. Il n'a en tête aucune formule. Il cherche seulement à trouver un moyen de rapprocher les points de vues et il se demande s'il n'y a pas là une possibilité.

M. Schuman – Le gouvernement est lié par un mandat du Parlement. Mais s'il existait un fait nouveau et répondant à l'ensemble des préoccupations du Parlement français, on pourrait envisager un changement de position. Le gouvernement français doit répondre dans quelques jours aux propositions de M. Spofford au Conseil des Suppléants. M. Schuman doit lui-même répondre à un message qu'il a reçu à ce sujet de M. Acheson. Son attitude sera donc bientôt fixée.

M. Pleven – Le gouvernement français ne nourrit pas d'illusions sur les buts de la Russie. Il ne sait pas si l'offre soviétique de discuter de l'Allemagne repose sur une intention sincère ; mais il lui semble nécessaire, surtout en ce qui concerne les pays continentaux, d'avoir l'appui des forces morales populaires et de montrer que les gouvernements n'ont négligé aucune possibilité de parvenir à un accord avec les Russes. Il fait appel au sens politique de M. Attlee pour comprendre cette préoccupation (M. Attlee acquiesce).

M. Bevin – La question qui se pose est en fin de compte de savoir quel risque les Américains et les Français sont, chacun en ce qui les concerne, disposés à prendre. Les Américains veulent-ils risquer de désigner un commandant suprême avec l'espoir que, si un système pouvait s'établir autour de lui, sur la base des cinq points de M. Pleven, le gouvernement français accepterait de son côté de modifier son point de vue ?

M. Pleven se déclare d'accord. Il y a là une possibilité de solution mais il ne voudrait pas qu'on lui en fasse dire davantage.

M. Schuman – Si le gouvernement français était allé devant son Parlement avec les seules propositions américaines du début, il n'aurait pas recueilli 10 voix.

M. Pleven – Le temps qui passe n'est pas forcement perdu : l'opinion réfléchit ; elle peut évoluer.

M. Bevin – Le plan français ne recueillerait pas 10 voix devant le Congrès américain.

Qu'allons-nous faire vis-à-vis des Allemands ? Allons-nous leur parler ?

M. Attlee – En Allemagne, le temps ne travaille pas pour nous.

M. Bevin – Nous serons dans une position de faiblesse à l'égard des Russes si nous ne nous mettons pas d'accord avant la réunion des quatre.

Les Russes ne respectent que la force.

M. Schuman – De quoi pourrions parler aux Russes si nous avions arrêté notre position définitive ? Nous sommes dans une situation semblable à celle qui existait l'année dernière à Paris : nous étions d'accord sur les principes de la nouvelle constitution et nous en avons discuté les détails qui n'avaient pas été arrêtés. Les Russes avaient essayé d'empêcher cette constitution d'entrer en vigueur ; nous leur avions tenu tête sans donner l'apparence de refuser de discuter. Si nous annoncions maintenant une décision définitive au sujet du réarmement de l'Allemagne, si nous prenions à la veille de la conférence des positions rigides, ou bien nous rendrions la conférence impossible, ou bien nous nous mettrions dans le cas de revenir sur notre décision, ce qui constituerait pour nous une perte de prestige.

VI – Conversations quadripartites.

M. Bevin – Le gouvernement britannique n'a pas encore arrêté sa position à ce sujet. Il doit le faire au cours du Conseil de Cabinet de mardi en vue de préparer les réunions à trois qui auront lieu à Paris la semaine prochaine.

On peut cependant dire dès maintenant que le gouvernement britannique est d'avis que l'ordre du jour proposé par les Soviets est trop limité. Il faudra élargir le débat car il y a d'autres questions fondamentales qu'il conviendra de traiter si l'on veut parvenir à un règlement avec les Russes, telles que la guerre froide, l'attitude de la Russie en

général, le traité autrichien, la question du respect du droit international, etc...

Le gouvernement britannique se préoccupe d'établir une fois pour
toutes dans quelle mesure une réunion avec les Russes peut porter des
fruits et dans quelle mesure le gouvernement soviétique est animé de
véritables intentions de paix.

Si l'objet de la discussion était limité à l'Allemagne, on en serait
ramené à 1947.

M. Schuman – Le gouvernement britannique envisage-t-il de parler
de l'Asie ?

M. Bevin – Il est difficile de répondre à cette question. Il convient,
en effet, de ne pas perdre de vue que les Nations unies sont saisies de
l'affaire de Corée.

Mais il y a des problèmes généraux tels que ceux qui constituent
l'ingérence des Soviets dans nos affaires, la provocation de guerres
civiles, la fomentation de troubles en Indochine ou en Malaisie. Si
même on parvenait à un accord sur le sujet de l'Allemagne et de l'Autriche, nous ne savions que les victimes d'un mirage si la guerre froide
devait se poursuivre. Les questions auxquelles M. Bevin vient de faire
allusion sont difficiles à formuler et à placer sur un ordre de jour. Il
n'en est pas moins essentiel de les résoudre car il ne servirait de rien
de signer la paix si une propagande subversive entre tenue par les
Russes devait semer partout le désordre.

En tout cas, il est important de faire figurer l'Autriche en bonne place
sur l'ordre du jour car, en Grande-Bretagne, on considère cette question
comme un « test » de la sincérité des Russes. Le Vice-Chancelier autrichien a dit l'autre jour au Secrétaire d'État que la Russie organisait
actuellement un nouvel État fantoche en Autriche orientale et que le
gouvernement de Vienne en éprouvait les plus grandes craintes.

Nous avons défendu nos positions en Grèce ; mais l'ensemble de
l'Europe balkanique nous cause les plus grandes inquiétudes et cette
question pose des problèmes qu'il faut envisager avec soin dans la préparation des conversations. Le Cabinet arrêtera donc la liste des points
à étudier et cette liste sera communiquée au gouvernement français
comme l'a été le projet américain.

M. Schuman – Le gouvernement français est d'accord pour l'élargissement du programme.

Il ne faut pas perdre de vue que nous avons un mandat des Nations
unies pour causer avec les Russes. S'il convient de ne pas traiter les
questions dont est saisi le Conseil de sécurité, tous les problèmes généraux peuvent être abordés dans la discussion d'ensemble.

Nous échangerons volontiers nos projets d'ordre du jour.

VII – Visite du Premier ministre à Washington.

M. Bevin – Le gouvernement britannique tiendra le gouvernement français informé du résultat des conversations de M. Attlee à Washington. M. Attlee ne saurait naturellement pas se charger de parler au nom du gouvernement français, mais, si ce dernier avait des propositions à faire ou des suggestions à soumettre, le gouvernement britannique souhaiterait en être informé de manière à conjuguer son action dans la mesure du possible avec celle de ses alliés français.

M. Schuman – C'est dans cet esprit que la visite d'aujourd'hui a été conçue.

Les Ministres se séparent en convenant de ne faire aucune déclaration à la presse.

(Secrétariat général, Dossiers, volume 23)

387

M. Schuman, Ministre des Affaires étrangères,
À MM. Bonnet, Ambassadeur de France à Washington, Chauvel, Représentant permanent de la France auprès du Conseil de sécurité des Nations unies, et Massigli, Ambassadeur de France à Londres[1].

T. n°ˢ 20665-667 ; 3424-26 et 22827.   *Paris, 3 décembre 1950, 0 h.*

Réservé. Priorité absolue.

Vous savez, par le dernier télégramme que je vous ai adressé de Londres que M. Pleven et moi même sommes tombés d'accord avec le Premier ministre britannique et M. Bevin sur la nécessité de maintenir une constante communauté de vues dans l'action politique que nos deux gouvernements poursuivent en Extrême-Orient[2]. Nous espérons que M. Attlee saura convaincre ses interlocuteurs américains de l'intérêt supérieur que nous avons à poursuivre cette collaboration à trois. La leçon qui se dégage, à cet égard, de ce qui s'est passé au cours des deux dernières semaines, ne doit pas être perdue.

J'envisagerais cette collaboration sous la forme d'un contact permanent entre nos trois représentants à New York, étant entendu qu'aucune décision importante intéressant l'Extrême-Orient ne serait prise avant d'avoir été examinée et discutée par eux. Ils agiraient, non pas évidemment comme une instance ayant pouvoir de décision, mais comme un

---

[1] Télégramme communiqué à la Présidence de la République, la Présidence du Conseil, MM. Parodi, de La Tournelle, Clappier et de Bourbon-Busset.

[2] Document non reproduit. Voir document n° 386.

organe consultatif dont l'avis devrait être obligatoirement demandé. Cette consultation devrait intervenir avant toute décision même militaire qui comporterait une implication politique importante. Ces affaires d'Indochine seraient, à cet égard, placées sur le même pied que celles de Corée.

J'attends de connaître les résultats du voyage de M. Attlee pour reprendre l'examen de ce projet. Entre-temps, je souhaiterais connaître votre sentiment à son sujet.

(Secrétariat général, Dossiers, volume 23)

388

M. Chauvel, Représentant permanent de la France auprès du Conseil de sécurité des Nations unies,
à M. Schuman, Ministre des Affaires étrangères[1].

T. nᵒˢ 3311-3314.   *New York, 3 décembre 1950, 7 h. 40.*

Réservé. Priorité absolue.   *(Reçu : le 4, 4 h. 35)*

Je me réfère à la communication téléphonique avec M. Clappier.

Outre les raisons de politique générale qui, jusqu'à présent, nous ont détourné de laisser les Anglais et Américains traiter seuls de questions affectant nos intérêts majeurs, j'en vois aujourd'hui de très précises pour que M. Attlee ne vienne pas seul à Washington.

Les nouvelles militaires, en effet, ne sont plus seulement inquiétantes. Si j'en crois les informations que le général Pénette transmet par ailleurs à la Défense nationale, ce stade est dépassé.

Rien désormais ne semble pouvoir arrêter l'avance des Chinois si ce n'est leur propre volonté ou l'ouverture d'une négociation. Le gouvernement américain se trouve donc devant une situation qui l'oblige aux décisions les plus graves. Des décisions seront prises sous la pression des événements et de l'opinion. Il s'agit du choix à faire entre la guerre et la paix. La guerre comporterait une action transportée en Mandchourie et qui s'étendrait aux au-delà, qu'ils soient chinois ou russes. La paix supposerait, à moins de capitulation pure et simple, l'offre d'une négociation portant sur l'ensemble de la situation en Extrême-Orient.

Le parti est à prendre au cours de la semaine qui va s'ouvrir, peut-être dans les 3 ou 4 jours qui viennent. Le Premier ministre britannique

---

[1] Télégramme communiqué à la Présidence de la République, la Présidence du Conseil, MM. Parodi, de La Tournelle, Clappier et de Bourbon-Busset.

sera associé aux délibérations. À défaut de la présence du Président du Conseil ou du Ministre français des Affaires étrangères qui justifierait semblable association, nous en serons réduits à écouter aux portes. Si M. Attlee est notre mandataire, je ne doute pas de la fidélité avec laquelle il s'acquittera de son mandat.

Je ne doute pas non plus du courage avec lequel il s'exposera, devant l'opinion américaine, au rôle de bouc émissaire qui l'attend.

Quels que soient les inconvénients momentanés de ce rôle, le Premier ministre britannique, en prenant ses responsabilités, s'assurera une autorité incomparable dans la poursuite de l'action qu'il aura contribué à entreprendre. Nous bénéficierons nous-mêmes de cette autorité, mais subsidiairement, et à condition de nous tenir dans le sillage britannique. Et nous resterons dans cette position secondaire, qu'il s'agisse de la conduite générale de la guerre ou de celle de la négociation de paix.

J'ajoute enfin, s'il s'agit de paix, que nous avons sans doute intérêt à évoquer, à ce propos, l'affaire d'Indochine. L'établissement éventuel d'un contact avec le général Wu ne me paraît pas y suffire.

(Secrétariat général, Dossiers, volume 23)

389

NOTE DE LA DIRECTION D'EUROPE[1]
(Sous-direction d'Europe méridionale)

L'Italie et les rapports franco-italiens

N.   *Paris, 3 décembre 1950.*

Certaines divergences de vues s'étant récemment élevées entre la France et l'Italie, notamment en ce qui concerne les modalités de la participation allemande à la défense de l'Europe, il n'est pas sans intérêt de faire le point des problèmes qui se posent actuellement aux gouvernements des deux pays, soit dans le cadre de leurs relations réciproques, soit sur le plan européen, soit enfin sur celui de la communauté atlantique.

---

[1] Note manuscrite : « *M. Boegner, cette note a été vue par M. de La Tournelle. Prière de la communiquer au Cabinet. Faire la présentation. F[rançois] S[eydoux]. Fait 11/12* ».

I – <u>Problèmes franco-italiens.</u>

1) *Union douanière.*

Le traité d'union douanière du 26 mars 1949 auquel a succédé la convention du 23 juin 1950, n'a pas été encore soumis à ratification par le gouvernement français. Néanmoins les travaux d'experts se poursuivent et les rencontres entre producteurs et représentants du patronat des deux pays ont permis de déterminer avec plus de précision la nature et l'étendue des problèmes à résoudre. Bien que la mise en œuvre de l'union douanière paraisse encore prématurée, la poursuite de ces travaux présente pour la France et pour l'Italie un très grand intérêt : il convient en effet d'en retenir, non seulement une volonté commune d'harmonisation des législations et des productions, destinée à faciliter la réalisation ultérieure des objectifs envisagés, mais encore une amélioration des rapports économiques franco-italiens qui se manifeste dès maintenant, par l'accroissement du volume des échanges entre les deux pays. Au cours des derniers mois, la France a été le premier client de l'Italie et son troisième fournisseur, alors qu'il y a trois ans nous étions son onzième client et son quinzième fournisseur.

À plusieurs reprises cependant, le gouvernement italien a manifesté certaines inquiétudes devant le développement des exportations agricoles françaises vers l'Allemagne, qui concurrencent ses propres exportations. Est-il possible de lui donner des garanties sur ce point ? Les rencontres prévues entre les représentants des agriculteurs des deux pays permettront certainement d'étudier le problème des exportations agricoles françaises et italiennes vers les pays tiers.

2) *Application de certaines dispositions du traité de paix.*

– *Questions frontalières.*

Les dispositions de l'accord du 8 juillet 1948 demeureront sans doute lettre morte. Cet accord n'a d'ailleurs pas été soumis à ratification. Toutefois, certains arrangements d'ordre technique concernant notamment des questions d'adduction d'eau et de circulation ont été envisagés et font l'objet d'échanges de vues entre les deux gouvernements.

En ce qui concerne d'autres problèmes locaux tels que le partage des biens communaux, la dévolution de l'hospice du Petit Saint-Bernard et du jardin de la Chanousie, les négociations poursuivies avec le gouvernement de Rome, soit par la voie diplomatique, soit dans le cadre de la commission mixte, ne paraissent pas devoir soulever de difficultés particulières.

– Application de l'article 78 du traité de paix.

Devant la commission de conciliation franco-italienne, la France, qui a présenté des réclamations au titre des dommages de guerre subis par le chemin de fer Djibouti-Addis-Abeba soutient la thèse selon laquelle les dispositions de l'article 78 du traité de paix relatives à l'indemnisation par l'Italie des dommages causés pendant la guerre aux biens des ressortissants des Nations unies dans les territoires cédés par ce pays, s'appliquent aux anciennes colonies italiennes, à l'Albanie et à l'Éthiopie, ce que conteste le gouvernement italien.

La question de principe s'est trouvée de nouveau soulevée lors de la présente session à l'Assemblée générale de l'ONU, au cours des travaux de la commission chargée d'étudier le statut de la Libye, et notamment le problème du règlement des dommages de guerre subis par les ressortissants des Nations unies dans ce pays. Un projet britannique a été déposé visant à faire supporter par l'État libyen successeur la charge de l'indemnisation de ces dommages, les biens d'État et parastataux italiens devant lui être dévolus. L'adoption éventuelle d'un tel projet, dont la discussion à l'ONU a suscité une vive émotion dans la presse italienne, irait à l'encontre de la thèse soutenue par la France devant la commission de conciliation et signifierait la liquidation de la totalité des intérêts italiens en Libye. Ces considérations ont amené la France à accepter un projet de règlement strictement bilatéral proposé par l'Italie : aux termes d'un accord, qui demeurera secret, l'Italie s'engage à verser à la France, au titre des dommages de guerre en Libye, une certaine somme qui serait comprise, sans autre spécification, dans le montant de la somme forfaitaire payée à la France au titre des restitutions non effectuées ; de son côté, la délégation française à l'ONU a reçu pour instructions de soutenir les revendications de l'Italie concernant le sort de la plus grande partie des biens parastataux italiens en Libye.

À la suite de cet arrangement, et compte tenu de l'évolution satisfaisante des négociations relative aux restitutions et des travaux de la commission mixte concernant les dommages de guerre en Italie, il est permis de penser que le contentieux franco-italien relatif à l'application aux biens français des articles 75 et 78 du traité de paix, est en bonne voie de liquidation.

– Trieste.

Le souci d'assurer à l'Italie des positions favorables en vue d'un règlement éventuel n'a cessé d'inspirer la politique suivie par la France dans cette affaire. Il semble qu'en l'absence d'éléments nouveaux d'appréciation, il n'y ait pas lieu de modifier cette politique.

3) *Politique italienne à l'égard de l'Union française.*

L'Italie s'est rangée depuis la guerre dans le camp des puissances anti-colonialistes, cette position s'expliquant à la fois par la perte de ses propres colonies et par le manque de débouchés pour ses larges excédents de main-d'œuvre.

Il convient en particulier de souligner avec quel intérêt les autorités italiennes paraissent suivi les activités anti-françaises des milieux nationalistes arabes du Caire et d'Afrique du Nord.

En ce qui concerne l'émigration éventuelle de travailleurs italiens dans l'Union française, la France a accepté d'envisager l'installation d'un certain nombre d'entre eux à Madagascar. Une mission d'études, comprenant un expert italien, a été envoyée dans l'île en août dernier. Le rapport qu'elle établira à son retour pourra faire l'objet d'échanges de vues plus approfondis à l'échelon gouvernemental. Dès maintenant certains groupes bancaires français et italiens seraient disposés à participer au financement d'une telle opération. Tout autre projet tendant à favoriser l'immigration italienne dans les autres territoires de l'Union française se heurterait, sans aucun doute, à de vives objections, d'ordre économique et politique, de la part du ministère de la France d'outre-mer.

II – Problèmes de l'intégration européenne.

1) *Plan Schuman.*

L'Italie, qui participe à la mise en œuvre du Plan Schuman, est décidée à accroître, dans toute la mesure de ses moyens, sa capacité de production sidérurgique. À cet effet, elle désirerait obtenir, dans le cadre de ce plan, des livraisons de minerai de fer de l'Ouenza. Nous avons jusqu'à maintenant refusé, n'estimant pas souhaitable d'inclure l'Afrique du Nord dans le pool charbon-acier. D'autre part, les autres pays qui participeront à ce pool n'ont, semble-t-il, aucun intérêt à favoriser un développement artificiel de l'industrie sidérurgique italienne, dont les prix de revient sont généralement élevés. Toutefois, dans la conjoncture actuelle, la production italienne d'aciers spéciaux trouvera facilement des débouchés. Ce n'est qu'au cas où l'effort de réarmement de l'Occident viendrait à se ralentir, que les problèmes de prix et de débouchés risqueraient de se poser avec acuité.

En tout état de cause, la France n'estime pas opportun de s'engager des maintenant à fournir chaque année à la sidérurgie italienne un tonnage déterminé de minerai. Cependant, au cours de l'année 1951, les livraisons à destination de l'Italie, en provenance de l'Ouenza, seront portées à 250 000 tonnes.

2) *Conseil de l'Europe.*

Le gouvernement italien n'a cessé d'appuyer l'action de la France tendant à donner au Conseil de l'Europe le caractère d'un organe institutionnel destiné à préparer la création d'autorités européennes supranationales. En dépit des difficultés qu'a jusqu'à maintenant rencontrées cette action, l'Italie s'est efforcée de favoriser toutes les initiatives de nature à accroître l'efficacité des organismes du Conseil. Tout récemment encore, au cours de la réunion à Strasbourg des représentants des Ministres, c'est le délégué italien qui a suggéré la réunion d'une « conférence diplomatique » destinée à envisager la mise en œuvre d'une réforme éventuelle du statut dans le sens d'un accroissement des pouvoirs de l'Assemblée et d'une plus grande indépendance du Comité des ministres par rapport aux gouvernements.

Sans doute l'intérêt qu'attache l'Italie aux activités du Conseil de l'Europe tient-il non seulement à la personnalité du comte Sforza, mais aussi au souci du gouvernement italien de participer, sur un pied d'égalité, aux travaux d'un organisme politique où le poids relatif de l'Italie est indépendant de sa puissance économique réelle. L'Italie ne serait même pas opposée, semble-t-il, à la construction d'un « Europe continentale » dont l'Angleterre ne ferait pas partie, ce qui permettrait éventuellement au gouvernement italien de pratiquer entre la France et l'Allemagne un jeu de bascule profitable. D'ailleurs, au cours de la dernière session du Comité des ministres à Rome, le comte Sforza a vivement insisté pour que des représentants allemands soient, en fait, associés à l'ensemble des délibérations de ce comité.

III – Problèmes de la communauté atlantique.

1) *Financement du réarmement atlantique.*

Les milieux gouvernementaux de Rome ont paru manifester quelque jalousie des avantages obtenus par M. Petsche après ses récentes négociations à Washington. La presse italienne a notamment exprimé la crainte de voir l'industrie nationale défavorisée par rapport à l'industrie française quant au volume des commandes qui pourraient lui être confiées dans le cadre du programme d'armement de l'Occident. Est-il souhaitable et possible de donner à l'Italie des garanties sur ce point ?

2) *Participation de l'Allemagne à la défense de l'Europe.*

Au Conseil atlantique, le comte Sforza a soutenu sans réserves le point de vue américain. Il convient toutefois de retenir que, lors de la dernière réunion du Comité des ministres de la Défense, c'est le représentant italien qui a proposé un compromis de procédure entre les thèses américaine et française. Il est certain que l'Italie considère l'adoption du plan américain comme essentielle à la sauvegarde de ses intérêts stratégiques : l'état-major italien estime en effet qu'à défaut d'une remilitarisation de l'Allemagne et d'un renforcement des troupes alliées dans ce pays, la ligne de défense de l'Occident devrait être établi finalement sur le Rhin, ce qui découvrirait partiellement la plaine lombarde. Le récent plan français relatif à la création d'une armée européenne intégrée n'a donc pas reçu à Rome un accueil favorable, dans la mesure précisément où un tel plan paraît aux Italiens de nature à retarder la mise en place définitive d'une ligne de défense allant de l'Elbe à Trieste, ainsi que le renforcement des unités américaines stationnées en Allemagne.

L'impression d'ensemble, qui se dégage de cet exposé des rapports franco-italiens, est en somme favorable. Face aux menaces qui pèsent sur l'Europe occidentale, face aussi à la persistance, chez certains de nos alliés, d'un nationalisme intransigeant, la France et l'Italie ont montré qu'elles étaient capables de se libérer d'un lourd héritage pour se tourner résolument vers l'avenir et s'efforcer d'assigner à leur coopération des objectifs à la fois concrets et audacieux. À cet égard, le rapprochement franco-italien aura été l'un des résultats les plus positifs de notre action diplomatique depuis la guerre.

En même temps, des circonstances sont intervenues, qui ont limité le champ d'action et la portée de cette collaboration des deux nations voisines. Comme on pouvait le prévoir, c'est sur la question allemande que s'est manifestée la première divergence de vues. Il était inévitable que l'on eût à Rome, sur le problème de réarmement allemand, des préoccupations différentes de celles du gouvernement français. C'est là, comme le montre un récent discours du comte Sforza, une question de géographie. Au surplus, l'Italie a trop besoin de l'aide américaine pour se ranger à nos côtés dans une affaire qui nous opposait aux États-Unis.

N'oublions pas non plus que l'Italie, puissance « dépossessionée », pourrait être tentée de trouver quelque profit dans une politique délibérément anti-colonialiste. De nombreux indices donnent à penser qu'elle y songe déjà sérieusement. L'exportation de main-d'œuvre italienne ne serait sans doute pas le moindre avantage qu'elle espère trouver dans une évolution vers l'indépendance de certains territoires africains.

On ne saurait enfin passer sous silence l'attitude souvent désagréable de la presse italienne à notre égard. On a l'impression que nos voisins n'ont pas perdu l'habitude de rechercher, à tout propos, l'occasion de nous critiquer, en termes parfois désobligeants. Certes, ce phénomène n'a rien de systématique. Il ne répond à aucune consigne. Il ne s'en renouvelle pas moins avec une fréquence qui traduit les susceptibilités de l'opinion italienne à notre endroit.

Quoiqu'il en soit de ces difficultés présentes ou futures, notre intérêt, comme celui de l'Europe, nous commande de développer dans tous les domaines nos relations avec l'Italie. Nous n'avons plus à redouter, pour un long temps du moins, une Italie expansionniste et en quête d'agrandissement à nos dépens. Nous n'avons, d'autre part, rien à gagner à une Italie mécontente ou débile, qui irait chercher ailleurs, en Allemagne peut-être, le soutien que nous lui aurions refusé. La coopération franco-italienne doit donc demeurer un de nos objectifs essentiels. Encore sommes-nous en droit d'attendre de nos voisins qu'ils y attachent le même prix que nous et que nos efforts de coopération, voire nos concessions, soient payés de retour.

(Direction d'Europe, Italie, volume 218)

390

M. Chataigneau, Ambassadeur de France à Moscou,
  à M. Schuman, Ministre des Affaires étrangères.

T. n°s 2709-2718.   *Moscou, 4 décembre 1950, 15 h.*

(Reçu : le 4, 18 h.)

Toutes les indications recueillies découvrent nettement la double résolution des Soviétiques de tirer parti du succès de la contre-offensive chinoise en Corée pour accroître leurs exigences dans des négociations à quoi ils semblent maintenant assurés de contraindre les Occidentaux, et de renforcer aussi bien une solidarité des gouvernements de la Chine et de l'URSS qui s'est révélée favorable aux deux parties.

(.....)[1] pourtant que les Coréens du Nord ont été seuls à subir en biens et en vies de lourdes pertes qui ne seront point réparées de sitôt.

Au moment où l'existence même de la République populaire a été en jeu sur le territoire de la Corée, bien que les forces armées de l'ONU se soient approchées de Toumun aussi bien que du Yalu, ce sont les seules troupes chinoises qui, portées en avant pour soutenir les Coréens du Nord, défaillants, ont subi les bombardements américains de destruction et de harcèlement, alors que le gouvernement de Pékin n'est ni autorisé, ni enclin à avoir sur la Corée des vues pareilles aux fins qu'il se propose sur l'île de Taïwan.

Les sacrifices consentis dès lors par les Coréens et par les Chinois sont loués pour être ceux des héros de la révolution, tant il est ici fait peu de cas de la vie humaine quand il s'agit d'accomplir le communisme dans le monde.

---

[1] Lacune de déchiffrement.

Si l'URSS n'en a pas moins rassuré les uns et les autres sur le soutien qu'ils peuvent attendre d'elle, tout d'abord en leur livrant des armes et du matériel, vraisemblablement aussi en leur permettant d'intervenir à leurs côtés si le commandement des forces de l'ONU recourait à l'emploi de la bombe atomique pour détruire la concentration industrielle de Mandchourie, ne fonderait-elle pas cette intervention pour le rassemblement de l'opinion publique à l'intérieur de ses frontières et celui de ceux de son parti à l'étranger sur la propagande même qu'elle a savamment organisée à son profit contre l'usage de la bombe atomique sous le couvert de la défense de la paix ? Ne la justifierait-elle pas par le respect des engagements qu'elle a pris envers la Chine par l'article 1 du traité d'amitié et d'intérêt mutuel conclu le 14 février 1950 entre l'URSS et la République populaire chinoise ?

Le premier indice n'en consacre-t-il pas justement le renforcement de son installation à Port-Arthur pour l'utilisation conjointe de cette base en vue d'une action militaire commune contre l'agresseur selon l'article 2 de l'accord concernant le chemin de fer de Tchan-Toung-Port-Arthur et Dalnyt ?

D'ores et déjà il faut s'attendre, dès que les Chinois auront atteint leurs objectifs en Corée « pour la défense de leurs frontières entre les entreprises des États-Unis à 5 000 milles des leurs » selon le journal *Pravda* d'hier, à les voir étendre au Viêtnam les infiltrations massives de leurs volontaires.

Il apparaît en effet que la coopération sino-soviétique participe moins de l'assujettissement du gouvernement de Pékin à celui de Moscou que d'une répartition des missions à accomplir dans le monde, selon un rapport d'égalité qui est la meilleure précaution soviétique contre le titisme en Chine. Il est en effet sans doute qu'en cas de conflit généralisé, l'URSS appliquerait le principal de son effort à prendre ses sécurités en Europe occidentale tandis que la Chine tâcherait pour établir l'ordre nouveau dans toute l'Asie orientale et ferait peser sur l'Australie sa menace de la submerger des excès de population que la Chine ne peut nourrir.

Est-ce à dire que ce conflit soit proche et inéluctable et que toute porte risque d'être fermée à négociation ? Je ne le crois pas. Le télégramme même des organisations coréennes des États-Unis remis au président du Conseil de sécurité le 28 novembre par M. Malik ne contient-il pas la demande de l'évacuation de la Corée par les troupes étrangères et celui d'élections générales dans le pays ? Il ne saurait être question d'évacuation par une seule des armées étrangères opposées sur le territoire coréen. Il importe aussi de réparer les ruines qui y ont été causées par la guerre.

Or quelle que soit la capacité du potentiel de construction de l'URSS et de la Chine et le concours civil que ces deux pays peuvent apporter à la Corée, ce sont assurément les moyens que mettront à la disposition de ce pays les Nations unies et parmi elles premièrement les États-Unis qui lui permettront d'opérer le redressement matériel dont il est incapable s'il est livré à ses propres ressources. Il y a là argument de négociation dont les puissances occidentales peuvent encore tirer parti heureux dans l'intérêt du maintien de la paix.

(Secrétariat des Conférences, NUOI, volume 142)

391

M. SCHUMAN, MINISTRE DES AFFAIRES ÉTRANGÈRES,
   À M. CHAUVEL, REPRÉSENTANT PERMANENT DE LA FRANCE AUPRÈS
   DU CONSEIL DE SÉCURITÉ DES NATIONS UNIES [1].

T. n°ˢ 3420-3421.   *Paris, 4 décembre 1950.*

Réservé. Très secret.

Nos entretiens de Londres ont fait apparaître une complète identité de vues entre le gouvernement britannique et le gouvernement français sur la situation en Extrême-Orient[2]. Aussi n'ai-je pas estimé que la meilleure manière d'appuyer les conseils de modération et de sang froid que donnera M. Attlee fût de le rejoindre à Washington. Il me paraît au contraire que le Premier ministre britannique pourra, le cas échéant arguer de la nécessité de nous consulter pour gagner du temps.

Notre attitude pourrait être différente si de nouveaux développements de la situation militaire inclinaient le gouvernement américain à des décisions extrêmes. Mais de telles décisions supposeraient une intervention des Nations unies. Dans cette éventualité et, si tel était votre avis, je pourrais envisager de venir à Flushing Meadows me mettre à la tête de la délégation française. Je pense notamment au cas où le gouvernement américain reprendrait l'idée de modifier le projet de résolution qui serait soumis à l'Ambassade.

(Direction d'Asie-Océanie, Corée, volume 26)

---

[1] Télégramme communiqué aux ambassades de France à Londres (n° 22 823) et à Washington (n°ˢ 20 651-20 652).
[2] Voir document n° 386.

392

Revendications allemandes

N.   *Paris, 4 décembre 1950.*

Favorisées par les récents événements survenus, tant en Allemagne même que sur le plan international, les prétentions des dirigeants allemands se sont singulièrement affirmées et précisées au cours de ces dernières semaines. Les déclarations des principaux hommes politiques, notamment celles de M. Schumacher et de M. Adenauer, ainsi que les derniers entretiens du Chancelier avec les Hauts-Commissaires alliés en soulignent la portée[1].

Il s'agit maintenant pour le gouvernement de Bonn d'obtenir un pacte de sécurité se substituant au statut d'occupation, c'est-à-dire de remplacer le régime de l'autorité suprême par des accords contractuels négociés sur la base de l'égalité des droits et destinés à faire de l'Allemagne un partenaire semblable aux autres ; ce qui signifie probablement dans l'esprit du Chancelier que l'Allemagne doit être appelée à faire partie du Pacte atlantique.

À l'appui de sa revendication, qui s'exprimait déjà dans le mémorandum remis le 29 août 1950 aux Hauts-Commissaires par M. Adenauer, celui-ci fait valoir la transformation du caractère des troupes alliées se trouvant en Allemagne, ces troupes ayant désormais pour mission essentielle d'assurer la protection de l'Allemagne occidentale. Le gouvernement de Bonn tire donc avantage de la concession qui lui avait été faite sur ce point fondamental pour y accrocher immédiatement la demande d'un bénéfice nouveau, qui est, en la circonstance, capital.

La conclusion d'un accord contractuel pourrait, il est vrai, avoir pour conséquence d'amener l'opinion allemande à se montrer moins réticente qu'elle ne l'est aujourd'hui en ce qui concerne le problème du réarmement. M. Adenauer l'a du moins affirmé. On en est, toutefois, réduit, à cet égard, aux conjectures et il n'est nullement exclu que, la demande de M. Adenauer une fois satisfaite, le gouvernement allemand n'exige de nouvelles concessions en soutenant qu'il importe de gagner à la cause du réarmement des couches toujours plus nombreuses de la population allemande.

De toutes façons, les positions que nous avons toujours défendues menacent d'être tournées. Nous avions considéré, en effet, qu'il était avant tout indispensable d'éviter que l'Allemagne ne recouvrât, à un moment, sa complète souveraineté. De là, le plan qui avait été conçu et selon lequel le régime de contrôle unilatéral appliqué actuellement à

---

[1] Voir document n° 357.

l'Allemagne devait être remplacé par une organisation politique supranationale, dont tous les membres admettraient certaines limitations de leur souveraineté. Il est, en effet, à craindre que, dans l'éventualité où l'Allemagne deviendrait à nouveau maîtresse de son destin, ne serait-ce que pendant une période intermédiaire, elle ne dispose de sa liberté d'action dans des conditions d'autant plus dangereuses pour le reste de l'Occident, que les forces militaires des Alliés ne sont pas encore normalement constituées. On peut s'imaginer quelles seraient les appréhensions des puissances occidentales dans le cas où, celles-ci ne jouissant plus de l'autorité suprême, l'Allemagne occidentale se verrait saisie d'une proposition analogue à celle que vient de lui adresser M. Grotewohl, surtout si cette proposition se produisait à un moment où la tension internationale atteindrait son maximum, et si elle était accompagnée de la pression soviétique que l'on peut concevoir. Les obligations résultant d'un pacte de sécurité résisteraient difficilement, aussi bien à la perspective du péril qu'à celle de l'unité allemande.

Il faut, enfin, constater que, pour séduire l'opinion et l'amener à se rallier à l'Occident, les dirigeants allemands en viennent déjà à révéler leurs ambitions et leurs objectifs. Bien entendu, la Sarre se trouve mentionnée. Mais il y a plus : aussi bien M. Adenauer que M. Schumacher, pour ne citer qu'eux, annoncent avec plus ou moins de netteté que le réarmement allemand et l'entrée de l'Allemagne dans le système occidental doivent avoir pour contrepartie le « retour » des territoires de l'Est, sans qu'il soit toujours précisé en quoi ces territoires consistent. Le chef du parti social-démocrate a été jusqu'à déclarer : « Nous ne pourrons approuver le principe d'une contribution allemande qu'à une seule condition : la création d'une puissante armée internationale d'offensive ».

Réarmer l'Allemagne représente déjà pour nous des risques et des sacrifices. Consentir à un réarmement au prix d'une transformation de son statut politique double ces sacrifices et ces risques, sans que nous puissions, pour autant, être assurés que l'opinion allemande ne continuera pas à écouter ceux qui font valoir dès maintenant de nouvelles réclamations : Sarre, caractère « offensif » du système occidental, territoires de l'Est... ».

Aux considérations exposées ci-dessus s'ajoute l'aspect à la fois juridique et politique du problème, qui – il convient de le souligner – a d'ailleurs été évoqué, à la dernière conférence de Petersberg, par le Haut-Commissaire des États-Unis, et qui concerne la base même de notre présence en Allemagne. Il est évident que, si nous portons atteinte au principe de l'autorité suprême, les Soviétiques peuvent mettre en question en même temps le droit pour les puissances occidentales de rester en Allemagne et le régime actuel de Berlin.

Le quadripartisme, dont l'essence a, jusqu'à maintenant, été sauvegardée, aurait vécu.

(Direction d'Europe, Allemagne, volume 1030)

393

Note de la Direction d'Asie-Océanie

État des pourparlers franco-anglo-américains pour une action commune en Indochine et dans l'Asie du Sud-Est

N.   *Paris, 4 décembre 1950.*

La question des mesures à prendre pour la réalisation d'une action commune franco-anglo-américaine en Indochine s'intégrant dans une politique coordonnée en Asie du Sud-Est, a été soulevée à plusieurs reprises par les représentants des trois gouvernements au cours de ces derniers mois.

1) Lors de la <u>conférence de Londres</u> du mois de mai, M. Schuman avait insisté sur la nécessité, pour bien marquer la solidarité existant à cet égard entre les trois puissances, d'une déclaration publique commune concernant l'Asie. Deux projets français et anglais avaient même été préparés.

L'idée ne put toutefois être retenue, M. Bevin ayant fait observer que les gouvernements de l'Inde, du Pakistan, de Ceylan et de la Birmanie se refusaient à s'engager dans cette voie et que le gouvernement britannique était dès lors peu favorable à une telle déclaration, et M. Acheson ayant de son côté estimé celle-ci inutile après le communiqué fait par lui à Paris quelques jours auparavant sur l'Indochine.

On se rappelle que cette déclaration du Secrétaire d'État, tout en précisant que la situation justifiait l'octroi par les États-Unis d'une aide économique et de matériel à la France et aux trois États associés, s'était bornée à indiquer que les dispositions à prendre pour parer aux dangers menaçant la sécurité de l'Indochine étaient essentiellement du ressort de la France et des trois États.

Dans ces conditions, le seul résultat de la conférence de Londres, dans le domaine de la coopération entre les trois puissances en Asie, fut l'adoption d'une double recommandation, visant, d'une part, les mesures à prendre pour enrayer la contrebande des armes dans le Sud-Est asiatique et, d'autre part, l'action commune à entreprendre dans le domaine de l'information.

2) Dans le courant de l'été, une mission composée de <u>M. Melby</u> et du <u>général Erskine</u> fut envoyée par le gouvernement américain dans les différentes capitales du Sud-Est asiatique et notamment à Saigon. Elle avait principalement pour objet, en ce qui nous concerne, d'enquêter sur la manière la plus appropriée de mettre à exécution les programmes d'assistance militaire américaine à l'Indochine antérieurement adoptés ; mais cette question ne pouvait, dans la pensée des autorités de Washington, être dissociée des problèmes politiques généraux.

C'est ainsi en particulier que notre Haut-Commissariat recueillit l'impression que les envoyés américains comprenaient la nécessité d'envisager la question de la défense de l'Indochine sur le plan interallié, c'est-à-dire par la création d'un théâtre d'opérations et la préparation de plans précis d'action commune. Une telle impression a été elle-même confirmée, d'une manière générale, par les indications fournies à notre ambassade par le Département d'État et l'idée d'une défense commune dans le Sud-Est asiatique a paru faire son chemin dans l'esprit des dirigeants américains.

3) Cette idée a été officiellement formulée dans l'ordre du jour remis le 16 août par l'Ambassade des États-Unis au Département en vue de la conférence des Trois : il y était en effet précisé que la menace communiste chinoise dans l'Asie du Sud-Est constituait « un problème d'intérêt commun pour les trois gouvernements ».

Le Département considéra alors que, pour mettre à profit cette disposition du gouvernement de Washington, il serait opportun de poser aux représentants anglais et américains à la conférence de New York la question de savoir quelles mesures il y avait lieu de prendre, dans l'immédiat, en vue de répondre, le cas échéant, à une nouvelle expansion armée du communisme en Asie du Sud-Est, notamment vers l'Indochine.

Le Ministre de la Défense nationale et le Haut-Commissaire de France ont estimé à cet égard que ce serait avant tout le problème d'une coopération stratégique, notamment sous la forme d'un concours aérien à apporter à l'Indochine, qu'il convenait de soulever à la conférence des Trois.

L'ensemble de la question ne put en fait être approfondi à cette occasion, ni sous son aspect politique et diplomatique, ni même sous l'angle des plans stratégiques : le gouvernement américain revenant sur les dispositions plus favorables qui avaient paru être celles de ses représentants aux conversations préliminaires d'experts de Washington, déclara en effet ne pouvoir s'engager à ce moment dans le sens souhaité par nous.

M. Acheson indique cependant que des entretiens tripartites à un échelon élevé pourraient avoir lieu en Extrême-Orient même, sur des questions d'ordre technique et que des conversations d'état-major détermineraient éventuellement la coopération des forces des trois pays, au cas d'une attaque générale des communistes en Extrême-Orient.

Il apparaît en conclusion que les tentatives de la France pour faire définir d'une manière précise la solidarité des trois gouvernements en Indochine et dans l'Asie du Sud-Est et adopter par eux des mesures concrètes d'action commune n'ont pas jusqu'ici abouti. Il serait dès lors très souhaitable qu'elle prît l'initiative de provoquer un nouvel échange de vues à trois au cours duquel la question serait de nouveau posée, compte tenu des derniers développements de la situation en Asie et notamment au Tonkin.

(Direction d'Asie-Océanie, Dossiers généraux, volume 181)

394

M. Bonnet, Ambassadeur de France à Washington,
à M. Schuman, Ministre des Affaires étrangères[1].

T. n°ˢ 5020-5030.   *Washington, 5 décembre 1950, 3 h. 55.*

Réservé. Priorité absolue. Très secret.   (*Reçu* : le 5, 12 h. 30)

La première entrevue Truman-Attlee, qui a eu lieu cet après-midi, était destinée dans l'esprit des Américains à déblayer le terrain et à permettre aux deux parties de faire connaître les grandes lignes de leurs positions respectives en vue de la discussion plus précise qui se poursuivra demain. Elle a, d'après le Secrétaire d'État adjoint pour l'Europe qui assistait à la séance, répondu à ce dessein. Néanmoins des indications fort intéressantes s'en dégagent d'après ce que m'a fait connaître l'ambassade britannique.

Le débat, a commencé par un exposé au général Bradley qui n'a pas dissimulé l'extrême gravité de la situation militaire actuelle. Des renseignements qu'il a donnés, il ressort que tout espoir d'établir une ligne de résistance en travers de la péninsule doit être abandonné. Le plan est maintenant d'établir des têtes de pont l'une autour de Séoul et du port d'Inchon, l'autre au Nord-Est autour de Hong Jan. Il est loin d'être certain que les troupes américaines de la 10ᵉᵐᵉ division encerclées dans cette région puissent atteindre ce port et y former un bastion.

Le commandement américain n'exclut pas en outre de chercher à construire un périmètre fortifié autour de Pusan.

Au cours de la réunion, il a été déclaré, du côté américain, que le général MacArthur lui-même reconnaissait avoir joué et avoir perdu.

Monsieur Attlee a pris alors la parole en s'exprimant avec beaucoup de modération et en s'attachant à donner un ton affable à son intervention. Après avoir rendu hommage au sacrifice des Américains et reconnu qu'il était naturel de leur part de mettre au premier plan les préoccupations d'ordre militaire, il a exposé les inquiétudes profondes de son pays devant les menaces qui pèsent sur les relations internationales. Le Premier ministre britannique a souligné alors que cette

---

[1] Télégramme communiqué à la Présidence de la République, la Présidence du Conseil, MM. Parodi, de La Tournelle, Clappier et de Bourbon-Busset ainsi qu'à New York (n°ˢ 1176-1186).

anxiété était partagée, non seulement par les membres du Commonwealth mais aussi par les pays de la communauté atlantique. Il s'est référé aux conversations qu'il a eues avec M. Pleven et avec vous-même et il a fait état de l'identité de vues qui s'est dégagés au cours de vos entretiens[1].

Pour mettre un terme au conflit avec la Chine qui risque de dégénérer en une guerre ouverte et peut-être généralisée, M. Attlee n'a pas hésité à avancer qu'il était nécessaire d'envisager à son avis l'entrée du gouvernement de Pékin à l'ONU et le règlement de l'affaire de Formose. Il estime que ce sont là des conditions préalables à tout arrangement.

C'est M. Acheson qui a tout d'abord répondu. Il a donné l'impression de s'en tenir sans réserve à la politique de fermeté que l'opposition l'accuse de n'avoir pas suivie et qu'il a en réalité toujours préconisée. Il s'est élevé contre une attitude d'apaisement et a soutenu que le bolchevisme faisant un bloc, il fallait y faire face en Extrême-Orient avec autant de résolution qu'en Europe.

Le président Truman s'est exprimé en des termes qui ont paru à ses interlocuteurs plus conciliants. Il a toutefois attiré leur attention sur l'état d'esprit de l'opinion publique américaine en particulier dans les États de l'Ouest.

Il y a ensuite des considérations d'ordre militaire provoquées par le maréchal Slim qui a exprimé, se fondant sur une expérience personnelle, les difficultés auxquelles pouvaient se heurter les troupes américaines pour établir et tenir les têtes de pont envisagées.

Finalement, les Américains ont demandé à leurs interlocuteurs leurs avis concernant le débat qui va avoir lieu à l'Assemblée des Nations unies au sujet de la résolution inscrite à l'ordre du jour sur la proposition des 6 puissances contrairement à l'avis que nous partageons avec les Britanniques, les interlocuteurs de Monsieur Attlee ont donné l'impression qu'ils n'avaient pas renoncé à proposer à Flushing-Meadows des amendements ou même une seconde résolution faisant état de l'agression chinoise.

Ils songent toujours à des sanctions politiques et économiques contre Pékin et il désirerait avoir sur ce point une réponse lors de la séance de demain mardi à 13 heures. Mais d'après ce que m'a déclaré la délégation britannique, M. Attlee demeure très opposé à cette suggestion.

Je dois voir demain matin le Secrétaire d'État adjoint pour l'Extrême-Orient qui assistait à la réunion de la Maison-Blanche et je compte moi-même lui faire connaître notre point de vue à ce sujet.

(Secrétariat général, Dossiers, volume 23)

---

[1] Voir document n° 386.

395

M. Le Gourriérec, Consul adjoint à Shanghaï,
  à M. Schuman, Ministre des Affaires étrangères[1].

T. n°s 863-866.   *Shanghaï, 5 décembre 1950.*

(Reçu : le 11, 15 h. 13)

Que l'intervention chinoise en Corée ait été entreprise directement par le gouvernement de Pékin ou sous la pression de Moscou et des éléments extrémistes du parti communiste chinois – et je penche personnellement pour cette seconde hypothèse – il apparaît désormais certain qu'il ne sera pas mis un terme à cette intervention aussi longtemps que des troupes américaines demeureront en Corée.

Il n'est pas impossible cependant, estime-t-on ici dans certains milieux, que les dirigeants chinois se prêtent à un compromis si les Nations unies acceptent d'entamer avec Pékin des négociations sur la base des trois demandes contenues dans le discours de Wuhsiu Chuan au Conseil de sécurité et souscrivent aussi, souligne-t-on, à la condition préalable que la représentation de la Chine populaire soit régulièrement admise à l'ONU[2].

J'estime pour ma part que même un arrangement de cette nature – qui aurait pour résultat de ruiner la part de confiance que les peuples d'Extrême-Orient conservent encore en l'ONU – ne pourrait en rien modifier les plans à longue échéance de la Chine communiste délibérément engagée désormais dans son double rôle de leader du communisme et d'émancipation des peuples opprimés en Asie. La lecture de la presse chinoise est très nette sur ce point et il est plus que vraisemblable qu'une fois la Corée « débarrassée des impérialistes », d'autres objectifs – et l'Indochine en premier lieu – s'offriront à l'ardeur libératrice des volontaires chinois.

Il y a lieu de noter tout spécialement que les succès chinois en Corée sur les Alliés opèrent un revirement dans l'opinion publique de ce pays.

[1] Télégramme communiqué via Pékin (n°s 747-750). Note manuscrite : «*M. Wolfrom, prière de m'en parler. [Communiquer] W[ashington], N[ew]Y[ork], T[okyo], Saigon, L[ondres]* ».
[2] La situation militaire en Corée devenait très préoccupante pour les forces des Nations unies, le ton étant nettement au pessimisme dans les bureaux du Pentagone devant l'offensive chinoise qui suivait 4 axes de poussée. On réfléchissait déjà à prévoir la reconstitution du périmètre défensif autour de Pusan (télégramme n°s 5009-5015 du 4 décembre 1950 de Washington, non reproduit). Les Américains communiquaient des chiffres des effectifs chinois aux alentours d'un million d'hommes, ce qui permettait d'expliquer pourquoi on était passé d'une victoire certaine à une déroute inquiétante. Dejean y voyait également le souci pour MacArthur de soigner son rôle et sa place dans l'histoire (télégramme n°s 2448-2451 du 5 décembre 1950 de Tokyo, non reproduit). À la date du 13, toutes les forces des Nations unies étaient repliées au sud du 38e parallèle (télégramme n°s 2558-2560 du 13 décembre 1950 de Tokyo, non reproduit).

Celle-ci, dont une large portion était, jusqu'à ces tout derniers temps, inquiète de la tournure prise par les événements et réticente à l'égard du nouveau régime, commence à prendre conscience avec une certaine fierté de la valeur de son armée et de l'audace et l'habileté politique de ses dirigeants.

Je ne serais pas surpris que le gouvernement de Pékin soit prochainement en mesure de reprendre à son compte, avec l'appui presque unanime du peuple chinois, enfin gagné à sa cause, l'ancien projet japonais d'établissement d'une « sphère de co-prospérité en Asie orientale » en l'accommodant bien entendu dans une certaine mesure à la sauce communiste.

(Secrétariat des Conférences, NUOI, volume 142)

396

NOTE DU DÉPARTEMENT[1]

Le congrès de Varsovie et l'orientation actuelle de la politique communiste « de paix »

N. *Paris, 5 décembre 1950.*

Origine du mouvement des partisans de la paix.

Le 2ème congrès mondial des partisans de la paix, qui s'est ouvert à Varsovie le 16 novembre 1950, est l'aboutissement d'une campagne dont les origines doivent être recherchées dans l'évolution des rapports entre l'URSS et les puissances occidentales depuis le début de 1948.

L'échec de la conférence des ministres des Affaires étrangères, tenue à Londres en décembre 1947, a montré aux dirigeants de l'URSS qu'il n'était plus possible d'attendre des États-Unis et des autres puissances alliées des concessions suffisantes pour obtenir l'établissement d'une paix conforme aux aspirations soviétiques. Dès lors, à mesure que s'accentuait la coupure entre les deux groupes des puissances et que la volonté des Occidentaux de s'unir et de s'armer apparaissait plus clairement, il était naturel que l'URSS qui, dès septembre 1947, avait renforcé l'organisation du communisme international par la création du Kominform, s'adressât à la plus large fraction possible de l'opinion des pays occidentaux pour les dresser contre leurs gouvernements et faire échec à la politique de résistance dont les États-Unis avaient pris l'ini-

---

[1] Il avait été demandé d'assurer la diffusion la plus adéquate de cette note auprès de la presse locale dans les différentes ambassades (dépêche collective n° 675/IP du 5 décembre 1950 de Paris, non reproduite).

tiative. L'URSS ne pouvait choisir à cet effet de meilleur thème de propagande que la défense de la paix. Ce faisant, elle s'est efforcée de toucher un public plus vaste que celui des membres et sympathisants des partis communistes, en créant, à l'image de beaucoup d'autres organisations internationales de même nature (Fédération syndicale mondiale, fédération de la jeunesse démocratique mondiale, fédération internationale démocratique des femmes, etc....) un mouvement étroitement contrôlé par le parti communiste, mais destiné à rassembler sur un programme défini des personnes d'opinions politiques et religieuses différentes.

Réunion antérieure au congrès de Varsovie.

Le premier congrès mondial de la Paix s'est réuni à Paris[1] en avril 1949, sur convocation du comité international de liaison des intellectuels (créé au congrès des intellectuels de Wroclaw en août 1948) et de la fédération démocratique internationale des femmes. Ce congrès a nommé un comité mondial permanent des partisans de la Paix, avec comme Secrétaire général Jean Laffite. Le bureau de ce comité comprenait une majorité communiste ainsi que les représentants des principales organisations internationales sous contrôle communiste, afin d'assurer la meilleure diffusion possible des nouveaux mots d'ordre de paix dans les milieux auxquels s'adressent des organisations (syndicalistes, femmes, jeunesse, étudiants, etc....).

Le comité mondial permanent des partisans de la paix appelé aussi comité mondial de la Paix, a tenu depuis lors deux réunions plénières. Lors de la première qui eut lieu à Rome en octobre 1949, le comité a décidé d'exclure les représentants yougoslaves montrant par là la conformité de son action avec les mots d'ordre du Kominform.

L'appel de Stockholm.

La deuxième réunion plénière du comité à Stockholm (15-18 mars 1950) a eu pour principal résultat la rédaction de l'appel pour l'interdiction de la bombe atomique. Il n'est peut-être pas inutile de citer ici le texte de « l'appel de Stockholm ».

« Nous réclamons l'interdiction inconditionnelle de l'arme atomique en tant qu'arme d'agression et d'extermination massive et l'établissement d'un contrôle international rigoureux pour veiller à l'application de cette décision.

Nous considérons comme criminel de guerre, le gouvernement qui utilisera le premier l'arme atomique contre quelque pays que ce soit.

Nous appelons tous les hommes de bonne volonté du monde entier à signer cet appel ».

---

[1] *Note du document :* « En raison du refus du gouvernement français d'accorder des visas à certains des participants, un autre congrès a été réuni en même temps à Prague ».

La teneur de ce texte appelle une série de remarques.

On peut d'abord observer que, sous une forme simple et concrète, il est propre à recueillir l'adhésion de tous ceux qui sont effrayés ou choqués par l'existence de la menace atomique, et qu'à première vue, il ne contient rien qui laisse transparaître son inspiration communiste. Pourtant la première phrase réclame l'abolition d'une arme dont l'Union soviétique ne peut certainement faire usage dans une aussi large mesure que les États-Unis. La deuxième phrase parle d'un contrôle dont les débats à la Commission de l'énergie atomique des Nations unies montrent que, dans l'esprit de l'URSS, il doit être conçu de manière à ne pas la gêner. La troisième phrase stigmatise comme criminel, non pas le gouvernement qui prend l'initiative des hostilités, mais celui qui utilise le premier la bombe atomique, même s'il se défend contre une agression non provoquée. Si l'on se rappelle que les pactes d'assistance conclus entre l'URSS et les pays satellites n'ont pas un caractère strictement défensif, on mesurera tous les dangers de cette rédaction. Enfin, la conclusion qui fait appel à tous les hommes de bonne volonté est de nature à recueillir de nombreux suffrages et en particulier ceux des fidèles des Églises chrétiennes.

La campagne pour la signature de l'appel de Stockholm s'est adressée principalement aux populations des pays signataires du pacte de l'Atlantique et a été accompagnée dans ces pays de mots d'ordre tendant à faire obstacle par une action directe des ouvriers à la production d'armements et au déchargement du matériel de guerre américain. En URSS, où la campagne pour la signature de l'appel a coïncidé avec l'ouverture des hostilités en Corée, elle a certainement tendu à rassurer les populations sur la pureté des intentions pacifiques des dirigeants soviétiques et elle a donné lieu à des mots d'ordre pour l'accroissement de la production et la prolongation des journées de travail. Il en a été de même dans les démocraties populaires, l'adhésion des populations des pays à régime communiste ayant eu le caractère massif que l'on peut imaginer[1]. Cette extension de la sphère d'action de l'appel de Stockholm a pu permettre de conclure qu'il avait été signé par 500 millions de personnes. Dans les pays échappant à la tutelle communiste, les résultats ont été assez variables, faibles en Angleterre et dans les pays scandinaves, plus brillants en France et en Italie. Il n'est pas douteux que, dans certains cas, des procédés frisant la fraude ont été employés : on ne peut nier qu'en France et en Italie beaucoup de personnes qui n'appartenaient pas à la clientèle habituelle du parti communiste ont donné leur signature, soit par indifférence, soit par hostilité à la politique « atomique » américaine, soit même par opposition à tout réarmement. Il semble toutefois que les dirigeants des divers

---

[1] *Note du document :* « En Allemagne orientale par exemple, 17 millions 46 000 signatures ont été collectées dans une population totale de 17 millions 270 000 habitants, ce qui permet de penser que seuls les nouveaux nés n'ont pas tous signés l'appel ».

comités nationaux des partisans de la paix se soient heurtés à certains difficultés dont ils ont jugé utile, après un effort « d'autocritique », de tirer la leçon pour mieux assurer le succès du 2ème congrès mondial de la paix.

Tout d'abord, le zèle manifesté par les militants communistes à qui leurs dirigeants avaient confié comme tâche principale la collecte des signatures à l'appel de Stockholm, n'a pas toujours été suffisamment discret pour que le grand public soit persuadé que le mouvement des partisans de la paix était autre chose qu'une filiale du parti communiste, et que la campagne pour la paix n'était pas un simple instrument de la politique extérieure soviétique. Il semble que l'on ait senti la nécessité d'atteindre la partie du grand public qui craint la guerre et la course aux armements, mais répugne à l'uniformité monolithique de la propagande communiste. C'est sans doute la raison pour laquelle « les assises de la Paix » qui se sont tenues en France pour désigner les délégués français au deuxième congrès mondial ont insisté sur la diversité des opinions groupées au sein du congrès et ont donné une place plus grande qu'auparavant à des personnes qui n'étaient pas inscrites au parti et en particulier à des membres du clergé et aux chrétiens progressistes.

En outre, certains refus de signer l'appel de Stockholm ont été fondés sur l'insuffisance de son contenu, qui ne vise que l'arme atomique et sur la nécessité d'étendre la campagne de paix pour aboutir à une réduction générale des armements.

***

Le congrès de Varsovie.

C'est en tenant compte de ces considérations que le 2ème congrès mondial des partisans de la Paix s'est réuni à Varsovie. Il devait à l'origine se réunir à Gênes. Le premier congrès ayant eu lieu à Paris, on peut à cette occasion souligner l'importance particulière accordée par les dirigeants soviétiques à l'action menée contre la politique du Pacte atlantique en France et en Italie.

Après le refus du gouvernement italien de délivrer des visas aux délégués, il a été décidé de transférer le congrès à Varsovie, puis à Sheffield. Le choix de cette dernière ville pourrait s'expliquer par le fait que c'est un des centres les plus actifs et les plus remuants du syndicalisme britannique. Cependant les organisateurs du congrès ont certainement envisagé sans défaveur l'éventualité d'un refus du gouvernement britannique de permettre cette réunion à Sheffield ; tout s'est passé comme si, après avoir décidé que le congrès aurait lieu à Varsovie, ses organisateurs s'étaient ravisés en songeant qu'il valait mieux qu'il ne se tienne dans un pays de démocratie populaire qu'après avoir été empêché de se réunir en Angleterre par le gouvernement travailliste. Ainsi était

trouvée une occasion nouvelle de stigmatiser les mesures fascistes de
« socialistes de droite » et de vanter le libéralisme d'un pays de démocratie populaire, accueillant sur son sol des congressistes représentant
des opinions différentes.

On sait que le gouvernement britannique s'est contenté d'interdire
la réunion préparatoire du congrès de Sheffield et de refuser des visas
à un bon nombre des participants communistes du congrès proprement
dit, qui a été transféré à Varsovie où il s'est ouvert le 16 novembre 1950.

***

Atmosphère du congrès.

On a pu remarquer à Varsovie l'effacement relatif de la délégation
soviétique : sur 17 présidents du présidium du congrès, on a compté 7
présidents français contre 2 Soviétiques. Le congrès a été présidé par
M. Joliot-Curie. L'ordre du jour a été adopté sur la proposition de M.
Jean Laffite et c'est M. Yves Farge qui a présidé la 1ère conférence de
presse des journalistes étrangers. La place faite aux délégués de l'Italie
a été également importante. La publicité particulière faite aux membres
des délégations française et italienne a permis de laisser entendre aux
populations des démocraties populaires qu'une grande partie de l'opinion française et italienne était acquise aux idées de Moscou, tout en
flattant l'amour-propre de l'ensemble de la population de la France et
de l'Italie, dans le dessein de détourner ces deux pays de la politique
atlantique.

Parmi les discours prononcés au congrès, un rôle important a été
réservé aux non communistes, ou du moins aux personnalités n'appartenant pas officiellement au parti. On a été jusqu'à laisser M. John
Rogge, qui faisait partie du bureau du comité permanent après le
premier congrès mais avait protesté contre l'exclusion des Yougoslaves,
dire que les procédés des tenants du Kominform constituaient un
danger plus sérieux pour la paix que la bombe atomique ou la bombe
H. Bien que ce discours ait valu à son auteur les épithètes habituelles
données par la propagande du Kominform aux « provocateurs titistes »,
le fait qu'il ait pu être prononcé a permis de dresser un parallèle entre
l'atmosphère de libre discussion d'un congrès réuni dans un pays de
démocratie populaire et les mesures policières prises par les autorités
anglaises contre les communistes.

Le ton des discours des principales vedettes du parti communiste a
été relativement modéré, en particulier celui du rapport du Président,
M. Joliot-Curie. Les orateurs soviétiques, Ehrenbourg et Fadeïev ont
souligné le désir d'entente de l'URSS « non seulement avec l'Amérique
de Robeson, mais aussi avec l'Amérique de M. Truman et de M.
Acheson ». Ehrenbourg a été particulièrement conciliant. « J'admets
volontiers, a-t-il déclaré, que du point de vue de M. Truman le

marxisme soit une philosophie mensongère et que le régime soviétique soit antipathique à M. Acheson, mais je pense qu'on ne doit pas chercher à démontrer par la guerre la supériorité d'un système philosophique ou d'un système économique ». La possibilité de la coexistence pacifique des régimes capitaliste et « socialiste » a été affirmée avec vigueur par tous les délégués en particulier par M. Joliot-Curie. On s'est soigneusement abstenu de toute référence à la déclaration faite par Lénine en 1919 et reprise par Staline dans son livre *Problèmes du léninisme,* d'après laquelle « la coexistence de l'État soviétique et des États impérialistes pendant une longue période était impensable ».

Il y a lieu de noter également l'importance donnée aux déclarations de représentants du clergé « progressiste », tels que l'abbé Plojhar, ministre du gouvernement tchécoslovaque et « président du comité international des prêtres chrétiens », l'abbé Boulier, le « Doyen rouge » de Canterbury, le métropolite Nicolas, de l'Église orthodoxe soviétique.

De nombreux délégués ont souligné la nécessité d'élargir la campagne des partisans de la paix pour inclure, comme l'a dit le savant britannique John Bernal « tous ceux qui sont épris de paix, quelque conservatrices que soient leurs opinions ».

Les orateurs de la nuance progressiste, tels que MM. Pierre Cot, Emmanuel d'Astier, Nenni ont tenu la vedette. M. Cot a engagé une discussion amicale avec « notre ami Fadeïev » sur « les hésitations légitimes » exprimées par beaucoup de personnes de bonne foi au sujet des origines de la guerre de Corée, tout en « souscrivant sans réserve à son opinion et à son analyse » et il a fait preuve d'une très grande bienveillance à l'égard des neutralistes.

La motion finale du congrès.

Les principaux thèmes des discours prononcés se retrouvent dans la motion finale du congrès, votée à la quasi unanimité par un scrutin personnel et secret. Cette motion finale qui prend la forme d'une adresse à l'ONU a été mise au point après de longues discussions et montre, si on la compare aux motions préparées par les communistes, qu'il a été préférable de faire quelques concessions au moins formelles, aux participants du congrès qui ne suivaient pas entièrement la ligne du communisme.

C'est ainsi que l'ONU n'a pas été accusée « d'entraver l'œuvre de paix » mais qu'on s'est contenté de regretter « qu'elle n'assure pas à l'humanité la tranquillité et la paix, parce qu'elle est influencée par les forces qui se sont écartées du seul chemin possible de la paix universelle : la recherche de l'entente générale ». Une motion d'un communiste algérien sur le colonialisme proposant d'aider de toutes ses forces « les peuples colonisés dans leur lutte pour l'indépendance nationale », a été remplacée par un texte plus modéré, d'après lequel les « violences employées pour le maintien des peuples dans un état de dépendance et d'oppression colonialistes » sont considérées comme une menace à la cause de la paix ; toutefois le congrès proclame « le droit de ces peuples à la liberté et à l'indépendance ». Au lieu de décider que le général MacArthur était un criminel de guerre, le congrès demande « qu'une commission internationale compétente soit appelée à examiner les crimes commis dans cette guerre et en particulier les responsabilités du général MacArthur ».

En ce qui concerne la guerre de Corée, le congrès réclame la cessation de la guerre et le retrait des armées étrangères. Il demande que soit trouvée une solution pacifique du conflit intérieur qui oppose les « deux parties de la Corée ». Il se prononce en outre pour la cessation de l'intervention des troupes américaines à Formose et pour la fin des hostilités contre la République du Viêtnam. L'impression « conflit intérieur qui oppose les deux parties de la Corée » est à rapprocher de la formule adoptée pour la définition de l'agression : « L'agression est le fait criminel d'un État, qui, le premier, emploie la force armée contre un autre État sous un prétexte quelconque ». Peu importe qui a ouvert le feu le premier sur le 38e parallèle puisqu'il ne s'agissait pas d'un conflit entre États. Dans la guerre de Corée, ce sont les États-Unis qui sont les agresseurs parce qu'ils sont intervenus par les armes dans un conflit intérieur. S'il s'est trouvé parmi les participants au congrès des personnes ayant conservé quelque esprit critique, elles n'auront pas dû manquer d'observer que personne n'a déclaré nettement que la Corée du Sud avait attaqué la Corée du Nord et M. Fadeïev lui-même a utilisé pour définir les responsabilités du conflit coréen les arguments suivants : « La Corée est-elle connue dans l'histoire comme un pays agressif ? A-t-elle à présent cherché à s'emparer de territoire des États-Unis ? ».

Les autres motions contenues dans l'adresse à l'ONU répondent fidèlement aux leitmotiv actuels de la politique soviétique. Une condamnation catégorique est élevée contre le réarmement de l'Allemagne et du Japon. Il est demandé aux parlements de tous les pays d'édicter une loi établissant la responsabilité pénale des auteurs de la propagande en faveur d'une nouvelle guerre, sous quelque forme que ce soit, et l'on sait comme il est facile aux communistes de qualifier de ce nom toute action en faveur du réarmement. L'interdiction des armes de destruction massive est à nouveau proclamée. En outre le congrès s'adresse « avec solennité » aux grandes puissances et leur propose de procéder au cours des années 1951 à 1952 à une réduction progressive, simultanée, et dans une même proportion de toutes les forces armées. Il réclame en outre un contrôle exercé par un organisme institué auprès du Conseil de sécurité, ce qui est conforme aux désirs soviétiques, car l'URSS peut, par son veto empêcher ce contrôle d'être dangereux pour elle.

Le congrès demande que soient développés les échanges économiques entre les divers pays et proteste contre « les entraves apportées aux échanges culturels ».

Avertissement à l'ONU.

Le principal résultat du congrès a trait à la création d'un Conseil mondial de la Paix, ce qui revient à transformer le comité des partisans de la Paix en un organisme permanent, qui pourra prétendre être plus représentatif de la population du monde entier que l'ONU, puisque celle-ci ne comprend ni les représentants de la Chine soviétique, ni ceux des pays ex-ennemis. On peut considérer que la création du Conseil mondial de la Paix est un avertissement à l'ONU pour le cas où celle-ci se montrerait trop docile à la politique américaine.

Le nouveau bureau du Comité mondial des partisans de la Paix a une composition un peu différente du précédent. Il est toujours présidé par M. Joliot-Curie et comprend 10 vice-présidents au lieu de 11. Les changements intervenus dans sa structure ont pour but d'en faire un organisme véritablement international, et c'est sans doute la raison pour laquelle les vice-présidents sont désormais tous de nationalités différentes, la France métropolitaine n'a plus qu'un vice-président : Mme Cotton, MM. Aragon et Boysson ne sont plus membres du bureau et M. Saillant n'est plus vice-président. M. d'Arboussier représente l'Afrique noire. M. Rogge a été remplacé par un communiste américain M. Fletcher, et le vice-président tchèque a cédé sa place à un vice-président polonais, le professeur Infeld. En outre, un des nouveaux vice-présidents est suédois (Arthur Lundkir) ce qui indique sans doute le désir de développer le mouvement dans les pays scandinaves. Les autres vice-présidens, qui ont eu leurs mandats confirmés, sont :

MM. Fadeïev (U.R.S.S.), Kuo Mo Jo (Chine), Cardenas (Mexique), Nenni (Italie) et Bernal (Grande-Bretagne). Ainsi tout permet de penser qu'à la suite du congrès de Varsovie, l'Union soviétique tendra de plus en plus à revendiquer pour le mouvement des partisans de la Paix le caractère d'une véritable institution internationale et qu'elle fera du Conseil mondial de la Paix l'un des principaux instruments de sa politique extérieure.

Elle ne fera ainsi que mettre en pratique la maxime contenue dans *L'histoire de la diplomatie,* ouvrage soviétique paru en 1945 et que l'on peut considérer comme un manuel à l'usage des hommes politiques et des diplomates de l'URSS.

« À ce même groupe d'exemples de camouflage de buts subversifs derrière de nobles principes appartient aussi l'exploitation de l'idée de désarmement et la propagande de paix dans le sens le plus large du mot. Depuis l'époque la plus reculée, la propagande pour le désarmement a été l'une des formes préférées de l'art diplomatique du camouflage, toujours dans le dessein de masquer les motifs véritables de l'action d'un État ».

(Direction d'Amérique, Généralités, volume 51)

397

Note de la Direction d'Europe

Revendications allemandes (suite à la note du 4 décembre)[1]

N.   *Paris, 5 décembre 1950.*

Dans les circonstances présentes, les Allemands de l'Allemagne occidentale paraissent dans leur majorité hostiles au réarmement allemand, tel qu'il est prévu par les plans alliés. Entraînés l'un par l'autre, M. Schumacher et M. Adenauer déclarent ouvertement que l'opinion de leur pays n'acceptera de contribuer à la défense occidentale que s'il est tenu compte de certaines conditions qui bouleversent complètement les données du problème. Étant donné les propos déjà tenus par M. Schumacher et la tendance naturelle du Chancelier à ne pas se laisser devancer trop longtemps par le chef de l'opposition, le moment n'est sans doute pas éloigné où le gouvernement de Bonn, non content de réclamer un accord de sécurité, c'est-à-dire l'abolition du statut d'occupation, fera savoir que la reprise des provinces perdues devra être l'objectif essentiel de la coalition atlantique dans laquelle seront englobés des *combat-teams* allemands.

L'apport allemand, s'il doit véritablement, un jour ou l'autre, renforcer le dispositif occidental, risque donc en même temps de modifier totalement le caractère initial du Pacte atlantique ainsi mis au service des revendications allemandes. En dépit de certaines paroles déjà prononcées par des Américains, comme le général Taylor à Berlin, on peut se demander si le gouvernement de Washington est disposé à aller aussi loin.

Il est possible, d'ailleurs, qu'une telle évolution n'ait pas le temps de s'accomplir, le gouvernement soviétique prenant lui-même l'initiative du conflit. Les avertissements de Moscou ne nous ont pas été ménagés ; en particulier dans sa note adressée, le 15 octobre 1950, aux trois gouvernements de Paris, Londres et Washington, le généralissime Staline écrivait « qu'il n'accepterait pas la renaissance en Allemagne occidentale d'une armée régulière allemande ».

La question se pose de savoir – et c'est sans doute la dernière occasion de la soulever – s'il ne faut pas, en présence de ces deux perspec-

---

[1] Voir document n° 392.

tives, obtenir de nos Alliés une révision du problème et leur faire comprendre la nécessité qu'il y a de différer le réarmement allemand, tel qu'il a été envisagé jusqu'à maintenant, aussi longtemps du moins que les puissances occidentales ne disposeront pas sur le continent de forces suffisantes pour donner à réfléchir aux Soviétiques.

Il y aurait le plus grand intérêt à ce que le problème puisse être examiné de nouveau à l'échelon allié le plus élevé. Il importerait, semble-t-il, d'en revenir à la formule de la police, celle-ci pouvant, au reste, être dotée d'un matériel puissant et comprendre des effectifs très supérieurs à ceux qui ont été, pour l'instant, autorisés.

D'autre part, ce réarmement camouflé devrait s'effectuer avec le maximum de discrétion.

(Direction d'Europe, Allemagne, volume 1030)

398

Note de la Direction d'Asie-Océanie
pour le Ministre[1]

Conditions dans lesquelles les Nations unies pourraient être saisies de la question d'une intervention chinoise en Indochine et conséquences d'une telle décision

N.   *Paris, 5 décembre 1950.*

Une intervention chinoise en Indochine pourrait revêtir deux aspects :

1) Une action officieuse ou indirecte, c'est-à-dire la participation de « volontaires » chinois aux opérations du Viêt Minh ;

2) Une intervention caractérisée, c'est-à-dire l'apparition d'unités chinoises régulières dans la zone d'opérations du Tonkin.

Au cas où la première de ces hypothèses se réaliserait, le gouvernement français pourrait soutenir que la prolongation du différend est susceptible de menacer le maintien de la paix et de la sécurité internationale (art. 33 de la Charte) ; il pourrait alors faire appel aux Nations unies en leur demandant d'user de la procédure de l'enquête comme dans le précédent grec. Un recours ainsi fondé sur le chapitre 6 de la Charte, qui énumère les diverses catégories de moyens pacifiques utilisables, n'augmenterait pas, semble-t-il, la gravité de la situation.

---

[1] Note de Jacques Roux de la Direction d'Asie-Océanie, établie à la suite de la réunion qui s'est tenue le 5 décembre 1950 sous la présidence de M. de La Tournelle et à laquelle participaient la Direction d'Asie, le Secrétariat des Conférences et le jurisconsulte du Département.

Cette manière de procéder pourrait cependant l'inconvénient d'aboutir en fait à la reconnaissance internationale du gouvernement d'Hô Chi Minh. Si, en effet, les Nations unies désignaient une commission d'enquête, celle-ci devrait entendre le point de vue d'Hô Chi Minh, se rendre sur place au moyen de sauf-conduits éventuellement délivrés par lui. Nous risquerions en outre d'être amenés à admettre la présence d'une délégation viêtminh, soit auprès de la commission d'enquête, soit même à Lake Success.

Par ailleurs, une fois la procédure d'enquête entamée, les Nations unies pourraient, sous la pression des puissances anti-colonialistes et des pays d'Asie qui sont favorables à une telle solution du problème indochinois, décider le principe d'une médiation entre Bao Daï et Hô Chi Minh. Dès lors, le règlement de la question nous échapperait complètement et nous nous trouverions obligés d'accepter un état de choses que nous avons toujours cherché à éviter.

***

Dans la deuxième des deux hypothèses énoncées ci-dessus, un recours aux Nations unies devrait se fonder sur le chapitre 7 de la Charte, qui prévoit les mesures à prendre en cas de menace contre la paix, de rupture de paix ou d'acte d'agression.

Quelles que soient les possibilités techniques qu'offrirait un tel recours, nous ne devons pas nous dissimuler que les conséquences pratiques en seraient faibles : nos propositions pour la définition précise d'un front commun en Asie n'ayant pu encore être acceptées par nos alliés, il est douteux que, saisissant les Nations unies, nous obtenions rapidement la constitution d'un théâtre d'opérations indochinois de caractère international et l'envoi au Tonkin de forces des Nations unies.

Dans ces conditions, la situation créée ressemblerait à celle qui existe à l'heure actuelle en Corée, sans comporter le bénéfice de l'action de police internationale qui a été entreprise pour ce pays. De toute façon, il apparaîtrait peu logique qu'après avoir contribué à faire écarter la formule américaine de proclamation de l'agression chinoise en Corée du Nord, nous reprenions une semblable demande à notre compte pour l'Indochine, sans être au surplus assurés que cette initiative aurait en temps voulu des effets utiles sur le plan international.

Il convient de noter par ailleurs qu'un recours de la France aux Nations unies se fondant sur une intervention caractérisée des troupes chinoises en Indochine déclencherait à coup sûr une plainte du gouvernement de Pékin sur l'ensemble de notre action en Indochine, plainte dont nous ne pourrions empêcher l'examen.

On peut se demander en conclusion si l'initiative la plus utile que nous pourrions prendre sur le plan des Nations unies ne serait pas de tirer prétexte de la protestation chinoise contre la violation du territoire de la Chine par les forces aériennes françaises, diffusée le 23 novembre dernier par la radio de Pékin, protestation analogue à celle qui nous avait été adressée le 22 décembre 1949 par le gouvernement de Pékin, pour proposer une enquête sur les faits ainsi allégués.

Il s'agirait là d'un recours motivé par des faits précis et de portée limitée, et qui ne comporterait pas l'ensemble des inconvénients qu'une plainte pour agression chinoise proprement dite serait susceptible d'avoir tout en présentant le danger, signalé plus haut, d'entraîner une reconnaissance du gouvernement viêtminh. Il aurait par contre l'avantage de nous permettre de porter d'une manière indirecte à l'ordre du jour des Nations unies le problème de l'intervention chinoise en Indochine.

Il va de soi que les États associés d'Indochine devraient participer avec nous à ce recours.

Mais il semble qu'avant d'y procéder, il y aurait intérêt à marquer de nouveau aux gouvernements anglais et américain la nécessité de plus en plus urgente d'étudier la question de la défense de l'Indochine sur le plan interallié, c'est-à-dire par la création d'un théâtre d'opérations et l'adoption de plans précis d'action commune éventuelle.

(Direction d'Asie-Océanie, Indochine, volume 199)

399

M. Bonnet, Ambassadeur de France à Washington,
    à M. Schuman, Ministre des Affaires étrangères[1].

T. n°s 5079-5088.   *Washington, 6 décembre 1950, 16 h. 15.*

Réservé. Très secret. Priorité absolue.   *(Reçu : le 7, 1 h.)*

J'ai pu ce matin comparer les impressions britanniques, à la suite de la réunion d'hier sur le Potomac, avec celles dont m'avait fait part M. Perkins[2]. Les indications suivantes s'en dégagent :

1/ Résolution des 6 puissances. Il y a eu des concessions mutuelles. À mon avis, la plus importante a été faite par les Américains. M. Attlee a bien accepté que la résolution que j'ai (…)[3] au Conseil de sécurité

---

[1] Télégramme communiqué à la Présidence de la République, la Présidence du Conseil, MM. Parodi, de La Tournelle, Clappier et de Bourbon-Busset ainsi qu'à New York (n°s 1204-1213).

[2] Dans un télégramme précédent, Bonnet rapportait les propos du Secrétaire d'État adjoint Perkins au sujet des entretiens anglo-américains. Les débats à l'ONU avaient d'abord retenu l'attention, puis diverses hypothèses avaient été émises à propos de la situation en Extrême-Orient, mais aucune conclusion ferme n'en avait été tirée (télégramme n°s 5050-5059 du 5 décembre 1950 de Washington, non reproduit).

[3] Lacune de déchiffrement.

soit transmis sans délai à l'Assemblée, mais les Américains ont en principe consenti à ce que les modifications à faire subir au texte soient de pure forme. En revanche, il est apparu que la position fondamentale du Secrétaire d'État en ce qui concerne l'attitude à observer vis-à-vis de la Chine n'avait pas changé. Il désire toujours qu'une politique de grande fermeté soit appliquée. Il n'a pas renoncé à un blocus, à des bombardements éventuels de centres industriels chinois, au soutien militaire, permanent, etc....

L'accord est donc, sur ce point, loin d'être réalisé quant au fond. Les Britanniques espèrent gagner du temps mais ils ont l'impression que les Américains vont de leur côté faire tout leur possible pour hâter la procédure engagée devant l'Assemblée et, peut-être, pour pousser à de nouveaux développements.

2/ Situation militaire. Les nouvelles étaient hier, comme vous le savez, un peu meilleures en ce qui concerne la 8e armée. En revanche, la situation du 10e corps demeure précaire, bien que deux de ses divisions sur trois semblent à peu près certaines de pouvoir s'adosser à la mer.

L'indication la plus intéressante qu'ait apportée la discussion est que le président Truman a formellement déclaré qu'il était opposé à une évacuation militaire. Il estime que les troupes des Nations Unies doivent continuer de combattre et que si elles sont contraintes de quitter la Corée, ce doit être en luttant jusqu'au bout. M. Attlee s'est déclaré d'accord et a pris l'engagement de ne pas retirer de Corée les troupes du Royaume-Uni.

En ce qui concerne une éventuelle proposition de « cessez le feu », les deux parties en ont accepté l'idée. Les Américains comme les Anglais espèrent que cette suggestion pourrait, ainsi que me l'avait dit M. Perkins hier, venir d'une tierce puissance. C'est à l'Inde que l'on songe, m'a-t-on dit du côté des Anglais.

M. Attlee a d'autre part retiré des conversations des deux derniers jours la conviction que les États-Unis n'emploieraient pas la bombe atomique dans les circonstances actuelles.

3/ Chine, Formose : par un exposé ferme, M. Attlee s'est proposé de persuader ses interlocuteurs que la politique du gouvernement de Pékin demeurait « spécifiquement chinoise » même à l'heure actuelle. Il ne semble pas, comme vous le savez par mon tg n° 5050[1], qu'il en ait convaincu l'autre partie.

Sur Formose, la divergence du point de vue demeure entière malgré que M. Perkins m'ait paru penser différemment. M. Acheson et le général Bradley et, avec un peu moins de conviction, semble-t-il, le général Marshall, ont déclaré que l'île constituait une position stratégique essentielle pour le système de défense américain du Pacifique. Il n'est pas question de l'abandonner.

---

[1] Document non reproduit.

C'est aussi l'avis du président Truman. Ce dernier a toutefois donné l'impression aux Britanniques qu'il était parmi les dirigeants américains le plus enclin à montrer de la compréhension pour la position de M. Attlee et les idées qu'il expose.

L'Ambassadeur de Grande-Bretagne a essayé de suggérer une solution, celle qui consisterait à confier à une commission des Nations unies l'administration de Formose enlevée à Tchang Kaï-chek, cependant que seraient démobilisées les troupes nationalistes chinoises stationnées sur l'île. Cette démobilisation, dans l'esprit des Anglais, serait effectuée par les soins des États-Unis. La suggestion n'a naturellement pas recueilli l'adhésion des Américains.

4/ La prochaine réunion prévue pour demain reprendra toutes ces questions et traitera en outre de l'Asie du Sud-Est.

L'impression d'ensemble de M. Attlee, à la suite de ces deux jours d'entretiens, est que sa tâche est encore plus difficile qu'il ne l'avait imaginée. Bien que la presse américaine demeure jusqu'ici très modérée dans ses comptes rendus, nos alliés britanniques s'attendent à de vives intrigues dans les jours qui suivent. M. Attlee, dont les intérêts de la défense européenne demeurent la préoccupation majeure, semble d'ailleurs décidé à accepter ce qu'il appelle « ce sacrifice ».

(Direction d'Asie-Océanie, Corée, volume 26)

400

M. BONNET, AMBASSADEUR DE FRANCE À WASHINGTON,
  À M. SCHUMAN, MINISTRE DES AFFAIRES ÉTRANGÈRES[1].

T. n°s 5096-5107.   *Washington, 6 décembre 1950, 22 h.*

Réservé. Très secret. Priorité absolue.   (*Reçu* : le 7, 8 h. 30)

Mon collègue de Grande-Bretagne vient de me donner une note relativement optimiste, quoique réservée, sur l'ensemble des conversations que son Premier ministre a eues jusqu'à présent avec le président Truman.

1) Il n'y a eu de décision que sur l'attitude à observer immédiatement à l'Assemblée, c'est-à-dire sur la présentation de la résolution des six puissances et sur une résolution éventuelle de « cessez le feu ». Dans le cas où une autre puissance – l'Inde vraisemblablement – accepterait de présenter cette seconde résolution, les deux gouvernements l'appuie-

---

[1] Télégramme communiqué à la Présidence de la République, la Présidence du Conseil, MM. Parodi, de La Tournelle, Clappier et de Bourbon-Busset.

raient. Si les Chinois s'y conformaient, les Américains donneraient à leurs forces l'ordre d'arrêter les hostilités.

2) Sur les (…)[1] les Britanniques considèrent que les dirigeants américains sont déterminés à éviter de s'engager dans une guerre en Asie. Ils attachent naturellement une grande valeur à cette assurance qu'ils estiment avoir reçue.

3) De même que M. Perkins, Sir Oliver Franks estime que, dans l'ensemble, il y a une clarification des points de vue en présence, une meilleure compréhension réciproque et peut-être un début de rapprochement. Il ne dissimule pas toutefois que rien de définitif n'ayant été arrêté, ce sont les derniers entretiens sur l'Extrême-Orient qui permettront de se rendre compte du degré d'entente auquel seront arrivées les délégations.

M. Attlee a été très franc et, tout en spécifiant qu'il ne s'agissait pas d'étaler une attitude de faiblesse, il a nettement fait connaître la position anglaise au sujet de négociations éventuelles avec la Chine. Le fait que la possibilité d'engager ces négociations n'ait pas été écartée par les Américains, est considéré par mon collègue britannique comme un indice que la position des États-Unis n'est pas absolument rigide. Il reconnaît qu'il subsiste en outre des divergences profondes entre Washington et Londres. Il a eu cependant l'impression que la crainte majeure des Américains était de s'exposer à faire des concessions inutiles qui entraîneraient d'autres exigences. Ils ne veulent pas s'engager sur cette pente glissante. Ils ont aussi mentionné la nécessité de tenir compte de leur opinion publique. Mais après s'être montrés intransigeants à propos de Formose, pièce nécessaire à leurs yeux pour leur stratégie des îles, ils n'en ont pas moins laissé présenter la suggestion d'une prise en charge de Taïwan par les Nations unies, d'une sorte de mandat, m'a dit Sir Oliver Franks. M. Snyder a trouvé l'idée intéressante. Elle n'a certes pas été acceptée, a reconnu mon collègue, mais le fait qu'elle n'a pas été rejetée radicalement tout au moins jusqu'à présent lui paraît encourageant.

Pour le moment, il est impossible d'en dire davantage. Il n'est pas douteux que le ton des Américains demeure nécessairement ferme. Tout en désirant éviter la guerre avec la Chine, ils pourraient être entravés dans certaines éventualités, à des opérations de représailles de conséquences imprévisibles, par exemple si les rassemblements de troupes américaines en Corée étaient soumis à des bombardements d'aviation.

4) J'ai demandé à Sir Oliver Franks si les méthodes envisagées pour assurer une politique commune des trois puissances en Extrême-Orient avaient été discutées et si notamment le Premier ministre avait fait part au Président de la suggestion de M. Pleven relative à des consultations

---

[1] Lacune de déchiffrement.

entre experts militaires au plus haut niveau. M. Attlee n'en a pas encore eu l'occasion, m'a-t-il été répondu, mais il proposera ultérieurement cette considération.

Il n'a été question de l'Indochine et de l'Asie du Sud-Est qu'incidemment, dans le tableau d'ensemble. Les Anglais ont fait valoir les dangers qui pèseraient sur cette région aussi bien sur Hong-Kong en cas de conflit généralisé avec la Chine.

5) La discussion de ce matin a été tout entière consacrée à la question des matières premières.

M. Attlee a fait valoir la situation critique dans laquelle se trouveraient l'économie britannique et les économies européennes si l'on n'apportait pas de solution à ce problème. Les besoins américains tant pour le réarmement que pour l'économie civile du pays étaient tellement liés (…)[1] avec ceux de l'Europe que les synthèses et programmes établis en commun avec les États-Unis se trouveraient compromis. Nous devons à la fois réarmer et sauvegarder nos économies ainsi que le degré de restauration auquel nous sommes parvenus. Ces deux objectifs sont également importants. Si la base matérielle venait à craquer, l'entreprise tout entière serait exposée à la ruine irréductible.

Comme une délégation de l'OECE[2] est attendue à Washington et que des suggestions concrètes ont déjà été formulées, le Premier ministre s'en est tenu, m'a dit mon collègue, à ces considérations.

On lui a répondu du côté américain qu'on se rendait compte de la gravité de la situation, mais que les responsabilités n'étaient pas tout entières américaines. Si les Anglais sont particulièrement intéressés par exemple à la question du soufre et du zinc dont ils manquent, ce sont eux qui détiennent largement les sources d'autres fournitures, étain ou caoutchouc notamment.

Une réunion d'experts doit se tenir cet après-midi pour essayer de préciser les points de vue en présence.

6) Le bruit avait couru que les conversations pourraient se prolonger jusqu'à samedi.

En fait, on envisage toujours la possibilité de les terminer demain soir et au plus tard, si cela s'avérait impossible, vendredi matin.

(Secrétariat général, Dossiers, volume 23)

---

[1] Lacune de déchiffrement.
[2] O.E.C.E. : Organisation européenne de coopération économique.

401

M. Bonnet, Ambassadeur de France à Washington,
à M. Schuman, Ministre des Affaires étrangères[1].

D. n° 5862.   *Washington, 7 décembre 1950.*

La correspondance de cette Ambassade vous a déjà signalé comment
l'opinion américaine avait perçu, chez les Européens, un fléchissement
de la volonté de résistance, provoqué par les revers des États-Unis en
Corée. Ce sentiment a été relevé ici avec assez d'inquiétude pour inciter
divers journaux et publications à procéder à un examen systématique
de l'état d'esprit qui existe chez les alliés des États-Unis à l'égard de ce
pays. Plusieurs articles se sont efforcés de mesurer l'atteinte portée au
prestige de l'Amérique et d'évaluer jusqu'à quel point le gouvernement
de Washington pouvait compter sur des alliés dont la combativité et
l'esprit de résolution pouvaient paraître sérieusement menacés. Leurs
observations sont résumées ci-après.

En Grande-Bretagne, le prestige américain a subi un coup sérieux.
L'opinion britannique, telle que M. Attlee vient de s'en faire le porte-
parole à Washington, est surtout opposée à une guerre avec la Chine.
À tout prix, les Nations unies doivent éviter de se laisser entraîner dans
une vaste aventure en Extrême-Orient qui ne pourrait que faire le jeu
de Moscou. En Grande-Bretagne, l'aile gauche du parti travailliste
manifeste ouvertement sa méfiance des initiatives du général MacArthur. Un autre sujet d'inquiétude pour les États-Unis résulte du fait que
le programme de réarmement de la Grande-Bretagne se heurte à certaines résistances de la part de ceux qui craignent de compromettre le
niveau de vie des travailleurs anglais. Dans l'ensemble pourtant, on
estime ici que les États-Unis peuvent compter sur la fidélité de leur
alliée britannique.

En France, le déclin du prestige américain a été « catastrophique ».
Un sentiment de méfiance se serait développé à l'égard des dirigeants
américains qui se sont laissés « accrocher » en Extrême-Orient. La
France est, elle aussi, hostile à toute extension du conflit en Extrême-
Orient. Si celui-ci venait à se développer, elle souhaiterait demeurer
neutre bien que la chose soit pratiquement impossible puisqu'elle est
elle-même engagée en Indochine. La révélation de la faiblesse militaire
des États-Unis inspire d'autre part à la France, consciente de sa propre
faiblesse, les plus sérieuses inquiétudes quant à sa sécurité en Europe.
En conséquence, un état d'esprit « neutraliste » se serait considérablement développé depuis quelques semaines. De nombreux Français
s'inquiéteraient également de voir les États-Unis pousser trop à fond
l'affaire du réarmement de l'Allemagne. Ces divers facteurs inciteraient

---

[1] Dépêche adressée à la direction d'Amérique.

de larges secteurs de l'opinion française à recommander une politique d'« apaisement » envers l'URSS. Certes, le gouvernement des États-Unis est confiant que le gouvernement français saurait, le cas échéant, faire honneur aux obligations qu'il a contractées par le Pacte de l'Atlantique. Mais les récentes hésitations du sentiment public en France, en compliquant la tâche du gouvernement français, apportent au gouvernement de Washington un sujet sérieux de préoccupation.

L'Italie ne peut apporter qu'une très faible contribution à la défense militaire de l'Europe. Les revers américains en Extrême-Orient y ont causé de l'inquiétude. Mais l'ensemble de la population non communiste reconnaît que l'Italie est à tel point dépendante de l'aide américaine qu'aucune solution intermédiaire n'existe pour elle. Bon gré mal gré, il lui faudra « nager ou se noyer » avec le monde occidental sous la conduite des États-Unis.

En Allemagne, les revers subis par les États-Unis sur le continent asiatique n'auraient pas très sensiblement diminué le prestige de l'Amérique. Peuple de soldats, les Allemands savent que la guerre comporte d'inévitables revers. Ce qui divise aujourd'hui le peuple allemand, c'est la question de son réarmement et du risque qu'il impliquerait pour l'Allemagne appelée à servir à nouveau de champ de bataille. En dépit de l'hostilité manifestée par de nombreux Allemands à l'idée de reprendre les armes, le sentiment paraît néanmoins prévaloir ici que l'Allemagne s'y résignerait à condition de retrouver en cette matière l'égalité des droits et d'être rassurée par l'envoi de nouveaux effectifs américains en Europe.

En Autriche, l'opinion publique aurait été très frappée par les revers américains en Extrême-Orient. « Il sera intéressant de voir comment l'Amérique réagit devant un nouvel Pearl Harbor – a dit une personnalité autrichienne au correspondant du *New York Times*. Nous ne devons pas oublier que les démocraties ne réagissent que lorsqu'elles reçoivent un coup de pied quelque part ».

Les feuilles américaines indiquent, par ailleurs, que les États du Benelux et de l'Europe du Nord auraient été relativement peu ébranlés dans leur volonté de résistance par les revers américains.

Quant au gouvernement yougoslave, il demeurerait absolument hostile à toute politique d'apaisement.

Enfin, la Grèce et la Turquie n'hésiteraient pas à résister à une attaque soviétique éventuelle.

Sortant du cadre européen, certains journaux ont d'autre part indiqué que les dominions britanniques feraient assurément cause commune avec les nations libres en cas de guerre générale. Mais c'est sur le continent asiatique même, et en particulier aux Indes, que le prestige américain a le plus gravement souffert des événements de Corée. Le gouvernement de New Dehli cherche aujourd'hui à s'interposer tout en déplorant que l'avis qu'il avait formulé de ne pas laisser les troupes des

Nations unies franchir le 38ᵉ parallèle n'ait pas été écouté. Enfin, la référence du président Truman à un emploi de la bombe atomique, en dépit de toutes les mises au point du gouvernement de Washington, aurait causé dans l'opinion indienne un effet déplorable.

Lorsqu'elles cherchent à dégager une impression d'ensemble de cette analyse par pays, les feuilles américaines concluent généralement que le prestige des États-Unis vient de subir un coup très sérieux. Il en est résulté un fléchissement dans la volonté de résistance des alliés des États-Unis. L'aide matérielle que ceux-ci pouvaient espérer obtenir de leurs partenaires en cas de conflit prochain était déjà assez faible. Les nouvelles hésitations qui se manifestent risquent d'en réduire encore la valeur.

Mais les publicistes américains refusent de s'arrêter à cette conclusion décourageante. Ils estiment au contraire indispensable de réagir contre ce fléchissement. Déjà d'ailleurs certains signes favorables se manifesteraient : au cours de sa visite à Washington, M. Attlee a témoigné que la Grande-Bretagne et de nombreux pays européens, en dépit de leurs hésitations, étaient résolus à se défendre. L'acceptation par la France d'un compromis sur le réarmement allemand a, d'autre part, été considérée comme une preuve heureuse de réalisme.

Parallèlement, on pense que l'attitude même du gouvernement des États-Unis peut contribuer à redresser les hésitations qui se sont manifestées en Europe. Les déclarations de M. Truman et de M. Acheson sur l'importance de la défense européenne ont, à cet égard, été soulignées. De même, le chiffre de 5 milliards de dollars mis en avant comme représentant la contribution que l'Administration américaine compte apporter pour l'année fiscale 1951-1952 au réarmement de l'Europe, témoigne dit-on, de l'intérêt soutenu de l'Amérique pour l'ancien continent. Enfin, la nomination jugée prochaine du général Eisenhower à la tête de la force unifiée instituée dans le cadre du Pacte de l'Atlantique, serait, pense-t-on, une preuve concrète de nature à restaurer la confiance de l'Europe envers les États-Unis. En resserrant les liens de l'Amérique avec l'ancien continent, ces mesures auraient un effet salutaire sur l'état d'esprit des Européens[1].

(Direction d'Asie-Océanie, Corée, volume 26)

---

[1] Il faut dire que l'intervention chinoise avait accentué le pessimisme de Washington quant à la possibilité de régler la question coréenne dans un sens favorable. On parlait maintenant de résistance sur le 38ᵉ parallèle et on se demandait s'il ne fallait pas envisager le bombardement des bases chinoises de Mandchourie (télégramme nᵒˢ 4899-4905 du 28 novembre 1950 de Washington, non reproduit). Le Secrétaire d'État adjoint pour les affaires d'Extrême-Orient avait cependant prévenu que si la situation était sérieuse, elle était moins défavorable que prévue. Malgré tout, le gouvernement américain paraissait désarçonné par l'échec de la contre-offensive des Nations unies (télégramme nᵒˢ 4932-4939 du 29 novembre 1950 de Washington, non reproduit). De Tokyo, Dejean signalait que le général MacArthur posait clairement la question du bombardement des bases chinoises en Mandchourie (télégramme nᵒˢ 2372-2374 du 29 novembre 1950 de Tokyo, non reproduit).

402

M. Bonnet, Ambassadeur de France à Washington,
   à M. Schuman, Ministre des Affaires étrangères[1].

T. n⁰ˢ 5133-5140.   *Washington, 8 décembre 1950, 0 h. 30.*

Réservé. Très secret. Priorité absolue.   (*Reçu* : le 8, 11 h. 40)

La séance de demain matin, la dernière de la conférence Truman-Attlee, sera surtout consacrée en dehors des comptes rendus d'experts, à l'adoption du communiqué final.

Les points de vue se sont rapprochés, m'a dit ce soir M. Harriman, mais divers ajustements sont encore nécessaires. Les Anglais pouvaient espérer en venant à Washington que la situation en Corée allait évoluer dans un sens qui serait plus favorable à leur dessein, qu'une ligne de résistance pourrait par exemple être établie en travers de la péninsule et qu'il serait possible aux Nations unies d'entrer en pourparlers en partant d'une situation de force.

Maintenant il apparaît nettement qu'il est impossible de négocier, sous peine de donner une impression de faiblesse aux Chinois communistes et de les voir formuler de nouvelles exigences. Le gouvernement américain a estimé, m'a dit mon interlocuteur, que la proposition des 13 puissances asiatiques était heureuse et il l'a favorablement accueillie. Le résultat a été que M. Vychinski a répondu aujourd'hui à la place des Chinois. On a regretté ici que personne ne lui ai fait remarquer que ce n'était pas à lui que s'adressait le message.

Il faut reconnaître, m'a dit le Conseiller du Président, que dans ces conditions les Anglais se trouvent dans une situation délicate à Hong-Kong. J'ai fait remarquer qu'il en était de même pour nous en Indochine, mais mon interlocuteur estime que la situation est différente. Alors que Hong-Kong n'a plus de valeur stratégique, l'Indochine est la clef de l'Asie du Sud-Est. Un problème plus grave se pose à son endroit.

Tout en comprenant les préoccupations britanniques, M. Harriman estime que la ligne de conduite à suivre vis-à-vis de la Chine apparaît clairement. Il ne doit pas être question de se lancer contre elle dans une guerre qui engagerait les forces des Nations unies sur le continent. Mais il est oiseux de se demander si ses dirigeants sont bolcheviks ou nationalistes. Leur conduite apporte la réponse et leurs ambitions ne connaîtraient pas de limites si on leur cédait et surtout si on les aidait à accroître les forces du pays. Ce serait une faute énorme. Le généralissime Staline lui-même a dit à M. Harriman lorsqu'il était ambassa-

---

[1] Télégramme communiqué à la Présidence de la République, la Présidence du Conseil, MM. Parodi, de La Tournelle, Clappier et de Bourbon-Busset ainsi qu'à New York (n⁰ˢ 1237-1245).

deur à Moscou que l'URSS ne pouvait pas fournir à la Chine les équipements dont elle avait un pressant besoin.

Cette situation ne s'est pas modifiée. C'est l'Occident seul qui pourrait la mettre en état de se développer et elle ne manquerait pas de se servir contre nous de cette puissance accrue.

Privée de cet appoint de ressources, elle connaîtra au contraire de graves difficultés. Outre qu'il est indispensable de ne pas récompenser l'agression, c'est en rompant avec la Chine que les alliés ont chance d'obtenir le résultat qu'ils recherchent.

Sans que mon interlocuteur ait voulu employer ce mot, c'est à une sorte de blocus qu'on songe à Washington. Au cours de la séance de cet après-midi, ces divers aspects du problème ont été agités en même temps qu'on passait en revue l'ensemble des discussions des trois derniers jours.

Les formules d'accord n'ont pas encore été trouvées. Mais M. Harriman ne doute pas qu'on y parvienne demain matin. Les Britanniques sont pleinement conscients, m'a-t-il dit, de la solidarité qui doit être maintenue entre nous et une atmosphère de confiance et de cordialité a régné pendant toute la conférence. Devant l'incertitude qui plane sur les événements des jours à venir, il n'est pas facile, a-t-il remarqué, de mettre sur pied des décisions qui répondent à toutes les hypothèses possibles.

Même sur les problèmes majeurs comme celui de l'importance respective de l'Europe et de l'Asie dans la stratégie mondiale, une certaine flexibilité est nécessaire. Il faut agir comme nous l'avons fait dans la dernière guerre, a-t-il dit, donner la première place à l'Europe sans pour cela abandonner l'Asie.

En terminant, M. Harriman m'a dit qu'il y avait lieu d'être satisfait des discussions en cours, et qui vont se poursuivre ici entre spécialistes sur le problème des matières premières.

Son importance pour la France aussi bien que pour l'Angleterre est entièrement comprise à Washington.

(Secrétariat général, Dossiers, volume 23)

403

M. Bonnet, Ambassadeur de France à Washington,
　à M. Schuman, Ministre des Affaires Étrangères[1].

T. n°s 5153-5162.　　　　　　*Washington, 8 décembre 1950, 21 h. 50.*

Réservé. Très secret.　　　　　　　　(*Reçu* : le 9, 7 h. 30)

Les dernières entrevues Truman-Attlee laissaient prévoir assez exactement ce qu'allaient être les résultats du voyage (mes télégrammes n°s 5112 et 5133)[2]. Le communiqué publié aujourd'hui confirme qu'ils sont en fait assez limités et ne répondent certainement pas et tout au moins peu au dessein que se proposait le Premier ministre Britannique en venant à Washington.

1) Sans doute les raisons de cet insuccès partiel tiennent-elles à la tournure qu'ont continué de prendre les événements de Corée pendant le séjour de M. Attlee. Son départ pour Washington a été décidé sous le coup de l'émotion qu'avait provoquée la déclaration mal interprétée du président Truman sur la bombe atomique. Le Secrétaire d'État adjoint pour l'Extrême-Orient remarquait ce soir au cours d'une conversation que j'ai eue avec lui sur l'ensemble de la réunion qu'à cet égard le Premier ministre avait reçu satisfaction. Mais l'assurance dont fait état le communiqué à propos de l'emploi des armes atomiques aurait pu lui être donnée à Londres. Le but de son déplacement était essentiellement de rechercher un accord sur la politique d'ensemble à observer vis-à-vis de la Chine. S'il y a eu des points d'accord entre les deux parties, il faut reconnaître que subsistent aussi à ce sujet de graves divergences de vues et des incertitudes.

2) Il n'y en a pas moins de deux côtés un désir ardent de souligner que ces difficultés ne mettent pas en danger la solidarité anglo-américaine, non plus que certains éléments fondamentaux de la politique que sont décidés à suivre les deux gouvernements. Le communiqué insiste sur la communauté de leurs objectifs généraux, sur leur détermination de résister l'agression et de maintenir entre eux une étroite union.

Ce ne sont pas uniquement de vaines paroles. Les deux partenaires des années difficiles de la guerre se sont retrouvés et ils ont poursuivi leurs discussions dans une atmosphère de cordialité. Mais ils n'ont pas réussi à définir une ligne de conduite de longue portée dans des affaires

---

[1] Télégramme communiqué à la Présidence de la République, la Présidence du Conseil, MM. Parodi, de La Tournelle, Clappier et de Bourbon-Busset ainsi qu'à New York (n°s 1247-1256). Note manuscrite : « C[ommuni]quer Londres, C[onférence des] Suppléants, f[ai]t 11/12 ».

[2] Document non reproduit et voir document n° 402.

qui d'ailleurs intéressent également leurs autres alliés et qui appelleraient pour leur règlement de plus larges réunions.

3) Quels sont en effet les principaux points d'accord et les concessions mutuelles que se sont faites le Président et le Premier ministre ? Les Américains sont très heureux que M. Attlee ait affirmé la volonté de son pays de continuer la lutte en Corée aux côtés des États-Unis. À la séance de ce matin, le général Collins, retour de Corée, a fait un exposé de la situation qui a apporté à cet égard quelques raisons d'optimisme modéré. Il semble que le 10ème Corps pourra se regrouper au bord de la mer et être embarqué, bien que des concentrations d'avions en Mandchourie, donnent quelques inquiétudes à l'état-major. Une attaque aérienne, malgré la supériorité des Américains dans ce domaine, gênerait les opérations. Elle provoquerait en outre, de violents mouvements d'opinion dans ce pays.

La 8ème Armée, d'autre part, représente encore une force considérable. Le matériel lourd qu'elle avait perdu a été remplacé. Elle offrira encore une résistance et l'assurance que les Britanniques partageront jusqu'au bout son sort semble vivement appréciée, de même que la volonté affirmée par le gouvernement anglais de ne pas s'abandonner à une politique de faiblesse et d'apaisement.

Les Anglais, de leur côté, attachent comme vous le savez, une très grande importance à la décision américaine de ne pas s'engager dans une guerre sur le continent asiatique. Il n'est pas douteux qu'ils se sont aussi attachés à faire souligner que la porte demeure ouverte aux négociations, si les Chinois et les Russes partagent la volonté de paix des Occidentaux.

4) Le communiqué reconnaît franchement, en revanche, qu'il y a eu désaccord complet sur l'admission éventuelle de la Chine communiste aux Nations Unies.

Sur Formose, la divergence de vues n'est pas aussi nettement avouée. Mais les Britanniques ne cachent pas qu'ils espéraient faire admettre, sur ce point, la possibilité de négociations et qu'ils ont échoué. Ils m'ont fait savoir, à titre confidentiel, que les Américains s'étaient refusés à réaffirmer la déclaration du Caire.

Enfin, il a été beaucoup question, au cours des entretiens de « guerre limitée » contre la Chine. M. Attlee a été amené à protester contre cette expression. Il a fait remarquer que des hostilités « limitées » pouvaient facilement dégénérer en un conflit majeur. Il n'en reste pas moins que les Américains songent toujours à un blocus éventuel de la Chine (mon télégramme n° 5133)[1]. Ils envisagent, me disait ce soir M. Rusk, au cas où les débats de New York échoueraient et où les communistes refuseraient de s'arrêter ou de « cesser le feu », de demander à l'ONU d'avoir recours devant l'agression chinoise, aux mesures collectives à prendre

[1] Voir document n° 402.

contre Pékin. Une phrase du communiqué révèle d'ailleurs cette intention. De ce côté, les entretiens de Washington n'ont pas apporté d'éléments nouveaux propres à écarter les graves difficultés qui sont à prévoir.

5) Je me suis fait confirmer qu'il n'avait pas été question d'une procédure éventuelle pour assurer, par des contacts militaires à l'échelon le plus élevé, la préparation et la coordination de la politique alliée en Extrême-Orient.

6) Je vous informe d'autre part des résultats, préliminaires sans doute, mais pour le moment satisfaisants, qui ont été obtenus en ce qui concerne les matières premières et vous tiendrai au courant des négociations qui vont se poursuivre.

(Secrétariat général, Dossiers, volume 26)

404

NOTE DE LA DIRECTION D'EUROPE
(Sous-direction d'Europe centrale)

Accord de sécurité

N.   *Paris, 9 décembre 1950.*

I – Les réactions allemandes devant le projet des Douze expliquent les démarches anglo-saxonnes récentes auprès du Département en vue de nous faire accepter, dès maintenant, le principe des revendications auxquelles le chancelier Adenauer a déclaré subordonner le recrutement de contingents allemands ; à savoir la reconnaissance à l'Allemagne de l'égalité des droits et la conclusion d'un pacte de sécurité. Étant donné la probabilité d'un refus des propositions atlantiques par le gouvernement fédéral, les Anglo-Saxons sont avant tout préoccupés d'éviter une nouvelle crise qui ferait éclater la contradiction entre les garanties inscrites dans le projet des suppléants et les conditions posées par les Allemands.

II – Sans doute pourrait-on leur répondre qu'il serait d'une mauvaise politique de proposer aux Allemands de bouleverser le statut de l'occupation, alors que les décisions de New York n'ont pu encore entrer en application du fait de l'obstruction allemande sur la question des dettes.

Nous pourrions également indiquer que l'appétit du gouvernement fédéral grandit à une vitesse inquiétante et que la méthode des concessions sans contrepartie a, jusqu'à présent, paru plus propre à l'aiguiser qu'à le satisfaire. On peut se demander, maintenant, si nous n'avons pas eu tort d'accorder au gouvernement fédéral la garantie de sécurité qu'il sollicitait, sans avoir, au préalable, obtenu de lui l'assurance formelle qu'il participerait à sa propre défense. Aller au-devant de ses désirs au moment où les conversations sur le projet des Douze vont s'engager serait une lourde faute.

III – Il est certain néanmoins que nous ne pouvons échapper aux conséquences de la situation de demandeur dans laquelle nous nous sommes placés vis-à-vis de la République fédérale. Une satisfaction devra donc être donnée au Chancelier. Il s'agit, pour nous, de la maintenir dans des limites raisonnables. La seule possibilité à cet égard semble être de réduire la portée de la notion d'accord de sécurité.

D'après les derniers commentaires faits, à ce sujet, par M. Adenauer, le gouvernement fédéral ne se contenterait plus de l'égalité des droits en matière militaire, mais demanderait le rétablissement, à son profit, de la souveraineté allemande. Parallèlement, l'occupation serait maintenue sur une base contractuelle analogue à celle qui justifie, par exemple, la présence des troupes anglaises sur le territoire égyptien. Pareil « accord de sécurité » impliquerait l'abolition de l'autorité suprême alliée et la reconnaissance du gouvernement de Bonn comme gouvernement *de jure* de toute l'Allemagne.

Il est clair qu'un accord ainsi conçu est, non seulement dangereux, mais politiquement impraticable.

a) En abandonnant l'autorité suprême et en reconnaissant le gouvernement de la République fédérale comme gouvernement souverain de l'Allemagne, les trois puissances occidentales rompraient définitivement avec la Russie soviétique sur le problème allemand et se priveraient désormais de la possibilité de reprendre des conversations avec l'URSS. En détruisant ce dernier vestige du quadripartisme, elles ôteraient toute base juridique à leur présence à Berlin, à un moment où notre situation dans la ville est particulièrement aventurée par suite de l'affaiblissement des moyens matériels alliés.

b) Cette décision constituerait une provocation directe à l'égard de l'URSS, non seulement parce qu'elle impliquerait l'illégalité de l'occupation soviétique, mais parce qu'elle rendrait à l'Allemagne, réarmée, une liberté d'action qui serait nécessairement interprétée par les Soviets comme devant être utilisée à la réunification de l'Allemagne par la force. Elle donnerait définitivement un caractère offensif aux décisions des Douze relatives à la constitution de contingents allemands ainsi qu'à toute l'organisation atlantique.

c) Cette décision a pour conséquence de rendre caduques les garanties inscrites dans le projet des Douze. Les Allemands ont déjà indiqué que, dans le cadre de l'égalité des droits, ils ne voyaient pas pourquoi le recrutement de leurs troupes serait soumis à des conditions particulières. Aucun obstacle ne s'opposerait donc à la constitution d'une armée nationale allemande.

On objectera sans doute que l'accord de sécurité lui-même pourrait parfaitement prévoir le maintien de pareilles garanties. Mais il est clair que l'Allemagne fédérale redevenue souveraine supportera de plus en plus impatiemment toute discrimination, même contractuelle. Autrement dit, le rétablissement de la souveraineté loin de fermer le chapitre des revendications relatives à l'égalité des droits, ne fait que l'ouvrir, et ce chapitre, comme l'a fait observer notre Haut-Commissaire, est illimité. L'occupation alliée elle-même pourrait être remise en cause, quand la puissance militaire allemande serait reconstituée – l'exemple égyptien est, à cet égard, instructif – la politique française se trouverait ainsi placée devant le risque d'un départ des troupes américaines d'Allemagne, risque qu'il importe essentiellement d'éviter.

d) La souveraineté allemande ne peut être rétablie en dehors d'un règlement de paix.

Sur le plan juridique, l'autorité suprême exercée collectivement par les quatre puissances ne peut être valablement abandonnée qu'en fonction d'un règlement conclu par les mêmes quatre puissances. L'éventualité d'une paix séparée avec l'Allemagne de l'Ouest a été écartée formellement par les Ministres en mai dernier. Elle constituerait une violation directe de nos engagements internationaux (accord de 1942 par les Anglo-Saxons, pacte franco-soviétique) et se heurterait à une série de difficultés insurmontables tenant à la division de l'Allemagne...

Il serait notamment très difficile de donner à ce règlement un contenu quelconque, étant donné l'impossibilité de régler la question des frontières de manière satisfaisante (Sarre, Oder-Neisse).

IV – Afin d'éviter de nous laisser entraîner à des conséquences aussi manifestement inadmissibles, nous devons utiliser les déclarations du porte-parole du gouvernement fédéral, selon lesquelles on ne souhaiterait nullement, du côté allemand, une paix séparée avec l'Ouest.

Dès lors, l'accord de sécurité ne peut plus avoir comme conséquence de donner à l'occupation une base contractuelle, mais seulement de placer sur la base du contrat les relations entre autorités d'occupation et autorités allemandes. Il est possible de donner ce sens restreint au premier mémorandum présenté par le Chancelier demandant « que les rapports entre les puissances d'occupation et la République fédérale soient peu à peu réglementés par un système d'accords contractuels ». Il s'agirait, en somme, de passer de la phase du statut octroyé à celle du statut négocié. Ce statut négocié pourrait d'ailleurs recevoir un autre nom (par exemple « charte d'association de l'Allemagne de l'Ouest à l'Europe).

C'est sur ces bases que pourrait être recherchée une solution donnant au chancelier Adenauer une importante satisfaction morale auprès de son opinion. Nous répondrions positivement à sa demande. Mais en précisant que l'accord de sécurité que nous sommes disposés à conclure avec la République fédérale ne saurait comporter l'abandon de l'autorité suprême, dont il n'est pas en notre pouvoir de nous dessaisir actuellement.

V – L'essentiel, à l'heure actuelle, est d'établir un front commun des trois puissances devant le chantage du gouvernement fédéral allemand. Une position commune sur la base ci-dessus indiquée devrait donc être définie, le plus rapidement possible, à l'échelon gouvernemental. Un engagement de ne pas rétablir la souveraineté de l'Allemagne de l'Ouest devrait être, pour nous, la condition nécessaire de l'acceptation définitive, par les gouvernements, du projet des Douze qui, sans cette condition, sera privé de signification.

Ce front commun une fois réalisé, il pourra être indiqué au Chancelier, dès l'ouverture des conversations sur la défense, mais non pas auparavant, que les Ministres ont confié au groupe d'études intergouvernemental, conformément aux décisions de New York, l'étude d'une nouvelle phase de l'occupation sur la base du statut négocié. Une déclaration relative au rétablissement progressif de l'égalité des droits pourrait également être envisagée, mais sous la réserve déjà indiquée par les Ministres en mai dernier, que l'Allemagne ne pourra jouir que du « maximum de souveraineté compatible avec la situation présente de l'Europe et du monde ».

(Direction d'Europe, Allemagne, volume 1030)

405

NOTE DE LA DIRECTION D'EUROPE

Allemagne : égalité des droits et problème de la Défense

N.   *Paris, 12 décembre 1950.*

Les gouvernements des trois puissances occidentales se trouvent maintenant saisis d'une demande du Chancelier portant sur la substitution au statut d'occupation d'un pacte de sécurité. D'une manière plus générale, les dirigeants de l'Allemagne de l'Ouest réclament l'égalité des droits dont le pacte de sécurité constitue l'élément fondamental, mais qui, dans l'esprit de la plupart des Allemands, ne représente qu'une étape sur la voie des revendications.

Dans la situation actuelle, les obstacles qu'il y a lieu de franchir avant que des satisfactions appréciables puissent être données au gouvernement de Bonn dans le sens qu'il désire sont considérables.

Le problème qui en résulte est d'autant plus difficile à résoudre que les différents partis politiques allemands ont établi un lien très étroit entre l'accueil qui serait réservé à leurs nouvelles exigences et la contribution de leur pays à la défense commune.

Les difficultés en présence desquelles nous nous trouvons paraissent être essentiellement les suivantes :

Sur le terrain spécifiquement militaire, les suppléants et le comité militaire ont introduit dans leurs rapports des « garanties » ou des « conditions », les unes, s'appliquant à une période intérimaire, les autres, d'un caractère permanent, qui aboutissent à créer une inégalité de fait très importante entre l'Allemagne occidentale et les autres pays participant à la défense. Si le Conseil de l'Atlantique n'approuvait pas les documents qui lui seront soumis, l'œuvre accomplie par les organismes placés sous son autorité en vue d'empêcher que le réarmement des allemands ne comporte des risques excessifs serait réduite à néant. Cependant, le gouvernement de Bonn, de son côté, a déjà fait savoir qu'il n'accepterait aucune discrimination d'ordre militaire ; la question de la reconstitution d'un ministère de la Défense nationale et d'un grand état-major a même été soulevée.

Dans l'ordre politique, la demande de M. Adenauer pose le problème du maintien de l'Autorité suprême ou de son abandon par les trois puissances occupantes de l'Ouest. Il semble évident que toute formule, du fait que, dans ce domaine essentiel, elle n'impliquera pas la remise incontestée au gouvernement de Bonn, de la souveraineté, sera considérée comme insuffisante, voire inacceptable.

Si les Alliés étaient tentés, afin d'obtenir la participation allemande à la défense, de s'engager aussi loin que les Allemands le souhaitent sur le double terrain militaire et politique, ils devraient en même temps calculer toutes les conséquences qui découleraient vraisemblablement de leur attitude :

— Nécessité de renoncer à toutes les garanties dont le plan de défense est assorti et qui, pour les Français du moins, l'ont rendu acceptable.

— Abandon des contrôles politiques dont le suppléant français a demandé le maintien, en faisant valoir que, s'ils devaient disparaître, le programme esquissé deviendrait, en tous cas pendant la période intérimaire, non seulement difficilement réalisable, mais aussi de nature à comporter des dangers.

— Renonciation à l'Autorité suprême, ce qui aurait pour conséquence de retirer toute base juridique à l'occupation des puissances occidentales et, en même temps, de priver celles-ci de la possibilité d'aborder une négociation quadripartite avec les Soviétiques sur l'Allemagne sans l'Allemagne.

— Acceptation plus ou moins implicite des revendications allemandes relatives aux territoires de l'Est, ceux-ci comprenant évidemment les provinces annexées, en fait, par la Pologne et la région des Sudètes ; un tel comportement de la part des Alliés ne serait pas, évidemment, sans répercussions sur le caractère jusqu'à maintenant défensif du Pacte atlantique.

— Risque, qui n'est pas négligeable à la suite des avertissements du gouvernement de Moscou, notamment de celui qui est contenu dans sa communication du 3 novembre dernier, d'amener les Soviétiques à prévenir le réarmement allemand par une intervention militaire sur le continent.

Il y a lieu d'ajouter que, même si les puissances occidentales estimaient que les considérations indiquées ci-dessus doivent céder devant la nécessité de faire participer militairement les Allemands à la défense commune et se déclaraient, en conséquence, disposées à reconnaître l'égalité des droits à la République fédérale, celle-ci ne se tiendrait sans doute pas encore pour satisfaite. Il importe, en effet, de rappeler que la plupart des dirigeants allemands ont précisé qu'il ne devrait pas être procédé au réarmement allemand aussi longtemps que les puissances occupantes ne disposeraient pas elles-mêmes d'une force suffisante pour contenir une agression éventuelle : « Plutôt bolchevisés dans des maisons intactes que libres mais dans des terriers », a déclaré M. Schumacher.

Il n'est donc nullement exclu que les projets en cours soient, au cours des prochaines semaines, mis en échec par les Allemands eux-mêmes. Il y aurait lieu, alors, de reposer le problème dans son ensemble, compte tenu des données essentielles suivantes :

- Substituer à la formule des contingents allemands une formule plus discrète tout en étant aussi efficace ;

- Envisager, à défaut de la renonciation par les Alliés à l'Autorité suprême, un régime d'occupation très assoupli se traduisant par des accords contractuels ;

- Préconiser, afin d'éviter la surenchère dont nous sommes les témoins, une combinaison gouvernementale associant l'opposition actuelle aux responsabilités du pouvoir dans les graves circonstances du moment.

(Cabinet du Ministre, Schuman, volume 148)

406

M. Dennery, Ambassadeur de France à Varsovie,
    à M. Schuman, Ministre des Affaires Étrangères[1].

D. n° 892.   *Varsovie, 12 décembre 1950.*

Il n'est pas douteux que le problème allemand préoccupe tout particulièrement depuis quelque temps le gouvernement polonais, et que la

---

[1] Dépêche adressée à la direction d'Europe et communiquée au Secrétariat général. Note manuscrite : « *Bulletin, f[ai]t. C[ommuni]quer Bonn, Londres, Washington (fait). 2 exemplaires, fait. Communiquer pour Information et Presse à M. Mollin (radio [vers l'] étranger), le 27 février 51* ».

propagande soviétique s'emploie activement à faire admettre la politique de l'URSS sur les rives de la Vistule.

L'une des personnalités polonaises les plus dévouées à l'influence de Moscou, le général Ochab, membre du Politburo, vice-ministre de la Défense nationale, a écrit, dans le numéro de septembre-octobre dernier de la revue *Nowe Drogi,* un long article sur la République démocratique allemande et sur l'Allemagne en général. Je vous envoie ce document par cette même valise. Ce texte me paraît en effet d'un très réel intérêt, non seulement parce que son auteur cherche à faire comprendre la politique allemande des Soviets, mais surtout parce qu'il signale les résistances que cette politique a rencontrées et qu'elle rencontre encore effectivement aujourd'hui en Pologne[1].

Politique soviétique.

L'exposé de la politique soviétique, fait par le vice-ministre de la Guerre, n'apporte rien de nouveau. Mais il est d'une remarquable franchise. Il ne s'agit pas seulement d'intégrer l'Allemagne de l'Est au bloc soviétique, de faire disparaître les oppositions traditionnelles entre ces nouveaux alliés et leurs voisins polonais ou tchèques. Il faut s'efforcer de gagner toute l'Allemagne à la politique de Moscou. Comme souvent dans les écrits et les discours des journalistes ou des hommes d'État communistes, la confusion est d'ailleurs constante entre l'Allemagne de l'Est et l'Allemagne toute entière. Et l'auteur n'indique pas toujours s'il s'agit du tout ou de la partie. Le communisme, la lutte des classes sont des moyens d'influence particulièrement efficaces. La classe ouvrière allemande doit donc être encouragée, exonérée des reproches qui sont adressés au peuple germanique. Staline avait déjà dit, dans le feu de la guerre : « Les Hitler viennent et passent, la nation et l'État allemand subsistent ». Les travailleurs allemands constituent par essence le noyau de la bonne Allemagne. Ils sont solidaires de tous les prolétariats des démocraties populaires. Ils lutteront tout naturellement contre les impérialismes occidentaux. L'Internationale prolétarienne doit être mise, en Allemagne comme ailleurs, au service de l'URSS.

Mais ceux qui luttent pour la dictature du prolétariat ne sont pas les seuls sur lesquels peut compter Moscou. L'auteur de l'article s'efforce de faire admettre le ralliement nécessaire des éléments allemands non prolétariens. Selon le général Ochab, il ne saurait y avoir opposition, pour un marxiste, entre la lutte des classes et « l'union de toutes les forces capables d'agir, à un moment donné, contre l'ennemi numéro 1

[1] La Pologne et l'Allemagne démocratique avaient signé des accords le 7 juin 1950 qui portaient sur la frontière de l'Oder-Neisse, reconnue comme frontière intangible, sur la coopération économique et culturelle. Ces accords s'analysaient donc «*comme un règlement du passé, un* modus vivendi *du présent et un aménagement rationnel de l'avenir* ». Ils permettaient ainsi à la RDA de pouvoir intégrer divers organismes du bloc oriental et renforçaient la position du gouvernement de l'Allemagne orientale (note du 26 juin 1950 de la sous-direction d'Europe centrale, non reproduite).

du prolétariat ». Cet ennemi est l'Amérique. La lutte en Allemagne contre les États-Unis et ses alliés est complémentaire du soutien de la classe ouvrière ; elle déborde même le cadre du prolétariat ; elle n'est pas le fait des seuls révolutionnaires. Les impérialistes américains, anglais, français administrent deux tiers du territoire allemand, les régions industrielles les plus importantes, le bassin de la Ruhr, la West-phalie, la Rhénanie. La présence de leurs troupes leur permet d'utiliser dans un but de guerre le potentiel immense de l'Allemagne et la division à long terme du sol allemand. L'unification du pays et le retrait des troupes d'occupation les obligeront à abandonner leur exploitation. L'URSS et les démocraties populaires doivent donc se faire les champions de ces deux idées. Ils travailleront ainsi à l'élimination des impérialismes occidentaux. Ils donneront en même temps une satisfaction nouvelle à l'Allemagne démocratique, à la nation allemande.

Les résistances en Pologne.

Une telle politique n'est pas sans créer un malaise en Pologne, et cela jusque dans les rangs du parti communiste. L'insistance même des critiques qu'adresse le Général à ses compatriotes est un indice évident de ces dissensions. Cette opposition aux idées directrices de la diplomatie soviétique, il la dénonce d'abord en la personne de Gomulka, ce « déviationniste de droite », ce « nationaliste chauvin ». Gomulka ne croit pas à l'existence d'une bonne Allemagne. Il traite les Allemands comme une masse unie, hostile, réactionnaire, démoralisée par le fascisme. Il est contre le retrait des troupes d'occupation et contre l'unité. Il ne pense pas que la nation allemande accepte l'extension de la Pologne jusqu'à l'Oder et la Neisse ; seules les générations germaniques futures pourront, selon lui, renoncer à Stettin ou à Breslau. Il ne croit pas que des millions de prolétaires allemands ont consenti cet abandon. Il ne croit pas à la classe ouvrière allemande, à l'action du marxisme et de la démocratie en Allemagne.

Et le général Ochab va plus loin. Gomulka a disparu aujourd'hui de l'arène politique : il n'est pourtant pas possible de dire que la lutte contre les tendances chauvines et nationalistes en Pologne aient complètement abouti. « Un long travail, une action assidue et systématique du Parti seront nécessaires pour expliquer à la classe ouvrière et aux masses les plus larges des travailleurs le sens des phénomènes qui se produisent au delà de notre frontière, dans l'Allemagne démocratique ». Il s'agit pourtant des éléments considérés d'ordinaire comme les plus favorables à la pénétration de la propagande soviétique. Et les mêmes difficultés sont soulevées par les intellectuels : certains seraient sans doute souvent disposés à admettre un soutien aux ouvriers allemands révolutionnaires ; mais un grand nombre d'entre eux ne réussissent pas à comprendre le problème du front national, construit en Allemagne sous la direction du SED et du KPD ». Ils ne se rendent pas compte du fait que « l'ennemi acharné des masses laborieuses, l'ennemi du progrès et de la paix – c'est actuellement l'impérialisme américain, héritier des Hitler, des Goebbels et des Himmler ».

Les thèmes de la propagande soviétique.

Mais l'article du Général présente un autre intérêt essentiel : il permet de démêler les thèmes fondamentaux de la propagande soviétique, lorsqu'elle s'adresse aux Polonais et qu'elle leur parle de l'Allemagne. La presse, la radio locale, les discours officiels et jusqu'aux affiches qui couvrent les murs de la capitale, en répandent d'ailleurs les slogans. Il est aisé d'en reconstituer les directives essentielles :

1) Exalter d'abord la bonne Allemagne, l'Allemagne des travailleurs, de la lutte des classes, du marxisme, mais aussi celle des intellectuels et des artistes. Les réceptions à Varsovie des délégués de la République démocratique de l'Est, les visites de mineurs, de métallurgistes, d'agriculteurs, la représentation de pièces allemandes se sont multipliées depuis un an : elles ont été particulièrement nombreuses lors du récent anniversaire de la fondation de la République. Malgré les exhortations de la presse et la chaleur des discours officiels, il ne semble pas d'ailleurs que ces manifestations aient débordé le cadre des cérémonies protocolaires. Mais le resserrement des relations économiques, la création, de part et d'autre de l'Oder et de la Neisse d'un puissant conglomérat d'industrie lourde constitue une réalité plus substantielle. Le bruit court, à Varsovie, de la présence dans la capitale de nombreux spécialistes et techniciens allemands.

2) Identifier la politique de la Pologne, en Allemagne, aux intérêts du communisme international.

3) Prouver cependant que l'opposition à l'« impérialisme américain ennemi n° 1 du prolétariat », doit passer, en Allemagne comme ailleurs, avant tout dogmatisme idéologique, aussi bien qu'avant toute préoccupation régionale.

4) Ne plus utiliser le mot allemand dans un sens péjoratif. Mais parler, lorsqu'il s'agit de vitupérer, du nazisme ou de l'hitlérisme.

5) Faire accepter par les Polonais l'idée de l'unité allemande et du retrait des troupes d'occupation. Ces deux points du programme soviétique paraissent pourtant être développés avec plus de prudence à Varsovie qu'à Moscou.

6) Saisir toutes les occasions de montrer que les bons Allemands, et notamment les Allemands de l'Est, reconnaissent en très grande majorité la frontière de l'Oder et de la Neisse ; que, par contre, les Américains, et, d'une façon générale, les impérialistes alliés, organisent des manifestations effrénées contre le rattachement à la Pologne de ses nouveaux territoires.

7) Éliminer enfin les manifestations du nationalisme polonais, ou plutôt les cristalliser autour d'une seule idée : le rattachement à la

nation des anciens territoires allemands, obtenu grâce à Moscou, et à Moscou seul. Il est trop évident d'ailleurs que lorsqu'ils s'efforcent de détruire, jusque dans ses racines, ce chauvinisme polonais, les porte paroles locaux de l'URSS ne songent pas seulement aux réactions de leurs compatriotes à l'égard de l'Allemagne. C'est l'esprit traditionnel de la Pologne qu'il s'agit de tuer une fois pour toutes. Les dangers du cosmopolitisme ne sont guère dénoncés sur les bords de la Vistule. Il est presque inutile d'ajouter que les méfaits du nationalisme sont décrits avec beaucoup plus de vigueur à Varsovie qu'à Moscou.

J'ai transmis au Département, au cours de ces dernières semaines, de nombreux extraits de la presse polonaise concernant l'attitude de la France à l'égard de l'Allemagne. Il est aisé de montrer le double visage de la propagande soviétique, selon qu'elle s'adresse à son satellite ou à l'opinion publique de notre pays. Ce nationalisme dont il est fait grief à la Pologne, la France se voit accusés chaque jour de ne point s'y tenir. Gomulka est blâmé pour son déviationnisme chauvin, car il ne croit pas aux bons Allemands. Le gouvernement français est qualifié de traître à son pays pour avoir sacrifié la sécurité nationale à la renaissance germanique. Il est vrai que le journalisme polonais n'en est pas aujourd'hui à une contradiction près et que, sous la plume des éditorialistes locaux, l'Allemagne de l'Ouest, c'est une fois pour toutes le nazisme, celle de l'Est, la démocratie.

Il n'est pas sûr que les gouvernants polonais eux-mêmes se laissent forcément prendre à ces arguties. J'ai eu l'occasion d'indiquer à plusieurs reprises les signes évidents, confirmés indirectement par le général Ochab, d'une inquiétude dont ne sont pas exempts certains milieux communistes eux-mêmes. Le relèvement de l'Allemagne de l'Est ne doit pas les préoccuper beaucoup moins que celui de l'Allemagne de l'Ouest. L'existence d'une certaine communauté d'intérêts franco-polonais en Europe centrale m'a été, comme je l'ai signalé à Votre Excellence, rappelée par deux au moins de mes interlocuteurs les plus marquants. Et sans doute, n'est-il point exclu que de telles déclarations correspondent à une manœuvre habile, au moment où les hésitations de l'opinion publique française permettent à certains d'espérer une division des alliés occidentaux.

On ne peut s'empêcher de discerner, malgré les discours officiels et les diatribes d'une presse stéréotypée, une conscience réelle, confirmée par l'article du général Ochab, des dangers nouveaux qui menacent la Pologne, ainsi qu'un certain sentiment, tout platonique d'ailleurs pour le moment, de ses intérêts traditionnels.

(Direction d'Europe, Pologne, volume 147)

407

M. Chauvel, Représentant permanent de la France auprès du Conseil de sécurité des Nations unies, à M. Schuman, Ministre des Affaires étrangère[1].

T. n°s 3641-365[2].   *New York, 15 décembre 1950.*

(Reçu : le 16, 16 h.)

Je me réfère à mon tg n° 3578[3].

Les discours prononcés en commission, lors de la discussion des 13 puissances par M. Malik et par ses acolytes, ne nous laissent guère d'illusions sur les chances de succès de la commission que préside M. Entezam. Moscou a pris position contre le projet, motif pris de ce qu'il ne comportait aucun engagement politique. Nous devons donc nous attendre à ce que le gouvernement de Pékin ne reconnaisse pas la mission du Président et de ses deux collègues ou, s'il la reconnaît, à ce qu'il oppose aux trois délégués de l'Assemblée des conditions qui soient politiques et de ce seul fait inacceptables. Après 2 ou 3 jours d'efforts, ces délégués peuvent donc être dans le cas de rendre compte de leur échec et l'Assemblée sera ramenée au point où elle était il y a une semaine.

La délégation britannique est vivement préoccupée de cette perspective et, comme son action récente l'a démontré, aurait souhaité que Washington se laisse entraîner les yeux mi-clos vers des négociations plus étendues.

J'aperçois clairement les risques que comporte la situation présente. Je crois néanmoins que, dans cette divergence de vues qui les oppose aux Anglais, les Américains ont raison.

Je sais bien que l'affaire de Formose, sur laquelle nous butons constamment, est une affaire américaine, et que la mission donnée par M. Truman à la 7ème Flotte n'a jamais été confirmée par les Nations unies. De ce fait, Washington, en refusant de parler de Formose à propos de Corée, s'expose au reproche d'alourdir la position des Nations unies en les chargeant d'intérêts qui sont particuliers aux États-Unis. Mais il faut honnêtement reconnaître que, d'après tous les échos qui nous parviennent, ce que veut Pékin est la reconnaissance internationale avec toutes les conséquences que cette reconnaissance entraînerait, c'est-à-dire l'admission à l'ONU, la participation aux négociations du traité de paix japonais, l'abandon de Tchang Kaï-chek par les États-Unis, la liquidation de son armée et l'attribution de

---

[1] Télégramme communiqué à Washington (n°s 1085-1103).

[2] Télégramme envoyé en clair et par courrier.

[3] Document non reproduit.

Formose à la Chine communiste. On ne peut dire de cet ensemble, dont Formose n'est qu'une partie, qu'il ne concerne pas les Nations unies.

Et c'est bien cet ensemble que Moscou souhaiterait lier à la trêve. En d'autres termes, l'ordre du jour destiné à régler des négociations politiques de la plus grande portée serait établi sous une pression militaire immédiate, l'accord donné à la trêve dépendant de ce que seraient les termes de l'ordre du jour.

Je vois à cela plusieurs objections.

L'une est que cette vue des choses ne tient pas compte des réalités. Aucun gouvernement américain en effet, fût-il fort au lieu d'être faible comme l'est l'actuelle administration, ne pourrait aujourd'hui imposer à l'opinion américaine semblable programme, ni même une partie quelconque de ce programme.

L'autre touche aux principes. Une trêve assortie de conditions politiques n'est plus une trêve. Elle serait bientôt, en droit comme en fait, un armistice. Notre expérience propre ne peut que nous mettre en garde contre les conséquences de ce qui serait, aujourd'hui comme il y a dix ans, une acceptation politique de la défaite. Les conséquences psychologiques, pour ne parler que de celles-là, d'une telle attitude seraient telles, sur le plan intérieur américain comme dans l'opinion mondiale, que nous ne pouvons vraiment la conseiller au gouvernement et au pays sur lesquels reposent toutes possibilités de défense du monde libre. Et il ne s'agirait pas en l'espèce du seul gouvernement des seuls États-Unis. Il s'agirait des Nations unies elles-mêmes, hors desquelles il n'est pas de monde libre.

Quelle serait donc la solution alternative ?

Walter Lippmann, dans une de ses lucides analyses, en a offert une définition qui me paraît bonne. L'essentiel étant, dit-il, de préserver nos forces, il convient de les retirer en bon ordre, de les regrouper puis, ayant mis la mer entre nous et les masses soviétiques ou soviétisées, de réexaminer la situation.

Cet examen nouveau devrait porter, je pense, sur la ligne à défendre en Extrême-Orient, laquelle serait à définir en fonction de nos moyens de défense immédiatement ou prochainement disponibles, compte tenu des besoins de l'Europe, puis sur la répartition de ces moyens et des tâches entre les divers pays intéressés à la défense de cette ligne. Cette opération me paraît indispensable si nous voulons éviter soit l'absorption par l'Asie, au détriment de l'Europe, de tous les moyens mobilisables, soit la disparition de tout front du Pacifique, ce qui constituerait, en un second temps, une grave menace pour le monde occidental dont le front atlantique ne couvre qu'une des faces.

Les Chinois sont actuellement en mesure de choisir la situation dans laquelle placer les États-Unis et les Nations unies. Ils peuvent, après tout, accepter la trêve telle qu'elle se présente, et, cette étape franchie, accepter la négociation qui leur serait offerte sur la Corée, préparant ainsi une prochaine étape qui serait la négociation générale. Ils peuvent aussi, sans se lier par aucune trêve, s'arrêter sur le 38ᵉ parallèle et masser derrière cette ligne des moyens militaires constituant pour les forces des Nations unies une menace telle que le désir de négocier en serait augmenté chez plusieurs. Ils peuvent enfin ne pas s'arrêter du tout et, par les montagnes de la Corée centrale, s'infiltrer secrètement en grand nombre jusqu'au jour où ils seraient en mesure d'investir Séoul. Cette hypothèse n'est pas la moins probable. Allant d'un extrême à l'autre, les mêmes Américains qui, il y a quelques jours, proclamaient le désastre, ont tendance à considérer maintenant que les Chinois sont en difficulté parce qu'ils ne font pas sentir leur présence depuis 3 ou 4 jours. C'est oublier qu'en ces combats étranges, si les assaillis se retirent en voiture, les assaillants les poursuivent à pied. Il n'en faut pas plus pour expliquer les périodiques ruptures de contact dont certains s'étonnent.

C'est dans l'hypothèse du refus de la trêve et d'une poursuite de l'avance chinoise que l'évacuation recommandée par Walter Lippmann apparaîtrait ici comme moralement justifiée. Elle est désormais techniquement réalisable. Je la crois désirable parce qu'elle rendrait aux Nations unies une certaine liberté de décision, et aux États-Unis, en même temps que des forces disponibles, la possibilité d'utiliser les effectifs et les cadres des divisions existantes pour, parthénogénèse, en former d'autres. Et nous savons qu'il n'est pas d'autre moyen de les former. En outre, les principes seraient saufs, ce qui, dans cette lutte idéologique, me paraît essentiel.

L'évacuation serait sans doute la constatation d'un échec militaire, mais les effets en seraient moindres et d'une nature moins dangereuse que ceux d'un armistice. Nous savons, et les États-Unis le savent aussi, qui ont eu l'expérience de Pearl Harbour et de Bataan, toute la différence qu'il faut faire entre une bataille perdue et une guerre perdue. L'affaire de Corée n'est pas une guerre, mais une bataille. Elle n'est qu'un épisode dans cet immense conflit qui prend tant d'aspects successifs ou simultanés en divers points du monde et qui, peut-être un jour, sera réglé sans qu'une guerre générale ait eu lieu. C'est dans cette perspective qu'il faut nous placer pour conserver ou reprendre la maîtrise des événements. Et, dans cette perspective, l'évacuation n'est pas une mauvaise solution, pour les raisons militaires que j'ai dites et aussi parce que la position qui en résulterait serait claire. Nous devons redouter par-dessus tout ces états confus qui favorisent la confusion dans les esprits. Il suffit, pour en mesurer le danger, de voir la rapidité avec laquelle s'est développée l'action médiatrice des 13 puissances asiatiques et d'apprécier l'esprit dans lequel se poursuit cette action.

Cet esprit n'est pas de résistance ni de soutien des principes des Nations unies. C'est à peine du neutralisme. Je crois que c'est la peur toute nue et le désir d'acheter, quelque cher qu'en soit le prix, un peu de tranquillité. « Encore un moment, Monsieur le Bourreau ! » disait une femme célèbre.

Je vois donc avantage à une situation nette.

Cette netteté, il est vrai, peut présenter des inconvénients ici même. L'opinion de ce pays est nerveuse et ses réactions, immédiatement ressenties par le gouvernement, provoquent parfois, nous le savons, des initiatives inconsidérées.

Je pense qu'il nous appartient d'atténuer dans une certaine mesure ce danger. Nous le pouvons par une présence amicale qui favorise le calme, le sang-froid, la confiance en soi, la maîtrise de soi et aussi le sentiment de la liaison si nécessaire à maintenir entre les diverses parties d'un même sujet.

Ce n'est pas là façon de dire. Nul, même puissant, n'aime la solitude. Et tous apprécient la fidélité[1].

(Direction d'Asie-Océanie, Corée, volume 73)

408

M. Bonnet, Ambassadeur de France à Washington,
    à M. Schuman, Ministre des Affaires étrangères[2].

T. n⁰ˢ 5323-5330.   *Washington, 15 décembre 1950, 23 h. 45.*

Réservé. Priorité absolue. Très secret.   *(Reçu : le 16, 10 h. 30)*

1) Je signalais, après l'invasion de la Corée du Sud, que nous venions de faire un pas sérieux vers la possibilité d'une guerre générale. La

---

[1] L'ambassadeur à Londres a livré sa réaction à ce télégramme de Chauvel quelques jours plus tard. Il soulignait qu'il n'y aura pas de trêve, mais qu'une stabilisation de fait du front aux alentours du 38ᵉ parallèle paraissait possible. L'alternative était donc transformée en stabilisation ou évacuation. Cette dernière ne lui paraissait pas être une solution souhaitable car elle entrainerait une perte de prestige importante en Asie sans forcément se traduire par une augmentation de la défense en Europe. Il soulignait la nécessité de créer un organisme de coordination de la politique occidentale dans l'Extrême-Orient, initiative qui pourrait venir de la France et dont il faudrait tâter le terrain en commençant par Londres (télégramme n⁰ˢ 4878-4887 du 21 décembre 1950 de Londres, non reproduit). Les Chinois n'avaient pas accepté la trêve proposée et se préparaient à poursuivre leur offensive après un arrêt à la hauteur du 39ᵉ parallèle. On était confiant à Londres sur la possibilité de porter un coup d'arrêt à la future reprise de l'offensive chinoise et on anticipait la reprise des négociations sur la base d'une évacuation simultanée des forces chinoises et des Nations unies. Il insistait sur le fait que Londres était partisan d'une politique de négociations et non d'humiliation de la Chine (télégramme n⁰ˢ 4924-4930 du 28 décembre 1950 de Londres, non reproduit).

[2] Télégramme communiqué à la Présidence de la République, la Présidence du Conseil, MM. Parodi, de La Tournelle, Clappier et de Bourbon-Busset.

légère détente qu'avait fait naître le succès de la contre-attaque américaine a fait place maintenant à un paroxysme d'irritation. Il se peut
que ce pays soit obligé d'accepter une défaite en Corée. La situation
ici n'en deviendra que plus menaçante.

2) On doit désormais considérer comme certain que les États-Unis
vont entrer à très brève échéance dans une période de mobilisation
quasi totale. Les mesures d'organisation nécessaires à cet effet sont en
voie d'être satisfaites. Sur ce point, l'Administration et le Congrès seront
d'accord. Nous allons voir s'installer aux États-Unis une économie de
guerre.

3) En matière de relations extérieures, la politique américaine demeurera d'une extrême fermeté, opposée à toute apparence de concession
à la Russie soviétique et à ses alliés, dominée par une véritable phobie
de tout ce qui pourrait être interprété comme une inclination vers
l'apaisement. L'attitude du Secrétaire d'État dans les conversations
Truman-Attlee en est une preuve.

Une haute personnalité me disait récemment : « Notre ligne de
conduite est de contrecarrer partout les Soviets, quand ils demandent
quelque chose nous pouvons être sûrs de ne pas nous tromper en nous
y opposant. » En tenant ce propos, qui s'appliquait à l'ensemble de la
politique américaine sur laquelle il exerce une influence directe, mon
interlocuteur pensait plus spécialement à l'avertissement donné par
l'URSS dans la note où elle a déclaré qu'elle ne pourrait pas « tolérer »
ou « accepter » le réarmement allemand. Je tiens, d'autre part, d'une
personnalité également influente, que le Président lui-même qui a toujours été convaincu qu'il sauverait la paix était profondément déçu et
partageait l'irritation générale.

4) Du point de vue des rapports entre l'Amérique et ses alliés, une
des conséquences à prévoir est un accroissement de la pression qui sera
exercée sur eux pour qu'ils poussent plus activement leur réarmement
et pour qu'ils prennent à cet effet des mesures d'ordre financier, économique et militaire analogues à celles qu'adoptent les États-Unis. Il
est probable que M. Dean Acheson à Bruxelles s'emploiera dans ce
sens.

L'insistance américaine ne diminuera certainement pas dans l'avenir
et des difficultés sérieuses seraient à prévoir si l'accord entre les alliés
ne s'établissait pas sur l'effort à accomplir par l'Europe et si la réalisation des plans adoptés n'était pas poussée vigoureusement. Le réarmement de l'Allemagne demeurera une des préoccupations dominantes
de Washington.

5) L'Administration est naturellement consciente qu'il lui faut du
temps pour monter le formidable appareil militaire qu'elle est de plus
en plus décidée à mettre sur pied. Elle espère toujours voir, en outre,
se reconstituer, à peu près dans les mêmes délais, les forces européennes. Les partisans d'une explication décisive avec Moscou, au

risque d'une guerre préventive, n'ont donc toujours pas de chance de l'emporter. Mais les occasions de frictions ne manquent pas à travers le monde : avec la Chine, l'entrevue Truman-Attlee ayant échoué et le projet américain de « guerre limitée » étant propre à maintenir un état d'insécurité constant dans la région ; en Extrême-Orient d'une manière générale, où la question du Japon est une occasion de conflit profond avec la Russie et où une grave menace pèse, à travers l'Indochine, sur tout le Sud du continent ; en Europe enfin où se détache, parmi d'autres possibilités de conflit, la question de l'Allemagne.

De nouvelles actions offensives, même limitées, de la Russie et de ses alliés dans l'un ou l'autre de ces secteurs pourraient entraîner une suite de réactions susceptibles de conduire à la guerre.

6) Dans ces conditions, il est certes plus important que jamais de maintenir la solidarité interalliée. La constitution d'une force matérielle supérieure entre les mains de l'Occident demeure la méthode indiquée pour assurer la prévention de la guerre et ultérieurement l'établissement d'une paix solide. Des sacrifices pénibles nous seront demandés qu'il nous faudra, sans doute, consentir. Mais il importe aussi de ne pas compromettre radicalement, en laissant glisser le monde à un conflit sanglant, l'achèvement de l'œuvre de paix entreprise. En supposant que les Soviets ne soient pas décidés à la guerre préventive, les alliés ne peuvent pas se refuser à discuter les problèmes qui, s'ils continuaient de s'envenimer, pourraient conduire à une conflagration générale. Il y a ici un scepticisme complet autour de la conférence à Quatre. Si, toutefois, l'URSS ne pose pas de conditions inacceptables à son sujet, la préparation doit en être poursuivie avec la volonté d'aboutir à l'établissement et ensuite à la discussion d'un ordre du jour. C'est en réussissant à rétablir des négociations que, sans abandonner notre politique de prévention de la guerre, nous pourrons arriver à atténuer graduellement la terrible tension actuelle et à créer les conditions dans lesquelles redeviendront possibles des règlements pacifiques.

(Direction d'Amérique, États-Unis, volume 105)

409

NOTE DE LA DIRECTION D'EUROPE

La propagande soviétique et la réunion des Trois à Bruxelles

N.   *Paris, 16 décembre 1950.*

S'appuyant sur les victoires militaires qu'elle remporte en Corée, l'URSS se livre, depuis quelques semaines, à une propagande remarquable en vue de jeter le trouble dans le camp des Occidentaux. On ne peut contester que cette campagne ait déjà porté ses fruits. Non seulement en France où une partie de l'opinion s'émeut en présence des menaces soviétiques, mais surtout dans l'Allemagne de l'Ouest où les tendances neutralistes s'affirment et où la résistance au réarmement – du moins dans les conditions où celui-ci est prévu actuellement – augmente.

Cette situation n'est pas sans inquiéter profondément les États-Unis qui ont, au contraire, devant le danger, raidi leur attitude et qui sont résolus à maintenir et à accroître leur position. Aussi M. Acheson cherchera-t-il, à Bruxelles, à obtenir de son collègue français – M. Bevin est, à n'en pas douter, dès maintenant, d'accord avec lui – une adhésion sans réserve à un nouveau programme concernant l'Allemagne occidentale et lui proposera de franchir la nouvelle étape, l'étape décisive, celle qui doit faire passer l'Allemagne du statut d'occupation à un régime basé sur le contrat ; autrement dit, il se montrera favorable à la requête de M. Adenauer relative à la conclusion entre le gouvernement de Bonn et les gouvernements de Paris, de Londres et de Washington, d'accords de sécurité.

On ne voit pas comment, dans les circonstances actuelles, le gouvernement français pourrait refuser de s'engager dans cette voie. Tout d'abord, l'amélioration du régime de l'Allemagne, dût-elle se traduire, cette fois-ci, par un changement profond des relations de l'Allemagne avec les occupants de l'Ouest, est dans la ligne de la politique française. D'autre part, notre opposition, si elle devait se manifester, ne rencontrerait aucun écho. Enfin, ce n'est pas au moment où se développe aux États-Unis le sentiment que la France fait obstacle à la constitution définitive du système atlantique, que nous aurions avantage à nous montrer hostiles, ou simplement réticents, à l'égard de concessions supplémentaires à consentir au gouvernement de Bonn.

Il n'y a qu'un point, en réalité, qui pourrait donner lieu à difficulté et sur lequel nous devrions demeurer fermes : il importe que les Alliés conservent l'autorité suprême, ne serait-ce que pour ne pas compromettre la possibilité même de toutes conversations avec l'URSS sur l'Allemagne, sans l'Allemagne et pour éviter, en même temps, que les dirigeants allemands, libres de leur action, ne se rapprochent, un jour ou l'autre, de Moscou. Sous cette réserve près, et étant entendu que l'évolution se ferait progressivement, le Ministre des Affaires étrangères aurait sans doute intérêt à admettre que l'Allemagne doit, dans un avenir relativement rapproché, recouvrer l'égalité des droits et une quasi souveraineté.

Une déclaration en ce sens de la part de M. Schuman serait certainement très bien accueillie et produirait très bonne impression. Il serait, au surplus, loisible au Président de rappeler, en même temps, tout ce que la France a entrepris depuis quelques années pour se concilier l'Allemagne et mettre un terme à la querelle séculaire, à commencer par le Plan sur le charbon et l'acier. En approuvant, en outre, le Plan

Spofford sur le réarmement allemand, le gouvernement français donne une preuve supplémentaire de sa bonne volonté.

Tout doit être, en effet, tenté pour empêcher que ne s'accentue l'impression que c'est la France qui s'oppose à la réalisation des plans anglo-saxons. Il ne manque pas de voix en Allemagne qui prétendent déjà que, si le réarmement suscite de multiples objections dans les milieux les plus divers, la France en est responsable, parce qu'elle n'a pas su dominer ses sentiments et faire à l'Allemagne, en temps voulu, une place en Europe. Si l'Allemagne ne veut pas réarmer, c'est elle seule qui doit en assumer la responsabilité.

Si le fléchissement, auquel on assiste dans notre pays, s'accusait, si nous éveillions ou développions l'idée que nous nous efforçons de gêner ou de ralentir tout le système qui est en train de s'échafauder, nous tomberions dans le piège que les Soviétiques nous ont tendu dans leurs dernières communications en jouant à la fois de la menace et de la possibilité d'une entente à quatre, qu'ils ont tendu également au gouvernement de Bonn par l'entremise de M. Grotewohl. Dans le cas où, sous l'effet de cette propagande, le mouvement déclenché à l'Ouest devait marquer quelque arrêt ou quelque hésitation, le gouvernement de Moscou pourrait considérer qu'il a gagné la partie avant même d'avoir livré la bataille qui doit, en principe, se livrer à la conférence des Quatre, au point que cette conférence deviendrait peut-être même inutile à ses yeux.

Il n'est pas douteux que, pour de multiples motifs, la perspective d'un réarmement allemand préoccupe l'URSS. Est-elle disposée à payer d'un prix, que les Alliés et en particulier la France, jugeraient suffisant, la renonciation à ce réarmement par ces mêmes Alliés ? C'est possible ; c'est loin d'être certain. Il faut rappeler, une fois de plus, les négociations laborieuses qui s'étaient poursuivies à Moscou en été 1948 au sujet de Berlin et dont le généralissime Staline, personnellement, avait espéré, au début, qu'elles aboutiraient à un résultat capital à ses yeux : la renonciation par les Alliés à la formation de l'Allemagne occidentale. Les Alliés avaient tenu bon ; la conférence du Palais-Rose n'en avait pas moins eu lieu quelques mois plus tard. De même qu'en 1948, seul le principe de la constitution de l'Allemagne occidentale était alors acquis, ce qui aurait permis aux puissances de l'Ouest de renoncer à leur projet dans l'éventualité où le gouvernement de Moscou aurait témoigné d'une certaine conciliation, de même, demain, la France, l'Angleterre et les États-Unis pourraient, si elles le voulaient – car, à cet égard, la position du gouvernement de Washington paraît très arrêtée – ne pas donner suite au Plan Spofford ou à un plan du même ordre dans le cas où l'inquiétude des Russes en face du réarmement allemand serait telle qu'elle les amènerait à réviser leur politique.

Quoi qu'il en soit, c'est à la conférence des Quatre, si elle se réunit, qu'il appartiendra, le cas échéant, de résoudre le problème. Ce dont il s'agit, aujourd'hui, c'est de ne pas réduire la valeur des atouts dont nous disposons, c'est de continuer sur la route où nous nous sommes engagés, la porte restant encore entr'ouverte pour de futures négociations à quatre ; c'est de faire ce qui doit être fait pour que les Allemands se prononcent sur leur sort sans que le reproche puisse nous être adressé d'avoir, par suite de notre attitude, pesé sur leurs décisions ou influencé leur opinion.

S'il devait en être autrement, nous risquerions de compromettre beaucoup à l'Ouest, sans marquer un point à l'Est, sans même que se réunisse la conférence à Quatre qui devrait au moins nous permettre d'obtenir quelque éclaircissement sur les arrière-pensées soviétiques. Pour minces que soient ses chances de succès, nous ne devons pas oublier que le problème allemand est, pour les Soviétiques, d'une importance capitale. L'Allemagne représente actuellement le seul terrain (à l'exception de la Yougoslavie) sur lequel l'URSS se trouve, par rapport aux Alliés, dans une situation d'infériorité ; c'est en même temps celui qui pour elle compte le plus. Les conditions dans lesquelles elle a installé son régime et son autorité dans la zone de l'Est ne sont évidemment pas de nature à compenser la perte qu'elle a subie en se voyant fermer la partie la plus considérable, la plus peuplée et la plus riche de l'Allemagne. Elle ne se résigne pas à cet échec, d'autant plus grave maintenant que l'Allemagne de l'Ouest, après avoir seulement constitué « un manque à gagner », peut bientôt devenir un élément essentiel dangereux de l'organisation occidentale. De là l'avantage qu'elle a sans doute à voir s'ouvrir une négociation qui – qu'on le veuille ou non – portera principalement sur l'Allemagne. Les formules qu'elle y suggérera ne seront peut-être pas *a priori* inacceptables, surtout pour la France qui ne peut pas non plus envisager sans appréhension l'autre terme de l'alternative.

Mais encore faut-il, pour que cette négociation soit engagée, que les bases n'en aient pas été entamées, ni dans l'esprit des Soviétiques qui la jugeraient inutile si, auparavant, l'entente occidentale s'était plus ou moins disloquée, ni dans celui des Américains qui, pour les mêmes raisons, la considéreraient comme encore moins souhaitable qu'il ne leur apparaît aujourd'hui.

(Direction d'Europe, Allemagne, volume 1030)

410

NOTE DE LA DIRECTION D'EUROPE[1]
(Sous-direction d'Europe centrale)

Mémorandum américain et entretiens de Bruxelles

N. *Paris, 16 décembre 1950.*

Le mémorandum américain appelle les remarques suivantes :

1/ Il n'y a pas d'inconvénients à lier le problème politique au problème militaire.

En fait, les véritables garanties à l'égard du réarmement allemand sont d'ordre politique.

2/ Nous devrions donc demander que soit également définie une position commune sur ce qui ne sera pas accordé aux Allemands.

Les notes ci-après[2] indiquent les raisons pour lesquelles les trois puissances doivent écarter le rétablissement de la souveraineté allemande par l'abandon de l'autorité suprême. Les Ministres pourraient à cet égard réitérer leurs déclarations de mai dernier sur l'éventualité d'un traité de paix séparé avec l'Allemagne de l'Ouest.

On pourrait notamment insister sur les points suivants :

– Le réarmement d'une Allemagne rétablie dans sa souveraineté constituerait la violation la plus grave de nos engagements internationaux, notamment du pacte franco-soviétique. Dans une éventualité de ce genre, l'URSS pourrait valablement invoquer les textes pour entamer une action coercitive à l'égard de l'Allemagne avant même d'en aviser l'ONU (article 55 et 107 de la Charte).

– Le projet de note à l'URSS indique que les trois puissances restent « décidées à ne pas faire de leur zone une base d'agression contre l'URSS ». L'abandon de l'autorité suprême impliquerait l'abandon par les trois puissances de toute responsabilité à l'égard de l'Allemagne. Les assurances données par nous seraient donc désormais sans valeur.

3/ Le rétablissement de la souveraineté allemande serait contraire à toute la politique d'intégration poursuivie jusqu'à présent par les Alliés. Cette politique consiste à faire passer progressivement l'Allemagne du cadre de la tutelle à celui de l'organisation européenne sans que la souveraineté soit jamais confiée à une Allemagne tronquée. Il serait erroné à cet égard de croire que la mise en place de certaines des organisations européennes (Plan Schuman par exemple) peut permettre l'abandon complet de l'autorité suprême avant la création d'une fédé-

---

[1] Note manuscrite : « *Note de couverture* ».
[2] Documents non reproduits.

ration européenne véritable. Une telle décision de rétablissement de la souveraineté allemande aurait précisément pour effet de rendre impossible la constitution ultime de la fédération en question.

4/ Tout en maintenant le cadre de l'Autorité suprême qui nous est imposé par les faits et par nos engagements – nous pouvons accepter de placer progressivement sur la base du contrat les rapports entre autorités d'occupation et autorités allemandes. Mais la présence de nos troupes elles-mêmes en Allemagne doit rester fondée sur l'autorité suprême et ne doit pas être placée sur une base contractuelle.

5/ La procédure suggérée du côté américain paraît dans l'ensemble acceptable. Si les Hauts-Commissaires indiquent au Chancelier qu'une nouvelle phase de l'occupation est désormais à l'étude, il est essentiel de lui préciser en même temps qu'il ne saurait s'agir du rétablissement de la souveraineté allemande.

(Secrétariat général, Dossiers, volume 8)

411

Note de M. Seydoux, Directeur d'Europe

Position du problème allemand

N.   *Bruxelles, 18 décembre 1950.*

Par deux mémoranda en date du 29 août et du 16 novembre derniers[1], M. Adenauer a demandé que les relations de l'Allemagne avec les puissances occupantes soient établies sur de nouvelles bases et réglées progressivement par un système d'accords contractuels.

Par deux notes toutes récentes, les gouvernements américain et britannique ont fait savoir au gouvernement français qu'ils étaient en principe d'accord sur la requête du Chancelier.

Le gouvernement français est-il disposé à s'engager, lui aussi, progressivement dans cette voie ? À notre avis, son attitude dépend essentiellement de la réponse qui sera donnée à la question suivante : la substitution d'un système d'accords contractuels au régime du statut d'occupation implique-t-elle, ou non, dans leur esprit, que l'Allemagne occidentale sera souveraine et bénéficiera d'une complète liberté d'action ?

Si la réponse alliée devait être affirmative, ou même équivoque, la France ne pourrait pas, quant à elle, accueillir favorablement la demande du Chancelier. Cela, indépendamment peut-être de motifs particuliers, pour deux considérations fondamentales :

[1] Voir documents nos 271 et 357.

Il faut que les Alliés occidentaux continuent à disposer de l'autorité suprême en Allemagne ; s'ils adoptaient une position différente, non seulement on ne verrait pas comment ils pourraient, à l'avenir, discuter du problème allemand, sans l'Allemagne, avec les Soviétiques, mais encore ceux-ci risqueraient de déclarer aussitôt que les négociations dont ils ont demandé l'ouverture se trouvent dès maintenant sans objet.

D'autre part, les contrôles dont les suppléants du Pacte atlantique réclament le maintien et qui, tout au moins pendant une période initiale, seront exercés par la Haute-Commission, ne peuvent être supprimés sans que soit remis en cause le plan même qu'ils ont élaboré.

Réserve faite de ces deux observations, d'une importance capitale à nos yeux, nous pourrions nous déclarer d'accord pour envisager très rapidement la constitution d'un comité tripartite chargé d'examiner, dans un délai déterminé, quels seraient les nouveaux allégements qui pourraient être apportés au régime de l'Allemagne, soit que le statut actuel soit encore vidé davantage de sa substance, soit que la conclusion d'accords contractuels fasse l'objet des études des experts, étant entendu que, du point de vue juridique, elle ne serait pas considérée comme incompatible avec le principe du maintien de l'autorité suprême.

Au cours des conversations de Bruxelles, nous devons, semble-t-il, avoir toujours présente à l'esprit la préoccupation de ne rien faire ou laisser faire qui puisse compromettre la possibilité de conversation à quatre. Nous devons, en même temps ne pas donner aux Britanniques et aux Américains, l'impression que, par une attitude trop restrictive, nous déterminons les Allemands à se montrer de plus en plus réticents à l'égard du réarmement ; autrement dit, il importe que, sur ce point, l'on ne fasse pas retomber sur nous une responsabilité qui leur incombe.

(Direction d'Europe, Allemagne, volume 1030

412

M. Bonnet, Ambassadeur de France à Washington,
    à M. Schuman, Ministre des Affaires étrangères[1].

T. nᵒˢ 5404-5411.   *Washington, 20 décembre 1950, 15 h. 20.*

Priorité absolue. Très secret. Réservé.   (Reçu : le 20, 23 h. 05)

À titre confidentiel et personnel, M. Foster Dulles m'a entretenu des échanges de vues qu'il a eus à trois reprises à New-York avec le repré-

---

[1] Télégramme communiqué à la Présidence de la République, la Présidence du Conseil, MM. Parodi, de La Tournelle, Clappier et de Bourbon-Busset ainsi qu'à la délégation française aux Nations unies à New York (nᵒˢ 1284-1291).

sentant de l'URSS au Conseil de sécurité. Ces conversations ont eu lieu au domicile de M. Dulles.

Quoique devant porter sur des problèmes soumis à l'Assemblée, elles se sont étendues à l'ensemble des relations entre l'Est et l'Ouest et elles ont été plus franches qu'aucun des entretiens que le délégué des États-Unis ait eu l'occasion d'avoir auparavant, soit avec M. Malik, soit avec ses collègues et prédécesseurs.

Le représentant des Soviets a exposé les conditions auxquelles les Russes envisageraient un règlement d'ensemble. Ce règlement comporterait la conclusion de traités de paix avec l'Allemagne et avec le Japon, la neutralisation des deux pays et le contrôle de leur démilitarisation. Les États-Unis devraient se retirer d'Okinawa, considéré comme trop proche des bases russes, ainsi que de la Corée. Un règlement de l'affaire de Formose serait recherché avec la Chine. Le souci de leurs frontières conduirait aussi les Soviets à demander certaines modifications du Pacte de l'Atlantique, en ce qui concerne en tout cas la Norvège. Enfin M. Malik est revenu avec insistance au cours de la conversation sur la reprise des relations économiques avec l'URSS montrant clairement que son gouvernement attache une importance spéciale au rétablissement des échanges commerciaux.

En contrepartie, M. Malik a déclaré que la Russie s'engagerait à ne pas « exporter la révolution ».

M. Foster Dulles n'a pas poussé avec son interlocuteur la discussion des autres problèmes qui se présentaient, celui du contrôle des armements par exemple non plus que celui des concessions à demander éventuellement aux Soviétiques. Mais il a fait remarquer que deux fois déjà dans le passé, l'URSS avait promis de supprimer sa propagande internationale pour l'extension du bolchevisme et qu'après avoir supprimé le Komintern, elle avait à la première occasion repris de plus belle ses agissements. Il a aussi fait valoir que les partis communistes étrangers n'en poursuivaient pas moins leur action, à quoi M. Malik lui a répondu qu'il pourrait en être ainsi mais qu'ils agiraient strictement alors dans le champ national et comme parti national.

Tout en mentionnant que certaines des conditions avancées par M. Malik comme par exemple l'évacuation d'Okinawa pourraient vraisemblablement être abandonnées dans une négociation, M. Foster Dulles n'estime évidemment pas que dans les circonstances actuelles un accord soit concevable sur la base des propositions du délégué soviétique. Il n'en a pas moins été frappé de voir l'intérêt que son interlocuteur apportait à ces échanges de vues. Bien que les hypothèques de révolution internationale des Soviets soient trop profondes pour qu'ils les abandonnent sincèrement, il semble qu'ils ne (…)[1] raient pas renoncer à rechercher un *modus vivendi* au moins temporaire entre les deux

---

[1] Lacune de déchiffrement.

mondes. Il est d'ailleurs également clair qu'au moins au point de départ, ils s'efforceraient de l'obtenir par des concessions peu coûteuses plutôt qu'en donnant des gages réels et des satisfactions concrètes aux autres partis.

Dans l'état de l'opinion aux États-Unis, il faudrait que de sérieuses garanties de paix fussent acquises pour que la fourniture d'équipements industriels, de matières premières et autres produits à l'Union soviétique pût être envisagée. C'est une des préoccupations maîtresses de Washington, comme le prouvent les projets de blocus de la Chine, de ne pas faciliter le développement industriel de l'adversaire. Il a un certain scepticisme, d'autre part, quant à la possibilité d'aboutir à des arrangements quelconques avec Moscou sur les autres problèmes brûlants de l'heure. J'ai cependant trouvé M. Foster Dulles très compréhensif en ce qui concerne les légitimes inquiétudes de l'Europe. S'il estime que nous devons poursuivre la réalisation des plans établis en commun pour la défense du vieux continent et de la communauté atlantique, il admet parfaitement que des conversations s'engagent parallèlement en vue d'une conférence à Quatre.

Les dangers de la situation actuelle ne lui échappent pas et il comprend que les Européens veuillent chercher à les écarter par des négociations. Il ne ferait certainement pas de difficultés personnellement pour que les suppléants des ministres des Affaires étrangères s'attachent à moins que les Soviétiques ne se montrent intransigeants à établir un ordre du jour de conférence à Quatre, sans compromettre le succès de leur réunion par la recherche d'assurances que Moscou ne voudrait pas leur donner à ce stade. Il ne se fait pas d'illusion sur l'étendue des difficultés que rencontreraient ensuite les Ministres eux-mêmes mais il est conscient de la menace de guerre qui pèse dès maintenant sur le monde et qui ne peut être écartée qu'en entrant en négociation avec l'URSS[1].

(Direction d'Amérique, États-Unis, volume 206)

---

[1] Dans son message de fin d'année, Acheson affirmait à nouveau la volonté des États-Unis de poursuivre la lutte en Extrême-Orient et de ne pas récompenser l'agression communiste, sans faire aucune allusion à la possibilité d'une rencontre à quatre (télégramme n⁰ˢ 5567-5568 du 30 décembre 1950 de Washington, non reproduit).

413

M. Rivière, Ambassadeur de France à Prague,
    à M. Schuman, Ministre des Affaires étrangères[1].

D. n° 1364.   *Prague, 21 décembre 1950.*

Le Département a été mis au courant par l'Ambassade de l'évolution de la situation religieuse au cours de l'année 1950. Sans revenir de façon détaillée sur des faits déjà exposés, nous sommes amenés à constater que l'Église catholique, qui, en janvier dernier, avait pris une position très nette de résistance aux entreprises du régime, a, depuis cette époque, progressivement assoupli son attitude[2]. Il n'est pas sans intérêt de tenter d'en rechercher les raisons.

Si certains gestes, tel que celui des quêtes pour la Corée ont pu passer pour un acte de simple charité chrétienne, il ne saurait en être de même des déclarations anti-américaines qui ont accompagné ces collectes.

D'autre part, on a vu successivement un chapitre diocésain refuser de demander l'autorisation de l'Office des cultes pour nommer un vicaire capitulaire, et, quelques semaines après, un autre chapitre s'assurer, au contraire, de l'accord gouvernemental pour procéder à une semblable élection. Un évêque des plus « résistants », celui de Hradec Kralové, a, à l'exemple de certains de ses confrères, autorisé ses séminaristes à suivre les cours des facultés de théologie créées par l'État, où enseignent des professeurs dont la nomination a été imposée par les autorités laïques. L'évêque auxiliaire de Prague a assisté à une cérémonie universitaire au cours de laquelle a été conféré un doctorat en théologie à l'abbé Plojhar, prêtre interdit et excommunié. Des groupes d'ecclésiastiques ont approuvé le verdict prononcé contre leurs neuf confrères, accusés au dernier procès (mon rapport n° 1338/EU du 13 décembre)[3]. Enfin, ces derniers ont entièrement désavoué les acti-

---

[1] Dépêche adressée à la sous-direction d'Europe et communiquée au Cabinet du Ministre, au service d'Information et de Presse et à l'ambassade de France à Rome près le Saint-Siège. Note manuscrite : « *Villelume, me rendre. À c[ommuni]quer à M. Laloy. C[ommuni]quer Londres, Washington, Varsovie, Saint-Siège, f[ai]t 13-1-51* ».

[2] Il faut rappeler que le représentant diplomatique du Vatican avait été expulsé le 20 mars et que le gouvernement avait engagé avec méthode une manœuvre d'isolement des évêques catholiques (télégramme n°258-262 du 21 mars 1950 de Prague, non reproduit). Le Saint-Siège craignait pour sa part une déchristianisation assez rapide si cette politique d'isolement se poursuivait (dépêche n°201 du 6 avril 1950 de Rome Saint-Siège, non reproduite). La campagne visant à présenter le Vatican comme « agent de l'impérialisme américain » continuait avec véhémence comme le prouvaient les arrestations de personnalités d'ordre religieux et les descentes de police dans les couvents (télégrammes n°347-348 du 15 avril 1950 et n°354 du 19 avril 1950 de Prague, non reproduits).

[3] Ce grand procès s'était terminé par la condamnation, pour haute trahison et espionnage, de neuf dignitaires ecclésiastiques catholiques à des peines de prison allant de 10 à 25 ans. C'était tout le comportement de l'Église catholique en Tchécoslovaquie qui avait été évoqué, éclairant ainsi la politique religieuse du gouvernement. Le caractère de propagande n'était

vités antigouvernementales qui les avaient amenés à la barre du tribunal d'État.

Ces faits sont maintenant trop nombreux pour qu'on essaye de les expliquer séparément par des raisons particulières à chacun. De telles raisons, même quand elles existent, semblent insuffisantes. Une explication d'ensemble doit donc être tentée. À de rares exceptions près, le clergé tchécoslovaque n'avait pas modifié son attitude jusqu'à ce que, en avril dernier, l'épiscopat polonais fût entré dans la voie de la conciliation, imité ensuite par la hiérarchie catholique hongroise. Il convient de noter que c'est par la Slovaquie que le mouvement a gagné les milieux catholiques tchécoslovaques : en effet, les liens entre les épiscopats slovaque et hongrois sont restés assez étroits ; et, depuis 1920, le gouvernement de Prague n'est même pas parvenu à obtenir le détachement de certaines circonscriptions ecclésiastiques slovaques des diocèses hongrois dont ils dépendaient autrefois : le Département sait que ce sont des administrateurs apostoliques qui, en Slovaquie, ont reçu charge de ces parcelles de territoire. Les accords polonais et hongrois ont eu incontestablement valeur d'exemple.

On ne saurait non plus négliger l'aspect « patriotique » de l'évolution : s'il est vrai qu'au cours des dernières guerres, des évêques allemands et français ont pu, avec une égale bonne foi, prier pour le succès d'armées ennemies, on peut concevoir que certains prêtres tchécoslovaques n'aient pas voulu paraître lier le sort de leur Église à celui d'ennemis virtuels de leur pays, fussent-ils cardinaux, comme l'archevêque de New-York, ou membres de la haute administration du Vatican. Au surplus, l'avenir même de l'Église catholique en Tchécoslovaquie ne serait-il pas compromis par une attitude trop rigide ? Je crois savoir que la position prise par Mgr Beran n'a pas été approuvée sans réserve par l'un des accusés d'avril dernier, et non des moindres, le Père Silhan, Provincial des Jésuites.

D'autre part, pour le clergé d'Europe centrale, dont la situation et la mentalité se rapprochaient davantage de celui de l'Église de France avant 1789, que du clergé français actuel, l'intérêt matériel ou l'intérêt tout court n'aurait-il pu, au début de la crise, jouer un certain rôle, inconcevable pour les ecclésiastiques de notre pays ? Cette question nous amène à considérer particulièrement le cas le plus difficile, celui des neuf accusés de novembre. Leurs aveux, émanant d'inculpés qui n'avaient aucune attache avec le parti communiste (à la différence de ceux de Moscou en 1936, de Rajk ou de Kostov), ne peuvent non plus être comparés aux aveux des ecclésiastiques traduits en jugement en avril dernier. Ceux-ci avaient gardé, à l'audience, une certaine dignité

pas ignoré dans la dépêche car le procès était jugé d'avance. Ce qui avait surpris était les aveux, récités mécaniquement comme une leçon et les auto-accusations des inculpés. Mais surtout, on anticipait de futurs procès à venir et on pensait que le remplacement de la hiérarchie actuelle par des prélats plus dociles allait se poursuivre (dépêche n° 1338 du 13 décembre 1950 de Prague, non reproduite).

et somme toute, n'avaient dit que ce qu'il fallait pour ne pas se voir condamner au maximum de la peine. Ceux de novembre, au contraire, ont désavoué leurs activités passées avec un tel luxe de protestations de dévouement au régime, de dénonciations de leurs « complices » vrais ou supposés, d'accusations calomnieuses à l'égard du Saint-Siège, qu'il est, sans doute, nécessaire d'avancer une explication autre que la crainte pure et simple d'une condamnation.

Les neuf accusés, personnalités relativement élevées et responsables de la hiérarchie ecclésiastique, avaient tout naturellement été amenés à s'occuper activement de la gestion des biens d'Églises ; et l'on évoque ici les 46 000 hectares de l'archevêché d'Olomouc, les 23 000 hectares détenus par l'archevêché de Prague et les 7 000 hectares, propriété des Prémontrés de Strahov, respectivement représentés au procès par l'évêque-auxiliaire d'Olomouc, par le principal secrétaire de l'archevêque de Prague et par Mgr Jarolimek, abbé de cet important monastère. En toute bonne foi, et en admettant même qu'ils n'aient tiré de ces revenus aucun avantage personnel, ils avaient pu être confirmés dans leur hostilité au régime par leur situation de propriétaires ou plus exactement d'administrateurs de biens temporels de l'Église. Ce motif, considéré d'abord comme louable, a pu, à la suite d'une longue détention et d'un certain relâchement de la volonté, paraître coupable aux yeux des intéressés.

En effet, le socialisme chrétien, connu en France dès avant la guerre de 1914, était à peine pratiqué en Europe centrale. Or, on voit apparaître avec netteté, dans la déclaration de Mgr Jarolimek, qui a cependant gardé une certaine mesure dans ses propos, un regret très vif de n'avoir pas fait la part assez grande à la mission sociale du prêtre. Enfin, si les accusés de novembre ont été moins fermes dans leur comportement que ceux d'avril, il faut tenir compte des nouvelles positions adoptées, au cours des derniers mois, par certains membres du clergé et même de l'épiscopat.

J'entends bien que ces considérations sont loin de tout expliquer. Était-il, en effet, nécessaire aux accusés, pour marquer le regret de leur attitude passée, d'adopter la phraséologie de l'acte d'accusation, de s'accuser eux-mêmes sans aucune nécessité, et même de compromettre fort inutilement des amis qui leur avaient rendu service ou donné l'hospitalité ? C'est ici, sans doute, qu'intervient le facteur humain : l'abattement consécutif à un long séjour en prison, la lassitude causée par de longs et très pénibles interrogatoires, peut-être aussi l'application d'un « traitement » approprié. Notons encore le caractère très particulier de l'âme slave qui porte « le pécheur » à toutes les extrémités du repentir et de l'humiliation, à des degrés inconnus des Latins ou des Anglo-Saxons.

***

On doit se demander maintenant si l'évolution ainsi constatée pourrait, avec le temps, aboutir à un schisme. Jusqu'à présent aucun évêque, chef de diocèse, n'a accepté de désavouer l'action du Saint-Siège, ni de blâmer le Pape. Si Mgr Pobozny, évêque de Roznava, a consenti à entendre, au cours d'une cérémonie qu'il présidait, critiquer le gouvernement américain, il n'y a là rien de contraire aux dogmes et à la morale ; le fait n'a été relevé dans la presse qu'à cause du lien très étroit qu'établit quotidiennement la propagande tchécoslovaque entre la politique de Washington et celle du Vatican. Certains actes de complaisance à l'égard du gouvernement ont certes été consentis par des suppléants d'évêques. Mais rien n'indique que ces démarches aient reçu l'approbation des supérieurs ecclésiastiques des intéressés. Dans le cas de Mgr Vojtassak, évêque de Spis, on peut même se demander si la nomination d'un vicaire capitulaire ne correspondrait pas à une impossibilité d'exercer ses fonctions dans des conditions analogues à celles qui privent Mgr Beran de sa liberté d'action. Il est, en effet, difficile de comprendre pourquoi on a élu un vicaire capitulaire dans un diocèse dont l'évêque n'est, autant qu'on le sache, frappé d'aucune infirmité. On ne saurait, en tous cas, pour le moment, et malgré certaines défaillances, parler de schisme.

Si l'épiscopat persévérait dans cette attitude négative à l'égard des pouvoirs publics, deux problèmes se poseraient : pendant la vie des évêques actuels, assurer l'administration des diocèses par des ecclésiastiques qu'accepterait le gouvernement ; après leur mort, les remplacer. Le Vatican sera donc obligé de prendre position, soit en refusant les candidats du gouvernement, soit au contraire en consacrant ceux qui lui seront présentés par l'autorité laïque. Rien ne permet de Prague de dire quelles sont les réactions du Saint-Siège, en présence d'une telle situation. C'est avec grand intérêt que je recevrais communication de toute indication qui serait donné à ce sujet par notre Ambassadeur près le Saint-Siège.

(Direction d'Europe, Tchécoslovaquie, volume 153)

414

M. Massigli, Ambassadeur de France à Londres,
à M. Schuman, Ministre des Affaires étrangères[1].

D. n° 1983.   *Londres, 22 décembre 1950.*

Secret. Urgent.

Le discours que Votre Excellence a prononcé dimanche dernier 18 décembre à Sarreguemines, a très opportunément mis l'accent sur le souci du gouvernement français que la participation allemande à la défense des démocraties occidentales ne constitue en aucune façon une menace pour la paix. Il était temps, en vérité, que, dans le camp occidental, une voix s'élevât pour présenter l'affaire sous l'angle des préoccupations qu'elle peut soulever en Russie. Jusqu'ici, du côté de nos partenaires anglo-saxons tout au moins, cet aspect de la question avait entièrement échappé ou avait été totalement négligé. Ce fait révèle une lacune qui mérite de retenir l'attention.

Ce n'est que tout récemment que l'opinion anglaise, devançant une fois encore son gouvernement, a commencé d'examiner le problème du réarmement en fonction de la situation générale et dans le cadre des problèmes mondiaux. Confrontée soudainement avec la réalité du « compromis Spofford », avec le refus allemand, avec le risque et la menace russes, éclairée par les événements d'Extrême-Orient et la nervosité américaine, elle a compris soudain ce que nos démonstrations n'avaient pas réussi à lui faire entièrement saisir, que tous ces problèmes sont solidaires. Elle a réalisé que les principaux alliés occidentaux manquaient de vues d'ensemble, de conceptions stratégiques, de politique à longue haleine, en bref de décision et de coordination. Par diverses communications depuis le 16 décembre – et j'attire plus spécialement l'attention sur le n° 4856[2] – j'ai rendu compte des études consacrées par la presse à ce sujet. Toutes, par des cheminements différents et souvent contradictoires, aboutissent à la même constatation, explicite ou implicite, que les vrais problèmes n'ont pas été aperçus, que la position occidentale doit être repensée et coordonnée. Je n'en veux pour preuve que la lettre à l'éditeur du *Times*, publiée dans le numéro du 19 décembre de ce journal, émanant de l'excellent esprit qu'est Robert Boothby, et dont je joins la traduction ci-après parce que le texte mérite d'en être lu *in extenso*. Elle condamne en termes très sévères la « folie » du réarmement allemand tel qu'il a été lancé sur le tapis, du défi porté à la Russie, des risques insensés courus par les Alliés occidentaux. Elle dépeint la situation très difficile dans laquelle ceux-ci se trouvent par

---

[1] Dépêche adressée à la direction d'Europe et communiquée au Cabinet du Ministre et au Secrétariat général. Note manuscrite : « *M. de La Tournelle. Direction d'Amérique* ».

[2] Document non reproduit.

de « grossières erreurs » d'analyse et de manœuvre. Elle souligne, enfin, la nécessité d'une direction et d'une coordination de leur action, d'une pensée stratégique autour de quoi ordonner leurs efforts et leurs combinaisons tactiques.

Ces constatations faites par les chroniqueurs les plus éclairés portent à l'opinion anglaise un coup d'autant plus rude qu'elles succèdent aux conversations Truman-Attlee sur lesquelles elle avait fondé de grands espoirs. Le jeu de la solidarité anglo-saxonne – sentiment seulement, mais sentiment nourri des souvenirs victorieux de la guerre – avait paru susceptible, il y a quinze jours, de porter remède à un premier désarroi limité à l'Extrême-Orient. Force fut bien de constater, cependant, que le communiqué de Washington marquait beaucoup de lacunes et d'insuffisances. Même pour le théâtre d'Extrême-Orient – ne représentant pourtant qu'un des aspects du problème – les deux partenaires avaient fait un pas l'un vers l'autre mais ne s'étaient pas rejoints. Ils n'avaient pas réussi à dégager les éléments d'une stratégie suprême pour ce secteur, *a fortiori* pas non plus pour l'ensemble du problème posé par l'agressif monde communiste.

Et l'opinion britannique commence à réaliser, sans se l'avouer encore bien clairement, que dans le duo anglo-saxon l'Angleterre n'a peut-être pas joué sa partie avec la maîtrise voulue. Ayant reproché aux États-Unis l'insuffisance de leurs vues politiques en Extrême-Orient, elle en vient à penser qu'elle-même n'a pas fait preuve de beaucoup plus de pénétration et d'autorité en ce qui concerne l'Occident.

De là à se tourner vers nous, le pas est bref. Qu'on m'entende bien : je ne prétends pas qu'il soit franchi. Mais le sentiment confus que nous pourrions apporter à la conduite des affaires alliées, dans la difficile conjoncture actuelle, une contribution essentielle ne demande, selon toute apparence, pour faire surface que l'encouragement d'une judicieuse initiative de notre part. Sans doute aussi, est-on ici conscient, dans les milieux officiels, je l'ai déjà relevé, de la nécessité de reprendre une plus intime collaboration avec nous et de la puissance de conviction qu'exercent sur l'Amérique, la France et l'Angleterre lorsqu'elles se présentent unies. Il est significatif, à cet égard, que le *Times* du 18 décembre intitule : « Il manque une voix européenne », une correspondance concluant que si « l'Europe pouvait parler avec sagesse et autorité, on pourrait espérer beaucoup plus… ».

***

L'heure semble donc venue pour nous d'exposer nos points de vue et puisqu'aussi bien on paraît préparé, ici, à les écouter et sans doute à les entendre, c'est par Londres que nous devrions, semble-t-il, commencer pour, ensuite, forts d'un accord qui paraît possible à réaliser avec l'Angleterre, faire partager nos avis à Washington où la tâche sera, vraisemblablement, peu aisée. J'ai déjà signalé ce point à l'attention de

Votre Excellence par une autre communication en date de ce jour (n° 4878)[1].

Partant de ces prémisses, il m'a paru intéressant de tenter de dégager les grandes lignes de ce que nous pourrions dire telles qu'elles peuvent m'apparaître d'ici.

***

Il est évident, tout d'abord, que nous avons des choses peu agréables à faire entendre. À considérer la situation actuelle, il y a beaucoup de points sombres à relever. Les principales critiques à faire ont été exposées avec force et concision par M. Robert Boothby dans la lettre au *Times* que j'ai signalée tout à l'heure. En relevant au passage les erreurs commises, nous pouvons nous permettre sans doute de ne pas trop voiler les nôtres : la balance risque bien de ne pas nous être défavorable. Tout ce qu'il y a à dire, d'ailleurs, peut être dit et doit être dit, mais avec toute l'amitié et dans l'esprit qu'a excellemment décrit M. Chauvel à la fin de sa très intéressante communication du 15 décembre[2]. Cela peut l'être, non seulement avec amitié, mais aussi dans un esprit de collaboration constructif, de dévouement à la cause commune, dans l'intention nettement marquée de la conduire, en confiante collaboration avec nos Alliés, vers la victoire finale. Notre autorité serait grandement accrue, à cet égard, si nous pouvions nous appuyer, dans le domaine de notre propre défense, sur des réalisations conséquentes ou tout au moins sur des débuts de réalisation constituant des preuves manifestes de notre volonté et de notre énergie. Il semblerait nécessaire d'adopter, pour exposer nos vues, des accents qui ne laisseraient pas de doute sur le fait que c'est la sagesse, et non la peur, qui nous inspire et sur notre loyauté à l'égard de nos partenaires. Si le malheur voulait que nous ne soyons pas écoutés, alors, ayant parlé, nous aurions au moins pris date et dégagé notre responsabilité devant l'histoire.

Mais point n'est besoin, sans doute, d'envisager aussi extrême hypothèse. L'analyse de la situation, telle que nous la voyons, permet de dégager les éléments d'une ligne de conduite stratégique, toute entière orientée vers la reprise de l'initiative des opérations par le camp occidental et vers l'efficacité de son action et de sa défense.

Dans cette perspective, nous avons, semble-t-il, deux thèmes principaux à dégager, deux thèmes sur lesquels il convient d'insister particulièrement : le premier est que la question du réarmement allemand est indissolublement liée désormais avec celle des négociations avec le Kremlin – le second est également le lien étroit qui unit, dans les circonstances actuelles, les problèmes d'Occident à ceux d'Extrême-

---

[1] Document non reproduit.
[2] Voir document n° 407.

Orient, comme à ceux d'ailleurs qui pourraient surgir sur tout autre point des frontières du monde communiste.

***

Il est à peine besoin d'insister sur l'imbrication intime des problèmes du réarmement allemand et des négociations russes. Elle est la conséquence directe des conditions dans lesquelles le premier a été soulevé et traité, conditions qui font courir le risque de réactions soviétiques.

Les avertissements russes ne nous ont pas manqué ces temps-ci. Il serait insensé d'avancer qu'il n'y a là que vaines tentatives d'intimidation. Les événements de Corée constituent à cet égard un précédent salutaire. Comment pourrions-nous envisager d'affronter le danger d'une épreuve de force ou d'intimidation avec l'URSS dans l'état de désarmement dans lequel nous nous trouvons, avec une Allemagne rétive à prendre sa part de l'effort commun, et des opinions publiques européennes qui, impressionnées par les échecs d'Extrême-Orient, ne présentent sans doute pas pour l'instant la fermeté désirable pour braver une grave crise internationale.

Le danger d'une réaction russe paraît plus grand encore si on envisage la question sous l'angle du refus allemand auquel certains ont voulu répondre en considérant de donner un caractère contractuel au régime d'occupation. Ce serait, en effet, détruire les bases juridiques qui justifient la présence de nos troupes aux frontières du monde communiste et dans des positions aussi avancées que Berlin où la fiction de l'occupation permet encore de les maintenir et de les y faire tolérer. Ce serait non seulement fournir à la Russie une base juridique et morale pour une éventuelle et menaçante initiative, mais encore lui indiquer le point où celle-ci devrait se produire. Dans quelle situation nous trouverions-nous si les Allemands de l'Est protestaient contre la présence à Berlin, qui n'est pas sous la juridiction de Bonn, de troupes alliées dont le caractère d'occupants aurait été supprimé. Là encore, sans déplacer un seul de leurs hommes, les Russes auraient sans doute la possibilité, avec les *Bereitschaften* encadrant des jeunesses communistes, de placer nos troupes dans une impossible situation. Au demeurant et quand bien même, sans négociation difficile et sans conditions impossibles, les Allemands accepteraient notre point de vue, nous ne pourrions pas passer aux réalisations faute d'avoir nous-mêmes préalablement réarmés et faute de disposer des matériels qui leur seraient nécessaires.

En réalité, la seule justification d'avoir ouvertement posé le problème du réarmement allemand est l'atout qu'il fournit en vue d'amener Moscou à traiter. L'acceptation du principe amène donc également à admettre résolument l'ouverture des négociations avec le Kremlin puisque nous trouvons là le seul avantage que nous puissions actuellement tirer du réarmement allemand, puisque ce paraît être, sinon le seul, du moins le meilleur moyen d'éviter une épreuve de force ou d'intimidation à laquelle nous ne sommes pas préparés et que nous ne sommes pas en mesure de soutenir, puisque enfin nous avons besoin de gagner du temps pour la mise en état de nos propres forces de défense. Aussi bien, si des conversations s'engageaient avec l'URSS dont le sort de l'Allemagne constituerait l'un des objets, il est permis de penser que cela rendrait les Allemands plus malléables et les amènerait à entrer plus volontiers dans nos vues. De même, il faut réaliser que le problème du réarmement allemand ne se poserait pas du tout dans les mêmes termes après les négociations avec Moscou, soit que celles-ci échouent, soit qu'elles aboutissent à des résultats ou partiels ou plus complets.

De cette impossibilité d'envisager le réarmement allemand sans s'engager résolument dans la voie d'ouvertures à la Russie, on peut déduire certaines directives pour notre action ultérieure : c'est d'abord la nécessité de coordonner soigneusement entre elles les étapes de l'un et l'autre problème et de ne les envisager qu'en fonction l'un de l'autre, coordination qui a jusqu'à présent été à peu près totalement étrangère aux préoccupations du camp occidental. C'est ensuite l'intérêt de bien établir la responsabilité qui incombe à la Russie en ce qui concerne le réarmement allemand du fait de la création préalable des *Bereitschaften*. De même serait-il bon de rappeler en toutes circonstances qu'à nos yeux les mesures prises en Allemagne ne sauraient avoir un caractère offensif. C'est enfin de prendre en considération le temps dont nous aurons besoin pour nous mettre en état de défense raisonnable, de déterminer les délais que nous devrons gagner. Ce point est des plus importants s'il s'agit d'engager des pourparlers, soit avec l'URSS, soit avec la Chine, et il commande sans doute que soient étudiées à fond les perspectives qu'ouvriraient une unification et une neutralisation de l'Allemagne au cas où les Russes sembleraient disposés à s'y prêter dans des conditions acceptables pour les principes démocratiques. Enfin, il faut apercevoir l'importance essentielle qu'il y a à ne rien engager dans le domaine des réalisations pratiques concernant le réarmement allemand sans s'être assuré des répercussions que chaque mesure peut avoir à Moscou. On peut même considérer qu'à cet égard les déclarations imprudentes de personnalités autorisées peuvent avoir des conséquences qu'elles ne présenteraient pas en temps ordinaire. Ne serait-ce que pour cette raison il apparaît nécessaire que les gouvernements des trois puissances occupantes se maintiennent en étroit contact, prévoient le moyen de coordonner étroitement leur position à l'égard du réarmement allemand et des négociations avec la Russie, et s'engagent à se consulter avant de prendre des initiatives, de publier des informations ou de tenir des propos dont les répercussions peuvent être sérieuses. Je me réfère à nouveau sur ce point à ma communication n° 4878.

***

Quant aux liens qui unissent les affaires d'Extrême-Orient à celles d'Occident, quant à l'interdépendance de tous les théâtres d'opération existant ou à surgir sur le pourtour du monde communiste, les récents événements les ont suffisamment démontrés pour qu'il soit superflu de se lancer sur ce sujet dans de trop longues démonstrations. Il suffirait de rappeler tout d'abord que la priorité du théâtre occidental a été reconnue ; de constater qu'aucune épreuve de force ne peut être tentée sur un point sans que ses conséquences sur les autres aient été examinées, sans que ceux-ci soient en état de défense ou de stabilité suffisante pour n'en pas souffrir ; de reconnaître qu'un échec à l'une des extrémités a des répercussions immédiates sur l'ensemble des problèmes. On peut également en tirer comme conclusion – et je me réfère à nouveau à la communication de M. Chauvel du 15 décembre – que cette interdépendance s'étend aussi aux initiatives pacifiques et aux tentatives de négociations. Il n'est pas possible de décider de négocier ici sans se demander quelles conséquences pourra avoir la négociation ailleurs où l'on peut également avoir à faire choix entre la lutte ou l'apaisement. Une décision nette de sonder les intentions russes au cours de contacts suivis éclaire d'un jour particulier le dilemme extrême-oriental d'engager des négociations de paix séparées ou de réserver au contraire toutes nos positions de principe ou de fait. Il conviendrait à cet égard d'étudier les perspectives que pourrait offrir la possibilité d'étendre à cinq les pourparlers envisagés à quatre.

Considérées sous ces angles, les difficultés que rencontrent actuellement les puissances occidentales s'éclairent d'un jour nouveau. Les négociations avec la Russie peuvent mener, selon leur évolution, soit à une solution durable, soit à l'avantage simplement tactique de nous gagner le temps nécessaire pour constituer nos forces. En prenant position sur ce point, le camp occidental peut reprendre l'initiative, du champ pour manœuvrer. Il met fin, en tout cas, à ses divergences et à ses indécisions sur chaque problème particulier, présent ou futur. Il semble que le réarmement allemand devienne alors, sans grand inconvénient, acceptable pour nous dans son principe, sans autres conditions que des garanties matérielles positives de la part des pays anglo-saxons. Ce serait notre apport à la stratégie commune, avec la précipitation de notre propre effort d'armement.

Ces points de vue, que le gouvernement français a pressentis il y a quelque temps déjà, doivent être exposés sans plus tarder. Chaque jour qui passe accuse les lacunes de la stratégie occidentale, nous enfonce dans l'erreur d'un mauvais départ et, face à un adversaire habile et audacieux, réduit nos possibilités de manœuvre. D'autres initiatives russes, d'autres événements, en Extrême-Orient ou ailleurs, peuvent saper des positions qui ont déjà été fortement entamées, et rendre vaine toute autre réponse que la soumission ou la guerre.

(Direction d'Europe, Grande-Bretagne, volume 76)

415

NOTE DE M. ROLAND DE MARGERIE,
DIRECTEUR ADJOINT DES AFFAIRES POLITIQUES,
POUR M. SCHUMAN, MINISTRE DES AFFAIRES ÉTRANGÈRES

N.   *Paris, 23 décembre 1950.*

Le désir très vif que montre l'URSS d'entrer en négociations avec les États-Unis, la Grande-Bretagne et la France donne à penser que, sous une forme ou sous une autre, elle répondra favorablement à la note alliée du 22 décembre, soit que le gouvernement soviétique désire sincèrement la détente internationale, soit qu'il se propose d'exploiter, au cours des conversations, des divergences de vues possibles entre les Trois pour faire éclater la coalition atlantique.

Quoi qu'il en soit, dans l'hypothèse d'une réponse favorable de la Russie, nous devons prévoir l'ouverture relativement prochaine des entretiens de New York, et il devient donc urgent d'en commencer la préparation.

Il paraît difficile d'en confier le soin à d'autres qu'à ceux qui seront chargés, ensuite, de négocier avec le représentant de l'URSS. Toute autre méthode aboutirait à insérer, dans les conversations interalliées, une instance nouvelle, et à compliquer sérieusement le travail.

Si, au contraire, les représentants alliés à New York sont invités par leurs gouvernements à étudier ensemble les questions qui paraissent devoir être soulevées au cours des échanges de vues avec leur collègue soviétique, nous aurons l'avantage de les faire participer à la préparation de l'œuvre qu'ils tenteront ensuite de mener à bien, de bénéficier de leur avis personnel, et de leur permettre, avant même l'ouverture de la négociation véritable, de connaître leurs réflexions et leurs réflexes respectifs.

Au cas où cette suggestion serait retenue, il conviendrait :

1) de convoquer à Paris, sans délai, M. Chauvel, pour délibérer avec lui de ses instructions ;

2) de mettre à l'étude, dans les divers services compétents, les problèmes qui devront être examinés avec notre délégué au Conseil de sécurité ;

3) de fixer, en accord avec Londres et Washington, la date à laquelle s'ouvriront les entretiens préliminaires à Trois ;

4) de prévoir la désignation des experts qui seront nécessaires pour assister M. Chauvel dans ses négociations, notamment en ce qui concerne les questions d'Allemagne et d'Extrême-Orient, et les affaires russes.

(Direction d'Europe, Généralités, volume 136)

416

Note au sujet du traité de paix avec le Japon

N.   *Paris, 26 décembre 1950.*

Projet américain et commentaires sur ce projet.

À l'automne dernier, le *State Department* a fait remettre aux douze pays représentés à la commission d'Extrême-Orient un mémorandum en sept points contenant un exposé sommaire et provisoire des dispositions essentielles que Washington désire voir inclure dans le futur traité de paix avec le Japon.

Les autorités américaines ont ainsi voulu soumettre aux puissances un simple avant-projet destiné à servir de base aux négociations préliminaires.

I

Parties au traité :

Les États-Unis proposent que celles-ci soient <u>toutes</u> les nations en guerre avec Tokyo ou seulement <u>certaines</u> (*all or any*) d'entre elles, disposées à accepter « la restauration de la souveraineté japonaise et la réintégration du Japon, en qualité de partenaire égal dans la communauté des peuples libres ».

Ainsi le gouvernement américain vise-t-il à <u>se dégager de l'obligation souscrite pendant la guerre de ne pas conclure de paix séparée avec les ennemis</u> (art. 2 de la Déclaration des Nations unies du 1ᵉʳ janvier 1942).

Si l'on acceptait cette définition des parties, a fait remarquer M. Naggiar dans une étude récente, la voie serait ouverte à la conclusion éventuelle de traité de paix séparée avec Tokyo, liberté d'action dont Washington et Moscou, entre autres, pourraient se prévaloir isolément ou à titre de chef d'équipe.

II

Admission du Japon à l'ONU :

Selon le projet américain, l'admission du Japon serait envisagée.

Une recommandation à ce sujet pourrait certes trouver place dans le traité mais la décision ne saurait, conformément à l'art. 4 de la Charte, être prise que par l'Assemblée générale.

III

Clauses territoriales :

A – Les Américains proposent d'abord le rétablissement de l'indépendance de la Corée.

La question est réglée par la déclaration du Caire du 26 novembre 1943 qui stipule à son avant-dernier alinéa que « les trois grandes puissances signataires n'oublient pas l'asservissement dont a été victime le peuple de Corée et sont résolues à faire en sorte que cette nation recouvre en temps voulu sa liberté et son indépendance ».

B – Tutelle stratégique américaine sur les Riou Kiou et les Bonin.

En second lieu, pour faire droit aux exigences des états-majors, Washington réclame un droit de tutelle stratégique sur les Riou Kiou et les Bonin.

Si aucun passage de la déclaration du Caire (26 novembre 1943) ne permet de fonder une telle revendication, celle de Potsdam (26 juillet 1945), à laquelle l'URSS a adhéré par la voix de M. Molotov, semble pouvoir lui fournir une certaine base juridique – l'art. 8 de l'ultimatum dispose en effet que « la souveraineté japonaise sera limitée aux îles de Hondo, Hokkaido, Kiousiou, Sikok et à telles autres petites îles » à déterminer.

Quoiqu'il en soit, la tutelle ne saurait, (en vertu de l'article 83 de la Charte), être octroyée par le Conseil de sécurité où s'exerce le droit de veto des cinq grandes puissances, donc le nôtre.

L'opposition de la Russie paraît certaine, même si les Américains devaient, comme ils l'ont fait en 1946-47 pour les ex-mandats japonais du Pacifique, donner à entendre que, faute du consentement du Conseil de sécurité, ils n'en continueront pas moins d'occuper militairement les deux archipels sans contrôle de l'ONU.

C – Statut de Formose, des Pescadores, de Sakhaline du Sud et des Kouriles.

Le gouvernement américain demande ensuite la remise en question du statut d'un certain nombre de territoires ex japonais, ayant déjà fait l'objet de décisions alliées au cours de la guerre, mais dont le sort définitif devrait, à son sens, être fixé par voie d'entente entre les Quatre Grands du Pacifique – savoir : États-Unis, Grande-Bretagne, URSS, Chine (mais quelle Chine ?) – ou bien, à défaut d'accord dans le délai d'un an suivant la mise en vigueur du traité, par décision de l'Assemblée générale de l'ONU.

En vertu de la déclaration du Caire du 26 novembre 1943, Formose et les Pescadores, enlevées à la Chine par le traité de Shimonosaki doivent être restituées à ce pays. Dans ces conditions, la seule question qui se pose selon M. Naggiar est de savoir si c'est à Mao ou à Tchang que ces territoires doivent faire retour. L'on conçoit que, sur ce point, et à défaut d'un accord entre les signataires de la Déclaration, l'ONU puisse être valablement saisie.

Il ne saurait en être de même pour la partie sud de Sakhaline et les îles Kouriles attribuées à l'URSS par le traité secret anglo-russe-américain de Yalta du 11 février 1945 (par. 2 a) et par. 3). Les chefs des gouvernements des trois grandes puissances, est-il précisé à l'avant-dernier alinéa de ce texte diplomatique, ont reconnu que les revendications de l'Union soviétique devront être incontestablement (*unquestionably*) satisfaites après la défaite du Japon. De fait, ces territoires sont aux mains des Soviets depuis l'automne 1945. Et il est permis de se demander avec quelque inquiétude ce qui adviendrait si, après avoir dénoncé le traité de Yalta, l'Assemblée générale invitait la Russie à procéder à leur évacuation.

IV

Sécurité :

Le projet américain prévoit l'institution d'une « responsabilité collective continue » entre le Japon (redevenu souverain), les États-Unis et peut-être d'autres éléments (*other forces*) utilisant les installations japonaises afin d'assurer la sauvegarde de la paix dans les îles jusqu'à ce qu'un autre dispositif de sécurité ait été organisé.

Il conviendra évidemment de prendre toutes précautions utiles pour que le maintien de l'occupation que laisse prévoir cette clause ne permette pas aux services de SCAP[1] de continuer, avec un autre nom à faire écran entre le gouvernement japonais et les autorités étrangères (autres que les Américains). Car, au Japon comme ailleurs, nous avons intérêt à reprendre et même à étendre nos rapports personnels directs et à donner le plus de jeu possible à l'autonomie de notre politique[2].

(Direction d'Asie-Océanie, Japon, volume 48)

417

M. Dejean, Ambassadeur de France, Chef de la mission française à Tokyo,
À M. Schuman, Ministre des Affaires étrangères[3].

T. nᵒˢ 2728-2743.   *Tokyo, 28 décembre 1950, 3 h.*

Réservé.   (*Reçu* : le 28, 15 h. 45)

1) Après le rejet de la proposition de « cessez le feu » émanant de Lake Success, les positions respectives du commandement en chef américain et de la Chine communiste ne permettent guère d'espérer dans un proche avenir une solution pacifique du conflit coréen. Elles en font bien plutôt redouter l'extension.

Cette situation pleine de périls est dans une large mesure la conséquence des revers subis à la fin du mois de novembre. Le résultat le plus clair et le (…)[4] néfaste paraît bien être d'avoir faussé de part et d'autre l'exacte notion des réalités. Ressentis comme une atteinte à leur prestige par les uns, ayant déchaîné chez les autres un orgueil démesuré, les événements de fin novembre risquent d'avoir sur l'évolution de l'affaire coréenne une influence dépassant de beaucoup leur portée militaire.

---

[1] SCAP : *Supreme Commander for the Allied Powers*, soit le Commandant suprême allié au Japon.

[2] Les Américains avaient fait au mémorandum soviétique du 20 novembre une réponse aux termes raides et parfois violents, qui indiquait leur volonté de conclure un traité de paix avec le Japon même en cas de désaccord avec la commission d'Extrême-Orient. On notait que la position américaine restait vague concernant les autres aspects de la préparation du traité (dépêche n° 6135 du 29 décembre 1950 de Washington, non reproduite).

[3] Télégramme communiqué à la Présidence de la République, la Présidence du Conseil, MM. Parodi, Clappier, de La Tournelle et de Bourbon-Busset, ainsi qu'aux postes à Saigon (nᵒˢ 1410-1425), Washington (nᵒˢ 886-901), New York (nᵒˢ 675-690), avec prière de communiquer d'urgence à la Défense nationale. Note manuscrite : « *Cattand. C[ommuni] quer DEF[ense] NAT[ionale], f[ai]t, très intéressant* ».

[4] Lacune de déchiffrement.

Depuis un mois, une préoccupation dominante se retrouve à travers les communiqués du Quartier général comme dans les bulletins du 2e Bureau ; aucune faute, erreur ou défaillance ne devant être imputée au commandement et le comportement des troupes américaines demeurant hors du débat, il s'agit d'expliquer les revers subis par la supériorité numériquement écrasante de l'ennemi ; ce souci conduit à présenter la Chine communiste comme une « grande puissance militaire » pour reprendre l'expression du général MacArthur dans un communiqué du 26 décembre.

Toutes ces affirmations sont contestables.

Il n'est pas question de la grande puissance militaire de la Chine avant le déclenchement de l'offensive du 24 novembre. Après la 1ère alerte et le recul allié début de novembre, le commandant en chef manifestait peu d'inquiétude de l'intervention chinoise. Le 10 novembre, il avait déclaré à plusieurs reprises devant moi que la situation des troupes adverses ayant passé le Yalu était désespérée. Son communiqué du 24 novembre annonçant la reprise de l'offensive alliée faisait peu de cas de la résistance que pouvaient offrir les forces venues de Mandchourie. La confiance du général commandant en chef était basée sur l'équipement relativement médiocre de ces troupes, abondamment munies d'armes portatives et de mortiers mais, du moins à ce moment presque dépourvues d'artillerie et de chars. Elle se fondait également sur une évaluation trop faible des effectifs ennemis alors chiffrés au grand maximum à 80 000 hommes.

Si, en fait, les troupes chinoises se sont révélées beaucoup plus nombreuses (200 000 d'après un communiqué du 28 novembre), il est cependant inexact de prétendre que les communistes aient disposé, fin novembre en Corée, d'une supériorité numérique écrasante sur les forces terrestres alliées qui, y compris les Sudistes comptaient à ce moment près de 300 000 soldats. En fait, les troupes des Nations unies abondamment dotées de tanks et d'artillerie et secondées par une aviation formidable, pour ne rien dire du concours de la flotte, disposaient d'une puissance de feu supérieure à celle de l'adversaire.

La suite des opérations a d'ailleurs prouvé que les Chinois ont été incapables d'exploiter la percée réalisée dès le 27 novembre sur le front de la 8e Armée que pratiquement ils n'ont pu gêner la retraite du général Walker, et que 10 de leurs divisions se sont avérées incapables d'empêcher le dégagement des marines encerclées près du réservoir de Chosin et l'évacuation complète du 10e Corps avec la totalité de son matériel.

2) Pour expliquer les revers subis, le commandement américain est cependant amené à augmenter considérablement la menace chinoise. Il chiffre à plus d'un million les effectifs susceptibles d'intervenir en Corée.

D'autre part, il rappelle sans cesse les limitations auxquelles il est soumis et qui l'ont empêché non seulement de frapper au nord du Yalu, mais même d'observer les contingents près de passer. Il tend ainsi à faire retomber sur Lake Success responsabilité de l'échec enregistré et il souligne en même temps l'impérieuse nécessité d'atteindre l'ennemi dans ses bases, c'est-à-dire, porter la guerre en Mandchourie.

Oubliant d'autre part qu'avant l'opération d'Inchon et le franchissement du 38e parallèle, il avait posé en principe que la Chine n'interviendrait pas, il soutient aujourd'hui que l'entrée des divisions chinoises en Corée n'est que l'exécution d'un vaste dessein arrêté depuis longtemps et qui comporte l'expansion sans limite de l'impérialisme chinois.

Le plan définitif qu'il recommande comporte non seulement le bombardement de la Mandchourie mais le débarquement sur le continent des forces nationalistes chinoises avec ou sans le maréchal Tchang Kaï-chek si celui-ci est considéré comme un obstacle. Il implique également dans un stade ultérieur l'utilisation d'effectifs japonais.

Il existe certainement des liens entre le plan du Quartier général du général MacArthur, le télégramme adressé au président Truman par l'Assemblée nationale de Formose (mon télégramme n° 2716)[1] et les manœuvres politiques actuellement en cours à Tokyo en vue d'assurer la participation active du Japon à la guerre (mon télégramme n° 2698)[2] et dans ce but de changer s'il est nécessaire le gouvernement japonais. Il s'agit en somme de reprendre en les adaptant aux circonstances actuelles des plans d'intervention en Chine qui avaient été envisagés il y a 2 ans entre le général MacArthur, M. Yoshida et le maréchal Tchang Kaï-chek, lorsqu'une victoire républicaine aux élections présidentielles était considérée comme assurée.

3) De leur côté, les communistes chinois semblent avoir été aussi enivrés que surpris de leur victoire. Ils se prennent, eux aussi, pour une grande puissance militaire. Rien ne leur paraît impossible. Ils se croient appelés à libérer l'Asie tout entière. Du moins ils le proclament. Non seulement, ils se font fort d'expulser de Corée les armées alliées, mais leur propagande annonce déjà la délivrance prochaine du Japon, des Philippines, du Viêtnam, de l'Indonésie, de la Birmanie. Ils accusent les États-Unis de se lancer sur les traces de l'impérialisme japonais, de vouloir annexer Formose, la Corée, envahir la Mandchourie, conquérir la Chine et l'Asie entière. Dans toutes les provinces chinoises, la propagande anti-américaine fait fureur. Une fièvre guerrière intense s'est emparée des communistes chinois qui s'efforcent de la communiquer au pays tout entier. Les villes sont mises en état de défense. La jeunesse est appelée en masse dans les camps d'entraînement militaire.

Les violences de langage et ce déchaînement ne peuvent que confirmer le commandement américain dans la conviction qu'une guerre de

---

[1] Document non reproduit.
[2] Document non reproduit.

grande envergure avec la Chine communiste est inévitable. Les chefs militaires sont ainsi amenés à insister, au nom même de la sécurité, des forces américaines engagées, pour être autorisées à frapper l'ennemi dans la source même de sa force. Le commandement américain et le gouvernement chinois concourent ainsi à rendre fatale l'extension du conflit. Le danger est d'autant plus grand que, dans la mesure où le prestige américain est considéré comme engagé, la position du gouvernement américain, étroitement contrôlée par l'opinion publique et surveillée par le parti républicain ne peut s'écarter trop fortement de celle des militaires d'Extrême-Orient.

4) Le tableau plutôt sombre comporte cependant un trait de lumière et une lueur d'espoir, même après l'échec des récentes tentatives de règlement pacifique.

Il y a un mois la situation militaire en Corée paraissait irrémédiablement compromise. Le commandement ne cache pas qu'à son avis, l'évacuation était la seule solution raisonnable. Depuis un redressement considérable s'est effectué au profit des Alliés. Ne disposant pas de moyens motorisés, nécessaires à la poursuite, dépourvue sans doute aussi d'un service d'approvisionnement rapide et efficace, l'armée chinoise a laissé échapper le gros de la VIIIe Armée, pendant tout un mois, elle a, avec le peu de succès que l'on sait, limité ses efforts à la zone du 10ème Corps d'armée.

Les forces des Nations unies ont eu quatre semaines pour se regrouper, recompléter leurs unités, remplacer le matériel perdu.

À la date du 17 décembre, elles comptaient 312 000 hommes.

Les forces chinoises actuellement en Corée sont évaluées par l'état-major à une trentaine de divisions au maximum soit environ 270 à 300 000 hommes auxquelles s'ajouteraient 150 000 Nordistes réformés à la hâte en unités disparates. Mais les troupes alliées jouissent semble-t-il, d'une grosse supériorité en matériel, notamment en tanks et en artillerie, et elles sont appuyées par une aviation puissante d'excellente qualité, magnifiquement entraînée, renforcée au cours de ces dernières semaines et pouvant normalement compter en janvier et en février sur un temps favorable.

À supposer que les évaluations de l'état-major américain concernant les forces ennemis correspondant à peu près à la réalité, la partie n'est donc pas aussi inégale. Il est permis d'espérer que l'issue de la bataille qui paraît devoir s'engager le long du 38e parallèle procurera au commandement et au peuple américain de légitimes satisfactions de prestige et inspirera aux communistes chinois une conscience plus exacte des limites de leur force. C'est alors seulement qu'il serait peut être possible de renouveler avec quelques chances de succès les tentatives de règlement pacifique qui viennent d'échouer.

(Direction d'Asie-Océanie, Corée, volume 26)

418

NOTE DU DÉPARTEMENT

Qu'est-ce qu'un compromis avec l'URSS ?

N.   *Paris, 28 décembre 1950.*

La politique de l'URSS est une politique mondiale. Elle s'appuie sur une vision du monde. Celle-ci ne détermine pas nécessairement les sinuosités de la tactique, mais elle oriente les grandes perspectives. Il faut en tenir compte.

Le système soviétique ne connaît pas les valeurs fixes, les principes permanents, les accords durables. Il est dialectique. La dialectique n'est, à l'origine, rien d'autre que l'idée du perpétuel devenir. Chez Hegel, l'esprit, chez Marx, la matière, et à leur suite, le mouvement historique, sont l'ultime réalité. Cette réalité n'est pas stable. Elle obéit à la loi célèbre : « thèse-antithèse-synthèse », c'est-à-dire, « affirmation-négation-négation de la négation », ou, en exemple concret « féodalisme-capitalisme-socialisme ».

Dans la pensée soviétique et sans aucun doute dans l'esprit de Staline, le capitalisme est appelé à disparaître. C'est, pour les marxistes, une loi scientifique. La tenir pour fausse serait ruiner les fondements du système, de la société et du pouvoir soviétiques.

La fin du capitalisme est conçue comme un éclatement sous l'effet de contradictions internes grandissantes. Il n'y a pas d'autre issue au « capitalisme des monopoles », qui est la phase actuelle, que le socialisme, qui est l'URSS. En se refusant à accepter cette issue, les capitalistes sont condamnés à voir se développer les contradictions internes de leur régime ; la politique de l'URSS profite de ces contradictions. Surtout elle les accroît. Accroître les tensions internes et les contradictions du capitalisme, c'est le but essentiel de la politique de l'URSS.

Ce principe a donné en 1922 les accords germano-russes de Rappalo (Diviser le bloc des brigands impérialistes), en 1934, le ralliement de l'URSS au camp occidental, en 1939, la signature du pacte germano-soviétique et depuis 1945, la politique tendant à l'isolement des États-Unis, par l'interprétation unilatérale des accords de Yalta et de Potsdam, et par la signature de traités de paix avec l'Allemagne et le Japon, amenant sans guerre l'intégration de tous les continents non américains dans le système soviétique.

Telle est la réalité que recouvre la terme de « paix » lorsqu'il est proféré par un chef soviétique.

Qu'entend-on au contraire par « paix » dans le vocabulaire des États non staliniens ?

La paix pour nous, c'est l'équilibre. C'est, d'une part, un rapport de forces suffisamment balancé pour mettre un frein aux appétits de conquête, c'est, d'autre part, un libre commerce des idées et des biens, permettant la confrontation, la comparaison, l'analyse et le jugement, de façon à assurer la diminution, sinon la disparition, les contradictions d'intérêt qui sont l'origine des conflits et des guerres.

La paix de l'Ouest a pour base essentielle la stabilité dans les principes et dans l'action, celle de l'Est suppose le mouvement indéfini et l'accroissement inéluctable des contradictions.

Sur le plan des principes, celui quoiqu'on en dise souvent, qui est essentiel, il est vain d'espérer un compromis. Il y a incompatibilité radicale.

***

Sur le plan concret il y a maint exemple de compromis conclus entre deux systèmes ; les plus récents sont ceux du pacte du 23 août 1939, et des accords de Yalta et Potsdam.

Dans le premier cas, le compromis a rapidement dégénéré en conflit : les deux puissances avaient des forces militaires comparables et l'une d'entre elles était en proie à la folie des conquêtes. Dans le deuxième cas, le compromis a profité avec excès à l'une des parties, l'URSS : il lui a permis, sans guerre, de s'étendre sur la moitié de l'Europe et la presque totalité de l'Asie. Conçu en effet statiquement par Roosevelt et ses successeurs immédiats, il a été interprété et appliqué dialectiquement, dynamiquement par Staline.

À la veille d'une réunion des quatre ministres, ce qu'il faut rechercher c'est moins la possibilité d'un nouveau compromis, car il risquerait de tourner cette fois-ci à notre perte, que celle d'un <u>compromis ne compromettant pas les dernières positions</u> qui nous restent.

***

Pour plus de clarté, l'on peut limiter tout d'abord l'investigation à l'Europe, seule région du monde où les forces américaines et soviétiques soient directement en contact.

Quel compromis nous offre l'URSS ?

Elle propose d'établir à nouveau le principe de la démilitarisation de l'Allemagne, puis de procéder à l'unification du pays, enfin de signer avec l'Allemagne un traité de paix, assurant dans un an l'évacuation de l'Allemagne par toutes les forces étrangères.

Ce que signifie cette proposition pour l'URSS est clair : l'Europe sera évacuée par les Américains, l'union atlantique sera brisée, l'Europe se trouvera isolée, face à la puissance soviétique. Isolée, mais surtout morcelée, et elle recèlera en son sein ce monstre, l'Allemagne démilitarisée, dépourvue de tous moyens de défense, mais disposant de l'essentiel des ressources d'énergie et d'industrie du continent. Il n'est pas difficile d'imaginer l'évolution de cette Allemagne neutre. Sa sécurité sera en fait remise aux soins de la puissance militaire soviétique, sa prospérité sera fonction des marchés continentaux que celle-ci voudra bien lui ouvrir. Son équilibre politique sera menacé par sa neutralité même. Tout développement de partis hostiles à l'URSS sera considéré comme contraire à la neutralité allemande. Inéluctablement l'Allemagne, et à sa suite l'Europe, entreront dans l'orbite de l'URSS.

Le temps gagné contre la guerre aura été perdu, car tel développement de la puissance soviétique provoquera plus sûrement que tout le conflit décisif avec les États-Unis.

C'est en raison de ce danger que les trois puissances occidentales ont refusé d'accepter pour base des future pourparlers les propositions soviétiques.

Restent à trouver les bases qui nous conviennent.

À cet effet, deux questions doivent être résolues :

– Comment concevons-nous les conditions essentielles de notre sécurité ?

– Celles-ci déterminées, quelles concessions pouvons-nous demander aux Russes ?

Depuis la fin de la guerre, la sécurité de la France est assurée par la présence des troupes américaines en Europe et par la supériorité atomique américaine. Depuis l'échec des pourparlers sur l'Allemagne avec l'URSS en décembre 1947, tous les efforts des gouvernements successifs ont tendu à fixer les troupes américaines sur le continent, et plus encore, à assurer la défense stratégique de l'Europe aussi loin vers l'Est que possible. À moins de prétendre que la France peut assurer seule sa défense, soit par un changement de politique, soit par un effort colossal de réarmement, on ne voit pas ce qui pourrait nous faire renoncer au principe cardinal de notre sécurité dans la phase actuelle.

Si ce point est admis, il en résulte à l'évidence que nous avons intérêt à différer la signature du traité de paix avec l'Allemagne, dont la conséquence serait le départ d'Europe des troupes américaines. Il en résulte également que tout ce qui tend à ramener ces troupes vers l'Ouest, que ce soit sur le Rhin, ou sur le territoire des pays alliés, affaiblit sérieusement notre sécurité, puisque la bataille éventuelle se livrerait directement sur notre territoire, et que de l'avis des experts elle n'aurait aucune chance d'empêcher l'invasion totale de l'Europe.

Il faut, dans ce cas, prévoir pour la conférence un thème de manœuvre assurant en définitive le maintien du dispositif militaire actuel en Europe, sinon son renforcement.

On peut ainsi être tenté de limiter la négociation au seul problème du réarmement de l'Allemagne. Nous consentirions à suspendre celui-ci, si les Russes nous offraient une compensation valable.

Celle-ci ne peut être que du même ordre soit, suppression des *Bereitschaften.*

Ce compromis est peut-être acceptable du point de vue français. Encore faut-il qu'il le soit pour nos alliés occidentaux, et qu'il ne conduise pas les Américains à délaisser subrepticement l'Europe continentale pour concentrer leur effort militaire sur les pourtours, îles et péninsules.

Une autre formule de compromis consisterait à ne prendre aucun engagement ferme sur la question du réarmement de l'Allemagne, à constater l'impossibilité d'un accord de fond, et à proposer un engagement concret et à terme de nos recours à la force sur l'ensemble de l'Europe. Un tel engagement n'aurait de valeur que s'il s'accompagnait d'un règlement au moins provisoire en Extrême-Orient.

C'est entre les alliés occidentaux qu'il y aurait lieu alors d'examiner la question du réarmement allemand. Si la France fournissait un effort militaire suffisant, elle pourrait peut-être convaincre les États-Unis que la partie est mal engagée, et qu'on n'obtiendra pas l'adhésion de l'Allemagne sans des concessions exorbitantes. On pourrait ainsi s'orienter vers la création d'une police fédérale, servant de cadre à la future armée allemande, en cas de besoin.

De quelque manière qu'on envisage ces compromis, il est certain qu'on y parviendra qu'après avoir exploré l'ensemble des problèmes que pose la paix de l'Europe, et qu'après avoir fait la preuve qu'il n'est pas possible de s'entendre réellement.

Engager la conférence d'emblée sur la question de la démilitarisation ou celle de l'unité allemande serait faire le jeu des Russes, leur donner la faculté de nous entraîner plus loin que nous voulons. Il faudrait au contraire attaquer par des propositions fermes sur le statut futur de l'Allemagne unifiée et pacifiée, sur le rétablissement de l'unité de tout le continent, sur l'intégration de l'Allemagne à cet ensemble.

Il y a peu de doute que les Russes ne refusent ces bases ; nous serions alors à l'aise pour leur proposer une solution plus limitée, ne compromettant pas nos positions essentielles.

***

Ces trop longues considérations peuvent se résumer ainsi :

Nous n'avons plus la marge de sécurité nécessaire pour envisager avec les Russes un compromis large du type de Yalta ou de Potsdam.

Nous devons nous fixer comme ligne directrice la recherche d'un compromis très limité, ne comportant de part et d'autre que des concessions aussi minimes que possible.

Pour ce faire, il faut commencer par présenter un programme européen large et répondant réellement à nos vues positives sur la paix.

Il faut ensuite rechercher une solution selon la formule suivante : ni succès, ni échec de la conférence, mais demi-succès, ou mieux même, demi-échec.

(Direction d'Europe, URSS, volume 138)

419

Note de la Direction d'Europe
(Sous-direction d'Europe orientale)

Aide militaire à la Yougoslavie

N. *Paris, 28 décembre 1950.*

Le problème d'une aide militaire des pays occidentaux à la Yougoslavie est depuis plusieurs mois à l'ordre du jour. Les dirigeants de Washington, Londres et Paris ont en effet considéré qu'il serait maintenant opportun de faciliter dans une certaine mesure la mise en état de défense de la Yougoslavie menacée d'une agression depuis la condamnation du régime Tito par le Kominform.

La question revêt actuellement les deux aspects suivants :

– d'une part, l'aspect général de l'aide des trois puissances occidentales à la Yougoslavie ;

– d'autre part, l'aspect particulier des fournitures militaires dans le cadre des actuelles négociations commerciales et financières franco-yougoslaves.

1) *Aspect général de l'aide à la Yougoslavie – examen technique par le comité d'experts de Washington.*

À la demande du gouvernement américain, la question de l'assistance militaire au gouvernement de Belgrade a été examinée par les trois grandes puissances occidentales. Celles-ci ont chargé un groupe d'experts, réunis à Washington aux mois de septembre et octobre de cette année, de procéder à une étude préliminaire des conditions dans lesquelles pourraient être renforcées les capacités de défense yougoslaves. Ce comité a finalement remis à la fin du mois d'octobre un rapport analysant à la fois les divers dangers qui menacent la Yougoslavie et les quantités d'armes qui, dans chaque cas, devraient être livrées à l'armée yougoslave pour lui permettre de faire face à la situation.

Sur ces bases, le groupe d'experts a entre autres recommandé aux trois gouvernements l'examen des points suivants :

a) La façon d'approcher le gouvernement yougoslave pour lui offrir une aide militaire et lui proposer qu'un petit groupe de techniciens occidentaux soit autorisé à venir s'informer sur place des besoins de la Yougoslavie.

b) Déterminer les possibilités actuelles des trois puissances en ce qui concerne la fourniture, au cours des prochains mois, des matériels envisagés. Il ressortait d'ailleurs du rapport tripartite que notre pays était le seul, à même de fournir cette aide initiale[1].

Les aspects financiers et politiques de l'aide occidentale étaient laissés à l'examen des trois gouvernements appelés à se prononcer sur ce rapport.

2) Fournitures militaires dans le cadre des négociations commerciales et financières franco-yougoslaves.

Dans le même temps, mais en dehors des entretiens de Washington, la France – seule des trois puissances occidentales – était sollicitée par le gouvernement yougoslave de lui fournir dans le cadre d'un plan d'équipement en discussion à Paris du matériel militaire pour une valeur d'environ de 6 milliards de francs. Le financement tripartite de cette opération n'ayant pu être réalisé, le Conseil des ministres a décidé le 13 décembre dernier que le gouvernement yougoslave pour financer ces commandes dont le principe était admis, pourrait bénéficier de l'assurance crédit, étant entendu qu'un accord serait atteint sur l'ensemble des autres questions financières et commerciales pendantes.

Cette décision a été récemment portée à la connaissance des négociateurs yougoslaves.

Toutefois, le gouvernement américain vient de demander que nous différions l'acceptation des commandes yougoslaves jusqu'à ce que les experts américains aient pu étudier avec des représentants de notre état-major les listes de matériel que nous serions appelés à fournir.

Au cours d'un échange de vues intervenu ce jour, les représentants américains ont en effet précisé leur intention d'examiner si les fournitures envisagées ne porteraient pas sur des matériels nécessaires à la France ou à l'Indochine, et à d'autres pays du pacte de l'Atlantique.

En tout état de cause, il convient de souligner que les commandes yougoslaves dont il s'agit ne représentent qu'une faible partie de l'effort de réarmement que le comité tripartite de Washington a jugé indispensable pour permettre à la Yougoslavie de s'opposer avec des chances de succès à une éventuelle agression.

---

[1] Bonnet avait transmis le rapport du groupe de travail tripartite et en avait livré les premières conclusions dans une première dépêche qui inspire ce paragraphe (dépêche n° 5219 du 31 octobre 1950 de Washington, non reproduite).

3) *Aspect général de l'aide à la Yougoslavie – Position des trois puissances à l'égard des recommandations du comité tripartite.*

a) Position française.

Tout en se déclarant favorable au principe d'une aide militaire à la Yougoslavie, le gouvernement français considère que le rapport du groupe tripartite présente un caractère théorique étant donné les hypothèses sur lesquelles il repose et l'incertitude où nous nous trouvons tant des intentions que des besoins réels de la Yougoslavie. Il y a donc lieu, à notre avis, de déterminer si les trois gouvernements occidentaux sont effectivement disposés à approcher le gouvernement yougoslave à ce sujet. Cette éventuelle prise de contact ne devrait être effectuée qu'une fois résolu, au moins dans son principe le financement de l'aide militaire envisagé et toutes précautions étant observées pour éviter que nous apparaissions aux Yougoslaves dans la position de demandeurs.

À notre avis, l'approche du gouvernement yougoslave pourrait se faire par le biais des négociations commerciales en cours[1].

b) Position britannique.

Le gouvernement britannique a fait connaître son accord sur la recommandation du groupe de travail de Washington selon laquelle les trois gouvernements devraient approcher dès que possible le gouvernement yougoslave, lui offrir une aide militaire et lui proposer qu'un petit groupe d'experts soit autorisé à s'informer sur place. Il n'a pas non plus d'objection à ce que les négociations sur les commandes passées par la Yougoslavie servent de base à une démarche tripartite qui pourrait être faite au nom des trois gouvernements par l'Ambassadeur de France à Belgrade.

Sur le plan pratique, il propose de ne plus inclure la Yougoslavie dans la liste des pays soumis à des restrictions de fournitures de matériels stratégiques. En ce qui concerne la question du financement, les autorités britanniques observent enfin la plus grande réserve.

c) Position américaine.

En revanche, le gouvernement des États-Unis vient de faire savoir à M. Henri Bonnet qu'il ne prendrait position sur le rapport du groupe de travail qu'après une nouvelle négociation à trois qui, selon lui, devrait s'ouvrir à Washington non plus seulement sur le plan technique mais sur le plan politique.

---

[1] C'est ce que poussait à faire la sous-direction d'Europe orientale en demandant à ce que l'on profite des négociations commerciales franco-yougoslaves pour demander aux Yougoslaves de prendre une part active à l'évaluation des matériels dont ils auraient besoin. Elle poussait également à ce que l'approche se fasse par un des trois ambassadeurs en poste à Belgrade, et sans doute par Baudet, vu que c'était par lui que Tito avait pour la première fois fait une demande de livraison d'armes défensives (note du 16 novembre 1950 de Paris, non reproduite).

Au sujet du financement, Washington comme Londres observe une attitude très réservée.

Compte tenu de l'analogie des vues exprimées par Paris et Londres sur les recommandations du groupe de travail, le Département se propose de faire demander au Département d'État si, dans ces conditions, il persiste dans son intention de réunir à nouveau un comité tripartite à Washington avant d'approcher le gouvernement de Belgrade. Notre représentant à Londres serait en même temps chargé d'aborder les autorités britanniques sur le point de savoir si celles-ci seraient disposées à s'associer à notre démarche.

(Direction d'Europe, Yougoslavie, volume 88)

420

M. Massigli, Ambassadeur de France à Londres,
à M. Schuman, Ministre des Affaires étrangères[1].

T. n°s 4931-4937.   *Londres, 29 décembre 1950, 21 h. 05.*

Réservé.   *(Reçu : le 29, 21 h. 30)*

Je me réfère à mon télégramme n°s 4924-4930[2].

La ligne politique que, devant l'affaire de Corée, les dirigeants anglais s'efforcent de suivre est, comme je l'ai indiqué au Département, dictée par la conviction qu'entre la guerre générale en Extrême-Orient et la négociation avec la Chine, il n'y a pas de solution intermédiaire. Les Américains croient à la possibilité de mener une guerre « limitée » comportant sanctions économiques de blocus et éventuellement bombardements aériens. C'est ce qu'ils ont expliqué à leurs interlocuteurs britanniques lors des conversations Truman-Attlee[3]. Les Anglais n'y croient pas. Ils orientent donc leur action vers la négociation qu'ils espèrent pouvoir un jour ouvrir avec la Chine.

Cela dit et si l'on admet cette position de principe, certaines remarques s'imposent.

Les Anglais ont cru et continuent à croire nécessaire de n'aborder la négociation avec la Chine qu'une fois rétablie la situation militaire. Ils se sont donc opposés à l'évacuation précipitée à laquelle les Américains

---

[1] Télégramme communiqué à la Présidence de la République, la Présidence du Conseil, MM. Parodi, de La Tournelle, Clappier et de Bourbon-Busset. Note manuscrite : « C[ommunqu]er Washington, Eur[ope] fait, Tokyo, Hau[t Commi]ssaire [à Saigon] f[ai]t par S[ecrétariat des] C[onférences] ».

[2] Document non reproduit.

[3] Voir documents n°s 394 et 399 à 403.

ont un moment songé et qui aurait à coup sûr déterminé une panique générale chez tous ceux qui combattent à nos côtés en Extrême-Orient. Nous ne pouvions, semble-t-il, qu'être d'accord avec eux sur ce point (mon télégramme n°s 4878-87)[1].

À l'heure actuelle, les Anglais tendent à persévérer dans cette ligne et envisagent une guerre défensive prolongée en Corée, soit sur un front allant d'Est à l'Ouest, soit à partir de deux têtes de pont.

C'est là une position sans doute parfaitement justifiable si l'on examine la situation dans le seul cadre des affaires d'Extrême-Orient ; mais elle ne tient peut-être pas assez compte de ce qui peut se passer, au cours des prochains mois, dans le reste du monde.

La négociation avec la Chine ne se nouera que lentement. Elle n'aboutira pas avant de longs délais. Entre temps, le front de Corée devra être tenu, prélevant un lourd tribut sur les réserves des alliés. Or, le moment peut venir, très rapidement, où ceux-ci ne seront pas en mesure de maintenir pareil effort sur un front aussi excentrique et, militairement, si peu important. Il y a là un gros risque.

D'autre part, nul ne sait l'importance réelle des forces que les Chinois sont résolus à engager en Corée. D'après ce que les autorités américaines les plus qualifiées ont dit à nos interlocuteurs anglais, les chiffres oscillent entre 100 000 et un million de combattants chinois et il est impossible, à l'heure actuelle, d'être plus précis. Une bataille peut donc se développer qui aboutirait soit à jeter les Alliés à la mer, soit à imposer l'envoi d'importants renforts. Dans la première hypothèse, l'échec aurait un retentissement profond dans toute l'Asie. La seconde mènerait à la guerre de longue haleine dont par principe nous ne voulons pas.

On peut, dans ces conditions, se demander si les Alliés n'auraient pas, malgré tout, intérêt à saisir le moment où ils auront, au moins provisoirement rétabli à leur profit une situation de force pour liquider une position qui reste essentiellement malsaine.

(Direction d'Asie-Océanie, Corée, volume 26)

---

[1] Document non reproduit.

421

M. ROYÈRE, CONSUL GÉNÉRAL DE FRANCE À SHANGHAÏ,
    À M. SCHUMAN, MINISTRE DES AFFAIRES ÉTRANGÈRES[1].

T. n°s 912-923[2].   *Shanghaï, 30 décembre 1950.*

(*Reçu* : le 18 janvier 1951, 19 h.)

Une notable évolution s'est produite dans la situation générale en
Chine telle qu'elle était exposée dans mon télégramme n° 688[3]. Je vous
prie de vouloir bien trouver ci-après analyse suivante de cette évolution.

1) *Situation politique et sociale.*

À l'intervention chinoise dans le conflit coréen correspond un raidissement marqué sur le plan intérieur. Il ne convient plus comme précédemment de convaincre la population des bienfaits et des avantages
du nouveau régime.

Dorénavant, toute opposition, toute obstruction serait impitoyablement réprimée. Il s'agit de « faire vite » afin de mâter définitivement
toute résistance dans le pays et de permettre à l'action extérieure de
s'exercer sans crainte d'une réaction interne. La réforme agraire est
accélérée. Elle doit être terminée dans le plus bref délai possible et selon
les paroles d'un fonctionnaire chinois « s'effectuer si besoin en est, dans
le sang pour graver dans les esprits la sévérité et la rigueur du régime ».

Cependant, quelques centres de résistance subsistent, notamment
dans les régions d'accès difficile. Mais ces mouvements isolés et qui ne
procèdent au fond d'aucune doctrine politique sont voués tôt ou tard
à l'échec.

Dans la plupart des cas, les agriculteurs préfèrent se soumettre comp-
tant avec une patience à la fois chinoise et paysanne sur le temps pour
altérer les dispositions prises à leur égard. Il n'est plus question de néo-
démocratie. Ce slogan, démodé maintenant, est remplacé par celui de
la lutte contre l'agression américaine. C'est une fois de plus dans l'histoire des révolutions dans une intervention extérieure à allure nationaliste qu'on cherche à cristalliser toutes les énergies au bénéfice du
régime.

Cependant avant même que l'enthousiasme suscité par les premiers
succès des volontaires chinois (mon télégramme n° 863)[4] (…)[5] l'opinion

---

[1] Télégramme communiqué à Saïgon (n°s 199-210). Note manuscrite : « *Cattand et États
associés. M. Cerles, utiliser pour note mensuelle* ».

[2] Télégramme envoyé par courrier.

[3] Voir document n° 300.

[4] Document non reproduit.

[5] Lacune de déchiffrement.

publique commence à se laisser atteindre par l'indifférence. La propagande est chargée d'exhorter les esprits défaillants et ne se prive pas d'user à leur égard de promesses aussi bien que de menaces.

Les relations avec l'étranger se sont considérablement tendues au cours des dernières semaines.

Les Américains mis à part, ce sont les Français et les Britanniques qui sont surtout visés et parmi ceux-ci les éléments religieux sont les plus menacés qu'ils soient protestants ou catholiques.

Le sort des étrangers en Chine est désormais placé sous le signe de l'incertitude : ils peuvent tout aussi bien être expulsés ou déportés sous quelque prétexte que ce soit que gardés « comme otage » si la situation en Extrême-Orient évolue d'une façon défavorable au gouvernement de Pékin. On doit à la vérité de reconnaître que toutes les mesures anti-étrangères même les plus brutales dans le fond, sont dans la forme appliquées avec un souci ostensible de correction.

2) *Situation économique et financière.*

Il est encore trop tôt pour apprécier la portée des récentes mesures économiques, financières (embargo, gel des comptes) prises tant par Washington que Pékin. Les optimistes et les pessimistes se comptent en nombre égal. Il est vraisemblable que ces mesures ne seront pas sans gêner considérablement l'économie chinoise mais celle-ci aura recours pour compenser partiellement l'arrêt de ses transactions avec les États-Unis à l'augmentation dans la toute mesure du possible de ses échanges commerciaux avec l'URSS et ses satellites, ainsi qu'avec certains pays neutres tels que la Suisse, l'Inde et le Pakistan ou même « impérialistes » tels que la Grande-Bretagne, la Belgique ou la France. Si les dirigeants communistes chinois sont dépités des mesures d'embargo et de blocages décidées par le gouvernement américain, ils ne paraissent pas vraiment inquiets.

Les entreprises industrielles continuent à fonctionner plus ou moins au ralenti sauf paraît-il en Mandchourie où un effort supplémentaire serait fourni sur l'impulsion des conseillers soviétiques. Leur avenir dépendra évidemment de l'importance des stocks accumulés et surtout des possibilités d'échanges commerciaux visés au § précédent.

On spécule beaucoup sur l'importance de la prochaine récolte. Il ne paraît pas toutefois, malgré les entraves que la réforme agraire ne manquera pas d'apporter aux travaux de culture, que la situation à cet égard puisse être en 1951 aussi dangereuse qu'elle l'a été en 1950. La surface des terres cultivées déjà sensiblement accrue et en cours d'accroissement, doit mettre le pays à l'abri de la famine.

Mais les récentes et très sérieuses mesures prises pour hâter la rentrée des impôts et des taxes peuvent dénoter des difficultés d'ordre financier. Il est à supposer que les nécessités militaires et le gel des avoirs chinois aux États-Unis ont déséquilibré le budget en cours. Des indications plus précises sur la situation financière pourront sans doute être dégagées lorsque les précisions budgétaires pour 1951 qui viennent d'être adoptées par le Conseil de gouvernement auront été rendues publiques.

3) *Situation militaire et diplomatique.*

C'est incontestablement l'élément militaire et diplomatique qui domine la situation. Les événements survenus au cours de ces derniers mois ont permis d'apprécier sans ambiguïté la politique du gouvernement chinois populaire. On pourrait résumer celle-ci de la façon suivante : militairement, une exploitation à fond des succès remportés en Corée, une extension possible de l'intervention des « volontaires » chinois à d'autres secteurs (Indochine) ; diplomatiquement, un inflexible maintien des positions initialement prises.

Il n'est cependant pas certain, malgré les apparences, que Pékin n'accepte pas de négocier un jour – mais une négociation n'est à envisager qu'au cas où la situation intérieure ou extérieure de la Chine subirait de profondes modifications ou encore dans celui où elle serait utile à la stratégie de Moscou.

Quoiqu'il en soit, on perçoit depuis quelques jours à travers la presse chinoise (qui, comme vous le savez, est strictement dirigée de Pékin) un certain embarras. La façon dont les Américains se sont ressaisis en Corée, le raidissement du gouvernement des États-Unis à l'égard de la Chine, sa résolution de se renforcer et de renforcer ses alliés n'ont pas laissé autant qu'on puisse en juger d'impressionner les dirigeants communistes chinois qui, par ailleurs, ne sont pas encore aptes à saisir la valeur et les effets de la stratégie conduite à l'échelle mondiale.

Je suis pour ma part convaincu que le gouvernement de Pékin, par orgueil et par entêtement autant que sous la pression moscovite, ne peut pour l'instant que poursuivre sans répit son action en Corée et maintenir ses exigences politiques. Mais il ne le fera pas désormais sans un certain sentiment d'appréhension plus ou moins avoué et qui est susceptible de s'accroître au fur et à mesure que s'affirmeront l'entente, la détermination et la clairvoyance des puissances alliées.

(Direction d'Asie-Océanie, Chine, volume 123)

422

M. Schuman, Ministre des Affaires étrangères,
à M. Chauvel, Représentant permanent de la France auprès
du Conseil de sécurité des Nations unies[1].

T. n°s 3744-3748.   *Paris, 31 décembre 1950, 23 h.*

Réservé.

Il va de soi que nous ne saurions arrêter d'avance des positions valables dans toutes les éventualités et que nos attitudes devront être adaptées au développement de la situation.

De toute façon, il ne serait pas sans intérêt, comme paraissent le souhaiter les Américains, de faire comprendre nettement à Pékin qu'une trêve ou même une suspension de fait des hostilités pourrait être suivie d'une discussion, avec toutes les parties intéressées, des modalités de règlement de la question coréenne.

À cet égard, une situation militaire équilibrée telle qu'elle résulterait soit du non-franchissement du 38e parallèle par les troupes chinoises, soit de l'arrêt d'une offensive de celles-ci par les forces des Nations unies devrait ouvrir certaines perspectives de négociations. Il en serait autrement au cas d'un réembarquement des contingents des Nations unies. Dans cette hypothèse, il y aurait lieu de s'attendre à un raidissement de la position américaine en raison des répercussions que, sans parler de l'opinion publique aux États-Unis, cet échec aurait au Japon et dans tout l'Extrême-Orient. La tâche des Nations unies deviendrait aussi singulièrement délicate.

Nos efforts doivent tendre, comme vous l'indiquez, à détourner le gouvernement américain, et par son entremise le commandement unifié, de tout acte qui pourrait comporter des risques d'extension du conflit.

Quant à la déclaration d'intention à laquelle vous faites allusion dans votre télégramme n° 3763[2] dans le sens d'une évacuation simultanée des troupes chinoises et de celles des Nations unies, elle ne pourrait être introduite dans le projet de résolution des six puissances que si les Américains, qui supportent le poids principal des opérations et sont dans cette affaire les plus directement intéressés, se prêtaient à l'insertion d'un tel amendement. Elle impliquerait également, pour que les principes soient sauvegardés et que la situation soit rétablie telle

---

[1] Télégramme communiqué à la Présidence de la République, la Présidence du Conseil, MM. Parodi, de La Tournelle, Clappier et de Bourbon-Busset ainsi qu'aux ambassades de France et postes à Tokyo (n°s 1689-1693), Londres (n°s 24 370-24 374) et Washington (n°s 21 402-21 406).

[2] Document non reproduit.

qu'elle existait avant le 25 juin, que les troupes nord-coréennes évacuent les points qu'elles auraient pu atteindre au sud du 38ᵉ parallèle.

Par ailleurs, je verrais des inconvénients à ce que, le projet de résolution des six puissances une fois voté, avec ou sans la déclaration d'intention visée au paragraphe précédent, la commission allât plus loin que la constatation, qui figure dans ce projet de l'intervention des forces armées du gouvernement communiste chinois et préconisât des sanctions économiques à l'égard de la Chine. Une telle mesure demeurerait pratiquement sans résultat effectif. Loin d'amener la Chine à modifier son attitude dans le sens de l'apaisement, elle risquerait de nous faire entrer dans un engrenage de sanctions qui pourraient compromettre le règlement de l'affaire de Corée et peut-être même le maintien de la paix générale.

Enfin, vous savez que les trois gouvernements vont avoir à se concerter très prochainement sur l'opportunité d'inclure les questions concernant l'Extrême-Orient dans le cadre de la conférence des Quatre. Ils seront ainsi amenés à un échange de vues général sur la situation dans cette partie du monde.

(Direction d'Asie-Océanie, Corée, volume 26)

INDEX DES NOMS DE PERSONNES

———

Les numéros renvoient aux pages du volume

A

B

C

D

E

F

G

L

M

N

O

P

S

T

U

V

W

Y

La liste des *Documents diplomatiques français*
disponibles peut être consultée sur le site Internet
www.peterlang.com

Dépôt légal : Bibliothèque Nationale de France (1er trimestre 2016)

Information bibliographique publiée par « Die Deutsche Nationalbibliothek »

« Die Deutsche Nationalbibliothek » répertorie cette publication dans la
« Deutsche Nationalbibliografie » ; les données bibliographiques détaillées sont disponibles sur le site http://dnb.d-nb.de.

Imprimé en Belgique